北洋海军新探

北洋海军成军 120 周年国际学术研讨会论文集

戚俊杰　郭　阳　主编

中 华 书 局

图书在版编目(CIP)数据

北洋海军新探:北洋海军成军120周年国际学术研讨会
论文集/戚俊杰,郭阳主编. —北京:中华书局,2012.10
ISBN 978 - 7 - 101 - 08674 - 4

Ⅰ. 北… Ⅱ.①戚…②郭… Ⅲ. 北洋海军 - 研究 -
国际学术会议 - 文集 Ⅳ. E295.2 - 53

中国版本图书馆 CIP 数据核字(2012)第 090631 号

书　　名	北洋海军新探——北洋海军成军120周年
	国际学术研讨会论文集
主　　编	戚俊杰　郭　阳
责任编辑	张荣国
出版发行	中华书局
	（北京市丰台区太平桥西里38号　100073）
	http://www.zhbc.com.cn
	E - mail:zhbc@zhbc.com.cn
印　　刷	北京市白帆印务有限公司
版　　次	2012 年 10 月北京第 1 版
	2012 年 10 月北京第 1 次印刷
规　　格	开本 700×1000 毫米　1/16
	印张 48¼　插页 2　字数 760 千字
印　　数	1 - 1500 册
国际书号	ISBN 978 - 7 - 101 - 08674 - 4
定　　价	168.00 元

编 者 说 明

  2009 年 5 月 20 日到 23 日,由中国史学会、山东省历史学会、威海市人民政府主办,威海市社会科学联合会、刘公岛管理委员会、中国甲午战争博物馆承办的"北洋海军成军 120 周年国际学术研讨会"在北洋海军的诞生和覆灭之地、甲午战争的主战场之一——威海市举行。来自国内(含台湾、香港)和日本、加拿大、新加坡、美国、韩国的专家学者,以及北洋海军将士后裔共 80 多人出席了会议。会议收到学术论文近 60 篇,课题内容涵盖北洋海军从筹建到成军,以至最后覆灭的全过程。

  1888 年,清政府花费巨款、历经多年艰难创建的北洋海军正式成军。当时,其规模雄冠亚洲,然而,6 年之后竟然全军覆没,惨痛的历史给国人留下了许多值得深思的问题。

  百余年来,北洋海军的研究已经取得了很大的成绩。但是,仍有许多问题存在不同认识;有些问题有待于学者进一步深化研究;还有一些课题长期以来仍无人涉足。借助纪念北洋海军成军 120 周年之契机,进一步把北洋海军研究和甲午战争史、中国近代史研究结合起来,把甲午战争失败原因的研究和海洋意识、海洋权利、海防安全的研究结合起来,是十分必要的,也是大有裨益的。

  按照"北洋海军成军 120 周年国际学术研讨会"筹备委员会的原定计划,会后,中国甲午战争博物馆对提交此次国际学术研讨会的论文进行了选编,并结集出版。本书共收论文 47 篇,其中包括中国大陆学者论文 39 篇,台湾和香港地区学者论文 3 篇,日本、美国、新加坡等国家学者论文5篇。

在此，对本论文集各篇文章的作者及关心本书出版的人们表示衷心的感谢。

由于本书的篇幅所限，对提交给会议的部分论文只能割爱，对入选的论文也请作者本人或由编者作了适当的修改，并对个别注释进行了技术处理。由于编者水平所限，难免有不当之处，敬请鉴谅。

编 者

2010年1月

目　　录

北洋海军成军 120 周年
学术研讨会致辞

张 海 鹏

各位专家,各位嘉宾,女士们,先生们:

很高兴来到威海市,出席北洋海军成军 120 周年学术研讨会。我代表中国史学会对这次北洋海军成军 120 周年学术研讨会的成功举办表示祝贺! 对各位学者和嘉宾出席会议表示感谢! 尤其是对甲午战争历史研究的权威学者戚其章先生和甲午战争博物馆为组织此次国际学术研讨会付出的辛劳表示由衷的谢意!

一个月前,4 月 23 日,中国人民解放军在青岛举办了人民海军建军 60 周年庆典。有关各国海军的代表及其率领的军舰前来观摩。可见,世界各国正在密切关注中国海军力量的成长。中国海军的力量在亚洲已经居于前列。建设蓝水海军已经成为中国海军的自觉行动。这次海军庆典成为中国海军建设历史上的重要界碑。隔了一个月,学术界在威海举办北洋海军成军 120 周年学术研讨会。一个 60 年,一个 120 年,联结起来不过两个甲子,中国大地经历了翻天覆地的变化。

1888 年,北洋水师成军,1895 年,北洋水师在甲午战争中被摧毁。1895 年以后,清政府再也没有力量把北洋水师恢复起来。甚至整个民国时期,也未能建设起来像北洋水师那样规模的海军。甚至到甲午战争 100 周年的时候,中国海军也没有一艘像定远、镇远那样大吨位的军舰。

120 年以后,我们从北洋水师的建成与失败中得出什么样的教训呢? 这是今天我们应该思考的问题。

第一,应该有明确的海洋意识,或者说海洋权利意识。北洋水师成军的时候,清朝政府没有明确的海洋意识,还不懂得主张自己的海洋权利。李鸿章虽然主张海防,在海防与塞防争论中,李鸿章似乎占了上风,但是李鸿章未必是从海洋意识出发。没有海洋意识，不懂得海洋权利，当然不懂得制海权。李鸿章不许北洋水师出海巡洋，提出"避战保船"口号，拱手让出黄海、渤海制海权，虽有北洋自私的一面，不懂海洋权利是一个要害。日本军舰则步步紧逼，自由航行于黄海、渤海，完全掌控了制海权。

第二，应该建立保卫海疆的国家战略。经历了第一次鸦片战争、第二次鸦片战争、台湾交涉、中法战争等一系列海上争斗，清政府为应付时局，才决心组建海军，并且建成了北洋、南洋水师，但完全不懂得保卫海疆的战略，不能建立起海疆的国家战略，没有形成南北洋水师的统一指挥权。甲午战争中，日本为侵略中国，建立统一的统帅部，海陆军统一指挥，有明确的战略目标和作战步骤。清政府临时应付，捉襟见肘，不能建立统一指挥。李鸿章慨叹以一军之力对付举国一致的日本，焉能不败。

第三，建立强大的海军，需要有强大的国家物质力量作为支持。北洋海军建立的时候，国家虽遭到西方列强的不断打击，还没有垮到严重的程度，但是已不是强大的国家。北洋舰队初始未必不是亚洲一支强大的舰队，装备也还先进。问题在于，强大的海军是要不断投入的，军事装备是要不断强化的，北洋水师建成以后，就不再投入，新的舰只也不再添购，舰队的装备较之后起的日本舰队就逐渐落后了。日本可以动员全国力量建设海军，清政府则挪用海军经费，用于慈禧太后的祝寿。海军建设事小，太后祝寿事大，国家焉能不败！甲午战争以后，《马关条约》规定的大额赔款，再加上庚子赔款，国家背上了沉重的外债包袱，哪里还有能力建设强大的海军呢。在半殖民地半封建时代的中国，在当时的国际国内局势下，要想建立一支强大的海军，不啻是一个梦。

第四，要普及并提高国民的海洋意识和海权意识。长期以来，至少从明朝郑和下西洋以来，因"片帆不得入海"的规定，国民被困在大陆上，禁锢了人民的海权意识，当然也就禁锢了人民的海权意识。以至于直到今天，还有学者在报纸上撰文称，中国是陆权国家，海权基于陆权，不必要发展航空母舰。回想19世纪70年代海防与塞防的争论，从理论上说，海防与塞防并重才是正确的。世界上除了以岛立国的国家，大陆国家中，中国的海岸线之长，是可以与许多国家相比的。对中国来说，固然海权基于陆权，陆权也仰赖于海权的巩固。中国的陆权与海权，是相互补充的，是相互依赖的，是缺一不可的。近代以来,敌人从陆上进攻,也从海上进攻,更多地是从海上进攻。在前近代,轻视海权,已经使中国吃了很大的亏,如明朝时期的海上倭患,加上海禁,弄得全国惶恐不安。近代以来,不重视海防,不重视海洋意识,使中国吃了更大的亏。南海问题,东海问题,都是历史遗留下来的问题。在今天的国际环境下要解决这些问题,不能不付出更多的人力和财力。

历史给我们留下了许多需要认真思考的难题。在中华人民共和国建立60周年的时候,在中国综合国力已经大大提升的时候,在中国国民生产总值超过3万亿美元,位居世界第三的时候,在中国外汇储备超过2万亿美元成为世界第一的时候,中国应该考虑把陆权与海权提到同等重要的地位,在今后一定的时期内,海权战略甚至需要超过陆权战略的地位。在这样的战略思维下,大力加强海洋战略的建设,不仅要发展强大的海军,还要建设强大的蓝水海军,建设强大有力的航空母舰舰队群。

在当今的世界,没有海军的国家,是难以保护自己国家的利益的;没有强大的海军,也是难以保护自己国家的利益的。似乎还可以进一步说,没有强大的航空母舰群,也是不能有效地保护国家和人民的利益的。当然,中国建设蓝水海军,建设强大的航空母舰群,是立基于保护中国的国家利益,而不是要去侵略别的国家,不是去威胁、掠夺别国的国家利益。我们建设强大的海军,既不要走19世纪以英国为首的老殖民主义者的路,也不要走20世纪以美国为首的新殖民主义者的路。中国海军要走出自己的路,要成为保护中国特色社会主义核心利益的海上长城。中国海军不仅要有近海战略,还要有大洋战略。中国海军要和中国陆军、特种部队一起,建立起保护国家利益的统一的国家战略。中国军事力量的存在,既不是要侵略别的国家,也绝不要被别的国家所侵略。换句话说,既不要威胁别人,也不被别人所威胁。历史已经证明,侵略别国的国家,损害别国利益的国家,一定是没有好结果的。这是一条历史铁律。但是,不能保护自己国家利益的国家,又一定是要被欺侮的。这也是一条被历史证明了的铁律。

北洋海军的研究,甲午战争历史的研究,已经取得了很大的成绩。在纪念北洋海军成军120周年的时候,进一步把北洋海军的研究和甲午战争的研究,与我国的海洋意识、海洋权利的研究结合起来,与全部中国近代历史的研究结合起来,我想无论是对历史还是对现实,都是有益处的。

以上，是我在纪念北洋海军成军 120 周年的时候产生的一点感想，提出来供各位参考和批评。

最后，我要感谢威海市政府、刘公岛管理委员会、威海市社科联对在威海市举办学术讨论会的大力支持！举办这样的讨论会，从眼前来看，也许对于威海地区的经济社会发展难以带来直接的推动，但是，对发挥威海市的文化软实力无疑会起着重要的推动作用。

祝北洋海军成军 120 周年学术讨论会成功！祝各位学者和嘉宾在美丽的海滨城市威海过得愉快！

谢谢大家！

张海鹏，中国史学会会长

在北洋海军成军 120 周年
学术研讨会上的致辞

张　波

尊敬的各位专家、各位来宾:

　　120 年前,北洋海军在威海刘公岛正式成军,成为中国历史上第一支近代海军。虽然在甲午战争中,北洋海军全军覆没,但其重要的历史地位及其重大的国际影响,永远值得我们深入研究和深刻铭记。在中国人民解放军海军成军 60 周年之际,各位专家学者不辞辛劳,齐聚一堂,举行北洋海军成军 120 周年学术研讨会,更加具有特别重要的意义。在此,我谨代表威海市委、市政府,向到会的各位专家、各位来宾表示热烈的欢迎!

　　作为一支当时实力雄居亚洲之首的强大舰队,北洋海军的惨败直接导致甲午战争的最终结局,进而对中国和日本产生了深远而巨大的影响。中国战败,割地赔款,主权丧尽,任人宰割,帝国主义虎视眈眈,使中国直接面对豆剖瓜分、亡国灭种的危险;日本战胜,攫取了巨大利益,一跃成为亚洲的战争暴发户,野心膨胀,气焰嚣张,也直接导致了 20 世纪 30 年代第二次全面侵华战争的爆发。

　　"前事不忘,后事之师"。虽然今天和平与发展已成为时代的主题,但全世界爱好和平的人们,不应忘记这一重大历史事件,中国人民也决不能忘记这段耻辱历史。特别是对北洋海军进行研讨,对于更好地从甲午战争中吸取教训,促进现代化海防建设,实现中华民族伟大复兴,无疑具有重要意义。

　　今天到会的专家学者多年来一直关注和从事甲午战争、北洋海军的研究,取得了丰硕成果。可以说,也正是有了各位专家、各位来宾的心血付出,威海才能成为研究甲午战争、北洋海军的重要基地,也正是有了各位专家各位学者的辛勤耕耘,才使得越来越多的人们懂得以史为鉴,更加珍爱和平。

　　地级威海市成立于 1987 年,20 多年来,我们坚持改革开放,锐意进取,推进了经济和社会各项事业的持续、快速、健康发展,先后成为全国综合经济实力 50 强、投资硬环境 40 优,成为全国第一个"国家卫生城市",第一批国家环境保护模范城市群和优秀旅游城市群,获得"中国人居环境范例奖",两次被联合国人居中心授予"全球改善人居环境最佳范例城市"称号,今年又被国家绿化委、林业局公布为国家森林城市。希望各位专家学者在威海期间多走走、多看看,对我们的工作提出宝贵意见。

　　最后,祝研讨会圆满成功,祝各位专家学者、各位来宾身体健康、工作愉快!

张波,女,威海市人民政府副市长

海军是维护海防和海权的核心

——纪念北洋海军成军120周年

张　序　三

　　1888年中国北洋海军正式成军,这是中国海军具有历史意义的事件。北洋海军成军显现了三大历史转变:

　　一、中国海军由木帆船转变为坚船利炮。北洋海军成军前清朝各省水师装备全是木帆船,每营编成有指挥船、运输船和战斗船,总计约30艘;只能防守海口,缉捕海盗,吨位较小,不能出洋作战。而北洋海军则有铁甲舰2艘,巡洋舰8艘,炮舰12艘,共22艘。铁甲舰7000吨,巡洋舰1500—3000吨,炮舰350—1300吨。航速是14—18节。每舰装有火炮5至22门。

　　二、海军由分散各省的水师转变成独立的军种。清政府为统筹全国海军建设,决定集中力量建设好北洋舰队。"1885年10月,特派醇亲王奕譞为总理海军事务大臣,沿海海军和旧式水师,悉归其节制和调遣";[①]派奕劻和李鸿章为会办,派善庆、曾纪泽为帮办,并增设总理海军事务衙门,成为海军专门的领导机关。至此,海军就成为独立的军种。对北洋海军的官制、船制、军官任免、事故、考校、俸饷、恤赏、工需杂费、仪制、钤(印章)制、军规、校阅、武备、水师后路各局等方面,参照西方近代海军,拟定了周密的规章制度,这是中国近代海军一个较完备的海军章程。

　　三、中国海军由只有海岸防御设施转变到有了制海权。没有制海权的国家就没有海洋权益。维护海权,海军是核心。北洋舰队加上南洋舰队的实力,就可以控制中国的渤海、黄海和东海。有如此战斗力的海军,这是中国人民的大好事,但同时北洋海军也成了西方列强的眼中钉。

　　北洋舰队是清廷内部进步力量同顽固派经过10年的长期斗争才形成

---

　　① 　张墨、程嘉禾著:《中国近代海军史略》,海军出版社1989年版,第134页。

的,成军来之不易。主要的压力来自代表封建主的顽固派——慈禧太后。

首先是清廷不了解国际形势。西方资本主义发达,需要原料,需要推销产品,也就需要利用强大的海军力量侵略和扩展殖民地。当时英国统治了印度,法国占领了越南,然后以印度、越南为基地,把触角伸向中国,这就出现了两次鸦片战争和以后的广东防御战6次,珠江口抗登陆战3次,闽、浙沿海抗登陆战4次,以及东南沿海各族人民的抗英武装斗争。这些反侵略的正义战争,得到了人民的广泛拥护和积极参与,军民英勇杀敌,取得了不少胜利。当时清廷不清楚、也不分析西方资本主义已经发展到向外扩张的阶段了,虽然感到形势严峻,也加强了一些海防力量和旧式水师的建设,但是并没有一个对国际形势的统一认识,更没有一个明确的战略指导思想和反侵略的部署措施。因而只能有事应付,出事求和,赔款割地。

其次是清廷不了解海军是维护海权和巩固海防的核心。中国自明朝以来,北起山东,然后江苏、浙江、福建,南至广东,整个沿海受到倭寇侵犯,烧、杀、抢是一大祸患。中国古代,曾以抗击倭寇为主加强海防和水师建设。明朝永乐年间,朱棣皇帝曾40次派使者出访海外诸国,期间同日本建立正式的贡赐贸易关系,慢慢扼制了倭寇的入侵,并逐步平息了倭寇。到了明朝末年,海防的削弱已经相当严重,但仍有抗击敌人的能力。1604年和1624年先后两次将侵占澎湖的荷兰殖民主义者赶跑了,我驻军于澎湖列岛。

"顺治元年(1644),清世祖入关,定居北京,逐步统一中国。这个时期正是西方开始资产阶级革命的时代。中国的发展却正好逆时代潮流而行,一个落后、封闭的民族统治全国,他们不是在封建制度的基础上向资本主义社会发展,而是学习汉民族的政治、经济和文化,改朝换代,又建立了一个封建制度的国家。当时,西方殖民主义已经开始形成,并向全世界扩张。东亚、东南亚大陆外缘的国家逐步被西方列强占领,成为殖民地,也成为威胁中国的海上地缘板块,海洋已经成为外敌入侵的便捷通道。中国已经面临西方列强来自海上的潜在威胁,海防成为保证国家安全的重大战略措施"。① 海军(水军)成为了在海上抵御和消灭敌人的骨干力量。但当时清廷仍然对世界形势了解甚少,对海军、海防的作用、地位长期没有清醒的认识。结果外

---

① 杨金森、范中义著:《中国海防史》上册,海洋出版社2005年版,第33页。

国资本主义发展了,中国逐步落后了,最终成为了半殖民地半封建的国家。

后来经过孙中山先生领导的辛亥革命,又经过中国共产党和毛泽东领导的新民主主义革命,中国人民推翻了"三座大山",建立了新中国,明确提出了"为了反对帝国主义的侵略,我们一定要建设一支强大的海军"。为此,我们要努力奋斗,巩固我们的海防,维护中国的海权。

张序三,中国军事科学院原政委、中将

北洋舰队覆没的历史反思

戚 其 章

中国到晚清时期才开始筹建和发展海军,历经曲折,总算建成了一支具有相当规模的北洋舰队,迄今已有 120 周年了。遥想当年,在威海的刘公岛前,舳舻相接,旌旗蔽空,可谓盛极一时。然而,成军仅仅 6 年之后,这支庞大的舰队竟然全军覆没,樯橹灰飞烟灭了。这种似乎难测的忽兴忽灭的历史变幻,究竟是怎么回事? 这不能不引起后人不尽的历史反思。

先进中国人的海军梦

海军是近代工业化的产物,也是资本主义生产力发展的成果。中国初无海军,英国发动鸦片战争,凭借坚船利炮,轰开了长期闭关锁国的中国的大门,才使中国人开始知道了海军之为物。于是,当时先进的中国人萌发了创建海军的构想。

在中国近代,林则徐是最早开眼看世界的先进中国人,也是倡建海军之第一人。在抗击英国侵略者的实践中,他认识到,不建立一支强大的海军是无法抵御来自海上的侵略的。多次指出:"剿夷而不谋船炮水军,是自取败也。""海上之事,在鄙见以为,船炮水军万不可少。"①所谓"船炮水军",指的就是近代海军。

为建成一支"船炮水军",林则徐曾开始试验仿造欧式兵船,并视此为建立海军计划的重要内容。他认为,要战胜英国侵略者,就必须敌得过英军所恃之坚船利炮,使其"长技"亦为中国之"长技"。"果有大船百只,中小船半之,大小炮千位,水军五千,舵工水手一千,南北洋无不可以径驶者,逆夷以舟为巢穴,有大帮水军追逐于巨浸之中,彼敢舍舟而扰陆路,占之城垣,吾不

----

① 杨国桢编:《林则徐书简》(增订本),福建人民出版社 1985 年版,第 183—184、193 页。

信也"。① 还建议朝廷以粤海关关税的十分之一制造船炮。不料道光皇帝阅奏大怒,竟硃批道:"一片胡言!"②林则徐建立海军的构想,终未实现。但在近代中国,是他最早承认海军为西洋"长技",主张中国也应学习,"制炮必求极利,造船必求极坚",③与之角逐海上,方能制胜。对于他的这一构想,魏源用"师夷之长技以制夷"一语概括之,在后世产生了巨大的影响。

魏源受林则徐的托付,编成《海国图志》一书,不仅系统地总结和发展了林则徐的海防思想,还独立地提出了朴素的海权观。他充分地认识到,国际风云变幻莫测,世界已经进入一个"海国"竞争的时代,西力东渐成为不可逆转的严酷现实。掌握海权的西方国家大肆向外扩张,兵船所至,"遇岸争岸,遇洲据洲,立城埠,设兵防,凡南洋之要津已尽为西洋之都会"。④ 其中,尤以英国为甚。"盖欲扼此东西要津,独擅中华之利,而制诸国之咽喉。古今以兵力行商贾,未有如英夷之甚者"。⑤面对西方海权国家的疯狂扩张和侵夺,中国怎样才能摆脱困境?"塞其害,师其长,彼且为我富强",⑥这是魏源所给出的答案。

所谓"塞害师长",就是师海权国家之长,以我之海权对付彼之海权,从而制驭海权国家。其措施有三:

第一,创设一支强大的海军。魏源建议设立造船厂和火器局,制造战船和火轮,并造配枪械。但仅仅制造若干西式战船还不够,还要精练新式水师,"必使中国水师可以驶楼船于海外,可以战洋夷于海中"。⑦ 除此之外,还要重视海军人才的培养,学习西洋专以造船械、航海取士的经验,在武试中增设水师一科,造船厂、火药局既专制造又教习技艺。凡能造西洋战船、火轮船及飞炮者,为科甲出身;能驾驶飓涛、熟悉风云沙线及枪炮有准者,为行伍出身,东南各省照此而行,"而后合新修之火轮、战舰,与新练水犀之士,

① 《林则徐书简》(增订本),福建人民出版社1985年版,第186页。
② 《林则徐集·奏稿》,中华书局1985年版,第885页。
③ 文庆等编:《筹办夷务始末》(道光朝)卷16,中华书局1965年版,第531页。
④ 《东南洋叙》,魏源:《海国图志》(重订60卷本)卷3,第2页。
⑤ 《东西洋海洋国四》,魏源:《海国图志》(重订60卷本)卷6,第15页。
⑥ 《大西洋总叙》,魏源:《海国图志》(重订60卷本)卷24,第2页。
⑦ 《筹海篇三》,《魏源集》下册,中华书局1983年版,第870页。

集于天津，奏请大阅，以创中国千年水师之未有之盛"。①

第二，大力发展工业和航运业，以推动国内外贸易。魏源认为，造船厂也好，火器局也好，都是铸造之局。铸造局既设，经过实践和经验积累之后，扩而广之，便可由制造军用产品扩展到制造民用产品。"凡有益于民用者，皆可于此造之，是造炮有数，而出鬻器械无数"。不仅如此，造船厂所造之舰不只是用于战事，也可用于护运。因此，船厂之设，既制造战舰，必可促成民间商船制造业的兴起，从而推动国内贸易和海外贸易的发展。还要规定，出洋贸易的商船，经商家禀请，可派战舰护船，以保安全。他断言："战舰已就，则闽、广商艘之泛南洋者，必争先效尤。"②

第三，扶植南洋华人垦殖事业，经营之以为藩镇。魏源认为，东西海权的争夺实在南洋，西方国家之本土距离中国甚为遥远，其侵略中国必以南洋为基地。他十分肯定郑和弘扬海权和开拓南洋的成就："至今通商，来往不绝。于冬至后厦岛开棹，廿余日可达巴城（今雅加达），连衢设肆，夷民互市，贵贱交易，所谓利尽南海者也。富商大贾，获利无穷。"③华人在南洋除贸易外，从事开矿和耕种者亦甚众。然近数十年来，西方殖民者限制华人，商贾为之束手。面对西方海权国家的扩张和凌迫，中国应该有所作为。特别是西方海权势力达不到之南洋各处，尚有华人从事开矿和垦殖者，应加以扶持，扩大垦招，运出货物，既利及国家，又可助其自立。这在当时可谓石破天惊之论，言前人之所未言也。

魏源对海军作用的认识极为深刻，他的朴素海权观尤为可贵。本来，"海权"一词，是因美人马汉（A. T. Mahan）的名著《海权对历史的影响》（1890 年）而闻名于世的。此书的基本观点是："在整个历史上，控制海洋是决定一个国家的领导地位和繁荣的主要因素，同时也常常是决定一个国家存亡的主要因素。"④马汉的海权观有一个完整的体系，然其基本点与魏源颇为相似，而从提出的时间看，却要比魏源晚半个世纪。在当时的中国，魏源的海权观具有超前的先进性，惜乎曲高和寡，并不为当政者所重视，魏源

---

① 《道光洋艘征抚记上》，《魏源集》上册，中华书局 1983 年版，第 186 页。
② 《筹海篇三》，《魏源集》下册，中华书局 1983 年版，第 873 页。
③ 《东南洋海国三》，《海国图志》（重订 60 卷本）卷 10，第 10 页。
④ ［美］罗伯物·西格：《马汉》，解放军出版社 1989 年版，第 200 页。

和林则徐一样，其海军梦在生前终未能圆。

艰难曲折的建军历程

林、魏创建海军之议提出后过了整整 20 年，西方国家的军舰制造和武器装备又有了新的发展，蒸气舰逐步取代帆舰，成为海军的主要力量了。第二次鸦片战争期间，英法联军肆虐沿海，攻陷大沽，侵占天津和北京，中国已无海防可言。直到此时，清朝统治者为求自保，才开始议办海军了。

但是，中国发展海军的历程是几经曲折的。当时的中国人，根本不明白在封建生产方式的土壤上是生产不出来强大的海军的。鸦片战争爆发后，面对西方坚船利炮扰袭的严峻局面，曾有粤、闽二省的地方官绅博访洋船图式，试验仿造。他们仍然抱着旧的观念来看待海军这个新鲜事物，不知道西洋兵船是不断更新换代的。19 世纪 40 年代末，西方国家已在军舰上使用螺旋推进器。进入 50 年代后，英、法等西方国家都开始了螺旋推进器蒸气舰的建造。与此同时，木壳军舰也逐步被带有护甲的铁甲舰或钢壳军舰所代替。而中国的仿造者却只求船型相似，试图安脚踏水轮以求船之速，选坚实木料并蒙以生牛皮以求船之坚，以为靠能工巧匠依样画葫芦，即可成功。到 60 年代初，曾国藩、左宗棠相继在安庆和杭州自行仿造轮船，还是遭到了失败。这样，他们才真正意识到，制造轮船而不引进西方的机器生产技术，是绝对不行的。经过四分之一世纪，遭到多次挫折之后，中国人在造船问题上才发生了观念的根本改变。

观念的更新促动了海军建设的开始起步。清政府主要抓了以下四项工作：

其一，设厂造船。1866 年，根据左宗棠的建议，福州船政局成立，开始购进机器，聘用外国技师、工匠监造轮船。这是中国近代创设的第一个造船企业。福州船政局本身就是实行开放政策的积极成果，它成为当时中国的主要造船工业基地。从 1869 年到 1894 年甲午战争爆发的 25 年间，闽局共造轮船 34 艘，其中 11 艘拨给了北洋海军。闽局开始只能造几百吨小型木质炮船，后来则能造 2000 吨级的钢甲快船，这是一个很大的进步。中国之造近代化的新式舰船是从闽局开始的，所以时人称之为"中国海军萌芽之始"。①

其二，培养人才。对于当时的中国来说，发展海军是一件全新的事情，没有海军人才是办不起来的。福州船政局有一个显著的特点，就是建厂与办学并重。左宗棠说得好："夫习造轮船，非为造轮船也，欲尽其制造、驾驶之术耳。"②沈葆桢也说："船政根本在于学堂。"③实践证明，闽局在建厂的同时，又有船政学堂之设，这一方针是正确的。福建船政学堂为中国培养了最早的一批优秀海军人才。当时，建设海军需才甚急，对吸收人才采取开放的态度，既重用学堂出身的学生，也不歧视在实践中成长起来的船生。各舰管带、大副、二副有不少是由船生担任的。在大力培养和奖掖人才的同时，清政府还多次选派海军人员出国考察和派遣留学生。闽局曾先后派出三批留学生，共 78 人，出国学习造船和航海。在他们当中，有不少人后来成为北洋海军的骨干和中坚。另外，清政府还派出四批官学生 120 人，学成回国后也多半转入海军任职。

其三，购买舰艇。福州船政局开办的前期，它所代表的中国造船工业水平，与日本相比尚不相上下，但与西方国家相比则落后很多。从当时中国的实际情况出发，为了早日建成一支具有相当实力的海军舰队，从西方购进一些新式舰艇是完全必要的。所以，清政府便采取了造船与买船并行的方针。特别是中法战争后，清廷宣布谕旨："当此事定之时，惩前毖后，自以大治水师为主。"④从此更加紧购舰的活动。从 1885 年以后，北洋舰队购进的新船主要有三类，即铁甲舰、新式快船和鱼雷艇。这些都是当时中国尚不能自己制造的。总计前后共添置新舰艇 14 艘，其中有 7000 吨级铁甲舰 2 艘，2000 吨级快船 5 艘和鱼雷艇 5 艘。这两艘铁甲舰和 5 艘快船，便构成了北洋海军的主力战舰。

其四，借才异域。清政府从国外购进几批新式舰船，而船政学堂培养出

---

① 池仲祐：《海军大事记》，《北洋海军资料汇编》（下），中华全国图书馆文献缩微复制中心，1994 年，第 1076 页。

② 朱有瓛主编：《中国近代学制史料》第 1 辑上册，华东师范大学出版社 1983 年版，第 355 页。

③ 吴元炳辑：《沈文肃公政书》卷 4，（台北）文海出版社 1974 年版，第 3 页。

④ 《中国近代史资料丛刊·洋务运动》（二），上海人民出版社 1961 年版，第 565 页。

来的学生一时尚难熟练操作,必须从国外聘用相应的技术人才,担任教习、驾驶、机务、炮务等专业技术性较强的工作。清政府聘用洋员,必立合同,赏罚、进退、工薪、路费等都有明文规定。清政府与洋员之间是一种雇佣关系,作为雇主操有自主之权,"一切调度机宜,事权悉由中国主持"。① 当然,清政府所雇用的洋员甚多,流品甚杂,良莠不齐,滥竽充数者也不乏人,但多数还是能够克尽厥职,卓有劳绩的。如北洋舰队所聘的几位总教习,其中英籍洋员琅威理(William M. Lang)任职时间最长,他来华后不遗余力地工作,为中国海军的发展和建设做出了突出的成绩。时人称:"英员琅威理名为总查,实司训练。琅颇勤事,为海军官佐所敬惮,中外称之。一时军容颇为严肃。"②再如在中日黄海鏖战中,洋员们亲冒炮火,奋力作战,或身负重伤,或以身殉职,与中国将士的鲜血洒在一起。③ 所以,从洋员的主流看,应该给予肯定。由此表明,这种自己培养人才为主与借才异域为辅的方针,是行之有效的。

清政府在推进上述工作的过程中,受到了封建顽固派官员的多方抵制。几乎每做一事,他们都会出面反对。如闽局开工造船后,他们便以"糜费太重"为由要求停止制造,甚至认为,制造轮船,"名为远谋,实为虚耗"。④ 再如购买外国舰船一事,他们则指斥"铁甲船有害无利",决"不可购买洋船",甚至质问道:"岂有必效敌人长技始能备御敌人之理?"⑤北洋海军正是在冲破重重阻力的情况下才得以勉强成军。

1888年10月3日,清廷批准《北洋海军章程》。此时北洋海军拥有铁甲、快船等大小舰艇25艘,计36708吨。其实力暂居东亚第一,各国皆刮目相看。同年12月17日,内阁奉上谕:北洋海军提督由丁汝昌补授,左、右翼总兵分别由林泰曾、刘步蟾补授。到翌年4月27日,北洋海军副将至守备各缺请补人员,经李鸿章奏准。至此,北洋海军经制乃定,总算正式成军了。

---

① 《中国近代史资料丛刊·洋务运动》(二),上海人民出版社1961年版,第249—250页。

② 池仲祐:《海军大事记》,《北洋海军资料汇编》(下),中华全国图书馆文献缩微复制中心,1994年,第1083页。

③ 戚其章:《北洋舰队》,山东人民出版社1981年版,第47—48页。

④ 宝鋆等编:《筹办夷务始末》(同治朝)(九),中华书局2008年版,第3407页。

⑤ 《中国近代史资料丛刊·洋务运动》(一),上海人民出版社1961年版,第152、252页。

先天不足的舰队

北洋海军虽说成军，但因先天不足，仅编成了一支跛足的舰队，这便为此后的发展留下了巨大的隐患。

当时最大的问题是，按实战的要求来说，北洋海军的编制还不够完备，一旦海疆有事难保无虞。所以，《北洋海军章程》的《船制》一章提出："海军一支，局势略具。然参稽欧洲各国水师之制，战舰尤嫌其少，运船太单，测量、探信各船皆未备，似尚未足云成军。"并建议另添置快船 7 艘、鱼雷艇 6 艘及测量等船 5 艘，"合之原有者，共得战舰十六艘、雷艇十二艘、守船六艘、练运等船八艘，共大小四十三艘，以之防守辽渤，救援他处，庶足以壮声威而资调遣"。①"战舰尤嫌其少"一句，指出了北洋海军的要害所在，故提出要有 16 艘战舰庶足资调遣。

揆诸实际，北洋海军成军之初，能够出海作战的战舰只有 7 艘，就是购自德国的 7335 吨的定远、镇远以及 2900 吨的经远、来远和 2300 吨的济远，还有购自英国的 2300 吨的致远、靖远。应该说，舰队战舰太少这一先天缺陷，给它的临敌布阵造成了许多困难，极大地减弱了它的战斗力。因为 7 艘战舰不够排阵，只好另以弱舰补充。如黄海之役用两艘 1000 吨级的旧式快船排在右翼阵脚，刚一交战即成为敌舰的首先攻击目标。两舰中炮后立即起火，或焚没，或搁浅，以致造成我方阵形的纷乱，大为不利。此其一。战舰过少也使我方编队丧失机动性。而日方将主力战舰编为第一游击队和本队，或整体作战，或分队夹击，在战术运用上十分灵活。所以我方要强调全队集中，进行"整队攻击，万不可离，免被敌人所算"，②即源于此也。此其二。由于战舰太少，我方舰队的舰型不称，杂乱集合为一队，作战时航速只能保持 8 节，而日方舰队的航速则在 10 节以上，优势归于何方不问可知。此其三。如此等等，足以说明《北洋海军章程》所谓"尚未足云成军"，确实道出了海军将士们的隐忧。

---

① 《北洋海军章程》，《北洋海军资料汇编》(下)，中华全国图书馆文献缩微复制中心，1994 年，第 746—747 页。

② 《清光绪朝中日交涉史料》卷 21，第 11 页。

本来《北洋海军章程》提出，希望库款稍充时，再行添购，以解决战舰太少的问题。但令人十分不解的是，北洋海军成军后，它的发展便进入了停滞的阶段，从此不再添置一艘军舰，也未更新一门火炮。成军之初，北洋海军的实力原是超过日本海军的。特别是定远、镇远两艘铁甲舰，为日本所未有，因此颇为忌惮。可是，为了发动一场大规模侵略中国的战争，日本政府锐意扩建海军，天皇睦仁甚至节省宫中费用，拨内帑以为造舰经费。日本海军以打败定远、镇远为既定目标，专门设计建造了桥立、松岛、严岛三艘4000吨级的战舰，号称"三景舰"。这样，在甲午战前的6年间，日本平均每年增添新舰两艘，其装备、质量皆远远超过了北洋海军。对此，英国海军部有一个内部评估："在很大程度上，中国的舰队编制还很简陋，日本海军才是真正的帝国海军。"①

清政府之所以不再拨款为北洋海军添置新舰，论者皆谓与慈禧太后修建颐和园有关，这自然是有一定道理的。颐和园原名清漪园，为乾隆皇帝所造。1860年，英法联军占领北京，将清漪园与圆明园等几家皇家园林一起焚毁。奕譞早就想重建清漪园，以固慈禧之宠幸。1886年，他奉懿旨巡阅北洋海防，受到启发，想出了重建清漪园的最好理由，就是恢复昆明湖水操旧制，以供临幸。翁同龢在日记中写道："盖以昆明（湖）易渤海，万寿山换滦阳也。"②"渤海"，指北洋海军；"滦阳"，为承德的别称，指清漪园。意谓以训练水师之名，将海防经费用来修建清漪园行宫，行偷梁换柱之计也。从这年起，在筹建昆明湖水师学堂的名义下，清漪园工程便悄悄地上马了。1888年，清漪园改名为颐和园。为筹集颐和园工程用款，奕譞一伙想尽各种名目搜刮钱财。据不完全统计，迄于甲午战争，颐和园工程挪用的海防经费约为库平银860万两，另外三海工程挪用的海军经费也有约库平银440万两。两项合计，达1300万两之多。当时，北洋海军的主力是购自英、德的7艘战舰，共花银778万两。如果能将园工用款用于购置新舰的话，那么，差不多可以再增添两支原有规模的北洋舰队，甲午战争的结局必定会全然改观了。

但是，挪用海防经费修建颐和园，只是清政府不再拨款为北洋海军添购

① 《中国近代史资料丛刊续编·中日战争》(11)，中华书局1996年版，第54页。
② 陈义杰整理：《翁同龢日记》(四)，中华书局1992年版，第2060页。

新舰的一个原因，其实还有更深层次的原因。本来，进入光绪中期以后，清政府的财政状况趋于好转。据统计，从光绪十一年(1885)到二十年(1894)的 10 年间，平均每年岁入 8300 万余两，岁出 7700 余万两，盈余约 600 万两。光绪十七年(1891)这一年，盈余竟达 1000 余万两。而且当时还没有外债的压力。从光绪元年(1875)到甲午战争的 20 年间，清政府共借外债 44次，共计 4600 余万两，到甲午战争前都已基本还清，仅欠 180 余万两了。何况即使不动用部库和举借外债，添购战船的问题也是不难解决的。如奕譞因园工用款不敷，与李鸿章密商，以海防名义驰书各省筹款，迅即集款 260万两，超过了 200 万两的预期。所以，北洋海军添购新舰不成，不是款项难筹，而是清廷有不便公开说出来的因由。

清朝自对太平天国用兵后，地方督抚多由汉员担任，日渐坐大。李鸿章时任直隶总督兼北洋大臣，集外交、军事大权于一身，颇遭人忌。慈禧重用他，貌似信任，实则时时施展手段将其掌控在手。《北洋海军章程》的《钤制》一章规定："北洋海军提督有统领全军之权，凡北洋兵船无论远近均归调度，仍统受北洋大臣节制调遣。"①这样，李鸿章既统淮军，又统海军，几成为全国最高的军事统帅。对此，清廷不能不有所顾忌，所以对于加强北洋海军并不积极从事。1891 年五六月间，李鸿章出海校阅北洋海军，未免志得意满，先后两次奏闻朝廷，一则称北洋海军成军后各舰"堪备战阵"，一则称"但就渤海门户而论，已有深固不摇之势"。② 但令他没有想到的是，当他还在校阅期间，户部却上体慈禧之意，以"部库空虚，海疆无事"为由，奏明停购船械两年。这就彻底否决了北洋海军添购新舰之议。

李鸿章老于官场，复奏表示："现经再三筹度，目前饷力极绌，所有应购大宗船械，自宜照议暂停。"③但他还是很有牢骚的，私下对人讲："停购船械之议，适与诏书整顿海军之意相违。宋人有言：'枢密方议增兵，三司已云节饷。'军国大事，岂真如此各行其事而不相谋？"④其愤慨之情溢于言表。北

① 《北洋海军章程》，《北洋海军资料汇编》(下)，中华全国图书馆文献缩微复制中心，1994 年，第 1028 页。

② 《李鸿章全集》(四)，海南出版社 1997 年版，第 2058、2064 页。

③ 《李鸿章全集》(四)，海南出版社 1997 年版，第 2081 页。

④ 《复云贵制台王夔石》，《李文忠公尺牍》第 23 册，上海商务印书馆影印本，1916 年。

洋海军右翼总兵刘步蟾深知"日本增修武备，必为我患"，力陈于李鸿章，请"按年添购如定、镇两舰，以防不虞"。李鸿章答曰："子策良善，如吾谋之不用何？"① 从此，李鸿章再也闭口不谈北洋海军添购新舰的事了。

当时火器的发展正处于更新换代的时期，日本战舰大都装上了新式快炮，而北洋舰队却都是旧式后膛炮。从舰炮的打击力量看，毫无疑问优势是在日本方面。对此，北洋海军提督丁汝昌颇为忧心，于1894年3月向李鸿章建议，要在主要战舰上配置新式快炮18门，用银仅为区区60万两。李鸿章虽然也认为新式快炮"实为海上制胜利器"，不反对丁汝昌的建议，但对此事的紧迫性却认识不足，不肯奏报朝廷，决定在北洋海军常年经费中"设法匀凑"，计划先配置12门，约需35万两，俟有赢余"分年办理"。② 所谓"分年办理"云云，实际上是将配置新式快炮的建议搁置了下来。李鸿章万没有料到，他搁置丁汝昌建议的几个月后，日本发动的甲午侵华战争便爆发了。

基于上述情况，北洋舰队在战争一开始便处于不利的地位。所以，曾参加黄海之役的德籍洋员、总教习汉纳根（Constantin Von Hanneken）说："查中国海军，近八年中未曾添购一新船，所有近来外洋新式炮船，一概乌有，而倭之炮船，皆系簇新，是以未能制胜。"③ 到甲午战争爆发的前夕，李鸿章已经觉察到北洋海军与包括日本在内的世界各国海军之间存在的差距，不禁发出了"窃虑后难为继"的担忧和慨叹。无奈为时晚矣！

刘公岛前留遗恨

甲午战争爆发前的30年，历史再次向中国提供了发展海军的机遇。当时清政府顺应历史潮流，开始兴办海军，并优先发展北洋海军。但在这30年中，既有机遇，又有挑战，二者是并存的。所谓挑战，从国外来说，主要来自两个方面：一是西方列强；一是东邻日本。前者早已存在，而随着时间的推移，后者成为主要的挑战者。面对日本虎视眈眈的窥伺，一些有识之士曾不断发出防患未然的呼吁。其实，早在1879年，两江总督沈葆桢卒于任所，

---

① 池仲祐：《海军实记》，《北洋海军资料汇编》（下），中华全国图书馆文献缩微复制中心，1994年，第1318页。

② 《李鸿章全集》（四），海南出版社1997年版，第2222页。

③ 《中国近代史资料丛刊·中日战争》（三），上海人民出版社1961年版，第179页。

其遗折即称:"日本自台湾归后,君臣上下早作夜思,其意安在?若我海军全无能力,冒昧一试,后悔方长!"①这些警言意味深长,却未引起朝廷的重视。北洋海军成军6年之后,竟然在刘公岛前全军覆没。沈葆桢的话不幸而言中了。当年的海军爱国将士浴血奋战,勇抗强虏,终难挽回失败的命运。于是,殉国者抱恨而死,幸存者遗憾终生。这究竟是什么缘故?冰冻三尺非一日之寒,北洋海军走向覆灭的原因也是多方面的。

首先,长期闭关锁国政策所产生的持久消极影响,极大地束缚了中国人的思想,也制约了海军建设的正常发展。中国的"师夷"是被列强侵略逼出来的,并不是自觉的。清朝当权者只承认西方国家的长处是"船坚炮利",因此想得很天真,认为只要师其长而用之,则西洋的"长技"皆可为中国之"长技",并称之为"万世之至计"。正是基于这种思想,清政府才决定兴办海军。19世纪60年代初,冯桂芬说过一句有名的话:"以中国之伦常名教为原本,辅以诸国富强之术。"②这便成为后来"中本西末"说及"中体西用"说之张本。在此后长达几十年的时间里,此说一直成为"师夷"的指导思想。就是说,只引进西方先进的生产技术就行,不用去触动旧有的生产关系与相关制度。所以,"师夷"的成效并不显著。如福州船政局开始造船后,每行一步都是阻力很大,困难重重,最终未能达到建造外海作战军舰的水平,只能靠购买军舰作为主力战舰,才使北洋海军得以勉强成军。自己的造船能力上不去,不能不对海军的后续发展造成严重的制约,仍然保留着旧有的军事体制。一遇战事,弊端尽露。"南、北洋各守一方,水、陆各具一见","皆调动不灵,且多方牵制,号令所以难行",欲其不败是不可能的。故战后北洋海军将领检讨说:"我国海军章程,与泰西不同,缘为我朝制所限,所以难而尽仿,所以难而操胜算也。"③

其次,腐败现象滋生,严重地削弱了北洋海军的实力。海军本是新的军种,在初创时期,还是颇有朝气的。中法战争后东亚形势表面上趋于缓和,朝廷内外陶醉于和平环境,文恬武嬉,以为当然。李鸿章作为北洋海军的最

---

① 《中国近代史资料丛刊·中日战争》(六),上海人民出版社1961年版,第484页。

② 张岱年主编:《采西学议》(《中国启蒙思想文库》),辽宁人民出版社1994年版,第84页。

③ 陈旭麓主编:《甲午中日战争》(下),上海人民出版社1982年版,第410、400页。

高统帅，认为武夫难拘绳墨，在和平时期不必苛求纪律。"不肖者，碍情不加处治，故众多效尤。上有所好，下必有甚。相习成风，视为故态"。于是，封建官场的种种痼习便在北洋海军中迅速滋生起来。有些将领指出："我军无事之秋，多尚虚文，未尝讲求战事。在防操练，不过故事虚行。""徒求其演放整齐，所练仍属皮毛，毫无裨益。此中国水师操练之不及他国者，弊在奉行故事耳。"①实战观念淡薄了，朝气也消磨净尽了。世人很少知道，致远舰之沉，原来与缺少截堵水门的橡皮有关。管带邓世昌以其年久破烂，不堪应用，战前请换而未成，故该舰中炮后立即进水沉没。配炮零件也得不到及时供应，海战时有许多大炮即因零件损坏而停放。弹药供应问题更大，或被偷工减料，以次充好，或被暗中捣鬼，以假冒真。故有将领痛心地指出："中国所制之弹，有大小不合炮膛者；有铁质不佳，弹面皆孔，难保其出口不先炸者。即引信拉火，亦多有不过引者。临阵之时，一遇此等军火，则为害实非浅鲜。"②引信拉火不过引，就会使炮弹即击中敌舰也不爆炸。海战中日舰多艘中弹，甚至有的被击中要害，竟无一艘沉没，其奥秘就在这里。

复次，统治集团的腐朽没落，导致当时未能建成一支真正强大的海军，是北洋海军全军覆没的最根本的原因。进入 19 世纪 60 年代中期，东亚形成英、俄对峙的局面，俄国暂时尚无力东进和南下，英国则想维护既得利益，保持既定的东亚秩序和格局。在此后的 30 年中，正是东亚国家发展振兴的大好时机。日本就在这个时期搞起来了明治维新。反观中国，统治集团不是居安思危，励精图治，有所作为，而是只求苟安，耽于安乐，自甘落后，以致错过了这次百年难逢、稍纵即逝的历史机遇。这些年来，每一次列强海上入侵之后，清廷都要表一番大治海军的决心，然而稍有所得，即浅尝辄止，过不了多久便将决心丢到脑后去了。当然曾有许多有识之士，为发展中国海军而殚思极虑，沥血上书。其最著者如马建忠，曾于 1882 年提出一项发展海军的宏伟计划，即用 9 年时间，配齐铁甲船 6 艘，添置各种类型的快船 31 艘，共需银 2580 万两，以 9 年分计，每岁制造经费 286 万余，不及西方国家每年续添新船经费四分之一。他还列举国家历次战争的巨大开销，认为筹

① 陈旭麓主编：《甲午中日战争》（下），上海人民出版社 1982 年版，第 398—399、403 页。
② 陈旭麓主编：《甲午中日战争》（下），上海人民出版社 1982 年版，第 404 页。

此巨款并非不能解决，关键在于当局要下最大的决心。他认为，这支海军一旦建成，"则分年拨派铁甲舰、快船先往邻近岛国，继往欧美各国，环游东西大洋，以彰国威，以练将士"，只要"本三年求艾之深心，为十年教训之远略，未有不能称雄海上者"。[①] 此计划目光远大，目标明确，就是要把中国的海防线推向外海，不仅能化近海为堂奥，甚且化远洋为门户。这支海军果能建成，以其战略威慑之力，日本即使想发动甲午战争也极其困难了。然而马建忠的上书竟被束之高阁。对于晚清时期的中国来说，最后一次建设一支强大海军的机会就这样错过了。

　　1895 年 2 月，北洋舰队在刘公岛前折戟沉沙，全军覆灭，使中国海军遭到了一次毁灭性的打击。这场历史悲剧之酿成，从根本上说来，完全是清朝统治者自毁海上长城的结果。这一惨痛的历史教训，昭彰于史册，值得后人永远记取，以为殷鉴。

戚其章，山东社会科学院历史所研究员

---

　　① 　张岱年主编：《采西学议》(《中国启蒙思想文库》)，辽宁人民出版社 1994 年版，第197，200 页。

北洋水师弘扬民族魂之我见

刘　恩　格

　　近代以来,在鸦片战争、第二次鸦片战争和中法战争等反侵略战争中,曾涌现出一些民族英雄和爱国志士,诸如林则徐、关天培、刘永福等,但这只是单个人物代表。而在反侵略战争中以团队名义弘扬中华民族之魂,即爱国主义精神的战斗集体则是北洋水师。

　　在与日本联合舰队的三次海战中,北洋水师的绝大部分官兵以爱国之志,报国之情,效国之行,充分迸发出他们所具有的"先天下之忧而忧"的尽忠报国之志;"天下兴亡,匹夫有责"的民族责任感;"杀身成仁,舍生取义"的高风亮节;"勇于拼搏,不怕牺牲"的顽强战斗精神。

一、体现民族之魂的有关史料综述

　　北洋水师的广大爱国官兵在历次海战中,都表现出为保卫国家和民族利益而置个人安危于不顾、敢于战斗、不怕牺牲的精神,其壮烈之举可谓惊天地、泣鬼神。甲午战后,许多文人著书立说称赞他们的业绩,在清廷的官方文书中也有所记述。

　　(一)池仲祐的综述

　　池仲祐时任北洋海军军官,曾随同北洋水师提督丁汝昌和致远管带邓世昌赴欧洲接船,并与北洋水师将领多有深交,因而对甲午战争期间的海战尤其是黄海海战的历史过程颇有了解,撰有《甲午战事记》和《海军实纪》等书,并于1926年公开刊行。书中记述的内容可谓翔实可信的第一手资料。现摘录其中关于在历次海战中,北洋水师战斗历程的综述如下:

　　书中记述:"(1894年)六月李鸿章奉廷寄筹战备。乃派总兵卫汝贵统盛军六营,进平壤,提督马玉崑统毅军二十营,进义州,分由海道至大东沟登岸。时镇远铁舰适到仁川。李鸿章令召各舰队同回威海,合大队以为备。

二十日，济远奉令率威远、广乙二船，护送爱仁、飞鲸等船装兵赴牙山，并往大同江一带巡弋。二十一、二等日，均到牙山。济远管带方伯谦，督派各舰小轮船装运拖带驳船……二十三日黎明济远率广乙鱼贯出口，约同御敌。将出汉江，望见日船三艘：一吉野、一浪速、一不知名（即秋津洲），旋转取势而来。遂令广乙备战。日舰驶近约一万码，其督船陡发号炮一声，三舰并发炮向济远轰击。济远亦将前后大炮及左右哈乞开司炮径捣日之旗舰。忽有日弹中济远望台，大副都司沈寿昌头裂而死，方伯谦与并立，脑浆溅及其衣。续弹继至，二副柯建章洞胸，学生董承勋断臂，军功王锡山、管旗头目刘鹍均中弹阵亡。弁兵死者十三人，伤者四十余人。前炮台积尸已满。方伯谦屹立望台，连发四十余炮，辄击中日舰浪速。浪速已倾侧，行甚缓。倏见西南烟起，知为中国所雇高升商轮船载兵而来，操江兵船护之同行。日本即分船赶往截击高升，沉之。操江船小，并为所掳。是时，操江升旗求援。而济远船业已受伤，无力应援。乃乘间迁移积尸，修缮前后炮台，再谋攻敌。其前台已伤，后台尚能转动，旋见日本二舰复到，俄而旗舰吉野亦来，相距约三千余码。方伯谦令船向前转，猝发后炮，中之。歼其提督及员、弁二十七人。水勇死者枕藉。再发中其船首，火起水进，船身渐侧，急转舵而遁。济远亦以舵机受损，转动不灵，追之不及。"①作者对济远舰和方伯谦在丰岛海战中的战斗表现予以充分肯定。

1894年9月，日本联合舰队又发动了黄海海战，书中记述如下："十八日午初，遥见西南黑烟丛起，知是日舰。即令各舰起锚迎敌，列两翼阵式而前。定、镇两舰在前为领队之首。各舰以次分列左右。日本舰……十二艘，以双鱼贯阵迎头而来。相距渐近，互相开炮轰击……定远猛发右炮攻日大队各舰并发在炮攻日尾队之三舰，弹中扶桑……我军船之速率、炮之射远，均逊于日军……忽日军全队驶向东北，占上风而立阵，将阵化为太极形。华军阵势被冲，致、经、济三舰划出圈外，两面受击。致远骤受重伤，管带邓世昌正欲冲锋陷敌，乃猝为敌雷打中，转舵入队，随即沉没。邓世昌及大副陈金揆以次全舰员勇暨西员余锡尔等二百五十人均阵亡。俄而超勇、扬威两舰中弹发火，全舰焚毁。超勇管带黄建勋、扬威管带林履中，浮沉海中，或抛

① 《中国近代史资料丛刊续编·中日战争》(6)，中华书局1993年版，第3—4页。

长绳援之，推不就以死；各员兵均随船焚溺。经远先随致远驶出，管带林永升奋勇督战，遥见一日舰已受伤少侧，鼓轮进之，欲击使沉，乃猝为敌舰所环攻，船身碎裂。林永升中弹脑裂，全船员勇，大副陈策、李连芬，二副韩锦、陈京莹，枪炮教习陈恩照等二百七十人俱殉焉。日人甚畏定、镇两舰，恒避其锋，而发炮尤注意于两舰。定远为旗舰，统领丁汝昌驻焉，立望台指挥，首发巨炮攻敌，而炮在望台之下，掀望台，丁汝昌翻身坠，眩晕垂绝，面部受伤，足亦为铁器所损，不能行。水勇扶之下舱，而敌弹忽至，扶者遂碎为糜，又一弹中桅，桅折。桅盘瞭望攻敌者史寿箴等七人随楼下坠。英员戴乐尔督开炮，以洪声震耳鼓而聋。德员哈卜们，英员尼格路士、阿璧成，均在船助战甚力，哈卜们受伤下舱，尼格路士急至船首竭力救火，飞弹适来，遂及于难。丁汝昌既受伤，管驾刘步蟾、副管驾李鼎新代司督战，指挥进退，变换旋转，使敌炮不能取准。枪炮官沈寿堃、徐振鹏督战甚勇敢，发炮击伤松岛督船及松岛左侧一船，白烟冒起。定远舰死者官弁、水勇等十七人。镇远中炮甚伙，管带林泰曾、副管带杨用霖、曹嘉祥尤能鼓董弁兵等以恪从命令，故日弹到船，火势奔窜，而施救得力，随处灭息。放出六寸口径之开花弹百有四十八颗，小炮之弹业已垂尽，船面械具被弹冲扫一空。三副池兆瑛，立于桅顶，测量敌队，弹穿其胸而颠，血肉飞坠。大副何品璋，立于其次桅盘，流血被其全身，仍力督战，不为动。船上员兵，死者计十五人。来远受炮累百，船尾发火，烈焰飞腾，延及小弹子舱，枪弹四射，机舱为浓烟所蒙。各管轮受重头目俱眩。三管轮张斌元覆身船底避烟，以调度办事，闻令钟响，强起，手扪左右针，捩机进退。帮带大副张哲溁、枪炮官谢葆璋，策励兵士救火渐熄，复得归队，员兵等死者计十余人。靖远随军酣战，中弹数十处，前后三次火起，幸力救扑灭，死者弁二人、兵三人。旋见督船桅折后无旗宣令变阵，为敌所乘，全军罔之所措。帮带大副刘冠雄曰：'此而不从权发令，全军覆矣！'急请管带叶祖珪悬旗，董率余舰变阵，绕击日舰；并号召港内诸船艇，出口助战。时日船已受伤不少，及见我队散而复整，且惧有雷艇暗袭，即向东南飞驶而去。华舰跟追十数里，时已向暮，日舰驶甚速，转瞬不见。于是收队，驶回旅顺。"①

---

① 《中国近代史资料丛刊续编·中日战争》(6)，中华书局 1993 年版，第 6—8 页。

书中列举了济远、定远、致远、超勇、扬威、经远、镇远、靖远等舰的广大官兵，在敌强我弱的困境中，英勇作战、不怕牺牲的情景，表现了他们在爱国精神支撑下与强敌坚持激战达 5 小时之久，致使战争未分胜负而结束的顽强斗志。

(二)李鸿章的奏折

一场世界海战史上空前激烈的黄海大战以双方未分胜负宣告结束。海战中双方都有损失，而北洋水师损失巨大，伤亡更多。北洋水师官兵究竟有多少人为国捐躯？迄今虽无准确数目，但据不完全统计，大致如下：

1894 年 10 月 5 日和 12 月 28 日，李鸿章两次请恤上报的部分沉毁军舰和阵亡将弁名单是：致远管带邓世昌，帮带大副陈金揆，鱼雷大副薛振声，驾驶二副周展阶，枪炮二副黄乃谟，船械三副谭英杰，舢板三副杨澄海，总管轮刘应霖，大管带郑文恒、曾洪基、二管轮黄家献、孙文旻，三管轮钱秩、谭庆文，管轮学生徐怀清，暂代巡查张多志，正炮弁李宗南，副炮弁陈书、阮帮贵、张恩荣，水手总头目水连福，水手正头目王作基，水手副头目曲延淑、吴明贵，三等水手刘相忠，鱼雷头目施得魁，鱼雷匠张成，管仓周喜，副炮目张玉、沈维雍计 30 名；经远管带林永升，帮带大副陈策，鱼雷大副李联芬，驾驶二副陈京莹，枪炮二副韩锦，船械三副李在灿，舢板三副张步瀛，总管轮孙姜，大管轮卢文金、陈申炽，二管轮刘昭亮、陈金镛，三管轮高文德、王举贤，巡查刘玉胜，驾驶学生张海鳌、罗忠霖，管轮学生段绩熙，正炮弁任其得，副炮弁周延禄、万于滨、傅喜三，副炮习陈思照，水手总头目陶元太，水手正头目余得起、任新銮，水手副头目姚登云，一等水手邓清，候补枪炮教习兼三等水手杨永霖，一等管汽关馨泰，二等升火翁庆平、黄兆荣，鱼雷头目张水清，鱼雷匠李观鉴，电灯匠周新铿，轮炮副教习江有仁，计 36 名；超勇管带黄建勋，帮带大副翁守瑜，驾驶二副周阿琳，总管轮黎星桥，大管轮邱庆鸿，二管轮李天福，三管轮郑光朝，驾驶学生叶世璋、陈琭祥，管轮学生高鹤龄，副炮弁李英，一等管汽李铭魁，枪炮副教习李镜堂，计 13 名；扬威管带林履中，共 80 名。其中邓世昌、林永升照提督例从优议恤，邓因"死事尤烈"还被特赐"壮节"谥号。①

_____

① 《清光绪朝中日交涉史料》(1738、1754、2160)，卷 21，第 23、30 页；卷 27，第 10—12 页。

这份请恤名单主要是致远、经远、超勇三舰的将弁，并不包括兵勇，因此只是部分为国捐躯者。此外，根据池仲祐的《海军实纪·述战篇》、姚锡光的《东方兵事纪略》和日本的《明治二十七八年海战史》中所记述的北洋水师阵亡的数字，可推算出一个大致相近的数字：阵亡的总数约为 609—639 人。

李鸿章在奏折中称："大东沟一战，我以十舰当倭十二舰，倭人船炮俱快。我军奋力迎击，互有损伤。既已，我船或沉或焚，或因伤修理，或驶追敌船，仅余定、镇两铁舰，与倭相持至三时之久，倭炮四面环攻，我军誓死抵御，卒能以寡抵众，转败为功。运送铭军八营，得以乘间登陆，不致被截，保全实多。遵旨酌保刘步蟾、林泰曾、杨用霖、李鼎新、吴应科、曹嘉祥、徐振鹏、沈寿堃、沈叔龄、高承锡等十员，丁汝昌交部从优议恤。"

又称："海军交战，与陆军不同。一船之间，弹雨纷集船上；紧要处所，尤为敌炮所聚攻。各将士以血肉之躯，舍命争持，死事情形最为惨酷。大东沟一役，自午至酉，血战数时之久，固为环球各国所罕闻。即牙山（丰岛）之战，倭人首先开炮，我军济远大副沈寿昌，坚守炮位，竭力还攻，及中炮阵亡，则柯建璋继之又阵亡，则黄承勋又继之以殉。争趋死地，奋不顾身，卒能击退敌船，保全战舰。功殊奇伟，志尤可嘉。致远管带邓世昌，经远管带林永升，大副陈金揆，争先猛进，死事最烈。请将邓世昌、林永升照提督例，陈金揆照总兵例从优议恤。邓世昌首先攻阵击毁敌船，遇救出水，自以阖船俱没，义不独生，奋掷自沉，忠勇性成，一时称叹。且以官阶较崇，拟请予谥。超勇管带黄建勋、扬威管带林履中，力战捐躯。同堪悯恻，请以参将例；并两战阵亡之员弁沈寿昌、柯建章、黄承勋，请照游击例；杨建洛、徐希颜、池兆瑸、蔡馨书，请照都司例；孙景仁、史寿箴、王宗墀、张炳福、何汝宾、郭耀忠，请照守备例；汤文径、王兰芬，请照千总例；张金盛、王锡山，请照把总例；均从优议恤……"①

李鸿章认为黄海海战是一场激烈的"血战"，是"世界各国所罕闻"。北洋水师的将士们在与敌舰"血战"中，表现出"争趋死地，奋不顾身"、"争先猛进，死事最烈"、"义不独生，忠勇性成"的爱国精神。他们"功殊奇伟，志尤可嘉"，因此，李鸿章奏请皇帝"从优议恤"以邓世昌为首的 23 名壮烈牺牲为国

---

① 《中国近代史资料丛刊续编·中日战争》(6)，第 8—9 页。

捐躯的将士。在海战中壮烈牺牲的不止李鸿章提名的23人，还有许多名不见经传和不为人知者。他们的英雄事迹集中代表了北洋水师全体将士的爱国主义精神，谱写了北洋水师的爱国诗篇，弘扬了中华民族之魂。

二、典型事迹的真实写照

在众多历史档案、时人论著和后来的地方志中，记述了北洋水师将士们为祖国献身的可歌可泣的英雄事迹，以讴歌先烈和启迪后人。我们根据他们的种种表现，将其报国之志、爱国之情、效国之行归纳如下：

（一）“先天下之忧而忧”的尽忠报国之志

自古以来，在中华民族大家庭中始终传承着“忠孝不能两全”，先国而后家的传统美德。也就是当国家和民族面临严重危机的关键时刻，有良知的人们为了祖国的安危，誓言和恪守这一美德，舍孝道而尽忠报国。这在北洋水师与日本联合舰队血战中不乏其人。

例一：林维藩，福建闽县人。镇远舰二管轮。1894年甲午战争爆发后，他誓死尽忠报国。在给其父的信中说：“述及忠孝不能两全，从古忠良必蒙天佑，切勿伤感。”在给其妻的信中劝她“奉养高堂”。并自挽一联曰：“呕血勉从军，九八日磨难伏魔，自伤我生无死节；积愤成痼疾，三十年前因后果，应思来世报亲恩。”①9月17日，北洋舰队与日本联合舰队血战于黄海，战至午后3时余，战场上仅有定远和镇远二舰与日本联合舰队的松岛等5舰，坚持战斗。定远和镇远两舰互相配合，“每船致伤千余处，火焚数次，一面救火，一面抵敌”。②此时，林维藩奋然而起，“以机挑水扑灭，而敌弹飞至，中其左足，身亦受伤”。③后因伤重而死。

例二：徐希颜，江苏吴县（今苏州）人。1891年任北洋水师平远舰三副。1892年回家省母，“希颜晨起，就寝拜别，持箫入卧内，据枕吹之，初为徵声，若泣若诉，越炊许，乃斗变为惨厉悲健之音，哀动四邻。掷箫、索剑，上马出城”。④箫声之“若泣若诉”表达了临别时与其母依依不舍的孝道之情，而

---

① 《中日甲午战争全史》第六卷，吉林人民出版社2005年版，第269页。
② 《清光绪朝中日交涉史料》(1738)，卷21，第22页。
③ 《清光绪朝中日交涉史料》(1738)，卷21，第22页。
④ 《中日甲午战争全史》第六卷，吉林人民出版社2005年版，第520页。

"惨厉悲健之音"则意味着战事即来,准备抗敌的决心。徐希颜回威海后,见北洋舰队正加紧操练备战,知战事在即,于是致书信于母亲,信中写道:"以身许国尽忠,不能尽孝。"又致信其妻,嘱以"勖以事母","盖其志早已矢死矣"![1] 1894年调任来远舰鱼雷大副。9月17日,黄海血战中,徐希颜奋不顾身,发炮重创日舰,不幸为敌弹所中,壮烈牺牲,时年仅23岁。

例三:陈国昌,福建闽县人。1891年任北洋水师威远舰守备,加都司衔。1895年1月30日,日军围攻威海卫,北洋舰队困守于威海卫之内,坚持与日舰苦战。当形势十分紧急险恶之际,有人对陈国昌说:"子有老母在,奈何?"陈国昌回答说:"战阵无勇,非孝也。吾已函告吾弟湘龄,善奉吾母,吾决死,绥矣。"[2]2月6日拂晓前,日本鱼雷艇偷袭威海港,威远不幸中雷沉没,陈国昌殉难,实践了自己的誓言。

(二)"天下兴亡,匹夫有责"的民族责任感

实际上,北洋水师将士所以抱有"为国尽忠,死而后已"的信念,决定于他们所具有的"天下兴亡,匹夫有责"的强烈民族责任感。前述人物的言语虽未直接说出这个信念,但他们的行为已表明了这一点。下面再以能直接表明这种大义的人物的言行说明之。

陈京莹,北洋水师左翼左营都司,经远舰驾驶二副。1894年甲午战争爆发后,心系国家安危,对中国军队能否战胜强敌,忧心忡忡。但他自己却基于强烈的民族责任感,决心誓死保卫国家。他在家书中曾表达了这种信念和自己的意志。信中写道:"日本觊觎高丽之心有年矣。兹值土匪作乱……高王请救兵于中国,中国兴兵靖难,日本乘此机会亦兴兵……要中国五款:一曰高丽不准属中国,二曰要釜山,三曰要巨文岛,四曰要兵费二十五万,五曰韩城准日本屯兵。如不照准所要,决定与战。且此番中堂奉上谕,亲临大阅海军,方奏北洋海军操练纯熟,大有成效,请奖等语,自应不能奏和,必请战。亦饬北洋海军及陆营预备军火水药候战,海军提督请战三次……但皇上以今年系皇太后六旬万寿,不欲动兵,屡谕以和为贵。故中堂先托俄国钦差调处,日本不听;后又托英德钦差,亦不听,必要以上五款。然

① 《中日甲午战争全史》第六卷,吉林人民出版社2005年版,第520页。
② 《中日甲午战争全史》第六卷,吉林人民出版社2005年版,第35页。

此五款，系中国万不能从，恐后必战。以儿愚见，陆战中国可操八成必胜之权，盖中国兵多，且陆路能通，可陆续接济；但海战之操三成之权，盖日本战舰较多，中国只有北洋数舰可供海战，而南洋及各省差船，不特无操练，且船如玻璃也……北洋员弁人等，明知时势，且想马江前车，均战战兢兢，然素受爵禄，莫能退避，惟备死而已。"①陈京莹鉴于日本的侵略势头，预感中日必将一战。虽然对陆军作战较有把握（估计有误），但对中国海军的实力估计过低。据此表现出的对国家安危的忧心是十分可贵的。然而，他又认为虽然"海战只有三成把握"，可北洋水师的全体官兵却"战战兢兢，不畏强敌，莫能退避，惟备死而已"。而他自己更向双亲发出誓言："大丈夫以殁于战场为幸，但恨尽忠不能尽孝耳。双亲老矣，勿因丧子感伤以重儿罪。"②他深知即将发生的战争与国家命运息息相关，作为北洋水师的一员要誓死保卫祖国。这是北洋水师广大官兵所具有的民族责任感之所在。

1894 年 9 月 17 日的黄海血战中，"日本第一游击队'吉野'等四舰围攻'经远'舰，'经远'被划出阵外，势孤力单，中弹甚多，'船甫离群，火势陡发'。陈京莹协同御敌救火，毫不畏惧，表现极为出色，激战中，管带林永升，帮带大副陈荣先后壮烈牺牲，陈京莹接替指挥，不久也中炮阵亡，时年 32 岁"。③陈京莹的英雄事迹在北洋海军军官池仲祐的《陈都戎则友事略》一文中有详尽记述。池仲祐不仅与陈京莹同乡，而且又有同军之谊，因此，上述陈京莹的爱国言行是真实的历史写照。

（三）"杀身成仁，舍生取义"的高风亮节

在历次海战中，北洋水师官兵中为国家安全和民族兴衰置个人生死于不顾，杀身成仁、舍生取义者并不鲜见。他们在同敌人战斗时以大无畏精神奋勇杀敌，当需要付出生命时则大义凛然，宁为玉碎不为瓦全。

例一：邓世昌，近代中国海军将领，民族英雄。甲午战争时，任北洋舰队致远舰管带，以副将补用，加总兵衔。据《番禺县续志》中的《邓世昌传》记述：日本联合舰队"初作一字排向我军猛扑，转瞬易为太极阵，裹人字阵于其

① 《中日甲午战争全史》第六卷，吉林人民出版社 2005 年版，第 38—39 页。
② 《中日甲午战争全史》第六卷，吉林人民出版社 2005 年版，第 38 页。
③ 《中日甲午战争全史》第六卷，吉林人民出版社 2005 年版，第 39 页。

中。鏖战既久，日舰攻入人字阵脚，致远、济远、经远三舰皆被隔于阵外，两军炮声不绝，海波为沸……当是时，世昌独鼓致远一舰，冲锋直进为诸舰先……日舰初骇世昌之锐，欲退，已见其无后继，遂以四舰环攻之，世昌勇气弥厉，不自挫馁，而舰身迭受炮伤，活炮台半已损坏，锅炉、汽筒已均伤损"。① 邓世昌见船已受重伤，"决计临阵冲锋，毁敌一舰，以挫其锐。因奋勇鼓轮，直向日舰吉野冲去。驶出定远之前时，舰中员勇秩序略乱，公大呼曰：'吾辈从公卫国，早置生死于度外。今日之事，有死而已！奚纷纷为？'众为之肃然。适日一鱼雷直攻定远未到，而撞于致远。致远中雷，转舵入阵，随即沉没。全船同殉者，官佐、士兵二百五十人。公临难，有讽以自免者，公抚膺曰：'吾志靖敌氛，今死于海，义也。何求生为？'舰沉，公犹植立水中，奋掷詈敌。仆刘忠随公入海，特浮水梃奉公，公却之。有所爱犬，游涌波间，衔公臂，不令溺。公斥之。复衔公发，公望海浩叹，扼犬竟逝"。② 这是池仲祐在其所著的《邓壮节公事略》中一段关于邓世昌以死报国壮举的真实写照。池仲祐是北洋水师军官，是黄海海战最知情者，其所言情节是真实可信的。

光绪帝得知邓世昌事后，垂泪赐予"壮节"谥号。山东威海人民感其忠烈，于1899年在山东半岛最东面的成山头上为邓世昌塑像建祠，以志永久敬仰。解放后，大连、威海两市均雕塑像，供人瞻仰。1996年12月28日，中国人民解放军海军命名各新式远洋训练舰为"世昌"号，以示中国海军风骨。

例二：杨用霖，甲午战争时北洋海军将领，福建闽县人。1891年任镇远舰副管驾，赏加副将衔。

关于杨用霖的事迹，见于《闽侯县志·节义上》中的《杨用霖传》和池仲祐的《杨镇军雨臣事略》二文中。两者所记述的关于杨用霖在黄海海战中的事迹基本相同，而后者对其殉难的情节叙述更为详尽。

《杨用霖传》中略谓："甲午八月，镇（远）舰随军在大东沟与日本战，用霖愤然谓其属曰：'时至矣，吾将以死报国，愿从者从，不愿从者吾弗强也。'众皆泣下曰：'惟所命。'指挥各员勇奋力鏖战，弹火飞腾血肉狼藉之中，神色不

① 《中国近代史资料丛刊续编·中日战争》(12)，中华书局1996年版，第395—396页。
② 《中国近代史资料丛刊续编·中日战争》(12)，中华书局1996年版，第397页。

动，而攻御愈酣，敌为之却。适定远中炮，火发烟腾，与敌抵拒，正忙迫间，用霖转镇远之舵，突遮其前以受弹。定远得以隙间救火，从容迎敌。……各舰战后回驶威海，镇远进口适以水涸触礁，管带林总兵泰曾，忧愤自尽。上台举用霖代理其职。……连日困守威海港，遇敌犹酣战也。嗣以当事失计，内外援绝，日军进占南北岸炮台，各舰艇中敌鱼雷，时有沉没者，大势已无可为。提督丁汝昌、右翼总兵定远管带刘步蟾，均仰药自尽。用霖闻二人之亡，心奇痛，因引手枪冲于口，发弹自击死。"①

池仲祐对杨用霖之死则有如下记述："公闻二公之亡（丁汝昌和刘步蟾），心为奇痛，慨然思所以自处，因诵文信国'人生自古谁无死，留取丹心照汗青'之句，引枪衔口，发弹自击，脑浆自鼻窍垂注如箸，犹端坐不仆，观者惊以为神。朝廷嘉其忠烈，予优恤赏银治丧，赠提督衔，给骑都尉兼一云骑尉世职。公生性沉毅忠勇，常以马革裹尸为壮，临难捐躯，盖亦卒酬其志云。于时，远迩惊传其事，丧归之日，道旁观者冲塞，有叹息泣下者。"②池仲祐所记是可信的。

（四）"勇于拼搏，不怕牺牲"的顽强战斗精神

在历次海战中，北洋舰队的广大官兵，始终以这种精神与劲敌进行血战。下面仅举一个激战场面以窥一斑。

致远沉没后，济远（中15弹）首先退出战场，向旅顺口方向逸去。广甲紧随其后（中弹20发以内），沿海岸浅水处向大连湾方向撤走。当时，靖远（中弹110发）、来远（中弹225发）、经远（中弹百余发）已中弹累累，火势蔓延，亦相继驶往大小鹿岛（距战场很近）。4时16分，平远（中弹24发）、广丙（中弹不详）也因负伤，与鱼雷艇一起退出战场，向北方驶去。

这些军舰都是因为受重伤而丧失了战斗能力才退出主战场，除济远、广甲外，均撤至距离主战场较近的地方。

此时，在作战海域中国仅余定远、镇远两舰（该两舰已分别中弹159发和220发），继续凭借坚固装甲与日本舰队5舰周旋激战。丁汝

① 《中国近代史资料丛刊续编·中日战争》(12)，中华书局1996年版，第391页。
② 《中国近代史资料丛刊续编·中日战争》(12)，中华书局1996年版，第393页。

昌虽开战不久即负伤,但裹创后一直坐在甲板上,鼓舞官兵杀敌。定远官兵同仇敌忾,顽强奋战,其前部于3时10分中炮起火后,甲板上各种设施全部毁坏,但无一人畏缩不前。镇远在战前既已卸除舰上的舢板,以示"舰存与存,舰亡与亡"。副管驾杨用霖表现尤为突出。他激励将士说:"时至矣,吾将以死报国,愿从者从,不愿从者吾弗强也。"众皆感动而泣曰:"杨公死,吾辈何以生为?赴汤蹈火,惟公所命!"于是在他的指挥下,官兵们奋力鏖战,面对弹火飞腾、血肉狼藉,神色不动,而攻御愈力。当定远中弹起火后,镇远即趋前掩护,奋力抵御日舰的炮火。当时日方观察到:镇远前甲板殆乎形成绝命大火,将领集合士兵救火,虽弹丸如雨,仍欣然从事,在九死一生中毅然将火扑灭,终于避免了一场危难。镇远与定远配置及间隔,始终不变位置,用巧妙的航行和射击,时时掩护定远,奋勇当我诸舰,援助定远且战且进。定远与镇远两舰互相配合,"誓死抵御,不稍退避,敌弹霰集,每船致伤千余处,火焚数次,一面救火,一面抵抗。"3时30分,定远、镇远两舰齐发305毫米口径巨炮,其中一弹命中松岛4号炮位,引起堆积在甲板上的弹药大爆炸,顿时发出惊天动地的巨响,如同雷电崩裂。……在爆炸中,海军大尉志摩清直等28人丧命,68人负伤。舰上大部分火炮被毁,仅有6门炮尚可使用,但炮手几乎伤亡殆尽,只得调军乐队员充数,已基本上失去了作战能力。4时10分,松岛挂起"不管旗",命令各舰自由行动。不久,松岛又发出信号,令各舰归队。

据镇远舰洋员马吉芬回忆:松岛遭重创后,即与本队其他四舰"向东南引退,我两铁甲舰即尾击之。至相距约二三海里,彼本队复回头应战。炮战之猛烈,当以此为最。"①

总之,北洋舰队广大官兵以其报国之志、爱国之情和效国之行,实践了中华民族之魂的爱国主义所涵盖的"先天下之忧而忧"的尽忠报国之志向;"天下兴亡,匹夫有责"的民族责任感;"杀身成仁、舍生取义"的高风亮节和"勇于拼搏,不怕牺牲"的顽强战斗精神。正是在这些精神的支撑下,北洋舰队克服了自然和人为的诸多弱点,在与强于自己的日本联合舰队的黄海血

---

① 《中日甲午战争全史》第二卷,吉林人民出版社2005年版,第496—499页。

战中能得以不分胜负。

北洋舰队所弘扬的民族之魂不仅为中外时人所敬佩，而且也为后人所景仰并传承而发扬光大。

刘恩格，齐齐哈尔大学人文学院教授

建议研究继承中华民族历代
水师的优良传统

郑　明

1994 年,甲午海战 100 周年纪念时参加研讨会,曾以《甲午海战前,中日海军舰船建设的对比与启示》为题,鲜明地提出中国海军建设不能仅以保卫京津为目标,舰队要能战略机动作战,而且以本国造船工业为基础;靠买洋舰建军,看似一时显赫称雄亚洲,而政治腐败、领导昏庸、指挥失误、管理落后,也不能适应实际作战需求,更可能被打败。

1995 年,江南造船厂建厂 130 周年纪念时,恰逢《马关条约》100 周年之际,参加研讨会又以《两度辉煌、两次衰落,定要振兴》为题,以明代郑和下西洋又终止,清代北洋水师成军又覆没为鉴,提出"向海而兴,背海而衰,开海则强,禁海几亡"关乎国家海洋战略的历史规律。1997 年为迎接香港回归,又发表了《雪洗百年屈辱,建造国产舰艇》的论文,阐明人民海军自力更生发展海军舰艇的决策与实践。

1998 年起,在纪念和迎接郑成功收复台湾 340 周年和郑和下西洋 600 周年活动中,我曾撰写多文阐述明代两郑经略海洋的伟大实践及其对后世的影响,并创议复原仿造明代郑和宝船,组织扬帆环球航海活动来体现我国长期坚持构建海上丝绸之路的和平友好形象,反驳"中国威胁论"的攻击,同时提高全民海洋意识,加快建设强大海军,从思想建设和物质基础上为建设海洋强国作贡献。

2006 年,在纪念福建船政 140 周年并为陈贞寿教授《中法马江海战》作序时,以《绝不能遗忘历史悲壮》为题,试探提出中华民族历代水师尽管作战有胜败,但也具有优良传统的概念。

今年是人民海军建军 60 周年,刚在青岛举行了盛大的国际性的阅兵盛典。党和国家领导人对建设人民海军给予极大的关怀和重视。在这个背景下我再次建议历史界、军界、政界有关专家和领导考虑：中国历代水师是否具有优良传统？如何总结、提炼、概括这些优良传统？中国人民军队、人民海军是否应当继承这些优良传统？我个人的意见是：

中国古代与近代海军作为中华民族水师，都曾经为保卫和开拓祖国海疆而战斗，有的光辉，有的悲壮，我们应当以历史唯物主义和辩证唯物主义的观点和立场去认识中华水师，应当以坚持承前启后、继往开来、与时俱进的科学发展观去观察和认识中华水师。人民海军从上世纪80年代起，以海上民族英雄"郑和"、"世昌"先后命名两艘航海训练舰，已初步体现传承民族优良传统精神的积极举措。

中国人民解放军海军当然要继承发扬中国共产党领导的老红军、老八路、老解放的革命传统，似乎也应当继承中华民族水师的优良传统，也可简称为"中华水师传统"。它是经过中华民族千百年历代水师将士、许多民族英雄的锤炼力行才形成的，是极其宝贵的历史遗产和文明精神，如何概括与扬弃是需要深入研究的。初步设想可否包含以下几点：忠于祖国，捍卫民族尊严，开拓海疆，维护海洋权益；勤学苦练，精通海上作战，放眼海外，致力和平交往；领先实践，发展舰船利器，同舟共济，探索天文海象；不畏艰险，勇于开拓，创立航海科学；面对强敌，前仆后继，勇于慷慨捐躯。或者更概括为：忠心卫国，扬威海疆，不畏艰险，勇于开拓，励兵优器，勤学苦练，同舟共济，慷慨赴义。这个设想概括虽已包含政治使命、军事训练、战术指挥、外交运用、装备科技、纪律作风等诸方面，而且中华水师也确都有历史实践，但可能还不够成熟，只是希望在历史学术界和海军政治工作界都引起探讨或专题研究，使之对人民海军的建设与发展能发挥应起的作用。

郑明，海军少将、海军装备部原部长

我对北洋海军和甲午海战失败的感想

罗　海　贤

北洋海军在清朝政府人事失和、举棋不定、和战不决、兵源不一、后勤不足和李鸿章战略失调、拥洋自重的情况下，加以陆海不协调、支援失控、战术不当、自乱阵容，最后导致海战失利，舰队覆没。

北洋将士的牺牲，激发了全国同胞的同仇敌忾与雪耻图强的爱国情操。

北洋海军建军之初，曾为东亚海军之首，拥有相当规模的舰船，一时掌握西太平洋海权，最后败于日本而全军覆没，乃是中国的一幕悲剧。

甲午战争的失败，中国海军的失利是关键。就实际而言，北洋舰队缺失很多，诸如洋炮不一，性能各异，无法配合作战，再加后勤不能有效支援，炮弹燃料供应不足；纪律松弛，兵舰指挥不一，队形错乱而为敌所乘；再加以中央政府对日判断错误，和战不决，准备不足，军机贻误等，都是造成失败的因素。他如朋党倾轧，朝臣意气用事，以致和战决策举棋不定。比起日本之举国一致，将士用命，无论军事政治均能密切结合来看，胜负之数至为明显。如兵法所说，日本是"先胜而后求战"，我方却是"先败而后应战"，应战而自败。日本是有充分准备谋定而动，我方则临时被逼迎战，没有备战而应战。

李鸿章以一个陆军（淮军）统帅而转入统领海军，对海军缺乏专门知识、训练及素养。且凡事时常受到朝臣的掣肘，未能善用具有专长且有素养能力者。一味信任淮军将领办理海军，所用非专才，先陷于失败之地。既无海军战略思虑亦无战术可言，如此怎能掌握海上作战呢？！李鸿章不谙海军作战，丁汝昌听命行事，亦不知海军如何作战，只是坐井观天，自欺欺人。其胜负定矣。

追溯近代史上，中日均因百年锁海不断受到西方威胁。19世纪后半叶，中日为了维护海防安全，抵御西方海军的侵凌，同时创设海军。可是后来因日本蓄意向外扩张而犯台、并琉、侵朝，演成中日海权的争夺与抵抗，终于爆发中日甲午战争。同一时期之内我国的舰炮购置比之日本相形落后。我国原先兵舰数量曾居世界海军第八位，为日本一倍之多，后来被日本迎头赶超，而且我国船速炮速亦落后于日本。当时日本船坚炮利训练精良，获得较大优势，因此甲午海战优胜劣败。北洋海军被完全击溃后，中国从此门户大开，任由日本及西方强权宰割。历史证明，无先进的海军便无海防，无海防便无海权的保障。

北洋海军溃灭和甲午海战的失败，不仅使我国门户洞开，也使中国知耻而勇，面对现实的打击，睡狮觉醒了。中国人解脱枷锁与铁笼，发奋图强，走向了光明的大道。中国人站起来了，海峡两岸的中国人及世界各地的华侨，团结拼搏，共同努力，自立自强，创造无限生机与繁荣，迈向海洋，迈向世界，再现中华辉煌。

为了不再蒙羞、希望不再破灭，请记住甲午的屈辱，永远走出甲午失败的阴霾，挺起胸腔迎接新世纪、新希望、新的辉煌。我们要建立和平海权的海洋，我们要固守海疆、屏障海权、发展海洋，不再受西方霸强的凌虐。

历史告诉我们，强国兴邦必先维护海疆、加强海防，要确保国土，安民乐利，必先确保海防，建立强大海军，发展海洋，创设和平海权，维持海防的安全。

作诗以致大会：

一

记取甲午无穷憾，
念我苍生受苦难。
北洋舰队遭歼灭，
洋鬼入侵成祸患。
海上忠魂愤怒声，
军民士众悲呼唤。
成仁取义洒热血，
军队迎敌意溃散。
百年岁月艰辛拼，
二十世纪形势换。
周边两岸已改观，

年次牛运庆胜欢。

二

甲午战败哭断肠，
伤心疾首悼国殇。
雪耻图强齐奋起，
中华儿女共维扬。
同文同种同信仰，
同胞同族同炎黄。
同心同德抵外侮，
同力同拼保国疆。
和平海权作先声，
和平文化相竞进。
郑和精神为倡导，
妈祖大爱传福音。
侨华华人一条心，
日不落国中国人。

罗海贤,（台)海军少将、教授

北洋海军从筹建到覆灭的几点思考

——写在北洋海军成军 120 周年之际

关 伟

清政府所建新式海军——北洋海军,自 1874 年(同治十三年)总理衙门创议筹办海防,提出"先就北洋创设水师一军",[①]1875 年(光绪元年)直隶总督兼北洋通商事务大臣李鸿章受命督办北洋海防事宜,至 1888 年制定《北洋海军章程》,12 月正式编成,计 13 年多的时间。1895 年 2 月北洋海军全部覆灭,享年近 6 年零两个月。北洋海军从筹建到覆灭的 20 年间,有许多令人思考的问题。当今纪念北洋海军成军 120 周年之际,谨对其筹建、建设、作战、覆灭作些探索。

一、创立北洋海军有一个承前启后的过程

早在春秋战国时期已出现"北人走马,南人行船"的战役,多为境内河湖中的舟楫水战。[②] 秦汉时有楼船军,即"水泉用楼船"。[③] 三国到西晋水军有所发展,赤壁之战中出现蒙冲、斗舰、走舸三种战舰。两宋发明航海罗盘,对后世影响很大。明代郑和率宝船七次远航大洋,早于欧洲葡萄牙航海者达·伽马、意大利航海家哥伦布等数十年。到清代则有一个由禁海到开海的过程,1888 年成军的北洋海军是直至近代中国海军事业发展的顶峰。

北洋海军的创建是中国抵御外侮的需要。翻开自鸦片战争起的中国近代史,由于中国水师的舰船少,武器窳劣,水兵训练不佳,两次鸦片战争中受

---

① 《光绪元年十月二十六日总理各国事务衙门奕䜣等奏折·附单》,《中国近代史资料丛刊·洋务运动》(一),上海人民出版社 1961 年版,第 146 页。

② 包遵彭:《中国海军史》上册,(台北)中华丛书编审委员会 1970 年版,第 18—19 页。

③ 范晔:《后汉书》。

尽凌辱,中国被迫签订了多个不平等条约。俄国舰只在黑龙江、乌苏里江也不断制造事端,扰民掠地。1866年法国海军军官安邺率舰队溯湄公河(澜沧江)而上,翌年侵入中国云南。1873年(同治十二年)11月又率法军强占河内,威胁中国。1874年4月27日,日本军舰向台湾进犯,5月6日在琅𤩆上岸。中国海疆的不宁,是1874年11月5日清总理衙门创议筹备海防的根本原因。在总理衙门提出练兵、制器、造船、筹饷、用人、持久六事后,①清廷遂诏命李鸿章等人详议。12月12日,李鸿章奏筹海防诸事。他的办法是暂时放弃收复新疆伊犁,专治海防,因而引起海防与塞防之争。

二、建立新式海军需要一定的舆论准备

海防与塞防之争是加强海防的舆论准备之一。海塞之争是清代同治、光绪年间有关国防政策的争议,其缘起是东南沿海的外患和西北边疆的危机。清廷欲海塞并重,却因实力所限,无力并举,乃诏命封疆大吏发表见解。李鸿章在奏折中明确表示:

> 伊犁已为俄据,收复不易,论中国目前力量,实不足专顾西域。不如命西征各路军严守现有边界,且屯且耕,不必急于进取。其停撤之饷,即匀做海防之饷。②

而湖南巡抚王文韶在不反对海防的基础上,力主尽早收复伊犁:

> 江海两防,亟宜筹备。窃海疆之患,不能无因而至,其关键则在西陲军务。俄人据我伊犁,殆有久假不归之势,我师迟一日,则俄人进一日,事机之急,莫此为甚。③

以上为同治末年围绕海塞进行争议的代表人物。光绪伊始,清廷再议海防事宜,李鸿章则再申诉停止西征而专办海防的理由,此则激起曾强调造船、重台湾防务,海塞并重④的陕西总督左宗棠的强烈反对。左宗棠在奏折中主张:

---

① 《恭亲王及文祥奏折》,宝鋆等编:《筹办夷务始末》(同治朝)卷98,第19—20页。

② 李鸿章:《筹议海防折》(同治四三年十一月二日),《李文忠公奏稿》卷24,(台北)文海出版社1965年影印本,第19—20页。

③ 宝鋆等编:《筹办夷务始末》(同治朝)卷9,第53—54页。

④ 《左宗棠全集》卷46,奏稿,岳麓书社1996年版,第32页。

此时停兵节饷，不啻自撤藩篱，不独陇西堪虞，即北路科布多、乌里雅苏台等处亦难晏然。且停兵节饷，徒于边疆有碍，而于海防亦未必有益。①

清廷考虑再三，遂命左宗棠为钦差大臣督办新疆军务，②表明塞防之议暂时获胜。可是未几，两江总督兼南洋通商大臣沈葆桢、李鸿章二人分别执掌南、北洋海防事务。后海塞之争时有发生，到1881年（光绪七年）《改订伊犁条约》签订，新疆出现安定局面，海塞之争才停止。

列强侵犯中国和中国邻邦，引起关注海防人士的认真论述。这些人中以王韬、薛福成、王之春、王先谦和李鸿章态度为坚定，均提出了具体方案。

王韬认为"海防为尤重，则水师战舰要不可不亟为讲求"，③主张水师战舰改革方案为演练水师、培养航海舵工、专用火龙战舰。④

薛福成认为海防"彼协而我孤，彼坚而我脆"，应购置铁甲舰，既"可以潜消邻衅"，⑤又可"呼吸灵通，指挥如意"。⑥

王之春认为"方今要务，全在战守，兵船为急，商船为辅"。⑦主张先造碰船，"续造铁甲船已成全盛之规"。⑧而且建议"以直东奉为一镇……立营于旅顺口，并威海卫之中添筑炮台，相为表里，又设分防于大连湾，据奉直之要隘。以北洋之防以固"。⑨

王先谦认为防内忧外患应以"备轮船为亟"。一旦外敌入侵即可出洋应战，不能"坐待他人之我侮"。⑩

以上所陈不为不精辟，不为不独到。他们的远见卓识无不出于关心国

---

① 左宗棠：《覆陈海防塞防及关外剿抚援运情形折》（光绪元年三月七日），《左宗棠全集》卷46，奏稿，岳麓书社1996年版，第41页。

② 朱寿朋编：《光绪朝东华录》（一），中华书局1958年版，总第35页。

③ 王韬：《弢园文录·外编》卷3《练水师》，中华书局1959年版，第11页。

④ 王韬：《弢园文录·外编》卷3《制战舰》，中华书局1959年版，第15页。

⑤ 薛福成：《筹洋刍议·变法利器》，辽宁人民出版社1994年版，第6页。

⑥ 薛福成：《酌议北洋海防水师章程》，《庸庵文外编》卷1，辽宁人民出版社1994年版，第30页。

⑦ 王之春：《国朝柔远记》卷19《修船政》，（台北）文海出版社1998年影印版，第19页。

⑧ 王之春：《国朝柔远记》卷19《修船政》，（台北）文海出版社1998年影印版，第19页。

⑨ 王之春：《国朝柔远记》卷19《建海军》，（台北）文海出版社1998年影印版，第20页。

⑩ 王先谦：《条陈洋务事宜疏》，《皇朝经世文续编》卷120，思补楼1899年刻本，第12—15页。

家之情,因而促使清中央大员到地方督抚的许多人也为之呼喊。诸如闽浙总督李鹤年、浙江巡抚杨昌濬、山东巡抚丁宝桢等均发表有切实可行的见解。至于李鸿章更是乘机发表意见,他单刀直入地指出:"海疆不防,则腹心之大患愈棘。"[1]他赞成主持福州船政局的丁日昌关于创设"三洋水师"的新观念。[2] 丁被称为海防建设的"设计师"。[3] 从此清政府开始了具体筹办北洋海防事宜。

三、加强海军建设必须有一个坚定的创建者

除一些文人学士、封疆大吏的舆论准备外,还必须有政府决策和有一个重视海防并勇于实践的人物推动。执掌清政府外交、军事、经济大权的洋务派首领——李鸿章就是时代推出的这样一个人物。

李鸿章是清廷信赖的官僚。清廷于1875年(光绪元年)5月30日派李鸿章督办北洋海防,他正是利用所掌握的实权来兴办海军的。李鸿章兴办海军的目的,有人说他只有"御侮"之心而无"剿贼"之意;有人说他希图拥兵"自重"、"靖内奸",而无"自强"、"御侮"之宗旨。此二者均有些偏颇。按李鸿章的意图,办海军不仅是"实行自强之一策",[4]可以"保和平,守疆土",[5]而且"可上岸击贼"。[6] 还有一个李鸿章不公开表示而别人看得十分清楚的巩固、扩大个人权势的意图。兵部左侍郎黄体芳指责李鸿章不派舰援助南疆,"拥兵自卫,不权缓急……非海军衙门之水师,乃李鸿章之水师也"。[7]虽然有人批评李鸿章建海军有私心,仍无法抹煞他创建海军的功绩。

---

① 北京师范大学中国近代史组编:《中国近代史资料选编》上册,中华书局1977年版,第239页。

② 丁日昌:《北洋水师章程六条》,宝鋆等编:《筹办夷务始末》(同治朝)卷98,第19—20页。

③ 胡立人、王振华:《中国近代海军》,大连出版社1990年版,第348页。

④ 李鸿章:《复曾相》,《李文忠公全集》卷12,朋僚函稿,上海古籍出版社1995年版,第3页。

⑤ 李鸿章:《筹议制造轮船未可裁撤折》,《李文忠公全集》卷19,奏稿,上海古籍出版社1995年版,第45页。

⑥ 李鸿章:《筹议海防折》,《中国近代史资料丛刊·洋务运动》(一),上海人民出版社1961年版,第43页。

⑦ 黄体芳:《兵部左侍郎奏》,《中国近代史资料丛刊·洋务运动》(三),上海人民出版社1961年版,第17—18页。

李鸿章看出洋人"论势不论理,彼以兵势相压,我第欲以笔舌胜之,此必不得之数也"。因而力主"明是和局","阴为战备",①东南沿海重地集船只,购利器,筑炮台等,"亟练水师"。② 而且认为"我若早一日备预水军,敌即早一日消弥衅端"。③ 李鸿章的主张和做法受到美国驻华使馆秘书何天爵的肯定:"李鸿章一切努力的主要目标是保卫共同的祖国,反对外国的侵略"。④

为解决建设近代海军所需经费问题,李鸿章力主开矿、设厂以"求富"。先后于19世纪60年代开始创办江南制造总局、金陵机器局、天津机器局以及轮船招商局、织布局、矿务局等,对加强国防近代化有积极作用。

李鸿章为了落实建立海军的重任,主张首先解决"海外水师铁甲船与守口大炮铁船"问题。⑤ 其次是"培才",因为"人才为水师根本",⑥除在国内培养外,还要派人到国外学习,待"出洋子弟学成回国",可资重用。⑦ 另一方面还聘请一些洋教习,教授驾驶、炮术等。第三是购船,最初他主张"不得自外洋购船",⑧而到1874年转而提出买船为主,造船为辅的方针,理由一是国内所造多为小炮船,且"物料匠工多自外洋购致……造船之银,倍于外洋购船之价,今急欲成军,须在外国定造为省便"。⑨ 第四是建设包括炮台、船坞、学堂、仓库等在内的海军基地,以作舰队战守之依托,此乃最为重要之举,并确定先后在大沽、旅顺、大连湾、威海等地,构筑海防工事。第五是

① 李鸿章:《筹议海防折》,《中国近代史资料丛刊·洋务运动》(一),上海人民出版社1961年版,第41页。

② 李鸿章:《请设海军部兼筹海军事复总理衙门函》,见张侠等编:《清末海军史料》,海洋出版社1982年版,第33页。

③ 《李文忠公全集》卷24,奏稿,上海古籍出版社1995年版,第19页。

④ 何天爵撰,张雁深译:《中国的海陆军》,《中国近代史资料丛刊·洋务运动》(八),上海人民出版社1961年版,第468页。

⑤ 李鸿章:《筹议海防折》,《中国近代史资料丛刊·洋务运动》(一),上海人民出版社1961年版,第47页。

⑥ 《李文忠公全集》卷52,奏稿,上海古籍出版社1995年版,第8页。

⑦ 李鸿章:《筹议海防折》,《中国近代史资料丛刊·洋务运动》(一),上海人民出版社1961年版,第53页。

⑧ 《清史稿》卷136,清史馆1927年版,第4032页。

⑨ 李鸿章:《筹议海防折》,《中国近代史资料丛刊·洋务运动》(一),上海人民出版社1961年版,第47页。

1888 年北洋海军建成后，加强训练，并每三年检阅海军一次，北洋海军成为"中国唯一具有战斗力的一个舰队"。①

四、北洋海军将士在甲午三次海战中体现了英勇不屈、耿耿忠烈的中华国魂

北洋海军建成后，经历 1891 年、1894 年两次会操，北洋舰队将士认真操练，能够"衽席风涛，熟精技术"，②演习袭营阵法"攻守多方，备极深奥"。③这样一支海军在三次海战中均有极佳表现。

首次海战——丰岛海战。1894 年 7 月 25 日，北洋舰队济远、广乙二巡洋舰完成护卫运兵任务返航时，在丰岛海面突遭日本吉野、浪速、秋津洲三巡洋舰的袭击。从中国海军将士的积极作战，可以看出其高贵品质。

（一）奋勇作战。中国军舰是被迫应战，接敌时济远舰大副、尽先游击中军左营都司沈寿昌（1865—1894）和二副都司衔中军左营守备柯建章"在天桥上站立，请令开炮，尚迟不发"。④ 在刻不容缓之际，他俩沉着果敢，"屹立司舵"，⑤指挥炮手以前后大炮及左右哈乞开司炮轰击日旗舰"吉野"，海面硝烟弥漫，各舰仍劈滔破浪，全舰将士"动作快速，敏捷善战"，所发弹多中吉野、浪速等舰，鏖战 1 时 20 分。⑥ 不幸忽有日弹中济远望台，大副都司沈寿昌头部中弹片，壮烈牺牲。这是甲午战争中北洋海军牺牲的第一个高级指挥官。柯建章继续坚持指挥战斗，又被弹片洞胸阵亡。学生黄承勋断臂，军功王锡山、管旗头目刘鹍均中弹阵亡。英勇作战的弁兵牺牲 13 人，伤 40 余人。⑦

---

① Zenone Volpicelli(笔名：Vladimir)，*The China - Japan War*. London. 1896. p78.〔乌拉米尔：《中日战争》，(伦敦)桑普森·洛马斯顿出版公司 1896 年版，第 78 页。〕

② 《李文忠公全书》卷 12，奏稿，上海古籍出版社 1995 年版，第 4 页。

③ 《李文忠公全书》卷 78，奏稿，上海古籍出版社 1995 年版，第 13 页。

④ 《寄丁汝昌》，《中国近代史资料丛刊·中日战争》(四)，上海人民出版社 1957 年版，第 269 页。

⑤ 吴馨、姚文枬等：《上海县志》卷 15，人物补遗，1936 年铅印本。

⑥ 《日清战争实记·丰岛海战》，《中国近代史资料丛刊续编·中日战争》(8)，中华书局 1994 年版，第 2 页。

⑦ 池仲祐：《甲午战事记》，《中国近代史资料丛刊续编·中日战争》(6)，中华书局 1993 年版，第 3 页。而《北洋大臣来电(四)》(光绪二十年六月二十五日电报档)称"弁兵阵亡十三人，受伤二十七"，见《中国近代史资料丛刊·中日战争》(三)，上海人民出版社 1957 年版，第 2 页。

（二）顽强抵抗。广乙投入战斗后，管带林国祥利用舰的吨位小、速度快的优势，迅速靠近吉野、秋津洲。拟施放鱼雷，因双方相距太近，仅中日舰数弹，伤亡70余人，舵机损坏，舰体倾斜，好不容易驶至朝鲜西海岸，退守中尚击伤尾追的浪速。遂于十八家岛搁浅，为免资敌，林国祥命将舰焚毁。战斗中高升号和运输舰操江驶至丰岛海域时，济远在管带方伯谦指挥下却退出战场，日舰吉野猛追济远，济远舰水手王国成在李仕茂帮助下，以舰尾15厘米口径主炮，连发4炮，有3炮命中吉野。吉野顿时火起，船头前倾，不得不转舵退走。

（三）宁死不屈。中国雇用的英国运兵船高升号与日舰相遇时，船上的中国官兵抵制英国船长高惠悌"跟浪速舰走"[①]的决定。仁字军营务处帮办高善继对部下说："我辈同舟共命，不可为日兵辱。"最后官兵一致表示"宁愿死，决不服从日本人的命令"。[②] 当日舰将高升号击中，船在下沉时，官兵仍以步枪"勇敢地还击"。[③] 这种宁死不屈的精神极为可嘉。

第二次海战——黄海海战。1894年9月17日的海战是北洋海军提督丁汝昌率12艘军舰和4艘鱼雷艇护送运兵船增援平壤返航时，突遭日本联合舰队12艘舰只的袭击而进行的中日海军的主力决战，激战中更体现了北洋海军爱国官兵的耿耿忠烈精神。

（一）奋勇抗敌。9月17日12时50分，当北洋舰队接近日本舰队达5000米时，旗舰定远管带刘步蟾首先毫不犹豫地命炮手以30厘米大炮向日舰发炮，[④]以先发制人。未几定远望桥中炮，站在望桥指挥的丁汝昌右边头面和颈项皆被烧伤，[⑤]仍坐在甲板上督战，遂命刘步蟾代为督战。当定远

① 《高升号船长高惠悌的证明》，《中国近代史资料丛刊·中日战争》（六），上海人民出版社1957年版，第23页。

② 《高升号船长高惠悌的证明》，《中国近代史资料丛刊·中日战争》（六），上海人民出版社1957年版，第23页。

③ 《汉纳根大尉关于高升商轮被日军击沉之证言》，《中国近代史资料丛刊·中日战争》（六），上海人民出版社1957年版，第21页。

④ 《日本参战将领的战斗报告及演讲——高千穗舰某尉官亲笔记述的黄海海战实况》，《中国近代史资料丛刊续编·中日战争》（7），中华书局1996年版，第252页。

⑤ 《日清战争实记》第20编，第9页。

桅楼被毁,无法指挥之时,致远舰管带邓世昌先行将"纛竖之",①致远沉没后,靖远舰管带叶祖珪不怕敌炮攻击,也主动"从旁升收队旗",②代旗舰指挥。这种敢当重担、主动指挥的责任感,鼓舞舰队官兵与日舰鏖战5时许。

(二)指挥若定。黄海大战中,北洋海军将士的忠烈精神还表现在杰出智慧,指挥若定上。海战伊始,海军提督丁汝昌受伤后,即由右翼总督刘步蟾代为督战,一面救火,一面"指挥进退,时刻变幻,敌炮不能取准"。③ 其余大多管带亦能指挥各自舰船,英勇杀敌,不稍畏怯。镇远管带林泰曾指挥有方,士兵"开炮极为灵捷,标下各弁兵亦皆恪遵号令,虽日弹所至,火势东奔西窜,而施救得力,一一熄灭",④多次击中日舰。平远管带李和以26厘米炮击中日本旗舰松岛中央鱼雷室;广丙管带程璧光发炮击中日舰西京丸,迫使其逃命。⑤北洋舰队将领凭借爱国之心不畏顽敌,沉着指挥,虽然损失严重,却表现出海军官兵的中华魂。

(三)视死如归。北洋海军将士在海战中的不怕牺牲、视死如归的精神得到体现。最振奋人心的是致远舰管带邓世昌。在海战打响后,他激励将士"吾辈从军卫国,早置生死于度外,今日之事,有死而已"。当致远受重创,且弹药将尽之时,日舰吉野猖獗,威胁定远,邓世昌为护卫定远,决心与日舰同沉,乃"奋勇……直向日舰"。⑥不幸舰中敌鱼雷而沉。邓世昌拒绝生还机会,与200多名将士同时壮烈殉国。经远管带林永升在临战时一面命令拆掉"船舱木梯","将龙旗悬于桅顶",⑦以表抗敌到底;一面鼓励弁兵奋勇

---

① 《清史稿·邓世昌传》,中华书局1976年版;梁鼎芬等:《番禺县续志》卷23,广州1911年刻本,见张侠等编:《清末海军史料》,海洋出版社1982年版,第396—398页。

② 《冤海述闻·大东沟战事纪实》,《中国近代史资料丛刊·中日战争》(六),上海人民出版社1957年版,第89页。

③ 李鸿章:《请优恤大东沟海军阵亡各员折》,《中国近代史资料丛刊·中日战争》(一),上海人民出版社1957年版,第135页。

④ 蔡尔康等编:《中东战纪本末·朝警记四·大东沟海战》,《中国近代史资料丛刊·中日战争》(一),上海人民出版社1957年版,第169页。

⑤ [日]川崎三郎:《日清战史》第7编,(东京)博文馆1897年版,第141页。

⑥ 《邓壮节公事略》,《中国近代史资料丛刊续编·中日战争》(12),中华书局1996年版,第399页。

⑦ 蔡尔康等编:《中东战纪本末·朝警记四·大东沟海战》,《中国近代史资料丛刊·中日战争》(三),上海人民出版社1957年版,第168页。

作战,危难时全舰官兵仍"发炮以攻敌,激水以救火",不幸林永升头部中弹而亡,随舰沉入海中。另一位威武不屈的是镇远舰大副杨用霖,他平时就以"马革裹尸为壮",黄海海战开始,他激励部下"时至矣！吾将以死报国"。[①]镇远舰广大官兵在杨用霖以死报国的精神鼓舞下,英勇杀敌,直至日舰撤出作战海域。他们在战火中奋不顾身,在生死存亡面前毫不畏缩,这种忘我精神是中华民族的宝贵财富。

第三次海战——威海海战。1895 年 1 月 30 日至 2 月 11 日,北洋海军遭到日本联合舰队包围,并与之进行最后的决战。1 月 30 日凌晨,伊东祐亨率联合舰队主力舰只包围北洋舰队驻地威海卫,日军又先后占领南北帮炮台和威海卫城,陆上援军无望,造成北洋舰队从未有的困境。正是在极端艰难的情势下,北洋舰队爱国将士表现出意志坚定,顽强战斗,临危不惧,舍生取义的精神。

(一)誓死御敌。日本舰队自 1 月 30 日起的 13 天里多次进攻刘公岛、日岛的北洋舰队,均遭到顽强抵抗。1 月 31 日丁汝昌率定远等舰驶至刘公岛与日岛之间,边向南帮炮台猛轰,边以炮火阻止日海军进犯,击中日筑紫、松岛舰。2 月 3 日 10 时,日扶桑等 4 舰从威海南口与南帮炮台相配合夹击北洋舰队,丁汝昌陷入重围之中,但仍镇静指挥抗敌,日本也不得不承认丁汝昌"毫无屈色,努力防战",[②]日葛城、筑紫、松岛中炮受伤。日军水陆夹击北洋舰队,中国官兵越战越勇,挫败日军两次进犯。其后日军改以鱼雷攻击方式,乘夜攻击定远,定远还击,命中日九号艇机舱,致 10 人伤亡。同时定远舰底被击中,舰身倾斜,刘步蟾奉丁汝昌之命速将舰绕至铁码头东侧,作水炮台用。[③] 相继,来远、威远、宝筏中鱼雷沉没。丁汝昌仍沉着指挥,致使日舰第三、四次进攻失败。2 月 7 日的第五次为总攻击,伊东祐亨调动 22 艘战舰,拟一举攻下刘公岛,歼灭北洋舰队。北洋舰队与刘公岛、日岛炮台相配合,以猛烈炮火抗御,很快击中松岛、桥立、岩岛、秋津洲和浪速等舰,[④]

① 欧阳英、陈衍纂修:《闽侯县志·节义上》卷 85,1933 年刻本。
② ［日］海军军令部编:《明治二十七八年海战史》下卷,第 199 页。
③ 《北洋大臣来电》,《中国近代史资料丛刊·中日战争》(三),上海人民出版社 1957 年版,第 413 页。
④ ［日］海军军令部编:《明治二十七八年海战史》下卷,第 93—95 页。

日军死伤严重,气焰受挫。在此关键时刻,竟发生北洋舰队败类福龙管带蔡廷干和鱼雷艇管带王平等15艘艇船逃跑事件,致使丁汝昌的防御部署被打乱,影响极坏。但绝大多数北洋舰队官兵在随后的日军海陆军夹击下仍顽强抵抗。2月9日,面对日本海军的猛攻,丁汝昌亲登靖远舰,率舰至日岛附近指挥,与日舰拼战。不幸靖远中弹而沉,丁汝昌幸运获救。10日,丁汝昌仍指挥各舰和刘公岛炮台打击侵犯的日舰,日本人承认"清兵不屈,连日连夜,疲困已极,力击诸舰及东(南)口三炮台"。① 中国官兵又击退日军两次进攻,并击中日葛城、天龙、大和,击毙多人。② 北洋舰队在击退日军7次进犯后,力量大削,又兼援兵不至,粮食弹药将罄,已濒于绝境。

(二)顾全大局。当日军攻占南北帮炮台和威海卫,联合舰队封锁威海卫港后,刘步蟾辅佐丁汝昌,积极组织北洋舰队顽强抗敌,打退日军7次进犯。定远舰中鱼雷后,刘步蟾奉令将定远作为水炮台继续攻击日舰。10日,北洋舰队危在旦夕之际,他又执行丁汝昌之命将定远炸沉,以免资敌。丁汝昌在极其艰难的情况下,仍试图力挽危局。他不计个人恩怨得失,顾全大局,主动联络各军。当清廷拟"逮治丁提督时",威海炮台统将戴宗骞等公电:

> 丁提督自旅顺回防后,日夜训练师船,联络各军,讲求战守布置……暂留丁提督在威海协筹要防,大局甚幸!③

刘步蟾暨各管带等公电:

> 丁提督表率水军,联络各营,布置威海水陆一切,众心推服。④

事实上,威海危局时全靠丁汝昌主动与山东巡抚李秉衡、登莱青道刘含芳⑤联络,海陆配合防御。以上都是从全局战事考虑的。

----

① 《日清战争实记》第12编,第410页。

② 易顺鼎:《盾墨拾余》,《中国近代史资料丛刊·中日战争》(一),上海人民出版社1957年版,第117页;《日清战争实记》第20编,第11页。

③ 《北洋大臣来电一》,《中国近代史资料丛刊·中日战争》(三),上海人民出版社1957年版,第267页。

④ 《北洋大臣来电一》,《中国近代史资料丛刊·中日战争》(三),上海人民出版社1957年版,第267页。

⑤ 《丁汝昌致刘含芳电》,《清光绪朝中日交涉史料》(2550),卷32,第14页。

（三）舍生取义。为了国家，北洋海军多数将领都置生死于度外，关键时刻能舍生取义。刘步蟾抱定"苟丧舰，将自裁"①的决心，战争中镇定指挥，当定远舰重伤后，刘步蟾悲愤自责，即欲一死谢之，丁汝昌劝其"切莫存有此念"，但是当为免资敌自爆定远后，他还是悲愤自尽，实践了诺言。李秉衡评论称："船亡与亡，志节凛然，无愧舍生取义。"②丁汝昌决心与敌人拼战到底，告家人"吾身以许国"。③ 他在断然拒绝日本劝降后再次表示"断不能坐睹此事"，"决不弃报国之义，今唯一死以尽臣职"。④ 在威海粮弹匮乏，外援无望的情况下，丁汝昌仍鼓励众将，说服洋人和意志薄弱者，坚持保卫威海达13日。直到"见事无转机"，丁"誓以身殉"。自尽前明确嘱咐威海卫水陆营务处提调兼管东口水雷营的牛昶昞"速将提督印截角作废"，⑤遂吞鸦片自尽。丁自尽后，牛昶昞伙同洋员共推护理左翼总兵、署镇远管带杨用霖出面与日军商议投降事宜。杨用霖断然拒绝，口诵文天祥名句"人生自古谁无死，留取丹心照汗青"后，返舰舱引枪自击而亡。⑥ 他们以自己的行动，体现了视死如归、舍生取义的民族气节。这种精神与那些贪生怕死、屈膝投降的软骨头形成了鲜明的对照。

五、北洋海军覆灭给人们的启示

中国近代海军——北洋海军，经过三次海战后就全军覆灭，留给人们的教训太多了，以下试列举数条启示。这些启示是从建设一支真正强大的海军思考问题的，并强调存在问题并不否认北洋海军将士的历史功绩。

第一，一支强大的海军，必须有一个坚强有力的指挥核心。清政府于

① ［英］泰莱：《甲午中日海战见闻记》，《中国近代史资料丛刊·中日战争》（六），上海人民出版社1957年版，第67页。

② 《山东巡抚李秉衡奏查明丁汝昌死事情形折》，《中国近代史资料丛刊·中日战争》（三），上海人民出版社1957年版，第581页。

③ 施从滨：《丁君旭山墓表》，《丁氏宗谱》，1922年刻本。

④ 《福龙鱼雷艇某弁供词》，《日清战争实记》第20编，第9页。

⑤ 陈诗：《庐江文献初编·丁汝昌传》，《中国近代史资料丛刊续编·中日战争》（12），中华书局1996年版，第383页。

⑥ 池仲祐：《海军实记·战役死难群公事略·杨镇军雨臣事略》，张侠等编：《清末海军史料》，海洋出版社1982年版，第375页。

1885 年 10 月设立了"总理海军事务衙门",负责管理全国海军,其实大权却由会办李鸿章掌握。1888 年成军的北洋海军,亦听命于李鸿章一人。北洋海军按照《北洋海军章程》设立了提督、总兵等海军军官,并聘请了外国顾问,似乎有个指挥核心,但是提督却是个不懂海军的人,他惟一的职责是忠诚执行李鸿章的意图,不能充分发挥左、右翼总兵的作用。聘请的洋人又有独树一帜、争权夺势之事,弄得指挥核心不和谐。个别将领时有擅自行动者,诸如方伯谦擅自离开黄海大战海域,蔡廷干的逃遁等。在威海保卫战时,没有形成海陆协防指挥核心。这些对北洋舰队覆灭影响太大了。

第二,战胜外来侵略,必须有一个开明而严密的政治体制。清朝封建专制政治体制,到了 19 世纪七八十年代更加显露出腐朽、封闭与落后,对内镇压人民以维护统治,对外则屈辱妥协。而且一国之君光绪受慈禧掣肘,战和摇摆,多年未增加新舰艇。清廷对外政策的执行者李鸿章缺乏总统大局的本事。甲午战争的关键时刻他只有"避战保舰"的想法,面对日本的联合舰队,却无调动南洋海军、福建海军共同作战的决策,北洋舰队独自与日本的全国联合舰队作战。再加上"前路"与"后路"不能协调一致,战时无法实施综合保障。其他方面暴露出的问题都源于腐败落后的社会制度、军事体制以及海军海防战略。体制的弊端造成北洋舰队孤军作战,岂有不败之理。

第三,海军保卫海防,必须有先进的舰艇,配备先进的武器和完善的"后路"保障体系。北洋舰队与日本联合舰队在船只数量上旗鼓相当,可是中国舰队除有铁甲舰优势外,也有着舰速慢及缺少速射炮的大弊端。中国舰炮配备的是有烟火炮,且无法连续发射。北洋舰队"后路"保障部门多达 10 余个,[①]可是存在严重问题。一是军械多为进口,配件需从外国购入,黄海海战中各舰大炮零件损毁严重,许多大炮受损后不能及时维修,变成废炮;二是弹药质量存在问题,有的偷工减料、铁质不佳、弹面皆孔,有的大小不合炮

① 《北洋海军章程·后路》,《北洋海军资料汇编》(下),中华全国图书馆文献缩微复制中心,1994 年,第 1055—1062 页。

腔,有的引信拉火不能引着;①三是北洋各舰"炮弹等亦多不敷临敌之用",②且出现"克虏炮有药无弹,阿姆斯特朗炮有弹无药"③的怪现象。就连供应各舰之煤,"尽罗劣充数","煤屑散碎,烟重灰多"。④ 此外医疗保障差、伤亡抚恤标准过低、补充兵员不足不及时,以及劳务过于繁重等方面也问题严重。截至威海保卫战时,后勤供给几乎断绝,粮食缺乏,弹药将罄。⑤ 这样的舰队是无法取得胜利的。

第四,夺取战争胜利的基本要素之一是官兵必须有较高的素质。任何战争,战斗力的基本要素除武器外,官兵素质往往具有决定性的作用。对北洋舰队后两次海战中的检验可以发现,不仅武器装备不如日本,官兵素质也存在问题。来远帮带大副张哲溁在呈文中指出了作战失利的缘由,达 16 项之多。其中多为管理不到位而酿成的官兵素质欠佳。张哲溁指出统帅无权、训练不精、号令不严、军械不足、军火不备、材料不备、辅佐乏才、兵额不敷、兵勇过劳、纪律不严、将就任使、军心不固、将士耽安、情面太重、奖恤失当、洋员不力⑥等问题,呈文所列虽有的较为牵强,仍揭示了北洋舰队存在着管理混乱,军纪涣散,士气低落,训练不实以及官兵素质不高等问题,这样的舰队要在战场上克敌制胜是不可能的。

以上不是就整个甲午战争而言,仅是就北洋海军三次海战直到全军覆灭给人们的几个主要启示。一场战争,不论胜负都会给人以启示,但是北洋海军的迅速覆灭给人们的教训是十分深刻的。

往事并不如烟,北洋海军的大量资料和许多经验教训,保留在了人间,

---

① 《张哲溁呈文》、《沈寿堃呈文》,《盛宣怀档案资料选辑》之三《甲午中日战争》下册,上海人民出版社 1982 年版,第 398、404 页。

② 《中东战纪本末·德汉纳根军门语录》,《中国近代史资料丛刊·中日战争》(七),上海人民出版社 1957 年版,第 538 页。

③ 《赫德致金登干》(1894 年 9 月北京去函 Z 字第六三〇号),《中国海关与中日战争》,中华书局 1983 年版,第 55 页。

④ 《丁汝昌海军函稿》,《北洋海军资料汇编》(上),中华全国图书馆文献缩微复制中心,1994 年,第 533—534 页。

⑤ 《北洋大臣来电三》,《中国近代史资料丛刊·中日战争》(三),上海人民出版社 1957 年版,第 389 页。

⑥ 《张哲溁呈文》,《盛宣怀档案资料选辑》之三《甲午中日战争》下册,上海人民出版社 1982 年版,第 398—400 页。

这是一笔宝贵的财富。它确凿地告诫人们:捍卫祖国的海疆,必须有一支真正强大的人民海军。

关伟,女,大连民族学院东北少数民族研究院博士

历史悲剧中的悲怆乐章

——评说北洋水师

邢　丽　雅

中日甲午海战迄今已过百年，如何全面、准确评价北洋水师，各界仍有许多分歧，众说纷纭褒贬不一。贬者认为北洋水师的综合素质不高，是导致其最终覆灭的基本原因，进而在相关讨论时，常把北洋水师的将领和士兵们的素质说得几乎一无是处。

不可否认，北洋水师确有缺点，有不足，也有错误，但这可能并非是全部。如若不以胜败论英雄，而是变换考察的角度，从北洋水师的完整历史以及其与日本联合舰队的全部战争历程进行仔细辨析，便不难找出该水师也曾有诸多亮点，其结论也显然会有所不同。

一、北洋水师曾是历史上的精壮之师

所谓北洋水师是精壮之师，是指其本身在一定的历史阶段曾具有的较高的道德品位、较强的军事能力、较严的组织纪律而言，即北洋水师具有较高的综合素质。正因如此，甲午战前一度被认为是亚洲第一、世界第六（一说第四）的先进海军。

北洋水师官兵的道德素质是较高的。从中日之战全过程看，北洋水师从提督到士兵，应该说绝大部分人都是爱国者。他们忠于水师，忠于国家，忠于民族，他们在同日本联合舰队所进行的历次海战中，秉承尽忠报国之志，顽强战斗，威武不屈。北洋水师作为中国海军的首军虽然最终失败，但他们的忠勇爱国精神是永存的，其道德素质已被历史所证实。

一个舰队的军事能力如何，除武器装备的先进程度外，主要看这个舰队官兵的军事技能、战术水平、作战能力与战斗精神，特别是各级将领的总体水平，在这点上，北洋水师的军事素质曾是比较高的。

北洋水师的创始人李鸿章深知,要建立一支强大的近代海军,其关键在于人才,在于拥有足够的具有近代海军知识、技术和管理能力的海军骨干队伍。他曾说:"北洋现筹添购碰快铁甲等舰,需人甚众……尤必以学堂为根本,乃可逐渐造就,取之不穷。"[①]李鸿章的这种建军思想,在当时的清政府要员中,可以说是真正的远见卓识。而正是这一思想,为北洋水师作为一支高素质海军舰队的建立与发展,奠定了坚实的基础,并由此产生深远的影响。

李鸿章把创办水师学堂视为所需众多海军人才的根本来源,北洋舰队各主要战舰舰长及高级军官多为福建船政学堂毕业,并多曾到英国海军学院留学实习,回国后在水师中被委以重任,包括方伯谦、林永升、黄鸣球、黄建勋、刘步蟾、萨镇冰等等,分别担任了济远、经远、致远、镇远、定远、靖远、威远等十几艘战舰的管带、大副、二副、驾驶、管轮、炮长等要职。也有一部分人毕业于天津水师学堂,并服务于北洋水师。

北洋舰队的军官多能操英语,内部指挥命令亦是以英语发号。这些学堂毕业后又留学英、美海军学校的中国海军的最早精英们,是北洋海军军事将领的核心与骨干,并通过他们,将近代海军的军事理念散布至全军上下。

与此同时,为了提高北洋水师的海军专业技能,直接吸收欧美海军的先进技术,李鸿章还广泛聘用具有一定海军军事技术、管理能力和作战经验的外国海员以教练士兵和供职于水师的重要岗位。他不惜重金从一些国家聘用大约164名各类洋员,其中包括教习、管驾、管轮、工程师、鱼雷匠、炮手、军医等军事技术人员,军事顾问、总办、会办监工、帮办提督、总查、财务顾问、留学生监督等军事管理人员。这164名洋员分布在北洋舰队的定远、镇远、镇中等各舰上和服务于水师的船坞、营务处、炮台、水雷营、电报局、军医院、水师学堂和武备学堂。这些洋员在各自岗位上,努力工作,尽职尽责,其言传身带的影响不容低估。

北洋水师训练有素,组织纪律严明。1888年清政府颁布的《北洋海军章程》对北洋舰队的船制、官制、军纪、军规训练等14个方面都有明确规定。

这支舰队建立之初即参考西方列强海军规制,制定了一套较为严密的

---

① 《中国近代史资料丛刊·洋务运动》(二),上海人民出版社1961年版,第461页。

规程。其组织制度已经相当完备,对各级官兵都有具体详尽且十分严格的要求。舰队的训练也曾经十分刻苦。琅威理任总教习时,监督极严,"刻不自暇自逸,尝在厕中犹命打旗传令";"日夜操练,士卒欲求离舰甚难,是琅精神所及,人无敢差错者"。严格的要求和训练,使舰队官兵在文化素质上也达到了较高水准。英国远东舰队司令斐利曼特尔评价道:"其发施号令之旗,皆用英文,各弁皆能一目了然。是故就北洋舰队而论,诚非轻心以掉之者也。"

作为统帅,北洋水师提督丁汝昌因在黄海海战之始便未能发挥其指挥作用;威海海战结局又是北洋舰队全军覆灭,有论者据此便认为丁汝昌是一位不谙海军军事、指挥无能、作战不力的不称职的统帅。这个结论是不符合事实的。

丁汝昌出身陆军而在海军中任职,虽然没有受过正式海军军事教育,但他富有作战经验、懂得军事规律和战略战术。

黄海海战伊始,丁汝昌便身受重伤,因而无从发挥指挥作用。只是在威海海战中,才显露其军事才能。在日军海陆夹攻、大兵压境的形势下,丁汝昌与海陆军将领经过认真研究,制订了"海陆合力严防"作战方针,并指出:威海卫"地阔兵单,全恃后路游击有兵,以防抄袭,方能巩固"。[1] 丁汝昌有三点设想:一是"海陆合力严防"方针能否成功,关键在于南、北两帮炮台的后路必须有足够的陆军为后盾,用以阻击包抄两岸的日军。二是如果日本联合舰队派出小分队来袭,我舰则可正面迎敌,将其击退。三是如果日舰大队攻来,我舰可以出港,分布在两岸炮台炮线、水雷之界,合力夹击以阻止日舰攻入港口。丁汝昌的很有见地且能行之有效的作战方案,表明了丁汝昌的军事才能。但上报李鸿章后,并未引起重视。在实战中因两岸炮台背后并无陆军防线,致使炮台失守,北洋舰队孤军苦战,其结果正如丁汝昌在计划中所预料的一样。这最终成为导致海战失败的重要原因。

丁汝昌的军事才能和道德品位,在其部下和洋员中有口皆碑。了解丁汝昌的部下说他"训练师船,联络各军,讲求战守";[2]与他共事而相知甚深

---

[1] 《甲午战争电报录》中卷,第188页。
[2] 朱寿朋编:《光绪朝东华录》(二),中华书局1958年版,总第3512页。

的洋员说他"才智出众,忠勇成性,素为海军各将领所服";①就连丁汝昌的最大敌人,日本联合舰队司令伊东祐亨在得知丁汝昌以身殉国时也称赞说:"丁提督之行为实在是无懈可击。亚洲丧失了如此屈指可数的海军提督,小官实有断肠之念。"②

应该说,一场战争的胜负,自有许多战场之外的更深层原因与更多方面的复杂因素,绝非临战的指挥官即可预料和掌控。由此可见,战争失败的责任如让丁汝昌承担,确实有失公允,与其说他是一位难以言勇的败军之将,不如说他是一位尽职尽责的悲苦角色,用鲜血和生命将一场不可抗拒的命运悲剧演绎到最终幕落。

从将士到统帅,从武器装备到作战训练,可以说,在当时的中国军队中,北洋水师是惟一一支具有一定近代军事思想、较为先进的近代训练方式与战争理念的军队,在整个清朝军事体制当中,此特点十分突出。

然而,无可讳言的是,在腐朽没落的清王朝封建体制下,这支新型军队不可避免地蜕化腐败了。多种资料证明,北洋水师在中后期,军风被各种恶习严重毒化,很快就与八旗绿营的腐败军风相差无二。军官生活腐化堕落,军纪松弛,训练中弄虚作假,欺上瞒下,章程规定的船制与保养也形同虚设。在1891年中日海军互访后,日本海军对北洋水师的敬畏荡然无存,表明中日海军力量对比的格局已经悄然转换。

此外,在中日海战中,受清政府"守土保船"思想的制约,北洋水师没有明确与日本联合舰队以舰队决战夺取制海权的战略,未制定出相应的作战计划,丧失了战争的主动权,导致北洋水师战略上陷于被动。

当历史的脚步走到1894年9月17日,中日甲午海战的炮声响起时,一场震惊世界的悲剧已无可避免。这是北洋水师的悲剧,但又何尝仅仅是北洋水师的悲剧!这是历史的悲剧,是中华民族的悲剧。在那个政治腐败的社会环境中,一切都因循往复,形成一个互为因果的恶性循环。没落的政权建立了军队,又腐蚀着它;衰朽的军队维护着政权,又瓦解了它。

这就是历史,可以恨它,可以咒它,却无法改变它。

---

① 《李鸿章全集》,卷19,电稿,第36—37页。
② 《日清战争实记》第21编,第19页。

二、北洋水师是战场上的悲壮之师

1894 年（光绪二十年），是中国历史上不平静的一年。这年，既是中日两国外交冲突波诡云谲的时刻，又恰逢中国清王朝的统治者慈禧太后 60 岁寿辰。

在战前，也许世人都以为中日两国海军各有所长，实力相差无几，英国远东舰队司令斐利曼特尔就曾评论说，北洋海军"观其外貌，大可一决雌雄于海国"。然而，这也仅仅是"观其外貌"而已。事实上，清朝的最高统治者并不知道如何使用花费无数白银建成的舰队。北洋海军成军后，便以为"自守有余"，停止了继续外购战舰的海军经费。1891 年中日海军互访后，危机已经显现，但正是这一年李鸿章的政敌翁同龢有个奏折获准，以财政歉收为由，三年内不许给水师拨款，李鸿章因此无法扩军，即便是在战争中，也得不到资助。

朝廷中的清流党人战前高喊减免军费，是为防止李鸿章等人权势过大，到了紧急时刻却又高喊开战，根本不顾自己国防败坏的事实，表面是为了所谓的清名，实际上其真正含义是想瓜分李鸿章的权力，逼迫李鸿章交出海军的控制权。对此，李鸿章步履维艰，丁汝昌更是左右两难。作为一线直接指挥舰队的海军提督，丁汝昌对海军现状的了解甚至比李鸿章更清楚。1894 年 8 月 7 日，在向旅顺船坞工程总办龚照玙交涉弹药、水雷的信件中，丁说："在水军能出海远行之船，合坚窳计之，现仅得有十艘。此外势皆勉强，岂能足恃？兹者，似以东路辽阔之海，概以系之轻减数船之师，不计数力，战守皆属，虽绝有智虑者亦为之搔首也。数战之后，船若有一须修，复力单而无补。存煤及军械数本不足，再冀添补，立待断难应手。后顾无据，伊谁知之！事已至此，唯有驱此一旅，搜与痛战，敢曰图功，先塞群谤，利钝之机听天默运而已。"外战未开，内战却已先行。本应是抗敌御侮的舰队，却成了派系争斗的牺牲品。

就是在这样的状况下，1894 年 9 月 17 日，当北京城里的朝臣们紧锣密鼓地准备在颐和园为慈禧太后举办大规模生日庆典时，丁汝昌率领他的北洋舰队驶向波涛汹涌的大海。上午 9 时，北洋水师观测兵发现西南方天水线上遥遥升起几缕黑烟，随着来船渐近，可看清对方军舰上挂着美国旗。但在来舰快进入大炮射程前，突然星条旗换成了日本太阳旗，原来是日海军中将伊东祐亨率日本联合舰队 12 艘军舰前来袭击。炮声响起，一场史无前例的中日海上交锋开始了。

黄海海战伊始，丁汝昌身受重伤。北洋舰队在一开始便失去统一指挥的情况下，并未畏战退缩，而是英勇顽强地与日舰坚持战斗达 5 个小时之久，并重创敌舰。

黄海海战之后，北洋水师受到重挫，朝中一片问责之声，官员相互攻讦诿责，慈禧的庆寿大典依然筹办，参战将士之悲苦却无人体恤。

1894 年 11 月 22 日，旅顺失守前，丁汝昌奉命带病率北洋舰队驶入威海基地。当时虽尚有各类大小舰艇 20 余艘，但主舰损伤严重。据李鸿章奏称，"现舰队五六只可出海，未能大战"，①已丧失出海作战能力。

当时日本联合舰队除参加黄海海战的 12 艘外，又增加了高雄、筑紫、天龙、葛城、大和、武藏、海门、盘城、大岛、摩耶、爱宕、鸟海、八重山等 14 舰和 16 艘鱼雷艇，几乎倾巢出动，决意消灭北洋舰队。此时的北洋舰队与日舰相比相差悬殊，已到不堪一击的程度。但北洋舰队的广大爱国官兵决心与日舰血战到底。

威海海战是丁汝昌率领北洋舰队，在日本的海陆联合围攻且无任何外援情况下进行的孤军奋战，是北洋水师用血肉之躯誓死保卫祖国的艰苦卓绝的无比壮烈的战斗。

1895 年 2 月 6 日后，是北洋舰队与日军作战最艰苦、最壮观的时刻。

2 月 6 日，日舰进攻日岛，日岛守军仅有 30 名水兵，但作战十分英勇顽强。据亲身参加战斗的洋员肯宁咸回忆："从战斗开始到停止，日岛顶着南岸三炮台的炮火；地阱炮升起来后，便成了第三炮台的标的。这些炮并没有附着镜子，所以升炮的人一定要到炮台上面去，结果这个人立受对方炮击，这是很危险的任务。可是那些年轻的水兵仍旧坚守这些炮，奋勇发放。一次，3 个水兵守着一门炮，冒着凶猛的袭击……其中 1 人因炮弹爆炸，颈上、腿上和臂上 3 处受伤，可是一等伤处裹好，他们仍旧坚决地回到他的岗位，

---

① 《李鸿章全集》，卷 19，电稿，第 3 页。

只手助战。"①

2月10日,定远号炮弹已光,刘步蟾自毁定远后殉国。此时,北洋舰队和刘公岛守军在强大敌军的连日猛攻下,孤军苦战已达12日之久,北洋水师在陷入绝境之际,爱国官兵们仍然斗志昂扬地抗击敌舰的进攻。11日,日舰第三游击队的葛城、大和、武藏、天龙4舰攻向刘公岛,炮台守军英勇抵抗,炮击准确。片刻,葛城被击中,死伤7人;天龙副舰长中野信阳,正在舰桥指挥,命中左舷的弹片飞来,打断中野一条腿,腿留在舰桥上,身体已飞入海中。机舱破坏,5人负伤;大和舰桥机关炮被毁。②

我们从这些黄海海战和威海海战现存比较完整的有关中外史料中,看到的北洋水师官兵与强大而凶猛的日本海军作战的形象,绝不是怯懦畏缩和屈服投降,而是勇敢奋战,宁死不屈。他们铁骨铮铮,大义凛然,以对祖国对民族无限忠诚的壮举为中国海军争得了荣誉。

任何史学家都知道:甲午之败,腐败使然,有军事的腐败,更有政治的腐败;甲午战争的命运在明治维新与洋务运动两种不同的变革兴起时就已注定。落后的封建主义不是新兴资本主义的对手,垂死腐朽的晚清帝国不想作根本性的改革,必定难逃最终的失败。

诚如马克思所说:"一个人口占几乎人类三分之一的大帝国,不顾时势,安于现状,人为地隔绝于世界并因此竭力以天朝尽善尽美的幻想自欺。这样一个帝国注定要在一场殊死的决斗中被打垮……"中日甲午战争,尽管战争的结局是悲怆的,但北洋水师的表现是悲壮的。

三、北洋水师是勇于牺牲的壮烈之师

中日海战伊始,北洋水师的广大官兵即决心以"天下兴亡,匹夫有责"、"杀身成仁、舍生取义"的爱国精神为保卫民族和国家利益而与敌血战,乃至献出宝贵生命。下面仅举数例以说明。

北洋舰队统帅丁汝昌在丰岛海战后对家人说:"吾身已许国。"③在黄海

---

① 《肯宁咸乙未威海卫战事外纪》,《中国近代史资料丛刊·中日战争》(六),上海人民出版社1961年版,第321页。
② 《日清战争实记》第20编,第11页。
③ 施从滨:《丁君旭山墓表》,《丁氏宗谱》,1922年刻本。

海战中,他面对凶猛强大的日本海军,与官兵们同舟共济,"誓死抵御,不稍退避"。① 开战后不久,他虽身受重伤,仍然端坐于甲板上督战。战后清廷不问青红皂白将其革职,并欲逮京问罪,他虽身处逆境,却以民族大义为重,依然"表率水军,联络军营,布置威海水路一切"。② 在威海苦战中,"彼常立于最危险之地",③而且"经常亲自出阵"。④ 日舰队司令伊东祐亨在致丁汝昌的劝降书中说:"阁下苟来日本,仆能保我天皇陛下,大度优容。盖我陛下对其臣民之叛逆者,仅免其罪而已哉,如夏木海军中将、大岛枢密顾问官等,量其才能,授权封官,类例殊多。今者非其本国之臣民,而显有威名赫赫之人,其优待之隆,自必更胜数倍尔。"⑤面对敌人以高官厚禄为诱饵的劝降,丁汝昌则表示:"予绝不弃报国大义,今唯一死以尽臣职。"⑥

1895年1月30日至2月11日,在威海卫之战中,他指挥北洋舰队抗击日军围攻,坚持抗敌报国立场,严拒日本联合舰队司令长官伊东祐亨的劝降和北洋海军洋员瑞乃尔等的逼降,临危不惧,坚守指挥岗位,在援军已绝、突围难成的情况下,服毒自尽,以身殉国。

对于丁汝昌的忠烈,连日本海军大尉子爵小笠原长生都说"我觉得他是一位具有古代豪杰风度的人物"。⑦

致远管带邓世昌在黄海海战中与日舰鏖战时,见舰已受重伤,知道已到最后关头,对大副陈金揆说:"倭舰专恃吉野,苟沉是船,则我军可以集事。"他登上飞桥,向全舰官兵疾呼:我辈从军卫国,早置生死于度外。今日之事,有死而已。然虽死,而海军声威弗替,是即所以报国也! 随即指挥重伤倾侧、燃烧着大火的战舰直冲吉野,"鼓轮怒驶,且沿途鸣炮,不绝于耳,直冲日队而来",在参战的中日所有战舰上官兵的惊骇中,发起了中国海军历史上最壮烈的一段征程。

镇远副管驾杨用霖于"甲午八月镇远舰随军在大东沟与日本战,用霖愤

① 朱寿朋编:《光绪朝东华录》(三),中华书局1958年版,总第3469页。
② 《中国近代史资料丛刊·中日战争》(三),上海人民出版社1961年版,第267页。
③ 《泰莱甲午中日海战见闻录》,《东方杂志》卷28,第7号。
④ 《中国近代史资料丛刊续编·中日战争》(6),中华书局1993年版,第322页。
⑤ 《帝国海军之大捷》,《日清战争实记》第18编,第27页。
⑥ [日]海军军令部编:《明治二十七八年海战史》下卷,第202页。
⑦ 《中国近代史资料丛刊续编·中日战争》(7),中华书局1996年版,第266页。

然谓其属曰：'时至矣，吾将以死报国，愿从者从，不愿从者吾弗强也'。从皆泣曰：'杨公死，吾辈何以生？为赴汤蹈火，惟公所命。'公指挥各兵勇奋力鏖战，弹火飞腾，血肉狼藉，神色不动，而攻御愈酣。敌为之却。适定远中炮，火发烟腾，与敌抵拒，已忙迫间，公转镇远之舵，突遮其前以受弹。定远得以隙间救火，从容迎敌……各舰战后回驶威海，镇远进口，适以水涸触礁。管带总兵林泰曾，忧愤自尽。上台举用霖代理其职"。当日军陆海夹攻威海时，"连日困守威海港，遇敌犹酣战也。嗣以当事失计，内外援绝，日军进占南北帮炮台，各舰艇中敌鱼雷，时有沉没者，大势已不可为"。[①] 杨用霖见丁汝昌、刘步蟾先后为国捐躯，"以为奇痛，于慨然思所以自处，因诵文信国'人生自古谁无死，留取丹心照汗青'之句，引枪衔口，发弹自击，脑浆自鼻窍垂注如著，犹端坐不仆，观者惊以为神"。[②] 杨用霖是北洋海军中惟一未经学堂正规培养而从基层一步步晋升而上的军官，其人血性刚烈，曾被琅威理评价为最有可能成为东方纳尔逊的人，在大东沟海战中为防范有人降旗投降，曾亲手将战旗钉死在桅杆上。在北洋海军这最后的时刻，他以手枪自戕。而他所发出的，是北洋海军无比悲壮的最后一枪。

尽管甲午之战的硝烟已然散去，但昔日的英魂仍在历史的长河中萦回，为了多苦多难的民族，他们作出了自己悲壮的牺牲。丁汝昌与他率领的北洋水师战败了，就像一位悲凉的剑客，孤独、无助又无奈，只身与"百万一心"的强大的邻国日本殊死搏斗，其结局也许是难以避免的，但他们谱写的一章章感人肺腑的与敌拼搏的壮烈诗篇，必将永垂青史。

邢丽雅，女，齐齐哈尔大学人文学院副院长、历史学教授、硕士生导师

---

① 《中国近代史资料丛刊续编·中日战争》(12)，中华书局 1996 年版，第 391 页。
② 《中国近代史资料丛刊续编·中日战争》(12)，中华书局 1996 年版，第 393 页。

浅析北洋海军建军的历史意义

蒋　惠　民

北洋海军是中国近代史上最大的一支海军,这支海军曾威震四方,雄极海上,成为亚洲第一流的海军,从 1879 年 10 月开始筹建,以较快的发展速度,于 9 年后的 1888 年正式成军。但是,这支海军的覆没也是历史少有的,于 1895 年 2 月覆没于刘公岛,仅仅存在了 6 年。历史的教训是惨痛的,我们应该牢牢记取这段悲壮的历史。同时,我们也要看到北洋海军建军的历史功绩。

一、关于北洋海军的创建

海军是水上的武装力量。我国是一个拥有 1.8 万公里海岸线的国家,也是世界上较早建立水上武装的国家之一,其发展水平一直居于世界领先地位,郑和下西洋,徐福、鉴真东渡日本,郑成功收复台湾等,均为航海史和海战史上的壮举。到了近代,随着鸦片战争的失败,洋务运动的兴起,海上防务才被清政府列入重要的议事日程。1875 年 5 月批准组建新式海军,每年拨银 400 万两,设立北洋、南洋、粤洋三支海军舰队。派洋务运动首领李鸿章督办北洋海防事宜,派沈葆桢督办南洋海防事宜。同时,清政府以"财力未充,势难大举,只可量力择要筹拟"为由,主张"先于北洋创设水师一军,俟力渐充,就一化三,择要分布",①制定了优先发展北洋海军的方针。李鸿章权倾一时,深为清政府器重,他凭借权势,逐渐将北洋三省的海军事务统一起来,改变了各自为政的混乱局面,又压制南洋、粤洋两支海军的发展,还掌握外购战舰的特权,先后从英国和德国为北洋海军购置战舰 9 艘。1879 年,督办南洋海防事宜的沈葆桢去世,李鸿章独揽海军建设大权,他在天津

---

① 　董进一、戚俊杰:《北洋海军与刘公岛》,海洋出版社 2002 年版,第 23 页。

设立海军营务处,创办水师学堂,聘请英国人葛雷森任北洋海军总教习,在大沽建造船坞,对旅顺、威海进行港口建设和设防,标志着北洋海军开始筹建。至1881年,北洋海军拥有舰船13艘,总排水量近万吨,已经初具规模。1884年,中法马江海战的失败,使清政府看到中国海军的落后,决定"大治水师"①。1885年10月,清政府决定,设立以醇亲王为总理大臣的海军衙门,并规定由李鸿章"专事其事",②实际主持一切。李鸿章利用手中海军大权,极力扩充北洋海军,花巨款购买国外军舰大炮。在短短几年时间里,北洋海军拥有大小舰船25艘,总吨位达到3.67万吨。因此可以说,北洋海军是李鸿章一手发展建设的。

二、《北洋海军章程》的制定标志着北洋海军正式成军

(一)《北洋海军章程》的制定

依照惯例,在军队的营制、饷制和官制还未确定的情况下,此时的北洋海军还不能称为正式海军。鉴于此,李鸿章对海军章程的制定十分重视。1888年5月,他令下属研究制定北洋海军章程,并亲自参加讨论,其中刘步蟾对章程的制定起到了重要作用,他是章程的主要撰稿人。章程没有机械地照搬国外海军章程,而是与中国的具体情况相结合,其中大部分采用英国海军章程,部分参照德国或沿用中国旧制。章程完成后,经海军衙门进一步修订,于是年9月30日正式奏呈慈禧皇太后,清政府于1888年10月3日批准了《北洋海军章程》,至此,北洋海军正式成军。

(二)《北洋海军章程》的内容

《北洋海军章程》十分正规,条目清楚细致,共有船制、官制、升擢、事故、考校、俸饷、恤赏、工需杂费、仪制、钤制、军规、检阅、武备、水师后路各局14款。

1. 船制规定,北洋海军在编军舰25艘,并对各舰船人数和官衔作出明确规定,如镇远、定远两舰由总兵带,每舰329人,其余各舰由副将、参将、都司管带,人数从202人到54人不等。

---

① 董进一、戚俊杰:《北洋海军与刘公岛》,海洋出版社2002年版,第26页。
② 董进一、戚俊杰:《北洋海军与刘公岛》,海洋出版社2002年版,第26页。

2. 官制,是将战舰分为左翼、中军、右翼三队,每队三船,一船为一营,六个炮船为后军;军人分为军官和士兵两大独立体系,军官既规定人数,又分为战官和艺官两类,战官指各舰管带、大副、二副、三副,艺官指各舰管轮官;军官上下级关系十分明确,并且要求必须是水师学堂毕业,受过专业训练,这在中国军事史上首次封禁了行伍向军官晋升的道路,从而提高了军官的素质。

3. 升擢规定了舰船官兵从管带、大副、二副、三副到水手总头目、水兵、当差兵匠的职务序列,并同原清军职务相对照,可以视为我国军衔制的开端,还规定军官的服役年龄"自授职守备之日起,按资提升,无论在船在岸当差供职,总以二十年为限"①,从而保证了海军的年轻化,在吸引海军优秀人才,改革俸禄制度,提高官兵待遇等方面,起到了积极作用。

4. 章程对统属指挥关系和日常训练等也作了明文规定。

当然《北洋海军章程》也存在着不足,由于清政府缺乏海权意识,章程中对建军方针规定得不是十分清楚,忽略了对敌作战和战略战术等方面的问题。

三、关于北洋海军的专业人才和训练

北洋海军的专业人才,除了聘用洋员外,采取了兴办学堂和选派人员出国留学的解决办法。从 1877 年起,先后派出三批留学生,学成归国 76 人。各舰船管带大部分由留学回国人员担任,如镇远管带林泰曾,定远管带刘步蟾,济远管带方伯谦等共计 9 人。1881 年,为了满足北洋海军专业人才的需要,李鸿章在天津设立水师学堂,先后办学 20 年,毕业学生 210 名,为北洋海军输送了大批技术力量。此后又在北京设立昆明湖水师学堂,威海水师学堂、水雷学堂、枪炮学堂,旅顺口鱼雷学堂,山海关武备学堂等。这些学堂的设立,为解决人才的急需,为海军人才的知识化、专业化、年轻化起到了至关重要的作用。

北洋海军十分重视训练工作,《北洋海军章程》规定:"各舰逐日小操一次,每月大操一次,两月全军会操一次。北洋各船,每年须与南洋各船会哨

---

① 董进一、戚俊杰:《北洋海军与刘公岛》,海洋出版社 2002 年版,第 32 页。

一次。提督于立冬以后，小雪以前，统率铁快各舰，开赴南洋，会同南洋各师船，巡阅浙、闽、广沿海各要隘，以资历练。或巡历新加坡以南各岛，至次年春分前后，仍回北洋。各船在北洋，每年春、夏、秋三季沿海操巡，应赴奉天、直隶、山东、朝鲜各洋面巡历，或游历俄、日各岛。每年由北洋大臣阅操一次，每逾三年，由总理海军事务衙门王大臣请旨，特派大臣合同北洋大臣，出海校阅一次。"①从上述内容上看，舰队训练，实行单舰训练和编队训练，这些训练内容，对熟悉风涛、沙线，锻炼舰队协同作战、编队变阵、实弹射击、进攻和防御，是行之有效的方法，对提高驾驶水平和战斗力，起到了一定作用，至今仍可供借鉴。据考证，北洋海军人员训练，分为共同科目和专业科目两大类。以共同科目训练为基础，含条令、枪炮、损伤管制、游泳潜水等训练。专业训练是根据职责分工进行的技术训练，含远海、枪炮、水中武器、帆缆、通讯等训练。舰队经常检查考核各级官兵的训练情况，实行复核制。考试合格者发给"凭单"，作为升迁的参考依据。这种将官兵的平日训练同考核升迁紧密联系的方法，对提高官兵的素质，加强海军近代化建设，有着深远的影响。

四、北洋海军建军的历史意义

1895 年 2 月，北洋海军在刘公岛全军覆没，这样强大的一支北洋海军，为什么会是这样的结局？原因在哪呢？我们的定论是：清政府政治的腐败，经济、科技发展的落后，满足于现状，不思进取等，是北洋海军覆没的根本原因。但是，在隆重纪念北洋海军建军 120 周年的今天，笔者认为北洋海军建军，在我国海军史上闪耀着光辉的一页，它的历史意义是不能忽视的。

（一）北洋海军建军，开我国建设大规模海军之先河，成为亚洲之最，振奋了国人，为今后建设强大海军提供了经验。特别是当前，为加强海防力量，在建造航母等高等级军舰问题上，提供了理论依据。

（二）北洋海军建军，为我国培养了第一代新式海军专业人员，为后来的海军建设留下了宝贵的人才培养经验。

（三）《北洋海军章程》是我国第一部近代海军章程，是我国海军史上的

---

① 董进一、戚俊杰：《北洋海军与刘公岛》，海洋出版社 2002 年版，第 33 页。

一个里程碑,是中西军事制度相结合的第一个重要成果,为后人留下了宝贵的海军制度资料,具有重要的军事学术价值。

(四)《北洋海军章程》带有西方海军制度色彩,它标志着西方军队制度开始在中国推行,展现了中国近代军制改革的范例。

(五)北洋海军建军中,大规模购置引进国外先进舰船,聘用国外军事专家,虽然是社会形势所迫,但在那个闭关锁国的年代,无疑是洋务运动在历史上留下的闪光点,对当前改革开放有着借鉴意义。

综上所述,北洋海军建军,具有划时代的历史意义,其影响是深远的,必将永远是一面历史的镜子。

蒋惠民,龙口市博物馆副研究馆员

论北洋水师覆灭的重要原因

黄志强　周　彦

北洋水师覆灭的原因究竟是什么？迄今为止仁者见仁，智者见智，众说纷纭，莫衷一是。或谓李鸿章与丁汝昌二人"避战保和"方针所致；或谓"北洋水师无能为力"造成；或谓"水陆不和，水师孤军无援"使然；或谓"腐朽的封建制度"的必然，等等。我们认为，地方督抚分权节制的军事体制是北洋水师覆灭的一个不可忽视的重要原因。

一、与众说商榷

我们并不完全认同上述对北洋水师覆灭真正原因的种种结论，谨提出管见进行商榷。

有人说，北洋水师的覆灭是李鸿章和丁汝昌坚持"避战保船"方针所致。其主要论据是《时事新编》中的《论丁军门掣肘赍恨事》一文："倭虏之在荣成登岸也，丁军门见其来事之汹汹，知必有进犯威海之意，与其安在而待围攻，曷若潜师而起，迎头痛击。""北洋水师某大宪……乃谨慎太过，流于畏怯，既无大臣任事之勇，又无相机决战之谋，惟复以不许出战，不得轻离威海一步。"①这两段话说的是，丁汝昌要秘密出师，迎击日舰，李鸿章下令不许其擅离威海卫出海作战。其实，该文作者对于丁汝昌拟出海作战一事，可能是道听途说，与所见史料不符；而李鸿章不许北洋舰队离港与日舰接仗一事，却与事实基本一致，且看李鸿章与丁汝昌二人往来电文的内容便可知晓。

1894 年 11 月 27 日，当威海海防吃紧之际，李鸿章曾致电丁汝昌，指出威海"有警时，丁提督应率船队出傍台炮线内合击，不得出大洋浪战，致有损

---

① 苑书义：《李鸿章传》，人民出版社 1995 年版，第 309 页。

失"。① 李鸿章已预料到日军可能进犯威海，鉴于北洋舰队经黄海海战遭受重创、已失去与强大的日本海军再度海战的作战能力，因而，提出上述与威海两岸陆军合击的积极防御作战方针。采取这个方针的必要性与正确性，在丁汝昌给李鸿章的复电中说得十分清楚。

1895 年 1 月 15 日，即威海上空战云已开始密布之际，丁汝昌将根据李鸿章的指示所拟订的作战方针电告李鸿章："倭如渡兵上岸，来犯威防，必有大队兵船雷艇，制牟口外，汝昌、格录与刘镇及诸将领，再三筹划，若远出接仗，我力太单，彼舰艇快而多，顾此失彼，即伤敌数船，倘彼以大队急驶，封阻威海口，则我船在外，进退无路，不免全失，威口亦危。若在口内株守，如两岸炮台有失，我船亦束手待毙，均未妥慎。窃谓水师力强，无难远近迎剿，今则战舰无多，惟有依辅炮台，以收击敌之效。……威海则口宽澳广，随时可以旋转，临敌可以攻击，事势不同，倘倭只令数船犯威，我军船艇可出口迎击。如彼船大队全来，则我军舰艇，均令起锚出港，分布东西两口，在炮台炮线水雷之界，与炮台合力抵御，相机雕剿，俾免敌舰闯入口内，即使陆路包抄南北两岸，师船尚可支撑，攻击彼船。若两岸全失，台上之主炮为敌用，则我军师船与刘公岛陆军，惟有誓死拼战，船没人尽而已。"②

这是一个符合实际的"水陆合力御敌"的积极防御作战计划，是李鸿章所提"率船出傍台炮线内合击"方针的具体化。如果南北两岸炮台的后路有陆军顶住日军的进攻，使南北帮炮台与水师合力打击日舰的话，不仅北洋水师得以存在，而且威海卫也可以幸免于难。可见，李鸿章和丁汝昌的"水陆合力御敌"的作战方针和计划决非"避战保船"的失败主义方针，因此，认为北洋水师覆灭是"避战保船"所致是没有任何根据的。

所谓的"避战保船"可以理解为避免一切战事只要保住船只便可。如果照此办理北洋水师就可安然无恙，这在当时的形势下是根本不可能做到的事情，对此，李鸿章和丁汝昌认识得很清楚，他们怎能作茧自缚？如果换个角度来理解，是否可以认为不避战不保船，而以所剩无几且弹痕累累的舰艇出海与几乎倾巢出动的日本海军硬拼，既可以战胜对手又可以保存自己？

① 《李鸿章全集》，卷 19，电稿，第 1 页。
② 《甲午战争电报录》中卷，第 188 页。

这样的奇迹在当时的形势下也是根本不能出现的。

有人说，北洋水师的覆灭是"北洋水师无能为力"所造成。例如，某篇文章以"北洋水师没有明确和日本联合舰队决战夺取制海权的战略，也未制定出战略计划；只知采用一成不变的整体阵型……一旦交火，清军阵型立即混乱，处处被动挨打；缺乏实战训练，射击不准；技术缺陷；备战不足和弹药不足"①等现象为例，论证北洋水师覆灭的真正原因就在于此。不论这些现象是否属于北洋水师的缺陷，但论者所列各项中属实者主要是在黄海海战中暴露出来的问题。黄海海战中北洋舰队正是因为自身有所不足，才受到了重创，但凭着广大官兵的爱国精神与强大的日本联合舰队拼搏，结果双方未分胜负而罢战，北洋水师并未覆灭。北洋水师是在威海海战中覆灭的，论者所提到的诸多问题绝大部分并不存在于本次海战中。

有人说"水陆不和，孤师无援"使然。在保卫威海的战役中，确有"水陆不和"现象。如关于南帮炮台与龙庙嘴炮台的弃守问题，丁汝昌与戴宗骞发生尖锐矛盾。龙嘴庙炮台深缩港口，不仅不起作用，而且不易防守。如果被日军占领，便可利用该炮台大炮轰击港内的北洋舰队和刘公岛守军；而且守军不多，负责人刘超佩又无意守台。有鉴于此，丁汝昌便与戴宗骞、刘超佩研究，提出放弃炮台，并将炮台上大炮的重要部件拆卸，以免为敌人所用。戴宗骞等表示坚决反对，并向李鸿章报告，说丁汝昌"威并未见敌，而怯如此"，②李鸿章也斥责丁"系戴罪图功之员，乃胆小张皇如是，无能已极"，③仍令刘超佩固守龙庙嘴。不久，龙庙嘴失守，炮台上的大炮立即被日军所用，向其他炮台猛轰，对南岸守军造成严重威胁。事实证明丁汝昌的主张是对的。李鸿章不得不承认"鸿查前据丁汝昌电禀，南岸龙庙嘴炮台守军单薄，敌若由后路抄入，此台难守，则刘公岛水师受敌，戴不肯弃，刘超佩守长墙又未能多分兵守台，致有此失，而鹿角嘴、赵北嘴两台，因以俱失，洵堪痛恨"。④

论者从上述丁汝昌与戴宗骞等人对龙庙嘴炮台弃守问题的意见不合及

---

① 《北洋水师的真实历史》，载《新世纪周刊》文摘版，2008 年第 42 期，第 25 页。
② 《李鸿章全集》，卷 19，电稿，第 45 页。
③ 《李鸿章全集》，卷 19，电稿，第 45 页。
④ 《李鸿章全集》，卷 20，电稿，第 4 页。

其严重后果中得出结论："由于丁汝昌的正确建议受到戴宗骞和李鸿章的反对,终于给港内的北洋舰队和刘公岛守军造成了灭顶之灾。"[1]诚然,丁、戴不和所造成的后果严重,但北洋水师的覆灭绝不仅仅是由于龙嘴庙炮台失守后其大炮为敌人所用而造成的。

有人说,北洋海军的失败是"腐朽的封建体制"的必然结果。此类说法于论著中多见,他们大多以清政府的陆海军无统一指挥,各省督抚拥兵自重,不听调动等为例,说明北洋舰队的覆灭是清政府腐朽的封建体制所产生的必然结果。

众所周知,封建体制或封建制度在政治和军事上是中央集权制,一切大权统统掌握在皇帝手中,绝不允许地方大吏分权,更不允许他们拥兵自重。不是封建体制必然产生地方督抚拥兵自重,而是地方督抚拥兵自重破坏了中央集权。太平天国运动之前,全国的军事、财政大权仍在皇帝手中,然而太平天国被所谓乡勇的湘、淮二军镇压后,为什么军财大权旁落到地方督抚手中? 这是回答北洋水师覆灭的原因时,必须思考的问题,也是否定封建体制必然导致北洋水师覆灭的一个重要理由。

二、地方督抚分权节制的军事体制对北洋水师覆灭的影响

(一)威海之役敌我力量的对比

日军在 1894 年 11 月 22 日占领旅顺口的北洋舰队基地之后,日本大本营采纳了总理大臣伊藤博文和海军联合舰队司令长官伊东祐亨的建议,决定进攻山东半岛,占领威海卫,封锁直隶湾,消灭北洋海军。其作战布署是"海陆夹击",即陆军由荣成湾登陆后,分路西进,夺取威海卫两岸海陆炮台,抄威海卫后路,联合舰队则从威海港正面实行攻击,以期占领威海卫,消灭北洋舰队。

为达到上述目的,日本动用的陆海军兵力是:海军方面,日本联合舰队的松岛(旗舰)、千代、桥立、严岛,第一游击队的吉野、高千穗、秋津洲、浪速,第二游击队的扶桑、比睿、金刚、高雄,第三游击队的大和、武藏、天龙、海门、葛城,第四游击队的筑紫、赤城、爱宕、摩耶、乌海等战舰。另有第二艇队和

---

① 《中日甲午战争全史》第三卷,吉林人民出版社 2005 年版,第 255 页。

第三艇队的 10 艘鱼雷艇,日本海军几乎倾巢出动。在陆军方面共有两个师团,即第二师团和第六师团,约 2.5 万人,由大山岩指挥。

驻守威海的清军海陆兵力薄弱。海军方面,共有舰艇 30 余艘,其中包括:定远、镇远、来远、靖远、济远、平远、广丙等战舰 7 艘;镇东、镇西、镇南、镇北、镇边、镇中等炮舰 6 艘;康济、威远练习舰 2 艘;运输船数只,鱼雷艇 13 艘。北洋舰队经黄海海战的重创后,元气大伤,其战斗力已大为削弱。据李鸿章奏称"现船仅五六只可出海,未能大战",①已丧失了出海与强大的日本联合舰队作战的能力。山东省驻屯兵力约 60 余营(其中包括不能作战的新兵 20 余营),这些兵力分布在山东各战略要地。驻守威海卫的兵力仅 12 营,其中,驻守南帮炮台的为总兵刘超佩率领的巩字军 6 营,由戴宗骞率领的绥字军 4 营驻守北帮炮台,总兵张文宣率领护字军 2 营守备刘公岛,防卫刘公岛军港,这 12 营兵力直辖于李鸿章。

在威海保卫战中,与日本海陆军作战的只是上述北洋舰队和 12 营陆军。然而,刘超佩和戴宗骞因贪生怕死,并无固守两岸炮台的决心,而真正与敌拼搏的仅为北洋舰队及刘公岛的守军,可见北洋舰队的处境是多么险恶。

(二)孤师苦撑,誓死御敌

面对日本海陆大军夹击威海卫的态势,丁汝昌制订了与之相应的"水陆全力御敌"作战计划,上报李鸿章称:"窃谓水师力强,无难远近迎剿,今则战舰无多,惟有依辅炮台,以收夹击之效。……威海则口宽澳广,随时可以旋转,临敌可以攻击,事势不同,倘倭只令数船犯威,我军船艇可出口迎击。如彼船大队全来,则我军船艇,将全起锚出港,分布东西两口,在炮台炮线水雷之界,与炮台合力抵御,相机雕剿,俾免敌舰闯进口内,即使陆路包抄南北两岸,师船尚可支撑,攻击彼船。若两岸全失,台上之炮为敌用,则我师船与刘公岛驻军,惟有誓死拼战,船没人尽而已。"②并强调:"惟北岸至北山嘴,守沿海及长墙,约三十余里,虽与戴道商派马道复恒协守祭祀台及各高山;又由张镇文宣酌拨两哨,驻守祭祀台,切近山沟。其余山沟尚多,戴道兵力不

---

① 《李鸿章全集》,卷 19,电稿,第 31 页。
② 《甲午战争电报录》中卷,第 188 页。

敷分布,实为可虑!南岸自龙王庙,守至赵北嘴,亦十余里,后路更宽,均甚吃紧……地阔兵单,全恃后路游击有兵,以防抄袭,方能巩固。"①

该作战计划的要点有二:一是驻守威海港内的北洋舰队、刘公岛的陆军和威海南北两岸的南帮、北帮炮台的陆军相配合,夹击来犯的日本联合舰队;二是鉴于南北帮炮台兵力薄弱和防御力量不强,必须有足够的陆军在南北帮炮台背后堵击进犯两岸之敌,以保证"水陆合力御敌"计划的有效实施,从而保障威海卫的安全。否则,南北帮炮台如入敌人之手,必然导致北洋舰队孤军支撑,乃至最后失败。丁汝昌对敌作战方案的设想是正确的,而且对于可能发生的后果估计也是具有预见性的。

与此同时,丁汝昌积极备战,严格要求各舰管带加紧训练,并向各舰发出训令:"一、现在新补炮员,技艺尚未娴熟,各舰长务令急于练习,以至精巧,而期临事必中。二、各舰长公余之时,宜悉心讲求战术,通力策划,勿托空谈。三、各舰所需之弹药火器,勿在威海领取存储,以备缓急。四、各舰所需之小修理及零星要具,务于威海机厂办之,并着应厂急制应用。五、煤炭淡水,各舰皆需满载其量,以为随时出港之准备。六、凡有动作,皆须敏捷,勿得稍涉缓慢。"②并整饬军纪,维持治安,严禁士兵酗酒赌博,非公不得上陆,密缉间谍,肃清特务。他不仅"表率水军",而且"联络旱营,布置威海水陆一切",③从各方面加强威海卫的防御,"急期合防同心,一力固守"。④

1895年1月20日至25日,日本陆军第二军2.5万人,连同后勤杂役共计3.46万人,先后在荣成龙须岛登陆。25日,兵分两路向威海卫进犯。与此同时,日本联合舰队也到达龙须港。其司令长官伊东祐亨首先企图以高官厚禄诱降丁汝昌,丁汝昌则坚决表示:"予决不弃报国大义,今惟一死以尽乃职。"⑤这是以丁汝昌为代表的广大爱国官兵誓死捍卫威海卫的誓言。

日本陆军登陆后长驱直入,攻向威海的南北帮炮台。南帮炮台由总兵

① 《甲午战争电报录》中卷,第188—189页。
② 《中日威海战役纪略》,《海事》第10卷第9期。
③ 《中国近代史资料丛刊·中日战争》(三),上海人民出版社1961年版,第267页。
④ 《中国近代史资料丛刊·中日战争》(三),上海人民出版社1961年版,第253页。
⑤ [日]海军军令部编:《明治二十七八年海战史》下卷,第202页。

刘超佩所率巩字军 6 个营防守。刘超佩是个懦夫，早有临阵脱逃之心。为了壮胆，竟于 1 月 25 日晚，借度除夕之夜，在南岸各炮台"枪炮烟花筒火箭，连放二点钟之久"。丁汝昌在致李鸿章电报中对此十分不满："今早查询实未见敌，惑乱人心，一也；废去子弹，二也；戴、刘皆称子弹不足，未见敌人空放枪炮，此军中大忌，何胆怯张皇至此。"①当 1 月 30 日，日军攻向龙庙嘴炮台时，刘超佩不指挥士兵坚守战斗，竟然一人逃入刘公岛，龙庙嘴炮台落入敌人之手，随后鹿角嘴、赵埠嘴、谢家所、杨峰岭、摩天岭等南帮炮台全部失守。

当日军进攻南帮炮台时，山东巡抚李秉衡指挥的山东地方部队因不归李鸿章管辖，所以山东军孙万林部"在鲍家滩遇贼挫败而逃至酒馆，李楹退至上庄。"②清廷虽要求"孙万林并总兵李楹拔队飞速前进。"③但至 1 月 30 日尚未到达，此时南帮炮台已全部失守。北洋舰队在保卫南帮炮台的战斗中，表现非常英勇。当日军第六师团的左翼支队攻打南帮炮台时，丁汝昌亲率舰队，驶至岸边，协助防守炮台的巩字军，用重炮轰击敌军。"是日，华倭战况，南岸赵埠嘴炮台，于午时十二时二十分，先为倭据，经海军领敢死之士上岸，将火药轰发全台轰坏。龙庙嘴之战，相持甚久，至中午四时方陷……倭即以台炮扰我海军。定远发炮攻击，炮台全坏。"④

北帮炮台由祭祀台、黄泥沟、北山嘴 3 个炮台组成，戴宗骞率绥字军 4 个营驻守，戴是李鸿章心腹。他克扣军饷、吃空饷，"十额兵五缺"。⑤ 纪律败坏，大部官兵既嫖又赌，当日军进攻时，两处炮台仅有 19 人防守。戴宗骞畏罪自杀，日军不费一兵一弹占领北帮炮台。丁汝昌在日军占领该处之前，下令炸毁所有炮台，弹药库和水雷营，以免资敌。⑥

日军占领南北帮炮台后，其海军联合舰队立即对港内的北洋舰队发起了猛攻。北洋舰队在丁汝昌的正确指挥下，以仅有的几艘尚能作战的战舰

---

① 《李鸿章全集》，卷 20，电稿，第 1 页。
② 《李秉衡全集》，齐鲁书社 1993 年版，第 642 页。
③ 《李秉衡全集》，齐鲁书社 1993 年版，第 642 页。
④ 《甲午战争电报录》中卷，第 189 页。
⑤ 《中国近代史资料丛刊·中日战争》（五），上海人民出版社 1961 年版，第 510 页。
⑥ 《甲午战争电报录》中卷，第 189 页。

与轮番来袭的联合舰队进行了殊死搏斗,沉重地打击了敌人。

　　1895 年 1 月 30 日,日本联合舰队第四游击队的筑紫等四舰驶近刘公岛,刘公岛、日岛守军与北洋舰队相配合,以猛烈炮火击中筑紫,迫使敌舰逃之夭夭。2 月 3 日,第二游击队与南帮炮台日军夹击北洋舰队,激战后"被迫撤退"。① 随后,第四游击队再次攻向威海港,筑紫又被击中,"二人死亡,数人负伤"。② 第四游击队逃跑后,第三游击队的大和、武藏、葛城三舰再次来袭,北洋舰队沉着应战,未分胜负,日舰"撤回百尺崖"。③

　　日本联合舰队对威海港的四次轮番攻击受挫,据日军记载:"自 1 月 30 日我海军陆续炮击敌军,交战数次,但是敌军舰队仍然顽固据守。"④"刘公岛、日岛两炮台一直不易攻占。"⑤之所以如此,主要是"北洋舰队是中国海军的骨干,镇远、定远两舰是北洋舰队的巨擘,可以说,有此二舰才有中国海军,二舰亡则中国海军无"。⑥ 因此,必须首先击沉镇远和定远二舰,然后才能消灭北洋舰队。但海上正面进攻屡遭失败,于是日本海军采取了鱼雷艇偷袭手段,暗算北洋舰队。北洋舰队在防不胜防的日军鱼雷艇的二次偷袭中损失了来远、威远和靖远,定远受伤。

　　2 月 8 日,泰莱等人劝说丁汝昌:"可战则战,若士兵不愿战,则纳降实为适当之步骤。"⑦丁汝昌则表示:"我知事必如此,然我必先死,断不能坐睹此事。"⑧10 日,定远炮弹已无,不能再战,丁汝昌、刘步蟾下令炸毁该舰,以免资敌。刘步蟾则践行了自己的诺言,服毒自杀殉国,"船已与亡,志节凛然"。⑨ 11 日,瑞乃尔等人再次劝丁汝昌投降,丁汝昌怒斥:"汝等欲杀汝昌,

　　① 《中国近代史资料丛刊续编·中日战争》(8),中华书局 1994 年版,第 214 页。
　　② 《中国近代史资料丛刊续编·中日战争》(8),中华书局 1994 年版,第 214 页。
　　③ 《日清战争实记》第 19 编,第 37 页。
　　④ 《中国近代史资料丛刊续编·中日战争》(8),中华书局 1994 年版,第 230 页。
　　⑤ 《中国近代史资料丛刊续编·中日战争》(8),中华书局 1994 年版,第 234 页。
　　⑥ 《中国近代史资料丛刊续编·中日战争》(8),中华书局 1994 年版,第 257 页。11《中日战争》丛刊,第 6 册,第 66 页。
　　⑦ 《中国近代史资料丛刊续编·中日战争》(8),中华书局 1994 年版,第 257 页。11《中日战争》丛刊,第 6 册,第 66 页。
　　⑧ 《中国近代史资料丛刊续编·中日战争》(8),中华书局 1994 年版,第 257 页。11《中日战争》丛刊,第 6 册,第 66 页。
　　⑨ 《中国近代史资料丛刊续编·中日战争》(3),中华书局 1991 年版,第 58 页。

即速杀之,吾岂吝惜一身!"①后自杀殉国。与丁汝昌同时殉国的还有北洋护军统领张文宣、镇远代理管带杨用霖等。张文宣生前表示:"刘公岛孤悬海中,文宣誓同队勇先用力,后用命。"②杨用霖口诵"人生自古谁无死,留取丹心照汗青"后,用手枪从口内自击而死。

(三)北洋水师覆亡的重要原因

甲午战前李鸿章曾不无感慨地说:"华船分隶数省,轸域各判,号令不一,似不若日本兵船统归海军卿节制,可以呼应一气。万一中东有事,胜负之数,尚难逆料。"③威海海战的进程,证实了李鸿章的预言。

当北洋舰队被困威海而孤军苦战之际,南洋水师、广东水师和福建水师却按兵不动,袖手旁观,清廷虽曾电令刘坤一,要求暂调南洋水师的巡洋舰"南瑞、开济、寰泰三船,迅速北来助剿",④但刘坤一却强调许多"理由",拒绝派船北上。先前也曾令署理两江总督兼南洋大臣的张之洞:"北洋战舰不敷,若得南洋四舰前来助剿,较为得力。"⑤张之洞也拒绝了。北洋水师要求把广东水师的大型鱼雷艇两艘调来北洋助战,广东水师则以"艇中存煤运行不敷烧用"⑥为借口,加以拒绝。

三洋海军如此,陆军亦然。山东巡抚李秉衡统帅的山东军队,距离威海近在咫尺,却见死不救;南来援军丁槐部停留黄县,不再前进;1895 年 1 月 30 日,南帮炮台陷入敌手,威海战事紧张,亟需援兵,远在徐州奉旨北上增援的陈凤楼部借口军饷未到,迟不动身。2 月 10 日,刘公岛的北洋舰队定远、来远、威远、靖远等舰被炸沉、炸伤,右翼总兵刘步蟾自杀,洋员和部分海军将领威胁丁汝昌投降,形势万分危急时,行到潍坊的陈凤楼部却被调往天津,置北洋舰队于不顾。

期间(2 月 7 日)丁汝昌曾求援于驻烟台的山东登莱青道刘含芳:"倭连日以水陆夹攻,多以雷艇来袭,初十(2 月 4 日)夜月落后,倭雷艇数只,沿南

① [日]海军军令部编:《明治二十七八年海战史》下卷,第 201 页。
② 《清光绪朝中日交涉史料》卷 26,第 24 页。
③ 《中国近代史资料丛刊·洋务运动》(二),上海人民出版社 1961 年版,第 527 页。
④ 《李鸿章全集》,卷 18,电稿,第 2 页。
⑤ 《中国近代史资料丛刊·中日战争》(三),上海人民出版社 1961 年版,第 193—194页。
⑥ 《李鸿章全集》,卷 18,电稿,第 48—49 页。

岸偷入,拼死专攻定远,旋退旋进,我因快枪无多,受雷一尾,机舱进水,急驶搁浅沙,冀能稍救,作水炮台,然以受伤过重,竟不能用。是夕,倭鱼雷艇被我击沉一只,又被获一只……十一(2月5日)夜月落后,倭又以雷艇多艘,分路拼死来袭,毁沉我来远、威远、靖远三船。十二(2月6日)晨起,倭以水师二十余艘,加以南岸三台之炮,内外夹攻,炮弹如雨,我军各舰及刘公岛各炮台受敌船炮击伤者尚少……是日日岛之炮及药库均被南岸各炮台击毁,兵勇伤亡甚多,无法再守……南北岸极其寥阔,现均为敌据,且沿岸添设快炮,故敌舰得以偷入,我军所有举动,敌于对岸均能见及,实防不胜防。……如十六七日(2月10日、11日)援军不到,则船岛万难保全。"①丁汝昌倾诉北洋舰队孤军苦撑之艰难及威海危在旦夕,渴望援军速来的迫切心情,恳请刘含芳助其一臂之力,设法求得援军以解燃眉之急。刘含芳是一位坚决反对日本侵略的爱国官员,立即将此信转交李鸿章。但此时李鸿章已指挥不灵,无兵可派。而李秉衡又躲在莱州不予支持,清廷也是束手无策。

为什么会造成上述无任何援军的困境中,北洋舰队孤师苦撑,乃至最后覆亡的结局?前述种种已充分证明:它绝非李鸿章、丁汝昌等人的所谓"避战保船"方针所致,因为他们所制定的"海陆合力御敌"方针计划不仅正确,而且北洋舰队是为保卫威海而孤军奋战;也不是"北洋水师无能"所造成,因为北洋舰队在丁汝昌的正确指挥下,全体爱国官兵同仇敌忾,以仅有的几艘已受伤但尚能对敌的战舰,打退并重创了强大敌舰的轮番攻击;更不能说是"封建制度"使然,因为封建制度的政体是中央集权制,军权完全集中于朝廷,而此时掌握军权的地方大员已经不愿听从中央的调遣。那么,北洋水师覆亡的原因究竟是什么?我们认为,地方督抚分权节制海陆军的军事体制才是一个不可忽视的主要原因。

地方督抚分权节制海陆军的军事体制并非封建制度的产物,而是在清末极其特殊的历史条件下自然形成的一种特殊体制。众所周知,从清朝建立到太平天国运动爆发之前,国家的军权、财权始终紧紧掌握在朝廷也就是皇帝手中。太平天国运动爆发后,八旗兵、绿营兵被农民军打得落花流水,不堪一击,清政府危在旦夕。咸丰皇帝深感由于军队无能、兵力不足和国库

---

① 《李鸿章未刊电稿》,上海图书馆藏。

空虚,中央已无力阻挡农民革命洪流。为了保住岌岌可危的社稷,不得不下令,要求地方督抚们自己组建军队,筹措粮饷。于是曾国藩的湘军、李鸿章的淮军先后崛起,并以其强大的兵力和财力,迅速地镇压了清廷无力镇压的太平天国运动。随后,军队、赋税、财政便自然地全部控制在湘、淮两系的地方大吏手中。李鸿章、曾国藩、张之洞、左宗棠等人各据一方,把各自的军队和军事工业作为本集团的私产,朝廷很难进行统一协调和指挥。

海军表现尤为突出。清末虽然建立了海军衙门作为全国海军的领导机关,但由于地方实力派势力的急剧膨胀和中央政权的日益衰微,尤其是东南沿海一带,基本上被湘、淮二系权力集团所控制。因此,在军事体制方面,清廷不得不推行"南北洋分洋、分任、齐头并建"的方针,所谓"分洋、分任"实际上就是分权节制,而中央则放弃了统一领导、统一管理的中央集权的军事体制。于是便形成了由直隶总督、两江总督、闽浙总督和两广总督分别管辖北洋、南洋、福建、广东四支海军的局面。他们各立门户,拥兵自重,使朝廷无法也无能对其实行统一领导。如前述,李鸿章在甲午战前曾指出"华船分隶数省,轸域各判,号令不一",就是针对这种督抚分权节制的军事体制而言的。又说:"日本兵船统归海军卿节制,可以呼应一气。万一中东有事,胜负之数,尚难逆料。"如果中日开战,中国海军各行其是,不听调遣,很有可能被"呼应一气"的日本海军所败。北洋水师的覆亡使李鸿章的担忧变成了现实,也说明了地方督抚分权节制的军事体制是北洋水师覆灭的一个不可忽视的重要原因。

黄志强,齐齐哈尔大学历史系教师;周彦,齐齐哈尔大学历史教授

从更广阔的视角去
进一步认识甲午战争失败的原因

丁昌明　汤晓嵋

前　言

　　120 年前成军的北洋水师是在中国遭逢"三千年来未有之变局,数千年来未有之强敌"①的特殊背景下组建的。从 1877 年李鸿章在天津"扣下""奉旨发往甘肃差遣的丁汝昌",筹办新式海军起,到 1888 年北洋海军正式成军,其间历时 11 年。这 11 年中,有着"北洋海军之父"②之称的李鸿章,纵横捭阖,周旋于朝野上下,长袖善舞,奔走于四洋之间,终于打造出一支世界第六、亚洲第一的舰队。对从不知海洋、军舰为何物,长期处于封闭的陆地文明国度里的大部分官员和国人而言,一下子冒出这样一支海上"威武之师",其惊叹和自得之心是可想而知的,朝廷和国人皆陶醉于这一从未见过的阵势之中。可是仅隔 7 年,这支被国家和人民寄予了太多希望的铁甲舰队,在甲午战争中成了"覆灭之师",烟飞灰灭,顷刻瓦解。更为甚者,由此战败而导致的割台和巨额赔款,更是从根基上动摇了中华帝国的根本,其遗留在中华民族心中的伤痛至今仍在发酵。期望和结局之间的巨大落差,在一定程度上左右了国人"痛定思痛"的情绪,对李鸿章、对北洋水师及其将士们的评价,由巨大的失望到生怨、生恨,乃至生怒。由此而形成了不少"多为情绪的宣泄,而少有理性的思考"③的评说。而这些"出之于感性而非出之理

---

　　①　李鸿章:《奏议海防折》,《李文忠公奏稿》卷 24。转引自王家俭:《李鸿章与北洋舰队》,三联书店 2008 年版,第 475 页。

　　②　"北洋海军之父"一说见王家俭:《李鸿章与北洋舰队》,三联书店 2008 年版,第 124页。王说:"故若谓彼为'北洋海军之父'亦非为过",笔者赞成这一说法。

　　③　王家俭:《李鸿章与北洋舰队》,三联书店 2008 年版,第 477 页。

性,出于私忿而非出于公义"①的议论,在一定程度上误导了人们对那场艰难发轫的洋务运动,对那支舰队、李鸿章和水师将士们的评价,干扰了对这段重要历史的研究。

典型的谬说或不实之词有:

谬说之一——李鸿章"任人唯亲"说

持此种观点的人只是简单地从表象上看到被李鸿章遴选为北洋水师提督的丁汝昌是陆军将领出身,且李、丁又恰恰是同乡。这就为抨击他们找到了一个省心又省事的发端。但研究历史不能脱离清王朝的国情、政情和军情,因为当时并无现成的海军将领可供差遣。关于这一点,我们可以看看王家俭先生在其极有参考和研究价值的专著《李鸿章与北洋舰队——近代中国创建海军的失败与教训》中是怎样说的:

> ……高级海军将领的难求,原有的湘军水师将领只知传统的长龙舢板;广东水师将领只知红单艇船,均非其选。至于那批海军学校毕业又留学英国的新秀,也因历练太浅,缺乏实际经验,一时无法委以大任。由此可知,李鸿章之所以决定选拔一位老成持重而具有临阵经验的丁汝昌为北洋海军统领,论者常谓其任用私人,未能提拔新进人才。其实,在人事任用方面李鸿章并非不提携新进,而乃系有其不得已的苦衷。

在大东沟战败丁汝昌遭撤职拿问处分时,李鸿章致电询问:"丁汝昌拿问后,海军何人接手?"主管海军事务的恭亲王竟"无言以对"。② 另一研究甲午战争史的学者苏小东先生则说得更明白:

> 丁汝昌……统率海军时已经 43 岁,这个年龄对于没有受过专业基础培训的人来说,要在实践中精通近代海军这个技术性很高的专业军种显然是极为困难的。但因此就认定他始终是一个外行海军提督,也未免有失公允。丁汝昌虽行伍出身,仅读过三年私塾,却通晓文墨,能自己起草文函。细读其公私信函、电稿,就会发现他对舰队的日常管理、训练以及协调维修保障等海军业务已相当熟悉,且无不

---

① 王家俭:《李鸿章与北洋舰队》,三联书店 2008 年版,第 477 页。
② 王家俭:《李鸿章与北洋舰队》,三联书店 2008 年版,第 463 页。

亲力亲为。①

这就说明：李之选丁并非后人所说的"任人唯亲"，实乃"无人可选"的不得已的无奈。丁亦自感不足，也曾"亲力亲为"，力求缩小由陆到海的差距。李鸿章和丁汝昌都努力去做了，但他们都无法克服那个时代所镌刻在他们身上的局限性，也无法跨越由陆地文明到海洋文明的鸿沟。简单地因李、丁是同乡就一言以"任人唯亲"而蔽之，省心则省心，也很能引起共鸣，却不能触及事物的本质，因而是肤浅的、经不起推敲的说法。

谬说之二——"丁汝昌既降复死"论

丁汝昌是北洋海军提督，是这支舰队的最高统帅，自然是甲午战败的直接责任人，但对其功过是非的评判，亦须尊重史实，不能妄加揣测或捕风捉影。说他"先降后死"，不符合史实。我们先来看中国甲午战争博物馆原馆长、甲午战争研究的资深专家戚俊杰先生的论证。他在《论北洋水师提督丁汝昌》②一文中叙述道：威海战前，日本军方已料到威海港防之严密，单纯武力攻取必付出重大代价。于是便劝降丁汝昌。丁接到劝降书后说："余绝不弃报国大义，今唯一死以尽臣职。"并将劝降书报李鸿章。在北洋海军遭敌海陆两军夹击的形势下，他曾赋"敢夸砥柱作中流"以明志，并转告家人："吾身已许国。"对于洋员及水师部分官员的密谋议降活动，他说："我知事必如此，然我必先死，断不能坐睹此事。"面对投降派的威逼，丁怒斥之："汝等欲夺汝昌，即速杀之，吾岂吝惜一身！"表现了视死如归的凛然大义。就在这内外交困之时，他并没有乱了方寸，仍号令做最后的一搏："鼓力碰船突围出，或幸存数舰……愈于尽覆于敌。"并命人将镇远舰击沉，以免资敌。从这一系列的描述中就可以看出丁汝昌尽管知道有一些人要降，但他是绝对反对此事的。在靠一己之力不能阻止这一事态发生时，他选择了"断不坐睹"的方式，毅然在此前殉国。说他是"既死复降"，是不符合他的一贯表现和心志的。最终对这一公案拿出"铁证"的，当数大陆甲午战争研究的泰斗戚其章先生，他在上世纪八九十年代两次撰文，详细考证了丁汝昌从"开始仰药"到

---

① 苏小东：《甲午中日海战》，戚俊杰、刘玉明主编："勿忘甲午"丛书，天津古籍出版社2004年版，第191页。

② 戚俊杰：《论北洋水师提督丁汝昌》，载《北洋海军研究》第一辑，天津古籍出版社1999年版。

死亡的时间,并逐一分析到时辰、小时。在《解开丁汝昌自杀的谜团》①一文中,他说:

> 为解开这一谜团,不仅要重视一方面的讲述,也要重视另一方面,甚至意见完全相反的论述,然后进行对比研究,以期做出合乎历史事实的结论。

这里讲的是研究历史的方法和态度,下面他在一一列数"已降复死"的三个"主要根据"并加以考证后而否定说:

> 由上述可知,丁汝昌恰在正月十七日"仰药"并不是偶然的巧合,而是他早就做好了两种准备:若陆上援军按期赶到,则刘公岛之围可解;万一援军逾期,则决心以死殉国。"已降复死"之说显然与历史事实不符,是不能成立的。

我们不能因为怨恨丁汝昌指挥这支舰队打了败仗,就把不实的东西强加予他。研究历史时,如果宣泄和私忿多了,理性的判断也就少了,这样,我们离真实的历史也就远了。——这不是研究历史的正确的态度。我们应该向戚其章先生学习,做一个认真考证、对历史负责的史学工作者。

再如:

一直流传甚广的用以证明北洋水师管理混乱、纪律松弛的北洋海军军舰"主炮晾衣"事件,经甲午战争研究之后起之秀陈悦先生考证,竟是"错漏不堪的误会讹传"。② 他在引用中外大量史料文献证明这纯属是"一厢情愿的夸张编造,充满谬误"(从甲板到主炮管的高度远高于身高,无法挂衣)的"事件"之后,写了下面一段引人深思的文字:

> 甲午战争中,北洋海军的失败原因来自诸多方面,不能将所有的责任均归结到"人"的层面,而为了证明这一点,不加考证,不做辨析,把一切仿佛可以证明北洋海军"人"的层面存在问题的不确实材料都引为信史,就更不是历史研究所应持的客观态度。……连带而及,长久用来证明北洋海军军纪涣散的证据一朝被证明是谎言,那建立在这个伪证上

---

① 戚其章:《解开丁汝昌自杀的谜团》,载《北洋海军研究》第三辑,天津古籍出版社 2006 年版。

② 陈悦:《北洋海军军舰"主炮晾衣"事件考辨》,载《甲午纵横》第二辑,华文出版社 2008 年版,第 258 页。

所作的结论,其可靠性以及价值如何也就不言而喻了。

……

凡此种种。

这些未经推敲或经不起推敲的说法之所以能够一再出现,其背后都有对北洋水师情绪化的认识。本来,对清政府而言,树立新的海防观和建立北洋水师,就缺乏社会的内在动力,它只是少数能睁开眼睛看世界的一小批有识之士在磕磕碰碰中的勉力行为。清廷中的保守派一直没有停止过反对,所谓"徒得备而无用之虚器,而生我悉索敝赋之实银"①就是典型的说辞。甲午熸师,保守派们更是找到了疯狂反扑的口实,一些恶意的攻击于是便纷纷出现。再者,国人对北洋水师的期望过高,对甲午战争失败造成的对民族、对国家的巨大伤害无不痛惜乃至痛恨,这就使得对北洋水师不理智、不公允的评价有了广泛的社会基础。从这一点上讲,出现上述种种经不起推敲的伪史、谬史也就不足为怪了。

然而,历史不是也不能是情绪化的产物,研究历史该秉持冷静、清醒、客观、公允之态度。大陆另一位研究甲午战争的专家姜鸣先生说得好:"我一直认为,对历史人物评价要客观谨慎,尽量少夹杂'好人'、'坏人'、'爱国'、'卖国'等简单的道德评判"。②

这句话说的何等中肯!我们研究历史的目的,不仅是厘清史实,还历史以真实面目,更重要的是要以史为鉴,从历史中引出昭示今人的经验和教训,正所谓"总结昨日的历史正是为了明日的崛起"。③ 情绪化地曲解甚至编造历史是不能达到这一目的的。

本文试图在更开阔的视野下,从以下几个方面来深刻认识甲午战争失败的原因,以求教于甲午战争研究的学者们。

---

① 《道咸同光四朝奏议》第七册,转引自王家俭:《李鸿章与北洋舰队》,三联书店 2008 年版,第 89 页。

② 姜鸣:《龙旗飘扬的舰队》(增订本),三联书店 2002 年版,第 10 页。

③ 姜鸣:《龙旗飘扬的舰队》(增订本),三联书店 2002 年版,第 11 页。

一、"李鸿章以一人敌一国","北洋水师以一隅搏倭人全国水师"
——犹豫不决的战争准备和艰涩掣肘的国家机器

战争是实现国家意志和保护国家利益的重要和激烈的行为,——不管是主动的还是被迫的都是如此。既要打仗,须动员国家机器的全部力量和精力来倾力而为。然而,比较中日两国在甲午战争中的表现,即可看出巨大的差异。

首先看日本方面,日本早已是"征清方策"和"清国征讨方略"既定。① 战前对朝鲜一系列"渗透"、"介入"和挑衅,只不过是征朝、征清,进而征服亚洲的前奏,即侵略扩张早已成为其国家意志和基本国策。反观清朝政府,首先,在决策中枢就存在着帝、后两股势力的较劲。面对日本咄咄逼人的挑衅,清政府在总体上是战是和、在战略上是攻是防,就一直没有一个清晰的意见。直到战争打起来都未建立统一的战争领导机构。再看在海军的指挥系统上,日本在战前迅速撤换了主张守势的海军军令部长,改由激烈主战的海军中将桦山资纪出任。该员的战略目标十分清楚,即集中日本海军的全部力量,通过与中国海军决战来消灭中国海军的主力,一举夺取东海的制海权。② 而在中国,李鸿章表面上是海军衙门的"会办大臣",在他上面还有个"总理海军事务王大臣",即李鸿章并不是中国"海军部"的最高和最终的决策人,充其量只能算个国家机器的权力枢纽中的"边缘"。③ 这和日本天皇亲下"特旨"任命桦山资纪形成了鲜明的对比。还有,李鸿章虽然"会办"海军事务,可以称之为战争的前敌指挥官,但他也不过是一个"地方性"的长官。④ 他以直隶总督的身份来过问外交、洋务和海军等事务,都不过是清廷赋予的若干"临时兼职"而已。每一种事务对于他来说,都是"责任无限大,权力无限小"。比如,他就不能调动"北洋战区"内的陆军部队。以至于当日

---

① 转引自苏小东:《甲午中日海战》,戚俊杰、刘玉明主编:"勿忘甲午"丛书,天津古籍出版社 2004 年版,第 22 页。

② 苏小东:《甲午中日海战》,戚俊杰、刘玉明主编:"勿忘甲午"丛书,天津古籍出版社 2004 年版,第 47 页。

③ 王家俭:《李鸿章与北洋舰队》,三联书店 2008 年版,第 479 页。

④ 《清史稿校注》,卷 418,页 10144,李鸿章本传。转引自王家俭:《李鸿章与北洋舰队》,三联书店 2008 年版,第 478 页。

军在荣成湾登陆前后,他深知"荣、威之间百余里,山谷丛杂可设法截伏",但他须先奏报朝廷才能使山东巡抚李秉衡出兵;①同理,北洋海军提督丁汝昌所能管辖的,仅为各艘军舰及舰队官兵。其余为战事所需要的后勤支援、弹药军械的供给、军舰燃煤的调用乃至作战时需要统一使用的旅顺鱼雷营皆无权调用。② 依靠这样的"由大大小小的力的平行四边形所产生的混乱的矢量"(姜鸣语)来进行战争决策和指挥战争,未开打就先输一着。这和日本的倾国一致、将士用命的一元化垂直管理体制相比,其决策和指挥效率是可想而知的了。无怪乎英国人泰莱在甲午战争后这样评价:甲午之役,"非中国与日本战,实李鸿章与日本战,大多数中国人于战事尚懵然无知也"。③这应该是说到本质上了。李鸿章也自言是以"北洋一隅之力,搏倭人全国之师"。④ 处于衰败垂死状态下的清朝政府,在国家体制和国家机器的运作上,早就埋下了要战败的伏笔。

二、"中国之海军,宜使其成为中国之海军,而不可移他国之海军,而为中国之海军"——一支"山寨版"的海军舰队

北洋舰队是 19 世纪 60 年代以来,中国在救亡图存的运动中,由封建士大夫中的一批"先觉者"运作起来的。到 1888 年这支舰队正式成军时,终于达到了它的巅峰。然而,它的种种先天性的不足,就早已深藏于其辉煌的镜像之中。

第一,中国海军的近代化,几乎是"买出来的"。在中国并没有强大而配套的近代工业体系来支撑造船工业时,转向西方购买军舰,实乃不得已而为之的举措。恩格斯说:"现代的军舰是现代化工业的产物,而且还是现代化大工业的缩影,是一个浮在水上的工厂。"⑤由于中国没有陆地上的工厂,因

① 苏小东:《甲午中日海战》,戚俊杰、刘玉明主编:"勿忘甲午"丛书,天津古籍出版社 2004 年版,第 163 页。
② 姜鸣:《龙旗飘扬的舰队》(增订本),三联书店 2002 年版,第 279 页。
③ 转引自王家俭:《李鸿章与北洋舰队》,三联书店 2008 年版,第 483 页。
④ 李鸿章:《奏稿》,卷 78,页 62。转引自王家俭:《李鸿章与北洋舰队》,三联书店 2008 年版,第 36 页。
⑤ 转引自姜鸣:《龙旗飘扬的舰队》(增订本),三联书店 2002 年版,第 4 页。

而也就造不出这些"浮在水上的工厂"。既为买来的兵舰,那么零部件的更换、机器的维修就全要仰仗于别人。长崎事件的契因之一,便是李鸿章让丁汝昌率舰到日本长崎的船坞去维修。——没有本国大工业这个母体滋养的舰队,犹如不能"断奶"的婴儿,而不能断奶的婴儿是永远长不大的。同样,不能割断与制造国之间"脐带"的舰队,也是不能运行自如的。建立强大的工业是近代强国崛起的普遍模式。工业不强大,军力国力极难提升。一个买来的军事近代化是脆弱的和不堪一击的。

第二,海军是高科技兵种,是海洋文明发展到相当成熟阶段的产物,是同时代自然科学和先进技术的集中体现。将这一充满海洋文明特征的果实嫁接到中国典型农业文明的枝杆上,到底效果如何呢? 首先,中国不是近代自然科学的故乡。几千年来浸淫于"经史子集"这一文化氛围里的中国人,对那些闻所未闻的"电学算学化学技术学"等近代自然科学知识的吸收消化,需要一个漫长的过程。以中西文化间的巨大差异,要用"八股文风"来翻译西方的技术专门术语,实在是大大增加了"科技转移"的难度。在对西方的自然科学的态度上,国人的普遍心理是"无事则为奇技淫巧,以为不必学;有事则为变鬼神,以为不能学"。① 这种对近代自然科学心理上的本能排斥,则更是大大延缓了这一吸收消化的过程。乃至于李鸿章亦十分担忧,他说:"铁舰为西国名家之学,其机制之繁重,理论之精深,行阵之变化,中国弁兵人等尚难一蹴而几"矣!②

第三,自古以来,中国以陆军为立国之根本,到清朝时尤甚。其军队都是在"靖内乱"中成长起来的,是一支攻城掠地的传统的"黄土军队"。其谋略、战术、指挥及管理都是立足于几千年来"黄色文明"的基础上的。让这种文明熏陶出来的将帅、士兵去指挥、管理和驾驭集一切"蓝色文明"特征的现代舰队,实在是很难一蹴而就的。北洋海军是办"洋务"的突出成果,却"洋

① 李鸿章:《致总理衙门函》(1864 年),转引自雷颐:《李鸿章与晚清四十年》,山西人民出版社 2008 年版,第 186 页。
② 《验收铁甲舰折》,李鸿章:《李文忠公奏稿》卷 55,第 18 页。转引自王家俭:《李鸿章与北洋舰队》,三联书店 2008 年版,第 480 页。

味"不足,"土气"尤深。海军舰队的编制基本上还是曾国藩湘军编制的翻版,①乃"新法而参旧制也"。② 用封建王朝的官场旧制,去指挥驾驭这支现代化的舰队,在中枢神经处,就种下了败因。其次,管理一支诸种高科技成分合成的舰队,显然与管理一支大刀、长矛加火器的陆军部队不一样。李鸿章意识到了这一点,所以,北洋舰队聘有各类"洋教习",英国人琅威理就是其中最为突出和优秀的一位。丁汝昌称赞他:"洋员在水师最得益者,琅总查为第一……其人品亦以琅为最。"③这说明丁汝昌深有自知之明,十分尊重和借重琅的人品和经验。在琅威理的严格要求下,北洋海军的训练水平达到了巅峰。然而,一次"升降提督旗"事件,导致了琅的愤而离职。关于这次事件,中方和琅氏各有说法,也各不无道理。④ 但一个不争的事实是,自琅离开之后,"中国人自己把海军搞得一团糟"。⑤ 狭隘的民族主义使得中国政府没能很好地处理与琅威理的关系,北洋舰队失去了向外国学习先进的管理和训练的机会。而恰与之比照的是,在同一时期,日本海军里的"洋教习"却得到了应有的尊重,日本海军从洋教练那里得到了极大的教益。实践证明,习惯于陆地征战的中国军人与代表当时最先进生产力和科技水平的舰队接轨,还需要很长一段时间。北洋舰队要想真正成为一支中国自己的海军,亦需要一个漫长的过程。所以"中国之海军,宜使其成为中国之海军,而不可移他国之海军,而为中国之海军"。⑥ 综上可知,由于当时中国既无与近代海军相适应的大工业,又无近代科技教育,在传统与西方文明交替消长过程中,北洋海军不可避免地保留着中国古代军队的所有痕迹,是一支"中古的军队"。(王家俭语)可以说,苦心移植来的北洋舰队充其量只是一

---

① 戚其章:《晚清海军兴衰的历史启示》,载《北洋海军研究》第一辑,天津古籍出版社1999年版。

② 戚其章:《晚清海军兴衰的历史启示》,载《北洋海军研究》第一辑,天津古籍出版社1999年版。

③ 戚俊杰、王记华编校:《丁汝昌集》,山东大学出版社1997年版,第34页。

④ 关于琅威理因"降旗事件"辞职事,有多种书籍评述之。本文采用的是戚其章、毕华健《琅威理与北洋海军》及姜鸣《龙旗飘扬的舰队》中的述评,戚文载《北洋海军研究》第一辑,天津古籍出版社1999年版,第438页。

⑤ 转引自姜鸣:《龙旗飘扬的舰队》(增订本),三联书店2002年版,第306页。

⑥ 杜锡珪:《考察列强海军报告书》自序,刊地不详,1931年,页184;转引自王家俭:《李鸿章与北洋舰队》,三联书店2008年版,第480页。

支"山寨版"的舰队！"折他人之花以缚于庭树，其美一时耳"。① 真遇实战，就很快暴露出它的脆弱本质了。

三、"以之攻人则不足，以之自卫则有余"，"防之一字中其毒也"——立足于"防"的国防指导思想

长期以来，有着自给自足自然经济社会特征的中国在本质上不需要海军和海防——在这样的国度里只需要"塞防"，以抵御来自亚欧大陆腹地的游牧民族的进犯。可是到了近代，人们发现"有敌纷纷自海上来"，这才迫使清政府有了初步的海防观和下决心建立海军舰队。在这一点上，李鸿章看得最为透彻，他一开始，就准确地判断出日本是诸敌中最为危险的国家。因此，他的海防战略是建立在以日本为假想敌的基础上的。他在1864年致清廷的函中指出："夫今之日本，明之倭寇也。距西国远，而距中国近。我有以自立，则将附丽于我，窥伺西人之短长。我无以自强，则将效尤于彼，分西人之利薮。"②须知，这是在甲午战争前整整30年的文字！1879年在日本并吞琉球后，他的防日思路更为清晰："查日本国小民贪，虚骄喜事。……狡焉思逞，更甚于西洋诸国。今之所以谋创水师不遗余力者，大半为制驭日本起见。"这实在是一语中的了。但是几千年来以"天朝"自居，视外国为"蕞尔小国"、"蛮夷之邦"的民族自大情结，怎么也挥之不去。清政府是在十分不情愿的心态下，目瞪口呆而又无可奈何地接受了这些昔日"外化番邦"的挑战的。因此，匆忙中只是得出一个"防"字，鲜有人考虑海防与国家战略、发展国家的海上综合力量和保护侨民利益等之间的关系。更没有人提出制海权的问题，仅将海军建设看成是海岸线上的城墙而已。"没有建立完整的海防理论，没有深入思考海军的宿命"。③ 倒是李鸿章，看出了"防"之不足，坚持以"海部"而不是"海防"来称海军机构，说"海防二字顾名思义，不过斤斤自

① 蒋方震：《中国五千年来军事变迁史》，转引自王家俭：《李鸿章与北洋舰队》，三联书店2008年版，第482页。
② 李鸿章：《致总理衙门函》(1864年)，转引自雷颐：《李鸿章与晚清四十年》，山西人民出版社2008年版，第187页。
③ 姜鸣：《龙旗飘扬的舰队》(增订本)，三联书店2002年版，第5页。

守"。但由于朝廷内保守派的阻挠,还是没改成。正如民国时蒋方震先生一针见血地指出的那样:"故当时开口海防,信曰防己……防之一字中其毒也。"[1]战略指导思想上的被动防御,注定了北洋舰队打的是一场缩手缩脚的防御战,不可能主动出击,去控制东北亚的制海权的。

与清政府一上来就取个守势的态势相比,日本觊觎中国则是蓄谋已久。早在甲午战争发生的 300 年前,日本侵略朝鲜和中国的扩张主义思想就已形成。1581 年,日本人丰臣秀吉称:"余之被任命为日本先白(京都长官)期间,除统治日本外,同时其统治大权也及于唐国(即明朝)"。1587 年又称:"在我生存之年,暂将唐(即大明)之领土纳入我之版图。"[2]到德川幕府时代,更有人说:"皇国日本之开辟异邦,必先肇始自吞并中国。"[3]经过 1868 年开始的明治维新,日本"脱亚入欧",完成了由封建主义向资本主义的过渡,生产力得到进一步发展,必须向海外寻找原料与市场并争夺殖民地,以解决人口过剩问题,[4]因此,侵华的思维更趋清晰。在甲午战争前十年,日本人黑田从中国刺探后回国奏报:"中国自战法(指中法战争)以后,于海陆各军力求整顿,若至三年后,我国势必不敌,宜在此三年中进取朝鲜,与中国一战。"[5]维新派代表人物桥本左内则说:"如不兼并中国、朝鲜的领土,日本就难以自主。"[6]至 1887 年,日本将这种对华侵犯由抽象的国家战略走向变成具体的军事战略部署。在参谋本部制定的《清国征讨方略》中提出,以 5 年为期进行对华军事准备。北部日军至直隶登陆直取北京,南部日军进入长江后占领南京。[7] 海军的任务:一是与北洋舰队决战将其击溃,夺取黄海的制海权;二是攻占旅顺和威海;三是选择进攻北京之登陆点。[8] 与日本的

①　转引自王家俭:《李鸿章与北洋舰队》,三联书店 2008 年版,第 482 页。

②　转引自刘玉明、戚俊杰:《辩证看甲午》,海洋出版社 2005 年版,第 75 页。

③　转引自刘玉明、戚俊杰:《辩证看甲午》,海洋出版社 2005 年版,第 76 页。

④　王家俭:《李鸿章与北洋舰队》,三联书店 2008 年版,第 442 页。

⑤　罗海贤:《由"备战"论甲午之役海战》,载《北洋海军研究》第二辑,天津古籍出版社 2001 年版,第 491 页。

⑥　转引自王家俭:《李鸿章与北洋舰队》,三联书店 2008 年版,第 437 页。

⑦　转引自苏小东:《甲午中日海战》,戚俊杰、刘玉明主编:"勿忘甲午"丛书,天津古籍出版社 2004 年版,第 22 页。

⑧　转引自苏小东:《甲午中日海战》,戚俊杰、刘玉明主编:"勿忘甲午"丛书,天津古籍出版社 2004 年版,第 22 页。

志在必得和清晰的战略目标相比,清朝政府全然没有一套应对日本进攻的政治和军事上的系统纲领和对策。直到甲午战争爆发时,中国的最高当局也没有制订出作战计划,完全是盲目和被动的应战。① 即便是李鸿章这样的"清醒者",正由于他清楚地知道以北洋海军的实力无法与日本海军抗衡,只能起"吓阻"作用,因此,他的指导方针就是以"不先与日本开战为戒","避敌保舰,不可浪战"。企图保存实力,以继续形成对日本的威慑。甚至在开战后,他还寄希望于列强的调停。李鸿章尚且如此,就不必说其他人的态度了。中日双方对攻、防态度的巨大差异,早就注定了甲午之战的胜负之数。

四、"早种因于清廷政权本身之废弛","其胜负皆于未战前决之"——病入膏肓的社会制度

辩证法告诉我们,外因是事物变化的条件,内因才是事物变化的根据。有人看到甲午战争日方获胜,中国战败,就简单地认为列强对中国就是要控制,对日本就是扶持。其实,中日两国的遭遇相同,机遇也是相同的。在西方列强看来,中日两国都是他们掠夺攫取的对象。两国历史上都是闭关锁国的封建王朝,中国的闭关达 120 年,日本则达 220 年,比中国多出整整一个世纪。而日本"门户"被打开亦比中国晚了 11 年。② 面对同样的局势,日本朝野具有的心态是:"与其被别人打,不如我也来个富国强兵,成为打别人的人。"具体来说,就是不御列强、远交近攻,掠夺邻近弱小民族,以跻身列强的行列。进攻和掠夺朝鲜、中国就是必然的取向。他们通过明治维新,基本上建立了侵略扩张所需要的资本主义制度。而中国直到甲午战败数年之后,才搞了个"百日维新",还是个流产的。甲午战争前,大部分中国人都是"懵懂无知",并没有意识到中日社会制度间的巨大差异,还死抱着"日本不过是蕞尔跳梁小国……以堂堂中国素练海军十余载,岂不足一战也"的心

---

① 转引苏小东:《甲午中日海战》,戚俊杰、刘玉明主编:"勿忘甲午"丛书,天津古籍出版社 2004 年版,第 69 页。

② 王家俭:《李鸿章与北洋舰队》,三联书店 2008 年版,第 420 页。

态。其实,在战前,日本人看得就很清楚,日本舰队司令伊东祐亨在写给他的对手和朋友丁汝昌的一封信中说:

> 您知道,三十年前日本帝国处于何等艰苦的境地。你也知道日本是如何抛弃旧体制,采取新制度,以求摆脱威胁我们的困难。贵国也应采取这种新的生存方式。如果这样,就会一切顺利,否则就只能灭亡。①

在交手前,敌人就将方法和结论都告诉了你。因为他清楚地知道,中国人是不可能进行这种"制度创新"的,所以他很放心地向丁汝昌"泄露天机"。因为战争之胜负"早种因于清廷政权本身之废也!"②

自 1840 年以来,清王朝和几千年的中国封建社会都已走到了它的尽头。尽管依靠李鸿章、沈葆桢、丁日昌这样的有识之士,搞了个洋务运动和北洋舰队,但他们没有也不可能真正去触动封建王朝的本质,只能落得个昙花一现的下场。以游牧文明起家占领了中原"花花世界"的清廷满族统治阶级,从骨子里并没有对整个中华民族和国家彻底负责的精神。"实在呆不下去就退回关外",是随时准备走人的。当日本天皇"省内廷经费,六年之间,每岁授给三十万元"给海军时,慈禧太后却用了原拨给海军的二三千万两经费③去满足她"修个花园""颐养"、游乐的情结。乃致北洋水师自 1888 年成军以来,竟"再未购一船一炮"。一向认为"朕即国家"、视国家为"私器"的腐朽清廷统治阶级,是不可能具有日本天皇"开拓万里波涛,布国威于四方"的长远国家战略眼光去真正发展海军、巩固国防的,无怪乎梁启超说:"十九世纪下半纪以来各国战争,其胜负皆于未战前决之,何也? 世运愈进文明,则优胜劣败之公例愈确定。"④"世运"者,社会制度也!

---

① 姜峰:《北洋舰队高级将领自杀之谜》,载《中国甲午战争博物馆馆刊》2008 年第 4 期,第 20 页。

② 王尔敏:《李鸿章与北洋舰队·序》,见王家俭:《李鸿章与北洋舰队》,三联书店 2008 年版,第 17 页。

③ 雷颐在《李鸿章与晚清四十年》中说:从 1886 年,颐和园一直修园未停,究竟动用了多少海军经费,准确数字已难考证……将成为永远的秘密。根据相关史料研究推算,多数研究认为花费在二三千万两之多。笔者采信这一说法。见雷颐:《李鸿章与晚清四十年》,山西人民出版社 2008 年版,第 305 页。

④ 转引自乔还田:《甲午战争的历史思考》,载《北洋海军研究》第一辑,天津古籍出版社 1999 年版,第 541 页。

五、农业文明有时连游牧文明都抵挡不住,更遑论去面对新兴的海洋文明了——地缘因素带来的不具备"进攻性"的民族性格

马克思主义哲学认为,存在决定意识。世界各民族世代所居的不同的地理位置和自然环境不可能不对各民族产生不同的影响。"地缘"的影响是客观存在的。

中华民族世代居住于亚洲大陆的东部,西起青藏高原和帕米尔高原,东濒大海。广袤的陆地提供了人口繁衍所需的食粮,滋润的江河湖泊使人们食有鱼、行有舟。丰沛的自然资源,养育了中华民族,同时也弱化了我们的生存能力;独特的自然屏障保护了我们,同时也限制了人们向外看的目光。中华民族不知道也不需要知道外部世界的模样。——整个民族的文化基本上是个弱者的文化。① 所有这些都养成了我们保守、矜持、含蓄和不具备进攻性的民族性格。脆弱的中华农业文明,有时连游牧业文明都抵挡不住,更遑论去面对咄咄逼人的海洋文明了! 所以,自 1840 年以来,中国的国门一次次的被列强撕开,中华民族开始了任人宰割的历史。而甲午战败只不过是这一系列灾难的延续。只是,它的特殊性及国人心理上不能接受的特别之处就在于,这次的灾难竟是被一个原来在我们眼中的"蕞尔小国"、"蛮夷之邦"的民族所施加的。

日本地处太平洋西岸,西望亚欧大陆,东濒浩瀚的太平洋,其国由若干个大大小小的岛屿组成。陆地狭窄,人口众多,资源贫乏,可耕地更少。局促的地理空间和窘迫的自然环境,铸成了他们"岛国小民"的焦躁心理特征和向外掠夺扩张的民族性格。自明代起,就有被称为"倭寇"的日本人到我国钓鱼岛、台湾及东南沿海一带骚扰。长期以来,这个民族把海洋视为求生存的惟一出路。日本对其国民进行国情教育的主题是:"我们缺乏土地,没有资源,只有阳光、空气和海洋",②地缘环境的逼仄,使得诸如"海外雄飞

---

① [美]孙隆基:《中国文化的深层结构》,广西师范大学出版社 2004 年版,第 264 页。

② 孟洋青:《中国需全民普及海岛知识》,载《环球时报》,2009 年 2 月 26 日。

论"、"宇内混同论"等扩张思想在甲午战争之前 300 多年时就已形成。① 在西方列强用同样的手法敲开了日本的大门后,日本的一些知识分子得以被动地观察到一个更广阔的外部世界。他们将欧亚大陆上的中、俄等国家的广袤辽阔与自己国土的狭小贫瘠进行对比之后,"悲哀和怨叹之情油然而生,一种不满意和改变现状的要求遂不可抑制。走出去,争取更大的空间,没有就去掠夺的观念对国民产生了越来越大的影响"。② 因此,"如不兼并中国、朝鲜的领土,日本就难以独立"③的思想和国策的确立,就不难理解了。

中华民族所处的地缘环境,创造了长达 2000 多年灿烂的农业文明,相对封闭和独立的华夏陆地文明使国人长期陶醉于"耕读渔樵"的恬静自得之中。到了清朝末期,已铸成了封闭、僵死、顽固等没落社会的一切特征。这时的中华民族,在文化上采用的是"中体西用",企图用"以夷制夷"的实用主义去学西学的微枝末节,不可能也从未想去触动封建社会的本质;思想上是"罢黜百家,独尊儒术",形成了学习近代自然科学的思想壁垒;思维方式上是重形象思维而轻逻辑思维,重归纳而无推演;④认识和探索未知世界的方式是"混沌"而非实证,错过了西方自文艺复兴以来的自然科学的大发现;经济上是"重农抑商",无法提高社会生产力和积累国家财富;政治上是"闭关锁国",自闭于地球上的其他国家;军事上采用的是"消极防御"、被动挨打。这一整套的枷锁,已完全束缚了中华民族的思想和手脚,无论是内部发展还是对外交往,都是注定要走进死胡同的。一个已了无生命力的文明和国度,已经经不起任何外部力量磕碰了,甲午战争的失败就在情理之中。

"一方水土养一方人",地缘条件对一个民族的文化、心理和性格的影响是客观存在的。举例来说,粗犷奔放的草原牧歌和江南水乡的丝竹小唱就

① 渠长根:《幕末、明治时代日本侵华思想》,载《北洋海军研究》第三辑,天津古籍出版社 2006 年版,第 25 页。
② 渠长根:《幕末、明治时代日本侵华思想》,载《北洋海军研究》第三辑,天津古籍出版社 2006 年版,第 30 页。
③ 渠长根:《幕末、明治时代日本侵华思想》,载《北洋海军研究》第三辑,天津古籍出版社 2006 年版,第 29 页。
④ 刘登阁、李正鑫:《海殇——郑和航海六百年祭》,吉林文史出版社 2005 年版,第 139、141 页。

具有迥然不同的风格,不承认地缘因素对一个民族的文化、心理性格和思维方式的影响,就不是唯物主义的。而民族性格和思维方式决定了采用的社会制度,因而也就出现与之相适应的国策,国策又服务于社会制度。[①] 地缘因素是一国国情的重要组成部分。明白了地缘因素对近代中华民族从民族性格到国策的影响,近代以来我们落后挨打的局面也就不难理解了。当然,地缘因素的影响又不是永远不变的,对地缘条件"宿命"的认识也是错误的。因地缘而造成的某种民族心理的"劣根性"可以随着民族视野的开阔而逐步消除。对中华民族而言,这就是十一届三中全会确定的改革开放的路线。我们相信,中华民族会在这一路线的引导下,走出封闭和羸弱,迎来又一次的伟大复兴。

结　束　语

甲午战争的硝烟已经散尽,龙旗不在,逝者已矣。今天回顾和探讨那段令中华民族揪心的历史,正是为了不再重复那段屈辱史。研究历史的目的,正是为了今日的谋发展。因此,我们在治史时,要拨开种种繁杂的表面现象,找出决定历史发展的真正原因,不能从现象到现象,更不能夹杂个人的感情和好恶,哪怕有时这种感情是真诚的。只有以辩证唯物主义和历史唯物主义的方法为指导,才能在更开阔的视野下去深刻认识甲午战争失败的原因。

丁昌明,蚌埠一中原校长;汤晓嵋,解放军装甲兵学院,上校军衔

---

① 刘玉明、戚俊杰:《辩证看甲午》,海洋出版社 2005 年版,第 73 页。

沈寿昌民族精神的弘扬

关 捷

2008 年是北洋海军成军 120 周年，了解为捍卫祖国疆土，抗击外敌而壮烈殉国的海军将领沈寿昌的一生是十分有意义的，对后人弘扬民族精神有着一定的激励作用。

一、沈寿昌的生平

沈寿昌（1863—1894），[①]字清和，江苏省上海县洋泾镇（今上海市浦东新区）人。其父沈子英（嘉骏）有三子，沈寿昌为长子。

沈寿昌幼年时"聪颖有大志"。[②] 1874 年（同治十三年）11 岁时，他被选入上海出洋总局肄业，成绩优秀。旋随容闳赴美国，入康涅狄格州克乃威大学专攻物理、化学、轮机、航海，与詹天佑以及陈兆锵、陈金揆、黄祖莲、刘冠雄等成为中国最早的 120 名官派留美学生之一。沈寿昌等"始终勤奋，日进有功……驾驶、测量讲求精细……操法、阵法、口令，均臻娴熟"。

1881 年（光绪七年）清廷拟创设海军，急需人才，沈寿昌肄业返国后，以军功"拟请以千总尽先拨用"。[③] 曾入北洋水师学堂，分配至北洋海军，于威远舰见习，后升为二副。1882 年，朝鲜军队因一年多未发薪饷和给养而发生兵变，清政府履行护藩义务，遣军速由海路入朝，平息兵变，挫败日本借乱

---

① 沈寿昌生年记载不一，造成年龄之歧异。《辞海》和《中国近代史词典》均记为 1865 年生，《黄浦区志》记为 1862 年生，陈晓东《沈寿昌传略》记为 1863 年生，沈寿昌之侄沈星垣《纪念嗣父沈寿昌》称其生于 1863 年。其年龄一说阵亡时 32 岁，如吴馨等纂修之民国二十五年《上海县志》卷十五《人物补遗》中称："寿昌中弹殁，年只三十有二"；二说为徐润《徐愚斋自叙年谱》，光绪元年乙亥记曰："沈寿昌，江苏上海县，年十一岁，乙丑。"年为 30 岁。

② 《上海县志》卷 15，人物补遗，1936 年铅印本。

③ 《直隶总督李鸿章奏》（光绪十一年三月初三日，1885 年 4 月 18 日），《中国近代史资料丛刊·洋务运动》（二），上海人民出版社 1961 年版，第 169 页。

侵朝之图谋。因马建忠、丁汝昌乘威远舰,率超勇、扬威号赴朝侦察,又因威远舰奉命护卫提督吴长庆所率 2000 人乘日新等四船赴朝护航有功,沈寿昌擢升把总(清政府授海军军官以陆军武职,正七品,相当于县长)。

1884 年(光绪十年)威远舰与超勇、扬威等舰受到直隶总督兼北洋大臣李鸿章等校阅。1886 年(光绪十二年),沈寿昌被调至济远巡洋舰任大副,7 月随舰赴朝鲜釜山、元山、永兴湾等地,操巡至海参崴,遂转赴日本长崎进坞修理。1889 年(光绪十五年),沈寿昌升署北洋海军中军左营都司(正四品),旋晋升济远舰帮带(相当于副舰长之职)兼领大副。1891 年(光绪十七年)5 月,沈寿昌随济远舰再次接受李鸿章等校阅。1894 年(光绪二十年)中日丰岛海战时,沈寿昌不幸阵亡。

二、丰岛海战中沈寿昌的民族精神

丰岛海战是日本联合舰队以偷袭的方式发动中日甲午战争的第一仗。

朝鲜西海岸牙山湾外一岛屿——丰岛,位于北纬 37 度、东经 126 度偏东的海面上。岛长 1388 米,高 174 米。附近海面水深礁少,为舰船进出牙山湾的必经之路。1894 年 6 月,日本大批军舰到釜山、仁川,控制了朝鲜海面,6 月 9 日,泊于仁川的日舰已达 6 艘,超过在朝鲜的中国军舰。7 月 19 日,日本又建立了以伊东祐亨为司令长官的联合舰队。当时驻守牙山的清军仅 2200 人,[①]力量单薄。为防御日军攻击,李鸿章决定从海路增派援军,特租用爱仁、飞鲸和高升 3 艘英国商轮运兵。为保安全,命北洋舰队派出济远、广乙、威远 3 舰组成护卫舰队,以管带方伯谦的济远为旗舰。清廷以为当时中日尚未开战,运兵的又是英轮,护卫舰队便未与运兵轮同航,而于 7 月 23 日先行抵达牙山湾,警戒海口,防范陆上日军。清军登陆地点距牙山海口 70 里,兵丁、武器、辎重需用小船驳运,3 艘运兵轮分别先后出发,以免误时。爱仁、飞鲸二轮,分别于 24 日清晨、下午抵牙山口,高升轮由操江号护航,预定于 25 日下午到达。

---

① 威远舰系 1875 年由英国承办轮机,法国承办铁肋,运回福建造船厂,1877 年镶配而成,1300 吨,750 马力,速力 9.5 节,配炮 11 门,乘员 124 人。1888 年北洋舰队成军时,以练习舰编入北洋舰队。

不料，北洋舰队护送运兵船的消息被日本间谍宗方小太郎侦知，报告了大本营。7月23日上午10时，伊东祐亨率联合舰队的第一游击队、本队和第二游击队军舰13艘、鱼雷艇队7艘和护航舰船2艘开向朝鲜。① 24日下午4时20分，日本舰队绕过朝鲜半岛西南端，抵达黑山岛附近时，伊东令第一游击队的吉野、秋津洲和浪速3舰前行侦察。25日凌晨3时30分，3舰经安眠岛直奔丰岛进行搜索。

此时，爱仁、飞鲸所载1400名清军官兵及粮饷、炮械、弹药已在牙山口上岸。惟高升船尚未到达。25日晨4时30分，方伯谦所率济远、广乙舰驶出牙山口后，遥见南方的地平线上出现几缕淡淡的黑烟。6时，看清是日本军舰吉野、秋津洲、浪速3舰。6时15分，方伯谦下令，全体官兵各就各位，准备战斗。

6时45分，②日本第一游队旗舰吉野首先向中国军舰开火，挑起战端。6时52分，济远、广乙两舰被迫进行自卫还击，6时55分秋津洲开炮，6时56分浪速开炮。③ 日军不宣而战，由此，揭开了甲午中日海战的序幕。

在双方激烈交锋中，沈寿昌一直站在桥板上指挥炮手反击日舰，由于他沉着应战，指挥果断，既管司舵，又指挥炮击，全舰士气大振，多次发炮命中日本旗舰吉野，并击中浪速舰的左舷舰尾，浪速舰尾被击中，海图室被毁坏。浪速舰还未来得及开炮，济远舰的炮弹片将其信号索截断，从桅楼发射之机关炮弹，在空中呼啸着从吉野樯顶掠过。④ 济远所发的炮弹曾多次命中浪速和吉野。双方正在激战之际，日舰以速射炮攻击，炮火猛烈，一颗炮弹落在济远驾驶台附近爆炸，一直在舰前屹立掌舵、指挥炮手还击的大副都司沈寿昌，不幸被弹片击中头部，当场牺牲。其英勇行动激励了舰上官兵。二副柯建章见大副牺牲，义愤填膺，接替大副沈寿昌掌舵督战，指挥枪炮手奋力反击。不幸在鏖战中也被敌弹片打穿胸部而献出自己宝贵的

　　① 《盛宣怀致叶志超函》，《盛宣怀档案资料选辑》之三《甲午中日战争》(下册)，上海人民出版社1982年版，第58页。
　　② 日本与中国的时差为一小时，本文均采用中国时间。
　　③ 〔日〕海军军令部编：《明治二十七八年海战史》上卷，第73—74、88页。
　　④ 《冤海述闻·牙山战事纪实》，《中国近代史资料丛刊·中日战争》(六)，上海人民出版社1957年版，第84页。

生命。见习学生黄承勋，见大副、二副均已牺牲，自告奋勇掌舵指挥战斗。这时有一块弹片将他的手臂炸断，被两个水手抬进仓内包扎，伤势极重。临牺牲前，他对水手们说："你们都有自己的岗位，不要管我。"说毕为国捐躯，时年 21 岁。同时，在前炮台坚持发炮而牺牲的还有六品军功王锡山、旗管头目刘鹏以及其他一些水兵，计 13 人，伤 40 余人。[①] 前炮台边积尸累累，甚至火炮无法转动。据英国一位军官记述说："甲板和炮口尽被碧血和尸体所污染，装甲和炮塔内的大部分器械亦被敌弹击毁，从而数具尸体粉碎，血肉横飞，直达烟筒上部。"[②] 战斗中，中华男儿前仆后继、气壮山河的爱国主义精神得到充分体现。中军左营都司沈寿昌阵亡后，灵柩运至威海卫。[③] 1895 年 2 月 17 日北洋舰队覆没，惟康济舰将沈寿昌灵柩运往烟台，后将其忠骨运回故乡，暂厝嘉定县真如镇（今上海市普陀区）。后清廷无暇顾及，便葬于上海桃浦河西之三千里村（即今李子园村北块）。1964 年，农民平整土地，将其遗骨移葬，后上海铁道学院（今上海铁道大学）体育馆建在上面。

三、为了忘却的纪念

沈寿昌是一位公认的为国捐躯的民族英雄——清末爱国海军将领。他刻苦学习，身在海外不忘祖国；在海军的岗位上坚定报国之志，自强不息；在丰岛海战中，面对强敌，奋勇抗敌御侮，血战沙场，忠烈耿耿，为国捐躯。他的精神"气势磅礴，凛然万古长存"，一直为人们所赞颂纪念。1979 年、1982 年和 1999 年分别由上海辞书出版社、辽海出版社出版的《辞海》、《中国近代史词典》、《中日关系全书》（上）以及各种中国近代史专著或教材、甲午战争史的相关著作均记载着沈寿昌的事迹。刘公岛上北洋海军的英烈名碑上也有其名。表明中国人民不忘先烈的英名。

---

① 《冤海述闻·牙山战事纪实》，《中国近代史资料丛刊·中日战争》（六），上海人民出版社 1957 年版，第 84 页。

② 《西方人士对中日战争的评论》，《中国近代史资料丛刊续编·中日战争》（7），中华书局 1996 年版，第 348 页。

③ 《上谕》，朱寿朋编：《光绪朝东华录》（三），中华书局 1958 年版，第 174—175 页（总第 3478—3479 页）。1936 年出版的《上海县志》记："清廷嘉其忠勇，追赠总兵衔"；《黄浦区志》沿用其说，不确。

最值得记录和怀念的是 1998 年上海铁道大学在校园内体育馆前建立"沈寿昌墓址纪念碑"一事。主持其事的是该校副校长郦萌同志。1996 年郦萌同志从《真如镇志》中得知沈寿昌忠骨埋在真如。真如正是上海铁道大学校址,从此他开始了追根溯源的历程,查县志,访后人,咨询学者。他从江西路一小书店发现了我主编的《甲午国耻丛书》6 本(中央民族大学出版社 1997 年出版),遂于 1997 年致函于我,[①]提出沈寿昌在丰岛战役中的作用、在甲午海战时的实授官阶、阵亡后最终追赠的官阶、关于对沈寿昌的评价同对方伯谦的评价之间是否存在着牵连的关系等问题。我立即回信对各问题予以说明。

1997 年 5 月 9 日,上海铁道大学为了"在年轻人中进行持续的爱国主义教育,就要用历史来唤起潜藏在人们心底的民族意识和民族自尊,并化为服务人民、报效祖国的崇高理想;化为工作和学习的动力;化为克服困难的勇气和毅力,为创建更美好的未来而努力",[②]作出"关于在校内建立北洋海军将领沈寿昌墓址纪念碑的决定"。"沈寿昌墓址纪念碑"建成后,"将成为我校文明标志示范区之一,是对师生进行爱国主义教育的重要资源"。[③] 5 月 18 日,在上海铁道大学体育馆东侧举行了沈寿昌墓址纪念碑的奠基典礼,普陀区有关部门、上海铁道大学党政领导、沈寿昌侄孙沈顺坡及师生百余人出席了仪式。黑色大理石板的基石上书"沈寿昌墓址纪念碑奠基,一九九七年五月十八日"。仪式上宣读了根据沈寿昌事迹拟定的纪念文,如果没有新的考证成果来加以补充的话,它就将作为正式碑文镌刻在纪念碑上。仪式以后,我们请沈顺坡先生将学校建立的纪念碑的有关文件交给他的大伯父,也就是沈寿昌的嗣子(沈寿昌的胞弟沈林昌之子)沈星垣先生。遂郦萌同志专程拜访了他,见到 3 幅 1964 年 4 月 12 日迁葬时摄下的照片,3 张照片证实了沈寿昌迁葬的时间、地点和相关情节。上海市副市长、浦东新区管委会主任赵启正同志得悉此事后,指示"要把位置探明,记录下来,将来体

① 郦萌:《沈寿昌墓址考证纪实》,刊于上海铁道大学党委宣传部编:《北洋海军爱国将领沈寿昌》,1998 年印,第 1 页。
② 《北洋海军爱国将领沈寿昌》,1998 年印,第 2 页。
③ 《上海铁道大学关于在校内建立北洋海军爱国将领沈寿昌墓址纪念碑的决定》,刊于《北洋海军爱国将领沈寿昌》,1998 年印,第 35 页。

育馆大修或改建时应把遗体起出来"。①

1998年12月18日,上海铁道大学举行了"沈寿昌墓址纪念碑落成典礼仪式"。上海市有关领导、各地专家学者及沈寿昌的后人、学校师生数百人参加了仪式。我应邀专程赶到上海参加典礼仪式,同时姜鸣、陈晓东等同志也应邀莅会。仪式简单隆重。纪念碑由苏州吴县市木渎石料工艺厂石刻,艺术家戈春楠制作。纪念碑如同一艘舰船,上面镌刻着沈寿昌的头像,其侧为纪念碑碑铭:

> 沈寿昌(1863—1894年),字清和,江苏省上海县洋泾镇(今属上海市浦东新区)人,清末北洋海军爱国将领。

> 沈寿昌聪颖好学,少怀大志,同治十三年(1874年)被选为出洋幼童,随容闳赴美国留学,入康涅狄格州克乃威大学攻读理化,与詹天佑等一百二十人同为中国首批官派留美生。光绪七年(1881年),沈寿昌奉调回国,入北洋水师学堂,毕业至北洋海军服役,积功升属中军左营都司,擢济远舰帮带兼领大副。光绪二十年(1894年)六月二十七日(7月25日),济远舰执行军务后返航,于朝鲜牙山口外丰岛海域遭日本舰队围攻,甲午战争爆发。沈寿昌忠于职守,冒炮火立于望台指挥发炮,击伤日舰两艘。战酣时,望台中炮,沈寿昌头被击裂,当即阵亡,年仅32岁。

> 沈寿昌久役军中,婚后无嗣,但常致家书与其弟,勉其上进,"储才以为国用"。

> 沈寿昌殉国后,清政府嘉其忠勇,追授副将衔,将灵柩运回,葬于江苏省嘉定县三千里村附近(今属上海市普陀区桃浦镇)。六十年代初,因平整土地,移其遗骸至此深埋。

> 今年适值沈寿昌诞辰135周年,特敬立是碑,以资纪念,并借之激励后人踵武前贤,为振兴中华自强不息。②

迄今,沈寿昌墓址纪念碑已成为上海铁道大学和上海市各级各类学校

---

① 郦萌:《沈寿昌墓址考证纪实》,刊于《北洋海军爱国将领沈寿昌》,1998年印,第34页。

② 《沈寿昌墓址纪念碑碑铭》,刊于《北洋海军爱国将领沈寿昌》,1998年印,第38页。

对青少年进行爱国主义教育的基地。

关捷,大连民族学院教授,从事中日关系史、民族史研究

严复与北洋海军

夏　燕　月

严复是近代中国向西方学习、寻找救国真理的"先进的中国人"之一。中日甲午战争结束前后，在中华民族面临生死存亡的紧要关头，严复连续发表《论世变之亟》等四篇政论文章，大声疾呼"中国不变法则必亡"，振聋发聩地喊出了"救亡"的口号；特别是他翻译了《天演论》等一系列名著，把西方资产阶级的学术思想、政治制度系统地介绍到中国，第一次打开了中国知识分子的眼界，对中国的政治和社会产生了空前广泛而深远的影响。然而，严复几乎一生都在从事教育事业，特别是在专门培养北洋海军骨干的天津水师学堂从事教育工作达 20 年之久，见证了北洋海军的筹建、成军和盛衰，而他也由一位"洋务"专家，①进而成为用西方资产阶级思想文化唤起民族觉醒的著名启蒙思想家。

结缘近代海军的"洋务"专家

严复（1854—1921），字几道，福建侯官（今福州）人。父名振先，号志范；母陈氏。父祖两代均以中医为业，是当地有影响的中医世家。

严复从 7 岁起就读私塾。当时望子成龙心切的父亲严振先把严复送到阳岐老家，让他师从学识渊博的叔祖严厚甫读书。11 岁时，严父聘请当地宿儒，熟悉宋、元、明理学的黄少岩教授严复读经。黄少岩除给严复讲授经书典籍外，还经常讲一些明代东林党议论时政、主张改良的故事，使其深受影响，学业大有长进，为日后在学术领域取得重大成就打下了基础。正是此时，严复的父亲因患霍乱不幸去世，家庭即刻陷入悲苦的境地，不到 13 岁的少年严复被迫辍学。当时主张"自强新政"的洋务运动正在兴起。19 世纪

---

① 　[美]施沃茨著，滕复等译：《严复与西方》，职工教育出版社 1990 年版，第 22 页。

60 年代初,清王朝在镇压太平天国起义期间和第二次鸦片战争失败之后,内外交困,民族危机深重。为了挽救危机,封建统治集团中的洋务派官员奕䜣、曾国藩、李鸿章、左宗棠、张之洞等人,企图通过学习西方的武器装备和科学技术、兴办近代企业,建立新式海陆军,创办培养通晓洋务人才的新式学堂,派遣留学生等洋务事业,达到"自强求富"的目的。就在严父去世的那年(即 1866 年),时任闽浙总督的左宗棠为了加强海上防务,向清廷提出创办监造轮船的"船政局"动议,后又提出开设培养人才的"艺局",使"西法衍于中国"的建议,均被清廷采纳。但不久左宗棠奉命将赴西北任陕甘总督,为此就后继人选问题力荐丁忧在籍的前江西抚臣沈葆桢接此重任,得到清廷批复。沈葆桢受左宗棠诚邀,毅然出任福州船政大臣。沈葆桢认为船政的根本在于学堂,上任后一面抓紧建立造船厂,一面积极筹办由左宗棠定名的"求是堂艺局"(即福建船政学堂)。这是我国近代最早的培养航海、驾驶和造船等人才的海军学校。

然而"学而优则仕"几乎是几千年来中国知识分子的惟一出路,与此相反,研究"西学"却被看作仕途遇阻者的一种前途暗淡的选择。严复父亲的去世,彻底改变了他的家庭和自己的命运,这样的家庭已无力支撑他的学业,仕宦之途即时蒙上阴影。他曾写诗回忆当时的情景:"我生十四龄,阿父即见背。家贫有质券,赒钱不充债。陟冈则无兄,同谷歌有妹。慈母于此时,十指作耕耒。上掩先人骸,下养儿女大。富贵生死间,饱阅亲知态。门户支已难,往往遭无赖。五更寡妇哭,闻者隳心肺。"①度日之艰难跃然纸上。正在招生的这所"洋务"学堂,给严复带来了转机。学堂规定来求学的学员食宿全免,每月给四两白银赡家。新的就学之路和优厚的学习条件,深深吸引了严复,给他带来了希望和勇气。这就是严复结缘近代海军,成为"洋务"专家的社会背景和内在因素。

严复决定报名投考福建船政学堂。考试时,沈葆桢可能因丧亲丁忧之故,出的作文题为《大孝终身慕父母》。严复用"严宗光"名,字"又陵"应试。因刚蒙丧父之痛,严复以内心深切真挚的感情,作了一篇情文并茂的论文,被第一名录取,此后他将沈葆桢视为恩师。数十年后,严复仍感怀不已,作

---

① 王栻主编:《严复集》第二册,中华书局 1986 年版,第 388 页。

诗写道:"尚忆垂髫十五时,一篇大孝论能奇。同治丙寅,侯官文肃公(即沈葆桢)开船厂,招子弟肄业,试题'大孝终身慕父母',不肖适丁外艰,成论数百言以进,公见之,置冠其曹。谁言后死无穷感,惭负先生远到期。"①1867 年 1 月 6 日(同治五年十二月初一)福建船政学堂正式开学。学堂采用英、法海军学校的教育体制,学制五年。严复就读的是由英国人主持的轮船驾驶班。该专业开设有英文、数学、物理、化学、地质、天文、航海术等课程,还要求学生读《圣谕广训》《孝经》等经书。对于这个来之不易的学习机会,他非常珍惜,强烈的求知欲使他在学习中锲而不舍、孜孜不倦,接触了大量西学知识,每次考试成绩都名列前茅,毕业考试被列为"最优等"。严复在福建船政学堂就读的五年中,受到了系统的近代军事技术的良好教育。50 年后严复回忆时仍记忆犹新:"不佞年十有五,则应募为海军生。当是时,马江船司空草创未就,借城南定光寺为学舍。同学仅百人,学旁行书算。其中晨夜伊毗之声与梵呗相答。距今五十许年,当时同学略尽,屈指殆无一二存者。回首前尘,塔影山光,时犹呈现于吾梦寐间也。"②

毕业后严复被派到建威号实习,学堂要求学生在实习中应掌握一名船长所必需的理论和实践知识。当时,与严复一起登上建威舰的同学有刘步蟾、林泰曾、何心川、叶祖珪、蒋超英、方伯谦、林承谟、沈有恒、林永升、邱宝仁、郑溥泉、叶伯鋆、黄建勋、许寿山、陈毓淞、柴卓群、陈锦荣等 18 人。建威舰在巡行中经过新加坡、槟榔屿及我国的辽东湾等地。第二年,严复被改派到福州船政局自造的扬武舰实习,舰长是英国海军中校德勒塞,巡行经过黄海及日本各地。由于扬武舰的舰体、吨位和功率都很大,因此在长崎、横滨等地吸引了数万日本人前来观看。1874 年日本出兵侵扰我国台湾,严复随福州船政大臣沈葆桢赴台御敌,参加了测量台东背旂、莱苏屿各海口和筹备海防等工作。这次实习,使抵御日本侵犯的爱国情感时时在青年严复的心中涌动。其时,为使海军人才真正学到西方先进的科学技术,沈葆桢、李鸿章会奏清廷:选派福建船政学堂"天资颖异,学有根柢者"留学欧洲深造。1877 年 3 月 31 日,我国选派的第一批学习海军的留学生起程。包括优等

---

① 王栻主编:《严复集》第二册,中华书局 1986 年版,第 364 页。
② 王栻主编:《严复集》第二册,中华书局 1986 年版,第 352 页。

生严复在内的 30 余人随中国监督李凤苞、外国监督日意格（法国人）乘坐马尾船厂自造的济安轮赴香港，后换乘远洋轮驶往欧洲。按照原定计划，严复等学习驾驶的 12 人到英国朴茨茅斯海军学院学习，数月后转入格林威治海军学院学习。

当时英国正处在资本主义发展的全盛时期，许多新的先进的科学技术吸引着来自中国的学子。从课程设置看有化学、绘炮台图、绘海道图、战史、铁甲船和炮弹知识、电学、数学、水师兵法等，从课程安排看每周除周三、五、六下午自修外，每天都安排得满满的，考试的课目有 9 门。可以看出学习任务非常繁重，学习非常紧张。但这一切对于聪明好学的严复来说，并不是一件难事。他除了学习军校规定的基础课程和专业课程外，还比别人付出了更多的努力和辛劳，到伦敦图书馆阅读大量课外书籍。当他广泛接触西方学者如达尔文、亚当·斯密、卢梭、孟德斯鸠等人的著作，又抽出一些时间考察英国社会、旁听法院审判之后，对西方文明非常钦佩，开始认为英国之所以富强，中国之所以贫弱，根本原因在于社会制度与思想学说的不同。由于严复各课考试"屡列优等"，被公认为格林威治海军学院的高材生，给中国驻英官员留下了很好的印象。首任驻英公使郭嵩焘曾饶有兴趣地在日记里记载了严复向他讲解光学、声学、电学等科学常识时的情景；赞赏严复的才学"以之管带一船，实为枉其材"，而"交涉事务，可以胜任"。驻英、法大臣曾纪泽在日记中说："三月十三日（1879 年，阴历），核改答肄业生严宗光一函，甚长。宗光才质甚美，颖悟好学，论事有识，然颇有狂傲矜张之气。近呈其所作文三篇：曰，牛顿传；曰，论法；曰，与人书。于中华文字未尽通顺，而自负颇甚。余故抉其疵弊而戒励之，爱其禀赋之美，欲玉之于成也。"[1]曾国藩幕僚、后随李鸿章办外交的薛福成在《出使四国日记》卷三中写道："严宗光于管驾官应知学问外，更能探本溯源，以为传授生徒之资，足胜水师学堂教习之任。"[2]

严复自 1867 年踏进福建船政学堂结缘近代海军，至 1879 年留英肄业，前后十余载，在洋务派人士的悉心栽培下，经过五年学堂的学习生活、五年多的军舰实习和两年半的留学英国，不仅掌握了西方先进科学技术，而且学

①　张志建：《严复思想研究》，广西师范大学出版社 1989 年版，第 194 页。
②　张志建：《严复思想研究》，广西师范大学出版社 1989 年版，第 194 页。

到大量西学知识,知识结构和思想理念都发生很大变化,视野更加宽阔,从而为探索、研究中国富强的新路,打开了新的思路。而洋务派人士则认为严复已经是"洋务"专家了,已经可以效力洋务事业,同他们一起推动洋务运动发展了。毕业前夕由于福建船政学堂急需教习,严复奉调提前回国。

天津水师学堂的军事教育家

1879 年夏,严复回到祖国。福州船政大臣吴赞诚聘他为福建船政学堂教习。25 岁的严复走上母校的讲台,成为一名海军教官。这是严复长期从事教育事业的起步。但仅隔半年多,即被洋务派首领李鸿章调往天津水师学堂执教。

同年冬严复的恩师沈葆桢去世,海军建设由直隶总督兼北洋大臣李鸿章全权负责。当时,洋务运动最重要的工作之一是建设规模宏大的北洋海军,急需大量的驾驶、管轮专业人才。为就地培养海军人才,李鸿章奏请清廷,于 1880 年创设了天津水师学堂。严复主持学堂的管理和教务工作,聘请英国人任教习。学堂在直隶、山东和东南沿海招收 13 至 17 岁的学生,并根据他们文化程度的高低分班。学制五年。主要课程有英语、数学、天文、地舆、测量、驾驶等;同时,"授以枪,俾齐步伐;树之桅,俾习升降;……教之经,俾明大义;课以文,俾知论人。……为之信赏必罚,以策其倦怠;为之月校季考,以稽其知能"。学堂还设有"观星台一座,以备学习天文者登高测望"。① 天津水师学堂是我国第一所正规化的近代海军学校,无论是学堂规模、设备设施,还是课程设置、师资力量,都远远超过福州水师学堂,为北洋海军输送了大批技术骨干。

出于爱国热忱和强烈的责任心,严复对执教天津水师学堂是有所期待的:希望自己十多年来所学到的一切,能够在这里报效祖国,使自己的才华得到充分施展,宏图大志得以实现。因此,他在赴津任职前,就已在为天津水师学堂做招生工作,在家乡福建分两次共招收了 27 名学生去报考学堂。1880 年 8 月严复刚到天津时,学堂校舍尚未落成。在以后的一年时间里,他协助总办(校长)兴建学堂校舍,直至一年后竣工启用;参与主持了一系列

---

① 参见冯保善:《严复传》,团结出版社 1998 年版。

教务工作,如议定学堂的办学宗旨和办学方针,制定校纪、校规,确定办学章程和招生计划,拟定学年计划和课程设置等等,总之开学前的一切准备工作,严复都积极努力地去做,使学堂有个良好的开局。1889 年,严复升任学堂的会办(副校长),1890 年又升任总办(校长),从 26 岁到 46 岁,在天津水师学堂整整工作了 20 年。学堂在他的主持管理下,引进了西方近代教育体制和先进的科学技术。虽然课程设置多、任务繁重,但教学方法比较灵活,尤其注重理论联系实际。学堂还建立了严格的考试制度:每年的春、夏、冬三季为小考,秋季为大考,由李鸿章亲临校阅。

为了客观评估学堂的教学水平和教育质量,李鸿章特地从欧洲各国的海军院校请来一批教官,对天津水师学堂进行现场和实地的全面考察,得出的评估结论是:学堂的教学水平和教育质量比起欧洲各海军院校毫不逊色,实际上起到了开北方风气之先,立中国兵船之本的作用。20 年来,共有毕业学生 210 名。到甲午战争时,北洋海军舰船上的鱼雷大副、驾驶二副、枪炮二副、船械三副等职都由学堂毕业生担任。学堂培养的人才中还有以后成为著名教育家、南开大学的创办人张伯苓,武昌起义时的鄂军都督、中华民国首任副总统黎元洪,著名作家谢冰心之父谢葆璋等。清廷以天津水师学堂办学有成效,业绩突出,予以嘉奖,"予总教习都司严复、游击卞长胜、学生伍光鉴、王学廉等奖叙有差"。① 可见,作为军事教育家的严复为掌管好学堂的教学工作,培养更多的北洋海军技术骨干,倾注了多少精力和心血!

严复任职天津水师学堂后,一方面经过自己富有创造性的工作,获得了不凡的业绩和奖励,职务不断升迁;另一方面,由于特别器重严复的沈葆桢去世,以及学堂内外关系复杂矛盾重重,使他经受了一系列挫折和打击,心情十分苦闷和愤懑。如,严复对于日本侵占我国琉球群岛深感悲愤,说:"不三十年藩属且尽,缳我如老牸牛耳!"②李鸿章虽然欣赏严复的学问造诣,但认为他此番言论过于激烈,而不敢太接近他,更不可能重用他,使他的才华得不到施展。严复感到沮丧,染上吸食鸦片的烟瘾。1882 年,他在给其堂弟观澜的信中说:"自来津以后,诸事虽无不佳,亦无甚好处。公事一切,仍

---

① 张志建:《严复思想研究》,广西师范大学出版社 1989 年版,第 197 页。
② 王栻主编:《严复集》第五册,中华书局 1986 年版,第 1541 页。

是有人掣肘，不得自在施行。至于上司，当今做官，须得内有门马，外有交游，又须钱钞应酬，广通声气。兄则三者无一焉，又何怪仕宦之不达乎？置之不足道也。"①他对当时官场的腐败，已看得比较清楚。即使被提升为学堂总办之后，仍然不能起到影响当局制定政策的作用，"文忠（李鸿章）大治海军，以君总办学堂，不预机要，奉职而已"。② 真可谓道不同，不相与谋。因此，严复虽在洋务派最为看重的天津水师学堂任要职，但始终是洋务运动的局外人。而当时国内守旧之风盛行，读书人仍热衷于辞章八股，严复因不是科第出身，不为社会所重，感到"当年误习旁行书，举世相视如髦蛮"。为求"正途"，他于1885年至1893年，分赴福建、北京各两次参加科举考试，结果全部落第，仍无法摆脱"北洋当差，味同嚼蜡"的困境。他在《送陈彤卣归闽》诗中写道："四十不官拥皋比，男儿怀抱谁人知？"③虽说的是朋友，实际上也抒发了自己怀才不遇、报国无门的压抑心情。

严复是中国著名的资产阶级思想家和教育家，他在留学英国时博览群书，从资产阶级科学文化中汲取了许多新鲜营养，见识大长，切实意识到洋务派"自强"纲领根本不可能实现的关键之所在。英国人罗伯特·赫德在一次谈话中，把海军比作一棵树，说这棵树需要有适当的环境才能生长结果。这个比喻给严复留下了深刻印象，使他感到要建立近代海军这样宏大的事业，是不可能在一个尚未经历深刻的社会变革和心理变革的社会中获得成功的；仅仅学习西方国家的一些皮毛，是解决不了中国强盛问题的。

然而社会变革和心理变革是个极其复杂而艰巨的任务。严复力主西学救亡，教育救国，培养造就更多更好的维新人才。严复是在长期学习和研究西方资产阶级教育思想之后开始从事教育事业的，数十年的教育生涯中，积累了丰富的实践经验。他比较研究了中西方教育思想的优劣，逐渐形成了系统的教育思想，提出了一整套教育主张、教育内容和教育计划。而当时中国社会却是专制黑暗，旧学腐朽，人才奇缺，民智低下，学科落后等现象十分严重。因此，他认为教育必须全面改革，必须批判旧学，废除禁锢人们思想

---

① 王栻主编：《严复集》第三册，中华书局1986年版，第731页。
② 王栻主编：《严复集》第五册，中华书局1986年版，第1541页。
③ 王栻主编：《严复集》第二册，中华书局1986年版，第361页。

的科举制度,在中国兴办资产阶级学校,建立资产阶级教育制度。

在严复的教育思想中最重要的是第一次提出"体育、智育、德育三者并重"。严复认为一个国家的强弱决定于三个基本条件:"一曰血气体力之强,二曰聪明智虑之强,三曰德行仁义之强。"①西方国家"之能自治而自由者,皆其力、其智、其德诚优者也",这是其富强的原因。要做到这三点,必须鼓民力、开民智、新民德。他认为这三者中"鼓民力"是基础,即民众要有健康的体魄。在他执教的天津水师学堂,对体育就有着足够的重视。学堂开展了田径、器械体操、足球、击剑、拳击、游泳和爬桅等各项近代体育活动,还派学生参加一些校际运动竞赛。他认为"开民智"是关键,要以西学代替科举。他列举了科举制度"锢智慧"、"坏心术"、"滋游手"的三大害处,认为是摧残人才、造成国家贫弱的制度。当时中国所患者,乃"愚"、"贪"、"弱",其中"尤以愈愚为最急。何则? 所以使吾日由贫弱之道而不自知者,徒以愚耳",故"继自今,凡可以瘳愚者,将竭力尽气鞭手茧足以求之",因为"神州之陆沉诚可哀,而四万万之沦胥甚可痛也"。② 严复认为让学生掌握了新知识,他们就会懂得自强的道理,知道国家大事、知道爱国、知道强身、知道把握国家民族和自己的命运。最后是"新民德",则"尤为三者之最难",因为它的目的是倡导"尊民",要教化民众去掉奴性,使"吾民之德,于以同力合志,联一气而御外仇";教育人们将自己与国家民族的命运联系起来,休戚与共,自觉地投入到民族解放斗争中去。这种与中国封建社会旧道德相对立的德育主张,是非常难能可贵的。因此,他主张在"三育"指导下兴办资产阶级的新型学校,提出"以自由为体,以民主为用"的教育方针,反对君主专制,废除封建等级的宗法制度,使"人人得以行其意,申其言,上下之势不相悬,君不甚尊,民不甚贱,而联若一体"。他提倡学习西学,强调要将学习科学、特别是学习自然科学作为教育的主要内容。同时要重视学习外语,因为这是学习西学必不可少的桥梁。

严复把一生中最宝贵最富创造力的青春年华献给了天津水师学堂,"主督课者前后凡 20 年"。这里是他安身立命之地,为北洋海军培养了大批爱

---

① 王栻主编:《严复集》第一册,中华书局 1986 年版,第 18 页。
② 王栻主编:《严复集》第三册,中华书局 1986 年版,第 560 页。

国将领。严复作为资产阶级教育家，从事教育工作几十年，在六七所军校或高等学府任过校长等要职，他教书育人，在逆境中提出了自己的教育思想、主张和方法，为我们勾勒出近代资产阶级新型学校的蓝图，这在中国教育史上是首创的、前所未有的。当然，严复的教育思想和主张是有历史局限性的，也是不可能实现的，但是它打开了禁锢人们思想的枷锁，启迪了人们的心智，因而其深远意义是不可估量的，对后来五四新文化运动提出科学与民主两大口号具有重要意义。

甲午惨败后的启蒙思想家

日本自明治维新后迅速走上军国主义道路，侵略野心不断膨胀。1894—1895年发动蓄谋已久的大规模侵华战争（即中日甲午战争），妄图占领大片中国领土和获取巨额战争赔款。中国参战的部队主要是李鸿章经营多年、装备精良的北洋海军和陆军。尽管爱国官兵们不畏强暴、英勇奋战，严复的同学致远舰管带邓世昌、经远舰管带林永升等不幸以身殉国，但清王朝腐败无能，战争的指挥者李鸿章为保存实力，奉行避战求和方针，一再贻误战机，最后以中国的惨败而告终。接踵而来的是签订丧权辱国的《马关条约》和帝国主义列强瓜分中国的狂潮，中华民族沦落到苦难深重和极度屈辱的境地。

此时严复已在天津水师学堂工作了15年，任总办主政学堂也已有5年，在这里经历了人生道路上最大的变化。战争爆发后，他主张坚决抵抗到底，并密切关注着中日双方战局的发展。他对中国官兵在海战中不怕牺牲顽强作战的精神予以高度赞扬，又为中国方面的不断败退深感焦虑。他痛心疾首地给其长子严璩写信说："时事岌岌，不堪措想。奉天省城与旅顺口皆将旦夕陷倭，陆军见敌即溃，经战即败，真成无一可恃者。……京官议论纷纷，皇上益无主脑，要和则强敌不肯，要战则臣下不能……中国今日之事，正坐平日学问之非，与士大夫心术之坏，由今之道，无变今之俗，虽管、葛复生，亦无能为力也。"[①]但是，严复怎么也没有想到，中国竟然败在日本这个东方小国的手中，而且败得那么惨。

---

① 王栻主编：《严复集》第三册，中华书局1986年版，第779—780页。

严复与同时代关切国家民族命运的知识分子一样,如雷的噩耗使他陷入极度痛心和悲愤之中,时而慷慨激昂,时而痛哭流涕。他在给好友吴汝纶的信中谈到当时自己的心情时说:"大抵东方变局不出数年之中。……尝中夜起而大哭,嗟乎!谁其知之";①他撰文写道:"呜呼!中国至于今日,其积弱不振之势,不待智者而后明矣。深耻大辱,有无可讳焉者。日本以寥寥数舰之舟师,区区数万人之众,一战而翦我最亲之藩属,再战而陪京戒严,三战而夺我最坚之海口,四战而覆我海军。"②亡国灭种已迫在眉睫。强烈的危机感,激起了严复沸腾的爱国热情,正如 1896 年在致梁启超信中所写:"甲午春半,正当东事枭兀之际,觉一时胸中有物,格格欲吐,于是有《原强》、《救亡决论》诸作,登布《直报》。"③他决心用西学来挽救民族危机。甲午战争期间,他在天津《直报》上连续发表《论世变之亟》、《原强》、《辟韩》和《救亡决论》四篇政论文章,猛烈抨击封建专制统治及其种种弊端,淋漓尽致地揭露旧学的腐朽和八股取士的危害;提出了变法图强的思想,认为中国必须提倡西学,培养民力、民智、民德,建立西方式的资产阶级议院,才能摆脱贫弱。严复提出不能再走老路,"中国不变法则必亡",必须另走救亡新路,发出了处在国难国耻之中所有爱国者心中最紧迫最强烈的心声:奋起"救亡"!这个响亮的口号成了近代中国唤起民族觉醒,提高民族凝聚力的战斗号角。

此时,严复对以李鸿章为首的洋务派也有了彻底认识。早在留学英国期间,严复对英国等西方国家富强的原因最为关注。对英国的政治、经济、法律等产生浓厚兴趣。1878 年他旁听了英国一些法院的庭审,对于"辩护之律师,有公听之助理,抵瑕蹈隙,曲证旁搜",认为不仅是"司法折狱之有术",也是英国与欧洲各国之所以富强的原因。1879 年严复回国后看到中国的情况,感到国内腐朽的封建制度与西方资产阶级文明大相径庭,形成鲜明对照,开始对洋务新政产生怀疑;1884 年中国在中法马江之战中的失败加深了这种怀疑。特别是作为洋务运动重大成果之一的北洋海军在甲午战争中的全军覆没,更让严复彻底看透了以李鸿章为首的洋务派所谓"中学为

①　王栻主编:《严复集》第三册,中华书局 1986 年版,第 521 页。
②　王栻主编:《严复集》第一册,中华书局 1986 年版,第 7 页。
③　王栻主编:《严复集》第三册,中华书局 1986 年版,第 514 页。

体,西学为用"将"体"、"用"分离理论的极端错误,认为是注定要失败的;甲午战争的惨败就是"合肥(即李鸿章)用人实致偾事,韩理事信任一武断独行之袁世凯,则起衅之由也……今然后知不学无术私心未净之人,虽勋业烂然之不足恃也"。① 官场上的任人唯亲、独断专行、贪污腐败、不学无术造成了中国的失败。他决心走出洋务派的阴影,以西学为投枪匕首直击时弊,为戊戌维新运动提供理论依据。

从那时起,康有为、梁启超发起的维新变法运动正在蓬勃发展,走向高潮。作为维新运动的理论家、宣传家,在维新人士中惟一精通西学的严复与他们遥相呼应。他以严谨的治学精神和"信、达、雅"的标准,撰写了大量激励国人的政论文章,翻译了许多西方学术著作。他翻译英国赫胥黎的名著《进化论与伦理学》,是具有独创性的,不受原文约束,而是意译了书中的主要内容,目的是为维新变法的需要服务。他以非凡的见识和勇气采取夹叙夹议的形式,对于赫胥黎的原意加以评述和阐发,并结合当时中国具体情况,添加大量的按语来阐述自己的政见,对书中的思想观点包括书名在内,进行了改造和发挥。他把书名改为《天演论》,这里的"天"是指自然界,"演"是指进化或演化,"天演"就是要根据自然规律,不断地变化。严复是站在挽救民族危亡反对侵略的高度,用"物竞天择"、"适者生存"的社会进化论思想,为自强不息的民族意识提供理论根据的。他在按语中指出,世界上一切民族都是"进者存而传焉,不进者病而亡焉",中国如不能自强,就会"弱者先绝",失去民族生存的权利。热切希望人们学习西方"与天争胜",摆脱"优胜劣败"的亡国厄运。《天演论》的出版,震动全国。"物竞天择"、"适者生存"的观念给大梦初醒的中国人提供了新的思想武器,极大地激发了中国人的民族意识,成为震撼人们心魄的警世恒言,对中国资产阶级旧民主主义革命起到了启蒙作用。后来同盟会主办的《民报》评论说:"自严氏书出,物竞天择之理,厘然当于人心,而中国人气为之一变"。

严复是第一位将西方的社会科学学说作为一套完整的理论介绍到中国的人。除《天演论》外,他翻译的还有亚当·斯密的《原富》,斯宾塞的《群学肄言》,约翰·穆勒的《群己权界论》与《名学》,甄克斯的《社会通诠》,孟德斯

① 王栻主编:《严复集》第三册,中华书局 1986 年版,第 498 页。

鸠的《法意》,耶芳斯的《名学浅说》等,被后人称为"严译八大名著",几乎每一部都是资本主义思想的奠基之作,涵盖了政治学、经济学、社会学、法学、哲学、文学、历史学、翻译学等方方面面,奠定了近代中国社会科学的框架和基础。严复的译作,把握精髓,风格特殊,加上技术处理精心,在近代中国文化史上占有重要地位。

戊戌变法时期,严复还亲身投入到轰轰烈烈的维新运动中去。1897年11月,他和王修植(菀生)、夏曾佑(穗卿)等在天津创办了《国闻报》,登载自己编采的国内外时事要闻及社论等,介绍西学,传播新知识,发表维新观点,并为该报撰写了不少社论。《国闻报》与上海维新人士汪康年办的《时务报》一起,被看作宣传维新思想影响巨大的南北两大阵地。同时他还创办了《国闻旬刊》。期间,光绪帝曾召见严复,鼓励他为国家富强出谋划策。他帮助张元济在北京创办"通艺学堂",在天津创办俄文馆,曾多次到那里讲课,受到大家的欢迎。总之,严复竭尽全力利用一切机会,为宣传维新变法大造舆论,奔走呼号。

维新运动失败后,严复写了许多诗文表达自己无限哀痛的心情:"伏尸名士贱,称疾诏书哀。"①1900年八国联军入侵,天津水师学堂毁于炮火,严复被迫离开天津,避居上海,继续从事翻译工作。此后曾任京师大学堂译书局总纂,安徽高等学堂校长,上海复旦公学校长,资政院议员,京师大学堂总监督,改称北京大学后的第一任校长,总统府顾问,学部审定名词馆总纂;1910年被清廷钦赐文科进士、海军协都统;曾为直隶总督兼北洋大臣杨士骧作《代北洋大臣杨拟筹办海军奏稿》,为海军部撰写《〈海军大事记〉弁言》,还到各城市去给青年学子讲课。晚年的严复,思想趋于保守。他与200多人发起成立北京孔教会,1915年受杨度之约成了为袁世凯复辟帝制造舆论的"筹安会"发起人之一,遭世人非议。1921年10月27日严复病逝家乡——福州郎官巷。

综观严复的一生,有一半时间即30多年的学习、工作与海军有密切关系,直到晚年还兼有海军部职务,继续在为海军工作。他的好友、内阁学士陈宝琛撰写的《清故资政大夫海军协都统严君墓志铭》,就将"海军协都统"

---

① 王栻主编:《严复集》第二册,中华书局1986年版,第414页。

列为严复最高的荣誉职务。然而,严复在北洋海军的最高学府——天津水师学堂坎坷曲折、跌宕起伏的 20 年工作经历,则是他一生中最重要的阶段。当时的中国社会正处在急剧转型的大动荡时期,严复从中西方比较中认识到中国要富强必须学习西方,变法维新,自己也从洋务派精心培养的"洋务"专家转变为资产阶级军事教育家,大量翻译西方学术名著、介绍西学,大力宣传变法维新救亡图存和科学民主思想的理论家、英勇斗士。因此,这里不仅是严复建功立业之地,更是他人生道路上的重大转折——成就了一位既有理论、又有丰富实践经验的军事教育家、有着卓越人生和超凡业绩的启蒙思想家。当然,他所宣传的社会进化理论从根本上说,是不可能真正拯救中国的。但是,严复为探索救国新道路作出了杰出贡献,从而把近代中国志士仁人向西方寻求真理的历程推进到了一个崭新的阶段。毛泽东同志曾高度评价严复,把他同洪秀全、康有为、孙中山一起,誉为"代表了中国共产党出世以前向西方寻找真理的一派人物"。严复作为"先进的中国人",永远值得我们研究和纪念。

夏燕月,女,中国国家博物馆研究馆员

光绪前期张佩纶与李鸿章
谋划近代海军之研究

姜 鸣

从 1875 年到 1885 年,是清末海军建设的重要准备时期。针对海防建设,以李鸿章为代表的洋务派,发起了多次讨论,并在舰队编成、购舰造船、军港要塞建设、军事教育等各个环节展开了探索实践。对这一时期的海军发展,近年来学术界予以了较多的关注和研究。

这一时期,清朝政坛经历了由恭亲王奕䜣主政到醇亲王奕譞主政的交替,而在此期间极为活跃的政治力量"清流",也经历了由盛到衰的转变。

在这个历史时期,"清流"与海军建设有着十分密切的关系,但未见研究成果。以往谈论"清流",大多使用《花随人圣庵摭忆》、《梦蕉亭杂记》、《翁同龢日记》、《越缦堂日记》等笔记、日记,谈论的多是军机处内"南北派"的斗争。这些材料,虽然不乏精彩之处,但仅是当时政治生活的一个局部,尚不足以反映多维的历史真相。比如说,"清流"代表人物张佩纶、张之洞、陈宝琛与军机大臣李鸿藻、北洋大臣李鸿章的真实关系,就一直没有予以清晰的揭示;对于张佩纶乃至"清流"重要人物都曾参与中国近代海军的创建,几乎毫不知情,自然也就无法探究晚清政局中的许多秘密。

台湾学者高阳曾在《同光大老》之《杀贼书生纸上兵》一节中说:"有一点铁样的事实,似乎研究近代史的人,尚未谈过(不敢肯定,读者中倘知有人谈过,千乞见告);此即李鸿章早就选定了张佩纶为衣钵传人。这一个念头,甚至在张佩纶获严谴后,亦未放弃。"[①]近年来,笔者致力于李鸿章、张佩纶关系研究,从两人通信中发现大量新鲜而重要的内容,为学术界从未关注和研

---

① 高阳:《同光大老》,华夏出版社 2006 年版,第 18 页。

究的,在 2002 年修订版的《龙旗飘扬的舰队——中国近代海军兴衰史》中,笔者曾作部分披露。这里,进一步介绍李鸿章、张佩纶在建设近代海军时的交流、探索和付诸的行动。①

一、张佩纶与李鸿章关系的渊源

"清流"是晚清一股重要的政治力量。一般认为,在甲申年(1884)以前,一批在翰林院、詹事府供职的京官,以儒家传统观念为基础,以国家利益为诉求,以奏疏为工具,议论时政、搏击权要。这批人,以张佩纶、张之洞、陈宝琛、宝廷、黄体方、邓承修等人为代表,奉北派军机大臣李鸿藻为领袖,在参奏之前常有谋划,搏击中互相声援,形成一股能量巨大的政治势力,对光绪朝前十年的政局,具有实质性的影响力。

研究者也几乎一致地指出,"清流"的见解或搏击,每每有个人或团体的利害恩怨纠葛其中,没有严密的组织与共同政见的标举。事实上,"中国历史上士大夫集团中的朋党,几全是缺乏严密组织的概称,是以能否以现代所谓'党'或'政党'的明确性来检视历史上的朋党,是大有疑义的"。②

传统认为,"清流"政治观点趋向保守,不太熟悉国际事务。但事实上,"清流"中坚分子,比如张佩纶、张之洞、陈宝琛等人物,其实并不迂腐,在策略应用上甚至更加生猛和不择手段。他们不仅奉李鸿藻为圭臬,与封疆大吏李鸿章、左宗棠,也有广泛的接触,建立起深厚的人脉关系,甚至在许多重

---

① 关于张佩纶的史料,主要有《涧于集》和《涧于日记》。《涧于集》包含奏议、文集、诗集、电稿、译署函稿、书牍六个部分,为丰润涧于草堂刊本。此外,上海图书馆保存有张佩纶与李鸿章、李鸿藻等人的一批往来书信原稿。这部分书信,李鸿章致张佩纶部分,先披露于上海古籍出版社《历史文献》的第九、第十辑,后又收入安徽教育出版社版《李鸿章全集》,大部分内容在《李文忠公全书·朋僚函稿》中未曾刊载。张佩纶致李鸿章部分,大部分收入《涧于集·书牍》,但部分内容有删节。比较麻烦的是,《涧于集·书牍》将所有书信的发信日期全部删去,就使得研究者使用时发生困难。本文为方便读者,在使用张佩纶致李鸿章函件时,只要《涧于集·书牍》中曾经刊载,就使用该书卷、页,只是日期是从原件中引出;《涧于集·书牍》未刊的,使用原件内容。又,以往大陆史学界,在研究"清流",研究张佩纶时,很少使用《涧于集·书牍》部分,而台湾学术界,据说在台湾也找不到《涧于集·书牍》(见苏启昌:《张佩纶与晚清清流集团》,私立东海大学历史学研究所硕士论文,1987 年,第 7 页),这就使得张佩纶研究一直没有深入地开展起来。

② 参见苏启昌:《张佩纶与晚清清流集团》,第 11—14 页;林文仁:《南北之争与晚清政局:以军机处汉大臣为核心的探讨(1861—1884)》,社会科学出版社 2005 年版,第 103 页。

大事件中互通信息,协同行动。在这些活动中,各人之间,并无所谓"清流"派系的约束。这批言官,因尚未掌握国家机器运作实权,对于老派官僚的颟顸、庸碌、腐败,极为不满,他们采用的主要武器是撰写奏章,但在实际中,他们还运用自己掌握的上层信息,周旋于各种政治力量中,为实权人物出主意,搭关系,作斡旋,以图介入政治和军事谋划,从中实现人生抱负,同时寻找自己的出路。这部分作用,往往为后世研究者所忽视。作为"清流"主要代表人物,张佩纶就是晚清政治舞台上的一位写弹章和作策划相结合的青年精英,通过对他与李鸿章之间关系的研究,我们可以加深对"清流"的了解。

张佩纶,字幼樵,号蒉斋、绳庵,直隶丰润县人。其祖父张灼有二子:印塘、印坦。印塘字雨樵,嘉庆己卯科(1819)举人,曾任浙江各地县官。道光二十九年(1849)题补温州府知府,旋补授安徽宁池太广道。咸丰元年(1851)五月,因盐务督缉出力,经两江总督陆建瀛保奏,奉旨交部从优议叙,兼署安徽按察使。二年任云南按察使,三年改任安徽按察使,同年被革职,四年病逝于徽州。①

印坦字信斋,曾任江苏丹阳知县。印坦子张钧,字泽仁,江苏华亭知县。张钧有二子,即张寿曾和张人骏。人骏在清末官至两江总督。

印塘人生的最后几年,一直在安徽与太平军作战。他与回乡办团练的李鸿章结下了友谊,后来,鸿章在为张印塘撰写的墓表中说:

> 方江淮鼎沸,独君(印塘)与鸿章率千百羸卒,崎岖于扰攘之际。君每自东关往来庐州,辄过予里舍,或分道转战,卒相遇矢石间,往往并马论兵,意气投合,相互激厉劳苦。余谓古所传坚忍负重者,君殆其人。②

印塘死时,张佩纶年仅6岁。其后,张家流寓杭州。同治九年(1870),张佩纶22岁,赴京参加秋闱,中举人。次年连捷进士,授庶吉士。十三年七月,张佩纶娶大理寺卿、曾多年担任领班军机章京的朱学勤之女朱芷芗为元

---

① 张印塘履历,见《清代官员履历档案全编》第3卷,华东师范大学出版社1997年版,第329页;《清代职官年表》第3卷,第2156—2157页;《通议大夫安徽按察使张府君墓志铭》,《涧于集·文》上,第63页。

② 李鸿章:《原任安徽按察使司按察使张君墓表》,《李鸿章全集》第37卷,安徽教育出版社2008年版,第48—49页。

配夫人。光绪元年（1875）升翰林院侍讲，次年以原衔充署日讲起居注官。年底开始上奏言事。三年起，因奏《谨献升祔大礼议折》及《昭穆位次片》、《考证异同片》而声名鹊起，张之洞因此而与他订交。① 又上《请广开言路折》、《请禁内监演戏片》，主张听取批评，肃清贪腐。又奏《扼要筹边宜轨久远折》，谈新疆、台湾防务。批评丁日昌担任闽抚，往来福建、台湾之间，主张专驻，言论开始涉及海防。《论劾陕抚谭钟麟复奏失实折》，为外官不喜，而为清议喝彩。② 四年，因山西大旱，上《法祖修省折》，请诚祈、集议、恤民、省刑。又奏《请上下交儆折》，提出请恭亲王振刷精神。次日上谕，命在廷臣工凡有言事据实陈奏，恭亲王尤当竭忠尽诚。③ 接着，御史张观准弹劾内务府大臣称，宫闱一切应用之物无可裁减，是"显揣摩尝试之私，阴逞浮冒侵吞之计"，请立予罢黜。又参侍郎庆福不通文义。奉旨着将张观准传旨申饬。黄体芳弹劾户部尚书董恂贪鄙欺罔，举止卑谄，请立予罢斥，奉旨黄体芳以传闻无据之词信口诋毁，着交部严议。张佩纶再上《请宽言事之咎折》，称黄体芳以论劾董恂交部议处，张观准亦传申饬，深恐与求言初意未符，请将黄体芳应得处分特旨宽免。④ 张佩纶后来又弹劾钦差大臣崇厚、工部尚书贺寿慈、户部尚书董恂、左都御史童华、江西巡抚李文敏，直至弹劾军机大臣王文韶，成为名震朝野的"直谏"人物，被誉为"青牛角"。此时，其年龄不过三十四岁。

张佩纶堂侄张人骏，同治戊辰科（1868）进士，张佩纶与人骏由此结识，

① 张之洞即因读到这两封奏疏，叹曰：不图郑小同、杜子春复生于今日！遂造庐与张佩纶订交。见《大清畿辅先哲传》，北京古籍出版社 1993 年版，下册，第 864—865 页。

② 张佩纶：《论劾陕抚谭钟麟复奏失实折》，光绪三年十一月十一日，《涧于集·奏议》卷1，第 25—27 页。对此函，左宗棠对原陕西巡抚刘典称："陕赈办有成效，张侍讲佩纶仍于赈务外议及辩折，不值一哂。文卿中丞心气和平，与人无忤，不解此次何以屡致人言？幸朝论明晰，不致为蚍蜉所撼耳。"答刘克庵》，《左宗棠全集》卷 12，书信，岳麓社 1996 年版，第 12 卷，第 322 页。李慈铭则谓："侍讲张佩纶疏劾陕抚谭钟麟覆奏措辞过当，请旨申饬。张君丰润人，庚午辛未联捷进士，今年未三十也。此疏侃侃劲直，可为香茗生色。余自见谭抚疏，深歉外吏恣睢，朝官闻茸，而台中受其诉斥，竟无敢反唇相稽者，赖侍讲此疏少存朝廷之体，特喜而录之。张君仁和朱修伯大理之婿也。"《越缦堂日记》光绪三年十一月十四日，转引自《近世人物志》，北京图书馆出版社 2007 年版，第 243 页。

③ 张佩纶：《法祖修省折》，光绪四年二月初一日，《涧于集·奏议》卷1，第 29—43 页；又见《翁同龢日记》（二），中华书局 1989 年版，第 1343 页。

④ 《涧于集·奏议》卷1，第 44—45 页。

他说：

> 佩纶兄子人骏以同治戊辰先佩纶入翰林，故戊辰诸前辈多昵就佩纶。佩纶初识吴县吴君清卿，与讲求民间疾苦，所见辄同。……清卿之弟亦官翰林……又识闽县陈君伯潜，朝夕以文章道义相切。……最后识长沙陈君伯平，每讨论政治得失，意气相许。……三君皆戊辰翰林，有道君子也。①

张佩纶与陈宝琛（伯潜）、吴大澂（清卿）、陈启泰（伯平）等人友善。这批人，加上张之洞、宝廷、黄体方、邓承修，正是晚清"清流"的中坚。

光绪五年（1879）四月至七月，张佩纶生母毛太恭人、妻朱夫人、女儿韵苏相继去世。张佩纶丁忧。七月，他出京去苏州迁庶母李太恭人及先姊田淑人之灵柩，落葬丰润老家。途经天津时，拜访直隶总督、北洋大臣李鸿章。其日记称："相国初有书与张霭青，欲邀余入幕，至是面订，辞之。与论事，颇承实可，而忧谗畏讥之心正复不免。闻高阳师以余南下，嘱合肥加意相待，可感也。"②二十四日又记李鸿章答拜张佩纶，承假白金千两为营葬之需，并委四兄充津捐局绅士，月领三十六金。"先世交情之耐久如是，孤儿真感德衔悲也"。

故人之子，翰苑新秀，清流健将。李鸿章有意笼络，李鸿藻从中搭桥，张佩纶愿意联系，张佩纶与李鸿章就此订交。京津道上过往的大小官员天天都有，李鸿章自称"阅人无数"，③但他对翩翩才子张佩纶青眼有加。佩纶涯岸甚高，对再大的官员都敢直言弹劾，但他对鸿章始终怀有尊敬之心，对于军事、外交也有参与意见的雅兴。他愿意通过与李的接近来学习、熟悉洋务，这是两人之间订交的基础。张佩纶对于不是私交密切人士的金钱馈赠，从来都是璧还的，但他接受鸿章的银子。李鸿藻以"理学"著称，却为手下头号大将向李鸿章作书引见，也说明清流首领李鸿藻与洋务首领李鸿章之间的沟通，超出旁人的一般想象。

---

① 张佩纶：《陈母熊太夫人六十寿序》，《涧于集·文》上，第44页。

② 《涧于日记》己卯下，第2—3页。张霭青为张树声儿子张华奎。

③ 李鸿章在与张佩纶结交之初，即对潘鼎新说："幼樵人甚伉直，所言未必能尽行，若谓敝处因彼增重，乃朋党之论，吾亦阅人阅世多矣。"《致潘鼎新》（光绪五年四月初二日），《李鸿章全集》第32卷，安徽教育出版社2008年版，第430页。

二、张佩纶对于李鸿章发展海军的支持

光绪六年(1880)初春,张佩纶再次出京,回籍营葬。张之洞为他送行时说,此行可至大沽北塘各海口一览形势,蚊子船碰船式样亦宜留意。① 二月五日,张佩纶抵天津。李鸿章立即约他午后面谈。张向李广泛询问了海防及东北两路情形。② 三月六日,张佩纶从丰润返津,李鸿章邀其入住北洋大臣节署,前后二十来天,亲自陪他观看收发电报,安排他参观大沽炮台,游览海光寺天津机器局,让他亲手试放水雷,还与他讨论水师将才。根据张佩纶记载,李鸿章对他点评了新购蚊子炮艇镇东、镇西、镇南、镇北管带邱宝仁、邓世昌、刘步蟾、林泰曾,说刘步蟾最优。张佩纶还记载,陈宝琛向李鸿章推荐严复器宇闳通,天资高朗,李鸿章已往闽调之来津。③ 这里透露出另一位"清流"骁将陈宝琛,其实在私下也与鸿章走得非常密切。也就是从这次天津之行起,张佩纶私下对李鸿章执弟子礼,以"师"相称。④

在李鸿章衙门里,张佩纶读到盐道盛康所写的《密陈防务疏》,建议南北洋二路,每路铁甲二、快船兼碰船四号、水雷船八号、自造根炮船八号,再益以蚊船鱼雷,护守各口炮台,以为后路水师。就外海水师挑选宿将二人为统帅,延有名洋将为教习,优其廪禄,毋重其事权,其余参用出洋学生。北洋以大连湾为坐营,南洋于福州、厦门之间,凡船坞、炮台、水雷、阻桩皆须筹备。疏中云:"局中则拘守成法,局外则轻议朝章,事来则仓促震惊,事过则因循中止"。张佩纶认为,盛康之子盛宣怀官直隶,故于北洋事论之独详,天下唯老吏之议论不可忽也。⑤ 在津期间,佩纶给李鸿章写便条索要资料:

> 九卿会议疏　仅见香涛原稿,改本亦未见,望饬检示。
>
> 左恪靖复奏　乞检示。

---

① 《涧于日记》庚辰上,第3—4页。

② 《涧于日记》庚辰上,第5页。

③ 《涧于日记》庚辰上,第17页。

④ 光绪六年三月初七日,张佩纶在日记中记"夜合肥师来话"。《涧于日记》庚辰上,第15页。

⑤ 《涧于日记》庚辰上,第17页。

北洋有无详细图？直奉及山东各海口,有,乞见示。无,宜设法绘图,以备将来设立水师及料敌应变之用。

《西人近事》 黄寿翁云系由上海道呈送者,督辕有十分,望将来见给一分,在此阅之,不至隔膜。到京亦可与有志者谈论。都人之×陋者多,亦由少见故也。①

显然,张佩纶对于海军的研究是认真的。他博闻强记,善于学习,进入角色极快。据其日记记载:三月二十六日还京前,"夜请合肥定北洋水师规模以阻浮议、戒因循。合肥遂以相属。谈次及进退人才事,余以此本朝强弱之机,未可委诸天数。合肥瞿然"。② 此处"相属",似乎是委托张佩纶为其考虑发展规划。

在津期间,张佩纶看到朝廷命杨岳斌保举水师宿将,私下评论说:"此君全不知兵,可叹也。"③他注意到李鸿章安排许钤身统带北洋水师,坚决反对。指出当年曾国藩创建长江水师,文用彭玉麟,武用杨岳斌,现在李鸿章创建北洋水师,"欲以许当彭,以丁汝昌当杨,虽在妇孺必不谓然"。他说鸿章"以巨饷购洋船,以孤忠排众议,以群策植将材,而付之少年躁妄、热中不学、中藏叵测之小人,甚为吾师不取也"。④ 次年秋天,张佩纶再至天津时,获悉镇北等各船均归提督丁汝昌管带。"阴夺许钤身之权",认为李鸿章采纳了他的意见。

回京之后,七月十三日,张佩纶致函鸿章:"海防闻购置铁甲四艘,此为日后计,目前尚缓不济急。然借此邀允,实为得时。佩纶窃思中国海战,断不能与泰西争长。铁甲四艘即尽归北洋,亦只能牵缀贼势,若欲狎浪乘风,与之搏击,殊未可恃。证之西事,法国水师雄视欧洲,而布人蹂其国土实由陆路。花旗战事,船入内河,亦往往覆舟折将。……有明中叶备倭,唐荆川诸公均以战海中为上策,扼海上为中策,战陆地为下策。卒之谭(纶)戚(继光)诸将,实以陆师成功。今西人船炮百倍于倭,即陆军亦非倭之钞掠可比。然主客劳逸,理似相同。自林文忠公僧忠亲王创议防海,均

---

① 《张佩纶致李鸿章》(光绪六年三月二十一日),上海图书馆藏未刊稿。
② 《涧于日记》庚辰上,第21页。
③ 《涧于日记》庚辰上,第18—19页。
④ 《涧于集·书牍》卷1,第21—24页。

以扼之海上为得策。然船炮大而台炮小，又舟多台少舟活台呆，均犯兵家之忌。我以炮台为孤注，前敌一摧，全军溃散，非特强弱之殊，抑亦自蹈于阱耳。妄意中外，如有战事，似宜加意陆战，而不可孤守炮台，俟有铁船之后，则以水军为牵制后路之计。"①张佩纶对于海战与陆防问题开始了思考。

此后，李鸿章邀张佩纶到天津问津书院讲学，以解决张佩纶丁忧期间的经济收入问题。张佩纶也积极为鸿章谋划海防诸事。起始之作，是对琉球问题的建言。

琉球是一个位于西太平洋的岛国，历史上曾为中国藩属，明、清两朝均向中国朝贡。光绪元年（1875），日本逼迫琉球放弃对中国的臣属，后将其变为日本的冲绳县。琉球国王派人向中国求救，李鸿章和清政府均认为没有能力帮助琉球国王复国，但对日本并吞琉球，也拒绝承认。光绪五年（1879），美国前总统格兰特来远东游历，允诺为中国调处琉球问题，据中国驻日公使何如璋报告，格拟方案，将琉球北岛归日本，中岛还琉球，南岛归中国。② 六年，中俄因收回伊犁问题，两国关系急剧紧张。俄方宣称要派军舰袭击中国海岸和港口，同时，日本趁火打劫，再次建议中日两国分割琉球。七月二十三日，李鸿章函总署："查竹添（进一）三月十一日函内详言琉球北部诸岛久经割隶日本，兹其所并者乃中、南二部，若议将南部宫古、八重山二岛改属中国，已居琉球全部之半。其书曾抄呈台览，谅非杜撰。此事中国原非因以为利，如准所请，似应由中国仍将南部交还球王驻守，借存宗祀，庶两国体面稍得保全。"③

正是在此背景下，总理衙门同日本驻华公使在宍户玑开始谈判琉球问题。九月二十五日，恭亲王向朝廷报告，拟在修改《中日通商条约》时，准日本人入中国内地通商，加入"一体均沾"条款。同时签订条约，自光绪七年（1881）正月起，将琉球冲绳岛以北归日本，南部宫古、八重山诸岛归

① 张佩纶：《致李肃毅师相》，《涧于集·书牍》卷1，第32—34页。
② 《总署奏日本废灭琉球一案美国前总拟加调停事已中变请派大员商办折》，《清季外交史料》卷21，书目文献出版社1987年影印本，第25—27页。
③ 李鸿章：《复总署论商改俄约兼论球案》（光绪六年七月二十三日），《李鸿章全集》第32卷，安徽教育出版社2008年版，第586页。

中国,使日本无从置喙。① 消息传出,清议立即反对。二十六日,陈宝琛奏《论球案不宜遽结倭约不宜轻改折》。② 如何处置球案,成为朝廷争议的焦点。

十月一日,张佩纶致函鸿章,把延缓谈判琉球案,作为发展海军的政治策略:

> 佩纶之见,欲留日本,生一波折,使内外不即解严,以开自强之基,而公得因间以行其志。闻公近有致译署书,深以与日本结案改约为非。译署惮更成议,仍以入告,置公书罔闻。……自粤捻削平,曾胡继逝,而吴江入柄大权,为阳极阴生之象。津案起而文正损望,台案结而文肃亦少损威。滇案因不善维持,几成巨衅,致我公冒单骑见虏之险。使当日无懦相,何致如此! 十年以来,外侮纷起,无岁无之。自今以往,有其极乎? 佩纶每私忧窃愤,谓中国大局,虽中原无事,宵旰勤劳,而中外人才消乏,风气颓靡,已覆尽道光季年之习。其流极或可过之,所恃者公及恪靖二人,湘淮各营,支柱于外耳。倘再不借攘外以为修内计,宴安粉饰,如厝薪火上,自以为安,一星终后,不堪设想矣。如倭事不结,彼不足为边患,而我得借之以理边防,因时制器,破格用人,凡所设施,或免掣肘。今年因俄事危迫,购铁舰、设电音,久不得请者一旦如愿以偿,是其明证。北洋防军散而无纪,谅难持久,公但慨然以倭事自任,则朝命必将以北洋全防付公,然后及是闲暇。立水师、储战舰,汰冗弱之防兵,罢无用之将吏,搜军简器,与倭相持。……以公之才,左提右挈,效可立

---

① 《总理各国事务衙门奏与日本使臣议结琉球案折》(光绪六年九月二十五日),《清光绪朝中日交涉史料》卷2,第8—9页。在对日谈判期间,总理衙门曾事先征求南北洋大臣意见,刘坤一表示,"以南两岛重立琉球,俾延一线之祀,庶不负存亡继绝,初心且可,留为后图",见总理衙门前引奏折。李鸿章则改变原先赞同的态度,他说派天津海关道郑藻如询问去年来津求救的琉球国紫巾官向德宏,获知"八重、宫古二岛,土产贫瘠,无能自立;尤以割南岛另立监国,断断不能遵行"。李鸿章对总署建议:"尊处如尚未与宾户定议此事,似以宕缓为宜。言者虽请速结球案,究未深悉其中曲折。即使俄人开衅,似无须借助日本。而日本畏忌俄人最深,其隐衷亦难与合从。中国之力实不敌俄,宁可屈志于俄,亦何必计及日本之有无扛帮耶? 若照现议,球王不复,无论另立某某,南岛枯瘠,不足自存,不数年必仍归日本耳。若由中国另行设官置防,徒增后累,而以内地通商均沾之实惠,易一瓯脱无用之荒岛,于义奚取。"见《复总署请球案缓结》(光绪六年九月十六日),《李鸿章全集》第32卷,安徽教育出版社2008年版,第621页。

② 陈宝琛:《论球案不宜遽结倭约不宜轻改折》(光绪六年九月二十六日),《沧趣楼诗文集》,上海古籍出版社2006年版,第780—783页。

睹也。……佩纶妄意欲公全力经营，一当倭以取威定霸，可为海防洋务作一转捩，作一结束，地球上下万国会，同开千古未有之局。①

这是张佩纶出手做的大谋划。信中他说，留日本来生一波折，将来朝廷"必将以北洋全防付公"。信中他还直斥沈桂芬误国（"吴江入柄大权，为阳极阴生之象"云云），也让我们领略了这位"清流"骁将对朝局的判断立场。此后，张佩纶三、四、九日连续致函李鸿章，继续出谋划策，而另一位著名"清流"宝廷，也上奏反对对日让步。清廷旋命李鸿章统筹全局，详议球案应否照总署所奏办理，此外有无善全之策，切实指陈。② 李鸿章于十月初九日上《妥筹球案折》，提出："今则俄事方殷，中国之力暂难兼顾。且日人多所要求。允之则大受其损，拒之则多树一敌。惟有用延宕之一法，最为相宜。"③ 主张速购铁甲，船械齐集，水师练成，纵不跨海远征，日本器张之气当为之稍平。至于琉球案，原定御笔批准，三月内换约，可探俄事消息。若俄事三月内已议结，则不予批准。在中外矛盾交集、清廷内部"清流"与沈桂芬一系激烈争论的复杂环境下，李、张联手，将争论焦点转移到发展海军的话题之上。

事定之后，代李鸿章起草《妥筹球案折》的薛福成自谓："伯兄抚屏云：'骏迈闳通，爽朗缜密，最为奏疏中出色之作。此文与前编《论赫德不宜总司海防书》《论援护朝鲜机宜书》，均能斡旋时务，裨补大局，功用非浅。有志之士，勿谓经济与文章可歧为二也。"④ 而张佩纶则在给友人的信中潇洒地说：

> 弟北游塞上，略抒闷怀，秋杪欲归里一行，适合肥以书见招，到津小住数日，略陈药石，乃极为然。会译署与倭定约，结中山案，倭以南岛归我，我许其内地通商。（伯）潜、（孝）达上言极论，合肥亦断断称其不便。要津颇疑。弟从中主持，可谓不虞之誉。经济素未讲求，洋务尤未涉

---

① 张佩纶：《致李肃毅师相》，《涧于集·书牍》卷1，第42—44页。
② 朱寿朋编：《光绪朝东华录》（一），中华书局1958年版，第992页。
③ 李鸿章：《妥筹球案折》（光绪六年十月初九日），《李鸿章全集》第9卷，安徽教育出版社2008年版，第198—200页。
④ 薛福成：《代李伯相筹议日本改约暂宜缓允疏》，《庸庵文续编》卷上，光绪乙亥孟春版，第1—8页。

历,而世忽以此归之,不得已则日日写黄山谷,混充名士。人则曰,此闭门种菜也。①

这是李鸿章与"清流"在官场中默契配合的第一个案例。丁忧在籍的张佩纶,"闭门种菜","日日写黄山谷,混充名士",居然能将政坛老手们如此调动,玩弄于股掌之中,心中不禁怡然自得。从中也可感受到张佩纶的霸气和手腕,感受到"清流"势力的不可一世。惟张、李设计了"延宕之法",作为发展北洋水师的借口,但后来,李鸿章并不主张对日动兵,随着时间流逝,清政府竟失去了与日本人继续讨论琉球归属的机会。

三、张佩纶四次策划的海军发展方案

张佩纶在介入海军建设的过程中,高度关注海军的区域编成和管理机构设置,多次策划海军发展方案。可引起重点关注的,有四个事件。

1. 策划使用刘铭传主持北洋水师

同治十三年(1874),因日本侵略台湾引发海防大筹议,在籍守制的前江苏巡抚丁日昌,通过广东巡抚张兆栋,转呈其在 1868 年所拟《海洋水师章程》。早在 1867 年,丁日昌担任江苏布政使时,便考虑改革水师旧制。他认为,鸦片战争证明中国水师不能御敌,沿海炮台也无所用。建议制造中等炮艇 30 艘,分别由北洋提督、中洋提督、南洋提督统帅。北洋提督驻大沽,下辖直隶、盛京、山东各海口;中洋提督驻吴淞口,下辖江苏、浙江各海口;南洋提督驻厦门,下辖福建、广东各海口。无事出洋梭巡,习劳苦、娴港汊、捕海盗;有事则一路为正兵,两路为奇兵,飞驰援应。这是最早提出的三洋水师构想。在《海洋水师章程》中,丁日昌又建言将"三洋水师"构想作出调整。主张北洋以山东益直隶建阃天津,东洋以浙江益江苏建阃吴淞,南洋以广东益福建建阃南澳。每洋各设大兵轮船 6 艘,炮艇 10 艘。三洋提督,半年会哨一次。② 丁日昌的构想,引发了清廷内部关于海军区域部署的广泛讨论。后来,恭亲王奕䜣综合各方意见,奏请先就北洋创设水师一军,俟力渐充,就

---

① 张佩纶:《致顾皞民观察》,《涧于集·书牍》卷1,第47—48页。

② 《广东巡抚张兆栋奏呈丁日昌拟海洋水师章程》(同治十三年十月十一日),《筹办夷务始末》(同治朝)卷99,第23页。

一化三,择要分布。而上谕则表示,南北洋地面过宽,界连数省,必须分段督办,以专责成。着派李鸿章督办北洋海防事宜,沈葆桢督办南洋海防事宜。① 也就是说,北洋并没有如同恭亲王所要求的,获得优先发展的特权,所谓三洋海军的设想,也未被采纳实行,而是采用了南北洋分洋、分任、齐头并进的格局。此后,由于海防经费常年不到位,关于海军区域建设的讨论被雪藏起来了。

光绪六年十一月初二日(1880年12月3日),内阁学士梅启照提出整顿船厂十条建议,其中有关于设立"外海水师提督"一节,梅启照认为,从前镇压太平军和捻军,采用募勇办法,事平之后即予裁撤。"若海防则终年累月不可弛防,总以经制之师为正办。上年松江提督李朝斌,统领轮船会操于上海,浙省允之,而闽省驳之。盖以上海为总汇,似乎以提督节制提督,非所愿也"。建议"宜将现在轮船统领照添长江提督之例,改为外海水师提督,节制沿海各镇。按照旧例,四季巡洋会哨,则畛域不分,可收师克在和之效"。奏上之后,朝廷命李鸿章、刘坤一悉心筹商梅启照奏议,妥议具奏。②

此时,因中俄伊犁交涉,北京充满紧张的备战气氛。十一月初八日,奉召入京的前淮军宿将刘铭传在京拜会张佩纶。③ 刘铭传途经天津时,李鸿章嘱其将北洋幕僚班子策划撰写的《筹造铁路以图自强折》带往北京上奏,引发清廷关于兴建铁路的第一次大讨论。张佩纶认为,在当时条件下,建造铁路难以被清廷接受,建议李鸿章坚持海防话题。他告诉李鸿章:"省三偕蔼青入都,昨始晤谈。老于兵事,多审时务之言,可云智将。惟于铁路,矜为创获,志在为将作大匠,而不愿为度辽将军,殆非吾党相期之意。"④所谓"吾党相期",其实是指用刘主持北洋水师。

十五日,张佩纶再函李鸿章,建议他借遵旨议复梅启照奏折的机会,正式提出设立北洋水师,由刘铭传担任提督:

① 《光绪元年四月二十六日总理各国事务衙门奕䜣等奏》,《中国近代史资料丛刊·洋务运动》(一),上海人民出版社1961年版,第146—153页。
② 《光绪六年十一月初二日内阁学士梅启照奏》,《中国近代史资料丛刊·洋务运动》(二),上海人民出版社1961年版,第489—495页。
③ 张佩纶:《致李肃毅师相》,《涧于集·书牍》卷1,第50—51页。
④ 张佩纶:《致李肃毅师相》,《涧于集·书牍》卷1,第50—51页。

闻圣谕中论及水师，佩纶之愚，欲请公先将此事酌复，奏设北洋水师提督，令其巡阅三口，勘定炮台形势……参定水师额缺。天津本有满洲水师，乾隆间裁，嘉庆间复设绿营水师，总兵驻新城，旋亦裁并。登莱旅顺忽分忽合，忽裁忽设，似三省各宜设水师总兵一员，归提督节制，而提督归北洋大臣节制。沿海炮台兵弁，必提督可以钤辖，方可一气。提督驻扎当在旅顺，可以安顿省公，且与春间原议相合。海防定为经制，则买铁舰、设炮台、裁营汛、立舟师皆有主者，不至中止。省公得之，亦隐然如湘军之彭侍郎，九万培风、中流击楫，何必自局于轮人小技哉？提督初设，必得勋望卓著者。省公于外洋水师未尽谙习，而中兴诸将年为最少，见事敏捷，可学而能。……此举在我公为本谋，在海防为急务，实不专为省公计也。①

从张佩纶提及的"春间原议"看，他与李鸿章在建设海军事务上早有策划。十七日，张佩纶又函鸿章："省公上疏（铁路）过急，微指为时相所窥，有心人曲意护持，终当一历挹娄九梯，徐图骋步。金人译辽为镔铁，安知铁路不创始于辽耶？惟是俄事垂结，倭约不改，入春后纷纷为撤防节饷之举，何时再议自强？故妄意欲公及时奏设水师提督，立不拔之基，为久大之业，不然省公即暂管辽防，要亦不能暖席也。"②

十九日，李鸿章复函张佩纶：

省三回津，日趣覆奏铁路事。此乃鄙意所欲言而久未敢言，幸于吾党发其端，闻都人士今日讲求洋务者多亦不甚以为纰缪，殆国运中兴之几耶？惟事体重大，非独绵力不能胜，即省三慨然自任，亦恐穷年毕世不易卒业。时政苦文法拘束甚矣，庙堂内外议论，人心皆难画一。无真能主持之权，即断无通力合作之日。……北洋水师提督终当议设，宿将竟无谙习此道之人。省三亦尚隔膜，即资其威望，其如性不耐官，何如？③

在李鸿章看来，刘铭传并非水师提督的合适人选。不仅刘铭传，即便从前湘军水师首领彭玉麟，也不是统领新式海军的人才，彭玉麟此时奉旨每年巡阅长江水师，李鸿章反问："雪老之巡视舢板师船，毫不倦侵，固自可敬，究

① 张佩纶：《致李肃毅师相》，《涧于集·书牍》卷1，第51—52页。
② 张佩纶：《致李肃毅师相》，《涧于集·书牍》卷1，第52—53页。
③ 李鸿章：《复佩纶》（光绪六年十一月十九日），《李鸿章全集》第32卷，安徽教育出版社2008年版，第637—638页。

于大局何裨哉?"①

二十五日,张佩纶再次致函李鸿章:

> 廿三日奉十九钧答……清议知边防难恃,均有适可而止之心,得寸思尺,乃由吴江独断。劫侯既无出疆专命之节,而又轻泄密论以启狡谋,料敌则不智,谋国则不忠,此诚画蛇添足之楚人矣。电复甚密,外不得闻大要,必恐惧悚惶而已。执政如此,使才如此,事事儿戏,处处机心,鲁其何以为国乎?……铁路亦廑数人不以为谬,佩纶知省公非其人,今日非其时,即属蔼卿劝阻,比闻子腾学士以三大弊驳之,内廷作此,必有授之者。来教谓议论人心皆难画一,以是徘徊审顾,诚大臣之心而老成之见也。不然,佩纶固不畏事,不逢时者胡独断断于此乎?变法当有次第,愿公姑于水师矿务,勿遽言铁路耳。②

十二月十一日,李鸿章上奏议复梅启照条陈。除江南机器局已专造枪弹药,海运总督无庸添设外,同意其他八条。关于梅奏请设立外海水师提督,李鸿章说:

> 从前丁日昌有设立北洋、中洋、南洋水师提督之议,与前督臣曾国藩所陈沿海七省、沿江三省归并设防之说大旨略同。北洋俟铁甲二船购到,海上可自成一军。拟请添设水师提督额缺,其体制应照长江水师提督之例,节制北洋沿海各镇,按期巡洋会哨,以专责成。南洋船只亦尚未齐,或如梅启照所议,暂将统领轮船之松江提督,改为苏浙外海水师提督,节制苏浙沿海各镇。拟请敕下南洋大臣察酌情形,随时妥办。惟闽、粤、台湾与松沪相去甚远,势难兼顾,且福建统领轮船之提督彭楚汉与松江提督李朝斌望均势敌,难相统摄,似应与广东联为一气耳。③

后来,李鸿章告诉张佩纶:"前承示北洋水师提督须早议设,极中机要,业于覆梅阁学疏内详及,钞稿附呈,又奉留中,想待南洋交卷。"④

---

① 李鸿章:《复佩纶》(光绪六年十一月十九日),《李鸿章全集》第32卷,安徽教育出版社2008年版,第638页。

② 张佩纶:《致李肃毅师相》,《涧于集·书牍》卷1,第53页。

③ 李鸿章:《议复梅启照条陈折》(光绪六年十二月十一日),《李鸿章全集》第9卷,安徽教育出版社2008年版,第261页。

④ 李鸿章:《致张佩纶》(光绪六年十二月十九日),《李鸿章全集》第32卷,安徽教育出版社2008年版,第645页。

此事商议,与前述暂缓分割琉球,借机发展海军的谋划恰好同时。以往史学界看到了梅启照条议海防和李鸿章奉旨奏复,却不知道张佩纶参与其中,在十条建议中,抓住设立北洋水师提督这一重点,与李鸿章多次书信往返,认真讨论。从战略上,张佩纶独具慧眼,看得很准。惟此奏及南洋大臣刘坤一的上奏后,朝廷未见回应,谋划被搁置了。

2. 提出海军发展战略构想

张佩纶一直在思考海防问题。光绪八年(1882)正月初八日,他发出著名奏折《保小捍边当谋自强折》,标志其对于海军发展的思考开始形成。

在奏折中,张佩纶首先把应对日本未来的挑战,作为发展海军的主要目标想定。提出:"借琉球为名以罢日本,即借日本为名以固海防。""驭倭之策,虽无伐之之力,当有伐之之心;虽无伐之之心,当有伐之之势。欲集其势,则莫如大设水师。""我有楼船横海经制之师,可以靖边,亦可以及远,泰西各国庶存忌惮,亦绸缪牖户之谋,声东击西之策也。"

在海军区域发展规划上,张佩纶认为:"论者谓水师当以北洋为一军,江浙为一军,闽粤为一军。臣以为北洋三口可自为一军,江南可自为一军,浙与闽可合为一军,而粤似宜异军特起者也。"

关于北洋,他建言"宜参用前制,设北海水师提督一员,以直隶天津、通永,山东登莱,奉天金州为四镇属之。提镇师船当分驻旅顺、烟台、大连湾以控天险"。

关于江苏防御,认为"上海为洋商窟穴,南北喉衿,一隅实委天下之重,故论今日江南形势,当先海而后江。乃长江于提督之上又简大臣巡阅,则节制五省,水师之权已分;而江流入海,脉络钩连,门堂夹锁,狼山一镇,虽隶长江,崇明、福山沿海水师,仍归江南提督统辖,新创轮船水师,亦奏归江南提督统带,是节制一省水师之权,亦不能合。李朝斌本以水师建节,近亦深居简出,巡海不过至佘山而止,且于上海造提镇行馆,尤非水师所宜"。在中俄交涉,准备作战时,江苏巡抚吴元炳曾建议请彭玉麟兼管江海,以抑朝斌。但张佩纶认为,"玉麟以七十之年,巡江有暇,复令操海,非所以体恤劳臣,此特一时权宜,岂经久至计乎"? 建议"改长江水师提督为江海水师提督,驻上海吴淞口外,狼山、福山、崇明三镇均隶之,专领兵轮出洋聚操。淮扬水师与瓜洲镇亦宜改用西式江船,演习棉药水雷以为后拒,责大臣以巡江兼顾五省,责提督以巡海专顾一省,移江南提督治淮徐、辖陆路,以为裁汰漕标之地"。

关于浙江防御,认为"定海为夷人始事之地,与瓯海皆毗连闽中,闽浙又同一总督辖境"。"故以浙隶江,不如以浙隶闽","宜改福建水师提督为闽浙水师提督,割浙江之定海、海门两镇并隶之。浙江提督仍治宁波,专辖陆路。三军立,而南北两洋之势振矣"。

此外,张佩纶还对船制、军律、训练等海军发展中的具体问题提出看法。本日奉上谕:"该侍讲所陈各节,即着李鸿章、左宗棠、何璟、张树声、彭玉麟等将海防事宜通盘筹画,会同妥议具奏。其滇粤边防即着张树声、刘长佑等各就地方情形实力妥筹办理,以期绥边弭衅,永固疆圉。"①

一月二十四日,张佩纶函告李鸿章:他已将《保小捍边当谋自强折》寄出,"水师本公专家,故北洋置论独略。此大举动,断非一人之见所能周匝,复奏时幸勿奖借。盖佩纶与公行迹过密,已几几上上达天听矣"。②

二月三日,李鸿章复函张佩纶:

> 前读寄谕,抄示大著,精骛八极,目营四海,卓然可行,佩服无既。北洋本有创设水师提督之议,惟津、通、登三镇、金州副都统虽各有陆兵,与无兵同。节制兼辖,似只空文,而无实际,此须稍加斟酌者。南洋改并各处,精凿不磨。恪靖情形既生,意见各别,恐未能降心相从。旨令会商具奏,彼不欲会,则亦无从相商耳。……振帅有志整备师船,而财力不足以副之,终成画饼。前徐建寅自德国来,译呈该国新创《海部述略》一书。德滨海仅千余里,规模如此阔远,可见西国治兵本末兼备,以中土视之,殆如霄壤。又,长崎理事余中翰近来有条陈,言多可采,照抄二折附览,以资考镜。③

这一阶段,张、李沟通极为密切,李鸿章不断向张佩纶提供各种最新资料,比如徐建寅翻译的德国《海部述略》,驻长崎理事余乾耀设立海军衙门的建

---

① 张佩纶:《保小捍边当谋自强折》(光绪八年正月初八日),《涧于集·奏议》卷2,第1—12页。

② 张佩纶:《致李鸿章函》(光绪八年正月二十四日),上海图书馆藏未刊稿。

③ 李鸿章:《致张佩纶》(光绪八年二月初三日),《李鸿章全集》第33卷,安徽教育出版社2008年版,第117—118。

言,这些都有助张佩纶扩大视野,逐步形成全局性的看法。值得注意的是,张佩纶告诉李鸿章,他们之间"行迹过密,已几几上上达天听"。同样值得注意的,是李鸿章预见到左宗棠对于海军"情形既生,意见各别,恐未能降心相从。旨令会商具奏,彼不欲会,则亦无从相商耳"。这个见解,后来被验证了。

3. 创设总理衙门海防股

光绪九年(1883)十一月四日,清廷诏命署理都察院左副都御史张佩纶在总理各国事务衙门行走。[①]

进入总署之后,张佩纶即迅速阅读历年对外交涉的资料,为了提高工作效率,他搬进总署居住。对外交事务提出多项建议。在现存张佩纶书信中,有两封是在总署工作期间致恭亲王的,一封谈论海防,一封建议总署内设海防股。以往关于总理衙门与近代海防建设的关系,资料极少,语焉不详。通过这两封信件,对于总署与海防的关系,可以略见端倪:

张佩纶第一封《上恭亲王》函,要点是谈论中法马江之战即将爆发前的沿海防务。关于北洋,张佩纶认为山东登莱一线"尚虚",建议任命淮军将领郭宝昌、曹克忠募集军队,驻扎烟台,与塘沽、旅顺互成犄角。关于长江防线,左宗棠原先主张以白茅沙为扼要,张佩纶认为设防至白茅沙,即已到常熟一线,崇明被孤悬海外,"兵力单薄,一旦有警,征调难赴事机,必须预筹备御"。他还指出,浙江"定海岛屿孤悬,乍浦口门深阔,并应与宁波、镇海设法筹防,使苏浙首尾衔接,以期巩固"。有意思的是,张佩纶在信中特别提到福建防务:

> 闽省远连粤海,近蔽浙洋,尤宜镇辖得人,以杜日本乘间窥伺。现在总督何璟、巡抚张兆栋,治务安静,不甚知兵,而亦不讲求兵事。台湾镇道不和,防务一切阁置。一旦海波偶扬,恐台、澎、厦、澳尤不足恃。虽易置疆臣非本署所敢妄议,而事关切近之害,理难茹默不言。应请随时入告,或别简贤臣以为更代,或起用宿将以建军屯,均宜从速施行,俾得从容展布。

张佩纶没有料到,数月之后,他将与何璟、张兆栋为同事,共同防御福州

---

① 张佩纶:《谢在总理各国事务衙门行走折》(光绪六年十一月初五日),《涧于集·奏议》卷3,第61页。

和马尾,他原先的担心,全部变为现实,而他本人的政治生命,也将在马江之战后断送。

在信的末尾,张佩纶专门谈到总理衙门在海防方面的职责:

> 海防之说,创自十年以前,中外纷如聚讼矣。然购船购炮,所费不下数千万,而临事仍无甚把握;防倭防俄所费亦不下千余万,而沿海仍无甚规模。疆臣以部臣惜费为解,部臣以疆臣浪费为词,终之迁就因循,则本署实执其咎;即众论不咎本署,而本署与于筹海之责,问心亦难以自安。窃谓本署职掌,商、防为两大端,防务不能日强,商务必且日困。拟自今伊始,亟图海防以规久远,由殿下酌定后,或奏明开办,或通咨开办,为今日防法之虚声,即为他日防海之实用。本署应将海防条议提归总办章京管理,遇事讲求,一面查核沿海要隘,博考外洋船式,与户部议经费,与兵部议营制,与疆吏议将材,务期变通尽利,切实能行。虽遽难立可大可久之规,亦当使成能战能和之局,庶几建威销萌,有备无患乎。①

十一月十八日,总理衙门以张佩纶致恭亲王信为底本,略加增删,形成《筹办海防折》上奏。这封奏折,也由张佩纶执笔,故收入《涧于集·奏议》。② 十九日奉上谕:"总理各国事务衙门奏《海防紧要,宜悉近患而豫远谋》一折,览奏均悉。法人侵占越南,外患日亟。沿海设防,必须综览形势、统筹全局,为未雨绸缪之计。"上谕提到,"台湾久为外人所觊觎,镇将是否得力,兵勇是否足恃,何璟履任多年,责无旁贷。张兆栋曾经渡台,于该处情形,亦应周悉。务当同心筹画,备豫不虞"。③

张佩纶进入总理衙门之时,法国扩大在越南的军事行动。前线糜烂,北京朝廷却一筹莫展。十一月二十六日,张佩纶奉慈禧命前往天津,晤鸿章商越事。翁同龢记载:"动樵呼余,告以将赴天津与李相商事,匆匆入,慈谕:张某自请与李某谈论,鼓舞其气,此人奋勇能办事,汝等有所见,不妨告之,令与李鸿章商酌也。"④ 显然,张佩纶是在找机会与鸿章交换对政局的看法。

---

① 张佩纶:《上恭亲王》,《涧于集·书牍》卷3,第16—19页。
② 张佩纶:《筹办海防折》(光绪九年十一月十八日),《涧于集·奏议》卷6,第1—2页。
③ 《上谕》,《涧于集·奏议》卷6,第3—4页。
④ 《翁同龢日记》(四),中华书局1992年版,第1791页。

十二月三日,李鸿章函告张之洞:"黄斋来此,商筹意见相合,已即日回京矣。"①显然,他们也讨论了海军问题。

张佩纶第二封《上恭亲王》函,是建议在总理衙门设立海防股。总理衙门自 1861 年设立之后,共设英、法、俄、美四股,海防事务附设在俄国股内。张佩纶建议专设海防股,他对恭王说:

> 自同治十三年筹办海防一疏起,至近日法越事宜积牍纷繁,非专设海防一股不可。海防之事,分门别类,一曰海防经费船政局及机器局经费附焉,一曰沿海要隘各属国海岸附焉,沿海炮台若干、式样如何亦付焉,一曰外海师船,一曰各省局厂,一曰各种枪炮外国枪炮有我军所未有者附焉,一曰沿海防营。此外中外臣工条奏,分省分军,已布置者,备查未施行者,备采务令条分件系,了如指掌,庶各省厄塞各军情形,不至隔膜。叙录既详,考究始切,其议论前后不符,见解彼此回别者,即不难参考互订,据理折衷。惟纂辑之始,头绪较繁,拟请酌定,添传记名汉章京四员,以两员分派各股,于股中替出两员,以两旧两新,办理海防事宜,而于总办中,派定一员专司其勤惰。每日除例行海防文牍外,分查档案,旁采图志,咨核户兵两部饷数及兵数勇数,与各省军营营制军火一切详章细目,应增者增,应改者改,汇辑成编,删繁就简,以便观览,不独译署办理海防醒心豁目,并可录副以备枢廷赞画机宜,指挥诸将之一助。佩纶初意颇以额缺有定,思于各股中抽调数员办理此事,但每股中当差勤而用心细者,不过一二人,势难兼顾。再四斟酌,此添传四员,作为学习,并不占额外之缺,量予津贴薪水,所费无多。以岁均拟传汉员者,满员兼司行走,不日即管要差,恐未能专心致志耳。四员不占额缺,保举并不得与于,章程并不更改,在通署并不偏枯,该员等本已记名先行学习,若其有志上进,借岁详求掌故、博究时宜,亦复有益身心,似此海防设立专股,于署中要务颇觉有裨,是否可行,伏祈裁夺。②

第二函所写日期同样不详。但十二月十七日张佩纶致鸿章函中提到:

---

① 李鸿章:《复山西抚台张》(光绪九年十二月初三日),《李鸿章全集》第 33 卷,安徽教育出版社 2008 年版,第 339 页。

② 张佩纶:《上恭亲王》,《涧于集·书牍》卷 3,第 28 页。

"海防已设专股。"①此时距其进入总署，不过一个半月。显然，张佩纶获得恭亲王和李鸿藻的支持，在成立海防股一事上，办事效率极为高速。

4. 筹划设立海防衙门

进入总署后，张佩纶在行政部门的话语权大为扩展，他成为沟通李鸿章与中枢，尤其是同军机大臣李鸿藻之间的重要桥梁，开始与李鸿章谋划酝酿已久的统一全国海军指挥机关一事。光绪十年(1884)正月，李鸿章幕僚袁宝龄密函张佩纶，提到了这个计划：

> 岁除日展奉赐教敬聆……海防事权归一，乃克有济，公与合肥、高阳掎危局，探本源，在此一举。合肥欲会中外之通，亦老于世变之言，朝右以为何若？下走与参末议，辄就狂瞽为篇，已交卷而未誊录，敢将初稿秘呈，乞良友与吾师共教之，勿遗外人知。此间同心者，章琴生、周玉山耳。他人颇河汉之，亦不值一哂。合肥志力未颓，而夹辅亦赖众贤，倘得若章、周者数辈布满北洋，当可日起有功。②

袁宝龄函中提到的章琴生、周玉山，指章洪钧和周馥，均为鸿章的幕僚亲信。李鸿章在给朋友的通信中，每每诉说不愿统领海军，理由是经费难以筹措等等，从袁宝龄密信中，可以看到真实的情况未必如此。而袁宝龄提供给张佩纶阅看的，即为他"与参末议，辄就狂瞽为篇，已交卷而未誊录，敢将初稿秘呈，乞良友与吾师共教之，勿遗外人知"的《建海防衙门议》草稿。这个草稿，可以视作李鸿章对未来新海军管理机构的大致构想。

袁宝龄《建海防衙门议》所提建议共有六条，曰重事权、定经制、建军府、简船械、筹用费、广储人才。其核心是"重事权"和"定经制"。关于"重事权"，袁宝龄指出：

> 国朝定制，漕运总督有提督八省之例，近设长江水师提督，所辖亦及五省，似宜仿此意，设海防衙门大臣一人，凡沿海七省，无论水陆马步防军、旗绿制兵，在海口二百里以内者，文自司道以下，武自都统提督以下，均归节制。所部各军，仍令各食原饷，无事则简阅察验之，定其分防汛地之责成，黜陟用舍，均以海防大臣一言为衡，有警征调，违者按以军

---

① 张佩纶：《致李肃毅师相》，《涧于集·书牍》卷3，第25页。
② 袁宝龄：《致绳盦》，《阁学公集·书札》，第43页。

律。各省关道有海防之责,宜照各粮道属于漕督之例,以海防大臣为专辖,而以通商大臣本省大吏为兼辖,俾各联络防营,勤求兵事,不徒以榷算为长论者。或曰海防大臣未宜专任一人,恐精力或未周给,七省水陆防军均归节制,将有兵权太重之嫌,独不思时局艰危,至今极矣!此策若行,或可收蓄艾三年之效。用而不当,与无策同,况膺斯任者,必为国家股肱心膂之臣,忠贞弼亮,宏济艰难,尚复何嫌疑之有?且七省防军逐渐整顿,次第措施,非一旦尽取而改易之也。若其事繁置,辅合群策群力以谋之,固自有策以处此。

关于"定经制",袁宝龄认为:

海防衙门大臣,似宜由部颁给关防,体制皆同六部。其次,宜设参赞官一员,秩视四五品卿,海防大臣驻北洋,参赞驻南洋。凡海防大事皆赞画焉。秩视卿贰,则督抚提镇不至掣肘。驻南洋则闽、粤、江浙之水陆统将,禀承较近,呼吸易通。倘虑一时不得其人,或暂置左右翼长,一驻渤海,一驻南洋,二员赞画戎机,稽查防务,加之卿衔,崇之体制。别设南洋水师统领一员,畀以整理南四省师船之任。海防大臣,勋隆望重,不能责以出入风涛,则岁时查阅防营之得失,师船之勤惰,与夫制器考工之良楛利钝,皆惟参赞。若翼长之职,每岁周历数省,归报海防大臣,而课其殿最全局,所系斯为重焉。又次则设四司:曰军政司,掌水陆将领功过、戎机营制、图籍案牍之事;曰船政司,掌稽核接济各船煤油、篷械及船厂船坞修造之事;曰度支司,掌用款银钱之出入,而筹备句稽之;曰考艺司,掌军械机器、工作煤铁各矿之考课,而程第指授之。每司额设总办、郎中二员,员外郎、主事各数员,仪制均同六部。其始则由海防大臣及中外大臣秉公遴荐。京秩郎中以下,外官道府以下,均准调往。到衙门后,由海防大臣考定,上者充补额缺,次者留衙门学习,均如六部司员学习之例,其已补实缺者,二年而拔其尤,保举悉与总理衙门、军机处无异。每届会试用主事,分部时由吏部添配。[①]

而在同时,张佩纶在给顾肇熙的信中透露:"近议定专立海防衙门,欲将

① 袁宝龄:《建海防衙门议》,《阁学公集·文稿拾遗》,第29—39页。

师船、机局全归一人经画，专任而责成功。"①显然，李、张之间，关于海防衙门设立的构想，正在被反复探讨。

二月六日，李鸿章致函张佩纶，再次表示不愿主持海军事务：

> 北洋虽负虚名，数年来就款筹办洋枪炮，铁舰，蚊、快各船，鱼雷小艇，水师、电报各学堂，旅顺、威海水师，口岸虽多，未竟之绪，实缘仅有二三中材奔走其间，万分吃力，鄙人心血、头发已耗枯矣。若不自揣量，好为大言，以七省水师自任，必致颠蹶，而为众射之的。平生不善取巧，然亦不敢不度势量力，力所不足，岂可妄应。明知执事可为同调倡和，第恐权力亦有弗及，且无贝之才、有贝之才均少，而无贝者尤要，阁下其奈之何邪？今欲大办水师，必须事事以西洋为法。船政二十年，而无一船可战，恪靖、文肃师心自用，误之也。日本兵船无华船之多，规制却甚闳远，由于肯学西洋也。海部必应在京添设，而京员习气离道太远，乃欲改设天津，以外僭内，谤争蜂起，必不得已，仍由总署兼理，散处会办，仿照日本东京建海部衙门，横滨、横须贺分建东西两镇衙门之意，或稍经久耳。少迟拟以此略复总署也。②

十三日，李鸿章函总署，答复征询沿海七省专设一海防衙门事。主张仍由总署兼辖，暂不另建衙门。他本人可仿外省督抚兼京衔故事，予以海部兼衔，随时随事商榷。推荐张佩纶在海部任事。③

三月一日，李鸿章函张佩纶：建议缓设海防衙门，理由是中法交战在即，德国不同意帮助中国铁甲舰驶回，"无铁船则水师何必专设耶"？④ 二日，李鸿章因接到张佩纶二月二十八日去函，见其中提及因广西巡抚徐延旭前方战败，作为推荐人的张佩纶准备上奏自劾。"惟鄙人所不甘者，火器水师两事，断断极论，舌敝唇焦，枢府疆臣终不我纳，此为憾耳"！⑤ 旋即再次致函张氏：

---

① 张佩纶：《复顾皞民观察》，《涧于集·书牍》卷3，第27页。

② 李鸿章：《致张佩纶》（光绪十年二月初六日），《李鸿章全集》第33卷，安徽教育出版社2008年版，第366—367页。

③ 李鸿章：《复总署，请设海部兼筹海军》（光绪十年二月十三日），《李鸿章全集》第33卷，安徽教育出版社2008年版，第368—369页。

④ 李鸿章：《致张佩纶》（光绪十年三月初一日），《李鸿章全集》第33卷，安徽教育出版社2008年版，第374页。

⑤ 张佩纶：《复李肃毅师相》，《涧于集·书牍》卷3，第34页。

昨复一缄到否？顷奉二十八日手示，敬悉一一。晓山（徐延旭）作地方官自是能吏，乃竟以关系洋务、军务大局之事轻相委任，在执事为失言，在朝廷为失人，不独鄙人不谓然，天下皆不谓然也。执事为言官，论列贤否，向无严谴之例，枢辅壹意信任，则不可解。观其历次奏报，铺张如同梦呓，识者早知其必败，当轴漫不加察，由于不知兵又不小心也。仆与高阳及执事皆至交关切，不得不深痛惜之，以后望益虚衷体察，勿愎谏自是为幸，自劾万不必也。火器、水师两事，关系日后自强远计，在位一日当争论一日，仆必引为同声，但不可求速效耳。①

从李鸿章复信可见，他对张佩纶极为关切。四日，张佩纶回李鸿章："水师疏已拟出，须乐道上陵归，定期入告，似不必缓。"②此信是说，关于筹划统一全国海军管理的奏疏已经备妥，在恭亲王（乐道）去东陵主持慈安太后去世三周年祭奠归来之后，即可上奏。然而未曾料到，三月八日，左庶子盛昱以张佩纶"滥保匪人"唐炯、徐延旭，上奏弹劾军机大臣。由此引发"甲申易枢"的政局重大变故。十一日，慈禧太后尚未将盛奏发下，谣言已在上层政治圈中流传，张佩纶将流言密告李鸿章：

此间自徐、唐逮问后，言者纷纷。可庄之介弟旭庄，遍诣其相识之人，力诋鄙人。其意以论者多咎振轩，而张王之交方睦，故归狱鄙人以为振轩解纷。日来盛庶子、赵侍御均有封事，盛文并及香老，至今不下。盛自云历诋中外有名人为一网打尽之计，公及清卿均不免，因唐及香帅深文周内，不解何意。真伪不可知，其自言如此。朝局一纷，越事更无结煞。鄙人安往而不得贬贱！以白简相诒，所谓班门弄斧耳，一笑。③

张佩纶还在信中提到，"海防衙门（改为水师衙门）如奏准，似可以新城一署当之，此事须乐道归定局。鄙人幸而得罢，则此举亦即中缀"。④ 说明

———————

① 李鸿章：《致张佩纶》（光绪十年三月初二日），《李鸿章全集》第33卷，安徽教育出版社2008年版，第375页。

② 张佩纶：《复李肃毅师相》，《涧于集·书牍》卷3，第34—35页。

③ 张佩纶：《复李肃毅师相》，《涧于集·书牍》卷3，第35—36页。信中徐、唐指广西巡抚徐延旭、云南巡抚唐炯，可庄指王仁堪，旭庄指王仁东，振轩指两广总督张树声，盛庶子指盛昱，赵侍御指福建道监察御史赵尔巽。从后来公布的盛昱奏折内容看，其实没有涉及张之洞、吴大澂和李鸿章。

④ 张佩纶：《复李肃毅师相》，《涧于集·书牍》卷3，第36页。

他已做好海防衙门方案流产的准备。

十三日，慈禧太后懿旨发下，以恭亲王为首的全班军机大臣都被开缺，但对张佩纶没有给予处罚。四月十四日，张佩纶被任命会办福建海疆事宜。四月二十五日，临近出京的张佩纶上《请设沿海七省兵轮水师折》，在折末声明："此折本系译署与李鸿章反复函商拟稿待奏之件，现在面奉懿旨，改为微臣条奏"，总署关于统一沿海水师的方案，依然还在推进之中。

《请设沿海七省兵轮水师折》指出，"则欲求制敌之法，非创设外海兵船水师不可，欲收横海之功，非设立水师衙门不可"。其本质，不再是分洋设立海军，而是"以水师一军，应七省之防，即以七省供水师一军之饷"，"应请特派大臣将沿海七省水师改用兵轮，垂为经制，俾各省船厂、机局均归调度，以专责成"。"应如何筹定饷项、建立衙门、请派大员之处，伏恳饬下军机大臣、总理各国事务衙门大臣会同户部妥议具奏"。这个奏折提法与袁宝龄《建海防衙门议》中的观点十分接近。

四月二十八日，上谕："着李鸿章、曾国荃先行会议具奏。原折均着钞给阅看。将此由五百里各谕令知之。"①

五月九日，李鸿章在给曾国荃的信中说：张佩纶奏设水师衙门，特请派重臣经画一事，先是张佩纶在总署创发此议，恭邸、李鸿藻多龀之，遂欲以兹事委之，鄙人实苦才力不及，曾于二月十三日详复总署，请仿东西各国之例，在京添设海部，我襄助商榷，嗣闻枢意不以为然，仍拟奏请在外设水师衙门。正缮奏间，朝局忽更，因而中止。张佩纶赴闽召对时又奏，奉懿旨饬陈，乃下南北洋先行会议，俟复奏后，想仍饬枢、译会同户部妥议。各省兵船散漫，必须统一，但非北洋所能遥制，即南洋兼管闽、粤洋面，亦恐鞭长莫及。若在京设海部，又无熟悉情事之人堪膺是任，此建置之难。各省防饷竭蹶，断难猝集千万巨款，若如德、倭之制，分年筹款，逐渐添船，俟海防少松，略裁营勇，或可勉力为之。张之洞、张佩纶及吴大澂、陈宝琛心精力果，愿分赞斯役，应否由你我合力肩承，乞详示。②

————————

①　张佩纶：《请设沿海七省兵轮水师折》（光绪十年四月二十五日），《涧于集·奏议》卷4，第2—6页。

②　李鸿章：《致曾沅帅》，《李鸿章全集》第33卷，安徽教育出版社2008年版，第393—394页。

五月十八日,醇亲王致函翁同龢,询问"幼樵濒行,条陈创立水军,局面甚大,已由南北洋妥议。而旁观之论,又谓徒费无益,仍以陆路置伏为宜,海×听其浮沉,说各有理,究竟当如何耶"?①

同日,李鸿章致函军机大臣、户部尚书阎敬铭:"幼樵整练水师之议,实为自强要务,第饷需竭蹶,取精用宏,非克期所能集事,似须时局大定,各省新募不得力之勇营酌量裁遣,腾出饷额,分年筹出有著之款,逐渐经营。即不能遽与英、法兵船抗衡,当可驾日本而上之,称东海劲敌,公其有意提倡乎?"②

张佩纶五月出京,闰五月十一日到达福州。七月三日,马江之战爆发,从此张佩纶身败名裂,退出政坛。

一年过后,光绪十一年(1885)六月九日,李鸿章致函到达流放地张家口的张佩纶:"公是有心人,惟矜气过重,视事太易,致此蹉跌,海内先后进求如执事之敏果有志略者,戛戛难之。""附上《海战新义》一书,望悉心参详,较胜于故纸堆中寻生活。以水师败者,必以水师求胜,非空言大话所能济事也。"③

七月二日,李鸿章遵旨筹议海防各条,主张建立北洋、南洋、闽台、广东四支海军;请设立海部。④ 不久,李鸿章入都陛见,与慈禧太后、奕譞、奕劻及军机大臣商讨海防,论及海部及铁路、银行之事,决定设立海军衙门。

九月五日,懿旨派醇亲王奕譞总理海军事务,所有沿海水师,悉归节制。调派庆郡王奕劻、大学士、直隶总督李鸿章会同办理,正红旗汉军都统善庆、兵部侍郎曾纪泽帮同办理。先从北洋精练水师一支以为之倡,此外分年次第兴办。北洋练军伊始,责成李鸿章专司其事。其应行创设筹议各事,统由该王大臣筹画拟立章程,奏明办理。⑤ 这个方案,其实回到光绪元年(1875)

① 《醇亲王致翁同龢函第五十一》,《翁同龢文献丛编之四:中法越南之争》,(台北)艺文印书馆 2002 年版,第 105 页。

② 李鸿章:《致阎中堂》(光绪十年五月十八日),《李鸿章全集》第 33 卷,安徽教育出版社 2008 年版,第 395 页。

③ 李鸿章:《致张佩纶》(光绪十一年六月初九日),《李鸿章全集》第 33 卷,安徽教育出版社 2008 年版,第 513—514 页;[奥]阿达尔美阿:《海战新义》,天津机器局印行。

④ 李鸿章:《筹议海防事宜折》(光绪十一年七月初二日),《李鸿章全集》第 11 卷,安徽教育出版社 2008 年版,第147—151 页。

⑤ 《清德宗实录》卷 215,第 4 页,光绪十一年九月庚子条。

恭亲王主持海防筹议时的观点。经过十多年的风风雨雨,物是人非,恭亲王、张佩纶,都不再参与其事,而对海军发展一直迟疑不定的醇亲王,却来主持海军事务。李鸿章需要重新打点精神,来做各种说服沟通工作,这是造化弄人吗?

四、张佩纶认定追随李鸿章的例证

张佩纶虽为"清流"健将,但他与李鸿章交往的密切程度迅速超过李鸿藻。除了前辈世交这层关系之外,还有他自己作出的选择。其中光绪八年(1882)李鸿章丁忧,返回合肥处理母亲丧事,张佩纶拒绝了继任者张树声父子帮办海军的邀请,明确追随李鸿章,就是一个明证。

是年三月二日,李鸿章因母亲病重,上奏请假探望,是日上谕准假一月,以两广总督张树声调署直隶总督。同日,李母病故于湖广总督李瀚章武汉寓所。

三日,张佩纶致函李鸿章,问候李母病情。特别提到"振帅暂肩重任,自能规随。至于海防窥要,淮部经营,公牍私函,尚宜分春晖寸草之心,为曲突徙薪之计,度公高瞻远瞩,必有秘谋。尤所望祷严装待发,当在何时,可属琴生示我"。①

九日,上谕以李鸿章久任疆畿,筹办一切事宜甚为繁重,"近复添练北洋水师,规模创始,未可遽易生手",要李鸿章以国事为重,在穿孝百日之后,回任署理直隶总督。李鸿章恳请终制,准予开缺。三月十四日,朝旨援用雍正、乾隆间大臣孙家淦等人,近今如曾国藩、胡林翼夺情特例,再予挽留,并令李鸿章"毋得再行固辞"。②

二十日,李鸿章函告张佩纶老母去世事,交代其丁忧期间各项事务,其中提及"北洋水师,振公自应接办,条绪太繁,一时未易就理"。③

二十八日,李鸿章致函张佩纶:"顷奉二十四、五日手书,娓娓数千言,所以为鄙人谋者,不啻其自谋。非相爱之深,何能肫切至此?感泣殆无穷期。二十一沥陈疏上,乃得十八日赐函,差幸鄙言之已有印证。"张函所谈何事,

① 张佩纶:《致李肃毅师相》,《涧于集·书牍》卷2,第2页。
② 《上谕》,《李鸿章全集》第10卷,安徽教育出版社2008年版,第66—67页。
③ 李鸿章:《致张佩纶》(光绪八年三月二十日),《李鸿章全集》第33卷,安徽教育出版社2008年版,第147页。

不详，但从李信行文可以略见端倪："二张恐琅琊之来夺据此席，劝鄙许任通商，我躬不阅，遑恤其后，仍持初议，坚请婉谢，与尊旨正同。在京备访问一节，某老矣，不能再从诸大夫后俯仰涟洏，以自取咎辱。居乡久处固难，然葬事未毕，亦断不能出山。万不得已，似仍以丧葬毕后，察度时势，再行复奏为是。目前即求星使代为覆命，承允拟稿寄交，祈速藻赐下，以便酌办，署督未必肯代陈也。"意思是说，张树声父子恐怕王文韶觊觎直隶总督、北洋大臣职务，要李鸿章同意署理北洋通商事务大臣。李鸿章不愿署理，表示将再次陈情守制，请张佩纶代拟文稿。①

二十九日，军机大臣王文韶奉旨到天津，慰问李鸿章，传达慈禧太后旨意，要求李办完丧事后复出，不允其终制。李鸿章当天向张佩纶通报，"荆公云，两鄂无人，意以振帅仍即回粤，不知畿督果属何人，似有自荐之几耶？约明日再谈过"。②

四月四日，李鸿章又函张佩纶：已请王文韶代奏陈情。这封代奏，采用张佩纶所拟文稿为底稿，称"如百日假满后，海上或有警报，畿疆亟须保卫，鸿章累叨殊遇，具有天良，何忍以居丧守礼为名，遂其偷生避难之计，定即遵旨赴津，筹办一切。若托圣主洪福，海波不扬，中外无事，届期如营葬需时，再行续求赏假，稍遂乌私"。③李鸿章对张佩纶坦言："好在'海上有警、中外无事'等虚活之笔尚在，届时或尚有词可展。惟直、粤两席虚悬，朝廷与鄙人实皆放心不下耳。"④对于李鸿章在进退问题上的忸怩作秀，张佩纶其实心照不宣。

十一日，李鸿章在给张佩纶的信中，还询问了张佩纶与张树声父子的关系："蔼青、琴生自春初屡请执事帮办海防，鄙人久在军中，阅历较多，踌躇未敢遽发，恐致它日进退两难。顷渠等又似怂恿振帅，颇为所动，又就鄙虑略

　① 李鸿章：《致张佩纶》（光绪八年三月二十八日），《李鸿章全集》第33卷，安徽教育出版社2008年版，第147页。按，信中提到的张佩纶二十四、二十五日复函均未见到。

　② 李鸿章：《致张佩纶》（光绪八年三月二十九日），《李鸿章全集》第33卷，安徽教育出版社2008年版，第147页。

　③ 《王文韶代奏陈情折》，《李鸿章全集》第10卷，安徽教育出版社2008年版，第68页。关于张佩纶代李鸿章所拟稿，见李鸿章光绪八年四月十一日《致张佩纶函》："初五奉初三日手示，敬承挚念。……咨文虽大稿点窜涂改，事非得已，日内计已代奏，照抄奉览。"《李鸿章全集》第33卷，安徽教育出版社2008年版，第148页。

　④ 李鸿章：《致张佩纶》（光绪八年四月初四日），《李鸿章全集》第33卷，安徽教育出版社2008年版，第149页。

陈一一，未知果行与否？若于事有济而于公出处大计有裨，则鄙早乐赞其成矣。蔼青独谓尊处并无不愿，何也？"①

张佩纶随即答复李鸿章，表示早在辛巳年（1881）就与李鸿章约定，从公练习，不会转随张树声，张华奎未"免视署督太重，而视吾辈太轻"：

> 振公覆武功一书，深乖物望，以况稺老之于贵介，令人有为善不卒之叹。畿甸逼近辇下，事事听命要津，何以自立，振向荆公言，因言路汹汹，不得××，微员塞责，此是何言，不值齿冷。恐此席难以久处。商务、防务必须与地方联为一手，方能骨节通灵。近贵宗人检录湘北相公传，意欲呈览，留揆席相待，恐百日后并疆符一并奉还，亦未可定。企秘之，勿泄于乡人，展转达振公耳。但今年未能复土，处置殊难。姑俟六七月间，再行酌度可也。鄙初恐振公资望尚新，遇事太少担当，未尝不欲出而自任。然言路太觉无人，深虑无益于津，有损于内，是以密属寿丈代辞。且微疑我公向日推诚，此事不应反由蔼青申意，故始终未一白之于公。嗣闻武昌之耗，知公必沥辞恩命，拟留孝侯以填淮部，起越石以助振公，实委曲维持，欲公忠孝两全，而商局淮军相安如故。其时，汝南致书宗人，忽有欲鄙出襄北防之说。幸鄙平日淡定，为人所信，否则于津事竟不能开口矣。既力向宗人陈其不可，复向蔼青申誓，乃日内尤呶呶不已，岂非欲败乃公事呼？言之恨恨。我公于鄙人相爱至深，彼此无不吐露肝鬲，尤记辛巳四月舟中纵谈，公意颇以相属，鄙且不愿以无事随防，从公练习，而转愿为振公署纸尾耶？蔼青未免视署督太重，而视吾辈太轻矣。晴生不知鄙人性格，随声附和，其意甚诚，殊不知在内转于海防有益也。②

这是张佩纶与张树声父子反目的第一封信，值得重视。信中"贵宗人"指李鸿藻，"湘北相公"指康熙年间武英殿大学士李天馥，康熙三十二年（1693），天馥以母忧回籍，康熙帝谓："天馥侍朕三十余年，未尝有失。三年易过，命悬缺以待。"此时，留揆席、疆符以待李鸿章，是李鸿藻作出的决策，通过张佩纶准确地传递给了李鸿章，李鸿藻是否有更大的谋划，目前还缺乏

　　①　李鸿章：《致张佩纶》（光绪八年四月十一日），《李鸿章全集》第33卷，安徽教育出版社2008年版，第150页。
　　②　张佩纶：《复李肃毅师相》，《涧于集·书牍》卷2，第3—4页。信中"寿丈"指黄彭年。

史料证据,但这肯定是张佩纶最终决定紧紧追随李鸿章的主要原因。

十三日,张佩纶又给李鸿章去信,解释他与树声父子的关系:

> 蔼青与佩纶初无深交,嗣见其人颇直爽,在贵游中不可多得,又以公处事宜时闻机密,亦遂与倾肝鬲。渠去年保定归来,述公言亲老多疾,欲以替人属振轩,以襄助属佩纶。时鄂事扰扰,佩纶于公不能无感恩知己之私,即答以如朝命相属,却亦难辞,时有舍侄在座,渠云其尊人亦不敢担当,故答语云耳,但北人究非所宜等语。春正,念及此举实可不必,因托寿丈婉辞,并兼属蔼青请缓,亦冀太夫人可臻康复。而我公爱之至深,必不至草草从事,使其进退维谷也。嗣蔼青得其尊人署督之信,复行商及,佩纶即峻词复绝,并累函拒之,誓以皦日。不料复以并无不愿之说,轻渎公听渠致鄙书则以我公属其补荐为言,特将原书奉览,并将此次致蔼书奉览。腐鼠之吓鹓雏,已属可鄙,不且厚诬佩纶乎?幸佩纶昨已有书详复,否则大谬矣。彼盖以平日倾心我公,纵论国事,断非无所为而为也。已再致书蔼青,止尼其事,并详陈颠末,以释公疑。总之以此为利耶?终南别有捷径;以此为事业耶?大海初不扬波,乡党自好者亦不为也。公处之事无不宣泄,昨属秉星廖毂士书来,均知之,不知何故。此书幸阅即付之祝融,勿示一人也。示一人则青蝇传语矣。①

张佩纶还将他给张华奎的两封答书抄录给李鸿章看:

致蔼青第一书(摘录):

> 北洋欲某襄助,排难解纷,原无不可,上书乞外殆非夙心,前者面谈已倾肝鬲。嗣后累函峻拒,然非皦日讽诗。犹复例诸殷誓,此自阁下相信不深,引为疚愧。若再披陈肺腑,度亦不足以入尊听。然鄙人自爱其鼎,决不令津门志中与丁雨生作前赵后王也。

第二书(全):

> 昨布一函,力辞襄助之议,当已察入。佩纶以阁下平日爽直,遇事竭诚相告。此举初因合肥亲老,亦颇游移,迨经详细推求,委曲维

---

① 张佩纶:《复李肃毅师相》,《涧于集·书牍》卷2,第3页。此函《涧于集·书牍》刊载至"乡党自好者亦不为也",后面"公处之事无不宣泄……"据上海图书馆藏原稿复印件补录。

持,实不待以身入局,于台从赴津之日,促膝深谈,属勿再理前说。此情此景,依依如昨。其后,子久致书要津,仆函力辟其议,晴公屡谲复书,欲与绝交,并与阁下申皦日之誓,既其人足重,其言当不可轻,若云小让如伪,何以合肥前又托寿丈代陈。朋友五伦之一,岂有诈虞倾阴者乎?在尊见或以佩纶辞色和平,于淮部北防,仍相关注,故辄以并无不愿之说,陈之合肥,告之尊甫,亦知仲连排难解纷,天下固有无所为而为之人,殆非六舟菊圃诸君可比也。方今畿辅安谧,初无军事。佩纶不才,忝直起居,似守疆大臣,未宜奏调。北洋一席仍属合肥,即直督亦仅署任,主峰未定,点缀他山,恐亦未谐画格。愿趋庭时勿轻参大议,佩纶补行并×,即临以朝命,亦必不入笈笼耳。因合肥书来,再行函致,无轻渎我。①

李鸿章在母亲去世,即将返乡奔丧之前,与张佩纶通信,查证张与自己选定的"接班人"张树声的关系,显然是高度看重此事。而张佩纶复信,用大量文字作表白,也说明他对李的询问丝毫不敢怠慢。四月十四日,李鸿章自天津起程,乘保大轮回籍奔丧。十五日,忽有上谕:

> 张树声奏请派员帮办水师事宜并请加卿衔以示优异一折。帮办大员及赏加卿衔向系出自特旨,非臣下所得擅请。张树声所请派翰林院侍讲张佩纶赴津帮办北洋水师事宜仿照吴大澂赏加卿衔之处,着毋庸议。钦此。

上谕档中,还有一份军机大臣的奏折:

> 蒙发下折报,臣等公同商阅,张树声奏北洋创设水师,请派侍讲张佩纶来津襄理并请照吴大澂吉林成例,将该员赏加卿衔折。查帮办大员及赏加卿衔向系出自特旨,非臣下所得擅请。拟请旨将所请均毋庸议。如蒙俞允,遵缮明发,谕旨呈进,其余折片单拟擅行奏调,未允所请。兹据翰林院侍讲学士陈宝琛奏,张树声擅调近臣,实属冒昧,请照例议处等语。张树声着交部议处。寻奏,罚俸九个月。得旨,准其抵

① 张佩纶致张华奎两封书信,藏上海图书馆,张佩纶是一起抄录给李鸿章的。《涧于集·书牍》卷2将其分拆,均单独起标题《致张蔼青郎中》,刊于第2页和第4—5页。中间还插入一封张佩纶致李鸿章的信件。

消。①

同日,张佩纶又致函李鸿章:

振公不待佩纶复书,遽拜疏请诸朝廷,想暂摄畿疆,自谓眷注已隆,即可挟贵慢士矣。佩纶以蔼青书振公无书也致高阳鄙以振公署任起居近臣佩纶北人立说,高阳大不以为然,以为鹘突,商定命下必辞,能驳尤妙。初尚恐间平是之也。十五日章下,间平亦拂然,谓此举若出自吾师尚可,否则侍从近臣何得听外吏品题擅调?想张某闻之亦必大怒。本拟寄信驳斥,后竟改为明发,振公疏未发抄。其中虽有公意见相同一语,人皆不信。其赞语有"讲求时事,学识日进,并云责某以坐言起行之效,俾臣收集思广益之功"等语,是俨然如老成之奖掖后进,并非贵人之敬礼贤才。集思广益,乃武侯与群下教。振轩固非诸葛,如佩纶者亦岂刘表坐谈客哉?引喻不伦,知其举趾,高心不固矣。振公学浅才短,承乏畿郊,当裹极盛难继之惧,惟当一切守旧,方为萧规曹随。乃到任未及十日,便思罗致清流,眩惑观听在粤年余,于水师全不措意,到直十日,便急不能待,如此可笑也。此乃吞刀吐火,左道旁门,并非真实本领。津防至重,似此屋大柱小,令人寒心也。**降旨之日,适考差之日,勖贝勒监试,绕殿大呼鄙字,告以此事。适佩纶并未入试,于是众皆愕然,颇滋口实。佩纶付之一笑,窃恐恨佩纶者不免借端生事。潜公有书,略劝振公意在戢争止沸,不知能定浮言否?此所谓天下本无事也。然振公一唯贤郎之言是听,如此举,蔼青不当大杖三百耶?**②

由此看到,张佩纶为了向李鸿章澄清张树声与自己没有任何关系,甚至连军机大臣李鸿藻也动用起来。张树声调人事件,真正确定了李鸿章和张

---

① 《清德宗实录》,中华书局 1986 年版,第 54 册,第 55 页。

② 张佩纶:《致李肃毅师相》,《涧于集·书牍》卷 2,第 6—7 页。信中黑体部分在《涧于集·书牍》刊出时被删去,现据上海图书馆藏原稿复印件刊出,并确定写信时间。信中"间平"指恭王。又,张信中提及"降旨之日,适考差之日,勖贝勒监试,绕殿大呼鄙字,告以此事。适佩纶并未入试,于是众皆愕然,颇滋口实。佩纶付之一笑"云云,李慈铭日记中亦有提及:"张树声奏请派翰林侍讲张佩纶赴津帮办水师,谕毋庸议。张佩纶与树声之子赀郎某交甚狎,故有此请。佩纶遂不与考差以待旨,而不意其不行也。次日陈宝琛劾张树声擅调近臣,谕交议处。陈与佩纶日相唱和,此疏以掩外人耳目也,然太难为树声父子矣。"《越缦堂日记》光绪八年四月十五日条。

佩纶结盟。这种结盟超越了北派"清流"拉拢李鸿章的层面,对张佩纶后半生的影响甚巨。而张佩纶是否也正是在这次"路线站队"之中,真正获得了李鸿章的信任?

五、李、张交谊中的争执龃龉

在张李交往中,张佩纶为李鸿章出了许多主意,为其平息了诸多"麻烦"。但彼此间也常闹矛盾。比如光绪八年(1882),李鸿章丁忧离开天津未久,六月九日,日本策动朝鲜壬午之变。壬午之变为李鸿章复出创造了条件,但李鸿章并未按照"清流"的策划,发起对日本的军事行动,从而与张佩纶产生剧烈冲突。

六月二十二日,张佩纶连写两封密信,报告李鸿藻:

> 夫子中堂阁下:今日闻方冕甫言,日本×高丽构兵,译署已得探报十九日报,昨日吾师何尚未知?冕甫人极谨慎,确信陈话断不先泄也。以通商维持朝鲜,本合肥之议,得闻此事专使已至高丽,丁、马亦往,断难中止。是以成事不×,在洋务家以为秘诀,而实则蹈越南之覆辙,此事本在意中。不知中朝何以处之,恐非酋胡可能了矣。平日不修战备,到此各证全出,沈文定可杀也!敬叩
>
> 　钧安
>
> 佩纶叩上　廿二日

随即又函:

> 我军水路究未训练,丁提督将略无闻。中外不战久矣,并非言战即得法,正须战而能胜耳。清卿一军已成劲旅,宜令分数营,出陆路,较有把握。南洋以蚊船数艘,奇兵欲出袭流求,似此虚张声势,可以和解作结也。日本非夙谋朝鲜,××××此事宜了,难了仍是越事耳。明午当趋×,借闻嘉谟,以释杞人之忧。敬复夫子中堂。功佩纶顿首
>
> 　合肥如此可出矣。①

本年四月,朝廷以中越交涉,局势紧迫,要李鸿章办完丧事,夺情复出。李鸿章恳请终制,张佩纶在为他代拟的奏稿中,早有"如百日假满后,海上或

---

① 张佩纶:《致李鸿藻函》(光绪八年六月二十二日),上海图书馆藏未刊稿。

有警报,畿疆亟须保卫,鸿章累叨殊遇,具有天良,何忍以居丧守礼为名,遂其偷生避难之计,定即遵旨赴津,筹办一切"的伏笔,现在,百日未到,即有事变,张佩纶毫无掩饰地对李鸿藻说出"合肥如此可出矣"。

果然,六月二十四日,朝廷命张树声酌派水陆两军迅赴朝鲜。并以朝鲜事急,着李鸿章克日起程驰赴天津。接着,张树声派吴长庆、丁汝昌分帅水陆大军前往朝鲜,平定事变,扣留大院君李昰应,将其解送中国,安置于保定。而朝鲜大臣李裕元、金宏集与日本公使花房义质签订《济物浦条约》,允赔款50万日元,并派使谢罪。在赔款未付清前,由日军千人留守使馆。日本声称与中国有同样出兵权利。七月二十二日,丁汝昌率军舰回国,二十三日抵烟台。李鸿章亦于是日返回天津,会晤张树声,商谈朝鲜局势。并在当晚会见了回籍葬兄恰好也在天津的张佩纶。①

张佩纶对于壬午之变的最后处置不满,当晚即与李鸿章争执,次日在返回芦台的舟中给李鸿章写信:"存朝鲜当自折服日本始,折服日本当自改仁川五十万之约始。乱党杀日本十三人,日本亦杀乱党二十人,杀伤之数倍之,理不当议偿。乱党杀日本人,亦自杀其王妃、翁主、大臣,日本第为池鱼之殃。朝鲜方迫萧墙之祸,与国之谊,吊灾可也,定乱可也,因以为利,不可也。"他坚决要求李鸿章责成朝鲜改约,"倭既不退,我军不能遽撤,倭亦终不能久持。不过如琉球之约,悬而不结耳,何至启衅招祸哉"!他说:"公之威名达于四夷,夫其所以达于远人者,岂以公习于条约哉?"他建议南北洋派出军舰,与日本交涉,修改朝鲜和日本签订的条约。②

八月上旬,张佩纶应李鸿章之邀请,再次前往天津密商,十二日回京之后,给李鸿章写了一封重要密信:

> 朝鲜之役,清议深以为诈力为非,众口一词,询其所以,当由辟疆铺张过盛使然。幸内意得视为奇功,赏必不薄耳。暂缓之说可以急矣。
> 邺侯关念,甚至询眠食丰采,详挚殷勤。答以忧居以来,面目憔悴,壮心颓唐,以受恩深重,不得已而×,恐治葬后仍拟终制,邺侯瞿然。大约宣

① 据张佩纶称,其"七月间乞假回籍,将两兄一弟两姊之枢均买地分葬"。见《致陈弢庵学士》,《涧于集·书牍》卷2,第14页。

② 张佩纶:《致李肃毅师相》,《涧于集·书牍》卷2,第7—9页。

麻之命，渠必力让，而征南一役，仍当属之振公。……公过坦白，幸勿泄之振公及僚属也。琴兄×知，汝南勿告也。惟邺侯云，当此众论纷纭，深恐浮论一起，公且愤而去位。惟经营日本，则合于金革无避之义，可以内副众论，外张国威，鄙人拟即建言。幸即因鄙言覆上，此事敦厚者意亦相同，足征鄙人推许，并非少年气盛耳。三数日内，邓君文字上，勿即驳，亦勿即复，稍候鄙作。二三知已均极力为国，亦极力为公，幸勿游移。盖朝鲜之亟亟献俘，内亦赏其功而疑其心。邺侯云，非公创设水师，张某亦望洋而叹耳。然吾辈所以期朝之者，故不在朝鲜也。总之，日本之役，宸谟已定，众议亦平，公以夺情视事之元，臣主兼弱攻昧之上策，亦与移孝作忠之意为合。①

信中邺侯为唐朝宰相李泌，此处指李鸿藻。张佩纶在信里告知，张树声将安排南下，李鸿章以经营日本之名义重新出山。近日邓承修有奏折，请李鸿章既勿驳，亦勿复，待张佩纶另有奏疏。张佩纶还告诉李鸿章，周围几位朋友极力为他着想。连李鸿藻都说，若不是李鸿章创建北洋水师，张树声只能望洋兴叹。信中提及"邓君文字"，系指给事中邓承修奏《朝鲜乱党已平请乘机完结琉球案折》，②邓折建议特派大臣驻扎烟台，厚集南北洋战舰，待布置已定，责日本擅灭琉球、肆行要挟之罪。

八月十六日，李鸿章未按张佩纶嘱咐，上奏议复邓承修驻军烟台折，称中国海军实力，惟超勇、扬威较为得力，其余军舰，扼守海口，难以战大洋。日本兵船，扶桑号称铁甲，比睿、金刚亦半铁甲，以与中国较短长，不甚相让。然华船今驻数省，号令不一，似不若日本兵船，统归海军卿节制，可以呼应一气。万一中东有事，与我争一旦之命，胜负之数，尚难逆料，非策之上者。若向德定购之铁甲舰来华，再添购新式快船以为辅助，朝臣、枢臣、部臣、疆臣合谋一气，使水师成局，不战屈人，自为最善。否则声罪致讨，较有实际。若

---

① 张佩纶：《致李鸿章函》（光绪八年八月十二日），上海图书馆藏。惟信中称"三数日内，邓君文字上，勿即驳，亦勿即复"，而邓承修的折子是八月初二日上奏的，中间之时间差，待作进一步详考。

② 《给事中邓承修奏朝鲜乱党已平请乘机完结琉球案折》（光绪八年八月初二日），《清光绪朝中日交涉史料》卷4，第1—2页。

待移驻烟台,并非自强之实。①

也在同日,张佩纶上《请密定东征之策折》。请南北洋大臣简练水师,广造战船;山东、台湾疆吏宜治精兵,蓄斗舰,与南北洋成犄角;分军巡海,绝关绝市,召使回国;责问琉球之案,驳正朝鲜之约,使日本增防耗帑,再大举乘之,一战定之。是日上谕:"翰林院侍读张佩纶请密定东征之策,以靖藩服一折。据称日本贫寡倾危,琉球之地,久踞不归,朝鲜祸起萧墙,殃及宾馆,彼狃于琉球故智,劫盟索费,贪婪无厌。今日之事宜因二国之名,令南北洋大臣简练水师,广造战船,台湾、山东两处宜治兵蓄舰,与南北洋犄角,沿海各督抚迅练水陆各军,以备进规日本等语,所奏颇为切要。着李鸿章先行通盘筹画,迅速复奏。"②

十七日,张佩纶致函李鸿章,告知所拟《请密定东征之策》已专寄李鸿章处。"上意以鄙言似尚切要,而公于前覆琉球两岛疏中,慨然以攘倭自任,故舍左(宗棠)彭(玉麟)而专问公。……窃惟设水师、图日本皆公夙志,佩纶之为是言,譬诸幼常攻心之言,偶符诸葛茂先平吴之策,密叩羊公耳。今圣母环顾勋臣,独叩公以至计,投袂而起,此其时乎"。张佩纶提出要达到三个目标:一是请寄谕驻日公使黎庶昌改正朝鲜之约;二是日使榎本武扬到津后,要峻词责问琉球事;三是请将已购之两艘铁甲船奏归北洋训练,并饬部臣及沿海疆吏大购师船,倡立水师。张佩纶强调:

> 于此则上可副斧钺专征之命,下亦协金革无辟之文,为公为私皆合于义。如有创和戎之说,主自守之谋者,非庸懦即奸佞,愿公塞耳而拒之也。**内意检李文定、胡文忠故事,留揆席、返疆符以示恩礼,固由高阳之让贤逊位,亦由朝廷之笃旧褒功。惟圣人恐时论纷纭,公转激而×位,故覆瓯相推毂,命将德音须同日涣颁,殆候此次覆奏,东征定议,是不独措置日本,借我公以奉天威,即倚注我公,且借日本镇浮**

---

① 李鸿章:《议复邓承修驻军烟台折》(光绪八年八月十六日),《李鸿章全集》第10卷,安徽教育出版社2008年版,第81—83页。

② 张佩纶:《请密定东征之策》(光绪八年八月十六日),《涧于集·奏议》卷2,第59—61页。

论也。截肝掬腑,特贡此言,实非说士谲辞。少年盛气,幸秘之审之。①

这封信中,张佩纶还透露,李鸿章丁忧期间,文华殿大学士的位置(揆席)是保留着的。协办大学士李鸿藻没有依缺递补,是他"让贤逊位",也是朝廷"笃旧褒功"的意思,李鸿章必须记住这份交情。

十八日,张佩纶得悉李鸿章没有按照他去信的嘱咐,上疏议驳邓承修折,十分气愤,致书李鸿章质问:

> 朝鲜之事,此间清议均以诱获兴宣为非。然论功论过,均意在乖厓,并未涉及公一字,似与公无所增损。唯政府言路则颇以改约望公耳。鄙见欲大举东征,先多方误之,多方误之,又须先设水师,设水师又须先购船械,是则以金革为名,而目下亦并无金革之事。似于洋务、军务及我公出处都有斟酌,或不至于铁案并翻耶?我公所以上承主眷,下惬群僚,究在威望。若必以老不生事为上策,却恐还有疑议,谅公壮心未已,忠悃拳拳,必当有以处之耳,不待烦言也。年来交谊已固,所以为公代筹者,并非尽执古义,而颇参以时宜,若遂不见纳,鄙亦敬谢不敏矣。②

张佩纶这封信,说你李鸿章复出,是以金革为名,其实现在并无金革之事,难道要把这个说法翻掉吗?又说"年来交谊已固,所以为公代筹者,并非尽执古义,而颇参以时宜,若遂不见纳,鄙亦敬谢不敏矣",语气严厉,对李鸿章极不满意。张佩纶随即又函:

> 黄寿丈书来,谓我公以金革起,必须大有为乃足自解。属鄙力规并以远道所论难×事情,令再同来津面启一切。再同一幼子将殇,置之不顾,拟日内水道到津上谒,止之不可。见时乞屏去左右,俾竟其说。寿翁及门下所以拳拳于公者,恐非徒执迂拘,实亦古道时宜,兼权并审。

---

① 张佩纶:《致李肃毅师相》,《涧于集·书牍》卷2,第9—10页。信中黑体部分,在《涧于集·书牍》刊出时被删去,现据上海图书馆藏原稿复印件刊出。文中李文定,即李天馥,胡文忠,指胡林翼。

② 张佩纶:《致李肃毅师相》,《涧于集·书牍》卷2,第10页。按:此为光绪十八年八月十八日张佩纶致李鸿章第一函,收入《涧于集·书牍》。下引二封,为上海图书馆藏未刊件。所谓"金革"云云,典出《礼记·曾子问》:"子夏问:三年之丧,卒哭,金革之事无避也",意谓打仗可以不守孝三年。

且高阳大让无名,诸事从中调护,夫岂私交,亦欲结平勃之欢以利国耳。公若以大故之后,凡事颓唐,西洋主和,东洋亦不主战,则人人能之,一生勋望,亦不可为政府所窥测也。一二知己于公善则扬之,过则隐之……恐天下之人爱公者,不尽如吾辈二三人耳。①

信中黄寿丈指黄彭年,道光丁未(1847)进士,为李鸿章同年,此时为湖北安襄荆郧道。再同为彭年子黄国瑾,光绪二年(1876)进士,此时为翰林院编修。为张佩纶密友,亦与李鸿章友善。二黄似乎即为张佩纶所称"一二知己"、"吾辈二三人"中之人物。张佩纶强调,他们拉李鸿章入伙,胁迫他准备对日作战,全是出于对李鸿章的爱护。

当晚,张佩纶又作函:"贵宗人云宣麻之事,夔不谓然(以小人之心度君子,亦又自为)。今拟仍以授公。俟辞表上,改援湘北故事,三年悬缺,却自情理兼尽。"②古人以宣麻代指拜相,张佩纶再次告知李鸿章,李鸿藻欲保留其大学士位置,王文韶不以为然,但最终仍拟仿李天馥旧事,虚位三年,以待李鸿章。

十九日,张佩纶再次致函李鸿章:"创水师攘日本乃公夙志,比圣心专任,朝野深期元老壮猷,当孚物望。王阿童之舟师,戚少保之兵纪不足数矣。再同编修以父命来津,愿延之密坐,俾参大议。"③

二十一日,张佩纶第五次致函李鸿章:

累书不得手答,令人怅惘,若有所失。近想道体静适为颂。再同到津,当已××。高阳处前已代达意,不知近已通问否?渠×见颇关切也。恭邸小愈,销假尚未定,或云朝鲜事大定方出,有避嫌畏祸之意。今日盛伯希以疆臣措置失当论奏,系由掌院代递,故外间颇有传闻。大约内城议论,于此事尤致不满。蔼青闻已赴津,当得其详矣。妖星又见,或以为蚩尤旗。周少詹有封事,所论兼内外而言,不知其详也。④

从书信内容看,张佩纶见对李鸿章多次胁迫未成之后,不再央求,改致问候,兼带通报京中政治动静。前面所拟发动的军事行动不再提起。

---

① 张佩纶:《致李鸿章函》(光绪八年八月十八日函第二),上海图书馆藏未刊稿。
② 张佩纶:《致李鸿章函》(光绪八年八月十八日函第三),上海图书馆藏未刊稿。
③ 张佩纶:《致李肃毅师相》,《涧于集·书牍》卷2,第13页。
④ 张佩纶:《致李鸿章函》(光绪八年八月二十一日函),上海图书馆藏未刊稿。

八月二十二日，李鸿章上《议复张佩纶靖藩服折》云：

> 日本步趋西法，虽仅得形似，而所有船炮略足与我相敌。若必跨海数千里与角胜负，制其死命，臣未敢谓确有把握。第东征之事不必有，东征之志不可无，中国添练水师实不容一日稍缓……张佩纶谓中国措置洋务，患在谋不定而任不专，洵系确论。

李鸿章还说：

> 练兵莫急于饷源，昔年户部指拨南北洋海防经费，每岁共四百万两，设令各省关措解无缺，则七八年来，水师早已练成，铁舰尚可多购。无如指拨之时非尽有著之款，各省厘金入不敷解，均形竭蹶，闽、粤等省复将厘金截留，虽经臣叠次奏请严催，统计各省关所解南北洋防费约仅及原拨四分之一，岁款不敷，岂能购备大宗船械。今欲将此事切实筹办，可否请旨敕下户部、总理衙门，将南北洋每年所收防费核明实数，并闽省截留台防经费由南洋划抵外，再拨的实之岁款，务足原拨四百万两之数，如此则五年之后，南北洋水师两枝当可有成。①

这场以"筹备东征日本"开头的讨论，张佩纶呼风唤雨，李鸿章却不为所动。最后，以慈禧太后亲笔朱批："练水师必须购船炮，购船炮必须拨巨款，试问五年后果有成效否？日本蕞尔，包藏祸心，已吞琉球，复窥朝鲜，此不可不密防也。尔其慎之毋忽！"而告结束。② 平心而论，张佩纶等人充满激情，以民族和道德正义为底线，夹袋里藏有无数方案，随时可以贡献出来，在谋划方案之时，完全不受一般规则束缚，出手常有出人意料之举，这正是张佩纶的长处。但张佩伦思维过于理想化，有时不考虑实际操作，则是其明显短处。本节所举事例，即算一个经典案例，在对于整个形势的判断中，张佩纶确实给人过于草率和即兴的印象。在谋划中，时时搬出李鸿藻，似乎也有拉

---

① 李鸿章：《议复张佩纶靖藩服折》（光绪八年八月二十二日），《李鸿章全集》第 10 卷，安徽教育出版社 2008 年版，第 88—89 页。按：此奏为薛福成代拟。薛在《庸庵文续编》中加注云：章琴生云："看似与张侍读之论无甚异同，疏中亦声明大致不谋而合，实则隐驳侍读东征之策，却又绝不费手。观其识议明豁，辞吝隽永，是汉唐以来奏疏中有数文字。中间自昔多事之秋一段，与侍读原疏针锋相对，所谓持矛刺盾也。读者不观侍读之疏，不知此文用笔之妙。"《庸庵文续编》卷上，光绪乙亥孟春版，第 28—31 页。

② 中国第一历史档案馆编：《光绪朝朱批奏折》，中华书局 1995 年版，第 64 辑，第 821 页。

大旗作虎皮之嫌疑，李鸿藻本人是否知情，大可质疑，起码，李鸿章就不吃这一套。最重要的是，张佩纶手中本无实权，用悲情做武器去搏击腐败，尚能取得成效，用悲情做武器去策划战争，则难以被决策层所采纳。

也在此时，张佩纶读到两江总督左宗棠和彭玉麟回应他年初所奏《保小捍边当谋自强折》所上的《会商海防事宜折》。在奏折里，左、彭对张佩纶提出的海防建议毫不理会，公然提出"有海防无海战"之说，声称"与其购铁甲重笨兵轮争胜于茫茫大海之中，毫无把握，莫若造灵捷轮船，专防海口扼要之地，随机应变，缓急可资为愈"。只是彭玉麟早在光绪六年（1880）冬就奏请建造小轮船十只（每只合工料炮价银八万两），专防海口，不争大洋，奉旨准照办在案。后因经费维艰，至今尚未开造。现在应当赶造此类小轮船，"不争大洋冲突，只专海口严防"。并称这种说法"与张佩纶原奏江南可自为一军之说，适相符合"。① 显然，南洋方面对于张佩纶谋划统一海军毫不理会，党同伐异，印证了李鸿章前说"旨令会商具奏，彼不欲会，则亦无从相商耳"②的判断。所以李鸿章对张佩纶说：左、彭"意专办江防，不出崇明海口一步，创为自古有海防无海战之说，批旨'该衙门知道'，未敢驳斥一语。而（你）专责（要我）绵力以东征，诸公责望亦太苛矣"。③

张佩纶心情大坏而无奈。这个烦闷的八月，他一面谋划军国大计，一面"葬先兄于先大夫墓侧，南中尚有一兄一弟一姊三柩并同时葬之。姊柩廉氏不问，亦暂浅葬于吾乡。伤心惨目，踽踽凉凉之况，无人可告。且债负亦因之日增，所以一一料理，草草毕事者，伤逝亦且自念耳"。回京以后，"月有一疏，大抵修内攘外，均切于时，不近名故，亦不愿人知"。他愤愤然地说：

> 此种世界，即隐逸，亦须乞怜，不如倔强，世间作一碍物矣。④

不要以为张佩纶的谋划没有成功，他就把心中怨气咽了下去。其时，张佩纶在北京的政治舞台上，正是只手遮天的厉害角色。敢于招惹他的人实

---

① 左宗棠：《会商海防事宜折》（光绪八年七月二十九日），《左宗棠全集》卷8，岳麓书社1996年版，第134—137页。

② 见前揭李鸿章：《致张佩纶》（光绪八年二月初三日），《李鸿章全集》第33卷，安徽教育出版社2008年版，第117—118页。

③ 《致张佩纶》（光绪八年九月十三日），《李鸿章全集》第33卷，安徽教育出版社2008年版，第172页。

④ 《致顾皞民观察》，《涧于集·书牍》卷2，第11—12页。

在凤毛麟角。就在八月二十四日，因御史洪良品奏，云南报销一案，户部索贿八万，军机大臣景廉、王文韶均受贿巨万，余皆按股朋分，着派醇亲王奕譞、翁同龢确查。无处出气的张佩纶连上三折，将姻亲王文韶硬生生地赶下台。

而在八月二十六日，李鸿章致书张佩纶，将他前半月收到的函件一次回清：

> 连奉十二，十七、八、九，二十一等日手书，所以期勖而调护之者甚厚，感佩奚涯。伯道疏须会覆商定，即应缮发。适大文同日上陈，廷寄已即抄示，故散疏至而留中以待，嗣又遵旨速覆，而再同乃于次日至津，出示两稿，谓于尊旨不甚纰缪，比当上激青览矣。⋯⋯旋阅二十四日邸抄，洪侍御劾景、王受贿遗巨万，语近荒唐，而拙疏同日见面，知诸公昭雪私忿，不暇致详于军国大计也。练水师，图倭人，此执事与仆夙志，正可因此发明，所少异同，不过迟速之间。若必如此，乃为金革毋违，借塞悠悠之口。则鄙人此行，本为朝廷所迫，实非得已。若稍有厌弃，不待葬期即先请假归，进退固绰有余裕耳。朝倭之约，他人无从改正，虽百黎使何益？⋯⋯高阳昨曾通问，恳于来春企假时，曲全其志，不及他事。大院处置颇当，内城尚不免疑议甚矣，今日任事之难也。①

以李鸿章回函的气势，显然流露出对内城"清流"的不以为然。在以往军机处的南北党争中，李鸿章作为一个位高权重的大员，总是左右逢源，并不明确站在某个方面。但此次复函，用语如此坦率，亦可算是古人所谓"君子之交"的诤言。在李、张的多年通信中，此类龃龉争执，还有数次，双方观点鲜明，但从未造成伤害，过后依然书翰密切。张佩纶认为要告知李鸿章的，照样滔滔不绝地讲述；李鸿章认为不需理会的，照样一概不理。但张佩纶绝对不找事由上奏弹劾李鸿章，此种"各自表述"的高潮部分，是李鸿章在中法马江之战中，对张佩纶的呼救压根不理，几乎是坐视其败。而在张佩纶流放归来后，竟将爱女嫁之，将张佩纶收为东床，这里面的关系，外人实在难以说清。

光绪前期，李鸿章、张佩纶的关系，李鸿章和"清流"其他人马的关系，与

① 李鸿章：《致张佩纶》（光绪八年八月二十六日），《李鸿章全集》第 33 卷，安徽教育出版社 2008 年版，第 167—168 页。

"清流"领袖李鸿藻的关系,实在是一个复杂有趣的新课题,笔者囿于时间,囿于史料,囿于功力,只能在此先作初步报告,尚有许多课题需要加深研究。现谨从张、李二人信件中选录一句表白作为结尾:

张佩纶对李鸿章说:"师门父执而知我者,仅公一人。"①

李鸿章在马江之战败后,对张佩纶说:"此次声名之裂,鄙所痛惜……公会办实系贬谪,只合浮湛,乃如此勇于任事,又任必不可任之事,为中外众射之的,能毋痛惜耶? 天下知公者无如鄙人,惟知之深故责之备。"②

姜鸣,上海国盛(集团)有限公司副总裁

---

① 张佩纶:《复李肃毅师相》,《涧于集·书牍》卷1,第70页。
② 李鸿章:《致张佩纶》(光绪十年八月二十八日夜),《李鸿章全集》第33卷,安徽教育出版社 2008 年版,第415页。

福州船政教习曾锦文传奇
——兼述另一船政教习曾兰生

〔美〕马　幼　垣

一、曾锦文事迹的初上记录

先是，以研究南洋史地著称的陈育崧(1903—1984)刊《甲午前夕北洋水师访问新加坡记》一文于新加坡之《天马杂志》第 2 期(1966 年 8 月)，页8—10①。这篇长久未受南洋以外学者留意之文的内容，题目标志得够清楚，以讲述 1890 年 4 月和 1894 年 3 月南巡之北洋海军首次和第二次正式访问新加坡时之种种细节为核心。② 所述者包括一件从未见报导之事。最简单的处理法莫如抄录出陈氏此文的有关部分：

　　(北洋舰队)曾经两度访问星洲，第一次在一八九○年，第二次在一八九四年，正是甲午中日战争的前夕。这年三月五日，"定远"、"镇远"、

---

① 　新加坡、星加坡两词固然是共通的，均可上溯至 19 世纪末。然而单用首字为简称时，还是用"星"意义较明确，用"新"则很易产生不必要的语病。试看："访新"太易引起误会，用 New 字开始的地名多的是，且恒译作新 X/新 XX，"访新"就远不如"访星"涵义来得明确；唤新加坡货币为"新币"，和指新加坡式中文为"新语"，即成了"旧"的反义词；称新加坡华人为"新华"，无疑忘记此词的一般用法指的是新中国。单用一个"新"字作为地名的简称实在招惹语病，因此在此文内凡是用单字来代表这地名就必用"星"，如"星马"而不用"新马"。

② 　要强调"正式"，因在 1890 年 4 月之访问以前，北洋海军的舰只曾数度经过新加坡，这几次都称不上正式。其中一次是在德订购的定远、镇远、济远于 1885 年回国时经过新加坡，因为船员全是德国人，挂的也是德国商船旗帜，称不得是访问；见 Andrzei Mach, "The Chinese Battleships", *Warship*, 29 (January 1984), p. 11. 那次的情形只是前此四批在英订购的蚊子船回国程序的重演。1881 年秋，超勇、扬威两姊妹舰建成回国，以及 1887 年秋经远、来远、致远、靖远两组姊妹舰建成回国，悉挂上龙旗，由中国海军人员驾驶，途中经新加坡；见池仲祐(1861—1918 以后)《西行日记》(光绪三十四年商务印书馆本)下卷，第 9、17 页；余思诒(1835—1907)《楼船日记》(《航海琐记》本)；Peter Brook, *Warships for Export*: *Armstrong Warships*, 1867—1927 (Gravesend Kent: World ship society, 1999), pp. 51, 64. 这些始终是路过，路过和访问是截然不同的两回事，理应归入不同的记录。

"来远"、"经远"诸舰寄碇星洲,宣慰华侨。当时新加坡领事左秉隆派员邢华祝、何惠荃率领华侨代表登舰迎迓,连日酬酢甚劳。三月十日,寓叻闽粤绅商公宴丁禹廷军门和各舰管驾及麾下将官,济济一堂,情况热烈,盛极一时。十二日,曾锦文在平安阁招待各舰管驾。曾氏和管驾们有师生之谊,故特设宴为同学们洗尘。……

北洋舰队的第一次访问星洲是在一八九〇年四月四日……当北洋舰队访星的时候,有一段值得我们欣赏和纪念的事项,让我郑重地介绍给我们的下一代。前面提到的曾锦文,他是槟榔屿的侨生,受过高深的英文教育,富有冒险精神,同时崇拜中国文化。他特地跑到中国,应左文襄之聘,任福州船政局副教席之职,因此北洋水师初期学生都出其门。上面名单所提的各舰将领都是曾老师的高足,其中邓世昌和萨镇冰都是中国海军模范人物。后来曾氏卸职南旋,在新加坡英人墨经梳律师楼担任书记,同时用马来文翻译《三国演义》和《东周列国(志)》等章回小说,书末附以中国故事,介绍中国文化,一时马来西亚侨生无不人手一册,获益不浅。他的生平史事,宋鸿祥的《星洲华人百年史》有概括的记载,可以参考。当北洋水师于一八九〇年第一次莅星时,各舰将领不忘曾老师教道大恩,特于四月五日引队到墨经梳律师楼拜见老师。黄觉先生的《中国海军与马来亚华侨史乘》一文记:"前清有一次海军南来(作者考应当是北洋舰队),舰长以下各军官皆为曾氏门生,由舰长率领……身佩长剑,全副武装,簇拥至墨经梳律师楼,拜见老师曾锦文,行三跪九叩首礼。西人与侨生诧为奇人怪事,五体投地,向未目睹,不胜骇异。引动四邻,毗集参观,挤得水泄不通。后询诸曾氏,说明乃为敬师大礼。外人咸啧啧称羡,中国古礼之隆重为万国所无也!"

……众将官不但恭恭敬敬参拜了老师,同时还把联合赠送曾锦文先生的颂文呈上,把曾老师恭维得地下无,天上有。此文由林泰曾撰,刘步蟾书。别小觑这班拿枪杆的武人,却也写出含英咀华的锦绣文字来:"不谓先生遥临粤峤之时,正我朝肇兴船政之始。左恪靖虚心擘画,广开揖客之门。沈文肃实力规管,大启延宾之席。栽培俊秀,期为成材,罗致名贤,位之西席。先生乃首承礼聘,暂屈笔耕。高拥皋比，宏开马帐，譬如生公说法，石亦点头。何惭韩愈为师，人欣鼓箧。始调音学，分清浊于腭唇。继讲算章，辨毫厘于铢黍。研竖亥步天之法，窥管候星。撷道元注水之经，按图测海。阐西人不传之秘，为诸生独得之奇。用是别户分门，各勤执事；探纯索隐，大有传人。窥循循善诱之心，咸知努力。迨汩汩穷年之候，具见会心。先生讲学愈殷，直绍关中伯起，刮目相待。不轻吴下阿蒙，期作楫于巨川，勉成大器。媲传经于绛帐，不倦清规。所以济济英才，乐灸郑康成之范；烝烝髦士，胥出文中子之门。盖殷拳主教者六七年，而造就成材者数十辈。……"

　　这是写曾老师博学多能，和诲人不倦的精神。……

这段引文的"叻"字需先解释。这是新加坡汉字（虽亦是广东俗字，但词类、字义和读音均截然不同），音 lat，即新加坡的简称。此字源出音译马来文 selat（义为"河峡"），为"石叻"、"实叻"等词时之缩写。新加坡的第一份华文报纸即取名《叻报》。

这篇文章旋即转载于《南洋文摘》第 7 卷 12 期（1966 年 12 月），页826—827（题目删去"甲午前夕"四字）。十多年后，此文复于陈育崧谢世前后收入其文集《椰阴馆文存》（新加坡：南洋学会，1984 年）上册，页 146—150。这两次重刊固稍助此文于星马地区以外的传播，惟仍殊难得见，起码研究清季海军史者（特别是探讨北洋海军史事者）尚未见有人提过上录引文所讲及的传奇故事。这就是本文要介绍的。

单是此文之罕见当然不足为追查此事的理由。所讲故事之奇异程度和主角人物曾锦文之不见经传才应是探究下去的原因，故接着便得弄清楚这篇报导是否可信。在南洋史地研究的领域里，陈育崧虽是个有成绩可记的学者，清季史毕竟不是他熟悉的范围，更莫说海军史了。看他称北洋海军为"北洋水师"，便可知他观念混淆，分辨不了西式海军和传统水师之别。有关知识的缺乏，文中表露无遗。文之前半（上录引文未开始之前）开列一张转录自《叻报》的《访新北洋海军将领》，内列出提督以下舰只管带 14 人。这等于说访星的舰队由 14 艘舰组成，这是没有任何文献能足证的说法。随后更标出邓世昌（1849—1894）和萨镇冰（1859—1952）为其中之表表者（已见上录引文），以示曾氏门下确出英杰。此以后事表彰前事之法，适用与否可以不论，①但北洋海军首访新加坡以及四年后之再访均与萨镇冰毫无关系。那几年间他长期管带的是向不涉外洋的国产练习舰康济（1318 吨，1880 年）号，②而访星者全为外购舰。同样名单中的黄建勋（1852—1894，巡洋舰超勇号管带）、林履中（1852—1894，与超勇同年建成的姊妹舰杨威号管带）、林颖启（1852—1914，练习舰威远号管带）、戴伯康（风帆练习舰敏捷号管带）、李和（? —1924，钢甲炮舰平远号管带）、蓝建枢（蚊子船镇西号管带）也悉数没有访星。③ 事实本来很简单，北洋海军首次正式访星时舰队由七舰组成：铁甲舰定远（7144 吨，1883 年）和其姊妹舰镇远（7220 吨，1884 年），巡洋舰济远（2300 吨，1885 年），装甲巡洋舰经远和其姊妹舰来远（同为 2900 吨，1887 年），以及巡洋舰致远和其姊妹舰靖远（同为 2300 吨，1887 年）。④ 陈育崧处理起来，颇似见林失木，弄不清楚究竟来访的有哪些舰和哪些管带。

---

① 邓世昌在甲午战争黄海之役壮烈殉国，史不绝书，留世英名远超越别的北洋将领。陈育崧列其为曾氏门生之选，显受了后世的影响。萨镇冰得列，性质亦如此。甲午战后，北洋海军尚存将领群遭革职，其后得复职者以萨镇冰位居最隆，且因其享高寿，又善适风向的高招，在清鼎遭革之后，仍久连续得蒙北洋政府、国民政府、人民政府的厚待，历尽殊荣。陈育崧视之为曾氏门生之选同样显受了后世的影响，却弄不清楚北洋海军两访新加坡时职位仍低的萨镇冰均远远留后在北洋水域，沾不了光。

② 见萨本仁：《萨镇冰传——一生跨越四个历史时期的近代爱国海军宿将》，海潮出版社 1994 年版，第 46、56 页；刘传标：《中国近代海军职官表》，福建人民出版社 2005 年版，第 28 页。

③ 名单既是抄自《叻报》（我看不到那天的《叻报》），为何会把未到星的萨镇冰等七人归入《访新北洋海军将领》单子内？况且单子本身就够奇怪。为何北洋海军既拥有多艘蚊子船，却仅抽选镇西一艘的管带入单子内？为何管带官阶和蚊子船一样同为都司的大型鱼雷艇的管带更连一名也列不上？可能的解释有三。那七人管带之舰虽没有参加南巡，那七人却随舰队而来。说对的可能性很低，因为舰队离开北洋基地南下历时好几个月，如此大规模的人事调动很难会全不见记录。那七人理应没有长期离开自己所带之舰去参加南巡。此其一。引文所录颂文的终结部分引文未收，而那部分的署名者正是这 14 人（见 1890 年 4 月 7 日的《叻报》）。关键之处在那篇颂文并非如引文所讲到新加坡后才面呈的，而是事先邮寄的（见上述那天的《叻报》）。即使到后再正式面呈，也不改变原先已邮寄的事实。为何需要事先邮寄很易解释。正是因为署名者有七人之众不是南巡舰队的分子（不要忘记当时的海邮是相当费时的，以及舰队离开基地好几个月才抵星）。此其二。那 14 人有一共同特征，即尝受教于曾锦文而到了 1890 年为一舰之长。这样说的理由，随后自有交代。此其三。二三两项合观，就不难看出致乱之所由。事前收到颂文的曾锦文让报馆抄录，报馆误以为那 14 人全会来访，遂作如此报道。陈育崧不察，便照错下去。

④ 北洋海军首次访星时舰队究竟由什么舰只组配而成，当时新加坡、香港和天津的报纸均有报道：*Straits Times*，3，5 April 1890；《叻报》，1890 年 4 月 1 日、7 日；*Hong Kong Daily Press*，12 April 1890；Chinese Times，17 May 1890。

此外,他虽是马来亚槟榔屿(Penang, Malaya)的土生华人,且久居华洋巫杂处的新加坡,写起文章却老土得很。不准确交代资料便是这种毛病显见之处。那篇黄觉的《中国海军与马来亚华侨史乘》必定登在期刊,甚至报纸副刊,而这类文章何异恒河沙数,倘不说清楚出处,根本就不打算读者能找来看(我仍不知其刊于何处)。那本宋鸿祥的《星洲华人百年史》,若读者不先熟悉星马华人史(此非我之研治范围),纵使有天大本领也难找得出来(我就试了颇久才终破关),因为它是本英文书。引用外文资料只开列人译人殊的译称是唯恐天下不乱的恶劣习惯,只有不明已历时久远的国际治学惯例者始会触犯。其尤甚者,宋鸿洋是新加坡华人,其英文姓名必是用非外人所能道之法拼出来的(举个相连之例,陈育崧自己的英文姓名就是教星马地区以外之人难以捉摸的 Tan Yeok Seong),故即使知道那是本英文书也无从查起。加上所讲的故事实在传奇意味高,这一切确足令读者对此文的可信性生疑。

二、福州船政两南洋教习的指认

追查此事自得从福州船政说起。福州船政史事研究,近年著述殊丰,可以下列五书六版为代表:

林崇墉,《沈葆桢与福州船政》(台北,联经出版事业公司,1987 年)

沈传经,《福州船政局》(成都,四川人民出版社,1987 年)

David Pong 庞百腾, *Shen Pao—chen and China's Modernization in the Nineteenth Century* (Cambridge, Cambridge University Press, 1994)

林庆元,《福建船政局史稿》修订本(福州,福建人民出版社,1999 年,初版 1986 年)

沈岩,《船政学堂》(北京,科学出版社,2007 年)

这些书中有三本提及福州船政创办之初聘用新加坡来的华人教习。先谈较近出版的庞百腾书容易处理些,因他只讲具有这样背景的教习一人(见第 168、193、226、232 页)。他说早期负责筹划船政的法人日意格(Prosper Francoise Marie Giquel, 1835—1886)于 1866 年(即船政开办之际)在上海聘得英文姓名作 Chan Lai—sun 之新加坡华人曾恒忠(又名曾兰生),主要负责翻译。

庞百腾没有留意到早他十多年出版之林崇墉(1907—1983)遗著(见第479、508页)已列出这样背景的新加坡华人有二:曾恒忠和曾锦文,并注明恒忠负责翻译。

　　更重要的是,林崇墉已指出曾恒忠、曾锦文这两个名字,包遵彭(1916—1970)已于《清季海军教育史》(台北,"国防研究院",1969年,第12页)中据传统史料点出来了。

　　最近出版的沈岩书也是曾恒忠和曾锦文二人齐列,并说恒忠在船政的时间为1866—1875以后,锦文则为1866—?（见第70、84页)。

　　综合言之,以研究福州船政为专务的学者于此两新加坡华人迄今只做到点名即止的阶段。查考《海防档》一类传统文献,所增新知亦极有限。其实对曾恒忠的事迹,海外学界已积聚了很丰富的成绩(庞百腾固然是海外学者,但他研究的范围并不在此)。对曾锦文所知虽较有限,但毕竟他的事迹简单得多,仍可说所知已不少。

　　因为二曾背景同,在船政的时间亦同,且由于同姓氏,对不明就里者颇易引起是否同为一人之问(我尝一度有此疑)。正因如此,谈曾锦文也得对曾恒忠有起码的认识。

　　恒忠其实是他的别字,即其在中国活动所用的名字。他的正名是兰生(庞百腾反过来看了),英文姓名作 Chan Laisun 或 Chan Lai－sun,其早期英文签名式可为证:

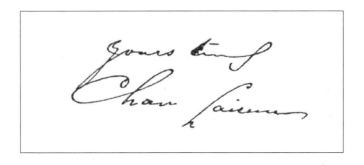

　　曾兰生念作 Chan Laisun 是星马华人的读法。后来由于环境等因,其英文姓氏更易,名字的用法也改变了,那是后话,随后交代。

三、一生屡建不同事功的曾兰生

曾兰生在 1826 年前后生于新加坡,父务农,祖籍广东潮州,①母为马来人,故兰生幼时听得懂若干潮州话,但家中说的是马来语(料为峇峇马来语[Baba Malay]②)。双亲早卒后,兰生在美国领事馆当侍应,因而认识美国传教士,得入彼等为华童开设的学校,继且入高等学校。其沿星马地区读音的惯例用 Chan Laisun 为英文姓名即自此始。1843 年春,教会送他往美进修,先在新泽西州布禄非尔市(Bloomfield, New Jersey)之布禄非尔书院(Bloomfield Academy,是所中学)读了三年。1846 年秋进长老会(Presbyterian Church)设在纽约州卡灵顿市的韩美顿学院(Hamilton College, Clinton, New York),那是以人文教育为理念的大学(liberal arts college),即较容闳(1828—1912)入耶鲁大学(Yale University)就读早四年。惜两年后因资用不继而辍学,不然首名自美国大学毕业的华人学生当是他而不是容闳了。幸其监护人,名汉学家卫三畏(Samuel Wells Williams, 1812—1884)能筹足旅费让其赴华(前此他未尝来华)。以上可说是曾兰生生平的第一个阶段。

在香港、广州等地经过连续一时的语言学习(他原先的中文根基很有限,几乎要重头学起)、教学和教会工作后,且于 1850 年 8 月成家(妻子和他一样是南洋的中马混血儿,也是教会学校培养出来的),他终在 1853 年底因薪酬问题向教会辞职。其后经历一段在上海等地营商的日子,曾兰生于 1866 年底应聘往新成立的福州船政任职,充后学堂航海教授英人嘉乐尔(James Carroll,?—1880)的助手和翻译。这段时期虽长达五年,惟因记录稀渺,可述之事尚待发掘。这是他生平的第二个阶段。

讲述至此得先解释曾兰生英文姓名的更易。在中国与国人交,他虽用曾恒忠之名,然而与洋人来往则因 Chan Laisun 之名早上记录,姓曾却以

---

① 这就是当曾兰生之次子曾笃恭(字子安,1857—1917)入选为容闳挈美第一批学生时,他填报的籍贯为广东潮州府海阳县的原因;见《申报》,1872 年(同治十一年)6 月 11 日。

② 星马地区的土生华人俗称"峇峇"(Baba)与"娘惹"。Baba 一词的语源不详,有谓出自土耳其语。星马地区土生华人日常所用的峇峇马来语为混入中文成分(尤其是福建话[Hokkien])的低级马来语,词汇有限,并非丰富的语言。这种语言书写起来就只有采拉丁拼音一法;见 W. G. Sellabar, "Baba Malay: An Introduction to the Language of the Straits—Born Chinese", *Journal of the Straits Branch of the Royal Asiatic Society*, 63 (December 1913), pp. 49—63。

Chan 为姓实难避免误会被错指为姓陈,所以干脆易作 Tseng Laisun。以 Tseng 为曾,乃从当时流行的威妥玛、翟理斯拼音法(Wade－Giles System),时人容易明白。最迟在其营商沪上时,他已用 Tseng Laisun 这英文姓名,甚至任由洋人称其为"Mr. Laisun"。① 与洋人交时,自己也顺势采 Laisun 为姓了。② 后来更让其三个儿子取 Laisun 为法定的英文姓氏。③

1872 年 5 月,曾兰生因接受委派往助容闳携幼童赴美就学之命(容、曾二人最迟在 50 年代中期已在上海认识),离开船政。首批幼童赴美前,出洋肄业局在上海设立预备学校,先替幼童培养语文基础。中文记录往往说由英文教师曾来顺带同儿子曾子睦和曾子安来任教,好像另请三个局外人来负责似的。所谓"曾来顺"其实是不明就里者胡读 Tseng Laisun 弄出来的把戏;"子睦"是曾兰生长子的别字,"子安"是其次子的别字。④ 因为曾家人日常都用英语交谈(在 19 世纪中国,这情形真特别),故曾氏二子虽未尝放

----

① *North China Herald*, 27 July 1872, "The Chinese Educational Mission",即说上海老一辈的洋人都熟悉 Mr. Laisun。

② 随后本文用作插图的《初抵加州时出洋局领导合照》照片,照相馆的记录作 "Mr. Laisun and Government Officals"。同时拍摄的尚有"Mr. Chan Laisun and Family"、"Mr. Chan Laisun"、"Mrs. Chan Laisun and Daughter"等照片;见 Peter E. Palmquit, *Lawrence & Houseworth / Thomas Houseworth & Co.: A Unique View of the West*, 1860－1886 (Columbus, OH: National Stereoscopic Association, 1980), p. 119. Mr. Laisun, Mr. Chan Laisun 等称谓只可能是曾兰生在照相馆里时自用的,而且既然 Mr. Laisun 和 Mr. Chan Laisun 同时并用,就等于说 Chan 是用作名字而不是用作姓氏了。这也见证他的英文全名是 Chan Laisun 和 Tseng Laisun 都平等地用的(虽然后者在美期间少用)。

③ 曾兰生的三个儿子的英文姓名依次为 Elijah Thien Foh Laisun Spencer Tseng Laisun,及 William Tseng Laisun;见随后注所引 Edward Rhoads, "In the Shadow of Yung Wing"文。

④ 始作俑者正是那个毕生高举容闳挈美幼童牌子来招摇,说谎不要本的糊涂虫容尚谦(容良,1863—1954);见其 Yung Shang Him, "The Chinese Educational Mission and Its Influence", *T'ien Hsia Monthly* 天下月刊, 9:3 (October 1939), p. 231,所说的"a teacher of English, Tseng Lai Sun(曾来顺), assisted by his two sons Elijah (曾子睦) and Spencer (曾子安) Tseng"。见李喜所:《容闳——中国留学生之父》,河北教育出版社 1990 年版,第 114 页(随后一页另提及"翻译曾恒忠",分明看作是两个人),以及王敏若把容文翻译为单行本的《创办出洋局及官学生历史》,珠海出版社 2006 年版,第 7 页,二者都袭用了容尚谦这正误参半的话。首批幼童赴美,领导阶层不过五人:正委员陈兰彬(咸丰三年进士)、副委员容闳、翻译曾兰生和两名中文教习(叶树棠和容元甫)。长期相处,容尚谦怎会连曾兰生的名字也弄不清楚!说他是曾恒忠可以,总不能因他的名字英文作 Laisun,便替他发明个"曾来顺"!糊涂虫始终是糊涂虫。至于指容尚谦为欠实学,只顾求虚荣,不惜随意说谎之辈,见马幼垣:《容尚谦是谁?》,《九州学林》第 20 期(2008 年夏季),第 263—286 页。

洋也可任教。由于父子三人教得实在严厉，幼童有指曾兰生为"撒旦"（Satan），喻彼父子为"三恶魔"（three fiends）者。等到首批学生拣了出来，曾兰生年十六岁之次子曾笃恭亦入选，成为容闳前后携美幼童百二十名中年龄最大者（其年纪更大之长子虽不能列为幼童，他在美念书亦领清政府资助，至其剪辫，才遭删掉）。待起行，领导阶层各人都是单身前往，唯独曾兰生是整家随行（妻子，三女三子）。

初抵加州时出洋局领导合照

图中右一人为曾兰生，中为陈兰彬，左为两个中文
教习中一人（容闳先出发，故不在照片内）

曾兰生在出洋局的责任主要为联络（如安排幼童寄住在美国家庭和按时访问；第二、三批幼童抵美后，寄住的安排仍由他照料）和翻译，此外更在美四处演讲，宣扬中国文化（容闳很少做这种事），甚至负起外交工作（如和西班牙商议其在中美洲诸西班牙殖民地的华工问题；1873 年 3 月带同英语说得流利的妻子和两个曾在英国留学的女儿南下美国首府，代表清政府出席格兰特总统[Ulysses S. Grant，1822—1885]的第二次就职典礼）。较之不懂外语外务，却高居上位，且只识设法破坏之正委员陈兰彬，曾兰生的工作实在太繁重了。

第三批幼童抵美时（1874 年 11 月初），仍在该地的曾兰生即热情接待。

护送此批幼童赴美的祁兆熙(？—1891)事后追录其往返旅途为《游美洲日记》，①内颇述曾兰生如何助彼等度过适应新环境的关键时段。其中一事特别值得提及：曾兰生在家中弹钢琴娱宾，其女伴唱，②可见曾兰生是清季难得一见之学艺兼隆人物。他弹钢琴的本领谅是早岁在南洋时学会的。

曾兰生在留美期间还与日本明治时代有数的青年才俊森有礼(1847—1889)结交。这点随后自有交代。

第三批幼童抵美后不久，清政府便召曾兰生速返。其生平之第三个阶段由此结束。

1875年初经欧返抵中国后，曾兰生便加入直隶总督兼北洋大臣李鸿章的幕府，一直工作至1895年6月2日逝世。这是他生平的第四个阶段，也是历时虽最久，其行事却知道得最少的一段。虽然他的主要工作必与翻译及外务有关，但李鸿章的幕府有数百人之众，在这悠悠20年之中究竟曾兰生参与过什么事务，细节如何，能找得到若干消息的事项很少。这显然是个值得探索的课题。

其中稍知端倪者为光绪元年(1875)时曾兰生在天津当委员。按时间计，这当是其返华后第一份差事。事情是这样的：森有礼于光绪元年十二月十日(西历已是1876年1月6日了)接任日本驻华公使职后，旋往保定拜访李鸿章，详谈两次。③谈话中森有礼讲及其前在美时认识容闳和曾兰生，盛称二人均"极有学问"。李鸿章告诉他"曾兰生现调回天津当委员。明年森大人过天津，可以访他"。④森有礼和曾兰生在美认识是可以印证的。少年英发的森有礼二十三岁便当上首任日本驻美公使(职称为"小弁务使")。其在美任期虽不长(1871年2月至1873年3月⑤)，然与曾兰生亦不长的在美

---

① 此书向只有钞本存世，后收入长沙市岳麓书社之《走向世界丛书》，与容闳《西学东渐记》等三书合刊为一册(1985年)，学者始有参阅的机会。

② 见上注所说《游美洲日记》刊本，第238页。

③ 日期为1876年1月24及25日，见窦宗一(窦仪，1915—1980)：《李鸿章年(日)谱》，(香港)友联书报发行公司1968年版，第103页(惟记访谈仅在24日一天)；Ivan Parker Hall, *Mori Arinori* (Cambridge, MA：Harvard University Press, 1973)，pp. 245, 276。

④ 记录见《中国近代史资料丛刊·中日战争》(一)，新知识出版社1956年版，第299页。此消息承网友陈悦惠告。因那时农历十二月尚未终结，故李鸿章说森有礼过天津是明年之事。

⑤ 森有礼在美任期，见 Ivan Parker Hall, *Mori Arinori*, pp. 151, 155—156。

时间相同。

曾兰生和森有礼交情的深浅程度可以有两种不同的看法。其一为交情颇深，持此见的观察角度为：曾兰生和森有礼的共同语言是英文，故必以英文为交游的媒介，而曾兰生的英文姓名为 Chan Laisun（在美时少用 Tseng Laisun）。倘二人的交情未到相当程度，森有礼又怎会知道这个南洋华人的汉字姓名？

如谓曾兰生和森有礼只是泛泛之交则好像可以说得较有力。主要的考虑点在李鸿章和森有礼的交谈是怎样进行的。上引容闳、曾兰生云云只是第二次会面时一段很长，且近舌战唇枪的辩论的开始部分。这样的言对得赖双方的反应敏捷始易进行。实际情形却非如此。森有礼纯用英文，李鸿章则虽以办洋务为看家本领，却无用任何外语交谈的能耐。森有礼的话得由助僚翻给他听，他之所言同样须由旁人传译为英文。在那次会面中，负起双向传译者主要为李氏幕客黄惠廉。[①] 因此对日人来说，交谈的正式记录是英文版本，也就以之入档，而附以日文译本。中方记录则仅有翻译出来的中文版本。这就不难想象，森有礼口中的 Yung Wing and Chan Laisun 在中方记录中就以"容闳和曾兰生"出之。

可惜这是无从覆核的。英文版本和日文版本虽都收入森有礼的集子里，载有容闳、曾兰生云云的那部分则全被删去，而注明这是不用存档，历时约 15 分钟的开场客套语和声明是 unimportant matters 的杂话（其中有些确实是杂话，如李鸿章问森有礼在北京时见过总理各国事务衙门的恭亲王奕訢未）。[②] 中方记录则这些全录下来，料因容闳和曾兰生都是李鸿章的门下客。

尽管曾兰生和森有礼不算深交，即使森有礼视提及容闳与曾兰生之言为不必上记录的杂话，他列举此二人为中国可寄予厚望的新一代人物仍总

---

① Ivan Parker Hall, *Mori Arinori*, pp. 246，511。

② 上沼八郎等编:《新修森有礼全集》,(东京)文泉堂书店 1997 年版,第 1 册,第 361、376 页。加上在那套《中国近代史资料丛刊·中日战争》资料集出版以前刊行的各套光绪朝档案集内也没有记下那些"杂话",曾兰生和森有礼的交往就有待陈悦始被发现了。虽然有人曾撰文考述那次森有礼出使中国,也没有把他和曾兰生的关系带出来;见 George H. C. Wong 黄道章,"Mori Arinori's Mission to China, 1876", *Chung Chi Journal*, 3:1 (November 1963), pp. 46—54。

不应视作平常事。那就带出一不容忽略的现象来。森有礼是任何明治伟人单上不可或缺的人物,他佩服的容闳和曾兰生,前者誉满寰宇,事迹详入史册,后者迄默默无闻,行事奥海。① 追探曾兰生的生平,替其明确定位,不该再拖延了。

这就回到讨论的出发点,曾兰生虽在福州船政待了五年有奇,在讨论船政历史的专书里充其量只找到点名即止的记述。沈岩说他离开船政在"1875 以后",即整个出洋局的经历和投归李鸿章幕府的初期都漏掉了,信息的短乏不可能更严重,故虽仅综合提要海外学界已知道的和仅稍加新知也值得作出上述的介绍。②

四、曾锦文与船政及其南扬中国文化

交代了曾兰生的事迹,回头看曾锦文是时候了。如果曾锦文之名在记述福州船政的书内出现,他就几必与曾兰生(用曾恒忠之名)并列。二人南洋出身的背景相同,在船政的时间亦相若,故可同样归组。这样去处理却忽

① 曾兰生默默无闻的程度可从这角度看得出来。他当李鸿章的幕僚虽长达 20 年之久,惟不单在尚小明《清代人士游幕表》(中华书局 2006 年版)这类综合性工具书内上不了记录,连在专意辑录李鸿章门下幕客的马昌华《淮系人物列传——文职、北洋海军、洋员》(黄山书社 1995 年版)也找不到其踪影。

② 欲续研曾兰生者,得先以现成报告为基础。首该参看曾兰生于 1895 年 6 月 2 日在天津逝世后,其时在《字林西报》当记者之次子曾笃恭(长子已先于 1890 年逝世)为其所写并刊于 *North China Daily News* 的传记。此传记旋即转载于 *North China Herald*,7 June 1895,和 *Hong Kong Daily Press*,12 June 1895。同样重要的是近年数量相当的专题报告:Carl T. Smith 施其乐(1918—2008),"Idols of a School Hill: The American Board School for Chinese Boys at Singapore,1835—1942",*Chung Chi Bulletin*,55(December 1973),pp. 28—30;Tin—Yuke Char 谢廷玉,"In Search of the Chinese Name for 'Li Sun'",*Journal of the Hong Kong Branch of the Royal Asiatic Society*,16(1976),pp. 107—111(以下该期刊简称作 *JHKRAS*);Carl T. Smith,"Chan Lai—sun and His Family: A 19th Century China Coast Family",JHKRAS,16,pp. 112—116;"Bro. Tsung Lai Shun in Massachusetts",JHKRAS,21(1981),pp. 179—184;Carl T. Smith,*Chinese Christians: Élites, Middlemen, and the Church in Hong Kong*(Hong Kong: Oxford University Press,1985),pp. 69—74. 216,226;庄钦永:《新加坡华侨 Chan Lai Sun 之中文姓名考》,《亚洲文化》,第 12 期(1988 年 12 月),第 162—165 页,并收入氏著《新呷华人史新考》(南洋学会 1990 年版),第 76—80;Edward J. M. Rhoads 路康乐(1938—),"In the Shadow of Yung Wing: Zeng Laisun and the Chinese Educational Mission to the United States",*Pacific Historical Review*,74:1(February 2005),pp. 19—58。

略了二人之大别。曾兰生长曾锦文 20 多岁,锦文在兰生成家后始出生。还有,兰生一旦幼龄离开南洋,便一去不返。锦文在中国待过一段时日后,便即重返南洋,再不它去。弄清了这些异同,就可细看曾锦文的事迹。

报导曾锦文和记述曾兰生一样,用的是现成报告(并加上引颂文所提供的消息),但曾锦文既是此文谈论的中心,有关报告复每罕见(讲曾兰生者多为治中国学问惯用的期刊,并非难得一见之物),就开列于此,较用注来交代为宜:

* Song Ong Siang, *One Hundred Years' History of the Chinese in Singapore* (London: John Murray, 1923), pp. 166—167。

梅井(曾松华):《马来文的中国小说》,《南洋文摘》第 2 卷 11 期(1961 年 11 月),第 62 页。

马卒:《促进华巫文化交流的先锋——曾锦文》,《南洋文摘》第 2 卷 12 期(1961 年 12 月),第 59—60 页。

温梓川:《曾锦文其人》,《南洋文摘》第 11 卷 3 期(1970 年 3 月),第 184 页。

* Claudine Lombard—Salmon, "La littérature en malais romanisé des chinois de Malaisie, première enquête", *Archipel*, 14 (1977), pp. 79—109。

* 梅井:《峇峇翻译文学与曾锦文》,《亚洲文化》第 2 期(1983 年 10 月),第 3—14 页。

Khoo Joo Ee, *The Straits Chinese: A Cultural History* (Amsterdam: Pepin Press, 1996), pp. 260—261。

Tan Chee Beng 陈志明, "Baba Chinese Publication in Romanised Malay", *Journal of Asian and African Studies* (Tokyo), 22 (1981), pp. 158—193。

* Claudine Salmon, "Writings in Romanized Malay by the Chinese of Malaya: A Preliminary Inquiry", in Claudine Salmon, ed. , *Literary Migrations: Traditional Chinese Fiction in Asia* (17—20th *Centuries*) (Beijing: International Culture Publishing Corporation, 1987), pp. 441—496。

S. K. Yoong and A. N. Zainab, "The Straits Chinese Contribution to Malaysian Literary Heritage：Focus on Chinese Stories Translated into Baba Malay", *Journal of Educational Media and Library Sciences*，42：2 (December 2004)，pp. 179—198。

其中加＊者最重要。Song Ong Siang 就是上文所说的宋鸿祥（又作宋旺相，1871—1941），姓名依星马的通常读法拼出来。他这书正是陈育崧把它处理成好像是中文刊物，教不治新加坡近代史者无从入手之书。

曾锦文 1851 年生于槟榔屿，祖籍福建，父曾容泉在苏门答腊的巴东埠(Padang，Sumatra)经商。他就读于槟榔屿的大英义学(Free School)，接受英文教育，家中另延师授华文，加上家中以峇峇马来语为日常交谈媒介，曾锦文由是英、华、巫三语兼通。他的英文姓名，按星马地区的惯常读法，就是 Chan Kim Boon。因其早向往投身海军，其父乃于 1866 年 6 月（时曾锦文年十五）送之往马尾，入读新开设之福州船政后学堂驾驶班。

说到这里带出一个很明显的疑问。上文讲过，北洋海军首次访问新加坡时，该舰队赖以为实力核心的七舰之管带齐往曾锦文工作之处，拜候恩师，十分隆重其事。但曾锦文既在船政甫成立时即入学，理应和日后任此七舰管带诸人（悉为后学堂驾驶班第一届毕业生）均原为同学。即使说曾锦文没有毕业（该届毕业名单无其名），但既尝一同念书，按人之常情仍是同学。况且全皆年纪相若，[1]怎会变成了得行三跪九叩之礼的长辈？

原来曾锦文体弱，不胜从军。但他的英文本领足容他充当洋教习与学生之间的桥梁，而他还精于其他科目，特别是数学，可当教职，故料其很早就从学生身份转为副教习。上引颂文说其任教六七年之久（当是约数），但曾锦文在闽实际待不满六年，故纯为学生身份的时间会很短。按颂文所说，他教的科目殊多，举凡测星航海术、语文、数学、舆地都包括在内。不要忘记，曾锦文的最高学历仅是马来亚的公立中学（即使算他念至毕业）。合理的解释是，曾锦文充任几个不同科目的洋教习的助教（副教习）。尽管他只是一名年纪与学生相若的助教，曾锦文却是位受学生爱戴的老师（严厉的曾兰生

---

① 曾锦文小致远管带邓世昌(1849—1894)两岁，和定远管带林泰曾(1851—1894)同岁，仅较镇远管带刘步蟾(1852—1895)、靖远管带叶祖珪(1852—1905)和济远管带方伯谦(1852—1894)长一岁，分别最大时也只比经远管带林永升(1853—1894)长两岁。来远管带邱宝仁虽不详其生卒年，其年纪也不可能超出这上下尺度。

则未必与学生有此关系),所以多年后当主要舰只的管带全由船政首届驾驶班毕业生所包办的北洋海军来访,他们便特意安排一个专诚酬师的节目来。

上面说过签署颂文者有七人之多并没有来访。为何在众多北洋舰船管带中只让此七人签名?原来他们尽是船政驾驶班首三届的毕业生(第一届:李和、黄建勋;第二届:林颖启、萨镇冰;第三届:林履中、戴伯康、蓝建枢),都曾经上过曾锦文的课,①而当时又在北洋贵为一舰之长,故即使他们管辖的舰只不入南巡之列,有幸访新加坡的同学仍约他们一同签名。这样前后事情都串连起来了,也足证访师的传奇故事是真实的。

曾锦文所以离开马尾,后面有一段故事。他十九岁时(即抵闽后约四年),相士替他算命,说他只能活到二十五岁。一番思量后,他终于1872年初回到槟榔屿(时其父已卒)。算来他在闽尚未待满六年。

年青时的曾锦文

在家稍住后,曾锦文便去新加坡谋发展,在英人开办的墨经梳律师楼(Aitken & Rodyk)任书记(即英文必须够功力),兼管帐务。那是1872年3月之事。十多年后,北洋海军访新加坡时,他仍在该处供职。

---

① 三届驾驶学生在校修读时间,沈岩《船政学堂》第104页记为第一届1866—1871年,第二届1869—1974年,第三届1871—1875年。这就是说,第三届学生尚未修读至课程中段,曾锦文已离开马尾了。

曾锦文谢世于 1920 年,将届古稀,儿孙满堂,江湖术士之言全为莽语。

曾锦文的晚年照

　　说完这些综合现成报告而来的话,以及得自那篇颂文的信息,还可以加一点小小的新发现。池仲祐的《西行日记》记录 1881 年赴英接收超勇、扬威二舰,以及两舰东航返华的情形。接舰团乘商船往英,经过新加坡时前后停了四日。首日池仲祐等人登岸后,"访厦门人曾景文。曾在此经理洋人文案,挈家居焉"(卷上,页 8 上)。此人正是曾锦文。"景"字或为刊误,或出手民之失。厦门在闽省,故与前依新加坡文献的记录说曾锦文祖籍福建,并无矛盾,而更可据此把其籍贯弄得详确一点。所记职业亦同,本已足指为同是一人,再看下去就更清楚了。接舰后回程又经过新加坡时,复有"午后曾锦文来访"(卷下,页 17 上)的记述。这项前后相应的消息说明曾锦文离闽以后,虽然职业性质改变了,仍与船政人士保持密切联络。多年后,北洋海军管带的群趋拜候也就确实出于诚意,而不是凭一时兴致,以求新闻效应的行动。

　　曾锦文固然是船政历史的一部分(曾兰生亦然),让他留名史册者却与海防事业无关。他利用工余之暇,翻译大量中国古典小说为峇峇马来文。前面说过,峇峇马来文是词汇非富的低级语言,用作翻译媒介自然有先天局限。这点曾锦文成功克服了,不单使他成为华巫文学的奠基人之一,更于南扬中国文化建立殊功。

究竟曾锦文译过多少种这类中国通俗文学作品尚无准确统计。可稽者包括《反唐演义》、《五美缘》、《三国演义》、《宋江》(抽译《水浒传》一部分)和《西游记》。他颇可能亦尝译《东周列国志》、《包公案》(《龙图公案》的节本)、《聊斋志异》、《万花楼》、《七侠五义》(《三侠五义》的改编本)、《二度梅》、《三宝太监下西洋》、《薛仁贵征东》、《薛仁贵征西》、《粉妆楼》、《施公案》、《蓝公案》、《罗通扫北》等小说,只因研究者尚未见存本,未能确定。

这类书所以存本稀少,因为当时鲜有人保留。和别的译者的作品一样,这类多是开本小的薄书,故一套书往往以小册子的形式延连出版一两年,甚至两三年才刊完,也就减低得以保存的机会。这样等于说书都不是全译本,而是节译和提要的综合品。这也解释了为何曾锦文可以如此多产。这类译本不少在爪哇出版,然后分销南洋各地。土生华人(特别是中学生)通过这种读物轻松地便接受了中国文化的熏陶。说曾锦文建功殊伟,就是这道理。

曾锦文选译宋江故事的封面

甲午年初,北洋海军第二次访问新加坡时,曾锦文有本书正要出版,遂请叶祖珪替他写篇跋。叶祖珪欣然答应,并在跋中说出他们的师生关系。对研究曾锦文和福州船政以及北洋海军的渊缘,这是理想不过的文献。

叶祖珪替曾锦文写的书跋

经过这次小尝试，曾兰生和曾锦文生平的考察希望可以带出新的研究方向来。

五、观察

曾兰生和曾锦文背景同，复同时在船政负责类似的工作，而离开马尾后虽际遇不同，却均与北洋海军结上不浅的关系。① 另外在中法海军马江战

---

① 曾锦文和其以前在马尾教过而后在北洋海军任职的学生保持联络，在北洋海军两访新加坡时复热烈参加各项迎宾节目。这些都不必再说了。仍要说的是得点明曾兰生和北洋海军较隐晦的关系。他自 1875 年初起，就一直在李鸿章的幕府内，其间涉及的工作不大可能长期悉与北洋海军无关。这样说特别得考虑处理外务是他的强项。还有较明显的一事。照料学生的起居和学习是曾兰生在出洋局的主要任务。首三批学生全由他照料过。首批学生返国后难说和北洋海军有密切关系，第二三两批的情形则截然不同，直至甲午战争爆发在北洋海军供职者（尤其是在中层的岗位）多的是。第二批的吴应科、宋文翙、王良登、蔡廷干，第三批的徐振鹏、曹嘉祥、吴敬荣都是容易想得到的例子（虽然第四批也有多人在北洋海军服务，就与曾兰生无关了）。别忘记了，上述林泰曾、刘步蟾、邓世昌、叶祖珪、萨镇冰、蓝建枢等十多个北洋海军管带既是曾锦文的学生，也就全是曾兰生的学生。与曾兰生有渊源的北洋海军人士可真不少。曾兰生和他们之间（个别的，集体的）有无来往，现尚不知。即使没有也不等于说彼等长期群聚北洋这事实并不存在。至于曾兰生和曾锦文之间在离开马尾后有无保持联络（从现有的资料去看，似乎没有），则无关宏旨了。

役中阵亡的前容闳携美幼童薛有福(1863—1884)亦为新加坡华人。[①] 由是可见星马地区这方向是研究福州船政和北洋海军者所不应忽略的。

---

① 薛有福是在新加坡首创福建帮会的薛佛记(1793—1847)之孙。有福父薛荣樾(1826—1884)常在新加坡与厦门之间往来经商。中文文献每记薛有福作薛佑福,显误,因新加坡的首份华文报纸《叻报》的创办人薛有礼(1851—1906)正是薛有福的长兄。薛有福的另一兄长薛有文(1859—1909)为新加坡史上有名的银行买办。薛有福的英文姓名按星马地区的读法作 See Ewe Hock。此等资料见 David K. Y. Chng 庄钦永,"Some Notes on the Lat Pau Press", in S. Goinathan and Valerie Barth, ed. , *The Need to Read: Essays in Honour of Hedwig Anuar* (Singapore: Festival of Books, 1989), pp. 351—360;庄钦永:《薛有福于马江之役阵亡》,收入其《新呷华人史新考》,第 89—97 页。近见胡汉辉:《厦门胡里山炮台与克虏伯家族的历史情缘》,厦门大学出版社 2009 年版,第 60 页。说薛有福是厦门人,不对。就算薛佛记那一代才移民南洋,到了薛有福一辈已是第三代了。我们在详考以前更不能排除薛佛记之先人已南迁的可能。因此只可以说薛有福是祖籍厦门的新加坡人。

从《马关条约》看李鸿章的国际法意识

郑　海　麟

一、缘起

不久前,笔者在撰写《关于台湾法律地位问题的争议》论文时,仔细研读了《马关条约》以来有关台湾割让问题的各类文件,发现中文版《马关条约》涉及割让台湾、澎湖列岛的条款内容,如从国际法的角度来看,属于一种管治权的转让,而非主权的转让。并且,就该条约的中、日、英文版本对照来看,在最关键的领土主权问题上,中文版本与日、英文版本显然有出入。兹将笔者的研究结果报告如下。

二、《马关条约》的中日英三种文本比较

台湾及其周边岛屿和澎湖列岛自古以来属中国领土。1894 年,日本急欲占据朝鲜,与朝鲜的宗主国中国爆发武装冲突(俗称甲午战争),中国战败。1895 年 4 月 17 日,中日双方在日本马关签订议和条约(即《马关条约》),该项条约共十一款,另附有《议订专条》三款,《另约》三款,《停战展期专条》三款。出席签约的中方代表为清朝钦差头等全权大臣李鸿章、清朝钦差全权大臣李经方;日方代表为日本内阁总理大臣伊藤博文、日本外务大臣陆奥宗光。

(一)中文版本《马关条约》涉及割让台湾、澎湖列岛的条款内容为:

第二款:中国将管理下开地方之权并将该地方所有堡垒、军器工厂及一切属公物件永远让与日本。

第二项:台湾全岛及所有附属各岛屿。

第三项:澎湖列岛即英国格林尼次东经百十九度起至百二十度止,及北纬二十三度起至二十四度之间诸岛屿。

（二）《马关条约》日本版本内容为：

第二条：清国将下开土地之主权并在该地方上之城垒、兵工厂及公有物件永远割让与日本国。

第二款：台湾全岛及其附属各岛屿。

第三款：澎湖列岛即英国（格林威治）东经百十九度至百二十度，及北纬二十三度乃至二十四度之间诸岛屿。

（三）《马关条约》英文版本内容为：

第二条：中国将下开领土主权及该地方上之城垒、兵工厂及公有财产永远割让与日本。

第二款：台湾全岛及所有附属各岛屿。

第三款：澎湖列岛即英国格林威治东经一百十九度至一百二十度之间、及北纬二十三度至二十四度之间诸岛屿。

从以上英文版的用词及行文来看，显然是由日文翻译过来的。比较三种文本，我们可以清楚地看到：

中文版本是将台湾、澎湖列岛的管理权（即国际法意义上的"治权"或"管辖权"）永远（即无条件之意）让与日本，并无涉及"主权"的字样。如按国际法来解读，中国转让给日本的是台湾、澎湖列岛的地方管辖权而非领土主权。

日文版明显有（土地之主权）字样，按国际法来解读，中国是将台湾、澎湖列岛的领土主权和地方管辖权一并转让与日本。

英文版本内容与日本版本相同，其中"full sovereignty"（完全主权），即含有领土主权与地方管辖权之意。

比较以上中文版本与日文、英文版本，不但条款的内容有出入，而且性质上的差异（即"主权"与"治权"）更令人惊讶。按照中文版本，中国在《马关条约》中并没有将台湾、澎湖列岛的领土主权割让给日本。从民族主义的感情出发，中国人必定会坚持条约应以中文版本为准，日本人则必定会坚持条约应以日文版本为准。不过，必须指出的是，当年签订《马关条约》之际，中、日双方代表在中、日文本的条约中都签了字。而且，订约的主动权完全操在日方手中。也许日方当时已清楚地认知到条约的中、日文版本内容上的差异，故在《马关条约》的《议订专条》中作了如下的规定：

大日本帝国大皇帝陛下政府及大清帝国大皇帝陛下政府,为豫防本日署名盖印之和约日后互有误会以生疑义,两国所派全权大臣会同议订下开各款。

　　第一,彼此约明本日署名盖印之和约添备英文,与该约日本正文、汉正文校对无讹。

　　第二,彼此约明日后设有两国各执日本正文或汉正文有所辩论,即以上开英文约本为凭,以免舛错,而昭公允。

　　也即是说,签约两国日后如各据本国文本发生争执,必须以英文版本为准。而英文版的底本无疑译自日本文版。这便是构成《马关条约》中国割让台湾、澎湖列岛主权给日本的法理依据。

　　比较《马关条约》的中、日、英三种版本的意义在于使我们明了,根据中文版本,当年以李鸿章为代表的清朝政府并没有从国际法的意义上将台湾、澎湖列岛的领土主权割让给日本,日本对台湾、澎湖列岛的领土主权只是从日文、英文版本中取得。虽然,日本正文的版本上有中方代表同意的签字,但汉正文的版本上同样也有日方代表同意的签字。因此,关于台湾、澎湖列岛的领土主权问题,只要日方宣布放弃(如《旧金山对日和约》),①那么,它便毫无争议地属于中国。

三、从《马关条约》看李鸿章的国际法意识

　　如前述,从《马关条约》的中文版本来看,当年清朝政府客观上并没有从国际法的意义上将台湾、澎湖列岛的领土主权割让给日本,这是否属李鸿章个人的主观意识所为,还有待挖掘更多的史料加以证明。据笔者的初步推断,其中有两种可能。一是由于李鸿章本人的国际法知识不足,分不清主权和治权的区别,因此在起草《马关条约》时笼统地将台湾、澎湖列岛的"管理

---

　　①　1951 年 9 月 8 日,美国为首的西方国家为了完成战后对日本处分的法律手续,在旧金山签署了《对日和平条约》(俗称《旧金山对日和约》)。和约全文共七章二十七条,在和约上签字的国家包括荷兰、法国、澳大利亚、加拿大等 49 个国家(中国未参加签约)。其中第二章"领域"部分涉及中日疆界问题的条文规定:"日本国业已放弃对于台湾及澎湖列岛以及南沙群岛、西沙群岛之一切权利、权利名义与要求。"(每日新闻社刊《对日平和条约》,第 4—5 页,1952 年 5 月,日本东京出版)。

之权"(即国际法意义上的"治权")割让给日本。不过,日本的全权代表伊藤博文和陆奥宗光是精熟国际法的,在条约起草的当天便发现中文版本有问题,因而急忙起草了《议订专条》加以补充说明;另一种可能是李鸿章十分熟悉国际法,在条约中只是将台湾、澎湖列岛的治权让出而力挽主权,或者为日后收回台湾、澎湖列岛的领土主权埋下伏笔和留有余地。如果情况是后者,则说明李鸿章在弱国无外交、强权即公理的国际环境下,试图运用自己掌握的国际法知识,为挽回国家主权尽力。果如是,则李鸿章还不失为一位忠君爱国的能臣。为此,有必要对李鸿章的国际法知识作一番验证和考察。在此之前,吾人又必须首先考察国际法输入中国的历史过程。

考国际法输入中国的历史,不能不提到 1864 年由京师同文馆总教习丁韪良(W. A. P. Martin)翻译出版的《万国公法》。据国际法学者丘宏达教授的研究,清廷于 1862 年设立同文馆后,聘请美国传教士丁韪良为总教习。丁氏想将西方的国际法知识介绍给清廷,因此曾拟将瑞士人滑达尔(Vattel)所著的《国际法》(Le droit des gens)一书译为中文,后因受美国驻华公使华德(John E. Ward)的劝告,改译美国人惠顿(Henry Wheaton)所著之《国际法原理》(Elements of International Law)。译成之后,由美国公使蒲安臣(Anson Burlingame)介绍,呈送总理衙门,要求出资刊行,经清廷派人将稿修正后,于 1864 年(同治三年)正式出版,题名为《万国公法》。[①] 该书第一卷第二章标题《邦国自主之权》,即明确阐述国际法有关"主权"(Sovereignty)的概念,谓各国共遵万国公法,宗旨在于自保主权,而各国自保主权亦当尊重他国主权。此乃诸国所承认,亦即公法所能持平之要项。[②] 关于"主权"之定义,《万国公法》界说如下:

> 治国之上权谓之主权,此上权或行于内,或行于外。行于内,则依各国之法度,或寓于民,或归于君。论此者,尝名之为内公法,但不如称之为国法也。主权行于外者,即本国自主而不听命于他国也。各国平战交际,皆凭此权。论此者,尝名之为外公法,俗称公法即此也。[③]

---

① 丘宏达:《现代国际法》(修订二版),(台北)三民书局 2007 年版,第 50—51 页。
② 参看王尔敏:《总理衙门译印"万国公法"以吸取西方外交经验》,载《台湾师大历史学报》第 37 期,2007 年 9 月。承王尔敏教授惠赠鸿文并多番赐教,特表敬谢。
③ [美]惠顿著,丁韪良译:《万国公法》,卷 1,第 17 页。

上述"主权"概念,用今天的话来解释,即谓主权乃国家之最高权威,这种权威对内表现为国内法,对外表现为国际法;在国家之间的关系中,主权意味着不听命于他国而独立。主权在民,即为民主国家;主权在君,则为君主国家。①

除《万国公法》外,丁韪良主持翻译的国际法著作还有《星轺指掌》、②《公法便览》、③《公法会通》④等。以上诸书皆为甲午战争前国际法传入中国的重要成果。⑤ 李鸿章作为长期主持清廷外交事务的重臣,上述国际法著作自然是必读之书。事实上,有大量资料显示,李鸿章在主持清末外交事务期间,十分重视国际法,并且充分认识到运用国际法与西方列强交涉的重要性。例如,1874 年,荷兰公使提出由该国出面在中国设立救生船队。李鸿章明确提出船只必须由中方管辖,其理由是沿海离岸十里均归本国管辖。1875 年日舰到朝鲜沿海擅自测量其海道而被朝鲜炮台轰击,日本公使森有礼向中国提出抗议,李鸿章予以驳斥,认为兵船测量他国海岸违反了万国公法。同年中英因"马嘉理案"发生严重交涉,在英国公使威妥玛下旗宣战,断绝外交关系,增派军舰来华的要挟下,李鸿章巧妙地利用《万国公法》挽回决裂之局。1884 年,李鸿章又按照国际法保护了中国轮船招商局的船队,同时指出:"西国公法,以两国订立条约为重。"⑥可见李鸿章早在甲午战争前,便意识到国际法已经成为现代国家间的重要规则,应该利用国际法维护国家利益的道理。正因为李鸿章熟悉国际法和相信国际法的约束力,在清末官僚集团中,公认李乃是最善于同洋人打交道的人。每当国家面临存亡危

---

① 参看[英]詹宁斯、瓦茨修订,王铁崖等译:《奥本海国际法》第一卷,第一分册,第二章,第一节,中国大百科全书出版社 1995 年版。

② 是书为丁韪良与联芳、庆常、贵荣、杜法孟等合译马尔顿(Charles de Martens)的 *La Guide Diplomatique*,于 1876 年(光绪二年)出版,共分四卷二册。

③ 是书为丁韪良与江凤藻、汪凤仪、左秉隆、德明等合译吴尔玺(T. D. Woolsey)的 *Introduction to the Study of International Law*,于 1877 年出版,共分六卷六册。

④ 是书为丁韪良与联芳、庆常、联兴、贵荣、桂林等合译布伦智理(J. C. Bluntschli)的 Le Droit International Codifies,于 1880 年出版,共分十卷五册。

⑤ 关于清末国际法传入中国过程的论述,可参看丘宏达:《现代国际法》第一章第七节《国际法输入中国的经过》,(台北)三民书局 2007 年版。

⑥ 刘利民:《国际法的传播与晚清领海主权观念的嬗变》,《光明日报》2007 年 4 月 13 日。

急之局,清廷必然要李出面承担"人情所最难堪"之事。甲午战败,李鸿章临危受命前往马关议和,在春帆楼遇刺,便是其中一个事例。据此,论者有谓李鸿章确实为中国近代外交的"第一人",诚不虚也。

四、结论

根据以上的分析,笔者倾向于认为李鸿章熟悉国际法,在起草《马关条约》时,有意识地仅将台湾、澎湖列岛的治权转让给日本,为日后收回该列岛的领土主权预留伏笔。这点也可从日方提出另订《议订专条》获得反证。况且,李鸿章前往马关议和时,还请了熟悉国际法和国际事务的美国前国务卿福士德做他的顾问。虽然,中日马关议和结局以日本根据条约"合法"取得台湾、澎湖列岛的完全主权(full sovereignty)而告终,但从《马关条约》的中文版本来看,清廷转让给日本的是台湾、澎湖列岛的"管理之权"而非"领土主权"却是事实。无论如何,李鸿章在马关议和及条约起草方面,应该说是尽了心力的。

附　录

《马关条约》涉及割让台湾的中、日、英文条款：

JAPAN.

TREATY OF SHIMONOSEKI, 1895.

(Signed at Shimonoseki, 17th April 1895.)

His Majesty the Emperor of Japan and His Majesty the Emperor of China, desiring to restore the blessings of peace to their countries and subjects and to remove all cause for future complications, have named as their Plenipotentiaries for the purpose of concluding a Treaty of Peace, that is to say：

His Majesty the Emperor of Japan, Count Iro Hirobumi, Junii, Grand Cross of the Imperial Order of Paullownia, Minister President of State; and Viscount Mutsu Munemitsu, Junii, First Class of the Imperial Order of the Sacred Treasure, Minister of State for Foreign Affairs；

And His Majesty the Emperor of China, Li Hung-chang, Senior Tutor to the Heir Apparent, Senior Grand Secretary of State, Minister Superintendent of Trade for the Northern Ports of China, Viceroy of the province of Chihli, and Earl of the First Rank; and Li Ching-fong, Ex-Minister of the Diplomatic Service, of the Second Official Rank；

Who, after having exchanged their full powers, which were found to be in good and proper form, have agreed to the following Articles：—

ARTICLE I.

China recognises definitively the full and complete independence and autonomy of Corea, and, in consequence, the payment of tribute and the performance of ceremonies and formalities by Corea to China, in derogation of such independence and autonomy, shall wholly cease for the future.

附注：
本条约于1895年4月17日，光绪二十一年三月二十三日，明治二十八年四月十七日在马关签订。又称《媾和条约》，1895年5月8日在烟台交换批准。

ARTICLE II.

China cedes to Japan in perpetuity and full sovereignty the following territories, together with all fortifications, arsenals, and public property thereon :—

(a.) The southern portion of the province of Fêng-tien within the following boundaries :

The line of demarcation begins at the mouth of the River Yalu and ascends that stream to the mouth of the River An-ping, from thence the line runs to Fêng-huang, from thence to Hai-cheng, from thence to Ying-kow, forming a line which describes the southern portion of the territory. The places above named are included in the ceded territory. When the line reaches the River Liao at Ying-kow, it follows the course of that stream to its mouth, where it terminates. The mid-channel of the River Liao shall be taken as the line of demarcation.

This cession also includes all islands appertaining or belonging to the province of Fêng-tien situated in the eastern portion of the Bay of Liao-tung and in the northern part of the Yellow Sea.

(b.) The island of Formosa, together with all islands appertaining or belonging to the said island of Formosa.

(c.) The Pescadores Group, that is to say, all islands lying between the 119th and 120th degrees of longitude east of Greenwich and the 23rd and 24th degrees of north latitude.

ARTICLE III.

The alignment of the frontiers described in the preceding Article, and shown on the annexed map, shall be subject to verification and demarcation on the spot by a Joint Commission of Delimitation, consisting of two or more Japanese and two or more Chinese delegates, to be appointed immediately after the exchange of the ratifications of this Act. In case the boundaries laid down in this Act are found to be defective at any point, either on account of topography or in consideration of good administration, it shall also be the duty of the Delimitation Commission to rectify the same.

第二款

中國將管理下開地方之權并將該地方所有堡壘軍器工廠及一切屬公物件永遠讓與日本

一下開劃界以內之奉天省南邊地方從鴨綠江口溯該江以抵安平河口又從該河口劃至鳳凰城海城及營口而止畫成拆線以南地方所有前開各城市邑皆包括在劃界線內該線抵營口之遼河後即順流至海口止彼此以河中心爲分界遼東灣東岸及黃海北岸在奉天省所屬諸島嶼亦一併在所讓境內

二臺灣全島及所有附屬各島嶼

三澎湖列島即英國格林尼次東經百十九度起至百二十度止及北緯二十三度起至二十四度之間諸島嶼

第三款

前款所載及粘附本約之地圖所劃疆界俟本約批准互換之後兩國應各選派官員二名以上爲公同劃定疆界委員就地踏勘確定劃界若遇本約所訂疆界於地形或治理所關有碍難不便彼該委員等當妥爲參酌更定

TREATY OF SHIMONOSEKI, 1895.

(Signed at Shimonoseki, 17th April 1895.)

[For English and Chinese versions, see page 590.]

○媾和條約

大日本國皇帝陛下及大清國皇帝陛下ハ兩國及其ノ臣民ニ平和ノ幸福ヲ回復シ且

將來紛議ノ端ヲ除クコトヲ欲シ媾和條約ヲ訂結スル為メニ大日本國皇帝陛下ハ

內閣總理大臣從二位勳一等伯爵伊藤博文外務大臣從二位勳一等子爵陸奧宗光ヲ

大清國皇帝陛下ハ太子太傅文華殿大學士北洋大臣直隸總督一等肅毅伯李鴻章二

品頂戴前出使大臣李經方ヲ各其ノ全權大臣ニ任命セリ因テ各全權大臣ハ互ニ其

ノ委任狀ヲ示シ其ノ良好妥當ナルヲ認メ以テ左ノ諸條欵ヲ協議決定セリ

第一條

清國ハ朝鮮國ノ完全無缺ナル獨立自主ノ國タルコトヲ確認ス因テ右獨立自主ヲ

損害スヘキ朝鮮國ヨリ清國ニ對スル貢獻典禮等ハ將來全ク之ヲ廢止スヘシ

第二條

清國ハ左記ノ土地ノ主權並ニ該地方ニ在ル城壘兵器製造所及官有物ヲ永遠日

本國ニ割與ス

一左ノ經界內ニ在ル奉天省南部ノ地

鴨綠江口ヨリ該江ヲ溯リ安平河口ニ至リ該河口ヨリ鳳凰城海城營口

ニ亘リ遼河口ニ至ル折線以南ノ地併セテ前記ノ各城市ヲ包含ス而シ

テ遼河ヲ以テ界トスル處ハ該河ノ中央ヲ以テ經界トスルコト、知ル

ヘシ

遼東灣東岸及黄海北岸ニ在テ奉天省ニ屬スル諸島嶼

二、臺灣全島及其ノ附屬諸島嶼

三、澎湖列島即英國「グリーンウィチ」東經百十九度乃至百二十度及北緯二十三度乃至
二十四度ノ間ニ在ル諸島嶼

第三條
前條ニ揭載シ附屬地圖ニ示ス所ノ經界線ハ本約批准交換後直チニ日清兩國ヨリ各二名以
上ノ境界共同劃定委員ヲ任命シ實地ニ就テ確定ズル所アルヘキモノトス而シテ若本約ニ
揭記スル所ノ境界ニシテ地形上又ハ施政上ノ點ニ付完全ナラサルニ於テハ該境界劃定委
員ハ之ヲ更正スルコトニ任スヘシ該境界劃定委員ハ成ルヘク速ニ其ノ任務ニ從事シ其ノ
任命後一個年以內ニ之ヲ終了スヘシ
但シ該境界劃定委員ニ於テ更定スル所アルニ當リテ其ノ更定シタル所ニ對シ日清兩國政
府ニ於テ可認スル迄ハ本約ニ揭記スル所ノ經界線ヲ維持フヘシ

第四條
清國ハ軍費賠償金トシテ庫平銀貳億兩ヲ日本國ニ支拂フヘキコトヲ約ス右金額ハ都合八
回ニ分チ初回及次回ニハ毎回五千萬兩ヲ支拂フヘシ而シテ初回ノ拂込ハ本約批准交換後
六個月以內ニ二次回及ノ拂込ハ本約批准交換後十二個月以內ニ於テスヘシ殘リノ金額ハ六個
年賦ニ分チ其ノ第一次ハ本約批准交換後二個年以內ニ其ノ第二次ハ本約批准交換後三個

郑海麟,香港中文大学亚太研究所研究员

李鸿章与北洋海军

戚　海　莹

李鸿章是中国近代史上争议最大的一位历史人物,对他创建北洋海军,史学界也历来多有评说,聚讼纷纭。今天,为了总结其历史经验教训,对其作出科学的评价,仍是一件很有意义的事。

一、创建北洋海军的背景

中国是一个内陆大国,也是一个海洋大国。而在古代,海洋的阻隔作用大于交通作用,因此国防的中心一直在陆而不在海,海防意识十分薄弱。鸦片战争后,西方列强屡屡以坚船利炮从海上闯入中国的大门,中国始将防御的视角逐渐移向海防。

1862 年春,李鸿章率淮军入沪"援剿"太平军,他面对外国兵舰"大炮之精纯,子药之精巧,器械之鲜明,队伍之雄整","深以中国军械远逊于外国为耻"。① 并亲身感受到"外国利器、强兵百倍中国,内则狎处辇毂之下,外则布满江海之间,实能持我短长,无以扼其气焰"。② 他开始认识到中国的积弱,而列强实为中国之大敌。指出:"长久之患在西人。堂堂华夏,积弱至此,岂一人一时所致!"③认为中国弱就弱在没有坚船利炮,"但有开花大炮和轮船两样,西人便可敛手"。④ 于是积极建议:应及早筹建海军,但不能完全依赖于外人,即学习西法,培养自己的人才。指出:"中国欲自强,则莫如学习外国利器;欲学习外国利器,则莫如觅制器之器,师其法而不必尽用外

---

① 《李鸿章全集》,卷 2,朋僚函稿,海南出版社 1997 年版,第 46、4 页。
② 《李鸿章全集》,卷 5,朋僚函稿,海南出版社 1997 年版,第 34 页。
③ 《李鸿章全集》,卷 4,朋僚函稿,海南出版社 1997 年版,第 17 页。
④ 《李鸿章全集》,卷 3,朋僚函稿,海南出版社 1997 年版,第 19 页。

人。"①他的主张得到了清政府的重视。1865年春,李鸿章在署两江总督任上,主持买下了美商旗记铁厂,并将由丁日昌、韩殿甲分管的两个制炮局合并,成立了江南制造总局。后于1868年7月制造了第一艘轮船,命名为"恬吉"。这是中国制造的第一艘可以航行于大洋的轮船。1866年6月,左宗棠又向清政府建议设立福州船政局,并开厂造船,为中国建立近代海军初步奠定了基础,"是为中国海军萌芽之始"。② 与此同时,还创办了船政学堂,并不断地向外国派遣留学生,学习外国的各种先进技术,在整个海军建设中都发挥了重要的作用。这既为后来天津水师学堂的创办提供了经验和模式,也为北洋海军的筹建提供了人才来源。

尽管清政府支持设厂造船、办学堂,是为了自办海军,防范外国的侵略,但近代海军的建设迟迟没有提到日程上来。直至1874年,日本侵略台湾事件发生,在日军海、陆实力及后勤供给都处于明显劣势的情况下,清政府竟拿出50万两抚恤银给日本,在朝野上下引起强烈震撼,于是引发了第一次海防的讨论,海防问题开始受到重视。11月5日,总理衙门有亟宜切筹海防之奏,提出练兵、简器、造船、筹饷、用人、持久六条措施,请饬下南北洋大臣及沿海沿江督抚逐条详议,并要求在一个月内提出切实可行的措施。

11月19日,朝廷收到广东巡抚张兆栋转呈的前江苏巡抚丁日昌所拟的《海洋水师章程》六条。其主要内容是:(一)海外水师专用大兵轮船及招募驾驶之人;(二)沿海择要修筑炮台;(三)选练陆兵;(四)沿海地方官宜精择仁廉干练之员;(五)北、东、南三洋联为一气;(六)精设机器局。丁日昌所拟的海洋水师章程,与总理衙门提出的六条海防措施立意基本相同,而且首次具体提出了三洋分区设防组建海军的方案。他认为:沿海兵制散而无统,宜变通旧制,"其根驳轮船约三十号,以一提臣督之,分为三路:一曰北洋提督,驻扎大沽,直隶、盛京、山东各海口属之;一曰中洋提督,驻扎吴淞江口,江苏、浙江各海口属之;一曰南洋提督,驻扎厦门,福建、广东各海口属之"。三洋水师"无事则出洋梭巡,以习劳苦,以娴港汉,以捕海盗;有事则一路为

① 宝鋆等编:《筹办夷务始末》(同治朝)卷25,第9页。
② 池仲祐:《海军大事记》,《北洋海军资料汇编》(下),中华全国图书馆文献缩微复制中心,1994年,第1076页。

正兵,两路为奇兵,飞驰援应"。丁日昌成立北洋、东洋、南洋三支海军的建议,李鸿章表示非常赞同,并向朝廷上了《筹议海防折》,进一步说明建立海军的重要性。但筹建海军一事却遭到了朝中一些顽固派大臣的反对。如大理寺少卿王家璧等一些人认为购船置炮皆系耗中国以徇外洋,使无数帑金掷诸沧海,"徒得备而无用之虚器,而失我悉索敝赋之实银",洵属得不偿失。① 尽管如此,李鸿章坚持己见,力排众议,特别强调要建立一支新式海军,是因为当时"一国生事,诸国构煽,实为数千年来未有之变局。轮船电报之速,瞬息千里;军器机事之精,工力百倍;炮弹所到,无坚不摧。水陆关隘,不足限制,又为数千年来未有之强敌"。② 面对如此之变局和强敌,必须整顿海防不可。

经过一段时间的争论,清政府最后决定先在南、北两洋筹办两支海军:北洋由李鸿章督办,南洋由沈葆桢督办。后因经费一时难筹,总理衙门又提出"移缓就急",③先尽北洋创办。于是,中国近代海军的发展由此起步。

二、北洋海军筹办的过程

北洋地区包括直隶、山东、奉天三省。1871 年,李鸿章时在直隶总督任上,咨商两江总督曾国藩,饬调沪厂所造的操江轮赴津,供北洋巡哨之用。这是北洋仅有的一艘兵轮。李鸿章认为,"北洋之口,洋面辽阔,向未设巡洋水师",而"天津为京师门户,各国商轮往来辐辏,英、法、俄、美皆常有兵船驻泊,我亦必须有轮船可供调遣,稍壮声势"。因此,1872 年 9 月,闽厂所造镇海轮到津,李鸿章奏准拨归直隶留用,以与操江"轮替出洋驻泊"。④

1879 年,清政府因财力所限,即确定"先于北洋创设水师一军,俟力渐充,由一化三"。⑤并规定筹建海军的经费由粤海关、江海关和江苏、广东、福建、浙江、江西、湖北六省的厘金内,每年提取 400 万两,头两年统归北洋支配,以后则由南北洋各得半数。10 月,原南洋在英国阿摩士庄厂订购的

---

① 王家俭:《李鸿章与北洋舰队》,(台北)编译馆 2000 年版,第 110 页。
② 《李鸿章全集》,卷 24,奏稿,海南出版社 1997 年版,第 12 页。
③ 《中国近代资料丛刊·洋务运动》(二),上海人民出版社 1961 年版,第 387 页。
④ 宝鋆等编:《筹办夷务始末》(同治朝)卷 88,第 5—6 页。
⑤ 《中国近代资料丛刊·洋务运动》(二),上海人民出版社 1961 年版,第 387 页。

四艘炮舰镇东、镇西、镇南、镇北，先期由江海关税务司赫德赴广东迎护，亦驶抵天津海口。11 月 19 日，李鸿章带同津海关道郑藻如、道员许钤身、税务司德璀琳等，亲往大沽验收。同一天，李鸿章奏请将记名提督丁汝昌留于北洋海防差遣。其奏有云："查该提督丁汝昌干局英伟，忠勇朴实，晓畅戎机，平日于兵船纪律尚能虚心考求。现在筹办北洋海防，添购炮船到津，督操照料，在在需人。且水师人才甚少，各船管驾由学堂出身者，于西国船学、操法固已略知门径，而战阵实际概未阅历，必得久经大敌者相与探讨砥砺，以期日起有功，缓急可恃。臣不得已派令丁汝昌赴飞霆等炮船讲习，一切新到各船会同道员许钤身接收，该提督颇有领会，平日借与中西各员联络研究，熟练风涛，临事或收指臂之助。"①并称赞其"材略勇武"，可作为"横海楼船之选"。② 不久，即派丁汝昌督操炮船，以英人葛雷森为总教习。

1880 年底，因委托赫德在英国阿摩士庄厂订购的超勇、扬威两艘快船即将造成，李鸿章派炮船督操丁汝昌、总教习葛雷森、管驾官林泰曾、邓世昌等航海赴沪，先行在吴淞轮船操练，然后乘轮赴英验收。1881 年 8 月 3 日，超勇、扬威竣工，由驻英公使曾纪泽亲引龙船，升炮悬挂龙旗。8 月 17 日，超勇、扬威放洋起程，沿途"经行各国，均鸣炮致贺，以为中国龙旗第一次航行海外也"。③ 9 月 17 日，山东新购的两艘炮舰镇中、镇边驶抵大沽。李鸿章认为，两艘炮舰若零星分布，力单无用，与新任山东巡抚任道镕商妥，将镇中、镇边与镇东等四炮船及新购的两艘快船"合为一小枝水师，随时会操，轮替出洋，防护北洋要隘，以壮声势"。④ 11 月 17 日，超勇、扬威驶抵大沽港。于是，李鸿章奏请以丁汝昌统领北洋海军，奏改三角形龙旗为长方形，以纵三尺、横四尺为定制，质地章色如故。这是中国近代最早的海军旗。

至此，北洋海军从英国购进两艘快船、六艘炮船，加上先后调进沪、闽工厂制造的操江、镇海、湄云、泰安、威远五船，共 13 艘舰船，已经初具规模了。

---

① 《李鸿章全集》，卷 35，奏稿，海南出版社 1997 年版，第 24 页。

② 李鸿章：《庐江丁氏宗谱序》，见戚其章：《中日甲午战争史论丛》，山东教育出版社 1983 年版，第 310—311 页。

③ 《中国近代资料丛刊·洋务运动》（八），上海人民出版社 1961 年版，第 485 页。

④ 《李鸿章全集》，卷 42，奏稿，海南出版社 1997 年版，第 9 页。

1884 年 8 月,福建海军在马江遭到法国舰队的袭击,11 艘兵船同时俱尽,这就是著名的马江之役。因此而引发了第二次海防大讨论。清政府总结前此教训,于 1885 年 6 月宣称:"当此事定之时,惩前毖后,自以大治水师为主。"李鸿章立表赞同,誉之"洵为救时急务"。① 是年 10 月,设海军衙门,任醇亲王奕譞总理海军事务,庆郡王奕劻及李鸿章为会办,汉军都统善庆和兵部右侍郎曾纪泽为帮办。海军衙门设立后,实际大权仍操在李鸿章手里,他利用海军衙门"整顿海防"的名义,把北洋海军的建设推向了最高峰。

1885 年以后,北洋舰队进入了迅速发展的阶段,新舰猛增,大都是从国外购进的。新购进的舰只主要有三类:铁甲船、新式快船和鱼雷艇。这些舰只都是当时中国尚不能自造的。四年之间共添置新舰艇 14 艘,其中铁甲船定远、镇远两艘,新式快船致远、靖远、经远、来远、济远五艘,以及鱼雷艇七号。于是,北洋舰队无论在数量上还是在装备质量上,都大有提高。

三、北洋海军正式成军

1888 年,是北洋海军发展的最关键一年。是年 5 月 2 日,奕譞以在英、德订造的四艘快船到华,北洋舰只渐多,致电李鸿章,"嘱将北洋定额、兵制、驻扎、会哨各章程,拟底寄京,公酌会奏"。② 3 日,李鸿章复电表示,此章程将与诸将领熟议后拟稿,俟出海验驶四快船及查勘各口防务后,再由北洋水陆营务处、津海关道周馥赴京呈交。6 日,李鸿章率同周馥、前署津海关道刘汝翼、总统盛军湖南提督周盛波等,由大沽口出海,巡阅旅顺口、大连湾、威海卫各处防务。10 日,他在大连湾令四艘快船同开快车,往返试驶两次,以验速度,基本符合设计要求。14 日,在威海卫口外依法复验,英制致远、靖远两艘快船完全达到了每小时航行 18 海里的设计标准。对此,李鸿章极为满意,增强了对北洋海军成军的信心。5 月 16 日,李鸿章回到天津,立即着手草拟章程。7 月 15 日,《北洋海军章程》底稿草成,李鸿章命周馥携之进京,并致书奕譞说明制定此章程所遵循的原则。9 月,《北洋海军章程》定稿。

---

① 《中国近代资料丛刊·洋务运动》(二),上海人民出版社 1961 年版,第 565 页。
② 《李鸿章全集》,卷 3,海军函稿,海南出版社 1997 年版,第 7 页。

9 月 30 日，由海军衙门缮具章程清册，呈于慈禧太后。其奏曰："海军系属初创，臣等此次所拟章程，本无成例可循。且因时制宜，间有参用西法之处，与部章未能尽合。应饬部免其核议。至章程内容有未备及临时应行变通者，由臣等随时酌拟具奏。"还转述了李鸿章进一步筹款扩充海军的意见："俟库款稍充，再添数船，即成劲旅。入可以驻守辽渤，出可以援应他处，辅以各炮台陆军驻守，良足拱卫京畿。"[①]

《北洋海军章程》共 14 章，其主要内容如下：

1. 北洋海军编制，为铁甲 2 艘、快船 7 艘、炮船 6 艘、鱼雷艇 6 艘、练船 3 艘、运船 1 艘，计 25 艘。但按实战要求来说，其编制还是不够完备的。故《船制》一章又提出："海军一支，局势略具。然参稽欧洲各国水师之制，战舰犹嫌其少，运船太单，测量、探信各船皆未备，似尚未足云成军。"[②]

2. 设提督 1 员、总兵 2 员、副将 5 员、参将 4 员、游击 9 员、都司 27 员、守备 60 员、千总 65 员、把总 99 员、经制外委 43 员。提督在威海卫择地建造公所或建衙署，为办公之地；总兵以下各官皆长年住船，不建衙署和公馆。规定将现有战船分为中军、左、右翼三队，每队三船，以一船为一营。中军三船：中军中营致远快船，中军左营济远快船，中军右营靖远快船；左翼三船：左翼中营镇远铁甲战舰，左翼左营经远快船，左翼右营超勇快船；右翼三船：右翼中营定远铁甲战舰，右翼左营来远快船，右翼右营扬威快船。镇中、镇边、镇东、镇西、镇南、镇北六炮船则为后军。

3. 北洋海军提督有统领全军之权，凡北洋兵船，无论远近，均归调度，仍统受北洋大臣节制调遣。提督他往，则听左翼总兵一人之令；如左翼总兵他往，则听右翼总兵一人之令。凡沿海陆路水师文武大员，如无节制北洋海军明文，兵船官概不得听其调遣，借词违误军事。

4. 各船逐日小操，每月大操一次，两个月全军会操一次。北洋各船每年须与南洋各船会哨一次。提督于立冬以后小雪以前，统率铁、快各船，开赴南洋，会同南洋各师船巡阅江、浙、闽、广沿海各要隘，以资历练。或巡历新加坡以南各岛，至次年春分前后，仍回北洋。各船在北洋，每年春、夏、秋

① 张侠等编：《清末海军史料》，海洋出版社 1982 年版，第 470 页。
② 《李鸿章全集》，卷 3，海军函稿，海南出版社 1997 年版，第 7 页。

三季沿海操巡,应赴奉天、直隶、山东、朝鲜各洋面以次巡历,或以时游历俄、日各岛。每年由北洋大臣阅操一次。每逾三年,由总理海军事务衙门王大臣请旨特派大臣,会同北洋大臣出海校阅一次。

10月3日,清廷批准《北洋海军章程》,北洋海军正式成军。12月17日,海军衙门根据李鸿章提名,奏请以北洋水师记名提督直隶天津镇总兵丁汝昌补授北洋海军提督,记名总兵林泰曾补授北洋海军左翼总兵,总兵衔水师补用副将刘步蟾补授北洋海军右翼总兵。

四、北洋海军覆灭的主要原因

北洋海军的发展经历曲折,终于在1888年建成了一支具有一定规模的海军,其势力在当时确实超过了日本海军。但好景不长,事隔几年,北洋海军竟败于日本,最终全军覆没。然而,北洋海军的失败并非偶然,究其原因主要有三个方面:

第一,清政府内部长期的虚骄心态和苟安思想,使晚清海军建设带有很大的被动性,缺乏长远的战略目标。

1874年日本发兵侵略台湾和1884年法国舰队肆虐东南沿海,使清朝统治者产生了危机感,甚至感到连局面也难应付了,这才不得不决定发展海军。但这也只是来作为抵御外敌从海上入侵、保卫疆土的一项被迫应急措施,而不是基于高瞻远瞩,盱衡世界之大势,洞察列强之动向,切感欲自立于世界之林,必须长期发展海军的战略,在很大程度上带有被动应付的成分。所以,每当列强从海上入侵之后,清朝统治者几乎每次都要表一番大治海军的决心,而且信誓旦旦,决心似乎十足。然而过不多久,决心总是被丢诸脑后了。

北洋海军从1879年开始筹办,1881年初步建成,到1888年正式成军,历时整整9年,发展速度是比较快的。这使北洋海军的发展达到了颠峰,其实力一跃成为当时亚洲第一。清政府却认为海军声势已壮,可停下脚来歇息了。就连北洋大臣李鸿章也是如此,他的海防思想在当时算是比较进步的,在清政府统治集团内部有举足轻重的影响,虽然意识到主要敌手日本的海军实力在迅速增长,但并无多大作为。1891年,北洋海军成军后的第三年,李鸿章按期第一次大阅海军后,宣称:"综核海军战备,尚能日异月新,目前限于饷力，未能扩充，但就渤海门户而论，已有深固不摇之势。"①此后，他再未有大的发展构想，只是做一些后续的小工程，如奏请"添布威海大连湾水雷，加强沿海守口的力量"。② 对此，清朝当局浅尝辄止，原先的决心已经无影无踪，所表露的一点危机感也早就完全抛到九霄云外了。不仅如此，户部还停拨了海军经费。作为清朝的最高统治者慈禧太后，为满足自己的私欲，不顾国家安危，骄奢淫逸，大肆挥霍。为了享乐，她大修殿宇亭台，不仅多次举借外债，而且以"挪拨"、"划拨"、"挪垫"等名义占用海防经费，花于三海工程和颐和园工程。

与此同时，日本政府却正在大力扩充海军，并为打败北洋海军的定远、镇远而专门设计了"三景舰"。其中，严岛号已于是年竣工，松岛号和桥立号也先后下水。早在 1886 年，日本政府就发布海军公债令，发行公债 1700 万元。1890 年，日本天皇睦仁甚至下谕节省宫内开支，拨内帑以充造船费用。其后，又命令文武百官一律缴纳十分之一的薪俸，以作为发展海军之用。日本发展海军的主要目的，是针对中国的。这与清政府的实际表现形成鲜明的对比。直到甲午战争前夕，北洋海军提督丁汝昌提出在主要战舰上配置速射炮，需银仅约 60 万两，也无款可拨。北洋海军成军之后，既未添置一艘新式战舰，也未更换一门新式快炮，以致与日本相比，原来的优势在数年间化为乌有。日本海军的实力，反倒一跃而在北洋海军之上了。

第二，缺乏海权意识，忽视了海军在海上机动作战的重要作用。

海军是国家武装力量的重要组成部分，国家的海权要靠海军去争取和维护。没有一支强大的海军，便没有真正的海权。而海军本来在中国就起步晚、起点低，再加上中国传统的重陆观念和封闭型小农经济的影响，清政府始终未认识到制海权的重要性。李鸿章曾经说过："我之造船，本无驰骋域外之意，不过以守疆土、保和局而已。"③并认为中国海岸线如此之长，只要以"京畿为天下根本，长江为财赋奥区，但能守此最要，次要地方，其余各省海口边境略为布置，即有挫失，于大局尚无甚碍"。④ 在这种思想指导下，

① 《李鸿章全集》，卷 72，奏稿，海南出版社 1997 年版，第 4 页。
② 张侠等编：《清末海军史料》，海洋出版社 1982 年版，第 283 页。
③ 《李鸿章全集》，卷 19，奏稿，海南出版社 1997 年版，第 47—48 页。
④ 张侠等编：《清末海军史料》，海洋出版社 1982 年版，第 107 页。

清政府之布置海防始终是围绕着拱卫京畿的目的,一直未意识到争夺制海权的重要性。

直到丰岛海战打起来以后,在清政府内部仍未形成统一的作战计划。朝中的主战派官员也好,李鸿章本人也好,都不能真正做到知己知彼,故不可能制订一套正确的战略方针。当时,中国海军与日本相比较,其优势有二:一是拥有7000吨级的两艘铁甲舰定远和镇远,为日人所畏惧;二是拥有北洋、南洋、福建、广东四支舰队,若集中领导,进行统一编队,统一指挥,其攻防力量必将加强,有利于争取海上主动权。这对于日本侵略计划的执行来说,必定会增加极大的困难。然而,李鸿章却不这么看,他以为:"南省兵轮不中用,岂能吓倭?"①枢府诸臣更是昧于外情,完全不了解日本的战略方针及主动方向,不但下令调拨南洋数舰分防台湾,而且还想从北洋抽调军舰赴台防守。在这种情况下,北洋海军只能独力抗敌,正所谓"以北洋一隅之力,搏倭人全国之师"②了。

当北洋舰队在稍处劣势的情况下,若能采取积极防御与伺机进攻并重的方针,以清军控制朝鲜半岛西海岸和渤海海口基地为依托,及时捕捉战机,给敌舰以沉重打击,从而获得黄海制海权,是有成功的希望的。但是,从战争爆发之前看,李鸿章即倾向守势。当朝鲜形势趋于紧张之际,丁汝昌每次率舰队出海游巡,李鸿章总要提醒他不可贸然接仗,"此不过摆架子耳"。③ 到丰岛海战后,李鸿章也始终未放弃消极的守势战略,而仅仅把海军看成是一种单纯的威慑力量,至于夺取制海权则是他从来不敢想的事情。所以,他很不放心舰队出海作战。当日本舰队第一次扰袭威海后,李鸿章"恐日本大队船尾追入北洋",电嘱丁汝昌:"此后海军大队,必不远出;有警则兵船应全出口迎剿。"④清廷也因有"日本伺我防懈,必有猛攻大沽之举"的传言,严谕丁汝昌:"威海、大连湾、烟台、旅顺等处为北洋要隘,大沽门户,海军各舰应在此数处来往梭巡,严行扼守,不得远离,勿令一船阑入。倘有

---

① 《中国近代史资料丛刊续编·中日战争》(6),中华书局1993年版,第568页。

② 《李鸿章全集》,卷78,奏稿,海南出版社1997年版,第62页。

③ 《李鸿章全集》,卷16,电稿,海南出版社1997年版,第2页。

④ 《中国近代史资料丛刊·中日战争》(四),上海人民出版社、上海书店出版社2000年版,第269页。

疏虞,定将丁汝昌从重治罪!"①这就等于认可了李鸿章的"保船制敌"战略,从而完全放弃了黄海的制海权。北洋舰队最后只能株守港内,其命运就不言而喻了。

第三,北洋海军后勤管理混乱,严重地削弱了战斗力。

海军对当时的中国来说,完全是新的军种。后勤的保障供应也是增强部队战斗力的一个重要环节,后勤工作的好坏会直接影响到战争的胜负。就北洋海军而言,后勤方面也存在着许多问题,成为导致海战失败的一个重要原因。

其一,煤的供应短斤缺两,而且质量很差。早在1884年,"据收煤委员来称,在船连磅数十包,与原报之数均短至十余磅之多"。② 之后诸如此类的现象时常发生,丁汝昌曾多次向招商局反映,但问题并未解决。后来,这种情况竟愈演愈烈。1889年4月,丁汝昌称:"经发交定远五吨,到威过磅,仅三吨有奇,数目甚为悬绝。"③煤的供应不足量不说,而且煤质甚差,甚至以次充好。直到丰岛海战前夕,丁汝昌气愤地指责道:"煤屑散碎,烟重灰多,难壮汽力",战争在即"实难为恃,关系之重,岂复堪思"!④ 尽管如此,以次充好的问题始终未能解决。煤是海军舰队的主要动力燃料,大敌当前,却得不到良好的供应,其后果是可想而知的。

其二,弹药质量问题突出,造成严重后果。北洋海军所用弹药,多是国产的,由于技术不精,管理不严,加上偷工减料,制造出来的子弹多不合格。早就发现诸如"毛瑟枪子,屡屡演放,铜管开裂者不一而足",还有"以铜管爆裂,将枪膛来复线炸坏,枪首并亦挺起。……毛瑟子每箱取数十颗试放,小过火者间或一有,而铜管炸裂者大率有三分之一"⑤等问题。事过几年,情况依然得不到改善。黄海海战后,来远舰帮带大副张哲溁指出:"所须子药,多不合式,亦不切备,东沟之役,因弹子将罄而炮故缓施者,有因子不合膛而

① 《清光绪朝中日交涉史料》卷17,第26—27页。

② 戚俊杰、王记华编校:《丁汝昌集》,山东大学出版社1997年版,第11页。

③ 戚俊杰、王记华编校:《丁汝昌集》,山东大学出版社1997年版,第111页。

④ 戚俊杰、王记华编校:《丁汝昌集》,山东大学出版社1997年版,第211页。

⑤ 戚俊杰、王记华编校:《丁汝昌集》,山东大学出版社1997年版,第122页。

临时减药者。"①弹药质量差,确实为害匪浅。炮弹"不合式",如其铜箍直径过大,使用时须锉小才能填进炮膛,就会使本来已经很低的发射速度变得更低。引信拉火"不过引",就会使炮弹击中敌舰而不爆炸。在丰岛海战中,日舰吉野中炮,炮弹穿透舷侧而进入机舱间;在黄海海战中,日舰浪速被击破水线进水,比睿、赤城、西京丸及其旗舰松岛等都中弹甚多,而这些日舰却一舰也未被炸沉。另外,当威海被日军攻占时,清军从刘公岛发炮攻击,炮弹落至敌阵竟不炸裂。"倭人剖而视之,见其中皆泥沙。另有未裂各弹,验视则空无所有"。②

其三,弹药匮乏,不敷实战之需。早在丰岛海战的前几天,丁汝昌即曾致函盛宣怀、张楚宝,提出:"备领行军水雷应需尚缺三十余件……五十七密里快炮应需方块大粒药,除前到两千磅外,尚短四千磅,洵现时孔迫之需。"③这种弹药短缺现象,到丰岛海战以后就更为严重了。据海关总税务司赫德说:"舰队想要凑集够打几个钟头的炮弹,以备作一次战,在海上拼一下,迄今无法到手。"④充足的武器弹药是海军舰队进行海战、赢得海战胜利的先决条件之一,怎么能够指望弹药不足的北洋海军在海战中战胜敌人呢?

综观李鸿章创建的北洋海军,它的成军在当时不仅增强了中国海防力量,而且在相当长的一段时间内遏止了日本侵略中国的野心,推迟了日本侵略中国战争的发生,并在甲午战争期间为防御和抗击日本的侵略发挥了一定作用。但李鸿章无论在海军战略上还是在管理机制等方面都有很大失误。再加上清政府政治上的腐败,处处掣肘,致使北洋海军的发展举步维艰,终于遭到全军覆没的命运,这个惨痛的历史教训,后世的人们亟宜吸取和警惕。

---

① 《盛宣怀档案资料选辑》之三《甲午中日战争》(下册),上海人民出版社 1982 年版,第397—413 页。

② 《中倭战争始末记》,1895 年刊本,卷 3,第 2 页。

③ 戚俊杰、王记华编校:《丁汝昌集》,山东大学出版社 1997 年版,第 208 页。

④ 赫德:《1894 年 9 月 21 日致金登干函》,见《中国海关与中日战争》,中华书局 1983 年版,第 55 页。

李鸿章与北洋海军的创建和发展

吴 丽 华

　　鸦片战争,英国以其"船坚炮利"敲开了中国紧闭的大门;第二次鸦片战争,英法联军又是靠其"船坚炮利"而得以侵入中国腹地;日本之所以敢于进犯台湾也是仰仗其海军之力;中法战争中法国得逞于中国东南沿海,也是由于其海军之先进。无数事实,使中国人认识到中国的惨败首先败于海上,败于中国水师的落后,于是纷纷提出建立近代海军以御强敌而保卫海疆的主张。

　　李鸿章是创建近代海军的首倡者,是北洋海军全面建设的领军人,是中国现代海军的奠基人。

一、李鸿章是建立近代海军的首倡者

　　世界进入资本主义发展阶段后,主要资本主义国家积极向海外扩张,寻找殖民地。海军作用因此凸现。即:"能控制海洋的人便可以控制世界贸易,能控制世界贸易的人,便可以控制陆地本身。"[①]

　　1840 年鸦片战争的失败,使清朝统治集团中的有识之士,诸如林则徐、魏源等人认识到中国大门之所以被打开,在很大程度上决定于西方列强海军的船坚炮利,从而深感中国海防危机之严重和保卫海疆之迫在眉睫。于是提出"师夷长技以制夷"——学习西方先进军事技术以防御列强侵略的主张。

　　1842 年《中英南京条约》签订,中国割地赔款,当时 19 岁的李鸿章感慨万千,也深感中国海防危机之严重,并赋诗数首以抒发其爱国之志。如1842 年的诗中写道:"闻鸡不觉先起舞,对镜方知颊有髭。昔日儿童今弱

---

　　① 姜鸣:《龙旗飘扬的舰队》,三联书店 2002 年版,第 2 页。

冠,浮生碌碌有何为?"1843年的诗中进一步写道:"丈夫只手把吴钩,意气高于百尺楼。一万年来谁著史,三千里外欲封侯。"这两首诗表达了他在国难当头之际,愿学古圣先贤,跃马挥刀,驰骋疆场,收复河山的志向。

李鸿章于1862年任江苏巡抚。之后便积极创办洋务事业。为了御侮,首先着眼的是军事近代化,特别是近代海军的创立。李鸿章曾经创办淮扬水师,但设备陈旧落后。他认为这样的水师"有不如无"。因此于1864年,在《覆陈筱舫侍御》的信中指出:"盱衡当时兵将,靖内患或有余,御外侮则不足。"①意思是说,目前的水陆两军,特别是水师的力量不足以抵御外来侵略。1870年,李鸿章又在《覆丁雨生中丞》函中说:"大沽、长江则天下之势轻重适均,侯意原不恃长江水师御外侮,今当及早变法,勿令后人笑我拙耳。"②李鸿章不仅提出要创立近代海军以御外侮的主张,而且强调要南北并重,不能偏重一方,并应"及早变法",即立即变旧水师为近代海军,否则会被后人"笑我拙耳"。

在李鸿章的影响下,一些洋务派官员也纷纷提出创建近代海军的设想。如江苏布政使丁日昌在《创建轮船水师条款》中阐明:"创建水师……无事则出洋梭巡,以习劳苦,以娴港汊,以捕海盗,有事则一路为正兵,两路为奇兵……而海氛不能纵横驰突矣。"③所说"海氛不能纵横驰突矣",就是以自己的强大海军消灭从海上入侵之敌。

李鸿章首倡创立近代海军,其目的是"御外侮"。那么,这"外侮"的主要目标为谁? 关于这一点,李鸿章回答得很明确,就是日本。早在1870年,日本遣使来华拟与中国签订所谓中日修好条规之际,当李鸿章看过日本所拟16条草稿后,便发现日本怀有觊觎中国的野心。他指出:"其第二款云均照泰西各国优典无异,第五款云悉照与外国所立通商总例办理,第十一款云两国从前与泰西各国订约历有成例均可遵照,第十五款云既经换约准行后,有别外诸国或沾异数殊典,两国无不照办等语,是其处心积虑以西国为比例,虽一款可抵数十款矣。"认为中国"断不肯轻易从事矣",而且"各国和约,惟

① 《李鸿章全集》,卷5,朋僚函稿,第34页。
② 《李鸿章全集》,卷10,朋僚函稿,第22页。
③ 张侠等编:《清末海军史料》,海洋出版社1982年版,第1—2页。

一体均沾等语流弊最甚，兹日本谆谆注意于此"。① 进而指出：日本"其人贫而多贪，诈而鲜信，其国与中土相近，往返便捷，其形貌文字，悉与华同，以此攫取我内地之利，浸移我内地之民，操术愈工，滋害必愈甚，更非西洋可比也"。② 李鸿章以锐利的眼光看出了日本假借所谓"修好"名义企图取得片面最惠国待遇以攫取中国侵略权益的野心，并认清了其"多贪"的本性，因而拒绝了日本人的无理要求，并对日本提高了警惕。他在1872年给黄子寿的信中以十分警觉的口吻指出了：日本"上下一心，皈依西土，机械、枪炮、战舰、铁路事事取法英美，后必为中国肘腋之患。积弱至此，而强邻日逼，我将何求以处之"？! ③ 与此同时，大学士文祥也奏称："目前所难缓者，惟防日本为尤亟。以时局论之，日本与闽浙一苇可航。倭人习惯食言，此番退兵（指侵台后撤兵事）既无中变，不能保其必无后患。"④

在以李鸿章为首的有识之士的积极推动下，加之日本对中国的步步紧逼和对朝鲜的觊觎，清朝最高统治者才感到问题的严重。于是，恭亲王奕䜣代表总理衙门上奏，请求朝廷立即加强海防以防御来自日本的侵略："日本密迩东隅，前明倭寇屡为边患，近虽修好通商，而性情反复，又多叵测。前此台湾之役未受惩创，现又梗阻琉球入贡，废为郡县。沈葆桢奏称：'争之而兵端起，让之而得步进步，兵端亦起'，诚为确论。"⑤日本如此嚣张，只有加强海军建设，与其针锋相对才能解决问题。把日本作为中国创建近代海军的假想敌，已成为清政府统治集团的共识。

1875年，清朝政府发布上谕指出，"海防关系紧要，既为目前当务之急"，因此"亟宜未雨绸缪，以为自强之计"，并要求"通盘筹画"，"分段督办，以专责成"。⑥

清廷采纳了李鸿章等人的主张和建议，决定创建近代海军，并指令由沈葆桢、李鸿章分别负责南、北洋海军的筹建工作。

---

① 《李文忠公全集》，译署函稿，卷1，第1—2页。

② 宝鋆等编：《筹办夷务始末》（同治朝）卷28，第31页。

③ 《李鸿章全集》，卷12，朋僚函稿，第14页。

④ 宝鋆等编：《筹办夷务始末》（同治朝）卷98，第10页。

⑤ 《中国近代史资料丛刊·洋务运动》（二），上海人民出版社1961年版，第388页。

⑥ 张侠等编：《清末海军史料》，海洋出版社1982年版，第12—13页。

创建近代海军的主要标志是海军指挥体制的建立。1879 年日本吞并琉球和 1884 年中法战争后，清廷内部要求统一海军指挥体制的呼声日渐高涨。以李鸿章为代表的各地督抚及中枢重臣一致要求设立海军衙门，统领全国海防事宜。

1885 年 10 月 12 日，慈禧太后终于下了一道懿旨："兹据奏称，统筹全局拟请先从北洋精炼水师一支以为之倡，此外分年次第兴办等语，所筹深合机宜。着派醇亲王奕譞总理海军事务，所有沿海水师，悉归节制调遣；并派庆亲王奕劻、大学士直隶总督李鸿章会同办理；正红旗汉军都统善庆、兵部右侍郎曾纪泽帮同办理。现当北洋起兵伊始，即责成李鸿章专司其事，其应行创设筹议各事宜，统由该王大臣详慎规划，拟立章程，奏明次第兴办。"①

清廷最高统治者，终于下令批准创立近代海军，并责成一些重臣组织和领导海军的筹建事宜。于是，海军最高领导机关——总理海军事务衙门于 1885 年 10 月 24 日正式成立。据《清史稿·职官志》所载"光绪十一年诏设海军衙门，依军机总署例，命醇亲王综之，大学士李鸿章专司筹办"等语，可见李鸿章是创建近代海军的主要负责人。

海军衙门的组织，大体依照清代军机处和总理衙门的传统体制，分为两个主要部门：一是管理部门，由朝廷任命的五位大臣组成，负责政策制定；一是秘书部门，由各种章京及总办章京、帮办章京组成，负责辅佐管理部门办理一般性的例行公务及庶务。

海军衙门的主要职权是：（一）负责南北洋海防及沿海炮台等一切设施的筹划；（二）南北洋水师的组织与训练，船厂、船坞、军港以及机器局的管理；（三）所有轮船、枪炮、弹药的购置；（四）全国铁路、电线的修筑；（五）各省矿产的开采等。②

海军衙门是中国海军的最高领导机关，它的建立保障了中国近代海军的创立与建设，对统一海防、共御外侮起到重要作用。海军衙门的建立是中国创建近代海军的主要标志。

中国近代海军经过 20 余年的酝酿才得以创办起来。期间，首先是李鸿

---

① 张侠等编：《清末海军史料》，海洋出版社 1982 年版，第 66 页。
② 《光绪会典》卷四，第 64—65 页。

章于 1864 年开始的积极倡导,然后是洋务派中的有识之士的多方响应,再次是总理衙门的奏请,最后则是 1885 年慈禧的批准和海军衙门的建立。

二、李鸿章是北洋海军的缔造者

北洋海军于 1888 年 12 月 17 日正式宣告成立。就当时北洋水师的官兵素质和舰队的装备以及基地建设等方面而言,堪称世界第六、亚洲第一的优秀海军。这些成就首先应当归功于李鸿章的高瞻远瞩、运筹帷幄和苦心经营。

李鸿章按慈禧的"现当北洋征兵伊始,即责成李鸿章专司其事"的旨意,竭尽全力从事北洋海军的全面建设。

首先,积极以先进战舰武装北洋舰队。李鸿章深知要建立一支近代海军舰队,必须拥有足够规模的先进战舰。而当时中国尚不能自制,于是便不惜重金从英、德等国购买新式舰船。

1875 年春,李鸿章通过总税务司赫德在英国阿姆斯特朗定购了龙骧、虎威、飞霆、策电 4 艘炮艇。1879 年,李鸿章又将这 4 艘炮艇调归南洋水师而另购 4 艘新炮艇补给北洋舰队。1880 年末和 1881 年夏,李鸿章通过出使德国的大使李凤苞在德国的伏耳铿船厂,先后定购了定远、镇远两艘铁甲舰。1883 年,李鸿章以铁甲舰来华必有精利快船辅佐巡洋为由,特电饬李凤苞在伏耳铿船厂再定购 1 艘新式穹面钢甲快船(即钢甲板巡洋舰),即济远号。1885 年 11 月,德国制造的定远、镇远和济远 3 舰抵华。1888 年春,英国制造的致远、靖远和德国制造的经远、来远等 4 艘抵达天津大沽。至此,北洋舰队已拥有各种舰船 24 艘,鱼雷艇 6 艘。[①] 北洋海军已达到近代海军成军标准。

其次,重视近代海军基地建设和军工生产。近代海军基地建设,主要包括港口、船坞、后勤设施以及构成岸防体系的炮台工程。它具有指挥、通信、后勤、岸防等功能,因此,李鸿章十分重视北洋水师的基地建设。在李鸿章的努力下,甲午战前,已建成了旅顺和威海两大基地和大沽、大连两处炮台。

旅顺口的战略地位很重要,是渤海的咽喉,京、津的海上门户。因此,李

---

① 《中国近代史资料丛刊续编·中日战争》(7),中华书局 1996 年版,第 402—407 页。

鸿章选择此处为北洋海军的重要军港之一,从 1880 年至 1890 年足足用了 10 年将其创建成功,并修筑了水深 25 尺的船坞。该船坞被称为"中国坞澳之冠"①能容纳各种军舰。北洋舰队的所有军舰都可以在此修理,无须再运至国外。在旅顺周围的馒头山、黄金山、老虎尾以及旅顺后路的椅子山、案子山、松树山等地,建有海陆炮台数十座,全部配备从德国购置的克虏伯后膛大炮。

威海位于胶东半岛北海岸东部,隔海与辽东半岛的旅顺遥遥相望,共扼渤海大门。1881 年,威海开始成为北洋海军临时停泊的基地,有 12 艘舰艇停泊在此。1883 年,设立了鱼雷局。1884 年有 6 营兵力驻守在这里,全面展开了海防工程建设。共修筑海岸炮台 13 座,安装海岸大炮 54 门,陆路炮台 3 座,大炮 9 门。1891 年,又增设水雷营,附设水雷学堂。在刘公岛设海军衙门,建有透空式高桩铁码头、小型船坞、铁道、总弹药库、水师机器厂、水师学堂、医院等设施。

威海基地是北洋舰队聚泊操练和补给的大型近代海军基地。它的建成,使大沽、旅顺、威海三处形成了三角防御体系,对横扼渤海湾咽喉,内卫京师,外御侵略,具有重要意义。

大连湾"地险水深,山势环抱",1887 年,北洋海军在大连湾中路的和尚岛修筑炮台 3 座,西部的老龙头、黄山修建炮台 2 座,东路的徐家山修建陆路炮台 1 座。

大沽口是北京通向海洋的东大门,是京津的屏障,其战略地位非常重要。甲午战前,这里是北洋水师的临时基地。其南岸设大炮台 4 座,周围建小炮台 40 座,由 1800 名士兵把守。北岸设大炮台 2 座,平台 6 座,由 2 个营把守。另设水雷营,负责布设水雷、电线。其入海口由镇中、镇东、镇西、镇北 4 炮舰守护。北塘口南岸设炮台 2 座,平台 7 座;北岸设炮台 1 座,平台 3 座,由 5 营兵力把守。入海口由镇南、镇边 2 炮舰守护。大沽口还设有船坞和天津机器局,是北洋海军军火的生产基地和舰船的早期维修基地。

第三,完善海军编制,使北洋舰队建制规范化。为了海军编制的完善和北洋舰队建制的规范化,李鸿章和奕譞制订了《北洋海军章程》,对北洋舰队

---

① 《中国近代史资料丛刊·洋务运动》(八),上海人民出版社 1961 年版,第 312 页。

的船制、官制、军纪军规等14方面作了明确规定：

关于船制的规定。1888年，北洋舰队有各类舰船24艘，官兵4000余名。按照各舰的性能，分为中军、左翼、右翼和后军4队。

中军、左翼、右翼由9艘战舰分别组成。致远、济远和靖远组成中军；镇远、经远和超勇3舰组成左翼。

后军由其他多种舰船组成，其中包括镇东、镇西、镇南、镇北、镇中、镇边6艘炮舰，6艘鱼雷舰、3艘练习舰和1艘运输舰。

关于官制的规定。设北洋海军提督1名，统领全军，归北洋大臣节制。在威海卫建造衙署。设总兵2名，分左、右翼，各带铁甲战舰为领队翼长。设副将5名，分任致远、济远、靖远、经远、来远5舰管带。设参将4名：提标参将1名，负责全军粮饷事宜；提标管轮参将1名，考查全军轮机事务；左翼右营参将1名，管带超勇舰；右翼右营参将1名，管带扬威舰。后军各舰，均以游击、都司任管带，其中游击9名、都司27人。鱼雷艇多以守备任管带，守备设60名。又设千总65名，把总99人，经制外委43名。

关于升擢的规定。北洋水师的军官分为战官、艺官和弁官。战官，担任各舰管带、大副、二副和三副。艺官，担任各舰管轮官，专司汽机。战官、艺官均为水师学堂或管轮学堂毕业。弁官，专司枪炮、帆缆。《北洋海军章程》对军官任职的条件、升擢、待遇都有明确规定。

关于军纪军规的规定。《北洋海军章程》对海军各级军官的职权范围都作了明确的规定，任何人不得越权或不服从命令。凡违反军令的各级军官，分情节轻重给予记过、降级、革职、撤任，或视情况予以停资1至3个月的处分。凡船上头目、水手及一切无官职人员，如违纪军令，由管带分轻重，予以假日不准登岸、鞭责、械击、革退、斩首等处分。并规定上述惩处决定，须禀报提督或督队官，不得专擅。

关于后勤的规定。《北洋海军章程》对北洋海军的后勤工作也有明确规定，各部门各单位各有专责。全军共24个后勤部门，每年的工需杂费需银109.9万两。由北洋大臣督饬局员事先预算，上报海军衙门待批。如有购买大批军火或兴建炮台等巨大工程，则由北洋大臣专案报请海军衙门。

关于训练的规定。《北洋海军章程》规定，各舰每日小操，每月大操一次，两月全军会操一次，均由提督亲自校阅。北洋各舰每年要与南洋各舰会哨一次。北洋水师要沿海操巡,并赴奉天(辽宁)、直隶(河北一带)、山东及朝鲜各洋面巡弋,也可游历俄、日各岛。每逾3年,由总理海军事务衙门奏请,特简派大臣会同北洋大臣出海校阅一次。此外,《北洋海军章程》对事故、考校、恤赏、仪制、武备等作了详细规定。

《北洋海军章程》的制定和出台,是中国海军军制的重大改革和创举,它是中国海军近代化的重要标志之一,也是北洋水师正式成军的重要标志。

第四,培养和引进近代海军人才,优化海军素质。李鸿章深知,要建设一支强大的近代海军,其关键在于人才,在于具有近代海军军事技术和管理能力的足够人才。他说:"北洋现筹添购快铁甲等船,需人甚重。……尤必以学堂为根本,乃可逐渐造就,取资不穷。"①李鸿章把创办水师学堂视为所需众多人才的根本来源,此外,他也倡导并积极派遣留学生赴外国学习先进的海军军事技术,并广泛聘用具有一定海军军事技术和管理能力的外国人员以教练士兵或在水师重要岗位供职。

其一,创建水师学堂培养所需人才。李鸿章于1881年创建了天津水师学堂,创办伊始只设"驾驶学堂",后又将天津水雷电报学堂并入,改组为"管轮学堂"。即水师学堂分设驾驶班和管轮班。学制为5年,其中堂课4年,舰课1年。学习内容有国文、英语、地理、数学、物理等基础课,以及天文学、航海学、海上测绘、驾驶学、行船布阵和施放枪炮技术等课程。

天津水师学堂的教师除少部分从国外聘请外,大部分由国人担任,如留英回国的严复和萨镇冰分别担任总教习和管轮教习。学堂对学生的要求非常严格,从入学考试到学籍管理,乃至毕业考试都有明确规则。为了激励学生刻苦学习,学堂实行资历制度,按考试成绩发给赡银。学堂实行严格淘汰制,经过筛选,最后毕业的学生不足半数。

天津水师学堂的驾驶、管轮两专业,各有4届毕业生。驾驶班4届共毕业88人,管轮班4届共毕业59人。这些毕业生绝大部分被分配到北洋舰队和海军的其他单位担任要职。其中因在历次海战中作出突出贡献而名见经传的人物有:经远二副陈京莹、济远舰实习生黄承勋、致远舰大副陈金揆、镇远舰二管轮林维藩、来远舰驾驶二副谢葆璋、来远舰鱼雷大副徐希颜等,

---

① 《中国近代史资料丛刊·洋务运动》(二),上海人民出版社1961年版,第461页。

以他们为代表的天津水师学堂的广大毕业生不仅具有近代海军军官的军事科学知识和技术,而且也具有爱国思想。因此在与日本联合舰队的历次海战,特别是黄海血战中,许多人为保卫祖国而献出宝贵生命。

其二,派遣留学生,培养高素质海军骨干。李鸿章是一位既主张改革又主张开放并付诸实践的人物,在中国近代史上也是一位积极主张派遣留学生赴先进的资本主义国家直接学习西方科学知识的先行者。派遣一批优秀青年赴欧美学习近代海军军事知识和技术以及管理经验,学成后充当北洋水师的骨干军官以提高全军素质和作战能力是李鸿章高瞻远瞩的重要举措。据不完全统计,李鸿章派出的留学生,毕业后服务于北洋水师,而有所建树、甚至为捍卫祖国海疆而壮烈牺牲者不下 20 人。其中包括:叶祖珪留学英国格林威治海军学校,毕业回国后任北洋水师靖远管带;林永升留学英国皇家海军学校,毕业回国后任经远管带、中军左营副将,后在黄海海战中壮烈牺牲;黄鸣球,留学英国,回国后任镇边炮舰管带;黄建勋,留学英国,回国后任超勇快船管带、参将;黄祖莲,留学美国海军学校,回国后任广甲都司;李鼎新,留学英国,回国后任定远副管驾;刘步蟾,留学英国,后任定远管带,右翼总兵;刘冠雄,留学英国,后任靖远帮带大副;萨镇冰,留学英国格林威治海军学校,后任康济管带;沈寿堃,留学英国格林威治海军学校,后任定远大副;沈寿昌,留学挪威大学,后任济远帮带大副;吴敬荣,留学美国,后任广甲管带;吴应科,留学美国,后任北洋水师游击;徐振鹏,留学美国,后任定远枪炮长;郑汝成,留学英国格林威治海军学校,后任济远大副、威海水师学堂教习;林颖启,留学英国格林威治海军学校,后任威远管带、补用游击;陈金揆,留学美国,后任致远帮带大副。

这些留学生,毕业后分别担任北洋水师主力舰定远、镇远、致远、经远等 10 几艘战舰的指挥员,不仅提升了北洋水师全军的素质,并在黄海血战中发挥了重大作用,而且在随后的中国海军重建和发展中成为领导者和组织者。

其三,广泛聘用"洋员",引进先进军事技术和作战经验。为了满足创建近代海军的人才需要,李鸿章除了依靠自己培养外,还大量聘用必需的"洋员"。据统计,自 1875 年至 1895 年的 20 年建设期间,从英、德、美、法和丹麦等国共聘用各类人才共约 164 人,其中包括:教习、管驾、管轮、工程师、鱼雷匠、炮手、军医等军事技术人员;军事顾问、总办、会办、监工、帮办提督、总查、财务顾问、留学生监督等军事管理人员。而教习居多,约86人。这164名"洋员"分布在北洋舰队的定远、镇远、镇中、康济、济远、经远、扬威、超勇和仁爱等各战舰上和服务于水师的船坞、营务处、炮台、水雷营、电报局、军医院、水师学堂和武备学堂。他们在各自岗位上,尽心尽力,不仅对北洋水师的建设做出了一定贡献,而且有些"洋员"在与日本联合舰队的海战中也建立过功勋。如黄海血战时,就有8人直接参加战斗,如德国人汉纳根,于海战时被李鸿章聘为总兵,充当北洋水师总查,因前往助战有功,清廷特颁谕旨,以"洋员汉纳根在海军当差,教练有方,此次大东沟之战,奋勇效力,深堪嘉奖。加恩赏二等第一宝星,以示鼓励"。① 德人哈卜门任"镇远"舰炮术教习,在黄海血战中奋勇战斗,身负重伤。李鸿章无不感慨地说:"该洋员等以异域兵官为中国效力,不惜身命,奋勇争先。洵属忠于所事,深明大义,较之中国人员尤为难得。"②因请以参将用。

三、李鸿章是中国现代海军的奠基人

北洋海军于1895年的威海之役后虽然全军失败,但于1899年又重新兴起。之后,随着国内形势的不断变化和发展,中国海军也在动荡中缓慢地发展和壮大,并逐渐建设成新中国的现代海军。北洋海军是中国近代海军的主力,是中国现代海军的最早的基石。称李鸿章为中国现代海军的奠基人,可谓当之无愧。

第一,北洋海军的幸存者成为尔后重振和建设近代海军的领导者和组织者。

北洋海军失败后,长期在舰队服役并成长起来的一些骨干,得以幸免于难。甲午战后,清政府虽然将他们罢了官,但不久决定重振北洋海军,便纷纷启用这些人才并委以重任。于是这些幸存者中的佼佼者不仅成为重振北洋海军的领导者和组织者,而且在清朝灭亡后的岁月里至新中国成立后仍然以重要角色献身于中国海军建设事业,对于中国海军的现代化起到了一

---

① 《中日甲午战争全史》第六卷,吉林人民出版社2005年版,第168页。
② 《中日甲午战争全史》第六卷,吉林人民出版社2005年版,第164页。

定作用。兹举几位典型代表人物说明之。

叶祖珪：福建船政学堂毕业后，留学英国格林威治海军学校。归国后任北洋舰队靖远舰管带。在黄海海战中，作战勇敢。北洋舰队覆灭后，被清廷革职。1899年，清廷重建北洋舰队，叶祖珪出任北洋舰队统领，担负起重振北洋海军的重任。1904年，叶祖珪奏请"广购战舰，添招练勇，借威海卫为操练所"。因此，清政府命其总理南北洋水师，兼广东水师提督。1905年在上海逝世时"将吏皆哭失声，有越千里来送葬者"。① 人们对其生前将一生奉献给近代海防事业的爱国精神表示由衷的敬佩与深切的怀念。

叶祖珪热爱祖国的海军事业，生前一直对其管驾多年，立有战功的靖远舰深为怀念，无论身居何职、身处何方，始终携带专用的铸有英文"大清帝国海军——靖远"的茶匙，并且对家人左右说过："看到这茶匙，好像靖远还在我身边。"②现在，这把茶匙已收藏在北京中国人民军事博物馆，以示对叶祖珪的怀念。

萨镇冰：福建船政学堂毕业，1888年任北洋水师康济练舰管带、左营游击。甲午威海保卫战中，率领水兵驻守日岛炮台，数次打退敌人的轮番进攻。北洋水师覆灭后被革职。后被启用，并于1905年升任总理南北洋水师，继叶祖珪之后，担负重振北洋水师重任。1911年末任海军大臣，1919年再任海军总长。抗日战争期间，奔走于四川、贵州、湖南、云南、广西、陕西等地。抗战胜利后于1946年被国民政府授予海军上将之职。新中国成立后，任第一届全国政协委员、中央人民政府革命军事委员会委员。萨镇冰以其毕生精力从事于中国海防事业，对中国海军的近现代化作出了重大贡献。

谢葆璋：天津水师学堂毕业后不久，任北洋舰队来远舰驾驶二副，在黄海和威海之役中作战勇敢，北洋水师覆灭后被革职。1899年，清政府命令前北洋水师副将叶祖珪统领重建北洋水师，以萨镇冰为帮统，并命他们"选择朴实勇敢、熟悉驾驶之员，督同认真操练，以为整顿海军始基"。因此，任命谢葆璋为海圻巡洋舰大副。1902年任管带，1908年任烟台海军学堂第一任监督。中华民国成立后，任海军总司令处二等参谋。1913年授海军少

① 《中日甲午战争全史》第六卷，吉林人民出版社2005年版，第566页。
② 《中日甲午战争全史》第六卷，吉林人民出版社2005年版，第566页。

将,任海军部军学司司长。1920年署理海军部次长。

此外,还有定远副管带李鼎新、定远鱼雷大副徐振鹏、平远管带李和、靖远帮带大副刘冠雄、督队船大副吴应科、定远总管轮陈兆锵、广甲管带程璧光、福龙鱼雷艇管带蔡廷干等等。他们在北洋水师覆灭后至民国期间,分别担任海军总长、中将海军副司令、代理海军次长、海军轮机中将等重要职务。

由此可见,清末民初乃至稍后一段时间里的海军大权主要掌握在原北洋海军幸存者中的优秀军官手中。由于他们的努力,中国近代海军不仅迅速得以重振,而且也逐渐走向现代化。

第二,北洋海军官兵的爱国精神永驻于中国海军之中并代代传承,发扬光大。

李鸿章办洋务是为了富国强兵,创建海军是为了抵御外来侵略者,特别是防御日本入侵,以保卫国家的安全。他亲手创建的北洋海军是一支爱国团队,这在黄海海战和威海之役中已经受考验。

北洋海军广大官兵在与日本联合舰队进行的历次海战中,以其爱国之志、报国之情、效国之行,践行了中华民族固有的"先天下之忧而忧"的尽忠报国之志;"天下兴亡,匹夫有责"的民族责任感;"杀身成仁、舍生取义"的高风亮节;"勇于拼搏,不怕牺牲"的顽强战斗精神。诸如:镇远管轮林维藩在甲午战争爆发后,在致其父亲的信中说:"述及忠孝不能两全,从古忠良必蒙天佑,切勿伤感。"在给其妻子的信中劝她"奉养高堂",并自挽一联曰:"呕血勉从军,九八日磨难伏魔,自伤我身死无节;激愤成痼疾。三十年前因后果,应思来世报亲恩。"①1894年9月17日,黄海战至午后3时余,战场上仅有定远与镇远二舰与日本联合舰队的松岛等5舰坚持战斗。定远和镇远相互配合,"每船致伤千余处,火焚数次,一面救火,一面抵抗"。② 此时,林维藩奋然而起,"以机挑水扑灭,而敌弹飞至,中其左足,身亦受伤",③后因伤重而壮烈牺牲。

致远管带邓世昌在黄海海战中与日舰鏖战时,见舰已受重伤,"决计临

---

① 《中日甲午战争全史》第六卷,吉林人民出版社2005年版,第269页。
② 《清光绪朝中日交涉史料》(1738)第21卷,第22页。
③ 《清光绪朝中日交涉史料》(1738)第21卷,第22页。

阵冲锋,毁敌一舰以挫其锐。因奋勇鼓轮,直向日舰吉野冲去,驶出定远之前时,舰中员勇秩序稍乱,公大呼曰:'吾辈从公卫国,早置生死于度外。今日之事,有死而已! 奚纷纷为?'众为之肃然。适日一鱼雷直攻定远未到,而撞于致远。致远中雷,转舵入阵,随即沉没。全船同殉者,官佐、士兵二百五十人。公临难,有讽以自免者,公抚膺曰:'吾志靖乱氛,今死于海,义也。何求生为?'舰沉,公犹植立水中,奋掷詈敌。仆刘忠随公入海,持浮水梃奉公,公却之。有所爱犬,游涌波间,衔公臂,不令溺。公斥之。复衔公发,公望海浩叹,扼犬竟逝"。①

　　类似上述英雄事例众多,不再赘述。北洋舰队广大爱国官兵的爱国精神,不但永驻于中国海军之中,而且随着时间的推移,社会的发展,这种爱国精神则赋予符合时代要求的新的思想内容而使之发扬光大。诸如:

　　前述叶祖珪逝世时之所以出现"将吏皆哭失声,有越千里来送葬者"的悲壮可贵局面,主要是因为他一贯坚持反对外来侵略,捍卫国家利益立场而同所有侵略者进行坚决斗争的结果。不仅甲午战争时如此,而且在后来对待意大利和俄国的侵略也是这样。1899 年,意大利派军舰 6 艘来华恫吓,欲强索三门湾为租界。时任北洋舰队统领的叶祖珪相信中国的海军力量足以与意舰抗衡,于是为捍卫国家主权,毅然拒绝了意大利的无理要求。意大利见中国态度如此强硬,不敢再动。日俄战争期间,俄国军舰无视中国主权,闯入上海内港,叶祖珪下令将其扣留并解除了武装。

　　邓世昌的爱国精神,集中地代表了北洋水师的团队精神。不仅激励时人,而且也成为后人学习和践行的楷模,更成为我国现代海军精神文明建设的榜样,使北洋水师弘扬的中华民族之魂赋予新的内容而发扬光大。

　　邓世昌壮烈牺牲后,举国悲愤。时人崇敬他,在山东荣成龙须岛为邓世昌修祠庙,许多诗人、小说家写了大量诗歌和小说,歌颂邓世昌可歌可泣的爱国精神。如缪钟渭在《纪大东沟战事吊邓总兵世昌》诗中写道:"将军历险得生出,当留此生待异日。志存灭虏再图举,畴谓将军节遽失? 将军大呼曰不然,宁为玉碎不瓦全。誓与士卒共生死,人死我生何面颜? 呜乎人生孰不死,死亦要贵得其所。重如泰山轻鸿羽,流芳遗臭俱千古。将军誓死甘如

---

　　① 《中国近代史资料丛刊续编·中日战争》(12),中华书局 1996 年版,第 397 页。

饴,凛凛大义青史垂。"①光绪皇帝得知后,封谥号"壮节",入祀京师昭忠祠,御笔亲撰祭文。山东威海百姓感其忠烈,于1899年在山东半岛的成山头上为邓世昌塑像建祠,以志永久敬仰。全国解放后,大连、威海两市均雕塑像,供人瞻仰。1996年12月28日,中国人民解放军海军命名新式远洋综合训练舰为"世昌"号,以示对邓世昌爱国精神之传承及中国海军之风骨。

第三,北洋海军的海军基地为现代海军的基地建设奠定了基础。

北洋海军的旅顺基地和威海基地是李鸿章选定并精心建设起来的。其中包括港口、船坞、后勤设施以及构成岸防体系的炮台工程。这两处位于中国北方,扼守京师的重要海军基地,一直为以后历代中国海军的重要基地,其建设规模不仅日益扩大,而且也逐渐走向现代化。

另外,北洋海军的近代海军军事技术、管理经验以及其指挥体制,在中国海军现代化进程中也具有重要参考价值。

总之,中国海军的现代化是物质文明和精神文明的现代化,这一切应当自北洋海军的现代化始。

吴丽华,女,齐齐哈尔大学人文学院历史系副教授

---

① 阿英:《甲午中日战争文学集》,中华书局1958年版,第48页。

薛福成近代海防思想研究

刘焕明　侯　玉

薛福成生于 1838 年,卒于 1894,这正是中国发生巨大转折的历史时期。他在少年求学时正是太平天国运动大有一举推翻清王朝之势的时候,他耳闻目睹了家乡的战乱和清朝军队的腐败无能。这期间清政府在第二次鸦片战争中再受重创,英法兵占北京,洗劫圆明园,国家的巨变令薛福成感到触目惊心,如何挽救国家民族,成为他不断思考的问题。薛福成提出了丰富的海防思想,为后人留下了宝贵的思想遗产。

一、加强海防建设

(一)上书曾国藩,建策加强海防。

1865 年夏,清廷命刚刚镇压了太平天国农民起义的两江总督曾国藩指挥湘军北上"剿捻"。曾国藩善于结纳人才,很多人也想依附于他的门下,所以他的幕府里聚集了一批在当时颇有声望的贤士。曾国藩率军北上"剿捻",沿途遍贴了招纳贤才的榜文。薛福成十分钦慕曾国藩,认为这是一个投奔他的极好机会,于是将自己多年来对社会问题的思考与解决社会危机的办法细细道来,写下了一万多字的《上曾侯书》,表达了对社会现状、国计民生和国家前景的认识与思考,提出"养人才、广垦田、兴屯政、治捻寇、澄吏治、厚民生、筹海防、挽时变"八条对策。

加强海防是薛福成面对鸦片战争后的国内外形势提出的抵御外患的主要建策。鸦片战争后,西方列强纷纷染指中国,薛福成敏锐地提出:"方今中外之势,古今之变局也。"[①]他提出中国要在中外争端中立于不败之地,既要在思想上保持高度的警觉,"知和之不可常恃",又要在行动中积极进取,"一

①　《薛福成选集》,上海人民出版社 1987 年版,第 22 页。

日勿弛其防而已"。他看到"西人所恃,其长有二:一则火器猛利也,一则轮船飞驶也",[①]并主张将这些长处夺来为己所用。在如何将西方之长处"夺而用之"的建策中,不但提出购其"利器",学其"技艺",强调"广设巨厂,多购西洋制器之器;聘西人为教习,遴募巧匠,精习制造枪炮之法",[②]还提出派遣留学生的主张。

(二)应诏陈言,提出海防密议十条。

1874年底,同治皇帝病故,四岁的光绪皇帝登基。按照规定,薛福成在次年春天从苏州前往北京晋谒新皇帝,路过山东济南,便去看望在山东巡抚丁宝桢处当幕僚的弟弟薛福保。在这儿,邸钞上一份"懿旨",引起薛福成的注意。懿旨决定广开言路,谕令朝廷内外大小官员向朝廷建言,以便供朝廷采择实施。薛福成大为振奋,遂应诏陈言,挥笔疾书,将近几年在脑海中深思熟虑过的各项整顿内政、改革时弊的种种设想,概括成治平六策和海防密议十条,标题《应诏陈言疏》,请丁宝桢转呈。薛福成提出的治平六策为养贤才、肃吏治、恤民隐、筹海运、练军实、裕财用,即培养人才、整肃吏治、减轻百姓负担、修浚运河、训练精壮步兵和拔擢轮船将才、倡廉崇俭理财节流。这六策是整顿内政。海防密议十条为择交宜审、储才宜豫、制器宜精、造船宜讲、商情宜恤、茶政宜理、开矿宜筹、水师宜练、铁甲船宜购和条约诸书宜颁发州县。这十条密议讲的是洋务,是效法西方的"自强之道",归纳起来,主要有五方面的内容,即改善外交工作、培养新式人才、重视科学技术、加强海军力量、发展商业和矿业。薛福成的陈言疏,字字意新而确,笔达而圆,事事从浅处、显处着笔,洋洋洒洒、浩浩落落、易晓易行。

海防密议十条主要是筹划抵御外侮、讲求自强之道。薛福成提出:"欲御外侮,先图自强;欲图自强,先求自治。"他筹划的自强之道就体现在海防密议十条。其中在海军建设方面,他提出练水师,购舰船,建设一支现代化的海军。他认为只要建设一支强大的海军,"庶几将才益练,水师益精,而外海无虞矣"。[③]薛福成实事求是地对中西海军及其配备进行了对比,指出差

① 《薛福成选集》,上海人民出版社1987年版,第23页。
② 《薛福成选集》,上海人民出版社1987年版,第23页。
③ 《薛福成选集》,上海人民出版社1987年版,第74页。

距。他看到，西方舰队以舰长为全船的纲领，上下分工明确，人员各司其职，训练严格，战斗力强。"今中国轮船，亦颇效仿西法，参用洋人，究未造其深际。无他，学习不如阅历之精，而所用洋人无上选也"。① 为弥补这一差距，他建议朝廷"借才异国"，重金聘请洋将教练中国海军，并选派沿海勤敏青年"送入西船，俾习各司"，数年后回国效力。在装备方面，薛福成推崇西洋的铁甲船，建议朝廷不惜重资向外国定购，"似未可以需费稍巨，而失此远图也"。②

《应诏陈言疏》在朝廷影响极大，两宫太后面谕军机大臣将陈言疏发给各衙门商议。它以切合时代脉搏的丰富内容，也在全国各地力求变革的进步人士中引起了很大的震动，争相传抄，成为一时议论的热点。薛福成也一夜知名，洋务派领袖、直隶总督李鸿章立即延请他加入幕府，薛福成从此成为李鸿章的智囊人物，给李鸿章出谋划策。

（三）经世致用，撰写《筹洋刍议》。

1879年，日本公然进攻琉球。频繁的外患使薛福成忧心如焚。为了祖国安危，筹划相应的对策，薛福成在1879年写出《筹洋刍议》。《筹洋刍议》分为约章、边防、邻交、利器、敌情、藩邦、商政、船政、矿政、利权（一、二、三、四）和变法共14篇，除去一再论述过的主张外，薛福成主要叙述了以下四方面的内容：反对不平等条约；预防俄、日侵略；发展资本主义工商业；阐述洋务运动的理论根据。他指出变法是历史进程的必然规律，强调中国在经济、技术、军事等很多方面需要变法，变法的目的是取西方器数之学使中国实现富强，从而使中国不受列强的蔑视和宰割。

在船政篇中，他明确指出近代资本主义的竞争取决于海上力量的角逐。一个国家能否建成强大的海军，不仅关系到国家的安全还直接影响到海上贸易。"今将乘时势，规远图，修利器，上之固我藩篱……次之兴我贸易，藏富于商民，则整理船政，其急务矣"。③

薛福成的《筹洋刍议》虽没有像另一些早期改良思想家们那样明确提出

① 《薛福成选集》，上海人民出版社1987年版，第80页。
② 《薛福成选集》，上海人民出版社1987年版，第81页。
③ 《薛福成选集》，上海人民出版社1987年版，第543页。

改革中国的封建政治,实行资产阶级的君主立宪制度,但他的思想触及了早期改良派关注的各个问题,特别是他否认传统的封建观念,认为"人人欲济其私"等观点,更是直接反映了当时正在形成的资产阶级的思想。正因如此,这部代表其洋务思想的著作已带有早期资产阶级改良主义思想的色彩。这部著作对中国思想界的影响也是极其深远的。直到1895年,另一位广东籍的早期改良思想家郑观应在修订出版其代表作《盛世危言》时,特地将《筹洋刍议》中的变法等篇章附录于后。《筹洋刍议》与冯桂芬的《校庐抗议》、陈虬的《庸言》、郑观应的《盛世危言》等一起,被人们公认为19世纪后叶中国思想理论战线上的重要成果。由于才华卓著,薛福成终于被朝廷实授为四品宁绍台道,从此,他彻底告别了盘桓近20年的幕府生涯,在晚清政治舞台上一显身手。

二、维护国家主权

(一)智囊良策,挫败赫德窃取中国海防大权的阴谋。

建设近代化海防关系一个国家的生死存亡。因此,晚清近代化海防的主导权是操在自己手中还是被西方侵略者所窃取,是关系国家安危的主要问题。在长达10年的北洋李鸿章幕中,薛福成十分活跃,帮助李鸿章处理了不少棘手的事情,最值得一提的是处理总海防司一职之争,挫败赫德窃取中国海防大权的阴谋。

第二次鸦片战争结束后,英国为了保证获得中方赔款,强迫中国答应由英国人担任总税务司来管理海关,控制关税。1879年,担任海关总税务司的英国人赫德装出热心为中国办事的模样,一再给清廷上有关筹建海军的条陈,目的是要控制中国的海军。清政府认为如能用英国人掌管海军,或许会杜绝日本等国的欺负,而且利用英国的力量,也能将海军迅速筹建起来。因此决定让赫德兼任总海防司,负责添购舰艇、选用洋将,总管中国的海防。薛福成认为,赫德这个人阴鸷专横,倘若兵权财权由他一人包揽,这真是如虎添翼,难以控制,后患无穷。但是朝廷已有正式任命,如何才能设法挽回呢?薛福成考虑后,便对李鸿章分析不能任命赫德担任总海防司的理由,并提出了一个计谋。薛福成认为,只要清朝总理各国事务衙门正式行文通知赫德,表明总海防司这一军事要职十分重要,要赫德亲赴海滨专司练兵。因此,赫德的总税务司的这一肥缺就不能不让给别人担任。

薛福成料定,贪财成性的赫德在这种选择中决计不肯舍弃总税务司这一职务而去就任实地操练海军的总海防司的苦差使。这样,朝廷任命赫德为总海防司一事就成了一纸空文。李鸿章听了连连点头,便叫薛福成起草给清廷的奏折,陈述由赫德兼任总海防司的危险,提出补救之策。朝廷依计行事。果然,赫德在接到要他亲赴海滨训练海军的公文后,为了不丢掉海关大权,忍痛表示放弃总海防司的要职。中国的海军大权终于没有为外国人所控制。

(二)筹防浙东,抵御法兰西的侵略。

1884年初夏,薛福成出任宁绍台道。他先到省城杭州参见了浙江巡抚刘秉璋,然后来到治所宁波。薛福成深感责任重大,因为宁绍台道不仅要监察宁波、绍兴、台州三府的官吏,还要"备兵防海",保卫地方安全,而且因为宁波是国内的重要商埠和最早开放的国际通商口岸,所以还要监督镇江、宁波两个收入巨大的海关。就在薛福成赴任之际,由于法军挑衅,中、法军队在越南的谅山发生了武装冲突。法国政府乘机讹诈,向中国发出最后通牒,要中国立即从越南撤兵,赔偿兵费2.5亿法郎,并派海军中将孤拔率领远东舰队,闯入中国沿海,准备攻占一二个海口,作为赔偿的抵押。在这种形势下,清政府被迫颁布了沿海戒严的命令,由于宁波城东约50里的镇海海口是浙江的门户,清朝陆、海军就在宁、镇地区布防。这些部队由浙江提督欧阳利见统率,遥受浙江巡抚刘秉璋的指挥。刘秉璋了解薛福成的才干,便在宁波设立由薛福成负责的海防营务处,凡是巡抚的号令、方略,前线的战守机宜,全部由薛福成负责的营务处传递或处理。薛福成受命后,便立即赶赴镇海,视察前线的防务,会商防务计划。正当薛福成等千方百计地加强防务,不让法国军舰闯入镇海海口时,在福州的封疆大吏们却不作充分的战斗准备,坐视法舰一艘接一艘地闯入闽江海口。

8月23日,法国舰队发动突然袭击,在半小时内击沉了福建水师的7艘兵舰。至此,清廷被迫向法国宣战,中法战争正式开始,紧邻福建的浙江上空战云密布,薛福成进一步加快设防的步骤。

"联上下,化异同"。浙东驻军间湘、淮派系矛盾颇多。薛福成利用以前同湘系与淮系之间都有过密切交往和友谊的优势,协调二系之间的纠葛。

他竭尽所能，协调关系，做好上情下达，下情上达，保证了浙东筹防过程中的上下沟通，也使他获得了刘秉璋的信赖与支持。

"因形势，设巨防"。薛福成在考察了地形与防务后，依据自己的判断，作出策划。通过钉桩、沉船，安放水雷来堵塞镇海海口，以防敌舰侵入，对前沿的炮台、工事作进一步的加固和伪装，巩固防务，并迅速完成电报线从宁波架到镇海的工程，使前线与杭州、宁波可以瞬息呼应，指挥便捷。

"清间谍，杜向导"。以一定的酬报预先雇定上海熟悉甬江水道的4位外国领水员，使他们保证不给法舰领航。他又号召军民顾全大局，团结一心，同仇敌忾，一致对法。同时将法国在宁波的传教士集中到宁波城北或者迁往上海，派兵保护，暗中监视，清除隐患。

施展"以夷制夷"策略。薛福成利用若干年前英国侵略中国主权的保护舟山旧约"以夷制夷"，遏制法国对定海的侵犯。1846年英军退出舟山后，英国为了获得在舟山的特殊权益，强迫中国签订了一个侵害中国主权的保护舟山条约，其中第三款是中国不把舟山让与别国，第四款是如有别国攻打舟山，英国必为保护。于是，他急请朝廷通知英国公使要遵守旧约，同时自己也反复劝谕宁波的英国领事向英国政府进言，并且由幕僚起草，自己反复修改，写成《英宜遵约保护舟山说》，并请宁波海关税务司翻译成英文，寄往伦敦报馆发表，对英国政界发起舆论攻势。文章对英国朝野晓之以理，即像英国这样的头号强国必须按照国际公法遵守旧约；同时又动之以利，强调假如法国占据定海，香港的贸易必定会衰落，英国利益将大受损害。经过这番活动，英国朝野果然舆论哗然，纷纷要求履行旧约。英国驻上海总领事也奉政府之命，与法国驻华公使达成了英国不宣布保护舟山以妨碍法国行动，但法国也决不进攻舟山的秘密协议。由于定海始终在中国手里，没有成为法国的侵略基地，对浙东沿海的防卫成功起了十分重要的作用。

通过这些措施，浙江的防务水平大大提高了。1885年2月底，法国远东舰队头目孤拔亲率军舰4艘，驶向镇海。薛福成赶紧命令撤去口外沙滩、暗礁的灯塔和浮标，沉船堵塞镇海海口。他又从战争的全局出发，要求台湾、福建的中国军队在法军主力集中到镇海的当口，乘机反攻，收复台北的失陷地区，夺回法国舰队赖以补给燃料的基隆煤矿，从而配合了浙东的抗法斗争。

3月1日下午,浙东战役开始,镇海海口各炮台的勇士对驶向海口的法国军舰奋力炮击,由于防务严密,以密集凌厉的炮火击退了法国军队的数次进攻。法国要攻镇海,不仅受阻于坚实的防线,而且无论在当地或上海,悬赏6万两银子也招募不到领港的好手,它派出的探测航道的小船又经受不起凌厉的炮击而往往被击沉或击退。又因英法秘密协议而不能去攻近在咫尺的定海,只能在海面游荡。而薛福成则积极设法对敌军发动骚扰和进攻。统领钱玉兴于3月20日率领敢死队,秘密地把8门后膛小炮运到前沿,在夜半突然向敌舰开炮,结果命中5炮,杀伤了很多敌军,据说孤拔就是在这次夜袭中负伤的,不久便伤重而死。法国舰队在镇海口外一直停泊了45天,直到中法和谈告成后才退往外洋。在这场战争中,法国陆军在越南、台湾等地屡次被中国军队杀得大败,而法国海军起初全歼福建水师、击败南洋水师,气焰甚为嚣张,然而法国舰队却在镇海口屡战不利,损失惨重,遭到了意外的失败,这是薛福成和广大爱国军民尽忠报国、精心筹防创造的佳绩。中法战争结束后,薛福成对镇海海战的胜利,并不感到满足,他继续筹集资金,建台添炮,在镇海口大修国防工事,努力使"全浙门户,永臻稳大"。

三、增强国力为海防建设提供坚实基础

在海防密议十条中,薛福成主张发展民族工商业,"隐收洋人之利","收中国之利权"。他认为中国自强的前提是求富,为此他提出造船宜精,体恤商情,清理茶政,开采矿藏。这些思想虽然当时并未被采纳,但是却体现了时代的进步。

在《筹洋刍议》中,薛福成主张学习西方工商为先的经验,大力发展资本主义工商业。他看到富与强之间的关系,在《筹洋刍议》中专设了商政、船政、矿政、利权等篇专论工商,大力提倡"经商之术",系统阐述了发展经济,振兴国家的思想。正是对工商发展的重视,奠定了薛福成崇尚强国富民观念的基础,为了振兴商务,他提出了三点建议:大力发展交通运输业,最终培养强大的船队,走向世界;大力发展和保护丝、茶等农副产品的出口;大力发展加工制造业,推进近代化机器生产。

1890年1月,薛福成奉旨出使英、法、意、比四国,途经香港、新加坡,看到这些地区"辟荒岛为巨埠"的变化,他进一步阐述了"讲求商务"的重要性,

并提出了"是握四民之纲者,商也"的观点,认为商业可以带动士、农、工的发展,驳斥了中国传统的重农抑商的观念。在考察西方社会后,他更坚定地讲道:"欧洲立国,以商务为本,富国强兵,全藉于商。"[①]

从以上论述可以看出,薛福成的海防思想体系完整详尽,回答了一系列理论问题和策略问题,其中不乏深刻之处,形成了一整套对策,给当时的清政府以极大的震动,也使当时的人们耳目一新,对今天的海防建设也起到了一定作用。

刘焕明,江南大学法政学院教授;侯玉,女,无锡商业职业技术学院教师

---

① 薛福成:《出使四国日记》,湖南人民出版社1981年版,第147页。

许景澄与晚清海军建设

张登德　张国红

许景澄(1845—1900)，字竹篔，浙江嘉兴人。1880年奉召充出使日本国大臣，未成行。1884年担任驻法、德、意、荷、奥等国公使，次年又兼任驻比利时公使，1887年因母亲病逝回国。1890年后他再次担任驻外使节，出使俄、德、奥、荷。1892年代表清政府与俄国谈判帕米尔地区的分界线，据理驳斥沙俄侵略行径。1897年，任总理各国事务衙门大臣兼工部左侍郎，并兼任中东铁路公司督办，仔细制定修建铁路合同，防止俄国借修路掠夺中国矿权。1900年，因反对清政府利用义和团力量对各国宣战并攻打外国使馆，被慈禧以"意妄奏，语多离间"的罪名而杀于北京。有《许文肃公遗稿》、《奏疏录存》、《许竹篔先生出使函稿》、《许文肃公外集》等传世。多年以来，学术界对许景澄的研究多侧重于其外交思想与实践，[①]而对他在海军建设上的贡献尚无专文系统研究。其实，许景澄在担任驻外使节的十几年中，不仅为捍卫国家主权和领土完整，作出了不懈的努力，同时还积极参与购买海军舰艇枪弹，筹划海防，为我国近代海军建设作出了重要贡献。

一、采购船舰、枪炮弹药，参与北洋海军筹建

西方列强用坚船利炮轰开了中国的大门后，如何加强海防变得日益重要。为实现富国强兵，清政府开始建立江南制造总局、福建船政局等工业机构，自制舰船，但是并不能满足海防近代化建设的迫切要求。所以在设厂自制的同时，清廷还向国外购置舰船，但所购多数属于商船而非军舰，很难承

---

① 如陆玉芹：《许景澄与帕米尔交涉述论》，《江海学刊》2005年第1期；吴雪岩、孙梦健：《许景澄与中俄四厘借款》，《北方论丛》1999年第3期；陈志明：《中东铁路公司首任督办许景澄》，《黑河学刊》1987年第2—3期；姜鸣：《许景澄与外国师船图表》，《舰船知识》1987年第12期等。

担较远海域的军事任务。1874 年日本凭借铁甲优势侵略台湾,1879 年吞并琉球改为冲绳县;1879 年冬,中俄关于伊犁问题的交涉陷入僵局,俄国派遣以铁甲舰为主力的舰队扬威中国海面。日、俄凭借铁甲舰傲视中国的举动引起清廷朝野极大震动。南洋通商大臣沈葆桢 1879 年临终时口述遗疏,称"臣所每饭不忘者,在购买铁甲船一事,今无及矣。而恳恳之愚,总以为铁甲船不可不办,倭人万不可轻视"。① 1880 年 6 月,李鸿章也上奏朝廷:"近来日本有铁甲三艘,遽敢藐视中土,至有台湾之役,琉球之废。俄国因伊犁改约一事,叠据探报,添派兵船多只来华,内有大铁甲二船,吨数甚重,被甲甚厚,无非挟彼之所有,以陵我之所无,意殊叵测。……今欲整顿海防,力图自强,非有铁甲船数只认真练习,不足以控制重洋。"②此话道出了日本胆敢侵台的原委和中国海防的缺陷。经过权衡,清政府决定南北洋加快筹办海防,并同意向英、德国购买铁甲舰船。1880 年 7 月 2 日,李鸿章指示驻德公使李凤苞在德国伏尔铿厂订购 2 艘铁甲舰,并命名镇远、定远。1883 年,李鸿章又电告李凤苞在德国购买济远号穹面钢甲快船,以辅佐铁甲舰之用。1884 年,李凤苞出使任满,许景澄继任出使法、德、意、奥等国大臣,清廷即委之以向德国购置军舰之重任。"时国家创兴海军,前使者于德国订购铁甲船穹甲快船皆未就,景澄接管勘验事宜"。③ 许景澄利用担任驻外使臣的有利条件,积极帮助勘验和购买船舰、枪炮弹药。

1. 勘验定远、镇远、济远三舰

1884 年 9 月,许景澄乘英国邮船离开上海前往欧洲。由于此次定购舰船事关清政府的海防大计,所以他上任后立即投入料理定远、镇远、济远等三舰的验收以及开驾回华的工作。他先面晤李凤苞,详细询问了购置定远、镇远铁甲船的情形,并商酌应办事宜。不久,他率领参赞朱宗祥、翻译官廪音泰、随员杨兆鋆等人,乘火车抵达德国溪耳海口,与原监工陈兆翱等连日阅视,详细查验停泊在港内的定远、镇远两船工料、机器、全船配置、两船铁甲堡内布置等,正式与李凤苞作了交接,并以《遵旨勘验定远镇远两船工料

---

① 转引自李扬帆:《晚清三十人》,世界知识出版社 2008 年版,第 207 页。

② 《李鸿章全集》,卷 37,奏稿,时代文艺出版社 1998 年版,第 1495 页。

③ 《许文肃公遗集》,(台北)文海出版社 1968 年版,第 1006 页。

并接管情形折》，把勘验过程向清政府作了详细汇报。

济远舰原为前驻德公使李凤苞所订，1883 年 12 月下水，1884 年 9 月已完工。因遇中法战争爆发，被迫和定远、镇远一起滞留德国。当时国内许多人对李凤苞多有不满，称其订购的军舰质量低下，进而又出现了李凤苞收受巨额贿赂的传闻。于是，清廷电令许景澄严格查验。他不敢怠慢，又绕赴士旦丁海口，将济远钢舰与合同详细查照。验收结果发现，济远舰的建造质量并无问题，只是在设计上存在不少缺点，例如装甲位于水线之下，防御能力低下；存煤量不足，不适合作远洋航行。这些缺点加上其造价及订造过程，引起北京朝野上的连串质疑。许景澄在日记中写道："十八子(指李凤苞)偏执，致济远误，积赀存银号，有物议"；"济远穹甲太低，致英议其人"，[①]"丹崖所办公事，与自诩济远之长，不能附和。尚无一言达署，以尽前后任交谊。"[②]在许景澄的交涉下，德国伏尔铿厂对济远舰的设计缺陷，都一一尽量作了弥补。至 1885 年 5 月，定远、镇远、济远三舰验收和整改工作已圆满结束，许景澄开始筹备三舰开驾回国工作。但是德国还是以中法战争尚未结束，保持中立为由，拒绝将已经造好的三艘舰船交付中国。1885 年 6 月 11日，也就是中法停战协议签订后的第三天，清政府立即电许景澄办理三舰回国一事。许景澄精心安排好管驾和护送水兵，做好粮物储购后，于 7 月 3 日来到德国基尔港为三舰饯行。三舰悬挂德国商船旗，由德国水兵驾驶护送，于是日踏上回国路程，1885 年 10 月抵达大沽。11 月 17 日，李鸿章亲赴大沽口验收军舰，均与合同相符。这三艘战舰在构建北洋海军，以及巩固清政府海防方面起到了重要的作用，而许景澄作为把三舰引领到华者功不可没。

2. 订购经远、来远舰船和甲午战争前后的购舰活动

中法战争结束后，清廷决定再向国外订购四艘铁甲快船，以加强台湾及澎湖防务。1885 年 8 月 4 日，总理衙门电谕李鸿章："着照前购钢面铁甲快船四只，备台澎用。即电商英、德出使大臣妥办。船价户部有的款可拨。"[③]同年 11 月，李鸿章便向在欧洲的曾纪泽和许景澄发报，指令他们在所在国

① 《许文肃公遗集》，(台北)文海出版社 1968 年版，第 925 页。
② 《许文肃公遗集》，(台北)文海出版社 1968 年版，第 928 页。
③ 张侠等编：《清末海军史料》上册，海洋出版社 1982 年版，第 117 页。

各自订购两艘巡洋舰。

因前所购济远舰备受争议,这次所订舰船又需参照济远穹甲船式,所以许景澄多次发电与李鸿章商量改造事宜,最后李鸿章电告:"请照济式穹甲升高五寸,加长八尺、宽一尺。惟船底钢板宜略加厚。价不得过三百万马克。乞与伏厂酌定两艘。"①接到李鸿章的来电后,许景澄立即向伏尔铿船厂提出了交涉,要求修改济远式设计缺陷,并与伏尔铿厂议定订购快船合同。"经、来两舰,第一船价德银三百万马克,第二船价又减六万马克。仿各国通行善式详拟,中腰水线处围厚甲九英寸半,上覆平钢板,前后覆穹板,用双底层,炮台、令台全护厚甲。比前定式加宽长,炮可加多,吃水仍浅,每船加价四十七万马克。自立合同之日起,第一船十八个月交收,第二船二十个月交收,每点钟行十六海里"。②

经远、来远两舰分别于 1887 年 1 月和 3 月下水,完成试航。李鸿章决定派北洋海军英国籍总教官琅威理及邓世昌等人率 400 余名官兵,前往英、德船厂接收军舰回华。但是德国外交部不同意由英人参加接舰,并派总办芬必而克与许景澄会晤,指出"德厂承造两舰,闻中国现定英员与华管驾接带驶回,我毕相之意,以管驾与新船不习,恐不稳当;又德国商业每遭英人嫉毁。今为英员接带,颇不愿意"。③ 驻华公使巴兰德也向总理衙门提出,德制军舰必须由德国人帮助驾驶回华,否则将来评论该船会有不公允之处。④为避免引起纷争,李鸿章只好急电琅威理,转告了必须雇请德人的意思;又电告许景澄,让他与德国外交部协商选募,不再另雇别国人帮驾德国所造的船。1887 年 2 月,李鸿章又电告许景澄,要他向德国人声明,"琅威理派往统带军舰,须作中国水师官看待。虽由德廷选雇管轮帮驾,仍归中国水师官节制"。⑤ 1887 年 8 月,许景澄、林永升等在德国士旦丁港接收经远、来远二舰并参加升旗仪式。1887 年秋,二舰与在英国订造的致远和靖远巡洋舰一同驶抵中国,因中法关系缓和,清政府为加快北洋海军建军考虑,改留用北

① 张侠等编:《清末海军史料》上册,海洋出版社 1982 年版,第 119 页。
② 薛福成:《出使四国日记》,社会科学文献出版社 2007 年版,第 141 页。
③ 《许文肃公遗集》,(台北)文海出版社 1968 年版,第 229 页。
④ 姜鸣:《中国近代海军史事日志 1860—1911》,三联书店 1994 年版,第 147 页。
⑤ 姜鸣:《中国近代海军史事日志 1860—1911》,三联书店 1994 年版,第 148 页。

洋。

为了筹划海防，1893 年 12 月 2 日李鸿章致电第二次担任驻德使节的许景澄："现需毛瑟六响连珠马枪三千五百杆，佩带子盒全随枪子弹二百二十万，祈确询价值代购，约明春二月到津，价候示照拨，望速复。"①1894 年 8 月 27 日，李鸿章又给尚在俄国圣彼得堡的驻德公使许景澄发去了如下电报："小口径毛瑟，德商礼和报价每杆连佩带约二十二两，连保在内。无烟子每千四十四两，尊处核价若何？日快船大且多，龚访购无合式大快船，属密商妥办。"②许景澄接到电报后，立即动身前往德国办理购买事宜。

甲午海战，北洋水师全军覆没。国人痛心，朝廷忧惧。之后，清政府内部又出现了重振海军的呼声。光绪皇帝也认识到添设海军、筹办兵舰乃是自强之大计。于是，在《马关条约》签订两个月后，光绪就令李鸿章着手重振海防事宜。1895 年 6 月 27 日，李鸿章电许景澄，"在德国伏尔铿厂定购之驱逐舰，取名飞鹰，将派将弁水手赴德运回"。③ 同时，清政府命令许景澄继续在德国购置兵船。1895 年 8 月 20 日，总理衙门致电许景澄，请他向德国了解订购铁甲舰和防护巡洋舰及其所需费用，"几时可成，有无现成上等船出售"？④ 这年冬天，由许景澄在德国主持订购的"辰"、"宿"、"列"、"张"四艘鱼雷艇顺利到华。1896 年 4 月，总理衙门又电嘱许景澄向德厂定购海容、海筹、海琛三艘巡洋舰，派曾宗瀛、林鸣埙监造。两年后，海容、海筹、海琛巡洋舰先后顺利自德驶华。许景澄购办的这些巡洋舰和鱼雷艇，大大充实了甲午战后的中国海军装备，可惜随后的义和团运动和八国联军侵华，使得清政府的购舰活动又搁置了。

3."海战麇胜，专恃炮法；炮之得力，配药为先"

许景澄在购买枪炮弹药上也作出了重要贡献。还未正式任驻外使臣之前，许景澄即条陈朝廷《演炮测算片》，指出"防口击船全恃炮位，西法演炮，专尚测算。炮尺之准点，弹药之行度，皆有定率，绝无参差"，而中国各路防军，"观苗打靶，但凭目力，以此较彼，疏密悬殊"。因此，他建议朝廷通饬各

① 《李鸿章全集》，卷 15，电稿，时代文艺出版社 1998 年版，第 5906 页。
② 《李鸿章全集》，卷 15，电稿，时代文艺出版社 1998 年版，第 6043 页。
③ 姜鸣：《中国近代海军史事日志 1860—1911》，三联书店 1994 年版，第 239 页。
④ 姜鸣：《中国近代海军史事日志 1860—1911》，三联书店 1994 年版，第 239 页。

督抚及统兵大臣一律讲求练习测算，或者让李鸿章选派水师学堂精熟学生分赴江、浙、闽、广，学习炮率成法，同时选聪敏兵勇随时操习，"似于防守事宜，较有把握"。① 到德国之后，他立即根据李鸿章电传谕旨，与李凤苞商量枪械订购工作，接续办理李凤苞为各省订购的大径炮子机器、四十七密里炮弹内底螺管、磷铜鱼雷四十二尾等枪炮的购置事宜。

除了尽心购买枪炮外，他还建议李鸿章，炮弹配制应该改用栗色饼药，并寻求仿造途径。他说："中国整治海军，本为捍御外患之备，海战鏖胜，专恃炮法；炮之得力，配药为先。今欧洲强大之邦，东瀛密尔之族，经营新制，惟恐不及。而我犹狃于故辙，忽彼长技，输攻墨守，便形不敌。且各海疆所置大炮，不出克虏伯、阿模士庄两种。北洋水陆大炮，查系克虏伯西历八十年造法者居多，所定涨力速率各数，既非栗药不能适用。即阿模士庄新炮，彼厂自演亦已改配栗药。"可以说，"大炮之用栗药，风气所趋，将为各国通行之具，非独克虏伯炮与之相需也"。因此中国应该"揆时度势，亦宜亟究新法，以资利器者也。惟岁购既非长计，秘制又难悉知，则舍购取其法，更无他策"。② 许景澄请求清政府购买栗药之事，"这一观点在晚清也逐渐被采纳"，③并找到了政见相同者。1890年，薛福成在出使英、法、义、比四国日记中指出："有至精之火器，无至精之火药以为之用，则其器犹不精也。是故外洋各国于造药之法，研之甚详。"随后，还介绍了德国创制的栗色饼药的好处以及各国竞相使用之事，与许景澄上述内容基本一致，可见薛福成实际摘抄了许景澄的上述内容再稍加阐发而已。④

许景澄在担任驻德公使期间，与张之洞、李鸿章联系较多。1887年，时任两广总督的张之洞致电许景澄，拟订购克虏伯长炮附带配件并炮弹，次年再购克虏伯炮12尊。1889年，张之洞到达武昌开始总督湖广。为筹建汉阳兵工厂和汉阳铁厂，张之洞多次致电许景澄，或订购克虏伯炮机器，或代聘德国工程师，或代雇洋将洋弁；1894年4月23日，他致电许景澄，请购枪

① 《许文肃公遗集》，(台北)文海出版社1968年版，第41—42页。
② 《许文肃公遗集》，(台北)文海出版社1968年版，第175页。
③ [德]乔伟著，李喜所等译：《德国克虏伯与中国的近代化》，天津古籍出版社2001年版，第86页。
④ 薛福成：《出使四国日记》，社会科学文献出版社2007年版，第210页。

坏 200 支及枪身木壳材料,不久又委托许景澄购德国新式小口径五连珠快枪 3000 支,子弹 300 万颗。截至 1894 年 9 月,李鸿章就曾委托驻德公使许景澄购毛瑟枪 12000 支,连珠快炮 8 尊,小口径毛瑟五音快枪四批共 10000 支,子弹 1000 万颗。12 月,又委托许景澄代购毛瑟枪 10000 支,子弹 412 万颗,大小口径快枪 300 支,子弹 10 万颗。1895 年初,李鸿章又称,许景澄购来毛瑟枪 10008 支,如此等等。

总之,许景澄在中法战争前后认真验收和订购这些舰船和枪炮,促进了北洋海军的筹建。1888 年北洋舰队建成,而从英、德购进的军舰成为北洋舰队的主力,大大加强了中国海军的实力。晚清海军在世界海军中的地位明显提高,1891 年被列为世界第 8 位,而日本则占第 16 位。① 甲午战争后,许景澄从德国订购了海筹、海容、海琛巡洋舰和一些鱼雷艇,再次为中国近代海军的创建贡献了力量。

二、上书整顿海防海军

许景澄不仅参与了购置舰船枪弹活动,而且对中国的海防海军建设积极建言献策。他在 1883 年、1886 年所上的两篇奏折中表达得非常清楚。

1.《敌情叵测筹备宜严折》

1883 年法国在加紧征服越南的同时,进一步将侵略的矛头指向中国,严重威胁我国边疆的安全。许景澄上《敌情叵测筹备宜严折》,建议清政府严加防范。他认真分析了战争形势,指出法国侵略我国藩属越南,并"谋窥北圻三省,转圜无地,战事将成"。因此,他主张清政府要加紧筹划、积极备战。他说:"为今日计,非严防不足以阻敌谋,且非持久不足以收战效。窃料法衅初动,必先犯我援越之军,迨决裂之极,乃敢称兵海上,辗转月日,已届来年,及兹经营,机不可失。"为了能取得战争的胜利,许景澄提出了重台湾之防、策越师进攻越南分界、慎购洋枪、习铁舰驾驶、审战例以安各国、筹洋款以裕军需、缓练广东水师等抗法之策,其中有三点与海防关系较为密切。

其一,重台湾之防。

> 沿海万里,节节屯防,兵力万有不逮。规形势者,拒敌所必争而已。

---

① 姜鸣:《中国近代海军史事日志 1860—1911》,三联书店 1994 年版,第 184 页。

南北洋要口、天津而外,其次莫若台湾。盖法自西贡驶入内洋,长途汗漫,停顿无地,转运弥艰。该处孤悬海外,万一被其距屯,大为肘腋之患,亟须添调劲兵,或令道员刘璈选练士兵择要屯守,并请饬下北洋大臣增设海路电线,接通福州省城以联声息。

其二,习铁舰驾驶。

　　光绪六年订购铁甲两号,订造迟延,迄今仅成其一。德人以法事避嫌,不肯挂旗拨夫驶送来华。而水师人手生疏,又难于出洋自驾,诚有鞭长不及之憾。然俟事定代送,始令我师学习驾驶,尤为迂图。应请饬下李鸿章选派弁勇前赴德国船厂预行练习,冀收速效。

其三,缓练广东水师。

　　海战非中国所长,现在敌衅渐迫,惟有注重陆军,庶资得力。且英美诸国谋保商局,广州为繁盛口岸,必有投鼠之忌。是购造战舰,实非今日之先务。现闻张树声筹借商银二百万办理海防,兼拟兴办水师。惟动用巨款,所当区别缓急,不可徒事张皇,应请饬张树声于应筹防务外,暂行停购一切兵船,即以省出余款备拨彭玉麟军及出关各营。①

许景澄的这些建议还是较为全面和正确的,清政府也相当重视,"疏入,上嘉纳焉",②并着总理衙门议奏。总理衙门在 1884 年 1 月 13 日以《议覆许景澄条陈宜重台防、策越师等事宜》上奏朝廷:"查许景澄所陈筹备事宜,一曰重台防。台湾孤悬海外,为南洋门户;叠经奉旨饬该将军、督、抚设法备御,并特派杨岳斌赴闽省妥筹防范,布置已较周帀。惟所称'增设海线接通福州,以联声息'等语,现在英之大东公司已与中国电报公司订立合同,在福州设立海线;应如何联至台湾之处,请饬下该省与北洋大臣筹商办理。"接着对许景澄所提其他办法一一进行议奏。③ 同年 1 月 18 日,南洋大臣左宗棠、北洋大臣李鸿章、闽浙总督何景、户部也对许景澄的奏折分别进行议覆。实际上许景澄的建议并没有完全被清廷所接受。他在给好友朱亮生的信中

---

　　① 《许文肃公遗集》,(台北)文海出版社 1968 年版,第 37—38 页。
　　② 《许文肃公遗集》,(台北)文海出版社 1968 年版,第 1005—1006 页。
　　③ 郭廷以、王聿均主编:《中法越南交涉档》,(台北)中研院近代史研究所 1983 年版,第 1524 页。

说:"总署议复将后两条驳去,余但空文敷衍耳。"①1885 年 3 月,冯子材率清军取得镇南关大捷和谅山大捷,使法国侵略者处于内外交困的境地。但是清政府竟以此为和谈资本,加紧妥求和活动,接受法国所提条件,于 1885 年 6 月签订《中法新约》,并下令前线清军停战撤兵。许景澄虽然身在国外,仍然关注此事:"谅山之捷,巴黎震动,茹斐礼为议院哗攻去位,诸部皆罢,扰扰旬月始定,而和局适于此时订成,可谓差强人意。"②许景澄提出若干条抗法的积极主张,表现了关心国家安危的拳拳爱国之心。

2.《条陈海军事宜疏》

中法战争结束以后,清廷有识之士纷纷呼吁建立新式海军,加强海防。1885 年 6 月 21 日,清廷发布上谕,指出:"和局虽定,海防不可稍弛","上年法人寻衅,叠次开仗,陆路各军屡获大胜,尚能张我军威;如果水师得力,互相援应,何至处处牵制。当此事定之时,惩前毖后,自以大治水师为主。"③同年 10 月 12 日,慈禧颁布"懿旨",批准设立海军衙门,办练新式海军。枢臣及地方督抚纷纷对海军建制、购造船炮、开办学堂、海口防务等提出建议。1886 年,上海格致书院也以《中国创设海军议》为题考课学生。一时朝野上下出现了空前的"海军热"。正在驻法、德、奥、意诸国公使任上的许景澄,也不甘寂寞,于 1886 年 3 月 13 日拟定《出使德国大臣许景澄条陈海军事宜疏》,系统阐述了他对发展新式海军的意见。许景澄主要从六个方面论述整顿海军。

第一,大沽口宜设铁甲船炮以固内防。他认为大沽口位置重要,"屏蔽畿甸,形势最关重要",但因"内口空虚,不能收铁甲之用,似非所便"。所以他建议,仿照法、德所制,"增设铁甲炮船六号或四号,合以旧有蚊船四艘,足成一军。设遇战事,以铁甲船、快船鏖逐海中,以炮船、蚊船专扼内口,并附近狙击,庶几重关叠锁,屹若金汤"。

第二,铁甲船、快船吃水尺寸不宜太浅。他认为中国海岸不如外洋之深广,因此船身吃水须有限制。当然,所限尺寸取其可以收口而已,若过于求

---

① 《许文肃公遗集》,(台北)文海出版社 1968 年版,第 854 页。

② 《许文肃公遗集》,(台北)文海出版社 1968 年版,第 857 页。

③ 张侠等编:《清末海军史料》上册,海洋出版社 1982 年版,第 42 页。

浅,则不能多装煤斤,铁甲亦不能厚护,船遇风浪侧摆较多,造成放炮也不易准。目前,大沽口、旅顺、烟台、吴淞、福州、广州等海港吃水不一,最好以旅顺口为标准,无庸过为缩减,否则利不偿病。因此,他建议以后"造次等兵舰,应限船载全重时吃水不得过十八英尺,造一等战舰应略准定远、镇远等船吃水之制","则造船既得展舒,屯船仍无窒碍,固两利之术也"。

第三,铁甲船式宜分别仿制。由于当时英、德两国的铁甲船设计理念不同,设计出的舰船各有利弊,许景澄认为不要局限在一处,要结合英、德的优点,取长补短,"照外洋近来行用各式,酌度情形,审择订制",只有这样才会使中国军舰更加完善。

第四,海军炮位宜用一律。许景澄指出,"方今整练海军,炮为当务之急",如果一军之中船炮各异,既难通力合作,迁移起来也很困难,"器械一则心力均,敌忾泽袍之效,必以此为始基"。因此他建议,兵船专用克虏伯炮,陆路参用阿幕斯脱郎炮。除船载间有限制外,水陆安炮应购用长式,兵船应备连珠小炮。

第五,船厂、机器局制造宜由渐扩充。许景澄说,中国每年靡费数百万金向外国购买船炮,是情非得已的做法。关键是设厂自制,"十余年来,各省厂局讲求制造迭著成效,正宜开拓规模,广营新制,以为自强根本"。不过,他也指出,自制船炮要循序渐进,如果谋之太急,容易造成"靡费"和"无实",以中国当时的实际情况看,有些材料在外洋购买更加便捷。

第六,建议在胶州湾筹设防务,建立海军基地。他认为胶州湾是符合条件的优良军港。"其外群山环抱,口门狭仅三四里,口内有岛中峙,实为天然门户。……地当南北洋之中,上顾旅顺,下趋江浙,均一二日可达,声气足资联络。若酌抽北洋、江南海军,合以山东一军,扎聚大支,则敌舰畏我截其后路,必不敢轻犯北洋,尤可为畿疆外蔽。……该湾形势完善,又居冲要,似为地利之所必争"。[①] 所以,他建议"山东之胶州湾宜及时相度为海军屯埠",并有计划地渐次经营,用 10 年的时间,将这里建设成为一个大规模的海军基地。早在 1877 年,德国人李希霍芬在《山东地理环境和矿产资源》的专题报告中,提出了胶州湾适宜筑建现代港口的观点。中法战争期间,法国也多

---

① 张侠等编:《清末海军史料》上册,海洋出版社 1982 年版,第 70—74 页。

次扬言要从胶州湾进犯。到了 1886 年,许景澄上疏明确提出胶州湾的军事价值,这是清政府中首次直接向朝廷奏报的有关在胶州湾设防的书面建议。

这个折子比较全面地反映了许景澄的海军建设思想。不过,慈禧太后阅看后,未表示意见,仅批示:"下所司知之",将许折发交海军衙门办理。海军衙门随即函告李鸿章:"许星使条奏海军应办事宜,钞折交阅,属即评量有无可仿办者,详覆核办。"[①]1886 年 7 月 16 日,李鸿章致函海军衙门称:许景澄所陈大沽口宜设铁甲炮船、铁甲快船,吃水尺寸不宜太浅,铁甲船式宜分别仿制,海军炮位宜用一律,船厂、机器局宜由渐扩充等五条措施,大都与现在办法相符。因目前人才、饷力缺乏,"尚有未能推广之处"。至于所提胶州湾宜为海军屯埠一事,"规画远大,尤关紧要"。不过,李鸿章认为,旅顺与大沽犄角对峙,形胜所在,必须先行下手,等到旅顺防务就绪,若有余力,才能考虑胶州之防务;另建设海军基地需要数百万两白银,"北洋目前兵力、饷力实形竭蹶,一旅顺小口,澳坞军库并日而营,至今尚未齐备,断难远顾胶州"。但是,对"肘腋之患"始终保持警惕的李鸿章明白,胶州湾的"地利在所必争,若我不先置守,诚恐海上有警,被人占据"。[②] 御史朱一新也于 7 月初条陈海军上疏,认为胶州湾条件优良,地理居中,建议在胶州湾设防,以屏蔽北洋。在此前后,李鸿章通过管理鱼雷营道刘含芳对胶州湾查勘测量,又令水师统领丁汝昌会同英籍总兵琅威理"再行详细审度",最终决定了设防构想,始有调章高元率领陆军驻防之举。但后因为海军经费不足,清政府主要集中力量建设威海、旅顺等港口,而将胶州暂时搁置。

三、编译《外国师船图表》

在出使外国十几年的时间里,许景澄的足迹遍及法、德、意、俄、奥等国,参观船厂、炮厂,并搜集相关材料,编译《外国师船图表》,于 1885 在柏林编译印行。后呈送清廷,供国内海军建设参考。

首先,他说明了"船学"的重要性。"国家声教四讫,穷发之北,天竺以西,航海款关,亘绝前古。凡夫格致之旨,攻守之械,或献其器,或播其书,涓

---

① 张侠等编:《清末海军史料》上册,海洋出版社 1982 年版,第 254 页。
② 张侠等编:《清末海军史料》上册,海洋出版社 1982 年版,第 254—255 页。

流撮壤之积,毕萃山河。独船学繁密,传之而不详,图之而寡要"。① 而"船学之大者,或课其理,或举其物,若重心、吨力诸数,龙骨以次诸工,验钢、配钢之程,造甲、栓甲之概,至于汽机之制,日盛且新;又若锅炉之由方而圆,汽筒之易二为三,喷油代煤之奇,吹风增速之巧,近今格致未敢忽诸。若夫用之之道,首在人谋,其次得地利,又次察众寡、明攻守。而济以陆师,助以雷艇,亦宜事之不可无者也"。② 因此,他和随员刘孚翊、洋员金楷理合作,参阅各国甲船表,"损益旧文,更定义例,分别船式,以类相从,增巡船、炮船、雷艇等表,西书有图者摹而列之",③将 19 个国家对各种舰船的制造、验定、性能,武器装备,舰船管理,战船使用的战术及舰船管理的有关章程作了说明,并附了大量图表。

其次,介绍了泰西铁甲的发展变化过程。他说:"甲之初兴,炮皆旁列,上起炮门,下逾水线,鳞接翼舒,以多为贵,后房炮台,炮踵事改作前后有障,平乘有覆,扞蔽之方,益臻于备。洎乎今兹,甲日增厚,推挈重力几无以容,乃略彼散地,护其要害,质坚于前,制约于旧时,则有水线带之构,甲堡之峙,井架之连属舱口。甲之缮完,其船之程度,则又有双底以防其损,隔堵以御其漏,双螺轮以速其行,撞嘴以锐其触,雷筒以伏其射,以之自卫则固,以之攻人则厉。风气所导,月异而日新,自是而数百年之船制为一变焉。"不过,当时清廷内部很多人认为制造或购置铁甲船不仅费用高,而且还不能完全御敌。对此,许景澄解释道:"炮之彻札,必取正对,船行旋转,取准匪易,苟其无蔽,则小炮轻弹随触已毁。西人历验战事,每称薄甲之船必胜无甲,厚甲之船必胜薄甲,利钝之故较焉可觇。"针对有人提出跨海远袭他国当然需要大型战舰,若画疆自守则只须坚其堡垒,或治其陆军也可自保的观点,许景澄也作了答对。最后他指出:"觇国者至即其船之多寡良楛,以为强弱之验。然则铁甲船者,殆天时人事之所迫,而既有其举,莫之能废者欤?"④表明坚甲巨舰是海军取胜的关键,希望引起清政府的重视。

最后,分析了英国、法国、德国等国家的师船特点。他指出,英国能够成

---

① 《许文肃公遗集》,(台北)文海出版社 1968 年版,第 1125 页。
② 《许文肃公遗集》,(台北)文海出版社 1968 年版,第 1141 页。
③ 《许文肃公遗集》,(台北)文海出版社 1968 年版,第 1126 页。
④ 《许文肃公遗集》,(台北)文海出版社 1968 年版,第 1123—1125 页。

为海上强国，"赖师船四出，长驾远驭"，"其官设之厂凡六，民厂以数十计，而善制甲舰者十有一，其外则有造雷艇之厂三，造汽机之厂四，权奇伎俩，艺政日新，船炮之利，甲于欧洲矣"。虽然目前英国受到德、俄、意、丹的竞争，"有他族滋逼之尤"，但是"其取精用宏，固船学考镜之林也"。[①] 而法国情况较为复杂，又不致力于变更船式，"共和煽乱，更立民主，党局分炽，各推厥魁，国相秉钧，罕有久任，物力耗绌，庶政未修。然其俗嚣动好战，不屑居人下，练兵治船，迄无宁岁。故其水师之盛，卒与英为亚。惟英之舰式屡制屡变，法则择式甚简，其异同、优绌之故，无以决焉"。[②] 因此，法国每与英国角逐海上，累战不胜。德国自1871年实现统一后，经济发展迅速，很快成为欧洲强国。许景澄认为，德国陆兵之强为泰西之冠，但是对于海军建设并不重视，所置兵舰也为充数而已，不过自战胜奥、法之后，开始"增练水师，重犒厚饷，得胜兵之士六万，常隶于军者八千人，其海部长官士叨司以甲舰利便宣告议院，略言木质坚牁不能以敌，薄甲、碰船、雷艇不足恃，惟甲舰可御巨炮，因竭智经营，创兴船政"。虽然德国海军无法和英、法相比，但是"其心计规画之所及，骎乎有进而日上之势"。[③] 美国舰船发展较为缓慢，"顾其国崇守华盛顿遗约，不尚武功，不争属地，又以与欧洲诸大国海疆画隔，如风马牛之不相及。陆兵常制仅二万六千人。二十年来于船工无甚增益，海军著籍悉旋台旧式，殆不免于因陋就简之讥"。[④] 丹麦、瑞典、挪威等国，"一二兵舰尚足以自卫"，原因是"欧土公法有以维系之"，因此"亦以见小国守御之备，为不可忽也"。[⑤] 这些介绍，为清廷了解世界大势，研究世界舰船制造史和航海史提供了宝贵的资料。

许景澄编译之《外国师船图表》一书，有多种版本问世：柏林使馆光绪十一年(1885)石印本，柏林使馆光绪十二年(1886)重版本，上海斐英馆光绪十四年(1888)石印本，浙江官书局光绪二十二年(1896)石印本。还有不少抄本。维新运动期间，《湘学新报·湘学报》第14册《掌故学书目提要》介绍了

---

① 《许文肃公遗集》，(台北)文海出版社1968年版，第1126—1127页。
② 《许文肃公遗集》，(台北)文海出版社1968年版，第1128页。
③ 《许文肃公遗集》，(台北)文海出版社1968年版，第1131页。
④ 《许文肃公遗集》，(台北)文海出版社1968年版，第1137页。
⑤ 《许文肃公遗集》，(台北)文海出版社1968年版，第1136页。

《外国师船图表》一书。

　　该书刊印后也受到部分官绅的高度称赞。使馆参赞王泳霓称书中各表"视长广之比较则知形式之锐钝;审马力速率之同异则知汽机之优绌;考压水力之轻重则知容物之多少;稽时代之远近则知材质之功楛;验入水之深浅、炮力之大小则又以知其因地之宜,利用之道"。原福建船政提调周懋琦谓读该书之后,对"欧洲兵船之始末源流,与其更改异同,一切所以然之故,不啻烛照而数计"。① 驻美、西、秘三国公使张荫桓指出:"师船图表始辑于刘孚翊,竹篔集大成而每图加之序,既洞识制器御侮之实,而犹不失中国士夫气概。"②甲午战争期间,御史安维峻在奏请慎购外船折中谓:"若再购英国快船,何人管驾? 且勿促造船,质量难保,虚糜帑项。当按许景澄《外国师船图表》酌定形式。"③1909 年 10 月 1 日,出使意国大臣钱恂奏请朝廷续修《外国师船图表》,指出:《外国师船图表》"图之綦精,表之綦详,而解说尤为明确,搜罗尤为周备",是"海军中不可无、不可缓之书"、"极裨实用之书";1909 年 11 月,他在奏折中再次指出,《外国师船图表》一书,"关系船学之研究,关系海军之振兴"。④ 俞樾高度评价许景澄的外交才能,指出"能知外交学者,惟有许文肃一人",其所撰《外国师船图表》"具有深意"。⑤ 到了现代,这部书也得到高度评价。德国人乔伟在其《德国克虏伯与中国的近代化》一书中指出:"在早期驻外使节中,许景澄对西方军事状况最为留心,曾编著有《外国师船图表》和《德国陆军纪略》,其中对各国水陆军备多有涉及,这可以从一个侧面认识克虏伯兵工产品在西方军事中的地位。"⑥吴熙敬指出:许景澄撰编的《外国师船图表》,不仅对帮助中国政府官员决策,帮助中国监造师验船,确保船舶建造质量起到了积极作用,而且也为在中国传播和掌握西

---

　　① 转引自皮明勇:《甲午战争前对西方海军建设理论和情况的译介及其影响》,《军事历史研究》1993 年第 2 期。

　　② 任表、马忠文:《张荫桓日记》,上海书店出版社 2004 年版,第 111 页。

　　③ 姜鸣:《中国近代海军史事日志 1860—1911》,三联书店 1994 年版,第 206 页。

　　④ 张侠等编:《清末海军史料》上册,海洋出版社 1982 年版,第 422 页。

　　⑤ 《许文肃公遗集》,(台北)文海出版社 1968 年版,第 1019 页。

　　⑥ [德]乔伟著,李喜所等译:《德国克虏伯与中国的近代化》,天津古籍出版社 2001 年版,第 87 页。

方近代海上军事科学技术作出了重要贡献。① 这些评价充分说明了该书的价值。

许景澄对中国近代海军建设的关注，主要原因是基于他对内政和外交关系的认识。他指出，国家内政对外交的作用非常重大，"中国内政涣驰，又不致力兵备，致为外人所轻，使事一无可为"。② 同时军事上的强弱直接影响到外交的成败，"维兵力之强弱，外患之动静系焉"，③在外交谈判中应"辩论与兵力每相须而行"，④充分利用国家已有军事实力。因此，为了实现军事图强以建立强大的外交基础的目标，许景澄积极支持国内的改革活动，参与中国近代海军、军港的筹建，提出了整顿海军和改革兵制的具体措施，对于巩固中国海防作出了一定的贡献。

张登德，山东师范大学历史文化与社会发展学院副教授；张国红，女，山东省政协《联合日报》高级编辑

---

① 吴熙敬：《中国近现代技术史》上卷，科学出版社 2000 年版，第 349 页。
② 《许文肃公遗集》，(台北)文海出版社 1968 年版，第 853 页。
③ 《许文肃公遗集》，(台北)文海出版社 1968 年版，第 89 页。
④ 《许文肃公遗集》，(台北)文海出版社 1968 年版，第 380 页。

法律视角下的方伯谦被杀案

孙 建 军

一、从方伯谦的死刑判决书说起

1894年9月17日(光绪二十年八月十八日),大东沟海战爆发,中日两国海军主力展开血拼。18日(十九日),北洋舰队残余各舰陆续回到旅顺基地。23日(二十四日),清廷下旨:

> 奉旨:李鸿章电奏查明海军接仗详细情形,本月十八日开战时,自致远冲锋击沉后,济远管带副将方伯谦首先逃走,致将船伍牵乱,实属临阵退缩,着即行正法。广甲管带守备吴敬荣,随济远退至中途搁礁,着革职留营,以观后效。钦此①

这是一份宣布济远舰管带方伯谦(益堂)死刑的"刑事判决书"。24日(二十五日),方伯谦以临阵退缩罪被杀于旅顺。

方伯谦成了甲午战争史上的一个特殊人物。百多年来,但凡一本甲午战争的史著,无一不提到方伯谦的名字,有关其是否枉死的问题成为甲午战争史研究的热点之一。② 上个世纪80年代末至90年代初,由于方氏后裔和乡土人士的强力介入,大陆学界对方伯谦的"研究"达于顶峰。在这一片的喧腾声中,"罪名"、"罪状"、"军律"、"量刑"、"审判"等等字眼,密集、高频地闯入我们的视野。但透过这些纷纷扬扬的法学名词术语的背后,反让我们隐隐地感觉出这些学者们法律知识的阙失。有鉴于此,本文即由此出发,运用法学常识作参考,重新检视此案,看清廷判决方伯谦死刑的这份判决书

---

① 《军机处电寄李鸿章谕旨》(光绪二十年八月二十四日电寄档),《中国近代史资料丛刊·中日战争》(三),上海人民出版社、上海书店出版社2000年版,第118—119页。

② 马幼垣:《大陆上的中国近代海军史研究》,载《岭南学报》新第二期(2006年9月),第317页。

是否荒谬地造成了方伯谦的冤狱,以期拂去迷雾,得出自己的结论来。虽然我知道,这一做法并不讨巧。

在这个过程中,我还将不得不对诸位研究先进的观点进行检讨,或指谬或补正,但都仅限于法律知识部分,换言之,并非对于各位学者所有的观点都不赞成。

二、杀方伯谦于法有据吗?

"清政府对甲午海战中将领方伯谦处以极刑,有多少依照清朝的军律行事?"[①]

这是林庆元先生在《关于"方伯谦冤案"》一文中发出的质疑。这是一个实体法意义上的追问,很值得我们思考和探究。

接下来,林庆元先生提出了自己的看法:"1888 年规定的《北洋海军章程》第十一章规定:'凡水手逃亡者,拿回鞭责八十,监禁一个月,临阵逃亡者,斩立决。'这条看来是针对水手而言的。但未见其他条款明确规定将领'临阵时逃亡'的处治办法。1894 年 10 月 5 日,即黄海战役过后不久,李鸿章又奏定《海军惩劝章程》,做了补充规定,其中规定:'拟嗣后海军各舰遇敌退缩即以军法从事。'后者的规定是在方伯谦被杀死之后公布的。清政府在甲午前后两次颁布的军规,一次比一次严厉。临阵逃却,历来各国均处以严刑。清朝第一次颁布的军律,过于笼统,没有对各种情况予以区别对待。"[②]

孙克复先生则认为:"清政府 1888 年制订的《北洋海军章程》第 11 章《军规》规定:'凡水手逃亡者,拿回鞭责八十,监禁一个月;临阵时逃亡者,斩立决。'这项军规虽然是针对水手士兵的,但对将领的临阵退逃没有另行规

---

① 林庆元:《关于"方伯谦冤案"》,载《方伯谦问题研讨集》,知识出版社 1993 年版,第 56 页。

② 林庆元:《关于"方伯谦冤案"》,载《方伯谦问题研讨集》,知识出版社 1993 年版,第 55 页。林庆元先生的"清朝第一次颁布的军律",显然是指《北洋海军章程》,加上《海军惩劝章程》,即林先生所谓"清政府在甲午前后两次颁布的军规"。林先生似对这一领域涉足不深,不然不会不知道还有一个皇帝批准的《海军交战赏恤章程》,这也是一部成文法。故林先生对"清朝军律"的批评,显然是有失偏颇的。

定,这项规定自然也适用于将领。"①

苏小东先生也注意到了上述"问题":"在1888年颁布的《北洋海军章程》第十一章'军规'中,针对管带官的只有一条:'凡管带官违犯军令,由提督秉公酌拟呈报北洋大臣核办。'其中,没有明确说明战时管带官临阵脱逃该当何罪,也没有具体规定舰艇在战场上失去战斗能力以后管带应如何处置才算不违军令。显然,这条军规主要是针对平时而言,这也说明《北洋海军章程》是很不完善的。"②

上述三位先生,几乎众口一词地对《北洋海军章程》表示不满。区别仅在于,林庆元先生认为《北洋海军章程》只对士兵犯罪作了规定,"过于笼统,没有对各种情况予以区别对待";孙克复先生则认为对水兵的规定同样可适用于管带。而在苏小东先生看来,《北洋海军章程》对管带"临阵脱逃"如何处置无明文规定。但三位先生共同的一点,就是均认定《北洋海军章程》对管带"临阵退缩"规定不明确,杀方伯谦于法无据。

对于管带犯法,《北洋海军章程》果真没有规定吗? 或者说,杀方伯谦有法可依吗? 这是一个必须首先解决的问题。否则,杀方伯谦不但是制造了冤案,而且是违法犯罪的问题了。

我们看《北洋海军章程第十一·军规》:

> 凡管带官违犯军令,由提督秉公酌拟呈报北洋大臣核办。轻则记过,重则分别降级、革职、撤任。……凡船上官弁人等违犯军令,照以上所拟各条惩治外,其余不法等事,由提督等援引会典所载雍正九年钦定军规四十条参酌办理。并先恭录通行各船,一体懔遵。

前面我们看到,上述三位先生不知何故、无一例外地放过了军规的后半部分,也恰好是最重要的部分。其实,法律条文的"援引"方式,是一种常见的模式和现象,其目的是使条文简化,避免不必要的重复。顺藤摸瓜,我们

---

① 孙克复:《方伯谦被杀案考析》,载《方伯谦问题研讨集》,知识出版社1993年版,第40页。

② 苏小东:《"方伯谦案"质疑》,载《方伯谦问题研讨集》,知识出版社1993年版,第69页。

来看《北洋海军章程》所"援引"的"雍正九年钦定军规四十条"。① 其有关规定如下：

> 一、临阵进止，以鸣螺及金鼓为号。如有官员、兵丁违令，闻号不进及闻号不止者，皆斩。
>
> 二、官员、兵丁临阵，俱须勇往直前。如有回顾、畏缩、交头接耳者，皆斩。②

这是雍正九年颁布的《上谕军令条约》的部分内容。该军令条约凡40则，故又称"钦定军规四十条"，其中规定"斩"罪的有35条。③ 上引两条为第一、第二项规定，可见对"官员"的重视和强调。

鸦片战争开始，清朝进入多事之秋，列强凌逼，战事频繁。道光二十一年(1841)五月，湖广总督裕泰将《军令条约》与乾隆四十九年颁布的《行军纪律》重新合刊，④朝廷予以颁布。重新颁布军规条例，自然对将士们是有警示作用的。方伯谦是《北洋海军章程》的撰稿人之一，对这一"恭录通行各船，一体懔遵"的国家重要法律不会不清楚的。

孙克复先生认为："方伯谦虽非'临阵退缩'，但却未经允准而'擅离部位'，中途退避，是违犯军令的，'仍当治以应得之罪'。方伯谦的'应得之罪'，当然不应是正法极刑。根据《北洋海军章程·军规》……对方伯谦的处

---

① 清朝开国之初，为严肃军纪，每遇出征行军，都要颁布或重申军令。入关以后亦未松懈，至道光末年，凡两次钦颁条约纪律，一为雍正九年(1731)颁布的《上谕军令条约》，一为乾隆四十九年(1784)颁布的《行军纪律》。入关前后历次颁布的军令，或收入"会典"成为"律例"、"则例"，或为地方大臣请旨载入营制文献并予以刊刻。据第一历史档案馆的李保文先生介绍，雍正《上谕军令条约》除一档藏雍正九年颁布的初刻本外，还有大连图书馆藏未署刊刻年月之满汉文合璧之《军令》、光绪二十五年(1899)京都翻译书坊刻本满汉文合璧之《军令四十则》以及北京图书馆《清代军政资料选粹》(五)收编的道光年间所刻营制文献内刊刻的上谕和条文。

② 中国第一历史档案馆：《清代〈上谕军令条约·行军纪律〉》，《历史档案》2008年第1期，第3—7页。

③ "在第十二条内所说的雍正九年(1731)'钦定军规四十条'，其中约有二十六条与海军有关。此二十六条又有十八条可以判处死刑，而与战阵有关者计有十条。"王家俭：《李鸿章与北洋舰队》，(台北)编译馆2000年版，第429页。

④ 在奏折中，裕泰强调："雍正九年、乾隆四十九年两奉钦颁条约纪律，辞简事赅，诚为行伍切当之科条，将士必知之号令，载入营制交盘流传遵守。……循照旧规，流传交代，永远遵奉……条目无多，语句质白，不过一月数句，皆可熟习。……习以为常，奉行毋间。……期于久而弗懈，俾尽知军纪之森严，则秋毫无敢轻犯。"

分也应予以革职或撤任。处以军前正法极刑,显系轻罪重罚,罚不当罪,失之公允。"①

显然,孙克复先生认为法律是可以任意扩大适用范围的。孙先生既没有注意到"援引"的条目,也不愿意继续深究下去。根据对水兵的规定去讨论对管带的处罚,显然不会得出正确的结论。

或许,有人会问,这些法条颁布时间仍嫌太远,有近期的规定才算数。这个问题也好回答。我们看下列的实例。

丰岛战后,直隶总督兼北洋大臣李鸿章即于1894年8月22日(七月二十二日)提交并经朝廷批准的《海军交战赏恤章程》,明确指明:

> 窃近日倭人构衅,战局已开。海战之艰危,较陆军为尤甚,以全船性命争胜于风涛弹雨之中,一船被沉,即全营覆没。自非严明赏罚,无以鼓励众人。臣叠次严饬提督丁汝昌,认真督察,如有临阵退缩者、贻误军机者,立按军法治罪,决不姑宽。②

此后,北洋舰队频频出海巡剿劳师无功,朝中主战言官仍放言喊杀,朝廷不断下旨重申军纪。9月1日(八月初一日),谕旨明示:

> 倘遇敌船猝至,有畏缩退避情事,定按军法从事,决不姑宽。③

"法自君出,权高于法。"这是中国封建时代的法制特点之一。④ 清朝不是法治国家,在那个蒙昧的时代,一切法典、法规皆以君主名义颁行,君主始终掌握着最高的立法权。皇帝的诏敕往往直接成为法律,皇帝可修改、废止任何法律。皇帝拥有最高司法权,一切重案、要案、疑案,以及死刑案件皆须皇帝裁决与批准。皇帝可以法外用刑,也可以法外施恩,赦免罪犯。这是专制制度下的普遍现象。皇帝是不受任何法律约束的,皇帝金口玉牙,他的话就是法律。

---

① 孙克复:《方伯谦被杀案考析》,载《方伯谦问题研讨集》,知识出版社1993年版,第43页。

② 《酌定海军赏恤章程折》(光绪二十年七月二十二日),《李鸿章全集》(四),海南出版社1997年版,第2246页;又见,《李鸿章奏为酌定海军交战赏恤章程折》,张侠等编:《清末海军史料》,海洋出版社1982年版,第499页。

③ 《军机处寄北洋大臣李鸿章上谕》(光绪二十年八月初一日),《中国近代史资料丛刊·中日战争》(三),上海人民出版社、上海书店出版社2000年版,第78—79页。

④ 林明主编:《中国法制史》,上海人民出版社2003年版,第4页。

根据"新法优于旧法"的原则，这些大东沟海战之前仅数日才下达的具有法律效力的谕旨，北洋舰队的军官们是知道的，作为高级军官的方伯谦，对"如有临阵退缩者、贻误军机者，立按军法治罪，决不姑宽"这句话，敢说不知道？

三、方伯谦的"罪名"：临阵退缩

犯罪性质，是指行为人犯了什么罪，具备法律规定中哪个罪的犯罪构成，应是什么罪名。而查明犯罪事实，是量刑的基础。只有查明了犯罪事实，才能确定犯罪人所犯的是何种罪，应予何种处罚。所谓"确定犯罪人犯的是何种罪"，就是明确其犯罪性质，应定什么罪名。我们通常所说的定性准确，主要是指确定罪名要准确。在确定方伯谦的罪名之前，让我们先看一下，在今天学者们的笔下，方伯谦有多少个"罪名"？

孙克复先生认为："构成方氏军前正法罪状主要有三条：一，海战时'首先逃回'；二，由于'济远首先退避，将队伍牵乱，广甲随逃'，引起'各舰观望星散'；三，逃跑时将扬威'拦腰撞坏'。"而"构成方伯谦军前正法的主要罪状，是在黄海海战中临敌退逃"。

孙克复先生在分析一通后，得出结论："方伯谦被正法的三条罪状中，'牵乱队伍'罪，难以成立；撞伤扬威罪，真假难辨；中途退避罪，原因不明。在没有更确切的史料足以证实前，认为方被杀罪有应得，'按之军法'，'无冤可言'的结论，为时尚早。"[①]

数年后，孙克复先生再次宣布："对于李鸿章及清政府加给方伯谦的首先退避、牵乱队伍和碰坏扬威等三项罪名中的后两项，学术界多数人已取得了共识，即牵乱队伍和碰坏扬威的罪名是莫须有的，不能成立。但对于首先退避的看法，仍存在较大分歧。"[②]

戚其章先生的意见与孙克复先生有所区别："方伯谦被杀的主要罪状就

---

① 孙克复：《甲午中日战争史论集·方伯谦"正法"是否冤案》，辽宁大学科研处 1984 年印行，第 258、266—267 页。
② 孙克复：《论甲午黄海海战方伯谦先逃问题》，载《北洋海军研究》第一辑，天津古籍出版社 1999 年版，第 360 页。

是：'首先退避，将队伍牵乱，广甲随逃。'"①他并且强调："在没有发现确凿的新材料之前，方伯谦'首先驶逃'的罪名是不好轻易抹掉的。"②

陈贞寿先生给方伯谦的"罪名"有二："清廷电谕处死方伯谦的罪名主要有两条：一是方伯谦逃跑，'致将船伍牵乱'；二是'济远'先逃，引起'广甲'随逃，方伯谦必须对此负责。这两条罪名是否属实，是判断方伯谦被杀是否冤案的关键所在。"③

季平子先生则给了方伯谦三个罪名："方伯谦的罪名有三：1、首先逃跑；2、将队伍牵乱；3、撞坏'扬威'。"并紧步孙克复先生的后尘，大气磅礴地单方面宣布："陷害方伯谦的三项罪名全都出于捏造。"④

林庆元先生给出的"罪名"，更是惊人："其处死'罪'如下：'本月十八日开战时，自致远冲锋击沉后，济远管带副将方伯谦首先逃走，致将船伍牵乱，实属临阵退缩，着即行正法。'"

姜鸣先生的论文里，也出现了类似的字样："方伯谦是被清廷以'首先逃走，致将船伍牵乱，实属临阵退缩'的罪名处死的。"⑤

苏小东先生的观点大体与孙克复先生一致："强加于方伯谦的'罪名'，最明显也是最大的莫过于'将队伍牵乱'。……致使'各船观望星散'也好，'将队伍牵乱'也好，都是强加于方伯谦的罪名。"苏小东先生因此而质问并给出了答案："为什么要将'莫须有'的罪名强加于方伯谦？""强加根本不成立的'罪名'，更有蓄意陷害之嫌。"⑥

关捷先生则认为："黄海海战后，济远舰管带方伯谦因临阵先逃，'将队

---

① 戚其章：《全面评价方伯谦的问题》，全文原载《历史教学》1991年第2期，复节选于《方伯谦问题研讨集》，知识出版社1993年版，第46页。

② 戚其章：《走近甲午》，天津古籍出版社2006年版，第241页。

③ 陈贞寿、黄国盛、谢必震：《方伯谦案新探》，载《方伯谦问题研讨集》，知识出版社1993年版，第255—256页。

④ 季平子：《论陷害方伯谦的三项罪名全都出于捏造》，载《方伯谦问题研讨集》，知识出版社1993年版，第16页。

⑤ 姜鸣：《关于近年来方伯谦评价的一些情况》，载《北洋海军研究》第一辑，天津古籍出版社1999年版，第379—380页。

⑥ 苏小东：《"方伯谦案"质疑》，载《方伯谦问题研讨集》，知识出版社1993年版，第64—66页。

伍牵乱'并撞伤扬威舰等罪名,被处以军前正法极刑。"①

我们看到,在学者们天马行空般的笔下,方伯谦的"罪名"纷纷扬扬,五花八门,令人眼花缭乱。

我们要问的是,方伯谦有这么多的"罪名"吗? 这些"罪名"是清政府给的吗? 这是我们必须首先弄清楚的。

要弄明白方伯谦的"罪名",我们必须先弄懂一个概念:"罪状"。

我们知道,在刑法学领域,"罪状"是刑法条文对于某种犯罪的名称和犯罪构成特征的描述。只有符合某种犯罪成立的条件,才能构成犯罪。"罪状"是事先的规定,亦即法定的,如"钦定军规四十条"的第二条:"官员、兵丁临阵,俱须勇往直前。如有回顾、畏缩、交头接耳者,皆斩。"与之相对应的,可以参照《中华人民共和国刑法》第四百二十四条:"战时临阵脱逃的,处三年以下有期徒刑;情节严重的,处三年以上十年以下有期徒刑;致使战斗、战役遭受重大损失的,处十年以上有期徒刑、无期徒刑或者死刑。"②(这里需要声明,本文引用《中华人民共和国刑法》,只是提供一个参照,帮助大家尽快了解,绝无用今天的法律去审理方伯谦案之意。以下同此,不再说明)这里的"战时临阵脱逃的",就是罪状,后部分所规定的刑罚种类和幅度,则是法定刑。

而"罪名"呢? 这个容易理解,就是犯罪的名称。罪名是以罪状为基础的,罪名包含在罪状之中。在简单罪状的情形下,罪状就是罪名。如《中华人民共和国刑法》第一百七十条:"伪造货币的",其罪名就是"伪造货币罪";第二百三十二条:"故意杀人的",其罪名就是"故意杀人罪"。③ 简单罪状之外,还有叙明罪状、引证罪状和空白罪状。"钦定军规四十条"的第二条,其罪名是"选择罪名",与之相对应的,是单一罪名。也就是说,其罪名可以分解为"临阵回顾罪"、"临阵畏缩罪"和"临阵交头接耳罪",也可以概括为一个罪名,即"临阵回顾、畏缩、交头接耳罪"。

根据这个常识,我们看到的上引论文中,有哪一条是孙克复、戚其章先

① 关捷:《甲午风云与近代中国》,中央民族大学出版社1997年版,第142页。
② 《国家司法考试法律法规汇编》,中国政法大学出版社2004年版,第168页。
③ 以上法律常识,参见《国家司法考试辅导用书》(第二卷),法律出版社2004年版,第100—103页。

生所谓的"罪状"呢？又有哪一条是季平子、林庆元等先生所谓的"罪名"呢？都不是。"首先逃走"、"牵乱队伍"、"撞坏扬威"，既不是"罪状"，也不是"罪名"。清廷没有给方伯谦安上这些罪名，法律没有也不会给方伯谦这些"罪名"。苏小东先生质问："为什么要将'莫须有'的罪名强加于方伯谦？"究竟是谁将这些子虚乌有的罪名强加于方伯谦的头上呢？其实，就是上述诸位先生们，没有别人。

接下来，我们需要弄清楚的是，"首先逃走"、"牵乱队伍"、"撞坏扬威"，究为何物？让我们再看一遍清廷斩杀方伯谦的那道谕旨，即林庆元先生指为"罪名"的那份文书：

> 本月十八日开战时，自致远冲锋击沉后，济远管带副将方伯谦首先逃走，致将船伍牵乱，实属临阵退缩，着即行正法。

显然，根据一般的语文知识，"致将"，表示前因后果，即"将船伍牵乱"是"果"，而"首先逃走"是"因"。这是没有问题的。而法律也并不神秘，只是用词规范不一样而已。根据法律常识，在这份判决书里，"将船伍牵乱"是"危害结果"（容后讨论）；"首先逃走"是"危害行为"，说白了就是"犯罪事实"；而"实属"两个字，一下子就给出了方伯谦的"罪名"，即"临阵退缩"。而"撞坏扬威"一事，则根本未被朝廷作为定罪的考量因素，更谈不上是什么"罪名"了！

"危害行为"（犯罪事实）、"危害结果"是犯罪构成的两大客观要件。"临阵退缩"，其犯罪主体是特殊主体即军人，所危害的对象或侵犯的客体是军事指挥秩序。方伯谦"首先逃走"这一犯罪事实所造成的危害结果，就是"致将船伍牵乱"。

孙克复先生认为："澄清方伯谦被杀案的关键，在于方氏军前正法的罪名是否符合事实，准确无误。"[①]这句话说得很对。但是，连这些基本的法律常识都搞不明白，而去奢谈"罪状"、"罪名"，会得出什么样的结论呢！

四、方伯谦的犯罪事实（危害行为）：首先逃走

林庆元先生说："清政府虽有法律条文，但在某种情况下，实际上只按统

---

① 孙克复：《方伯谦被杀案考析》，载《方伯谦问题研讨集》，知识出版社1993年版，第29页。

治者意志定罪量刑,不全是凭据事实。"①

孙克复先生则认为:"由于对方伯谦没有进行审讯,自然也就不会有口供和其他法律证据。有的只是李鸿章根据丁汝昌的海战报告而提出的电奏。因此,这一案件从法学观点看,至少是事实不清,证据不足。"②

林庆元先生的"某种情况",显然是方伯谦被杀一案。弄清楚了方伯谦的"罪名"和犯罪事实、危害结果是什么,我们再看导致方伯谦被杀的危害行为,即"首先逃走"究竟是不是事实?

9月18日(八月十九日辰刻),旅顺船坞总办龚照玙(鲁卿)明确指明了方伯谦回到旅顺的时间:

> 旅顺龚照玙效卯急电:丑刻,济远回旅,据称,昨午十一点钟,我军十一舰在大东沟外遇日船十二只,彼此开炮,先将彼队冲散,但见击沉敌船四只,我军"定远"头桅折,"致远"被沉,"来远"、"平远"、"超勇"、"扬威"四舰时已不见。该轮阵亡七人,伤处甚多,船头漏裂水,炮均不能放,驶回修理。余船仍在交战。③

根据龚照玙的这份证词,方伯谦回到旅顺的时间是9月18日01:00—03:00(八月十九日丑刻)。

那么其他的舰船是什么时间回到旅顺的呢?《秘本日清战史》有一份《黄海海战两国舰艇回归基地时刻表》。④ 这是一份非常有用的时刻表,它清楚地告诉了我们中、日各舰艇回归基地的时间。为省篇幅,我们节取北洋舰队参战舰船回到旅顺基地的入港时间:

日	午	时	分	舰艇名
一八	前	三	三〇	济远
一八	前	七	三〇	清国水雷艇(名称未详)

① 林庆元:《关于"方伯谦冤案"》,载《方伯谦问题研讨集》,知识出版社1993年版,第57页。

② 孙克复、焦润明:《甲午战争启示录》,辽宁人民出版社1995年版,第247页。

③ 《寄译署》(光绪二十年八月十九日辰刻),《李鸿章全集》(二),电稿,上海人民出版社1986年版,第1001—1002页;《中国近代史资料丛刊·中日战争》(三),上海人民出版社、上海书店出版社2000年版,第128页。

④ 林伟功主编:《日藏甲午战争秘录》,[澳门]中华出版社2007年版,第72、100页。

日	午	时	分	舰艇名
一八	前	八	〇	广丙、福龙
一八	前	八	三〇	靖远
一八	前	八	四五	来远
一八	前	九	三〇	定远、镇远
一八	前	一一	〇	清国水雷艇（名称未详）
一八	前	一一	三〇	平远、镇南、镇中

研究甲午战争，我们感受到的最大困难就是中国方面史料的难求。而中方史料的阙失，很大一个原因，就是因为战败而毁损丢失。上引时间（指靠港），显然是日本军方根据缴获的旅顺港口船坞记录或舰船航海日志整理而来。即使按照那艘不知名的鱼雷艇回旅的时间，济远已经是先回了4个小时。方伯谦"先回"是不容置疑的。

但若有些人仍然不肯面对事实，再找一些证人来也无妨。

华甫曼（Gustaff Hermann Hoffman），①济远舰德籍洋员、总伻，战后接受媒体采访时，毫不掩饰其对方伯谦的同情，但他也不隐讳这样一个事实：

Thinking he could do no more with his disabled guns, Captain Fong decided to withdrew, and he made the best of his way to Port Arthur, arriving there six hours before the rest of the fleet.②（考虑到炮械损坏而无法继续作战，方管带决定退出战斗，在残余各舰到达前6小时，他一路平安很快地回到了亚瑟港。）

我们再看帮办镇远舰管带、美籍洋员马吉芬（Philo Norton McGiffin）的观察：

---

① 大东沟战后，报媒有将Hoffman称为"哈富们"的，这是不妥的；Hoffman的汉名应为"华甫曼"。参见孙建军：《参加甲午海战的洋员都是谁》，《大连近代史研究》第五卷，辽宁人民出版社2008年版，第109—111页。

② THE NAVAL FIGHTS: *Interview with Mr. G. Hoffman*, N. - C. DAILY NEWS, Thursday, 18th October, 1894. 这份《字林西报》的资料，承香港大学历史学硕士周政纬先生提供，特此鸣谢。

战后有关华甫曼的采访报道，周政纬先生的论文《甲午战争中济远舰上德籍船员哈富门相关史料及其研究价值初探》作了很好的讨论。

She reached Port Arthur at 2 A. M. next day(seven hours in advance of the fleet), spreading there a wild tale that we had been overwhelmed by a vast Japanese armada, etc. ①（济远于次日 2 点到达旅顺〈比舰队先到 7 个小时〉，并在港内疯狂散布谣言说我们的舰队被一支庞大的日本舰队全歼了。）

华甫曼、马吉芬对方伯谦的态度显然是有区别的，但在方伯谦先于其他舰船回到旅顺这个事实上，无疑是一致的。坐实了"先回"这件事，我们再看方伯谦是否"先逃"。我们应该看到，"先回"不一定是"逃"，"回"、"先回"是中性的。而"逃"则不然，通常的理解是，"逃"是为躲避不利于自己的环境或事物而离开。方伯谦在大东沟海战时离开战场的情形如何呢？

1894 年 9 月 21 日（光绪二十年八月二十二日），即战后的第四天，北洋海军提督丁汝昌（禹廷）等提交了大东沟海战战况报告，其中关于济远的部分：

> 当战时，自致远沉后，济远倡首先逃，各船随之西去。倭船分队追赶济远不及，折回将经远拦截击沉，余船始回归队。②

这是一份以丁汝昌名义提交的报告，但不能视为丁汝昌个人，而应是包括丁汝昌、汉纳根（Constantin von Hanneken）、林泰曾（凯仕，北洋海军左翼总兵、镇远舰管带）、刘步蟾（子香，北洋海军右翼总兵、定远舰管带）等舰队高级将领一起议定的。这份报告反映了当时北洋舰队高级将领的判断，即"济远倡首先逃"。

"丁汝昌报告"的这个指控，是需要有佐证的，否则就有可能是谎言。我请大家看方伯谦的作战对手是如何说的。当时追击济远的，依次是日本第一游击队的吉野、高千穗、秋津洲、浪速四艘军舰。

吉野舰长河原要一说：

午後三時三十分，致遠右舷ニ傾斜シテ沉沒シ，其推進器在水面上ニ旋回スルヲ認む。此時，濟遠及廣丙ハ遙々西北西ノ方向ニ逃シ。靖遠、來遠

---

① Philo Norton McGiffin: *the Battle of the Yalu, Personal Recollections by the Commander of the Chinese Ironclad Chen - yuen*, Century Magaine, 50:4（Aug, 1895）, pp. 585—604.

② 丁汝昌战报手稿影印件。

之二次々而メ。経遠ハ其後部火勢ガ盛ニシテ、右ニ傾斜セリ、又平遠及廣甲ハ水雷艇ト共ニ北方ニ走ル。①（午后三时三十分,致远右舷倾斜沉没,其螺旋桨在水面上回旋。此时,济远及广丙远远向西北西方向逃走。靖远、来远次之,而经远因其后部火势大盛,向右倾斜。又平远及广甲和水雷艇一起向北方驶走。）

高千穗舰长野村贞的报告,②根本未提到济远在战场上的表现,但高千穗舰上的分队长海军大尉子爵小笠原长生却注意到:

旗艦定遠及経遠ヲ焼キ,平遠、致遠ヲ大破セシム、敵終ニ支フル能ハズ,敗軍トナリテ四分五裂。濟遠、廣甲先ツ西南ヲ望ンデ敗走シ,五艦続イテ陸岸ニ沿フテ逃ル。③（旗舰定远及经远起火,平远、致远大创,敌终于不支,四分五裂地溃败。济远、广甲首先向西南败逃。五舰亦接续向岸边逃走。）

秋津洲舰长上村彦之丞的战斗报告称:

三時五十分,濟遠ハ南西ニ,廣甲、來遠ハ北西ニ,經遠、靖遠ハ北ニ,平遠、廣丙ハ北東ニ,分走ス。④（三时五十分,济远向南西,广甲、来远向北西,经远、靖远向北,平远、广丙向北东,分散逃走。）

浪速舰长东乡平八郎报告说:

三十一分,致遠ノ後部大ニ傾斜。三十五分遂ニ沈没ス。已ニシテ定遠燃ハ火災起リ,鎮遠ト共ニ東南ニ走リ,経遠(大火燼)、來遠、靖遠、廣甲ハ西方方面ニ,平遠、廣丙、水雷艇ハ廉島ノ東ニ逃走スルヲ見ル。茲ニ於テ,我遊撃隊ハ専ラ西北逃走ノ敵ヲ追ヒ。本隊ハ定遠、鎮遠ヲ追フシ見ル。暫クシテ経遠及靖遠ハ艦首ヲ回シテ,廣丙、平遠ト共ニ東方ニ向ヒ。濟遠ハ海洋島ノ西方ニ走シリ困テ,我遊撃隊ハ専ラ経遠ニ追ル。五時十

① ［日］河原要一:《大孤山冲战斗详报》(明治二十七年九月十九日),《联合舰队第十五回出征报告·海洋岛海战报告书》(卷三),第1089—1098页。日本舰长的报告,承陈悦先生提供,特此鸣谢。

② ［日］野村贞:《军舰高千穗战斗记事报告》(明治二十七年十月二日),《联合舰队第十五回出征报告·海洋岛海战报告书》(卷三),第1099—1105页。

③ ［日］川崎三郎:《日清战史》第3编,(东京)博文馆1897年版,第118页。

④ ［日］上村彦之丞:《黄海大孤山冲战斗》(明治二十七年九月二十八日),《联合舰队第十五回出征报告·海洋岛海战报告书》(卷三),第1107—1112页。

五分之二追及シ,烈シク砲撃ヲ加フ。少時ニシテ,彼シ艦内ニ火ヲ起シ,発砲ヲ止ム。且ッ船體ハ漸々左舷ニ傾斜シ,五十三十九分,遂ニ沈没ス。①(三十一分,致远后部大倾斜。三十五分遂沉没。定远燃起大火,与镇远一起走向东南,经远〈大火烬〉、来远、靖远、广甲向西方方向,平远、广丙、鱼雷艇向着鹿岛之东逃走。见此情景,我游击队专门追击向西北逃走之敌,本队则追击定远、镇远。经远、靖远舰,以及广丙、平远舰首转向东方。而济远已向海洋岛西方远走。我游击队遂专追经远,五时十五分追及之,炮声加倍猛烈,少时,该舰内火起,停止发炮,且舰体渐渐左倾斜,五时三十九分,遂沉没。)

在吉野舰上的常备舰队司令官参谋海军大尉釜屋忠道在黄海海战记里写道:

是ヨリ先キ済遠ハ西ニ奔テ已ニ遠ク。廣甲モ亦経遠ノ右舷艦首ニ當テ陸岸ニ近ク奔レリ。此邊ハ一帯ハ未測ノ地ニシテ。経遠ノ航跡泥沙ヲ混攪シ。吉野ノ航跡モ亦泥沙ヲ混攪セリ。……テ一時ニ之ヲ破壊セシメント欲シ。魚形水雷用意ノ號令ハ下サレタリ。少時ニシテ水雷長ハ水雷用意宜シト報告セシモ。第一游撃隊ノ二番、三番、四番艦ハ已ニ近ツキ來リテ頻ニ砲撃ニ及ヒシヨリ。吉野ハ砲撃ヲ止メ。魚形水雷ノ攻撃ヲモ見合セ。左舷十六點ニ針路ヲ變シテ。二番艦以下ノ砲撃ヲ傍觀シタルニ。少時ニシテ経遠ハ彌最期ヲ告ケ。暗車空ヲ蹴テ轉覆シ。赤色ノ艦底ヲ水面上ニ暴露スルニ至リ。②(在此之前济远已经向西远走。广甲亦紧靠经远右舷舰首,驶向岸边。这附近一带为未测之地。经远的航迹将泥沙混搅,吉野的航迹亦将泥沙混搅。……吉野放下鱼雷欲迅速将此摧毁。鱼雷准备的号令已下达。片刻水雷长报告鱼雷准备完毕。第一游击队的二、三、四号舰已走近,并频频发炮。吉野停止炮击。鱼雷的攻击也暂停。左舷向十六点改变航向,旁观二号舰以下舰的炮击。不一会儿,经远告终。推进器向天翻转,直至红色舰底暴露在水面。)

---

① [日]东乡平八郎:《浪速报告》(明治二十七年九月二十日),《联合舰队第十五回出征报告·海洋岛海战报告书》(卷三),第1113—1116页。

② [日]海军军令部:《廿七八年日清海战史》(上卷),(东京)水交社明治三十八年八月版,第217—219页。

而常备舰队司令、也就是第一游击队司令坪井航三的报告显然是自己的观察并综合了前述各位舰长的报告：

> 同(三時)三十分ニ至テハ致遠右舷ニ傾キテ覆沒シ。其他経遠ノ尚ホ火災ニ苦ムアリ。又破壞ヲ受ケテ進退ニ窮スルモノアリテ。敵陣ハ遂ニ全ク潰亂シテ各艦個々遁走スルニ至レリ。其ノ遁散シタルモノハ濟遠、廣甲、來遠、経遠、靖遠、廣丙ニシテ。濟遠ハ他ニ先チテ逸走シ。廣甲、來遠、経遠、靖遠之ニ次キ。皆大連灣ノ方ヲ目途トシ。廣甲以下四艦ハ沿岸ノ淺處ヲ通行セント欲シテ逸走ス。而シテ平遠廣丙ハ北ニ向ヘリ。①
> (三时三十分,致远右舷倾斜沉没。经远仍在大火中挣扎,而且遭受损坏,进退不得。最终敌阵全面溃散,各自逃遁。其中有济远、广甲、来远、经远、靖远、广丙。济远先于它舰逃跑,广甲、来远、经远、靖远继之,皆以大连湾为目标。广甲等四舰欲向沿岸浅处逃走,而平远、广丙则向北。)

我提请大家注意这些报告(尤其是河原要一、东乡平八郎报告的提交时间,这是不受其他信息影响的报告)。这几份证词,不仅证实了"济远先于它舰逃跑",而戳穿了某些学者制造的所谓"西战场"神话。其描述的追击济远不及并回头击沉经远的经过,与"丁汝昌报告"完全是惊人的一致的。这些来自第一游击队的日本海军们,都是追击济远过程中的现场目击者。他们的证词,全部印证了丁汝昌报告。这些证据,都是直接的、原始的、言词的、有罪证据(与之相对应的是,间接、传来、实物、无罪证据),任何的一份都可以单独直接证明方伯谦"首先逃走"这一主要事实。

看完日本海军将领的证词,我还可以请大家看北洋舰队中方伯谦的洋战友们是怎么说的。

总管镇远炮务、德籍洋员哈卜们(Heckman)证实：

> 于万无可逃之中,两舰业已先逃。此两舰者,既不开炮,又不救火,故一则先返乎旅顺口,一则竟毁于回禄氏,惜哉。②

马吉芬也说过：

---

① 《常备舰队司令官海军少将坪井航三报告》(明治二十七年十月十一日),[日]海军军令部:《廿七八年日清海战史》(上卷),(东京)水交社明治三十八年八月版,第250页。

② 《中东战纪本末·朝警记九》(卷四),沈云龙主编:《近代中国史料丛刊续编》第七十一辑,(台北)文海出版社1966年版,第353—354页。

The *Tsi Yuen*, with her faint - hearted commander, Fong, had bolted very soon after the enemy had opened fire. At 2:45 we saw this vessel about three miles astern on our starboard quarter, heading southwest toward Port Arthur. She was followed by a string of Chinese anathemas from our men at the guns. ①(由于其怯懦的方管带,济远在敌人开始炮击后不久就逃跑了。在下午 2:45 我们看见这艘船大约在我舰右舷后方 3 海里处,航向西南方向的旅顺口。我们的炮手们纷纷对此咒骂不休。)

还有戴乐尔(William Ferdinand Tyler),这位帮办定远舰副管驾、英籍洋员,在他的回忆中也对方伯谦的行为有所评述:

The *Tsi Yuan's* guns had disabled by a sledge - hammer to serve as an excuse for her fleeing at the beginning of the battle. For this and for a previous act of cowardice Fong, her Captain, later had his head cut off. ②(济远各炮为巨锤击坏,以作为临阵先逃的借口;舰长方氏因此及前此同样行为,不久即被砍掉了脑袋。)

哈卜们的"先逃",马吉芬的"bolt",戴乐尔的"fleeing",这三位北洋舰队洋员的幸存者,都是大东沟之役的参加者和目击者,一致指向了方伯谦"先逃"这个事实。这不能不说,是对方伯谦"逃跑"的一个共识。

有人称:"方伯谦问心无愧,所以才率舰首先回港。"③可是,方伯谦的铁杆同情者、广甲管轮卢毓英在他的回忆录里,虽然不断地为方伯谦叫屈,但也告诉了我们这样一个事实:

> 自大东沟逃归旅顺。既至,往见船坞总办龚观察。龚急询斯役如何? 方张皇而对之。④

据卢毓英说,北洋舰队残余各舰回到旅顺时,"各军犹扬旗奏乐,高唱凯歌"。而方伯谦为什么单单要"张皇"呢? 是被战火吓破胆了,还是心中有

---

① Philo Norton McGiffin: *the Battle of the Yalu*, *Personal Recollections by the Commander of the Chinese Ironclad Chen - yuen*, Century Magaine, 50:4 (Aug, 1895), pp. 585—604.

② William Ferdinand Tyler: *Pulling strings in China*, London, 1929, pp. 57.

③ 陈贞寿、谢必震、黄国盛:《方伯谦传略》,载《方伯谦问题研讨集》,知识出版社 1993 年版,第 12 页。

④ 《卢氏甲午前后杂记》,手稿影印件。

鬼？卢毓英深知个中三昧：方伯谦乃"自大东沟逃归旅顺"，因为"逃"，故而"张皇"也！

方伯谦"首先逃走"，这难道是丁汝昌或仅仅几个舰队高级军官的观感吗？显然不是。法律是讲证据的。上述如此之多的证人证词，铁案如山，方伯谦"首先逃走"这一事实，不容怀疑，也是推翻不了的。

五、方伯谦"首先逃走"的危害结果：致将船伍牵乱

一般认为，危害结果是危害行为所造成的具体侵害事实。如杀人行为造成他人死亡的事实，盗窃行为造成他人财产损失的事实，就是危害结果。危害结果是由危害行为造成的，危害行为是因，危害结果是原因引起的后果。直接的危害结果，是犯罪构成的选择性要件，是定罪的主要依据之一。结果又可以是间接的，或者是非物质性的（往往是无形的）。间接的危害结果不是犯罪构成的要件，也不是定罪的根据，只是量刑时从重考虑的情节。

法律上，危害结果还可以分为：属于犯罪构成要件要素的危害结果和不属于构成要件要素的危害结果。前者是指成立某一具体犯罪所必需的危害结果，如果行为没有造成这种结果，就不可能成立犯罪。如《中华人民共和国刑法》第四百二十八条的规定，指挥人员违抗命令，临阵畏缩，作战消极，造成了严重后果或致使战斗战役遭受重大损失，才构成"作战消极罪"。[①]这里的"严重后果或致使战斗战役遭受重大损失"，属于犯罪构成要件要素的危害后果，无此后果，则不构成此罪。后者是指不是成立犯罪所必需的、构成要件之外的危害结果。"这种危害结果是否发生及其轻重如何，并不影响犯罪的成立"。[②]例如，《雍正上谕军令条约》第二条规定："官员、兵丁临阵，俱须勇往直前。如有回顾、畏缩、交头接耳者，皆斩。"对于危害结果并没有作任何的要求，只要你"畏缩"，即"斩"你没商量。

苏小东先生讲："强加于方伯谦的'罪名'，最明显也是最大的莫过于'将队伍牵乱'。""致使'各船观望星散'也好，'将队伍牵乱'也好，都是强加于方伯谦的罪名。其实，'济远'逃跑和牵乱队伍之间并无必然的联系，换句话

---

① 《国家司法考试法律法规汇编》，中国政法大学出版社2004年版，第168页。

② 《国家司法考试辅导用书》（第二卷），法律出版社2004年版，第19页。

说,牵乱队伍并不是'济远'逃跑的必然结果。如果仅仅是为了置方伯谦于死地,只要坐实其'逃军'之罪也就足够了,为什么还要将牵乱队伍作为方伯谦逃跑的'恶果'强加于他呢?"①

既然有学者把"牵乱船伍"当作了"罪名"来研究,我们就有必要研究研究。前面已经说过,"牵乱队伍"不是方伯谦的罪名,而是方伯谦"首先逃走"的危害结果。而且,这个"后果"也不是丁汝昌一个人"强加"给他的,是有一批人在"强加"给他。

"'各船观望星散'不一定是'济远'退避的必然后果",②这是苏小东先生的看法。但是,需要指出的是,我们不能不面对这样一个事实,济远舰的逃走,首先也是直接地使北洋舰队失去了一个战术小队的战力。

Captain Fong's outrageous example was at once followed by the commander of the Kwan Chia, whose courage was scarcely exceeded by his knowledge of navigation;…… Our force had thus early been reduced to eight vessels. ③(方管带的无耻之举同样被广甲舰的管带仿效,而他的航海技术又实在是与他的胆量半斤八两,因为在午夜时分,他在大连湾外触礁……因此,我们的舰队很早就减少为8艘军舰。)

马吉芬在这里强调我舰少了一个小队。但真正受影响的,主要还是军心、士气。诚如孙克复先生所言:"济远是负有作战任务的战舰,中途退避,不仅削弱北洋舰队战斗力,而且动摇军心。"④战场逃跑,是件影响恶劣、民愤极大、人神共怒的事情。它所引起的连锁效应,不容忽视,那些战场指挥官最为担心的,也就是这个。一鼓作气,再而衰,三而竭。士气一旦崩溃,犹如决堤之水,一泻千里,再收拾起来,恐怕难于上青天了!

---

① 苏小东:《"方伯谦案"质疑》,载《方伯谦问题研讨集》,知识出版社1993年版,第65、66页。

② 苏小东:《"方伯谦案"质疑》,载《方伯谦问题研讨集》,知识出版社1993年版,第70页。

③ Philo Norton McGiffin:the Battle of the Yalu, Personal Recollections by the Commander of the Chinese Ironclad Chen-yuen, Century Magaine, 50:4(Aug, 1895), pp. 585—604.

④ 孙克复:《方伯谦被杀案考析》,载《方伯谦问题研讨集》,知识出版社1994年版,第42页。

"广甲"尤胆落,急返棹而逃。时"来远"火甚,前舱尽焚,已延机舱及于将台之下,乃离队自救。适趋"广甲"之侧,呼救不已。"广甲"不顾,"来远"怒击之,中其厕所。"广甲"开足轮机而逃,故"来远"再击之,已无及矣。①

卢毓英回忆当时情景,广甲只是"随逃",就遭到了来远的炮击,而"首先逃走"的济远,大家对之会是什么感受呢? 我们来看一下。

面对方伯谦的辩解,丁汝昌当即指出:

七月二十三日,尔猝不及防,突与敌遇,犹得以寡不敌众保全船只为词。殆八月十八日,两军船数相当,杀敌致果,全在各船效命,乃身为右翼副将,望敌而逃,将何以报君父厚恩,使士卒效死耶?②

当林泰曾等人请刘步蟾一起设法为方伯谦开脱罪责时,刘步蟾拒绝得斩钉截铁:

此吾不与也,且大东沟之役,彼固知全军将覆,而欲脱身事外,袖手以观我辈之沦亡,彼已于大局何?③

当方伯谦试图请求素有交情的旅顺防将、毅军统领宋庆(祝三)代为转圜时,宋庆的回答更是干脆:

我恨无海军生杀之权,自我操,则七月间已在军前正法,尚复令尔重误国家大事耶?④

对"临阵退缩"的危害,时人或在战场上的当事人的感受比我们今天书房里秀才们的感受要更加强烈,更加真切。

这里有个问题,必须加以说明。卢毓英曾讲:

方既伏法,济远士卒均奔麓伏尸而哭,号啕跌蹰,声闻数里,见者无不泪下。盖方待其士卒极有恩礼,故如是也。⑤

有人由此发挥,方伯谦没有冤情,济远兵卒为何哭? 这个问题可以这样

---

① 《卢氏甲午前后杂记》,手稿影印件。

② 《中倭战守始末记》(卷一),沈云龙主编:《近代中国史料丛刊》三编第三十二辑,(台北)文海出版社 1987 年版,第 48 页。

③ 《卢氏甲午前后杂记》,手稿影印件。

④ 《中倭战守始末记》(卷一),沈云龙主编:《近代中国史料丛刊》三编第三十二辑,(台北)文海出版社 1987 年版,第 48 页。

⑤ 《卢氏甲午前后杂记》,手稿影印件。

理解,但也可以换个角度看。对于济远兵卒来说,方伯谦逃跑的命令,不啻一道救命的护身符。"海战之艰危,较陆军为尤甚,以全船性命争胜于风涛弹雨之中,一船被沉,即全营覆没"。① 如果方伯谦舍命拼战,济远就有船没人尽的可能。蝼蚁尚且惜命,你说,济远的士兵会不会对方伯谦感恩而感伤而流泪呢! 有听说过其他舰船的士卒为方伯谦而哭的吗?②

六、对方伯谦"量刑"不当吗?

苏小东先生说:"毫无疑问,即使方伯谦的'逃军'罪名成立,'济远'的伤势及其致伤原因,起码也应视为定罪和量刑的重要依据之一。"③

林庆元先生也说:"济远号已完全失去了战斗能力。从上述炮械全毁,已证明不能继续作战,这点在当时量刑时可能起关键作用的。"④

孙克复先生的奇谈怪论最多:"清政府既认定方伯谦'实属临阵退缩',按之军规当然要处以正法极刑。但方伯谦确实是在炮械毁损比较严重的情况下退避,其情节与性质同临阵退缩有重大原则区别。因此,以'临阵退缩'罪处以军前正法极刑,当然不妥。"⑤

孙克复先生还说过:"以'临阵退缩'罪论处,即使不能说是强加之罪,至少也是量刑不当。"⑥

前面已经讲过,清朝不是法治国家,其法律并没有规定"临阵退缩"罪的

---

① 《酌定海军赏恤章程折》(光绪二十年七月二十二日),《李鸿章全集》(四),海南出版社 1997 年版,第 2246 页;又见《李鸿章奏为酌定海军交战赏恤章程折》,张侠等编,《清末海军史料》,海洋出版社 1982 年版,第 499 页。

② 1)来远舰水手陈学海说:"(方伯谦)行刑时,各舰弟兄们一齐围着看,没有不说好的。"戚其章:《北洋舰队》,山东人民出版社 1981 年版,第 216 页;2)护军炮目李金声说:"方大头临阵脱逃,在旅顺被龚道台枭首示众,弟兄们都说他死有余辜";3)旅顺道台衙门侍童李振鹭说:"那天一大早,在衙门里听说斩方伯谦,我就跑去看。方伯谦穿着茄青纺绸小褂拉上了刑场。围着看的当兵的很多,都说该杀。"戚其章:《中日甲午战争史论丛》,山东教育出版社 1983 年版,第 149 页。

③ 苏小东:《"方伯谦案"质疑》,载《方伯谦问题研讨集》,知识出版社 1993 年版,第 64 页。

④ 林庆元:《关于"方伯谦冤案"》,载《方伯谦问题研讨集》,知识出版社 1993 年版,第 56 页。

⑤ 孙克复:《方伯谦被杀案考析》,载《方伯谦问题研讨集》,知识出版社 1993 年版,第 41 页。

⑥ 孙克复、焦润明:《甲午战争启示录》,辽宁人民出版社 1995 年版,第 249 页。

量刑情节。

"情节"分为法定的量刑情节和酌定的量刑情节。法定量刑情节是指法律明文规定在量刑时应当予以考虑的情节,如《中华人民共和国刑法》第四百二十四条"战时临阵脱逃罪"中:"致使战斗、战役遭受重大损失的,处十年以上有期徒刑、无期徒刑或者死刑。""致使战斗、战役遭受重大损失的",就是量刑情节,这明白地规定在"罪状"里面。而《钦定军规四十条》第二条,并没有规定这样的法定量刑情节,只要"畏缩"即"斩"。这是法定刑,也是绝对确定的法定刑(与之对应的是,相对确定的法定刑,如上述刑法第四百二十四条的后部分)。

对于方伯谦,可以考虑的,就只有酌定量刑情节了。酌定量刑情节,是指虽无明文规定,但根据立法精神、刑事政策和审判经验,在量刑时考虑的情节。而酌定情节至少应包括如下八个因素:a. 犯罪的手段;b. 犯罪的时空及环境条件;c. 犯罪的对象;d. 犯罪行为造成的危害结果;e. 犯罪的动机;f. 犯罪后的态度;g. 犯罪人的一贯表现;h. 前科。"'济远'的伤势及其致伤原因",属于哪一个量刑情节呢?既然今天学者们要求考虑"情节",就不能单单考虑某一个情节,而应该全面地检讨权衡。

显然,犯罪的手段、犯罪的对象,对方伯谦没有特别意义。前科,方伯谦此前没有受到过刑罚,①也不在考虑之列。可以考虑的是其余几项。

1. "犯罪后的态度",方伯谦从未自认有罪,②自然也就没有悔罪、坦白的表现,可不必考虑。

2. "犯罪行为造成的危害结果",前已讨论,"致将船伍牵乱",自然是情节恶劣,危害极大,民愤也极大,只能属于从重情节。

3. "犯罪的动机",方伯谦既是《北洋海军章程》的起草人之一,③又是舰队中的重要军官,对章程条文自然是掌握的,而其"首先逃跑",认定其有主

---

① "袁致电爵相,以济远惊逃,纪大过两次。"《冤海述闻》,方氏故居藏本,第2页。

② "来远管带邱彪臣请于丁,念同学之谊入而看视……方慨然曰:吾自了吾事耳。"《卢氏甲午前后杂记》,手稿影印件。

③ "兹凯士、益堂赴津与诸公会议章程。"《致罗稷臣》(光绪十四年四月廿一日);"会议水师章程事,昨饬林营务处及济远方管带去津趋谒。"《致郁山廉访》(光绪十四年四月廿四日),戚俊杰、王记华编校:《丁汝昌集》,山东大学出版社1997年版,第94页。

观恶意,当不会冤枉他。"知法犯法,罪加一等",虽然不是什么专业的法律术语,却反映了民众对"知法犯法"者的一般恶感与共识。

方伯谦"首先逃走",不谋自救而重返战场,且中途撞沉扬威,[①]却不施以援手;作为队长舰,对僚舰广甲也不给以引导、照顾(广甲属粤洋舰队,济远则长期活动在黄海海面,对海域地形的掌握自有天壤之别),以12.5浬/小时的速度,[②]一路狂奔回旅顺。所作所为,在在显示着其主观的恶意。

4."犯罪人的一贯表现",我们不能说方伯谦一贯"逃跑"。但是此前不久的丰岛海战,却颇值得人们思量。很多人认为,方伯谦在丰岛海战中是积极英勇的,所以功臣不该杀。可是这即使是真实的,也并不能说明问题。首先,有功当赏,有罪必罚,赏罚须分明,[③]这是颟顸的清廷尚且明白的道理。功岂能抵过?次者,也是我们重点讨论的问题,就是人们对丰岛海战的观感,因为舆论可能影响甚至左右决策者的判断。同情方伯谦的人们常说,李鸿章"何以方伯谦先回"这一问乃是别有用心。[④]我要先请大家看一封电报:

> 旅顺昨无续电,是所谓毁我四船,及禹廷受伤,皆不足信。必仍是济远先逃,七艘继之,倭得以全力攻我四船,致沉一失三耳。[⑤]

这是远在千里之外的辽阳负责前敌转运事务的周馥(郁山),在得不到后续消息的情况下,于9月19日(八月二十日)向津海关道兼北洋行营翼长盛宣怀(杏荪)询问时,仅凭先前"济远先回"这个事实,而得出的判断。我请大家注意"必仍是"三个字。虽然丁汝昌对方伯谦在丰岛一战的作为,以"众

---

① 孙建军:《"济远"撞坏"扬威"考正》,载《甲午纵横》第二辑,华文出版社2008年版,第266—276页。

② 刘申宁:《论方伯谦问题》,载《北洋海军研究》第一辑,天津古籍出版社1999年版,第395页。

③ "行军纪律,赏罚为先,畏葸者不可姑容,奋勇者亦须奖励。即如管驾济远之方伯谦,于牙山接仗时,鏖战甚久,炮伤敌船,尚属得力,着李鸿章传旨嘉奖。"《军机处电寄李鸿章谕旨》(光绪二十年七月十一日),《中国近代史资料丛刊·中日战争》(三),上海人民出版社、上海书店出版社2000年版,第30页。

④ "这本是很正常地了解情况,却很容易让人解读出其他含义来。"苏小东:《甲午中日海战》,天津古籍出版社2004年版,第121页。

⑤ 《周馥致盛宣怀电》(光绪二十年八月二十日),吴伦霓霞、王尔敏:《清季外交因应函电资料》,香港中文大学中国文化研究所1993年版,第135—136页。

寡不敌恕之"而不上报全部实情，且为其夸大战果，但实际是怎么回事，大家心里是清楚的。有这样的案底，周馥才会作出这样的判断；李鸿章对其不放心而发出"方伯谦为何先回"的一问也是正常的。周馥、李鸿章会有疑问，朝中大臣难道不会？丰岛之事既已"流言布满都下"，中枢大臣们不会在"当时量刑时"把这些情节考虑进去么？我看会！

5."犯罪的时空及环境因素"，是最值得推敲的，也是方伯谦的同情者们最容易提出疑问的。既然是战场这种特殊环境和时空，难道不可以作为从轻的情节么？不是的。"临阵脱逃"罪的"临阵"已经把战场这个时空和环境因素包括在罪状之中，乃题中之义，没有临阵何来脱逃？因为临阵脱逃罪的犯罪主体是特殊主体，即军人。

再者，"伤势"不能作为逃跑的借口。如果战场上的军人自己或武器的伤损可以成为免罪的理由，那战争根本不用打了！[1]

显而易见，方伯谦的犯罪性质是"临阵脱逃"，军舰的伤情并不能影响这一性质。伤情既不是"量刑的重要依据"，也不"可能起关键作用"。与量刑有关的是犯罪情节，而不是犯罪的性质。孙克复先生既已称方伯谦"临阵退缩"被认定，却又称其"情节与性质同临阵退缩有重大原则区别"，既在逻辑上自相矛盾，又外于法律。

若要量刑(这只是按照今天的法律来假设，用之当年的方伯谦并不适当)，方伯谦只有从重或加重的情节，没有从轻或减轻的情节！

还有人说，济远先逃，广甲随逃，二者皆为"逃"，何以方伯谦处罚"重"，而广甲舰管带吴敬荣(健甫)轻之？[2] 甚至认为这是"同罪异罚"。其实，"犯罪情节是复杂的，同一种犯罪，情节可能殊异。情节不同，对社会的危害程度也就不同，因而量刑时处以的刑罚也必然不同"。[3] 二人虽然都是临阵脱逃，但在量刑上却不可能相同。

---

① 这个问题，苏小东先生、刘申宁先生已经有过很好的分析。见苏小东：《"方伯谦案"质疑》，载《方伯谦问题研讨集》，知识出版社1993年版，第70页；刘申宁：《论方伯谦问题》，载《北洋海军研究》第一辑，天津古籍出版社1999年版，第397页。

② "'广甲'管带吴敬荣又是丁汝昌的小同乡，也要曲意回护。"姜鸣：《龙旗飘扬的舰队》，三联书店2002年版，第378页。其实，姜鸣先生的逻辑并不通，刘步蟾是方伯谦的同乡兼同学，不是也被方伯谦的家人指控为杀人凶手？

③ 赵长青主编：《中国刑法教程》，中国政法大学出版社1997年版，第216页。

作为战术小分队，济远是队长舰，而"广甲"乃是僚舰，是主从的关系；从广东水师与北洋海军的关系看，济远是主战舰只，而广甲乃是助战（李鸿章向朝廷"以北洋一隅敌日本全国"的解释；程璧光、牛昶晒最后投降时乞求伊东祐亨退还广丙的理由，①即反映了这样的认识），是主辅关系；从军阶的高低看，方伯谦是副将，吴敬荣乃是守备，是上下级关系；在逃跑这一行为上，方伯谦是"先逃"，吴敬荣是"随逃"，仍是主从关系。从哪个意义上讲，二人也不可能同罪同罚。二人既不同罪，当然要异罚。何况朝廷要"杀一儆百"，而不是斩尽杀绝。

七、杀方伯谦在程序上有问题吗？

孙克复先生说："光绪下决心整肃军纪，杀一儆百，以致出现异乎常规，不经刑部掬实就亲自谕令军前正法的现象。"并认为"这就是方伯谦被杀的主要原因"。② 这里的"异乎常规"、"不经刑部掬实就亲自谕令军前正法"，显然是指杀方伯谦在法律程序上存有问题。回答这个问题之前，让我们先回顾一下杀方伯谦的请旨经过。因为，那个特殊的年代、时期，只要层层请示，谕旨批示，杀掉罪犯，这就是"程序"。

接 9 月 18 日（八月十九日辰刻）龚照玙电报，李鸿章大吃一惊，当即（十九日巳刻）回电表示关心：

> 济远伤易修否？续报若何？念极，即示。……金龙速饬往探海军及运船下落回报。急急。③

---

① "伊东海军司令官阁下：广丙一舰，原属广东舰队。去年春，李中堂依例检阅海军，其与广甲、广乙共来北洋，嗣事毕即回粤，而被北洋暂留。现广甲、广乙沉毁，粤舰仅余广丙一残舰。这次战争，本与广东无关，若广东一军全没，程舰长之长官广东总督全失颜面。请阁下推察细情，将舰上各炮卸下，将广丙空船退还程舰长，绝不再参与战争，程舰长在广东总督面前或可稍有脸面。此意若许，在下感阁下无量之德。请谅多次烦扰。正月二十二日。牛昶晒拜。"［日］海军编辑局编：《军舰松岛之纪念》，（东京）画报社支店明治四十五年五月版，第198—199 页。

② 孙克复：《甲午中日战争史论集·方伯谦"正法"是否冤案》，辽宁大学科研处 1984 年印行，第 268 页。

③ 《寄旅顺龚道》（光绪二十年八月十九日巳刻），《李鸿章全集》（二），电稿，上海人民出版社 1986 年版，第 1002 页。

几乎就在回电龚照玙询北洋舰队下落的同时,北洋舰队残余各舰回来了。① 丁汝昌问明龚照玙、方伯谦回旅时的情况,即于"效巳"电报了简单的战况,并淡淡地说了一句:"济远亦回旅。"②

丁汝昌等无意揭发方伯谦,但李鸿章却感到方伯谦的先回别有隐情。久经战阵、阅历丰富的李鸿章知道,他不揭开这个盖子,宽厚的丁汝昌是不会主动揭发的,③在给总署转报的同时,李鸿章给丁汝昌发去了指示:

> 接电,此战甚恶,何以方伯谦先回?各船损伤处,赶紧入坞修理,防日船复扰。……伤亡弁兵若干?并念。④

李鸿章的眼睛是尖锐的。前丰岛海战,他即从战报中看出方伯谦所谓"尾炮退敌"的破绽:"一炮果如此得力,果各船大炮齐发,日虽有快船快炮,其何能敌?"⑤这次,李鸿章还是看出了方伯谦的蹊跷。若非李鸿章的这一问,丁汝昌又何来刻意治方伯谦之罪?

9月20日(八月二十一日戌刻),丁汝昌电报李鸿章关于自己的伤情,并建议在林泰曾和刘步蟾二人中"饬一人暂行代理"。⑥ 第二天(八月二十二日),朝廷下旨"海军提督着刘步蟾暂行代理"。⑦ 经过龚照玙、丁汝昌、汉纳根、林泰曾、刘步蟾等人的调查,丁汝昌等拟交了大东沟海战报告,并建议"严行参办"方伯谦:

---

① "进口之顷,各军犹扬旗奏乐,高唱凯歌。"《卢氏甲午前后杂记》,手稿影印件。

② 《寄译署》(光绪二十年八月十九日申刻),《李鸿章全集》(二),电稿,上海人民出版社1986年版,第1002页。

③ "如林泰曾前在仁川畏日遁走,方伯谦牙山之役敌炮开时躲入舱内,仅大副二副在天桥上站立,请令开炮,尚迟不发,此间中西人传为笑谈,流言布满都下。汝一味颟顸祖庇,不加觉察,不肯纠参。"《寄丁提督》(光绪二十年七月初六日巳刻),《李鸿章全集》(二),电稿,上海人民出版社1986年版,第855页。

④ 《寄旅顺丁提督》(光绪二十年八月十九日申刻),《李鸿章全集》(二),电稿,上海人民出版社1986年版,第1003页。

⑤ 《复丁提督》(光绪二十年六月廿八日酉刻),《李鸿章全集》(二),电稿,上海人民出版社1986年版,第828页。

但对外、对上,李鸿章仍宣称:"倭吉野快船伤重几沉是实。"《寄译署》、《寄伦敦龚使》(光绪二十年七月初四日辰刻),《李鸿章全集》(二),电稿,上海人民出版社1986年版,第818、849页。

⑥ 《寄译署》(光绪二十年八月廿一日亥刻),《李鸿章全集》(二),电稿,上海人民出版社1986年版,第1018页。

⑦ 《寄旅顺丁提督》(光绪二十年八月廿三日巳刻),《李鸿章全集》(二),电稿,上海人民出版社1986年版,第1019页。

此次济远首先退缩，将队伍牵乱，请中堂严行参办，以警效尤。

……此系中国初次海战，赏罚若不即行严办，以后恐难振作。①

9月22日（二十三日），李鸿章向总理衙门转呈了以丁汝昌名义所作的大东沟海战战况报告，并请旨处分方伯谦：

兹据丁汝昌查明，致远击沉后，该管带方伯谦即先逃走，实属临阵退缩，应请旨将该副将即行正法，以肃军纪。……②

当日（八月二十三日），李鸿章还转直隶提督叶志超（曙青）电并奏：

所有逃出之杨建胜，应请严拿即行正法，以肃军令。③

这一天，李鸿章连续建议军机处请旨处分海陆将领，其实是不得已，平壤军情紧急，9月17日（八月十八日）皇帝才下达上谕："各营将领，如有桀骜不驯、退缩不前者，并着叶志超据实参奏，即以军法从事，毋稍宽纵。"④言犹在耳，败绩逃将的信息接踵而至，李鸿章能不恼火?!

战事不利，军纪不严，朝中大臣亦愤怒异常，⑤皇帝天颜震怒，立即降下圣旨（光绪谕旨皆军机处大臣所拟）。9月23日（八月二十四日），李鸿章接到了两道谕旨。

其一："奉军营官守备杨建胜首先开城脱逃，着即严拿正法。"⑥

其二："总署电，本日奉旨：'李鸿章电奏查明海军接仗情形，本月十八日开战时，自致远冲锋击沉后，济远管带方伯谦首先逃走，致将船伍牵乱，实属临阵退缩，着即行正法。……'希即钦遵，将方伯谦即行正法具报。"⑦

---

① 丁汝昌战报手稿影印件。

② 《寄译署》（光绪二十年八月廿三日酉刻），《李鸿章全集》（二），电稿，上海人民出版社1986年版，第1022—1023页。

③ 《北洋大臣李鸿章奏临阵脱逃官弁请予严拿正法电》（光绪二十年八月二十三日），《中国近代史资料丛刊续编·中日战争》（1），中华书局1989年版，第250页。

④ 《军机处寄北洋大臣李鸿章上谕》，《中国近代史资料丛刊·中日战争》（三），上海人民出版社、上海书店出版社2000年版，第101页。

⑤ "连日军情如此，鸭绿江一线可危，即渤海亦可危。"陈义杰整理：《翁同龢日记·甲午八月廿一日》（五），中华书局1997年版，第2731页。

⑥ 《军机处寄北洋大臣李鸿章上谕》（光绪二十年八月二十四日电报档），《中国近代史资料丛刊·中日战争》（三），上海人民出版社、上海书店出版社2000年版，第117页。

⑦ 《寄丁提督刘镇》（光绪二十年八月二十四日午刻），《李鸿章全集》（二），电稿，上海人民出版社1986年版，第1029页。

9月24日(二十五日)晨6:30左右，①一声炮响，②"刃经三落"，方伯谦人头落地。③

从上述电报反映出来的情况，我们可以看到：一，丁汝昌并无意严惩方伯谦，是李鸿章的追逼；二，丁汝昌只是"请中堂严行参办，以儆效尤"；三，李鸿章也不过是建议"译署"去向皇帝"请旨将该副将即行正法"；四，皇帝当即下圣旨要杀方伯谦，完全出于皇帝的震怒。天颜变色，皇帝要杀方伯谦，谁管得了？

这在程序上有问题吗？没有。

有人会说，不经过审判就是不对。同情方伯谦的学者们紧紧揪住这个问题，以为这是点到了"死穴"，而一些认为方伯谦该杀的学者们在这个问题上也是态度暧昧，④显示这些学者既不愿意历史地看问题，又缺乏基本的法律常识。

清朝不是法治国家，这前面已经讲过。孙克复先生说："光绪下决心整肃军纪，杀一儆百。"这话基本上是说对了，但他却说这"异乎常规"，却又说错了。其一，封建专制制度下的"常规"，就是皇帝说杀就杀；其二，还有个"就地正法"的问题。这是孙克复先生不大了解的。

"就地正法"，自1851年(咸丰元年)开始，作为特定的死刑程序进入晚清的法律框架范围。那时，太平天国及各地农民暴动，似洪水般在全国蔓

---

① 卢毓英为"早五句钟"。案，"早五句钟"为晨02:30，或06:30。《中倭战守始末记》称"晨五点钟时"，疑"五点钟"为"五句钟"之误。又，来远舰水手陈学海称为"天刚蒙蒙亮"；道台衙门侍童李振鹭称"一大早"；而《冤海述闻》称"天未明"。

方伯谦的后代和同情者们一直认为，方伯谦"天未明，在没设刑场，没出告示，没有监斩官，不用刽子手，更没有受教育的群众下"，遭到了"秘密杀害"，是李鸿章、丁汝昌居心不良。这个令人哭笑不得的想法，开导起来有点麻烦。在这些人的思维里，似乎像公开审判、公开砍头、聚众围观，才是合理的！岂不知，这是封建专制制度下，最愚昧、最不尊重人、也最是侮辱人格，也最应该遭到唾弃的一种做法。

② 《卢氏甲午前后杂记》，手稿影印件。

③ 《中倭战守始末记》(卷一)，沈云龙主编：《近代中国史料丛刊》三编第三十二辑，(台北)文海出版社1987年印行，第48页。

方丽祥的父亲方莹告诉她："伯母认定是刘步蟾害的，你大伯父到旅顺扶棺回籍时说，是割喉身亡。"方俪祥：《我为伯公方伯谦鸣冤》，载《方伯谦问题研讨集》，知识出版社1993年版，395—397页。

④ 如，关捷先生于2008年9月8日在北京电视台录制电视专题片《揭秘真正的甲午海战》做访谈时，谈完方伯谦的种种该杀之后，后缀一句：无论如何，不经审判就杀，总是不对的！

延,社会秩序混乱。为了挽救岌岌可危的统治、恢复政治秩序和社会安定,清政府采取"从重从快从严"的刑事政策,将死刑复核权下放。这一政策虽经1882年(光绪八年)的调整,但作为特定事态下的特殊制度,仍是清代死刑审判制度的构成之一。①

有人说:"除有冤情的方伯谦外,竟再无一个享有奉旨军前正法的'殊荣'的。"②这话完全错。因为还有一个比杀方伯谦更痛快的例子。我先请大家看一封电报:

> 连日孙万林与刘澍德等军与倭接仗,虽互有胜负,而各营将领不齐,接仗未能得力,致倭人渐向西进,非斩其退缩之尤者,不足以警众。查各军退缩者不止一人,而以阎得胜为最怯。秉衡于初四日懔遵谕旨,饬令孙万林将统泰靖营兼统精健营副将阎得胜军前正法。传令各营,如再退缩不前者,杀无赦。③

这是山东巡抚李秉衡(鉴堂)的一份电奏,说的是,1895年1月25日,为彻底歼灭北洋舰队,拔掉其基地刘公岛,日本陆军从荣成登陆,抄袭威海卫后路。山东巡抚李秉衡调集军队前往堵截,孙万林(寿卿,记名提督,嵩武军分统)、阎得胜(凯臣,副将,统泰靖营兼统精健营)、刘澍德(绥军分统)三支部队在石家河沿岸桥头集至白马村一线阻敌,力战不胜,撤出战斗,而阎得胜随即遭到杀戮。从这封电报我们可以看出:①李秉衡杀阎得胜并未先行请旨,而是事后汇报;②李秉衡杀阎得胜的法律依据是不久前皇帝的谕旨。④ ③李秉衡不经请旨即杀掉一员副将,并未受到朝廷的

① 参见邱远猷:《太平天国与晚清"就地正法之制"》,载《近代史研究》1998年第2期,第31—50页;刘伟:《甲午前四十年间督抚权力的演变》,载《近代史研究》1998年第2期,第59—78页;王瑞成:《就地正法与清代刑事审判制度》,载《近代史研究》2005年第2期,第212—224页;娜鹤雅:《清末"就地正法"操作程序之考察》,载《近代史研究》2008年第1期,第144—146页。

② 王民:《方伯谦问题研究述评》,载《方伯谦问题研讨集》,知识出版社1993年版,第506页。

③ 《山东巡抚来电》(光绪二十一年正月初五日到电寄档),《中国近代史资料丛刊·中日战争》(三),上海人民出版社、上海书店出版社2000年版,第356页。

④ "……上岸之贼逼近威海,来势甚锐。……如有临敌溃退者,即以军法从事。李鸿章、李秉衡当剀切晓谕全营将士,俾共懔遵。钦此。"《军机处电寄李鸿章李秉衡谕旨》(光绪二十年十二月三十日),《中国近代史资料丛刊·中日战争》(三),上海人民出版社、上海书店出版社2000年版,第347页。

任何批评。

退缩不前,杀无赦。比起同为副将的阎得胜,方伯谦有什么需要特殊照顾的吗?有圣旨在手,有法可依,事实清楚,证据确凿,还需要麻烦刑部的那些大人吗?!

还有个问题,必须在此说明。苏小东先生说:"即使是按照封建社会的军法,阵前正法与战后正法也是有着完全不同的处理原则,何况牵涉的是近代化海军这一新的军种。"①我们没有看到苏小东先生所谓的"不同的处理原则"是什么,但我们知道,这里没有"即使",而是必须,是就得"按照封建社会的军法",而绝不是别的什么"法";我们也知道在"近代化海军这一新的军种"的一艘军舰上,是根本无法对一位舰长实施"阵前正法"的。请看《北洋海军章程第十·铃制》:

> 按兵船驶行海上,瞬息百里,动辄隔绝闻问,遇有战事,督队官仅能调度数船,多则远望莫及……又兵船上官弁各分职事,兵匠亦各有所属,要皆听号令于管带官。他项人员,职衔纵或较崇,不能夺管带官赏罚之权。今订铃制条例于左:
>
> ……
>
> 一、各船管带官有管理全船之责,凡船上大、二、三副及管轮官等,不论衔职大小,均听管辖调遣。凡管轮官所用一切管油、升火匠、夫人等,鱼雷大副所用鱼雷匠、兵人等,倘有违误,应行惩责等事,俱应报由管带官处治。

按照这一规定,舰长是舰上最高的长官,集行政、军事、司法权力于一身,②他可以对舰长以下的官弁"就地正法"。请问苏先生,有什么人能够对一艘海上运动中的舰船的舰长实施"阵前正法"?苏先生这种煞有介事的说法,最能迷惑人,实则根本不着边际!

---

① 苏小东:《甲午中日海战》,天津古籍出版社 2004 年版,第 122 页。

② "英国战列舰上的生活,是维多利亚女王或爱德华王子统治时期的社会缩影(至少在 1956 年大改组以前是这样)。……舰长(其军衔相当于陆军准将)就象一位遥远的君主。他的统治通常是通过一位中校来进行的……他既是副舰长,又是第二指挥官,他负责发布舰上的活动日程和处理每天的违法案件,虽然那些违犯军纪和败坏秩序的重大案子需要由舰长来亲自处理。……海军的纪律是迅速执行的,也是很严格的。"[英]洛德·希尔-诺顿、约翰·德克尔著,周国存译:《从战列舰到核潜艇》,海洋出版社 1992 年版,第 23、25 页。

八、与方案有关的几个问题

1. 济远的伤情未检查？

> 指控方伯谦临阵脱逃,却并没有对济远的伤势进行必要的检验,因为这毕竟也是对其量刑轻重的要件。①

这是苏小东先生对《冤海述闻》控诉②的发挥。济远伤势是否是量刑轻重的要件,前面已经谈过。但,有否查验济远的伤情,是同情方伯谦的人们,常抓不懈的"把柄"。事实果真如此吗？我还是先请大家看几封电报:

《寄旅顺龚道》(八月十九日巳刻):"济远伤易修否？续报若何？念极,即示。……急急。鸿。"③

《寄译署》(八月十九日申刻):"……我军各船伤亡并各船受伤轻重速查再电禀云。"④

《寄旅顺丁提督》(八月十九日申刻):"……各船伤处,赶紧入坞修理,防日船复扰。"⑤

《寄译署》(八月十九日亥刻):"龚照玛电:……其余海军战舰,均已到旅,各有伤处,定远尤甚。……拟先修定远,余船受伤轻重,容查明再禀,即行加工修理云。"⑥

9月19日(八月二十日辰刻),即返旅的次日,龚照玛提交了简要验船报告:

> 龚照玛电:顷查镇远、定远各伤千余处,余船伤亦甚多,事机在急,

---

① 苏小东:《"方伯谦案"质疑》,载《方伯谦问题研讨集》,知识出版社 1993 年版,第 64、613 页。

② "十九日,丁提督并副提督飞电报伤,并告海军接仗情形。云:……济远先逃。济远得信,屡请到船查看炮坏船伤情形,丁提督不允所请。"《冤海述闻》,方氏故居藏本,第 15 页。

③ 《寄旅顺龚道》(光绪二十年八月十九日巳刻),《李鸿章全集》(二),电稿,上海人民出版社 1986 年版,第 1002 页。

④ 《寄译署》(光绪二十年八月十九日申刻),《李鸿章全集》(二),电稿,上海人民出版社 1986 年版,第 1002 页。

⑤ 《寄旅顺丁提督》(光绪二十年八月十九日申刻),《李鸿章全集》(二),电稿,上海人民出版社 1986 年版,第 1003 页。

⑥ 《寄译署》(光绪二十年八月十九日亥刻),《李鸿章全集》(二),电稿,上海人民出版社 1986 年版,第 1005 页。

必得添匠齐同赶修云。①

以上情况,全部经李鸿章报给译署。而皇帝很快即于当日下旨:

本日奉旨:⋯⋯饬丁汝昌将各舰赶紧修复,以备再战。②

从上述电报,我们不难读出这样一些信息:一、李鸿章指示龚照玙,要尽快修船;二、龚照玙向李鸿章表态,要"查明"并赶修舰船;三、皇帝谕旨要求要赶紧修船;四、李鸿章向朝廷表态要"速查"各船受伤情况并赶修伤船;五、龚照玙汇报,已经"查"过"镇远"及"余船"的伤势,尽管数字并不准确。

大家知道,龚照玙乃一文职官员,看到舰船之上血肉模糊的惨烈场面,大概要心惊肉跳地晕过去。但龚照玙不能不查,否则就无法展开修理工程。除非如济远,稍修即可继续行动,派往大连湾拖广甲。影响下一步战局的大事,谁也不敢马虎。龚照玙胆大包天,也不敢开这个玩笑! 故有"查镇远、定远各伤千余处,余船伤亦甚多"的电禀。当然,详细的查验记录,我们今天看不到,但我很怀疑《廿七八年海战史》那份北洋舰船受炮数统计清单,③就是攻占旅顺时缴获的或间谍的窃取,否则何来如此详明的数据?

朝廷不容李鸿章撒谎,李鸿章更不容龚照玙、丁汝昌撒谎! 这里还有个情与理的问题:于情,龚照玙、丁汝昌不敢撒谎;于理,不查验,舰船便不可能维修。这几封电报,只昭示着一个事实:龚照玙、丁汝昌等组织过舰船的查验!

有了上面的这个分析和判断作基础,我们再来看两份证词。

马吉芬说:

But upon an examination of his battery by a detail of line and engineer officers, it was found in perfect working order, excepting the six-inch stern-chaser — the one projectile which struck his ship having passed be-

① 《寄旅顺龚道》(光绪二十年八月十九日巳刻),《李鸿章全集》(二),电稿,上海人民出版社 1986 年版,第 1002 页。

② 《译署来电》(光绪二十年八月二十日亥刻到),《李鸿章全集》(二),电稿,上海人民出版社 1986 年版,第 1008 页。

③ [日]海军军令部编:《明治二十七八年海战史》上卷,第 257—258 页。

neath the trunnions,lifting the gun from its seat. ①（但是经过军官与工程师们对军舰上炮塔的仔细检查，发现一切运行良好，除了6吋的尾炮——一发击中其军舰的炮弹在炮耳下方穿过，将该炮掀离了其炮座。）

戴乐尔说：

After the Yalu battle the sad remnant of the fleet limped back - like a wounded animal - to its lair Port Arther,where the inspecting of the ships and reporting on their damage devolved on me. ②（鸭绿江战后，我舰队似受伤的巨兽踉跄返回阿瑟（旅顺）港，我受命查验各舰并报告伤情。）

苏小东先生认为，戴乐尔的说法和《冤海述闻》③这绝然不同的"两种记载均属孤说"。④ 前面我已经为戴乐尔请一位证人来助拳，这就是戴乐尔在回忆录里痛加诋毁的战友马吉芬。苏小东先生认定戴乐尔的说法是"孤说"，是因为他轻忽了龚照玙这个负责船坞工程的重要人物的活动记录和马吉芬的证词。

为了让大家更加明晰地看清问题所在，我不得不费时费力地大篇幅地重复抄录了上述三则资料。前面我已经提到，由于资料的毁损，龚照玙的验船报告，我们已经无法看到了；或者，龚照玙在敷衍公事，根本就没有出具正规的书面报告或清单。但是，我们不能就此认定，龚照玙没有验船。有没有做是一回事，做事负不负责任是另一回事。

马吉芬和戴乐尔，在叙事时刻意夸大和突出个人地位和作用，甚至互相别苗头。洋员出于某种虚荣的心态，放大自己，这是常见的现象，也是可以理解的做法。对伤情的描述、受伤原因的判断，尽管不同，但有一点是共同的，就是三份证词都指向一个事实，即查验。不管是龚照玙的"查"，还是马吉芬的 examination，还是戴乐尔的 inspecting，表述尽可以不同，但"验船"

①　Philo Norton McGiffin：the Battle of the Yalu，Personal Recollections by the Commander of the Chinese Ironclad Chen - yuen，Century Magaine，50：4（Aug，1895），pp. 585～604.

②　William Ferdinand Tyler：Pulling strings in China，London，1929，pp. 57.

③　"泰来一说，作为孤证，虽不足信以为是，亦无法断言其非"。刘申宁：《论方伯谦问题》，载《北洋海军研究》第一辑，天津古籍出版社 1999 年版，第 397 页。

④　苏小东：《"方伯谦案"质疑》，载《方伯谦问题研讨集》，知识出版社 1993 年版，第 64页。

这一主干情节却是惊人地一致。验船，是真实发生过的事情。可能的情况就是，龚照玙召集了部分伤势不重的中国官员和洋员（包括戴乐尔），一起对舰船的伤情进行了检查。①

有了这三位证人（均为目击者）的证词，证据法意义上的一条"完美"的证据链就形成了。公堂之上，岂容狡辩！

2. 方伯谦是李鸿章、丁汝昌的替死鬼？

台湾海军少将郑天杰先生在他的著作《中日甲午海战与李鸿章》一书中，特辟《透过》一章，就方伯谦之"被诬代罪"，试图证实李鸿章有意"为丁脱罪，为己卸责"。② 这显然是延续和发挥了《冤海述闻》的观点。③ 而大陆学者持此观点的为数更众，如：

陈贞寿先生说："清朝统治者强加在方伯谦身上的种种罪名，均不能成立。李鸿章和丁汝昌等为了逃避当时舆论对主和避战政策失败的谴

---

① "西友之与海战者，自旅顺口贻书云……来远一船火焚最酷，受伤重于他船。回旅顺后，余等各西人群往查验，船面皆已毁裂，如人之垂死者，然尚能合队驶回。"林乐知著译、蔡尔康纂辑：《中东战记本末·朝警记四》，沈云龙主编：《近代中国史料丛刊续编》第七十一辑，（台北）文海出版社1966年版，第302页。

② 郑天杰、赵梅卿：《中日甲午海战与李鸿章》，（台北）华欣文化事业中心，1979年版，第293—316页。

③ 《冤海述闻》被人称为"为方伯谦鸣冤的第一声"，但本文未采纳为证据，因其为匿名之作，只可作为追查的线索，不能作为证词使用。而且，《冤海述闻》的作者是济远舰帮带大副何广成的说法，我是不同意的。参见《大连近代史研究》第五卷，辽宁人民出版社2008年版，第110页。

《冤海述闻》作者是何广成的结论，源自戚其章先生。戚其章先生的推理是，"《冤海述闻》的作者必是济远舰上的一位官员"，"济远舰守备以上的官员共八名"，1894年7月25日值更的有3名，另2名是千总，计5名。这其中，"《冤海述闻》的写作与他们三人（杨天德、何广成、杨建洛）的关系最大"，而"最有可能写《冤海述闻》为方伯谦鸣冤的只有何广成和杨天德二人"。杨天德"似不大可能撰文为方伯谦鸣冤"。因此，"《冤海述闻》的作者除何广成以外，别无他人。这不仅因为他是方伯谦一手提拔的亲信，而且此事还密切关系到其本人的名誉、前途等切身利益问题"。（戚其章：《中日甲午战争史论丛》，山东教育出版社1983年版，第183—187页。）

但是，按照一般的逻辑常识，"可能"中的"可能"，再排除掉一个"似不大可能"，仍然是"可能"；即使"最有可能"，也不等于"就是"。后面的分析，同样也是站不住脚。①若说亲信，大东沟战后，何广成被丁汝昌调任督标守备，不是亲信？《冤海述闻》中那些诋毁丁汝昌的话从何而来？②同舟共济，有一辱俱辱感的，是绝大多数的济远舰官弁，不仅仅一个何广成；③其他人仍可以抄录"航海日记"，不一定非得是值更官。

责，为了解脱指挥失误的责任，便以方伯谦为替罪羊，制造了方伯谦冤案。"①

姜鸣先生认为："丁汝昌关于海战的报告，有意打乱时间顺序，把整个海战失败的原因推到方伯谦一人身上，而对战斗的实际过程却没有实事求是地说明，有将方氏抛出作海战失败替罪羊之嫌。"②

刘申宁先生的说法相当地形象："拿方伯谦开刀，杀鸡给猴看，企图借此整肃军纪。"③

在另一场合，苏小东、姜鸣二位先生的说法更富情节、更具故事性："就当时的官场风气而言，方伯谦一事可大可小，关键就看丁汝昌如何汇报了。"④"战败原因显而易见，却不能如实上报。丁汝昌要给自己洗刷，要为舰队变阵失误解脱，又不能得罪张士珩。说来说去，只有'济远'、'广甲'的临阵脱逃，可做一篇参奏的材料。……于是丁汝昌顺水推舟，把方伯谦抛出去做替罪羊。……这份报告，有意打乱顺序，回避问题要害，真真假假，虚虚实实，把整个海战失败的原因全推到方伯谦一人身上。"⑤

林庆元先生也持"阴谋说"。他说："对方伯谦如此匆促地不加调查不加审问即处以死刑，不能不被认为是一种有意陷害的预谋。""当时海战失败，全国震惊，朝野要求惩处战败责任者呼声十分高涨，奏参稿雪片般飞入朝廷，在这种情况下，如果不是明显的冤案，一般是不可能有这么多人为之请命的。"⑥

哪个是真？哪个是假？姜鸣先生未作详细说明，但我们已经看到前引日本第一游击队舰长们的报告，与丁汝昌的报告完全是惊人的一致，姜鸣先

---

① 陈贞寿：《方伯谦问题研讨集·序》，知识出版社1993年版，第3页。同样的观点，还可见于同书第14、262—263页。

② 姜鸣：《关于近年来方伯谦评价的一些情况》，载《北洋海军研究》第一辑，天津古籍出版社1999年版，第380页。

③ 刘申宁：《论方伯谦问题》，载《北洋海军研究》第一辑，天津古籍出版社1999年版，第400页。

④ 苏小东：《甲午中日海战》，天津古籍出版社2004年版，第121页。

⑤ 姜鸣：《龙旗飘扬的舰队》，三联书店2002年版，第378页。

⑥ 林庆元：《关于"方伯谦冤案"》，载《方伯谦问题研讨集》，知识出版社1993年版，第57、58页。

生所谓的"真真假假",是丁汝昌造了假？还是坪井航三造了假？还是丁汝昌和坪井航三合谋害了方伯谦？

林庆元先生生花妙笔之下的所谓"奏参稿雪片般飞入朝廷",查 9 月 18 日至 23 日奏折,竟无一字是参奏追究丁汝昌在大东沟之役败责的。林先生用了大量方伯谦死后甚至更后的奏折和事例,但 24 日方伯谦已死,之后的任何攻击,已经对促丁杀方起不到心理作用了。

不论真相如何,时人的观感如何呢？我们且看 18 日至 23 日的奏折。其实,在大东沟海战结束后的这段时间内,朝野关于大东沟海战的最终胜负结果并不清楚,而当时外界传闻和朝野看法对李鸿章、丁汝昌也没有什么不利之处。如：

战后的 9 月 20、21 日(八月二十一、二十二日),李鸿章分电驻英使臣龚照瑗(仰蘧)、驻美使臣杨儒(子通)称：

> 海军恶战三时之久,向来所无,彼此互有沉失。①

9 月 22 日(二十三日),李鸿章再次不无得意地电告龚照瑗：

> 海军各将,眼见倭船沉三只,吉野快船在内,彼此各船均受伤,接仗三时之久,向所罕见。倭狼狈而回,尚造谣饰说,殊可鄙笑。②

同时,李鸿章还告诉"译署"：

> 伦敦廿二来电……有云,日本电报,中国海军师舰十一艘、鱼艇二艘,在鸭绿江口开仗,中舰沉毁者四,余舰均受重伤,兵勇死伤枕藉。日舰得保凯旋,自鸣得意。据外人云,海军一战,中日船伤、人毙,彼此相敌。③

9 月 27 日(八月二十八日),龚照玙致电李鸿章谈到：

> 海军前在东沟口外鏖战三时之久,据西员云,为近数十年欧洲各国所未有。虽互有损伤,而日船伤重先退,我军可谓小捷,若后队不散,当

---

① 《复龚使》(光绪二十年八月二十一日申刻)、《复华盛顿杨使》(光绪二十年八月二十二日辰刻),《李鸿章全集》(二),电稿,上海人民出版社 1986 年版,第 1012、1015 页。

② 《复龚使》(光绪二十年八月二十三日戌刻),《李鸿章全集》(二),电稿,上海人民出版社 1986 年版,第 1023 页。

③ 《寄译署》(光绪二十年八月二十三日亥刻),《李鸿章全集》(二),电稿,上海人民出版社 1986 年版,第 1024 页。

获全胜。①

"可谓小捷",代表着当时舆论对这次海战的基本肯定。直到9月28日（八月二十九日），李鸿章还欣慰地对丁汝昌说：

> 有此恶战，中外咸知，前此谤议顿消，望仍勉力视事。②

"前此谤议顿消"，说明此次海战不仅没有受到舆论谴责，而且连此前的谤议也顿时哑声。海战20天过后，皇帝的谕旨还说：

> 此次海军护送运船，突遇倭船，鏖战三时之久，我军以兵舰十艘当倭船十二只，以寡敌众，循环攻击，始终不懈，俾陆军得以登岸。我船被沉四只，击沉倭船三只，余船多受重伤，各将士效死用命，深堪嘉悯。③

这是对北洋舰队的总体评价，对丁汝昌、刘步蟾等人呢？直到10月23日（九月二十五日），朝廷下旨：

> 八月十八日，海军各舰在大东沟洋面与倭舰接仗，将士奋勇出力，自应量予奖叙。右翼总兵刘步蟾，着以提督衔记名简放，并赏换格洪额巴图鲁名号。左翼总兵林泰曾，着赏换霍伽春巴图鲁名号。升用参将左翼中营游击杨用霖，着免补参将，以副将尽先补用，并赏给捷勇巴图鲁名号。右翼中营游击李鼎新，着以参将尽先补用，并赏给振勇巴图鲁名号。升用游击提标都司吴应科，着免补游击，以参将尽先补用，并赏给扬勇巴图鲁名号。升用都司左翼中营守备曹嘉祥、右翼中营守备徐振鹏、沈寿堃，均着免补都司，以游击尽先补用，并加副将衔。左翼中营守备沈叔龄、右翼中营守备高承锡，均着以都司尽先补用，并赏戴花翎。提督丁汝昌，着交部议叙。……④

"击沉倭船三只"，是当时普遍的说法，见出当时朝野上下皆为此战"小

---

① 《寄译署》（光绪二十年八月二十八日午刻），《李鸿章全集》（二），电稿，上海人民出版社1986年版，第1047页。

② 《寄旅顺丁提督并刘镇》（光绪二十年八月二十九日辰刻），《李鸿章全集》（二），电稿，上海人民出版社1986年版，第1051页。

③ 《上谕》（光绪二十年九月初九日洋务档），《中国近代史资料丛刊·中日战争》（三），上海人民出版社、上海书店出版社2000年版，第139—140页。

④ 《内阁奉上谕奖恤海军作战有功员弁及阵亡将弁》（光绪二十年九月二十五日），《中国近代史资料丛刊续编·中日战争》（1），中华书局1989年版，第396页；朱寿朋编：《光绪朝东华录》（三），中华书局1958年版，第3479页；《德宗景皇帝实录》（五），中华书局1985年版，第501页。

捷"而庆幸,不仅不存在谴责和惩处李鸿章、丁汝昌等人的问题,甚至还有奖励。既然无罪可替,何来替死之鬼?

九、结　语

马幼垣先生曾说过:"北洋海军将领方伯谦(1852—1894)枉死与否问题",纯粹"是乡土观念作祟,以致小题大做的好例子。在闽省学者的思维逻辑里,闽籍海军将领平庸苟且,甚至变成败类,是不可思议,绝不可能发生的事情,于是不惜强辩,在别无实证的情况下,硬是封懦夫方伯谦为才智胆识俱优的大英雄。"①马先生的揭示一针见血。但,其他一些认定方伯谦当杀的学者们也有问题,他们不积极搜索直接证据,尽用些二手货,又昧于法律,只知道随着方伯谦同情者们的腔调和节拍而起舞,这样争来吵去,变成了一场嗓门高低的比赛,对澄清问题毫无帮助。笔者无意加入吵架的队伍,只想就此话题,挖掘史料,追根求源,解剖方伯谦这个典型,从而从一个侧面了解整个战役,也就不能说是全无意义的工作了。

那么,我做了些什么工作呢? 我想,我只是用今天的法律知识,对方伯谦的死刑判决书进行了测验,从方伯谦的犯罪性质(罪名)、犯罪行为(事实)、危害结果、量刑以及审判程序的几个环节进行了分析。我们看到,①判处方伯谦死刑,有法可依,我找到了《钦定军规四十条》,从实体法意义上解决了《北洋海军章程》有否关于管带犯罪的规定;②方伯谦"首先逃走",事实清楚,我使用了日本第一游击队几位舰长的战斗报告,相信这在史学界还是第一次;③对方伯谦案的定性准确,即"临阵退缩",剔除了学者们"强加"给方伯谦的一些胡乱发明的"罪名";④证据确凿、充分,除了日本将领的证词外,我还使用了北洋舰队洋员的证词;⑤量刑适当,方伯谦不仅没有从轻或减轻的量刑情节,"临阵退缩"者依法当斩没有可商量的余地;⑥杀方伯谦,在程序上没有问题,我介绍了晚清"就地正法"这一特别的司法程序,我还用了杨建胜、阎得胜两个例子来加强说明。此外,我还证明了的确有过查验济远这个事实,并说明方伯谦不是作为李鸿章、丁汝昌的替罪羊而死的,方伯

---

① 马幼垣:《大陆上的中国近代海军史研究》,载《岭南学报》第二期(2006年9月),第317页。

谦与吴敬荣不同罪亦不应同罚。我反复强调,清朝不是一个法治国家,清政府是专制腐败愚昧落后的,但并不能因此认为清政府所做的事情全部都是错的。禁鸦片,没有错;反抗列强侵略,没有错;捕盗禁贼,也没有错;同样,杀方伯谦,也没有错。

对于这些问题,我试图用今天的法律常识作参照(绝无用今日法律重新审理方伯谦案之意),来尝试解析,心知不妥,但实属无奈。不这样做,就无法澄清方伯谦案中的一些法律问题,因为这是学者们经常会讨论的。私下以为,各位研究先进的研究,史料尚未完善,法学术语的随意性使用显示着法学常识的贫乏。学无止境,正因为如此,我觉得在方伯谦问题上,还有继续探索的空间。至于我这番苦心的效果如何,方家指正可也。

孙建军,威东航运有限公司工会主席

甲午战争中济远舰上德籍船员
哈富门及其相关史料研究

周 政 纬

大清帝国北洋海军济远舰管带方伯谦在 1894 年 9 月 17 日的黄海海战中因为"临阵逃跑"、"撞沉扬威"、"牵乱阵型"①等原因被光绪皇帝下旨处决。② 方管带被极速处决前曾经经历中日甲午战争中的两场海战、执行往来朝鲜以及拯救广甲舰等任务,因此在济远舰上服役的德籍洋员哈富门(Gustaff Hermann Hoffman)在甲午战争期间的见闻非常有研究价值,其存留下来的史料——主要是报章的访问,可以作为另类的甲午战争的反映,也有助于对"方伯谦事件"中的一些疑团作出解释。

一 哈富门材料的搜集和来历

有关哈富门的资料,除了见于《冤海述闻》的两句之外,③现在留存最广泛的是 John L. Rowlinson(以下简称罗氏)的著作 *China's Struggle for Naval Development*,1839—1895④里面的一段引述的说话。内容大概是哈富门对于济远舰在黄海海战中表现的评述,主要有以下数点:第一,济远

---

① 详见《前饬丁汝昌查明海军接仗详细情况回电·二十三日酉刻》,载于《中国近代史资料丛刊·中日战争》(三),上海人民出版社、上海书店出版社 2000 年版,第 129—130 页,在此不作多余引述。

② 《军机处电寄李鸿章谕旨一》,《中国近代史资料丛刊·中日战争》(三),上海人民出版社、上海书店出版社 2000 年版,第 118—119 页。

③ 《冤海述闻》最早出现于 1895 年,戚其章教授曾经详细研究过其出处,本文使用在方伯谦故居的抄本,其内容也刊载于中国史学会主编的《中国近代史资料丛刊·中日战争》第六册之中。该两句是:"济远总车洋员哈富门以船炮俱坏无所御敌,力争于汉纳根不听,遂辞总车之职不与行",载于《冤海述闻》方家抄本,第 15—16 页。

④ 此书中文翻译本为海军军事学术研究所于 1993 年出版的《中国发展海军的奋斗1839—1895》,由苏小东、于世敬翻译。本文采用的是英文原版。

舰作战的时间;第二,济远舰因为火炮损毁无法再战而退出战斗;第三,济远舰撤离的时候与另外一艘船相撞,导致他船的沉没和济远船身接近尾部入水;第四,哈富门不认为管带方伯谦是贪生怕死之徒。①

由于此段引文被认为是根据当时济远舰上作战的哈富门的亲身经历写成,而且对于一向缺乏的济远军舰作战经过无疑是一手资料,所以此文经常被一众为方伯谦平反的学者普遍采用,作为同样为方伯谦鸣冤的《冤海述闻》、《卢氏甲午前后杂记》等文章的佐证,提出方伯谦被杀是冤案、是李鸿章与丁汝昌等一众北洋海军高级官员推卸战争失败责任的代罪羔羊等等的论点。从某种程度上,方伯谦的遭遇无疑非常令人同情,可是,单单根据这一小段文字去认定方伯谦管带被杀无理而不对现在所存的数据进行反复研究,也并非一种客观的历史研究的方法。

如果仔细留意罗氏著作的内容,可以发现罗氏并非刻意为方伯谦翻案,而是主要探讨中国海军的发展,而且该段章节也基本上是在讨论当时北洋海军没有军事法庭审讯的制度,讨论济远舰在甲午战争中的表现纯粹只是作为一个例证。罗氏引录该段文字的本意相信是由于该段引文虽然与其主流论调不符,可是由于罗氏不能否定该段文章的真实性,也相信是为了让更多的史料流出可以给人比对参考而刊登的。② 再者,罗氏在其著作中的引述亦并非来自一手数据,在其注释之处便可以知道该段哈富门的文章是从日本人井上十吉(1862—1929)③所作的 *Japan-China War:The Naval Battle of Haiyang* 一书(以下简称《日清战争》)以及英国伦敦出版的 H. W. Wilson(以下简称卫氏)所著的 *Ironclads in Actions:A Sketch of Naval War from* 1855—1895 第二册之中(以下简称《铁甲舰》)摘录的。④ 幸好此二书仍然存留于世,经过翻查之后,卫氏一书出版年份是在

---

① John L. Rawlinson, *China's Struggle for Naval Development*, 1839—1895, Cambridge, Mass. : Harvard University Press, 1967, p. 194.

② John L. Rawlinson, *China's Struggle for Naval Development*, 1839—1895, Cambridge, Mass. : Harvard University Press, 1967, pp. 192~194.

③ 井上十吉(Inouye Jukichi)是 1873 年日本派去留英学生,参陈玮芬:《西学之子——容闳与新岛襄的异国经验与文化认同》,《中国文哲研究集刊》第三十期,2007 年 3 月,第 255 页。

④ Rawlinson, *China's Struggle for Naval Development*, p. 128.

1896 年，①该书内容是记录铁甲舰自 1855 年以来作战的历史，所以除了甲午战争之外，还收录有其他国家铁甲战舰作战的历史。翻查有关甲午战争的记载，该段哈富门的文章没有提及出处，年份日期等也完全欠奉，而且有关济远的评价也是负面的。书中宣称为了对方伯谦公平处理，才特别引述哈富门的说话以作参考。②

井上十吉所著的《日清战争》却对于寻找哈富门的材料非常有帮助，此书注明于明治二十七年十二月（1894 年 12 月）出版；③对于所收录哈富门的说话，有充分的说明，指出此乃从上海的 *Chinese Gazette* 一处刊载的；但是必须注意的是：这段哈富门的说话是以脚注附录的形式刊出，因为该段正文是根据中国的 *North China Daily News*（《字林报》/《字林西报》）④的报导写出，其内容依然是否定方伯谦的。⑤ 虽然没有说明刊登日期，但是根据此书的出版年份，基本可以确定哈富门在黄海海战结束方伯谦被处决后，即大概在 1894 年 9 月尾至 1894 年 12 月的两个月期间，在上海发表的其言论。

翻查当年有关上海出版的刊物，*Chinese Gazette*（《捷报》）是一份上海报纸，于 1894 年才成立的报纸，⑥该报 1911 年停刊，现在已经没有存留，只有一小部分 1900 年以后时期的收藏在美国。⑦ 暂时来说，当时《捷报》有关哈富门的报导现在最完整的版本仅存于井上十吉的《日清战争》一书之中。可是即使现在井上十吉的版本，也是一个不完整的版本，这可以从其记

---

① H. W. Wilson，*Ironclad in Action：A sketch on Naval Warfare from* 1855 *to*1895，London：Sampson Low，Marston and Company Limited，1896，p. V(front page)．

② H. W. Wilson，*Ironclad in Action：A sketch on Naval Warfare from* 1855 *to*1895，London：Sampson Low，Marston and Company Limited，1896，pp. 99～100．

③ Jukichi Inouye（井上十吉），*The Japan‐China War：the Naval Battle of Haiyang*．Yokohama：Kelly and Walsh Limited，1894，the last page．

④ Frank H. H. King eds，*A Research Guide to China‐Coast Newspapers*，1822—1911，Cambridge，MASS.：Harvard University Press，1965，p. 77；《字林报》乃当时上海一份英文报纸。

⑤ Frank H. H. King eds，*A Research Guide to China‐Coast Newspapers*，1822—1911，Cambridge，MASS.：Harvard University Press，1965，pp. 15—16．

⑥ 从这份报章的广告可以知道，它是每天下午 5 点 45 分出版的一份上海日报，参考 *Peking and Tientsin Gazette*，27th Oct 1894．

⑦ King eds，*A Research Guide to China‐Coast Newspapers*，pp. 89，179；由于 King 的著作只包括欧美，是否真的完全缺失暂时无法肯定。

载的开首隐约看出：

* Mr. Hoffmann, the Superintending Engineer of the *Tsi-yuen*, who is the foreigner referred to, has made, however, the following statement in the Shanghai *China Gazette*:— "We accomplished the journey (to Ta-tungkow) in safety……"①

此段大概的意思是：济远舰上总工程师哈富门先生，就是（《字林报》）所指的外国人，却在上海的《捷报》发表了以下的声明："我们平安的完成了（到大东沟）旅程……"明显的井上十吉版本缺少了在"We accomplished"之前的段落，因为基本上英文文法不会如此作为开首；而且是否整段《捷报》文章就完结在"哈富门认为方伯谦成为了一个秘密阴谋的受害者"一句也值得商榷。

此外，关于哈富门的谈话，在别处也有类似的记载，在《中倭战守始末记》一书之中，其中一段如此记载：

> 有西人名哈富门，在济远兵船办公，现已分手，将回本国。道出沪上，小住礼查客寓。询问战事者踵接于门，哈君答以济远船两次开战，仆均在船中……②

根据上文，可以知道该段文字提供了数个值得研究的地方：第一，此段文章无疑是从报刊摘录出来，编者在该书开首已经交代；③可是编者虽然从中文报纸之中抄录，但从使用的文字可以看出，文章的原本出处绝对不是中文的报纸，否则不会出现"在济远兵船办公，现已分手"等并非一般中文的文法，只有翻译英文的文章出现误会，才会有这样的情况。可能误将 working 翻成"办公"；将 departed 译成"分手"等等，当然，现在无法得知真相如何；第二，上述文章记载提及，哈富门于黄海海战后曾经在上海（沪）短暂停留一段时间；而最重要的是，哈富门在上海曾经遇有很多询问有关黄海海战的人，相信其中包括为数不少的记者。

根据上述所得到的资料作出推论，相信当时上海的报章以及其他邻近

---

① Inouye(井上十吉)，The Japan-*China War*，p. 15.
② 阙名编：《中倭战守始末记》，(台北)文海出版社 1987 年版，第 44 页。
③ 阙名编：《中倭战守始末记》，(台北)文海出版社 1987 年版，第 2、8 页。

地区的报章很有可能亦有类似的报导，经过集中翻查至今仍然存在的 1894 年 9 月底至 12 月底的上海、香港的报章，得出以下的结果：

1894 年 9 月至 12 月的上海、香港报章哈富门报导列表

报章名称	报章出版地	刊载日期	附注
Celestine Empire《华洋通闻》	上海	10 月 19 日	英文报章周刊
《申报》	上海	10 月 19 日	中文日报
North China Daily News《字林报》或《字林西报》	上海	10 月 18 日	英文日报
North China Herald and Supreme Court and Consulate Gazette	上海	10 月 19 日	周报，与《字林报》同一集团，内容也跟《字林报》一样
Hongkong Daily Press《孖剌报》*	香港	10 月 24 日	英文日报
China Mail《德臣报》*	香港	10 月 23 日	英文日报
Hong Kong Telegraph《士篾新闻》或《香港电闻报》*	香港	10 月 24 日	英文日报

 * 香港的报章均转载 North China Daily News（《字林报》）相关的报导，相信是由于《字林报》率先报导有关的新闻以及考虑到其在上海报业的领导地位。

  从上表以及收集所得的报导可以证实，哈富门离开北洋海军以后来到了上海准备回国，①这个消息早在他来到上海以前，相信已经给上海的新闻界知道，否则绝对不可能短短数天之间受到多份上海报章的上门采访；香港的媒体则由于依靠船只的通讯因而相隔数天才分别转载相关的新闻。

二　哈富门来华的经过

  在以往的资料之中，有关哈富门本人的数据非常缺乏，只有孙建军

---

 ① 此举无法理解，可能与当时渤海一带已经进入战争状态，天津、烟台等港口船只航班可能受到影响有关；亦可能与上海有直接来回欧洲的航班有关；很多大清国驻外公使都是从上海出发，抵达欧洲，如郭嵩焘、曾纪泽等。参见曾纪泽、李凤苞：《使欧日记》，（台北）黎明文化事业股份有限公司 1988 年版，第 2—3 页。

先生以及王家俭先生曾经尝试查证该名洋员，[①]可是由于中文材料有限，所得到的数据仍然很少，[②]甚至未能查出其姓名全称。根据新找出的报刊数据，使得对于哈富门的研究可以伸延到更广阔的层次。根据其中一份报章的报导，哈富门自己讲述其履历：他是德国人，全名Gustaff Hermann Hoffmann，于1877年加入中国海军，在加入中国海军前曾经效力于德国陆军皇家太子第一东普鲁士军团（Crown Prince's 1st East Prussian Regiment）。[③] 如果报导属实，那么，哈富门来华服役海军的时间（1877—1894），比同样东来的德国贵族陆军军官汉纳根（1855—1925）[④]还要早、在华服役时间还要长。可是，哈富门是如何得以来华为中国海军服务，却成为一个大疑团。汉纳根是通过驻德公使李凤苞的聘请和天津税务司德璀琳（Gustav von Detring，1842—1913）[⑤]的影响来华工作，在北洋海军的主要工作为兴建沿海防御工事；[⑥]哈富门倘若于1877年来华服务中国海军，那么是何人聘用？1877年即光绪三年，是年刘锡鸿（驻德公使，1877—1878）[⑦]才刚刚奉旨出使德国，成为第一任驻德公使，即使如此，他最早还是于1877年的下半年到任，是否有足够时间和权力聘任哈富门成为中国海军的一员的确令人怀疑。[⑧] 如此哈富门是否还是有别的途径获得大清朝廷的赏识？因何缘故参加中国海军？加入海军前是否已经来华服务于其他机关？而他究竟在海军担

① 王家俭先生长时间研究北洋海军洋员，众多北洋海军洋员数据均出自其手。参考王家俭：《李鸿章与北洋舰队》，（台北）编译馆2000年版，第407—416页（2008年北京三联书店新版则为第325—331页），以及王家俭先生的《洋员与北洋海防建设》，天津古籍出版社2004年版。

② 孙建军先生则积极尝试探讨哈富门的来历，可谓研究哈富门之"第一人"，参见孙建军：《丁汝昌研究探微》，华文出版社2006年版，第96—109页。

③ "The Yaloo Naval Battle‐The Experience of an Eye‐witness"，*Celestine Empire*（《华洋通闻》），19 October 1894.

④ 汉纳根（Constantin von Hanneken）（1855—1925）。

⑤ 德璀琳（Gustav von Detring）（1842—1913），德国人，来华后多年任天津税务司，参考《中日甲午战争全史》第六卷，吉林人民出版社2005年版，第86—87页。

⑥ 《汇复铁路电报等事折》，《李鸿章全集》，奏议十五，第476页。

⑦ 刘锡鸿字云生，广东番禺人，道光二十八年中举，大清帝国第一任驻德公使。

⑧ 详情请参考刘锡鸿等：《驻德使馆档案钞》第一册，（台北）台湾学生书局1966年版，第1—20页。此书主要收集外交公文，无特别资料收录。

任什么工作？

在继续探讨哈富门的来历之前，必须先解决一个极端重要的问题，就是哈富门的中文译名问题，受到《冤海述闻》的影响，"哈富门"成为了这位德国洋员的中文名。可是事实上，他在官方的文件之中，都是被称呼为"华甫曼"的，无论是在上奏奖励他的奏折之中，[①]还是在请假回乡的申请里面。[②] 这个问题对于研究哈富门此人造成很大误会，[③]但由于流传日久，本文暂时仍然使用"哈富门"一名代称，恳请各权威人士理解。

根据这些存疑，并根据一些前辈研究的线索，发现哈富门真正加入中国海军时间为 1887 年 10 月，李鸿章购买致远、靖远、经远、来远四舰的时候；并非如报章所载的 1877 年。[④] 此事缘于李鸿章向德国购买定远、镇远、济远的时候，当时由于德国负责运送，却因为中法战争的爆发，导致三只战舰因为种种原因无法来华参战；而且因为拖延太久，船上已聘请的德国水手海员等开支浩大，[⑤]是故当接收英、德制造的致、靖、经、来的时候，李鸿章决定仿效接收超勇、扬威的情况，亲自派员接收；当时李鸿章决定先派琅威理(William Metcalfe Lang，1843—1906)[⑥]去两国验收，一切妥当后再派邓世昌(1849—1894)[⑦]、叶祖珪(1852—1905)[⑧]等 400 多人接应。特别的是，制造经远、来远舰的伏耳铿船厂，签约造船订明为确保可以安全无损运送战舰到华的责任问题，指定正、副管轮由厂方保荐；加上考虑到本身派出的船员数

---

① 《驾驶快船回华保奖折》附清单二，载《李鸿章全集》，奏议十二，安徽教育出版社 2008 年版，第 396 页。

② 戚俊杰、王记华编校：《丁汝昌集》，山东大学出版社 1997 年版，第 140 页。

③ 参见孙建军：《丁汝昌研究探微》，华文出版社 2006 年版，第 96—109 页；而在本文后页也会有所探讨。

④ 疑为该报章印刷之误或记者抄错。

⑤ 《订购定镇两舰收支款目折》、《续购济远收支款目折》，《李鸿章全集》，奏议十二，安徽教育出版社 2008 年版，第 28—34 页。

⑥ William Metcalfe Lang，英国人，1886—1890 年出任北洋海军总教习、海军提督(虚衔)，参见《中日甲午战争全史》第六卷，吉林人民出版社 2005 年版，第 233—234 页。

⑦ 邓世昌，字正卿，广东番禺人，后出任致远舰管带，黄海海战中阵亡。

⑧ 叶祖珪，字桐侯，福建闽侯人，甲午战争后于 1899 年出任北洋海军统领。

量不足以及德国大使巴兰德(Maximilian von Brandt,1835—1920)①聘请德员的请求,决定接收战舰的时候,要求琅威理每船聘请不多于八位的同国同籍的优秀驾船洋员,②特别指明"德船添雇德人,英船添用英人",③以保证公平。

可是,这是表面上的话,实际上这出乎李鸿章意料之外。早在1886年,有关四新船聘请外籍管轮等职已经在中国海军内部有一轮相当的讨论,④最终海军内部还是接受了由琅威理提出的以华员驾驶为主,洋员协助为辅等等的提案,⑤此即上文提及的琅威理亲自选聘洋员的定案;可是得知此事的德国船厂以及德国大使巴兰德,随即反应激烈,坚持德国新造两艘舰只应该由德国船厂选择驾驶船员,⑥甚至中方提出的德国船厂推荐,交由琅威理挑选的提议也极力反对,⑦主要与德方非常"歧视"琅威理的英籍身份,认为必定有所偏袒照顾英方利益有关。虽然中国方面后来不断宣称应该看待琅威理为"中国水师官",⑧可是最终由于造船合约所规定,并且德国方面十分坚持,最终德国新造的经远、来远二舰,变成了由德国政府亲自出面挑选驾驶管轮,驻德公使许景澄负责订立合同的情况。⑨ 中方则仍以琅威理统率四船,但不用理会德造二舰驾驶情况,并且吩咐二舰中国管带听从德国洋员建议,以免责任争议。⑩ 因此哈富门即参与其中。

光绪十三年十月左右,即1887年12月,四艘战舰回到中国厦门,由于

---

① Maximilian von Brandt,德国人,德国驻华大使,参见《中日甲午战争全史》第六卷,吉林人民出版社2005年版,第9—10页。

② 《派员出洋验收驾驶订造快船回华折》,《李鸿章全集》,奏议十二,安徽教育出版社2008年版,第34—35页。

③ 《派员出洋验收驾驶订造快船回华折》,《李鸿章全集》,奏议十二,安徽教育出版社2008年版,第34—35页。

④ 《寄驻德英许刘二使》,《附许使来电》,《寄柏林许使》,《寄旅顺交水师统领丁镇》,《寄伦敦刘使》,《李鸿章全集》,安徽教育出版社2008年版,电报二,第128、129、130、132页。

⑤ 《寄伦敦刘使》,《李鸿章全集》,安徽教育出版社2008年版,电报二,第132页。

⑥ 《寄沪局译交提督琅威理》,《李鸿章全集》,安徽教育出版社2008年版,电报二,第152页。

⑦ 《寄丁琅两提督》,《李鸿章全集》,安徽教育出版社2008年版,电报二,第155—156页。

⑧ 《寄京局送贤良寺曾侯》,《李鸿章全集》,安徽教育出版社2008年版,电报二,第176—177页。

⑨ 《寄柏林许使》,《李鸿章全集》,安徽教育出版社2008年版,电报二,第177页。

⑩ 《寄吴淞交北洋水师统领丁》,《李鸿章全集》,安徽教育出版社2008年版,电报二,第177页。

是时北洋海面因为严冬关系,冰雪覆盖海面,只能就地训练过冬,同时裁撤协助四舰来华之洋员,只留下17员;①该17名洋员其后有四位被遣散,②裁撤至13人,充当四舰的洋员教习。③哈富门就在其13员之中,并且在次年,即光绪十四年(1888)因为护船来华有功被授予四等宝星。④接受勋章以后,由于资料所限,未能追查出哈富门其后的职位变迁,现存的一些文件,只能确定哈富门在1890年7月向丁汝昌提督当面请假半年回德国的时候,已经成为济远舰上的总管轮,可是也并非实授;根据当时另外一份丁汝昌的手稿,丁汝昌与罗稷臣(1850—1901)⑤商讨有关洋员加薪的安排的时候,当时定远的二管轮是德籍洋员阿璧成(Albrecht),⑥可是丁汝昌却又指出:由于阿璧成是舰上的惟一外籍船员,所以他也是有"洋总管轮"的名目,⑦同样的例子有当年还是经远四管轮的区尔;⑧丁汝昌虽然是直接称呼哈富门为"济远总管轮",⑨可是当时济远的华籍总管轮为梁祖全(1889—1894在任),⑩这可反映哈富门当时的职位是虚衔。

---

① 虽然奏章之中写出留下的洋员为13名,可是次年李鸿章向皇帝报请奖赏的时候,却为17位洋员申请宝星奖励,而李相向朝廷报销款项的时候,也分开列出17名洋员的其中四名遣散的费用,证明该17员应为一同来华的四舰管轮。参见《海军报销折》附清单,《李鸿章全集》,奏议十三,第354页;《驾驶快船回华保奖折》附清单二,《李鸿章全集》,奏议十二,安徽教育出版社2008年版,第396页。

② 根据后来的经费报告,该四名洋员为科理登、哈朴里倍、葛雷维、白罗们他耳,参见《海军报销折》附清单,《李鸿章全集》,奏议十三,安徽教育出版社2008年版,第354页;原书"哈朴里倍、葛雷维"作"哈朴里、倍葛雷维",应为标点之误。盖根据《驾驶快船回华保奖折》附清单二,《李鸿章全集》,奏议十二,安徽教育出版社2008年版,第396页中的记载,由于涉及勋章颁发,此二人名称分开列之,故应为"哈朴里倍、葛雷维"。

③ 《四快船到华酌定饷章折》,《李鸿章全集》,奏议十二,安徽教育出版社2008年版,第356—357页。

④ 《驾驶快船回华保奖折》附清单二,《李鸿章全集》,奏议十二,安徽教育出版社2008年版,第396页。

⑤ 即罗丰禄,字稷臣,福建闽县人,长期在北洋海军营务办工作,后来出使多国。

⑥ 阿璧成(J. Albrecht),德国洋员,于后来黄海海战受伤,参见《中日甲午战争全史》第六卷,吉林人民出版社2005年版,第1页。目前对于此人研究非常缺乏,无法再得知更多资料。

⑦ 戚俊杰、王记华编校:《丁汝昌集》,第127—128、140页。

⑧ 戚俊杰、王记华编校:《丁汝昌集》,第127—128、140页;区尔,来华洋员,资料不祥。如果根据"德人任德舰"的政策推想,相信他应该是德国人。

⑨ 戚俊杰、王记华编校:《丁汝昌集》,第140页。

⑩ 当时梁祖全的官位是五品军功补用千总,参见《海军要缺拣员补署折》附清单,《李鸿章全集》,奏议十三,第6页。

三　哈富门数据的内容

研究北洋海军，其中一个很大的问题，在于中国方面的数据上的不可靠。无论是官方的电报、档案，以及私人的著作像《冤海述闻》以及广甲管轮卢毓英①《卢氏甲午前后杂记》，都不能反映出一个真确的事实；甚至中方资料对海军将士阵亡人数也未有交代。这个问题在当时的日本资料中已经有所提及，②而当时的中国报章也存在着这一类问题，由于无法确定消息源头以及牵涉谣言讹传，所以使用报章数据也需要小心分析；可是，由于哈富门的相关报导，是哈富门在上海亲身授受访问时进行的，时间也是开战后的大约三个月，所以相比于其他洋员像戴乐尔（William Ferdinand Tyler，1865—1928），③年老时候所写的回忆录 *Pulling Strings in China*，④以及马吉芬（Philo Norton Mc-Giffin，1860—1897）⑤回到美国养伤时期所发表的文章还要可靠。虽然如此，无可否认的是哈富门访问的本身也牵涉个人主观元素；而且在研究之中也发现不同记者做访问的能力也影响着报导的质素，但是根据他的访问资料与其他现存的史料作出比较，也可以作为解答一些疑团的佐证。

（一）济远舰在丰岛海战

关于丰岛海战，现时中日双方都仍然指称是对方首先开火，⑥互相推卸责任，中国方面很多学者均引用日本战舰作战的意图，以及将浪速上的开炮时间与济远舰上回炮的时间作出比较，以证明首先开火的是日本战舰而并非济远，⑦

---

①　卢毓英，福州人，1889 年于福建船政后学堂毕业。此乃根据王民先生的论文，详见王民：《方伯谦研究中的几个关键点》，《福建论坛》（文史哲版）1993 年第一期，第 45 页。

②　Inouye（井上十吉），*The Japan-China War*，p. 13.

③　William Ferdinand Tyler，英国海军后备少尉，甲午战争黄海海战中受伤，战后继续在不同中国政府机关任职，老年出版其自传回忆录，内容涉及个人主观因素，需要小心考订。参见《中日甲午战争全史》第六卷，吉林人民出版社 2005 年版，第 82—83 页。

④　William Ferdinand Tyler，*Pulling Strings in China*，London：Constable & Co Ltd.，1929；此书亦有中文版本，本文采用英文原版。

⑤　Philo Norton McGiffin，美国安纳波利斯海军学院毕业，黄海海战中在镇远舰上参战受重伤。参见《中日甲午战争全史》第六卷，吉林人民出版社 2005 年版，第 309—310 页。

⑥　［日］桧山幸夫：《日清戦争：秘蔵写真が明かす真実》，（东京）讲谈社 1997 年版，第 53 页；日本方面很多学者依然坚持中方首先开战，在此不多举例。

⑦　苏小东：《甲午中日海战》，戚俊杰、刘玉明主编："勿忘甲午"丛书，天津古籍出版社 2004 年版，第52页；戚其章：《走近甲午》，天津古籍出版社2006年版，第80—83页；其他中方数据亦不多举例。

而从哈富门的资料上，更加可以反映出首先开火的不是中方。哈富门表示：当时日本舰只在没有任何警告之下突然向济远开炮，使得舰上非常混乱，因为当时济远舰上没有任何备战的准备；哈富门说："当时覆盖在大炮上的防水布仍然没有被揭去，也没有任何弹药运上（甲板）来，我们过了半个小时才能还火。"①这个说法，吉野中弹的情况和对广乙管带林国祥（1851—1908）②的访问可以作为侧证。林国祥于丰岛战争后接受报章记者访问，说济远受到日本战舰开炮攻击之后立刻高速离开，丢下广乙舰不管，③相信由于济远完全未有准备，故高速离开希望摆脱日本舰只的攻击。后来日舰吉野中弹，炮弹打进舰身里面的发电机导致其损毁，可是炮弹却没有爆炸，日方人员后来发觉炮弹没有装入火药④。

（二）济远舰在黄海海战中的数个疑团

1. 济远撤退的时间

根据哈富门的访问资料，济远撤退的时间是在黄海海战的下午的大约二至三点钟。根据井上十吉著作的版本，即是引述自《捷报》的报导，济远撤退的时间在"二至三点钟"。⑤ 根据《华洋通闻》，撤退的时间是在三点钟。哈富门亦表示在此之前看到致远舰和超勇舰沉没，扬威舰发生大火并且在沉没之中，来远舰则尾部着火，⑥而作为当时上海主要报章的《字林报》，则引述哈富门声称济远的尾炮发射了大约 30 发。从以上资料比较，如果根据致远舰大约三时沉没，而发射尾炮打了 30 发，相信济远舰离开时间大约在三点左右，可以成为考据济远舰撤退时间的佐证。

2. 济远损毁的考据

不同的资料之中，都有反映有关济远舰损毁的情况，可是这些数据从没有受伤到严重损毁的情况都有。以下仅将部分有关的论述列出：

---

① *North China Daily News*, 18 Oct, 1894.

② 林国祥，又名瑞喜。祖籍广东新会，广东舰队广乙舰管带。

③ *North China Herald and Supreme Court and Consulate Gazette*, 21 Sept 1894.

④ 戚其章：《甲午战争史》，上海人民出版社 2005 年版，第 31 页。

⑤ Inouye（井上十吉），*The Japan-China War*, p. 16.

⑥ *Celestine Empire*（《华洋通闻》），19 Oct 1894.

人物	数据名称	济远舰的损伤描述
旅顺总办道员龚照玙①	《旅顺龚照玙效卯急电》	炮均不能施放,船头漏水②
广甲管轮卢毓英	《卢氏甲午前后杂记》	损毁严重,炮有倾倒③
不明	《冤海述闻》	中炮很多,前后大炮失灵④
洋员戴乐尔	*Pulling Strings In China*	大炮被"巨锤"打坏作为逃走的借口⑤
洋员马吉芬	《鸭绿江外的海战》	只有尾炮损毁⑥

可是哈富门的访问数据却明显地推翻其他的版本,与管带方伯谦在《旅顺龚照玙效卯急电》中的陈述非常相似。其实类似的报导早在《申报》以及抄录《申报》的《中倭战守始末记》之中出现,可是由于翻译过于差劣,根本没有办法理解济远舰上的损毁,该篇报导如下:

……第二次开仗在鸭绿江外海,而我船亦出力攻击,至前后炮均被敌炮攻坏,方统领始命退回。是日十二点钟后接奉帅令起锚,不多时已见倭舰驶来,两军放炮交攻,我船所放之炮甚速,连环攻击略不停止,炮位因此受损。共放十五生的美敦之炮三十五响,机器亦受损不能运动。有廿一生的美敦之炮一尊,机器亦已损坏,炮架不能运动。方统领见已如此,只得退回旅顺。阅六点钟,其余各兵船始陆续回来。⑦

值得注意的是,《中倭战守始末记》并没有全部抄录《申报》报导,而是缺少几句。⑧ 如果与哈富门的其中一篇报导作出比较,所反映的情况便非常清楚:

---

① 龚照玙(1840—1901),字鲁卿,此根据《查参龚照玙片》所列官位,载于《李鸿章全集》奏议十五,安徽教育出版社 2008 年版,第 515—516 页。

② 《中国近代史资料丛刊·中日战争》(三),上海人民出版社、上海书店出版社 2000 年版,第 128 页。

③ 此处乃引用王宜林《甲午海将方伯谦》第258、260—261页所载的《卢氏甲午前后杂记》。

④ 《冤海述闻》方家抄本,第 13 页。

⑤ Tyler, *Pulling Strings In China*, p. 57.

⑥ 《中国近代史资料丛刊续编·中日战争》(7),中华书局 1996 年版,第 276—277 页。

⑦ 《申报》,1894 年 10 月 19 日;《中倭战守始末记》,第 44 页。

⑧ 《申报》,1894 年 10 月 19 日;《中倭战守始末记》,第 44 页。《申报》结尾十数字没有被收录,这个删减情况《申报》自己本身也出现了,后文会有所交代。

The *Tsiyuan's* guns were being fired very rapidly, and this he believed was the cause of their getting out or order. When about 30 rounds had been fired from the 15 - cm. Krupp aft - gun, the carriage went wrong, and the turning gear of the two forward(21 - cm Krupp) guns became jammed, so that the platform could not be turned. The Japanese gunners made very indifferent practice, and the *Tsiyuan* did not receive much damage from them. Thinking he could do no more with his disabled guns, Captain Fong decided to withdraw, and he made the best of his way to Port Arthur, arriving there six hours before the rest of the fleet. [1]

如果以上文与美国罗氏的《中国发展海军的奋斗 1839—1895》一书中的井上十吉版本相比便可知道,哈富门一直想表达的是,济远舰上的前后大炮在发射时很可能因为发射过速,尾炮的炮架发射了 30 发就出现问题,而济远前部的双座旋转炮台不能转动,此两种问题导致大炮无法射击,因此管带方伯谦决定撤退。而这个说法与《冤海述闻》的说法非常相似,可是《冤海述闻》所叙述则显然有所夸张。兹引该段文字于下:

> ……济远中炮数十处,后炮座因放炮不停,炮针及螺丁俱震动溃裂,致炮不能旋转。前大炮放至数十余出,炮盘熔化,钢饼钢环坏不堪用,全船各处通语管亦被击坏……[2]

如果根据这个损毁程度,是否会出现如洋员戴乐尔的说法,舰上人员使用"巨锤"打坏大炮作为逃走的借口?[3] 戴乐尔的说法其实存在很大的问题,他的回忆录在 1929 年才出版,距离黄海海战相隔 30 多年时间,他的说话必须小心验证,而且他本人透露在黄海海战中为定远大炮"所伤",当天的舰队的作战经过他也表示没有什么印象,[4]甚至就连对济远舰上洋总管轮哈富门的存

---

① *North China Daily News*,18 Oct 1894.

② 《冤海述闻》,方伯谦故居抄本,第 12 页。《冤海述闻》的记载与哈富门的叙述的相似性,以后将有篇幅探讨。

③ William Ferdinand Tyler, *Pulling Strings in China*,p. 57.

④ William Ferdinand Tyler, *Pulling Strings in China*,p. 51.

在性也完全失忆。① 而且济远舰大约两天后即被派去拯救触礁的广甲舰，②
他的受伤虽然不重，但是如戴乐尔本身所说要在数天之内完成检验受伤的各
舰并且呈交报告，是非常困难的事情；再者戴氏何来如此权力调查各船损伤
亦实属可疑。虽然戴氏的检查无疑有令人怀疑的地方，可是他的"巨锤毁炮
论"相信可能有其依据。张荫麟先生在其1935年的《甲午中国海军战迹考》一
文中错误翻译，在以后的学术界受到程度不小的误解。张荫麟先生在翻译戴
乐尔自传的时候，将形容破坏济远舰上大炮的对象"sledge‐hammer"分拆成
二字，翻译成"巨锤"，③后来学术界更曾经出现有文章研究济远舰上大炮如
何被大型的"巨锤"击毁及其可能性；④其实"sledge‐hammer"这个英文字
应该合在一起解释，因为戴乐尔原本在此句说的是"……disabled by a
sledge‐hammer"，⑤是有特别所指，戴氏认为济远舰上的大炮被现今使用
作为拆墙用的大槌打坏（如下图），当然这事件是事实与否，无从确定。

　　哈富门的说话却也证明，舰上的大炮全毁只是指主炮，并非泛指所有火
炮。相信当时济远舰上的哈乞斯等小型火炮（现今来说是小机炮）依然可以
发挥其威力；同时，当时哈富门本身也认为济远舰失去了三门主炮就等于丧
失了战斗力，⑥而当时不少军事刊物也只注明济远舰只有三门大炮，这是一
个不容忽视的现象；再者哈富门本身也承认，日本战舰发炮方向不同，所以

---

①　William Ferdinand Tyler, *Pulling Strings in China*, p. 44. 根据戴乐尔本人回忆说，北洋
舰队只有5位洋员，不包括他本人以及汉纳根，这主要是与他本人参加北洋舰队时日短浅有关。

②　根据哈富门的访问，黄海海战后两天，济远舰即被派去托广甲舰，参考 *Celestine Empire*
《华洋通闻》），19 Oct 1894.

③　张荫麟：《甲午中国海军战迹考》，《清华大学学报》（自然科学版）1935年第一期，第
82—83页。

④　刘志坚：《清季一大冤案——方伯谦被杀真相》，《上海师范大学学报》1989年第一期，
第73页；郑守正：《方伯谦是被陷害致死的》，载于林伟功、黄国盛主编：《方伯谦问题研讨集》，
知识出版社1993年版，第134页；刘申宁：《论方伯谦问题》，《近代史研究》2000年第三期，第
243页。

⑤　Tyler, *Pulling Strings in China*, p. 57.

⑥　在哈富门的所有访问之中，哈富门都强调这一点，参见 *North China Daily News*, 18
Oct 1894; *Celestine Empire*《华洋通闻》），19 Oct 1894; 甚至李鸿章在一份向光绪皇帝递交的
奏折之中，也称济远舰只有三门大炮，力量单薄，见《海军拟购新式快炮折》，《李鸿章全集》奏
议十五，安徽教育出版社2008年版，第304页；同时该材料透露，更可怕的是来远舰、经远舰
的尾炮在1894年开战前半年都未有购买安装。

sledgehammers

济远没有受到很多的炮轰，①而在另一方面，哈富门又指出在济远舰上有人员伤亡；②在未有受到很多的炮击之下舰体损伤不多，死伤数人而舰上主炮全毁的情况下选择提早完全撤出战场退回旅顺修理，相信就是当时下午三点钟济远的境况。

有关与扬威舰相撞的问题，则只有井上十吉著作所引述的 *China Gazette*（《捷报》）之中有引述，虽然该篇报导原文至今没有被发现，可是根据仅余的部分，哈富门认为济远舰被撞的原因有以下两点：第一，他说济远舰的损毁主要集中于船尾；第二，撞船以后，有水涌进一个船舱，哈富门和其他船员关上了一些前方的水密舱门。至于为何撞船以及为何济远被撞船尾却并非尾部进水，哈富门表示自从离开战场之后就不清楚外面的情

①　*North China Daily News*，18 Oct 1894.

②　*North China Daily News*，18 Oct 1894；《申报》，1894 年 10 月 19 日，两种资料都是说阵亡 7 人，可是在 *Celestine Empire*（《华洋通闻》），19 Oct 1894 的报导之中却没有提供伤亡数字。

况了。① 值得留意的是管带方伯谦回到旅顺之后亦称舰上船头裂开漏水,②是否就代表哈富门记忆错误? 济远舰撞上扬威舰,相信还需要更多史料说明。

3. 离职原因

现存的资料有几种说法,一是《中东战记本末》记载,济远舰上的"管机西人"(指哈富门),因为管带方伯谦两次作战逃跑,因此辞职不愿意继续一起作战;③另外的说法是在《冤海述闻》之中,哈富门因为济远"船炮俱裂"不能出海,与汉纳根争辩无效之下辞职离船,④而美国罗氏的《中国发展海军的奋斗 1839—1895》里,则指哈富门认为济远不再适合出航而离开。⑤ 这个问题理应在哈富门的访问内容中得到答案,但是,即使根据对哈富门自己的访问,也有不同版本的原因:在一份报章之中,哈富门说因为济远舰上的损毁被马虎地维修,他不愿意再跟随如此境况的济远舰,所以他"跟济远舰结束了关系";⑥而在另外的报导中,哈富门却说自己在 8 个月前,即 1894年 2 月左右就已经提出请辞,而理应在 5 月 1 日离职的。⑦ 这个差别相信与访问的记者所询问的问题有关,因此有理由相信哈富门的答复不会完全一样。故有可能是哈富门原本应该在 5 月 1 日离职,可是由于某种原因继续留职,而黄海海战以后因为担心济远舰的损毁程度,所以趁机离开服务了大约七年的中国海军。

4. 哈富门支持方伯谦罪不至死

无论访问的内容如何差别,哈富门在众多的访问之中,都对济远管带方伯谦投信任票。他表示:"济远舰勇敢的作战,方管带在前后主炮都失灵后才撤退。"⑧又形容"方伯谦管带勇敢而有能力地率领济远舰作战",⑨也指出

---

① Inouye(井上十吉)*The Japan-China War*,p. 16.

② 《旅顺龚照玙效卯急电》,《中国近代史资料丛刊·中日战争》(三),上海人民出版社、上海书店出版社 2000 年版,第 128 页。

③ 载于蔡尔康:《中东战记本末》,收录于《中国近代史资料丛刊·中日战争》,上海人民出版社、上海书店出版社 2000 年版,第 168 页。

④ 《冤海述闻》,方伯谦故居抄本,第 16 页。

⑤ Rawlinson,*China's Struggle for Naval Development*,p. 194.

⑥ *North China Daily News*,18 Oct 1894.

⑦ *Celestine Empire*(《华洋通闻》),19 Oct 1894.

⑧ *North China Daily News*,18 Oct 1894.

⑨ Inouye(井上十吉)*The Japan-China War*,p. 16.

方伯谦"在英格兰学成他的航海技术,并在该地接受严格的训练"①等语;也坚持方伯谦撤退的原因乃由于其战舰失去作战能力,并非因为方伯谦懦弱怕战。特别值得一提的是,上文曾经提及有说法表示哈富门因为不幸遇到如此无能的舰长,而不愿意继续留在济远舰服务等语,其实最早是出现在1894年的一篇报章的报导。该报章宣称其报导经过严格的资料搜集而得出,但无可置疑,该文章错误不少,而且错误地根据谣传指出哈富门的离职的原因。②此后来应即被引用在《中东战记本末》里面,成为误导;③哈富门的亲身访问报导则在约两个多星期后出现,澄清了误会。

可是,如果认为哈富门乃是盲目支持方伯谦,也绝非事实,在不同的访问之中,他曾经对记者表示济远舰撤离战场过早,④只有接受《捷报》的访问时,曾经被引述过他认为"方伯谦是一个秘密阴谋的受害者",⑤而这个论点没有在美国罗氏的著作中收录。值得注意的是,现存的一份数据显示,该份报章极有可能有对方伯谦偏袒的立场,在哈富门访问之前,香港的一份报章曾经转载相信是《捷报》有关方伯谦被处决的内容,极富渲染性:

Reports from the North give us some idea of how this Chinese naval hero died, not in the arms of victory but at the hands of the executioner. On arrival at Port Arthur after he had related his story of the sinking of the four imaginary Japanese vessels and his own chagrin at being signalled by the Admiral to stand out of the fight, poor Fong was strutting about feeling very much a hero and was the cynosure of all eyes, when two soldiers came down upon him from the fort acting apparently under orders of some one high in authority, and the truthful and gallant captain was haled

---

① *Celestine Empire*(《华洋通闻》),19 Oct 1894.

② *North China Herald and Supreme Court and Consulate Gazette*,5 Oct 1894,该文章乃引述一份10月3日的报导,相信为其同一集团的日报。

③ 《申报》,1894年10月19日;《中倭战守始末记》,第44页。《申报》结尾十数字没有被收录,这个删减情况《申报》自己本身也出现了,后文会有所交代。

④ *North China Daily News*,18 Oct 1894.

⑤ Inouye(井上十吉)*The Japan-China War*,p.16;由于美国罗氏的著作没有完全引述井上十吉收录的 *Chinese Gazette*(《捷报》)的内容,导致这篇报导最重要的结尾部分没有出现,因而引致很多含糊的地方,比较两份原文,请参考上面所列井上十吉的著作并 Rawlinson,*China's Struggle for Naval Development*,pp.194—195.

off with his hands tied behind his back. Nobody knew why till it was all o-
ver. No explanations were given, and poor Fong, whose true mission in life
was paddling a sampan was taken before Admiral von Ting inside the fort
for a few moments. When he came out again a gentleman carrying a
crooked sword accompanied him, and without a trial or anything else the
wretched skipper was decapitated on the spot where, a few moments be-
fore, he had tingled the blood of his audience with his stirring story of the
battle he had seen fought and won. ①

这篇以英雄称呼方伯谦的报导所属的报章《捷报》，相信也对哈富门的
访问做了一些手脚：其中一句哈富门明显表示他曾"一度"不能接受方伯谦
被指为逃跑，可是报导的尾段却将哈富门讲话的节录中断了，并指哈富门认
为方伯谦被杀是有政治阴谋。②究竟这是报章的主观立场还是哈富门的个
人见解，不言而喻。

四 哈富门访问与《冤海述闻》的相似性

在前文曾经交代，根据哈富门访问报导的资料，不难发现其内容与《冤
海述闻》某些内容非常相似，例如：

一、哈富门报导与《冤海述闻》同样，指出济远舰在黄海海战之中阵亡 7
人，后者更指出舰上伤者有 13 人。

二、同样指出济远舰大炮损毁导致无法作战而撤退，而且损伤问题大致
相同，《冤海述闻》则更加详细，列出除了大炮以外舰上的损毁。

三、哈富门离职的原因一致，至少《冤海述闻》的说法跟某些报导一致。

四、最重要的是：哈富门原名并非此中文译名，他的名字在官方文件之
中，是统一的"华甫曼"，③只有当时《申报》的报导才采用该名，为后来张荫

---

① *Gazette*, Shanghai, dated 27 Sept 1894；由 *The China Mail*, Hong Kong, 5 Oct 1894
转载。

② Inouye(井上十吉)*The Japan-China War*, p.16。

③ 戚俊杰、王记华编校：《丁汝昌集》，山东大学出版社 1997 年版，第 140 页。《驾驶快船
回华保奖折》附清单二，载于《李鸿章全集》，奏议十二，安徽教育出版社 2008 年版，第 396 页。

麟教授一文中使用。①

根据以上四点的支持,于报章等资料里面寻找,再得出以下数点发现:

一、《冤海述闻》中丰岛海战日船"升白旗龙旗而遁"等情节亦为当时一份报章所报导,时为 1894 年 8 月的英文报纸。②

二、《冤海述闻》内称济远等舰被日船圈出阵外与李鸿章的一份奏折类似,该折承认济远舰被日舰截在阵外,见致远沉没乃逃。③

三、《冤海述闻》中的其他两篇中的《牙山战事纪实》相信由济远舰上的航海日志改编。④

得出如此资料,只能推向一个可能性:《冤海述闻》这篇文章会否大量抄录当时的报章、奏折、船员供词等数据再重新组织剪裁以切合为方伯谦舰长鸣冤的目的? 由于该等报章、奏折等数据都是 1894 年的材料,而《冤海述闻》则相信最早出现于 1895 年甲午战后,时序上绝对否定哈富门报导抄袭《冤海述闻》。从这个论点亦可以探讨该文的作者身份。戚其章教授曾经对《冤海述闻》作出详细研究,他相信作者是经历济远舰两次作战而生还的济远舰大副何广成,因为只有他最清楚作战情况,可以接触到航海日志以及受到方伯谦晋升。⑤

可是,根据新发现的哈富门报导资料,相信作者不太可能是何广成,虽然何广成在 1893 年才调入济远舰服役,在舰上的数年之间不会不认识当时身为济远舰洋总管轮的哈富门,相信更不会不知道哈富门在官方公文的中文译名是"华甫曼"。但是在《冤海述闻》中却写华甫曼的名字为哈富门,这无疑是指出在济远舰上官运亨通的何广成是《冤海述闻》的作者的可能性很低;而且很有可能不会是济远舰上的官兵所作,因为舰上官兵在威海卫战役完结以后都被集中在康济舰上遣返到烟台,在这之后不太可能有如此能力、资源和时间去搜集众多报章、奏折、航海日志等数据;此外还需要通晓英语,

---

① 《申报》,1894 年 10 月 19 日;张荫麟:《甲午中国海军战迹考》,《清华大学学报》(自然科学版)1935 年第一期,第 64 页。

② *North China Herald and Supreme Court and Consulate Gazette*, 3 Aug 1894.

③ 《大东沟战状折》,《李鸿章全集》,奏议十五,安徽教育出版社 2008 年版,第 449 页。

④ 戚其章:《〈冤海述闻〉研究》,第 164—170 页。

⑤ 戚其章:《〈冤海述闻〉研究》,第 183—187 页。

因为当时《申报》不知何故删减了哈富门支持方伯谦的句子。

那么谁是真正的《冤海述闻》的作者？虽然没有证据，经过一些数据寻找，却出现另一位嫌疑人：长年任职于北洋海军的营务办罗丰禄。罗丰禄在带领刘步蟾等海军学生出洋之前相信已认识同省同籍同市甚至可能同镇的留学生之一的方伯谦，[①]并且曾经因为改动汉纳根的电报报告从而为方伯谦开脱，被汉纳根发觉事败后而被朝廷官员奏章弹劾（当然最终此事无任何下文），[②]更加因为被指指使方伯谦家属到京鸣冤而被当时的直隶总督王文韶(1830—1908)查抄办公室，最后也是由于无实质证据指控而作罢。[③]。如此众多祖护方伯谦的行为，加上在甲午战争中丝毫无损，通晓多国文字，有其能力、时间、资源、阅历去写《冤海述闻》，特别是有能力"作"出方伯谦与众高层不和的种种原因，更追溯到汉纳根构筑炮台问题以及丁汝昌建屋问题等的"历史"问题，加上图文并茂的鸣冤，虽然无充分的证据，恐怕罗丰禄的嫌疑很大，亦相信这是何广成所未必能够写到的。

五　其他杂论

哈富门报导还不断地显示出一个问题，就是在作战期间，北洋海军严重受到烟雾弥漫的困扰，这是舰队发炮的时候所产生，问题严重至影响舰上的视野，以致无法得知其他船只的活动。[④]而在其他的数据之中也有类似的描述，[⑤]如此严重的视线问题，非常不利于整个舰队的作战。

---

①　罗丰禄祖籍福建闽县；方伯谦祖籍福建侯官，生于闽县。根据资料，闽县、侯官县同属福州府城内，闽县管理城左，城外东南；侯官县管城右，城外西北。所以方伯谦很可能与年长的罗丰禄同城而住，甚至认识。参考福州市地方志编纂委员会，朱景星修、郑祖庚纂：《闽县乡土志侯官县乡土志》(光绪三十二年)，海风出版社2001年版，第166、397页。

②　孔祥吉：《甲午战争中北洋水师上层人物的心态——营务处总办罗丰禄家书解读》，《近代史研究》2000年第6期；《文廷式全集》(二)，奏议，第138页。原文写的名字是"方汝济"非方伯谦，疑为校订原稿之误。

③　《北洋大臣王文韶奏为遵旨查复道员罗丰禄被参各款折》，载于《中国近代史资料丛刊续编·中日战争》(3)，中华书局1991年版，第636页。

④　Inouye(井上十吉)*The Japan - China War*, p. 16; *North China Daily News*, 18 Oct 1894; *Celestine Empire*(《华洋通闻》), 19 Oct 1894.

⑤　《汇报前敌紧要军情折》附清单，《李鸿章全集》，奏议十五，安徽教育出版社2008年版，第430、434页；该二处为丁汝昌电报，亦为李鸿章所抽出汇报光绪皇帝。两处均提及烟雾弥漫，甚至舰队中何船沉没也不能立即分辨。

结　语

本文无意为就方伯谦"冤案"延续其抗争史,而是希望借着研究济远舰上德国籍洋员华甫曼(哈富门)来华参加北洋海军后所带来的种种问题,尤其是他无端地被卷入另一半地球的一个大时代的大事件——中日甲午战争进行探讨。透过研究华甫曼所得到的相关史料,可以从侧面反映出北洋海军研究的数据还有非常缺乏的地方,尤其是报章史料方面;若非当年日本井上十吉先生对学术的坚持以及美国罗教授研究的努力,相信华甫曼以及不少北洋海军的史料将会不见天日。由于研究的局限和研究能力的不足,未能完全揭开当时华甫曼在济远舰上服役的经过,以及未能全面搜集当时所有中国报章并分析他对管带方伯谦的评价。除了欧美、上海、香港的地区,会否再能发现更多有关当年战争的报章报导? 能否再度找出业已散佚的中国报章 *CHINA GAZETTE* 或者更加重要的烟台报章 *CHEFOO EX-PRESS*? 相信华甫曼的研究仍然有继续深入的空间。同样,许多来华洋员的履历背景仍是缺乏,还需要更多的研究。

方伯谦问题自从方伯谦死后已经出现,可是直至近年才有学者对其作专业技术性的研究。一般的学者往往只从部分史料去作出反复讨论,忽略了追查史料原本的出处、产生来源,导致方伯谦问题不但没有得到解决,反而成为了近年北洋海军史的一场大论争;而且一些学者不去分辨历史事实,人云亦云,导致方伯谦问题产生新的错误观点。至于方伯谦的问题,从研究有关哈富门(华甫曼)的资料,希望带出"方伯谦事件"的复杂性,这并非纯粹对错的问题,更牵涉当时报章数据的流通性和删减运用等问题。所以此问题应该更加深入地研究,尤其是对有关史料的来源和其内容上。此外,哈富门的数据同时证明同情方伯谦的文章早在方伯谦被杀后已经出现在报纸上,并非以《冤海述闻》为首;而《冤海述闻》本身也很可能是当时报章、奏议等数据汇编而成。值得指出的是,最初华甫曼的态度是同情多于为其鸣冤。

相比其他将领来说,方伯谦的遭遇无疑使人同情,①可是不详细考查原始史料,即判断其为冤案,并不合适。根据最近不少研究,方伯谦本身在一些事件的处理上也有其问题,导致其杀身之祸。方伯谦的济远舰在黄海海战中所受的损伤明显比丰岛海战的少,明显有未尽全力之嫌;而且方伯谦最大的问题,是在于在黄海海战中撤退,弃同僚战友于不顾,引致海军上下对其有"首先逃走"的看法。"且大东沟之役,彼固知全军将覆,而欲脱事外,袖手以观我辈之沦亡,彼已于大局何?"②恐怕为同僚中对方伯谦看法的最好写照。

当然就现时的评议来说,一些对其的斥责也并非事实,方伯谦无疑不需要再负上起初所谓的"民族败类"、"公开叛国"等罪名;方伯谦被杀无疑是咎由自取,不过胡乱对方伯谦扣上帽子,制造一些错误的批评亦非严谨的历史研究态度。

---

① 无论如何,方伯谦"逃走"最多只是黄海海战失败的一个因素,即使方伯谦的济远舰留在战场,最多只能减少北洋海军舰只的损失而不能挽救其失败;北洋海军舰龄大,速射炮少,弹药技术落后等原因,是造成北洋海军战败之根本。参见张英杰:《北洋海军"未添一船"辨析》,《北京教育学院学报》2002 年第 3 期,第 26—27 页;苏小东:《北洋海军管带群体与甲午海战》,《近代史研究》1999 年第 2 期,第 151—173 页;苏小东:《李鸿章对日海军威慑战略与甲午海战》,《近代史研究》1994 年第 5 期,第 39—51 页;吴长春:《从装备上看北洋水师覆亡的原因及几点启示》,《大连海事大学学报》1994 年第 3 期,第 108—112 页等文。

② 《卢氏杂记》,载于林伟功、黄国盛:《方伯谦问题研讨集》,第 551—552 页。

附录 华甫曼访问资料摘录

N. - C. DAILY NEWS, THURSDAY,
18TH October, 1894.

(一)《字林西报》,1894 年 10 月 18 日

THE WAR.

THE NAVAL FIGHTS: INTERVIEW WITH
MR. G. HOFFMANN.

Mr. G. Hoffmann, who was on board the *Tsiyuan* during the fight off Yashan, on the 26th of July, and at the battle near the Yaloo on the 17th September, is now in Shanghai on his way home, having resigned his position as Chief Superintending Engineer in the Chinese navy. Yesterday he was seen by a representative of the N. - C. Daily News, to whom he gave some interesting information concerning the fights in which the *Tsiyuan* had taken part.

In regard to the encounter of the 25th of July it is important to note that he distinctly states that the Japanese were the aggressors, three Japanese vessels meeting the *Tsiyuan* and opening fire without giving any notice, although war was not declared until the 1st of August. The *Tsiyuan* and *Kuangyü* left Yashan at about half - past four on the morning of the 25th of July, shaping a course for Weihaiwei. At about half - past eight o' clock Mr. Hoffman's boy told him that three Japanese vessels were in sight. Looking through the window on the port side he saw the Japanese men - of - war, about 45 degrees to the fore, coming on in single line. The first was the *Yoshino*, but the others he did not know. They came on, and as soon as the leader was abreast of the *Tsiyuan* the three simultaneously opened fire. Everything was then in confusion on board the *Tsiyuan*, as no preparations had been made for a fight, the sea lashings being on the guns, and no ammunition being up. It was about half - an - hour before the *Tsiyuan* could return the fire. The *Tsiyuan* had her steering gear badly damaged, and the two unknown Japanese vessels went off in pursuit of the *Kuangyü* and *Tsaokiang*, the latter of which was captured, whilst the former was run ashore. For quite an hour the *Tsiyuan* fought the *Yoshino*, compelling the latter to withdraw with a good deal of damage. After effecting some sort of repairs the *Yoshino* again started after the *Tsiyuan*, firing some shots which went wide of the mark. At about half - past twelve the *Yoshino* came within 800 or 900 yards, and made preparations to discharge a torpedo. Meanwhile the *Tsiyuan* was circling round at full speed, keeping her broadside from the Japanese vessel, thus rendering futile an attempt to use a torpedo. The *Yoshino* approached closer still, whereupon the *Tsiyuan*'s aft gun, 15cm. Krupp, fired three rounds at her, hitting the Japanese vessels near the bridge and inflicting great damage. Upon this the *Yoshino* drew off towards the shore, and the *Tsiyuan* resumed her journey to Weihaiwei. Mr. Hoffmann speaks highly of the working of the *Tsiyuan*, and he thinks it very creditable that she not only escaped from the superior Japanese force but inflicting considerable damage upon the *Yoshino* as well. There were 13 killed and 23 wounded on the *Tsiyuan* and it was an unfortunate fact that there was no doctor on board, nor any provision made in the way of bandages. From Weihaiwei the *Tsiyuan* went to Port Arthur to repair, remaining there about three weeks.

Mr. Hoffmann's account of the battle off the Yaloo on the 17th of September is noteworthy as being the first direct testimony we have yet had as to he doings of the *Tsiyuan* on that day. It will be readily recalled that her commander, Captain Fong, had been decapitated for cowardice on that day, but Mr. Hoffmann's testimony tends to mitigate the weight of the accusation against the unfortunate officer, if it does not clear him altogether from blame. Mr. Hoffmann declares that the *Tsiyuan* fought with courage, and it was not until her fore and after guns were disabled that Capt. Fong withdrew. The only question was whether he withdrew at too early a stage. Mr. Hoffmann says that at about midday on the 17th of September orders were given to get u Pthe anchor, soon after which the Japanese came in sight and the fighting began. It was soon very difficult to make out what was going on. The *Tsiyuan's* guns were being fired very rapidly, and this he believed was the cause of their getting out or order. When about 30 rounds had been fired from the 15 - cm. Kru Ppaft - gun, the carriage went wrong, and the turning gear of the two forward(21 - cm Krupp) guns became jammed, so that the platform could not be turned. The Japanese gunners made very indifferent practice, and the *Tsiyuan* did not receive much damage from them. Thinking he could do no more with his disabled guns, Captain Fong decided to withdraw, and he made the best of his way to Port Arthur, arriving there six hours before the rest of the fleet. His action was soon disapproved of, and when some of the damage sustained by the *Tsiyuan* had been hastily repaired, Capt. Fong was ordered to Tailienwan Bay to take the guns off the stranded *Kuangchia*, in which he did not succeed. Mr. Hoffmann refused to go in the shi Pin her then condition, and his connection with her ceased. Seven men were killed on the *Tsiyuan* during the fight. Though admitting the seriousness of the guns being damaged, Mr. Hoffmann yet believed that Captain Fong made a mistake in leaving too soon. An enquiry was subsequently held into the case, the result of which was that Captain Fong was beheaded. Mr. Hoffmann did not see the execution, but hearing something about it he ran round Fong's house. When he reached there, Fong had been decapitated. The men of the *Tsiyuan* stitched the head on to the body, washed and dressed it, and placed it in a coffin.

In the course of conversation Mr. Hoffmann readily admits the serious blow the Chinese navy received in the battle off the Yaloo, although he can

hardly believe that the Japanese escaped so lightly as they repre-
sent. Though the Chinese vessels that remain form a force to be reckoned
with, Mr. Hoffmann regards them as sadly handicapped by the overwhelm-
ing strength which the Japanese can bring against them, and for this rea-
son he cannot understand why the Peiyang squadron is not reinforced by
the vessels from the South, which would certainly be of some assistance.

CELESTINE EMPIRE, OCTOBER 19, 1894.

(二)《华洋通闻》,1894 年 10 月 19 日

THE YALOO NAVAL BATTLE
THE EXPERIENCE OF AN EYE - WITNESS.
THE TRUTH OF ABOUT THE CHINESE SAILORS.

There arrived at Shanghai on Wednesday, (the 17th Oct.), a German gentleman who was formerly an officer in the Chinese Imperial Navy, and who was on board, carrying out his duties on a Chinese war - vessel at the Yaloo River naval battle. A representative of the *Shanghai Mercury* had the pleasure of an interview with this gentleman on Wednesday afternoon, when he related to the following particulars: —

Mr. Gustaff Hermann Hoffmann, the officer in question, said he first joined the Chinese Navy in 1877. Previously he had served in the German Army in the Crown Prince's 1st East Prussian Regiment. U Pto he had been the Superintendent Engineer on board the *Tsi - yuen*. He said that on the 25th of July last the *Tsi - yuen*, with the *Kwang - yü*, came from Yashan bound for Wei - hai - wei. When near Shopiaul Island about 8:30 in the morning, three Japanese Vessels, men - of - war, were sighted. One of which proved to be the *Yoshino*. The Yoshino came u Pwith the Tsi - yuen and firing commenced from both sides. The other Japanese vessels engaged *Kwang - yü*, while the third pursued a Chinese wooden - dispatch vessel which had put in an appearance. At half - past one the *Yoshino* drew off, and left the Tsi - yuen, which proceeded on her way. The wooden dispatch - vessel was sunk. The *Yoshino* later approached and recommenced firing. The *Tsi - yuen* had then been considerably damaged, and had lost 13 men. The *Yoshino* steamed u Pvery close, as if she was trying to torpedo the Tsi - yuen. As she came closer the Chinese vessel opened fire with her heavy 15 cm. Kru PPguns aft, and the *Yoshino* was badly damaged. At length the *Yoshino* drew off and turned back. The *Kwang - yü* had only small quick - firing guns, and having exhausted her ammunition, she was run aground by the Captain on an island. The *Tsi - yuen* then returned to Wei - hai - wei, and after a few days, received orders to go to Post Arthur for repairs. At Port Arthur there arrived later the rest of the fleet, the *Ting - yuen*, *Chen - yuen*, *King - yuen*, *Lai - yuen*, *Chie - yuen*, *Tsi - yuen*, *Ting - yuen and Chan - yuen* and *Yang - wei*, with two torpedo boats. These vessels were engaged in transporting troops and convoying transports, troops being taken from south of Port Arthur. On the 15th September, the *Tsi - yuen* left Port Arthur, and on the 16th the vessel anchored with the rest of the fleet at the mouth of the Yaloo River.

THE YALOO BATTLE

About 11 o'clock that day orders were received from Admiral Ting to steam u Pand for the fleet to mobilise, as Japanese cruisers had been seen in the vicinity. The Japanese fleet was seen approaching and about noon; the Chinese fleet steamed out to meet the Japanese fleet — in a V shaped formation, the flag - ship and *Cheng - yuen* being nearest the enemy. Admiral Ting and Major von Hanneken were on the flag - ship. At about one or two o'clock the fleets opened fire upon one another. The Japanese advancing in two parallel lines. That firing continued incessantly on both sides for about three or four hours. Mr. Hoffmann, who was on deck part of the time, could see little of what was going on as the smoke was very dense. But the Chinese firing was steady and undoubtedly effective. The Japanese could make no impression against the two large Chinese ships in the van. When the firing began to ceased and the smoke cleared away, it was found that *Chih - yuen* and *Chêngyeun*, were sunk and *Yang - wei* was burnt and sinking. The *Lai - yuen* was burnt out aft. About 3 o' clock the *Tsi-yuen* had all her guns disabled and the Commander, Fong Peh-kien, decided on quitting the scene of battle, and steamed out of the engagement for Port Arthur. Port Arthur was reached by the *Tsi-yuen* next morning at 5 30. Eventually the Japanese ships drew off from the Chinese, and the Chinese vessels which were left returned to Port Arthur the day following the engagement at about 10 a. m. There returned of the Chinese fleet that had left: — the *Tingyuen*, the *Chengyuen*, *Chinyuen*, *Tsiyuen* and *Pingyuen*. These ships were at once started to be repaired. Two days later the *Tsiyuen*, after repairs left to tow the *Kwangyü* from the island where she had grounded, but was unsuccessful. Mr. Hoffman left the *Tsiyuen* before she left on that voyage. Speaking of the Chinese sailors, Mr. Hoffman said the crews of the men-of-war were most good. Many of the officers—even those who had not received European instructions— were brave and very capable in performing their duties. The reports concerning the Chinese sailors have to be beaten to stick to their posts was all nonsense. They fought well and fearlessly, and Mr. Hoffman saw Chinese gunners stepping u Pto the guns bravely to supply the places of those who had been killed beside them. The sailors, in the midst of the excitement of the battle, obeyed orders promptly and well. The firing on the *Tsi-yuen* was by no means wild; it was steady and must have been terrible effective. There were seven Europeans during the battle, three of whom were engineers. In concluding, Mr. Hoffman was of opinion that the Chinese had excellent naval officers, as far as courage and obedience went; many were good navigators. If the Chinese fleet, the Yangtze, Foochow, and Canton squadrons combined with the reminder of the Northern squadron the Japanese could be easily mastered at sea. Fong Peh-kien, the commander of the *Tsi-yuen*, who was beheaded for leaving the engagement, was described by Mr. Hoffman as being a courageous and able officer. He had learned his navigation in England where he had also received a thorough training. His ship's guns were disabled, and it was useless for him to remain in the engagement. Mr. Hoffman sent his resignation 8 months ago, and should have left the service on the 1st of May last. He proceeds to Germany. He has met a number of Europeans while coming down, who were going to join the Chinese Navy.

(三)《申报》,1894 年 10 月 19 日

纪济远兵船两次开仗情形

有西人名哈富门,在济远兵船办公,现已分手,将回本国,道出沪上小住礼查客寓。询问战事者踵接于门,哈君答以济远船两次开战,仆均在船中。第一次在两国尚未宣战之前。天明时从牙山出口与广乙、操江同行,将近九点钟时,侍者告以有日舰三艘远远驶来,一系吉野,余二艘不辨何名。此时两国尚未宣战,不虞其有战事,一切均未预备。忽见日舰开炮,我船赶紧预备,将炮架装好,已阅半点钟。见日舰分作三起,一与我船鏖战,一与广乙,一与操江相搏。后广乙搁浅,操江被掳。我船战至一点钟时,吉野受我炮弹,小有损伤,展轮径去,待修理后重又折回。与我船奋力攻击,我船运炮之机器被炮弹击坏,俄而船首之机器亦坏,不能施炮,遂回威海。此役济远船上死十三人,伤二十三人,因并未预备战事,故医生及医伤之药均未带去。及回威海、旅顺,始得倩医诊治,并修理被损之器。此第一次开战情形也。第二次开仗在鸭绿江外海,而我船亦出力攻击,至前后炮均被敌炮攻坏,方统领始命退回。是日十二点钟后接奉帅令,起锚不多时已见倭舰驶来。两军放炮交攻,我船所放之炮甚速,连环攻击,略不停止,炮位因此受损。共放十五生的美敦之炮三十五响,机器亦受损,不能运动。有廿一生的美敦之炮一尊,机器亦已损坏,炮架不能运动。方统领见已如此,只得退回旅顺。阅六点钟,其余各兵船始陆续回来。我船虽受伤,并无大碍,回旅顺后先行修理,俟修竣即至大连湾,欲将广乙船上之炮取出,未能如愿。我于此时业已离船。当日在鸭绿江开战,我船死七人,方统领退回时未免太早。及回去,上宪询明情节,欲将方统领正法,我闻此信,即至方统领住处,欲图一见。及至其处,方统领已身首异处矣。后由船上水手将尸首缝合,纳入棺中。是战倭舰受伤不少,此第二次开战

情形也。惟不知南洋各兵船迟延观望，不赴北洋会合一处，力剿倭人，诚有索解而不得者。

周政纬，香港大学中文系中国历史研究硕士

萨镇冰据日岛抗日的民族精神

关　伟　杨惠萍

今年是萨镇冰诞辰150周年,甲午中日战争爆发115周年。海军将领萨镇冰初学于马尾船政学堂,继出国入格林威治海军学院学习行船理。1888年北洋海军成军时统带康济练船,1894年晋副将衔。在中日威海激战时,临危受命,率30名官兵镇守在刘公岛东泓、南嘴和皂埠嘴、鹿角嘴炮台中间,具有极其重要的战略地位的日岛炮台,以扼威海卫咽喉。面对凶悍的日本海陆军,毫不畏缩,灵活指挥守军一面炮击南帮炮台日本陆军,一面与来犯的日本海军激战,10天中进行6次战斗,击中日舰多艘,毙伤日官兵多人,立下不朽功勋,表现出中华民族之国魂。我们重新记述萨镇冰率30名官兵守卫日岛,勇敢战斗,刻苦耐劳,不怕牺牲的崇高精神,对激励各族人民的爱国主义情操具有重要意义。

一、科班出身的海军将领萨镇冰

萨镇冰(1859—1952),字鼎铭。生于福建侯官县朱紫坊(今福州市鼓楼区东大路福州大酒店附近)。[①] 家境贫寒,自幼勤奋好学,7岁读经史子集等。1869年(同治八年)11岁的萨镇冰得家叔萨觉民向福建船政大臣沈葆桢推荐考入福州马尾船政后学堂,为第二届学生,学习航海驾驶技术。[②] 1872年(同治十一年)毕业。1874年(同治十三年)任海东云船二副,巡防台湾。1875年(光绪元年)萨镇冰与林颖启、林履中等登扬武练船实习,航行

---

① 红军研究室:《海军少将萨镇冰传》,见 mhtml://C:\Documents and Settings\lenovo.
② 《海军各学校历届毕业生名册》,张侠等编:《清末海军史料》,海洋出版社1982年版,第434页。

外海,"游历新加坡、小吕宋、槟榔屿各埠,至日本而还",①以增阅历。1876年(光绪二年)萨镇冰等入选福建船政的第一批留学生,随后于翌年出国入英国格林威治海军学院学习行船理法。1879 年(光绪五年)萨镇冰被派上英们那次舰实习,其间"周游地中海、大西洋、美利坚、阿非利加、印度洋各处,于行军布阵一切战守之法,无不精习"。②翌年 4 月萨镇冰学成回国,10月分拨到南洋水师,任澄庆炮舰大副。1882 年(光绪八年)4 月调任天津水师学堂教习。1886 年(光绪十二年)调至北洋水师任威远练习舰管带,翌年又改任康济练船管带。1888 年(光绪十四年)7 月萨镇冰统带康济练船剿乱"并往返朝鲜防护藩属期满请奖各案内,历保至参将尽先补用"。③ 北洋海军成立后的 1889 年 2 月,萨镇冰以参将衔补用都司(正四品),后升署精练左营游击(从三品)。1894 年(光绪二十年)5 月萨镇冰又晋副将衔(从二品),实授精练左营游击(从三品)。同年 7 月 25 日,日本联合舰队在朝鲜丰岛海面对护送赴朝清军运兵船的北洋军舰实行突然袭击,挑起甲午中日战争。

二、日岛的战略地位,萨镇冰临危受命守岛

1894 年 9 月 17 日,北洋舰队在中日黄海海战中遭受重大损失后,各舰驻守威海卫。为加强威海卫港的防御,丁汝昌令萨镇冰率康济舰 30 名水手守卫南口(即东口)日岛炮台,以扼威海卫咽喉。

日岛,位于威海卫南帮和刘公岛之间。据《威海市志》载:

> 日岛位于刘公岛南 2 公里,岛岸线长 0.88 公里,岛高 13.8 米。原为露出水面的一片礁石,远望似衣漂浮水面,故称衣岛。清朝初年,以其位于东海日出的方向,改名日岛。④

日岛实际长 120 米,宽 70 米。日岛原是一片礁石,所以上面无任

① 池仲祐:《海军大事记》,《中国近代史资料丛刊·洋务运动》(八),上海人民出版社1961 年版,第 482 页。
② 红军研究室:《海军少将萨镇冰传》,见 mhtml://C:\Documents and Settings\lenovo.
③ 《李鸿章奏为拟将萨镇冰刘冠雄等五员分别借补改补各实缺片》(光绪十七年五月二十三日,1891 年 6 月 29 日),张侠等编:《清末海军史料》,海洋出版社 1982 年版,第 566 页。
④ 威海市地方史志编纂委员会编:《威海市志》,山东人民出版社 1986 年版,第 92 页。

何防御设施。

日岛上修筑炮台是李鸿章决定的。1888 年 5 月 5 日,李鸿章开始察勘旅顺、大连湾的北洋海防设施,遂至威海卫。当李鸿章登上刘公岛时,看出刘公岛"横据外口,势甚扼要",遂于 16 日返回天津后之翌日上呈《奏察勘各海口折》,除认为在"岛南须建炮台一座,岛北须建地阱炮台二座"外,还指出:"威海南口之日岛矗立澳心,须建铁甲炮台一座,庶水路相依以成巩固之势,拟次第察酌估办。"①

1890 年(光绪十六年)丁汝昌遵照李鸿章的要求,为修建日岛炮台,令海军从威海南岸运土石将日岛加高,②然后在岛上修筑铁甲炮台一座。在炮台上安装 20 厘米口径地阱炮 2 门、12 厘米炮 2 门、6.5 厘米炮 4 门。③所谓地阱炮系指在平地上挖阱,炮藏在其中,炮手也藏于阱下,上面加铁盖,与地面一平。日岛地阱炮可旋转,环顾四周。如需放炮,大炮升起,施放后即降入地阱,以防被敌弹击中。

日岛将刘公岛南口一分为二,日岛炮台位于刘公岛东泓、南嘴和皂埠嘴、鹿角嘴炮台中间,可说是威海卫南口的中流砥柱,具有极其重要的战略地位。1891 年(光绪十七年)李鸿章再次巡阅威海卫防御设施后说:日岛所建地阱炮台,"与南岸赵北嘴炮台相为犄角锁钥,极为谨严"。④

萨镇冰与 30 名水兵在孤悬海中的日岛上,过着极为艰苦的生活。一是岛上所需粮食、蔬菜、饮用水等都靠海岸上或刘公岛供给,而后勤供应受日本联合舰队干扰,时有不济之时;二是官兵长期隐蔽在地阱或简陋的营房中,少见天日,影响身体健康;三是官兵操劳过度,疾病时有发生。萨镇冰染上疾病后,仍与水兵们战斗在岗位上,表现出克尽职守,与水兵同甘共苦,坚韧不拔的战斗精神。

---

① 《李鸿章奏察勘各海口折》(光绪十四年四月七日,1888 年 5 月 17 日),张侠等编:《清末海军史料》,海洋出版社 1982 年版,第 264 页。

② 关于加高日岛时间,还有 1887 年和 1888 年二说。

③ 日岛炮台配炮数,另有 20 厘米炮 2 门、6.5 厘米炮 6 门之说。

④ 《李鸿章奏巡阅海军事竣折》(光绪十七年五月五日,1891 年 6 月 11 日),张侠等编:《清末海军史料》,海洋出版社 1982 年版,第 274 页。

三、中日威海激战,萨镇冰率日岛官兵顽强抗敌

萨镇冰率 30 名水兵自登上日岛后,全神贯注地监视着日本联合舰队的行踪。中日威海激战开始后,萨镇冰坚持与占领南帮炮台的日本陆军和海上的日本舰队战斗了 10 天。短短的 10 天,萨镇冰与 30 名水兵与日军作战 6 次,予日本陆海军以重大打击,立下了不朽功勋。

鉴于日岛如同一艘不能移动的军舰,所以与日军的战斗,均属防御性和阻击性的战斗。

第一次战斗是 1895 年 1 月 30 日凌晨。当日本陆军在 1 月 29 日将抵达百尺崖时,日本联合舰队司令长官伊东祐亨命令本队松岛、千代田、桥立、岩岛和第一游击队的吉野、高千穗、秋津洲、浪速 8 舰以及第三游击队的葛城、大和、武藏,第四游击队的筑紫、鸟海、赤城、爱宕、摩耶 8 舰同时于午夜 1 时自荣成湾起锚,驶向威海卫。此前,第三游击队之扶桑、金刚、高雄 3 舰于 1 月 29 日下午 4 时自荣成起锚,当夜在山东岬角海面执行巡航警戒任务,并于 30 日晨抵达威海卫海面,与联合舰队本队及第一游击队会合。至此进至威海卫外海的日舰已达 19 艘。1 月 30 日正是中国农历的正月初五,当天虽无风,海浪却仍然很高,浊浪滔天,狂澜奔腾,舰身摇晃不定。当日本陆军对南帮炮台发动总攻击时,日舰队为防止日岛炮台攻击,进犯南帮制高点摩天岭的日军,慌忙派筑紫等 8 舰向南帮炮台开炮。同时,向刘公岛东泓炮台和日岛开炮轰击。康济管带萨镇冰立即率 30 名水手配合定远等舰,一面向进攻摩天岭的日军开炮,击毙大寺安纯少将;一面向海上日军开炮。此战,日岛未受甚损失,起到阻止日本联合舰队进犯的作用。

第二次战斗是 1 月 30 日下午 1 时许。日本舰队由旗舰松岛为先导舰,千代田、桥立、岩岛、吉野、高千穗、秋津洲、浪速、比睿、金刚、高雄等舰继之,开至威海卫港外巡航。此时,在南帮炮台岬角巡航的筑紫舰突然向南口前进,企图偷入港内。紧接着,赤城、鸟海、摩耶、爱宕 4 舰跟进。待筑紫舰靠近刘公岛时,向刘公岛、日岛并港内北洋军舰炮击,立即遭到清各炮台猛烈还击,势不可挡。筑紫等舰被迫改变航向,经过刘公岛附近海面向北行驶。日岛、刘公岛东泓炮台守军见筑紫舰试图逃逸,各炮立即齐发,"势颇激烈,

筑紫舰烟突根为巨弹所中,伤水兵4人"。① 筑紫舰急速遁逃。此为筑紫舰第一次中弹。

此时,日本十余艘鱼雷艇开到鸡鸣岛与南口之间的海面穿梭巡航。未几,松岛舰训令第二游击队的扶桑、金刚、比睿、高雄4舰炮击日岛。4舰立即驶向南口。刘公岛、日岛官兵发现日舰,立即开炮轰击。伊东见日舰进攻毫无进展,乃下令各舰驶至鸡鸣岛南约30浬海面停泊。当夜,日第三鱼雷艇队4艘由今井司令指挥开到日岛东面,试图快速从南口闯进港内,"但港内对鱼雷艇防守严密,未能达到目的,无功而返"。②

第三次战斗是2月2至3日。1月31日日舰筑紫舰修好后,舰长三好大佐向伊东要求夜袭日岛,虽被应允,却因午后寒风凛冽,大炮结冰,无法运转而放弃。直到2月2日威海卫全失,刘公岛、日岛已处腹背受敌之势,日军占据的南北帮炮台对刘公岛、日岛构成致命威胁。2月3日上午9时,日第二游击队的扶桑、金刚、比睿、高雄4舰缓缓驶向威海卫南口,沿南岸炮台岬角向港内驶近。未几,扶桑舰向刘公岛、日岛猛烈炮击。萨镇冰与日岛水手"毫无屈色,努力防战"。③ 双方"巨弹交迸,坠入海中,猛响如万雷齐发,飞沫高及数丈"。④与日舰对攻中,猖獗一时的筑紫舰再次被炮弹击中,"左舷穿透中甲板,未爆炸,由右舷落入海中,打死士兵三名,伤官兵三名,舰体损坏"。⑤ 是为该舰第二次受创。战至下午1时30分许,第二游击队之高雄舰亦中弹,"击断桅杆上的索具"。⑥ 第二游击队因两舰受创而被迫撤走。

第四次战斗是2月5日。伊东见单纯靠舰队强攻毫无效果,乃决定改用鱼雷艇偷袭战术。5日晨1时,第一鱼雷艇队奉命警戒威海卫北口,而第四游击队之鸟海、爱宕2舰炮击刘公岛、日岛,"以牵制清舰,使不遑他

① 《日清战争实记》第12编,第400页。

② 《日清战争实记选译·(五)威海卫海战记》,《中国近代史资料丛刊续编·中日战争》(8),中华书局1994年版,第212页。

③ [日]海军军令部编:《明治二十七八年海战史》下卷,第199页。

④ 《日方记载的中日战史·二十九威海卫陷落·北洋舰队全灭》,《中国近代史资料丛刊·中日战争》(一),上海人民出版社1957年版,第271页。

⑤ [日]海军军令部编:《明治二十七八年海战史》下卷,第85页。

⑥ 《日清战争实记选译·(五)威海卫海战记》,《中国近代史资料丛刊续编·中日战争》(8),中华书局1994年版,第215页。

顾"。① 同时,日各鱼雷艇冲过封锁栏向港内北洋军舰发射鱼雷,定远舰首先击中日真野大尉的第九号艇机舱,击毙机师以下 4 人,击伤 45 人。② 不幸,此时定远舰反被接近 50 米处的第九号鱼雷艇击成重伤,只好开到刘公岛东浅滩停泊,继续作战。日第二鱼雷艇队的第八、第十四号先后触礁,伤亡颇大。日第二十二号艇则被刘公岛、日岛大炮击中,不少人员乘小船逃走,艇长福岛大尉和 5 名水兵在艇上成了活靶子。伊东见定远舰重伤,急令 12 艘舰向日岛、刘公岛发动攻击。北洋舰队与日岛、刘公岛各炮台相配合,努力奋战。战斗中双方互有伤亡。日舰仍无法接近日岛、刘公岛,再次停止进攻,各舰开至刘公岛以东海上停泊。此次战斗,日岛炮台虽中有炮弹,却无大碍。

第五次战斗是 2 月 6 日。伊东继续用鱼雷艇先行攻击北洋舰队。伊东令第一艇队的 5 艘鱼雷艇在黎明前向威海港内的 3 舰发射鱼雷。日鱼雷艇发出数颗鱼雷,首先来远舰被日小鹰号鱼雷艇右舷发射的鱼雷击中,舰上 30 多人殉难。同时,日第二十三、第十一号艇发射的鱼雷,击中练习舰威远和汽船宝筏,二者沉没。③ 同日下午,日舰再次攻击日岛、刘公岛。萨镇冰率岛上官兵与刘公岛各炮台和北洋舰队密切配合,针锋相对地炮击日舰,坚决守住威海卫南口。日舰队再次退走。

第六次战斗是 2 月 7 日。日岛这一天的炮战是最激烈的一次。为进攻日岛、刘公岛,伊东将日舰的第二、第三、第四游击队编为左军,攻击日岛;将本队、第一游击队编为右军,专攻刘公岛各炮台和北洋舰队各舰。6 时 34 分,日左、右二军进攻时,日岛、刘公岛和北洋舰队再次有效配合,奋勇抵御。日舰以本队的松岛为首,第一游击队的秋津洲、高千穗等舰随行。当日舰距日岛、刘公岛 4500 米时,④由本队的千代田舰先行放空炮,接着岩岛、桥立发炮。南帮炮台日军也利用修好的清军留下的大炮向日岛、刘公岛炮击。

① 《日清战争实记》第 12 编,第 403 页。
② 《日清战争实记选译·(五)威海卫海战记》,《中国近代史资料丛刊续编·中日战争》(8),中华书局 1994 年版,第 216—217 页。
③ 《日清战争实记选译·(五)威海卫海战记》,《中国近代史资料丛刊续编·中日战争》(8),中华书局 1994 年版,第 218 页。
④ 《日清战争实记选译·(六)威海卫海战续记》,《中国近代史资料丛刊续编·中日战争》(8),中华书局 1994 年版,第 235 页。

面对众多而凶猛的日舰和陆炮的疯狂攻击,萨镇冰率部冒着敌人不绝的炮火,沉着冷静指挥,并亲自发炮,极大地鼓舞了水兵的战斗意志。双方激战时,海上"茫茫一片,烟雾滇蒙",互不相见。日岛、刘公岛与北洋舰只全力与左军所属的三支游击队激战。日岛等炮台的炮弹呼啸着射向敌舰。其中一发击中扶桑舰左舷舰首,对此《日清战争实记》详细描述了当时的惨状:

> 打烂甲板,开洞一尺余,又击中厚约三分的铁梁,击断梯子,一部分弹片毁左舷内侧。一枚弹片飞起,击中指挥塔的铁壁上,因没有击穿铁壁的力量而返回,落在甲板上。如此,伤人达七人之多。一人脑壳破裂,脑浆迸出而死。一人腹部被击穿,九肠淌出,眼看着气绝而亡。一人头额被弹片擦过,不知生死。有的左脚五指被折断,有的苦于撞击伤。一发炮弹给予我舰的损伤竟如此之多![①]

至此,伊东不得不发出停止战斗的号令,各舰依次退往阴山口。

此战中,日岛地阱炮第三次击中筑紫舰,毙伤 8 人,同时击中松岛前舰桥,"打穿烟突",伤其航海长高木英次少佐、森骏藏少尉和石井力三郎候补少尉;吉野舰一等水手山城松助、守谷启太郎 2 人被击毙,4 人受伤;岩岛舰速射炮炮盾中炮破裂,秋津洲 2 名水兵中弹。[②]

战斗中,日岛炮台设施损失严重。日岛厨房被炸,5 名厨师困在里面,只有 3 人被水兵救出;同时一座地阱炮扑倒,水兵试图将其举起已不可能,这倒下的炮妨碍其他炮的发射;军官住房也中弹烧毁了;一所弹药房又中弹爆炸了。此时日岛炮台已无法再战。如果官兵不撤走,只能成为南帮炮台日军炮火的靶子,所以 2 月 8 日丁汝昌决定放弃日岛炮台,令萨镇冰等官兵撤回刘公岛。

四、弘扬萨镇冰抗击日军的伟大民族精神

萨镇冰所率 30 名官兵在日岛抵御来犯日本侵略者,坚持战斗 10 日,表

---

① 《日清战争实记选译·(六)威海卫海战续记》,《中国近代史资料丛刊续编·中日战争》(8),中华书局 1994 年版,第 236 页。

② 《日清战争实记选译·(六)威海卫海战续记》,《中国近代史资料丛刊续编·中日战争》(8),中华书局 1994 年版,第 237—238 页。

现出中华民族之爱国精神。

第一，为保国家，临危受命。日岛对守卫威海卫具有重要的战略地位，但它孤悬海中，对守岛人员来说是个极其危险的地方。在辽东半岛已失，制海权已被日本联合舰队控制之时，35 岁的康济管带萨镇冰临危受命守卫日岛。萨镇冰尊重丁汝昌对他的极大信任，不辱军人卫国保家的天职，带领 30 名水兵坚守在日岛上，表明他为了国家的荣誉，置个人生命于不顾，是一种大无畏的刚毅精神。

第二，为捍卫国家神圣领土，不惜抛家舍业，吃苦耐劳。萨镇冰在部队尽职尽责，多次服从工作调动，履行军人的光荣职责。他为了全身心投入抗敌斗争，将妻儿安排在侯官老家，只身坚守在岛上。由于日岛上淡水奇缺，平时住在地下隐蔽体内以及过度的疲劳，他身染疾病，但他既不离开日岛，也不让妻子知道。当妻子得到萨镇冰得病消息带孩子来探望时，他却似乎不近情理地不与相见，派人将妻儿送回老家，自己以顽强的毅力与疾病斗争，同水兵们同甘苦，抵抗来犯敌人，日夜守卫着炮台。萨镇冰为捍卫国家神圣领土，不惜抛家舍业，吃苦耐劳的崇高精神被世人颂扬。

第三，为保国家的壮丽山河，不惜抛头颅，洒热血，完成守岛抗敌任务。萨镇冰与 30 名官兵抱定誓死保卫国家的坚定信念，登上日岛。自 1895 年 1 月 30 日战斗开始至 2 月 8 日撤回刘公岛的 10 日，是萨镇冰与 30 名官兵为国尽忠，极其辉煌的 10 日。萨镇冰沉着指挥，身先士卒，带领守岛官兵冒着凛冽的寒风，日夜战斗在岛上，抗击日舰、鱼雷艇来犯及南帮炮台的日本陆军的炮击。他们击中多艘日舰、鱼雷艇，毙伤日军多人。水兵受伤裹创再战，炮手受伤，弹药手顶上，前赴后继，团结战斗，萨镇冰及其所率官兵为保卫国家的壮丽山河，表现出不惜抛头颅、洒热血的耿耿忠心。

结　语

总之，萨镇冰在甲午战争威海保卫战中，临危受命，率 30 名官兵镇守日岛，面对凶悍的日本海陆军，毫不畏缩，一面炮击南帮炮台日本陆军，一面与来犯的日本海军激战，10 天中进行 6 次战斗，击中日舰多艘，毙伤日官兵多人,立下不朽功勋！尤其是萨镇冰带领守岛官兵表现出的北洋将士的中华爱国心、民族魂,为后人所崇敬。

关伟,女,大连民族学院东北少数民族研究院博士;杨惠萍,女,大连大学历史系教授

甲午战争期间丁汝昌作为之述略

戚 俊 杰

　　1894 年,日本发动了蓄谋已久的武装侵略中国的甲午战争。日本政府按照原定的作战方案,倾其全国的海军力量,直指中国的北洋海军。战局的发展,大大出乎国人的想象。双方开战不到 8 个月,曾经号称亚洲第一的北洋舰队就全军覆没,使大清国朝野上下十分震惊。与此同时,许多人把失败的责任推给了北洋海军提督丁汝昌,说他是无能怯懦,畏葸避敌,误国误民。当然还有很多人认为丁汝昌是尽心竭力,奋力抗敌,无力回天。笔者试图通过原有的和新发掘的中外史料,将丁汝昌在甲午战争期间的所作所为加以梳理罗列,简要地分析介绍。

一、关注局势,积极备战

　　1894 年春,朝鲜爆发了东学党农民起义,6 月 2 日,日本政府决定借机派大岛义昌率一旅团兵力开赴朝鲜,同时,令海军组织联合舰队驶往朝鲜。6 月 3 日,朝鲜政府正式致文,要求中国派兵赴朝鲜镇压东学党起义。6 月 5 日,日本参谋本部设立大本营,制定了消灭北洋舰队,夺取黄海制海权,控制海上运输线,进而与清军在直隶决战的计划。6 月 16 日,日本外务大臣陆奥宗光约见中国驻日本公使汪凤藻,提出中日共同"改革"朝鲜内政。6 月 17 日,日本大本营下令海军控制朝鲜西海岸。6 月 22 日,日本拒绝清政府关于中日同时撤兵的建议。7 月 19 日,日本政府训令大鸟圭介,不惜任何手段立即挑起中日军事冲突。

　　局势的急速变化,是清政府始料未及的,更是清政府不愿意见到的。因为清政府自上而下,都在紧锣密鼓地筹办慈禧太后六十寿辰庆典。早在 2 月 18 日,清廷就以本年慈禧太后六旬庆辰,赏加丁汝昌尚书衔,各赏林泰曾、刘步蟾宝寿字一方、大卷丝绸二匹。

但是,北洋海军提督丁汝昌对朝鲜局势却十分关注。6月4日,丁汝昌遵令派济远、扬威两舰开赴朝鲜仁川、汉城,保护商民。并指令济远舰管带方伯谦"有日舰赴牙山之泒口,于三舰中酌派一舰前往"探察后禀报。6月19日,丁汝昌派林泰曾率镇远、广丙、超勇开赴朝鲜仁川。并要求林泰曾及时往探局势变化。

在关注朝鲜政局变化的同时,丁汝昌与旅顺船坞、招商局、支应局、天津营务处、军械局等处联系,协商舰船维修、燃煤供应、弹药补充等涉及舰队后勤保障等方面的事项,并督导北洋海军官弁兵勇,各司其职,积极备战。

(一)抢修舰船。1894年3月3日,丁汝昌率舰队铁甲6船前往新加坡、马六甲海峡、槟榔屿等海域访问及操巡,4月27日安全返回天津大沽,历时55天。接着,又率北洋舰队参加了北洋海军3年一次的会操大典,自5月9日至5月27日,历时19天,共计巡阅口岸6处。"英、法、日本各国,均以兵船来观,称为节制精严"。① 紧张、持续地忙碌了3个多月的丁汝昌,本打算"节后拟饬威远出海操练,历走东洋并海参崴各口",舰船的维修保养均按常规操作进行。但没想到"朝鲜多故,军事倥偬暂时尤不暇及","威远暂缓巡洋"。面对复杂局势和北洋舰队的重任,面对舰龄颇长的北洋舰队,6月30日,他就在致袁世凯的信中直言不讳地亮出自己的观点:"韩事风波,半由未能慎始所致。然既势成骑虎,遏氛首重海军。能战之舰数本无多,若萃群力以待战命,临时齐伸伐拔,庶有以展效用之微长。若以有限之精英,各踞一隅,一经事起,彼族必图要截。彼时外军不足为战,内军不足为援,两力均单,岂能济时?现奉相帅电饬,将镇、济、丙暂调回防,齐作整缮,以备大举。"② 为了争取时间,采取主动,同一天,他还就定远、经远、来远等船的刮底上油,每艘船最快须多长时间,以及鱼雷艇的筹备等事写信给龚照玙:"雷艇何时筹妥可以到威?并定、经、来船底太秽重行缓,若仅刮底饰悉敷快干油,约某船至速须若干日?统希酌定见示,以凭计画(划)是托(妥)。"③ 为了争取时间,快速高效地完成刮底上油的工程,7月3日,他在收到龚照玙来

---

① 张侠等编:《清末海军史料》,海洋出版社1982年版,第280页。

② 戚俊杰、王记华编校:《丁汝昌集》,山东大学出版社1997年版,第197页。

③ 戚俊杰、王记华编校:《丁汝昌集》,山东大学出版社1997年版,第198页。

信后就立即复信："顷致远到,奉答笺。……示及每舰仅油快干油,约五日为率。兹先令来远去旅入坞。能并力攒工,早得一二日工竣,尤所深盼。是在同袍,格外为助也。来远去四日后,当派经远续往。所有致、靖未曾分装之军火,可请饬交来远运威为荷。再,济远昨由韩归,遇飓风,致将雷灯拍损,刻已在威厂修理。惟玻璃环该船未另储备用,敢祈贵局查有此项,亦交来远带下为幸。"①

在抓紧对舰船进行常规性刮底上油和补损修理,确保舰船正常行动的同时,丁汝昌还从实战出发,对军舰上不适用战斗的配备和部件,也大胆地予以更换。7月15日,丁汝昌为定远舰揭去280毫米口径大炮之炮盖事,再次致信旅顺船坞龚照玙:"所有定远工程并福龙、左一应速备便各节,曾电达,当荷转饬遵照。兹着洋弁哈卜门去旅顺照料,起揭定远炮盖应更置帆布罩以避潮锈。所需料件,谅与前次寄折镇远所请相同,均望逐饬照发。"②虽然在两天之前,丁汝昌接到李鸿章"日本以各国出劝,已定议撤兵协商"的来电,但丁汝昌仍坚持抢抓时间,全力准备。他在7月15日给龚照玙的信中祈求道:"定远及两艇能早一日则早一日,得早半日则早半日到威。是下怀至为跂盼切恳者也。平远到旅即请饬速油底,其余工程概不必做。一经油竣,着即迅回防。至托,至托!"③

在抓好各类作战舰船刮底油修之后,他还及时合理安排训练、运输类船艇的保养与维护,确保有警即可开航使用。7月23日,丁汝昌抽空派康济船前往旅顺进坞,并请龚照玙"择要萃力趱修,能尽十日内工楚,早济军用",因为"军中堪资运载仅恃此艘"。④透过字里行间,我们今天仍能感悟丁汝昌当时心急火燎之焦虑,也能体察出海军舰队司令重视舰船保养维护,确保舰队处以随时参战状态的责任感。

甲午战争爆发后,北洋海军巡海剿敌任务繁重,威海、旅顺、烟台等地的沿海防御,都需要水陆依辅,协统保安。丁汝昌周密地计划,合理地调配长期泊坞的炮船,最大限度地发挥所有船艇的有效作用。

---

① 戚俊杰、王记华编校:《丁汝昌集》,山东大学出版社1997年版,第201页。
② 戚俊杰、王记华编校:《丁汝昌集》,山东大学出版社1997年版,第205页。
③ 戚俊杰、王记华编校:《丁汝昌集》,山东大学出版社1997年版,第206页。
④ 戚俊杰、王记华编校:《丁汝昌集》,山东大学出版社1997年版,第2009页。

8月25日，丁汝昌为镇南、镇西两船修竣出坞驶回防地之前的相关问题致信顾廷一："兹派都司蓝建枢管带镇南，带同各船拨配及招募各员弁勇役等齐搭图南赴沽驾驶；其镇西即委潘兆培管带，均于八月一日起，照全船额饷开支。已详请中堂并支应局立案。"安排好了船艇人员的分工及人员额饷开支，细心而熟悉舰船状况的丁汝昌又特别指出："两船久泊坞中，车之转动、炮之机括，须就近一试，再驶海外，遇用始较有准。已饬蓝都司督同演试。倘经试后设有差累，仍请饬照赶修妥固，周日旋防，实纫公谊。"[①]

（二）艰难筹运船用燃煤。在以蒸汽为舰船动力的时候，船用燃煤就是舰船运行的根本保障。因此，确保舰船燃煤的数量和质量，成为北洋海军提督丁汝昌十分重视的事情。

首先是保障"韩防兵轮煤吨"。1894年春，朝鲜政局动荡不安，自5月7日丁汝昌派驻防仁川的平远兵舰，分载韩兵驶赴格浦海口起，至6月4日下旬，北洋舰队开赴朝鲜的军舰已有7艘，分别是镇远、广丙、超勇、济远、扬威、操江和平远。这些军舰分布来往于仁川和牙山等地。数量众多的军舰远航驻防，加上不断地机动运行，使舰船燃煤的用量快速增加。驻"韩防兵轮煤吨"便成为北洋海军提督一块心病。因此，每当驻朝鲜仁川、牙山等地舰船收到煤时，丁汝昌都及时给负责此项工作的招商局总办及煤矿总办等人去信，表示"心感之至"的同时，更希望今后能保质保量地将煤运到，以备军舰使用。

但是，由于日本政府提出改革朝鲜内政，并拒绝中国提出的两国同时撤兵的建议，朝鲜的局势变得更加紧张。开平矿务局总办张翼（燕谋）担心运煤船的航行安全，便首先提出"此后韩防需煤，不遑周转"，建议今后韩防用煤径直由矿局运到威海，再由北洋舰队自行转运至朝鲜。而负责此项工作的黄建笏（花农）也给丁汝昌去电，告以矿局下次实难送煤。得知这些情况，丁汝昌立刻致电李鸿章，报告仁川、牙山军舰用煤告急，请求指示如何筹备。另一方面，他又耐心向天津招商局总办黄建笏介绍欧美等西方国家海军舰队军需供应的规则："西洋行军煤斤、军械，悉属所司随在筹运。师船则专谋御敌，此外无事旁扰心神，别分兵力。平时巡洋，一船舱储之煤亦仅资船之

① 戚俊杰、王记华编校：《丁汝昌集》，山东大学出版社1997年版，第215—216页。

用,此外无复余地推广装存。有时度路远不敷,则用麻袋积舱面。为数亦甚有限,而操作一切便形阻碍矣。"为了求得黄建笎的支持,他用赞扬加祈求的方式表达自己的心声:"台从眼界较广,师船体要当识。大凡若一如百忍所议,力所兼顾不遑者,盖不待智者决之耳。昨已电请相帅核夺,仍望台从赞画预筹,以顾大局。愿赋同袍,有以努力焉。"①

丁汝昌筹措舰船用煤,不但积极请"相帅定夺",而且还主动求助于盛宣怀、黄建笎和张翼等。其方法也是既坚持和谐相处,多说好话,多方鼓励,多次请求,而且做到关键时刻也是晓之以理,动之以情,甚至据理力争,开展批评或坚持斗争。

针对张翼"前北平运仁、牙等处煤斤,扬威、操江两船仅装百十吨余,复载回威防,起卸不无吃亏等情"的想法,丁汝昌十分气愤,他于7月13日再次复信给黄建笎:"姑无论官局,纵属商局交易,长久计,累年赢,岂偻指可胜数哉?值兵事偶一吃紧,必亦加意维持,力图接济。"②他还进一步指出:"兹者,言济商用,则兼顾居先;言济边防,则动虞途远。而锱盈铢绌,毫短厘长,犹复沾沾在齿,介介于怀,不亦过于褊浅乎?"他还直言相告:"顷奉相电,威防务存煤万吨,丰积满荷不虞缺乏。设战事一起,分防之舰,若恃威厂存煤以资接济,而转运前路之舰,有非海军所可自筹耳。先勒实布,希便转达为荷。"③

朝鲜局势的恶化,使丁汝昌加快了筹集舰用燃煤的力度。7月20日,他在刘公岛致电盛宣怀:"相帅晓谕威防重地存煤须要万吨,现差甚远。"他请求盛宣怀能询问此事,给予支持,以保证威海基地储煤之数量。

8月1日,中日两国同时宣战。北洋海军舰船经常出海远巡和寻找日本海军进行海上决战。舰船频频出行,大大增加了舰队的用煤数量,这使负责供应舰队用煤的张翼感到压力很大,他在8月8日和8月16日两次向丁汝昌致信,检讨寄运散碎煤屑不对。接着要求丁汝昌"代派司事收发煤斤,接逃走陈司事下手",并答应该员矿局可另付薪水。同时还询问丁汝昌,北

---

① 戚俊杰、王记华编校:《丁汝昌集》,山东大学出版社1997年版,第199页。
② 戚俊杰、王记华编校:《丁汝昌集》,山东大学出版社1997年版,第205页。
③ 戚俊杰、王记华编校:《丁汝昌集》,山东大学出版社1997年版,第205页。

洋海军冬季储煤"三万吨是否敷用"。8月23日,结束了第四次远航巡海的丁汝昌回到威海卫,便即速给张翼复信作答:"查敝军厂委杨作宾本可兼理,就近招呼。事属一体,无庸另开薪水,别增局费也。""至于三万吨是否敷用,纵绝大智慧亦未敢横以论断。不常行、速行、齐行,则三万吨可以全数不动;若大队不时周巡,一次须添两千吨左右,则三万吨不过仅供十余次之用耳。"对于"每次运煤必须船护"的要求,丁汝昌明确答复:"若每次运煤必须船护,数少则非徒无益;若护以全队,则一次所运之煤仅足供一次护行之用,其与不运何殊耶?日后倘须煤船随队远行,必设法护持。若大队仅巡烟、威、旅一带,煤船去旅来威,海面当可无虞。"丁汝昌还希望"剖告各平船中外人等知之,当谅其非妄也"。①

为了确保舰用燃煤的存储量达到规定的数量,8月25日,丁汝昌致电盛宣怀:"图南明日回沽。现海上平静就好。大可知会矿局,赶调各平亟运煤来威。至要。"②

为能加快码头卸运之效率,缩短运船停靠码头的时间,丁汝昌于8月27日再次致电盛宣怀:"威只一码头,'致远'舱深口小,起卸甚艰,工贵时久。请嗣后商轮运煤交旅靠搁,起卸较便留威码头,俾矿局煤到速卸,免两延。"③

丁汝昌在保证舰用燃煤存储数量的同时,还为军舰用煤的质量问题不断向有关方面和人员进行协商与求援。7月15日,为能保证鱼雷艇的用煤质量,专门写信给旅顺的龚照玙:"尊处所储雷艇合用之煤,无论松白、斋堂,祈饬两艇添满外,再请尽量筹付若干,悉装麻袋交定远运威,以备急需。"④

7月23日,丁汝昌因运来之煤"煤屑散碎,烟重灰多"等情况写信给开平煤矿总办张翼,明确告知这种散煤不但灰多烟浓,更为严重的是"难壮汽力,兼碍锅炉"。⑤ 丁汝昌语重心长地请求这位矿局总办,一定要把好军舰

　① 戚俊杰、王记华编校:《丁汝昌集》,山东大学出版社1997年版,第214—215页。
　② 《盛宣怀档案资料选辑》之三《甲午中日战争》上册,上海人民出版社1980年版,第105页。
　③ 《盛宣怀档案资料选辑》之三《甲午中日战争》上册,上海人民出版社1980年版,第112页。
　④ 戚俊杰、王记华编校:《丁汝昌集》,山东大学出版社1997年版,第205—206页。
　⑤ 戚俊杰、王记华编校:《丁汝昌集》,山东大学出版社1997年版,第211页。

用煤的质量关,确保供给北洋舰队所需之煤符合质量要求。

丰岛海战爆发后,丁汝昌率舰队巡剿回到威海,看到"昨者所有运到包煤",质量"尤多不及",没有想到"既经谆托,转不如不托之良也"。身心疲惫的丁汝昌气愤异常。7月30日,他再次致信张翼:"廿一曾交北平附陈一书,度邀鉴及。煤屑散碎,烟重灰多,难壮汽力,兼碍锅炉。虽在常时,以供兵轮且不堪用,况行军备战之时乎? 曩次利运装来散碎煤曾勉卸之,其半另供岸厂之用。其不肯骤为已甚者,无非从权顾交谊也。乃昨者所有运到包煤,方之利运所解者尤多不及。不料既经谆托,转不如不托之良也。系台从未及招呼,抑经管人专留此种塞责海军乎? 包煤专备行军之需,若尽罗劣充数,实难为恃,关系之重,岂复堪思!"①

为能保证今后的包煤质量,丁汝昌极为细心地指出,新峒质既然难以凑齐,前时嘱托在威海筛捡,"何不可于出矿时,另将整块筛捡,单存一处? 除先运老峒、五槽尽数外,再以新峒实经筛捡继运,未始不可备资接济。总之,不论新峒老峒,但求煤质整壮,能多运期必多运为妥耳"。② 在信的最后处,丁汝昌再次请求:"威海机厂需焦炭甚迫,前于初九曾电花农转告随煤船便运三十吨应用。久未见到,而待用颇殷。敢祈再遇煤来威,饬照运寄为叩。"③

为了解决舰队用煤质量低劣、以次充好的问题,丁汝昌不但坚持好话多说,苦苦相求,有时还采用请相帅定夺,或是将煤船退回,不准卸煤等强硬之法进行斗争,但实际效果仍不尽人意。进入9月以后,军舰用煤的质量不但没有好转,存储数量也大大减少。9月12日,丁汝昌因舰煤之质量和数量问题再次致信张翼:"迩来续运之煤仍多散碎,实非真正五槽。阁下虽经三令五申,而远在津门,因其私事相蒙混,发碎报块,恐足下亦未及周知。俟后若仍依旧塞责,定以原船装回,次始得分明,届时幸勿责置交谊于不问也。威厂存煤现仅六千吨之谱,军事一日不息,大队须不时出海,以图巡剿。秋将及半,计封河之期不过两月有余,必须加急多运。"为能感动张翼,丁汝昌

————————

① 戚俊杰、王记华编校:《丁汝昌集》,山东大学出版社 1997 年版,第 211 页。
② 戚俊杰、王记华编校:《丁汝昌集》,山东大学出版社 1997 年版,第 214 页。
③ 戚俊杰、王记华编校:《丁汝昌集》,山东大学出版社 1997 年版,第 215 页。

还意味深长地告诫："块煤一经告乏，则公患同深矣。"①

为能有效地堵住矿局以次充好、以碎充块的恶劣做法，丁汝昌告诫张翼："自此续运，再为散碎，一面仍遣运回，一面电请相帅核办。幸勿怪言之不先也。"②

（三）筹备弹药。朝鲜局势紧张后，丁汝昌在抓紧军舰刮底油修、抢运舰用燃煤的同时，也在紧张地筹备火炮弹药。遵循火炮先大后小、先重后轻，以及舰船武器与守口设施相结合的筹措原则，千方百计筹备武器弹药。7月3日，丁汝昌致信旅顺船坞总办龚照玙："望饬将定、镇两舰三十零半生炮用铜箍开花子一百五十颗，十五生炮用四倍长铜箍开花子一百颗"，③检出交经远舰回威海时携带来威海以供使用。几天之后，他再次请求龚照玙："查贵库所存超、扬两船十寸口径炮用轻装大粒药二十九出，又十七年春平远请制廿六生大炮用药桶，造成若干，均饬检交经远带来为幸。"④为争取时间，7月9日，他又致信龚照玙："炭精已荷电沪购办，能促其早日寄到应用，尤至盼切。此批军火已饬陈游击照单点收分给，其余待运各宗，均望转饬统数交经远带回。"⑤随着朝鲜局势的变化，丁汝昌对各船不足之药弹，除了未经购置的不计数外，就当前现有未经运到集中者，均选择各船急需的各类药弹，派"陈游击开具清折，并另函知照司械刘委，请饬其检照检齐"，交给定远由旅顺油修后带回威海。对于岛上暂时无处存放，且为战时需要已筹备者，则求龚照玙"请暂存旅，候用再取可耳"。⑥ 7月16日，丁汝昌接到盛宣怀要他派船开赴胶州湾，装运快炮和车轮炮的电报，7月17日，便派康济船前往运载。同时，给章高元（鼎臣）发去信函："恳饬先行拨候。该船到后，所有随炮应用各件以及药弹等项，务乞悉数点付，开一清单交该管带，以凭验收。"考虑到倭猖日甚，形势紧急，一旦开拔命令下达，舰队就要飞棹东征，而船上人手太少，要搬运"格鲁森伍十三密里快炮十尊，又三十七密里车轮快炮八

①　戚俊杰、王记华编校：《丁汝昌集》，山东大学出版社 1997 年版，第 216—217 页。
②　戚俊杰、王记华编校：《丁汝昌集》，山东大学出版社 1997 年版，第 211 页。
③　戚俊杰、王记华编校：《丁汝昌集》，山东大学出版社 1997 年版，第 200 页。
④　戚俊杰、王记华编校：《丁汝昌集》，山东大学出版社 1997 年版，第 202 页。
⑤　戚俊杰、王记华编校：《丁汝昌集》，山东大学出版社 1997 年版，第 202 页。
⑥　戚俊杰、王记华编校：《丁汝昌集》，山东大学出版社 1997 年版，第 205 页。

尊"，怕康济舰在胶州湾搬运装船时耽误时间，丁汝昌特致信章高元："所有快炮洵为行军急需，惟虑该船前去拨运，人力太单，多恳雄部健卒协力相助，总期全数从速早运到船，遄归以资应用。至为厚托！"①

在筹备北洋舰队各类型号大炮药弹的同时，丁汝昌还积极筹备舰队驻守各处守口所需之弹药及物资。7月9日，他开折函达张士珩（楚宝），请求补发大同江守口所需之水雷及军用物资。但"事越旬余，未一见寄。如此延缓，料必无存"。② 为能尽快筹齐所需料件，7月21日，他又复信龚照玙："前由津领取水雷，备随大队着利运装赴大同江守口之用。查其中尚缺至不可少之件计四十宗，若不搜补齐全，则已领到者全为废物。""顷闻贵处局储除用去外，充富仍多。兹开清折专船着王平前往走领。知我同袍，素敦公谊，必慨然以余波及晋也。"③为了争取龚照玙的帮助和理解，他进一步强调："战事一举，大同防具中无此首要，口门豁达，岂抽数十舰足资扼守乎？因缺微需，失此要键，他族中梗，且大意中微志所存，又落后着，岂非可惜！故不惮唇疲齿竭之烦，而呼吁他山亟为之助也。""所有行营新募雷兵所需各件，另缮一折，统祈查照，分别饬发，尤为感勒。"④7月27日，因筹备领取的行军水雷、应需物品"尚缺三十余件"，丁汝昌急忙又致信盛宣怀、张士珩："五十七密里快炮应需方块大粒药，除前到两千磅外，尚短四千磅，洵现时孔迫之需。津中既能自制，谅易照给，迅运来威。"在信中，他提出，承平船每小时仅行8迈，随舰队同行，未尽相宜，请求两位是否有其他办法可施行。他还及时汇报了胶州炮已运回威海，并分给备战之船，承诺再有"三四日力以可安楚，尚称灵快，惜力稍薄耳"。⑤

7月19日，日本政府训令大鸟圭介，不惜任何手段立即挑起中日军事冲突；同日，日本海军成立联合舰队，以海军中将伊东祐亨为司令官。日本大本营令海军截击丰岛中国海军护航舰队，要求快速开战。对于日本的这些部署，清政府及李鸿章们只知己，不知彼，因而"帅意一日一变迁"。但北洋海军提督丁汝昌始终不敢掉以轻心。7月20日，本来计划令利运船装水

① 戚俊杰、王记华编校：《丁汝昌集》，山东大学出版社1997年版，第206页。
② 戚俊杰、王记华编校：《丁汝昌集》，山东大学出版社1997年版，第207页。
③ 戚俊杰、王记华编校：《丁汝昌集》，山东大学出版社1997年版，第207页。
④ 戚俊杰、王记华编校：《丁汝昌集》，山东大学出版社1997年版，第207页。
⑤ 戚俊杰、王记华编校：《丁汝昌集》，山东大学出版社1997年版，第208—209页。

雷等械随守大同江口,因"动静未定,只好留下待命"。7月23日,为筹备防守威海湾的军需物资,他又致信龚照玙:"此间南口势敝雷少,拟练浮桩以防雷艇,惟需锚甚多,因念金州水师集船废锚颇堪适用,倘尚存置,许以挪用,计共若干,伏恳电示,以便派船往运。"①

为了确保急需的"方块大粒药"和"炭精"能及时运到,他又求龚照玙帮忙,"五十七密快炮仍急待方块大粒药四千磅应用,伏希电催楚宝遄寄。炭精尤望饬催,亦待之孔殷物也"。②丁汝昌的判断没有失误,两天之后,日本海军就以海盗的方式在牙山附近的丰岛海面袭击了北洋海军济远舰和运兵船高升号,挑起了甲午战争。7月31日,丁汝昌因威海南口太敝,自刘公岛至日岛之间应布之水雷尚未备齐,担心日军鱼雷艇趁黑夜或雾天潜入湾口内偷袭北洋舰队大船,再次致信龚照玙,告以目前"先设渔网并木栏各一层,候雷件到齐,施布停妥","应筹者代筹,宜禁者代禁,有请补领至不可少之件,酌给之"。③

丁汝昌筹办炮枪、药弹、水雷、铁链等军用物资,是动身早,力度大,多方打听,八方求助。但因当时北洋海军军需供应的体制不顺,北洋海军提督无权直接管理调拨枪炮弹药及军需物品,特别是清朝决策者决策失误,直到8月26日,威海湾"北口栏木、铁练,仍有不敷"。无奈之下,他只好请求戴宗骞:"贵雷营有寸半铁练存放,拟请转恳暂允移用,以济急需。"④直至黄海大战开战前夕,丁汝昌率大队赴旅,其中一项重要事情就是"与龚道议配经远、来远后炮等事"。⑤

(四)重视情报搜集与电报畅通。丁汝昌重视军事情报由来已久。而他获取情报,又主要靠来往电报,或是来往舰船传递的书信函件。朝鲜局势的变化,本来就牵动着丁汝昌的心,又因锦州至山海关等地的电线出现了故障,电音中断,使李鸿章及丁汝昌等要员均甚焦急。李鸿章只好下令抽调戴宗骞(孝侯)处的小轮艇接送要电。熟悉威海各部队装备的丁汝昌认为戴宗

---

① 戚俊杰、王记华编校:《丁汝昌集》,山东大学出版社1997年版,第209页。
② 戚俊杰、王记华编校:《丁汝昌集》,山东大学出版社1997年版,第209页。
③ 戚俊杰、王记华编校:《丁汝昌集》,山东大学出版社1997年版,第211页。
④ 戚俊杰、王记华编校:《丁汝昌集》,山东大学出版社1997年版,第216页。
⑤ 《李鸿章全集》(二),电稿三,上海人民出版社1986年版,第978页。

骞处的交通艇动力较弱,不免为风浪所滞。所以,他于 6 月 30 日及时致信龚照玙:"现商德三改用孝侯处轮艇卸炮,饬遇顺赴旅,加派镇边驻烟,轮送旅烟要电。"①为了保证要电能够安全及时传递,他还向刘含芳提出:"该船等在烟,凡关军情密紧之电,并望知照电局,万万两无停搁。是为至要!"②同一天,为了保证留驻朝鲜牙山、仁川的超勇、扬威、平远、操江能够防守有备,确保安全,他还致信驻朝鲜公使袁世凯:"至留仁、牙四,须令两处轮驶通音。倘西路电阻,该船等应报军情,已函饬该管带等送仁川领事转致,抑或径送尊处,代为设法转达。务祈格外费神,妥为照拂。至祷,至祷!"③为能把政局变化的情况和李鸿章的命令及时传达给旅顺基地,他还于 6 月 30 日这一天致信龚照玙:"迩日锦州至山海关电阻,尚未修通。""兹将帅电及敝处迩日所发各电抄折附阅。"④

丁汝昌重视电路畅通,重视军情电报准确及时地送达,不单单是关心电路及设备的正常运行,更关心重视电报局人员的管理与约束。

烟台电局,位置重要,责任重大,电报繁多。但因人员心散,管理混乱,致使"烟台电局往往电有讹错,偶尔询问,间或一答,若诘究稍繁,则几如十扣柴门久不开矣"。"某处线断,电至搁置以待,报时绝少。使非好问,盖亦无由知耳。平时事非迫促,一一与较甚亦惮烦,其与孝侯隐予曲全者已非一日"。对此,丁汝昌十分气愤,将此事向有关方面进行举报批评,要求追查责任人。7 月 11 日,他又复信刘含芳:"现军务吃紧,变在顷刻,依然不自警察,竟公然以'译者睡后未起'直言以复。局务之污糟,可以想见。若仍任意贻误事机,在杏荪亦难辞责备。""论交非泛,岂容以姑息之微,重友朋之咎耶?势迫使然,良非得已。承嘱为之缓颊,既知后悔,固无不可。在昌既吐复茹,自相矛盾,殊觉难以措词。台从果实见该委为可靠,似不妨惠以鼎言于杏荪处,为之转圜。"⑤为了治理好事关战局重要情报的烟台电报局,丁汝昌不顾同乡情面,直言拒绝了好友的说情,其目的就是保障电路畅通,译报

① 戚俊杰、王记华编校:《丁汝昌集》,山东大学出版社 1997 年版,第 198 页。
② 戚俊杰、王记华编校:《丁汝昌集》,山东大学出版社 1997 年版,第 197 页。
③ 戚俊杰、王记华编校:《丁汝昌集》,山东大学出版社 1997 年版,第 197—198 页。
④ 戚俊杰、王记华编校:《丁汝昌集》,山东大学出版社 1997 年版,第 198 页。
⑤ 戚俊杰、王记华编校:《丁汝昌集》,山东大学出版社 1997 年版,第 204 页。

准确,情报快达,从而为正确决策,把握战机打下良好基础。

随着局势的恶化,7月22日,他又建议盛杏荪和张士珩:"则由平壤至铁岛一段电线,甚宜予筹添设",①以保证在朝鲜之陆军与海军及关中军队的正常联系。

甲午战争爆发后,为了确保军事情报畅通准确,7月29日,丁汝昌致电盛宣怀要求:"成山头电通,务乞饬该局人员,凡遇由东而来兵商各船即时电告,切勿延误。至要。"②

(五)积极储备、调配可用人才。丁汝昌在抢修舰船、抢运燃煤、筹备药弹、重视军事情报传送的同时,还十分重视海军可用人才的配备与储存。为了使有限的舰艇充分发挥好各自的作用,丁汝昌尽量把有技术、有能力、有实战经历的人留下来,用起来,使他们在关键时刻能在保家卫国的战争中发挥作用。

原福建水师伏波船管驾吕文经,因在1884年马江海战中"中炮先退"被清廷批准"革职不足蔽辜,着发军台效力赎罪"。③ 北洋海军成军后,吕文经多次托人想在北洋海军求一职位,始终没有得到批准。现在战局形势日趋紧张,北洋海军所有舰船都油修出坞,以备参战。在国难当头之际,吕文经报国之心不变,屡次托人求差,丁汝昌对此十分赞赏与高兴。7月2日,他致信旅顺的龚照玙:"吕文经屡次托人求差。昨又来禀,报效意极殷切。兹新由沽坞调出东、北两船,尚有一管带未曾调派","该员乐从,可速前来。"④7月21日,他再次致信龚照玙告知,天津学堂"管轮学生李金声,奉函后即驰电通知,一经到威,当饬赴旅以供策用"。还有"总查轮机之余贞顺,亦令乘此便前往"。⑤

在抓好管带、管轮等专业人员调配的同时,对于舰船所需水勇、升火等人员的配备,丁汝昌也是及时整合,恰当调配。当敏捷船待改海镜船之时,他就立即致信龚照玙:"所有敏捷原配弁勇、升火人等,万祈费神切商蓝管带

---

① 戚俊杰、王记华编校:《丁汝昌集》,山东大学出版社1997年版,第208页。

② 《盛宣怀档案资料选辑》之三《甲午中日战争》上册,上海人民出版社1980年版,第43页。

③ 姜鸣:《中国近代海军史事日志(1860—1911)》,生活·读书·新知三联书店1994年版,第117页。

④ 戚俊杰、王记华编校:《丁汝昌集》,山东大学出版社1997年版,第200页。

⑤ 戚俊杰、王记华编校:《丁汝昌集》,山东大学出版社1997年版,第207页。

察实。除在旅日有工作者,酌留其奉行做事,希均饬随康济来威应用。"①因为他担心威海"此间增备之事甚繁,悉派生手未尽靠也"。事实证明,他的想法与做法是对的,因为丰岛海战之后,马上从"敏捷练船练勇中拨付济远二十余人",②保证了济远舰作战人员的及时补充。

丁汝昌储备、调配可用人才,不单纯考虑舰船所需之人,而且还不忘及时调配维修舰船的工匠。甲午丰岛之战刚结束,他就把旅顺船坞"工匠恐尚不敷"的事项摆到议事日程上。

7月29日,率带舰队完成第一次巡海任务的丁汝昌刚刚回到威海就致电李鸿章:"战事方殷,赶制赶修之项甚多,旅坞工匠恐商不敷,请帅电龚道赶速酌添工匠,遇事迅办",③以免耽误开赴战场时机。

二、坦诚进言,有利作战

北洋海军提督丁汝昌在抓好北洋舰队备战备航的同时,对中国军队如何备战,以及开赴朝鲜参战时应注意的事情,或是开战后驻朝军队和国内军队应做到的事情,都及时、坦诚、全面地向上级或有关方面提出,供李鸿章和幕僚以及其他人员参考。

(一)反对"兵分力单",建议"水陆添兵,必须大举"。④ 至6月18日,日本在朝鲜的军舰已达7艘之多,而且遵照日本大本营的命令,日本海军开始控制朝鲜西海岸。6月19日,丁汝昌派林泰曾率带镇远、广丙、超勇开赴朝鲜的同时,又奏报李鸿章,饬"请马玉崑、张光前备调",因为"张曾驻韩,情形较熟"。6月25日,接到林泰曾从朝鲜发回的"风闻倭尚有五千将到,倭水陆共十队"的电报,丁汝昌立即致电李鸿章,建议水陆添兵,均需大举,并主动请战。没想到当天深夜丁汝昌即收到李鸿章复电:"日虽添军,谣言四起,并未与我开衅,何必请战。"⑤受到训斥的丁汝昌并没有因此而不敢进言。6月30日清晨,丁汝昌就将自己的意见报告了李鸿章:"镇、济等牢住牙山,纵

① 戚俊杰、王记华编校:《丁汝昌集》,山东大学出版社1997年版,第212页。
② 戚俊杰、王记华编校:《丁汝昌集》,山东大学出版社1997年版,第213页。
③ 《李鸿章全集》(二),电稿三,上海人民出版社1986年版,第821—882页。
④ 《李鸿章全集》(二),电稿三,上海人民出版社1986年版,第735页。
⑤ 《李鸿章全集》(二),电稿三,上海人民出版社1986年版,第727页。

备艇雷，万一失和，日必要截，音信、煤粮中阻，必被所困，兵分力单，两难济事。前请调镇、济、丙回防，奉谕恐示弱，故未敢渎请，只得照林议筹备。愚见，水陆添兵，必须大举，若零星调往，有损无益。现拟仍申前请，将三船调回，与在威各舰齐作整备，候陆兵大队调齐，电到即率直往，并力拼战，决一雌雄。"①

丁汝昌坦诚进言，主动参谋，可谓是真诚坦率。他不但直接向李鸿章提出建议，发表个人对时局、对战备、对运兵布阵的看法，而且还在"帅意日一变迁，殊令在下莫计所从"的情况下，仍通过李鸿章的重要谋臣及时反映自己的意见。1894 年 7 月 1 日，他致电军械局总办张士珩："前派兵去韩，为平匪起见，现乱已解，我兵驻牙，似不相宜。倭衅已露，汉江一路，彼已先踞。牙防水路接济较难，即由北路进去韩京，亦为倭阻，难以联络。现若阳（扬）言匪散，牙兵撤防，一面改扎大同江，赶备鱼、水雷船只，并接电至平壤，抢先布置，严守要地，免韩沿海尽被占先，继有大队由义州进剿，方无隔阂，水路军需亦易周转。此系大帅权衡，何敢参议。惟时局所系，难守缄默。倘帅与公商酌，便中代陈备采。如何定议，尤望速示。"②

丁汝昌不但把"水陆添兵，必须大举"的意见报告给李鸿章，而且还不失时机对入朝陆军真诚进言，当好参谋。早在 7 月上旬，丁汝昌就对水陆运兵及如何掌控局势等方面发表个人意见。他先将"倭寇军情，据前驻韩船先后辑录大略，汇开清折，并译绘高丽全图一张，派船送旅关贵差驰呈密察，以备妥筹之采"。③ 同时，他又根据自己十多年来对朝鲜的了解，向即将带兵入朝的刘盛休提出自己的建议。他认为："大军会剿，车马辎重若多，似由凤凰门进队，以义州为后路转运，平壤为中路转运，扼要分队堵守，前军长驱，庶为稳着。若悉由水路载往，设不便由内口登岸，遇风驳运则克日难期，不无匆遽沓纷猝手不及之虑。未必果遽臻此，然不得不预事周计也。"并明确指出："根基立定，日后转运，由鸭绿江续运，当可无虞。"④

关于陆军与海军大队行动的时机及战术问题，丁汝昌强调"必协力为

① 《李鸿章全集》(二)，电稿三，上海人民出版社 1986 年版，第 735 页。
② 戚俊杰、王记华编校：《丁汝昌集》，山东大学出版社 1997 年版，第 335 页。
③ 戚俊杰、王记华编校：《丁汝昌集》，山东大学出版社 1997 年版，第 201 页。
④ 戚俊杰、王记华编校：《丁汝昌集》，山东大学出版社 1997 年版，第 201 页。

助"，"纵彼器精利，我但于冲锋时运以巧计，断以果力，过此则不难所向披靡，并可以其人之道，还治其人之身也"。①

7月11日晨，丁汝昌收到张士珩咨询如何往朝鲜运兵布阵的三封来电。在来电中，有人认为日本乃蕞尔小国，其势力不足，无法与西洋各国相匹比，因此提出沿着汉江日军进兵之要路，我军也派铭军、巩军共约5500人，长驱深入。对于上述几种说法，丁汝昌认为既"非晓畅戎机"，又不是"深察时局所出也"。丁汝昌致信张士珩指出："倭力固不足以匹泰西，然汉江左近内入要路，彼族已竭匝月布置，不无暗伏"，由此可见日军"已悉占先着"，何况他们还武器精利。假如清军也由此路，"以铭、巩五千半济之师，未预图立足之地，骤驱深入，匆遽之顷，稍疏防测，堕彼暗算。兵力已虑非完，进剿更为吃力"。因此，这种意见是不可取的。丁汝昌认为，如果大队进兵，似由凤凰门、大同江两路合剿，后路则容易固守接应，转运兵力及粮弹物资"不虞隔阂"，而前面先进长驱之部队亦"无后顾之虑"。还有水师抽数舰占踞大同江口，以大队舰船在朝鲜西北一带海面巡航，相机御剿，较为稳着。"若进兵以北路为妥，则调度悉归宋宫保，威望既足服人，谋虑鲜不周妥，无复可虞。或舒川、牙山如益陆兵，调度则悉归属清。事权一，则心力易齐也"。②

7月16日，李鸿章决定入朝陆军再增加2000人。7月22日，丁汝昌将如何布兵摆阵的意见告诉了盛宣怀和张士珩："东征陆师继增二千之众，粮饷军火随带，自必宽筹。叶军似宜在牙山左近，择扼要之区，深沟固垒，阳作久防之状，隐为牵制之师。迨西路大队进履京畿境止，两军足接声援，叶军再拥众而进，前抵后包，不惟临时撮为得势，即先时悉就西路接应，无复他虞。纵彼先扑叶军，设难骤战，守料足搘。"③

丁汝昌在考虑到陆军如何进兵布阵，采用何种战术，如何避敌人之长，发挥我军优势，运用巧计有力地打击敌人等作战方案之后，还针对前敌与后路的畅通，前线与后方的安全及周转有效等方面，阐明了自己的看法。他认为大同江之口，既是北洋舰队东征之后路，又是清朝陆军大队出关之中枢要

---

① 戚俊杰、王记华编校：《丁汝昌集》，山东大学出版社1997年版，第202页。
② 戚俊杰、王记华编校：《丁汝昌集》，山东大学出版社1997年版，第203页。
③ 戚俊杰、王记华编校：《丁汝昌集》，山东大学出版社1997年版，第208页。

纽,因此海军与陆军必须要"及时水陆赶筹防守",否则"良多未妥"。如果两位认为此议可行,"望便中达帅定计"。如果相帅允许快速举兵入朝,"则由平壤至铁岛段电线,甚宜予筹添设"。①

丁汝昌数次坦诚进言,始终没有引起李鸿章等清朝决策者的重视。但战争是无情的,是残酷的。就在中日两国正式宣战的第二天,叶志超就因后路接济难通,致急电向李鸿章告急求助,而李鸿章也因"叶军接济难通,深为焦急"。②

8 月 17 日,丁汝昌在天津与李鸿章面商当前战局,针对朝鲜平壤的战守局势建议:"现宜稳守平壤,勿轻敌深入;再进,须取黄州谷山,免抄后。与倭对枪难取胜,须设伏出奇,大同江迤北海浅,平壤东北山高,但有人巡防,敌难来云云。"③8 月 27 日,盛宣怀请丁汝昌派船送人去猴矶岛,熟悉烟台、登州及长山列岛海况的丁汝昌致电盛宣怀:"由烟赴登至猴矶岛,均内海,民船最为稳。"④盛道立即采纳丁的意见。

(二)要"通西文语"、"览各国旗帜",谨防倭兵奸诈。丁汝昌在自己的建议中,还特别提到清朝陆军由于管理封闭,"不习见洋人",近期又因日本军队之服装修改后酷似西方军人装束,骤然相见,很难辨识。丁汝昌致信张士珩:应转请照会该埠使臣、领事,当中国与日本接仗时,首先要教会广大官兵,必须览识各国旗帜,还要将各国旗帜的标式及各国人员之面目,详细晓谕在朝鲜作战的各个部队,"一律通知,尤为至要"!⑤ 另一方面,入朝作战之清朝陆军,"未能谙熟详情",应每支部队派一名"通西文语之洋务委员,设有他国交涉之事,两情不隔。在通商口岸,凡西国公使、领事公署,能抽华兵若干名驻同保护,尤觉得体"。⑥ 但是,如果这样做,出于友谊,防止猜忌,则必须"先与商洽为宜耳"。另外,他还特别提醒张士珩,在保护各驻朝鲜之公

---

① 戚俊杰、王记华编校:《丁汝昌集》,山东大学出版社 1997 年版,第 208 页。

② 《李鸿章全集》(二),电稿三,上海人民出版社 1986 年版,第 844 页。

③ 《盛宣怀档案资料选辑》之三《甲午中日战争》上册,上海人民出版社 1980 年版,第 91 页。

④ 《盛宣怀档案资料选辑》之三《甲午中日战争》上册,上海人民出版社 1980 年版,第 111 页。

⑤ 戚俊杰、王记华编校:《丁汝昌集》,山东大学出版社 1997 年版,第 204 页。

⑥ 戚俊杰、王记华编校:《丁汝昌集》,山东大学出版社 1997 年版,第 208 页。

使、领事公署及人员的同时，还要提醒"该埠使臣、领事，当中东接仗时"，"不得藏匿敌人，以防别有偾事"。① 7月23日，丁汝昌致电李鸿章报告，德国商船昨天从朝鲜驶来，途中遇到倭船挂着英国国旗，船身有经漆黑者。丁汝昌建议应请总署知会各国公使，如有兵船巡行北洋海面，望先行告知，以凭辨认，免误事机。

（三）清除奸细。7月25日，日本海军首先开炮，轰击我运兵船及北洋舰队之高升、济远、广乙、操江船，打了一场不宣而战的海战。与此同时，他们在朝鲜的汉城、仁川等地，对中国商人实行监视、禁行。7月26日，丁汝昌即在刘公岛致电盛宣怀："倭先开炮击我兵船，且将汉城、仁川华商监禁，我亦当有以处之。"他直言不讳地指出："仍令在华倭人自如侦探，并不拦截倭商船，无此办法。"②他请求盛宣怀要抓紧时间汇报，议定后示知。发完电报，丁汝昌当日率北洋舰队出海远巡，寻敌报仇。

7月30日，丁汝昌致信烟台的刘含芳：近期屡次听说，驻在朝鲜的日本军队，其食用之物皆取之于中国烟台，故"恃无匮乏"。该领事虽经宵遁，倭商噍类，难保无逐利商民设计隐藏，暗中给予接济。如果不趁早严侦细查，及时扫除，将后患无穷。他请刘含芳"多派委卒，四处密查，遇出入交接稍有可疑者，立与究办"。③

8月9日，丁汝昌致电李鸿章报告，为防日舰假冒他国之船，中国军舰在朝鲜遇见各国轮船，拟开空炮一声示令停轮稽查。当时，李鸿章即向总署转呈丁汝昌之电文。

自1894年6月下旬开始，北洋海军提督丁汝昌为朝鲜局势、中日出兵、如何布阵、作战、防奸除特、如何遵守国际法和维护国际友谊等方面，多次坦诚及时地向李鸿章及其重要幕僚进行了禀报和交流。甲午战争的历史已经证明了丁汝昌的这些建议是可取的，有些还具有先见之明。

① 戚俊杰、王记华编校：《丁汝昌集》，山东大学出版社1997年版，第204页。

② 《盛宣怀档案资料选辑》之三《甲午中日战争》上册，上海人民出版社1980年版，第31页。

③ 戚俊杰、王记华编校：《丁汝昌集》，山东大学出版社1997年版，第210页。

三、身先士卒，积极参战

丁汝昌是北洋海军高级将领中年龄最长、官职最高、权力最大的人，但丁汝昌从来没因自己的特殊身份而偷闲。1894年春，他先率北洋舰队6船开赴新加坡进行友好访问和操训，自3月3日至4月27日，历时56天。期间还访问了马六甲、槟榔屿等地。5月9日至27日，又率北洋舰队与南洋的舰船会齐，参加了三年一次的海军大操，历时19天。海军大操刚刚结束，还没有得到休整，就因朝鲜政局动荡而开始了紧张的战备。特别是甲午战争期间，丁汝昌处处身先士卒，事必亲督，实践了自己"现惟缮此烬余，竭此衰躯，效命以报"的承诺。

（一）率北洋舰队五次巡海剿敌。1894年7月23日，日本陆军在汉城突然猛攻朝鲜王宫得逞，事隔两天，日本海军又在朝鲜牙山附近的丰岛海面对北洋舰队发动了突然袭击，打响了丰岛之战的第一炮，挑起了震惊中外的甲午战争。战争爆发以后，北洋海军便成为中国捍疆卫国、打击敌人的重要力量。

7月26日下午，丁汝昌接到李鸿章的电令："汝即带九船往汉江洋面游巡迎剿，惟相机进退，能保全坚船为妥。"①是日傍晚，丁汝昌便率北洋舰队9艘舰船离开威海，开赴朝鲜汉江洋面。27日，丁汝昌率带北洋舰队到达汉江口一带。28日，丁汝昌率北洋舰队往返汉江口外搜索敌船，未遇日本舰队及商船。"后因风浪险恶，小舰、特别如鱼雷艇等航海十分困难，仅三日后便皆返航，待风浪平息后再立即出海"。②7月29日，丁汝昌率舰队返回威海刘公岛，抓紧时间布置威海港湾的军事防务。

丁汝昌第一次率北洋舰队巡海剿敌，自7月26日起，至7月29日止，历时3夜4天。

8月1日，中日两国正式宣战。当天下午，丁汝昌在刘公岛接到李鸿章电令："叶军既获大胜，倭必添兵。总署催汝统铁快各船，往仁川附近，截击

---

① 《李鸿章全集》（二），电稿三，上海人民出版社1986年版，第812页。
② 转引自孙建军：《丁汝昌研究探微》，华文出版社2006年版，第48页。原载《中国近代史资料丛刊续编·中日战争》（7），中华书局1996年版，第348页。

其运兵船，机不可失。南口可责令张文宣等布置。定、镇等不必赴旅，即督同起碇前去，相机截击，如倭船前击我船办法，甚可仿照，速去速回，保全坚船为要。"①丁汝昌立即下令各舰加紧准备，明日起行。

8月2日，丁汝昌率带定远、镇远等6舰，第二次开赴朝鲜洋面巡弋。

8月5日，丁汝昌率领北洋舰队结束海上游巡，回到威海卫。

丁汝昌第二次率北洋海军6舰巡海游弋，自8月2日起至8月5日止，历时3夜4天。期间，"六船赴汉江口外洋面梭巡，未遇倭船"，因舰队要"回威添煤水"而结束了第二次巡海。

结束本次巡海回威海之后，丁汝昌因为烟台至威海电线突断及广乙船水勇事致信刘含芳，并希望"有何闻见，祈详示为祷"。8月7日，丁汝昌为枪炮弹、鱼雷料件及弁兵练勇等事复信旅顺的龚照玙："存煤及军械数本不丰，再冀筹添，立待断难应手。后顾无据，伊谁知之。"因此，"所有后路各事，吾弟有一分力所能到者，切望曲念伯仲同袍之旧，力措接济，则感切万万矣"！②

8月8日晨6时许，丁汝昌收到李鸿章来电："鄙意应统大队，由威径赴大同江口一带游巡，于口内外相机击逐倭轮及运兵船，并就近赴鸭绿江口巡查，俾倭船不敢肆行窜扰，再转回威。一月内必须往来两次，则我局势稍固矣。"③吃完早饭，丁汝昌在北洋海军提督署议事厅召开了北洋海军主要将领及新任海军总教习汉纳根参加的军事会议，研究出海远巡和近顾北洋门户的行动计划。是日下午，李鸿章又给丁汝昌来电："总署传圣谕，催询汝在韩洋面何事，勿得以煤水将罄，多方推托，致干重咎。"④就在当天晚上，丁汝昌又收到李鸿章当天发来的第三封来电："兵船赴大同江，遇敌船势将接仗，无论胜负，不必再往鸭绿江口，恐日本大队船尾追入北洋，妥慎防之。"⑤

8月9日晨，丁汝昌统率北洋舰队定远、镇远、致远、靖远、经远、来远、平远、广甲、广丙、扬威10艘舰船驶离威海，开赴大同江巡击。仅把超勇舰

---

①　《李鸿章全集》(二)，电稿三，上海人民出版社1986年版，第836页。

②　戚俊杰、王记华编校：《丁汝昌集》，山东大学出版社1997年版，第214页。

③　《李鸿章全集》(二)，电稿三，上海人民出版社1986年版，第859页。

④　《李鸿章全集》(二)，电稿三，上海人民出版社1986年版，第861页。

⑤　《李鸿章全集》(二)，电稿三，上海人民出版社1986年版，第862页。

及 3 艘蚊炮船留下驻守威海卫海军基地。

8 月 10 日，丁汝昌率舰队抵达大同江口外之海域，但未搜寻到日舰踪影，"寄泊樵岛，即令两艇进口，探巡至许岛，因晚回队"。① 是日，因"倭兵船廿一只，突于初十卯刻驶近威海南北口外纷扑"，李鸿章"已电平壤，令丁速带全队回防，迎头痛剿"。② 但是，因北洋舰队船上没有电报机，所以丁汝昌当天没有收到整队速回迎剿的电令。

8 月 11 日清晨，丁汝昌又令广甲舰及两艘鱼雷艇进口探寻日舰踪迹，至铁岛，"大队随开往冰洋大小青岛游弋"。至下午 2 时许，大队又"到各岛巡视，均无倭船，仍回樵岛寄泊，两艇及广甲戌末回队"。当天，广甲舰因港道生疏，不明水下礁石分布及航道水深，只好"在狼岛寄锚"，"两艇直探至铁岛，晤韩金使安国良，云无倭船在港"。③

8 月 12 日晨，丁汝昌率大队舰船向西巡查，"将至海洋岛寄泊，未刻金龙洋轮到，奉传谕，即开"。④ 舰队直驶威海卫。非常奇怪并值得注意的是，就在丁汝昌接到金龙船送来李鸿章 8 月 10 日发出的电令同时，李鸿章再次发电给丁汝昌："成山头电，汝已带船回防。连日倭船廿余只并民船十余，乘虚往来威海，旅顺肆扰，各处告警，并有赴山海关、秦王岛截夺铁路之谣。此正海军将士拼命出头之日，务即跟踪，尽力剿洗，肃清洋面为要，不可偷懒畏葸干咎。"⑤

8 月 13 日晨 6 时，丁汝昌率带北洋舰队返回威海港，看到李鸿章昨日来电，即"令各船连夜赶添煤、水，齐速开西行剿逐，以清洋面"。⑥

丁汝昌第三次率舰队巡海剿敌，自 8 月 9 日起至 8 月 13 日止，历时 5 天 4 夜。

当天上午，丁汝昌给李鸿章发了两封电报，第一封是详细汇报本次巡海情况，告知"铁岛在平壤西南一百卅里"，大同江口至铁岛沿途路险，"内口港

---

① 《李鸿章全集》(二)，电稿三，上海人民出版社 1986 年版，第 879 页。
② 《李鸿章全集》(二)，电稿三，上海人民出版社 1986 年版，第 866 页。
③ 《李鸿章全集》(二)，电稿三，上海人民出版社 1986 年版，第 879 页。
④ 《李鸿章全集》(二)，电稿三，上海人民出版社 1986 年版，第 879 页。
⑤ 《李鸿章全集》(二)，电稿三，上海人民出版社 1986 年版，第 876 页。
⑥ 《李鸿章全集》(二)，电稿三，上海人民出版社 1986 年版，第 879 页。

仄水"，据前往勘查的蔡廷干报告称，"以后铁岛，碍难深入"。① 第二封是汇报与福来舍商谈鱼雷猎船的报价及优惠情况。

当天下午至夜间，丁汝昌在刘公岛连续收到李鸿章4次来电，主要涉及以下几个方面的内容：朝廷问丁汝昌带舰队"现在何处"；严令丁汝昌火速带舰队"赴山海一带，遇贼截击"；巡海舰队还"须赴山海关、秦王岛、洋河口一带，测探水势深浅"；"此后海军大队必不远出，有警则兵船应全口应剿"；总署来电告知，日船借挂英国旗，"英使允电水师提督严查"，"仍照章用旗传语为妥"；要探明"倭船究系何往"，防止"空走一遭，徒令各处疑惧"。②

8月14日清晨，丁汝昌第四次率北洋舰队10舰2艇起锚开行，开始新一轮的海上巡剿。离开码头之前，丁汝昌向李鸿章报告了"各船连夜赶添煤炭"的情况："到今早开时，查只定、镇各装一百吨，致四十，靖十二，经、来各五十，由商煤轮上；平、丙各八十，甲廿，扬十二，两艇卅二，由码头上。系因码头拥挤，小工难雇，故所上无几。请准煤厂常雇小工一百名，平日预储，临时有用，可否？乞示遵。"③与此同时，他还报告了此次巡海的计划："今早仍率十舰两艇出巡庙岛、洋河口、秦王岛、山海关，绕金州澳，约四日可进旅口。因昨只择要添煤，必须在旅再储煤、水，并一、二船小修后再赴烟台，沿途巡缉，遇敌剿擒，冀清洋面。"④

8月15日，丁汝昌率10舰2艇继续在直奉洋面按预定计划巡查日本舰船，并于当天晚上抵达榆关。

当天夜里，丁汝昌派出将弁兵勇，连夜测量两处水势。在榆关他收到张士珩、张翼（燕谋）、盛宣怀3人发来的电报："四平装煤，船主不肯出口，或令来榆随行，或请派船来大沽护送。"⑤

8月16日，丁汝昌在榆关致电李鸿章报告："秦皇岛西边一带浅沙，岛东至南礁石离岛二迈余，水深二三托不等；洋河口宽约二丈余，枯潮约尺余，

① 《李鸿章全集》（二），电稿三，上海人民出版社1986年版，第879页。
② 《李鸿章全集》（二），电稿三，上海人民出版社1986年版，第881—882页。
③ 《李鸿章全集》（二），电稿三，上海人民出版社1986年版，第883页。
④ 《李鸿章全集》（二），电稿三，上海人民出版社1986年版，第882页。
⑤ 《盛宣怀档案资料选辑》之三《甲午中日战争》上册，上海人民出版社1980年版，第84页。

· 332 ·

满潮七尺余,离口二迈余,深四五托不等。如备防,以洋河口为是。"①随后,率带舰队继续在海上游弋巡查,并于当天傍晚抵达天津大沽口。当天晚上,丁汝昌收到罗荣光将军转译盛宣怀之来电,通知丁汝昌:"相谕新购快船欲与阁下面商,明到沽,请坐子轮至唐沽、火车至津上院,即晚回沽。"②

8月17日清晨,丁汝昌乘坐小轮艇到达塘沽,然后换乘火车至天津上院,拜见李鸿章等,共同商讨研究新购快船及中日开战之后的局势问题。

当天晚上,丁汝昌便从天津返回大沽口,率舰队护送装运军火的图南船与装运燃煤的四平船,从大沽口开赴旅顺口。

8月18日,丁汝昌率北洋舰队抵达旅顺基地。

8月19日,丁汝昌与龚照玙在旅顺收到盛宣怀来电:"新裕十九申刻出沽口,二十早先到大连湾起卸军火,即到旅顺卸左贯翁炮十二尊,请鲁翁代收,民船运九连城。新裕卸空后,即请丁军门令其回津。"③

晚上,丁汝昌率北洋舰队再往大沽,护送图南船装运军火。

8月20日,丁汝昌率舰队抵达大沽口。是日白天,舰队仍坚持海上巡查。

8月21日,丁汝昌率队巡查至旅顺口,下令各舰连夜赶添燃煤,小修之船也须赶时竣工,以保证舰队明日继续出行。

8月22日,各船继续上煤,上齐之船陆续开出口外寄泊。

是日晚10时许,丁汝昌率舰队起锚开航,由旅顺驶往烟台。

8月23日上午8时许,丁汝昌率北洋舰队航行至烟台与威海之间的海上寄泊。其实,丁汝昌先在早间即"令两雷艇探威东、成山一带"是否有倭船,然后令威远、镇远两船"进烟载威厂并守口要件"。④

下午3时许,两鱼雷艇驶来报称:"据成山灯塔并民船、岸上民人均云,十余日未见倭船。"⑤遂下令"大队随起锚"开行,是日傍晚北洋舰队进入威

---

① 《李鸿章全集》(二),电稿三,上海人民出版社1986年版,第889页。

② 《盛宣怀档案资料选辑》之三《甲午中日战争》上册,上海人民出版社1980年版,第87页。

③ 《盛宣怀档案资料选辑》之三《甲午中日战争》上册,上海人民出版社1980年版,第93页。

④ 《李鸿章全集》(二),电稿三,上海人民出版社1986年版,第917页。

⑤ 《李鸿章全集》(二),电稿三,上海人民出版社1986年版,第917页。

333

海湾。

丁汝昌第四次率舰队巡海剿敌，自 8 月 14 日起至 8 月 23 日止，历时 10 天 9 夜。期间因舰队上缺煤和有船小修，在旅顺停留过。

8 月 24 日至 28 日 5 天时间，丁汝昌为舰队船用燃煤的运输与质量，为威海机器厂的焦炭、威海湾口防务部署之事、新聘洋员之薪水、新修竣出坞之镇南、镇西两船用人与试船等事，多次与张翼、盛宣怀、戴宗骞、德璀琳、顾廷一、李鸿章等通电通信，说明情况，争取支持。

8 月 28 日上午，丁汝昌在刘公岛收到李鸿章来电："东沟转运饷械只此一线，海路极关紧要，汝应酌带兵船速往梭巡，遇敌即击。威海仍留船协防，倘日船闻信西来，亦迎头痛剿。朝廷责备甚严，勿稍玩忽。"①

是日下午，丁汝昌为确保黄海海上运输安全致电李鸿章报告："明早统定、镇、致、靖、经、来、济、平等船往海洋岛，由大鹿、三山各岛巡查，遇敌即击。如见倭船西来，迎头痛剿。"②

8 月 29 日晨，丁汝昌第五次率舰队驶离威海，前往三山、海洋、大鹿各岛一带，晚过海洋岛北寄泊，并派人询问岛民及船户是否见有倭船，均答未见。

8 月 30 日，丁汝昌率带北洋舰队"开赴大鹿岛泊巡"，途中分别看到陆军借用运送军火之民船 5 只，其中 2 船由大沽运米，3 船由旅顺运军火。

8 月 31 日，丁汝昌率带北洋舰队巡缉至光禄岛、三山岛海域。夜晚到达大连湾后，他接到烟台探事西员来电称，旅顺北有两艘日本船，舰队当夜寄泊大连湾。

9 月 1 日晨，丁汝昌率带北洋舰队开赴旅顺口，与此同时，"已派致远、经远并左一雷艇前去探询"。③ 上午，舰队抵达旅顺口外锚泊。

当天下午，丁汝昌在旅顺等候致远、经远两舰驶抵旅顺口汇报。之后即致电李鸿章报告："顷据致、经回称，由老铁山驶至长兴岛，沿路探寻，均无倭船。昌准明早六点钟率各舰开威。"④

---

　① 《李鸿章全集》(二)，电稿三，上海人民出版社 1986 年版，第 932—933 页。
　② 《李鸿章全集》(二)，电稿三，上海人民出版社 1986 年版，第 934 页。
　③ 《李鸿章全集》(二)，电稿三，上海人民出版社 1986 年版，第 946 页。
　④ 《李鸿章全集》(二)，电稿三，上海人民出版社 1986 年版，第 948 页。

9月2日晨6时,丁汝昌率北洋舰队由旅顺开赴威海卫,并于当天到达。

丁汝昌第五次率舰队出海巡剿,自8月29日至9月2日,历时5天4夜。

自7月26日至9月2日止,期间共计39天,年近六旬的丁汝昌率北洋舰队在海上巡剿达5次28天。虽然没有寻到目标,也未能对敌舰实施打击,但丁汝昌不顾御史言官不符事实的弹劾,仍身先士卒,不怕疲劳,连续出巡的事实是存在的,其精神是可嘉的。

(二)带伤督战。丁汝昌率带北洋舰队回到刘公岛基地,一是抓紧基地防务部署,二是忙于迎接陪同吴大澂查看威海防地之防务部署。9月11日送走吴大澂,第二天即率北洋舰队驶离威海湾,开赴旅顺。为了确保海运航道,他率带北洋舰队主力舰船先绕道成山头一带巡弋后,再前往旅顺口。为保证大小舰船准时会齐,他下令超勇、扬威、平远、广丙、镇中、镇边、福龙、左一等舰艇直接前往旅顺口。9月13日晨,丁汝昌率舰队抵达旅顺口。当天晚上,又接到日舰驶近威海北山嘴炮台的警报。9月14日,丁汝昌率舰队抵达大连湾集合后,下令各船抓紧时间装煤,并与舰队高级将领妥议如何兼顾护送运兵船和保证北洋海域航道安全等事。9月15日,丁汝昌再次接到盛宣怀的来电:"东沟过船不易,必须海军留护。"并要求"卸空后商轮四,连利运五只,乞顺送旅顺,饬其自回天津"。① 是日晚上,丁汝昌又接李鸿章电令:"大同江内外,尚无倭船,汝护送运船前去,勿太疑虑,俟铭军起岸,仍回威、旅,再护送运船一二次。平壤被围,安州吃紧,后路仍必须再添兵,以顾大局,免深入东省为要。"②

9月16日凌晨1时许,丁汝昌带北洋舰队的定远、镇远、致远、靖远、经远、来远、济远、平远、超勇、扬威、镇边、镇中,广东水师的广甲、广丙两舰,以及鱼雷艇福龙、左一、右二、右三4艘,护送装载4000余名陆军的利运、新裕、楚南、镇东、海定5船,由大连湾起锚开航,往东北方向的大东沟驶去。

① 《盛宣怀档案资料选辑》之三《甲午中日战争》上册,上海人民出版社1980年版,第148页。

② 《李鸿章全集》(二),电稿三,上海人民出版社1986年版,第993页。

当天过午,丁汝昌率舰队及运兵船抵达大东沟后,立即派镇中、镇边及4艘鱼雷艇护送运船入口,又令平远、广丙两船在口外下碇,定远、镇远、致远、靖远、经远、来远、广甲、超勇、扬威10舰则在距口外12海里的海区下锚,严密监视附近海域情况,确保陆军平安登陆。

9月17日上午,丁汝昌率带北洋舰队于早饭后举行了例行的升旗仪式,9时15分又开始了一个小时的操练。

中午12时,丁汝昌接到发现敌舰的报告后,立即下令起锚、站炮位,并于12时10分,站在定远舰飞桥望台上,率带10舰迎敌而驶。

12时50分,两军相距5300米时,定远舰首先发炮,打响了黄海大战的第一炮。3分钟后,日军也发炮轰击。北洋舰队的炮火首先聚集在日本旗舰松岛舰上。"敌舰对松岛发弹最多,大大小小的炮弹像蝗虫一样飞来,势不可挡"。① 与此同时,日本海军也集中炮轰中国的定远舰。双方对射不久,一颗120毫米炮弹竟然正中定远舰的桅盘,7名官兵不幸阵亡。不多久,定远舰的飞桥甲板被敌弹射中,正在督战的丁汝昌被抛起又摔倒,"左脚夹于铁木之中,身不能动,随被炮火将衣焚烧,虽为水手将衣撕去,而右边头面以及颈项皆被烧伤"。②

丁汝昌受伤包扎后,坚决拒绝进入位于主甲板下舰首部位的军舰医疗室,而是坚持坐在舰的重要部位督阵,继续观看官弁水勇们作战,直至海战结束。"这个位置连接着舰首和后方的主炮塔,而且还有两架木梯可以通到首楼甲板上,是一处重要的通道"。③ "提督坐一道旁,彼伤于足,不能步立;惟坐处可见人往来,见辄望之微笑并作鼓振之语"。④

9月18日晨6时,参加黄海大战的北洋舰队主力军舰到达旅顺港,丁汝昌被人抬下军舰。他及时布置各舰入坞修理,并于上午10时将昨天海战的情况致电李鸿章:"昨日在大东沟外,十二点与日船开仗,五时半停战。我军致远沉,经远火,或超勇或扬威一火一驶山边,烟雾中望不分明。刻督定

---

① 《日清战争实记·松岛舰之勇战》,转引自《中国近代史资料丛刊续编·中日战争》(8),中华书局1994年版,第76页。

② 《李鸿章全集》(二),电稿三,上海人民出版社1986年版,第1013页。

③ 陈悦:《碧血千秋——北洋海军甲午战史》,吉林大学出版社2008年版,第111页。

④ 陈悦:《碧血千秋——北洋海军甲午战史》,吉林大学出版社2008年版,第112页。

远、镇远、靖远、来远、平远、广甲、广丙、镇中、镇南并两雷艇回旅,尚有两艇未回。济远舰亦回旅。当战时,我军先十船,因平、丙、中、南四船在港护运,未赶上,后该船均到助战。日军十一船,各员均见击沉彼三船。日船快,炮亦快,且多,对阵时,彼或夹攻,或围绕,其失火被沉者,皆由敌炮轰毁。我军各船伤亡并各船受伤轻重速查再电禀云。"①

当天上午,丁汝昌带伤会晤龚照玙,商议修船之事。因为按《北洋海军章程》规定,受伤的军舰应由旅顺船坞总办龚照玙负责主持修理,海军则是负责监工督修。龚见丁右臂半边被药烧烂,左臂为弹炸望台木板击伤,幸不甚重。

当天下午,丁汝昌收到李鸿章来电:"接电,此战甚恶,何以方伯谦先回?各船损伤处,赶紧入坞修理,防备日军舰队复扰。"②

9月19日,丁汝昌派济远舰前往三山岛牵引广甲舰出险,未获成功。

当天,丁汝昌收到军机处传谕圣旨:"饬丁汝昌将各舰赶紧修复,以备再战。"③

9月20日,丁汝昌因伤势严重恶化致电李鸿章报告:"现在头脚皆肿,两耳流血水,两眼不能睁开,日流黄水,脚日见肿,皮肉发黑,疼痛异常,言语稍多,心即摇摆不宁,无能自主。请于两镇中饬一人暂行代理,昌伤稍愈再行办事。"④

9月21日,丁汝昌不顾伤痛折磨,仍坚持督修舰船,处理紧急要件及信函。

9月22日上午,丁汝昌在旅顺收到李鸿章传来的圣旨:"丁汝昌现患伤病,海军提督着刘步蟾暂行代理。丁汝昌赶紧调治,一俟稍痊,仍行接统。"⑤李鸿章还要求丁汝昌转告刘步蟾:"妥慎代理,催船坞速修定、镇,余以次修理,勿得贻误军情。"⑥得到皇帝的批准,照理讲,丁汝昌可以安心养

---

① 《李鸿章全集》(二),电稿三,上海人民出版社1986年版,第1003页。
② 《李鸿章全集》(二),电稿三,上海人民出版社1986年版,第1003页。
③ 《李鸿章全集》(二),电稿三,上海人民出版社1986年版,第1008页。
④ 《李鸿章全集》(二),电稿三,上海人民出版社1986年版,第1013页。
⑤ 《李鸿章全集》(二),电稿三,上海人民出版社1986年版,第1019页。
⑥ 《李鸿章全集》(二),电稿三,上海人民出版社1986年版,第1019页。

伤治疗了。但是,9月28日李鸿章就给丁汝昌和刘步蟾去电:"前虽据情奏令刘镇代理,不过代拆代行之式。"①其实,在此期间,丁汝昌仍在带病坚持处理重大急要之事,包括详细汇报海战情况,调查处理方伯谦、林国祥、吴敬荣等人海战之表现;起草拟定《海军惩劝章程》;请龚照玙奏报海战有功将弁;与刘步蟾督修战舰等等。

　　9月23日和24日两天,日本海军的浪速、秋津洲两舰,分别驶抵威海海域附近和大连湾、旅顺海域附近侦察。李鸿章闻报后,立即电令丁汝昌:"须设法预备支持,即不能远出,须傍口外游巡,使彼知我非束手也。"②9月25日,李鸿章再电旅顺的丁汝昌和龚照玙:"平远、广丙、济远、靖远四船,务于十日内修好,在威、旅附近游巡。不然,日知我无船,随意派数船深入,到处窥伺,若再护运兵船长驱直入,大局遂不可问,切勿迟误。"③面对李鸿章的命令和受伤严重的海军舰船,伤口感染严重的丁汝昌马上致信负责后路供应的盛宣怀:"查此四舰,固在日夜赶修,但靖(远)、济(远)两艘备炮钢底钢圈皆已破损,无能复用,平远请领之炸弹迄今未接到,广丙速射炮弹只有60发。钳制敌军,本为吾侪素责,倘遭遇敌队,速力难及,不惟夺我士气,抑且增彼声威,殊非计之得也。军器不完备,岂可滥事交绥哉?我海军力原较敌方单薄,鹿岛(黄海)之役复失四舰、废一舰,现在勉强差堪战斗者,仅定(远)、镇(远)济(远)、靖(远)、来(远)、平(远)六艘而已。平远速力迟缓,修理工程非至十月(西历11月)中旬不能完竣,各舰炮身多被破损,军器弹药何时可到尚不能预知,心中焦灼之至。苟以补充不足,再失一二舰,不其更损国威耶。再四思维,拟俟全舰修理完成之后,无论舰数多寡,强弱如何,一举力战,以身许国,至舰人俱亡,昌尽其责而后已。此昌之决心也。"④

　　9月27日,黄海大战已过去10天,督修战舰的命令接二连三,从全国各地抽调的"锅匠、铜匠四十五名"、"钳匠三十名",还有"唐局可挑锅炉匠十

　　① 《李鸿章全集》(二),电稿三,上海人民出版社1986年版,第1051页。
　　② 《李鸿章全集》(二),电稿三,上海人民出版社1986年版,第1026页。
　　③ 《李鸿章全集》(二),电稿三,上海人民出版社1986年版,第1033页。
　　④ [日]海军军令部编:《廿七八年日清海战史》(下卷),(东京)水交社明治三十八年八月版,第264—266页。

五名,铜匠十名",①却均未到达旅顺船坞。丁汝昌等心急如焚,却又无可奈何。9月28日,李鸿章催促丁汝昌"仍勉力视事,督催修理各船早竣"的命令就到了,丁汝昌只得带着伤病督修战舰。

至10月2日,皇帝和李鸿章又数次来电,一是令将可用之舰派出口外,略张声势;另一方面是怀疑刘步蟾等人借机消极怠工。面对朝廷和李鸿章的严令,丁汝昌据实报告,海军各舰争取10月中旬出海;刘步蟾在舰日夜督催工程,既无专擅之权,也未托故迁延时日。另一方面,丁汝昌也坦言,实在是担心大炮钢底圈和开花弹皆不敷用,"似此出海遇敌,将如之何,不胜忧闷之至"。②

10月15日,伤病未愈的丁汝昌在旅顺致电李鸿章报告:"汝昌足伤稍愈,仍不能步履。各船伤重且多,星夜加工修理,都未完备。拟一二日先带六船出口,并过威海添配子药。清理各要事后,再巡大连湾到旅顺。安配定、镇起锚机器,容另电报。"③

10月18日,不能步行的丁汝昌率北洋舰队由旅顺口开赴威海。

10月19日,北洋舰队到达威海卫基地的当天,丁汝昌即向舰队官弁水勇下达训令,要求北洋海军官兵必须做到以下几条:"一、现在新补炮手,技艺尚未娴熟,各舰长务令正确练习,以至精巧,而期临事必中;二、各舰长公余之时,宜悉心讲求战术,同心策划,勿托空谈;三、各舰所需之弹药、火器,及时在威海卫库存中领取,以备缓急,不得迟缓;四、各舰所需之小修理及小零件,于威海机厂制造,并着该厂急制应用;五、各舰所需之煤炭、淡水及时补充,准备得令即出发;行动不得缓慢。"④

看到威海湾口筹办防务设施进展缓慢,丁汝昌心情更加沉重。无奈之下,他只好抓紧时间,求上抚下,想方设法处理舰队燃煤、威海后路布防等最急需之要务。

---

① 《盛宣怀档案资料选辑》之三《甲午中日战争》上册,上海人民出版社1980年版,第177—179页。
② 〔日〕海军军令部:《廿七八年日清海战史》(下卷),(东京)水交社明治三十八年八月版,第262—264页。
③ 《李鸿章全集》(三),电稿三,上海人民出版社1987年版,第49—50页。
④ 〔日〕海军军令部:《廿七八年日清海战史》(下卷),(东京)水交社明治三十八年八月版,第192页。

10 月 25 日凌晨 2 时许，丁汝昌接到成山电报，南路遥见火光，有炮声，立即下令各船升火，凌晨 3 时即率定远、镇远、济远、靖远、平远、广丙及两艘渔雷艇离港迎敌围剿，出威海湾口时，发现有日军舰船两艘在口外海面游弋。日军舰船见北洋舰队出口，立即开快车逃避。丁汝昌见追不上，便改赴成山一带海域巡查。①

10 月 27 日，丁汝昌在刘公岛收到盛宣怀来电，得知日军已分别过江登陆，大连、旅顺危急。10 月 28 日下午，丁汝昌即遵照李鸿章"大孤山距威不远，希酌带数船驰往游巡，探明贼踪，以壮陆军声援"的电令，率带定远、镇远、济远、靖远、平远、广丙 6 舰及两艘鱼雷艇，前往旅顺、大连湾等海域，寻剿日军舰队。②

10 月 29 日晨，丁汝昌率舰队抵达旅顺口。当天上午，他晤见有关人员，察考舰船修理情况。还给李鸿章发了电报："刻下腿肿未消，一足不能落地，然伤虽未愈，当此军情吃紧，惟求奏明昌力疾销假，率队出海巡剿。"③当天下午，丁汝昌即率舰队由旅顺开赴大连湾。北河船在前，行至大连湾东，北河船折回。"同寄泊口内马船主过船云，我力过单，前去吃亏，无益。现回旅赶配定、镇起锚机"。④ 因为"定、镇起锚机器铸铁工太大，是以尚未修妥，勉强行驶，起锚须三点钟之久"。⑤

10 月 30 日晚，回到旅顺的丁汝昌得知，旅顺船坞"各局员司及匠徒纷纷求去，激励、恫喝坚不为动"。⑥

10 月 31 日，正在协商增加工匠加紧施工的丁汝昌又收到李鸿章复电："定、镇起锚机何时配好？卫汝成明晚带五营登商轮三只出海，殊不放心，汝须于初五日游巡老铁山前一带迎护。"⑦丁汝昌忧心如焚，却又无计可施，只能尽自己之所能督修舰船，筹备护航。

局势的变化，超出人们的想象。11 月 2 日，清廷以丁汝昌统带战船不

① 《李鸿章全集》(三)，电稿三，上海人民出版社 1987 年版，第 73 页。
② 《李鸿章全集》(三)，电稿三，上海人民出版社 1987 年版，第 88—91 页。
③ 《李鸿章全集》(三)，电稿三，上海人民出版社 1987 年版，第 96 页。
④ 《李鸿章全集》(三)，电稿三，上海人民出版社 1987 年版，第 102 页。
⑤ 《李鸿章全集》(三)，电稿三，上海人民出版社 1987 年版，第 148 页。
⑥ 《李鸿章全集》(三)，电稿三，上海人民出版社 1987 年版，第 98 页。
⑦ 《李鸿章全集》(三)，电稿三，上海人民出版社 1987 年版，第 103 页。

能得力,所有前次交部议叙之案,着即撤销。同一天,日本舰船又去窥探北洋海军威海基地的情况,而日本陆军也已在凤城之南布置好兵力,准备进军大连湾、旅顺。

丁汝昌在努力督促修装起锚机的同时,还会晤旅顺各陆军统领,争取海陆共同协守旅顺基地。11月5日,丁汝昌差人打探得知:日军部队不走大路,凭借马队优势漫山而来,形势危急。大连湾形势吃紧,电线不通。旅顺船坞员司工匠纷纷离去,食物也无买处。定远、镇远装配起锚机的工程进展甚微,心急如焚的丁汝昌复信铭军统领吴宏洛(瑞生):"腿伤未能即就平复,殊为焦急。惟以敌氛飘纵,丛棘于心,尤甚于不良于体也。或搜或剿,非身亲督队,别无作气之术。时艰至此,疴痒敢复撄心?故于朔日力疾销假。惟能战之舰已减其四,集议购增,值复苛计。第有缮此烬余,勉兹衰质,竭其肱股,加之忠贞,或济或否,期亦未遑深计也。"①

是日,丁汝昌还复信张士珩:"寇锋日逼,军状绝少转机。海军东沟一战,船力本已单钝,猝减其四,致、经两船尤多干勇之士,悉就沦亡。""虽倭船同有沉失,而折我致、经两号上战之舰,殒我邓君万夫雄特之将。飘纵倭氛,未能一鼓歼绝,痛棘于心,伊谁为助?久议增舰,复苛计值,迄无成说。然目前转机莫急于此,而从事其间者抑若平淡置之。现惟缮此烬余,竭此衰躯,效命以报,或济或否,亦复不遑深计也。智者或有胜筹,希有见教为盼。贱躯腿伤未平,事非身先更有难测,刻已力疾销假。"②

11月6日凌晨1时许,丁汝昌因旅顺局势严重致电李鸿章报告:"船坞工匠人等纷纷告去,不日恐有停工之势。水师在旅亦有三难:一,湾有失,敌必扑旅后路,我师船在口内,不能施展,无以为力;二,敌船来攻,口门窄小,不能整队而出,且定、镇必须俟潮,若过急,冲出不易;三,口外寄泊敌艇过多,夜间来攻,我船又少快炮,实难防备。请示遵行。"③

李鸿章复电丁汝昌:"洋报,湾防用炮攻打,彼此伤亡甚多,殊可忧急。敌踪距旅若干里,旅本水师口岸,若船坞有失,船断不可全毁。口外有无敌

①　戚俊杰、王记华编校:《丁汝昌集》,山东大学出版社1997年版,第217—218页。
②　戚俊杰、王记华编校:《丁汝昌集》,山东大学出版社1997年版,第218页。
③　《李鸿章全集》(三),电稿三,上海人民出版社1987年版,第129页。

船,须探明再定进止,汝自妥酌,勿得张皇胆怯,致干大戾,仍随时电知。"①李鸿章既要丁汝昌保船,又不认可丁汝昌报告的情况,确实让丁汝昌坐立不安,左右不是。

11月7日上午,金州失守,日军攻占大连湾。日军还通过英国船传信说"专要打沉定、镇两舰"。丁汝昌、刘步蟾"因旅顺受敌",研究后决定趁"今夜暗渡威海,拟明早六点钟到威归队"。②

11月8日,丁汝昌率北洋舰队回到威海刘公岛,立即致电李鸿章报告:"昨上午在旅,连都统、徐、赵统领先后来晤,徐军守十三里台卡,日兵连攻两日,初八夜包过卡后,因接应兵单,不能抵御,卡退城失,各营台被困,路见怀字营在双塔沟驻宿。""屡出向西军程提督告急,未见进兵。连、徐、赵旋即回前敌。下午见有湾兵至旅,据云:和尚岛三台均失等语。""旅坞已停工,定、镇起锚机未配妥,来远工程只修一半,惟旅口陆路有急,各船不能展动为力,有损无益,前电已陈。又因湾、旅各统领恳速告急,故回威电禀,丙赶将紧要工程,在威厂设法修理。"③

当天下午,丁汝昌又收到李鸿章复电,因他不知来远舰已被带回威海,故责问"虽未修好,可勉强行走,何以未禀明带出?"还把丁汝昌、刘步蟾将北洋舰队及时安全地转移至威海看成是"如此仓惶出走,恐干重咎"。当然,面对兵败如山倒的战局,他也无奈地问丁汝昌:"欲渡兵运粮弹至旅接济,汝看有何法想?即复。"④

当天下午,丁汝昌即将有效战法报告李鸿章:"屡闻日兵接仗情形,前阵以利器攻击,又用包抄埋伏,所以获胜,且各兵身带干粮,日夜轮替接战。"而"我兵过单,既不能作包抄埋伏之举,又饥疲困乏,无暇休息,稍有转动,即行失挫"。他一针见血地指出:"请派久统马队者,统带马队数千,专司包抄敌人后路,而步队则宜裹粮分层,更番接战,庶不至误。"⑤

11月9日凌晨,遵照李鸿章"速带六船来沽,面商往旅拼战,渡兵运粮

① 《李鸿章全集》(三),电稿三,上海人民出版社1987年版,第129页。
② 《李鸿章全集》(三),电稿三,上海人民出版社1987年版,第136页。
③ 《李鸿章全集》(三),电稿三,上海人民出版社1987年版,第137—138页。
④ 《李鸿章全集》(三),电稿三,上海人民出版社1987年版,第138页。
⑤ 《李鸿章全集》(三),电稿三,上海人民出版社1987年版,第138—139页。

械接济"和"刻即启碇"的电令，①丁汝昌令各船赶添煤水，快速补给后，即起锚开航，开赴天津大沽。

11月10日，丁汝昌率舰队抵达大沽口外锚泊，传令"各船主早夜防备，勿为所算"，②便立即前往天津。当天晚上，丁汝昌面谒李鸿章，并与汉纳根等面商救旅之策。汉纳根认为军舰为运船护航，徒多牵制，又不能保运船，建议待马格禄回旅顺打探消息回来后再商议办法。丁汝昌认为定远、镇远起锚机尚未修妥，起锚时需3点钟之久，勉强行驶无把握，故同意汉纳根意见。

11月11日，李鸿章仍"与汉纳根、丁汝昌等面议"战守之策。汉纳根认为"即冒险添兵往助，似无大益"。"旅顺日船游弋，运兵船断不可往"，而且"语甚激切"。"丁汝昌拟即率六船由沽赴旅口外巡徼，遇敌即击，相机进退"。③ 是日夜丁汝昌仍在天津等候马格禄打探情况。

11月12日，因马格禄仍然未回，丁汝昌由天津返回大沽口。下午3时，率北洋舰队由大沽口驶赴旅顺。

11月13日晨6时，丁汝昌率舰队抵达旅顺口外老铁山附近海域，"望见口外老铁山西北有船发烟，九点六船到旅外抛锚"。查知金龙、镇东下午到旅，丁汝昌"随即登岸晤各统领"，得知"芋头洼、小平岛倭均驻雷艇，旅口外每日有兵船三两只游弋。今早芋头洼驻一兵船、五雷艇，见我船到始开去"。丁汝昌建议旅顺守军"抽勇为迎击之师"，④主动出击，但未被采纳。

当天中午，丁汝昌得知崂岬嘴炮台外又有日本雷艇数艘游弋。下午他回到舰上与众将领商议，为免夜间失事，于是日晚6时率舰队由旅顺开赴威海。

11月14日凌晨3时，丁汝昌率舰队抵达威海湾口。定远在前，镇远随后，"昨因风大水溜，浮鼓稍有移动"，"镇远擦伤，左帮进水"。⑤ 丁汝昌急令驶近浅处抽水验伤。

① 《李鸿章全集》(三)，电稿三，上海人民出版社1987年版，第140页。
② 《李鸿章全集》(三)，电稿三，上海人民出版社1987年版，第145页。
③ 《李鸿章全集》(三)，电稿三，上海人民出版社1987年版，第152—153页。
④ 《李鸿章全集》(三)，电稿三，上海人民出版社1987年版，第162页。
⑤ 《李鸿章全集》(三)，电稿三，上海人民出版社1987年版，第163页。

当天上午丁汝昌即将昨日在旅顺情况及今早舰队进海湾口门外镇远受伤情况致电李鸿章报告。下午，丁汝昌、戴宗骞为加强威海南路成山、石岛等处防务事致电盛宣怀，"千乞两公速决大计，力请于中堂"，"如有善法亦乞早筹，迫切请裁定赐复"。①

自 10 月 18 日到 11 月 14 日，28 天的时间里，丁汝昌有 15 天是带舰出海。虽然没有与敌对战，也没有拦住敌人的进攻，但腿伤未愈的丁老提督，能与年富力强的海军官兵驰骋海上，也的确不是一件容易的事情。

四、忧心如焚，竭力拼战

战局的急转直下，使北洋海军的处境更为艰难。特别是旅顺失守，丁汝昌更加成为攻击的靶子和战败责任的承担者。

面对清流党的弹劾诛杀和光绪帝的降旨问罪，北洋海军提督丁汝昌奋勇抗敌的爱国之心没变。他主动联络威海陆军，率带北洋舰队，协力共守，多次打退敌人的进攻，在无力挽救海军命运的最后时刻，拒绝降敌，自杀殉国。

（一）身处逆境，忠心不变。在甲午战争开战之前，清宫里以慈禧太后为首的"后党"与以光绪帝为首的"帝党"双方，围绕"和与战"展开了激烈争论。光绪帝为首的御史言官既不敢说慈禧太后，又无法搬掉李鸿章，因此，矛头直指北洋海军提督丁汝昌。从 7 月 12 日至 8 月 13 日，有多位御史言官多次弹劾丁汝昌。他们有的说丁汝昌"性情浮华，毫无韬略"，有人则不顾客观事实说他"一登兵轮，即患头晕"，还有人把丁汝昌率舰队五次巡海围剿未遇敌舰说成是"知其来而先避之，与之相遇而不击之"，②是"避敌畏怯"，强烈要求皇帝将丁汝昌撤职查办，易官换人。

黄海大战之后，随着形势的不断恶化，弹劾诛杀海军提督丁汝昌的呼声越来越高。10 月 7 日，左庶子戴鸿慈首先对伤病未愈的丁汝昌加以弹劾，奏请将其立即罢斥。由此开始，新一轮对丁汝昌的弹劾愈演愈烈，其形式由

---

① 《盛宣怀档案资料选辑》之三《甲午中日战争》上册，上海人民出版社 1980 年版，第 272 页。

② 《中国近代史资料丛刊·中日战争》（三），上海人民出版社、上海书店出版社 2000 年版，第 39 页。

个人奏劾变成多人一起弹劾，其目的也由奏请撤职换人变成诛杀问罪。其言辞之激烈，内容之荒诞，着实令人难以想象。

11月26日，光绪帝下旨："前因旅顺告警，海军不能得力，降旨将丁汝昌革去尚书衔，摘去顶戴，以示薄惩。现在旅顺已失，该提督救援不力，厥咎尤重。丁汝昌着即革职，仍暂留本任，严防各海口，以观后效。"①

皇帝的谕旨使清流党劾奏丁汝昌的胆子更大，也更加不择手段。11月27日，福建道监察御使安维峻等60多位御史言官联衔弹劾，集体要求诛杀丁汝昌：

> 海军则敌未来而豫避，敌将至而潜逃。敌之所利必曲成之，敌之所忌必暗让之。上不奉庙算之指挥，下不顾军情之缓急，独往独来于荒陬穷岛之间，忍耻偷生，迁延首鼠，被天下之恶名、万国之讪笑，而夷然有所不恤。此真古今未有之奇闻！不可谓非我国家异常之妖孽也。倾闻旅顺失守，固由陆军不能力战，亦缘海军不肯救援，至敌水陆夹攻，得逞其志耳。丁汝昌一切罪状，屡经言官弹劾，早在圣明洞鉴之中。其尤可恨者，皮子窝未经失事以前，倭于大连湾北方小岛休兵牧马，经旬累月，而丁汝昌匿不以闻。迫至旅顺有警，倭船在大连湾与我军相遇，鼓轮北向整队徐行。而丁汝昌避之竟去，既不肯送援旅之兵船，又不能运济旅之饷械。姜桂题等孤军捍垒，血肉横飞，而该提督方安晏坐于蓬莱阁重帷密室之中，姬妾满前，纵酒呼卢，而视如无事。在该提督诞妄性成，且自谓内有奥援，纵白简盈廷，绝不能损其毫发。而军中舆论，则谓其外通强敌，万一事机危急，不难借海外为逋逃薮。人心汹汹，虑生他变。盖自汉纳根离船以后，更无人能强之用命。镇远之伤，林泰曾之死，情节隐约难明，益无人能测其为鬼为蜮之所底止！今旅顺既失，海面皆为敌有。彼若直扑威海，丁汝昌非逃即降，我之铁甲等船，窃恐尽为倭贼所得。事机至此，不堪设想！此薄海臣民所为拊膺仰首，以企望皇上一怒之神威。而臣等度势揆时，不能不极力言之，以蕲皇上一朝之宸断者也。合无仰恳天恩，明降谕旨，将丁汝昌暂行开缺，而授署理长江水师提督彭楚汉为海军提督；或即擢汉纳根为海军提督，令其速赴新任，既

① 《李鸿章全集》(三)，电稿三，上海人民出版社1987年版，第217页。

可保护铁舰,且可相机进剿。俟到任后,电谕新提臣将丁汝昌锁拿,解京交刑部治罪,以伸公愤而儆效尤。事宜密速,以防该提督线索潜通,预谋逃叛。①

通览奏折可知,60多位御史言官不但将旅顺失守的责任归结给丁汝昌,而且所叙之事严重失实。其编造虚构之荒诞,言辞激烈而夸张,着实令人气愤而惊叹。

在60多位御史言官集体弹劾丁汝昌的第二天,山东巡抚李秉衡又密陈奏折:"海军主将率兵舰望风先逃……非立诛一二退缩主将、统领,使人知不死于敌必死于法,不足以摄将弁畏葸之心,作士卒敢死之气。"②

至12月12日,山东巡抚李秉衡虽然没有采取有力措施完成往威海后路调兵布阵的计划,但却不顾客观事实对丁汝昌再次进行更加严厉的弹劾:"提督丁汝昌为海军统帅,牙山之败,以致远船冲锋独进,不为救援,督率无方,已难辞咎。朝廷不加谴责,冀其自知愧奋,以赎前愆。乃丁汝昌骄玩性成,不知儆惧,闻皮子窝、大连湾一带为敌锋所指,将兵舰带至威海,以为藏身之固。倭船四处游弋,不闻以一轮相追逐。嗣李鸿章令其仍赴旅顺,始勉强以往。至事急,又复率兵舰逃回威海,仓惶夜遁,致将镇远船触礁沉坏。以经营十余年,糜帑数千万之海军,处旅顺形胜之地,乃竟望风先遁,将台炮、船坞拱手以与敌人,丁汝昌之罪尚可逭乎?"最后,李秉衡奏请皇帝将丁汝昌"明正典刑"。③ 李秉衡因其特殊的身份,两次对丁汝昌有失公允的弹劾好似两颗重磅炸弹,为皇帝降罪丁汝昌起了重要作用。

12月17日,光绪帝以丁汝昌"畏葸迁延,节节贻误,旅顺船坞是其专责,复不能率师救援,实属怯怯无能,罪无可逭","着拿交刑部,分别治罪"。④ 为了断掉威海海陆驻军将领及军民挽留丁汝昌的念头,12月21日,朝廷再次下旨:"丁汝昌着仍遵前旨,俟经手事件完竣,即行起解,不得再行

---

① 《中国近代史资料丛刊续编·中日战争》(6),中华书局1993年版,第533—534页。
② 《中国近代史资料丛刊·中日战争》(三),上海人民出版社、上海书店出版社2000年版,第246页。
③ 《李秉衡集》,齐鲁书社1993年版,第176—177页。
④ 《中国近代史资料丛刊·中日战争》(三),上海人民出版社、上海书店出版社2000年版,第262页。

渎请。"①

面对来势汹汹的奏劾与问罪,伤病未愈的丁汝昌虽然"无日不忧,心急如焚",但仍抓紧组织威海海陆驻军的战备防守。首先是想方设法抢修受伤的主力战舰。因怕镇远舰"船漏而单,诸多未妥,且恐奸细甚多,出口远行,难保无事",②所以,他请调霍良顺"带各匠百余到威,已饬其赶趱镇、来两船工程"。③ 他没有因为天寒风大,镇远舰"水底施工縻费,难以速成"就放松质量要求,而是"拟再加木撑",并在竣工后"出口试炮"。他在组织机匠修补镇远的同时,还抓紧来远舰紧要工程的抢修,组织得力人员"调威远十生半炮二尊,安其耳台船后两处,勿需南下,不误战事"。④

丁汝昌虽被朝廷谕为逮京问罪之人,但他对国家的忠诚丝毫没变,办事认真,是非分明,选用能人的作风仍一如既往。

当林泰曾自杀出缺,需荐举能人替补之时,他马上提名杨用霖署理。并指出:"虽非学堂学生出身,而自幼随船练习,于驾驶、测量尚能谙晓,平时操练钤束颇为得力,即东沟之战胆气尚好,为洋员所共知。"⑤甲午威海卫之战中杨用霖的出色表现,充分证明丁汝昌推荐起用杨用霖是正确的。

为了使北洋舰队能够更好地发挥作用,有利于协调各方面关系,有利于威海保卫战的开展,丁汝昌还力主推荐徐建寅"为提督帮办,或作监战大员"。其理由是"昨来威勘验,所论悉中机窍,战守机宜,颇知要领,忠勇之发,溢于言表"。⑥

但是,对于没有真才实学,又不是北洋海军急需的专业人员,即便是自己的上司,或是掌管北洋实权的外国要人推荐的人员,丁汝昌仍毫不客气地提出自己的不同看法。在光绪帝宣布将丁汝昌逮京问罪,"候经手事件完竣,即行起解,不得再行渎请"的圣谕后,丁汝昌见到烟台税司送来的两名洋员炮首,他立即致电李鸿章报告:"惟投效炮首,知老炮者多,知新炮者少,人

---

① 《李鸿章全集》(三),电稿三,上海人民出版社1987年版,第299页。

② 《李鸿章全集》(三),电稿三,上海人民出版社1987年版,第280页。

③ 戚俊杰、王记华编校:《丁汝昌集》,山东大学出版社1997年版,第220页。

④ 《李鸿章全集》(三),电稿三,上海人民出版社1987年版,第280页。

⑤ 《李鸿章全集》(三),电稿三,上海人民出版社1987年版,第209页。

⑥ 《李鸿章全集》(三),电稿三,上海人民出版社1987年版,第259页。

浮于事,以后请勿收录。"①

丁汝昌身处逆境,忠诚不变,还表现在坚决拒绝敌人的利诱与劝降。1895年1月25日下午,日本海军联合舰队司令伊东祐亨托人给丁汝昌送来了劝降信:"夫大厦之将顷,固非一木所能支,苟见势不可为,时机不利,即以全军船舰,权降于敌,而以国家兴废之大端观之,诚以微微小节,不足拘泥。仆于是乎以声震宇内日本武士的名誉,请客下暂游日本,以待他日贵国中兴之际,切愿真正需要阁下报国时节到来,请阁下听纳友人诚实之一言。""今日阁下之所宜决者,厥有二端,任夫贵国毅然执着陈旧治国之道,目睹任其陷于厄运而同归于尽耶? 抑或蓄留余力,以为他日之计耶?"②

面对敌人的利诱与威逼,丁汝昌毫无所动。这不但使北洋舰队广大官兵钦佩服气,而且也赢得外国军事顾问之广泛好评。北洋海军帮办英国人马格禄致电李鸿章称:"丁汝昌才能出众,忠勇性成,素为海军各将领所服。格禄与之共事,相知甚深。现值倭寇窥窜,时局艰难,恳请中堂奏保暂缓交卸,以系中外之望。所有参劾各节,均与丁提督无涉。如果必行拿问,诚恐海军中外各员,均以赏罚未能出于至公,海军局势,必至万分艰难云。"③

(二)联络陆军,加强防守。北洋舰队退守威海卫后,李鸿章来电指示:"有警时,丁提督应率船出傍台炮线内合击,不得出大洋浪战,致有损失。"④遵照此令,丁汝昌又于11月23日在威海刘公岛再次发布命令:"目下军务紧急,刘公岛作为海军基地,严申军令,稽查逃勇,禁止滋事,密缉奸匪,以静谧地方。本提督驻威期间,此等事照章办理;因时常率军舰出海巡航,势难兼顾,特委托水陆营务处牛(昶昞)、护军统领张(文宣)发布告示,以期各员遵守;若海军营、舰、校、厂各所人员,不遵命令,且有酗酒、滋事、赌博、犯禁等事,由牛、张两员查拿,并酌情惩罚。本提督率军舰出征之际,各舰乘员畏怯而带舰退逃,或乘机逃脱者,亦由两员严缉审理。伤创疾病者准许入医院治疗。因公务上岸者务必准时归船,违者处死刑,以儆效尤。以上命令由

① 《李鸿章全集》(三),电稿三,上海人民出版社1987年版,第302页。
② 戚其章:《甲午战争史》,人民出版社1990年版,第375页。
③ 《李鸿章全集》(三),电稿三,上海人民出版社1987年版,第344页。
④ 《李鸿章全集》(三),电稿三,上海人民出版社1987年版,第219页。

牛、张两员书面发布,营、舰、校、厂各所应向所辖人员广为布告,遵照执行。特此训示。"①由于战局的变化,丁汝昌此次命令的重点是:"稽查逃勇,禁止滋事,密缉奸匪,以静谧地方。"而且根据旅顺基地的情况,他对北洋舰队所有官弁水勇提出警告,如有"不遵命令,且有酗酒、滋事、赌博、犯禁等事",或者有"畏怯而带舰退逃,或乘机逃脱者",都必须"查拿、惩罚"。对于因公务上岸者,他强调务必准时归船,"违者处死刑"。上述命令的发布,对于退守在威海刘公岛的北洋舰队,既是及时的,也是必须的,由此,我们也可以看出丁汝昌对舰队的管理是尽心的。

在管好北洋舰队和刘公岛海军基地的同时,他先后多次奔走于威海湾南北两岸,与陆军统领戴宗骞、刘超佩、刘树德以及刘公岛上的护军统领张文宣商谈布防事宜。在此期间,他尽个人与海军之所能,协调紧需设备,构筑安全防务设施,关心兵勇与民工,制定奋勇杀敌之奖励方法,建议加强威海后路防御,作出了积极的贡献。

首先,建议多掘沟道,以备设伏。丁汝昌虽被撤职,但"连日会商,各防统将坚约与军舰相辅"。他致信陆军统领戴宗骞:"倭赴榆关,料不易逞志,铤而走险,是其惯习,宜更防其回扑我境也。"②为使守军能有效躲避敌人武器弹药的强大优势,建议南北守军均应"酌移营垒,使可联络,择要筑行炮土台,多掘沟道,以备设伏,避敌枪炮"。③

反复强调抓好后路防守。因驻威海北岸陆军兵少,而且分散,北岸后路空虚,丁汝昌主动调来水师官弁水勇,赴高山险要处加强后路防守。威海湾北岸"地阔兵单,万一不支,后路台垒设一有失,为贼所用",则北洋海军在刘公岛上之船势将难支。丁汝昌不但数次"亲同勘度酌移,使可联络",而且对于北岸3座海岸炮台的高峰处,"拨置陆炮,抽水师弁勇专守"。同时还"派马复恒酌带弁兵驻祭祀台守,兼以调度后山三顶,以资严护"。④

丁汝昌还积极帮助驻威陆军筹措紧要军用物资。对于"炮台所用量远

① [日]海军军令部:《廿七八年日清海战史》(下卷),(东京)水交社明治三十八年八月版,第193—194页。

② 戚俊杰、王记华编校:《丁汝昌集》,山东大学出版社1997年版,第222页。

③ 《李鸿章全集》(三),电稿三,上海人民出版社1987年版,第233页。

④ 《李鸿章全集》(三),电稿三,上海人民出版社1987年版,第232页。

近之镜",他及时致信告诉戴宗骞"敝军未备此物","查此镜据瑞乃尔称,山海关、天津武备学堂各有一架,威之赵北嘴台亦有一架。其山海关一架,归现在该处安炮德人夏教习管"。现在派人"捡量天尺一架,此亦能量远近,但不如前项之便捷耳",①请查收使用。

帮助解决刘公岛护军守台巡逻周边人力"不敷分布"的问题。他不但及时请示李鸿章,而且还专门致电盛宣怀:"刘公岛周环廿余里,护军三营两哨守台,并派边巡哨,冀抽游击,临时实觉不敷分布。前禀帅请添三哨以足四营之数,以期周防。帅意恐无军装,空手无益。兹询张镇,据称现余军装足充三哨之用。似此一时赶募赶操,信可得力。应恳婉陈帅座,倘蒙允行,乞速复转知赶办。再,该军前招工队三百名,本为安炮而设,俟炮安好,即行禀拨。"②

关心兵勇民夫,激励英勇杀敌。丁汝昌不但对上述布防事情作了周密的安排,而且还十分关心兵勇及民夫的生计。他好心"劝戴发压饷,并挪款垫刘饷",③帮助他们解决陆军兵勇的生活困难。此外,丁汝昌还坚持"重赏之下,必有勇夫"的观念,强调"贵在言出必行,方足振兴群力";如果现银不多,就可请示中堂配发银票若干,"功至可以立奖,免周转延时,或失机要也"。④

在日军重兵围困北洋舰队时,丁汝昌还积极建议李鸿章:"重出赏格一节,现无银,已出票每张百两,列号后,先盖海军提督印,如果赏与某人,须由该本管官过印,方准支付,如仅有昌印不算,乞饬立案。"⑤

当天夜里,李鸿章即复电丁汝昌:"备银票作赏号,应照拟办理,已行台局立案。"⑥

积极配合陆军坚守陆路和岛上炮台。日军进攻威海湾南帮炮台时,丁汝昌亲率北洋舰队开赴威海湾南口海面靠岸处,击毙日本少将大寺安纯。

---

① 戚俊杰、王记华编校:《丁汝昌集》,山东大学出版社 1997 年版,第 222 页。
② 《盛宣怀档案资料选辑》之三《甲午中日战争》上册,上海人民出版社 1980 年版,第317 页。
③ 《李鸿章全集》(三),电稿三,上海人民出版社 1987 年版,第 384 页。
④ 戚俊杰、王记华编校:《丁汝昌集》,山东大学出版社 1997 年版,第 220 页。
⑤ 《李鸿章全集》(三),电稿三,上海人民出版社 1987 年版,第 374 页。
⑥ 《李鸿章全集》(三),电稿三,上海人民出版社 1987 年版,第 375 页。

自 1895 年 1 月 20 日至 24 日,日军从荣成成山龙须岛登陆了 34600 人,战马 3800 匹,以及大量的武器辎重。拥有先进武器的日本军队,一方面利用海军舰队监视、封锁威海湾口,另一方面,日本陆军凭借人多势重,武器精良,战马速快等优势,很快从荣成推进到威海湾南岸。1 月 30 日,日本左翼队司令大寺安纯少将指挥部队轮番进攻南岸的制高点——冬青顶炮台(日军称摩天岭炮台)。

当天凌晨,听到南帮炮声不绝,丁汝昌即下令舰队备航待战。天刚放亮,他即率"定远、济远、平远以及另外四五艘炮舰排成一列,来到刘公岛与日岛之间,一边巡航,一边向东岸(即南岸,作者注)炮台猛烈发炮",①努力阻止日军的进攻。

上午 8 时 30 分许,在望远镜里看到日军登上摩天岭炮台,丁汝昌立即下令北洋舰队各舰发炮齐轰,将攻上摩天岭炮台的日军左翼队司令大寺安纯少将和日本《二六新报》记者远藤击毙。大寺安纯是甲午战争开战以来日本军队阵亡的最高级别的将官。由此可以证明丁汝昌"以负罪至重之身"率北洋舰队英勇打击敌人的历史是真实的、可信的。

(三)坚守孤岛,不屈不降。威海卫失守后,北洋海军被日本海、陆两军围困在威海湾中的刘公岛上。面对数倍于己的敌人,丁汝昌召集马格禄、浩威、张文宣、牛昶昞、刘步蟾等洋员和将领共同商讨战守之策。大家认为:"若远出接战,我力太单,彼船艇快而多,顾此失彼,即伤敌数船,倘彼以大队急驶,封阻威口,则我船在外,进退无路,不免全失,威口亦危。若在口内株守,如两岸炮台有失,我船亦束手待毙,均未妥慎。""今则战舰无多,惟有依辅炮台,以收夹击之效。查威、旅海口情形迥异,旅顺口窄澳狭,船必候潮出口,非时不能转动,临阵不能放炮,既难依辅炮台,又实无益陆路。威海则口宽澳广,随时可以旋转,临敌可以攻击,事势不同。倘倭只令数船犯威,我军船艇可出口迎击,如彼船大队全来,则我军船艇均令起锚出港,分布东西两口,在炮台炮线水雷之界,与炮台合力抵御,相机雕剿,俾免敌舰闯进口内。即使陆路包抄南北两岸,师船尚可支撑攻击彼船。若两岸全失,台上之炮为

---

① 《中国近代史资料丛刊续编·中日战争》(8),中华书局 1994 年版,第 210 页。

敌用,则我军师船与刘公岛陆军,惟有誓死拼战,船沉人尽而已。"①他们最后商定了依辅炮台,以收夹击之效的抗敌之策,决心力筹死守,至船没人尽而已。

率北洋舰队与北洋护军多次打退敌人的猛烈进攻。1月30日,在日本军队强行攻占威海南岸炮台的时候,丁汝昌即率北洋舰队与刘公岛炮台守军相互配合,持续轮番地与日本联合舰队本队的松岛、千代田、桥立、严岛4舰,第一游击队吉野、高千穗、秋津洲、浪速4舰,第三、第四游击队筑紫、赤城、摩耶、爱宕、武藏、葛城、大和、鸟海8舰,以及第二游击队扶桑、金刚、高雄等舰展开激战。"刘公岛炮台放大炮、小炮,清舰亦发弹,势颇激烈。筑紫舰烟突根为巨弹所中,伤水兵四人"。② 战至下午3时许,日本舰队的第二游击队又齐轰日岛炮台,刘公岛及日岛皆发炮还击,一颗从刘公岛射来的巨弹几乎击中松岛。当天夜里,日军第三鱼雷艇队的4艘鱼雷艇由今井司令指挥,试图"伺机以快速突击港内,因港内防守严密而未能达到目的,无功而返"。③

2月3日,丁汝昌率北洋舰队及刘公岛、日岛炮台守军,奋力抵抗日本海军联合舰队的海上进攻及南岸日本陆军的猛烈炮击。当天早晨,日本第一、第二游击队与联合舰队本队会合,三队战舰皆排成单纵队阵,在威海湾口外海域炮击刘公岛。占领南岸炮台的日本陆军将修好的7门大炮配合海军猛轰刘公岛及港湾中的北洋舰队,中日双方展开激烈的炮战。《明治二十七八年海战史》中记述:"北洋舰队实已陷入重围之中,而丁汝昌以下毫无屈色,努力防战。"战至下午,日舰筑紫被击中,"左舷穿透中甲板,未爆炸,由右舷落入海中,打死士兵三名,伤官兵三名,舰体损坏"。④ 之后,日军葛城舰也中炮受伤。

然而,就在当天,率军勇战的丁汝昌又被给事中于联沅弹劾:"若不将丁

---

① 《李鸿章全集》(三),电稿三,上海人民出版社1987年版,第347—348页。
② 戚其章:《甲午战争史》,人民出版社1990年版,第414页。
③ 《日清战争实记》第19编,第34页。
④ 转引自戚其章:《甲午战争史》,人民出版社1990年版,第415页。

汝昌立行褫除,则海军亦断无起色。"①这些纸上谈兵者的胡乱弹劾,既令人吃惊,也给前线将士带来压力和伤心。

2月5日凌晨近4时,丁汝昌与众将领、洋员在定远舰上彻夜议事,得知敌鱼雷艇闯入港内的消息,急忙登甲板察看敌艇行踪,发现敌艇即令开炮,就在敌艇中弹的同时,敌9号、10号鱼雷艇发射的鱼雷也击中定远舰。丁汝昌急令将定远舰驶向刘公岛东南浅海,作为水上炮台继续抵抗敌人进攻。当天,因定远舰受伤进水,锅炉熄灭,丁汝昌移驻镇远舰,并及时组织北洋舰队抵抗日本联合舰队本队及第一、第二、第三、第四游击队共22艘战舰的猛烈炮击。是日,双方炮战良久,皆有伤亡,但日舰仍难接近威海湾口。

2月6日凌晨3时许,丁汝昌下令各舰船搜寻并炮击进港偷袭的日军鱼雷艇。北洋海军利用探照灯急速在海面上搜寻日军鱼雷艇的做法,反而被敌艇利用,日军发射的鱼雷将来远、平远、宝筏3艘舰船击沉。北洋舰队势力更弱。

当天上午,丁汝昌率带靖远、济远、平远、广丙4舰与黄岛炮台配合,对北岸陆军,以及向北口进攻的日军舰队进行还击。同时,还令其余各船与刘公岛、日岛各炮台配合,向南岸敌军以及向南口进攻的日本舰船猛烈开炮,击退日军发动的轮番进攻。

当天下午,日军在威海北帮"三台山顶设快炮击我黄岛及舰艇,岛上居民男女老少数千人,麇集码头,哀求生路",丁汝昌前往劝说,"抚慰方散"。②

2月7日,丁汝昌率北洋舰队及刘公岛炮台守军,艰难地抵抗日本海军及威海南北两岸陆军发起的总攻与炮击,多次打退敌人舰队13艘军舰的轮番进攻。敌扶桑舰被大炮击中:"刹那间一声巨响,舰身猛震,甲板被打烂一尺多的洞,三分厚的铁梁和梯子皆被击断,弹片纷飞,击毁左舷内侧,击到指挥塔的铁壁又弹回甲板,死伤达七人之多。"③另外,筑紫舰中弹,也死伤8人。

---

① 《中国近代史资料丛刊·中日战争》(三),上海人民出版社、上海书店出版社2000年版,第370页。

② 《中国近代史资料丛刊·中日战争》(三),上海人民出版社、上海书店出版社2000年版,第521页。

③ 戚其章:《甲午战争史》,人民出版社1990年版,第422页。

是日白天，由于日岛炮台弹药库被炸毁，一门地阱大炮被炸毁，影响另一门大炮正常使用。无奈之下，丁汝昌下令驻守日岛炮台的萨镇冰率兵撤回刘公岛。

当天，北洋舰队及刘公岛炮台"台舰弁兵伤亡三百余名，伤心惨目，莫可言状"。又因"早间开战之后，大小十三雷艇，利顺、飞霆小轮皆逃"，岛上军心不稳。"至夜，护军各营兵麇集码头，求放生路。丁汝昌、张文宣抚慰稍安"。①

2月8日，丁汝昌更为艰难地组织海、陆两军奋勇抵抗日军的海、陆夹击。南岸炮台轰击岛上炮台及海湾中作战的北洋舰队军舰，靖远舰伤亡40余人，岛上学堂、机器厂、煤厂、民房皆有毁伤，岛内民人亦多伤亡，各船水手又复哀求生路，丁汝昌晓以大义，"勉为固守，若十七日救兵不至，届时自有生路"。②

然而，就在丁汝昌统率刘公岛海陆两军顽强抵抗敌人海陆夹击之时，他又被史科给事中褚成博弹劾："海军提督丁汝昌，当各处被寇攻陷之时，袖手旁观，虽迭奉严旨催令出援，而始终抗违，避敌惟恐不速，已属罪不容诛。""以海军之全力，不能保一口岸，纵非有心召寇，而其畏缩迁延，坐失要隘，较诸卫汝贵之临阵奔溃，罪尤过之，此次威海南岸炮台被夺，守将刘超佩等业经奉旨在军前正法。丁汝昌以专阃大员，违命辜恩，纵贼失地，罪状昭著，更无所用其讯鞫。相应请旨，电饬李秉衡将丁汝昌密速在军前正法，庶可抒万众积愤之心，而作三军同仇之气。"③

2月9日上午8时许，丁汝昌再乘靖远舰，率平远舰及诸炮艇驶至日岛附近，与敌军舰队拼战。至中午时分，敌人从鹿角嘴炮台发射的两发炮弹击中靖远舰，"左舷破了，炮弹穿过了铁甲板，又穿过了右舷舰首，于是船头先沉了下去"。④ 丁汝昌与副将叶祖珪见船头下沉，"意与船均沉，乃被在船水

① 《中国近代史资料丛刊·中日战争》(三)，上海人民出版社、上海书店出版社2000年版，第521页。

② 《中国近代史资料丛刊·中日战争》(三)，上海人民出版社、上海书店出版社2000年版，第521页。

③ 《中国近代史资料丛刊·中日战争》(三)，上海人民出版社、上海书店出版社2000年版，第398—399页。

④ 戚其章：《甲午战争史》，人民出版社1990年版，第423页。

手拥上小轮船",①才得以生还。靖远舰中弹沉没,使北洋海军的力量更为削弱,但丁汝昌仍坚持统带北洋舰队与岛上护军抵抗日军的猛烈进攻。

2月10日,丁汝昌率海陆两军,趁日本舰队添煤装弹之际,也抓紧时间进行必要的补给和修理。

当日,丁汝昌得知刘步蟾自杀殉国的消息,悲痛万分。面对舰毁人亡、军心杂乱的局面,他再次拒绝洋员及部分官兵请求投降的要求。

2月11日,丁汝昌、张文宣等组织海陆两军炮轰前来进攻的日本联合舰队第三游击队,日军葛城舰受伤,其170毫米主炮手毙命,另有6人受伤,上午9时1分许,日本第三游击队见势不妙,只好整队撤离。上午10时40分许,复来进攻的日舰天龙船又被击伤,还击毙日军数名,伤10余人。令敌人没有想到的是天龙舰受伤死人后,继续来攻的大和舰又被击中,至11时15分许,损失严重的日本海军第三游击队在第二游击队的掩护下,撤往威海湾口之外的海域停泊。趁此机会,丁汝昌令北洋海军的广丙、镇远、平远等舰驶往威海湾靠近南岸的海域,炮轰南岸炮台日军。最终因火力不支,只得收兵。

(四)援军无望,自杀殉国。丁汝昌率北洋舰队和刘公岛护军奋力御敌的同时,也数次派人送信,寻求陆路救援。

首先,丁汝昌、牛昶昞、张文宣致烟台刘含芳的信函于2月5日中午送到:"南岸失后,巩军败向西去,倭以马队追之,我师船分队沿岸开炮,击杀倭兵多人,贼始折回。绥军出队亦败,刘镇超佩带伤先至威海,嗣送入医院养伤。戴道带随从十余人退入北岸祭祀台,宿子药库,次早昌等复往商战守之策。戴云:绥、巩军均向西散去,派人四出招集,所剩只绥军一营守炮台及保长墙等语。初七卯刻,复往与商,据云:所散兵招集不回,并台墙守兵亦溃西去,两台只剩十九人。吴敬荣、温朝仪并所带协守水手,亦随绥军西去,祭祀台虽有马道及所部死守,然孤台不支,恐资敌用,我船及岛将立见灰烬。昌不得已,劝戴道移住岛中,将水师人撤回岛内,并挑选奋勇赴毁各台及药库、水雷营。戴道到岛吞金自尽,昌等现惟力筹死守,粮食虽可敷衍一月,惟子

① 《中国近代史资料丛刊·中日战争》(三),上海人民出版社、上海书店出版社2000年版,第521页。

药未充,断难持久。求速将以上情形飞电各帅,切恳速饬各路援兵,星夜前来解此危困,以救水陆百姓千万人生命。匪特昌等感大德。"①

2月7日晨,丁汝昌再次令水手教习李赞元搭乘利顺号小船从北口木栅门冲出,前往烟台送信求救。

当天上午,因"水师苦战无援,昼夜焦系"的李鸿章电令刘含芳:"如能通密信,令丁同马格禄等带船乘黑夜冲出,向南往吴淞,但可保铁舰,余船或损或沉,不至赍盗,正合上意,必不至干咎,望速图之。"②

但是,至8日晚,丁汝昌既没有收到刘含芳派三人分三路发出的信函,更没有收到皇帝"设法送信丁汝昌等,速为筹画,毋误事机"的圣旨。

2月8日夜里,丁汝昌在刘公岛见到了刘含芳派来送信的营弁夏景春,收到刘含芳转来李鸿章令其带舰突围的电报,立即修书禀复战况并求援:"倭连日以水陆夹攻,多以雷艇来袭。初十夜月落后,倭雷艇数只,沿南岸偷入,拼死专攻定远,旋退旋进,我因快炮无多,受雷一,尾机舱进水,急驶搁浅沙,冀能补救作水炮台,后以受伤过重,竟不能用。是夕,倭雷艇被我击沉一只,又被获一只,内有四尸,余逸出口。十一夜月落后,倭又以雷艇多艘,分路拼死来袭,毁沉我来远、威远、宝筏三船。十二晨起,倭以水师二十余艘,加以南岸三台之炮,内外夹攻,炮弹如雨,我军各舰及刘公岛各炮台,受敌船炮弹击伤者尚少,被南岸各台炮击伤者甚重,官弁兵勇且多伤亡。是日,日岛之炮及药库,均被南岸各台炮击毁,兵勇伤亡亦多,无法再守,只得将余勇撤回。当南岸各台未失以前,昌与张文宣等曾挑奋勇,备事急时即往毁炮,不料守台官既不能守,又不许奋勇入台行事,竟以资敌,贻害不浅,此船岛所以不能久支也。南北岸极其寥阔,现均为敌踞,且沿岸添设快炮,故敌艇得以偷入,我军所有举动,敌于对岸均能见及,实防不胜防。十三晨,敌全力攻扑东口,炮声一响,我小雷艇十只畏葸,擅由西口逃出西去,倭分队尾追,被其获去九只,余被击沉。以我艇资敌用,其害与南台同。自雷艇逃台,水陆兵心散乱,如十六七日援军不到,则船岛万难保全。各艇既不得力,且复擅

① 《李鸿章全集》(三),电稿三,上海人民出版社1987年版,第415页。
② 《李鸿章全集》(三),电稿三,上海人民出版社1987年版,第417页。

逃,其官弁人等,必由浅沙登岸,务请各帅严拿正法。"①

在给刘含芳写信的同时,丁汝昌还给陈凤楼写了一封求救信:"此间被围困,盼望贵军极切。如能赶于十七日(即 2 月 11 日,作者注)到威海,则舰船、海岛尚可保全。日来水陆军心大乱,迟到恐难相见。乞速救援。"②两信写好后,均交夏景春藏好带走。

2 月 9 日凌晨,趁夜暗之时,丁汝昌派营弁夏景春从刘公岛偷渡到威海卫,从旱路赶往烟台。

当天下午 1 时许,乘利顺小轮前往烟台送信的水手教习李赞元赶到烟台向刘含芳报告,刘公岛军民"惟望援眼穿,水陆数千人徒增血泪"。刘含芳立即向李鸿章电报:"即刻水手教习李赞元来烟……该弁称丁提督等受困,一言难尽,声泪俱下云。"③

2 月 10 日傍晚,营弁夏景春将丁汝昌请求救援的信函交给刘含芳。此时,距离丁汝昌向岛上兵民承诺的最后时限仅有 20 多个小时的时间。

令人遗憾的是,因为山东省可调兵力有限,山东巡抚李秉衡在 20 多天的时间里所派之兵很少,而且战不能胜,早已西撤。李秉衡本人也于 2 月 8 日撤出烟台,移驻莱州,放弃对北洋海军的救援。

2 月 11 日,在威海湾观战的英国军船到烟台告诉刘含芳:"靖远又击沉,各船打得甚好,各国都佩服,可叹无援。亲见丁提督望援,两眼急得似铜铃一样。"④同样,光绪帝数次下旨调援的其他部队,至 2 月 11 日,"丁镇(指丁槐,作者注)已单骑到黄县(今龙口市,作者注)",另"有两营今日到济","陈镇率马队三营到莱州"。⑤ 陈镇即是丁汝昌特别致信求救的陈凤楼,因为丁汝昌深知陈凤楼的"马队三营"不但速度快,而且他与陈曾有交情。只可惜,2 月 12 日"陈镇马队已奉旨调直,望催其速行"。李鸿章自己也无奈坦言:"刘公岛孤军危急,恐不能救,奈何?"⑥

---

① 《李鸿章全集》(三),电稿三,上海人民出版社 1987 年版,第 431—432 页。
② 《李秉衡致陈凤楼电》,《山东巡抚衙门档》(中国第一历史档案馆藏)。转引自戚其章:《甲午战争史》,人民出版社 1990 年版,第 432 页。
③ 《李鸿章全集》(三),电稿三,上海人民出版社 1987 年版,第 427 页。
④ 《李鸿章全集》(三),电稿三,上海人民出版社 1987 年版,第 436 页。
⑤ 《李鸿章全集》(三),电稿三,上海人民出版社 1987 年版,第 432 页。
⑥ 《李鸿章全集》(三),电稿三,上海人民出版社 1987 年版,第 433 页。

丁汝昌寻求救援的计划彻底破灭,但他还是毫不犹豫地拒绝日军的劝降和部分洋员、兵勇投降敌人的建议,决定自杀殉国。

早在 11 月 5 日,丁汝昌在致信张士珩时就直言不讳:"现惟缮此烬余,竭此衰躯,效命以报。"①在日军进攻威海卫之前,他就派人将北洋舰队的重要文件或信函送到烟台交刘含芳妥善运管。还在 11 月 22 日,为债务事项致信樊时勋:"弟从事海军十余年,历年积亏公款万余金。现时局如此,誓与倭奴不能两立。而亏累一时未克补填,惟有暂且变通,由尊处账内作收规平银陆千金,借资展转。事局稍定,当由弟设法赶归。万一有意外之变,即与小儿葆翼结付,已告彼牢记矣。"②由此可见,丁汝昌已在为"意外之变"作周密的安排。

至 11 月 24 日,丁汝昌致电李鸿章表示:"除死守外,无别策。"海军如果战败,万无退烟台之理,"惟有誓死拼战,船没人尽而已"。③

丁汝昌说到做到。至 2 月 8 日,丁汝昌已数次安抚乞求生路的岛民和兵勇,而且严词拒绝洋员戴乐尔、瑞乃尔等人的投降建议。

2 月 11 日,是丁汝昌安抚岛民"届时自有生路"的最后时限。丁汝昌"知援兵无期","水陆兵勇又以到期相求",他"几次派人将镇远用雷轰沉,众水手只顾苦求,无人动手"。夜间,"水陆兵民万余人哀求活命"。丁汝昌决定实践自己以一身报国的诺言,遂饮鸦片自杀殉国。

通过以上事迹的列举,我们可以清楚地看到:甲午战争期间的丁汝昌,对国家、对民族是忠诚的,是尽心尽力履行了北洋海军提督职务的。在反对和抵抗外国侵略者的斗争中,做到了旗帜鲜明、积极主动、任劳任怨、忍辱负重、身先士卒、带伤督战。特别是在甲午威海卫保卫战中,能够正确对待御史言官不顾事实的弹劾和诛杀,化冤屈为动力,丢弃个人名利恩怨,坚决拒绝敌人的劝降和利诱,率北洋舰队广大将士,联络炮台守军,在敌我力量极为悬殊的情况下,积极防御,奋勇杀敌,勇敢打退敌人的多次进攻。在援军无望、兵心大变、无力挽救北洋海军命运和战局的最后时刻,拒绝投

---

① 戚俊杰、王记华编校:《丁汝昌集》,山东大学出版社 1997 年版,第 218 页。
② 戚俊杰、王记华编校:《丁汝昌集》,山东大学出版社 1997 年版,第 221 页。
③ 《李鸿章全集》(三),电稿三,上海人民出版社 1987 年版,第 348 页。

降,自杀殉国,兑现了以身许国的承诺,保持了中国军人传统的战争观和
气节观。

戚俊杰,中国甲午战争博物馆研究馆员

北洋海军提督丁汝昌的身世及早年经历

苏 小 东

长期以来,当我们试图深入解读北洋海军提督丁汝昌时,却发现这一历史人物的形象是那样的模糊不清,而后人利用一些真真假假的史料进行充满主观色彩的解读后,反而又使其形象变得更加模糊,甚至发生了扭曲。丁氏形象之模糊主要表现在两个方面:一是其身世及早年经历给后人留下的谜团始终无法完全解开;二是其作为北洋海军提督在平时和战时的表现令后人评价不一。关于后者,论者或褒或贬,显然基于对同一问题的不同认识,所依据的事迹材料却是基本清晰的。但关于前者,人们只知其出身淮军,其他情况却长期处于研究的空白状态。究其原因,客观上是有关丁汝昌早年经历的资料极少,而可见的已刊相关资料则更少。陈诗于民国年间所撰《丁汝昌传》被发现后,其丰富详细的内容和绘声绘色的叙述,似乎填补了丁汝昌身世及早年经历的空白,包括笔者在内的几乎所有研究者也都对此深信不疑。但或许正是陈诗《丁汝昌传》中逼真的情节描述,反而引起了人们对其真实性的怀疑,故近来已有论者开始对其中某些内容提出质疑。其实,仔细研究分析陈诗的《丁汝昌传》就会发现,不仅其内容与其他档案等史料无法相互印证甚至多有相左,就连其内容本身亦因自相矛盾而无法自圆其说。实际上,该传内容大多来自于传说,实不足为据。本文拟根据现有为数不多的史料,在对陈诗《丁汝昌传》中的有关内容进行证伪的同时,力求重新勾勒丁汝昌的早年经历,尽管仍然不能解开其中的所有谜团。

一、丁汝昌的身世及从军之谜尚未完全解开

关于丁汝昌的身世,曾在北洋海军供职的池仲祐于民国初年撰写《海军实纪·海军战役阵亡死难群公事略》,其中《丁军门禹廷事略》称:"公讳汝

昌,字禹廷,安徽庐江县人,性亢爽,负豪气,状貌魁梧。"①清史馆于1914至1927年编写的正史《清史稿》列传二四九《丁汝昌传》更简单,只有寥寥一句:"丁汝昌,字禹廷,安徽庐江人。"②这是研究者最容易看到的两份丁汝昌传记,其中竟无一字涉及其身世,甚至连其生年也没有。

后来陈诗所撰《丁汝昌传》虽然仍未提到丁汝昌的家世,惟其记述是自丁汝昌童年起笔,终于使丁汝昌的生平得以较完整地连贯起来。该传称:"丁汝昌,字禹廷,北乡石嘴头村人。少茕负奇气。父灿勋,业农,遣从族父学制豆腐,劳而无直(值)。恒念家贫,窃钱奉母,主怪钱少,改纳竹筒。厥性敏慧,潜以竹竿黏饴而取之如故……咸丰荒旱,父母亦逝。"③陈诗亦为庐江人氏,在为同乡丁汝昌作传时无疑有过实地调查,因此传中内容多有来自传说的痕迹。但传说并不能成为信史,作者又没有对其进行必要的考证,就连在当地很容易找到的《丁氏宗谱》也显然没有参考。

丁氏家族曾五修宗谱,其中四修于光绪十五年(1889),即丁汝昌被任命为北洋海军提督的第二年;第五次重修于民国十一年(1922),仍收录丁汝昌主持四修宗谱时(1889)李鸿章所作《庐江丁氏宗谱序》。这后两次续修宗谱或在丁汝昌生前,或在其去世之后,因此其中关于丁汝昌身世的记载应该是可靠的。据《丁氏宗谱》可知,丁氏先祖世居安徽凤阳,元朝末年为避刘福通兵乱,丁家世隆、世兴兄弟二人迁居巢湖之滨,分别落户于合肥南乡岗头寺(今庐江县同大镇戴拐村)和庐江北乡石嘴头(今庐江县石头镇丁家坎村)。世兴一支的第15代为丁志瑾(字灿勋),生有二子,长子夭折,次子即丁汝昌。丁汝昌原名先达,后改名汝昌,又字禹廷,号次章,生于道光十六年十月初十日(1836年11月18日)。丁汝昌出生仅数月,其母向氏便去世了。由此可见,陈诗《丁汝昌传》中所谓"窃钱奉母","窃钱"一事或有,但绝不可能是为了"奉母"。关于丁汝昌的童年遭遇,没有也不可能有文字记载,惟有家乡人的传说可供参考。丁家世代务农,且家境十分贫寒,因此丁汝昌只读过

① 池仲祐:《海军实纪》,《北洋海军资料汇编》(下),中华全国图书馆文献缩微复制中心,1994年,第1307页。
② 《清史稿》,中华书局1977年校点本,第42册,第12727页。
③ 陈诗:《庐江文献初编·丁汝昌传》,1946年版。以下引用该传均在正文中说明,不再另注。

三年私塾，此后便开始自食其力，如帮人放鸭子、摆渡子等。丁汝昌15岁时其父病故，他成了孤儿，为求生存，这才有了陈诗《丁汝昌传》中从其族叔"学制豆腐"的一段经历。①

陈诗《丁汝昌传》接着称："太平军过庐邑，掠人入伍，汝昌被掠，从至皖城。与同馆者，则桐城程忠烈学启也。倾怀效能，意气相得。无何，湘乡曾忠襄国荃围皖城，学启偕汝昌率三百人逾城出降。忠襄犹疑虑，每战令居前，屡获捷。既克皖，学启授参将，领开字营。汝昌哨官，亦授千总。"这是丁汝昌曾入太平军的惟一文字记载。根据这一记载，太平军于咸丰三年十二月（1854年1月）攻陷庐江之后，丁汝昌被掠入太平军，旋与桐城人程学启一起随太平军至安庆驻守。陈诗此一记载究竟有何依据，今已无从查考，但其所记与口碑颇为吻合，只是所称"汝昌被掠"与传说的主动投入不符。②

如果丁汝昌曾入太平军的传说属实，他后来随程学启降清的情节也便有了合理性，而程学启率部投降湘军是有史料可证的。据《江表忠略·程学启列传》记载，咸丰十年（1860）曾国荃率湘军围攻安庆，奉太平军安庆守将叶芸来之命扼守安庆北门外石垒的程学启被策反，于咸丰十一年二月十九日（1861年3月29日）夜率手下82人投奔曾国藩季弟曾贞干营。③ 按照陈诗《丁汝昌传》的说法，丁汝昌也是随程学启逾城出降者之一，并由此加入湘军。但该传称丁汝昌与程学启"倾怀效能，意气相得"，以及他作战如何骁勇，却缺乏事实依据。程学启在太平军时即颇受倚重，曾获封弼天豫；投降湘军之初虽遭猜疑，但很快便以能战敢战而受到重用，官阶由游击擢参将，

---

① 关于丁汝昌的身世，夏东波先生依据《潜川丁氏宗谱》有详尽的考证，但对丁的早年经历却也未加考证地沿袭了陈诗《丁汝昌传》的说法。详见夏东波《丁汝昌考略》，载《中国甲午战争博物馆馆刊》2006年第4期。

② 戚其章先生于1978年曾专程赴安徽作调查，丁汝昌家乡当时仍流传有其曾入太平军的说法，并说他是主动投入的。详见戚其章《走近甲午》，天津古籍出版社2006年版，第319页。

③ 另据李鸿章称："伏查程学启籍隶安徽桐城，遭乱被掳，英逆四眼狗（按指陈玉成）欲重用之。程学启以该逆荼毒百姓，尝自逃去，为贼追回，拘絷不得脱。咸丰十一年四月间，今浙江抚臣曾国荃督军进逼安庆，程学启密赴曾贞干营中纳款。曾国荃兄弟见其志趣忠勇，迥异通常寻将，遂留营带队攻剿。旋克复安庆省城，程学启之功居多，经督臣曾国藩等奏报在案。"见李鸿章：《为程学启请恤折》（同治三年三月二十一日），《李鸿章全集》（一），安徽教育出版社2008年版，第479页。

并受命自立开字营;由湘入淮后,更被视为淮军早期的著名大将。而丁汝昌在同一时期却名不见经传,不仅较之程学启的名望、地位相去甚远,所谓作战骁勇亦无从谈起。另一方面,如丁汝昌与程学启果真关系密切,他作为程学启开字营的哨官被刘铭传"乞置帐下"仍任哨官,也未免不合情理。不仅如此,丁汝昌追随刘铭传之后,其加官晋级的速度明显加快。

其实,除陈诗《丁汝昌传》外,其他丁汝昌传记和相关档案资料在追述其早年经历时,基本上都是从其入淮军随刘铭传"平吴剿捻"说起。如池仲祐《丁军门禹廷事略》称丁汝昌"同治元年由行伍随刘壮肃公(铭传)攻克苏江(江苏)常州府、安徽广德州,皆拔帜先登";①李鸿章在光绪五年十月十六日(1879年11月29日)第一次奏请将丁汝昌留于北洋海防差遣的《奏留丁汝昌片》中称"丁汝昌久随臣转战南北,统带铭营,剿平粤捻各逆,迭著战功";《清史稿》之《丁汝昌传》也是以丁汝昌"从刘铭传征捻"作为其主要经历的起点。至于前述丁汝昌在太平军和湘军的经历,这些文献中均未提及。

值得注意的是,《清史稿·丁汝昌传》在记丁"从刘铭传征捻"之前还提到其"初隶长江水师"。此说显然来自李鸿章的奏章。李在光绪七年十月十一日(1881年12月2日)的《丁汝昌统领海船片》中称:"该提督曾在长江水师管带炮船,嗣随刘铭传统带铭军转战南北"②。众所周知,长江水师是由湘军水师改编而来。此项改制虽于同治元年五月(1862年6月)即经吏部等议准,但直到镇压太平天国后的同治四年十二月(1865年1月)才由曾国藩议定营制,最终完成改制。而在此之前,丁汝昌早已是淮军刘铭传的部下了,并已有官方档案为证。那么,李鸿章说的长江水师会不会是其前身湘军水营呢? 这种可能性目前还没有其他史料可以证实,在有关湘军水师的记载中也根本找不到丁汝昌的名字。有学者认为,李鸿章奏称丁汝昌曾在长江水师管带炮船,"一则可掩盖丁在太平军这段不便公开的历史,一则可为之造这样一段水师经历,以争取朝廷的批准"。③ 这一推论未免有些牵强,

---

① 池仲祐:《海军实纪》,《北洋海军资料汇编》(下),中华全国图书馆文献缩微复制中心,1994年,第1307页。

② 李鸿章:《丁汝昌统领海船片》(光绪七年十月十一日),《李鸿章全集》(九),安徽教育出版社2008年版,第509页。

③ 戚其章:《走近甲午》,天津古籍出版社2006年版,第320页。

因为李鸿章在第一次请将丁汝昌留在北洋海防差遣的奏片中并没有提到丁的这一经历,第二次上奏突然提到这一经历非但不能为朝廷批准丁汝昌统领海军增加什么筹码,被发现其在正式保案中造假反倒有了欺君之嫌。故也有学者指出,"李鸿章为了使朝廷批准使用丁汝昌,可以回避其曾参加过太平军的历史,但不致为其伪造履历"。[①] 由此看来,在证据尚不充分的情况下,丁汝昌入淮军之前的经历之谜目前还无法完全解开。

二、丁汝昌在淮军中的地位和表现

如前所述,因为有了丁汝昌入太平军及其随程学启投降湘军的口碑前提,他后来的经历变化也便有了合理的解释。

同治元年(1862)春,李鸿章奉曾国藩之命在家乡合肥一带招募淮勇团练建成淮军,并将湘军程学启开字二营调入为主力,随即开赴上海与太平军作战。陈诗《丁汝昌传》称,丁汝昌随程学启"旋从江苏臬司合肥李文忠公鸿章征吴。同治元年壬戌乘轮船至沪。汝昌佐学启于泗泾、新泾、四江口诸役,每战辄先登。合肥刘壮肃铭传领铭字营同战四江口,见其骁果,异之,乞置帐下。率亲兵百人,屡立战功,旋领马队营。甲子平吴,溽擢副将,统先锋马队三营。从剿东捻,驰逐豫、鄂、燕、齐之郊,日踔百里,拦截追奔,频获奇捷。东捻平,又从剿西捻,屡击败之。后蹙贼于茌平南镇徒亥河,捻首张总愚势穷,弃马赴水死。西捻平,论功擢总兵,赐号西林巴图鲁,赏穿黄马褂"。上述陈诗所记丁汝昌入淮军之初的事迹,因其地位低微,尚未进入官方视线,故在相关文献中并无记载,仍属陈的一家之言。需要指出的明显错误是,丁汝昌在湘军时(1861年)仅为千总衔哨官,由湘军改隶淮军后仍是统步队百人的哨官,到甲子年即同治三年(1864)竟已升至副将,三年间由千总连升守备、都司、游击、参将、副将五级,即使是在战争时期因功破例,亦不可能升迁如此之快。

此外,关于丁汝昌入淮军不久即领马队营、甲子(1864年)平吴后更统先锋马队三营的说法,亦属无中生有。因为在镇压太平军的作战中,马队的作用不大,故刘铭传所部铭军在此期间虽不断扩充,到"甲子平吴"后已有步

---

① 姜鸣:《龙旗飘扬的舰队》,三联书店 2002 年版,第 153 页注 64。

队 10 营、水师 2 营,但并无马队。同治三年(1864)冬,刘铭传率部北上剿捻,由于捻军以马队为主,铭军为"以捻制捻",方于翌年增设马队 5 营,由陈振邦统领,各营官分别为陈振邦、刘盛瑞、张长发、张景春、保成,其中并无丁汝昌。

自同治四年(1865)起,官方文献中开始有了关于丁汝昌的零星记载,使我们终于可以循此线索大致勾勒出他在淮军的主要经历。据时任钦差大臣督办直隶、山东、河南三省军务的曾国藩奏报,同治四年十月十二日(1865年 11 月 29 日),刘铭传率铭军在河南扶沟拦击捻军,铭军分统刘盛藻派丁汝昌等击其左,最终击败此股捻军。奏折中没有提到丁的官职,而作为刘盛藻的部下,他此时还在步队。① 是年十二月(1866 年 2 月)铭军援鄂,自捻军手中夺取黄陂县城,参与此战的丁汝昌当时仍为刘盛藻部下,官阶为都司。战后曾国藩为铭军请赏,其中"都司丁汝昌请以游击尽先补用,并赏给副将衔",同治五年二月二十二日(1866 年 4 月 7 日)获朝廷谕准。② 三月二十三日(5 月 7 日),铭军又在山东龙堌集大败捻军,丁汝昌仍以步队军官参战。③ 十月初一日(11 月 7 日),铭军在山东葛店一带兵分三路进击捻军,丁汝昌等当先率勇冲入捻军阵中。④ 同治六年四月(1867 年 5 月),铭军在湖北黄安一带与捻军激战,分统刘盛藻督部过紫潼河,丁汝昌率步队击败迎拒之捻军。⑤ 是年十月(1867 年 11 月),铭军追击捻军至江苏赣榆,并将捻军首领任柱击毙。事后,李鸿章保奏作战有功人员,副将衔尽先游击丁汝昌赏加协勇巴图鲁汉字勇号,并以参将补用。⑥ 同治七年七月(1868 年 8 月),西捻军

---

① 曾国藩:《宁陵扶沟等处胜仗折》(同治四年十月三十日),《曾国藩全集》第 8 册,岳麓书社 1994 年版,第 5029—5030 页。

② 曾国藩:《奏报援鄂铭军克复黄陂县城及自徐抵邹折》(同治五年二月十五日)附录明谕:"奖恤克复黄陂县城之刘铭传援军"(同治五年二月二十二日),《曾国藩全集》第 9 册,岳麓书社 1994 年版,第 5221—5224 页。

③ 曾国藩:《捻众自山东回窜官军追剿获胜折》(同治五年四月初七日),《曾国藩全集》第 9 册,岳麓书社 1994 年版,第 5292—5294 页。

④ 周世澄:《淮军平捻记》卷三,上海古籍出版社 1995 年影印本,第 2 页。

⑤ 李鸿章:《各军追贼黄安铭军迎击大胜折》(同治六年四月二十三日),《李鸿章全集》(三),安徽教育出版社 2008 年版,第 63 页。

⑥ 李鸿章:《查明枪毙任柱情形并铭军报奏折》(同治六年十一月初五日),《李鸿章全集》(三),安徽教育出版社 2008 年版,第 152 页;《清穆宗实录》卷二一五,同治六年十一月丁巳,中华书局 1987 年影印本;周世澄:《淮军平捻记》卷六,上海古籍出版社 1995 年影印本,第 11 页。

被剿灭,淮军汇案奏保,丁汝昌擢总兵加提督衔。① 至于其获赐西林巴图鲁勇号和赏穿黄马褂则是在其成为海军统领之后:前者是光绪七年(1881)因其赴欧洲接带超勇、扬威两舰回国有功而赏换的清字勇号,并获正一品封典;后者是光绪八年(1882)因处理朝鲜"壬午之变"有功获得的赏赐,并实授天津镇总兵。②

上述官方文献中有关丁汝昌在淮军参与剿捻的记载,其数量之少,实不足以窥其这段经历的全貌。然而,也正因为如此,或可从中看出一些问题来。在指挥镇压捻军的作战中,不论是前期的曾国藩还是后期的李鸿章,都随时向朝廷作详细报告。在他们数量庞大的报告中,多有关于军官表现英勇的描述,却始终无一语涉及丁汝昌的表现。即便是为其请赏,也没提到具体事迹。这至少说明两个问题:一是丁汝昌在剿捻作战中事迹平平,表现并不突出;二是丁汝昌并非如分统一类独当一面的将领,发挥的作用不大。清廷赐予武职官员的勇号均有其特定的涵义,丁汝昌所获汉字勇号中的"协勇"二字,实际上就是对其作战表现的概括。李鸿章后来奏请由丁汝昌统领海军,说他"随刘铭传统带铭军转战南北,功绩卓著,干局英伟,忠勇迈伦",应是虚应朝廷的溢美之词。陈诗《丁汝昌传》称其"屡立战功"、"频获奇捷",既是以道听途说为依据,更是历来为人作传者惯用的隐恶扬善之笔法。

三、子虚乌有的丁、刘交恶

丁汝昌后来脱离淮军,曾回籍闲居数年,个中缘由至今尚未发现档案资料的合理解释。惟有陈诗《丁汝昌传》讲述了此事的经过,由此引出一段丁汝昌、刘铭传(字省三)交恶的故事来,而后人也多信以为真,甚至有人在此基础上继续加以演绎。

陈诗在《丁汝昌传》中如身临其境般地讲述了丁汝昌因与刘铭传交恶,最终不辞而别,逃归故里之事。其具体情节为:"时议裁兵节饷,刘欲裁马队三营,置汝昌于闲散。汝昌时别屯,陈书抗议。刘怒其梗,命将召

---

① 周世澄:《淮军平捻记》卷十,上海古籍出版社1995年影印本,第8页。

② 《清德宗实录》卷138,光绪七年十月壬申,中华书局1987年影印本;《清德宗实录》卷151,光绪八年九月甲申;《清德宗实录》卷150,光绪八年八月丙辰。

至而戮之。有相告者，汝昌亟率亲信十二人乘马驰归里。"故事的内容似乎合情合理，故颇能迷惑人。其实，如果我们把关注的目光同时投向丁、刘二人，而不是仅仅盯在丁汝昌身上，就会发现这个故事纯属虚构，根本就是子虚乌有。

陈诗所记丁、刘交恶一事虽然没有给出具体时间，但从内容看似在铭军驻防陕西之时。同治九年十月初四日（1870 年 10 月 27 日），刘铭传奉旨督办陕西军务，配合左宗棠镇压陕甘回民起义。随刘铭传入陕的铭军共马、步 28 营，另拨武毅军步队 10 营、亲兵马队 2 营归其节制调遣。翌年初，刘铭传"移驻乾州后，曾拨记名总兵丁汝昌、蒋希夷等各率马队百余名，分往延安、定边一带察看地势"。[①] 不久，刘铭传以秦陇间兵警渐息，奏请撤回淮军，并以"头风肝气"加剧请赏假回籍就医。旋俄国派兵侵占伊犁，清廷令刘铭传率部由乾州西行出嘉峪关，为收复新疆各城之计。刘铭传复奏表示铭军暂难出关，并多次以头痛、目疾等伤病请求赏假离营调理，朝廷则只准其在营调养。同治十年九月（1871 年 10 月），刘铭传再次奏请回籍养病，并请饬前甘肃提督曹克忠到陕西接统所部铭军。[②] 他的这一请求终于获得朝廷谕准，随即匆匆交卸营务，于是年底离营回籍。刘铭传在籍赋闲十年后，光绪六年（1880）秋，中国在与俄国交涉伊犁问题时受到武力威胁，朝廷才又传谕刘铭传来京以备任使，故李鸿章说他已"退归十年"。实际上，刘铭传自同治十年（1871）底离开铭军后，直至其去世，再也没有重掌铭军兵符。

而刘铭传离营后，丁汝昌却依然在铭军继续服役了很长时间，这在官方档案中可以找到充分证据。曹克忠赴陕接统铭军时，与刘铭传意见不合，又因刘急于交卸，于是便参了刘一本，使刘因此受到革职处分。曹克忠与铭军素不相习，且作风粗糙、抚驭失当，致令铭军武毅右营于同治十一年六月（1872 年 7 月）间哗溃。是年八月初二日（1872 年 9 月 4 日），李鸿章根据朝廷旨意，建议由铭军宿将刘盛藻赴陕接替曹克忠统领铭军，妥撤回南，徐筹

① 刘铭传：《宁灵回寨收复陕北防务已松并陈北山防剿情形折》（同治十年正月初七日），《刘铭传文集》，黄山书社 1997 年版，第 10—11 页。

② 刘铭传：《密荐曹克忠接统替归片》（同治十年九月初九日），《刘铭传文集》，黄山书社 1997 年版，第 21 页。

安置。① 九月二十五日（10月26日），时刘盛藻尚未赴陕，李鸿章接到驻防长武铭军统带、总兵丁汝昌禀报：甘军杨世俊所部马队溃变，由秦州东窜，欲犯陕疆，曹克忠亲率马、步七营由大路往堵，先锋营官潘万才率邠州铭军先锋马队由小道迎击，将溃勇人马600余悉数收抚。陕西巡抚邵亨豫因此提出，铭军必须留镇陕西，以维大局，势不能遽议撤回。② 署陕甘总督穆图善亦请将总兵丁汝昌、副将潘万才所带铭军马、步八营暂缓遣撤。朝廷遂谕准铭军暂缓议撤，饬令刘盛藻克日赴陕接统。③ 在此需要说明的是，自此以后，在有关铭军的正式文报中再未出现过丁汝昌的名字，而此前的相关记载也从未明确提到他在铭军马队的职务。

直到光绪元年四月（1875年5月），丁汝昌的名字又出现在陕西邠州（今彬县）大佛寺的《重修大佛寺碑记》和《监修大佛寺官员及董事绅民各工匠姓名碑记》中。《重修大佛寺碑记》为时任陕西邠州直隶州知州吴钦曾所撰，内称其倡议劝捐重修邠州大佛寺，适刘盛藻"自乾按邠阅所部"，"允以淮军独任其举，即饬营务处阎观察光显、丁提督汝昌、潘协戎万才、刘参戎学风偕予董其事以监修，遂诹吉于甲戌二月庀材鸠工，洗其尘而扫其苔，倾颓者振兴之，塌落者筑砌之，东边新建官厅三间焕然为之一新。渐次落成，忽于七月刘君奉调移师海防，都戎杜景贤留此监修"。又据《监修大佛寺官员及董事绅民各工匠姓名碑记》，丁汝昌当时的全称官衔、勇号为"钦加提督衔遇缺题奏总镇统领铭右全军协勇巴图鲁"，名列监修大佛寺官员第三位，排在钦加布政使衔总统铭字武毅马步等军遇缺题奏按察使法克精阿巴图鲁刘盛藻和总理铭字武毅马步等军营务处三品衔湖北遇缺题补道阎光显之后。④ 由此可知，丁汝昌参与重修之邠州大佛寺自同治十三年二月（1874年三四月间）开工，至是年七月（八九月间）铭军奉调离陕，留下补用尽先守备杜景贤继续监修。但在此之前两月，即同治十三年五月初六

① 李鸿章：《密筹调员接统铭军折》（同治十一年八月初二日），《李鸿章全集》（五），安徽教育出版社，第174—175页。

② 李鸿章：《刘盛藻赴陕接统铭军折》（同治十一年九月二十六日），《李鸿章全集》（五），安徽教育出版社2008年版，第206—208页。

③ 《清穆宗实录》卷三四一，同治十一年九月己亥、己酉。

④ 常青：《彬县大佛寺石窟所见清提督丁汝昌事迹铭记》，《文献》1997年第4期，第263—264页。

日(1874 年 6 月 19 日),李鸿章曾致函刘盛藻,谓"丁汝昌撤委后,右军统领改派王贵扬接办,能否胜任,仍望随时察酌"。① 这说明,丁汝昌是在李鸿章写此函前不久被撤铭字右军统领职的,而且是李鸿章同意或批准的。

综上所述,刘铭传离军回籍比丁汝昌早近 3 年,且从此再未亲统铭军。因此,陈诗《丁汝昌传》中的丁、刘交恶并导致丁逃归原籍的故事,也就成了不可能发生的无稽之谈。

尽管丁汝昌究竟何时因何故离开铭军,目前还找不到答案,但他脱离军营后回到原籍并赋闲数年是不争的事实。陈诗《丁汝昌传》称丁"家居数年,金尽,走天津,乞傅相直督李公畀一差"。这一说法基本属实,只是其中的过程并不完整。李鸿章在《奏留丁汝昌片》中说:丁汝昌"嗣因交卸营务,光绪三年秋天给咨赴部,十一月二十一日蒙召见一次,奉旨发往甘肃差遣。复因回籍措资,行至天津伤病复发,呈请咨部展限在案"。也就是说,丁汝昌于光绪三年(1877)秋接到兵部公文后赴京,蒙慈禧太后召见一次,但因其对发往甘肃差遣心有不甘,遂在回籍措资途经天津时请老长官李鸿章设法转圜,并以伤病复发为借口呈请兵部准其暂缓赴甘。

但陈诗《丁汝昌传》接下来的叙述就十分离奇了。如丁汝昌向李鸿章谋职时,"李相曰:'省三与尔有隙,我若用尔,则与省三龃龉矣。尔宜与之分道扬镳。吾今欲立海军,令人统率,尔如能赴英国学习海军,毕业归来,当以此任相属。'汝昌避席曰:'谨如命'。遂往英伦入海军学校。时同学者,则日本伊东祐亨也,同种同文,情好无间。业成归国,李相奏授天津镇总兵,购船数艘,兼统北洋海军"。其中的一问一答,煞有介事,其实不仅逻辑混乱、情理不通,更与史实严重不符。姑且不论丁、刘交恶的子虚乌有,仅以李鸿章当时的身份和地位,他在使用丁汝昌的问题上也根本不需要看刘铭传的脸色;而丁汝昌已脱离铭军数年,刘铭传离军回籍的时间更早,丁此时还要怎样才算与刘分道扬镳? 显然,这是由所谓丁、刘交恶的故事继续演绎下来的情节,只是演绎得有些荒谬。更有甚者,又说李鸿章当时提出,如果丁汝昌能

---

① 李鸿章:《复总统铭字武毅等军记名臬台刘》,《李鸿章全集》(三十一),安徽教育出版社 2008 年版,第 51 页。

去英国留学海军,学成归来就让他统领海军,丁当即表示从命。丁汝昌当时已年逾不惑,且丝毫没有近代科学知识的基础,更不懂英文,李鸿章怎么可能无知到派他赴英国海军学校留学? 即便是李鸿章真的无知到这种地步,英国的海军学校也绝不会接纳丁汝昌这样的人来留学。事实上,丁汝昌和日本海军将领伊东祐亨都没有赴英国留学海军的经历,当然他们也就不可能成为"情好无间"的同学。正如前述,丁汝昌第一次出国是为了接带在英国订购的军舰,而他在一年后的光绪八年八月初三日(1882 年 9 月 14 日)获实授天津镇总兵也与此次出国毫无关系。

李鸿章于光绪元年四月二十六日(1875 年 5 月 30 日)奉旨开始督办北洋海防,而创办海军就要有人统领,丁汝昌就是在李鸿章物色海军统领人选时因缘际会地出现了。因此,丁汝昌的这次人生道路的重大转折,其中颇多偶然因素的作用。李鸿章当然知道丁汝昌不懂海军,但他毕竟经历过战阵,有带兵治军的经验,加之他拥有出身淮军这一虽不能明说但必是优先考虑的条件。从丁汝昌被留在北洋海防差遣,到李鸿章正式奏请由丁汝昌统领北洋海军,期间国内第一所培养海军军官的福建船政学堂驾驶班的前几届学生已经毕业,派赴英国的第一届海军留学生也开始陆续回国,但李鸿章认为,"各船管驾由学堂出身者,于西国船学操法固已略知门径,而战阵实际概未阅历,必得久经大敌者相与探讨砥砺,以期日起有功,缓急可恃"。[①] 当李鸿章将这些学生官排除在海军统领人选之外后,可供选择的就只能是不懂海军的外行人选,进而也就无法评判谁比丁汝昌更适合担任这一职务。在海军初创时期,出现以外行统领海军的情况即断言为失误,未免有失公允。诚然,丁汝昌确实不是海军统领的合格人选,但仅认定其外行身份就得出结论亦过于简单化,还必须考察他的外行经历所形成的基本素质是如何影响其统领海军的。

要考察丁汝昌的外行出身究竟对其统领海军产生过什么影响,就要尽可能全面准确地了解他的早年经历。由于相关史料的匮乏,要全面再现丁汝昌的早年经历目前还很困难,惟有继续深入挖掘各种可靠的资料,同时在

---

① 李鸿章:《奏留丁汝昌片》(光绪五年十月十六日),《李鸿章全集》(八),安徽教育出版社 2008 年版,第 503 页。

使用现有资料时亦须进行必要的考证,以去伪存真,否则就会离真实的丁汝昌越来越远。

苏小东,海军航空工程学院海军史研究所教授

鱼雷艇在甲午海战中的战略效应

王 家 俭

一、前　言

甲午海战是 19 世纪末叶在远东所发生的第一次大规模的海上战争,也是中日两国在西太平洋的海权争霸战。匪仅在世界海军史上揭开新的一页,且亦影响于日后远东的大局至深且巨。此次海战,中日均以师法西方海权国家采用新式的机械化武器。船炮性能的优劣以及操作人员的素质,实为决定胜负的关键。关于船炮方面,史家对于中国的"巨舰巨炮"与日本的"快船快炮"已作过不少的比较研究。然而对于鱼雷艇在甲午海战,特别是在威海卫要塞保卫战时所起到的战略作用,以及其对整个战局的影响,迄今尚乏专题论及。本文之主旨,即拟就此一课题作一深入探讨与分析。

二、鱼雷及鱼雷艇之诞生

工业发展与科技的进步,恒令海军的武器不断地与时俱进,汰旧更新。1860 年后所风行一时的"铁甲时代",曾几何时,至 19 世纪 80 年代又为军事学家所研发出的另一项新式武器鱼雷及鱼雷艇所取代。鱼雷乃为一种无人操作的战具,或不用水手引爆的撞击装置(ram)。其优点即在其价廉、体小、行速,可以攻击铁甲战舰。英国海军史家甚至指出:它的出现几乎改变了传统的海战性质,以及所有的作战计划,所有的战术战略原理,所有的战争道德信条。① 此项极富破坏性的海战武器,系在 1867 年由一位奥匈帝国

---

① Richard Hough, *Fighting Ships*, P. 235, 1969, London. 按鱼雷为水中的武器,以其形体长圆似鱼,故名。其头部装有引信炸药,中尾部装有燃料、动力及操纵装置,可在水中自行推进,自行控制方向及深度。

海军军官鲁普斯(Captain G. Luppis)试验成功。旋由英国海军以 15000 英镑向之购得,并大量生产。接着法、俄、意等国也随之跟进,于是鱼雷遂成为海防与海军所必备。至于鱼雷艇(torpedo‐boat)的出现,则还要再晚十年,而于 1877 年由英国海军所研制成功。第一艘鱼雷艇命名为"闪电号"(HMS Lightning),至次年共造出 11 艘。法国急起直追,至 1893 年拥有鱼雷艇 200 艘。而德、俄、意等国亦不甘落后,各拥有百艘以上。其最大的功能,在于成为海上担负侦察及警戒任务的最佳工具。且可以使用鱼雷攻击敌人的军舰,并在夜间对敌舰进行偷袭,成为铁甲等战舰的极大威胁。[1]

三、甲午战前,中国对于鱼雷及鱼雷艇之购置与训练

李鸿章于创办北洋海军之初,即知鱼雷及鱼雷艇为海上必备的攻守利器。认为"创设海军必须购置出海鱼雷快艇,与铁甲快船。相辅而行,方于战守有益"。[2] 故于光绪六年(1880)于订购德国铁甲战舰之同时,电令驻德公使李凤苞设法购买"怀脱台鱼雷"及"法厂鱼雷"一批。次年,当第一、第二号鱼雷艇及鱼雷 20 尾即将运抵天津之时,他又命李凤苞代雇学习鱼雷有成之生徒来华,作为教习。此外,他还计划派遣学生艺徒前往德、法学习,以便日后自行操作和制造。光绪八年(1882),再令李凤苞订购 118 呎之鱼雷艇二艘,及于订造定远与镇远等铁甲战舰之时,附购鱼雷小艇各二艘,长须 100 呎,速须 15 哩。此时已购得大小鱼雷艇 10 艘,再加上代粤所订之大鱼雷艇二艘,共计 12 艘。光绪十二年(1886),李鸿章又命驻英公使刘瑞芬向英国百济公司(Messrs J. Birch & Co.)订购一艘出海大鱼雷艇,来华后命名为福龙。其艇长 125 呎,宽 13 呎,吃水 6 呎 6 吋,马力 1000 匹,时速 26 英里。光绪十三年(1887)抵华,编入旅顺鱼雷左营,至是北洋已有大小鱼雷艇 13 艘。[3]

鱼雷及鱼雷艇先后抵华后,李鸿章随即于威海卫、大沽口及旅顺口等处,先后设立鱼雷营、鱼雷学堂及鱼雷轮艇队,分别聘请洋员施以教育与训

---

① Ibid P. 236;Torpedo Boat:Wikipedia,The Free Encyclopedia,2008,US.

② 李鸿章:《请奖代订铁舰洋员折》,《李文忠公全集》卷 51,奏稿,第 18 页,光绪十二年三月十五日。

③ 李鸿章:《雷艇经费请销片》,《李文忠公全集》卷 51,奏稿,第 15 页,光绪十五年四月二十三日;英文《天津时报》(The Chinese Times p488,June 4,1887)。

练。依据饷章规定,大鱼雷艇每艘为一营,酌设管驾、舵工 32 员名,月支薪饷油烛银 497 两。头等鱼雷快艇因船身较大,添用二副一名,薪饷亦稍增,计管驾、大副、二副、舵工、雷兵人等共 33 员名,月支薪饷京平银 551 两。自光绪十三年十一月一日(1887 年 12 月 15 日)起薪。其他又规定酌留洋管轮一员,作为教习,年支薪饷关平银 212 两。①

鱼雷及鱼雷艇的训练各有不同。鱼雷旨在守口,重在制造、安装、拆卸、施放。关于此等训练,光绪八年(1882)即已开始聘用德人哈孙(Hussen)及克赖令(Clever)为威海卫鱼雷教习。俟以中法战争发生,德国为守中立而将之撤回。其他在天津鱼雷营则有美人满宜士(Mannix)为教习;在旅顺鱼雷营则有德籍教习施密士、施勒克、额德茂等人。鱼雷艇之主要任务为攻击敌舰,配合舰队作战。由于其体小、速快,操作时需要有灵活而特殊的技术,故李鸿章乃于旅顺鱼雷营成立鱼雷轮艇队,延聘西人加以教习训练。主要教习计有德人区世泰、福来舍及英人罗哲士(S. Rogers)等人,而主其事者则为旅顺鱼雷营道员刘含芳。②

光绪十四年(1888),北洋舰队成军,遂将鱼雷艇分为左右二队,正式纳入编制,兹将其管驾、马力、人数及速度列表于下:③

鱼雷艇名	管驾	马力	人数	速度
左一	王平(天津水师学堂驾驶科一届毕业)	1000 匹	29	24 浬
左二	李士元(资历不详)	600 匹	28	19 浬
左三	孙士智(资历不详)	600 匹	28	19 浬
右一	徐永泰(资历不详)	900 匹	28	18 浬
右二	刘芳圃(留德军官)	597 匹	28	18 浬
右三	曹保赏(资历不详)	597 匹	28	18 浬

---

① 李鸿章:《新购鱼雷艇酌定饷章折》(光绪十四年五月初十日),《李文忠公全集》卷 62,奏稿,第 41 页。

② 李鸿章:《哈孙、克赖令请给宝星片》(光绪十二年九月初四日),《李文忠公全集》卷 58,奏稿,第 4 页。其他分见《奏稿》卷四十六、五十八、六十四,鸿章历次海军经费奏报表。

③ 奕譞等修订:《北洋海军章程》,光绪十四年天津石印局校印,(台北)文海书局影印,第 136、141、145、152 页。

由上表可知,在此一章程之内颇有数点值得注意:

其一,北洋最大的英制鱼雷艇福龙号(管驾蔡廷干),却未纳入于北洋舰队的组织之内。其原因为何,殊为值得探讨。

其次,左右二队鱼雷艇六艘虽依章程编入北洋舰队,可是却仍留驻于旅顺鱼雷营,与福龙合组为"鱼雷轮艇队",而归刘含芳统辖。因之每遇操演均须由北洋舰队提督丁汝昌向刘含芳借调。此点可由光绪十七年(1887)三月间丁汝昌于《致刘芝林》函中,加以证明:"贵营雷艇可否能连樯过湾(胶州),借资会操之处,伏望酌裁。"①

再次,在管带雷营及管理雷具方面亦属特别,乃由北洋舰队与旅顺鱼雷营所"分任",②以致权责分散而未能统一,如遇战事,其结果即可想而知。而除组织与管理散漫之外,尤其严重者还是教育与训练问题。盖以非仅主其事者旅顺鱼雷营道员为门外汉,即各鱼雷艇管带、大副等亦多未曾受过正规专业的鱼雷艇操作训练。全营只有康济鱼雷练船(管带萨镇冰)一艘作为训练之用,而且还要全赖洋教习指导。其中区世泰早已回国,罗哲士亦于1890年为英政府召回,康济练船雷匠威廉亦将于1893年任满返国。仅余福来舍一人往来于威、旅之间负责督操,其训练之不足可想而知。道员刘含芳尚属热心称职,惟于光绪十七年(1891)他调升山东之后,继任者为龚照玙。其人非但外行且官僚作风十足,对于鱼雷艇的训练大为废弛,虚应故事,令丁汝昌深以为忧,然亦无可奈何。③

四、甲午战前,日本对于鱼雷艇之购置与训练

鱼雷及鱼雷艇的问世,同样地也受到日本海军界的重视,亦很快地为之购置。他们于1879年8月25日首在旧东海水兵分营成立鱼雷术训练班,较中国犹早三年。9月10日改名为鱼(水)雷术训练所,是即为海军鱼(水)雷学校之前身,训练所长由柴山矢八上校担任。1883年2月6日,废止鱼雷训练所,改设鱼(水)雷局。1889年4月16日,制定《鱼雷队组织条例》,

---

① 戚俊杰、王记华编校,《丁汝昌集》,第154页,271号文《致刘芝林》。

② 戚俊杰、王记华编校,《丁汝昌集》,第161页,288号文《复刘芝林》。

③ 丁汝昌曾在与友人函中,一再指出鱼雷艇人员不语鱼雷之事,见戚俊杰、王记华编校,《丁汝昌集》,第138、142、171、183、198页。

规定每一军港设置鱼雷队，并将鱼雷船改称为鱼雷艇。1893 年 10 月，将鱼雷艇按吨位分成三类：70 吨以上者为一等，其下者为二、三等。11 月 25 日，于横须贺分别设置海军炮术训练所（所长为日高壮之丞上校）及海军鱼雷术训练所（所长为森又七郎上校）。① 一般日本海军史多记载此时的日本已有鱼雷艇 24 艘，可是根据英国海军的报告则为 33 艘。日本的鱼雷艇皆由法国设计制造，这些大大小小的鱼雷艇经常往来于东京湾、横须贺及神户等港口，从事于战事的训练。② 至于教导日本鱼雷艇的外籍教习，则有两个英国人。一为巴洛上尉，教授鱼雷术。自 1878 年至 1885 年，前后二任共五年之久。二为艾鲁卡，负责教导鱼雷艇之操作训练，并协助日本内造船所完成鱼雷艇之组合。③ 不过，当日本人将西方的专业技术掌握后，即将洋教习辞去而独立自理。此点与中国之始终依赖洋人相助大为不同。

五、甲午海战时鱼雷艇之活动

甲午战前，日本即曾以其最早之远洋鱼雷艇小鹰号为先锋，作为其舰队行动之肱股，派往各地从事侦察及警戒性任务。并将鱼雷艇正式附属于海军舰队之下：

（一）附属于常备舰队者，计有鱼雷艇小鹰、第 7 号、第 12 号、第 13 号、第 22 号、第 23 号 6 艘（鱼雷艇母舰为筑紫）。

（二）附属于西海舰队之军港及要港警备舰者，计有：

（1）横须贺军港之鱼雷艇第 1 号、第 2 号、第 3 号、第 4 号、第 15 号、第 20 号 6 艘。

（2）吴军港之鱼雷艇第 8 号、第 9 号、第 14 号、第 18 号、第 19 号、第 21 号 6 艘。

（3）竹敷要港之鱼雷艇第 5 号、第 6 号、第 10 号、第 11 号 4 艘。④

---

① 参见海军学术月刊社发行之海军军事参考译著（006）《日本海军史》第二卷《日本海军及中日甲午战争》，第 355、364—365、368 页附录《年表》，1989 年台北印。

② 参看英国海军部档案 ADM1/7651，"Confidential：Memoradum on the Military and Navel Administration of Japan"，1892—1893 M. Hasthe，Nobe 30，March，1893.

③ 见《日本海军及中日甲午战争》，第 334—337 页，《日本海军招聘教育》。

④ 见《日本海军及中日甲午战争》，第 185 页。

不过,在中日最主要的一次海战,即大东沟(或黄海)之役(1894年9月17日),日本海军却未曾出动鱼雷艇作战。而中国则有两艘鱼雷艇参与战争,是即为福龙及左一。福龙曾对日舰西京丸施放鱼雷攻击,但因距离稍远(约400公尺),先后二次均未命中。而左一则因战况危急,必须负责救护超勇、扬威等舰落水或受伤的官兵,于战况中并未展现重大的作用。①

日军于大东沟之役战胜之后,遂又于十月中旬将其军事重加改组。将陆军分为三个军团,以与其海军联合舰队配合。此时的鱼雷艇也改编为三个鱼雷艇舰队,配合联合舰队作战。原有鱼雷艇24艘,此次编入战队者则有16艘,计为:

第一舰队:司令为饼原平二少校,队内有小鹰、第7号、第11号、第12号、第13号、第23号6艘。

第二舰队:司令为藤田幸右卫门少校,有第8号、第9号、第14号、第18号、第19号、第21号6舰。

第三舰队:司令为今井兼昌少校,有第5号、第6号、第10号、第22号4艘。②

这些鱼雷艇舰队本以攻击旅顺为其主要任务,不意,清军无能,只坚持三天(11月18日至21日)旅顺港即为日军攻陷,鱼雷艇未能派上用场。直至威海卫保卫战中,其鱼雷艇始为大举出动,发挥了极大的战略效应。

大东沟之役后,北洋舰队曾于旅顺稍事整补,旋即以日本陆军窥伺辽东半岛,旅顺军港后路堪虑,乃以洋将德员汉纳根(Von Hannecken)之议,于十月十八日(9月20日)将舰队移往威海卫。旅顺为北洋舰队的主要基地,建有炮台及船坞与修船设施,其为日军攻陷,实为北洋舰队一次重大打击,威海卫至此遂成为最后的一个基地。依据美国海军战略学家马汉(A. T. Mahan)之观点,海军之主要任务在于攻击,并不适于防御。"海军放弃攻击性能,等于放弃其最有效之本能"。"假如将舰艇封闭于港内而处于

---

① 参见 Arbuthnot R. K: *The Battle of Yalu River*, Sept, 17th 1894, ADM1/7201 No. 2583 pp. 40—41。

② 见《日本海军及中日甲午战争》,第230—231页。

守势,这就失去了作用"。① 不过,以当时北洋舰队所处的情势而言,亦只有退守此一最后的基地,而别无选择。唯有利用地理的天然优势,以舰炮及炮台作为掩护,与日方作一场生死存亡之战。

为了清除威海卫的北洋舰队,日本决定出动海陆大军,分进合击,于光绪二十年十二月十九日(1895 年 1 月 13 日),抵达山东半岛之西南,来势汹汹锐不可当,而其海军亦在威海卫口外游弋以示威胁。是时联合舰队司令伊东祐亨且曾致书丁汝昌劝降,而为丁氏严拒。十二月二十五日(1 月 20日),日军在荣成湾登陆,陷荣成,威海卫形势更加紧张。相传此时日本陆军大将、第二兵团司令大山岩野心勃勃拟占烟台。英国之"中国舰队"(China station)司令斐利曼特而(Admiral E. Fremantle)闻知后大表反对,乃于 1月 24 日致电其海部,力言该埠外人甚多,并非军事重地,如为日军所据,影响至大。同时又致函英驻烟台领事阿林格(Clement F. R. Allen),请其向英政府报告,并速与烟台海关道刘含芳及北洋舰队司令丁汝昌联络,保证"如日本不攻烟台,中国将不先开火",免除日本攻烟台之借口。1 月 30 日,日军于攻占威海卫南帮炮台及北帮炮台之后,对威海卫大举进攻。斐氏又再度致电其海部,强调说明反对日军进占烟台之理由:(一)烟台乃系一商埠,而非军事要地。(二)日军占领烟台后,必将港口实施封锁,影响各国商业来往甚大。(三)如允日军占领烟台,势将为中国 20 多个条约港开一恶劣之先例,其他国家亦可仿行。(四)根据卡尔逊(Curzon)所著《远东问题》(Problem of Far - East)一书,1893 年英国在烟台之贸易额为 2850 万英镑,如允日军占领烟台,则英之巨额商业利益必将受到影响。鉴于其后日军并未进攻烟台,或与斐氏之言不无关系。②

此时北洋海军之基地刘公岛,仅有兵舰 7 艘,为定远、镇远、威远、济远、来远、平远、广丙,及炮舰 6 艘,鱼雷艇 13 艘,海军官兵 1500 至 2000 人,陆

---

① 见[美]马汉(A. Mahan)"Naval Strategy",杨镇甲译:《海军战略论》(一),第 134、137页,1955 年台北第三版。

② ADMI/7247 & 20, 1895, China Station, Fremantle To Admiralty, Chefoo, 9th Feb. 1895. 戚其章:《甲午战争史》,人民出版社 1990 年版,第 353 页,引用日本外文文书(27卷 831 号),认为日军散布要占领烟台的消息,乃为其声东击西之诡计。日本之所以未攻烟台,乃以意大利外交大臣布朗克曾提请日本驻意公使高平小五郎,日军不可侵占烟台。盖以高平深知布朗克之意反映英政府的态度云云,亦可参考。

军官兵 2000 人。日方则有战舰 25 艘,鱼雷艇 16 艘,陆军 35000 人,可谓占有绝对之优势。但是尽管日军攻势凌厉,由于中方坚守,日军终难越雷池一步。[①] 直到 2 月 3 日,日海军联合舰队司令伊东祐亨改变战略,采用"鱼雷艇队运动计划",以鱼雷艇潜入威海卫港内偷袭,形势方为改观。

在中国方面,先是李鸿章为了"勿使船为敌有",曾于一月八日(2 月 2 日)电令丁汝昌"带船冲出",实行突围。然以为时已晚,无法达成。[②] 一月十日(2 月 4 日),日本伊东祐亨派遣鱼雷艇大举出击。次日 1 时复命炮舰海马及爱宕对清军开炮,以转移其注意。同时又命第一舰队守住北口,第二、第三舰队由南口进攻。凌晨 2 时,鱼雷艇 22 号、5 号、10 号、6 号(第三舰队),及 21 号、8 号、14 号、9 号、19 号、18 号(第二舰队),共 10 艘,由第 6 号引导,潜入守军防线。因被发现遭到速射炮扫射,虽第 21 号及第 8 号因机械故障而退出前线,可是第 9 号及第 22 号却乘机将北洋舰队的旗舰定远击伤,日方则仅损失鱼雷艇二艘。[③] 2 月 6 日,日军又派鱼雷艇小鹰号、7 号、11 号、13 号及 23 号 5 艘入侵港内,小鹰号首先一举将中方的战舰来远击沉,接着 23 号及 11 号又将练船威远及差船宝筏 2 船击沉,中方可谓损失惨重,而日舰却全数安全返防,[④]仅数艘受伤。此时北洋舰队仅余靖远(2 月9 日亦被击沉)、济远、平远及广丙 4 艘,炮舰 6 艘,鱼雷艇 13 艘,兵力更形单薄。不料,当 2 月 7 日日岛弃守,日舰大举进攻刘公岛时,竟发生鱼雷艇全体出逃事件,由福龙艇长蔡廷干为首,率领大小鱼雷艇 13 艘连同飞霆及利运 2 船,合计 15 艘逃向烟台。中途为日舰吉野追击,各艇或触礁,或搁浅,或为敌所掳,无一幸免于难,非但这支鱼雷艇队遭到毁灭的命运,连带岛

---

① Afred Cunninghan,*Chinese Soldiers and other Sketches* II, pp. 31—32,"Chinese Sailors At Weihaiwei"(出版时地不详)。

② 郭廷以:《近代中国史事日志》(清季)册 2,(台北)正中书局 1963 年版,第 901 页。

③ 见《日本海军及中日甲午战争》,第 256—257 页,《铃木贯太郎亲述"鱼雷艇夜袭威海卫经过"》。

④ 井上博编,Japanese‐Chinese War‐The Fall of Weihai‐Wei,pp. 11—12,明治二十八年六月,东京。

上守军的士气也受创而无心再战,终致向日投降。①

六、中日鱼雷艇队实力之比较

由前所述,可见日本鱼雷艇显占优势,而中国则居于下风,分析其中原由,约有下列数点可以观察:

其一,北洋海军虽有鱼雷艇队,其中除福龙鱼雷艇购自英国外,其余皆为德国伏尔铿厂出品,合计大小鱼雷艇13艘,鱼雷发射管31座。而日本的鱼雷艇除小鹰号购自英国,其余皆为法国设计,由日本自行装配,计有鱼雷艇24艘,发射管37座。表面上双方数量相差无几,实则中国的鱼雷艇能够作战者仅有福龙及左右二队等7艘,较之日本相差甚多,在数量上日方已占优势。

其二,在性能上日本亦较中国为高。如小鹰号的排水量即有203吨,马力1211匹,速度18浬,设有速射炮2门,鱼雷发射管4座,而中国福龙的排水量则仅有115吨,马力1000匹,除速度23浬稍高外,余均不及日本。其他之日艇第7号排水量54吨,船长33.3公尺,马力525匹,速度20浬,上有47厘米炮1门,鱼雷发射管2具;第18号装备与7号相同,第22号排水量85吨,全长38.1公尺,马力925匹,速度18.8浬,载有47厘米炮2门,鱼雷发射管3座,虽较中国的鱼雷艇体积稍小,但火力却为较强。其出厂时间多在1892至1893年之间,而中方的鱼雷艇购入时间多在1882至1886年之间,两者相差约达7至10年。故中艇自不如日艇新颖。②

其三,从战略学之观点而言,中日所处之地位不同,而使鱼雷艇所发挥的功能也大不相同。因鱼雷艇之特质是利于攻而不利于守。如美国海军战略学家马汉(A. T. Mahan)曾经指出:"鱼雷艇大多活动于深夜,它们的主要

---

① 关于北洋鱼雷艇出逃一事,刘含芳给译署的亥电,仅言一月十三日(1895年2月7日),全力攻打东口时,"炮声一响,我小雷艇十只畏葸,擅由西口逃去,倭分队尾追,被其获去九只,余被击沉"。并言:"以我艇资敌用,其害与南台同。自雷艇逃后,水陆兵心散乱……各艇既不得力,且复擅逃……务请各帅严拿正法。"(戚俊杰、王记华编校:《丁汝昌集》,山东大学出版社1997年版,第331页,《寄译署》)。可是对7大雷艇出逃之事却未有报告。根据戚其章《甲午战争史》,此次出逃之15艘中,被俘者为福龙、右一、右三、飞霆5艘,其余10艘皆以搁浅触礁为风浪所毁(第360、361页)。姜鸣之《龙旗飘扬的舰队》内之所言,亦大体相同(第412页)。至于管带人员之逃往烟台者,则仅知王平(左一)、王登云(未详)、穆晋书(未详),惟蔡廷干(福龙)一人为日所俘。

② 参看《日本海军及中日甲午战争》,第232、234页。

任务是攻击港口附近的敌舰队,使敌军不能保持有利位置。"至于白昼,则"仅仅做些主力舰剩下来的零星破坏工作,或是在敌舰队对要塞猛攻之后,鱼雷艇出来料理一下残局"。英国海军史家柯白(G. Corbet)也有类似之见,认为鱼雷艇在要塞攻防战时,所发挥的战力有限,仅可对敌舰之外围作"攻击性的防御",或施以"小攻击"。① 可惜在威海卫防守战中,北洋的鱼雷轮艇队并未对敌舰采取任何的攻击行动。由于其组织松散,加上训练不足,以致在战阵中几乎不知所措。虽然奉命组成鱼雷艇敢死队于阵前严备待敌,可是在日本鱼雷艇已进入防线以内,与之混合一起时,却浑然不觉,其缺乏夜间训练及对敌警觉性,至为明显。② 正因如此,故当攻守战达到高潮之时,乃因缺乏战斗意识而只求一走了之,置战局于不顾。

七、结　论

鱼雷及鱼雷艇为19世纪中叶海军新的攻守利器。自1866年至1877年先后出现于英国,其他各国旋即纷纷仿造,因此流行于世。远在东方的中国与日本亦急起直追,均向欧洲先进国家采购,设立鱼(水)雷厂、鱼雷营、鱼雷学校,成立鱼雷舰队,延聘外籍专家作为教习。两者在过程上大致相同,然而最后的结果却大异其趣。一者收到高度的战略效应而成功;一者未能善于运用而终遭破灭的命运。此一惨痛历史教训,殊堪为学者所注意。

鱼雷艇之战略价值在甲午海战末期之威海卫保卫战中至为明显。日本的鱼雷艇充分利用夜间活动的战略优势,潜入中国的海防线之内,对于守舰实行偷袭,如同虎入羊群,于短短两夜之内,即将中方的主力战舰定远旗舰(7355吨)及巡洋舰来远(2850吨)、练船威远(1268吨)3舰先后击沉,合为10923吨。其他运船宝筏等尚未计算于内。而日方所牺牲者则仅有鱼雷艇二艘(9号沉、22号搁浅被俘),二艘合计不过139吨(一为9号54吨;一为22

---

① 〔美〕马汉:《海军战略论》(一),第132—133页;〔英〕柯白:《海洋战略原理》,第158—160页。

② 池仲祐:《海军大事记》,见沈云龙主编:《近代中国史料丛刊续编》第18辑,(台北)文海出版社1975年版,第24页;《日本海军及中日甲午战争》,第254页。

号 85 吨），是以日本的鱼雷艇实已发挥其最大的效应。故当时在刘公岛的英籍副总查泰莱(W. F. Tyler)即曾指出：“日人之战略为尽量利用鱼雷艇。”①而在一旁观战的英国海军人员亦认为日本所发射的鱼雷“甚为成功”。②

甲午战争时中国鱼雷艇队之有如此悲惨的结局，其关键乃在于训练的问题。根据有限而零星的史料，可知这一批购自英、德两国的鱼雷艇，自始至终均未曾严加训练。例如德国伏尔铿厂制造的大鱼雷艇左一，即曾因保养不善或操作有误，以致严重损伤，而必须大加整修。③ 又如根据丁汝昌与刘含芳的信函，可知直到光绪十八年(1892)，在鱼雷艇队里尚有不少的大副对鱼雷“不甚谙练”，必须再派往康济练船训练。④ 鱼雷艇队于光绪十三年(1887)之初组成，至光绪十八(1892)六月，其间历经五年半之久，居然还有许多大副不熟其事，也难怪丁汝昌要对龚照玙和刘含芳感叹：“若似今岁之一暴十寒，亦觉有负责望。”⑤其次是对洋人过于依赖。日人常以早期即辞退洋员，自行管理海军而自豪，并对中国始终依赖洋人相助加以讪笑，此亦为不争之事实。北洋舰队如此，鱼雷艇队亦复如是。每遇操练打靶时，均须请洋教习罗哲士及福来舍“帮同”“操练”、“校验”。⑥ 再次是受教者态度的问题，依赖洋人与不甘受教互为影响，成为恶性循环。因不虚心受教，故而得不到洋人的技巧真窍，自然即缺乏自主的能力，而必须依赖洋人。日本人坦言其海军能够自主，即靠其海军人员肯与外籍教习合作，因认真受教而能获致优良之成绩。⑦ 在中国也早有人持类似之见，认为中日同以英人为师，

---

①　《泰莱甲午中日海战见闻记》，李毓树：《张荫麟先生文集》下册，（台北）九思出版社1971年版，第1031页。

②　ADM1/7249&73/1895,44/99,Chinese Japanese War‐neport of Lieut Edward on the Operations of the Japanese army against We‐Har‐Wei,19,Jan. to 11,Feb. 1895,《倭船不能接近刘公岛，其成功全赖鱼雷艇》。

③　李鸿章：《奏稿》卷七十一，第16页，光绪十七年二月十六日，《海防报销折》。

④　戚俊杰、王记华编校：《丁汝昌集》，山东大学出版社1997年版，第171页，301号文《复龚鲁卿·刘芗林》。

⑤　戚俊杰、王记华编校：《丁汝昌集》，山东大学出版社1997年版，第171页，301号文《复龚鲁卿·刘芗林》。

⑥　戚俊杰、王记华编校：《丁汝昌集》，山东大学出版社1997年版，第142、171、173页。

⑦　见《日本海军及中日甲午战争》，第331—337页，《日本海军招聘之外国教官》。

一则能受教而守法,一则反是,实为中日胜负关键之所在。①

王家俭,台湾师范大学历史研究所教授

---

① 刘锦藻:《清朝续文献通考》卷227,第26页,海军(考9733),《王树桐论琅威理事件》,万有文库本。

赫德与北洋海军：购买军舰

张 振 鹍

北洋海军中有许多洋员，对其建设发挥过各种影响；赫德是晚清最大的洋员，他对北洋海军的建设也多有影响，但不是在军中，而是在军外。

他的影响起于代购舰艇。

第一批四艘炮艇

清政府决定建立新式海军，购买船舰，是由于台湾遭受日本侵略的刺激。

1874 年 5 月发生日本大军越海入侵台湾之役，事定后总理衙门总结道："伏查上年日本兵扰台湾，正恃铁甲船为自雄之具。彼时各疆臣因防务未集，骤难用兵，均以彼有此船、中国无此船为可虑之尤。自台事就绪，而揣度日本情势未能一日忘我，不能不预为之备"，于是有海防之议，文祥提出"请备船炮各节"。① 购买船炮事由此发轫。

日本侵台一开始就引起中国海关总税务司赫德的关注，他立即电告海关驻伦敦办事处税务司金登干："日本入侵台湾，外事纠纷在孕育中。"②9 月 1 日又告："日中问题前景险恶。"③10 月 19 日再告："日本公使两星期后离

---

① 光绪元年六月二十三日（1875 年 7 月 25 日）总理衙门奕訢等奏折。见《中国近代史资料丛刊·洋务运动》（二），上海人民出版社、上海书店出版社 2000 年版，第 337 页。

② 1874 年 5 月 19 日赫德致金登干电第 3 号。见 Chen Xiafei and Han Rongfang ed. *Archives of China's lmperial Maritime Customs：Confidential Correspondence between Robert Hart and James Duncan Campell*，1874—1907. Foreign Languages Press 1992. 中译本：中国第二历史档案馆、中国社会科学院近代史研究所合编：《中国海关密档——赫德、金登干函电汇编（1874—1907）》，中华书局 1995 年版。以下简称 Archives（海关密档）。Telegraphs，1874—1907（电报，1874—1907）第 11 号。引文一般采用中译本译文，必要时核对英文原文，有改动。以下同。

③ 1874年9月1日赫致金电第9号，见 Archives（海关密档），Telegraphs（电报）第38号。

北京,战争几乎确定无疑。"①"这时他深信,如果要使中国免于被鲨鱼般的外国人所吞食,他就必须担起军火商的角色,并以此为他自己和海关赢得声誉。"②他函电交驰,要金登干向他提供购买各种枪炮弹药"特别是炮艇"的估价单。③金登干马上全力展开调查,汇集多种相关资讯,迅速向他报告,其中特别提到"到目前为止,最大的炮舰前炮为二十六吨半,迫切建议采用";④数位权威人士都"倾向于造几艘非装甲、载重炮的'坚定号'级(staunch class)快艇。"⑤这种装二十六吨半炮的"坚定号"级炮艇受到赫德的垂青。

此期间赫德又屡屡到总理衙门"议及购买船炮各事",⑥向奕䜣等说明"新式洋枪及铁炮船购到可资海防之用",⑦并据金登干提供的资讯开列新式枪炮价单给他们。⑧奕䜣等经"详细询究",决定照赫德所议,"量力先行

① 1874年10月19日(中译本作10月9日,误)赫致金电第13号;1874年9月1日赫致金电第9号。Archives(海关密档),Telegraphs(电报)第58号。

② Stanley F. Wright, *Hart and the Chinese Customs* P. 466. WM. Mullan &Son(Publishers)LTD,1950。译文参阅[英]魏尔特著,陆琢成等译:《赫德与中国海关》下册,厦门大学出版社1993年版,第45页。

③ Stanley F. Wright, *Hart and the Chinese Customs* P. 466. WM. Mullan &Son(Publishers)LTD,1950。译文参阅[英]魏尔特著,陆琢成等译:《赫德与中国海关》下册,厦门大学出版社1993年版,第45页。又1874年10月2日赫致金函(不编号),见Archives(海关密档),Letters(信函)第95号;10月19日(中译本作10月9日,误)赫致金电第13号,见Archives(海关密档),Telegraphs(电报)第58号。

④ 1874年10月31日金致赫电第51号,见Archives(海关密档),Telegraphs(电报)第64号。

⑤ 1874年11月17日金致赫电第56号。见Archives(海关密档),Telegraphs(电报)第71号。"坚定"号炮艇是英国阿姆斯特朗厂(Armstrong &. Co.)当时刚推出的一种载重炮的小型炮艇,主要用于海岸防御,它的出现在海军界引起轰动。见Wright前引书第466—467页。姜鸣《中国近代海军史事日志(1860—1911)》(三联书店1994年版)第41页说第一艘"坚定"号炮艇1867年下水。

⑥ 光绪元年四月初二日(1875年5月6日)总理衙门奕䜣等奏折。《中国近代史资料丛刊·洋务运动》(二),上海人民出版社、上海书店出版社2000年版,第335页。

⑦ 同治十三年九月初九日(1874年10月18日)李鸿章致总衙门函《论购枪弹船炮》所引。见吴汝纶编:《李文忠公全集》卷二,译署函稿,第50—51页。

⑧ 同治十三年十一月初四日(1874年12月12日)李鸿章致总理衙门函《复议购办枪炮铁船》、光绪元年三月二十二日(1875年4月27日)函《议购船炮》引。见吴汝纶编:《李文忠公全集》卷二,译署函稿,第60页;卷三,译署函稿,第6页。

购办",并"责令该总税务司经理"。①他们还把赫德所议各事随时函告直隶总督兼北洋大臣李鸿章,嘱他"考核斟酌购办"。② 李回复总理衙门:赫德所推荐的那种"载巨炮于浅水处行驶足制铁甲船"的小轮船,即水炮台,"又名蚊子船","较陆地炮台更为灵活","守海口最为得利","若购得十只,分布南北洋紧要各口,足壮声威而资保障"。他认为,此事由"总税司经办当较洋行为可靠",而"用赫总税司所说英人金姓经手,该税司意图见好,自必能得好货"。③1875年初(同治十三年"腊杪"),李由保定晋京,总理衙门与他"面订"春末令赫德去天津"熟商定议""蚊子船炮位等件"。④

4月底,赫德如期到天津,李"连日接晤",与之"逐细讨论";他考虑到英国阿姆斯特朗厂"所制巨炮如二十六吨半者,食子五百三十六磅,三十八吨者食子八百磅,口径十一二寸,皆可击穿铁甲十余寸,各国争购致之,而中国各省尚无此项重炮,是不可不亟为订购",即与赫德议定《购办船炮章程》,规定"先购办载三十八吨炮之船二只,载二十六吨半炮之船二只";所有这些炮船,都向阿姆斯特朗厂"一手并办";应订立合同,由"住英国之金税务司向该商详细商订","金税务司应将所订立之合同照录一份,先送至中国备查"。⑤此《章程》订立后一个月,5月30日(四月二十六日)李鸿章被朝廷派任"督办北洋海防"(沈葆桢任两江总督兼办理通商大臣,"督办南洋海防"),赫德经办由英购船启动了北洋海军的建设。

6月22日,赫德致电金登干:"已发去公文,授权你从阿姆斯特朗厂购

① 光绪元年四月初二日(1875年5月6日)总理衙门奕䜣等奏折。见《中国近代史资料丛刊·洋务运动》(二),上海人民出版社、上海书店出版社2000年版,第335页。

② 同治十三年十一月初四日(1874年12月12日)李鸿章致总理衙门函《复议购办枪炮铁船》,见《李文忠公全集》卷二,译署函稿,第60页。

③ 同治十三年八月二十一日(1874年10月1日)李鸿章致总理衙门函《论购办西洋枪弹船炮》,见《李文忠公全集》卷二,译署函稿,第48—49页;九月初九日函《论购枪弹船炮》,见《李文忠公全集》卷二,译署函稿,第50—51页。

④ 光绪元年三月二十二日(1875年4月26日)李鸿章致总理衙门函《议购船炮》,见《李文忠公全集》卷三,译署函稿,第6—8页;光绪元年六月二十三日总理衙门奕䜣等奏折,见《中国近代史资料丛刊·洋务运动》(二),上海人民出版社、上海书店出版社2000年版,第337页。

⑤ 李鸿章致总理衙门函《议购船炮》,附《与赫总税司议定购办船炮章程》。见《李文忠公全集》卷三,译署函稿,第6—14页;光绪元年六月二十三日总理衙门奕䜣等奏折,《中国近代史资料丛刊·洋务运动》(二),上海人民出版社、上海书店出版社2000年版,第337页。

买四艘轮船,两艘载二十六吨大炮,两艘载三十八吨大炮;钱已交银行。去阿姆斯特朗公司,请他们准备合同草稿、规格说明、设计图样等,准备 7 月 30 日开始,届时公文可到。轮船纵然是'坚定'型的,也必须是优秀的行海船,能在恶劣天气以大炮作战。"① 8 月 17 日,金登干收到该公文,此时购船合同草稿已拟好;20 日他与阿厂签订正式合同。合同内容落实赫德与李鸿章议定的《购办船炮章程》,主要是向阿厂定购载二十六吨半炮之船和载三十八吨炮之船各二只,前者 8 个月(1876 年 4 月 20 日)造成,后者 13 个月(1876 年 9 月 20 日)竣工,都"总体上保留'坚定'型"。②

炮舰正在建造中,赫德就开始考虑造成后由英送来中国以及如何教中国人使用舰上的大炮,特别是使用水压机等问题。他估计,为了随每条舰出航,并在舰上留用两年,每条舰上需要一名深通航海技术及炮术知识的海军军官,一名轮机长(教官),一名炮手(教官),一两名能保证大炮机械正常运转的技工。1876 年新年刚过,他就写信把这些想法告诉金登干,要他"留意用最好的方法物色这些人员",并问他:阿姆斯特朗公司能否为每艘舰派两名技工,或允许在他们厂里为每艘舰培训二人。还提出三个问题要他"电复":一、你能安排送出这些船吗? 二、你能聘到这些教官和技工并派他们随船出航吗? 三、每条船上四五名人员的年薪总额约整数多少?③ 接着又发电报问他:"船只送出时能不能挂英国旗? 要挂中国旗须履行什么手续?"要他"与当局商量并准确回答";并嘱他"采取最好的方法雇用船上水手,送出船只"。④ 同时告诫他"要对那四只船和四门大炮仔细查看、检验",⑤以保证

① 1875 年 6 月 22 日赫致金电第 10 号,见 Archives(海关密档),Telegraphs(电报)第 119 号。《赫德、金登干年表》1875 年 7 月 22 日条说,这一天赫"传达总理衙门之命,授权金登干在英国购阿姆斯特朗厂制造的炮舰",Archives,Vol IV,P.536(海关密档,1,第 679 页)。此 7 月 22 日疑为 6 月 22 日之误。1876 年 3 月 21 日,中国海关总署总理文案葛德立(Cartwright)函告金登干,总理衙门已任命他为购船委员。此任命后来得到英国官方同意。见 Archives(海关密档),Letters(信函)第 261 号及其注 1;参 Telegraphs(电报)第 188 号。

② 1875 年 8 月 21 日金致赫电第 47 号,见 Archives(海关密档),Telegraphs(电报)第 138 号;1876 年 3 月 31 日金致赫函 A/67 号,Archives(海关密档),Letters(信函)第 250 号。

③ 1876 年 1 月 17 日赫致金函(不编号),见 Archives(海关密档),Letters(信函)第 230 号。

④ 1876 年 3 月 20 日赫致金电第 25 号,见 Archives(海关密档),Telegraphs(电报)第 182 号。

⑤ 1876 年 3 月 27 日赫致金函(不编号),见 Archives(海关密档),Letters(信函)第 248 号。

质量。

金登干奉命惟谨，为准备将炮舰送到中国做了许多安排。其中有一个挂什么旗的问题较费周折。照常理，炮舰既为中国所订购，当然应挂中国国旗，初时赫德就是这样指示金登干的。① 金认为挂中国旗或挂英国旗都可以。但很快他就从各方面了解到，挂中国旗如出现一些问题难以解决，最终在赫德认可下决定炮舰来华途中不挂中国旗，挂英国旗。②

1876 年五六月间，两艘较小的炮舰（载二十六吨半炮者）相继竣工。6月 8 日正式试航及检验，金登干亲往参加，他认为"一切都达到了最满意的程度"。③ 此时他已按希腊文头两个字母的名称将这两只小炮舰分别命名为"阿尔法"（Alpha）、"贝塔"（Beta），选聘了英国皇家海军退役军官拉普里曼达吉（La Primandage）和汉密尔顿（Blair Hamilton）分任两舰舰长（管带）。第二位舰长金登干原想聘请一位现役军官伯纳斯（Berners）担任，但英海军部不许现役军官受聘。④ 中国订购的头两只炮艇即由他们两人分头驾驶来华。

6 月 19 日，"阿尔法"和"贝塔"离开阿姆斯特朗厂所在地、英格兰北部的造船业中心纽卡斯尔（Newcastle），22 日到达南部的普利茅斯（Plymouth）；24 日离开普利茅斯，驶向大西洋，劈波斩浪奔向中国；两地都有金登干赶到送行。⑤ 此后在两舰的航途中金不断以电报向赫德报告其行止；7

---

① 1876 年 3 月 16 日赫致金电第 27 号："船上要挂中国旗。"见 Archives（海关密档），Telegraphs（电报）第 188 号。

② 1876 年 3 月 23 日金致赫电第 82 号；3 月 30 日电第 84 号；4 月 5 日电第 86 号；4 月 13 日电第 87 号；6 月 5 日电第 94 号；4 月 15 日赫致金电第 29 号：分别见 Archives（海关密档），Telegraphs（电报）第 183 号，186 号，189 号，191 号，200 号，193 号。参阅 3 月 31 日金致赫函 A/67 号，4 月 7 日金致赫函 A/69 号：分别见 Archives（海关密档），Telegraphs（电报），Letters（信函）第 250 号，253 号。

③ 1876 年 6 月 14 日金致赫电第 95 号，96 号；5 月 5 日金致赫函 A/73 号；6 月 7 日金致赫函 A/77 号；6 月 15 日金致赫函 A/78 号。分见 Archives（海关密档），Telegraphs（电报）第 201 号，202 号；Letters（信函）第 259 号，265 号，266 号。

④ 1876 年 4 月 7 日金致赫函 A/68 号；4 月 13 日金致赫电第 87 号。分见 Archives（海关密档），Letters（信函）第 253 号；Telegraphs（电报）第 191 号。

⑤ 1876 年 6 月 30 日金致赫函 A/79 号。见 Archives（海关密档），Letters（信函）第 269 号。李鸿章奏报光绪二年"闰五月初三日自英国开驶"〔光绪二年十月二十日奏折附片，《中国近代史资料丛刊·洋务运动》（二），上海人民出版社、上海书店出版社 2000 年版，第 345 页〕，说的是 6 月 24 日从普利茅斯出发。

月 2 日航抵直布罗陀;10 日到达马耳他;23 日报抵塞得港;8 月 1 日抵亚丁,在此"被强大季风所阻"一个月,9 月 4 日才得离开;19 日到达加勒(Galle),22 日离开;10 月 3 日、4 日,"贝塔"、"阿尔法"先后到达新加坡;①11 月 8 日到上海;11 月 20 日、21 日抵达天津,赫德亲自去"迎接并接收它们","验明呈交"李鸿章处"查收"。②

11 月 27 至 28 日,李鸿章"督同"赫德等将炮船驶到大沽海口,"亲加演试"后,给予很高评价:"所有炮位、轮机、器具等件均属精致灵捷",其二十六吨半之炮"运炮装子全用水力机器,实系近时新式,堪为海口战守利器"。他将"阿尔法"正式命名为"龙骧",派补用游击张成管驾;"贝塔"命名为"虎威",派补用千总邱宝仁管驾;命令他们"会同英国原来弁兵"乘坐原炮艇驶赴福州船厂,"在那里悬挂中国旗",并就近配齐舰上的管轮、管炮、舵勇、水手人等;"仍由赫德议明每船暂留英人教习三名",其他英国船员一律解雇回国。③ 至此,这两只炮艇真正归于中国人掌握之中。

赫德购舰第一炮打响,他马上发电报、写信告知金登干,表示"感谢你和造船厂家","总理衙门要我感谢你所做的一切操劳"。他希望第三、四艘快

---

① 1876 年 7 月 2 日金致赫电第 99 号;7 月 11 日电第 102 号;7 月 23 日电第 105 号;8 月 2 日电第 108 号;9 月 4 日电第 113 号;9 月 5 日电第 114 号;9 月 19 日电第 119 号;9 月 24 日电第 120 号;10 月 15 日电第 39 号。分别见 Archives(海关密档),Telegraphs(电报)第 206 号,209 号,213 号,216 号,225 号,226 号,232,233 号,241 号。10 月 13 日金致赫函 A/94 号,见 Letters(信函)第 292 号。

② 1876 年 11 月 17 日赫德致金登干函 Z/38 号,12 月 3 日赫致金函(不编号)。见 Archives(海关档案),Letters(信函)第 300 号,303 号;12 月 13 日赫致金电第 40 号,见 Telegraphs(电报)第 250 号;光绪十年十月二十日李鸿章奏折附片,见《中国近代史资料丛刊·洋务运动》(二),上海人民出版社、上海书店出版社 2000 年版,第 345 页。

③ 1876 年 12 月 3 日赫致金函(不编号);12 月 4 日赫致金电第 40 号;分见 Archives(海关密档),Letters(信函)第 303 号;Telegraphs(电报)第 250 号。光绪二年十月二十日李鸿章奏折附片,见《中国近代史资料丛刊·洋务运动》(二),上海人民出版社、上海书店出版社 2000 年版,第 345—346 页。金登干称赞赫德说:"我强烈地觉得,在两艘炮艇改挂中国旗之前,您邀请李鸿章登舰正式视察,是很得策的。"1877 年 2 月 16 日金致赫函 Z/49 号,见《中国近代史资料丛刊·洋务运动》(二),上海人民出版社、上海书店出版社 2000 年版,第 345 页,Letters(信函)第 326 号。后福建巡抚丁日昌在澎湖阅看龙骧、虎威二舰,称其"转运灵便,费又不多,胜于前此福建所购之蚊船不啻十倍"。光绪三年五月初四(1877 年 6 月 14 日)丁奏折,见《中国近代史资料丛刊·洋务运动》(二),上海人民出版社、上海书店出版社 2000 年版,第 371 页。

些到来。①

这两艘较大的炮艇(载三十八吨大炮)拖期于 1877 年初建成,金登干按希腊文第三、四个字母的名称分别命名为"伽马"(Gamma)、"德尔塔"(Delta),选聘了琅威理(William Lang)、庆(Laurence Qing)分任两舰管带。与前两舰的管带都是英国皇家海军的退役军官不同,这两人都是英海军的现役军官,"都是顶尖人材,在海军部很得宠","他们的任命都得到海军部的允准"。② 1 月 24 日两舰正式试航,"非常令人满意","《泰晤士报》做了充分报道",并"刊载长篇文章称赞其优点"。这时中国首任驻英公使郭嵩焘刚到任,他表示非常想看看这两艘炮艇。金登干为此作了安排。2 月 10 日,两舰驶离纽卡斯尔,冒着极恶劣的天气通过英吉利海峡,13 日到达英格兰南部的军港朴茨茅斯(Portsmouth)。17 日郭嵩焘在这里视察了炮艇,并高兴地在"伽玛"号上亲自发射了大炮,表示祝贺。次日两舰抵普利茅斯。③

2 月 28 日,"伽马"、"德尔塔"两舰自普利茅斯启碇驶向中国,3 月 7 日抵直布罗陀,16 日到达马耳他,4 月初抵埃及,4 日离开苏伊士,12 日抵亚丁,5 月 3 日到锡兰(加勒),5 月 20 日到新加坡,然后经香港到福州,6 月 25 日在福州正式移交给中国当局。④ 两舰分别正式被命名为"飞霆"、"策电",

---

① 1876 年 12 月 4 日赫致金电第 40 号,见 Archives(海关密档),Telegraphs(电报)第 250 号;12 月 14 日赫致金函(不编号),光绪二年十月二十日李鸿章奏折附片,见《中国近代史资料丛刊·洋务运动》(二),上海人民出版社、上海书店出版社 2000 年版,Letters(信函)第 305 号。

② 1877 年 1 月 23 日金致赫电第 144 号;1 月 19 日金致赫函 Z/47 号;2 月 9 日金致赫函 A/107 号;2 月 16 日金致赫函 Z/49 号。分见 Archives(海关密档),Telegraphs(电报),第 263 号;Letters(信函)第 316 号,324 号,326 号。金在 2 月 9 日函中有云:"英国海军部撤销了不许现役军官带出'阿尔法'和'贝塔'的决定,以显示他们对这两艘船(伽马和德尔塔)的重要性的赞赏。"中译本对这句话前半句的意思译反了。

③ 1877 年 2 月 4 日金致赫电第 145 号;2 月 14 日电第 146 号,2 月 23 日电第 147 号;分见 Archives(海关密档),Telegraphs(电报)第 264 号,265 号,267 号。2 月 2 日金致赫函 A/105号,2 月 4 日函(不编号);2 月 22 日函 A/108 号。分见 Letters(信函)第 320 号,322 号,328 号。

④ 1877 年 3 月 3 日金致赫电第 148 号;3 月 16 日电第 151 号;4 月 2 日电第 155 号;4 月 3 日电第 156 号;4 月 14 日电第 157 号;4 月 25 日电第 159 号;5 月 5 日电第 161 号;5 月 22 日电第 164 号;6 月 4 日赫致金电第 55 号;6 月 28 日电第 58 号。分见 Archives(海关密档),Telegraphs(电报)第 268 号,273 号,278 号,279 号,281 号,285 号,288 号,294 号,297 号,303号。4 月 2 日金致赫电说两舰"预定 5 月 27 日抵香港",6 月 4 日赫致金电说"已抵达"香港,实际到香港日期不详。当时赫德正在香港,他看到这两艘船有些状况很不好,决定不让他们开往天津,而开到福州移交。见 1877 年 7 月 1 日赫致金函 Z/7 号,Letters(信函)第 362 号。

经船政大臣吴赞诚选派管驾,募配舵勇、水手,督饬各官弁认真操练。

约一年后,1878 年 4 月 30 日(光绪四年三月二十八日),吴赞诚令此两舰与龙骧、虎威一起北上,由直隶候补道许钤身督押,于 6 月 20 日驶抵天津海口。30 日李鸿章亲去大沽,7 月 1 日、2 日督同许钤身、张成等对两舰"逐细勘验",认定"其轮机、器具等件均尚精致灵捷,演试大炮亦有准头";随后令其"驶出沽口洋面,往返两时,顺水逆风,每点钟约行二十一里有奇,若开满轮力,速率当可略加"。此两舰较龙骧、虎威炮位更大,李鸿章察看后提出:"该船巨炮实足制铁甲,守护海口最为得力,必应及时添置"。①

第二批四艘炮艇

这次添置不是为北洋,而是为南洋。

原来李鸿章为北洋定购四只新式炮艇,搅动了两江总督、南洋大臣沈葆桢的心,他不甘落后,向李"函商分拨",用来"固江防"。李当然不舍得给他,便以"船少不敷调拨"回绝。总理衙门介入此事,"亦谓此项船只无论各海口难资分布,即咽喉要区、根本重地尚恐不敷",必须进一步"添置"。②所谓添置就是增购,而增购仍需赫德。

此时赫德已去欧洲,③李鸿章已指示天津海关税务司德璀琳致电赫德、金登干,要他们"就近确询英厂现时船炮价目有无低昂"。由此启动了第二批购舰活动。

1878 年 7 月 8 日,总税务司署(此时裴式楷代行总税务司职)致电金登干,询问"在目前情况下""阿尔法"级及"伽马"级炮艇的实价,"可能要订购

---

① 李鸿章光绪四年四月二十四日(1878 年 5 月 25 日)致总理衙门函《论英使密商购四蚊船》,五月二十一日(6 月 21 日)函《论购船》:分见《李文忠公全集》卷七,译署函稿,第 39—40 页,卷八,第 7 页;光绪四年六月十七日(1878 年 7 月 16 日)李鸿章奏折附片,见《中国近代史资料丛刊·洋务运动》(二),上海人民出版社、上海书店出版社 2000 年版,第 382—383 页。

② 光绪四年六月十七日李鸿章奏折附片;光绪五年十月十六日(1879 年 11 月 29 日)李鸿章奏折。分见《中国近代史资料丛刊·洋务运动》(二),上海人民出版社、上海书店出版社 2000 年版,第 383、418 页。

③ 1878 年 2 月 21 日赫向清政府请假一年回欧洲,3 月 2 日离北京去上海,14 日离上海,先去巴黎参加万国博览会,后又去德国,最后到英国。1879 年 5 月 5 日回到上海。

四艘".① 30 日金回电报价,并说"最近的技术改良,使承造者得以按照以上价格提供比以前已提供的四艘更安全、更快速的舰只和更具威力的大炮"。8 月 17 日总税务司署电金:"李(鸿章)要再订购四艘'伽马'级船,请立即准备合同",待船款汇出后签订,"各船应于明春造好驶出"。20 日又电,已奉到指示,"合同现在即可签订"。29 日金登干与阿姆斯特朗厂签订定购四艘"伽马"级炮艇(即载三十八吨炮之船)的合同。合同规定第二年(1879)4 月炮艇造成。②

合同刚签订,对方(承造商)就"强烈要求"延长交货期两个月,以便充分考虑并实现改进。此要求报李鸿章,得到他的同意。10 月 15 日,金登干电总税务司署,要代理总税务司裴式楷亲去天津向李鸿章报告以下情况:四艘新炮艇将与原"伽马"号略有不同,但将优于原"伽马"号,"新大炮优于旧大炮,新大炮重量较轻而炮筒较长,所发炮弹较小而耗用炸药较多,命中目标更准,穿透力更大。新炮艇和新大炮将是海上最好的"。11 月 9 日总税务司署电告赫德,订购炮艇合同已读给李鸿章听,总体上已获其批准;炮艇秋初到天津即可,无须催促,"船和炮都要是最好的"。③ 李鸿章所重视的是这四艘炮艇的建造要保证质量,不必赶时间。

1879 年五六月间,四舰相继完工,按希腊文第五至第八个字母名称分别被命名为"艾普西隆"(Epsilon)、"泽塔"(Zeta)、"伊塔"(Ita)、"西塔"(Sita)。7 月 8 日起开始正式试航,经英国海军部官员的检验并获通过。此前金登干已选聘琅威理为四舰的总指挥,保罗(Paul)、沃克(Walker)、贝尔(Bell)为各舰管带:这些英国海军军官的任职都得到海军部的允准。与此

---

① 1878 年 7 月 8 日赫致金电第 80 号,见 Archives(海关密档),Telegraphs(电报)第 382 号。按,赫德不在中国期间,要总税务司署仍用"赫致金电报"编号给金发电报,用"金致赫电报"编号收金的来电(冠以"总税务司第×号"发给代行总税务司职的江海关税务司裴式楷)。以下各注同此。

② 1878 年 7 月 30 日金致赫电第 229 号(总税务司第 6 号)(此电实为总税务司赫德通过金登干所发);8 月 17 日赫致金电第 84 号;8 月 20 日赫致金电第 85 号;8 月 29 日金致赫电第 233 号。分见 Archives(海关密档),Telegraphs(电报)第 388 号,391 号,393 号,395 号。

③ 1878 年 9 月 24 日赫致金电第 90 号;10 月 15 日金致赫电第 237 号(此电实为赫通过金发给裴式楷的);11 月 9 日赫致金电第 94 号。分见 Archives(海关密档),Telegraphs(电报)第 403 号,405 号,409 号。

同时,四舰的所有军官和水手都已选定,驶交中国的准备已全部完成。①

7月18至19日,四舰经最后整顿,驶离纽卡斯尔,22日到达朴茨茅斯。24日中国新任驻英公使曾纪泽正式视察后,25日驶抵普利茅斯。30日离开普利茅斯来中国,舰上仍挂英国旗。② 沿途经过直布罗陀(8月5日到)、马耳他(8月12日)、塞得港(8月22日)、亚丁(8月31日)、加勒、新加坡、马尼拉、香港,11月11日到天津。③

当四舰正在由英来华途中时,沈葆桢已拟定其正式名称为"镇东"、"镇西"、"镇南"、"镇北",并预定福州船政局赴英留学艺成回国的刘步蟾、林泰曾、何心川及未出洋学生中选一人分任四船管带。④ 四舰到津8天后,11月19日,李鸿章亲往大沽,督同津海关道郑藻如、道员许钤身以及税务司德璀琳、赫德等逐细查验,认定其"轮机炮位器具船式均尚精坚灵捷,驶出洋面,演试大炮,药力加多,亦有准头,与前购三十八吨炮船大致相同"。⑤ 此时他

---

① 1879年5月6日金致赫电第251号;5月10日金致赫电第253号;6月18日金致赫电第258号;6月25日金致赫电第259号;7月15日金致赫电第260号;5月16日金致赫函A/160号;6月25日金致赫函A/164号;7月11日金致赫函A/165号;8月1日金致赫函稿(不编号)。分别见Archives(海关密档),Telegraphs(电报)第430号,433号,442号,443号,444号;Letters(信函)第587号,595号,597号,602号。

② 1879年7月17日金致赫函稿(不编号);7月25日金致赫电第263号;7月26日电第264号;7月31日电第265号。见Archives(海关密档),Letters(信函)第599号;Telegraphs(电报)第447号,448号,449号。清政府方面(总理衙门、李鸿章)原主张此四舰挂中国旗,由中国人驾驶来中国,赫德、金登干以"安全"等为由作了相反的安排。参阅1879年4月25日金致赫函A/157号,8月1日金致赫函稿(不编号)注②。见Archives(海关密档),Letters(信函)第583号,602号。关于此四舰由建造到驶来中国的过程及其特点等等,参阅Wright前引书第474—475页(中译本下册第53—55页)。

③ 1879年8月6日金致赫电第267号;8月16日电第268号;8月15日金致赫函A/168号;8月22日函A/169号;9月17日函A/5号;12月9日赫致金电第114号。分见Archives(海关密档),Telegraphs(电报)第451号,453号,474号。参阅第450号(8月5日金致赫电第266号);Letters(信函)第606号,607号,616号;参阅8月5日金致赫电第266号,Telegraphs(电报)第450号。

④ 光绪五年七月二十八日(1879年9月14日)沈葆桢奏折附片。《中国近代史资料丛刊·洋务运动》(二),上海人民出版社、上海书店出版社2000年版,第406—407页。

⑤ 光绪五年十月十六日(1879年11月29日)李鸿章奏折。见《中国近代史资料丛刊·洋务运动》(二),上海人民出版社、上海书店出版社2000年版,第419页。此时碰巧法国海军舰长福禄诺带船到津,李鸿章"邀其随赴大沽勘验新船。伊力言此船保护海岸在浅水与铁甲船交战可期制胜,若在海中打仗,殊无把握"。光绪五年十月十七日(1879年11月30日),致总理衙门函《统筹南北海防》,见《中国近代史资料丛刊·洋务运动》(三),上海人民出版社、上海书店出版社2000年版,第300页。

不再提此四舰系为南洋"代购"的事,而另有了打算。12 月 11 日他上奏折提出他的打算:已购到的蚊船八只,明年春天"拟饬调龙骧、虎威、飞霆、策电四船赴南洋归沈葆桢调遣,即留镇北、镇南、镇西、镇东四船在津沽由臣督饬道员许钤身、提督丁汝昌会督管带各员认真操练,并令时常出洋赴东、奉交界之大连湾与沿海口岸驻泊逡巡,以壮声威"。① 他以新换旧,把新到的四"镇"舰留归自己,原来的龙、虎、飞、策四船给了南洋。

第三批三艘炮艇

李鸿章在奏折中再次确认"蚊子船防守海岸最为得力,赫德所购尤各国罕有之新式,价目稍昂而功用自别",要求继续添购给各地方,"广东、台湾海口至少须各有二只,浙江宁波、山东烟台海口至少须各有一只"。他请朝廷饬下有关各省督抚"迅速照议筹办","径请总理衙门转饬赫德,克期定购,明年(光绪六年)秋冬即可来华"。② 总理衙门回应说,他们对购买船炮各事"均不熟悉",所以两次购船都是"函商李鸿章与赫德定购,并由该大臣验收";现在如果让广东、福建、浙江、山东各督抚自行定购,不如直接由李鸿章一手经理,较为周妥。他们要求皇帝"饬下李鸿章,将广东各省海口应行购备蚊子船,仍令赫德代为订办。购船款项,由各该省分筹解交李鸿章备用。将来各船购到时,并由该大臣验收,分布各海口"。③ 上谕当即命有关各督抚"迅速筹办"。

各省对此反应不一。闽浙总督何璟、山东巡抚周恒祺都表示愿筹款购办;④两广总督刘坤一则以种种理由拒绝向外国定购,声称要"自行仿造"木

① 光绪五年十月二十八日(1879 年 12 月 11 日)李鸿章奏折,见《中国近代史资料丛刊·洋务运动》(二),上海人民出版社、上海书店出版社 2000 年版,第 423 页。

② 光绪五年十月二十八日(1879 年 12 月 11 日)李鸿章奏折,见《中国近代史资料丛刊·洋务运动》(二),上海人民出版社、上海书店出版社 2000 年版,第 423—424 页。

③ 光绪五年十一月十三日(1879 年 12 月 25 日)总理衙门奕訢等奏折附片,见《中国近代史资料丛刊·洋务运动》(二),上海人民出版社、上海书店出版社 2000 年版,第 427 页。

④ 光绪五年十二月初九日(1880 年 1 月 20 日)何璟等奏,见《中国近代史资料丛刊·洋务运动》(二),上海人民出版社、上海书店出版社 2000 年版,第 436—437 页;十二月初十(1880 年 1 月 21 日)周恒祺奏,见《中国近代史资料丛刊·洋务运动》(二),上海人民出版社、上海书店出版社 2000 年版,第 437 页。

壳蚊子船。① 但不久他调任两江,裕宽署两广总督,又决定请李鸿章"代购蚊船一只"。②

此时总理衙门提出"由李鸿章先行定购蚊船四只,以备分布闽省海口"之议;③而李鸿章一心想购买原来英国为土耳其制造的两只八角台铁甲舰,为筹措经费,要求"暂缓购置"福建的四只蚊船等。④ 李鸿章似乎一时不知道该通过赫德定购多少炮艇,直到 1880 年 5 月才决定为山东订购两艘艾普西隆型舰,为广东定购一艘。赫德即将此决定电告金登干,要他与阿姆斯特朗厂签订合同,请其立即开工赶造。⑤

1880 年 5 月 22 日金登干与阿厂签订两项合同,分别规定该厂为山东建造两艘炮舰,为广东建造一艘,1881 年 1 月 31 日建成。⑥

但"由于罢工"及气候恶劣,建造炮舰的期限拖延了,1881 年 4 月才完工。4 月 22 日举行了第一艘炮舰的第一次初步测试;27、28、29 三天,三艘

---

① 光绪五年十二月初四日(1880 年 1 月 15 日)刘坤一奏,光绪五年十二月初九日(1880 年 1 月 20 日)何璟等奏,见《中国近代史资料丛刊·洋务运动》(二),上海人民出版社、上海书店出版社 2000 年版,第 436—437 页;十二月初十日(1880 年 1 月 21 日)周恒祺奏,见《中国近代史资料丛刊·洋务运动》(二),上海人民出版社、上海书店出版社 2000 年版,第 432—434 页。

② 转引自光绪七年八月二十日(1881 年 10 月 12 日)李鸿章奏,见《中国近代史资料丛刊·洋务运动》(二),上海人民出版社、上海书店出版社 2000 年版,第 516—517 页。光绪六年六月二十日(1880 年 7 月 26 日)两广总督张树声奏,见《中国近代史资料丛刊·洋务运动》(二),上海人民出版社、上海书店出版社 2000 年版,第 456—457 页。张树声继裕宽任两广总督。

③ 光绪六年正月二十八日(1880 年 3 月 8 日)总理衙门奕䜣等奏,见《中国近代史资料丛刊·洋务运动》(二),上海人民出版社、上海书店出版社 2000 年版,第 438—439 页。

④ 光绪六年二月十九日(1880 年 3 月 29 日)李鸿章奏。见《中国近代史资料丛刊·洋务运动》(二),上海人民出版社、上海书店出版社 2000 年版,第 439—442 页。

⑤ 1879 年 12 月 26 日赫致金电第 115 号说,"李建议政府再购买 8 艘艾普西隆型炮舰,但我还没有得到授权"。1880 年 3 月 18 日赫致金电第 122 号说,"李承诺下周可得到再定造 5 艘艾普西隆型炮舰的授权和购款项"。4 月 10 日赫致金电第 124 号问:"如 5 月前定造 5 艘艾普西隆型炮船,造价多少?"5 月 5 日赫致金电第 122 号(原文如此)说已被授权为山东建造两艘艾普西隆型炮艇;5 月 11 日赫致金电第 125 号说为广东建造一艘。分见 Archives(海关密档),Telegraphs(电报)第 479 号,501 号,507 号,523 号,526 号。李鸿章光绪七年八月二十日(1881 年 10 月 12 日)奏中追述说"于六年三四月间节次饬(赫德)照新式机器、炮位、家具、药弹,克期定造三只,与英商阿摩士庄先立详细合同"。见《中国近代史资料丛刊·洋务运动》(二),上海人民出版社、上海书店出版社 2000 年版,第 516—517 页。他称赫德所说的"艾普西隆型舰"为"镇北等新式蚊子炮船"。

⑥ 1880 年 5 月 22 日金致赫电第 318 号。参阅 5 月 21 日金致赫函 A/197。分见 Archives(海关密档),Telegraphs(电报)第 528 号;Letters(信函)第 681 号。

炮舰相继试航成功,中方验收。① 金登干接续前 8 只炮舰的命名办法,按第九、十、十一个希腊文字母名称分别命名为"约(yao)塔(Iota)"、"卡帕"(Kappa)、"拉姆达"(Lambda),随即准备驶来中国。

这三艘炮艇由英来华,采用了与前两批不同的方式,这个新方式是金登干在三炮艇刚开始建造不久就提出的。1880 年 9 月,他考虑到以"商业方式"送出舰只可能节省费用,便向大英火轮船公司(Peninsular & Oriental Steam Navigation co.)探询能否接受把三艘炮艇驶回中国的任务。公司经理向他推荐了一位罗斯船长(Captain Ross),说此人"在签订合同的条件下率领船只出航,是完全可以信得过的"。② 金即就与罗斯订立合同,由罗斯承包将三舰送到中国这一新办法向赫德请示;赫报告李鸿章,得到李的同意后,又就罗斯手下的水手的付费等问题与金进行了讨论,最后于 1881 年 1 月 12 日电告金"罗斯带出炮舰,挂英国国旗"。③

5 月 18 日,三只炮舰在罗斯带领下离开纽卡斯尔,21 日抵达普利茅斯;24 日由普利茅斯启航,直驶马耳他(29 日到达)。④ 然后"一路全速行进,任何地方都不停歇",经塞得港(6 月 11 日)、苏伊士(13 日),抵亚丁(20 日)、加勒(7 月 4 日),7 月 23 日抵香港。⑤ 其中一艘拉姆达于 7 月 25 日(光绪

---

① 1880 年 12 月 20 日金致赫电第 38 号;1881 年 2 月 16 日金致赫电第 48 号(代丁汝昌致李鸿章);1881 年 4 月 28 日(金致赫?)函 Z/150;5 月 6 日金致赫函 Z/151;6 月 6 日金致赫函 A/247. 分见 Archives(海关密档),Telegraphs(电报),第 605 号,620 号;Letters(信函),第 811 号,812 号,834 号。

② 1880 年 9 月 10 日金致赫函 A/213 号;9 月 17 日金致赫函 A/214 号。见 Archives(海关密档),信函(Letters)第 725 号,726 号。

③ 1880 年 9 月 17 日金致赫电第 19 号;10 月 22 日赫致金电第 15 号;11 月 6 日金致赫电第 30 号;11 月 10 日金致赫电第 32 号;11 月 20 日赫致金电第 18 号;11 月 29 日金致电第 35 号;12 月 8 日赫致金电第 20 号;1881 年 1 月 12 日赫致金电第 23 号。分别见 Archives(海关密档),Telegraphs(电报)第 577 号,590 号,594 号,596 号,598 号,600 号,604 号,614 号。

④ 1881 年 5 月 24 日金致赫电第 58 号;6 月 5 日金致赫电第 60 号。分见 Archives(海关密档),Telegraphs(电报)636 号,第 639 号。早在 1880 年 7 月 2 日,金致赫函(A/205 号)中就已提到,为"减少航行费","这一次,我们这几艘新造的艾普西隆型船无须到普茨茅斯接受检查,它们可以从普利茅斯直驶马耳他,不在直布罗陀停留"。见 Letters(信函)第 697 号。中译本此处译为"几艘新造好的埃普西隆型船",误,当时建造这三艘炮艇的合同刚签订(5 月 22 日)40 天,离"造好"还远得很。

⑤ 1881 年 8 月 8 日赫致金函 A/35 号。见 Archives(海关密档),Letters(信函)第 847 号。1881 年 6 月 16 日金致赫电第 62 号;6 月 20 日金致赫电第 64 号,7 月 7 日金致赫电第 65 号。分见 Telegraphs(电报)第 641 号,644 号,646 号。

七年六月三十日)驶抵广州,两广总督张树声派人前往验收,后又亲往查验,确认该船"工料坚固,机器灵捷,所载大炮亦属精良",即正式命名为"海镜清",派尽先都司陈良杰管带。①

另两艘(约塔、卡帕)于 8 月 11 日(七月十七日)驶抵大沽,李鸿章派水师营务处道员许钤身会同刘步蟾、洋员哥嘉(Cocker)、德璀琳验收,后又亲往查勘,其"轮机、炮位、船式均尚精坚利用,与前购各船相同"。即正式命名为"镇中"、"镇边",分别选派曾经出洋学习的都司衔尽先守备林永升、叶祖珪为管带官,将使之参与北洋要隘的防护。②

第四批两艘巡洋舰

与购买这三艘炮舰大体上同时,又有订购两艘"快船兼碰船"即巡洋舰的活动。

向清政府推荐巡洋舰,源于金登干。1879 年 6 月 15 日他利用恰克图电报陆线发了一封长电给赫德,内云:"机密。目前海军一般人的意见正在反对铁甲舰,炮术的进步越来越对铁甲舰不利。阿姆斯特朗公司已设计出一种新的非装甲巡洋舰,时速 15 节,排水量 1200 吨,吃水 15 英尺,机器由水下舱板掩蔽,煤堆保护。装备两门能穿透现在海上任何铁甲舰的 25 吨新型后膛炮,一门安装在舰首,一门在舰尾,均依垂直轴转动,可向首尾和舷侧目标射击;此外还有小炮和鱼雷装置。全舰水手 70 人。建造时间 15 个月。全部造价约 90000 英镑。以上各数字都只是估计的近似值。此种巡洋舰可望被证明优于现有各种巡洋舰,就像那些按(希腊文)字母顺序命名的炮舰优于其他炮舰一样,它将成为那字母炮舰的重要补充。您的理想是从炮

① 光绪七年闰七月初二日(1881 年 8 月 26 日)张树声奏。见《中国近代史资料丛刊·洋务运动》(二),上海人民出版社、上海书店出版社 2000 年版,第 512—514 页。20 天后,张树声又奏报,一年多以前刘坤一提出的广东"自行仿造"的"木壳蚊船"已造成,取名"海东雄"。闰七月二十二日(9 月 15 日)奏,见《中国近代史资料丛刊·洋务运动》(二),上海人民出版社、上海书店出版社 2000 年版,第 514—515 页。由英国开广州的炮舰是"拉姆达",据 1881 年 3 月 11 日金致赫函 A/233 号;8 月 20 日赫致金函 Z/55 号;9 月 2 日函 Z/56 号。分别见 Archives(海关密档),Letters(信函)第 793 号,853 号,857 号。

② 光绪七年八月二十日(1881 年 10 月 12 日)李鸿章奏。见《中国近代史资料丛刊·洋务运动》(二),上海人民出版社、上海书店出版社 2000 年版,第 516—518 页。

舰级扩展到巡洋舰级，如果中国政府先于他国政府予以采纳，您将再一次在海军科学上取得领先地位"。① 过了 5 天，他又写信（A/163 号函）给赫德，说明拍发此电的原委，并进一步鼓吹这种巡洋舰。信上说："随函附上乔治·伦道尔（George Rendel）先生一份令人感兴趣的备忘录，里面谈的是为利用大炮威力的进步而设计的一种新型舰只。这件事很重要，我想起了您对铁甲舰等等的看法，就认为应该在最近经恰克图线路发给您的电报中提出来。推出这些新船，并不是要用以取代炮舰，而是作炮舰的辅助。它们是炮舰建造中显示出来的智慧和远见的自然报偿或成果。它们的构思来自相同的普遍原理——坚信大炮的进步，坚信大炮必定战胜装甲，而装甲是两种类型的舰只的基础。中国人不应继续满足于主要是用于防御目的的炮舰，他们迟早必须以用于进攻目的的舰只来支持炮舰。这些巡洋舰就是用于进攻目的的，而炮舰是用于防御目的的。我把这一信息发送给您，目的是，当铁甲舰问题再一次提到您的面前时，您就可以劝阻中国人不要把钱浪费在这上面，建议他们为特殊目的拥有特殊舰只，不要想以一种舰做太多的事"。信最后说，伦道尔已私下给他看了这种新型舰只的图样，许诺将复制一份给他。② 又过了 5 天，他又以 A/164 号函告赫德，他将于下周得到此图样。③ 他在 10 天之内连发三封信函，集中起来就是一个意思：推荐阿姆斯特朗公司设计的一种新巡洋舰，用以阻止中国购买铁甲舰。这完全迎合了赫德的想法和主张。赫德接到那封电报和 A/163 号函后，于 8 月 12 日复信中要他就这种"新巡洋舰"告诉斯徒尔特·伦道尔（Stuart Rendel，阿姆斯特朗公司主管军火部的工程师），"我很可能需要两艘这种舰只"。④

此时清政府内正议论订购铁甲舰，结果却是照赫德的建议决定订购巡洋舰。

清政府自 1875 年议办海防，有关官员多认为应购买铁甲舰。由于种种

———————

① 1879 年 6 月 15 日金致赫电第 257 号。Archives（海关密档），Telegraphs（电报）第 439 号。

② 1879 年 6 月 20 日金致赫函 A/163 号，见 Archives（海关密档），Letters（信函）第 593 号；参阅 9 月 26 日金致赫函 Z/92 号，见 Archives（海关密档），Letters（信函）第 618 号。

③ 1979 年 6 月 25 日金致赫函 A/164 号，见 Archives（海关密档），Letters（信函）第 595 号。

④ 1879 年 8 月 12 日赫致金函 A/2 号，见 Archives（海关密档），Letters（信函）第 605 号。

原因(主要是经费不足),议论数年而迟迟未能实现。但他们仍不甘心,如李鸿章所说,"欲求自强,仍非破除成见,定购铁甲不可"。① 1879 年,李鸿章想购买两艘现成的土耳其铁甲舰未成功,又以北洋经费尚有存款百万,想先购一艘铁甲舰"以立始基而壮声势",函嘱驻德公使李凤苞在英、法各厂访求新式。但总理衙门以李"专顾一口为疑","不以购一铁甲为然",要他"另购他项战舰"。正巧他接到李凤苞 9 月 25 日(八月初十日)来信,信中一面说"今日各国纷议停造铁甲,如可缓办,尤为合算"(这与前引金登干 6 月 15 日致赫德电头一句话可互为印证);一面说"既有铁甲,应同时并举四事",四事中"尤要者一为快船:若铁甲无快船辅佐,则孤注而已",因此应"赶造"及"由洋厂定造"快船。他认为李凤苞"自系在洋博访群议,斟酌时势以立言","所言甚有次第",极为赞赏。李凤苞如此推荐快船,使他想到"赫德原议碰船未知是何形制",便乘艾普西隆等四只炮舰到津之机,嘱德璀琳函请赫德速来天津详询。11 月 25 日(十月十二日)赫德到津,他与赫密商办法,赫"亦以先购快船,再办铁甲为是"。赫当即送给他"英厂寄来新式快船碰船图式",其节略中说明此种"船长二百英尺,宽三十英尺,吃水十五尺,每半时(应为每点钟)行十五海里,新式机器,首尾各置二十五吨大炮一尊,左右各新炮数尊,并带水雷小轮船一只,船头水线下暗设坚固冲锋,可碰敌船。若订两只,需银六十五万两,后年夏间工成来华,据云可保追赶碰坏极好之铁甲船"(这正是 6 月 15 日金登干给赫德的电报所介绍的情况)。他又咨询驻天津的法国海军军官,确认"近来西洋铁木船新式船头多设冲锋,以备战时添一碰船之力"。得出结论,赫德推介的"此项快船,既载大炮,又有冲锋,行驶果如此迅速,实属合用"。船既得用,事不可缓,即授权赫德电告金登干于阿姆斯特朗厂订办,先定购两只,赶速动工,约期于 1881 年春夏间到华。② 这种"快

① 光绪五年十月二十八日(1879 年 12 月 11 日)李鸿章奏折,《中国近代史资料丛刊·洋务运动》(二),上海人民出版社、上海书店出版社 2000 年版,第 421 页。前此不久,他曾写道:"海防需用铁甲船,此议发于前数年,幼丹(沈葆桢)、雨生(丁日昌)、春帆(吴赞诚)持之甚力,鸿章何敢独违众议?"光绪五年七月十七日(1879 年 9 月 3 日)致总理衙门函《议赫德海防条陈》,见《李文忠公全集》卷九,译署函稿,第 37—38 页。

② 这一段叙述及引文皆据光绪五年十月二十八日(1879 年 12 月 11 日)李鸿章奏折及同月十七日(1879 年 11 月 30 日)李致总理衙门函《统筹南北海防》,分别见《中国近代史资料丛刊·洋务运动》(二),上海人民出版社、上海书店出版社 2000 年版,第420—424页,《中国近代史资料丛刊·洋务运动》(三),上海人民出版社、上海书店出版社2000年版,第298—300页。

船兼碰船"就是金登干最早推荐的新巡洋舰,也叫撞碰巡洋舰或撞碰船。

12月1日赫德致电金登干:"已被授权订购两艘你 A/164 号函提到的舰只。……请安排立即开始(建造)"。① 12月9日再电:"参阅你的 A/164 号函。已被授权订购的两艘快速撞碰巡洋舰在海上航行时速必须达到 15 节,船首配有特别强有力的撞角。估价约 160000 英镑,第一期三分之一付款将于 4 月间交给我汇去,第二期(三分之一付款)10 月汇去,余额完工时汇去。要求阿姆斯特朗立即开工,不要等第一期三分之一付款。需要的两艘姊妹舰是伦道尔 7 月 4 日函寄设计图的那种类型的。签订合同要慎重。提供最优的那种强固、快速、重装备的撞碰巡洋舰。必须 1881 年春离英。"②

12月18日金电告赫,"撞碰巡洋舰合同已签字"。合同规定两舰在 1881 年 3 月 25 日前建成。③

赫德对订购这两艘巡洋舰极其重视,在给金登干发去 12 月 9 日的电报后,他又接连写信千叮咛万嘱咐,要厂家建造这两只舰只一定要符合要求。12 月 10 日信中写道:"特别要牢记这一点,它们在整整一英里的平静水面上试航时时速必须超过15 海里,以保证在正常的气候下出海时时速至少能达到 15 节(they must go more than fifteen nautical miles an hour when tried in quiet water at the measured mile, so as to ensure a speed of at least fifteen knots at sea in ordinary weather)。……我们期望这些船非常坚固,舰首的撞角设计非常适于撞击,这样我们就可以靠它们撞毁普通的铁甲舰;我还要加上一条,这些船自身不致伤损。李中堂也会赞成这一条,但他好像

---

① 赫致金电第 113 号,见 Archives(海关密档),Telegraphs(电报)第 473 号。此电日期原文作"(1879 年)12 月 9 日收到",无发电日期。据 1879 年 12 月 15 日金致赫电第 284 号,为 12 月 1 日赫自天津发,12 月 8 日金收到。见 Archives(海关密档),Telegraphs(电报)第 475 号。此电原文开头为"your A164 two authorized"。中译本译作"你在 A/164 函中提到的,已订购两艘",误。

② 1879 年 12 月 9 日赫致金电第 114 号,见 Archives(海关密档),Telegraphs(电报)第 474 号。

③ 1879 年 12 月 18 日金致赫电第 286 号,见 Archives(海关密档),Telegraphs(电报)第 477 号。1880 年 12 月 17 日金致赫函 A/223 号,见 Archives(海关密档),Letters(信函)第 759 号。

很凶狠,他说,只要真能撞沉一艘铁甲舰,这一条并不十分重要。你知道,李中堂对鱼雷兴趣很大,因此你当能理解他为什么那样强调鱼雷艇的速度,而每只巡洋舰都要和鱼雷艇相配合。……李想望的是航速能达到 17 或 18 节的鱼雷艇。"①12 月 21 日函中写道:"我在这里已经使他们暂缓购置铁甲舰,而把目标放在新型的巡洋舰上。……希望阿姆斯特朗公司尽最大的努力为我们造好现在订购的两艘巡洋舰,主要的两点是舰体非常坚实,航速非常快;要使李鸿章高兴就必须特别注意鱼雷艇(这是他的兴趣所在)。……阿姆斯特朗公司必须给我们提供 1400 吨的巡洋舰能够携带的最好最快的那种鱼雷艇。最最重要的是,这些巡洋舰在测试时航速必须超过 15 节。"②1880 年 2 月 1 日函问:"那两只大轮船进展得怎么样? 希望阿公司精巧地造下去,给我们造出两艘'一流船'。……切记它们的航速必须超过 15 节,必须能以撞角撞沉任何东西。"③

清政府对这两艘撞碰巡洋舰抱着很大的期待,想早点得到手。订购合同签订不到半年,赫德就开始要求英厂提前造成,原因主要是中俄关系紧张,使他担心这两舰的建造可能受到阻挠或造成而不能驶来中国。

合同刚签订,发生了崇厚因与俄国订立《里瓦几亚条约》不当而被拘禁并定罪的事,俄国引为借口,对中国实行威胁,1880 年 4 月 17 日金电告赫:"海军上将布塔科夫(Buttakoff)统率的 15 艘俄战舰奉命驶往中国海域。"④6 月 1 日赫函问金:"阿公司能否比合同规定的日期提前造成那些巡洋舰而不加价? 明春将有行动,所以最好在俄国或日本(向英国)提出停造这些船的要求之前使它们离开英国。"⑤9 月 18 日电金:"勿外传。

———————————

① 1879 年 12 月 10 日赫致金函 A/6 号,见 Archives(海关密档),Letters(信函)第 640 号。着重号是原有的。

② 1879 年 12 月 21 日赫致金函 Z/11 号,见 Archives(海关密档),Telegraphs(电报)第 643 号。着重号是原有的。

③ 1880 年 2 月 1 日赫致金函 Z/12 号,见 Archives(海关密档),Telegraphs(电报)第 653 号。着重号是原有的。1880 年 4 月 26 日赫致金函 A/12 号又提出那两艘在建的撞碰船航速必须达到 16 节,"少一英寸李鸿章都不会接受","16 节确实是必要条件";见 Archives(海关密档),Telegraphs(电报)第 673 号。

④ 1880 年 4 月 17 日金致赫电第 308 号,见 Archives(海关密档),Telegraphs(电报)第 509 号。

⑤ 1880年6月1日赫致金函 A/18 号,见 Archives(海关密档),Letters(信函)第688号。

催促阿姆斯特朗(1881年)1月间将那些船准备好。预计(1881年)3月或其前会有战争,如果舰船1月间不能驶离,必定会在英国或途中别的地方被扣留。勿让人们注意这些船。"①此外,他还通过阿姆斯特朗公司派驻中国(上海)的代理人布里奇福德(Bridgeford)催公司尽量加快造舰过程。金登干就此与阿厂进行交涉,并亲自去纽卡斯尔的造船厂了解造船进度。阿厂方面一再申明,巡洋舰的建造不可能提前,其原因正如那三艘炮舰的建造拖期一样(两艘巡洋舰和三艘炮舰基本上是同时建造的),即严重的工人罢工和气候恶劣;又说三艘炮舰("小船")要比合同规定超过6周,两艘巡洋舰("大船")超过9周的时间才能装备完毕可以出航。赫德对此表示"惊愕",但又说"我们期望这些船在合同规定的完成期后两周内离开英国"。不再要求提前造成了。与此同时,阿厂又通过布里奇福德告诉李鸿章和赫德,"第一艘巡洋舰预期可提前一个月,第二艘可准时完成"。金登干也向赫德电转了这个信息,他估计这只是该厂给布的"一种策略性的回答",是"给李(鸿章)的一颗定心丸"。他提醒赫德,不要把合同上规定的船造好可以进行试航的日期看作交货或离英的日期,"竣工的日期不等于驶离英国的日期",竣工后"尚需七周来进行试航和装备"。赫德把这一点报告李鸿章,李"感到失望"。1881年1月28日赫写信给金登干,要他电告撞碰船准备启程来华的日期。从2月起,金登干开始向赫报告两艘巡洋舰的具体消息:2月16日电,"如顺利而且天气好,第一艘巡洋舰约4月中交货,第二艘5月中"。4月5日电,"巡洋舰5月底可启航",但"一切都难确定"。4月29日电,"第一艘巡洋舰两三周可准备好正式测试,第二艘巡洋舰再晚一两周"。6月5日电,"第一艘巡洋舰正要进行试航"。6月20日电,"巡洋舰测试因天气受阻"。这时三艘炮舰已离英来华,而巡洋舰总无确期,赫德不耐烦了,6月25日电问金登干,"两艘巡洋舰何时启航"? 7月5日电,"巡洋舰延误,李(鸿章)忿怒,日益不能忍受。务请立即把两舰派出。如再拖延,恐将下令不予接收。至关重要"。7月7日金电赫说,"巡洋舰很可能本月13日开始正式检验,很可能检验三周

① 1880年9月18日赫致金电第12号,见 Archives(海关密档),Telegraphs(电报)第578号。

后启航"。7月13日赫又电责问,"两艘巡洋舰是否永不启航"? 7月21日再电问,"巡洋舰到底何时启航? 每拖延一天都极其危险。绝对必须立即派出"。他的焦躁不安达于极点。①

恰在此时,两艘撞碰巡洋舰终于造成了,7月14、15两日进行了航速和射击测试,时速16节,"一切都令人满意"。18日金电赫,"全体船员下周上船,船将尽快启航"。②

在中方向阿姆斯特朗方面提出超越合同规定的日期,提前造成两艘撞碰巡洋舰的要求时,阿方提出了改变合同一个条款的要求。合同原有一条规定,"每艘撞碰船上必须带一条鱼雷艇",这是李鸿章的本意。1880年9月,乔治·伦道尔代表阿厂向金登干提出将此改为"每艘舰上装配两艘带杆状鱼雷的小汽艇"(two steam cutters with spar torpedoes),最新的鱼雷艇则另行单独提供。他从鱼雷艇的发展进步等方面向金阐述了这样做的必要性,希望金做主,同意做此改变。金不敢答应,但表示可向赫德请示。赫据此与李鸿章商量后,同意取消每船带一条鱼雷艇,改为每艘巡洋舰提供两艘

① 这大半段的叙述,综合了以下各件:1880年9月26日金致赫电第20号,9月29日电第22号,10月27日电第28号,12月20日电第38号,12月21日电第39号;1881年1月12日赫致金电第23号,2月16日金致赫电第48号,同日金致赫政(James Hart)转赫德电(不编号),4月5日金致赫电第54号,4月29日电第56号,6月5日电第60号,6月20日电第64号,6月25日赫致金电第31号,7月5日电第33号,7月7日金致赫电第65号,7月13日赫致金电第34号,7月21日电第35号;1880年7月30日金致赫函A/209号,9月24日函A/215号,10月1日函A/216号,11月12日函A/220号,12月8日赫致金函A/24号,12月10日金致赫函Z/130号,12月17日函A/223号及Z/131号,12月24日函A/224号及Z/132号,12月31日函Z/133号;1881年1月21日函Z/136号,1月24日赫致金函Z/40号,2月18日金致赫函A/230号,2月25日函A/231号,3月18日函Z/142号,3月25日函A/234号,4月1日函A/235号,4月8日函Z/147号,4月16日函A/31号,4月28日函Z/150号,5月12日函A/238号,5月15日赫致金函Z/49号,5月20日金致赫函A/241号,6月10日函A/245号,6月17日函A/246号,6月19日函Z/159号,7月8日函A/248号,7月9日赫致金函Z/53号,7月13日金致赫函Z/161号。分别见Archives(海关密档),Telegraphs(电报)第581号,583号,589号,605号,606号,614号,620号,621号,629号,632号,639号,644号,645号,646号,648号,649号,653号;Letters(信函)第709号,729号,731号,747号,754号,756号,759号,760号,761号,762号,764号,770号,771号,784号,788号,794号,796号,800号,803号,806号,811号,814号,817号,819号,828号,831号,833号,837号,838号,839号。

② 1881年7月18日金致赫电第67号;7月22日金致赫函A/251号,分别见Archives(海关密档),Telegraphs(电报)第651号;Letters(信函)第842号。

适合发射杆状鱼雷的小汽艇。①

两巡洋舰还在建造中，李鸿章就考虑和布置了接收的事，他为两舰起名为"超勇"、"扬威"，决定了建成时由英来华的办法。他总结头两批炮舰（蚊炮船）皆"系赫德、金登干由英国雇觅水师弁兵包送来华"的经验，认为那"不特需费较多，且沿途风涛沙线情形，驾驶要诀，以及洋面如何操练，机器如何使用，中国弁兵均未曾亲历周知"，完全不符合中国"造就将材之道"；决定此两舰由中国"自派妥员前往英厂考察验收，并选带弁兵、水手续往管驾，添募洋弁数名一同讲求所得，各处洋面随时习练"，以期"回华后驾轻就熟，可期得力"。他选派督操北洋炮船记名提督丁汝昌、总教习洋员葛雷森（W. H. Clayson）二人总理两船事宜，督同管驾官林泰曾、章斯（师）敦（S. J. Johnstone）、邓世昌及弁兵、舵水人等200余人，于光绪六年十一月初（1880年12月初）航海去沪，丁、葛"先于月内搭船赴英料理一切，其余员弁水手等先在吴淞官轮船操练，俟丁汝昌等查看船成，预寄电信到沪，即令驾驶招商局轮船出洋，驰往英伦升换中国龙旗，管带来华"。他还咨会总理衙门及驻英公使曾纪泽、驻德公使李凤苞互相照料，嘱赫德转饬金登干随时与丁汝昌等会商筹备一切。② 1880年12月8日赫德致函金登干，转述李鸿章的安排，并对他有所嘱托："私人信件，暂时保密。我们将派出我们自己的中国水手到英国，把那两艘撞碰船带回。葛雷森和丁提督先去。当他们确知撞碰船何时可准备好启程时，就打电报给上海，然后章师敦带着水手们搭乘招商局的一艘轮船前往英国。他们将径往纽卡斯尔，如果可能，上巡洋舰一两天后即离港回国。我们想悄悄地进行，不张扬。水手们都是很优秀的人，他们和中国商船的旗帜在欧洲水域出现将使人们大吃一惊！你要帮助葛雷森和丁，两位都是

① 1880年9月24日金致赫函A/215号，10月1日函A/216号，10月15日函A/217号，10月23日赫致金函A/21号、A/22号，11月5日金致赫函A/219号，10月13日金致赫电第26号，10月25日电第17号。分别见 Archives（海关密档），Letters（信函）第729号、第731号、737号、740号、741号、744号；Telegraphs（电报）第589号、592号。

② 光绪六年十一月二十六日（1880年12月27日）李鸿章片。见《中国近代史资料丛刊·洋务运动》（二），上海人民出版社、上海书店出版社2000年版，第468—469页。1881年1月15日赫致金电第23号，"通知阿姆斯特朗厂，两艘巡洋舰要一起造好……同时交货。巡洋舰由中国水手带出，挂中国旗航行"。见 Archives（海关密档），Telegraphs（电报）第614号。

很好的人。"①

1881年2月10日,丁汝昌、葛雷森到伦敦,与金登干相见。14日,三人一起到纽卡斯尔,视察了正在建造中的两艘巡洋舰(和三艘炮舰)。因预计两舰可于4月中至5月中建成交货,即发电通知在上海的"弁兵、舵水人等"于5月底前抵英。② 随后,丁汝昌到伦敦等地进行参观,③会见了英国一些政要。④ 又访问了德国柏林,去什切青观看了刚开始为清政府建造的铁甲舰和克虏伯工厂;⑤访问了意大利(那不勒斯)、法国(巴黎)。

4月24日,招商局轮船海镜号载着接收两艘巡洋舰的中国海员到达纽卡斯尔。⑥ 由于两舰尚未竣工,一时还不能接收,金登干就向英国外交部申请并获准使用阿姆斯特朗厂对面一个小岛,海镜号的船员可登陆岛上并进行操练。5月4日,丁汝昌登上海镜号与全体船员见面;金登干在场,他见证了"这些人看上去确实非常好"。⑦6月8日,丁汝昌、葛雷森又到纽卡斯

---

① 1880年12月8日赫致金函A/24号。着重号是原有的。见 Archives(海关密档),Letters(信函)第754号。从1880年7月起,金、赫已在讨论为两艘巡洋舰命名事:金提出用黄道十二宫来命名,赫认为两舰分别命名为"白羊座"和"金牛座"最为合适。见1880年7月2日金致赫函Z/113号;10月23日赫致金函A/22号。分别见 Archives(海关密档),Letters(信函)第699号,741号。由于李鸿章很快起了超勇、扬威之名,赫、金起的名字胎死腹中。

② 1881年2月16日金致赫电第48号(代丁提督致李中堂),同日金致赫政转赫德电(不编号)及金致赫政电(代葛雷森致章师敦)(不编号);2月11日金致赫函Z/138号;2月18日金致赫函A/230号。分别见 Archives(海关密档),Telegraphs(电报)第620号,621号,622号;Letters(信函)第781号,784号。以前炮艇由英来华曾投保,这两艘巡洋舰金登干仍主张上保险,李鸿章反对保险,最后照李的主张未保险。1881年3月11日金致赫A/233号;5月14日函A/33号;6月11日函A/34号;6月17日函A/246号;7月8日函A/248号;8月8日函A/35号;5月9日赫致金电第28号;6月1日金致赫电第60号;7月13日电第66号。分别见 Letters(信函)第793号,816号,829号,831号,837号,847号;Telegraphs(电报)第635号,638号,650号。

③ 1881年3月11日金致赫函A/233号;3月25日函A/234号;4月1日函Z/144号;7月13日函Z/161号等。分别见 Archives(海关密档),Letters(信函)第793号,796号,798号,839号等。

④ 1881年2月25日金致赫函A/231号;4月22日函A/237号等。分见 Archives(海关密档),Letters(信函)第787号,808号等。

⑤ 1881年4月22日金致赫函Z/149号;6月11日赫致金函Z/51号;8月19日金致赫函Z/163号。分见 Archives(海关密档),Letters(信函)第807号,830号,851号。

⑥ 1881年4月28日金致赫信稿Z/150号。见 Archives(海关密档),Letters(信函)第811号。

⑦ 1881年5月6日金致赫函Z/151号。见 Archives(海关密档),Letters(信函)第812号。

尔,在海镜号上留住了多日。① 7月末,中国船员登上两艘巡洋舰。② 8月2日中国正式接收两舰,3日在驻英公使曾纪泽参加下,舰上举行升中国旗仪式,曾"亲引龙旗悬挂升炮如仪"。③

8月9日,两舰离开纽卡斯尔驶往普利茅斯。此期间丁汝昌与金登干一起去伦敦,对英国外交部、陆军部、海军部、贸易部、港务局等进行了告别拜访,然后到普利茅斯与巡洋舰会合。④ 17日,葛雷森带领超勇、章师敦带领扬威离开普利茅斯,经直布罗陀(22日)直驶塞得港(8月31日、9月5日先后抵达),过苏伊士运河、红海东行,经加勒(9月30日)、新加坡(10月8—10日),10月15日到香港,然后缓慢地沿海岸北上,在广州、福州、上海"停靠炫耀",又经过烟台,11月17日抵大沽。⑤

超勇、扬威平安驶抵大沽,标志着这两只巡洋舰的定购最终完成。从1879年12月金登干与阿姆斯特朗厂签订订购合同到此时,已过了整整23个月;这期间,前一段,两舰在阿厂建造拖期,使李鸿章非常不满;后一段,两舰(未上保险)由中国水手从英国安全驶回使他大为高兴。⑥ 11月22日,他督同署津海关道周馥、水师营务处道员马建忠、黄瑞兰等驶往大沽,次日"出

<hr>

① 1881年6月10日金致赫函A/245号;6月17日函A/246号;6月19日函Z/159号。见 Archives(海关密档),Letters(信函)第828号,831号,833号。

② 前文引1881年7月18日金致赫电说"全体船员下周上船",应指海镜号船员上两巡洋舰。7月18日为星期一,"下周"应为7月25—31日的一周。

③ 1881年7月28日金致赫信稿A/253号,8月4日函A/254号。见 Archives(海关密档),Letters(信函)第845号,846号。参7月31日金致赫电第69号。Archives(海关密档),Telegraphs(电报)第654号;光绪七年十月十一(1881年12月2日)李鸿章《订购快船来华折》,见《李文忠公全集》卷42,奏折,第17页。

④ 1881年8月9日金致赫电第70号;8月10日金致赫函A/255号。分见 Archives(海关密档),Telegraphs(电报)第656号,Letters(信函)第849号。

⑤ 1881年8月17日金致赫电第72号;8月24日电第74号;9月6日电第75号;9月14日电第77号;10月1日电第79号;10月2日电第80号;10月10日电第81号;9月2日金致赫函Z/165号;9月9日函A/258号;9月16日函A/259号;9月23日函Z/167号;9月30日函Z/168号;10月16日赫致金函Z/58号;10月21日金致赫函A/260号;10月30日赫致金函Z/60号;11月6日函A/38号。分见 Archives(海关密档),Telegraphs(电报)第659号,661号,663号,666号,669号,670号,671号;Letters(信函)第856号,859号,861号,862号,863号,868号,871号,874号,876号。

⑥ 1881年10月30日赫致金函Z/60号。见 Archives(海关密档),Letters(信函)第874号。

口验收,船炮机器制法均甚精坚,与原订合同相符"。① 接着更乘舰试航赴旅顺口。据赫德记述:"李视察了两艘巡洋舰。他不是只登上船巡视一番,而是几乎没有预先通知就启程径往旅顺港。途中两舰在北直隶湾遇到了一场那里 11 月很出名的可怕的雹雪袭击,它们却像碰上好天气一样行进,由此证明它们是非常好的海船。返航途中(距离为 172 英里)李在超勇上,全程其平均时速都在 15 节以上。现在可以认为,两舰的速度及其作为海船的优良性能都是毫无问题了。"②

超勇、扬威到大沽,也标志着赫德购舰使命的完成。李鸿章去大沽验收两舰 10 天后(12 月 2 日)上奏折,以赫德先后承购"蚊船"(炮艇)、"碰快船"(巡洋舰)有功,请赏头品顶戴。此后赫、李之间又多次谈到购舰(不只巡洋舰,还有铁甲舰)的事,都没有成议。事实上,李鸿章购舰已转向德国,不再看重英国,当然再用不着赫德了。

自 1875 年总理衙门令赫德与李鸿章商议购船以来,6 年多时间里,赫德(通过金登干)经手在英国先后订购了炮艇 11 艘,其中 6 艘归入北洋,巡洋舰两艘全归北洋,这是近代中国海军建设史上的大事。初时赫德对炮艇的性能有所夸大,但他经办此事是认真的,所购舰艇在当时也属先进,特别是其"大小三倍于炮艇"的巡洋舰,当时的业内人士认为那是"非常重要的船,世界上再没有像它们那样的其它船了"。③ 这些舰艇成为正起步的中国海军的重要力量。当镇中、镇边刚到中国时,李鸿章就提出一个设想,"将来应令新(镇中、镇边)旧(镇北等 4 船)各船一齐驶往金州之旅顺口驻泊,与新购之碰快船两只(超勇、扬威')合为一小枝水师,随时会操,轮替出巡,防护北洋要隘"。④ 这样"一小枝水师",几乎就是后来的北洋海军的雏形,至少可说是北洋海军的第一块基石。为北洋海军的建设打下第一块基石,赫德是出了力的。

张振鹍,中国社会科学院近代史所研究员

---

① 光绪七年十月十一日(1881 年 12 月 2 日)李鸿章《订购快船来华折》,《李文忠公全集》卷 42,奏折,第 17 页。

② 1881 年 12 月 4 日赫致金函 Z/64 号。Archives(海关密档),Letters(信函)第 887 号。

③ 1880 年 11 月 12 日金致赫函 A/220 号;1881 年 3 月 25 日函 Z/144 号。见 Archives(海关密档),Letters(信函)第 747 号,798 号。

④ 光绪七年八月二十日(1881 年 10 月 12 日)李鸿章奏,《中国近代史资料丛刊·洋务运动》(二),上海人民出版社、上海书店出版社 2000 年版,第 816—818 页。

北洋海军旗帜考订

王 记 华

近代以来,海军规模日益扩大,组织结构与战术配合日益复杂,国际交往与海上沟通日益频繁,具有鲜明的国际化特征,在遂行战术任务和国际交流使命的过程中,海军旗帜信号与灯光信号发挥着极其重要的作用。海军旗帜,是海军用于识别、通信、礼仪等各种专用旗帜的统称。进入近代蒸汽战舰时代以来,海军旗帜成为完全规范化、制度化、国际化的联络手段,其在礼仪交往、舰船识别和信息传递方面的重要性毋庸多言。

北洋海军作为近代中国的一个全新军种,很大程度上借鉴吸收了英国的海军规制,《北洋海军章程》就是中国学习借鉴和消化吸收英国海军制度的结晶,旗帜制度当然是其中的一个重要方面。

北洋海军旗帜,包括北洋海军军旗暨清朝国旗,提督旗即统领旗,将官旗,大官旗,天后旗,先任旗,当值旗,食时旗,信号旗等,构成了非常完备的旗帜信号系统。

灯光信号是一个相当复杂的独立体系,不在本文讨论范围。本文将主要就北洋海军旗帜展开如下讨论:北洋海军旗帜制度是如何规定的? 具有怎样的特色? 信号旗实际使用和战时成效如何? 笔者试图依据新近发掘的史料,对此作进一步考订。

一、海军旗帜的主要种类

无论是航行海上,还是平时训练、战时作战,各舰艇都是一个相当独立的军事单位。在无线电通讯手段发明之前,舰船与舰船、舰船与陆地之间的近距离通信联络、指令传达等,旗帜信号是最简便可靠的联络手段,即使在卫星通讯发达的今天,旗帜信号作为海军重要的信息传递手段,依然发挥着独到的作用。

海军旗帜主要在海军舰船上使用,依其功能及升挂位置,一般包括海军旗(即舰尾旗)与舰首旗、各级主官旗、长旒旗和通信旗等。

海军旗,西方海军又称为舰尾旗,是识别海军舰船所属国家的标志,同时也是国家的象征。国际通行的海军旗悬挂方法:停泊时挂于舰尾旗杆;航行时单桅舰挂于桅杆斜桁,双桅舰挂于后桅杆斜桁;作战时,所有舰艇不论昼夜均悬挂海军旗。

各级主官旗,是表示国家武装力量高级将领、海军各级主官职位的旗帜,俗称将旗;一般悬挂于舰艇主桅顶,表明有相应职务、身份级别的主官登上该舰。舰艇编队中升挂主官旗的军舰为编队指挥舰,即旗舰,整个舰艇编队服从旗舰指挥。

长旒旗,是一种悬挂在舰艇桅杆上、尾端分叉的长条旗,用于表示舰艇在役的海军专用旗,又称舰艇服役旗。悬挂长旒旗,表明舰艇处在航行状态。当有主官旗的长官登舰时,须升起主官旗,同时降下长旒旗。

经远舰下水时的照片,桅杆顶部升挂长旒旗,表明舰艇在役

通信旗,是以各种不同样式和颜色的旗帜表示字母、数码和某种特定意义,用于舰船间、舰船与陆地间通信联络的专用旗帜。分为海上通用国际信号旗和密语旗。前者俗称"万国旗",用于舰队对外交往、联络,后者则用于舰队内部的保密性联络。

信号旗的首次成功运用,是在1805年著名的特拉法尔加海战,由英国舰队司令纳尔逊实施。1817年,英国人玛利特船长制定了较为完善的信号旗,共使用16面旗,能表达9000组语句。1897年信号旗数量增至26面。

1934年正式使用的国际通用信号旗,数量增加到40面,由红、黄、白、黑4种颜色制成,有燕尾式、长方形、尖形和三角形4种。

二、清朝国旗与北洋海军军旗

中国近代化海军起步较晚,以1888年《北洋海军章程》颁布为标志,北洋海军成为中国国家海军的代表,基本上实现了与国际化的接轨。清朝国旗因军旗而定式,国旗与军旗二者合而为一,从此长方青龙黄旗既是北洋海军的军旗,又是清朝的国旗。

那么,长方青龙黄旗定式之前,国旗或者水师旗帜是如何使用的呢?从1840年甚或更早时期的史料显示,三角式青龙黄旗虽非正式国旗,实际上代行着国旗的职能。清朝旧式水师一直采用三角斜幅青龙黄旗;北洋海军成军之前,海军旗帜制度尚不完善,依然沿用三角斜幅青龙黄旗。

1888年北洋海军正式成军前,代为清朝国旗的三角斜幅青龙黄旗

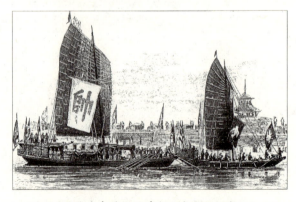

鸦片战争前后的清朝旧式水师帆船

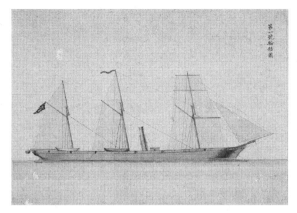

后桅斜桁上升挂三角斜幅青龙黄旗的万年清号轮船

1866年,出于国际间交往的需要,曾经由"总理各国事务衙门初定中国旗式,斜幅黄色,中画飞龙",①首次提出了"国旗"的概念,这可以说是近代中国的第一面国旗。1869年,福建船政局制造的第一艘蒸汽舰船万年清号②下水首航时,后桅斜桁上就升挂着三角斜幅青龙黄旗。

1887年,在英国朴茨茅斯港内,升挂着三角斜幅龙旗
和立锚五色将官旗、即将启碇来华的靖远舰③

①　《张之洞札善后局照绘国旗图式》,见张侠等编:《清末海军史料》,海洋出版社1982
年版,第505页。

②　中国第一历史档案馆藏《舆图》类档案第295号。

③　一直以来,该军舰被国内误认为是即将来华的致远舰。2004年,"甲午战争110周年
学术讨论会"在威海召开,与会美国学者纪荣松先生参观中国甲午战争博物馆时,指出该照片
中的军舰并非致远舰,而是其姊妹舰靖远舰。归美后,纪先生又提供了英国海军博物馆所藏
的标注英文的原始照片为证,确为靖远舰无疑,纠正了张冠李戴的错误。特此致谢。

1881年，丁汝昌率北洋水师官兵远赴英国，接收在此购造的超勇、扬威两艘军舰。8月3日，在纽卡斯尔港举行交接仪式，中国驻英公使曾纪泽亲自为之升挂龙旗，①升挂的就是这种三角青龙黄旗。

1887年，由北洋海军总查琅威理带队，赴英国和德国接带靖远、致远、经远、来远4艘军舰，靖远舰作为编队指挥舰。这张在英国拍摄的靖远舰珍贵照片，清晰地显示出舰尾升挂三角斜幅青龙黄旗，后桅顶端升挂立锚五色将官旗。说明至1888年之前，三角斜幅青龙黄旗一直代为国旗和军旗。

1888年《北洋海军章程》颁行。章程规定："西洋各国，有兵船旗、商船旗之别。大致旗式以长方为贵，斜长次之。""今中国兵商各船日益加增，时与各国交接，自应重定旗式，以崇体制。应将兵船国旗改为长方式，照旧黄色，中画青色飞龙。"②由此，清朝国旗和北洋海军军旗完全定式。为使旗帜经久耐用，在制作工艺上作了改进，将青龙图案由绘画改为用羽纱缝制。

清政府的正式国旗——长方青龙黄旗

国旗的规格，由张之洞于1889年的奏请史料③可知，国旗和军旗依尺幅大小分别为四种规格（1营造尺合32厘米）：

一号旗，横长一丈五尺六寸，直宽一丈六寸五分（长499.2厘米，宽340.8厘米）。二号旗，横长一丈三尺九寸，直宽九尺五寸（长444.8厘米，

---

① 姜鸣：《中国近代海军史事日志》，生活·读书·新知三联书店1994年版，第25页。

② 《北洋海军章程·第十三章：武备·国旗》，见张侠等编：《清末海军史料》，海洋出版社1982年版，第504页。

③ 《张之洞札善后局照绘国旗图式》，见张侠等编：《清末海军史料》，海洋出版社1982年版，第506页。

宽 304 厘米)。三号旗,横长一丈一尺五寸,直宽七尺六寸(长 368 厘米,宽 243.2 厘米)。四号旗,横长九尺六寸,直宽六尺三寸(长 307.2 厘米,宽 201.6 厘米)。

这四种规格,长宽比例在 1.46∶1 至 1.52∶1 之间,与现代长方形旗帜 3∶2 的比例基本相符,但还未达到严格的比例标准。

上列四种规格旗帜,适用于不同的场合升挂。① 一号旗,海口大炮台及一等军舰使用。二号旗,海口平炮台及二等军舰使用。三号旗,海口兵营及三等军舰使用。四号旗,小型蒸汽船及救生艇使用。

上述规定是指在平时,按舰艇大小区别升挂不同规格的军旗;而在战时的临战状态下,则不分大小舰艇,一律在主桅的斜桁上面升挂一号军旗。之所以如此,是考虑海战时硝烟弥漫,一号旗更便于己方辨识。②

三、北洋海军提督旗与将官旗

关于北洋海军主官旗,《北洋海军章程》第十三章《武备·将旗》规定:"提督用五色长方旗;诸将用三色长方旗;旗之上角,各饰以锚形。"③

海军提督旗(海军最高司令官旗),是北洋海军旗帜中极其重要的一种。在北洋海军成军之前的近 10 年间,北洋舰队的对外活动相当活跃,履行了诸如赴英国接舰、出访周边国家、醇亲王校阅海防等若干重大使命,作为舰队统领的丁汝昌,升挂的统领旗是何种样式呢?

立锚五色旗作为水师统领旗始于何时呢? 图片资料显示,北洋水师尚未正式成军之前,最晚在 1886 年时,就已经使用立锚五色旗作为舰队统领旗了。由此可见,《章程》对于提督旗和诸将旗的规定,不过是将其制度化、

① [日]《清国北洋海军实况一斑》之第十章《旗章》,日本海军参谋部明治二十三年七月(1890 年 7 月),第 60 页。

② 中日海军甲午黄海海战的史实可为佐证。见[美]马吉芬著,张黎源译:《鸭绿江外的海战》〔《中国近代史资料丛刊续编·中日战争》(7),中华书局 1996 年版〕:"我们的军旗已在其通常悬挂的位置高高飘扬,但是现在定远的主桅顶升起了一面与原先的陈旧小国旗相同的,但尺寸大得多的崭新黄色国旗,前桅顶的提督旗也换成了一面更大的旗帜,此举几乎立即被各舰仿效,而日本人也迅速地采取了与我们同样的行动。"因为海战即将开始,旗舰更换大号军旗和提督旗,各舰随之换挂大号军旗,是为了在硝烟弥漫的战场上相互辨认。

③ 《北洋海军章程》之第十三章《武备·将旗》,见张侠等编:《清末海军史料》,海洋出版社 1982 年版,第 504 页。

章程规定:北洋海军提督专用旗为立锚五色旗(章程
中并未详细载明五色及次序以及立锚的颜色,此旗式
由上到下依次为黄、白、黑、蓝、红五色,系根据北洋海
军提督的团龙五色旗旗样推测而来)

正规化而已。

1886年5月,总理海军事务衙门大臣醇亲王奕譞奉旨巡阅北洋海防时,随行画师写实性地描绘了定远旗舰升挂满旗的彩图。定远舰前桅顶端,升挂的就是立锚五色统领旗,而舰首旗和后桅旗则是三角斜幅青龙黄旗。

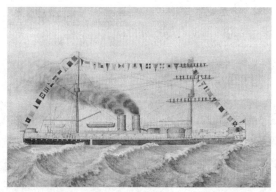

1886年5月,醇亲王奕譞巡阅北洋海防时,盛装满旗
的旗舰定远。舰首升挂三角龙旗,前桅挂立锚五色统
领旗,后桅顶挂长旒旗、三角龙旗①

统领旗采用五色旗帜,有何历史沿革源流呢? 中国古代将东、西、南、北四个方位分别赋予"四神",即东方为青龙,西方为白虎,南方为朱雀,北方为玄武,并分别对应青、白、红、黑四色。《吴子·治兵》以"四神"形象为旗帜,

① 《渤海阅师图册·兵船悬彩》,中国第一历史档案馆藏《舆图》类档案第274号。

用来指挥军队行止方位:"行必左青龙、右白虎、前朱雀、后玄武,招摇在上,从事于下。"汉代"五行"学说进一步将东、西、南、北、中五个方位配以五色:东方属青,西方属白,南方属红,北方属黑,中央属黄。中军为军令发布之所,以黄色为代表,故"四神"旗帜逐渐演变为"五行"的青、白、红、黑、黄五色旗帜。可见,中国以五色旗作为军用旗帜,有着悠久的历史传统。

据清代有关图像资料显示,旧式水师与绿营、淮军均使用五色旗。早期北洋水师沿用旧式水师旗帜,自然属于情理中事。为了显示与旧式水师及陆军的区别,北洋水师统领旗将传统五色旗的色彩次序加以变化,并在旗之

清代旧式水师船,船尾插着四面五色旗帜

清代绿营举行重大活动时使用的五色旗帜

清末旅顺驻军的阅兵仪式，右侧四面旗帜是五色旗。
绘于 1894 年

上角饰以立锚，既有厚重的中国特色，又有普遍的国际化元素。

1887 年中国派员赴英、德接船留下的靖远舰照片，准确还原了当时海军旗帜的使用情况。北洋水师提督衔总查琅威理任接舰的舰队统带，确定以靖远舰为旗舰，所以在该舰后桅杆顶端升挂立锚五色统领旗，表明旗舰指挥官的身份。

《北洋海军章程》规定：北洋海军提督旗为五色旗上角饰以锚形。但由于制度规定不够严密、使用不够规范，提督旗在使用过程中曾经发生过一些问题，最严重的便是 1890 年 3 月因升挂提督旗而引发琅威理辞职的香港"撤旗事件"。事件的起因与经过，以及谁是谁非暂且不谈，单就事件的后果而言，确实对北洋海军、中英外交，乃至海军留学产生了重大的负面影响。可见制度攸关，必须严谨缜密。

再者是北洋海军提督旗曾被南洋海军所滥用。为此，1890 年 12 月 31 日，北洋海军提督丁汝昌专门致函广东海军统领吴安康，提出严正交涉："查敝军团龙五色旗，当奏定章程时曾知照各国，为海军提督专用旗帜，昭昭在人耳目，未便别有通融。……不然，漫无知觉，体制纷更，既紊外观，必滋疑义。"[1]

---

① 《丁汝昌致吴征三信札》，见戚俊杰、王记华编校：《丁汝昌集》，山东大学出版社 1997
年版，第 150 页。

透过此函，我们不难发现一个新问题：丁汝昌明确表示提督旗是团龙五色旗，并且"当奏定章程时曾知照各国"，而《北洋海军章程》所规定的并非"团龙五色旗"，而是"立锚五色旗"，两者互相矛盾。那么"团龙五色旗"与"立锚五色旗"之间到底是怎样一种关系呢？为何要用"团龙五色旗"取代"立锚五色旗"？

新近发现了日本海军参谋部关于北洋海军的情报资料，其中就有北洋海军旗帜——包括北洋海军提督团龙五色旗的图样。图侧标注有日文说明："据海军条例，在提督旗上角标饰有锚章；其他诸将旗为三色长方形，其上角标饰有锚章，但三种色彩不明了……"①

1890 年日本海军参谋部情报中的
北洋海军提督旗图样

可见，北洋海军在成军后的一段时期内，确实曾按章程规定，使用过立锚五色提督旗，但不久即改换为团龙五色旗，那么，团龙五色旗是何时改用的呢？上述日本海军情报形成时间是 1890 年 7 月，而丁汝昌与广东海军交涉滥用提督旗的函件，时在 1890 年 12 月，综合分析两份材料可以得出结论：最迟在 1890 年 7 月之前——且在此前不久，北洋海军提督旗已经由"立

① ［日］《清国北洋海军实况一斑》之第十章《旗章》，日本海军参谋部明治二十三年七月（1890 年 7 月），第 61 页。

锚五色旗"改为"团龙五色旗"。

北洋海军提督旗由立锚五色旗改为团龙五色
旗。五色次序不变

至于改换的原因,不排除"在使用过程中,因其易与立锚三色将领旗混淆,而改为团龙五色旗"的可能。再者,从改换的时间点来看,恰巧在"撤旗事件"前后,倘若在此之后,该事件是否也是导致改换提督旗帜图案的原因之一呢。

北洋海军提督旗,依大小区分为五种规格,①分别升挂于五类舰艇:

一号旗,横一丈三尺五寸,竖九尺(长 432 厘米,宽 288 厘米)。大舰用。

二号旗,横一丈一尺五寸,竖七尺五寸(长 368 厘米,宽 240 厘米)。二等舰用。

三号旗,横九尺,竖六尺(长 288 厘米,宽 192 厘米)。三等舰用。

四号旗,横六尺八寸,竖四尺五寸(长 217.6 厘米,宽 144 厘米)。小蒸汽船及大救生艇用。

五号旗,横六尺四寸,竖三尺六寸(长 204.8 厘米,宽 115.2 厘米)。救生艇用。

除提督旗外,还有北洋海军将官旗,包括总兵、副将、参将三个职级的将官,均使用三色将官旗。舰艇编队是以编队中职衔最高的将官所在的舰船为旗舰,并在旗舰上升挂该将官的将官旗。北洋海军也是如此规定,当提督在编队中时,旗舰升挂五色提督旗;当提督不在编队中时,旗舰则撤下提督

---

① [日]《清国北洋海军实况一斑》第十章:《旗章》,日本海军参谋部明治二十三年七月(1890 年 7 月),第 61 页。

旗,而以编队中的总兵或副将为指挥,升挂立锚三色将官旗。①

北洋海军将官旗为立锚三色旗。三色为黑、蓝、红色

北洋海军鱼雷艇队是北洋海军的重要作战力量构成,共有 13 艇,分左队 3 艇、右队 3 艇,外加福龙号艇,定远、镇远两铁甲舰之 4 艘舰载鱼雷艇定一、定二、镇一、镇二,以及中甲、中乙 2 艘小型鱼雷艇。以左队一号鱼雷艇为指挥艇,管带都司王平任鱼雷艇队队长。自建队伊始,鱼雷艇队的人员调动、船艇调度,均归直隶候补道刘含芳掌管,后刘含芳调任东海关道,转由继任者龚照玛接管。② 鱼雷艇队作为北洋海军中相对独立的编制,其司令官

① 《北洋海军章程》之第十章《钤制》:"提督他往,则听左翼总兵一人之令;若左翼总兵他往,则听右翼总兵之令;右翼总兵他往,则听副将之令;同为副将,则听资深副将之令;不分中军、左、右翼,依次递推。"由此,将旗之升挂,以在舰职衔最高之将官为准。见张侠等编:《清末海军史料》,海洋出版社 1982 年版,第 499 页。

② 鱼雷艇队始建,设鱼雷营于威海金线顶。1886 年旅顺基地建成,鱼雷艇仓库、鱼雷局等设施完备,威海鱼雷营当年迁往旅顺,其日常训练和维护归刘含芳掌管,刘含芳时任直隶候补道、旅顺船坞工程会办;后刘含芳调任东海关道驻烟台,鱼雷艇队由旅顺船坞总办龚照玛接管。

1888 年《北洋海军章程》规定,包括鱼雷艇在内的舰艇全部归北洋海军提督指挥,而实际并非如此,鱼雷艇队的操练、管理相当独立。透过丁汝昌的信函可以看出,直至 1894 年甲午战争爆发,鱼雷艇队的调动仍然要与刘含芳、龚照玛反复商量。

又,《醇亲王巡阅北洋海防日记》:"记名关道刘含芳,带鱼雷营、左队一号大雷艇、左队二号大雷艇、右队一号大雷艇、右队二号大雷艇、右队三号大雷艇。""记名关道刘芗林(含芳)观察复督鱼雷五艇,在黄金山下浅水处同时操阵。……芗林观察督弁兵操练五年,昼夜研求,又得德国副将哈孙·克赖发细心指导,至今各弁目乃能服习利用此武艺中之最难者。"这些均反映了刘含芳对鱼雷艇队的实际管理与调度指挥。见张侠等编:《清末海军史料》,海洋出版社1982 年版,第 238 页。

也有统领旗,此前却鲜为人知。

北洋海军鱼雷艇队统领旗图样。旗帜为红、绿、黄、白、黑五色旗,在旗之上角饰白地蓝色的上坤下乾("泰"卦)八卦图

比照提督旗与将官旗的规制来分析,旗色多少是与职衔高低相对应的,因此,拥有升挂鱼雷艇队统领旗资格者,应有较高职衔,而鱼雷艇队队长王平只是都司衔,属于下级军官,显然不具备这种资格,而掌管鱼雷艇队的刘含芳和龚照玙官职为二品道员,职衔较高,符合该统领旗的使用规制。

领队旗(日本海军称"先任旗";"先任"即"优先担任"之意),《北洋海军章程》规定:"提督他往,则听左翼总兵一人之令;如左翼总兵他往,则听右翼总兵一人之令;右翼总兵他往,则听副将之令;同为副将则听资深副将之令;不分中军、左、右翼,以次递推。"①

当提督、总兵、副将等拥有将官旗的高级将官均不在舰上时,依照上述规定,就要以舰上职衔最高、资历最深的军官所在的舰船为指挥舰,并在舰桅上升挂该燕尾形四色领队旗,表明其拥有发布命令的权力。

大官乘舰旗,为五色旗,次序为红、蓝、黄、黑、白。于总兵或布政使、各道等官员乘舰之时升挂该旗帜,较少使用。

天后旗,于每月朔日(初一)、望日(十五日)及祭日在舰船桅杆上部升挂

---

① [日]《清国北洋海军实况一斑》之第十章《旗章》,日本海军参谋部明治二十三年七月(1890年7月),第61页。

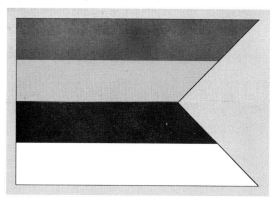

北洋海军领队旗,由红、黄、蓝、白四色组成,旗
形为燕尾形,燕尾形旗规格低于长方形旗

大官乘舰旗

该旗帜。① 由此可见,北洋海军虽
然在舰船装备、组织结构、规章制度
方面借鉴于英国海军,但在精神信
仰层面,仍然完全植根于中国传统
的民间天后信仰。

此外,还有当值旗和食时旗。
食时旗是舰队就餐的信号旗,于就
餐之前升挂该旗,就餐时降下该旗。

天后旗

天后旗,红底黑字,上书"天上圣
母"四字

————————

① [日]《清国北洋海军实况一斑》之第八章《信号》,日本海军参谋部明治二十三年七月
(1890 年 7 月),第 52—53 页。

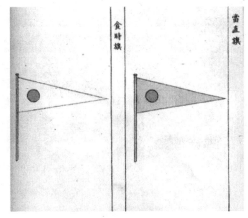

北洋海军食时旗和当值旗

四、北洋海军的旗帜信号

国际通用信号旗,是海军对外交往的重要礼仪手段。"满旗"是等级最高的一种礼仪形式,于重大庆典或国家元首、政府首脑登舰等场合悬挂,升挂方式是从舰首旗杆经过前桅、后桅直至舰尾旗杆,按一定的规定挂满信号旗。

1886年,醇亲王大阅海防时升挂满旗的广乙舰

在与外舰进行旗语联络时,需要按国际通用信号旗的使用规定,升挂含义表述完整的旗语。甲午丰岛海战中,日舰浪速击沉中国运兵船高升号时,曾悬挂"立即离船"[1]的警告旗语,对照绘画可见浪速左侧悬挂了6面旗语

---

[1] 根据《附录:击沉"高升"号事件》,日舰浪速在击沉高升号运兵船之前曾悬挂"迅速离船"警告旗语。见《中国近代史资料丛刊续编·中日战争》(8),中华书局1994年版,第8页。

旗,该旗帜信号表达的应该就是上述旗语。

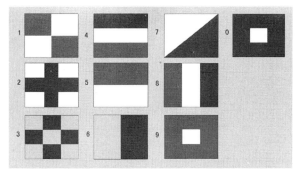

海军国际通用的代表 0—9 数字的信号旗,与 19 世纪后期相比变化不大

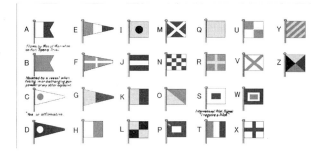

海军国际通用的代表 26 个英文字母的信号旗,其中方形旗 19 面,三角旗 5 面,燕尾旗 2 面

日舰浪速左舷侧悬挂的"立即离船"警告旗语,不是密语式信号

除此,信号旗最重要的作用是向己方舰船下达命令、传递信息。一般采用密语旗号。信号旗对舰队的编队阵形至关重要,没有信号旗的统一指挥,

舰队的阵形变换是无法实现的。

北洋海军使用的信号有五大类之多，①旗帜信号是其中最重要、最常用的一类。北洋海军信号旗帜共有 44 面，含方形旗 28 面、三角旗 16 面。方形旗分别为号旗 10 面、区别旗 18 面，其中字母旗 25 面；三角旗分别为号旗 10 面、区别旗 6 面。不过，也有用各种区别旗替代号旗的情形，②通过这些信号旗帜的不同组合，形成了极其繁杂的旗帜信号系统，其中仅用于表示舰队阵形变化的信号就有上百种之多。

《船阵图说》是北洋海军战术编阵的范本，它为我们开启了近代海军编阵旗语的一扇窗口。全书列举了 118 种阵法，每种阵法都对应着一种旗语。例言说明："凡说中所称旗号，应行编入旗书。其云应升第若干旗者，以近日轮船通语旗书，错出不一，间有用干支卦名等字，参伍错综以分门类者，繁而易紊，不若代以数目字，但制旗十余面，便可由一逮万，推之无穷，执简御繁，仓猝易检。其自第一百一旗始者，留前百号备编其他要语也。"③

由此可知，舰队编队阵法变化极为繁杂，旗语表述更是令人眼花缭乱。如此多样的旗帜、复杂的阵形、千百种编排变化，如果直接按旗语表述的含义来升挂，需要使用的旗帜数量会很多，相当费时费力、效率低下，即便平时演练也极易产生错误，何况在战况瞬息万变的海战场上，不仅在变换命令时会有升挂的失误，而且战场硝烟弥漫，更易造成识别的混乱和错误。怎样才

---

① ［日］《清国北洋海军实况一斑》之第八章：旗语，日本海军参谋部明治二十三年七月（1890 年 7 月），第 52 页。

② 第一类，旗帜信号。第二类，手旗信号，是由信号兵双手各持 1 面红色小旗，依据英国信号式，共有 26 种摆动方式，即区别式 5 种、字母式 21 种。第三类，发光信号，是使用电光或发光器两种。是依据英国凯普顿·考洛姆氏发光信号式的 18 种式样区别发光。第四类，灯火信号，是使用 2 个或 4 个红色灯火。其式样共 14 种，区别为在海上和在港内两种情形。第五类，炮号信号，是以发炮的连续或间隔秒数长短为号音的。

当今国际通用信号旗含 40 种旗，包括 26 种字母旗，10 种数字旗，3 种代用旗和 1 种回答旗，与北洋海军信号旗有较大差别。

1884 年，由天津水师学堂翻译印行的英国《船阵图说》，是中国第一部系统介绍英国海军阵形阵法的专门著作。

天津水师学堂翻译：《补遗船阵图说·例言》，见杨志本主编：《中华民国海军史料》，海洋出版社 1987 年版，第 1161 页。

③ 天津水师学堂翻译：《补遗船阵图说·例言》，见杨志本主编：《中华民国海军史料》，海洋出版社 1987 年版，第 1161 页。

能做到使用简便快速、传递信号清晰明了、准确无误呢?

北洋海军"镇"字号炮舰,后桅杆从上到下升挂着 4
面信号旗,斜桁上升挂北洋海军军旗

《船阵图说》提供了很好的解决方案。《图说》采用以数字顺序编号的方法,将 118 种编队阵形变化,分别赋予从 101 号至 219 号的序号;同时"留前百号备编其他要语",①也就是将除了阵形旗语之外的重要命令,编制成若干命令旗语,对应赋予从 1 号至 100 号的序号。如此一来,每个序号就惟一对应一种阵形旗语或命令旗语。这样,舰队旗舰在下达指令时,只要旗舰升挂该命令或编队阵形对应的数字序号的旗语,编队其他舰船就可以根据该序号,在旗书中查出所对应的命令或编队阵形,准确无误地执行旗舰的指令。其原理与电报编码相同,每个字对应一个编码,接收电报者只要按编码本查到该编码,就可以还原电报的报文了。正所谓"执简御繁,仓猝易检",从而避免了足以致命的失误。

日本海军关于北洋海军信号旗的情报显示:为了使信号旗使用更加便捷,北洋海军从 28 面方形旗中选定 5 面、从 16 面三角旗中选定 3 面,作为与舰队运动相关的信号旗帜。② 而对《船阵图说》中有关阵形变换的旗帜信号的统计表明,方形旗数量为 11 面、三角旗数量为 3 面,方形旗数量与日方

———————————

　　① 天津水师学堂翻译:《补遗船阵图说·例言》,见杨志本主编:《中华民国海军史料》,海洋出版社 1987 年版,第 1161 页。

　　② 《第八章:信号》,见[日]《清国北洋海军实况一斑》,日本海军参谋部明治二十三年七月(1890 年 7 月),第 52 页。

情报所载不符,日方情报有误。至于每面旗帜代表什么数字,由于缺乏确切的依据,无法给出准确答案。

不过,结合旗语与对应的阵形,可作如下分析推测:在表示阵形编列序号的旗帜信号时,其中10面方形旗分别对应从0至9的10个数字,还有1面方形旗作为该阵形序号中重复数字的代用旗,如11、22……99、100、111……199、200、211序号,该代用旗即代表与十位数字相同的个位数字。而三角旗则有双重含义:数字含义,红色和蓝色可能分别对应101—199序号的百位数的1、200—219序号的百位数的2;色彩含义,红色、蓝色的三角旗表示大型战舰,红白相间的三角旗则表示炮艇、鱼雷艇等小型船艇。这样,从101至219之间的每一种阵形的序号,就可以通过2面方形旗和1面三角旗的变化组合来表示了。

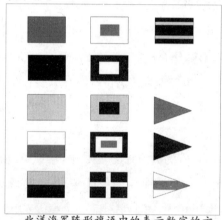

北洋海军阵形旗语中的表示数字的方
形旗和表示舰船种类的三角旗。根据
《船阵图说》阵形归纳而来

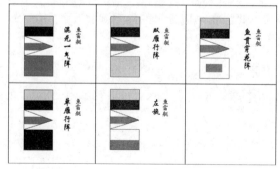

北洋海军鱼雷艇阵形的旗语。中间的红白相间
式三角旗表示炮舰和鱼雷艇等小型舰艇

北洋海军编队阵形所用旗语,即《北洋海军章程》所谓"密语式"是自行编订的。《船阵图说》"是书凡列阵法,均属分图,若欲平时用于操演,仍应于平时酌选若干阵,联而合之,绘具变复总图,方较适用。大率以鱼贯、雁行二端为纲领,其余各阵变复,胥得而隶焉"。①

北洋海军运用比较普遍的基本编队阵形有 16 种。据《阅师图卷》之《铁舰快船八艘演阵图》例言标明:"一、凡图左绘旗式一,所谓旗语也;统领悬某旗,各船即演某阵。一、图中除首列单行鱼贯阵外,共计一十六阵,海军布阵之纲领,已具于此。"②

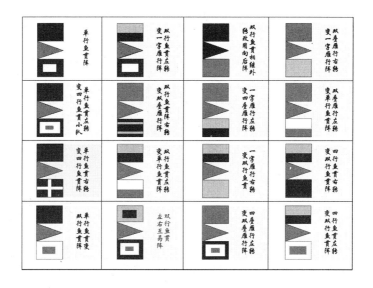

《铁舰快船八艘演阵图》所绘 16 种主要阵形的旗语。中间的红色或蓝色三角旗,表示铁甲舰和巡洋舰等大型舰船

例如,铁甲舰、巡洋舰双行鱼贯阵左转变为一字雁行阵,③其 3 面信号旗组成如下:

① 《阅师图卷》之《铁舰快船八艘演阵图·例言》,中国第一历史档案馆所藏《舆图》第1250—1 号。

② 天津水师学堂翻译:《补遗船阵图说·例言》,见杨志本主编:《中华民国海军史料》,海洋出版社 1987 年版,第 1161 页。

③ 《阅师图卷》之《铁舰快船八艘演阵图》,中国第一历史档案馆所藏《舆图》第 1250—6号。

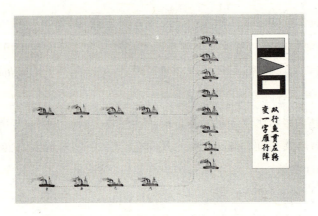

北洋海军双行鱼贯阵左转变为一字雁行阵的旗语与
阵式

例如,炮艇鱼贯穿花阵的阵形与旗语,①其3面信号旗组成如下:

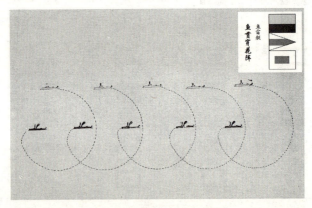

北洋海军炮艇鱼贯穿花阵的旗语与阵式。中间的三角
旗为红白相间,区别于红色、蓝色三角旗

五、黄海海战中北洋海军的旗帜信号

旗帜信号是海军组织实施战术的重要手段,海军密语旗书犹如电报之
密码,属于对外保密的重要军事机密,升挂后只有己方明了其含义,而敌方
不知所以,一旦失密,则敌方便可按图索骥,对对方战术阵形了如指掌,故情
报价值巨大。北洋海军的密语旗书,关键在于所选用的旗帜代表何种数字,

---

① 《阅师图卷》之《炮艇演阵图》,中国第一历史档案馆所藏《舆图》第1246—2号。

对应何种阵形。为了避免旗语日久失密,密语旗书在战时需要加以变化,方法就是从 28 种方形旗和 16 种三角旗中,另行变换方形数字旗帜及三角形区别旗,就能够实现旗语信号保密的目的。

指挥信号在海战中的作用发挥如何,会在很大程度上影响海战的战局。旗舰的信号系统是舰队指挥系统的重要枢纽,军舰桅杆则是升挂信号旗帜的所在,因此,摧毁敌方旗舰桅杆便成为破坏敌方指挥系统、打乱敌方阵形有效变换的重要战术手段。

悬挂 5 面信号旗的日舰松岛号

中日海军的甲午黄海海战,是自有蒸汽战舰以来规模最大的一场海战,海战开始之初,北洋海军定远旗舰旗帜信号指挥有效,舰队阵形变换有序,基本战术大体得以实现。海战展开后,旗舰定远的信号装置成为日舰炮击的重点目标。"最初半小时内日方炮火之丛集,已将舰上信旗毁灭,使吾人无法改变阵势"。[①] 定远前桅的上桅部分被日舰炮火打断,信号索具被摧毁,"战斗一开始,各舰的信号索就几乎全被打掉或烧掉。'镇远'的信号索也大部不见踪影"。[②] 各舰失去统一指挥,北洋海军由此陷于被动。到海战接近结束时,才由靖远舰管带叶祖珪代替旗舰升起收队旗,召集诸舰,重新

---

① 〔英〕泰莱著,张荫麟译:《泰莱日记——甲午中日海战见闻记》,见《中国近代史资料丛刊·中日战争》(六),上海人民出版社 1957 年版,第 47 页。

② 〔美〕马吉芬著,张黎源译:《鸭绿江外的海战》,《中国近代史资料丛刊续编·中日战争》(7),中华书局 1996 年版,第 284 页。

加入战阵,日舰撤出战场。

这幅黄海海战画面显示,定远和镇远的桅杆均被打断,无法升挂指挥信号旗帜

　　此战暴露出北洋海军旗帜信号的诸多问题。海战之前,北洋海军使用了新制定的密语旗书,据亲历海战的北洋海军总查汉纳根战后给李鸿章的报告称:"在众多缺点中最严重的问题,在于新制定的秘密信号规则不够完善。"①第一,"要担负起指挥一支十二艘军舰的舰队的复杂艰巨任务,指挥信号是必要的";②第二,"因各舰速力以及吃水吨位相差悬殊,行进中难以精确地变换阵形、保持严密的阵位",③阵形变换的不到位,造成了采用何种旗帜信号的困难;第三,"由于北洋海军常常懈怠于做出航准备,舰队乘员们无暇熟练掌握新定的信号规则",④因对信号理解的准备不足,勉强使用,随之造成了更多问题;第四,随着敌舰不断的回转运动,以至于北洋舰队终于难以跟随旗舰运动,阵形无法实现不断的变换,舰队序列彻底陷于混乱,甚至已方各舰多次妨碍了对敌舰的射击。因此汉纳根建议"应该更改新定的

　　① ［德］汉纳根:《黄海海战后禀李鸿章的报告》,见［日］海军军令部编:《明治二十七八年海战史》上卷之《黄海海战》。

　　② ［德］汉纳根:《黄海海战后禀李鸿章的报告》,见［日］海军军令部编:《明治二十七八年海战史》上卷之《黄海海战》。

　　③ ［德］汉纳根:《黄海海战后禀李鸿章的报告》,见［日］海军军令部编:《明治二十七八年海战史》上卷之《黄海海战》,日本海军军令部编撰。

　　④ ［德］汉纳根:《黄海海战后禀李鸿章的报告》,见［日］海军军令部编:《明治二十七八年海战史》上卷之《黄海海战》。

秘密信号规则"。

　　海军作为一个高度近代化的新式军种,一方面,其技术含量高,机动性大,战斗力强,对指挥者和操作者的素质要求也更高;但另一方面,在当时的通讯指挥条件下,缺乏有力保障的旗帜信号指挥系统,却成为这个钢铁巨无霸的软弱命门。北洋海军对于新定密语旗号掌握运用不够熟练,海战中指挥信号失灵,指挥信息不畅,成为黄海海战失败的重要原因之一,也为北洋海军的全军覆没埋下了种子。

　　王记华,中国甲午战争博物馆副馆长,研究馆员

北洋舰队 1891 年访日问题的再检讨

〔日〕伊原泽周

一、问题的提出

北洋舰队是李鸿章推行洋务运动的最大的成果。该舰队在甲午战争之前,称雄于亚洲诸国中,但是 1894 年 9 月 17 日与日本舰队在黄海一战,却被一击而溃散,决定了甲午战争的胜负。获得大胜的日本,强逼李鸿章接受割地赔款的不平等《马关条约》,促使中国更向半殖民化的国家推进了一步。因此,今天我们在北洋舰队根据地威海市来开研讨北洋海军问题的国际学术会,实有它的意义。

本文研讨北洋舰队于 1891 年访问日本的问题,是想提出若干基本史料及不成熟的个人意见,以供研究者们的参考,借此以期我们研究北洋海军问题的深入化。

1995 年,海军军事学术研究所及中国军事科学会主编的《甲午海战与中国海防》中,收录了方堃《北洋舰队 1891 年对日本的访问及其影响》一文,将访问的背景与策略,访日的实施及其对中日双方的影响,都研究得很详细。接着,2004 年,戚其章的大著《甲午日谍秘史》也将北洋舰队第二次访日问题作一略述,并认为李鸿章这次派丁汝昌率北洋舰队访日,是应日本"邀请"才去的。的确,李在《李文忠公全集·电稿》十三《寄海署》1891 年 6 月 27 日(光绪十七年五月二十一日)电文中说:"日本屡请我兵船往巡修好,现派海军提督丁汝昌统定远、镇远、致远、靖远、经远、来远铁快舰,于五月二十日开赴日本之马关,由内海至东京晤李公使,再商定巡阅沿海境各口事竣,并顺问大阪、神户等处。据李使回电,已转致日本外务省照料。请代奏。"但是日本官方的文献记录中,迄今仍未发现日本政府"邀请"北洋舰队访日的正式文件。日本的研究者们多认为北洋舰队是作"仪礼"的访问,并兼有向日本"示威"的意图。

研究中日甲午战争的知名学者,前名古屋大学教授信夫清三郎于1943年10月刊印《日清战争》一书,立即被禁停刊。1970年,由他的高足藤村道生校订再版,是研究甲午战争的一本名著。1974年,信夫又主编了一本《日本外交史》(每日新闻社版,1974年),是汇集他的共同研究会参加者们及他本人的研究论文而编成,已译成中文,多为中国学者所引用。该书中的第三章《大陆政策的形成》(1877—1883),第四章《脱亚入欧》(1884—1891),第五章《甲午战争》(1892—1896)计三章的执笔者是藤村道生。他在第四章第四节《大陆政策的决定》(150—158页)里,涉及到北洋舰队第二次访日,是借"仪礼访问"之名而向日本"示威",并未谈到日本政府的"邀请"问题。1980年,信夫清三郎自己又写了一本《日本政治史》(南窗社版,东京,已译成中文),在该书第四章《日清战争》里,谈到1892年(1891年之误——笔者注)7月16日,丁汝昌在定远号上招待日本国会议员参观军舰,使他们都"卷舌惊恐"中国舰队的威容,感到自国舰队的脆弱而不安(见250页)。也仍然未谈到北洋舰队的访问是应明治政府的"邀请"而到日本的。

因此,我们可以说,北洋舰队的这次访日似乎不是日本政府的正式"邀请",而是李鸿章自己所决定的。但是,李是当时慈禧太后的宠臣,绝不敢在奏文中写出"屡请我兵船往巡"的空话,必有他的根据的。这是本文要检讨的第一个问题。

其次是,北洋舰队的访日,给日本很大的恐惧与警惕是不可否认的。明治政府最初的对外出兵,始于1874年5月西乡从道率领的军舰四艘进攻台湾的"征台之役"。接着中日两国又以琉球归属问题,朝鲜独立问题,各执其词,争论不已。尤其是1882年朝鲜的"壬午之变",1884年的"甲申之变",中日两国在朝鲜的对峙,更是日益紧张。结果,1885年李鸿章与伊藤博文在天津签订了《中日天津条约》,暂时缓和了两国武力的对决。虽如此,但两国各自扩充军备,特别是海军的增强,都仍在不断地发展中。

北洋舰队于1888年以铁甲舰定远、镇远以及巡洋舰济远、经远、来远、致远、靖远、超勇、扬威等舰为骨干而编成,而且军舰均购自英德诸国,是当时亚洲诸国海军中最强大的近代舰队,它的这次访日,给日本的影响究竟是怎样呢?这是本文要检讨的第二个问题。

二、关于访日"邀请"问题

A. 日本政府内部的矛盾

北洋舰队第二次访日前的 1889 年 12 月 24 日,山县有朋继黑田清隆之后而组阁。山县是长州(今山口县)藩军人,1884 年任参谋本部长,掌握陆海军大权。山县内阁成立后,他于 1890 年 3 月 28 日至 4 月 2 日实施了陆海军联合大演习,并奏请明治天皇到三重县鸟羽检阅海军。当时参加大演习的有:东舰队司令官福岛敬典率领的金刚、筑紫、天龙等 6 舰,及西舰队司令官井上良馨率领的高千穗、扶桑、浪速等 6 舰,计 12 艘,是当时日本海军的主力。但是这批舰队与当时中国的北洋舰队对比起来,吨数与装备都赶不上。因此,山县的海军大臣桦山资纪在这年 12 月 16 日的帝国议会上提出 521 万日元,拟建造巡洋舰吉野、须磨及水雷炮舰龙田(总计 6750 吨)3 艘,以期海军能达到 12 万吨的目标。①

山县首相为维护他的"主权线"与"利益线"的对外扩张,与反藩阀的民权派在野各政党,以军备问题的意见相对立,再加上在外交上的不平等条约改订的失败,终于 1891 年 5 月 6 日辞职,内阁解散。继其后者,是萨摩藩财政首脑松方正义出面组阁,桦山仍继任为松方内阁的海军大臣,对扩充海军的军备,完成 12 万吨军舰的主张始终未放弃。他认为当时日本海军中,只有扶桑铁甲舰一艘,而且是 1878 年(明治十一年)建造的,与北洋舰队中的定远、镇远相比起来,实有天差地远之别,因此他于北洋舰队访日时的 7 月 8 日,向松方首相提出:9 年间建造铁甲舰 4 艘,巡洋舰 6 艘,通报舰 1 艘,合计为 73900 吨,用费为 58552636 日元的建议。②

如此看来,北洋舰队的访日,与桦山海军大臣提出的扩大日本海军要求,似有相关之处。也可以说是:桦山欢迎北洋舰队的访日,欲利用北洋舰队的强大来刺激日本的朝野,以期实现他的扩大海军的要求。

B. 榎本武扬的对华观

---

① [日]海军省编:《山本权兵卫与海军》,(东京)原书局 1966 年版,第 322—324 页。

② [日]海军省编:《山本权兵卫与海军》,(东京)原书局 1966 年版,第 326 页。又,[日]海军大臣官房编:《海军军备沿革》(岩南堂书店,昭和 9 年)第 35 页亦谓:铁甲舰 4 艘,巡洋舰 6 艘,通报舰 1 艘,合计 11 艘,计 73900 吨。

榎本是德川幕府的遗臣,1868 年"戊辰"之战,将军德川庆喜败走,萨长联军入江户,建立明治政府,但榎本乃率领幕府的海军据北道函馆五棱郭继续抗战,不久降于明治政府,后为黑田清隆所庇护,1872 年被任为北海道开拓使。1874 年为海军中将并特命为驻俄公使。1880 年任海军省海军卿,为日本海军最高首领。1882 年特命为驻华全权公使,1885 年协助伊藤博文在天津,与李鸿章周旋《中日天津条约》的订立,与李结为知交。

1891 年 5 月 6 日松方正义内阁成立后的第五天,即 5 月 11 日,至日本访问的俄皇太子尼古拉(Nikolai,ALexandrovick)在滋贺县琵琶湖畔的大津町,忽被守卫巡警津田三藏所刺伤,闹出重大的"大津事件"。明治天皇闻之大惊,乃亲至京都的医院慰问俄皇太子,同时内阁外务大臣青木周藏引责辞职,榎本武扬继青木之后为外务大臣,处理事件的善后,总算是避免了日俄之间的险恶关系。

大津事件并不是偶然发生的。原因是沙俄于这年开始修筑西伯利亚铁道,企图在亚洲寻找一良港,扩大其势力。这一计划,不但给日本致命的威胁,而且也使朝鲜、中国感到不安。当时日本朝野上下,都对沙俄势力的东渐感到非常可怕,因此,反俄、畏俄的情绪日益高涨,终于酿成了事件。当时刚刚成立的松方内阁对处理这件毫无经验的国际大事件,不知如何是好,幸而榎本大臣一面对沙俄道歉,一面对中国表示亲近,于是中日两国之间的敌视状态渐趋转好。欢迎北洋舰队访日,或是榎本为增进友好而作出的"善邻外交"。

本来,所谓"中日同盟"的词意,最初见于 1871 年 9 月 13 日日本代表伊达宗城在天津与李鸿章签订的《中日修好条规》。该约中的第二条写道:"两国既经通好,自必互相关切,若他国偶有不公及轻藐之事,一经知照,必须彼此相助,或从中善为调处,以敦友谊。"[①]在山县有朋内阁(第一次)时,外务大臣青木周藏于 1890 年(明治二十三年)5 月 19 日向内阁提出"东亚细亚列国之权衡",[②]主张中、日、韩三国联合起来一致对抗欧美列强,其原因是:

① 见褚德新、梁德主编:《中外约章汇要》(1869—1949),黑龙江人民出版社 1991 年版,第 190—193 页。

② [日]坂根义久校注:《青木周藏自传》,东洋文库第 168 号,(东京)平凡社 1970 年版,第 99—110 页。又,[日]外务省编《日本外交文书》第 23 卷第 538—543 页亦收录此文,题为《青木外务大臣意见书·东亚列国之权衡》,5 月 15 日。

当时青木外相致力于1858年(安政五年)欧美列国强迫日本所签订的不平等的安政条约改订交涉而失败的缘故。

安政条约的内容是美、荷、俄、英、法诸国,以中国第二次鸦片战争后的1858年6月26日,英国强迫清政府所签订的《中英天津条约》条项为蓝本而缔结的,规定了治外法权(即领事裁判权)与关税协定权,使独立国家丧失了自主权,是一典型的不平等条约。明治维新后,日本政府为修改这条约,再三再四地与欧美诸国交涉,即所谓"法权"与"税权"的收回谈判,但是终未达到目的。故中日甲午战争前的日本,几乎同中国一样,都被欧美诸国不平等条约所束缚,而使国家陷于半殖民地状态。这种"同病相怜"的情感,激起亚洲被压迫民族"攘夷"的共同意识,于是日本朝野一部分人倡"日清同盟论"或"东亚同盟论"。这种思想反映在上述的《中日修好条规》里。松方内阁的榎本外务大臣,可以说是亚洲诸国同盟论的支持者。

C. 反对中日甲午战争的胜海舟

胜海舟是幕末、明治初年的政治家。1823年出生于江户(今东京)。1855年在长崎学习海军战术。1862年随同幕臣竹内保德率领的遣欧使节团,搭英国的军舰由江户出发,前往欧美诸国考察,是幕末期日本海军的创始人。明治维新后,历任新政府的要职。1873年任参议兼海军卿。当时明治政府内部,内治派与外征派分裂,外征派西乡隆盛及板垣退助等下野。次年,西乡的弟弟从道以台湾原住民杀害琉球藩民为口实出兵征讨台湾,酿成"征台之役",引起中日两国之间的纷争,随后又以朝鲜问题,两国的对立状态更加紧张起来。

征台之役时,海军卿胜海舟虽表示反对,但无力阻止强大的萨藩西乡派的势力,乃向太政大臣(首相)三条实美辞其职,1875年被任为元老院议官,不久,又辞其职,最后,被任为枢密顾问官。实际上,辞去海军卿是意味着不愿与萨、长两藩阀争权夺利,而以枢密顾问官来监视他们。

海舟有他自己的政治理念,终身主张中、日、韩三国同盟,反对藩阀政府发动"不义"的战争,要维护亚洲民族传统的文化以阻止欧美列强的侵入。松浦玲在著书《明治的海舟与亚细亚》(岩波书店版,1987年)中,认为胜海舟的亚洲同盟论,是日本明治时代的特殊"思想家"。

的确,在胜海舟的《建言书类》里,可以看到他于1888年(明治二十一年)5 月向枢密院议长伊藤博文提出的建言,其大意是:对邻近的中国不可轻举妄动,做些有损于日本的行为,要以至诚忠实相待,以建立两国的亲密关系。促进两国的贸易,以充实日本的国库。这才是当前应办的大事。①

清政府驻日公使黎庶昌是曾国藩的幕僚,桐城派学者,擅于诗文。1881年至 1884 年,1887 年至 1890 年二度出任驻日公使,与胜海舟结为知交。1891年 2 月黎由日本回国时,海舟以短刀、汉诗赠送之,而且还说:"君与我为知心之交,祈归国后勿忘此情。"②由此可知他们之间的关系。而且,继黎公使之后的新任公使李经方于黎公使离日即到达东京,将海舟请李鸿章为他的著书《外交余势》与《断肠记》所写的序文也随身带来,③使他非常感激。诸如这些事实,可以说明丁汝昌这次率舰队访日的"邀请",与海舟似有不可分的关系。

D. 驻日公使黎庶昌的进言

黎庶昌于解职归国前的 1891 年 1 月 1 日,即清光绪十六年十一月二十一日,在《密陈日本近日情形片》中说:

> 自我与法人构难以来,其心愈益不敢轻视,又于其时,乘势谋夺朝鲜事终无成,盖已知难而退。逮臣二次驻扎,适值彼外务大臣井上馨与西人订约受制甚多,为众论所不容罢职而去,国情复为一变。上年九月,大隈重信再持条约之议被人刺伤,大臣中如伊藤博文、黑田清隆等,相继辞职,人怀戒心,国情又为一变。今则朝野上下,似悟既往之失,渐有亲我之心,与初至时迥然不同矣。即交涉事件,亦近和平,不似从前之有意挑剔,此臣六年中所见之实在情形也。现虽设立议政院,而开院以来,议论颇属平静,其国人与臣往还者,又多以亚洲大局为言。臣愚以为凡事图功于闲暇时则易救敝,于已败后则难。该国近在邻封,唇齿相依,轮船往来,一昼夜可达,兼以二国同文,风气切近,可以为祸为福。而窃计我国海军,除定远、镇远二铁舰外,其余兵轮不过与之相敌,未必

---

① 〔日〕《胜海舟全集》第 14 卷,第 259—262 页,《建言书类》二四《致伊藤枢密院议长书》,〔日〕劲草书房 1974 年版。

② 〔日〕《胜海舟全集》第 21 卷,第 406 页《海舟日记》(明治二十四年,1891 年 2 月 8 日)〔日〕劲草书房 1974 年版。

③ 〔日〕《胜海舟全集》第 21 卷,第 406 页《海舟日记》(明治二十四年,1891 年 2 月 8 日)〔日〕劲草书房 1974 年版。

能驾而上之,似宜因彼有向善之诚,随势利导,与为联络,趁修改条约之际,将球案一宗彼此说明,另订一亲密往来互助之约,如德、奥、义三国之比,用备缓急,设异时西洋强国启衅,东方庶免肘腋之虑,别生枝节。虽公法条约,原不足恃,而具此成言在前,则我有所羁縻,在彼亦有关外人之口,虽不明为朝鲜,朝鲜实阴受其庇,此之为利,似十倍于争论琉球。至于修约一节,目下尚无定议,中国与西洋情事之同,彼以不能以西法施之于我,该国近颇体悟,此义将来必有变通办法,不至过难。微臣管见所及,谨附片密陈,是否有当,伏乞圣鉴训示,谨奏。①

黎的这份奏文,使清政府当局了解了当时的日本有意要与中国修好,于是李鸿章便派丁汝昌率北洋舰队访日,以谋和好。故上揭6月27日李的奏请被奏上之后,军机处立即于6月29日(五月二十三日)将谕旨电示李,谓:

奉旨,李鸿章电奏已悉,日本既有意修好,着严饬丁汝昌加意约束将弁兵勇,不得登岸滋事。长崎前辙,俄储近事,皆应切鉴其巡历情形及回伍日期,并着随时电奏,钦此。光绪十七年五月二十三日。②

由此,可知清政府当局对李的派舰队访日决定,大大地赞成。但是,所担心的是,深怕舰队的士兵们登岸后,会再闹出像1886年8月在长崎发生的"长崎事件",③致使中日两国纷争复燃。故令李鸿章要丁汝昌严加管束舰队的士兵,以防意外。

E.《申报》的评论

关于这次北洋舰队访日的新闻报道,最值得我们注意的是,当时上海有

---

① 《出使日本大臣黎庶昌密陈日本近日情形片》(光绪十六年十一月二十一日),收录于《清光绪朝中日交涉史料》第十二卷第1页。

② 《出使日本大臣黎庶昌密陈日本近日情形片》(光绪十六年十一月二十一日),收录于《清光绪朝中日交涉史料》第十二卷第3页。

③ 1886年8月(光绪十二年七月),丁汝昌率北洋水师(1888年制定《北洋海军章程》,将水师编为北洋舰队,共有军舰25艘)定远等4舰初次访日,军舰停泊于长崎港。这月13日,舰上的官兵5人在妓院闹事,与日本巡查发生冲突而被拘禁。15日,多数的官兵登岸,与日本巡查展开武斗,结果,登岸的官兵死5人,日方巡查死2人,双方负伤者数十人之多,酿成"长崎事件"。双方因此事件争论不已,长崎县知事日下义雄与清政府驻长崎领事蔡轩,再三交涉,无法解决,最后,将事件移至东京,由日本外务大臣井上馨与清政府驻日公使徐承祖直接谈判,终于1887年2月8日,两国各依照自国的法律而处理之。结果,双方各出抚恤金,救助死亡与负伤者,总算是解决了这事件。关于长崎事件的研究,可参阅[日]安冈昭男的《明治十九年长崎清国水兵争斗事件》(收录于《明治前期日清交涉史研究》,岩南堂书店1995年版)。

代表性的报纸《申报》的评论。

《申报》是中国历史上最久的报纸。1872年(同治十一年)4月30日,为英人茶叶贸易商美查(Ernest Major)所创办,是外资系中文报纸,至1949年5月停刊为止,为时77年,其新闻报道及论说很有参考的价值。

1874年的"征台之役",1883—1885年的"中法战争",该报社都有特派记者前往采访报道并加评论。立场公正,文字平易,是当时最受一般读者们所欢迎的报纸。

关于1891年李鸿章派遣丁汝昌率北洋舰队访日,该报于这年9月8日(光绪十七年八月六日)撰有评论,题为《论日本邀中国兵船前赴东瀛》。今将全文抄录于下,以资参考,当有助于我们对这次北洋舰队访日的了解:

> 有客问于余曰:日本之于中国与泰西孰亲?余曰:日本为中国同文之国,虽近来改以西法,竞向西文,而其国中尚皆习汉学,善汉文。日本以书画名家者,殊不乏人,或有时来至中国,中国人皆礼重之。中国之能文者偶至日本,日人中之文人学士亦多乐与之游,盖其语虽不能尽通,而文字悉从其同,可以笔谈也。日本自有省笔文字,为华人所不识,而日人见华人不恒书之,专写汉文,以故意思尚能彼此相通,泰西则不能矣。以是知日本与中国较泰西为亲。且即其他而论,日本近同亚洲,轮船三日即达其界,非真如海上三山之可望而不可即,此又近而易亲者也。夫是以琉球为日本所夷而中国不加诘问,非中国之不能诘,实以为因区区琉球一事而失日本之亲为可惜耳。彼泰西诸国,远隔重洋,殊文异俗,又岂日本所可同日语耶?客曰:吾子所言者为文字,仆则与子言武备。前报言:当旅顺船坞未经告成之时,中国北洋铁甲兵船曾赴东洋修理,无端启衅,致我国水手死伤数十人,事平之后,中国政府惩后惩前,遂禁止兵轮不得前赴东瀛,不免辱国体而伤邻谊,如是者有年。至去冬,日本外部移文中国总理衙门,深以前嫌为歉。略谓亚洲诸国,唯中国与日本实为唇齿相依,自曩者愚民无识开罪以来,贵国兵轮即未辱临敝境,敝国君民殊抱不安,望敦旧好,务释微嫌,仍以兵舶惠临为纫等语。总署接到来文,当咨北洋大臣李傅相,傅相遂饬水师统领丁禹廷军门,督率铁甲钢甲各兵船于夏间就道。既抵东瀛,日本文武咸待以优礼。至七月中旬,日本复派大兵轮两艘来津劳谢。其统带官晋谒傅相,

傅相亦待以殊礼,次日答拜,备极殷勤。此一举也,其中日玉帛之会,敦睦之情乎?余曰:然,尽释前嫌,重敦旧好,礼让相搂,猜忌全无,此固亚洲大局之所关,中日两国人民所闻而欣喜者也。客曰:日本之于中国,向来常存狎侮之心,即前此兵船赴东修理而无端肇衅,即亦蔑视中国之意。况朝鲜一役,幸而机事不密,得以先事预防,中国占得先着,方能不失全盘,否则,不但高丽为琉球之续,而中国亦将为日人玩诸股掌之上。即此观之,日人狡狯有余,诚实不足,国中有兴亚之会,顾何以据琉球,图朝鲜以暗肆其鲸吞蚕食之计,而犹欲亚之兴也,其可得乎?日人既有狡谋,则此时之欲中国兵轮至彼,安知不另有深算?其云借释前嫌者,恐未必其真心也。余曰:不然,子之所虑,虽亦不可谓不深且远,然以鄙见度之,前此日本之敢于藐视中国者,日人尚不知中国之虚实也。傅相之即令丁统领督率诸兵舰前赴东瀛者,正深知日本之虚实者也。日人数年以来,狡焉思呈,已非一次,而其所谋,卒不得遂,反以致辱国体而坏邦交,君若臣亦既悔之。因而念及一人之阴谋,究不足恃,两国之交情,究不可失。前此以修理兵船之故而开罪于中国,彼时中国若力与之争,则日本反于心无所不安,乃中国大度容之,绝不欲多上人,而于是日人之心愈抱不安,见中国兵轮绝不东指,皇皇然自愧于厥心,必求一释其嫌而后安。故傅相之如其愿以偿之,正益见中国之胸中绝无芥蒂,前此之禁勿(使?)往者,只以自约其兵丁,今此之竟令前往者,乃以善全其睦谊也。子又何疑之有哉?客乃避席而起,唯唯而退。

由这份报道评论,可知"至去冬",即 1890 年冬(光绪十六年,明治二十三年冬),"日本外部移文中国总理衙门",这"移文",在中国的《清光绪朝中日交涉史料》及《清自卫队外交文书》第二十三卷(明治二十三年)及二十四卷(明治二十四年)诸文档中都未有收录。只有 1963 年(昭和三十八年)发行的《日本外交文书》追补(明治年间)第一册第十七编《长崎事件》中略谓:"明治二十三年(1890)海军大尉细谷资,在赴任驻北京公使馆武官之前,向海军大臣西乡从道提出劝诱中国的海军访问日本的建议,西乡同意之。细谷途经天津时,乃将此意面告李鸿章,李甚怕如长崎那样的事件再发生,踌躇难决,但经细谷的解释之后,便决定于次年(即明治二十四年,公历 1891 年)派北洋舰队至日本。"(见同书第 469 页)这证实了李的北洋舰队派遣,是直接受了细谷的劝诱才决定的。但是,一、细谷的劝诱,是他个人私自的意见,不是政府的公意。二、海军大臣西乡从道虽同意细谷的建议,但这同意,不能代表明治政府。因此,我们认为日本的邀请,是出自于个人,不是出自于政府。

原来,明治前期的日本政府是萨长藩阀政府,他们自征台之后,"讨清"的计划时刻在准备中,与政府中的东亚同盟论者,海舟、榎本等的主张迥然不同。要他们邀请北洋舰队访日,似甚困难。但是,由于一、不平等条约改订的失败,二、沙俄的东犯与大津事件的发生,以及三、自由民权派政党势力的抬头,这都使他们的对华观由敌视与轻蔑而转为亲近与友好。故对北洋舰队的被邀而来,亦表示欢迎之意,并借北洋舰队之来访,鼓励国民发奋自强,扩充日本的海军预算,增强兵力,以期能与中国争雄。

反之,李鸿章为响应海舟、榎本等的东亚同盟论,亦快意应其邀请,派北洋舰队访问日本,一则可增进两国之交往,一则可夸示中国海军的威力,实为一举两得之事。

三、关于访问经过及影响

A. 舰队人员登岸的限制

北洋舰队初次访日时闹出长崎事件,为防止事件的再发生,日外相井上馨与清公使徐承祖之间共同议定《军舰取缔规则》或称《兵船章程》①五条,综其大意是:两国军舰彼此入港时,舰长须向地方政府通告访问之目的。登岸之士兵必须遵守入国后之一切法规。登岸人数,每次限定十人以内,一日内不得超过 50 人,时间自日出至日没。除此规定外,须得特别之许可,否则不准登岸。

这一新规定对这一次访问日本的北洋舰队来说,实有种种的限制。同时,丁汝昌对舰队士兵的管制,不再像初次访日时那样地疏忽与放任了。北洋舰队驶进横滨后,丁汝昌在公使李经方的伴同下赴东京进见明治天皇致慰问安,以示亲善访问之意。②

---

① [日]外务省编:《日本外交文书》第二十卷,第 544—545 页。

② [日]《明治天皇纪》第七卷,明治二十四年(1891)七月九日记。[日]吉川弘文馆昭和四十七年(1972)版,第 870 页。

B. 友好的交流

丁汝昌到达横滨港登岸后,投宿于横滨海岸 20 番地 Grand Hotel,除了到照相馆里去购买日本的各地风景照片数十张及相片簿一册外,甚少外出。① 可知他自己对于游逛也是十分谨慎的。日本的外务大臣榎本武扬,为了欢迎北洋舰队的访日,于 7 月 10 日下午,在东京小石川炮兵工厂内的后乐园举行招待北洋舰队提督丁汝昌及其随员 50 余人的盛大游园会。李经方公使也被邀出席。这天,日方出席者有:栖川威仁亲王,枢密顾问官胜海舟,以及政府中的陆海军将领、高级官员,亚细亚协会会员,新闻记者计 90 余名。② 据《东京日日新闻》7 月 14 日报道,这次游园会完全是"榎本外相私人所主办的,与他的外相公职无关"。这是意味着这次的招宴,与明治政府无关。

丁汝昌为感谢榎本的盛意,于 7 月 16 日(光绪十七年六月六日)以北洋海军提督之名与公使李经方联名答谢榎本外相并招待日本贵族院、众议院的两院议员,政府各部门首长及新闻记者于北洋舰队旗舰定远号上。两国人士欢聚一堂,举杯道贺,对加深两国之间的互相了解,实在收效不少。

被邀出席这次招待的尾崎三良,是位法律专家,1868 年留学英国,归国后,历任太政官左院、法制局、参事院,是第一次松方内阁法制局长官,贵族院议员。他在 1891 年 7 月 16 日的日记里,这样写道:

> 早起,散步。前田青纱来访,同车至新新桥站。搭火车至横滨,在宫内省招待所稍休息。今日在此相集合的贵族,众议两院议员约百五六十人。午前十时半由军舰定远号派来的小汽艇来迎接我们,以船小人多,乃改乘大汽船至定远号。丁汝昌、李经方二人立于该舰门口,向来宾们一一握手寒暄。于是巡视舰内上下各处,巨炮四门,直径一尺,长二十五尺,为我国所未有。士兵们都能操英语,一一作以说明。此外,海军乐队奏乐,而乐谱皆是英国式的。舰内之清洁,绝不次于欧美诸国舰队。中午以自助餐款待。至下午一时左右,离舰告辞。此时,军

---

① 明治二十四年 7 月 13 日《读卖新闻》收录于《新闻集成·明治编年史》第八卷,[日]明治编年史颁布会昭和十年(1935)版,第 109 页。

② [日]《东京日日新闻》1891 年 7 月 10 日报道(参看上揭《新闻集成》)。

舰鸣二十一响礼炮,以示送行。归航时,风浪澎湃,船艇摆荡,时有潮水浸入,衣帽被淋湿者数次,好容易才到达了英国码头。登岸后直往车站,搭一时二十分左右的火车回东京。①

以上是参观北洋舰队的实记。

这次访日的军舰计六艘,即是:德国制造的定远、镇远、经远、来远,英国制造的靖远、致远。其中,铁甲舰定远及镇远两舰的排水量均7400余吨,比日本在英国定制的铁甲舰扶桑号(排水量3700余吨)要大一倍。因此,参观定远号所有的人们,均惊叹北洋军舰之巨大,痛感自国全舰队的排水量还不及定远号一舰之多。不仅如此,舰队的指挥与训练,原为1890年离职回国的英籍副提督琅威理(Lang,William M.)所担当,故军舰的整洁,士兵英语的熟练,舰队阵容与装备,"绝不逊色于欧洲各国",实不愧为当时亚洲海军之冠,给当时日本朝野的威胁与刺激很大。

由于招待了新闻记者们的参观,故东京各大报社都大大地报道北洋舰队的来访及其威容。其中令人最注意的是,《时事新报》的评述。

《时事新报》于7月22日,揭载了一篇《关于清国军舰的来航》的评述,是该报的创办人福泽谕吉所写的。今归纳该文大意如下:

> 这次北洋舰队来我国访问,人们多称赞舰体之巨大,机械之完备,士兵之熟练,颇值一观。这种意见只是一面之见,不是正确的评价,近年来,中国在锐意地扩充海军,已引起了我国的警觉。虽然这次是百闻不如一见,但是所看到的,只是它的外形,不是它的真正的内容。我们评论两国的进步,不可以军舰的大小、舰数的多寡来决定,要看它的技能与知识如何。中国的军舰都是从外国购买而来的,军舰的驾驶与机械的修理,全依靠着雇用的西洋人,自己尚无全力主其事。其实,发展海军的实力非一朝一夕可以完成,我国当前的急务是,政府当局应尽速增加军海预算,建立我国具有真正实力的海军,以夸耀于世。这就是我们的期待。②

---

① [日]《尾崎三良日记》中卷,[日]中央公论社1991年版,第505页。

② 该文收录于[日]庆应义塾编:《续福泽全集》第三卷,(东京)岩波书店1933年(昭和八年)版,第233—235页。

我们都知道，福泽是日本明治维新的启蒙思想家，平生以文笔批评日本的现实社会，其影响极大。他曾于 1885 年 3 月 16 日，在《时事新报》上发表了一篇《脱亚论》文，批判中国腐朽而固陋的文化与风习，高唱日本必须摆脱亚洲的陈腐文化，向西洋的文明去追求真理。并认为中韩两国不可为友，只有交结西洋英美诸国，吸取他们的文化，日本才有未来。这种"脱亚入欧"论，与当时胜海舟、榎本扬武等的"东亚同盟"主张，是支配明治二十年代日本对外思想的两大主流。

这次福泽撰《关于清国军舰的来航》一文，其目的可归结为两点：一、批评一部分日本人看到北洋舰队的威容后，感到自国海军的脆弱，失去了自信，这是一种懦怯无志气的表现。二、日本只要致力于文化教育，扩充军备预算，建立真正有自己实力的海军，绝不困难。总之，是在强调日本的"文明"与"进步"，绝对不会落在中国之后，日本是亚洲的先知先觉者。

C. 海军实力的扩张

丁汝昌率领的北洋舰队的六艘军舰于 6 月 28 日到达日本的马关（今下关），通过濑户内海，30 日抵神户，至 7 月 5 日才到横滨港。就在这时（7 月 8 日），前述松方内阁的海军大臣桦山资纪为扩张海军的全力，以期达到 12 万吨的排水量，要求 5800 余万日元的预算，结果被内阁会议否决，未能实现。但是，7 月 16 日丁汝昌提督招待贵、众两院议员参观旗舰定远号之后，其情势有了变化，那就是 1893 年（明治二十六年）1 月，第二次伊藤博文内阁的仁礼景范海军大臣，将前桦山海相所提出的扩充案加以修正后，再向帝国议会提出时，终被通过 1800 余万日元，作为七年（1893—1899）内海军支出的总额。[①] 这可以说是贵、众两院议员参观了中国的定远舰后所带来的好成果。不仅如是，同年 2 月 10 日，明治天皇下诏书表示：从宫内费中，六年间每年拨下 30 万日元，文武官员，除特别情况外，皆于同年每月从各自薪俸中纳交十分之一，以充制造军舰补助之费。因此，从 1893 年起，首先向英国订制铁甲舰富士号、八岛号各一艘，并由横须贺造船厂，建造巡洋舰明石号一艘，吴造船厂，建造报知舰宫古号一艘。[②]

---

① ［日］海军省编：《山本权兵卫与海军》，（东京）原书局 1966 年版，第 334—338 页。
② ［日］海军省编：《山本权兵卫与海军》，（东京）原书局 1966 年版，第 337 页。

由此观之,日本这样积极地扩充海军的军备,其目的是在对抗北洋舰队。故 1894 年的中日甲午战争时,日本的海军能战胜中国,这并不是偶然的事。

D. 国际的反应

1891 年的东亚国际情势,是欧美列强积极向极东扩张势力的开始。在日本,这年 5 月 11 日发生了"大津事件",引起沙俄对日本的怀恨。在中国,这年 5 月 12 日,安徽芜湖的群众在哥老会的指使下,掀起了反洋教斗争。法国天主教堂被焚烧,教士被殴打,英国领事馆也被围攻,致使英、法两国联合德、俄、美、意诸国一致抗议清政府,要求赔偿损失。经过数月的周旋,至这年 10 月才由两江总督刘坤一议妥,结束了这次教案的纠纷。

由于中日两国同时各自地闹出反俄、反洋教事件,致使西洋诸国对李鸿章的派北洋舰队访日非常注意。认为这是中日两国同盟,一致对抗欧美诸国的行动,甚感不安。关于这事,由这年 8 月 11 日,Baron A. Von Siebold 从德国的 Colmberg 发送给榎本外务大臣的《有关传闻日中同盟的报告》① 可以知之。

报告的大意是:德国诸报刊载,中日两国为防止外患及促进贸易,两国有力人物欲致力于同盟条约的缔结。这种传闻亦可由李鸿章与榎本武扬之间的期待而知之。中国北洋舰队的访日,受到了日本热烈的欢迎。原文如下:

Several German Papers;it was:

"Efforts are now being made by influential persons in China and Japan with a view to the couclusion of a Treaty which should bring about a closer union for the future between the two countries,both for the purpose of facliltating commerce between them,and strenghthening them against external dangers. These endeavours are reported to be looked on with favour by Chinese and Japanese officials of the highest rank,including Li - Huang Chang and Viscount Enomoto. The Chinese fleet which recently started for Japan has met with a very flattering reception there. "

榎本外务大臣接此报告后,甚怕引起欧美诸国的反感,特别是大津事件

---

① ［日］外务省编:《日本外交文书》第二十四卷,第 528—530 页。

尚未完全解决,于是便立即于 10 月 2 日电 Baron A. von Siebold,请尽力设法制止报纸刊载"日清同盟"的报道。①

Siebold 是德国的外交官,1870 年(明治三年)为明治政府所雇用,1885 年日本的内阁制颁布后,初次伊藤博文内阁成立,外相井上馨着手于不平等条约改订交涉,Siebold 辅助井上,尽力很大,后卸任返国,给欧洲各地报章杂志撰文,并将 Baron von Siebold's report on the Press 不断地提供给日本政府参考,对日本外交上的贡献很大。

由 Siebold 的报告,我们认为这次北洋舰队的访日所产生的国际影响也是很大的。

结　语

1891 年,北洋舰队访日的派遣,完全是李鸿章以北洋通商大臣的职权而私自决定的。派遣的理由是"日本屡请我兵船往巡修好"。而"屡请",非日本政府的正式的邀请,而是日本政府中的一部分官员,私自向李鸿章劝告与建言,促使李鸿章的派遣决定。追究其根本原因,由于 1886 年的"长崎事件"发生后,两国关系的冷却日益深化。但是这种险象远不及欧美诸国对中日的威胁之可怕。故一部分日本人,站在"同种同文"的观点上提出东亚民族国家结合在一起,共同对抗欧美列强的"东亚同盟"主张。这种主张,从 1891 年的国际情形看来,很受中日两国人民的支持,故李鸿章乃借此机会派北洋舰队访日,以期"修好",缓和两国的敌对关系,促进了两国海军互相访问,以期能达到"同盟"的实现。

但是,这次的访日,虽夸示了中国海军之强大,使日本不敢轻视或侮蔑中国,但是,一、促使日本加速海军的扩大,以抗中国;二、泄露了军备上的秘密,使日本知悉北洋舰队内部的实况与缺点。这些,都对接着而来的甲午战争,有不可忽视的影响。

伊原泽周,日本追手门学院大学名誉教授

---

① 10 月 2 日子爵(Viscount)外务大臣榎本武扬(Enomoto Takeaki)给 Baron A. von Siebold 的回示(机密,送第 762 号),[日]外务省编:《日本外交文书》第二十四卷,第 532 页。

北洋海军陆战兵力探析

吉　辰

引　言

　　海军并不是单纯执行海上作战任务的军种。在今天,主要执行登陆作战任务的海军陆战队存在于数十个国家的海军中,美国海军陆战队甚至独立于海军之外,位列五大军种之一。而在 19 世纪的海军中,同样普遍存在有陆战队。北洋海军亦曾一度组建自己的陆战兵力,拥有相当的陆战能力(尽管还不能称之为真正的陆战队),但相关的史料记载极为有限,各种论著对他们也鲜有提及。笔者所见,仅有姜鸣先生曾指出"北洋舰队具备两栖作战能力",①而陈悦先生近年的一些文章与著作对其论述较多,②进行了开创性的工作,可惜尚未进行专门探讨。笔者是以撰写本文,试图结合世界近代海军史对北洋海军的陆战兵力进行论述,以便更加全面地认识北洋海军的组成与战术。

一、近代海军陆战队的滥觞

　　在西方海军中,军舰搭载陆战士兵作战的传统十分悠久。早在公元前的桨帆战船时代,士兵跳帮进行接舷战便是古希腊、古罗马等国海军中最流行的战术之一。在布匿战争中,罗马海军由于在战舰上使用了方便接舷的"乌鸦嘴"吊桥,大破劲敌迦太基海军。而随着海军装备与战术的发展,接舷战的意义逐渐减弱,但仍保留有一定的地位,陆战士兵也依然在军舰上拥有

---

　　①　姜鸣:《龙旗飘扬的舰队》(增订本),三联书店 2002 年版,第 292 页。
　　②　陈悦:《中国海军百年军服》(一),《现代舰船》2006 年 6 月 A 刊,第 46—47 页;陈悦:《碧血千秋——北洋海军甲午战史》,吉林大学出版社 2008 年版,第 70、119—120、297—298页。

一席之地。

近代意义上的海军陆战队建立于1664年，是英国皇家海军所组建的"约克公爵和奥尔巴尼海军步兵团"(Duke of York and Albany's Maritime Regiment of Foot)。1672年，"海军陆战队"(Marines)这个名词首次出现在官方档案中。在江南制造局翻译出版的《英国水师章程》中，他们被称为"小枪队"或"水师枪兵"。

陆战队在当时的英国海军中有着相当重要的地位。其成员都是招募来的士兵，宣誓效忠王室，因此被认为比多为强征入伍的水兵忠实可靠。"陆战队小分队是舰长惟一信得过的、能执行其意志的部队，不管是阅兵还是站岗都要依靠他们"。[①] 因此，当时英国海军中的许多大型军舰都搭载有一定数量的陆战队。譬如，著名的胜利号风帆战列舰于1778年开始服役时，舰上配有58名陆战队员(1名上尉、1名中士、1名下士和55名二等兵)。[②]

陆战队所执行的任务十分广泛。第一，他们要在舰上站岗执勤，维持秩序，弹压哗变，身份相当于海军中的宪兵。第二，在交战中，他们将使用冷热兵器进行接舷战，或者在帆桁上居高临下地狙击敌方军官。第三，在需要进行陆上作战时，他们会组成一支精干的登陆部队。要说他们是海军中的多面手，毫不为过。

除了英国之外，欧美各国也相继组建陆战队，如俄国于1705年创建，美国(北美殖民地)于1775年创建。另外应该指出的是，除了专门的陆战队，海军往往还会抽调小队水兵上岸参与陆战，这样的部队与海军陆战队十分相似，中文记载中一般统称为"陆战队"。

二、北洋海军陆战兵力的编制与装备

北洋海军在参照西方(主要是英国)海军规章进行种种建设的过程中，也组建了自己的陆战兵力。关于这一方面的资料极少，只有北洋海军的军

① ［英］洛德·希尔－诺顿、约翰·德克尔著，周国存译：《从战列舰到核潜艇》，海洋出版社1992年版，第92页。

② ［美］A·B·C·惠普尔著，秦祖祥、李安林译：《英法海战》，海洋出版社1986年版，第14页。

服规范《北洋水师号衣图说》确切证明了他们的存在。该书将北洋海军的军服划分成官弁、洋枪队和水手夫役三类。① 所谓的洋枪队，也就是陆战兵力，区别于普通的水兵。陈悦先生指出："陆战队士兵的制服样式和士官制服相似，既显示了舰上执法者的特殊地位，也区分了官兵的差别。"②《图说》篇末写明光绪壬午(1882)撰，因此可知洋枪队的组建不晚于此时。

关于洋枪队的具体编制情况尚不清楚。北洋海军各主力舰都有巡查一职，职责是"专司稽查船务及兵勇登岸各事宜"。③ 考虑到西方海军中的陆战队有维持军舰秩序的职能，巡查或许就是各舰洋枪队的统领。

但是，明治二十三年(1890)日本军方编纂的《清国北洋海军实况一斑》表明，此时北洋海军军服制度已经发生了变化，专为洋枪队设计的制服不再出现。④ 联系到两年前颁行的《北洋海军章程》中也没有洋枪队的设置，可以认为这个编制此时已经被取消了。

但是，这并不代表舰队的陆战功能也就此丧失了。《北洋海军章程》表明，北洋海军的水兵(包括水兵的后备军——练勇)均被要求能够熟练使用枪支、刀剑等陆战武器。譬如，从三等练勇递升到一等练勇，均需考核"洋枪、刀剑操法"。练勇挑补水手以及水手升职，考查科目中也都包括这两门技艺，就连副管旗这样的技术人员也须掌握。⑤ 至于学生上练船实习，这些也是必修科目。⑥ 由此可知，北洋海军的大多数人员都拥有一定的陆战技术，陆战兵力融合在整支舰队之中。

关于陆战兵力的装备情况，可以从各舰配备的轻武器上得知。根据各舰的验收折和报销折可知，北洋海军的几艘外购主力舰在订造时都连带购买了相当数量的轻武器。如定远、镇远各配有"后膛连珠枪五百二十五杆"，

① 丁汝昌：《北洋水师号衣图说》，光绪八年刻本，南京图书馆藏。
② 陈悦：《中国海军百年军服》(一)，《现代舰船》2006 年 6 月 A 刊，第 47 页。
③ 余思诒：《航海琐记》，中华全国图书馆文献缩微复制中心，2000 年，第 267 页。
④ [日]《清国北洋海军实况一斑》，日本海军参谋部明治二十三年版。承蒙陈悦先生赐示这份孤本，谨表谢忱。
⑤ 《北洋海军章程·考校》，《中国兵书集成》编委会编：《中国兵书集成》第 48 册，解放军出版社、辽沈书社 1993 年版，第 560—567 页。
⑥ 《北洋海军章程·考校》，《中国兵书集成》编委会编：《中国兵书集成》第 48 册，解放军出版社、辽沈书社 1993 年版，第 541 页。

济远则配有"后膛连珠枪一百三十六杆"（包括步枪 100 支、手枪 36 支）。①
经远、来远则有"连珠手枪六十枝"，配有"枪子二万枚"。致远、靖远配备
的武器种类更多，共有"马丁尼后门枪（引者按，即马提尼—亨利后膛步枪）
八十枝、梅花手枪（引者按，即转轮手枪）三十枝、腰刀八十把、长矛八十
枝"。②

　　另外，还单独购买了一些枪械。光绪十二年（1886），北洋海军计划添置
手枪，总查琅威理估计需要 600 支。③ 次年初，李鸿章向驻外公使指示，"拟
购力拂六出手枪（引者按，即德国 Ludwig Loewe 厂所制连珠手枪）六百杆，
备各船领用。新订快船，勿购别项手枪。"④不久，又电令："各船现均改用毛
瑟单响枪，连珠价昂，似宜缓购，恐不一律。"⑤此后北洋海军曾领到六出手
枪样品，验收结果良好，准备购买。但尽管丁汝昌向负责北洋海军军火收发
的北洋军械局总办张士珩一再催促，却没有见到交货的记载。⑥ 而可以确
认的是，北洋海军于同年收领了 200 支毛瑟枪，分拨给致远、靖远、超勇、扬
威四舰使用。⑦ 由此可见，北洋海军各主力军舰都配备了不少轻武器，足够
武装数十乃至数百名舰员。这样多的轻武器，与水兵普遍掌握陆战技术的
情况是吻合的。北洋海军编制中有所谓的"洋枪匠"，应该就是负责修理各
舰枪械的人员。

　　以上的轻武器中包括有刀矛这样的冷兵器，这其实并不是装备落后的

---

　　① 《验收铁甲快船折》（光绪十一年十月十八日），《李鸿章全集》（十一），安徽教育出版
社 2008 年版，第 231—232 页；《续购济远舰收支款目折附清单》（光绪十三年二月初五日），
《李鸿章全集》（十二），安徽教育出版社 2008 年版，第 33 页。

　　② 《定造快船报销折附清单》（光绪十五年四月二十二日），《李鸿章全集》（十三），安徽
教育出版社 2008 年版，第 88—89 页。

　　③ 《致刘香〈芗〉林》（光绪十二年十一月初五日），戚俊杰、王记华编校，戚其章审订：《丁
汝昌集》，山东大学出版社 1997 年版，第 72 页。

　　④ 《寄伦敦刘柏林许二使》（光绪十三年正月十六日酉刻），《李鸿章全集》电稿一，上海
人民出版社 1985 年版，第 783 页。

　　⑤ 《寄柏林许使》（光绪十三年二月十一日申刻）、《寄伦敦刘柏林许二使》（光绪十三年
正月十六日酉刻），《李鸿章全集》电稿一，上海人民出版社 1985 年版，第 796 页。

　　⑥ 《致张次韩》（光绪十四年四月十六日）、《致刘香〈芗〉林》（光绪十二年十一月初五
日）、《致张次韩》（光绪十五年五月初四日），戚俊杰、王记华编校，《丁汝昌集》，山东大学出版
社 1997 年版，第 93、118 页。

　　⑦ 《致张次韩》（光绪十四年四月十六日）、《致刘香〈芗〉林》（光绪十二年十一月初五
日），戚俊杰、王记华编校，《丁汝昌集》，山东大学出版社 1997 年版，第 93 页。

表现。由于陆战兵力有可能进行接舷战,短兵相接的机会比较多,冷兵器仍有一定价值。因此,长矛在英国海军中一直使用到了1905年;而1940年英国驱逐舰哥萨克号袭击德国补给船阿尔特马克号以援救本国战俘时,有一名水兵还使用了军刀。[①] 同时期日本海军扶桑号铁甲舰装备的冷兵器更多,包括77把海军刀、101支长矛和43柄斧子。[②]

除此之外,登陆战斗中还有可能使用一些相对重型的武器。譬如,致远、靖远两舰的格林炮和霍智纪士(今译哈乞开斯)炮配有"炮车"即陆用的轮架,可以通过换装炮架登陆作战,[③]其他一些军舰的小口径速射炮也有这种情况。[④] 另外,定远、镇远、经远、来远装备有75毫米克虏伯舢板炮(当时称舢板七生半炮),主要供陆战使用,也可以通过换装炮架在军舰或小艇上使用。[⑤] 在几次实战中,陆战兵力也确实动用了舰炮进行火力支援。

三、北洋海军的陆战训练

在北洋海军中,陆战训练的地位可以说不逊于海战训练。上文已经提到,北洋海军的大多数人员都被要求掌握陆战技术。而在现实训练中,陆战科目的比重也相当大。中法战争期间丁汝昌的两份函稿表明,当时在舰操炮和登岸操枪的比例大致是一比一。"在旅各船,每日上午操大小各炮,下午登岸操枪,逐日一船轮流打靶"。[⑥]"迩日旅顺各船,每日上午操炮,下午操演后,抽暇端枪架[一]"。[⑦] 而日方的情报资料也表明,每周一到周四上

---

① [英]洛德·希尔—诺顿、约翰·德克尔著,周国存译:《从战列舰到核潜艇》,海洋出版社1992年版,第92页。

② JACAR(亚洲历史资料中心)Ref. C06090901400(65—66),扶桑兵器簿,日本防卫省防卫研究所藏。

③ 薛福成:《出使英法义比四国日记》,岳麓书社1985年版,第195页。

④ 《初十日发张次韩信》(光绪十年八月初十日)、《致刘香〈芗〉林》(光绪十二年十一月初五日),戚俊杰、王记华编校:《丁汝昌集》,山东大学出版社1997年版,第21页。该函表明威远、康济二舰的格林炮配有船架和轮架。

⑤ 陈悦:《北洋海军舰船志》,山东画报出版社2009年版,第16—17、78页。

⑥ 《六月初七发〈叶〉桐侯、〈黄〉菊人要信》(光绪十年六月初七日),戚俊杰、王记华编校:《丁汝昌集》,山东大学出版社1997年版,第10—11页。

⑦ 《初三日致镇西炮船〈黄菊人〉信》(光绪十年七月初三日)、《致刘香〈芗〉林》(光绪十二年十一月初五日),戚俊杰、王记华编校:《丁汝昌集》,山东大学出版社1997年版,第16页。

午9时至11时30分、下午1时至4时是北洋海军的训练时间,官兵们要操练包括海军刀、手枪、步枪在内的陆战武器。[①]

尤为可贵的是,北洋海军的陆战训练有影像资料可供佐证。目前可以看到两张在刘公岛上拍摄的照片:其中一张,一排水兵匍匐持枪,后面一排则弯腰准备卧倒,还有几名手持手枪、军刀的士官督察;另一张,水兵成两排端枪瞄准,前排蹲跪,后排站立,还可看到水兵腰间都佩着刺刀。[②] 从这些照片中,可以看到水兵们当时所练习的步兵战术动作。

由于陆战训练的重要地位,北洋海军在仅有的两次阅操中都演练了陆路枪炮阵法。光绪十七年(1891)四月,李鸿章与帮办海军事务大臣张曜奉命校阅北洋海军。在威海卫,陆战兵力进行了操演,得到了李鸿章的高度评价:"各兵舰小队登岸操演陆路枪炮阵法,精严快利,旋转如风,为各处洋操之冠。"[③]

光绪二十年(1894)四月,李鸿章与帮办海军事务大臣定安再次校阅北洋海军,陆战兵力又一次博得了好评:"十七日,在威海卫调集北洋兵舰小队登岸操演陆路枪炮阵法,灵变纯熟,快利无前,各处洋操,实无其匹。"[④]

和平时期的演练,难免有花拳绣腿的成分,而褒奖赞扬的言语,也不免有夸大其辞之处。但是,北洋海军的陆战兵力能两次赢得超越其他陆军部队的评价,实属难得。可以认为,北洋海军不仅本身是当时中国近代化程度最高、实力最强的舰队,它的陆战能力在国内也属一流水准。这种实力,在几次实战中有所表现。

四、北洋海军的陆战经历

光绪十四年(1888)六月,台湾吕家望社"生番"起事,联合附近民众

---

① [日]长谷川雄太郎、七里恭三郎编:《清国兵备要览》,嵩山房明治二十七年版,第102页。

② 陈悦:《中国海军百年军服(一)》,《现代舰船》2006年6月A刊,第46页。

③ 《巡阅海军竣事折》(光绪十七年五月初五日),《李鸿章全集》(十一),安徽教育出版社2008年版,第231—232页;《续购济远舰收支款目折附清单》(光绪十三年二月初五日),《李鸿章全集》(十四),安徽教育出版社2008年版,第7页。

④ 《校阅海军竣事折》(光绪二十年四月二十五日),《李鸿章全集》(十一),安徽教育出版社2008年版,第231—232页;《续购济远舰收支款目折附清单》(光绪十三年二月初五日),《李鸿章全集》(十五),安徽教育出版社2008年版,第28页。

4000 余人,围攻驻扎埤南的提督张兆连部。张部仅有 300 余人,处境危急。① 台湾巡抚刘铭传闻讯,命令提督李定明与总兵万国本、陶茂森率军分由水陆驰援。另外,刘还请求李鸿章"速派快船两只来台,前往查办解围"。② 李随即指派丁汝昌率领致远、靖远两舰前去。

刘铭传请求北洋军舰增援,原是"专为送信、探事",③打算将它们当作通报舰使用。这种任务对于两艘新锐巡洋舰,实在是有些大材小用。两舰到达后,清军已经转守为攻,但是尚未攻克吕家望。刘铭传此时或许已对北洋海军的陆战能力了解了更多,于是命令丁汝昌"将两船快炮,各起船架会剿"。④ 八月初五日,致远抵达埤南,将两门快炮(即速射炮)卸下支援陆军。⑤ 而据池仲祐《海军大事记》所载,靖远也参加了陆战,两舰共出动 60 名"枪队"和两门六磅炮,带队的是两舰的帮带大副刘冠雄和陈金揆。⑥ 十六日,吕家望被攻破。战斗中,致、靖两舰阵亡副头目 1 名,水兵伤 8 人。⑦

北洋两舰此次"剿番",姑且不论其性质如何,从军事的角度上看,可以说是陆战兵力的一次成功运用,充分发挥了军舰的机动性和水兵的陆战功能。战斗中,"快炮骤轰,声震陵谷",⑧有力支援了陆军的进攻。这次作战,已经颇有几分列强海军的影子。

和登陆作战相比,接舷作战是一种使用较少的战术。由现有史料可知,

① 《埤南叛番围攻厅治派兵解围折》(光绪十四年七月十六日台北府发),《刘壮肃公奏议》卷四,(台北)台湾银行经济研究室 1958 年版,第 224 页。

② 《寄旅顺丁琅提督》(光绪十四年七月初四日申刻),《李鸿章全集》,电稿一,上海人民出版社 1985 年版,第 983—984 页。

③ 《寄旅顺丁琅提督》(光绪十四年七月初五日酉刻),《李鸿章全集》,电稿一,上海人民出版社 1985 年版,第 984 页。

④ 《丁镇由基隆来电》(光绪十四年八月初四日申刻到),《李鸿章全集》,电稿一,上海人民出版社 1985 年版,第 994 页。

⑤ 《丁镇由基隆来电》(光绪十四年八月初九日酉刻到),《李鸿章全集》,电稿一,上海人民出版社 1985 年版,第 997 页。

⑥ 池仲祐:《海军大事记》,《中国近代史资料丛刊·洋务运动》(八),上海人民出版社、上海书店出版社 2000 年版,第 490 页。

⑦ 《寄海署》(光绪十四年八月十九日辰刻),《李鸿章全集》,电稿一,上海人民出版社 1985 年版,第 1000 页。

⑧ 《攻克后山叛番并北路获胜请奖官绅折》(光绪十四年九月初二日台北府发),《刘壮肃公奏议》卷四,(台北)台湾银行经济研究室 1958 年版,第 226 页。

北洋海军军舰在黄海海战中曾经发动过一次未遂的接舷战。海战初期，掉队的日舰比睿企图穿越中方舰队阵形，结果遭到定远、经远等多艘中国军舰打击。按日方记载，"敌舰害怕这样会互相自伤，于是停止了发炮，似企图俘虏我舰……敌舰（引者按，指经远舰）的甲板上，排列着携带步枪的突击队，欲靠近我比睿舰"。① 至于日方史料称经远舰甲板上的"突击队"有400余名，这个数字甚至超过了其舰员定额，显然是被极度夸大了的，不足采信。

在此情况下，比睿也作了迎接接舷战的准备，"分配操纵大炮的人也都跑到上面，手握步枪，上好刺刀，伏卧以待对方冲锋。这是从今日英国学来而在日本应用的"。② 但是，接舷战最终没有打响。由于比睿以小口径速射炮全力射击，在5分钟内发射了1500余发炮弹，经远无法靠近接舷。③ 甲午战后在吴港树立的"军舰比睿战没者之碑"的碑文对此事大肆渲染，称："时一舰站列袭击手将近我，舰长樱井少佐大喝疾呼，使机炮手急射弹丸，命中敌百数十人，不复留只影。"日本人事后对此的陈述似乎很轻松，但当时比睿的确有被生俘的可能。日本联合舰队司令伊东祐亨在海战后的报告中也承认："比睿为华舰所隔，几为所俘。"④

日方事先对海战中可能发生的接舷战也有所准备。"海军事先下达了准备近战的命令"。⑤ 海战前，高千穗舰的一名炮术军官也对同僚说："此战胜败不可测，愿与君共约，万一不幸吾舰被毁，行将沉没时，则直拼命冲撞，拔刀跃上敌舰，奋力斩杀。"⑥并建议对方带上家传的日本刀准备白刃战。

———————————

① 《日清战争实记选译·黄海海战》，《中国近代史资料丛刊续编·中日战争》(8)，中华书局1994年版，第80页。

② 《伊东海军中将关于黄海海战的演说》，《中国近代史资料丛刊续编·中日战争》(7)，中华书局1996年版，第231页。

③ 《日清战争实记选译·黄海海战》，《中国近代史资料丛刊续编·中日战争》(8)，中华书局1994年版，第80页。

④ 《朝警记》四，林乐知、蔡尔康编纂：《中东战纪本末》第4册，图书集成局光绪二十三年版，第25页。

⑤ 《伊东海军中将关于黄海海战的演说》，《中国近代史资料丛刊续编·中日战争》(7)，中华书局1996年版，第231页。

⑥ 《高千穗舰某尉官亲笔记述的黄海海战实况》，《中国近代史资料丛刊续编·中日战争》(7)，中华书局1996年版，第251页。

但是,由于在海战中火力占优,日方一直没有主动发起接舷战。

由于北洋海军在黄海海战后丧失了制海权,陆战兵力在此后的表现机会很少。笔者目前见到的明确作战活动记载,仅有两次而已。

其一是威海卫保卫战中"海军炮兵"的参战。据《中东战纪本末》记载,光绪二十一年元旦(1895 年 1 月 26 日)早晨,"日本陆军约一万二千人与水师相约并发,直逼威海之西……守护威海城之刘军门(引者按,当指巩军统领刘超佩,惟刘时为总兵,不当称军门)得电,即饬海军炮兵六百名,携格林炮十二尊、快炮六尊,星驰而至",配合来援陆军将日军击退。① 《甲午战事记》也称:"二十一年乙未元旦,日军由南岸东水陆并进,直迫威海之西。我陆军先期已退。唯靖远并两炮舰及雷艇,驶近南帮迎击,又调海军炮兵六百人,随后策应,日兵始退"。② 《光绪大事汇鉴》则称日军"是日(1 月 26 日)并以陆军万二千人自荣成助攻,宗骞(引者按,即绥巩军统领戴宗骞)麾兵拒战,日人退深林中负险死斗,我海军炮兵以格林炮自后击之,日人始退。"③ 以上记载,颇有失实之处,这场战斗很难坐实。④ 但这些记载中多次提到的这支"海军炮兵",倒不至于是生造出来的。这至少说明,北洋海军在威海卫保卫战时专门抽调了部分水兵与舰炮,编组了一支海军炮队,配合陆军作战。这种做法,是海军在港口防御战中经常采用的。

另一次是威海卫保卫战中陆战兵力的反击作战。当日军攻陷龙庙嘴、鹿角嘴等炮台,利用岸炮轰击谢家所、赵北嘴两炮台时,发现"敌水兵三百余人正在登陆,其目的大概是要收复陆路炮台"。此次战斗,北洋海军官兵表现出了极高的战斗意志,和清朝陆军在甲午战争中的通常表现有很大差别。

---

① 《朝警记》八,林乐知、蔡尔康编纂:《中东战纪本末》第 4 册,图书集成局光绪二十三年版,第 59 页。

② 池仲祐:《甲午战事记》,《中国近代史资料丛刊续编·中日战争》(6),中华书局 1993年版,第 11 页。

③ 赵炳麟:《光绪大事汇鉴》下册,(台北)广文书局 1978 年版,第 318 页。

④ 1 月 26 日日军从荣成出发是没有问题的,据日方史料,当天日军第二、六师团从荣成分头开拔。中方史料言有 12000 余人,当指其中一路。但关于战事的记载难以落实。《明治二十七八年日清战史》记载,当天上午第二师团前卫部队在牙格庄与清军孙万龄、刘澍德部交火,清军溃退,日军亦未追击,本日并未发生其他战斗。《甲午战事记》称当天海军炮兵和军舰在南帮阻击日军,但实际上日军尚未推进至南帮,南帮攻防战几日后才打响。限于篇幅,此处不作深入考证。

日军称"登陆水兵气势嚣张,似都有拼死的决心","敌军拼死前进,开枪顽强应战"。但是,水兵苦战之后终于不支,被日军压制到海边,大部战死,少数士兵游向己舰。有的士兵不愿被俘,于是引刀自尽;有的士兵在海中遭到狙击,以致"二间(引者按,1间约合1.8米)平方的海水完全变成了红色,像蜀锦一样好看"。①

关于这场战斗,中方史料亦有对证。《甲午战事记》称:"丁汝昌督派精勇,由岛渡海闯登炮台,击毙日兵十余人,并夺两日旗而旋,我兵未伤一人也。"②尽管过程描写较夸张,"渡海闯登炮台"本身却是真实的。另外,《光绪大事汇鉴》称戴宗骞"募死士力战夺还南山嘴炮台二(引者按,即鹿角嘴、赵北嘴两炮台),龙王祠台(引者按,即龙庙嘴炮台)不克,而士卒死亡相藉"。③《戴宗骞传》亦云戴"乃结敢死士,夺还二台,惟龙庙嘴未复。日军大集,二台仍不守"。④ 所指的应当也是这场战斗。但戴的位置当时在南帮,不太可能指挥逆登陆行动,而且水兵也非其部下。参照日方记载,丁汝昌派兵从刘公岛出击的说法更为可信。

五、与同时期日本海军陆战队的比较

和北洋海军同样师法英国的日本海军,同样组建了自己的陆战兵力,最初称为"海兵队",后改称陆战队。"日本之海兵队如同海军本体,是于明治初期,在向英国雇用之军人的手中创造的……因为是维新战争后不久的关系,日本当时采取的是重视内政政策,明治七年(1874)之出兵台湾,被派遣的也是陆军旅团,明治十年(1877)之西南战争时也未轮到出场,遂起不需要海兵队之论,到翌年就遭全废而被编入海军成为陆战队"。⑤

---

① 《日清战争实记选译·山东半岛之役》,《中国近代史资料丛刊续编·中日战争》(8),中华书局1994年版,第202页。

② 池仲祐:《甲午战事记》,《中国近代史资料丛刊续编·中日战争》(6),中华书局1993年版,第11页;另,池氏《丁军门禹廷事略》对此记载略同,《中国近代史资料丛刊续编·中日战争》(12),中华书局1996年版,第386页。

③ 赵炳麟:《光绪大事汇鉴》下册,(台北)广文书局1978年版,第319页。

④ 金天翮:《戴宗骞传》,《中国近代史资料丛刊续编·中日战争》(12),中华书局1996年版,第440页。

⑤ [日]寺田俊雄著,廖为智译:《日本军队用语集》,[日]麦田出版社1999年版,第117页。

与陆军相似,日本海军陆战队按人数多寡,编成大、中、小队。按作战任务划分,则包括使用步枪的"铳队"和使用野炮的"炮队"。① 明治十九年(1886),《陆战队概则》制订,"便于海陆公同之战务",②标志着陆战队的进一步规范化。

在甲午战前及期间,日本海军陆战队相当活跃。如战前日本出兵朝鲜的第一股兵力,就是护卫驻朝公使大鸟圭介前往汉城的400余名陆战队员。③ 战争中,陆战队也多次进行登陆行动。日军在花园口登陆时,首先由千代田舰的一个陆战队小队上岸侦察。④ 日军在荣成湾登陆时,亦先由八重山、爱宕、摩耶三舰出动小艇运送陆战队上岸侦察。⑤ 威海卫之战时,陆战队曾多次利用攻占的清军炮台轰击北洋海军舰只。⑥ 日军甚至曾计划以筑紫等7艘军舰组织陆战队,"抓住时机登陆,占领刘公岛"。⑦ 日军入侵澎湖、台湾时,陆战队更是频繁参战。⑧

由此可见,和北洋海军的陆战兵力相比,同时期日本海军陆战队的建设水平显然更高一层,有着较为独立的建制和专门的规章,在战争中发挥的作用也更大。甲午战后,它的规模更是不断扩大,在八国联军侵华战争、日俄战争、一战、一二八事变、全面侵华战争和太平洋战争中都曾参战,成为日本对外扩张的利器之一。

---

① [日]木村浩吉:《海军图说》,[日]大日本图书株式会社明治二十九年版,第125—126页。

② [日]大隈重信等:《日本开国五十年史》第3册,商务印书馆1929年版,第43页。

③ 《日方记载的中日战史(选译)》,《中国近代史资料丛刊·中日战争》(一),上海人民出版社、上海书店出版社2000年版,第220页。

④ 《日清战争实记选译·金旅之役》,《中国近代史资料丛刊续编·中日战争》(8),中华书局1994年版,第93页。

⑤ 《日方记载的中日战史(选译)》,《中国近代史资料丛刊·中日战争》(一),上海人民出版社、上海书店出版社2000年版,第267—268页。

⑥ 《日方记载的中日战史(选译)》,《中国近代史资料丛刊·中日战争》(一),上海人民出版社、上海书店出版社2000年版,第270—271页。

⑦ 《日清战争实记选译·山东半岛之役》,《中国近代史资料丛刊续编·中日战争》(8),中华书局1994年版,第168页。

⑧ 《日清战争实记选译·澎湖之役、台湾之役》,《中国近代史资料丛刊续编·中日战争》(8),中华书局1994年版,第466、470—472、475—479、623、633页。

结　语

北洋海军的陆战兵力,是这支舰队的一个重要组成部分,提供了必要的两栖战力,使舰队机能更加全面。尽管它从一开始只是舰队的附庸,后来更融化在水兵之中,无法称为真正的海军陆战队,但在几次实战中,它确实较好地履行了这个兵种的职能。

清末海军重建时,建设独立的海军陆战队终于提上了议事日程。宣统二年(1910),筹办海军大臣载洵奏称:"查英国有海军警备队之制,平时保卫本国海疆,以补陆军所不逮;战时占据要地,以助海军之进攻;而整饬舰队纪律等事,亦归管理。中国从前办理海军,尚缺此项制度,现拟采用其制。"①清廷准奏,随即在烟台组建海军警卫队,该部成为民国初年建立的海军陆战队的前身。② 中国海军陆战队的历史,从此正式开始。

吉辰,北京大学历史学系硕士研究生

---

① 《载洵奏请设立海军警备队及拟派留学英国海军学生料理员折》(宣统二年二月二十九日),张侠等编:《清末海军史料》,海洋出版社1982年版,第519页。

② 吴杰章等主编:《中国近代海军史》,解放军出版社1989年版,第278—279页。

甲午战争中的北洋海军弹药供应问题

——重新解读徐建寅禀帖

钟 琳

北洋海军是中国历史上第一支近代化的海军,也是甲午战争中中国最近代化的武装力量,曾经号称远东第一。1894 年 9 月 17 日,在大东沟海面发生了甲午战争中中日之间最大规模的一次海战。海战中,北洋海军失利。其失败的原因是多方面的,至今依然是学术研究的热点话题。

而北洋海军在此次战斗中的弹药供应问题,就是研究的热点之一。海战后北洋海军中参战的洋员曾经公开抱怨弹药不足。美籍帮办镇远管带马吉芬(P. N. McGiffin)说:到海战结束前半小时,镇远的"6 英寸炮已经发射了 148 枚炮弹,弹药告罄,只有 12 英寸火炮(有一门已经不能使用)穿甲弹大约 25 发,而已无一发爆破弹。'定远'舰也处于同样的困境。再过 1 个半小时我们就将用完所有的炮弹,到那时只能听天由命……我们仔细地瞄准射击,但由于已经没有爆破弹,就无法对敌舰造成多少伤害。大约在持续了半个小时的射击后敌舰再次远去,我们向它们发射了最后的几枚穿甲弹,并在火炮里装填上了仅有的 3 发以应付最后的关头"。① 英籍帮办定远副管驾戴乐尔(W. F. Tyler)也说,当时中国舰队最严重的问题就是缺乏弹药。②

而根据日本《二十七八年海战史·黄海役》记载,定远共发射 305 毫米炮弹 120 发,150 毫米炮弹 100 发,而镇远则发射 305 毫米炮弹 94 发(根据统计总数核算,实际应为 97 发),150 毫米炮弹 148 发。以定、镇两舰的 305 毫米炮弹为例子,两舰共发射 305 毫米炮弹 214 发。定、镇两舰共有 305 毫

---

① Philo N. McGiffin, The Battle of The Yalu, Century Magazine, 50:4, August 1895。北洋水师网站张黎源译本,见 http://www.beiyang.org/wenku/mjf.htm。

② William Ferdinand Tyler, pullng strings in china london constable&co ltd 1929。

米克虏伯炮 8 门,平均每门炮发射约 26.75 发,而每门炮的备弹标准是 50 发,那么两舰的 305 毫米克虏伯炮所发射的炮弹只有正常基数的 53.5%,如果马吉芬所说不虚,残余炮弹也已经不多,那么即使加上剩余的弹药,备弹也远不到正常基数的 60%,显然弹药储备严重不足。

由此可知,在海战中,至少定远和镇远存在着弹药缺乏的情况。镇远、定远是一直坚持在海战战场上战斗到最后时刻的两艘中国军舰,其弹药数量的多寡无疑最有代表性。虽然按照马吉芬的回忆,两舰主炮弹药将用尽时海战也已基本结束,似乎对于海战没有产生直接影响,但是由于日本军舰多无装甲或者是轻装甲舰,爆破弹对其破坏力最大,由于最后阶段缺乏爆破弹,对日本军舰的杀伤力大减。同时考虑到在炮弹供应紧张的情况下,炮手可能放慢了发射速度,事实上会限制定远、镇远两舰火力的正常发挥。来远帮带大副张哲溁就曾经说,在黄海海战中,有"因弹子将罄而炮故缓施者"。① 这无疑也严重影响了北洋海军的战斗力。

对于这种情况,当时军内外的外籍人士都普遍认为,北洋海军缺乏弹药的主要责任在天津方面,完全是岸上官吏的贪污与卖国行为所致。肯宁咸说:"中国人在鸭绿江上(指黄海海战——引者)是可以得胜的,假使他们的炮弹不是实着泥沙。这不是海军提督的过错,而是军需局的坏蛋官吏的罪恶。"②赫德的机要秘书濮兰德也说:"如果这些大炮有适量的弹药及时供应,鸭绿江之役很可能中国方面获胜,因为丁汝昌提督是有斗志的,而他的水手们也都极有骨气。"③

徐建寅禀帖及以往的解读

上世纪 90 年代末,直隶候补道徐建寅的《上督办军务处查验北洋海军禀》(禀后附有《北洋海军各员优劣单》、《北洋海军各船大炮及存船各种弹子

---

① 《盛宣怀档案资料选辑》之三《甲午中日战争》下册,上海人民出版社 1982 年版,第398 页。

② 《肯宁咸乙未威海卫战事外记》,《中国近代史资料丛刊·中日战争》(六),上海人民出版社 1957 年版,第 318—139 页。

③ 〔英〕濮兰德(J. O. P. bland):《李鸿章传》,转引自丁名楠等:《帝国主义侵华史》第 1卷,人民出版社 1973 年版,第 345 页。

数目清折》《北洋海军存库备用各种大炮弹子数目清折》）被人发现,其中在《北洋海军各船大炮及存船各种弹子数目清折》中记载了北洋海军舰上和库存的主副炮炮弹数量。

据徐建寅统计,当时北洋海军舰上和库存的主副炮炮弹数量分别为:305 毫米口径炮开花弹 403 枚、钢弹 244 枚,260 毫米口径炮钢弹 35 枚,210毫米口径炮开花弹 952 枚、钢弹 163 枚,150 毫米口径炮开花弹 1237 枚、钢弹 202 枚,6 英寸口径开花弹 477 枚、钢弹 23 枚,120 毫米口径炮开花弹 362 枚、钢弹 38 枚。同时徐建寅在赴威海前曾经去天津军械局查验,在《上督办军务处查验北洋海军禀》中提到机器局和军械局,"据称九月初以后已造三百余颗运送威海,续经造成存局者尚有二百余颗,又九月间向外洋订购一千颗,明春二月间可到"。①

有一些学者根据《上督办军务处查验北洋海军禀》的统计数据,认为"佐以盛宣怀档案资料,可知黄海海战后拨给北洋海军的炮弹共 360 枚,其中,供 305 毫米口径炮开花弹 160 枚,210 毫米、150 毫米口径炮开花弹各 100枚",②那么"其余均为黄海海战结束时剩余的炮弹"。③

据此,他们得到结论,"也就是说,要么是北洋海军在黄海海战中并不缺乏弹药,要么是军舰载弹量不足而导致海战中缺乏弹药"。④

在后一种情况下,那么这些炮弹"当时根本不在舰上,而是一直被存放在旅顺、威海基地的弹药库里。北洋海军是在携带弹药不足的情况下与日本舰队进行了一场长达 5 个小时的海上会战,结果极大地影响了战斗力的发挥,也加重了损失的程度"。⑤ 此时,"责任无疑在丁汝昌,与后路的弹药

① 徐建寅:《上督办军务处查验北洋海军禀》,转载于《近代中国海军》,海潮出版社 1994年版。

② 苏小东:《甲午年徐建寅奉旨查验北洋海军考探》,收录于《甲午战争与近代中国和世界——甲午战争一百周年国际学术讨论会文集》,人民出版社 1995 年版,第 517 页。

③ 苏小东、陈美慧:《北洋海军在甲午战争中的后路保障》,《北洋海军研究》第三辑,天津古籍出版社 2006 年版。

④ 苏小东、陈美慧:《北洋海军在甲午战争中的后路保障》,《北洋海军研究》第三辑,天津古籍出版社 2006 年版。

⑤ 苏小东、陈美慧:《北洋海军在甲午战争中的后路保障》,《北洋海军研究》第三辑,天津古籍出版社 2006 年版。

供应无关"。①

对徐建寅禀帖的重新解读

粗看之下,徐建寅的《上督办军务处查验北洋海军禀》中提到的"已造三百余颗运送威海"与此观点中所说的分两批向北洋海军发放360颗炮弹吻合,似乎可以盖棺定论了,但是我们细读史书,可以发现这一观点存在很多重大的疏漏。

首先,此观点认定徐建寅的《上督办军务处查验北洋海军禀》中提到的"已造三百余颗运送威海",即为海战后北洋海军得到的所有炮弹显然是错误的。

徐建寅奉旨到威海基地查验,于12月10日抵达威海,而黄海海战是9月17日,之间差不多有3个月的时间,究竟徐建寅统计的数字有多少是海战前就有的,有多少是海战后到12月10日这段时间内运入的,因为天津军械局的资料损失,已经很难考证。我们只能通过其他方面的记载来进行推断。

此观点中所说的"10月补给的305毫米开花弹160枚和210毫米、150毫米开花弹各100枚",当是指九月初四(10月2日)、九月初十(10月8日)天津所发送的两批炮弹。

九月初四(10月2日),盛宣怀致电丁汝昌,提及305毫米开花子(爆破弹)80枚,发射药80出已经发至威海。②

九月初八(10月6日),盛宣怀又致电丁汝昌,说初十(10月8日)东局可赶成305毫米二倍八口径开花子80颗,药袋配全,210毫米、150毫米炮弹各100颗,铜拉火2000支,150毫米药袋700出,六寸炮药袋100出。此批弹药后于10月11日发往旅顺。③

表面看,300余颗和360颗似乎能对上,但是联系《上督办军务处查验北洋海军禀》中后一句"九月间向外洋订购一千颗,明春二月间可到"就

---

① 苏小东、陈美慧:《北洋海军甲午战争中的后路保障》,《北洋海军研究》第三辑,天津古籍出版社2006年版。

② 戚俊杰、王记华编校,《丁汝昌集》,山东大学出版社1997年版,第347页。

③ 戚俊杰、王记华编校,《丁汝昌集》,山东大学出版社1997年版,第347—348页。

可以发现,这是错误的。在黄海海战后,清政府通过多种渠道向外洋订购军火,其中就有给北洋海军订购的炮弹。而在九月通过天津信义洋商订购"海军用三十半生钢开花子一千颗,二十一生钢开花子一千四百颗"。①

由此我们可知,九月订购的海军炮弹共有2400颗,而其中1000颗是305毫米开花炮弹,那么徐建寅在《上督办军务处查验北洋海军禀》中提到的"已造三百余颗运送威海",和后面"九月间向外洋订购一千颗"两者所指的是305毫米开花炮弹,而非所有类型炮弹的总和。

同时细读盛宣怀和丁汝昌的往来函,我们可以看到在海战后,天津军械局向北洋海军发放的炮弹,也远非两次360颗。

盛宣怀在十月初五日(11月2日)给丁汝昌的电文提到"'海定'、'图南'、'广济'初五下午四点趁潮出海。'镇东'初六下午开,装有三十半生炮子,亦须保护"。② 而在十一日(11月8日)盛宣怀又给大沽去电,让天津镇总兵罗荣光派小船通知镇东舰"到旅将人马子药起岸后,所带海军大炮子四百十颗,毋庸交旅,须送至威海。进旅口时,须格外小心。顷德律风传唤回镇东,即因此事"。③

联系两个电文,我们不难发现,镇东舰原定十月初六日(11月3日)运送弹药出发,其中有305毫米炮弹。后由于种种原因,到十月十一日(11月8日)还未出发,上面共有410颗供给海军的大炮弹。虽然我们尚不清楚这410颗炮弹的具体种类,但是从盛宣怀电文中可知,此批炮弹为大口径炮弹,其中有305毫米炮弹,而且数量还不少,否则盛宣怀也不至于提前一天通知北洋海军派舰保护。

而通过另一份盛宣怀给丁汝昌的电报,我们可以部分地了解这批炮弹的组成。盛宣怀在九月初六(10月4日)给丁汝昌致电称:"三十半生开花子二百七十颗,装好栗药一百二十出;二十一生、十五生开花子各五百颗,十五生装好栗药七百出;六寸口径炮用装好栗药百出;以上弹药,昼夜加工,均

---

① 《中国近代史资料丛刊续编·中日战争》(5),中华书局1993年版,第149页。
② 戚俊杰、王记华编校:《丁汝昌集》,山东大学出版社1997年版,第349页。
③ 《盛宣怀档案资料选辑》之三《甲午中日战争》上册,上海人民出版社1980年版,第261页。

本月底告成。"①11月8日所完成的那批弹药,可能是其中的一部分。

盛宣怀在10月4日提到的这批弹药数量巨大,考虑到由于黄海海战之后面对来自各方面的指责和压力,盛宣怀当不至于提出一个明显过于巨大、自己没有办法完成的数字给自己作难,因此在九月底(10月28日)以前可以按时完成的可能性很大。此次运输的就可能是这批炮弹中的部分或者全部。

而按照这里提及的三十半生开花子270颗,加上九月初四(10月2日)的80枚305毫米开花子,合计350颗,也和徐建寅的已运300余颗305毫米开花子相吻合。

以上几批弹药相加,共计可确认运输的305毫米开花弹160枚和210毫米、150毫米开花弹各100枚、410枚大炮弹(内有305毫米开花弹),合计770枚,显然战后发运的各类炮弹数量绝对不止360颗。这进一步证明了徐建寅所说的已运300余颗不是各类炮弹的总和,而是其中的一种。

另外除了这三批可以确认的以外,尚有一些炮弹可能在战后发给了北洋海军。在九月初九(10月7日),顾元爵致电盛宣怀,说接到丁汝昌从旅顺发来电报,需要6英寸炮用开花子数十,而东机器局有造好的库存100多颗。② 此批弹药并无确切的运输记录,但是从电报看,丁汝昌催促甚急,东机器局又有现成库存,而且此后有多次向旅顺运送军火的记录,因此此批当已发出。

而通过分析这个电报,我们也可以有一些新的发现。北洋海军各舰,使用6英寸炮的,只有致远和靖远,各装备两门6英寸炮。黄海海战致远战沉,就只有靖远的两门6英寸炮。而根据《上督办军务处查验北洋海军禀》记载,在徐建寅去威海时,北洋海军共有在舰、库存6英寸口径开花弹477枚、钢弹23枚,合计500枚,平均每门炮有炮弹250颗,如果此项炮弹均为黄海海战战前就下拨给北洋海军的,那么丁汝昌没有必要在九月向顾元爵请"六英寸炮用开花子数十",这说明在九月时,靖远的6英寸炮弹尚不十分充足,这500枚炮弹应当有相当部分是九月以后才拨给北洋海军。

① 戚俊杰、王记华编校:《丁汝昌集》,山东大学出版社1997年版,第347页。
② 《盛宣怀档案资料选辑》之三《甲午中日战争》下册,上海人民出版社1982年版,第265页。

同时,此间仅考虑了黄海海战之后天津向北洋海军发放的炮弹。而在海战前发放、但是北洋海军在出发前没有及时领到的炮弹,也不应当计算在战前北洋海军的弹药储备中。比如 9 月 12 日,致远、靖远、来远到大沽,原计划由 3 舰装运一批弹药、军火,但是 5 点钟 3 舰即已经开航旅顺,弹药只得暂留大沽,①此批弹药之后并无马上运送到旅顺或者威海的记录,显然没有能赶上海战,但是依然是包括在徐建寅的统计之中,也应当予以扣除。

从上述资料我们不难看到,在海战后运到威海的炮弹数量不少于 770 颗,其中 305 毫米口径开花子就有 350 颗,按照徐建寅的统计数字 305 毫米口径炮开花弹 403 枚算,那么北洋海军原有 305 毫米口径炮开花弹只有 53 枚,或者更少。按照定远和镇远 7 门主炮(定远一门主炮受伤未修复)算,平均每门主炮只有不到 8 枚炮弹,如此算下来,北洋海军实际的炮弹储备,特别是海战中最缺少的定远、镇远 305 毫米炮弹,数量是非常少的。

另一方面,徐建寅的报告中仅提到了炮弹的储备情况,而没有提到药包。

北洋海军各舰火炮发射炮弹需另有规格相同的药袋药桶。以定远所使用的 305 毫米克虏伯大炮为例,它所使用的开花弹(仅指弹头,下同)重 292 千克,弹头内装药 10 千克,实心弹重 325 千克,弹头内微量装药,而发射药包则都重 72 千克,发射药包为圆柱形,将火药片包裹于丝质袋内而成,外面标有重量,可以根据射程远近选取不同重量的药包。②

如果弹药补给不配套,有弹无药或有药无弹均无法使用。根据前面所述,赫德就曾经提及北洋舰队"克虏伯炮有药无弹,阿姆斯特朗炮有弹无药"。这一情况我们可以从往来电文和其他资料中得到证实。

根据前面所提到的往来电文,我们可以看到天津军械局所提供的炮弹和药包数量上并不相符,其中九月初八(10 月 6 日)的电文中提到发运 150 毫米炮弹 100 颗,而 150 毫米药袋有 700 出,多出了 600 出,六寸炮药袋则多出 100 出。而按照盛宣怀在九月初六(10 月 4 日)的电报提出的生产计

① 《盛宣怀档案资料选辑》之三《甲午中日战争》下册,上海人民出版社 1982 年版,第 552 页。

② 陈悦:《北洋海军舰船志》,山东画报出版社 2009 年版,第 70 页。

划数算,也多出十五生装好栗药 200 出,6 寸口径炮用装好栗药百出,另外北洋海军还在海战后请领了 260 毫米火炮所用药包 30 出。这些应当是之前北洋海军所短缺的部分,否则光制造发射药包没有任何意义。由此可见"克虏伯炮有药无弹,阿姆斯特朗炮有弹无药"的说法当不是空穴来风。

这一点,我们也可以从战后日军所作的缴获物资统计中得到证实。按照日军的统计,共在刘公岛缴获 210 毫米炮弹 423 发,150 毫米炮弹 229 发,而 210 毫米炮所用药包是 182 出,150 毫米炮所用药包是 93 出,210 毫米炮短缺药包 241 出,150 毫米炮短缺药包 136 出。不独海军,刘公岛上炮台和守军的火炮情况也是如此,以战后的 75 毫米克虏伯野炮统计为例,战后 22 门 75 毫米克虏伯野炮共有炮弹 3850 发,而装药则仅有 176 出,短缺 3674 出。①

如此算来,北洋海军战前实际能有效使用的炮弹数量就更加少了。以平远的 260 毫米火炮为例。在黄海海战中,平远共发射 260 毫米炮弹 10 发,而根据徐建寅的统计,海战后还有炮弹 35 发。由于此种炮弹国内不能生产,皆需向外国购置。海战后虽然已经向国外订购了 70 发,但是要到次年的二月才能到货,此时还未到货。这说明战前共有 260 毫米炮弹 45 发,而战后请领的 260 毫米火炮所用药包 30 出当为当前库存炮弹所配,同时在战后日本的统计里,也没有 260 毫米火炮所使用的炮弹和药包,显然已经都消耗殆尽,这说明在请领的 260 毫米火炮所用药包 30 出以后两者数字是刚好配套的。那么我们可以计算出,实际在海战中可用的 260 毫米炮弹,仅有 15 发而已。北洋海军弹药之匮乏,由此可见一斑。

另一方面,当时的克虏伯炮开花弹引信是在炮弹使用前安装上去,开花弹要发挥出其威力,尚需合适的引信。如果我们进一步看引信的话,发现短缺的情况也很严重,战后日本统计共缴获克虏伯炮用引信 150 个,而对应的,仅海军的 305 毫米、210 毫米、150 毫米克虏伯炮开花弹就有 673 发,短缺 423 个,如果算上炮台所使用的克式开花弹,短缺将更为严重。这也就意味着,这些缺少引信的开花弹,事实上只能当实心弹用。由于目前缺乏相关数据,我们并不能确认海战前信管是否短缺,但是显然,这种情况的存在和后路补给存在问题有很大关系。

---

① 《山东役战利品调查表》、《山东役战利收容兵器弹药员数表》,影印本。

由以上两点来看,虽然没有明确的数字来证明海战前北洋海军缺少弹药,但是显然,即使不考虑徐建寅《上督办军务处查验北洋海军禀》的真伪和其中数字的真实可靠性,我们也不能简单地根据《上督办军务处查验北洋海军禀》一文来确认战前北洋海军的弹药储备充足。

由战前电报分析北洋海军的弹药供应

同时,我们也可以换个角度来探讨一下,北洋海军在战前的弹药储备是否充足,或者是否是因为丁汝昌消极等待导致海战中弹药不足。

在讨论这个问题之前,我们首先来看下北洋舰队后路的弹药供应是怎么样一个情况。北洋海军的炮弹供应,在北洋海军成立之初,就在《北洋海军章程》上作了如下规定:

旅顺军械局总理全军枪炮药弹一切军火事宜,稽查考核各船收发存储,由北洋大臣遴委文武大员管理。

天津军械局为水陆各军军火收发总汇之区,由北洋大臣遴委文武大员管理。

同时《章程》上还写到:

天津机器制造东、南两局专造北洋水陆各营枪炮应用火药、子弹及水雷、铜帽、门火等件,现复添做新式长炮钢弹、栗色火药、哈乞开斯炮子,由北洋大臣遴委文武大员管理。

由此我们不难得知,北洋海军所需弹药主要由天津机器局东局生产,然后再由天津军械局统一调拨。同时国内无法生产的弹药,则由军械局负责向国外订购。而北洋海军领取之弹药,除配补各舰外,其余均存在旅顺基地的弹药库中,需要时再由军械委员开单提取。而在旅顺,作为北洋舰队主要的弹药存放基地,修建有南子弹库,主要存放弹头,另有储存发射药和炸药的东、西库。

威海并不大量储备弹药。平时北洋海军仅在舰上储备少量炮弹,用于日常练习和会操之用。但是事实上早在北洋海军刚刚成军之初,就曾经面临过炮弹供应不足的情况。1889年秋季北洋海军在大连湾会操时,因为有些种类的炮弹没有储备,各舰炮弹缺乏,不得不"各船通融挪用",[①]才使得

---

① 戚俊杰、王记华编校:《丁汝昌集》,山东大学出版社1997年版,第130页。

会操顺利进行。由此可知,炮弹储备不足的问题由来已久。为此,丁汝昌还特意在电报里将所缺炮弹"特遂开清折,希查照或制或购,宜早筹置"。① 可惜从后来的实际供应情况来看,这一提醒并没有得到重视。

战争爆发之前,随着局势的日益紧张,北洋海军在威海基地开始备战,其中很重要的一项工作就是加紧补充弹药。

六月初一日(7月3日),丁汝昌函告旅顺水陆营务处道员龚照玙,要求将定远、镇远两舰305毫米炮用开花弹(爆破弹)150枚、150毫米炮用四倍长开花弹100枚交经远舰带至威海应用,另将致远、靖远两舰"未曾分装之军火"交来远运往威海。②

随后丁汝昌又发函要求将存放在旅顺的超勇、扬威两舰十寸口径炮所用轻装大粒药29出及现有平远舰260毫米口径炮所用药桶若干一并交经远带到威海。③

这两份函件中丁汝昌所请各项弹药,虽无明确记录说明是否运到,但是丁汝昌在其后并未就此向龚照玙催要,而且此次丁汝昌是根据自己所了解的旅顺库存请领,应当没有什么问题,在其后不久当已经到位。同时从上文我们不难看出,丁汝昌对于北洋海军的弹药储备情况相当地了解,这间接地证明了他对北洋海军后勤是非常重视的。

在六月十三日(7月15日),丁汝昌再度函告龚照玙,要求将"各船不足药弹除未经购置不计外,就现有未经运到,择其急需各宗,饬陈游击开具清折,请饬其检照检齐,交定远带威,其余因(刘公)岛上无处存放,请暂存旅,候用再取"。④

此次与上两次不同,丁汝昌并不是按照存放情况来提取物资,而是按照各舰弹药不足的实际情况"开具清折"来申请补给。不过丁汝昌也考虑了龚照玙的难处,所以注明将需要另行购置的排除在外。

虽然如此,旅顺现有物资储备还是不能满足丁汝昌的急需。在六月十九日(7月21日),丁汝昌复龚照玙函中提到,定远已经返回,带回了龚照玙

---

① 戚俊杰、王记华编校:《丁汝昌集》,山东大学出版社1997年版,第130页。
② 戚俊杰、王记华编校:《丁汝昌集》,山东大学出版社1997年版,第200—201页。
③ 戚俊杰、王记华编校:《丁汝昌集》,山东大学出版社1997年版,第202页。
④ 戚俊杰、王记华编校:《丁汝昌集》,山东大学出版社1997年版,第205页。

"现在无存请津赶运军火一折"。①

这两份信函并无收录明细清单，因此我们并不知道丁汝昌所请的北洋各舰所缺弹药究竟是哪些，也无从得知还有哪些是旅顺所不能提供的。但是由前文可知，丁汝昌这次请领的不过是"各舰不足弹药"已经购置的"择其急需各宗"而已，对于丁汝昌所提的要求数量应该并不算多的弹药，旅顺都表示不能满足需要，可见旅顺所储备的弹药并不十分充足。而我们也由此可以知道，到此时为止，北洋舰队用于备战的弹药尚不充足，不能满足作战之需。

对此，丁汝昌也无可奈何，只能答复"至函请津局续运之件，一经由津起程，务祈先赠电音，以便预筹闲舰，届时取运，倘蒙知照，得以由津径运来威，则更为简速"。②

同日，利运号运输船自天津运军火抵威海，其中注归海军一批。③ 但是根据丁汝昌和盛宣怀的往来电文我们可以知道，六月十七日（7 月 19 日），丁汝昌在致盛宣怀的电报中就提到"候利运到，赶装水雷等件"，④在六月十九日（7 月 21 日）丁汝昌给盛宣怀的电文中又写到"刻利运到，函件收悉"，"利运本拟充装雷械随守大同"。⑤ 由此看来，此批运送的物资在六月十七日（7 月 19 日）就已经确定，主要是水雷等件，应当不包括旅顺所短缺的那部分物资。

由于军情紧急，丁汝昌对于舰队短缺的物资非常关注，一再向有关方面发函催促。在回复龚照玙的第二天，丁汝昌就给盛宣怀、张士珩致函，里面提到："五十七密里快炮应需方块大粒药，除前到两千磅外，尚短四千磅，洵现时孔迫之需。津中既能自制，谅易照给，迅运来威。"⑥

次日，丁汝昌在给龚照玙的函中再次提到："五十七密快炮仍需方块大粒药四千磅应用，伏希电催楚宝（张士珩）遄寄。"⑦

① 戚俊杰、王记华编校：《丁汝昌集》，山东大学出版社 1997 年版，第 206 页。
② 戚俊杰、王记华编校：《丁汝昌集》，山东大学出版社 1997 年版，第 206 页。
③ 戚俊杰、王记华编校：《丁汝昌集》，山东大学出版社 1997 年版，第 207 页。
④ 戚俊杰、王记华编校：《丁汝昌集》，山东大学出版社 1997 年版，第 337 页。
⑤ 戚俊杰、王记华编校：《丁汝昌集》，山东大学出版社 1997 年版，第 338 页。
⑥ 戚俊杰、王记华编校：《丁汝昌集》，山东大学出版社 1997 年版，第 208—209 页。
⑦ 戚俊杰、王记华编校：《丁汝昌集》，山东大学出版社 1997 年版，第 209 页。

我们并不知道丁汝昌催要的这些物资是否是北洋各舰所缺的弹药其中之一,但是从这里我们可以明确一点,在这么短的时间内连续发函催要,可见丁汝昌的急迫心情,也可以看到丁汝昌对于弹药补给的重视,那么所谓炮弹不足"责任无疑在丁汝昌,与后路的弹药供应无关"这一说法也自然不攻自破。

在8月1日和8月7日,利运分别由天津运来军火若干,其中包括扬威等补领的军火、克虏伯150毫米、阿式六英寸炮炮弹、引信等一批。①

由于并无"现在无存请津赶运军火一折"的明细,也没有这两日运到物资的具体清单,因此我们从这里无法得知这是否就是六月十三日丁汝昌致函龚照玙时所要求的弹药,或者说是丁汝昌所要求的全部弹药。

而另一份资料可以提供一些线索。在黄海大东沟海战后,总理衙门曾奉旨调查天津机器局弹药供应情况。11月1日,李鸿章奉旨上报天津军械局存发枪炮弹药清册。据此清册统计,是年3月至10月,军械局共向北洋海军补给305毫米口径炮弹342枚、210毫米口径炮弹840枚、150毫米口径炮弹927枚、6英寸口径炮弹370枚,11英寸前膛炮炮弹12枚、120毫米速射炮炮弹1600枚。②

据此统计,再减去10月补给的305毫米炮弹160枚、210毫米炮弹100枚、150毫米炮弹100枚、6英寸炮弹若干枚,还有9月12日未能及时交付致远、靖远、来远三舰的那批弹药,其余当为战前北洋海军得到补给的炮弹。而此时库存的炮弹除210毫米炮弹和150毫米炮弹均已告竭。由这份资料我们不难发现,北洋海军战前得到的补充,除210毫米炮弹、150毫米炮弹和120毫米速射炮炮弹较为充足外,其他数量都严重不足。这也与当时的情况符合,210毫米和150毫米克虏伯火炮当时不仅装备了北洋海军,各炮台要塞也大量装备,所以炮弹储备数量较多。

而汉纳根在战前的一封信中则提到:我的注意力,集中在弹药问题上。我发现我们的灾难在于,两艘铁甲舰的8门30.5厘米炮只有3发长倍径榴弹和64发短倍径的、粗糙的榴弹。福州制造的铁甲舰平远的26厘米火炮

---

① 戚俊杰、王记华编校:《丁汝昌集》,山东大学出版社1997年版,第212—213页。

② 《中国近代史资料丛刊续编·中日战争》(5),中华书局1993年版,第137—138页。

根本没有榴弹,而巡洋舰超勇和扬威的 26 吨炮则没有发射药的储存。与此相反,3 艘铁甲舰的火炮有着充足的穿甲弹,但是鉴于日本没有铁甲舰,这些炮弹差不多是没用的。同样,其他舰只所获得的弹药是不足的,但是在威海卫的弹药库里,却有足够供装甲巡洋舰使用的弹药。①

这封信反映的情况和上述统计基本符合,显然是真实的。那么结合前文我们不难发现,北洋海军的炮弹供应存在很大问题。

其中作为北洋海军主力的定远、镇远两舰,305 毫米开花弹原有 67 枚,3 月到 10 月共下拨 342 枚,扣除战后下拨的 160 枚,只有 182 枚,而其中可以查证是海战前下拨的仅有 150 枚,其余 32 枚可能是汉纳根写信前下拨,已经包含在信中所提的 67 枚,也可能是海战后下拨,那么此时北洋海军仅有 305 毫米开花弹 217 枚,平均每门主炮只有炮弹 27 枚,即使将那 32 枚算入,也只有 249 枚,平均每门主炮仅有开花弹 31 枚。其余都是实战中用处不大的实心弹。

而平远所用的 260 毫米火炮不仅开花弹全无,实心弹也只有 15 发能用。超勇和扬威也仅有十寸口径炮所用轻装大粒药 29 出。

这显然严重制约了北洋海军战斗力的发挥,再考虑其他火炮药包和引信的短缺,当能想象北洋海军当时的窘迫。

耐人寻味的是,面对海战后参战的洋员和军内外的外籍人士的批评,主管北洋舰队后勤工作的盛宣怀面对着巨大的压力,他致电丁汝昌宣称:“海军子药,兄向不电弟,故弟全不知。”②盛宣怀试图以自己不知道来推脱,但是这显然是不可能的,因为丁汝昌虽然一直是和龚照玙联系,没有直接给盛宣怀去电报,但是炮弹运输仍需盛宣怀来协调船只运输。

而在八月二十六日(9 月 25 日)盛宣怀致电丁汝昌时说:“闻此次海战缺乏开花弹,卅半生脱、廿六生脱、廿一生脱大炮,需添开花弹各若干出?乞速电示赶办。”③从此处看,弹药缺少情况确实存在,而不是有弹药丁汝昌没有去催要。否则盛宣怀完全可以不需要用“赶办”二字,更可以将责任直接

① Constantin von Hanneken Briefe aus China 1879 − 1886: als deutscher Offizier im Reich der Mitte,BOHLAU VERLAG KOLN WEIMAN WIEN,1998,第 346 页,附录 2。
② 戚俊杰、王记华编校:《丁汝昌集》,山东大学出版社 1997 年版,第 346 页。
③ 戚俊杰、王记华编校:《丁汝昌集》,山东大学出版社 1997 年版,第 346 页。

推给丁汝昌,而不是说不知道了。

同时天津军械局提供的这数量有限的炮弹质量也不容乐观。由于技术力量薄弱,天津军械局所产的炮弹较进口之炮弹威力为弱,以定远所用的305毫米炮弹为例,305毫米炮所用之标准开花弹弹径比是五倍,[①]而天津产的只有二倍八口径,要短得多。炮弹小了,不仅炮弹的重量比正常的炮弹轻,装药也要少,相应地,威力也要小得多。

天津军械局所产的炮弹其他质量问题也很多。1891年3月,丁汝昌因为定、镇两舰所领的305毫米炮弹铜箍太大,不能合用而致函刘含芳,要求"代为刮削"。[②]5月,超勇、扬威所领的"三十七毫里哈乞开士开花子各一千颗,子膛内均未装药"。[③]6月,致远所领用的"六寸径炮用铜管轧火二百支,当经该船试放两支,据称口径太小,且放时窜火",只能全部退回。[④]

这些问题在甲午战争时依然存在,定远枪炮大副沈寿堃在海战后就指出:"中国所制之弹,有大小不合炮膛者;有铁质不佳,弹面皆孔,难保其未出口不先炸者。即引信拉火,亦多有不过引者。临阵之时,一遇此等军火,则为害实非浅鲜。"[⑤]来远帮带大副张哲溁也说:"所领子药,多不合适,亦不切备",黄海海战即"有因子不合膛而临时减药者"。[⑥]所以定远枪炮二副高承锡认为:"枪炮子药乃军务极要之件,制造之时须较以规矩,求其性力,认真试妥,然后取用,方无妨害。"若"不论合膛与否、炸力大小、能否及远,塞责成工,不但战时之有害,即平时用之也受害不浅"。[⑦]此外,弹药存放时间过长也会有所损坏,镇远枪炮大副曹嘉祥等军官即针对这一问题提出:"每届三年,各船上所存军火必须勘验,如有损坏,当即更换。"

---

① Philo N. McGiffin, The Battle of The Yalu, Century Magazine, 50:4, August 1895。见北洋水师网站张黎源译本:http://www.beiyang.org/wenku/mjf.htm。

② 戚俊杰、王记华编校:《丁汝昌集》,山东大学出版社1997年版,第151页。

③ 戚俊杰、王记华编校:《丁汝昌集》,山东大学出版社1997年版,第155页。

④ 戚俊杰、王记华编校:《丁汝昌集》,山东大学出版社1997年版,第156页。

⑤ 《盛宣怀档案资料选辑》之三《甲午中日战争》下册,上海人民出版社1982年版,第404页。

⑥ 《盛宣怀档案资料选辑》之三《甲午中日战争》下册,上海人民出版社1982年版,第407页。

⑦ 《盛宣怀档案资料选辑》之三《甲午中日战争》下册,上海人民出版社1982年版,第398页。

弹药存在如此之多的质量问题,势必导致原本数量就有限的弹药在实际使用中更加紧张,还会严重影响火力的正常发挥。

在海战中,我们也不难看到炮弹质量对海战的影响。来远、致远、广甲三艘巡洋舰合击正常排水量仅有 622 吨的炮舰赤城,赤城共中大中口径炮弹 30 发,而比睿和西京丸等舰也多次被北洋海军的 305 毫米炮弹击中,但是都始终未能对其造成致命打击,炮弹质量所造成的影响可见一斑。

结　语

自古以来,后勤一直是兵家非常重视的问题。而随着武器装备的发展,对后勤的依赖也越来越大。海军装备技术复杂,作战环境特殊,如果没有有力的后勤保障,战斗力会受到很大的制约。北洋海军的失败原因是多方面的,但是我们应当看到,弹药匮乏和弹药本身的质量问题,对北洋海军发挥正常的战斗力产生了很大的负面影响,是战争失败的不能忽视的重要原因之一。

钟琳,浙江省湖州市邮政局技术信息中心工程师

中日甲午战前中日出兵朝鲜之始末
——与程维荣先生的商榷

王 珍 仁

近日,因研究上的需要,拜读了由上海科学院出版社 2008 年 8 月出版,程维荣先生所著的目前为中国第一部研究有关铁路附属地问题的专著《近代东北铁路附属地》一书,收获颇丰。然书中所涉及的有关中日甲午战争前夕,中日双方先后出兵朝鲜的内容,笔者实不敢苟同,且以为应有商榷之理。程维荣先生在书中写道:

> 1894 年(光绪二十年),朝鲜爆发东学道起义,很快蔓延到各道。在朝鲜政府请求下,清政府决定出兵,协助镇压起义。日本在得知清朝的决定后,先发制人,抢先出兵。在日军不断增兵朝鲜的局势下,清政府被迫决定也增兵朝鲜。①

关于此段史实,程维荣先生的叙述虽十分得精练简达,但就中日两国出兵朝鲜的顺序恐是有谬误之嫌,同时,该文对朝鲜甲午农民起义的称谓,也让笔者觉得有必要加以说明,因此,就愿赘述帛章,以正视听。

一、"东学党"、"东学道"、"东学教"起义的准确称谓

有关朝鲜"东学教"起义的称谓,在我国甲午战争史的研究上始终没有一个统一的说法,有的学者称其为"东学党"起义,有的称其为"东学道"起义,有的称其为"东学教"起义。第一种称谓盛行于 20 世纪 90 年代以前,而后两种称谓则兴起于 20 世纪 90 年代之后。这种称谓的变化,其实也是众家学者从实际出发,得出的较为理性的结论。究其根底,正确的称谓,当统一到"东学教"起义上。

公元 1893 年,朝鲜遭遇特大自然灾害,粮食主产区谷物歉收,全国粮价

---

① 程维荣:《近代东北铁路附属地》,上海社会科学院出版社 2008 年版,第 5 页。

高涨,饥民遍野,不得维生。此时,朝鲜全罗道古阜郡郡守赵秉甲为了搜刮民财,竟然在灾荒年中巧立名目,向农民增收一大笔水税。要求农民每一斗种子下秧,就得交三斗粮食的水税。此种政策引起农民的强烈不满,要求减免水税。这年冬天,有"东学教"的信徒全瑲准(1854—1894)与一些乡民两次向赵秉甲请愿,但均遭拒绝。有的请愿农民身遭酷刑。这些农民复而派出代表到全州,向全罗道观察使金文铉进行申述。金文铉竟将农民代表悉数逮捕,投入监牢。在忍无可忍的情况下,全瑲准率领当地农民揭竿而起,向地方府衙展开武装斗争,这就是发生在朝鲜历史上的"东学教起义"。

"东学教",又称"天道",即后来盛行于朝鲜民间的"天道教"、"侍天教"的前身。所谓"东学",就是"东方之学",是与当时叫做"西学"的天主教相对立的。

朝鲜"东学教"的创始人是崔济愚(1824—1864),本名济宣,号水云斋,是朝鲜庆尚北道越城郡人。崔济愚年轻时,为求师访友,曾经游遍名山大川。当他看到一些西方传教士在朝鲜宣传基督教,很多贫苦群众在传教士的努力宣传下,皈依者甚众,便萌发了要创立新教与洋教进行博弈的念头。于是,他潜行到庆尚道梁山郡的千圣山修道寻学,改名济愚。数年之间,通过对儒、佛、道三教进行揣摩比对,而甚有感慨。认为"儒教拘于名节,未达玄妙之境;佛教入涅槃,绝伦常;道教悠游于自然,缺乏治国平天下之术"。[①]崔济愚取三教之长,用"诚"、"敬"、"信"作为要义,自称"代天主布教济民",于1860年创立了"东学教"。

崔济愚主张"人即是天",倡导超越等级身份,人间平等。由于"东学教"教义简明,信徒日众。崔济愚被推举为"东学教"道主,号天宗大神师。随着规模越来越大,影响越来越广泛,"东学教"的行动很快就引起统治者的极大恐慌。于是朝鲜政府把"东学教"作为异端邪说来镇压,认为"东学教"是惑世误民的邪教。1862年9月,官府逮捕了崔济愚,但在"东学教"教徒们强大的压力下,不得已释放了崔济愚。到了1863年12月,官府又以"东学教"的咒语中有"天主"二字,定为黄巾、白莲之流,再度逮捕崔济愚及教徒20余人。1864年4月15日(农历三月十日),崔济愚于大丘被处以斩刑。

---

① [日]信夫清三郎著,于时化译:《甲午日本外交内幕》,中国国际广播出版社1994年版,第3页。

崔济愚虽然被朝鲜当局处死,但"东学教"并没有因此消亡,而是在第二世道主崔时亨的领导下,继续活动。崔时亨(1827—1898),为崔济愚同族。初名庆翔,号海月堂。1861年,投入崔济愚门下受教。继任道主后,避于英阳,转于庆尚、忠清、全罗三道之间,秘密传教。1880年时,崔时亨集教祖之遗文,以《东经大全》之名刊行,传于民间。到了1883年,又增补再刊,致使"东学教"的教义得到更广泛的传播。

虽然"东学教"在隐蔽之中继续发展,但仍为官府所厉禁。1892年,天主教在朝鲜境内得到官府的认可,遂有"东学教"教徒陈情上书,以求生存。全罗道观察使李宪植在"东学教"教徒大规模的申诉面前,恐酿群众暴动,便不得已发布了在今后禁止迫害"东学教"教徒的告示。1893年1月23日,崔时亨在忠清道召集教徒,以崔济愚冤案未得以昭雪为由,决定向中央呈递陈情书。3月29日,崔时亨指派朴光浩等40余人于景福宫光化门前上疏于国王。国王李熙则以上疏违制,不予接受。并下"教旨"曰:"尔等其各归家,各安其业,则依愿施行。"①还派大员善为劝谕,以示抚慰。"东学教"教徒伏阙上疏,虽未达到预期的目的,但却在社会上造成了极大的影响。从活动的开始,就有一部分东学教的教徒广发揭帖榜文,宣传自己的主张,攻击、抵制外国人和基督教。4月26日,"东学教"教徒再次聚集于报恩县,树起"斥倭洋倡义"的旗帜,日夜聚诵经咒,抨击官府,指斥时弊。国王李熙曾打算邀请清政府出兵帮助镇压,但由于领议政沈舜泽和清政府驻朝鲜总理交涉通商大臣袁世凯的反对,只好采取安抚的办法,委任户曹参判鱼允中为宣抚使,前往镇抚。在鱼允中的安抚劝慰下,"东学教"的领导集团开始动摇,下令解散聚会。

在不到半年的时间里,"东学教"连续组织发动多个大规模的聚会和"伏阙上疏",争取信教自由,反对对教徒的迫害,并提出"扫破倭洋"等民族主义的口号,在朝鲜半岛产生了广泛的影响。李鸿章在1893年4月6日(光绪十九年二月二十日)电示总理衙门称:"袁世凯电:东学邪教,联名诉请韩王,尽逐洋人,迭有揭帖榜文,沿西人门多端诟詈,称将逐杀。在汉洋人均大恐,日人多携刀昼行,尤骚讹。凯迭劝韩廷严缉惩办,终畏怯不敢。"②关于此

① 《海月神师实史》,《天道教书》第92—96页,转见[日]田保桥浩:《甲午战前日本挑战史》,第40—42页。

② 《李鸿章全集》电稿二,上海人民出版社1986年版,第540页。

事,《容庵弟子记》(卷一)中也有详细的记述,说:东学教徒"来汉数十人,请韩政府尽逐各国官民,只留华人。揭榜挂西人门首,诟詈多端,外人大恐,日人尤惊扰,多带刀昼行。"[①]

"东学教起义"在朝鲜近代史上亦称甲午农民战争。这是一次传统意义上的起义农民利用"东学教"的形式组织的运动。起义的领导者全琫准出生于高敞郡一个小知识阶层的平民家庭里,粗通文史,性情刚烈。其父全彰赫,为古阜郡衙吏,急公好义,因不满郡府贪官,曾率领农民袭击郡衙,惨遭逮捕,被杖刑而死。全琫准从此不忘为父报仇,并行侠乡邻,救苦济贫。1888年,他亲耳聆听崔时亨讲经,加入"东学教",后来成为古阜、泰仁一带"东学教"的道主。因此,当古阜郡的农民为生活苦苦挣扎之时,全琫准相机举事,在"东学教"的大旗下,一呼百应,教徒蜂拥而起,势如破竹。

通过对崔济愚、崔时亨所领导的"东学教"的研究,我们可以知道,朝鲜"东学教"的宗旨主要是对抗"西学",这与中国近代历史上的某些反洋教斗争有许多的相似之处,从反对西方教会开始,逐步发展到逐灭一切洋人。这一斗争,尽管带有笼统的排外倾向,但其实质却有鲜明的民族自卫性质,应当说是来自民间的反帝爱国运动。从"东学教"的本质中,我们认为,它并不反对官府,因此也不能把它的斗争称之为反对封建统治的斗争。这一点我们也可以从后来全琫准率领的"东学教起义"的四点行动纲领中清楚地看到。总之,全琫准所领导的起义,乃是生活于广大农村中的东学教教徒及农民们为生计所迫,而举行的正义斗争。在举事中,他们提出了"逐灭夷倭"、"尽灭权贵"的口号,这与崔济愚、崔时亨领导的反对西教的斗争相比,已经把斗争提到了更高的水平。

综上所述,我们看到在甲午战争之前,朝鲜爆发的这场以农民为主体的起义,参加者主要是"东学教"的教徒。从起义开始至结束,他们从来没有称自己为"东学党"。但长期以来,研究这段历史的学者却总是在喋喋不休地鼓噪其为"东学党起义",这里显然存在叙述不确的问题。其实,最早将"东学教"称为"东学党"的乃是日本人。当时在《东京日日新闻》和东京《国民新闻》等报纸上所刊发的有关农民起义的消息中,均以"东学党"称之,说"东学

① 王芸生:《六十年来中国与日本》第2卷,生活·读书·新知三联书店2005年版,第19页。

党军纪之严正,实在令人钦佩而外无话可说……"等。日本驻朝鲜的代理公使杉村浚在1894年的5月间迭次向日本外务省的报告中也称:"东学党之乱,为朝鲜近来稀有的事件,但还不能认为这些乱民具有颠覆现政府的力量。"①而后又有日本外务大臣陆奥宗光沿用杉村浚的说法,在其所著的《蹇蹇录》第一章中写道:"将来如有人编写中日两国间当时的外交史,当必以东学党之乱为开宗明义第一章。"致使后来中国学者拾人唾涕,人云亦云。笔者在此以为,我们应还历史本来之面目,充分地认识到,发生在朝鲜近代历史上的甲午农民战争,绝非一"党"之义举,乃是根植于民间的宗教派别的起事。其实,这在朝鲜政府正式向袁世凯递交的求援书中已有清晰的记述:"东学教匪,聚众万余人……攻陷全州省治……"②所以我们讲,在今天称这一历史事件为"东学党起义"显然是错误的;而称其为"东学道起义"是不够准确的;正确的称呼应是"东学教起义"。

二、中日出兵朝鲜的史实经过

朝鲜"东学教"起义爆发后,义军所到之处,所向披靡,频频告捷。起义军越战越勇,不仅人数越来越多,而且影响也越来越广。其实,在"东学教"起义爆发之初,中国政府就已经给予了严重的关切。这是因为,自古以来,朝鲜半岛就一直是向中国政府岁修职贡的属地。虽然在鸦片战争以后,中国清政府日渐衰落,但在名义上,仍然同朝鲜保持臣属关系。这种关系也一直被欧洲的列强所承认。因此,就在崔时亨指派朴光浩率众伏阙上疏的事情发生后,英人禧在明便告知袁世凯,在朝鲜的"各国洋员均商调兵船防范",同时也认为"华有弹压责",所以"请凯速调数船,以防意外"。显然,这是英人已在公开地诱使中国出兵干涉。李鸿章与袁世凯则认为"西人既待华弹压,自属好事"。"鸿已电调靖远、来远两快船驶赴仁川","相机寻防弹压"。③这其实是中国最先出兵朝鲜之开始。1894年农历四月八日,袁世凯又有电文告诉李鸿章,已在朝鲜动用了平远兵舰、苍龙运输船,从仁川协助朝鲜政府运输朝鲜军队到长山浦,参与弹压"东学教"起义,称"平远初五到

---

① [日]陆奥宗光:《蹇蹇录》,商务印书馆1963年版,第8页。

② 弘治、张鑫典、孙大超编著:《盛世之毁——甲午战争110年祭》,华文出版社2004年版,第126页。

③ 《李鸿章全集》电稿二,上海人民出版社1986年版,第540页。

· 478 ·

群山卸兵,韩乱党闻兵到即瓦解".① 由此可见,朝鲜政府在未正式向中国清政府祈求借兵镇压起义军之前,已经借用在朝鲜的中国军舰和运输船运送军队镇压"东学教"农民起义军;中国也在未正式出兵朝鲜之前,就已经介入到了朝鲜的国内事务之中。

面对"东学教"农民起义军的攻击,朝鲜军队节节败退,政府不得不考虑从中国借兵以应对不断恶化的局势。然虽多次商议,因担心日本借机生衅,而使问题更加复杂化,难以收拾,所以也总是议而不决。中国清政府除了上述的动作以外,也基本上持进一步的观望态度,按兵不动。1894 年 5 月 31日,"东学教"起义军攻陷了全州。朝鲜政府大为震惊和害怕。在这种情况下,朝鲜政府下定决心,准备借助于清政府的力量渡过这一难关。国王李熙派大臣闵泳骏向清政府驻朝鲜总理交涉通商大臣袁世凯求助:"方今全州失守,以朝鲜之兵,难以抵乱敌。且人才难得其人,望大人特念。"袁世凯则十分爽快地回答道:"朝鲜有危,吾岂不悉心护之? 若有难处之端,吾当担当矣。"②袁世凯同时向朝鲜政府表示,如果朝鲜政府需要清兵的帮助,可以由朝鲜政府向清政府发出正式的"呈文"。袁世凯此时虽愿意帮助朝鲜摆脱危机,但其也深知当时东亚地区的特殊气氛,所以提出要有朝鲜政府"呈文"的要求。否则,清政府亦不会贸然出兵的。袁世凯为此电致李鸿章,称"韩归华保护,其内乱不能自了,求华代戡,自为上国体面,未便固却"。③

6 月 3 日,朝鲜政府正式向清政府请求借兵戡乱。而几乎就在朝鲜政府为是否向清政府请求派兵争论不休的同时,日本政府已责成驻朝鲜的公使馆密切关注事态的发展。5 月 23 日,日本驻朝鲜代理公使杉村濬向外务大臣陆奥宗光汇报了朝鲜方面的动静。在获得陆奥宗光的密示后,于 6 月1 日急遣书记官郑永邦拜见袁世凯,以探中方的口风,并引诱撮弄中国向朝鲜出兵。6 月 2 日,杉村濬又亲自出马,会见袁世凯,"意亦盼华速代戡",进一步怂恿中国出兵朝鲜,同时在会晤中为日后日本出兵朝鲜留下话柄。袁世凯此时错误地估计了日本政府的态度,自认为同杉村濬交情非浅,说什么"杉与凯旧好,察其语意,重在商民,似无他意"。④ 日本政府在经过一番打

① 《李鸿章全集》,电稿二,上海人民出版社 1986 年版,第 675 页。
② 转见戚其章:《甲午战争史》,上海人民出版社 2005 年版,第 12 页。
③ 《李鸿章全集》,电稿二,上海人民出版社 1986 年版,第 681 页。
④ 《李鸿章全集》,电稿二,上海人民出版社 1986 年版,第 685 页。

探之后，于 6 月 2 日召集紧急内阁会议。在内阁会议上，陆奥宗光提出："如果中国确有向朝鲜派遣军队的事实，不问其用任何名义，我国也必须向朝鲜派遣相当的军队。"①并决定一旦出兵，就要以保护使馆及侨民的名义为借口。5 日，日本成立战时最高指挥机构大本营。日本政府此时虽然作出了准备出兵朝鲜的决定，但表面上却不动声色，就连清政府驻日本的公使汪凤藻也被蒙蔽。汪凤藻在回致清政府的电报中认为，日本议会正在为是否出兵而争执不休，所以绝无就此滋事的可能。

李鸿章根据袁世凯、汪凤藻二人的报告，遂在接到朝鲜政府的正式"呈文"以后，决定派兵前往朝鲜。6 月 4 日李鸿章"饬丁汝昌派海军济远、扬威二舰赴仁川、汉城护商，并调直隶提督叶志超率同太原镇总兵聂士成选淮练劲旅一千五百名，配齐军装，分坐招商轮船"，②向朝鲜进发。6 月 6 日下午 6 时许，聂士成率军 910 人自塘沽登船，于 8 日下午抵达朝鲜牙山。后续叶志超部 1055 人于 10 日下午抵达牙山海口。12 日，全部登陆。到 6 月 25 日，中国清政府出兵朝鲜牙山的人数已达 2465 人。

日本政府在获悉中国决定出兵的消息后，于 6 月 5 日迅速组成战时大本营。当天，明治天皇批准由驻广岛的第五师团长野津道贯陆军中将负责，以其所部步兵第九旅团编成混成旅团，任命大岛义昌为旅团长，于 6 月 10 日前分两次完成向朝鲜的出兵任务。同日下午，日本驻朝鲜公使大鸟圭介率领 300 名水手和 20 名警察乘八重山舰从日本的横须贺港起锚赴朝鲜仁川。此行人在 9 日下午 3 时许进入仁川。如果说这算是日本正式出兵朝鲜的话，事实上已经晚了清军 24 个小时。而当时事态的发展情况是，在日军大本营获悉第一批清军已经于 6 日出发后，惟恐中国军队抢得先机，决定不等混成旅编成，便先派出一个步兵大队作为先遣队提前出发赶往汉城。9 日，一户兵卫少佐率先遣队乘船自宇品港出发，由高雄舰护航驶向朝鲜，12 日，在仁川登陆。随后，大岛义昌率领的混成旅团首批部队于 11 日自宇品港乘船出发，由吉野舰护航，于 15 日抵达仁川，16 日，全部登陆。纵观历史事实，在出兵朝鲜这一问题上，显然是中国政府在先，因此，我们就不能说是日本政府"先发制人，抢先出兵"。

---

① ［日］陆奥宗光：《蹇蹇录》，商务印书馆 1963 年版，第 9 页。
② 《李鸿章全集》，电稿二，上海人民出版社 1986 年版，第 684 页。

程维荣先生的本意是想借此来说明甲午战争的挑起者乃日本政府,应当说这一结论是不容置疑的。但我们不得不非常遗憾地说道,在这里程维荣先生违背了历史事实,在逻辑顺序上产生了错误。出兵朝鲜,是中国在先。但此事从一开始日本政府就以卑劣的手段,使李鸿章、袁世凯入瓮中计,加之中国政府决策战争失察,而陷入到被动的局面之中。

研究历史者,应当是站在公正的立场上,追溯本源,还原真相。切不可仅依一时之意,而谬书历史,贻误后人。

王珍仁,大连近代史研究所研究员

甲午战争后北洋海军主要将领追踪

刘　晓　焕

　　近几年来,为准备参加本次研讨会,相继翻阅了一些北洋海军的史料,觉得北洋海军研究领域还有不少课题值得进一步开展研究。其中甲午战争后北洋海军主要将领的去向与归宿问题,即颇值得探讨。

　　研究这一课题,首先遇到的一个问题是,哪一级别的将领才能算是北洋海军的主要将领?池仲祐《海军实纪》一书中,有一份《甲午海战海军阵亡死难将士名录》,将在甲午战争3次海战中北洋海军阵亡死难将士有姓名、职务或有职务无姓名者共计244名列举出来,其中包括三管轮以上将领计78人,另有洋员2人。① 其同一本书中所载《甲申、甲午海战海军阵亡死难群公事略》收录中法战争、中日甲午战争中死难阵亡海军将士共计25人,其中甲午战争死难阵亡海军将领23人,即北洋海军中营中军副将、记名简放总兵、致远舰管带邓世昌(追赠少保),北洋海军左翼右营副将、经远舰管带林永升(追赠少保),北洋海军左翼右营参将、超勇舰管带黄建勋(追赠总兵衔),北洋海军右翼右营参将、扬威舰管带林履中(照总兵例议恤),北洋海军致远舰帮带大副陈金揆(照总兵例议恤),北洋海军右翼右营游击、经远舰帮带大副陈荣(从优照总兵例赐恤),北洋海军左翼右营守备、超勇舰帮带大副翁守瑜(以参将例从优议恤),北洋海军都司、来远舰大管轮陈景祺(照参将阵亡例从优议恤),北洋海军中军中营守备、致远舰大管轮郑文恒(照参将例从优议恤),北洋海军都司尽先补用、右翼右营守备、扬威舰大副、来远舰帮带大副郑文超,北洋海军花翎都司、左翼左营守备、经远舰二副陈京莹,北洋海军精炼前营都司衔守备、威远练船副管轮陈国昌,北洋海军署右翼左营守备、来远舰鱼雷大副徐希颜(照都司例从优议恤),北洋海军记名都司、守备、

---

　　① 转见张侠等编:《清末海军史料》,海洋出版社1982年版,第339—348页。

镇远舰二管轮林维藩,北洋海军左翼中营千总、镇远舰三副池兆瑸(照都司例从优议恤),北洋海军右翼中营把总、定远舰副炮弁孙景仁(赐都司衔,照都司例议恤),北洋海军济远舰练生黄承勋(奉旨追加参将衔,从优照游击例议恤),北洋海军靖远舰枪炮教习汤文经(追赠守御所千总衔),直隶通永镇总兵吴育仁部营务处、五品衔知县高善继,以及海军提督丁汝昌,代理北洋海军提督、北洋海军右翼总兵、定远舰管带刘步蟾,北洋海军左翼总兵、镇远舰管带林泰曾,护理北洋海军左翼总兵、署镇远舰管带(前北洋海军右营中营副将、镇远舰帮带大副)杨用霖。① 两相对照,可以发现池仲祐《海军实纪·甲午海战海军阵亡死难将士名录》遗漏了林维藩和杨用霖。② 由此也可知该名录并不完整。另外,在上述 23 人中,孙景仁仅系北洋海军右翼中营把总、定远舰副炮弁(阵亡后赐都司衔,照都司例议恤),汤文经仅系北洋海军靖远舰枪炮教习(阵亡后追赠守御所千总衔),此二人官衔偏低,均因作战勇敢而为之立传;直隶通永镇总兵吴育仁部营务处、五品衔知县高善继是陆军官员,则非北洋海军官员,亦因搭乘北洋海军雇用英国高升号商船"往援朝鲜〔清军〕"途中牺牲于丰岛海战而立传。据以上两项记载分析,我们认为,官衔在千总以上、职务在三管轮以上即可算是北洋海军将领;至于三管轮以下的枪炮教习、管旗头目、水勇头目、舱面头目、升火头目、木匠头目、炮首、勇目、管舱、管炮及各种副头目则只能算是弁目,系低级武职,却算不得将领。在三管轮以上的军官中,还可以按本职划分为三个层次,一是各舰、艇管带,二是大副、二副、三副,三是管轮(包括总管轮、大管轮、二管轮、三管轮)。综合以上记载与分析,我们基本可以确定,级别较高的将领(主要舰艇管带)或者战斗中表现突出(包括牺牲)的一小部分管轮级以上的将领才能算是北洋海军的主要将领。

根据以上标准的划分,甲午战争后幸存的主要将领为数还是不少的,不仅主要舰艇管带幸存者尚有叶祖珪、邱宝仁、林国祥、林颖启、李和、程璧光、萨镇冰、吴敬荣、蔡廷干、王永发等 10 余人(其中北洋海军右翼左营副将、来

① 转见张侠等编:《清末海军史料》,海洋出版社 1982 年版,第 354—375 页。
② 转见张侠等编:《清末海军史料》,海洋出版社 1982 年版,第 341 页。

远舰管带邱宝仁等于 1895 年 4 月 28 日奉清廷上谕一并被革职，①此后不知所终；1895 年 8 月，北洋海军参将、操江运船管带王永发等操江被俘官兵被遣返回国，其后亦不知所终，其他各位管带战后的经历基本上还是有据可查的）；而且大副、管轮级别的幸存者在甲午战后发迹的也大有人在。惟限于篇幅，兹谨先行选取其中比较有代表性的 12 人，对其甲午战争后的去向与归宿试作初步追踪考察，其余将领归宿则当留待以后另文考察追踪。

一、北洋海军署中军右营副将、靖远舰管带叶祖珪

叶祖珪（1852—1905），字桐侯，福建闽侯人。1871 年毕业于福州船政学堂驾驶班，1877—1880 年被选派赴英国格林威治海军学校学习 3 年。1881 年，以都司衔尽先守备职管带镇边炮舰。1889 年 6 月，以花翎副将衔补用参将职升署北洋海军中军右营副将，委带靖远舰。甲午战争爆发后，相继参与黄海海战、威海卫保卫战，均表现突出。在 1894 年 9 月 17 日中日海军间的黄海大战中，叶祖珪指挥靖远舰，紧傍旗舰定远，奋勇拼战。战至下午 3 时许，靖远舰遭到日本先锋队吉野等 4 舰围攻，中弹 10 发，"水线为弹所伤，进水甚多"。②叶祖珪一面指挥战斗，一面令水手修补漏洞。下午 5 时，靖远舰终将漏洞补好，时值旗舰定远桅楼被毁无法指挥，叶祖珪乃主动"从旁升收队旗"，代替旗舰指挥战斗。于是，诸舰随之，北洋海军由是声势复振，迫使日舰率先逃离战场。1895 年 1 月 30 日，日军进攻威海南帮炮台，水陆两路夹击威海卫港内的北洋海军，海军提督丁汝昌以靖远舰为临时旗舰，指挥镇南、镇北、镇西、镇边 4 炮舰支援南帮炮台守军。叶祖珪下令发炮轰击来犯之敌，诸炮舰积极配合，轰毙日军左翼队司令官、陆军少将大寺安纯。2 月 8 日，日军水陆两路对北洋海军轮番轰击时，靖远舰拼搏于前，中弹甚多，伤亡 40 余人。9 日，日军舰艇 40 余艘势将攻进南口，丁汝昌亲登靖远舰驶近南口与敌拼战。中午，靖远舰被日军炮火击中要害，"弁勇中

①《清德宗实录》，转见张侠等编：《清末海军史料》，海洋出版社 1982 年版，第 582 页。
②《中国近代史资料丛刊·中日战争》（三），上海人民出版社、上海书店出版社 2000 年版，第 134 页。

弹者血肉横飞于海"，叶祖珪与丁汝昌仅以身免，被水兵救上小船。① 靖远舰由此搁浅，为免资敌，至次日自行炸沉。17 日，日军占领刘公岛，叶祖珪及程璧光等 13 位生还的管驾官乘康济舰驶回烟台。

北洋海军全军覆没后，清政府将北洋海军官兵全部罢遣，叶祖珪等人亦于 4 月 28 日被"一并暂行革职，听候查办"，奉命待罪于天津。甲午战争后，清政府重新整顿北洋海防，一面调南洋兵轮协防，一面从国外添购新舰。至 1898 年 11 月，新购海琛、海容、海筹 3 艘快船先后到达天津。1899 年，叶祖珪开复革职处分。② 同年 4 月 17 日，叶祖珪以提督衔补用总兵职授为北洋水师统领，驻天津。③ 池仲祐《海军大事记》亦载："二十五年己亥，开复北洋海军副将叶祖珪革职处分，授为北洋水师统领，参将萨镇冰为帮统。"④5 月 30 日，清廷降旨：北洋所有兵轮（当时已达 13 艘），应饬令该统领叶祖珪统带出海。1899 年 8 月 30 日，叶祖珪奉谕"认真整训新购各舰员弁"。⑤

就任北洋水师统领后，叶祖珪率先整顿沿海炮台，亲到沿海视察，并与各地官员商讨相应措施，欲使大陆与海疆联为一气，以加强海防防御力量。他还亲撰《旗灯通语》两册，绘制《要隘地理图说》一卷，印发部属学习。他率舰回福州马尾船坞修理时，又受北洋水师学堂总教习严复委托，遴选品学兼优少年 30 人，随舰带回天津受训。⑥

当时，帝国主义掀起瓜分中国的狂潮，意大利也于 1899 年派舰队（6 艘）来华恫吓，强索三门湾（在今浙江逸山半岛之南、宁海县之东）为租界，并递送哀的美敦书以示决绝，致使情势严重，引起清政府的恐慌。海天舰管带

① 《中国近代史资料丛刊·中日战争》（六），上海人民出版社、上海书店出版社 2000 年版，第 117 页。

② 叶芳骐《近代海军爱国将领叶祖珪事略》谓："一八九八年，光绪帝为了挽救清朝危局，支持改良派主张，发动'戊戌变法'，叶〔祖珪〕因而得以开复原官，加提督衔，统领北洋海军。"载《福建文史资料》第 8 辑，福建人民出版社 1984 年版，第 205 页。

③ 详见张侠等编：《清末海军史料》，海洋出版社 1982 年版，第 584、595 页。

④ 池仲祐：《海军大事记》，转见《近代史资料》总第 61 号，中国社会科学出版社 1986 年版，第 110 页；又参见陈绍宽《海军史实几则》，转见张侠等编《清末海军史料》，海洋出版社 1982 年版，第 851 页。

⑤ 张侠等编：《清末海军史料》，海洋出版社 1982 年版，第 934 页。

⑥ 叶芳骐：《近代海军爱国将领叶祖珪事略》，载《福建文史资料》第 8 辑，福建人民出版社 1984 年版，第 205 页。

刘冠雄向叶祖珪提出："义人远涉重洋,主客异势,劳逸殊形,况我有海天、海容、海筹、海琛等舰,尚堪一战。"叶祖珪极表赞同,陈于朝廷,将"哀的美敦书"掷回。意方见中国态度强硬,未敢采取进一步的行动。[①]

1900 年,八国联军发动侵华战争。叶祖珪"见京津纷乱,离津赴大沽口,登'海容'舰,拟视察炮台,适八国联军舰队至,被围困"。次年,《辛丑条约》订立,始得乘海容舰回防;但有 4 艘鱼雷艇分别为英、法、德、日袭夺,海华舰舰长殉难。当时,朝廷议和大臣中有人"建议将'〔海〕天'、'〔海〕圻'、'〔海〕容'、'〔海〕筹'、'〔海〕琛'五舰撤售",退还英、德等国。[②] 事垂成,而叶祖珪力陈不可,经力争,始罢其议。[③] 不久,叶祖珪奉直隶总督兼北洋大臣袁世凯命向俄使交涉接收被沙俄占用的大沽船坞,获得成功。据他事后禀报:"职镇遵于十一月十九日晚驰赴大沽,二十日与俄国水师参将金得理接晤……谨于是日下午四点钟换挂龙旗,该处人民同深鼓舞。"[④]

1903 年,叶祖珪以提督衔"补授温州镇总兵"。嗣经直隶总督兼北洋大臣袁世凯"奏请留直差遣,当蒙允准在案"。[⑤]

1904 年,南洋大臣因南洋海军亟待整顿,以叶祖珪"心精力果,卓著贤劳",遂疏请"以提督叶祖珪督办南洋水师学堂、上海船坞"。于是,叶祖珪从天津移驻南北洋要冲上海,进而受命统率南北洋海军。[⑥] 当时,叶祖珪曾奏请"广购战舰,添招练勇,借威海卫(时威海卫已为英国强行租借)为操演所",[⑦]朝廷因此任命他为总南北洋海军兼广东水师提督。叶祖珪既升任广东水师提督,"业已请觐陛辞出都,例应即赴新任",但又经袁世凯以"北洋海防重要,交涉纷繁,现值邻氛未靖,防守中立,关系尤巨,悉赖该提督维持因

① 池仲祐:《海军大事记》,转见《近代史资料》总第 61 号,中国社会科学出版社 1986 年版,第 110—111 页;又参见陈绍宽《海军史实几则》,转见张侠等编:《清末海军史料》,海洋出版社 1982 年版,第 851 页。

② 张侠等编:《清末海军史料》,海洋出版社 1982 年版,第 596 页;《福建文史资料》第 8 辑,福建人民出版社 1984 年版,第 205 页。

③ 池仲祐:《海军大事记》,转见《近代史资料》总第 61 号,中国社会科学出版社 1986 年版,第 111 页。

④ 转见《福建文史资料》第 8 辑,福建人民出版社 1984 年版,第 205—206 页。

⑤ 张侠等编:《清末海军史料》,海洋出版社 1982 年版,第 587 页。

⑥ 转见《福建文史资料》第 8 辑,福建人民出版社 1984 年版,第 206 页。

⑦ 《闽侯县志·叶祖珪传》卷 68,1933 年刻本。

应,深资得力,未便遽易生手"为由,奏准"该提督仍留北洋差遣"。①

日俄战争后,被日本舰队击败南逃的俄国兵舰,无视中国领土主权,擅自窜入上海黄埔内港。为维护国家尊严,叶祖珪下令中方将俄舰扣留并解除舰上俄军武装,"羁其舰,使尽去军械"。② 当时上海船坞管理经营不善,商船裹足不前,兵船反入洋坞,年亏损银 20 余万两。叶祖珪兼任船坞督办后,大胆改革经营体制,改为商办企业,且扫除官场旧习,妥善改良,"由是积弊一空,岁省二十余万外,且有盈余",为中国资本主义近代企业管理提供了良好借鉴。另外,鉴于南北洋舰艇无多,且多由外行人统管,叶祖珪又在筹划船坞建设之余,着手制定培养海军专门人才之水师学堂的规章制度。于是,"一切事宜条理井然,规模宏整,故论南北两军联络之功,以叶祖珪为最"。③

1905 年夏,叶祖珪在巡视沿海炮台及水雷营地时,由于劳累中暑又染伤寒,遂病逝于上海。时年仅 53 岁。"将吏皆哭失声,有越千里来送葬者"。④

二、北洋海军(前广东水师)守备、广乙舰管带林国祥

林国祥(1851—1908),字瑞喜(一作瑞嘉)。原籍广东新会大泽北洋乡,生于马六甲之槟榔屿。1867 年,沈葆桢设立船政学堂,林国祥与邓世昌、李和等人也被从广东招入该学堂的外学堂就读。1871 年毕业后,先后派往建威、扬武练船见习。1874 年 3 月,任琛航号管驾。1879 年 9 月 19 日,接管伏波轮船。1884 年,中法战争爆发前夕,奉命率领济安号回援福州;8 月 23 日,法舰突袭,济安连中数弹,"死数人,船漂沉于青州港"。1891 年 1 月 28 日,林国祥时已升任安澜轮管带,奉命前往巡缉广东钦州。后渐积功至守

---

① 张侠等编:《清末海军史料》,海洋出版社 1982 年版,第 587 页。

② 《清史列传》卷 63,转见《福建文史资料》第 8 辑,福建人民出版社 1984 年版,第 206 页。

③ 《清史列传》卷 63,转见《福建文史资料》第 8 辑,福建人民出版社 1984 年版,第 206 页。

④ 《清史列传》卷 63,转见《福建文史资料》第 8 辑,福建人民出版社 1984 年版,第 206 页。

备,调任广东水师广乙舰管带。1892 年 6 月 29 日,管带广乙赴北洋随同操演。① 1894 年 5 月,第二次校阅海军时,广甲、广乙、广丙 3 舰由记名总兵余雄飞率领,到北洋会操。7 月,为增援驻屯牙山的叶志超、聂士成军,广乙与济远两舰奉命护送仁字军赴朝。25 日,广乙、济远返航时,刚驶抵丰岛附近海面,便被日舰吉野、秋津洲、浪速 3 舰拦住去路。林国祥察觉日舰来者不善,遂令将士严阵以待。② 当时,日舰首先开炮,林国祥亦令还击。双方激战 1 小时 20 分,广乙多处受伤,将士伤亡颇多。林国祥遂下令该舰向东北方向逃避。结果,驶至朝鲜西海岸泰山县十八岛附近搁浅。林国祥下令凿坏锅炉、火焚弹药仓后,即率残卒 80 余人登岸,然后分队行动,其中 17 人随林国祥赶往牙山投奔叶志超军营。见叶军营垒已空,便又于 26 日搭乘英国军舰返抵烟台,9 月上旬返回威海卫海军基地。③ 黄海海战之后,济远舰管带方伯谦以临阵脱逃被斩首。时朝野上下将林国祥与方伯谦相比,对林多有赞语,纷纷奏请擢用。还有人对林国祥寄以莫大希望,以为"勇猛精炼如广乙管驾,而济以定、镇诸舰,岂不可以夺对马、据釜山哉"?④ 10 月 16 日,李鸿章便奏请以林国祥继任方伯谦之缺:"广乙管带林国祥,前在牙山口外以孤船当劲敌,战阵颇勇,虽力竭船沉,功不掩过,应请暂行革职,委令接署济远管驾,以观后效。"⑤但林国祥接署济远舰管带后,在后来的威海卫保卫战中并不见有突出的表现。

北洋海军全军覆没后,林国祥及叶祖珪、李和、林颖启等人于 1895 年 4 月被"一并暂行革职,听候查办"。⑥ 1896 年夏,林国祥与程璧光等 6 人被委

---

① 以上参见孙建军:《摘掉林国祥"丧舰降敌"的帽子——林国祥丰岛战后归国真相考》注释①,转见《甲午纵横》第二辑,华文出版社 2008 年版,第 325—326 页。

② 《中倭战守始末记》第 1 卷,第 12 页。转见孙克复、关捷主编:《甲午中日战争人物传》,黑龙江人民出版社 1984 年版,第 175 页。

③ 以上参见孙建军:《摘掉林国祥"丧舰降敌"的帽子——林国祥丰岛战后归国真相考》注释①,转见《甲午纵横》第二辑,华文出版社 2008 年版,第 322—323 页。

④ 《中国近代史资料丛刊·中日战争》(三),上海人民出版社、上海书店出版社 2000 年版,第 78、152 页。

⑤ 《中国近代史资料丛刊·中日战争》(三),上海人民出版社、上海书店出版社 2000 年版,第 78 页。

⑥ 《清德宗实录》,转见张侠等编:《清末海军史料》,海洋出版社 1982 年版,第 582 页。

派赴英国阿姆斯特朗造船厂监造海天、海圻两巡洋舰。[1] 1899 年,海天、海圻两舰建成回国,林国祥仍回广东,在广东水师任舰队左翼分统。

光绪末年,广东收回西江捕权以来,地方官府一直"严禁军火进口接济匪人"。1907 年 12 月下旬,广东地方官府(广东水师提督李准)获其驻港侦探报告:"九龙货舱所存之枪炮子弹,全由日本邮船二辰丸运往日本。"嗣经查明,该船所载军火"趁明年元旦中国官兵放假不办事,偷运至澳门,输入内地"。广东官府即命林国祥与吴敬荣、知县仁棠、都司李炎山、守备罗凤标等人,"率宝璧、广亨、伏波、安香等兵舰于除夕驶至九洲洋山湾之鹅颈海面下碇,以俟二辰丸之查焉"。1908 年元旦黎明,日本邮船二辰丸果入口于九洲洋下碇,悬卸货旗,打开舱门,预备起货。接着,澳门葡人以小火轮拖带舢艇多号来系于二辰丸之侧,正待起货。林国祥与吴敬荣率各员役登舟查出舟中果系军火,属违禁之品,遂不许卸。并强下日本国旗,逼退前来纠缠之葡兵。另外,林国祥"闻拱北关税务司裴式楷来,亦以日船违法应拘留,船货充公。当将二辰丸开入虎门南之清水河洋面寄碇,日船主交日本领馆看管,起出毛瑟步枪六千支、子弹六百万发,小炮六门,弹称是,'没收入库'"。[2]

1908 年,林国祥病逝,葬于新会北洋乡。[3]

三、北洋海军副将衔精炼前营游击、威远练舰管带林颖启

林颖启(1852—1914),字诇季,福建福州人。1869 年考入福州船政学堂。1875 年,登扬武练船见习,历新加坡、日本等口岸而还,增广了阅历。1877 年,与萨镇冰等同赴英国格林威治海军学校学习,3 年期满返国。数年间积功累升花翎补用游击。1889 年,经李鸿章奏请,补授精炼前营游击,委带威远练船。甲午战争前夕,他多次赴朝鲜侦察,并曾护送陆军增援牙山清军。黄海海战后,日本第二军又攻入辽东半岛,威海卫日趋孤立,战局逆转,而李鸿章采取避战保船方针,不令北洋海军出港作战。林颖启不以为然,呈

① 池仲祐:《海军大事记》,转见《近代史资料》总第 61 号,中国社会科学出版社 1986 年版,第 109 页。
② 以上详见《粤东从政录》,又参见李准《任庵年谱》1907—1908 年。
③ 参见孙建军:《摘掉林国祥"丧舰降敌"的帽子——林国祥丰岛战后归国真相考》注释①,转见《甲午纵横》第二辑,华文出版社 2008 年版,第 326 页。

万言书献策,提出"批亢捣虚"之计,建议主动出击,使日军不及回顾,或可转败为胜,"议惊诸将",却未被采纳。① 1895 年 1 月 30 日,日本第二军在龙须岛登陆并占领荣城(今名荣成),进逼威海时,林颖启又陈"形格势禁之策",自请赴南帮炮台"相继攻击"。以当时海陆将领之间意见不一,"日以意气用事",林颖启之言又不被采纳。② 2 月 6 日凌晨,日本鱼雷艇溜进威海卫港进行偷袭,威远舰中鱼雷沉没。林颖启获救上岸。

北洋海军全军覆没后,林颖启也被革职,听候查办。③ 1902 年,经北洋大臣、直隶总督袁世凯"以水师人才最为难得"等情由先后"分别奏保",请求清廷将林颖启及北洋海军将领李鼎新(原补用参将游击)、李和(原都司)等人开复原官,遂得"蒙恩开复原官"。④ 1909 年,林颖启被任用为海天舰队长。不久,调守天津大沽。

1912 年元旦,中华民国临时政府成立于南京,孙中山任命刘冠雄为海军总长,时林颖启业已回籍省墓家居,乃被委任为福州船政局副局长,尚未到任,又奉命改任福建海关监督。1914 年 1 月,北洋政府海军部又调林颖启任海军军港司令,同时又授予他海军中将军衔。惟军港不及兴办,林颖启即以病故去。⑤

四、北洋海军后军前营都司、平远舰管带李和

李和(生卒年未详),广州人。1867 年考入福州船政学堂,系该校第一届学生。1871 年、1875 年先后登建威、扬武练船充当练生。后数年间积功累升都司衔补用守备。1889 年,升署北洋海军前营都司,委带镇南炮舰。1892 年,又升署北洋海军后军前营都司,调任平远快船管带。参加甲午黄

① 沈瑜庆:《㓶季先生哀挽录》序,转见孙克复、关捷主编:《甲午中日战争人物传》,黑龙江人民出版社 1984 年版,第 177 页。

② 林绍年:《㓶季先生哀挽录》,转见孙克复、关捷主编:《甲午中日战争人物传》,黑龙江人民出版社 1984 年版,第 177 页。

③ 《中国近代史丛刊·中日战争》(四),上海人民出版社、上海书店出版社 2000 年版,第 30 页。

④ 张侠等编:《清末海军史料》,海洋出版社 1982 年版,第 585 页。

⑤ 池仲祐:《海军大事记》,转见《近代史资料》总第 61 号,中国社会科学出版社 1986 年版,第 124 页。

海海战,表现尚属勇敢。1894年9月17日午后2时30分,原在港口负责警戒的平远舰驶至作战海域参战。当平远与日本旗舰松岛相距至2200公尺时,平远26公分炮击中松岛中央鱼雷室;3时10分,平远另一炮打穿松岛左舷鱼雷室上部,"在大樯下部爆炸"。先后打死该舰左舷鱼雷发射员6人。① 稍后,李和下令炮击日舰岩岛,使岩岛亦连中两弹。激战中,平远也中炮起火,不得已退出战场。

北洋海军全军覆没后,李和被革职。1895年9月,直隶总督、北洋大臣王文韶下令"改通济运船,派李和监修"。② 1902年,经北洋大臣、直隶总督袁世凯先后以"水师人才最为难得",以前虽经沈葆桢、曾国藩、李鸿章等"极意培养",但"今所存者甚属寥寥"等情由向清政府"分别奏保",要求将李和及其他北洋海军将领林颖启、李鼎新等人免除处分,并很快"蒙恩开复原官"。③ 1910年,载洵等《奏请将现充海军要职各员分别除授折》请求,将时驻英国威客斯船厂担任监造员的李和等8人简授海军正参领。④

1912年元旦南京临时政府成立后,李和起初在广东海军任海防办事处海防帮办。⑤ 同年8月,北洋政府海军部将原来的南京海军学校改为海军军官学校,李和被任命为校长,挑选舰队初级航海官及烟台海军学校新毕业的学生100余人入学,授以海军高等学科知识及战略战术等。李和担任该校首任校长的海军学校,其学制原定为2年,后以国外订购的应瑞、肇和、永丰、永翔、同安、豫章、建康等新舰先后于1913年回国,亟须配备人员,故缩短受训时间,只招生两届,至1914年底奉令归并于吴淞海军学校。1912年9月6日,李和担任海军部参事(任期至1913年11月调离)。1912年11月4日,被授予海军少将军衔。⑥

1913年5月,北洋政府在英国订购应瑞巡洋舰时,李和又奉派与黎弼

---

① [日]川崎三郎:《日清战史》第7编第4章,(东京)博文馆1897年版,第156页;[日]海军军令部编:《明治二十七八年海战史》第6章,第199页。

② 池仲祐:《海军大事记》,转见《近代史资料》总第61号,中国社会科学出版社1986年版,第108页。

③ 张侠等编:《清末海军史料》,海洋出版社1982年版,第585页。

④ 张侠等编:《清末海军史料》,海洋出版社1982年版,第591页。

⑤ 陈书麟、陈贞寿编著:《中华民国海军通史》,海潮出版社1993年版,第542页。

⑥ 陈书麟、陈贞寿编著:《中华民国海军通史》,海潮出版社1993年版,第546页。

良同赴英国监造。① 10 月，李和奉命暂代海军次长。1914 年 6 月，以粤西西江发生劫道事件，扰及洋商，港督欲派舰缉捕，北京政府与之交涉，自任"捕盗"之责，李和奉命"酌带司员往办"。1915 年 5 月，李和被免去代理海军次长之职，奉调进入公府供职。②

五、北洋海军三品衔都司、广丙舰管带程璧光

程璧光(1861—1918)，字恒启，自号玉堂，广东香山县人。1875 年，考入福州船政后学堂，学习航海驾驶。毕业后派往扬武练船当练生。后历任南洋水师超武炮船帮带、元凯炮船管带、福建水师学堂教习、广东水师广甲舰帮带等职。积功擢升都司，调升广丙舰管带。1894 年 5 月，李鸿章奉命校阅海军时，广东水师之广甲、广乙、广丙 3 船亦前往北洋会操。会操结束，值朝鲜局势渐趋紧张，程璧光上书李鸿章，请求留在北洋备战，被李鸿章采纳。广甲、广乙、广丙 3 舰皆得编入北洋海军。甲午战争爆发后，他曾"请率舰赴前敌"。③ 1894 年 9 月 17 日中日海军大战于黄海时，程璧光及广丙打得还不错。中午 12 时 50 分大战开始时，广丙尚在港口担任警戒。40 分钟后广丙投入战斗。2 时 40 分，广丙发炮击中日舰西京丸，使其发生火灾。海战中，程璧光腹部亦为弹片击中，血染内衣。其后，北洋海军"退保威海卫"，程璧光开始还参与抵抗，但后来却充当了不光彩的乞降信使。2 月 12 日，提督丁汝昌和护理左翼总兵署镇远管带杨用霖相继拒降而自杀身亡。洋员浩威等与威海营务处提调牛昶昞等商议降日之事，决定由浩威起草降书，以丁汝昌名义向日军乞降。是日，由程璧光乘镇北舰将降书递交给日本旗舰。北洋海军随即全军覆没。

北洋海军覆没后，程璧光等人均被革职归里。时值其弟程奎光担任广东水师镇涛管带，因与孙中山同乡，已在广州加入了兴中会。程璧光"自威海败归"时，孙中山名尚微，"方有所规划，以医自隐"。程璧光常往就医，经

---

① 张侠等编：《清末海军史料》，海洋出版社 1982 年版，第 174 页。

② 池仲祐：《海军大事记》，转见《近代史资料》总第 61 号，中国社会科学出版社 1986 年版，第 108 页；又参见陈书麟、陈贞寿编著：《中华民国海军通史》，海潮出版社 1993 年版，第 536 页。

③ 章炳麟：《程璧光》，转见黄季陆主编：《革命人物志》第 6 集，(台北)1971 年 2 月，第 229 页。

孙中山与其弟劝说,程璧光亦答应入会,与孙中山等"同任光复事"。① 1895年10月,兴中会起义计划泄露,程璧光逃往南洋槟榔屿。1896年,李鸿章出使欧洲路过槟榔屿时,程璧光闻讯谒之。李鸿章劝其归国,并为之请免甲午之战全军覆没之罪。②

程璧光返国后,复供职于海军。先是担任"监造军舰专员",据载,海天、海圻两舰即皆其"所就"。③ 嗣由直隶总督、北洋大臣袁世凯于1903年3月23日奏请将程璧光等4员开复原官,称"水师人才最为难得",自沈葆桢、曾国藩、李鸿章等极意培养,"今所存者甚属寥寥";而前三品衔补用守备程璧光等五员,"因光绪二十一年正月间威海不守,北洋水师全军沦陷,经直隶总督王文韶查明,定拟声明:'威海一役,实因水陆援绝,该员等情有可原,才堪任使。'奏奉朱批:'革职留营。等因。钦此。'臣查该员等,自革职留营以后,颇知愧奋,或委令管带师船,或随同办理交涉,莫不操巡匪懈,应付适宜,深足以资臂助。伏查同时被议之副将衔游击林颖启、补用参将游击李鼎新、都司李和等,叠经臣于上年分别奏保,蒙恩开复原官各在案。该员蓝建枢等事同一律,才足任用,未便听其沉废,致令向隅"。故请朝廷俯准将程璧光等四员"开复原官,仍留山东原省补用,以策后效"。奉朱批:"著照所请,该部知道。钦此。"④

其后,程璧光历任兵舰管带、船政司司长、统领巡洋舰队等职。其中任船政司司长在1907年。有记载说他清末"累迁海军部第二司司长"。⑤

1909年6月,清政府筹办海军事务处成立,将南北洋收归统一,分为巡洋、长江两舰队,以程璧光统领巡洋舰队,沈寿堃统领长江舰队。1910年,载洵等《奏请将现充海军要职各员分别除授折》请旨,授予巡洋舰队统领程璧光、长江舰队统领沈寿堃2人均为海军协都统。⑥ 1910年2月,美国驻华

① 章炳麟:《程璧光》,转见黄季陆主编:《革命人物志》第6集,(台北)1971年2月,第229页。

② 孙克复、关捷主编:《甲午中日战争人物传》,黑龙江人民出版社1984年版,第180页。

③ 章炳麟:《程璧光》,转见黄季陆主编:《革命人物志》第6集,(台北)1971年2月,第229页。

④ 张侠等编:《清末海军史料》,海洋出版社1982年版,第585页。

⑤ 黄季陆主编:《革命人物志》第6集,(台北)1971年2月,第229页。

⑥ 张侠等编:《清末海军史料》,海洋出版社1982年版,第591页。

公使函称，美国舰队拟于 4 月中旬来华（厦门）游历，清政府"遂令程璧光率领圻、筹两舰及期到厦，款待如仪"。1911 年，"副贝子载振使英国贺新君，以海圻行，既致命，（程璧光）复赴美利坚、墨西哥、古巴慰问侨人。中国军舰至远西自此始"。①

1912 年民国成立后，程璧光始自远西归。时海军总长刘冠雄不称职，临时大总统袁世凯欲召用程璧光，程璧光辞之。1913 年春，程璧光始应命为海军顾问，寻改陆海军统率处参议。因觉察出袁世凯有异志，遂"阳为柔谨"，天天养鸟、种花、养草"以自晦"；"与人书，自恨不速死"。袁世凯亦知程璧光终不肯为其所用，于 1915 年秋命程璧光考察全国兵工厂。程璧光离京仅 2 月，而袁世凯即悍然称帝。1916 年夏，黎元洪继任大总统，命程璧光出任海军总长。当时，黎元洪"锐意完葺海军，知非君无所恃者；又时袁氏余孽犹在，举事数不如意，亦欲倚君为心膂，用自强，以是委任甚专"。② 程璧光视事后，"尽罢前总长昏制，正身率物，日召诸将以奢惰相戒"。在这种情况下，"诸部皆窳败，而海军事独起"。③ 当时，国务总理段祺瑞专横跋扈，"欲藉谋略以传兵秉"。1917 年春，段祺瑞"留所召督军，令上书请解散国会，又购市间乞儿以公民名入议院击议员"。程璧光闻讯，当晚辞职。诸总长亦相继辞去，国务院为之一空。黎元洪急免段职，以外交总长伍廷芳代理国务总理，众总长心始定。未几，安徽省长倪嗣冲反，浙江督军杨善德、直隶督军曹锟等人继之，程璧光见事急，即调第一舰队司令林葆怿率舰在大沽口待命。至 6 月 4 日，程璧光入见黎元洪，一再劝之"宜避其锋"，并云"璧光愿率舰队奉大总统南下，号师剪逆"。黎元洪犹豫不决，仅命程璧光"出集舰队以俟事变"。程璧光逾宿即行，9 日抵上海，召集海军诸舰长"议讨贼为天下倡"。④当时，孙中山等人已在海军中做了宣传工作，程璧光至，与孙中山商定，给海军发饷，共同护法。7 月 1 日，张勋策动复辟，黎元洪遁入日本使馆。副总统冯国璋 7 日宣布代理大总统，程璧光致电质问，冯国璋竟不从。程璧光遂"腾书讨贼"，先以海琛、应瑞随孙中山赴番禺，而自率林葆怿及前外长唐绍

① 黄季陆主编：《革命人物志》第 6 集，（台北）1971 年 2 月，第 229 页。
② 黄季陆主编：《革命人物志》第 6 集，（台北）1971 年 2 月，第 229 页。
③ 黄季陆主编：《革命人物志》第 6 集，（台北）1971 年 2 月，第 229—230 页。
④ 黄季陆主编：《革命人物志》第 6 集，（台北）1971 年 2 月，第 230 页。

仪以 7 舰随之。当时,前北洋政府海军总长刘冠雄及海军上将萨镇冰先后给程璧光发去五六封电报,以"阻海军南行",程璧光始终不为所动。7 月 21 日,程璧光率 7 艘军舰抵番禺,并于次日发出海军参与护法的宣言,史称"护法舰队"。自此以后,参议、众议两院议员相继南下抵达广州者近百人。9 月 10 日,国会非常会议选举孙中山为大元帅,两广巡阅使陆荣廷、云南督军唐继尧为元帅,护法军政府正式成立,广东、广西、云南、贵州四省率先响应;随后,湖南、四川继之。军政府既建,程璧光以海军总长赴邕宁见陆荣廷,广西始发兵援湖南。10 月,援长沙。及还,又与滇军军长李烈钧、粤军军长陈炯明东略福建。嗣琼崖矿务督办龙济光受北洋政府命,称两广巡阅使,且以水师向汕头进犯,程璧光闻讯,复"师应讨之,以三舰分截北海、闸坡、崖门",使龙济光军受挫而不得进。然护法军政府内部意见无法统一,徒拥虚名,"群帅未尝受方略",广西护法诸将内部矛盾尤深,"(护法)各省分峙,无适为枢纲"。唐继尧、李烈钧曾欲发起组织西南各省联合会增强凝聚力,程璧光"始附其知,久之,识其无远图,心不慊,其议卒寝"。[①] 1918 年 2 月,护法军政府内部又议改建,以政务总裁易元帅,孙中山渐渐不能控制局势。此议未最终确定,广东地方人士欲以程璧光为都督,不料成为程璧光之死的起因。海军治所始设海珠,地颇狭,程璧光"时时屏导从出游,或戒以自重者"。值易督之议起,"飞书狎至",程璧光皆不醒悟。26 日傍晚,程璧光以事乘小艇渡江,刚刚上岸,即遇刺,旋即身亡,时年 60 岁。"护法诸省闻之,知与不知皆失声恸"。据载,程璧光"临变倜傥有大节,而处官廉,虽至辅政,未尝增服器"。"卒之日,遗孙公(中山)所资海军银币不在军费者二十三万(元),(子)耀南悉反之海军部,承君(程璧光)志也"。1920 年 1 月,葬于宝山八字桥。2 月,又建铜像于番禺。[②] 另外,1919 年 1 月 20 日,广州军政府追授他为海军上将,1922 年 7 月 20 日追赠其为勋一位海军上将。

六、北洋海军都司衔守备(前广东水师都司衔 澄海营守备)、广甲舰管带吴敬荣

吴敬荣(1864—?),字健甫,安徽休宁人。1874 年,清政府选派第三批

① 黄季陆主编:《革命人物志》第 6 集,(台北)1971 年 2 月,第 231 页。
② 以上参见黄季陆主编:《革命人物志》第 6 集,(台北)1971 年 2 月,第 230—232 页。

官学生出洋,吴敬荣入选,奉派至美国学习。返国后,派往北洋海军,积功擢至蓝翎五品军功补用守备。1889年,升署精炼右营守备,充任敏捷练舰帮带大副。1892年4月,调充广东水师广甲舰帮带大副;同年12月,升任广东水师澄海营守备、广甲舰管带。旋赏加都司衔。1894年5月,李鸿章校阅海军于威海卫,广东水师广甲、广乙、广丙3舰北上会操。事竣,广乙、广丙留威海,广甲返广东。其后,吴敬荣又带广甲解送岁贡荔枝至天津,因之亦留北洋,编入北洋海军。同年9月17日12时50分,北洋海军与日本联合舰队的黄海大战打响,中国参战10舰分为5队,广甲与济远编为一队。战至午后3时,济远率先逃跑,吴敬荣亦带广甲随之逃离战场。夜半,广甲逃至大连湾三山岛外,迫近丛险石滩,吴敬荣坚令前进,致广甲船底"触石进水,不能驶出",因之搁浅。吴敬荣等则弃舰登岸而去。事后,李鸿章以其"人尚明白可造",请清廷对吴敬荣"革职留任,以观后效"。[①] 9月23日,军机处电寄李鸿章谕旨,"〔吴敬荣〕着革职留营,以观后效"。北洋海军返航威海卫后,提督丁汝昌派吴敬荣协守北帮炮台。1895年1月30日,日军攻占南帮炮台。2月1日,驻守北帮炮台的绥军溃散,吴敬荣"并所带协守水手亦随绥军西去"。[②] 北帮炮台遂为日军占领。

甲午战争后,吴敬荣被革职。清末重建海军后,吴敬荣于1903年任建安鱼雷艇管带。1906年任宝璧练舰管带。1907年12月下旬,有人密报洋商私运军火,将由澳门脱卸,粤督派吴敬荣"带同广亨、广贞、安香、安东四船往九洲洋一带巡缉"。[③] 1908年初,日本有二辰丸商船到九洲洋抛锚卸载,吴敬荣见其形迹可疑,登船查获快抢2000枝,子弹2万粒,以告粤督,将其船押泊虎门石头湾,取其枪弹解省。[④] 同年12月,吴敬荣任江利炮舰管带,旋升副将。1909年4月,两广总督张人骏派吴敬荣前往西沙群岛巡视。吴

① 《中国近代史资料丛刊·中日战争》(四),上海人民出版社、上海书店出版社2000年版,第278页。

② 以上参见《中国近代史资料丛刊·中日战争》(三),上海人民出版社、上海书店出版社2000年版,第119、389页。

③ 池仲祐:《海军大事记》,转见《近代史资料》总第61号,中国社会科学出版社1986年版,第115页。

④ 池仲祐:《海军大事记》,转见《近代史资料》总第61号,中国社会科学出版社1986年版,第116页。

敬荣率领 170 人,分乘伏波、琛航、广金 3 艘军舰,以广东水师提督李准为总指挥,先后到达了伏波、甘泉等 14 岛。每到一岛皆勒石命名,鸣炮升旗,重申中国的主权。[①]

民国成立后,吴敬荣曾任总统府侍从武官。1913 年 11 月 29 日,授海军上校。1916 年 10 月 27 日,晋授海军少将。1921 年 4 月 23 日,加海军中将衔。1924 年 4 月 17 日,晋升海军中将。

七、北洋海军署理后军前营都司、镇边炮舰管带、飞云鱼雷艇管带黄鸣球

黄鸣球(1864—1916),字韶臣,家名天铿,祖籍福建省闽侯县仪序乡,1864 年生于福州。1878 年考入福州船政后学堂第六届驾驶班,1883 年毕业。1886 年入选为清政府第三批海军留学生,与刘冠雄等人赴英国,主修枪炮及驾驶铁甲舰诸学,先后在枪炮训练舰、乌理治炮厂、爱伦求克号军舰学习和实习,考试"屡列高等"。[②] 1890 年学成回国,派往北洋海军供职,历任康济练舰三副、超勇巡洋舰二副、镇边炮舰管带,署理后军前营都司。中日甲午战争中,率镇边炮舰留守旅顺、威海基地。1895 年 2 月参加威海保卫战,管带飞云鱼雷艇在刘公岛与日军作战,战斗中,黄鸣球坠海获救。

北洋海军覆没后,清政府将北洋海军官兵全部罢遣。黄鸣球经署直隶总督王文韶纠参,与其他幸存军官一起被清廷"暂行革职,听候查办"。[③] 随即黯然离军。到 1913 年底,黄鸣球近 20 年没有过海上生活。在此期间,他凭着精通数学的特长,曾两度在京师大学堂任数学教习,还曾先后在袁世凯、冯国璋、段祺瑞等豪门之家做过家庭教师,当过袁克定的老师。但他并未因此显达起来,其中原因之一是,在此期间的大部分时间里,他主要是在烟台海军学堂教书。辛亥革命后,黄鸣球携眷回福州。嗣经友人介绍,又到闽北一个偏僻的小山城浦城县城担任了该县的电报局局长,以维持生计。

---

① 参见[日]浦野起央:《南海诸岛国际关系史》附录三《南海诸岛关系年表》;李金明:《中国南海疆域研究》附录一《中国南海疆域大事记》。

② 黄毓泌:《黄鸣球的海军生涯》作 1885 年。参见《福建文史资料》第 8 辑,福建人民出版社 1984 年版,第 209 页。

③ 《清德宗实录》,转见张侠等编:《清末海军史料》,海洋出版社 1982 年版,第 582 页。

1913 年秋,刘冠雄率李厚基部南下,驻马江海圻舰。黄鸣球以同窗旧谊求见,希图谋得一职。刘冠雄遂设宴殷勤接待,席间,正逢江上一舰驶过,给海圻发来旗语。刘冠雄遂问旗语之意,黄鸣球对答准确。刘冠雄即低声对黄鸣球称:"我知道你是袁克定的老师","快来帮我的忙,我把一艘大船交给你带。"①1914 年 5 月,经刘冠雄保荐,黄鸣球得任海军部军学司航海科科长。② 及肇和舰舰长出缺,刘冠雄果真又授意海军部,将黄鸣球调升为该舰舰长(1914 年 10 月 25 日,又授予海军少将军衔),月俸 300 两。黄鸣球遂离京赴沪,至驻泊高昌庙一带之肇和舰走马上任。此举即被视为"他在甲午惨败后的东山再起"。③ 当时,与肇和同级的应瑞、通济等舰舰长,其军阶最高为海军上校,黄鸣球属破格任用,对刘冠雄自然有知遇之感,刘冠雄亦引之为亲信。

　　1915 年,袁世凯筹备帝制,激起全国人民的强烈反对。陈其美等中华革命党人在上海发动起义,于 12 月 5 日乘海军机关星期日休假之机,谋夺驻泊高昌庙附近江面的肇和舰。起初,对于革命党人谋图夺取肇和等舰举义之事,海军也有风闻,黄鸣球对此一直小心提防,一般不轻易离舰上岸。连其马尾船政学堂的上届同学、海军总司令李鼎新几次邀请便酌,黄鸣球均婉言谢绝。12 月 4 日(肇和起义前一日),黄鸣球忽接胞弟黄鸣凤(时在上海当寓公)一函,劝其 12 月 5 日赴李鼎新之宴。翌日,值星期天,黄鸣球如约前往,饭后转往海军联欢社小憩,当晚又住在其弟家。5 日,革命党人陈其美、杨虎、孙祥夫等人策划了肇和起义,于午后 4 时,由杨虎率部夺取了肇和,而孙祥夫所部为海关英警截留,未得夺取应瑞、通济两舰,致被当时也在上海的萨镇冰与护军使杨善德等出重金收买了应瑞、通济两舰将卒,于 6 日黎明炮击肇和,致使起义最后陷于失败。④ 6 日早餐后,黄鸣球获报,肇和被革命党夺去,当时惊慌失措。黄鸣凤劝他逃往日本投靠孙中山,他以对不住

<hr />

　　① 黄毓泌:《黄鸣球的海军生涯》,载《福建文史资料》第 8 辑,福建人民出版社 1984 年版,第 209 页。
　　② 陈书麟、陈贞寿编著:《中华民国海军通史》,海潮出版社 1993 年版,第 539 页。
　　③ 黄毓泌:《黄鸣球的海军生涯》,载《福建文史资料》第 8 辑,福建人民出版社 1984 年版,第 209—210 页。
　　④ 陈书麟、陈贞寿编著:《中华民国海军通史》,海潮出版社 1993 年版,第 100~101 页。

刘冠雄而断然拒绝。7日上午,黄鸣球径赴高昌庙海军司令部投案,经李鼎新致电北京海军部请示,北京海军部复电要求"将黄鸣球解部处理"。15日,袁世凯亦发布申令:以肇和被劫之时,"该舰长黄鸣球未经在船,逾日始回,实属异常荒谬,着即褫职夺官,交海军部从严查办"。李鼎新虽与黄鸣球友谊素笃,但该案牵连于他,不便袒护,只得派员护送黄鸣球进京。海军部将他送交军事法庭审讯,因他勾结"革党"之事查无实据,遂将其暂押于北京监狱。① 此事尚牵连李鼎新,以疏忽戒备、有亏职守而被海军总长刘冠雄撤职查办。

1916年初,经在上海的海军宿将萨镇冰领头与其余舰长联名具保,黄鸣球获准保外就医。当时,两广护国军已兴兵讨袁,浙江、福建告急,袁世凯命刘冠雄督师南下救援,雇用新裕等3艘商轮载运天津的一师陆军,由海容、海圻两舰护送。刘冠雄趁机向袁世凯请求赦免黄鸣球,发往军前效力。获准后,刘冠雄即命黄鸣球为海军联络官,驻新裕轮随队南航。1916年4月22日午夜,新裕与海容在大雾中相撞,新裕旋沉于海,黄鸣球与同船700余名陆军官兵,全部随船遇难。时年52岁。②

八、北洋海军补用参将、右翼中营游击、定远舰副管驾李鼎新

李鼎新(1862—1930),字承梅(又作成梅),福建侯官县(今福州市)人。1875年春,考入福州船政后学堂,为第四期驾驶班学生,与刘冠雄等人同学。1880年毕业,上扬武舰实习。1881年底,船政学堂派出第二批出洋学生,李鼎新入选,为仅有的两名驾驶学生之一。1882年春到英国,入格林威治海军学校学习,毕业后在皇家海军斯卫福舒尔舰实习,旋返格林威治海军学校进修炮术。1886年,李鼎新学成回国,派赴北洋,授以五品军功补用千总。1889年2月,升补用参将、署右翼中营游击,任定远舰副管驾。1892年,三年期满,实授右翼中营游击。中日甲午战争爆发后,李鼎新于1894年

① 黄毓泌:《黄鸣球的海军生涯》,载《福建文史资料》第8辑,福建人民出版社1984年版,第210—211页。
② 黄毓泌:《黄鸣球的海军生涯》,载《福建文史资料》第8辑,福建人民出版社1984年版,第212—213页;又参见池仲祐:《海军大事记》,转见《近代史资料》总第61号,中国社会科学出版社1986年版,第126页。

9月17日随舰队参加了黄海海战,海军提督丁汝昌在定远舰指挥时中弹受伤,李鼎新协助管带刘步蟾指挥作战,多次发炮击中日舰,表现出色。10月21日,李鸿章奏保海军出力员弁,李鼎新以参将尽先补用,并赏给振勇巴图鲁勇号。1895年2月,定远舰在威海保卫战中中雷搁浅,李鼎新旋即以水雷自行炸毁,以免资敌。北洋舰队覆灭后,李鼎新于3月间呈文条陈海战失败的教训,并据以提出整顿海军的具体建议。4月,署理北洋大臣王文韶上奏纠参北洋海军失职官员,李鼎新亦被"暂行革职","听候查办",离开海军。

1902年,直隶总督、北洋大臣袁世凯先后以北洋海军全军覆没"实因水陆援绝,该员等情有可原",且其才可用等由"分别奏保",相继请求清廷起用李鼎新及前北洋海军将领林颖启、李和等人,旋均"蒙恩开复原官"。① 从此,李鼎新仍在海军中供职,并步步高升,至清末逐渐爬到了署理海军部军法司司长之职。1903年,出任海圻舰管带。1905年5月16日,署海圻巡洋舰管带兼驻山海关舰队副都统。1910年4月8日,调任筹办海军事务处第六司司长;12月,经载洵等《奏请将现充海军要职各员分别除授折》请旨,将李鼎新及海军部军学司司长伍光建、海军部军制司司长蔡廷干、署理海军部军制司司长郑清廉、驻英国威客斯船厂监造员李和等8员,均"简授海军正参领"之职。② 1911年2月,清政府成立海军部(尚书载洵),李鼎新奉命署理海军部军法司司长,掌管军事司法惩罚等事宜。1911年春,李鼎新一度降为海军部军学司署理科长,与前海天巡洋舰管带刘冠雄同事。③

1912年,袁世凯当上中华民国临时大总统后,特擢刘冠雄为海军总长,"刘〔冠雄〕即任李〔鼎新〕为该部参事、海军总司令等职"。④ 另据记载,李鼎新1912年9月6日任海军部参事(任期至1912年12月11日),受命赴各省检阅军舰。1912年11月4日,被授海军少将。12月4日,海军总司令黄钟瑛病逝,海军总长刘冠雄保举李鼎新接任(任期自1912年12月11日至

① 张侠等编:《清末海军史料》,海洋出版社1982年版,第585页。
② 张侠等编:《清末海军史料》,海洋出版社1982年版,第591页。
③ 朱天森:《记辛亥海军起义与闽籍海军人物》,载《辛亥革命回忆录》第6集,中华书局1963年版,第125页。
④ 朱天森:《记辛亥海军起义与闽籍海军人物》,载《辛亥革命回忆录》第6集,中华书局1963年版,第125页。

1916 年 1 月）。① 时海军总司令部驻上海高昌庙。12 月 11 日,又升授海军中将。

1913 年 3 月,袁世凯和赵秉钧派人暗杀了宋教仁,阴谋败露后引起革命党人激烈反抗,袁世凯令李鼎新协同上海镇守使郑汝成共谋在上海镇压革命党人。李鼎新调楚泰炮舰、海筹巡洋舰等赴上海,以加强海军驻沪力量。7 月 12 日,“二次革命”爆发,李鼎新即传令海军加强警戒。7 月 18 日,陈其美在上海宣布独立;23 日,讨袁军进攻江南制造局,李鼎新将海军总司令部移到海筹舰上,指挥舰队开炮轰击讨袁军,讨袁军遭受惨重损失后被迫撤退。8 月 4 日,北洋政府特授李鼎新以勋三位;8 月 20 日加海军上将衔,以筹其“功”。②

1915 年 8 月,杨度等人在北京成立“筹安会”,袁世凯复辟帝制步伐加快。12 月 5 日,李鼎新及驻沪海军高级军官正在宴请来沪视察的萨镇冰,陈其美、杨虎、孙祥夫等革命党人联络肇和舰上的一些官兵,里应外合,夺取驻泊在高昌庙的肇和军舰,发动“肇和起义”。袁世凯令李鼎新“将该舰击毁”。李鼎新与萨镇冰重金贿赂临近的应瑞、通济两舰攻击肇和舰。6 日,肇和舰起义失败。12 月 21 日,袁世凯下令将李鼎新褫职留任,并褫夺上将衔为海军中将军衔。1916 年 1 月,海军总长刘冠雄亦以李鼎新身为海军总司令疏忽戒备,有亏职守,予以撤职查办。③

当时,全国反袁斗争风起云涌,李鼎新受处分后对北京政府不满,在上海的张继等国民党人积极联络李鼎新驻沪海军加入反袁行列,并公举他为海军总司令。6 月 5 日,李鼎新在上海率第一舰队脱离北京政府加入护国军,下令驻福州等地海军舰艇赴上海待命。6 月 6 日,袁世凯死,李鼎新当即取消前令,静待时局和平解决。6 月 9 日,孙中山发表规复《临时约法》宣言,并电请黎元洪“恢复约法”、“尊重国会”。李鼎新宣布响应孙中山宣言,但国务总理段祺瑞却不肯重开国会。于是,李鼎新与海军又重新酝酿独立,并开始与西南各省在广东肇庆成立的护国军军务院进行联系。6 月 16 日,

① 以上参见陈书麟、陈贞寿编著:《中华民国海军通史》,海潮出版社 1993 年版,第 536、546—547 页。

② 陈书麟、陈贞寿编著:《中华民国海军通史》,海潮出版社 1993 年版,第 546 页。

③ 陈书麟、陈贞寿编著:《中华民国海军通史》,海潮出版社 1993 年版,第 103 页。

继任大总统黎元洪再授李鼎新为海军中将,并加授海军上将衔。6 月 24 日,第一舰队(司令林葆怿)的 4 艘巡洋舰和三艘驱逐舰,冲破福建督军李厚基的阻拦由福州驶抵上海。25 日,李鼎新率 4 舰与第一舰队会合,与林葆怿及练习舰队司令曾兆麟等联合发表宣言,宣布加入护国军,声明在恢复《临时约法》和成立正式内阁之前,海军拒绝接受北京政府的任何命令,逼迫段祺瑞答应恢复旧约法和国会;并又致电黎元洪,说明自己系被所部海军将士共推出任军职,暂以临时总司令名义驻沪维持海军现状,实即实行独立。随后还成立了"海军驻沪临时总司令部"(李鼎新任总司令),被称为"护国舰队"。6 月 26 日,李鼎新电告护国军军务院,表示海军和军务院"相与始终",军务院亦回电支持海军行动,并宣布李鼎新为军务院抚军。6 月 29 日,段祺瑞被迫接受南方要求,声明遵行《临时约法》,召开国会。7 月 14 日,护国军军务院宣布撤销,8 月 1 日国会召开。8 月 15 日,李鼎新宣布取消海军独立,仍隶属于北京政府海军部。"护国舰队"遂告结束。①

　　1917 年 1 月 20 日,李鼎新被北京政府授予将军府曜威将军。② 当时,李鼎新常作为大总统代表被派往各地处理有关海军事务(一说同时还担任段祺瑞内阁顾问)。1918 年秋,李鼎新前往武汉、岳州、上海、厦门等地慰劳各舰队。1919 年 2 月,南北"和平会议"在上海召开;7 月 21 日,程璧光和林葆怿率领第一舰队举义南抵广州,并于次日发表海军护法宣言,海军发生分化。李鼎新南下厦门,为促成第一舰队北归而奔走。10 月 10 日,李鼎新又被授予二等大绶嘉禾章,派赴日本参观阅兵典礼。1920 年 10 月,林葆怿与北京政府海军总司令蓝建枢等联合致电北京政府与广东军政府,宣布南、北海军统一,李鼎新再次被派赴厦门等地,会同办理北归海军各舰的修理及官员待遇问题。1921 年 5 月 14 日,靳云鹏第三次组阁,李鼎新继萨镇冰之后出任北京政府靳云鹏内阁(第三次)海军总长。10 月 12 日,晋授海军上将。这一时期,他实际上是依附于控制着北京政权的直系军阀。12 月 24 日,梁

---

　　① 　陈书麟、陈贞寿编著:《中华民国海军通史》,海潮出版社 1993 年版,第 106—107 页。
　　② 　陈书麟、陈贞寿编著:《中华民国海军通史》,海潮出版社 1993 年版,第 546 页。

士诒组阁,25 日,李鼎新仍被任为海军总长。①

1922 年 1 月,以李鼎新侵吞军饷,上海海军舰队司令蒋拯等遂截留两淮盐税以抵充。6 月 12 日,李鼎新署颜惠庆内阁海军总长;8 月 5 日,再署唐绍仪内阁海军总长;9 月 19 日,又署王宠惠内阁海军总长。② 10 月 10 日,晋授勋二位。10 月,福建政局巨变,徐树铮策动闽北镇守使王永泉联合粤军许崇智进攻福建督军李厚基,驻马尾海军将李厚基扣留,大总统黎元洪令李鼎新立即采取对策。李鼎新派海军部司长林葆纶前往马尾处理,同时令杨敬修在马尾设立海军警备司令部,统一指挥在马江的舰队和陆战队,使北京政府重新控制了驻闽海军,不久李厚基被释放。11 月 29 日,李鼎新仍署汪大燮内阁海军总长。③ 12 月 12 日,李鼎新所在的海军部令自海参崴逃上海之俄白党军舰出境。

1923 年 1 月 4 日,张绍曾任国务总理,仍以李鼎新署海军总长(1 月 25 日实任海军部总长)。1924 年 1 月 12 日,孙宝琦组阁,李鼎新再任海军总长。9 月 14 日,颜惠庆内阁成立,李鼎新仍任海军总长。④ 10 月 23 日,冯玉祥发动北京政变,导致直系军阀在第二次直奉战争中失败;31 日,李鼎新随之去职,改任海军部军事顾问。1926 年 5 月 13 日,随颜惠庆内阁复海军总长职,当日免职。6 月 22 日,北京政府授李鼎新将军府"曜威上将军"。但从此他再也没有担任过实际职务,赋闲在家。

南京国民政府成立后,李鼎新于 1929 年 4 月被聘任为国民政府海军部高级顾问。直至 1930 年病逝于上海,终年 69 岁。

李鼎新是民国海军元老之一,长期依附直系军阀,且能适应各方面关

① 以上参见《中华民国内阁篇》,载张国淦:《北洋述闻》,上海书店出版社 1998 年版,第 177、179、183、185 页;钱实甫编著、黄清根整理:《北洋政府职官年表》,华东师范大学出版社 1991 年版,第 20、22 页。

② 以上参见《中华民国内阁篇》,载张国淦:《北洋述闻》,上海书店出版社 1998 年版,第 177、179、183、185 页;钱实甫编著、黄清根整理:《北洋政府职官年表》,华东师范大学出版社 1991 年版,第 20、22 页。

③ 以上参见《中华民国内阁篇》,载张国淦:《北洋述闻》,上海书店出版社 1998 年版,第 188 页。

④ 以上参见《中华民国内阁篇》,载张国淦:《北洋述闻》,上海书店出版社 1998 年版,第 189 页;钱实甫编著、黄清根整理:《北洋政府职官年表》,华东师范大学出版社 1991 年版,第 24、26 页。

系,在海军中享有较高威望。但也有人称"李〔鼎新〕学识平常,庸碌无能"。①

九、北洋海军署精炼右营游击、后军中营都司、镇中炮舰管带蓝建枢

蓝建枢(1854—?),字季北(又作季伯),福建闽侯(今福州市)人。1871年考入福州船政后学堂,为第三期驾驶班学生。1875年堂课结业后,与萨镇冰等同被派往扬武舰实习,航行新加坡、小吕宋、槟榔屿各地考察,至日本而还。毕业后,调赴北洋差遣。1881年,奉派随丁汝昌赴英接收超勇、扬威两舰。回国后,升任镇西炮舰管带,赏蓝翎五品顶戴,补用千总。1889年初,直隶总督兼北洋大臣李鸿章为北洋海军拣员补署官缺时,请准以蓝建枢升署后军右营都司。3年后实授,调任镇中炮舰管带。

1894年,中日甲午战争爆发。9月16日,蓝建枢率镇中炮舰随北洋海军大队护送兵船至鸭绿江口大东沟,并奉命与镇西炮船以及4艘鱼雷艇进入江口掩护运兵船渡兵登陆。翌日,北洋海军主力在鸭绿江口外的黄海海面与日本联合舰队激战,镇中炮舰没有参战。1895年初,日本进攻威海卫基地,蓝建枢率镇中炮舰参加防御作战。北洋海军全军覆没后,镇中等10艘军舰被日军俘获,蓝建枢随北洋海军幸存官兵退至烟台。署直隶总督王文韶参奏失职官员,以蓝建枢"船亡人存","实属咎无可辞",但"威海一役,实因水陆援绝,该员等情有可原,才堪任使",奏请暂行革职,听候查办。旋奉谕旨:"革职留营。等因。钦此。"②

1903年3月23日,袁世凯以"水师人才最为难得",以往历年所培养海军人才"今所存者甚属寥寥",而蓝建枢等人"自革职留营以后,颇知愧奋",加以与蓝建枢等人"同时被议"之副将衔游击林颖启、补用参将游击李鼎新、都司李和等,上年即已"蒙恩开复原官","该员蓝建枢等事同一律,才足任用,未便听其沉废,致令向隅",特向清廷奏请将蓝建枢等人"开复原官,仍留山东原省补用,以策后效"。旋奉朱批:"著照所请,该部知道。钦此。"③此

① 朱天森:《记辛亥海军起义与闽籍海军人物》,载《辛亥革命回忆录》第6集,中华书局1963年版,第125页。

② 张侠等编:《清末海军史料》,海洋出版社1982年版,第585页。

③ 以上参见张侠等编:《清末海军史料》,海洋出版社1982年版,第585页。

后,蓝建枢仍供职于海军。至 1911 年春,蓝建枢调任海军部二等参谋官。①

辛亥革命后,蓝建枢前北洋海军同事刘冠雄担任袁世凯政府海军总长时期,曾一再对蓝建枢加意提拔重用,加上蓝建枢会见风使舵,致其在海军中的地位(职位)扶摇直上。于是,1912 年 4 月初,蓝建枢任海军参谋处高级副官,随后被任命为海军左司令。1912 年 12 月,海军左司令改为海军第一舰队司令,仍由蓝建枢担任(至 1913 年 7 月去职)。② 此间,蓝建枢还于1912 年 11 月被授予海军少将。③

1913 年,蓝建枢奉命率第一舰队在上海参与镇压反袁的"二次革命",击败讨袁军。随后于当年 7 月内调为军事参议。翌年 4 月,任海军部参谋处处长。1917 年,调海军编史监修。1918 年初,负责审定《海军大事记》;同年 3 月,升任海军总司令(1921 年 8 月免,由蒋拯接任海军总司令),④旋晋授海军中将。在此期间,曾于 1920 年发起重修马尾海军昭忠祠;1921 年 8月,受封将军府澄威将军。⑤ 同年 11 月退职,晚年乡居而终。但据蓝建枢同时代的海军将领称:"蓝〔建枢〕学识平常,行为放荡,有'嫖赌大王'之称。"⑥

十、北洋海军署左翼右营游击本营都司何品璋

何品璋(生卒年不详),甲午战争时期,担任北洋海军都司之职,在甲午战争中表现未见突出。北洋海军全军覆没后,直隶总督、北洋大臣王文韶奏《查明北洋海军失事情形据实纠参开单呈览折》,何品璋及北洋海军暂革守备林国祥、副将叶祖珪、邱宝仁,都司李和,游击林颖启,都司林文彬、黄鸣球,守备陈震培,千总潘兆培,游击蓝建枢、吕文经,游击李鼎新,候选道马复恒、牛昶昞,山东候补道严道洪等 15 员均赫然在王文韶纠参、查办之列,经

---

① 《辛亥革命回忆录》第 6 集,中华书局 1963 年版,第 125—126 页。

② 陈书麟、陈贞寿编著:《中华民国海军通史》,海潮出版社 1993 年版,第 544 页。

③ 陈书麟、陈贞寿编著:《中华民国海军通史》,海潮出版社 1993 年版,第 546 页。

④ 陈书麟、陈贞寿编著:《中华民国海军通史》,海潮出版社 1993 年版,第 542 页。

⑤ 陈书麟、陈贞寿编著:《中华民国海军通史》,海潮出版社 1993 年版,第 546 页。

⑥ 朱天森:《记辛亥海军起义与闽籍海军人物》,载《辛亥革命回忆录》第 6 集,中华书局1963 年版,第 125—126 页。

清廷 1895 年 4 月 28 日降旨:"着一并暂行革职,听候查办。"①其中,何品璋等人经王文韶"定拟声明:'威海一役,实因水陆援绝,该员等情有可原,才堪任使。'旋奏奉朱批:'革职留营等因。钦此。'"②

1902 年,北洋大臣、直隶总督袁世凯先后"分别奏保",相继请求起用前北洋海军将领林颖启、李鼎新、李和等人,旋陆续"蒙恩开复原官"。③ 此为何品璋等其他前北洋海军将领得以重新起用之良好开端。1903 年 3 月 23 日,袁世凯又以"水师人才最为难得",以前历年所培养海军人才"今所存者甚属寥寥",而何品璋及前北洋海军将领蓝建枢、程璧光等 5 员"自革职留营以后,颇知愧奋,或委令管带师船,或随同办理交涉,莫不操巡匪懈,应付适宜,深足以资臂助"为由,奏请将何品璋、蓝建枢、程璧光、林文彬 4 员"开复原官,仍留山东原省补用,以策后效"。嗣奉朱批:"著照所请,该部知道。钦此。"④此后,何品璋仍任职海军。

1904 年,何品璋担任海筹舰管带。1907 年,经北洋大臣袁世凯奏请,以何品璋为队长,率海筹、海容两舰赴西贡、新加坡等处巡视。"抵粤,值粤城革命事起,留资震慑"。事平,仍赴西贡巡视。嗣以国内需舰,袁世凯又电调两舰赴江西。⑤

民国成立后,何品璋继续在海军供职。1913 年 4 月,任北洋政府海军总司令公署军需长;1913 年 11 月,改任海军总司令公署军衡长。⑥ 1917 年 6 月前后,任海军部军务司司长有年。⑦

在北京政府前 11 届内阁中,刘冠雄担任过 9 届海军总长,却始终不肯重用其海军前辈何品璋。据当时人的回忆记载:"1904 年'海天'失事时,何品璋适驾驶'海筹'军舰经过顶星岛洋面,何以自身有困难为辞,不曾协同救助,对此刘〔冠雄〕怀恨在心。何为海军前辈,本来地位很高,但在〔进入民

---

① 《清德宗实录》,转见张侠等编:《清末海军史料》,海洋出版社 1982 年版,第 582 页。
② 张侠等编:《清末海军史料》,海洋出版社 1982 年版,第 585 页。
③ 张侠等编:《清末海军史料》,海洋出版社 1982 年版,第 585 页。
④ 张侠等编:《清末海军史料》,海洋出版社 1982 年版,第 585 页。
⑤ 池仲祐:《海军大事记》,转见《近代史资料》总第 61 号,中国社会科学出版社 1986 年版,第 115 页。
⑥ 陈书麟、陈贞寿编著:《中华民国海军通史》,海潮出版社 1993 年版,第 543 页。
⑦ 陈书麟、陈贞寿编著:《中华民国海军通史》,海潮出版社 1993 年版,第 537 页。

• 506 •

国〕刘〔冠雄〕当权后,始终不受重用。后来刘寓居津门,何往其私邸拜访,竟闭门不纳,此事何品璋曾亲口对我言之。刘于私人恩怨分明如此。"①直到1926年11月13日,何品璋始得晋授海军中将。此后还曾出任海军总司令处参谋长(任期至1927年3月)。②

十一、北洋海军右翼左营守备、来远舰驾驶二副谢葆璋

谢葆璋(1866—1940),字镜如,福建闽侯(今福州市)人。1881年,天津水师学堂总教习严复回闽招生,推谢葆璋北上应试,考入该学堂第一届驾驶班肄习。1884年,学成毕业,派登威远舰实习。实习期满,派赴北洋舰队服役。1887年初,谢葆璋随管带邱宝仁赴德国接带所订购的来远舰,翌年春顺利驶抵天津大沽。因接舰有功,谢葆璋获清廷奖赏,并留在来远任职。1889年初,谢葆璋升署右翼左营守备(3年后实授),充来远驾驶二副。1894年中日甲午战争爆发后,谢葆璋随舰于9月17日参加了北洋海军主力与日本联合舰队在黄海展开的激战。开战不久,日舰赤城被击成重伤,转舵驶逃。谢葆璋协助帮带大副驾驶来远立即尾追攻击,使赤城再遭重创,迫使其逃离作战海域。战至下午3时20分,日本第一游击队吉野等4舰集中火力进攻来远、靖远。两舰以寡敌众,苦战多时,均受重伤。来远舰中弹200多颗,引起猛烈火灾,"延烧房舱数十间"。在此危急时刻,谢葆璋奉命驾舰冲出日舰的包围,驶至大鹿岛附近灭火施救。海战结束后,谢葆璋与管轮人员密切配合,将已受重伤的来远安全驶归旅顺基地。"驶回旅顺口之际,中西各人见其伤势沉重,而竟安然返旌,无不大奇之"。1895年2月,日军水陆夹击威海卫港内的北洋舰队。2月6日凌晨,日本鱼雷艇潜入港内偷袭,来远舰中雷翻转,顷刻沉没。谢葆璋落入海中,拼命游上刘公岛,得以死里逃生。北洋海军全军覆没后,清廷将幸存官兵全部遣散,谢葆璋返归原籍。

1899年,清政府命令前北洋海军副将叶祖珪统领新建北洋海军,以萨镇冰为帮统,兼任海圻巡洋舰管带;并命他们"选择朴实勇敢、熟悉驾驶之

---

① 沈来秋:《我所知道的刘冠雄》,载《福建文史资料》第8辑,福建人民出版社1984年版,第160页。

② 陈书麟、陈贞寿编著:《中华民国海军通史》,海潮出版社1993年版,第543页。

员,督同认真操练,以为整顿海军始基"。经萨镇冰推荐,谢葆璋被起用为海圻舰大副。1902年,清政府在山东烟台设立海军练营,调谢葆璋任管带。1903年冬,叶祖珪以北洋舰队人才非常缺乏,乃命帮统萨镇冰在烟台负责筹办海军学堂。清廷为之拨银4万两,以筹建校舍。萨镇冰先在原嵩武军左营旧址金沟寨村之北洋海军练营内附设海军学堂,俗称"旧学堂",并以谢葆璋兼理烟台海军学校堂务。① 当时,谢葆璋招考聪颖士子戚本恕等20名入堂肄业,专修驾驶,定3年毕业。在谢葆璋任职期间,旧学堂规模逐渐扩大,招生名额逐年增加,由20人增至40人,再增至60人。1905年,以原址狭隘,不敷应用,萨镇冰又呈请海军处,改在嵩武军右营旧址建筑新学堂。1906年,经直隶总督、北洋大臣袁世凯奏准,开始兴建烟台海军学堂新校舍,而"建筑和堂务筹划,悉由谢葆璋主持"。至1907年3月,新校落成,俗称"新学堂"。烟台海军学堂宣告正式成立,新学堂遂由谢葆璋出任第一任监督,并扩充编制,增加名额,在上海招考新生100余名,连同旧生两班共192名。② 1911年春,烟台海军学堂发生学潮,海军部派军制司司长郑汝成前往处理。事后,郑汝成留任学堂监督,谢葆璋则辞官回籍。

中华民国成立后,前北洋海军同事刘冠雄等人颇受袁世凯重用,谢葆璋复被起用,且在海军中的职位也在不断提升。先是出任海军总司令处二等参谋,1913年8月20日,又被授予海军少将。③ 1913年10月,升任海军部军学司司长。④ 1920年,改任海军部参事厅参事。⑤ 1926年6月,奉命署理海军部次长。⑥ 1927年1月27日,谢葆璋晋授海军中将,同年9月,任海军部海道测量局局长,旋又兼任海军部海岸巡防处处长。⑦

南京国民政府时期,以其原在旧海军中的地位,尤其是无人替代的学识

---

① 池仲祐《海军大事记》载:"(1903年)烟台设海军学校,以谢葆璋为校长。"参见《近代史资料》总第61号,中国社会科学出版社1986年版,第112页。又参见陈书麟、陈贞寿编著:《中华民国海军通史》,海潮出版社1993年版,第81页。

② 陈书麟、陈贞寿编著:《中华民国海军通史》,海潮出版社1993年版,第82页。

③ 陈书麟、陈贞寿编著:《中华民国海军通史》,海潮出版社1993年版,第547页。

④ 陈书麟、陈贞寿编著:《中华民国海军通史》,海潮出版社1993年版,第539页。

⑤ 陈书麟、陈贞寿编著:《中华民国海军通史》,海潮出版社1993年版,第539页。

⑥ 陈书麟、陈贞寿编著:《中华民国海军通史》,海潮出版社1993年版,第536页。

⑦ 陈书麟、陈贞寿编著:《中华民国海军通史》,海潮出版社1993年版,第552页。

水平,谢葆璋仍受到国民政府海军部的任用。1928年7月,谢葆璋担任海军部海道测量局局长,同时又兼任海军部湖岸巡防处处长。[1] 1931年,谢葆璋辞去一切职务,闲居北京。1940年病逝,终年75岁。其女谢婉莹,笔名冰心(1900—1999),为中国现代著名作家、诗人。

十二、北洋海军靖远舰帮带大副刘冠雄

刘冠雄(1861—1927),字子英,又字资颖,福州人。幼年家境贫寒,父亲以箍桶为业。刘冠雄弟兄5人,排行第五,除四哥早丧外,其他3位哥哥后来也都在海军中任职,但以刘冠雄"有文才,善交际",且官位最高。[2] 刘冠雄早年考入马尾福州船政学堂,为该校驾驶班的第四期学生。毕业后,被派往北洋海军,成为一名见习军官。1885年底,清政府选派第三期海军留学生前往英国、法国学习,刘冠雄入选,次年即往英国留学。1887年,清政府派员前往英国、德国接受订购的致远、靖远、经远和来远4艘新式巡洋舰。正在留学的刘冠雄也结束留学生活被特招参加了接舰工作,并于年底顺利回国。1888年,靖远等4舰驶抵天津大沽,编入北洋海军。此后,刘冠雄便一直留在靖远舰上任职。北洋海军成军后,刘冠雄被正式任命为靖远舰帮带大副。1894年7月,中日甲午战争爆发。9月17日,中日海军主力在黄海发生大战,刘冠雄随舰参加了这次著名的海战。海战中,超勇、扬威、致远和经远4舰先后被击沉,济远、广甲两艘受伤逃跑。且北洋海军提督丁汝昌负伤,旗舰定远的信号装置被日军炮火摧毁,北洋海军失去了指挥,阵形很快被日舰冲散,各舰陷入被日舰分割包围的危险境地。一直在协助指挥靖远舰作战的刘冠雄,"见势危急,请于管带叶祖珪,从权升旗",担负起指挥舰队行动的重任,并"纵队绕击",附近海域的来远、平远诸舰艇纷纷来会,重新列队迎敌。日本舰队见北洋海军声势复振,形势对己不利,于是全速撤离战场。靖远舰指挥各舰尾追数里后,返航回旅顺。[3] 黄海海战后,刘冠雄又随

---

① 陈书麟、陈贞寿编著:《中华民国海军通史》,海潮出版社1993年版,第560页。

② 沈来秋:《我所知道的刘冠雄》,载《福建文史资料》第8辑,福建人民出版社1984年版,第158页。

③ 池仲祐:《海军大事记》,转见《近代史资料》总第61号,中国社会科学出版社1986年版,第105页。

舰参加了威海海战。在这次海战中,北洋海军全军覆没,靖远舰也被日军击沉。

甲午战争结束后,劫后余生的绝大多数北洋海军军官都因战败获咎,被清政府革职遣返。刘冠雄却十分幸运,战后不久便奉命"带同官佐士兵赴德",执行接带飞鹰舰任务。[①] 接带飞鹰舰回国后,刘冠雄出任该舰管带。时北洋海军已在甲午战争中损失殆尽,整个北洋只有 5 艘军舰,飞鹰舰是其中最大的一艘。刘冠雄此时在海军中的地位之重要,也由此可见。

1898 年 9 月 21 日,戊戌政变发生,慈禧太后下令逮捕维新领袖康有为。时康有为已登上日轮大阪丸,刘冠雄奉命携公文急追,途中因锅炉炸裂行缓,康有为始得逃脱。1899 年,刘冠雄的老上司、前靖远舰管带叶祖珪被清政府重新起用,出任正在重建中的北洋海军统领。刘冠雄深得叶祖珪的赏识和信任,在海军中的地位日益显赫。当年,清政府在英国订购的海天、海圻建成来华,刘冠雄被任命为海天舰管带。

1899 年 3 月,意大利提出租借中国三门湾的无礼要求,还派出 6 艘军舰来中国炫耀武力,并向清政府发出最后通牒。意大利人来势汹汹,清政府不知虚实,十分紧张,遂征询海军意见。刘冠雄向叶祖珪进言说:"意大利军舰万里远航而来,一定疲惫不堪,补给也十分困难,其劳我逸,形势对我们有利。况且,我军现有海天、海圻、海容、海筹、海琛 5 艘新购的巡洋舰,完全有实力与意舰一战。"叶祖珪十分赞同刘冠雄的分析,并据此上报了清廷。清廷心里有了底,断然拒绝了意大利的最后通牒。意大利看到中国态度强硬,只好放弃无理要求。[②]

1900 年,义和团运动爆发,八国联军入侵,清廷遂对外宣战。海军对此持消极态度。时海军各舰正在山东登州一带海面操巡,山东巡抚袁世凯极力促海军各舰南下,以避联军。于是,时任海天舰管带的刘冠雄积极响应,率海军各舰前往上海,随即加入了"东南互保"的行列。时"人心惶惶","海

---

① 池仲祐:《海军大事记》,转见《近代史资料》总第 61 号,中国社会科学出版社 1986 年版,第 108 页。

② 参见陈绍宽:《海军史实几则》,载张侠等编:《清末海军史料》,海洋出版社 1982 年版,第 851 页;池仲祐《海军大事记》,转见《近代史资料》总第 61 号,中国社会科学出版社 1986 年版,第 110—111 页。

天军舰管带刘冠雄与队长林颖启及各舰长议走访各国领事,声明舰队南来,奉令保护中外人士生命财产,以免误会"。① 此次海军南下,刘冠雄所扮演角色极为重要,引起了各方的关注。此时,他一跃成为海军界一颗冉冉升起的新星。

1904年2月,日俄战争爆发,日军进攻沙俄占领的旅顺口。清廷无力制止,只得宣布"中立"。4月23日,刘冠雄奉命率海天舰从烟台出发,赶赴江阴装运军火,以济辽西"中立"之需。24日,军舰在海上遇上了大雾天气。到了晚上,大雾更为浓重,刘冠雄没有下减速令,军舰继续以原速穿雾疾行。结果,25日凌晨,海天舰驶至长江口外舟山鼎星岛附近时触到礁石上,随后下沉。随即引起朝野震动。刘冠雄很清楚,作为管带,损毁巨舰,按律当斩,几欲自杀。这时,与他有姻亲世谊的沈瑜庆(曾任江西布政使、贵州巡抚)为他多方奔走,卒由上司袁世凯从中力保,奏请将刘冠雄"即行革职",同时建议仍将其留在舰上,协助萨镇冰组织打捞工作,戴罪立功。② 袁世凯的救命之恩,令刘冠雄感激不尽。此后,他为报答袁世凯,竭力事袁。他因此而飞黄腾达,也因此而受到后人的指责。

刘冠雄被革职以后,离开海军,投在袁世凯的门下。曾担任过德州机器厂总办等职。刘冠雄善于交际,精明能干,并且颇有文才,很快成为袁世凯的亲信。几年后,刘冠雄又重返海军任职。1911年,他被任命为海军部军学司(一说军制司)代理科长。同年10月,辛亥革命爆发,清政府很快瓦解。刘冠雄避居上海,静观局势变化。

1912年1月3日,中华民国临时政府在南京成立。5日,临时大总统孙中山任命黄钟瑛为海军总长。27日,黄钟英请辞海军总长职务,要求改任海军总司令,建议孙中山任命刘冠雄为海军总长,但孙中山没有同意。2月15日,临时参议院选举袁世凯为临时大总统。18日,南京临时政府派教育

---

① 池仲祐:《海军大事记》,转见《近代史资料》总第61号,中国社会科学出版社1986年版,第111页。

② 沈来秋:《我所知道的刘冠雄》,载《福建文史资料》第8辑,福建人民出版社1984年版,第158页;池仲祐:《海军大事记》,转见《近代史资料》总第61号,中国社会科学出版社1986年版,第113页;陈绍宽《海军史实几则》,载张侠主编:《清末海军史料》,海洋出版社1982年版,第852页。

总长蔡元培等人为专使,赴北京迎接袁世凯南下就职。此时刘冠雄正担任海军顾问,主动要求随同前往。后来,袁世凯在北京就任了临时大总统,并组成北京政府第一届内阁(唐绍仪组阁)。3月30日,袁世凯任命刘冠雄为唐绍仪内阁海军部总长。6月27日,任陆徵祥内阁海军总长。[①] 9月25日,任赵秉钧内阁海军总长。11月4日,又授予刘冠雄海军上将军衔,成为北京政府的第一位海军上将。[②]

民国初建,海军建设百废待兴。刘冠雄任职后,着手整顿部务,建章立制,集权于中央,使海军建设统一、有序,并收到了一些成效。但是,随着国内局势的日益动荡,其整顿海军的工作时断时续,最终陷于停顿。在刘冠雄领导下,海军终成为袁世凯在内战中的一个重要工具。

1913年7月,孙中山发动反对袁世凯独裁统治的"二次革命",刘冠雄率海军积极参加了镇压活动。驻守上海的海军舰队暗中与讨袁军联系,准备参加起义。刘冠雄得知消息后,立即将舰队调至烟台整训,加强控制。稍后,刘冠雄亲率海军主力南下,进攻以陈其美为总司令的上海讨袁军。7月28日,刘冠雄率舰队并李厚基陆军第七旅进抵上海,决计水陆夹攻,掩护北洋军登陆,增援被上海讨袁军围攻的江南制造局,炮击讨袁军驻守的吴淞口炮台。据载,自8月2日起,双方小战数次。10日,刘冠雄令海圻、海容、海琛、通济、永翔5舰拔队进攻,又令海筹、应瑞、肇和3舰开赴张华浜;另令飞鹰、楚有及各雷艇,掩护陆战队前进,内外大举夹攻。12日,向吴淞炮台轰击。13日,舰队开近台岸,占领各炮台;同时,海军还配合北洋军击退了上海讨袁军对江南制造局的进攻。上海起义宣告失败。[③] 8月14日,袁世凯任命刘冠雄兼任南洋巡阅使,率舰队开赴南京,镇压黄兴指挥的江苏讨袁军。20日夜,舰队抵江阴,刘冠雄命令陆战队登岸进攻,拆卸江阴各炮台炮闩。23日抵镇江,陷镇江炮台,刘冠雄即由乌龙江整队前进,令海圻、海容、

① 钱实甫编著、黄清根整理:《北洋政府职官表》,华东师范大学出版社1991年版,第201页。

② 参见陈书麟、陈贞寿编著:《中华民国海军通史》,海潮出版社1993年版,第535、546页。

③ 参见池仲祐:《海军大事记》,转见《近代史资料》总第61号,中国社会科学出版社1986年版,第122页;《中华民国海军通史》,海潮出版社1993年版,第96—97页。

海琛、肇和、应瑞 5 舰攻狮子山炮台。24 日,舰队抵达南京卸甲甸。25 日,刘冠雄密派练习舰队代理司令饶怀文,率海琛、应瑞、楚有 3 舰,暗渡上游且战且退,直抵大胜关。次日,复派永丰舰上驶,与海琛等舰会合,掩护冯国璋的第二军在下关渡江登陆,一面猛轰炮台,牵制讨袁军火力,一面炮轰清凉山仪凤门和南京城西南部,使炮台不能展其射击之力。随后,积极参加会攻南京,不分昼夜猛击城内,配合冯国璋部向南京讨袁军发起总攻。9 月 1 日,北洋军占领南京。当月,刘冠雄"凯旋"回京。①

由此可见,孙中山领导的"二次革命"最终被镇压,刘冠雄指挥的海军起了重要作用。袁世凯深知这一点,因此对刘冠雄更加信任和倚重。袁世凯当政期间,内阁更换了好几届,但刘冠雄始终是海军总长的不二人选。1913 年七八月间,熊希龄受命组织北洋政府第四届内阁时,刘冠雄曾提议由他的老师严复出任海军总长,自己担任海军部的次长,结果被袁世凯否决,刘冠雄仍任海军总长。

刘冠雄在担任海军总长的同时,还先后临时兼任过交通总长(1912 年 6 月 27 日—7 月 26 日)和兼署过教育总长(1913 年 1 月 28 日—3 月 19 日)。②"二次革命"结束后,1913 年 10 月,刘冠雄奉命率舰队"出京巡阅"。时福建"有借革命余焰拥兵专横者",刘冠雄又奉命"赴闽监督裁兵"。抵达福建后,他"下临时警备戒严令,以行营参议蒋拯为马江临时警备戒严司令官"。12 月 5 日,袁世凯又命他兼领福建都督。③

1914 年 3 月,因革命党有欲在广东"潜图起事"之说,刘冠雄又奉命"赴粤巡阅",旋至厦门、象山、吴淞、烟台各处,勘察学校、练营、炮台、医院后回京。当年及 1916 年 4 月,以内阁改组,袁世凯均"特任刘冠雄为海军总长"。④

---

① 参见池仲祐:《海军大事记》,转见《近代史资料》总第 61 号,中国社会科学出版社 1986 年版,第 122—123 页;《中华民国海军通史》,海潮出版社 1993 年版,第 98—99 页。

② 钱实甫编著、黄清根整理:《北洋政府职官年表》,华东师范大学出版社 1991 年版,第 4、6 页。

③ 任期仅 25 日。到了 1913 年 12 月 30 日,各省都督裁撤,他始回到北京继续担任海军总长。参见池仲祐:《海军大事记》,转见《近代史资料》总第 61 号,中国社会科学出版社 1986 年版,第 123 页;钱实甫编著、黄清根整理:《北洋政府职官年表》,华东师范大学出版社 1991 年,第 6 页。

④ 池仲祐:《海军大事记》,转见《近代史资料》总第 61 号,中国社会科学出版社 1986 年版,第 124、126 页。

1915年，袁世凯的帝制复辟活动正加紧进行。刘冠雄虽然一贯积极追随袁世凯，但对帝制并不赞成，甚至还曾与王士珍一起当面规劝过袁世凯，要他慎重行事，惹得袁世凯很不高兴。[1] 刘冠雄担心会招致杀身之祸，此后再不敢公开反对帝制。是年10月，刘冠雄不得不附和当时的形势，与其他海军长官一起，联名上书袁世凯，请求变更国体，实行君主立宪制。12月，预备登基的袁世凯册封文武百官，刘冠雄被特封为二等公爵，这是海军人员得到的最高爵位。

袁世凯的倒行逆施，激起了全国人民的强烈反对。孙中山领导的中华革命党率先在上海开展了反对袁世凯复辟帝制的斗争，刺杀了袁世凯在上海的得力干将上海镇守使、海军中将郑汝成。郑汝成被刺后，革命党人又趁机再次发动起义。12月5日，他们首先策动肇和舰起义，并占领了该舰。接着，肇和舰炮击江南制造局，与岸上各路起义部队配合，准备一举攻占上海。但是，由于袁军力量过于强大，起义最终失败。海军参与上海起义，使刘冠雄十分震惊，特别是肇和舰的舰长黄鸣球还是由他亲自推荐的，更让他心里感到窝火。事件发生后，黄鸣球被"褫职夺官监禁"，海军总司令李鼎新和肇和舰所属的练习舰队司令徐振鹏"各得处分有差"。[2] 继上海起义之后，蔡锷等人也于12月25日在云南发动起义，组成了护国军，拉开了护国战争的帷幕。

蔡锷起兵后，全国各地纷纷响应，袁世凯急调重兵进行镇压。1916年4月15日，刘冠雄奉命率领海圻、海容两舰，护送从招商局雇佣的新裕等3艘运兵轮船，前往福州增援。行前，刘冠雄请求赦免黄鸣球，"发往军前效力"。4月22日，行至温州海面时，海上风大雾浓，海容舰与新裕轮当夜11时许不幸相撞，新裕轮随即沉入海中。黄鸣球及全船700多名官兵无一生还。[3] 事件发生后，有关方面对事故责任进行了3个月的调查，最后，海容舰舰长

---

① 吴家琼：《刘冠雄拥袁一事的异说》，载《福建文史资料》第8辑，福建人民出版社1984年版，第162—164页。

② 池仲祐：《海军大事记》，转见《近代史资料》总第61号，中国社会科学出版社1986年版，第123页。

③ 池仲祐：《海军大事记》，转见《近代史资料》总第61号，中国社会科学出版社1986年版，第126页。

甘联璈被"褫职夺官"。而此时,刘冠雄也已经去职。

1916年6月6日,袁世凯忧愤而死,副总统黎元洪继任大总统,段祺瑞任国务总理,组成新内阁。黎元洪推荐自己在北洋海军任职时的老上司程璧光出任海军总长。担任了4年多海军总长的刘冠雄就此辞职下野。[①] 不久,因黎、段矛盾,段祺瑞去职,张勋乘乱拥立溥仪复辟。1917年7月,段祺瑞在天津起兵,驱逐张勋,重新担任国务总理。在新组成的内阁中,刘冠雄被重新请出,担任海军总长。[②] 此后,政府更迭不断,王士珍(1917年11月30任)、段祺瑞(1918年3月23日)、钱能训(1918年12月28日)等又先后组阁,而刘冠雄始终得以蝉联海军总长。[③] 1919年11月5日,靳云鹏组建第12届内阁时,刘冠雄始辞职。这样,在北京政府的前11届内阁中,刘冠雄出任了9届内阁的海军总长。

刘冠雄虽然离开了政府,但仍与上层保持着密切的联系。1920年6月,刘冠雄回籍省亲,大总统徐世昌又特意电召他陪同美国公使到京议事。1921年6月,北京政府委派刘冠雄等为查勘福建等省禁烟大员。次年7月,北京政府又曾有意让刘冠雄出任福建省长,但因遭到旅沪闽人和北京福建同乡会的通电反对而作罢。12月,大总统黎元洪特派刘冠雄为福建镇抚使。[④] 1923年4月,刘冠雄又出任闽粤海疆防御使。是年10月,大总统曹锟特任刘冠雄为熙威大将军,位列将军府。[⑤]

20世纪20年代,军阀混战,国是日非,海军也在内战中四分五裂。刘冠雄深感心力交瘁,遂萌生退意,多次以身体有病为由,提出辞职。1923年11月,北京政府终于同意了他的辞职请求。

刘冠雄辞职后,寓居天津,不再过问世事,整日以种花植树自遣。1927

---

① 池仲祐:《海军大事记》,转见《近代史资料》总第61号,中国社会科学出版社1986年版,第127页。

② 池仲祐:《海军大事记》,转见《近代史资料》总第61号,中国社会科学出版社1986年版,第128页。

③ 以上参见《中华民国内阁篇》,载张国淦:《北洋述闻》,上海书店出版社1998年版,第157、163、171页。

④ 池仲祐:《海军大事记》,转见《近代史资料》总第61号,中国社会科学出版社1986年版,第128页。

⑤ 参见王俯民编著:《民国军人志》,中国广播电视出版社1995年版,第133页。

年,刘冠雄患上了肠病,只能饮流质。后因饮食不慎,导致肠大量出血。刘冠雄家人从北京请来西医,常住家中为其诊病,但终未能挽救他的生命。是年6月24日,刘冠雄在天津家中病逝,终年67岁。

综上所述,不难看出,甲午战后,北洋海军幸存将领在清末、民国前期仍是海军的中坚力量,他们在加强海防建设、抵御外辱方面(林国祥、吴敬荣查处私运军火的日本邮船)起到了一定作用,尤其在辛亥革命、护国运动(李鼎新的"护国舰队")、护法运动(程璧光的"护法舰队")中起到过积极作用,但更多的是充当了镇压民众、镇压革命的工具。

刘晓焕,山东社会科学院历史所研究员

北洋水师访问新加坡的历史反思

〔新加坡〕柯　木　林

北洋水师，或称北洋舰队、北洋海军，是清朝后期建立的一支近代化海军舰队，1888 年 12 月 17 日于山东省威海卫的刘公岛正式成立。

中国海军史上有两个亮点：一个是永乐三年(1403)7 月 11 日的郑和下西洋；另一个是光绪十四年(1888)12 月 17 日北洋海军的成军。尤其是后者，更是晚清历史上的一大盛事。北洋海军的成军显现了三大历史转变，那就是：(一)由木帆船转变为坚船利炮；(二)由分散各省的水师转变为独立的军种；(三)由只有海岸防御设置转变到了制海权。[①]

这支舰队，威风凛凛，出没于七洲洋上，通过实施远洋航海练习，来维护国家主权和宣扬大清国威。在 1888 年成军前后，北洋舰队就曾经三次到访新加坡，在当地社会引起极大轰动。有关北洋舰队访新的情景，余思诒的《航海琐记》，[②]陈育崧的《甲午前夕北洋水师访问新加坡记》[③]及孙建军的

---

① 张序三：《海军是维护海防和海权的核心》，北洋海军成军 120 周年学术研讨会论文，第 3 页。

② 《航海琐记》共四卷，是作者余思诒于光绪年间受命前往护送北洋舰队四艘巡洋舰返国，沿途所见所闻的详细实录，资料丰富而具体，是研究中国近代史的重要参考资料。余思诒的生平事迹鲜为人知，笔者在 1887 年 11 月 16 日《叻报》新闻《战船再述》中看到有关余思诒的简介，弥足珍贵，兹录于后："查水部(即余思诒，《叻报》作余易斋)系江苏常州人，家世书香。而君幼诵儒书，即留心大局。三余之暇兼治扁鹊、青乌家言；而于易义为尤精。咸丰间因助饷报效事，议叙以主事用。九年铨工部虞衡司主事。而君素饶大志，自束发受书时，即以天下苍生为己任。因耻步司马长卿之后，因请假赴苏为戎计。只以堂有双亲，不欲君之远涉，因促归里。由是闭门潜修者垂二十年。于读书事亲外毫无所求，既而封翁及太夫人相继寿终，君遂读礼家居。服阕后乃重至京师办理私事。旋经吏部告以铨选到班，君乃赴部销假供职冬曹。时光绪壬午年也。是时正在法炎披猖之际，君满腔热血，即拟奋袂从戎。因耻奔竞之风，乃上疏条陈时弊；并上书当道痛陈利害，一时见者莫不知为识时务之豪杰。当时中国各报竞将君稿登录报中，海内之人，无不知君之名者。去岁刘芝田廷尉奉使英俄，知君之才，因奏调出洋用，资臂助。现在致远等船报竣，而中英缅甸之约又已议成，故特委君赍送约章并护送诸船回华缴纳也。海忠介谓读书不务科名，为学须求实用，君其有焉。"

③ 陈育崧：《甲午前夕北洋水师访问新加坡记》，《天马杂志》第 2 期，1966 年 8 月，第 8—10 页。

《北洋水师三访新加坡》①诸篇文章,可供参考。本文主要根据《叻报》报道,反思北洋水师访问新加坡的点点滴滴,并解读当年新华社会的反应。

早在鸦片战争时,中国"海军"力量之薄弱就已暴露无遗!准确地说,那时并无真正意义的"海军",而只能说是"水师"。这不单单是名称上的差异,而是性质和能力的不同。

"水师"并非为一支独立的军队,它被置于各驻屯地的总督、巡抚管辖之下,主要职责是从事取缔偷税、漏税船只以及"防守海口,缉捕海盗之用",完全是一种消极的防卫行为,维持一般的海上治安尚可,若要对付大敌入侵,则是无能为力。

近代海军的创建,始自19世纪70年代。尤其是同治十三年(1874)日本侵略台湾之后,建设一支能征善战的海军,才正式提到日程上来,清朝政府才逐步形成这样的一个认识:"御外之道,莫切于海防;海防之要,莫重于水师。"

当时朝野上下,中兴迷梦正浓。清朝建设的南洋、中洋、北洋三支海军,还从国外——主要是英国、法国、德国购买战舰。从光绪元年(1875)到光绪十年(1884)这十年中,清朝海军拥有巡洋舰2艘、炮舰12艘、自产军舰14艘。中法战争(法文 Guerre Franco-Chinoise 1883—1885)后,又集中力量建设北洋海军,并向德国购买了定远、镇远等铁甲船,每年拨款200万两白银作为北洋海军经费。②

为了培养一支近代化的海军队伍,还从国外聘请专家。史载,在北洋海军中有不少洋员。③北洋海军将领几乎都是从福州马尾船政学堂挑选出来的,之后又分批送往当时世界一流的英国皇家海军学院(即格林威治皇家海

---

① 孙建军:《北洋水师三访新加坡》,《威海晚报·刘公岛之声》,2009年4月7日。

② 刘木铭:《一目了然读清朝》,京华出版社2009年版,第218页。

③ 加拿大籍学者王家俭长期研究北洋海军洋员,许多北洋海军洋员资料均出自其手。洋员中如琅威理、马吉芬、哈富门等都是名气比较大的。在大东沟海战中,也有8名洋员参加海战。根据《叻报》新闻《中日汇电》(1894年9月27日)报道,"经远一船则有西籍炮手尼高劳士(一作尼格路士,即英国人 Nichols)经已阵亡"(1894年10月23日,李鸿章向清政府奏请,增发尼格路士三年薪水,支付给其在英国的家人,作为抚恤);而镇远舰的洋帮带马吉芬(Philo Norton McGiffin 1860—1897)在战后悲愤自尽,颇有专业精神。参阅陈悦:《沉没的甲午》,第187—201页;孙建军:《参加甲午海战的洋员都是谁》,《大连近代史研究》第五卷,辽宁人民出版社2008年版,第108—114页。

军学院，Greenwich College）培训实习，他们全部使用英语交流。① 这种做法主要是希望培养一批能打实战的高素质军官。1888 年 10 月 3 日《北洋海军章程》颁布，完善了海军的规章制度，制定海军军旗，从此北洋海军于舰船、装备的强化，以及制度、组织层面上的整备，都进展到相当的程度，成了一支近代化的队伍，迎来了其最鼎盛的时期。

北洋海军阵容如下：大小军舰共 25 艘，其中铁甲舰 2 艘、巡洋舰 7 艘、运输船 1 艘，其他尚有练船、蚊炮船、鱼雷艇，总排水量 3.7 万吨，官兵共 4000 余人，号称"亚洲第一舰队"。

1887 年 11 月（光绪十三年九月），即北洋海军成军的前一年，北洋水师第一次到访新加坡。前文述及，早在同治年间，清朝政府就开始建设海军，并从国外购买军舰。此时距海军初创，已过去十多年，北洋海军的筹建，大致成型。这次访问，其实是奉清政府之命，向英、德两国接收订造的致远、靖远和经远、来远 4 艘巡洋舰回国，途经新加坡。负责驾驶这四艘军舰回国的是邓世昌（正卿）、叶祖珪（桐侯）、林永升（钟卿）、邱宝仁（彪臣）四位管带（管驾），②他们都是福州马尾船政学堂的优秀学生，中国第一代海军干将。

在北洋海军总查、英国籍海军顾问琅威理（Captain William Metcalfe Lang 1843—1906）的带领下，四艘军舰经过直布罗陀、地中海，穿越苏伊士运河、红海，然后横渡印度洋，进入马六甲海峡，在新加坡停留数日（1887 年 11 月 10 日—17 日）后才回到中国。③ 陪同护送四舰回国的驻英使馆随员余思诒在他的日记体的《航海琐记》中，有精彩的描述：

　　二十五日（1887 年 11 月 10 日），晴……正卿病渐瘥。丑正过马六

---

① 《叻报》新闻《公燕兵官》（1887 年 11 月 18 日）报道："……查战船诸公均深识英文英语，或曾在欧洲肄业……故不惟深识西国文字语言，且于驾驶戎机均无不习之纯熟也……"

② 《叻报》新闻《战船再述》，1887 年 11 月 16 日。

③ 根据《叻报》新闻《战船坚利》（1887 年 11 月 15 日）报道，此次"致、靖、经、来四战船抵叻"，主要是为装添燃煤："因购办煤斤装载粮食等件，须暂为停泊……闻此四船须在叻暂泊约至十月朔日始行展轮东渡云。"又根据该报次日（11 月 16 日）新闻《战船再述》的报道："现查得（四船管驾官）……至英德两国验收诸船驶回华海，而邓协戎（邓世昌）兼理营务处，以便督率诸船将弁并管理饷项以专责成；而船中复派有提督衔英国教习龙军门（琅威理）同驶回华。盖缘诸船东归之际，沿途所过之埠要皆他国属土，诚恐诸将弁兵丁等人地生疏，于聘办煤粮等事或形未便，故派龙君同行以便沿途照料一切。"说明了邓世昌是此次舰队回华的主要负责人，派遣英国教习琅威理同行的目的是为方便在"他国属土""聘办煤粮等事"。

甲灯塔。……巳初遥见新嘉坡,单鱼贯阵。岸上观者如蚁,土人则举手扬巾,华人则额手称庆。未刻停轮下碇。新加坡距岸约三海里,偕四管驾同拜领事左子兴太守名秉隆。晚,随员左树南请福如居便酌。亥刻回船。

二十六日(1887年11月11日),晴……早督船令各船晒晾衣服。午后偕四管驾拜英国总督。回至领事府闲谈,偕来远船管驾邱彪臣,在广东馆小酌。亥刻回船,知琅总理接丁军门电:奉北洋大臣李谕,新船至厦门与北洋水师同阵过冻等因。

二十七日(1887年11月12日),晴……早英国总督来答拜。午后登岸,绕市游一周,至吴丕球所开药店内少坐,偕薛骏卿、都雅村及靖远船中学生洪桐书、温朝义同在广东馆晚饭。洪、温两生亦天津学堂高材生也。亥刻回船。是晚,英国总督请琅总理及四管驾饭。

二十八日(1887年11月13日),晴……早四管驾至巫来由国苏丹府午饭,因昨日在英署同席面订也。左领事请晚酌,遂与琅总理、四管驾往。同席巫来由国苏丹、中国董事陈金钟、黄江永及各国领事皆络绎而至,英国总督辞未来。

二十九日(1887年11月14日),晴……午后登岸,乘铁道火轮街车至新闻馆,晤叶君季允,馆中之主笔也。……是晚,四船管驾公请于广东馆,同坐左领事竹林。亥刻回船。昨邓参戎赴巫来由国苏丹府宴,苏丹赠以巫来由国地图一帧,水陆地名皆详。巫按度抄录之。

十月初一日(1887年11月15日)甲申,早晴晚雨……午后登岸,在领事府闲谈。近晚,偕四船诸君赴山芭树林园星坡众商董公宴。亥刻散,至码头,将唤渡回船,而船主邓正卿及方竹舫、解秀册皆至。……未几,云高雨至……及返而衣履湿透矣。

树林园者,坡之山芭地方,闽商游燕之所也。一路树木荫翳及园四维,花木中建洋式房屋一,分内外堂。是日,外堂张各种旗,中悬龙旗,左右列座皆华式。左设柜如西式,中西茶酒果饵皆备;正面扎高台,结彩悬灯,有广东女优演戏,台下陈西乐数十名,夹道皆悬灯。……是日,同座者巫来由国苏丹、中国领事、中国提督衔总理接船事宜琅威理及四船管驾、大副、二副、正副管轮及学生、文案、司事、医官、洋大副二副、洋管轮、洋翻译咸集,而主人则闽帮董事二品衔候选道陈君金钟为首也。是日,红顶缎鞋、服行装、操官音酬应宾官,为新嘉坡不数睹之盛会焉。

初二日(1887年11月16日),晴,晚小雨……早雇升火土人八名,分派各船,病故升火、水手甚多,故也。惟致远独无之。晚广东商人罗奇生请四船管驾夜宴,同席左领事竹林。

兵船例不准人窥探。四船抵新嘉坡,众商吁领事请船仰瞻新式,爰与琅总理、各船管驾商准,由领事给牌登船游览。于是,有人棹片舟往来各船间,日中至戌,纷纭不息者五日矣。较之江河竞渡尤为繁盛焉。

初三日(1887年11月17日),晴……辰初,督船有令起锚。午初开行,双燕行阵,船微宕,向东行。①

这段文字,写得翔实而生动,其间不乏细节性的描绘,十分有趣。笔者不忍割舍,故而全文照录,以飨读者。《航海琐记》记载邓世昌抵新后,病情好转(正卿病渐瘥),因此得以参加往后的一系列活动,还当了琅威理的华文通译。②

参照《叻报》的报道,北洋舰队是在1887年11月10日(星期四)下午3点余钟抵达新加坡。当时,"升旗山施放礼炮十五门"以示欢迎。③ 岸上观者如蚁,"土人则举手扬巾,华人则额手称庆"。按规定,军舰是不准参观的。后经华社领袖再三恳请,琅威理与四管带才答应"由领事给牌登船游览",开放供当地侨民参观。由于舰队停泊距岸约三海里,"于是,有人棹片舟往来各船间,日中至戌,纷纭不息者五日矣。较之江河竞渡尤为繁盛焉"。④

当时新华社会领袖陈金钟(Tan Kim Ching,1829—1892,慈善家陈笃

---

① 引文摘录自孙建军:《北洋水师三访新加坡》,《威海晚报·刘公岛之声》,2009年4月7日。

② 《叻报》新闻《公燕兵官》(1887年11月18日)。

③ 《叻报》新闻《中国战船纪略》(1887年11月14日);又据该报次日(11月15日)新闻《战船坚利》报道:"前日中国致、靖、经、来四战船抵叻后……日来华人之赴船游观者实繁,有徒无不啧啧然,叹为中国海防利器。"

④ 《航海琐记》二十五日(1887年11月10日)及十月初二日(1887年11月16日)条。

生儿子)在树林园设宴款待北洋舰队四管带及琅威理。① 树林园可能就是今天的植物园(Botanic Gardens)。② 根据 1887 年 11 月 18 日《叻报》新闻《公燕官兵》的报道：此次公宴乃"本坡人士不忘宗国爱戴情深"而表谢忱。席间，陈金钟"循西例起而敬颂中国大皇帝万寿无疆"，接着陈明严(应系陈明岩，慈善家陈金声儿子)"亦起颂英国大君主席斯百录，并颂柔佛苏丹千秋"。③

清朝驻新加坡领事官左秉隆当然也是座上嘉宾。此次公宴，冠盖云集，叻坡绅商几乎全部出动：李清渊、黄金炎、陈公锡(应系陈恭锡)、陈若锦(陈金声孙)等名流均参与其盛，"而本坡《浮理不来士西报》之采访人亦与焉"，加上"英国鼓乐在园中演奏"助兴，④一时"红顶缎鞋、服行装、操官音酬应宾官，为新加坡不数睹之盛会焉"。⑤

① 《叻报》新闻《公燕兵官》(1887 年 11 月 18 日)；又，《叻报》新闻《漏述补登》(1887 年 11 月 19 日)记录了陈金钟当晚的谈话摘要："我大清自开基以来二百余年，尊尚王道，乃日久而弱，故数十年来海疆多事。但有文事必有武备，惟今作始，必先治内而后外患不入，非一朝一夕可以为之夫！中国能自振兴，共享太平，自是朝廷之福，而我辈亦可共乐尧天。兹遇诸君皆抱异才，际遇风云，可作公侯干城之选，将来精忠报国，共勷升平，敬望诸君有以尽欢于今夕也……"

② 新加坡植物园有悠久历史，早在 1822 年就已具雏形。目前位于古鲁尼路 (Cluny Road) 的植物园，1859 年始建，至今也有 150 年了。参阅"Singapore Botanic Gardens"(http://www. sbg. org. sg/aboutus/ourhistory. asp)。

③ "英国大君主席斯百录"即英国首相 Lord Robert Cecil (1830—1903)。此公时常更换名字。Lord Robert Cecil 为其原名。1865—1868 年用的名字是 Viscount Cranborne，后又改为 Arthur Talbot Gascoyne-Cecil。此公三度任英国首相(1885—1886，1886—1892 及 1895—1902)。北洋舰队访新时他在任上，当时所用名字是 Marquess of Salisbury 或 Lord Salisbury。参阅："Robert Cecil, 3rd Marquess of Salisbury"(http://en. wikipedia. org/wiki/Robert_Cecil, _3rd_Marquess_of_Salisbury)。

④ 《叻报》新闻《公燕兵官》(1887 年 11 月 18 日)提及的"本坡《浮理不来士西报》之采访人"指的就是《新加坡自由西报》(The Singapore Free Press)记者，可见当晚亦邀请了英文报人参与其盛。

《新加坡自由西报》系继《新加坡纪年报》(The Singapore Chronicle)后的第二家英文大报，1835 年 10 月 1 日由 William Napier 与 G. D. Coleman，Edward Boustead 及 Walter Scott Lorrain 联合创办。1869 年曾一度停刊，1884 年由 Charles Buckley 再度复刊直至 1946 年为《海峡时报》(The Straits Times)收购。1962 年并入《马来邮报》(The Malay Mail)，至此《新加坡自由西报》遂不复存在矣。参阅"The Singapore Free Press"by Thulaja, Naidu Ratnala，written on 1997—09—29, National Library Board Singapore, Comments on article：Infopedia-Talk(http://infopedia. nl. sg/articles/SIP_88_2005—02—03. html)。

⑤ 《航海琐记》十月初一日(1887 年 11 月 15 日)条。

琅威理因身体不适，提早离席。辞前，他以英语致意，由邓世昌翻译。此次盛会"尽欢至夜分三点钟时"始散。①

　　旅新期间，四管带及琅威理亦会见了英国总督，②巫来由国苏丹（柔佛苏丹），③参观《叻报》馆，晤主笔叶季允④及各国领事。

　　左秉隆的《勤勉堂诗钞》也有关于北洋舰队访问新加坡的诗作。诗钞第四卷内《中国新购铁舰抵坡喜而赋此》的七言律诗，就是这时期的作品。⑤

---

　　①　《叻报》新闻《公燕兵官》（1887年11月18日）："（琅）军门系英人，不讲华语，因以英语略申己意毕，更托致远战船管驾官邓正卿参戎（邓世昌）代操华语向诸君称谢……未几，琅军门因政躬稍为弗豫，遂离席与辞先返。而诸公乃陈燕尽欢至夜分三点钟时而后散……"

　　②　根据《叻报》新闻《燕宾补述》（1887年11月19日）报道："……去月廿七日（1887年11月12日）为叻督施制府延请诸员。自琅军门以下诸船管驾等均至赴席……"。文中提及的"叻督施制府"指的就是当时的海峡殖民地（Straits Settlements）总督丝丝金文泰史密爵士（Sir Cecil Clementi Smith，任期：1887—1893），与《航海琐记》二十七日（1887年11月12日）条吻合。

　　③　《叻报》新闻《柔王谒客》（1887年11月18日）报道："初一日（1887年11月15日），柔佛苏丹率同其参政大臣至中国'靖远'战船中拜谒琅军门并管驾等各员。因览诸船，大加叹赏，叙谈良久而后与辞。该战船即升炮二十一门致送，盖以王礼待之。故王心甚为欢惬也。"又《航海琐记》二十八日（1887年11月13日）条述及"四管驾至巫来由国苏丹府午饭"与《叻报》1887年11月19日新闻《燕宾补述》报道的"二十九日（1887年11月14日）柔佛苏丹为东道主人设筵相款"有出入。笔者认为应以《航海琐记》所载为准。在《苏丹府宴》一事上，《航海琐记》连续两天（11月13与14日）记录此事，应该不会有误笔。《苏丹府宴》应是11月13日，而不是11月14日。当年的柔佛苏丹即阿布峇卡（Abu Bakar Ibni Daing Ibrahim，1833—1895）。

　　④　《航海琐记》二十九日（1887年11月14日）条："乘铁道火轮街车至新闻馆，晤叶君季允，馆中之主笔也。"文中的"新闻馆"，指的就是《叻报》报馆，当年馆址设在源顺街25号（今直落亚逸街，Telok Ayer Street）。《叻报》是新加坡乃至全东南亚最早以报纸形式出版的华文日报，创办人为薛有礼。从1881年12月（光绪七年）到1932年3月，足足维持了52年的悠长岁月。叶季允主《叻报》笔政凡40年，鞠躬尽瘁，殊为难得。《叻报》之所以能维持这么长久，叶氏实有莫大功绩。参阅柯木林《叶季允任主笔期间的〈叻报〉》，载柯木林：《石叻史记》，新加坡青年书局2007年8月版，第81—90页。

　　⑤　左秉隆：《勤勉堂诗钞》卷四，新加坡南洋历史研究会1959年版，第113页。七言律诗《中国新购铁舰抵坡喜而赋此》写道："喜见王家神武恢，新从海外接船回。龙旗如面握云日，鱼艇中心伏水雷。自古成功多用众，由来豪举总轻财。圣朝自备防边策，分付鲸鲵莫妄精。"北洋舰队曾经三次访问新加坡（1887、1890、1894），何以证明此诗是为此次访问而作？翻阅1887年11月14日的《叻报》报道《中国战船纪略》："查英厂所制二船曰致远、靖远，德厂所制二船曰经远、来远，是皆在欧洲交割，升竖中国龙旗，并有鱼雷快船一艘，麾驶而来……"与左诗中"鱼艇中心伏水雷"的陈述一致。1890年4月访问新加坡时的北洋舰队舰船共6艘，并没有"伏水雷"的报道，而1894年3月北洋舰队最后一次来访时，左秉隆已不在任上。按常理说，1887年11月乃北洋舰队首次抵达新加坡，左秉隆心情激奋而作此诗，是完全可以理解的。

由于"弱国无外交",左秉隆领新期间的心情是郁闷的！他是多么渴望看到祖国中兴大业的完成,以提高他个人乃至海外侨民的声望与地位。

1887年11月15日(光绪十三年十月初一日),《叻报》刊登《会贤社十月课题》,诗题是:《咏铁甲船》,形式"不拘体,不限韵"。会贤社是一个成人教育机构,由左秉隆创办,每月出课题一次,他亲自评改课艺,且将自己的薪俸捐作奖学金,以助士子。这是左秉隆为激励当地侨民"内向之心"的一种做法。

从记载上看,北洋舰队将领在新加坡时酬酢甚繁,用餐地点福如居、广东馆等,顾名思义,此乃闽粤风味菜馆,原址已无从考证,相信是在豆腐街(Upper Chin Chew Street)一带。这条横贯桥南路(South Bridge Road)及新桥路(New Bridge Road)之间的古径,今天已不复存在。但早期这是一条繁华的街道,当年著名的酒楼、餐馆、戏园、妓院都集中于此。这里不仅是文人骚客常到之处,也是王孙哥儿闲荡的好场所,车水马龙,热闹非凡。

当地首家华文日报《叻报》郑重报道其事,连续几天刊载北洋舰队在新加坡的活动消息。1887年11月14日《叻报》新闻《中国战船纪略》热情洋溢地写道:"中国有此战具,行将宏猷大振,雄视中原矣。海隅百姓,得瞻宗国旌旗,无不欣欣然额首相呼,欢声雷动。战具若此,民心若此,则富强之业,不可企而待哉。"表露了海外侨民对祖国复兴大业寄以莫大的期望。

北洋舰队此次访新,是在1886年8月"长崎事件"发生之后,可能受"长崎事件"的影响,北洋水兵不敢再闹事。舰队停留新加坡期间,没有什么不良报道。

在新加坡停留一星期后,1887年11月17日(星期四)北洋舰队"起碇启行,言往香港、汕头、厦门等处矣"。① 次年,四舰安抵大沽。1888年12月17日正式成军,正名为"北洋海军",而其位于刘公岛的"水师提督署"亦称

---

① 根据《叻报》新闻《公燕兵官》(1887年11月18日)的报道:"诸战船本年须至厦门度岁,盖因北洋现已冰河,不能前进,须俟来春解冻后,始至北洋也。"又据《叻报》的《战舰启行》(1887年11月19日)的新闻,与《航海琐记》二十六日(1887年11月11日)条中"琅总理接丁军门电:奉北洋大臣李谕,新船至厦门与北洋水师同阵过冻"相吻合。

"海军公所"。

光绪十六年闰二月（1890 年 4 月），在距离上次访问的两年半后，北洋海军再度访问新加坡。此次是成军后正式奉命出巡，专程宣慰南洋华侨。1890 年 3 月 21 日（光绪十六年闰二月初一日），丁汝昌率领定远、镇远、致远、济远、经远、来远 6 舰访问西贡、新加坡、小吕宋各口。其实这支舰队早在1890 年 1 月 2 日就从上海出发，1890 年 4 月 3 日（星期四）抵达新加坡。

据《星报》新闻《中国战船来访》（1890 年 4 月 4 日）报道："中国之战舰六艘于……昨日（1890 年 4 月 3 日）十一点半钟抵埠。于入口之际，燃炮二十一门以为贺埠之礼；而本坡升旗山即如其数燃炮答之。"由于"英辖六十余年，中国之战船南来者，此为第一次。故本坡之华籍商民等相欣慰藉，瞻故国军容，共知汉室之尊"。《叻报》亦云："凡我华人……瞻汉家之仪制，睹宗国之旌旗，殊足令人气宇为之一扬……而瞻望者亦为之色舞眉飞。此为中国振丕之征……华人虽异地栖迟，而其心志尚不忘故国。"①时新加坡市民张灯结彩，欢欣鼓舞，红灯码头一带，万头攒动，争先恐后瞻仰新军雄姿，十分兴奋。

此次来访的北洋舰队将官，除"北洋正统领海军提督丁禹廷军门汝昌"和"副统领提督衔记名总兵琅军门威理"外，尚有刘步蟾（子香）、林泰曾（凯士）、邓世昌、方伯谦（益堂）、林永升、邱宝仁等。在新加坡期间，丁汝昌暂借李清渊别墅停骖。② 李清渊是华人义勇军李俊源队长的令尊大人，是当时新加坡富豪之一。

此时清朝驻新加坡领事左秉隆尚在任上，接待任务仍是由他负责。"驻

---

① 《叻报》新闻《观中国巡叻战船有说》（1890 年 4 月 8 日）。
② 《叻报》新闻《中国战船抵叻情形三录》（1890 年 4 月 8 日）："船中诸公以在船中住居已久，故抵叻之后多居行馆，得以舒散襟期。而丁禹廷军门车驾则由左子兴都转，暂借本坡华绅李君清渊别墅为停骖之所……良军门则在本坡大酒店为居停。"可知丁汝昌与琅威理在新加坡时，并未同住一处。李君清渊别墅即振裕园（Mandalay Villa）。

叻之华领事官左都转(左秉隆)即于下碇之顷往船……"。① 1890 年 4 月 8 日,左秉隆联合商民在领事署举行宴会,欢迎丁汝昌及各舰管带。《叻报》报道:"有中国乐队,排列署前鼓吹,此乐队为华人组织,而由西师教授,所奏系为西乐,其中或参奏以华调。"席间,左秉隆致欢迎词,代表侨民对清政府之派舰访问表示感谢。丁汝昌则代表清政府对侨民加以慰问,并对"我中国旅叻之人一片忠爱之心,不忘君父",深为嘉勉。其他叻埠英官及粤商、潮商、闽商也分别邀宴,热情感人。驻新期间,"凡我华人每日于八点钟以后,四点钟以前,均许到船游览",准许侨民登舰参观。

此次访问,各舰将官还特地拜访了老师曾锦文(Chan Kim Boon,1851—1920)。曾锦文乃槟榔屿侨生,曾任福州马尾船政学堂英文教习,北洋水师初期学生都出其门下。1890 年 4 月 5 日,北洋舰队将官们身佩长剑,全副武装,前往曾锦文任职的墨经梳律师楼(Aitken & Rodyk,即 Aitken & Co,后易名为 Donaldson & Burkinshaw)拜见他,并行三跪九叩首礼,以示不忘老师教导之恩。

与上次访问一样,《叻报》对此次北洋舰队的到来予以跟踪报道,并发表专论。1890 年 4 月 8 日《叻报》社评《观中国巡叻战船有说》这样写道:"今日抵叻诸战舰,前者亦经过叻。然则出巡之举……实有不同也……致、靖、经、来四舰曾于前年过叻……然此亦不过为督运回华,道经叻海,尚未经中国当道签收归队……至于今日诸战船,则经北洋大臣奏定奉天子命而巡阅

---

① 《星报》新闻《中国战船来访》(1890 年 4 月 4 日);又《叻报》新闻《中国战船抵叻情形续录》(1890 年 4 月 7 日)亦有详细记载:"当诸舰抵叻之时,因诸事匆忙,是以中国驻叻领事官左子兴都转尚未到船拜谒。迨至翌日十五早八点钟时,始经丁禹廷军门派有差官至大清国领事府署,以接左子兴都转暨副领事官左树南大令至战船中会晤。暨商办煤粮等事,并由禹帅预发小轮船一艘,以备都转诸公乘坐。相见之后叙谈顷刻,都转遂即与辞。该战船即照例升炮七门致送。嗣都转乃复乘原船至各战船中拜会其管带官毕,随即回署。迨至十点半钟之际,丁、良两统领即乘坐小轮船由然申码头登岸。时本坡施制府已派有中军官一员,带领枪兵一队在该码头迎候,并预备自乘之双马车为两军门乘坐,而升旗山亦即升炮十七门示敬。时丁禹帅乃用行装冠服并穿黄马褂,而良军门亦具冠服。登岸后,即乘坐制府官车至督辕,拜会寒暄毕,即命驾至大清国领事府署答拜。旋在署中午膳毕,即偕同左子兴都转乘坐马车至叻市游览至四点余钟始回座船。而施制府则定于本日上午十点半钟时,登船答拜。并闻诸船已奉到将令,每日自上午八点钟起至下午四点钟,任凭诸华人到船中游览,以示与民共乐之意。此诸舰为我中国之船,故特准诸华人到为瞻仰也。但上午八点钟以前下午四点钟以后则不准闲人游览,以肃军令云。"

重洋,并有北洋统领丁、良两军门为之督带,是与前者过叻之时迥别……当日过叻诸船其数无多,不过三四艘而止,今则选其精锐巡阅外洋,计共有六艘之多,器械之精,旌旗之盛,已觉大非昔比。"说明了北洋舰队此次到访,性质和意义与上次大不相同。

同一天的《叻报》新闻还特别报道海峡殖民地(Straits Settlements)总督丝丝金文泰史密爵士(Sir Cecil Clementi Smith)亲临定远号拜会的情景。① 报道中很骄傲地指出:"诸船内虽用有洋员数人,然不过以备料理不虞,并未在船中涉事。所有管驾管车各事,均为华员经理。"说明了北洋舰队中虽有不少外国顾问,但并无实际权力,具体日常事务仍然由中国官员处理。

停留新加坡期间,北洋舰队的"煤斤食水等"补给事宜,由左子兴都转(左秉隆领事)商办,并得华族社会支持:"煤炭一项则归'义不怜佛洋行'承办,计共需煤一千一百九十五墩;而食水一项则由本坡'南生号'承供。"这是华族社会盼望祖国中兴大业成功的一种表态!

北洋舰队在新加坡受欢迎的程度,使丁汝昌踌躇满志,②他在1890年4月14日(光绪十六年闰二月二十五日)从新加坡致电李鸿章报告:北洋舰队在新加坡锚泊,受到欢迎,更令当地华人兴奋异常。

电报发出的第二天,1890年4月15日(星期二),在新加坡前后停留了12天后,北洋舰队启程前往小吕宋操巡阅历,结束了这第二次的访问。四天后,《叻报》刊登《会贤社三月课题》,竟是应时的题目《有文事者必有武备论》、《观中国战舰有作》。③ 由此可见,左秉隆领新期间,时刻不忘引导侨民关心中国时局。

北洋舰队此行的最大成效,就是丁汝昌在巡视东南亚各港,目睹芙蓉、

① 《叻报》新闻《中国战船抵叻情形三录》(1890年4月8日):"十六日(1890年4月5日)十点钟之际,本坡施制府即率同随员等,由然申码头乘坐官轮至定远战船答拜。主宾相见,酬酢甚欢。迨至制府告行之时,该船即如例升炮十七门以为致送。"

② 《叻报》新闻《献颂扬威》(1890年4月16日)对丁汝昌推崇备至:"丁禹廷军门威望崇隆,功勋彪炳,久为北洋统领,我华人士无不深仰声威。近来督带诸战船巡视南洋,诸君子款接之诚连日……兹本坡华绅刘金榜,司马元勋,吴爨甫太守……等诸君,以军门驾抵新洲,因持联上颂词,以扬威德,是亦可见军门丰功伟烈之久在人心矣……"

③ 《叻报》新闻《会贤社三月课题》(1890年4月19日)。

雪兰莪、霹雳、槟榔屿的华人遭有关当局虐待,回国后上奏:以南洋各岛华侨"未设领事之处,多受洋人欺凌剥削,请求保护","拟请以新加坡领事改为总领事,其余各岛设副领事"。当时出使英、法、义、比四国大臣薛福成乃以丁汝昌的报告为根据,向总理各国事务衙门献议。1891 年 7 月,清朝驻新加坡领事馆升格为总领事馆,领事升为总领事,兼辖海门(新加坡、槟榔屿、马六甲三地,统称海峡殖民地)等处。新加坡领事馆地位的升格,实受惠于此次北洋舰队的访问。①

　　光绪二十年(1894),岁次甲午。这年发生了历史上著名的中日甲午海战。战争前夕,1894 年 3 月 3 日(星期六),北洋舰队第三次,也是最后一次访问新加坡。南洋史学界泰斗陈育崧的《甲午前夕北洋水师访问新加坡记》一文中,有一段很感性的文字:"这一次的访问……最令人难堪的,是舰队离新北返,不数月,中日启衅,便全军覆没了!这怎能不使千千万万的海外孤雏,椎心泣血呢……我们站在赤道上北望涨潮,南望落漈,不觉感从中来!"

　　此次访问不如前两次那么轻松,场面亦比不上前两次来时的热闹。在国内,清政府的财政异常拮据。原有军舰既已陈旧,朝廷没有能力再添购新的军舰。另一方面,国际风云瞬息变幻,中日关系已经吃紧,战事有一触即发的可能。

　　海外侨民当然不可能知道这些内幕。北洋舰队定远、镇远、致远、靖远、经远、来远六舰寄碇新加坡,宣慰侨民,华族社会依然盛情款待,连日酬酢甚劳。

　　此次北洋舰队访问新加坡,有一个大的历史背景。1893 年,法国侵犯暹罗(泰国),英、德等国纷纷派战舰前往保护本国商民。清朝出使英、法、义、比四国大臣薛福成、驻新加坡总领事黄遵宪亦电请李鸿章,要求派"兵船赴暹海口,随同英德兵船进止",以"慰舆情,尊国体"。但因有华商助暹,李

---

　　① 林孝胜:《清朝驻星领事与海峡殖民地政府间的纠纷(1877—1894)》,载柯木林、吴振强编:《新加坡华族史论集》,新加坡南洋大学毕业生协会 1972 年版,第 27 页。又,1890 年 4 月 8 日《叻报》社评《观中国巡哨战船有说》也曾提出:"南洋各埠仅设有领事官一缺,驻于叻地,他处尚未经设立。然则中国领事官虽为驻叻,而南洋各埠诸华客亦应归本坡领事所兼权也。今诸战船等倘能至南洋各埠广为巡阅,则宜请本坡华领事会同前往,借以宣扬我朝德化,使海隅苍赤咸知感戴之心,是则似于时务大有所裨……"此次丁汝昌上书奏请新加坡领事馆的升格,可谓顺从民意。

鸿章担忧引起与法国的纠纷,举棋未定。然而,暹罗华商仍希望北洋舰队能前往,遂公举代表到新加坡请求总领事黄遵宪代为转达。

1893 年 8 月 25 日,李鸿章去电丁汝昌:"据新加坡黄总领事禀,坡商盼望兵船前往游历,鼓舞人心。今冬南下,似可带数船往新加坡巡历一次,有领事照应亦便。"

此时,原驻新领事左秉隆经已离任,接任新加坡总领事的是黄遵宪(1848—1905,字公度),即李鸿章电报中的"黄总领事"。当北洋舰队于 1894 年 3 月 3 日下午二点余钟抵达时,"座驾定远战船即升炮廿一门与本坡国家致礼,升旗山亦即鸣炮答敬"。恰好此时英国巡驻东方战舰亦在港中驻扎,北洋军舰靖远号又升炮 12 门与英战船示礼,"英座驾亦升炮答敬"。

> 迨至六点余钟之际,中国驻叻总领事府黄公度观察(黄遵宪)偕同那华祝太守,何惠荃广文诸公乘舆至。于码头舍车而舟,欲到战船谒见。奈观察近来政躬时形弗豫,以至体殊虚惫。是日海风极厉,浪涌如山,故开行未远,观察以难胜浪,不禁晕倒舟中。时那太守等诸君见此情形,谅观察即到战船亦必难于行礼,不得已将船仍驶回码头,扶观察登岸升舆而返。

> 翌日早八点钟时,观察再偕那、何两君复到定远座船谒见。至下午二点钟之际,军门登岸即至总领事府署答拜,旋往……东陵振裕园中驻节。闻军门此来不欲重烦贱地绅商应酬,以省烦费,故是夕粤商万春园、醉花林等众设筵相请,均以足疾辞……

上述引文,摘录自 1894 年 3 月 6 日《叻报》新闻《中国战船抵叻》的报道。报道中清楚记录了北洋舰队抵达时的情景。当时黄遵宪总领事原本计划亲登战舰迎迓,无奈身体欠佳,不胜舟车劳累,还晕了船,乃延至次日上午八时才到"定远座船谒见(丁汝昌)"。抵达当晚,新加坡粤商要在万春园、醉花林设筵相请,丁汝昌由于不想让当地绅商破费,"均以足疾辞",没有前去赴宴,因此还得到《叻报》的赞许:"俭德清风若军门者,洵不愧为国家柱石矣!"①

---

① 《叻报》新闻《中国战船抵叻》(1894 年 3 月 6 日)。万春园故址何处,已不可考。醉花林(Chui Huay Lim Club)至今犹存,地址在庆利路(Keng Lee Road) 190 号。

与第二次来访时一样,丁汝昌此行依旧在"东陵振裕园中驻节"。振裕园(Mandalay Villa)乃李清渊别墅,遗址在今天的基里尼路(Killiney Road),故居已不复存在矣! 旅新期间,丁汝昌拜会的社会名流尚有"安和号"东主吴寿珍,"资政第"主人陈宜敏,"大夫第"的佘蔚园及"丰兴号"等,同时亦至"佘氏园"参观。①

1894年3月8日晚,曾锦文在平安阁招待各舰管带,为同学们洗尘。3月9日"寓叻闽粤绅商"在同济医院公宴丁汝昌和各舰管带及麾下将官,济济一堂,盛况热烈。嗣后(3月28日)靖远管带叶祖珪还为曾锦文翻译的《三国志》题写书跋。当日宴请结束后,北洋舰队即转赴马六甲、槟榔屿各地巡游。至于暹罗,因其时与法国的纠葛尚未清结,未便成行。北洋舰队访问新加坡后,其他南洋各地华侨,也在热烈地期待着清政府派舰到其居留地访问。

1894年4月4日(星期五),丁汝昌率舰队自新加坡北归,这是历次访新时间最长的一次,前后约一个月。4月27日北洋舰队抵达大沽。5月17日至27日舰队接受李鸿章的检阅。1894年9月17日(光绪二十年八月十八日,星期一),在舰队离开新加坡的六个月后,中日双方在大东沟发生海战,邓世昌、林永升等阵亡。直至1895年2月12日(光绪廿一年正月十八日,星期二),刘步蟾、丁汝昌等相继自杀殉国,北洋舰队全军覆没!

综观三次访问,除第一次的时间是在年底外(1887年11月),其余二次都在年初(1890年4月、1894年3月)。这是什么原因呢? 根据《北洋海军

---

① 《叻报》新闻《中国战舰抵叻后纪事二》(1894年3月10日)提及的吴寿珍(1854—1909)乃闽籍股商,新加坡中华商务总会首任会长。陈宜敏即陈旭年(1827—1902),潮籍殷商,"资政第"主人。佘蔚园系佘连城(1850—1925),太平局绅。"丰兴号"为陈金声店号。陈金声(1806—1864)系新加坡华文教育创始者,曾捐巨资协助殖民地政府改善居民食水问题。"佘氏园"即"南生花园"。原主人胡亚基去世后,其后人把这占地70亩的"南生花园"卖给佘连城。佘连城以此作为自己的住宅与应酬交往场所。《叻报》当天的报道是这样的:"中国战舰南巡,本报已迭将所见闻,一再录登报牍。兹悉本坡'安和号'东主吴寿珍广文出奇,于廿九晚复在'万春园'中设筵邀请战舰诸公暨叻地绅商会燕……初一早,丁禹廷统帅邀同叻地华绅……于九点半钟时乘坐马车出门拜客。先至东陵'资政第',拜会陈封翁宜敏叙谈。顷刻,复至余'大夫第'拜访佘蔚园诸昆……而后复往闽绅'丰兴号'、'德源号'等处。拜候毕时已过午,炎辛高张,军门乃暂返振裕园中小憩。所询各处访人持帖奉候而已。至下午二点余钟之际,军门复约同吴蘷甫太守偕至'佘氏园'中游览。见其花竹园亭之胜,颇惬所怀。爰即在园小酌而后言归……"

章程》规定,北洋舰队每年夏季北巡,冬季南巡避冻,沿途熟悉风涛沙线、行船驾驶。按此规定,正式南巡时间必须选在年初的三四月份进行。

1887年11月从欧洲接船回国,舰队缓慢行驶,乃因"拖有鱼雷船一艘,所以加意详慎,诚恐中途或有他虞"。① 此行途经新加坡,稍作停留,不能视为正式访问。因此《叻报》在报道1890年4月的第二次访问时说:"此次诸船抵叻是为第一次之盛焉。"②《星报》亦云:"中国之战船南来者,此为第一次。"③两家报纸都不约而同地忽略了1887年11月的到访,原因即此。

根据记载,北洋舰队访新的军舰,除第一次四艘外,其他两次都有六艘之多。特别值得一提的是,这两次的访问,北洋舰队定远、镇远两艘旗舰都全部出动,而且停留时间一次比一次长。第一次停留一星期(1887年11月10日至17日);第二次停留12天(1890年4月3日至15日);第三次停留一个月(1894年3月3日至4月4日),其间亦转赴吕宋、马六甲、槟榔屿各地。由此可见此时清朝政府对海外侨民的政策,已由早期的摒弃转变为争取,尤其重视南洋群岛一带的侨民。提升新加坡领事馆的地位,就是北洋舰队访问的结果。

从历次访问新华社会盛情款待的情况看,说明了殖民时代的华族社会与中国社会一衣带水的关系。海外华族人口虽然庞大,但却无本土意识。他们所祈望的是有一个强大的祖国作为后盾,以提高他们在海外的地位。因此在心理上遂有效忠国家领导层的倾向,谁能把中国带强,便向谁效忠。巨舰列队而来的北洋舰队,其慑人的威容与事实上所持有的远洋航海能力,激发了海外侨民的"内向之心",加强了华族社会的凝聚力与自豪感。因此,每次北洋舰队来访时,"会贤社"与"图南社"都会在《叻报》刊登与舰队访问

---

① 新加坡植物园有悠久历史,早在1822年就已具雏形。目前位于古鲁尼路(Cluny Road)的植物园,1859年始建,至今也有150年了。参阅"Singapore Botanic Gardens"(http://www.sbg.org.sg/aboutus/ourhistory.asp)。

② 致远舰于1894年9月17日午后3时30分沉没于东经123度34分,北纬39度32分。战后第二天,日本联合舰队又重返战场,破坏了一些没有完全沉没的中国军舰,并从残骸上拆走了一些物品。致远舰上装备的机关炮就有一枚被拆卸,至今还在日本"三笠"纪念舰公园展出。又,根据《叻报》新闻《中日汇电》(1894年9月27日)报道:"当致远沉覆之时,船内有西籍机器师巴美士亦遭沉溺。"文中提及的"西籍机器师巴美士"即中国史书记载的英籍工程师余锡尔(Alexander Purvis),负责管理致远舰机器。

③ 《星报》新闻《中国战船来访》(1890年4月4日)。

有关的"当月征文课题"。然而,当甲午战争失败,这个大清王朝终于失去人民的信任,再过十多年就被革命推翻了。从此,海外侨民也就转向支持国民政府!

甲午海战爆发后,《叻报》并没有即刻报道。直至1894年9月24日,在大东沟海战发生后的一星期,我们才在《叻报》上看到一则《首报海战:中日海军交战电音》的新闻说:"两国海军已在高丽海中开战。"新闻报道不及时,或许由于当年通讯不甚快捷之故。

次日(1894年9月25日)在《中日战电汇登》新闻中,报道海战的消息是:"中国沉覆之战船系:扬威、致远、超勇、经远四艘……而致远沉没之役,船中无一人得庆生。"这则报道特别提到北洋军舰致远号的沉没,无一人生还。① 当日的社评"虑患篇"开始担心:"中国……十余年训练之海军,未尝一出而呈其效,坐使徒糜帑,亦殊可惜……此时水师之人材,是否皆堪胜任,亦在不可知之……"《叻报》对北洋舰队的作战能力,产生了怀疑! 如果对照较早前有关北洋舰队的表扬文字,这样的评语,显然十分严厉!

初战不利,四舰沉没,但尚不致言败。北洋舰队实力并没有受到重创,只是稍处劣势而已。使日本海军忐忑不安的定远、镇远两艘铁甲舰还在。然而往后历史的发展,"避战保船"的政策,加速了北洋舰队的覆灭。②

在刘步蟾、丁汝昌相继自杀后(1895年2月12日),北洋舰队可谓大势已去。1895年2月17日,日本舰队登上刘公岛,北洋舰队所剩军舰及所有军需物资悉数交给日本,北洋舰队全军覆没。

《叻报》对此又有怎样的反应呢? 在刘步蟾、丁汝昌自杀的次日,一篇题为《论华军致败之由》的社评在1895年2月13日(星期三)的《叻报》发表,

---

① 致远舰于1894年9月17日午后3时30分沉没于东经123度34分,北纬39度32分。战后第二天,日本联合舰队又重返战场,破坏了一些没有完全沉没的中国军舰,并从残骸上拆走了一些物品。致远舰上装备的机关炮就有一枚被拆卸,至今还在日本"三笠"纪念舰公园展出。又,根据《叻报》新闻《中日汇电》(1894年9月27日)报道:"当致远沉覆之时,船内有西籍机器师巴美士亦遭沉溺。"文中提及的"西籍机器师巴美士"即中国史书记载的英籍工程师余锡尔(Alexander Purvis),负责管理致远机器。

② 《叻报》社评《论华军致败之由》(1895年2月13日)分析海战失败乃因"八旗驻防与汉人殊分畛域也。旗汉相处,旗人往往轻视汉人";又,1895年3月5日的《叻报》新闻《威海军事电音》谓:"威海之失,实因中国水陆统领不睦,以至于斯……呜呼! 将领不和,最犯行军所忌,今若此,尚安得而不挫败也!"

但未提及他们自杀的消息。延至 2 月 21 日(星期四),《叻报》的《中日电音》才刊出"中国海军提督丁禹廷军门及刘公岛统领大员现均为自裁"的报道。

从 1895 年 2 月 20 日至 25 日,《叻报》发表了罕见的长篇社评:《和倭统策》、《续和倭统策》、《再续和倭统策》、《三续和倭统策》及《四续和倭统策》。这篇长文,基本上代表了《叻报》对甲午战争的看法。其中心思想在于"中国非不能战之国也,而今日则受败于日人者,盖六误成之也。系凡此六误,成兹不胜。然则非日人能胜中国,中国自不求胜耳"。文章进一步阐述了何谓"六误":"一误于中国积习,猥鄙苟偷;二误于国家立法,重文轻武;三误于老成谋国,守备不裕;四误于统帅将领,避敌畏死;五误于军卒兵士,训练不精;六误于船械枪炮,缺憾尚多。"①同年 2 月 26 日(星期二)《急救中国之病论》的社评,已开始对清朝政府颇有微词了:"呜呼惜哉……何京师衮衮诸公,不知古今之时局大不相同也!"

《叻报》创办人薛有礼此刻的心情如何,不得而知。但在 10 年前,也就是 1884 年的中法马江之役,他的弟弟薛有福就是在此战役中牺牲的。根据《东山薛氏家谱》所载:"(薛有福)于同治十三年(1874)在上海应出洋留学考试,名列优等,赏官费留美,进波时顿大书院学习工艺。光绪七年(1881)奉调回华,入福州船政衙门学习水师。八年派赴'扬武'轮船学习,十年七月初三日傍午法人寇福建马江,见危授命,尽忠殉难,没于王事,仅廿三岁。"②

此次甲午海战,结果比马江之役的失败还惨,北洋舰队全军覆没,船政学堂毕业的学生为国捐躯的有十几位海军将领。1895 年 4 月 17 日(光绪廿一年三月二十三日,星期三)《马关条约》(Treaty of Shimonoseki) 的签署标志着甲午战争的结束。清朝代表为李鸿章和李经芳,日方代表为伊藤博文(Ito Hirobumi, 1840—1909)和陆奥宗光(Mutsu Munemitsu, 1843—1897)。这是中国近代史的国耻篇:接下来就是一连串的屈辱,割地赔款,加速了中国进入半殖民化的历程。正如梁启超所说的:"唤醒吾国千年之大梦,是从甲午之役始也!"③

---

① 《叻报》社评《四续和倭统策》(1895 年 2 月 25 日)。

② 柯木林:《薛佛记家族对新华社会的贡献》,载《石叻史记》,第 65—73 页。

③ 梁启超的原话是这样的:"吾国四千年大梦之唤醒,实自甲午战争败,割台湾,偿二百兆始。"

甲午战争失败，使千百万中国人民椎心泣血。中国学者在研究这段历史的时候，往往喜欢打悲情牌。我们一向有"虽败犹荣"的传统。甲午海战前的种种缺憾，是为埋下战后国耻的契因。一旦战争爆发，颓败之势必不能避免。于是就以邓世昌等一批爱国将领的鲜血作垫底，挽回民族的尊严与颜面，固然悲壮伟大，实属可悲！读史者只看到邓世昌的英勇壮烈，杨用霖的军人气概，丁汝昌的无奈，却掩盖了此事件背后更值得反思的问题。

甲午海战失败后，在接下来半个世纪的悠长岁月中，中国再也没有能力建立一支与北洋海军相媲美的舰队了。这局面一直到新中国成立后才得以改观！

不知是否是历史的巧合，就在北洋海军成军120周年之际，2009年4月20日至23日，一场展示各国海军共同构建"和谐海洋"决心的海上大阅兵，在青岛附近的黄海海域展开。这是中国第一次举办多国海军检阅活动。有来自14个国家的21艘海军舰艇参加此次盛典。中国海军于此阅兵式上，展现了自己的海军实力。

2009年12月7日，中国海军东海舰队舰艇舟山号导弹护卫舰，在圆满完成赴亚丁湾、索马里海域执行护航任务后，应邀抵达新加坡，进行为期3天的友好访问。访新期间，中新双方海军官兵互相参观舰艇、进行护航经验交流等一系列活动。这是东海舰队舰艇首次访问新加坡。此次访问，距最后一次北洋舰队访新时，历史又过去了115年！

回首往昔，还看今朝！当大国崛起的愿景在神州大地遍地开花之际，我不由地想起了大学时期选修《世界史》，指导老师高亚伟教授在总结西方强国时说："中国若要崛立于世界强国之林，必须加强海军实力。"实乃真知灼见！

柯木林，新加坡独立学者

北洋水师学校教育为资本主义近代化教育

于　敬　民

洋务派军事学校教育,是伴随着中国半殖民地化的日益加深而产生的;洋务派水师学校教育的近代化是伴随着近代学校教育的产生而出现的。在晚清上层建筑领域内,如果说在其他方面仍是腐朽顽固的意识形态和落后反动的封建制度占据统治地位的话,那么,洋务派兴办的北洋水师学校教育,则是最具近代化色彩的壮举。这在当时的中国是一个开创性的重大教育改革。相对于传统的封建教育,这无疑是一场深刻的教育革命。它对中国教育的近代化起到了巨大的推动作用,且它本身就体现了中国教育的近代化。说洋务派水师学校教育近代化,是指它在学校教育的培养目标、培养人才的规格、课程的设置、教学管理人员的选用、教学和学习制度、教育实习的规划和实施、人才的选拔、学以致用等方面与封建教育有着根本不同。因此,有对此问题作进一步探讨的必要。

一、北洋水师学校教育的近代化,是中国人接受西方近代思想和科技成果的必然

北洋水师学校教育的近代化,就其本质而言,它不是从封建教育内部脱胎而来的,也不是中国社会生产力发展促使上层建筑变化的必然,而是中国社会处于危机状态下,先进中国人与外来文化相结合的产物。从某种意义上说,它是一种经移植后改装的结果。

清代的学校教育无论是中央的国子监、宗学、旗学,还是地方的府、州、县学,或者是私学,都是为科举考试服务的。"读书做官、八股取士、科举出身",培养封建的卫道士,既是这种教育制度的指导思想,也是这种教育的终极培养目标。直至 1905 年明令废除科举制止,这种教育体制一直占据统治地位。鸦片战争失败后,一系列不平等条约的签订,使中国进入了半殖民地

社会,也促使一部分知识分子和官僚在提出学习西方、改革社会主张的同时,提出改革腐朽的旧教育。以龚自珍、林则徐、魏源等人为代表,最早提出学习西方的近代科学知识以富国强兵,并提出改革现行的科举制。特别是魏源提出了著名的"师夷长技以制夷"的光辉思想,影响深远,为后世洋务派所效法。后来的北洋水师学堂教育的办学宗旨也是立本于此。

西方传教士在中国传播宗教过程中,通过设立学校、医院、创办报刊杂志、翻译出版书籍,使西方文化(即西学)传入中国。西方传教士传播西方文化成效最显著的有两点:一是在学校开设近代新学科课程,大量自然科学被介绍到中国;二是创设出版机构翻译出版西学著作,一些近代的数学、物理、化学、天文、地理、历史、公法等方面图书,在中国产生了很大影响。在传播近代科学知识的同时,也将西方的资产阶级思想传入中国。

在西方传教士的影响下,我国一些知识分子和官吏也开始传播西学。他们主要做了两方面的工作,一是翻译西书,如北京同文馆、江南制造总局翻译馆,除了翻译自然科学方面的书籍,还翻译了西方的外交、世界历史和法典等方面的著作。最值得我们称道的是,他们还翻译了不少与军事、工程有关的自然科学和实用科学方面的书籍。其次一些出使国外的人员也将自己在外国的见闻写成书籍,扩大和加速了西方文化的传播。西方科学知识在中国的传播,是后来的北洋水师学堂近代化教育的有源之水。

正是在外国侵略者火炮的打击下,中国的洋务派们提出了"求富"、"自强"的口号;正是西方科学知识和思想在中国的长期传播,使洋务派效法西方在中国建立了第一批新式学堂。这些新式学堂和旧式学校有着根本的区别。从"师夷"、"制夷"角度说,由于它是在洋务派"求富"、"自强"的纲领下的产物,所以这些学校都是出于国防战略这样一个大的富强观的产物。而其中的军事学校则直接为这个大国防战略富强观所支配,并直接服务于国防战略的需要。因此,近代洋务派创办的学校都带有国防军事战略色彩,一些学校尽管不直接与军事相关,但却间接为国防军事战略服务。同文馆、电报学堂、船政学堂、机器学堂等学校的设立,都与国防军事战略密切相关。如同文馆原来指导思想是"欲悉各国情形,必先谙其文字",后来出于学习西方科技和军事武器创造的需要,为改变中国武器落后的状况,增加天文、算学、制造技术等基础理论学科,加强自然科学的教学。其他学校也大都如此。这是中国近代洋务派创办的近代化学堂的最为突出的特点,也是中国近代史上一个必然的现象和产物。笔者以上所列,要旨在于说明,北洋水师学堂教育近代化的出现不是孤立和偶然的。它是灾难深重的中国社会,由于西方文化传入而出现的必然产物。如果说洋务派兴办的其他学校在课程设置、考核和管理,以及学员使用等方面还带有较多的封建性的话,那么,洋务派兴办的北洋水师学堂教育,则是在中国最具近代化色彩的学校教育,即资本主义性质的教育。

是理性的觉醒也罢,是依样画葫芦也罢,是社会矛盾的催生也罢,毕竟是西方资本主义的先进事物促使中国出现了北洋水师学堂这样的近代化教育。

二、北洋水师学校教育的近代化

1862 年洋务派在北京设立"同文馆",标志着中国近代有西方教育色彩的学校正式建立。在陆续建立的一系列学堂中,主要分为两个类型:一个是兼有民用性质的服务实业和日常实用类的学校,如外语类学校、工业技术类学校;二是军事学堂。本文主要探讨的是军事学堂教育中水师学堂教育的近代化。

以李鸿章为代表的北洋集团前后共创设了七所军事学堂。这就是,天津武备学堂,山海关武备分校,天津水师学堂,刘公岛水师学堂,天津鱼雷学堂,旅顺鱼雷学堂,天津电报学堂。笔者拟从教育培养目标、教育培养规格、教育学科课程设置、教育教务管理、教育奖罚制度、教育实习等方面对北洋水师学校教育的近代化抒发管见。

(一) 北洋水师学堂的培养目标体现了教育的近代化。

学校教育的最重要目的是培养人。北洋水师诸学堂共同的培养目标是,"文武兼资"、"练达兵略、精通洋法"的"求富"、"图强"的有用的洋务人才。[1] 这样的培养目标与清政府固守的"八股取士"、"所用非所学"的腐朽科举制有着根本的不同。它体现了洋务派的根本主张:

---

[1] 李鸿章:《筹议海防折》,引自翦伯赞、郑天梃主编:《中国通史参考资料》(近代部分),中华书局 1980 年第二版。

一是体现了洋务派一贯提倡的"师夷长技以制夷"的思想。船坚炮利、近代科学知识和技术属西方的"长技",中国人只有掌握后才能用来抵抗外国的侵略。对西方的科技即所谓"洋法",不但是学习的问题,而且要做到"精通"。北洋水师学堂教育无论是从他们的教育过程,还是从他们培养的人的使用上看,特别是从后来的实战考察,是真正体现"师夷长技以制夷"这一思想的。

二是体现了洋务派提出的"中学为体,西学为用"的办洋务方针。对教育而言,这实际上是一个人才的培养标准问题,即老祖宗的根本要保持,学西方的东西为我所用。这里我们特别应给以关注的是,对水师学堂教育而言,"中学为体"更多的是指文化意识和道德层面的内容;而并非指行政、体制,特别是制度层面的内容。因为从他们的课程设置、考核和管理等各方面考察,中国古代传统的落后的腐朽的"中学"并没有作为主要课程而贯穿全过程。"文武兼资"之"文",是指要具备传统的文化素养,且只是把《左传》、《战国策》、《孙子》、《读史兵略》等列为必修课;"武"非指中国传统的武术武略,而是指的"素习风涛驾驶轮船操法"、"一切轮船火器等技巧",等等。

三是熟练地掌握西方武器的用法。

四是精通西方近代各门自然科学的知识和技术。

五是培养的人才要立志于追求中国的"自强"、"求富"。"自强"、"求富",是洋务派兴办洋务的旗帜和口号。培养的人才必须有这样的志向和理想。

六是水师学堂培养人才的最终落脚点是"有用",即必须在军事上的某一方面具备战之有用的一技之长。

这样的培养目标相对于大清王朝的"科举八股取士"的教育培养目标来说,无疑是一场革命。正如李鸿章所说,"所用非所学,人才何由而出"? 从中可以看出,在人才观方面特别是人才培养上,北洋水师的创办者与封建的卫道士们有着根本的不同。从北洋水师学校的培养目标看,洋务派特别重视近代科学知识的学习,特别重视科技人才的培养。这个培养目标具备教育近代化的理念。

(二)北洋水师学堂人才培养的规格体现了教育的近代化。

人才的培养规格受制于人才的培养目标。有什么样的培养目标,就必然有相应的人才培养规格。人才规格其本质是说培养的人才都应该具备哪些素质能力和技能。这是北洋水师学堂近代化教育区别于封建教育的重要标志。

首先,北洋水师学堂的学生要身体好,"体气充实",这既是招生的标准要求,也是学校培养的规格。在近代化学校教育的初始,能够提出"体"育这样的问题实在是可贵之举。

其次,要掌握外语应用技能。同文馆自不待言,其他所有的学堂不论是船政学堂、机器学堂、工艺学堂,还是电报学堂、铁路学堂、矿物学堂都把外语作为必修课列入重要课程之内。而水师学堂不仅仅把外语作为学堂的必修课,并且在各个专业中的首要基础科目都设有外语课。从水师学堂普设外语这一点可以看出洋务派对外患的重视以及学习西方和御外侮的决心。

三是要掌握自然科学知识,加强自然科学代数、几何、物理、化学、天文等基础学科的学习。这些学科既是其他类型学校的基础学科,也是北洋水师学校的必设的重要基础学科。洋务派清醒地认识到,学习西方的各种技术,必先学习基础理论,"讲求轮船各项,若不从根本上用着实工夫,即习学皮毛",应该学习"讲明机巧之原,制作之本"。① 此处的"原"和"本"即是指自然科学理论。自然科学进入中国近代学堂特别是中国军事学堂,表明中国传统的教育制度在本质上遭遇到根本的冲击和否定。这对几千年的中国封建传统教育是一个重大革命,无论怎样估计都不过分。这是中国教育近代化在教学内容上的一个重要标志。

四是掌握专业知识的技能和能力。学生在学习专业理论知识的同时,加强了操作能力的培养。特别是威海水师学堂把学生毕业后在练船上习练的枪炮、鱼雷、水雷、船艺、器械、测绘等技能和能力,作为学堂的必修课内容提前进行演练,②非常突出地体现出北洋水师学堂办学的个性特点。

五是为加强学生的实际操作能力,加大实习环节的投入。有一些专业能力在学校内课堂解决,复杂的操作能力则必须在毕业后的实习阶段的实际操作中进行培养。这是水师学堂教育近代化的又一个重要标志。因为按

---

① 《中国近代史资料丛刊·洋务运动》(二),上海人民出版社、上海书店出版社 2000 年版,第 22 页。

② 苏小东:《威海水师学堂概述》,见《甲午纵横》第二辑,华文出版社 2006 年版。

现代教育观念看来,理论联系实际,实践检验真理,是掌握知识、提高能力的最重要途径。这与封建教育只专注培养当官做老爷的为吏之道,有着本质的区别。

(三)北洋水师学堂专业课程的设置体现了教育近代化。

北洋水师学堂同其他学堂一样,在课程设置上表现为专业明确、学科齐全。根据实际需要设置专业,根据所设专业设置相应学科,根据所设学科设计相应的能力技能培养,这是北洋水师学堂教育区别于封建教育、实现教育近代化的又一显著标志。

北洋水师学校专业的设置,是根据建设近代海军的需要而确定的。当时海军建设最需要的是轮船的驾驶与维修人才。据此,天津水师学堂设立了驾驶与管轮两个专业。这是洋务派加强海防建设培养急需人才的重大举措,是解决实际需要的当务之急(十年后的江南水师学堂也设立了驾驶与管轮两个专业)。威海北洋水师学堂设置了驾驶专业。

课程设置的原则也完全是根据实际的需要而设立的。李鸿章身为宰辅肱骨之臣,他对此有非常难得的明了和重视。他在《筹议海防折》中就详细地列举了军事学堂的主要课程,提出课程设置"分为格致、测算、舆图、火轮、机器、兵法、炮法、化学、电器学"。这些课程完全是根据当时发展海军、加强海防的需要而提出的。李鸿章此段话是在同治十三年即1874年说的,也就是说,此语是在所谓的"同治中兴"时代和多灾多难的晚清封建统治相对稳定时期说的,故而李鸿章在《筹议海防折》中一些重大问题的提出,是需要超凡的勇气的。今天,我们可能对李鸿章所论问题不以为然,但不可否认的是,它对后来的军事学校的课程设置有着重大影响。天津水师学堂的课程设置为:英国语言文字、地舆图说、算学、几何原本、代数、平弧三角法、驾驶诸法、测量天象、重学、化学、格致。后来的江南水师学堂课程设置则更为详尽和全面:英文、几何、代数、平弧三角、中西海道、星辰部位、升桅帆缆、划船、泅水、枪炮、步伐、水电鱼雷、重学、微积、驾驶、御风测量、躔晷、绘图法、轮机理要、格致、化学,"凡为兵船将领应知应能之事,均应学习"。[①]"应知

①　朱有瓛主编:《中国近代学制史料》第1辑上册,华东师范大学出版社1983年版,第524页。

应能"就是指的客观需要。李鸿章对北洋威海水师学堂的课程,一方面根据实际需要,提出了更为切合实际的更新的课程设置,另一方面特别提出了水师学校的技能和能力培养。他在《威海添建学堂片》中详细列出了课程设置和技术技能培养内容,"堂内学生课程有洋文、洋语、史论、算学、海图、星象、测量、格致诸物……又须练习风涛、沙线、帆缆、轮机、枪械、雷炮各艺"。根据北洋水师驻防威海,可以就近学习技术的特殊情况,于是又增添了驾驶、鱼雷、枪炮等技术课。

北洋军事学堂的课程设置分为五大类:

一是外语和语言文字类,这是各专业、各学堂的公共科目(公共课);

二是自然科学理论课,这是各军事学堂的基础学科,也是各学堂各专业的公共科目;

三是专业知识和专业技术课,此类科目体现了各不同专业的不同特点;

四是专业的辅助技能课,此类科目只在内堂课之外的见习实习课中完成;

五是专门用来巩固专业知识和增强技术和能力的实习课。

各不同军事学校和不同专业都有体现自己专业特点的课程系列。

详细列举课程设置,旨在说明北洋水师学堂的专业和具体课程设置,完全是从海防大战略的实际需要出发。这种实事求是的精神弥足珍贵。这种开放的、改革的、大刀阔斧的专业课程改革,为中国教育的近代化铺设了一条广阔的道路,充分体现了中国近代水师学堂教育的近代化。

北洋水师学校教育的专业设置和课程设置,最能体现其近代化的特征。它既无体现"中学为体"的专业设置,更无体现"中学为体"的主要课程设置;有的只是能体现富国强兵的、实用的、具有近代科技含量、先进的资本主义理念近代教育的专业和课程。这里,我们不能不为李鸿章等人的远见卓识和义无反顾精神所折服。这样的专业设置和课程设置,在今天看来是再平常、再普通和再一般不过了。今天的人们可以站在今天的角度对李鸿章等所办水师学堂教育品头论足;但决不可以改变李鸿章等先进的中国人在中国所办水师学堂的教育近代化本质。须知,李鸿章等所作所为是发生在"万马齐暗究可哀"、封建制度封建意识极为腐朽也极为顽固的 19 世纪 70 年代。这是漫漫长夜黎明的曙光,是中国教育近代化的号角,是导致封建教育铁幕消亡的裂缝。

(四)北洋水师学堂的整体管理体现了教育的近代化。

其一,北洋水师学堂的管理从领导组织层面说,有总办负总的全责,下设有委员(后为提调)一人实际负责学务;设总教习负责教学教务;根据教学需要设教习若干。这个管理和组织层面的特点,一是官员和教习的人选主要是以从事过和熟悉海军专业的人员担任,体现了专业化、近代化;二是任用人选不受国界、肤色限制,中外有专业知识和技术特长的人都在聘用之列。特别是在一些科技含量高、专业性强的技术学科,其教习以外国人居多,体现了在用人方面的开明性和开放性,跳出了封建性用人的窠臼。从北洋水师学堂所聘请的外国教习的表现记载看,大多数外国教习都精通自己所教专业,工作态度认真,成绩优良,并深为学生所敬服。有的为中国的海军建设作出了较大贡献。

其二,教学的组织管理方面,体现了"四结合"的教学管理模式。即,理论课和实习课相结合,学知识和学技术相结合,内堂课和外堂课相结合,讲授和操作相结合。这种教育管理培养模式,反映了洋务派的求真、求实和学以致用精神。这是洋务派在学堂教育问题上的一大创新和重大的教学改革,为后来中国的工科学院的教学开创了先河,其意义怎样估计都不过分。

其三,教学班的组织体现了因人而异和因材施教。由天津水师学堂的分班可见一斑。学生分为三班:文理全通、读书甚多者为第一班;文理未尽通顺、读书已多者为第二班;书读不多、文理未尽通顺,而资性聪颖过人者为第三班。这是我们目前能看到的近代军事学堂较早的因人而异、因材施教的班级授课制(最早始于1862年的京师同文馆),在中国教育史上亦属一大创新之举。班级授课制出现于16世纪的欧洲。自17世纪夸美纽斯《大教学论》对班级授课制作理论上的论证后,19世纪才在欧美各国广泛推行。洋务派在19世纪中期后开办的军事学堂就应时而采用,不能不令人瞩目。

其四,教学的考试考核管理不单纯是"一纸定高下",而是采用理论知识考试和实际应用技能考核相考核,成绩分为甲乙等。

其五,学校的所有管理章程完全按《北洋海军章程》办理。这体现了军事学校和军事编制实体在培养人和使用人方面的要求、训练、规格的一致性,体现了军人培养的实战性、实用性。

其六，教学管理中的教学规划特别加强实习环节。天津水师学堂要求学生在堂学习四年，上船学习船艺一年，回堂再学三个月，再到练船学习三个月。即实习期长达一年零三个月，接近在堂学习的三分之一时间。

威海水师学堂在加强学生的实习环节上做得更为彻底。威海水师学堂本质上是北洋水师的一所海军附属学校，北洋水师本身就是水师学堂的大课堂。因此它的教学计划和教学管理特别是教学实习有得天独厚的条件。它一方面按《北洋海军章程》来规范学校的教学和管理，另一方面又能结合北洋水师的设备进行学校的管理和教学，从而使它所培养的人才较其他军事学校来说，成才快，能力全面。按李鸿章《威海添建学堂片》所言，海军人才的培养"计非十年之久，不克毕业"。而威海水师学堂把本应堂课毕业后在练船上学习的枪炮、鱼雷、水雷、船艺等课程都利用北洋水师的设备，在四年学制中完成，且利用这种设备优势加强实际操作的练习。因此，威海水师学堂的毕业生毕业后就无须再到练船学习枪炮等技术，或者缩短练船学习时间，从而缩短了整个学习周期，即不用"十年之久"。丁汝昌有段话很精彩，他说"设立威海水师学堂，俾堂课之余，能获实地兼习枪炮、雷学、船艺等，毕业后即可赴舰服务"。有关丁汝昌的评价问题笔者无意介入，但在笔者看来，仅在威海水师学堂的课堂教学紧密结合设备实际、加强实习操作方面的作为，就可以看到丁汝昌思维的开放性、前瞻性。

其七，在学生毕业后使用的管理上，实行"择优录用"的原则。由于北洋水师学堂是包分配的定向使用制度，且北洋水师首长即是威海水师学堂的校长，所以毕业人才的分配也影响学校的教学。丁汝昌制定的原则就是"择优录用"。他在《致罗稷臣》中说"到船学生遇有差委补缺等事，例以考列名次在前者充补"。他在《附致刘芝林》中说"由津堂正班毕业学生中择优拟派会商前来"。他认为走后门托关系，都是不符合规定的，"不自奋勉，求人关说，已属非分，何况倚他族为干运之媒，若遂所图，不独长人安冀之心，亦且于定章有背"。

三、北洋水师学堂教育近代化的标志

（一）教育近代化的常规标志主要有以下几点：首先是教育的目的标志，封建教育的目的是培养维护落后腐朽封建统治的卫道士，而北洋水师学堂

（含近代洋务派所建新式学堂，以下皆是）培养的是"求富"、"图强"的人才。其次是教育内容标志，封建教育的内容是四书五经和理学，而北洋水师学堂的教育内容是以活泼生动的近代科学技术为主。三是教育方式的标志，封建的教育方式是单一的禁锢人们思想的八股取士，而北洋水师学堂的教育方式是理论和实践相结合，内堂课和外堂课相结合，学知识和动手操作相结合。四是教育考核方式标志，封建教育是一纸一文定优劣，而北洋水师学堂对学生的考核是多层次多角度的，有理论的考核，有技术的考核，有实践的考核，有动手操作的考核。五是教育设施标志，封建教育设施只是"一间房一本书，一桌一凳一戒尺"，而北洋水师学堂的教育设施小到书本仪器，大到练船，具有成规模的器具、器械、场地、设备、房舍等等，能为学生提供广阔的学习、实习空间。

（二）北洋水师学堂教育近代化的最具特点的标志是对学生实习环节的重视，前有所述，此处只探讨练船的拉练实习。北洋军事学堂学生的很多科目在堂课时就做到了理论学习和实习操作相结合，特别是威海水师学堂在实习方面表现出了自己的特色教学，此不赘述。这里主要说的是在练船的实习。练船是专门提供学生和候补军官实习的船只，"练船专为水师教练人才所设"。① 从练船的设置即可看出洋务派对学生实习的重视程度，更能看出洋务派勇于和先进的资本主义国家海军教育接轨，在中国海军推行近代教育。此等作为实在令今人钦佩。

《北洋海军章程》明文规定了设置练船3艘，并定出人员编制、钱粮数额以及学生的学习、考试、擢升办法。新近发现的《练船章程》使我们关于练船和学员的实习有了进一步了解。

其一，实习管理。练船为组织学生的实习制定了一套完整的管理制度和措施。其中的组织管理规定，练船设正教习一员，由一船之主的管驾官兼任。也就是说练船的一把手即是学员实习的领导者和组织者，负总责；练船设教习四人（含正教习），有枪炮洋教习，帆缆洋教习，测算洋教习和管驾教习（正教习），四教习各有不同的教习功课内容。正教习即管驾官一方面要

---

① 陈悦：《北洋海军史料新发现之一——北洋水师练船章程》，载《甲午纵横》第三辑，华文出版社2010年版，第313页。

向学生教习号令部署等管驾功课内容，另一方面又要随时酌定洋教官教习功课内容，约束教习悉心教授；约束学员用心听讲，以掌握教习所教的全部知识。此外有作息制度、日记登记制度、考试制度、行为纪律、奖惩制度、军容风纪、卫生就医、病故伤残抚恤、损坏公物赔偿等制度，一应俱全。练船的实习期为三年。

其二，实习内容。笔者粗略统计，实习学生的实习内容是十分丰富的。计有船主即管驾教习的一应号令、部署、攻战、守御、驾驶、绘算、御风应变之术；枪炮教习之枪械、鱼雷、水雷、军械、施放、抵御诸法；帆缆教习之御风操纵、临敌处置、攀登、升降、修治诸法；测算教习之讲求算术、格致、天文、风雨、测绘诸学，等等。此外还有讲解战例之内容，以及后面提到的出洋训练见习内容。凡属未来实战所涉及的一切，都是学员实习学习的内容。不可谓不周密。

其三，出洋训练规划。学生乘练船出洋操练规划，分为两步。首先由沿海周历各省口岸及一切表胜、海澳；其次在附近属国及东洋各口岸进行出洋训练。在没进行出洋训练前先在威海、大连平静水面练习，主要内容是熟习和掌握帆缆技艺。熟习了帆缆技艺，然后分六次出洋训练。路线东北远至库页岛、海参崴，东到日本，南到新加坡、缅甸等国各港口。这样经过三年周历亚洲各港口的巡练后，再通过三个渠道继续培养。一是往欧美各国游历；二是选拔学生到欧洲和美洲水师学堂继续学习；三是将学生分派到各舰继续练习。

其四，出洋操练见习内容。除实验风涛之外，主要有三大内容：一是所历各洋面口岸，仔细考察经纬度数、沙线浅礁、山海形势，默记炮台营垒，何处为要，何国布置得法，何国次之，要逐一日记详录并绘图；二是练船重点在教战，在熟习驾驶的基础上，与各国兵轮会操；观看他国兵轮操练；观看他国实战交兵，目的是"练胆气于实境，以观其阵势离合变化之法，攻守胜负之由"，并且都要随时日记详录；三是练船至各口岸观瞻游历厂坞台垒，熟悉其规模情形，回船日记详载。

其五，实习与考核紧密结合。练船实习三年，规定出洋操练六次，春秋大考六次。每年三月返回天津进行春季大考，九月返回天津进行秋季大考，为定例。春季大考由中堂李鸿章亲临阅视，秋季大考由李鸿章委派专人阅视。前面出洋操练，回来紧接着大考，操练和大考紧密交替进行。

其六，实习赏罚分明，完善激励机制。A. 大考结果学生分一等、二等、三等，对一等一至八名赏银各有差别，各档次之间银差四两。一等大考后又列一等，加银二两。一等者若降到二、三等，即按二、三等发赡银。B. 学生实习期满后经李鸿章亲自考察，对于尽得教习所传、将来堪当水师将领者，分别奖奏。C. 对于不遵守纪律、懒惰不用功、无上进之志的学生，由学堂委员惩责。D. 对于犯有错误不悔改者，经请示给予开除退回本籍，且要归还历年所领赡银、饭钱、路费等。

以上所列学生在练船上的实习内容、制度和规定，要旨在于说明北洋水师学堂的教育属于资本主义性质的近代化教育。

四、对传统定论的异议

有人认为洋务教育（含北洋水师学堂教育）的本质"是封建性的"，"不能学到真正的科学技术"，"最终必然遭到失败"。① 洋务派兴办的其他类型学校教育，笔者没进行过认真考察研究，无发言权。但就其兴办的北洋水师学堂教育来看，事实并非如此。

诚然，北洋水师学堂教育的创办者就他们的出身来说，都是封建官吏。他们在北洋水师学堂教育的主观目的上，并非是在中国创办资本主义的近代教育，或者如同有人所说是在"为了维护封建政权的统治"。② 但是，谁都知道，历史通常表现的逻辑之一是，"播下的是龙种收获的却是跳蚤"现象存在的同时，"播下的是跳蚤而收获的却是龙种"的现象也是不乏其例、比比皆是。我们无从考察北洋水师教育的创办者主观上是否有在中国创办资本主义近代教育的意识，就如同人们同样无法考察 17 世纪上叶英国的大农场主克伦威尔在同国王军作战时主观上是否有意识地在为资本主义发展开辟道路一样。我们所能知道的是，北洋水师的创办者当时的目的只是培养"练达兵略、精通洋法"的图强人才。说洋务派在中国首倡近代资本主义教育，只是说它创办的北洋水师学堂教育客观上体现了资本主义教育特征而已。创

---

① 《中国教育通史》第四卷，山东教育出版社 2005 年版，第 129 页。
② 《中国教育通史》第四卷，山东教育出版社 2005 年版，第 129 页。

造历史的人们和观望创造历史的人们一样,他们本身往往不知道自己是在创造历史。特别是处于社会形态交替之前夜或过渡时的人们更是这样。即使人们的主观愿望和后来的客观效果不一致,也不会影响今天的人们对事物的客观评价。但是,若干年后的今天,人们是完全能够客观地考察出这种创造历史行为的属性的,时间越久远,应该是越明晰。

诚然,洋务派所办教育不排除有的是"封建性的"教育,或"带有封建性"的教育。但是同样不能排除的是,洋务派所办教育有的也不是"封建性"的或带有"封建性"的教育。北洋水师学堂教育,其本质就不是"封建性"的或"带有封建性"的教育。什么是"封建性"的教育?"封建性"的教育和近代资本主义性质的教育之本质区别是什么? 一部充满血与泪,甚至是以生命为代价的中国封建教育史对封建性教育的本质揭示得难道还不够充分吗? 这种"万马齐喑"的教育模式与北洋水师学堂那种生动活泼的教育模式,在本质上究竟有多少相同之处? 在彼时之中国,多种教育模式并存的情况下,北洋水师学堂教育的近代化与封建性的教育之区别难道不是显而易见的吗?

诚然,在兴办近代教育的过程中,存在没有真正学到"真正科学技术"的人;也存在"科学技术"过时的现象;科学技术也存在真伪之分(严格意义上说,科学技术只有落后与先进之分,不存在"真正"与"不真正"科学技术之分,因为伪科学技术不能称其为科学技术);可能当时也存在伪科学鱼目混珠的现象。但能由此得出结论说,洋务派兴办的教育,特别是水师学堂教育"没有学到真正的科学技术"吗? 至少从考察北洋水师学堂教育的课程设置以及实践操作方面,还没发现不是"真正科学技术"的内容,当然所谓"不能学到真正科学技术"的结论,至少在北洋水师学堂教育方面是不能令人信服的。

诚然,洋务派兴办的洋务运动失败了,洋务派兴办的学校也大多消失了,北洋水师学校教育也不得不停办了。但能由此得出结论说,洋务派兴办的教育(特别是水师学堂教育)"最终遭到失败"吗? 洋务派引进开设的自然和科技方面的课程,在以后的岁月里消失了吗? 洋务派在中国创造的水师学堂一整套理论和实践相结合、课堂教学和课外实习相结合的模式消失了吗? 洋务派在水师学堂教育过程中创造的一整套教学管理方式消失了吗? 一个显而易见的逻辑是,洋务运动的失败不等同于洋务教育的"失败";洋务教育存在失败之处，不等同于北洋水师学堂教育的失败。北洋海军的最后覆没不是北洋水师教育的"失败"。洋务教育的"失败"也不是由于"没有学到真正科学技术"的结果。不要把由于众多负面因素的合力导致的甲午战争失败的原因，归结到北洋水师学堂教育的头上。

可以毫不夸张地说，北洋水师学堂教育在当时的中国是一种成功的、典范的近代化教育。它给后世的有关领域的教育创造了一种成功的模式。特别是理论和实践相结合、内堂课和外堂课相结合、知识学习和动手操作相结合、集中学习和分科实习相结合，至今仍是职业技术学院和技工技术学校教育的宝贵财富。吃水不忘打井人，北洋水师学堂教育的办学经验至今仍值得我们学习借鉴。

于敬民，中国甲午战争博物馆客座研究员

浅议关于洋务教育的两个问题

丛　领　滋

　　洋务运动中,兴办教育,造就人才,始终被洋务派视为中国的"自强根本"和"当务之急"。举凡洋务派举办的各项事业,几乎都有与之相应的各类专门学校为其培养所急需的人才。或许正是由于洋务教育与洋务各项事业的这种紧密关系,所以从教育发展史角度对洋务教育进行探讨的并不多。论者多从这一教育活动与洋务企业、近代军事、外交的关系及科技传播角度,对其客观效果和影响进行评论。而对洋务教育的性质、指导思想等则往往只从定义和概念出发,或简单地认为发生于半殖民地半封建社会的教育必然带有帝国主义侵略的烙印和殖民地色彩,是为维护半殖民地半封建统治秩序服务的;或虽对洋务教育的客观效果和影响有所肯定,但又以洋务教育坚持"中学为体"的指导思想而否定其进步性。笔者认为,从历史的实际出发,对这些问题作进一步的探讨,对正确认识和评价洋务教育和整个洋务运动很有必要。故不揣谫陋,略陈管见如下。

一、洋务教育有封建性的一面,而非殖民地性质的

　　洋务教育乃至整个洋务运动,是在清王朝统治集团中的大地主大官僚主持下进行的。洋务派虽有较开明的一面,但就其思想体系而言,并没有跳出封建传统思想的藩篱。他们的阶级属性和牢固的封建传统思想,决定了洋务运动只能是在维护封建政权统治的前提下进行的一场中国近代化运动,或称之为封建统治阶级的"自救运动"。他们兴办教育以及训练新式军队、创办洋务企业等,首先是要维护和巩固封建政权的统治,这一点当然没有疑义。但认为洋务教育发生于中国半殖民地社会就一定具有殖民地色彩,甚至是为外国侵略者殖民中国和维护半殖民地统治秩序服务,则是不符合历史实际的。

当然,在已沦为半殖民地的近代中国,确实有为外国侵略者服务的殖民地性质的教育。但那并非是洋务教育,而是鸦片战争以后,一些披着宗教外衣,为西方列强侵略中国服务的西方教会、传教士,借助不平等条约的保护,在中国开办的各类学校和教育机构。他们是帝国主义除武力侵略外,对中国进行文化教育侵略的产物,其主要特征是教育权被外国侵略者把持,虽然也传播一些浅近的文化科学知识,但重要的是宣传宗教思想。"其目的在于造就服从它们的知识干部和愚弄广大的中国人民",①培养对西方抱有"好感"并为其所用的人才,最终把中国变成他们的殖民地和半殖民地。而洋务教育显然不存在殖民地教育的这些特征,它与上述殖民地性质教育的最根本的区别在于:

1. 洋务教育的动机是追求中国自强,抵御资本主义列强侵略。

始于19世纪60年代初的洋务教育活动,以创办学习外国语言文字的学校为起点,60年代中期后发展为创办各类专门学校,学习西方科学技术。如果说,最初创办外国语学校时,洋务派在认识上还只是为了通晓各国语言文字,尽悉"各国情形",以便于中外交涉"不受欺蒙",那么创办专门学校学习西方科技,则是直接把兴办教育与国家富强联系起来了。

洋务派对教育与国家自强关系的认识,源自他们对西方各国情形逐步深入的了解和对中国贫弱落后、面临外国侵略深重危机的痛切感受。特别是两次鸦片战争,清政府迭遭败绩、丧权辱国的沉痛教训,使他们深感"中国之宜谋自强,至今日已亟矣"。② 同时他们也清楚地看到,西洋各国所以"雄长海邦,各不相下",皆因"数十年来,讲求轮船之制,互相师法,制作日新"。而其"制造机器、火器等件,以及行船、行军,无一不从天文算学中来","无论为士、为工、为兵",其各类人才无一不自学堂中出。所以洋务派认为,中国欲图自强,莫如以"采西学、制洋器"为先,③以"肄习西学、培养人才"为"自强根本"。④ 正是基于这一认识,洋务派开始了创办新式学堂、翻译西方科

---

① 《毛泽东选集》第二卷,人民出版社1967年版,第593页。

② 宝鋆等编:《筹办洋务始末》(同治朝)卷46,第44页。

③ 宝鋆等编:《筹办洋务始末》(同治朝)卷46,第3—4页。

④ 《中国近代史资料丛刊·洋务运动》(二),上海人民出版社、上海书店出版社2000年版,第153页。

技书籍、派遣留学生等一系列称之为"洋务教育"的活动。他们希望通过兴办教育,使中国对西方科技能"深通其法,愈学愈精,愈推愈广",以使中国能"攘夷而自立"。① 深信这样的教育一经推广,"必有奇技异能之士出乎其中。华人之智巧聪明不在西人之下,举凡推算格致之理,制器尚象之法,钩河摘洛之方,尚能精专务实,尽得其妙,则中国自强之道在此矣"。②

尽管洋务派对西学和西方国家本质的认识还是片面和肤浅的,他们的自强方案也带有许多幻想成分,但他们办教育的动机和目的却是追求中国自强,抵御外来侵略。所以洋务教育一开始就是作为帝国主义对中国文化教育侵略的对立物出现的,并非是为外国侵略者服务的殖民地性质的教育。

2. 洋务教育一切事权"悉由中国主持",并非为外国侵略者所把持。

洋务运动中,聘请洋员,以借才兴邦,是很普遍的现象。洋务教育活动也自不例外。其初兴之时,凡教授西学课程几乎全用洋教习,许多学堂总教习亦由洋员担任。在一个科技落后的国家,为图自强而借才异域,虽属不得已而为之,但也实属必要,本无可非议。有人据此认为洋务教育一开始就被外国侵略者控制,③则是不符合事实的。

不可否认,洋员中心怀叵测,貌似忠诚,怀有政治野心,图谋控制中国教育的,的确有人在。但实际上他们的企图是难以得逞的。这一是因为,为防止损害中国主权和利益,清政府和洋务派在聘用洋教习问题上一开始就制订了"一切高度机宜,事权悉由中国主持"的原则,确保了洋务教育始终"权自我操",不受外人控制。二是具体措施上,以合同对洋员加以管理和控制。凡聘用洋员,必先签合同,对聘用目的、职务、职权、聘用年限、赏罚、进退、工薪、路费等都有明文规定。合同加盖聘用机构大臣关防,并由受聘者亲自签名,同时详列推荐者和担保者姓名,以示负责。合同定好后,还必须由洋员所在国驻华领事"钦印画押,令洋匠一律遵守",用外交手段保证洋员不得有越职擅权行为。根据合同,洋员与中国是雇佣关系,中国是雇方,当然操有自主权。所雇洋员不论职务是教习还是总教习,都是临时性质,合同期限内

① 《李文忠公全集》(三),奏稿。
② 宝鋆等编:《筹办洋务始末》(同治朝)卷46,第3—4页。
③ 《中国教育通史》,山东教育出版社1987年版,第111页。

洋员可以提出辞职,中方也可根据情况随时解聘。洋员必须严格遵守合同,如发现有名不副实、滥竽充数者,或有不受管束、违背合同规定的行为,中方即将其"分别辞退"。如北洋武备学堂总教习德国少校军官黎德熙,态度傲慢,不按时授课,又不服管束,与学堂总办杨宗濂不和,为要挟中方,1889年4月他突然致函北洋大臣,执意要在合同期满前四个月声明自行辞退。李鸿章即依约照准,不受其要挟。后来又有船政学堂法籍正监督杜业尔,违反合同规定,遇事擅权,亦被遣撤回国。

可见在聘用洋教习问题上,清政府和洋务派维护中国主权和利益的认识是清醒的。事实也证明,上述原则和措施在洋务教育活动中也是得到了很好执行的。所以,说洋务教育被外国侵略者控制是不符合事实的。无论从动机、目的,还是从教育领导权看,洋务教育都不具备殖民地性质教育的特征。

二、"中体西用"论对洋务教育的影响不应估计过高

论者多以洋务派是本着"变器不变道"原则,在坚守"中学为体"思想指导下提倡西学的,因而否定洋务教育的进步性。其实这样简单地下结论是不完全符合事实的。

当然,"中学为体,西学为用"的提出,在当时历史条件下是有其进步性、合理性的。盖因洋务运动刚起步时,面对几乎是封建顽固守旧势力一统天下的困难局面,提出这一思想口号作为中国人学习西方的切入点,对抵御和消弭顽固守旧势力的反对和阻挠,从而为中国人打开认识世界的大门,是起了重要积极作用的。但它的局限性也是不能否认的,若始终固守"中学为体",不冲破封建旧传统的束缚,中国要真正实现近代化也是不可能的。对此学者已多有论述,此不赘述。这里要指出的是,虽然洋务派标榜"中学为体",但思想和口号并不等于实际行动。事实是这一口号对洋务教育活动的影响有限,并不像人们想象的那么大。只要看看洋务学校课程设置、教学内容和学习时间安排上"中学"和西学所占的比重,即可明了这一点。

以最早开办的京师同文馆为例,初时以学习英、法、俄、德、日等国语言文字为主,自算学馆成立后,又将大量西方近代自然科学列入课程,计有算

学、化学、天文、物理非自然科学等。按学制规定八年的课程安排是：

第一年，认字、写字、浅解辞句、讲解浅书。

第二年，讲解浅书、练句法、翻译条子。

第三年，讲各国地图、读各国史略、翻译选编。

第四年，数理启蒙、代数学、翻译公文。

第五年，讲求格致、几何原本、平三角、弧三角、练习译书。

第六年，讲求机器、微积分、航海测算、练习译书。

第七年，讲求化学、天文、测算、万国公法、练习译书。

第八年，讲求天文、测算、地理、金石、富国策、练习译书。

另外，学生年龄稍长者，不学外文，专注学习各门自然科学，五年肄业，课程安排是：

第一年，数理启蒙、九章算法、代数学。

第二年，学四元解、几何原本、平三角、弧三角。

第三年，格物入门，兼讲化学、重学、算学。

第四年，微积分、航海测算、天文测算、讲求机器。

第五年，万国公法、富国策、天文测算、地理金石。

不难看出，西学课程在学科设置、课程内容、学习时间安排上无疑占了绝对优势。当然，作为最早创办的洋务学堂，同文馆对"中学"还是比较重视的，规定初学者每日以半日学中文，后逐年减少。但这主要是作为学习西学的工具而设，因为洋务派认为，"惟汉文熟谙"，才能更好地学习和理解西方和西方科技。

继同文馆之后创办的各类军事和工业技术学校，也无不以学习西学为主，而且创办越晚的学校，西学课程所占比重越大。如创办于 1866 年的福建船政学堂，前学堂为学习造船技术而设，专业课程为算术、几何、制图、物理、三角、解析几何、微积分、机器原理等，并兼习法文。后学堂为学习航海而设，课程为算术、几何、三角、代数、解析几何、割锥、微积分、绘图、动静重学、水重学、电磁学、光学、化学、热学、地质学、天文学、航海术等，并教习英文。这些学习科目中，既有自然科学基础课程，也有专业知识和应用技术课程，几乎包括了当时物理、化学、天文、地理等科学技术的所有领域。而对于"中学"，则不列入正课，亦不进行考试，初时只规定学生"每日常课之外，令读圣喻广训、孝经,兼习策论,以明义理"。1879 年又"复改章程,凡休息时静诵孝经、圣喻"。① 洋务教育这种偏离甚至突破"中学为体"的现象,在1898 年《筹议京师大学堂章程》中亦有记述:"近年各省所办学堂,虽名为中西兼学,实则有西而无中……既以洋务为主义,即以中学为具文","其所定中文课程,不过循例呻唔之事"。②

洋务教育能偏离甚至突破"中学为体"的束缚,有多方面的原因。而主持教育活动的洋务派其实并非坚定的"中体西用"论者是主要原因之一。可以说洋务派在开始采西学时,虽然提出了"中体西用"或曰"中本西末"的指导思想,但随着对西方认识的加深和对中国贫弱落后的反思,他们对中学和传统文化教育内容的态度也开始由固守、坚持,逐渐变为质疑和批判。从有关资料可以发现,自 19 世纪 60 年代中期后,洋务派代表人物除在奏折和回击顽固派攻击时仍打出"中体西用"的旗号外,在一些私人和同僚来往信函和文稿中,却往往对传统文化教育内容持严厉批判态度。其中以李鸿章最具代表性。他多次在信函文稿中指出,传统教育空疏无用和沉浸章句小楷的积习,最大的害处是"虚妄无实,无关实务",是造成"缺乏求富图强人才",使中国"长期受辱"的根本原因。③ 而对西人把实用科技视为"身心性命之学"则表露出一种强烈的赞赏、向往,甚至倾心认同的态度。对顽固派以"圣道"贬技艺和宣扬"西学中源"说,对洋务教育进行非难和攻击,他更是愤然斥之:"天地万物皆有制造之法之意,何可渺视。"甚至说,"我却未见圣人留下什么好算数器物来",直言不讳地指出中国所以科技不进、贫弱落后,原因就是"圣贤之道"为害。④

洋务派代表人物对经学和传统文化教育的这种质疑和抨击,其尖锐、深刻及无所畏惧的胆识,在当时简直无人可及。这样的思想认识,当然也就决定了他们不可能将"中学为体"认真、坚定地贯彻于洋务教育的实践中。

---

① 《沈文肃公政书》卷 4,转引自王继平:《近代中国与近代文化》,中国社会科学出版社 2003 年版,第 89 页。

② 舒新成:《中国近代教育史资料》,人民教育出版社 1961 年版,第 161 页。

③ 《李文忠公全集》(十五),朋僚函稿,转引自毛礼锐、沈灌群:《中国教育通史》,山东教育出版社 1987 年版,第 103—104 页。

④ 《李文忠公全集》(十五),朋僚函稿,转引自毛礼锐、沈灌群:《中国教育通史》,山东教育出版社 1987 年版,第 103—104 页。

洋务教育的目的是要造就对西方科技"深通其法"的人才，以图中国自强。这就决定了洋务各学校必须首先重视对西方科技的学习，否则就不能达到它的培养目标。加之当时除同文馆外的其他各类洋务学校本来就被清廷归入末流之列，其学生不得进入科举正途，这也就使得各学校即使轻视中学，对学生的功名前程也不会有什么影响。同时还由于科学技术课门类繁多，学习任务极为繁重，而培养精通西方科技的自强人才又是当时的当务之急，所以，对于体用之争、本末之争，这些学习军事和工业技术的学校多持"姑置弗论"的态度，具体措施上则灵活变通，或规定"于技艺教育外，同时重视文史教育"，或虽规定了少量学习内容，却不列入正课、不进行考试，实际上是把"中学"置于无足轻重的地位。

综上所述，笔者认为，将"中学为体"对洋务教育的影响估计过高是不符合历史事实的。

以上所论，乃一管之见，难免偏颇肤浅，权作引玉之砖。

丛领滋，威海市经济技术开发区高级教师

旅顺口北洋水师弹药库考

周　爱　民

北洋水师是中国清朝后期建立的第一支近代海军舰队,而旅顺港则是清朝政府创建的我国第一座近代化的军港,它曾为北洋水师的发展提供了一个巩固的根据地。本文通过对清末旅顺军港创建过程的回顾,重点概述北洋水师弹药库在旅顺口的设置及分布情况。

一、旅顺军港的创建

(一)旅顺港地理位置适中。

旅顺港位于辽东半岛的南端,东经 121 度 15 分,北纬 38 度 48 分,常年平均气温 10℃左右,海港内严冬不冻。港口东侧有黄金山,西侧有老虎尾半岛,形成天然屏障。港湾东西两岸山势险峻,不经湾口,难以入内,实属"天造地设之门户"。

北洋水师初创于 1875 年,为加强海防建设,适应海军发展的需要,清朝政府经过较长时间的勘查与争论,从北洋水师舰船实力和旅顺口地理形势考虑,最终于 1880 年 11 月开始在旅顺口创建军港。1888 年 12 月 17 日,北洋水师在山东威海卫刘公岛正式成军,当时拥有定远、镇远等舰船 26 艘,编制员额 2896 名,排名世界第六、亚洲第一。1890 年 11 月 10 日,旅顺港建设全工告竣,这是我国近代军事历史上一个值得纪念的日子。

(二)旅顺港的建设分为两个时期。

1. 第一时期为 1880—1886 年。

在这期间,除聘用少数英、德技术专家外,整个工程都是由中国人自己主持施工的。主要完成的工程项目有"拦潮坝及防波堤的修建,港口航道的疏浚,港池与坞基的开挖,库记、厂房、营房以及排水渠道、交通道路的规划与修建等"。① 这些工程是整个建港工程中最基本和最艰难的项目,为全港的修建打下了坚实的基础。

2. 第二时期为 1887—1890 年。

1886 年 10 月,主持旅顺建港和海防工程的旅顺工程局总办袁保龄身患重病,不能坚持正常工作,由津海关道周馥接替。此时,由于旅顺港建设工程所面临的技术性问题越来越复杂,外请的德国工程师善威"才具太短,极琐细事亦复不了,更无论大者远者。……万不能独立任此巨工"。② 面对"自建不成,外帮无效"的困境,清政府决定将旅顺建港工程交由外商承包。

1886 年 10 月 19 日,根据竞标结果,法国制造公司以工程费用要价最低、完工日期最短,完工后质量予以担保而中标。中方代表周馥与法方代表德威尼在天津签字。

中法旅顺建港工程合同签订后,因已近寒冬,法国工程技术人员暂不能来华,另外施工所需的机械设施与建筑材料也未准备齐全,所以工程施工是从 1887 年 4 月开始的。第二时期主要完成的工程有:船坞、停舰码头、修船厂房、库房、铁路及起重设备、电灯、自来水、铁码头、小船坞等。

1890 年 11 月,旅顺建港工程结束,李鸿章派北洋海军提督丁汝昌、直隶按察使周馥、津海关道刘汝翼等赴旅顺验收。同年 11 月 9 日,验收完毕。10 日,正式交付使用。旅顺口从此扬名世界。

3. 旅顺港的重要性。

李鸿章在接到旅顺建港工程验收报告后,于 1890 年 12 月 6 日给光绪皇帝写了《验收旅顺各要工折》,对旅顺港在国防上的战略地位予以重申。他说:"旅顺海口居奉、直、东三省洋面之间,口内山围沙亘,东、西两澳可泊兵船多只。三省海面设有战事,策应均极便捷,洵为北洋紧要门户。既有大支海军驻扎,船坞一项,实系必不可缓之工。自奏明筹办以来,已及十年,但因巨款难集,工程浩大,其间又值海防有事,未能一气呵成。幸赖海军衙门及户部顾全大局,拨款应手,俾要工得以速蒇。""今据验收,各工均属相符。……嗣后北洋海军战舰遇有损坏,均可就近入坞修理,无庸借助日本、香港

---

① 岳水文编著:《旅顺港史》,第 19 页。
② 《阁学公集・书札录遗》,第 16—17 页。

诸石坞,洵为缓急可待,并无须靡费巨资。"谈到对旅顺港今后进一步的规划时说道:"从此量力策划,逐渐扩充,将见北洋海军规模,足以雄视一切。渤海门户深固不摇,其裨益于海防大局,诚非浅鲜。"①

旅顺港的建成与使用不仅使北洋水师有了一个坚固的根据地,也为它的发展壮大奠定了坚实的基础。

二、北洋水师在旅顺设置的弹药库

1881—1882 年期间,正值海防营务处道员黄瑞兰在旅顺主持工程局工作,当时北洋水师弹药库的库房建设工程已经开始筹办,并购买了一批砖瓦以备建房之需。1882 年 11 月,袁保龄上任后,因建港工程正处于初建期,许多工程事项还在商榷没有最终确定,所以弹药库房建设工程不敢草率行事。1883 年春夏之际,由于威海鱼雷营建设的各项工程完工期限迫近,又迫不得已将当初购买的砖瓦等现成物资从旅顺运往威海救急,导致北洋水师在旅顺的弹药库房建设一直搁浅,未能动工。直到 1883 年 6 月下旬,在北洋水师提督丁汝昌的再三催促下,弹药库建设才进入"勘选库址、动工兴建"阶段。

(一)军械总库——武库。

旅顺南面是港口,"北面自西北而东南,群山环绕,呈半月形,似自然城廓拱卫旅顺口后路"。② 根据旅顺战略地位的重要性与特殊性要求,当时对军械总库——武库的选址特别慎重,必须符合三方面条件:一是地势要平坦;二是隐蔽性强,港外窥测不到;三是比较安全,有高山蔽护,海上炮击不中。依据这些条件,经过反复权衡和选择,最终将库址确定在旅顺白玉山东北麓。

白玉山位于旅顺港口北岸,海拔 130 米,山势高峻绵延。登顶远望,其北侧山麓随地形变化逐步趋向平坦,旅顺惟一的地上河——龙河流经于此入海。武库即建在白玉山东北侧山脚下的平坦处(今旅顺九三路与旅顺北路的交汇处),这里是旅顺后路东西陆防线的中间位置,龙河从它的右侧经

---

① 《李文忠公奏稿》卷 69,第 21—24 页。

② 孙克复、关捷编著:《甲午中日陆战史》,黑龙江人民出版社 1984 年版,第 199 页。

过。武库与龙河之间的通道,就是旅顺通往大连、金州的大道——北路,其显要位置不言而喻。

经查阅有关资料发现,旅顺文史工作者金纯泰先生(1894—1972)在其遗稿《旅顺古迹志》中对武库曾有记述:"白玉山纵贯旅顺市区中央,与黄金山相对。清代,在山之东北麓建筑弹药库,库门楼书'武库'两字,为李鸿章亲笔书"。甲午战争爆发后,日军侵占旅顺,武库落入敌手,并作为日军第二军第一师团司令部使用,武库门楼上的牌匾亦被日军掠走。

北洋水师旅顺弹药库分布图

①武库　②舰炮弹药库　③岸炮弹药库　④陆炮弹药库

1894 年 8 月,甲午战争爆发。11 月 7 日,日军占领大连湾,休整 10 天后,17 日开始向旅顺进犯。当时,驻守旅顺的清军共有 33 营,12700 余人。"卫汝成率成字马队 5 营和马队一哨 3000 人"[①]作为预备队负责防守白玉山一带和从北路通市区的要道。21 日午前,旅顺战事吃紧,西部陆防线的椅子山、案子山相继失守,消息传来,负责管理旅顺各军的北洋前敌营务处兼船坞会办道员龚照玙惊惶失措,"挥所募一营出战,潜自便帽紫袍偕卫汝成遁,舟小风浪作,四日始达烟台"。卫汝成"易装作船户遁"。龚照玙"匿不登岸,惟使人于东海关道刘含芳处乞羊裘御寒,旋附轮至大沽"。[②] 统领卫

---

　　①　《中日甲午战争全史》第二卷,吉林人民出版社 2005 年版,第 803 页。
　　②　曹和济:《津门奉使纪闻》,见《中国近代史资料丛刊·中日战争》(一),上海人民出版社、上海书店出版社 2000 年版,第 156 页。

汝成临阵先逃,致使驻守在白玉山北侧元宝房毅军营房和武库、药库一带的清军预备队士兵无人指挥,军心大乱,稍作抵抗后向海岸炮台撤退,日军不费吹灰之力占领白玉山。

龟井兹明(1861—1896),日本伯爵,曾在德国学习美术和摄影。中日甲午战争期间曾跟随日本陆军第二军进行战地拍摄,亲眼目睹了日军在旅顺的暴行。回国后,他根据随军日记写下了《甲午战争亲历记》(中文译本《血证——甲午战争亲历记》),书中对于日军占领武库后的记述,可以使我们对当时武库的情况有进一步的了解。

> 我们到了作为师团司令部的武库,此夜寒风凛冽有如撕裂肌肤,露营的困难可想而知,而我等幸亏有营舍,不必冒风露之苦。武库的建筑甚为宏壮,非寻常人家可比。大门上挂着写有"武库"的大匾,门内仓库有引信库四栋,无名库两栋,一室约有几十平米,在地上铺有地板,从一室到另一室大体与我国的构造相似;室内放有几把椅子,我住的房间与旁边房间中间的隔扇上贴着用颜体写着全文的宋范文正公的警句……

> 地板上陈列着盆栽的花卉,同时在里间有一紫檀木的书架,藏有圣谕、圣训等书籍数十册。每个房间都很宽敞,从司令部监督部到附属宪兵卫生队能够全部在其中宿营。

> 在此武库存放有35厘米半的炮弹(定远、镇远使用)共272个,7厘米半山炮1门,新式步枪40枝,还有许多旧式枪炮,新式炮只有24厘米炮1门,闭锁器还掉了。其他属于海军的器材很多。①

龟井兹明在1894年11月22日的日记中还提到:日军在武库中得到了清军遗弃的有如军令状之类的文件。11月19日,日军已经逼近旅顺,驻防旅顺的清军以龚照玙和张光前、程允和、徐邦道、黄仕林、卫汝成、姜桂题等7统领的名义仓促发布军令六条,强调"合群力以保万全"。② 与此同时,卫汝成也以自己的名义颁发两道命令,强调成字军"不准前后参差,不准闲游街市,不准强取食物,不准擅入民居。本军门治军有年,素严纪律,军法具

---

① 根据[日]龟井兹明:《血证——甲午战争亲历记》中译本,中央民族大学出版社1997年版,第168—169页。

② 《中日甲午战争全史》第二卷,吉林人民出版社2005年版,第804页。

在,有犯必诛"。^①据龟井兹明的日记记载,上述军令均被日军在武库发现,其中卫汝成这两道命令"都是木刻,已经印刷但尚未来得及施行"。他在日记中还公开了这两份文件,并嘲笑说:"在此公开",目的是"以备观察清人之如何舞弄虚文而实际并无实力之一端"。^②大敌当前,清军主帅不作全力抵抗,却忙于携家眷钱物撤离,最终导致部队处于溃逃境地的仓促景象,不仅让敌人耻笑,也让我们倍感心痛。

(二)舰炮弹药库(又称水师弹药库)——西弹药库。

北洋舰队是当时清军三支舰队的主力,曾被国外认为"是中国舰队中最难对付的一个"。

1880年底和1881年夏,李鸿章在德国先后订购了定远、镇远两艘铁甲舰。1883年,又以"铁甲舰来华,必有精利快船辅佐巡洋舰为由",再订购一艘新式巡洋舰,即济远。为此,北洋水师提督丁汝昌认为在旅顺建舰炮弹药库是当务之急的事情。1883年,经过多方勘测选定库址在旅顺白玉山西麓,这里既受白玉山的蔽护,可免遭炮火袭击,又距军港西侧较近,便于输送弹药。

舰炮弹药库大门朝西,前门正对着龙河的入海口,其建筑风格完全依照清代建筑特点而成,全部使用青砖、石块砌墙,采用瓦垅铁做房盖,门额镶嵌一块方形装饰物。弹药库房开正门,内部设有走廊,南北两边的房间比较昏暗。根据史料记载,该库先后建有库房14间,"其中舰炮火药库5间,铺有地板;弹药库9间,其中2间有地板,存放弹药引信,7间灰土地面,专存大小炮弹。两处库房之外均有围墙,周长160丈。另在两库之侧,建有库委员司事办公处所住房屋、库兵住屋及厨房共16间,于光绪十年(1884)十月建成"。^③按照施工时间分析,当时舰炮弹药库的修建是与武库同时进行的。

甲午战争前,北洋海军拥有各种舰艇30余艘,包括定远、镇远、济远、致远等10余艘主战舰,以及防御舰6艘、鱼雷艇12艘、其他舰6艘等,其中仅

① 根据[日]龟井兹明:《血证——甲午战争亲历记》中译本,中央民族大学出版社1997版,第188页。

② 根据[日]龟井兹明:《血证——甲午战争亲历记》中译本,中央民族大学出版社1997版,第188页。

③ 岳水文编著:《旅顺港史》,第43页。

主战舰和防御舰的备炮就有 212 门,需要储备大量的火药和炮弹。资料显示,因为北洋舰队备炮中多为后装炮,采用的是有烟火药,所以舰炮弹药库储备的弹药种类除炮弹外,主要以舰炮火药、弹药引信为主。从现存的舰炮弹药库旧址看其内部构造和空间规模,这里是一个舰炮弹药储备的完整的库房区。

舰炮弹药库平面示意图

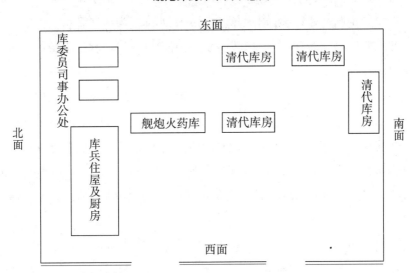

(三)海岸炮台弹药库——南弹药库。

在旅顺港建设过程中,根据李鸿章"船坞即为水师根本,自不得不设炮台护卫","非炮台蚊船不能立足"的指导思想,旅顺海防的防御设施建设也在同时进行。

旅顺建港之初,首先在港口东侧的黄金山修筑了旅顺第一座炮台——黄金山炮台,该炮台居高临下,可以俯瞰全城,它也是旅顺以后诸炮台中最大的一座。袁保龄上任后,更是将修筑炮台与建港工程同时并举。1883 年12 月至 1885 年 4 月中法战争期间,传闻法国军队可能北上进犯,引起清朝政府的高度关注,旅顺海岸炮台的修筑工程一时成为各项工程的重中之重,集中全力进行赶修。因此,在旅顺 9 公里海防线上,除黄金山炮台外,还修筑了老虎尾炮台、崂崒嘴炮台、摸珠礁炮台、城头山炮台、蛮子营炮台等 13座炮台,分布在港湾东西两侧的南部海岸。

为增强海岸防卫能力,清政府先后在海岸炮台配备了近百门各种口径的火炮,其中在黄金山炮台设置"240毫米炮2门,120毫米炮5门,12磅护墙炮8门";在摸珠礁炮台设置"210毫米炮2门,120毫米炮6门,80毫米炮4门"。① 另外,为备战时之需,还在炮台附近建起多座弹药库,南弹药库就是其中主要的一座。

南弹药库位于旅顺黄金山和摸珠礁之间突出的海角上,属于半地穴式弹药库。始建于1880年。弹药库房外观从正面看是一个门窗俱全、酷似普通民宅的四合院建筑,面积不大,东西长约50米,南北宽20多米,令人很难想到隐蔽的外表下面其实是一座近万平方米面积的大型弹药库。弹药库房里面呈拱形结构,采用大块岩石建成,建筑风格非常奇特。库内设有通道、暗道和支道。暗道中有支道,支道通炮台,通道尽头有正对大海的地下观察哨。地下观察哨是一个圆柱形的石制建筑,埋在山坡的土层里,很隐蔽。观察哨四周墙壁上布设有很多长方形窗口,即观察哨口,士兵在里面就可以看到海面上很远的地方,当时舰队一般都是从东南海面驶来,观察哨的位置正好可以监视敌情,设计十分巧妙。

库房分主库和分库,东西长约300米,墙高5米,库顶封土厚度约1米,总占地面积13000平方米。库房使用面积1200平方米,可库藏弹药14种,火药、弹头分库存放,共计1200吨,为整个旅顺海岸炮台提供弹药保障。

库房东西两侧分别为"东子药库"和"西子药库",库房正门横额上书"南子弹库"。墙体正面两侧镶嵌着"虎踞"、"龙盘"四个隶书大字的石刻,颇有坚不可摧的气势。从海面上看南弹药库,其周围山峦叠嶂,库房与山丘浑然一体,隐蔽性极好。

在甲午战争旅顺攻防战过程中,威胁日军占领旅顺市区的最大障碍是黄金山炮台。该炮台配备大小火炮20余门,其中有24厘米远距离新式克虏伯重炮3门。这些重炮可以360度回旋射击,对进攻日军威胁很大,为此日军派出步兵两个联队向黄金山炮台攻击。当时,负责驻守黄金山炮台的是黄仕林率领的庆字马队,有1600余人。

1894年11月21日午后,黄仕林见旅顺后路失守,便弃台仓惶逃走。

---

① 《阁学公集》卷8,第7—8页。

守台士兵依靠居高临下的有利地形对日军"猛烈瞰射",顽强抵抗。终因"主将逃走,无人指挥,军心涣散,且孤军无援,坚持到午后 5 时许,被迫放弃炮台"。① 日军先后占领了黄金山、摸珠礁等东部海岸炮台,南弹药库大批弹药物资均归日军所有。

(四)陆防炮台弹药库——东弹药库。

旅顺港北部属于丘陵地带,从崂崒嘴炮台起,形成拱卫旅顺后路的呈半月形的陆防线。其中东部陆防线炮台有大坡山、小坡山、鸡冠山、望台北、二龙山、松树山等;西部陆防线有椅子山、案子山等。东西两侧陆防线共有备炮 53 门,种类包括 20 厘米臼炮、12 厘米加农炮、12 厘米臼炮、9 厘米野炮、6 厘米山炮和机关炮等。

陆防线备炮种类繁多,就需要有储藏大量弹药的库房,为此陆防炮台弹药库即"东弹药库"就设在旅顺东部陆防线背面的山坳里。此山在旅顺俗称"老头山",高约 200 米,它的周围被大坡山、小坡山、鸡冠山等群山环抱。东弹药库所处位置地势平坦,因该处地形东西窄,南北长,所以弹药库房呈东西方向。库房内存放大量陆防线备炮所需要的炮弹头、炸药、拉火和引信等。据我们调查的口述资料记载,当年这些弹药大多是光绪年间从天津机器局制造封装后运抵旅顺,存放在这隐蔽的深山峡谷里。

1894 年 11 月 21 日午前 7 时,日军按照原定的作战计划,分左、右两翼纵队及搜索骑兵队对旅顺陆路防线发起进攻。日军左翼纵队首先占领鸡冠山东北的团山子。9 时 50 分,日军集中火力攻击鸡冠山炮台。当时,负责坚守鸡冠山炮台的是徐邦道的拱卫军,他们顽强抗战,在南面黄金山炮台24 厘米远距离重炮的支援下,向日军左翼纵队的侧翼进行猛烈的炮击,双方展开激烈的战斗。10 时 50 分,击毙日军步兵第十四联队第一大队长花冈正贞。11 时 30 分,相邻的二龙山炮台被日军占领,日军增派一个步兵大队支援攻打鸡冠山炮台,11 时 45 分鸡冠山炮台失守。接着,大坡山、小坡山等炮台相继被日军攻陷,东弹药库也落入日军之魔爪。至此,清军旅顺后路的东西陆防线全线崩溃。

---

① 孙克复、关捷编著:《甲午中日陆战史》,黑龙江人民出版社 1984 年版,第 229 页。

三、北洋水师在旅顺四大弹药库的后续情况

甲午战争前,旅顺海陆防线 30 余座炮台配备有新式克虏伯重炮和各种大小备炮 140 余门。甲午战争爆发后,旅顺"海岸炮台、后路陆防炮台以及行营炮台的大炮增至 330 多门"。[①] 甲午战争结束,日军占领旅顺,船坞、炮台、备炮、水雷营、鱼雷营、弹药库等各种军事设施和军用物资全部成为日军的战利品,价值"六亿数万元"。[②] 清政府苦心经营"凡十有六年,糜巨金数千万,船坞、炮台、军储冠北洋",[③]曾被赞誉为"固若金汤,万无一失"的旅顺口,竟于一日之内被日军占领,实乃国人的大耻。

1898 年,沙俄迫使清政府签订了《旅大租地条约》,侵占旅顺,并开始了为期 7 年的殖民统治。为实现"黄色俄罗斯"计划,沙俄在旅顺 9 公里海防线,25 公里陆防线大兴土木,修建 50 余座永久性堡垒。期间,俄军曾对各大弹药库进行过加固维修和扩建并利用。至今,东弹药库还保留着一座俄军采用混凝土建造的方形堡垒式弹药库。

1904 年至 1905 年,日俄战争期间,这批弹药库再次遭受战火的洗劫。战后,日本再次侵占旅顺,统治长达 40 年之久,并将各弹药库作为侵华日军的弹药供应地。

1937 年七七事变以后,中国人民的反日活动形式多样,并越来越强烈。为了加强警戒,日军在武库周围架设电网进行保护。一名爱国青年趁夜间躲过敌人的监视,铰断电网,欲将弹药库引爆,却不幸触电身亡。

1945 年 8 月,日本战败投降,苏军进驻旅顺 10 年。1955 年 5 月,苏军撤离,上述军事设施全部移交给中国人民解放军。目前,北洋水师在旅顺遗留的四大弹药库,只有武库被驻军部队继续使用,其余三座均已停止使用。

结 束 语

清朝末期,旅顺口作为一个设施完备的军事基地为北洋水师的发展提

---

① 董志正编著:《旅大史话》,辽宁人民出版社 1984 年版,第 56 页。

② 《日清战争实记选译》,《中国近代史资料丛刊续编·中日战争》(8),中华书局 1994 年版,第 130 页。

③ 姚锡光:《东方兵事纪略》,见《中国近代史资料丛刊·中日战争》(一),上海人民出版社、上海书店出版社 2000 年版,第 41 页。

供了极其有力的军事保障,但清政府在政治上已极端腐朽,致使国力十分虚弱,最终导致军事上的失败是不可避免的。

今天,军事科学技术飞速发展,武器装备不断更新,中国已进入国防现代化的行列,并不断赶超世界先进水平的国家。因此,我们对北洋水师在旅顺弹药库的回顾,旨在强调:国家必须强大,落后必将挨打!

周爱民,女,旅顺日俄监狱旧址博物馆副研究馆员

北洋海军胶州湾基地营建始末

李 晓 雷

一、胶澳开埠设关与海防地位的初现

胶州湾本无防,不过是山东海岸线腹地的一个小小港湾,但随着工业革命以及军事技术的进步,赶上近代海防发展末班车的清政府开始注意到这一天然良港,并试图将其建设成一个"渐臻周密"的海防基地。早在 1865 年设立在烟台的"东海关"就在胶州设"胶州分卡",辖青岛口、金家口、女姑口等口岸的海上贸易。这时青岛口的商贸初具规模。现存的同治十三年(1874)天后宫《修庙碑记》中记有:"盖闻天后以孝成神,以慈爱民,仁护海国,泽洽波臣,而旅客商人云集于此,尤赖其鸿波不扬,警顿息故,无不念以酬圣德焉。墨邑青岛口,旧有天后行宫以祭神灵。今将众商捐资诸船施助并督理之人于后,以垂永远。"可见,这时的青岛已是"旅客商人云集于此"。

1884 年中法战争爆发后,法国曾计划入侵胶州湾,"由胶州进图北犯"。① 清廷急令北洋大臣、直隶总督李鸿章督饬直隶、山东、奉天等省严加戒备。山东巡抚陈士杰招募 200 名士兵驻扎青岛,"以资稽查捍卫,而免意外之虞"。② 1886 年 7 月,李鸿章在复奕䜣信中追忆说:"许星使折称'西人艳称胶州湾为屯船第一善埠',鸿章亦久闻是说。上年法越衅起,法人屡次声言,将由胶州进图北犯,曾奉旨饬东抚筹防,是其地洵称扼要。"海军衙门成立后,李鸿章即于"本年正月杪,曾饬管理鱼雷营刘道含芳带兵轮前往检勘测量,绘图呈览,并具说帖"。这是青岛口首次驻军,虽战后不久即裁撤,

---

① 《李文忠公全集》,卷一,海军函稿。
② 《中国近代史资料丛刊·中法战争》(五),上海人民出版社、上海书店出版社 2000 年版,第 619—620 页。

但胶州湾的地位已开始引人关注。

二、建立胶州湾基地方案的提出与搁置

中法战争后，清廷"设海军衙门购战舰，饬海防"，任命奕譞"总理海军事务"，李鸿章等"协同办理"，①而由李鸿章"专司其事"。李鸿章受命后，即"饬管理鱼雷营刘道含芳带兵轮前往检勘测量，绘图呈览，并具说帖"。刘含芳在勘查报告中，将胶州湾、旅顺、威海作了比较，认为各有所长，但若在胶州湾建造海军基地，需要大宗经费和兵力，现值"国家帑项艰难之时，岂可再开暗耗之门"，而且"其地僻处海角……一朝有事，如敌船由黑水洋北驶，胶澳尚未知觉"，因此"此口形势之偏僻，断非目前之兵力、饷力所宜用"。

1886 年 5 月，清廷出使德国大臣许景澄上奏"请辟胶澳军港"。他认为，"山东之胶州湾宜及时相度为海军屯埠"，指出："西国兵船测量中国海岸无处不达，每艳称胶州一湾为屯兵第一善埠"，"该湾形势完善，又居卫要，似为地利之所必争。应请渐次经营，期于十年而成巨镇。"②同年 7 月，御史朱一新也上奏清廷，建议在胶州湾设立海军基地，认为"南北洋地势辽远，宜建胶州为重镇，以资联络，兼以屏蔽北洋也"，提出："欲固旅顺、威海，则莫如先固胶州。上可蔽登、莱，下可控江、浙，盖形胜必争之地也"，"一旦中外有事，运北洋之军实以济胶州，则指臂可以相联，而西夷窜扰之谋无所逞。"清廷诸位官员的上书言事，使李鸿章对此颇为谨慎，乃于 6 月电令北洋水师统领丁汝昌、总兵琅威理"在胶察勘"。之后，琅威理起草了详尽的报告呈复李鸿章，认为胶州湾应予设防和建设海军基地，并拟就了详细的设防计划。然而，李鸿章虽承认许景澄所言"胶州宜为海军屯埠一节，规划远大，尤关紧要"，但若照琅威理报告设立防务，"约估费不下数百万两……一而北洋目前兵力、饷力实形竭撅。一旅顺小口，澳坞、军库，并日而营，至今尚未齐备，断难远顾胶州"。③ 因此，胶州防务暂被搁置，而集中力量建设威海、旅顺等港口。

---

① 《清实录·德宗实录》，卷 215。

② 赵琪修，袁荣叟等纂：《胶澳志·沿革志一·历代设治沿革》，(台北)成文出版社 1968年版，第 4 页。

③ 《李文忠公全集·海军函稿》卷一，海军函稿。

三、胶州湾基地二次勘察与初建经营

1891年，李鸿章与山东巡抚张曜受命校阅北洋海军，之后，率舰驶抵胶州湾实地勘察。二人一致认为该湾形势重要，乃联衔奏请在胶州湾和烟台建筑炮台，驻兵设防。6月14日，光绪皇帝览奏批示：“奏拟在胶州、烟台各海口添筑炮台等语，着照所请”，正式批准在胶州湾设防。

胶州湾设防虽被批准，但经费、军队尚无着落。为此，李鸿章与张曜商定，由登莱青道盛宣怀接办山东海防捐，筹集炮械、工程费用；另由汉中镇总兵孙金彪统率嵩武军负责办理烟台、胶州湾两处炮台工程，并确定“先办烟台工”。1892年春，海防捐已达40万，烟台工程于“三月兴工起造”。同时，李鸿章批示盛宣怀：“如捐收果旺，亦可筹备胶防炮价。”6月，李鸿章与新任山东巡抚福润商定：命孙金彪专力营建烟台工程，不再兼顾胶州湾防务。另调“曾在台湾办理防剿，于筑台修械事务粗有历练”的淮军将领、登州镇总兵章高元“办理胶防”。7月，盛宣怀与章高元、孙金彪拟订胶防计划，“拟筑四台”。8月，三人赴天津向李鸿章“面陈”。胶防计划，得到李鸿章批准。章

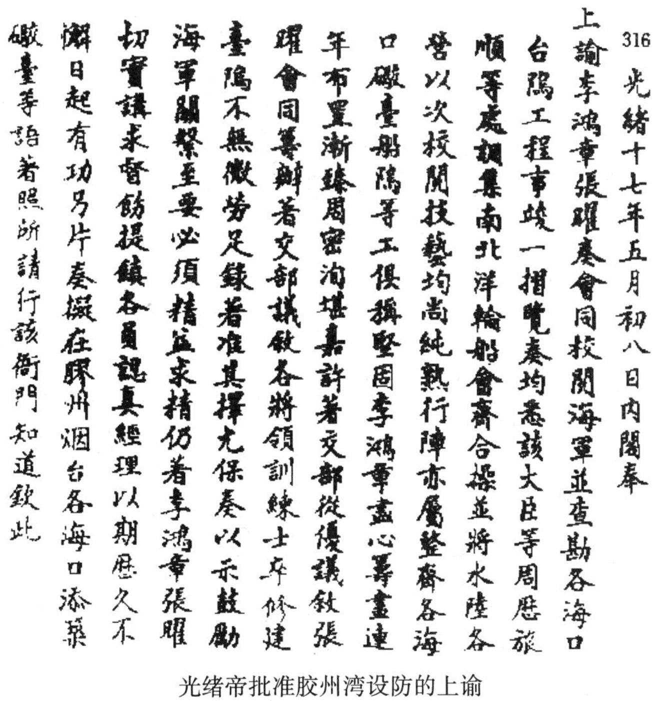
316 光緒十七年五月初八日內閣奉
上諭李鴻章張曜奏會同校閱海軍並查勘各海口台塢工程事竣一摺覽奏均悉該大臣等周歷旅順等處調集南北洋輪船會齊合操並將水陸各營以次校閱技藝均尚純熟行陣亦屬整齊各海口礮臺船塢等工俱擬堅固李鴻章盡心籌畫連年布置漸臻周密洵堪嘉許著交部從優議敘張曜會同籌辦著交部議敘各將領訓練士卒修建臺塢不無微勞足錄著准其擇尤保奏以示鼓勵海軍關繫至要必須精益求精仍著李鴻章張曜切實講求督飭提鎮各員認真經理以期歷久不懈日起有功另片奏擬在膠州烟台各海口添築礮臺等語著照所請行該衙門知道欽此

光绪帝批准胶州湾设防的上谕

高元由天津回登州任所略作料理后,于1892年秋天率带四营军队进驻胶州湾口东侧青岛村一带。胶州湾防务工程正式开始。

李鸿章"调登州镇总兵章高元率兵四营,移驻胶澳",是为青岛建置之始元。章高元移驻青岛口后,着手"开辟山路","建立台基、填筑营盘",先是在天后宫后侧修建总兵衙门。之后,在前海建造了一座栈桥码头,在青岛山及团岛(一曰名泥注村)等地"置土垒、设炮台",①安置兵营。

1893年,青岛电报房设立,青岛邮局此前已"兼辖青、莱、沂、胶境内之十二分局"。② "当是时,海禁渐开,中外之交往亦见繁",③由于通往内地的大路修通和栈桥码头的建立,便利了货物的往来,资金、商品纷纷涌入青岛口,从1891年至1896年人口也不断增加,每年进入胶州湾的南北货船有上百艘之多,年进出口贸易额约为300万两,④仅青岛口、塔埠头两分关的全年税收就达到200万海关两。

四、具体军事设施

1. 陆军:

胶州湾开始经营以后,登州镇总兵章高元奉命率嵩武军两营、广武军两营驻防青岛口,在青岛村(今人民会堂址)设立总兵衙门。在小泥洼村北(今青岛市第五人民医院

位于天后宫附近的总兵衙门

址)设立广武前营;在信号山南、八关山西北(均在今青岛海洋大学老校区校址)设立广武中营和嵩武中营;在青岛村西北(今青岛市公安局址)设立嵩武

---

① 《谕折汇存》,光绪十九年。

② 赵琪修,袁荣叟等纂:《胶澳志·交通志二·邮政》,(台北)成文出版社1968年版,第26页。

③ 《东方杂志》卷17,第18号(1920),第58页。

④ 庄维民、刘因全:《近代山东通商口岸的贸易经济》,《山东史志资料》1984年第2辑,第41页。

前营。

2. 炮台：

1891年在青岛、团岛、西岭择定了三座炮台的基址(原计划建造四台，来青岛口后改为三台)，并开始动工建造。1894年5月，李鸿章再次受命校阅北洋海军。5月23日，李鸿章抵达青岛口，视察了胶州湾防务，表示满意，并提出了改进和完善胶防的意见。5月29日，李鸿章回奏校阅情况时说："胶州澳口，原拟于青岛、团岛、坦岛各设炮台一座。臣等逐处察勘，登州镇总兵章高元，承办各台，基址已具，所拟安设炮位处所，尚得形胜。""惟团岛适当海口来路，一台尚嫌单薄，拟于岛左添炮台一座。"

3. 海军设施：

光绪十九年(1893)，章高元以旅顺船坞工程的剩余钢材在前海建造了一座铁木结构、以木铺面的栈桥码头，长约20米，专供海军装卸军用物资之用；另在总兵衙门前方修建"衙门桥"，俗称"蜗牛桥"。1894年5月23日，李鸿章再次受命校阅北洋海军后，又"拟于铁码头后建造水雷营，紧扼口门"。因甲午战争爆发，上述计划未能实行。

前海栈桥

五、胶州湾的沦丧

德国对胶州湾的觊觎始于19世纪90年代。甲午战争期间，德国驻华公使绅珂曾建议占领胶州湾或澎湖列岛。德国参加三国干涉还辽的目的就是为"向中国要求土地作为适当的补偿"。1896年李鸿章访问德国时，德国外交大臣马沙尔向李鸿章提出了割占一处中国军港的要求。李鸿章含混应付，未明确表态，但表示可以在北京为之"斡旋"，"尽一切力量"满足德国的要求。在对中国各湾口反复勘测比较后,德国终于选定胶州湾为侵占目标,并于1896年12月正式向清政府提出了租借胶州湾的要求。清政府以"恐各国援照,事实难行"①为由予以拒绝。德国遂加紧武力入侵准备,同时对俄国展开外交活动。1897年8月,俄、德两国达成协议:德国支持俄国占领旅顺、大连,俄国则支持德国占领胶州湾。上述交易达成后,德国即以两名传教士在山东巨野县被杀事件为借口,于1897年11月14日入侵胶州湾。章高元事先疏于防范,事发后惊惶失措,在德军武力威胁下未作抵抗即匆匆溃退,青岛口防地和全部军事设施沦入敌手,此即为"胶州湾事件"。

巨野教案发生后,清政府意识到,"现在德方图借海口,此等事适足为借口之资,恐生他衅",②遂以罕见的效率办理此事,李鸿章作为总理衙门大臣自始至终参与了对德交涉,代表清政府向德国表示"甚为抱歉",告之已严缉凶犯,将速结教案。德军入侵胶州湾后,清政府内部分化为主战和主和两派。以光绪为首的主和派压制了主战派以武力驱逐德军的主张,奉行妥协避战政策,一再严令不准"开战",从而完全陷入被动局面。

12月底,清政府终于以重大妥协与德国议定了教案处理办法,并定于29日正式签约。1898年3月6日,李鸿章、翁同龢代表清政府与德使海靖签订《中德胶澳租界条约》,将胶州湾租借给德国,租期99年。轰动一时的"胶州湾事件"终以清政府妥协卖国,割让大片领土而告结束,胶州湾命运就此决定。胶州湾命运的演变,就是近代中国命运演变的缩影。

参 考 文 献

一、青岛市档案馆编:《帝国主义与胶海关》,档案出版社1986年版。

二、张侠等编:《清末海军史料》,海洋出版社1982年版。

三、青岛市政协文史资料委员会编:《青岛文史资料》第十四辑,中国文史出版社2005年版。

四、李鸿章:《李鸿章全集》,上海人民出版社1986年版。

五、袁荣叟:《胶澳志》,胶澳商埠局,青岛华昌印刷局1928年版。

---

① 《翁文恭日记》,光绪二十二年十一月二十二日。
② 廉立之、王守中编:《山东教案史料》,齐鲁书社1980年版,第185页。

六、吴景平:《从胶澳被占到科尔访华:中德关系 1861—1992》,福建人民出版社 1993 年版。

七、李万荣:《胶澳开埠与青岛城市的早期现代化(1898—1914)》。

八、崔文龙:《军事殖民:德国海军对"胶澳租借地"的军事经营(1897—1914)》。

九、孔祥吉:《胶州湾危机与维新运动的兴起》,《历史研究》1998 年第 5 期。

李晓雷,日照职业技术学院艺术学院广告设计教研室主任

威海卫的陷落和北洋海军的覆没①

邵 雍

1894 年爆发了甲午战争,清朝的北洋海军历经丰岛海战、黄海海战后败局已定,最后终于在威海卫之战中全军覆没。

威海卫之战无论对于北洋海军还是整个中日战争都是至关重要的。然而对于这一重要的历史事件,各种近代史书籍中记载不一,其原因之一就是对史料的取舍不同。这里笔者尽可能地根据此次战役的第一手资料,试图对一些有关问题作一论述。

一

北洋海军黄海之战的失利,使日本侵略者的气焰更加嚣张,1894 年 10 月,日军分两路同时向中国进犯,陆军大将山县有朋率日本第一军从义州渡过鸭绿江进犯辽东,第二军由陆军大将大山岩率领从仁川渡海。10 月 24 日,日本第二军在辽东花园口登陆。在清朝消极防御战略思想的指导下,北洋海军"竟决策守港内,坐以待毙",②不仅听任日第二军三万人连续 12 天在花园口登陆,分别于 11 月 7 日、11 月 22 日从背后袭击大连、旅顺,而且当日军故伎重演于 1895 年 1 月 20 日在山东荣成成山角登陆时亦不加制止,坐视敌人从容上岸,包抄自己的后路。这样清军在威海卫之战中一开始就陷入了极为不利的境地。

威海军港建设在此次战役之前已初具规模,一般地说日本海军是无法正面冲进军港的。该港地势险要,三面群山环抱,南北两臂斜伸入海,形如

---

① 本文为上海市普通高校人文社科重点研究基地上海师范大学中国近代社会研究中心 SJ0703 研究项目部分研究成果。
② 《中日威海战役纪略》,《海事》第 10 卷第 9 期,第 43 页。

簸箕。刘公岛把海口分成东西两口,清政府的海军提督衙门就在刘公岛上,岛上有东口、西口地阱炮台(又称东风扫滩炮台和黄岛炮台)两座,此外还驻有统带淮军护卫营记名总兵张文宣的四营陆军。自北而南,黄岛、刘公岛、日岛各岛及岛与南北岸之间均有水雷和木桩铁链横档,以阻止敌舰正面冲入港内。威海军港南岸有赵北咀、鹿角咀、龙庙咀三座炮台,这三座炮台的背后有摩天岭、杨峰岭、谢家所炮台;北岸有北山咀、柏顶、黄泥崖、祭祀台四个炮台,分别称南帮炮台、北帮炮台。驻守北帮炮台的是绥巩军道员戴宗骞的绥军四个营。分统刘超佩带巩军的四个营驻守南帮炮台。日岛上也有相应的炮台①。但威海卫南岸东端的东山濒临于海,却没有一座用以封锁威海卫东口的炮台,这是该港建设中的一大失策,在威海卫战役中日军舰屡次往东口袭击就是为此原因。另外,南帮的龙庙咀炮台和北帮的祭祀台炮台位置均偏陆内,其火力攻击港外军舰不及,伏击港内军舰则是有余;各炮台大炮位置固定,不能转身应付来自后路的攻击,这些因素使威海军港防御能力受到了削弱,相反对日军倒成了有利条件。

1895 年 1 月 19 日和 21 日,日本从国内抽调来的第二师团和第六师团分别从大连出发,从 1 月 20 日到 22 日搭载第二、第六师团的各船到达山东半岛的荣成湾陆续登陆。1 月 20 日(十二月廿五日)凌晨四时在 25 艘军舰和 16 艘鱼雷艇的掩护下,日军第一批登陆部队 20 人乘坐小舢板在荣成湾成山角的龙须岛和倭岛交界处的金山咀偷袭登陆。舢板刚近岸时遭到当地驻防的一哨清军和两门小炮的拦阻射击,日登陆部队稍退,随后在八重山、爱宕、摩耶等日舰炮火支援下卷土重来强行登陆。当天下午三时荣成县城失守,守兵五营全部逃之夭夭。② 1 月 26 日,日军佐久间中将率领的第二师团为左纵队、黑木中将率领的第六师团为右纵队分别从南北两路进袭威海。

① 《中国近代史资料丛刊·中日战争》(一),上海人民出版社、上海书店出版社 2000 年版,第 51—52 页;李鸿章光绪二十一年正月初六日电,《中国近代史资料丛刊·中日战争》(三),上海人民出版社、上海书店出版社 2000 年版,第 359 页;日本三省堂编:《日本历史地图》,第 54 页。

② 《日清战争实记》(此系日方出版的报道战争进程的文件),《中国近代史资料丛刊·中日战争》(一),上海人民出版社、上海书店出版社 2000 年版,第 267—268 页;刘超佩电,见李鸿章正月廿六电,《中国近代史资料丛刊·中日战争》(三),上海人民出版社、上海书店出版社 2000 年版,第 336 页。

前此一日即 1 月 25 日（十二月卅日）日军的前锋部队在白马河东西的姚家圈村曾和刚由上庄东调迎敌的孙万林军发生一次遭遇战。孙部和日军激战两小时，毙敌百余名、生擒三名，①但未能阻止日军大队人马的前进。1 月 26 日、27 日日军和清军有小的战斗。1 月 28 日由威海卫派出的分统刘树德在龙泉汤迎击日军步骑二三百人，歼敌十余名。② 1 月 29 日晨，日军先遣部队已进至距威海卫南岸十余里处，刘佩超部百余人打退敌试探性进攻，打死日军七人，缴枪十支，并向前追击了十余里。③ 虽有上述小的战斗，但总的说来，日军没有遭到清军较大抵抗，故至 1 月 29 日为止，第二师团和第六师团已完成对威海卫南帮炮台的包围。

二

1895 年 1 月 30 日（正月初五）日军从威海军港背后向清军发动猛烈攻击。威海的主脑炮台摩天岭台受到大寺安纯少将率领的日军第六师团左翼队的进攻，清军据岭前的长墙抵抗，左翼队遭到猛烈打击，大寺安纯少将在摩天岭中炮身亡。摩天岭炮台当天被日军攻克。与此同时，由渡边少佐率领的日军第六师团右翼队登上虎口山，长驱十里，进占长墙的内侧，攻陷了杨峰岭炮台和百尺崖炮台。日军的 22 艘军舰和 16 只鱼雷艇当天在伊东祐亨司令官的率领下开到了威海卫海面，封锁该港的东西出口，参与了对百尺崖的攻击。日海军陆战队登陆，用百尺崖炮台之炮猛击威海港内的军舰和刘公岛、日岛炮台。④

在南帮炮台从龙庙咀到赵北咀长达十余里的战线上同时发生了激烈的炮战。清军事先做了一些准备工作。挖沟、筑墙、布雷，且用树枝巨干或装有土块的麻袋堆积起来作为各炮台背后的防御工事。⑤ 清军利用这些工事

① 李鸿章致丁汝昌等人电，《中国近代史资料丛刊·中日战争》（四），上海人民出版社、上海书店出版社 2000 年版，第 317 页。

② 李秉衡正月初三电，《中国近代史资料丛刊·中日战争》（三），上海人民出版社、上海书店出版社 2000 年版，第 354—355 页。

③ 丁汝昌正月初四电，《中国近代史资料丛刊·中日战争》（三），上海人民出版社、上海书店出版社 2000 年版，第 359 页。

④ 《日清战争实记》，《中国近代史资料丛刊·中日战争》（一），上海人民出版社、上海书店出版社 2000 年版，第 271 页。

⑤ 《中国近代史资料丛刊·中日战争》（三），上海人民出版社、上海书店出版社 2000 年版，第 320 页。

据险抵抗,战斗进行到下午二时,鹿角咀、赵北咀炮台仍在清军手中,龙庙咀前此已失。① 北洋海军在这次南帮炮台保卫战中打得比较积极(相对陆军而言)。当龙庙咀、鹿角咀炮台失守后,丁汝昌率各舰猛攻,但均未彻底摧毁。赵北咀炮台被日军攻陷后,丁汝昌事先安排好的 25 名海军敢死队士兵在左一雷艇的带领下冲上岸,起爆预埋的火药,将赵北咀炮台各炮和弹药库炸坏,以免资敌。敢死队士兵一人阵亡,八人被救回,其余的人至当晚十时止仍下落不明。② 日军用龙庙咀炮台的两门大炮和港外的 13 艘舰只组成的第一游击队(由吉野、高千穗、秋津洲、浪速组成)、第二游击队(由扶桑、比睿、金刚、高雄组成)和第三游击队(由大和、武藏、天龙、海门、葛城组成)同时向刘公岛炮台发起炮击,港内广丙舰大副黄祖莲中炮身亡,舰兵均有伤亡。③ 防守南帮炮台的四营巩军,当天有三员管带阵亡,派去协守南岸的 200 名士兵阵亡过半。而分统刘佩超称左腿受伤,离开阵地去刘公岛。向西败退的巩军在北洋海军舰只的掩护下才摆脱了日军骑兵的追击。④ 由贞爱亲王率领的日军第二师团的一部在迫近海岸的北洋海军舰只炮火的打击下,只得从凤林集退至冯家窝。⑤

驻守北帮炮台的四营兵,见南帮炮台失守,闻风而逃。分统刘树德随前

---

① 戴宗骞正月初五下午二时电,见李鸿章正月初五电,《中国近代史资料丛刊·中日战争》(三),上海人民出版社、上海书店出版社 2000 年版,第 357 页;丁汝昌正月初五下午二时电,见李鸿章正月初六电,《中国近代史资料丛刊·中日战争》(三),上海人民出版社、上海书店出版社 2000 年版,第 358 页。戴是南帮炮台战役的参加者和指挥者,他的电报当比英国海军军官的回忆〔见李鸿章正月十一日电,《中国近代史资料丛刊·中日战争》(三),上海人民出版社、上海书店出版社 2000 年版,第 385 页〕可靠。后者谈 12 时 10 分赵北咀炮台陷,12 时 25 分鹿角咀炮台陷,16 时九庙咀炮台陷,误。

② 丁汝昌正月初五致李鸿章电,《中国近代史资料丛刊·中日战争》(三),上海人民出版社、上海书店出版社 2000 年版,第 360 页。英国海军军官回忆说当天龙庙咀被定远轰坏,鹿角咀被敢死队炸毁,似有误。丁汝昌若果有此功,绝无隐功不报之理。

③ 《署理北洋大臣王文韶复奏查明丁汝昌等死事情形折》,《中国近代史资料丛刊·中日战争》(三),上海人民出版社、上海书店出版社 2000 年版,第 520 页。

④ 丁汝昌正月初五电,见李鸿章正月初六电,《中国近代史资料丛刊·中日战争》(三),上海人民出版社、上海书店出版社 2000 年版,第 360 页;丁汝昌等人致刘含芳的公函,见李鸿章正月十二日电,《中国近代史资料丛刊·中日战争》(三),上海人民出版社、上海书店出版社 2000 年版,第 388 页。

⑤ 《日清战争实记》,《中国近代史资料丛刊·中日战争》(一),上海人民出版社、上海书店出版社 2000 年版,第 270 页。

敌两营逃走。戴宗骞于南帮炮台失守后带了十余人去北帮的祭祀台炮台，李秉衡则安排孙万林部扼守在苑家口、羊亭一线以事阻击。1月31日孙部击退了日军的首次进攻。2月1日（正月初七）日军集中兵力，由贞爱亲王率第二师团、第六师团、第四旅团在羊亭东再次向孙部发起进攻，牵住孙部，同时暗中由南帮的沿海小道进袭北山咀炮台。至1月31日北帮的中国守军只剩一营人。2月1日早晨六时丁汝昌去戴宗骞处再次与之商量炸北帮炮台以免资敌时，仍守在祭祀台的不过十几人。丁汝昌于是果断地将戴宗骞及一部分海军士兵撤往刘公岛，并令敢死队将北帮炮台及药库、水雷营等全部炸毁。戴宗骞至刘公岛上，自觉无颜见人，吞金自杀。①

　　当天在羊亭东与日军作战的孙万林部于下午六时败退到酒馆。次日又继续败退到孟良口，孟良口以南均被日占。② 2月2日（正月初八），日军不费一枪一炮占了威海城，城中守军早已逃得不见踪影。至此北洋海军丧失了整个威海卫军港的全部海岸炮台及整个后方陆路阵地，固守在刘公岛等孤岛之上，处于日水陆两军重围之中，虽然粮食尚可继续一个月，但枪弹炮弹严重不足。丁汝昌在北帮炮台失陷后不久就向上级发出要求援军前来解围的呼叫，清北洋海军的处境十分困难。

三

　　1895年2月3日（正月初八）日军修复了南帮炮台，并出动18艘军舰水陆同时炮击刘公岛、日岛和港内军舰。其中日海军的第二、第三、第四（由筑紫、爱宕、摩耶、大岛、岛海五舰组成）游击队共14艘军舰攻击刘公岛、日岛炮台。第一游击队各舰封锁西口。③ 清军在极为不利的情况下坚决抵抗，处在南帮炮台炮火严重威胁下的日岛海军士兵尤为出色。虽然地阱炮

---

① 丁汝昌等人致刘含芳公函，见李鸿章正月十二日电，《中国近代史资料丛刊·中日战争》（三），上海人民出版社、上海书店出版社2000年版，第388、389页。

② 《中国近代史资料丛刊·中日战争》（一），上海人民出版社、上海书店出版社2000年版，第59页。

③ 《日清战争实记》，《中国近代史资料丛刊·中日战争》（一），上海人民出版社、上海书店出版社2000年版，第271页；光绪二十年二月十三日《署理北洋大臣王文韶复奏查明丁汝昌等死事情形折》，《中国近代史资料丛刊·中日战争》（三），上海人民出版社、上海书店出版社2000年版，第520页。

升炮时,必须跑到炮台上面操作,很危险,"可是那些年青的水兵仍旧坚守着这些炮,奋勇发放。一次三个水兵守着一个炮……其中有一个因炮弹爆发,颈上、腿上和臂上三处负了伤,可是一等伤处裹好,他仍旧坚决地回到他的职守,只手助战"。① 中国官兵的英勇抗击,挫败了敌人企图一举摧毁刘公岛、日岛上的防御工事,围剿北洋海军于威海港内的作战意图。

日军见炮战不能立即奏奇效,决定改派鱼雷艇从东口进港偷袭。南帮炮台失守后,日军利用它俯击港内北洋海军的舰只,于是北洋海军的舰只驶向西口避炮火。而日本鱼雷艇乘机卸拆东口木栏、水雷等水上防御工事。这样,日军的鱼雷艇掌握了随时进港偷袭的主动权。②

2月5日凌晨二时,日军舰艇炮击东口,三时半日本鱼雷艇乘月光被乌云遮住的掩护从东口进袭港内军舰,主要是进袭定远。港内军舰急忙回击。海战中日本鱼雷艇第三艇队的旗舰第廿二号在逃跑时撞礁倾覆,数人溺海,第二艇队的第九号也被定远打中了气罐,艇上四人被炸死。但第九号鱼雷艇的两枚鱼雷命中定远。③ 2月5日晨定远在刘公岛旁下沉。定远是北洋

---

① 《肯宁咸乙未威海卫战事外记》,《中国近代史资料丛刊·中日战争》(六),上海人民出版社、上海书店出版社2000年版,第321页。

② 姚锡光:《东方兵事纪略》,《中国近代史资料丛刊·中日战争》(一),上海人民出版社、上海书店出版社2000年版,第70页。

③ 《日清战争实记》,《中国近代史资料丛刊·中日战争》(一),上海人民出版社、上海书店出版社2000年版,第272页;雷艇管驾王登云、穆晋书向刘含芳的报告,见正月十四日李鸿章电,《中国近代史资料丛刊·中日战争》(三),上海人民出版社、上海书店出版社2000年版,第400页。

按:《中东战记本末》〔《中国近代史资料丛刊·中日战争》(一),上海人民出版社、上海书店出版社2000年版,第190页〕说日军受损失的是第六、第八号鱼雷艇,误。该书不及《日清战争实记》可靠。姚锡光《东方兵事纪略》〔《中国近代史资料丛刊·中日战争》(一),上海人民出版社、上海书店出版社2000年版,第70—71页〕说定远被袭于初九,又说击沉日方鱼雷艇五只皆误,上述王登云、穆晋书他们是在场之人,他们的报告当比第二手材料准确。当然《日清战争实记》也有错误的地方,如它记载第九号鱼雷艇死二人,显然是为了缩小日军的损失。我们取四人说的根据是:a.泰莱《甲午中日海战见闻记》载:2月5日"破晓,见敌方之二鱼雷舰漂浮于港内,其上有四尸,皆大汽管爆裂时炸伤而死者也"〔《中国近代史资料丛刊·中日战争》(六),上海人民出版社、上海书店出版社2000年版,第62页〕。泰莱是北洋海军雇的洋员之一,上述记载是其目击,可靠。b.丁汝昌等人致刘含芳函〔见李鸿章正月十七日电,《中国近代史资料丛刊·中日战争》(三),上海人民出版社、上海书店出版社2000年版,第413页〕,"初十夜,倭雷艇数只……拼命专攻定远……是夕倭雷艇被我击沉一只,又被获一艇,内有尸四,余逃出口"。这一打扫战场的报告当不会有误。

海军两大铁甲主力战舰之一,吨位是7335吨,舰上配有大炮22门,最大的炮口径位达十时,水雷射管12个。定远的下沉给威海刘公岛保卫战带来了极为不利的影响,以后丁汝昌把镇远作为旗舰。

2月5日(正月十一)日岛上的弹药库和地阱炮均被日军炮火摧毁,刘公岛炮台应战还击,击伤日舰两艘。① 当晚四时月没后,日军由小鹰和第廿三、十三、十二、七号鱼雷艇组成的第一艇队又潜入港内,击沉北洋海军的来远舰、威远舰和宝筏小火轮。中国方面伤亡200多人,而来远管带邱宝仁和威远管带林颖启却安然无恙,原来他们当晚上刘公岛嫖妓过夜,根本不在船上。②

次日凌晨日军出动20余艘军舰,在南帮炮台的火力配合下,向港内北洋海军发起了新攻势。南帮炮台的火力对刘公岛炮台和北洋海军各舰的威胁最大,刘公岛的炮台及药库全被轰毁,港内舰只损伤也很重。③ 2月7日(正月十三)上午七时正值东口炮火连天之际,北洋海军的鱼雷艇队竟在左一雷艇管带王登云的带领下擅自从西口出逃。封锁西口的日军的6只舰船

① 姚锡光:《东方兵事纪略》,《中国近代史资料丛刊·中日战争》(一),上海人民出版社、上海书店出版社2000年版,第71页。

② 《日清战争实记》,《中国近代史资料丛刊·中日战争》(一),上海人民出版社、上海书店出版社2000年版,第272页;丁汝昌等人致刘含芳函,《中国近代史资料丛刊·中日战争》(三),上海人民出版社、上海书店出版社2000年版,第520页;雷霆管驾王登云、穆晋书向刘含芳的报告,《中国近代史资料丛刊·中日战争》(三),上海人民出版社、上海书店出版社2000年版,第400页。《署理北洋大臣王文韶复奏查明丁汝昌等死事情形折》《中国近代史资料丛刊·中日战争》(三),上海人民出版社、上海书店出版社2000年版,第520页〕说日方这次出动了六艘鱼雷艇,误。《中东战记本末》写2月5日夜,被日军轰沉的是靖远、来远,镇远当是威远之误记,见《中国近代史资料丛刊·中日战争》(一),上海人民出版社、上海书店出版社2000年版,第190页。

③ 丁汝昌等人致刘含芳函,《中国近代史资料丛刊·中日战争》(三),上海人民出版社、上海书店出版社2000年版,第413页。

一起向之轰击。有一只雷艇在慌忙逃窜中急不择路,在拦海的横梁上撞碎。① 福龙号和左队第三号(以下简称左三)逃出西口时,锅炉管损伤,受日舰围攻,均被击中。② 利顺号从西口逃出时也遭到四艘日舰的炮击,打破该舰的锅炉,下沉。该舰中逃出的只有五人,到下午二时被英国军舰救起。③在龙门港(位于烟台和牟平之间)以东的海面上,右一、右二、右三艇被日舰追上击伤(上述三艇时速都是 18 海里),而右二雷艇在龙门港被日舰击沉,舰上人员刘芳圃、郝芗、毛鸿图等 60 余人弃艇登岸,于正月十四日晚上逃到烟台。左一、左二速度较快(分别为每小时 24 海里和 19 海里),所以逃得比上述各艇都远,一直逃到芝罘(烟台西北一岛)以西才被日舰追上击沉,其管

----

① 关于威海之战中中国鱼雷艇队出逃的时间、只数的记载各不一样。本文取正月十三日、13 艘说法的根据是:a. 英提督致北京电,见刘含芳正月十五日电〔《中国近代史资料丛刊·中日战争》(三),上海人民出版社、上海书店出版社 2000 年版,第 410 页〕,"礼拜四早,中国十三雷艇出口,有未出而拿去者,有打沉者,有被追打搁海滩者"。查《中外两千年历表》正月十五日是 1895 年 2 月 9 日星期六,由此上溯,星期四当是正月十三日,即 1895 年 2 月 7 日。b. 丁汝昌等人致刘含芳函〔《中国近代史资料丛刊·中日战争》(三),上海人民出版社、上海书店出版社 2000 年版,第 413 页〕中说"十三晨,放全力攻打东口……我小雷艇十只畏葸,擅由西口逃出西去,倭分队尾追,被其获去九只,余被击沉"。其中日期是对的,至于鱼雷艇只数中国和其他记载只有 12 艘、13 艘之分,记十艘当误。据此《日清战争实记》〔《中国近代史资料丛刊·中日战争》(一),上海人民出版社、上海书店出版社 2000 年版,第 271—272 页〕记 2 月 3 日(即正月初九)"敌军的水雷艇十余艘从港口逃出,企图逃跑,我游击队乃于追击到芝罘附近,或予破坏,或予捕获",其中日期有误。泰莱《中日甲午海战见闻记》〔《中国近代史资料丛刊·中日战争》(六),上海人民出版社、上海书店出版社 2000 年版,第 65 页〕记 2 月 6 日,尽管他是亲眼目击者,时间误。至于《中东战记本末》载英人斐利曼特尔的评论说鱼雷艇逃跑是 2月 8 号(正月十四)更是与事实风马牛不相及,见《中国近代史资料丛刊·中日战争》(七),上海人民出版社、上海书店出版社 2000 年版,第 553—554 页。c. 利顺号水手教习正月十五日向刘含芳的报告,李赞元说:"于十三日早七点钟带利顺小轮往开北口木筏门",见李鸿章正月十五日电〔《中国近代史资料丛刊·中日战争》(三),上海人民出版社、上海书店出版社 2000年版,第 406 页〕。利顺号是私自外逃的鱼雷艇的船只之一,此当事人的报告是第一手材料,可信。

② 正月十四日鱼雷艇官兵刘芳圃等人向刘含芳的报告,刘含芳正月十四日 22 时电,见李鸿章正月十五日电,《中国近代史资料丛刊·中日战争》(三),上海人民出版社、上海书店出版社 2000 年版,第 405 页。

③ 正月十五日利顺号水手教习李赞元向刘含芳的报告,见李鸿章正月十五日电,《中国近代史资料丛刊·中日战争》(三),上海人民出版社、上海书店出版社 2000 年版,第 406 页。

带王登云、穆晋书于正月十三晚逃到烟台。① 13艘鱼雷艇没有发挥任何积极的作用,就这样败毁了。

鱼雷艇的出逃使威海港内原已不足的战斗力又遭到严重削弱。日军在2月7日(正月十三日)加紧进攻。当天出动了以松岛、千代田、桥立、严岛舰组成的本队伙同第一游击队炮击刘公岛,第二、第三、第四各游击队炮击日岛。在这紧急关头,在北洋海军中任职的一些外国人,如海军提督帮办马格禄(英)、顾问浩威(美)、绥巩军教习瑞乃尔(德)还亲自跑去找丁汝昌,提出"以船械让敌,士民尚可保全",遭到丁汝昌断然拒绝。瑞乃尔于是外出煽动,致使刘公岛上的水陆军士兵舆论哗然,军心浮动。当夜驻岛的陆军首先发难,麇集码头,乞求生路。丁汝昌和护卫营记名总兵张文宣勉力抚慰,才勉强使事件暂时平息。② 次日凌晨四时,日军6艇从东西两口冲入港内,施放鱼雷,但没有击中目标。2月9日中午,日军在南帮炮台轰击靖远,一发九时的炮弹打进靖远的水线,洞穿铁甲板,靖远被击沉,舰上官军伤亡40余人。③ 刘公岛上的许多学校、机器厂、煤厂、民房等非军事设施亦遭日军炮火轰击,中国居民伤亡很大。这时驻岛的陆军再次发生骚乱,他们擅自离开战斗岗位,或奔上各舰,或直接上了丁汝昌所在的镇远号,要求送他们

---

① 《中国近代史资料丛刊·中日战争》(三),上海人民出版社、上海书店出版社2000年版,第405页。并参见刘含芳正月十三日20时电〔《中国近代史资料丛刊·中日战争》(三),上海人民出版社、上海书店出版社2000年版,第400页〕,由此可证姚锡光《东方兵事纪略》〔《中国近代史资料丛刊·中日战争》(一),上海人民出版社、上海书店出版社2000年版,第71页〕说"十三日,我管带鱼雷艇王登瀛等率雷艇十二艘,从西口驶逃,倭舰追之,尽扬以击",错误甚多。

② 池仲祜:《海军大事记》,《中国近代史资料丛刊·洋务运动》(八),上海人民出版社、上海书店出版社2000年版,第495页;《晨园漫录》,《中国近代史资料丛刊·中日战争》(六),上海人民出版社、上海书店出版社2000年版,第78页。

③ 易顺鼎:《盾墨拾余》,《中国近代史资料丛刊·中日战争》(一),上海人民出版社、上海书店出版社2000年版,第117页;泰莱《甲午中日海战见闻记》,《中国近代史资料丛刊·中日战争》(六),上海人民出版社、上海书店出版社2000年版,第67页。所以王文韶和姚锡光说靖远舰于正月十五日被击沉都是错误的,分见《中国近代史资料丛刊·中日战争》(三),上海人民出版社、上海书店出版社2000年版,第521页;《中国近代史资料丛刊·中日战争》(一),上海人民出版社、上海书店出版社2000年版,第71页。另外池仲祜说靖远被击沉于十一日,和史实相差甚远,见《中国近代史资料丛刊·洋务运动》(八),上海人民出版社、上海书店出版社2000年版,第495页。

离开刘公岛。丁汝昌要他们坚持到正月十七日,若届时救兵不到,自有生路。① 2月9日晚北洋海军右翼总兵、定远管带刘步蟾食烟土自杀。

2月10日(正月十六日)凌晨四时,日军四艘鱼雷艇乘大雾弥漫天气掩护,潜进西口放鱼雷,但未击中目标,旋被清军炮火击退。上午八时到十一时,威海南北岸的炮台又向岛、舰持续炮击,中国军民伤亡数十人。②

2月11日(正月十七日)天明日军水陆火又猛轰岛、舰。上午十时,日舰十余艘向东口冲击,被清军刘公岛东口炮台击伤两艘,进攻受挫。到下午一时,刘公岛东口炮台的两门大炮均被南帮炮台击毁。当晚丁汝昌接到远在莱州的山东巡抚李秉衡的指令,要他率领舰队冲出重围,知道援兵已没有希望了。这时港内的舰只沉的沉,伤的伤,还有一点战斗力的只有镇远、济远、平远、广丙四舰,至于镇东、镇西、镇南、镇中、镇北、镇边这6只蚊子炮船,每只吨数才440吨,速力每小时8里,每船仅装配5门炮,这些船只要突破港外的日军军舰和鱼雷艇的火力封锁拦截,几乎是不可能的。③ 为了避免资敌,丁汝昌几次派人准备用鱼雷轰沉镇远,而一些士兵唯恐这会引起日军愤怒,自家性命难保,拒不执行。当晚水陆军民万余人都向丁哀求活命。④ 更有少数流氓兵痞持刀威胁丁汝昌,胁迫其无条件投降日军。丁汝昌在绝望中于当天深夜悲愤地服毒自杀,同时服毒自尽的还有张文宣。北

---

① 泰莱《甲午中日海战见闻记》,《中国近代史资料丛刊·中日战争》(六),上海人民出版社、上海书店出版社2000年版,第67页。

② 王文韶二月十三日折,《中国近代史资料丛刊·中日战争》(三),上海人民出版社、上海书店出版社2000年版,第521页。

③ 假如丁汝昌一开始就能果断地允许港内的北洋海军的舰只冲出重围,那么结果可能会变一些,清政府曾一再指示丁设法冲出重围,至2月3日(正月初九日)为止清廷已连下三道谕旨令海军抓住有利战机,出口作战。正月初九日的谕旨明确指出,如北岸不守,海军各舰无所可归,株守口内,"待彼水路合攻,必攻全船资敌而后已"〔《中国近代史资料丛刊·中日战争》(三),上海人民出版社、上海书店出版社2000年版,第376页〕。正月初十日至李鸿章的谕旨认为"刘公岛孤悬海滨,势亦不保",焦急地询问"究竟海军各舰能否力战冲出?"〔《中国近代史资料丛刊·中日战争》(三),上海人民出版社、上海书店出版社2000年版,第382页〕。正月十三日的谕旨命李鸿章电告山东登莱青道刘含芳设法送信,将朝廷要求港内舰只冲出重围的意图告知丁汝昌〔《中国近代史资料丛刊·中日战争》(三),上海人民出版社、上海书店出版社2000年版,第397页〕。但丁汝昌却一意地把保船的希望寄托于陆路援兵,结果使港内舰只蒙受重大损失,丧失了突围的战机和实力,在这一点上丁汝昌是有一定的责任的。

④ 王文韶二月十三日折,《中国近代史资料丛刊·中日战争》(三),上海人民出版社、上海书店出版社2000年版,第519页。

洋海军镇远舰署理管带杨用霖用手枪自杀。丁汝昌死后,威海营务处候选道牛昶昞即与洋员们商议投降事宜,由浩威冒用丁汝昌名义,用英文起草降书,然后再译成中文,盖上海军提督大印,于正月十八日上午八时派广丙管带乘镇北号前往日军旗舰松岛号向伊东祐亨司令官递交降书。① 伊东祐亨复信要中国军队次日上午十时投降。次日上午九时许,程璧光再次前往松岛号,向伊东通报了丁汝昌、刘步蟾、张文宣等人自杀的消息,同时提出由于准备不及,请求日方延迟至正月二十二日(2月16日)起受降。当天下午五时半,威海营务处候选道牛昶昞代表威海当地的清朝陆海军与日军代表伊

① 《日清战争实记》,《中国近代史资料丛刊·中日战争》(一),上海人民出版社、上海书店出版社 2000 年版,第 272 页;姚锡光《东方兵事纪略》〔《中国近代史资料丛刊·中日战争》(一),上海人民出版社、上海书店出版社 2000 年版,第 72 页〕,但其中记程璧光乘镇边舰去请降,镇边当是镇北的误记。必须指出一些书上关于丁汝昌先写的降书、由程璧光送出后再自杀的记载是错误的,也是不近情理的。如王文韶二月十三日《复奏查明丁汝昌等死事情形折》即是一例〔《中国近代史资料丛刊·中日战争》(三),上海人民出版社、上海书店出版社 2000 年版,第 522 页〕。但王折的原材料来源之一就是那个积极策划降日的威海营务处候选道牛昶昞提供的。牛故意这样说可能是为了推卸自己降日的罪责,把降日的罪责加到丁头上去,反正死人是不会说话的。丁汝昌死于送降书先,除根据姚锡光之说外,还有以下理由:

a. 丁汝昌早在威海卫未被围之先,已派员将水师文卷送往烟台〔李鸿章正月二十三日电,《中国近代史资料丛刊·中日战争》(三),上海人民出版社、上海书店出版社 2000 年版,第 439—440 页〕。丁汝昌在十二月下旬致李鸿章电中表示"倘(威海卫)两岸有失,台上之炮为敌用,则我军师船与刘公岛陆军,惟有誓死拼战,船没人尽而已"〔《中国近代史资料丛刊·中日战争》(三),上海人民出版社、上海书店出版社 2000 年版,第 319 页〕。另据参战人之一泰莱的目击:"自从他(指威海卫)受攻以来,彼(指丁汝昌)常在于最危之地。……定远为鱼雷艇炸击起,彼当然在船上。自此之后,凡有战事,彼恒在靖远舰之最前方,今日靖远被沉时,彼亦在其中"〔《中国近代史资料丛刊·中日战争》(六),上海人民出版社、上海书店出版社 2000 年版,第 70 页〕。可见丁无论在口头上还是在行动上,都没有贪生怕死之表现。他对敌作战是勇敢的,抵抗是坚决的,没有一点妥协投降日本的蛛丝马迹。

b. 相反丁是一贯反对投降的,早在 1895 年 1 月 23 日(十二月二十八日),即日军在荣成成山角全部登陆完毕的次日,日本海军联合舰队司令官伊东祐亨就致文丁汝昌要求他投降,被丁断然拒绝〔《晨园漫录》,《中国近代史资料丛刊·中日战争》(六),上海人民出版社、上海书店出版社 2000 年版,第 78 页〕。另外,2 月 9 日(正月十五日)凌晨二时,泰莱和瑞乃尔去丁处,劝丁说:"若兵士不能战,则纳降当为适当之步骤。""丁提督最初言纳降为不可能之事。其后言彼当自杀,使此事得行,以全众人之性命。"〔《中国近代史资料丛刊·中日战争》(六),上海人民出版社、上海书店出版社 2000 年版,第 66 页〕这些都一再说明了丁宁死不降的坚强意志,所以丁不会也不可能自己写降书。笔者同意《晨园漫录》作者的观点:"凡兹种种,汝昌固毫无侥幸保全性命之念,早已有誓死之决心矣。既有誓死之决心,自不至于死于投降之后。"〔《中国近代史资料丛刊·中日战争》(六),上海人民出版社、上海书店出版社 2000 年版,第 78 页〕。

东签订了十一条投降协定。

1895年2月17日,日舰队进入威海军港,刘公岛上的炮台、营房以及镇远、济远、平远、广丙、镇东、镇西、镇南、镇北、镇中、镇边等大小舰只10艘全部资敌,威海卫完全陷落。[①] 北洋海军经过丰岛海战、黄海海战、旅顺、大连军港的陷落,至此完全覆灭。

邵雍,上海师范大学人文学院历史系教授、博士生导师

---

① 《日清战争实记》,《中国近代史资料丛刊·中日战争》(一),上海人民出版社、上海书店出版社2000年版,第275页。必须指出有些著作,包括1979年人民出版社出版的《中国人民保卫海疆斗争史》第267页说,日军在2月7日获得的北洋海军的舰数是11艘,误。他们可能把康济号也计算进去了。但是牛昶昞和伊东签订的投降协定的第十条明确规定:"康济不在投降之列,即牛道台代用,以供北洋海军以及威海陆路各官乘坐回华⋯惟此船未离刘公岛之前,日本水师官来拆卸改换,以别于炮船之式。"张荫麟:《甲午中日海军战迹考》,见王芸生:《六十年来中国与日本》第二册,第172页。

从《邱凤池解运炮弹子药雷电清折》
看平壤之战

刘 致

1895 年 8 月（光绪二十一年七月），随着甲午战争的结束，日本将 996 名清军战俘释放回国。在 22 名军官中，有一位在平壤之战中被俘的五品候补巡检邱凤池，他就自己从入朝一直到被俘的工作情况向上级写了一个简短的述职报告：《邱凤池解运炮弹子药雷电清折》①（以下简称邱折），从而为我们了解该次战役的许多细节提供了难得的资料。

平壤之战是甲午战争中朝鲜战场规模最大的一次交战，中日双方都动用了上万兵力，特别是清帝国方面，出动了自己装备最好、训练最有素的淮系防军和练军中的几支精锐部队。但结果却出乎大多数人的意料之外，人数和装备上与对手相差无几，而又占着地利人和的清军，仅仅抵抗了一天就崩溃了。平壤城外，清军尸积如山，血流成河，大量的武器弹药、粮食军需成了日本人的战利品。甚至整个朝鲜半岛，也在此战之后全部落入了东洋强盗的魔爪，直到 50 年之后，才获得独立。而日军更以朝鲜为跳板，越过鸭绿江侵入中国，给辽东、辽南地区带来了巨大的灾难。可以说，平壤一战的结果，对中、日、朝三国在未来数十年的命运产生了重要的影响。

在以往的研究著作中，因为对清军战败的一些技术层面的原因缺乏研究，往往将此战的失败，归结为平壤清军统帅叶志超在布防和作战指挥上的失误以及其失败主义。确实，叶志超畏敌如虎，在两军相持拉锯之际弃城逃跑，实为第一罪人，但笔者在邱凤池的报告中，却看到了放弃平壤在军事上某些具体层面的原因。

---

① 《盛宣怀档案资料选辑》之三《甲午中日战争》下册，上海人民出版社 1982 年版，第 458 页。

一、中日两军的武器装备对比

邱凤池的职务是办理盛军前敌军械委员,从这个职务可以看出,平壤清军的主力——淮系盛军的所有武器装备情况,他都十分清楚。在折中,他详细叙述了自己从天津新城港运到平壤的军械资料:"……七生脱半炸弹一千二百颗,两磅威敦过山炮弹一千二百颗,四分五径小格林炮子五万粒,哈乞开斯兵子四十五万粒,云者士得马枪子五万粒,旱雷壳八十个……"

这短短的几句话已经清楚明白地说出了 6000 名盛军的装备情况:

炮兵使用三种火炮:分别为 75 毫米("生脱"是英语中厘米的音译,七生脱半就是 75 毫米)炮、使用两磅重炮弹的威敦过山炮(一种小型山炮,一般两磅炮的口径为 37 毫米,但金陵机器局生产的两磅炮为 60 毫米,现在还不清楚盛军使用的是哪一种)和 11 毫米加特林机关炮(Gatling 旧译为四分五径小格林炮,其实不能算是炮)。

步兵为美制哈乞开斯(Hotchkiss 现译为霍奇基斯)六连发后膛步枪和单发步枪。

骑兵为温彻斯特(Winchester 旧译为云者士得)十三连发后膛卡宾枪。

可以说,在机关炮、步枪、马枪等轻武器方面,盛军都有那个时代非常先进的装备。他们的对手普遍装备的只是仿造德国 1871 毛瑟的村田式单发后膛步枪。很明显,单发枪发射时只能将子弹逐发装入枪膛,依次进行发射,射速比可以连扳连射的连发枪要低很多。

而加特林机关炮更是近战利器。从严格意义上说,它和现代意义上的机关枪还有差别,更像一种过渡产品,但其高达每分钟 350 发的射速,如果使用得当,对密集冲锋的步兵绝对是一种巨大的威胁。这种武器的最大缺点是笨重,不便机动,因此多用来防御,而提倡进攻的日本军队基本上就没有装备,这也从另一个侧面反映了双方的军事思维。

盛军作为淮系主力,装备精良毫不足奇,但当时清军中仍然有许多人使用着落后的火绳枪、大刀、长矛,[①]因此,清军的装备情况实际上是良莠不齐,只有一部分军队对日军有近射火力上的优势。

---

① 《中国近代史资料丛刊续编·中日战争》(8),中华书局 1994 年版,第60—61 页。

和轻武器上的相对优势相比,清军在重武器方面的差距就比较明显了。平壤之战中,溃败的清军把所有火炮都丢弃了,全部被日军俘获。通过日本人比较细致的清单,我们可以发现,35 门火炮中,只有不到一半(16 门)是当时欧美军队师属炮兵的制式火炮——75 毫米山、野炮。① 而日本炮兵则基本上装备了此类火炮,在平壤参战日军各部中,仅第九混成旅团就装备 75 毫米炮 16 门,相当于平壤清军的全部;如果再加上朔宁支队的 6 门、元山支队的 18 门、第五师团主力的 18 门,日军共有该炮 58 门,是清军的 3.6 倍。清军的大部分火炮是只能对付步兵的两磅小炮和机关炮,在压制火力上完全居于下风。

　　经过这种比较,笔者突然发现,原来平壤两军在火力上的对称度并不像我们原来想象的那么平衡。自从 1871 年普法战争以后,所有的军事评论家不得不承认,炮兵的重要性已经完全压倒了步兵,诚如一位在色当被俘的法国军官发出的慨叹:普鲁士人是靠着"五公里长的炮兵"取胜的。② 由此我们可以想见,当平壤城在日军强大的炮火下颤栗时,像叶志超那样精神崩溃、斗志全无的恐怕不是一个人。

二、清军的弹药问题

　　叶志超在决定弃城逃跑的军事会议上,提出了几点理由:"北门咽喉既失,弹药不齐,转运不通,军心惊惧。"③而其他高级将领对这几点意见并未作出反驳,惟一反对逃跑的毅军统领马玉崑也只是因为"余带兵三十余年,经数百战,常以不得死所为恨,岂临敌退缩自贻罪戾哉"?④ 可见他们对叶志超的理由并无异议。而盛军统领卫汝贵也同样在给盛宣怀的电报中提到了:"惜左军门阵亡,守城乏人,且子药又尽,叶军门不得已与诸将筹商退守之策。"⑤

---

　　① 《中国近代史资料丛刊续编·中日战争》(8),中华书局 1994 年版,第 60 页。
　　② [英]J.F.C. 富勒:《西洋世界军事史》卷三,广西师范大学出版社 2004 年版,第 116 页。
　　③ 戚其章:《甲午战争史》第三章第一节,上海人民出版社 2005 年版,第 107—108 页。
　　④ 戚其章:《甲午战争史》第三章第一节,上海人民出版社 2005 年版,第 107—108 页。
　　⑤ 《盛宣怀档案资料选辑》之三《甲午中日战争》上册,上海人民出版社 1980 年版,第 167 页。

"北门咽喉既失"是指镇守平壤北城玄武门的奉军统领左宝贵阵亡,玄武门失守;"转运不通"是因为平壤的后路兵站顺安城已经被元山支队攻占;大将殒命,城防被破,后路被断,那么"军心惊惧"也是情理之中。惟独让人费解的,就在于"弹药不齐"四字。

在日本人的战利品名录上,列有被缴获的75毫米炮弹633发、小口径山炮弹(根据邱折,估计就是两磅过山炮弹)207发、步枪子弹56万发。这足以让笔者惊叹清军弹药之充足。仔细算算,每门75毫米炮可以摊到39至40发炮弹,一万名清军每人也可以分到50发子弹。这怎么能说是"弹药不齐"呢?

邱折中叙述了一个事实:"于八月十三日战至十六日,计四日内,约施放枪子七十四万粒之谱,炮弹二千八百余颗之谱。"也就是说,即使按平均量算,盛军每天要消耗子弹18万多发、炮弹700多发。

让我们根据邱折来统计一下盛军的弹药总量,以便分析消耗百分比。按照邱折的说法,除了前面提到由他负责运送的弹药外,"各营每炮自带炸弹五十颗,每枪自带枪子一百五十粒"不包括在内。平壤清军共有75毫米炮和小口径炮29门,当然不可能全部属于盛军,其他奉军、毅军、芦榆防军、吉林练军可能都有炮,由于没有资料可以搞清楚各军有多少炮,就按最大可能算盛军有20门炮,那么各炮自带炮弹共为1000发,加上邱凤池运输的2400发,盛军共有炮弹3400发,到逃跑前还剩不到600发。也就是说,不到一天的用量。

子弹也存在同样的情况。根据卫汝贵的电报,盛军每营勇(战斗兵)夫(后勤兵)450余名,12营盛军共5400多人。除去没有步枪的炮兵、军官、长夫、伙夫、马夫、幕僚,就算有5000支步枪吧,那么自带子弹为75万发,加上邱凤池运输的50万发,共有子弹125万发,在逃跑前还剩51万发,只能再坚持不到三天。

其实情况远不如计算的这么好,因为中日两军真正交战的只有9月17日(光绪二十年八月十六日)一天,此前三天的所谓战斗,只是日军各部进行试探性炮击,清军发炮还击而已,步兵基本上没有消耗弹药,也就是说,5000盛军实际上是在一天内就打完了70多万发子弹(平均每人100多发),那么这剩下的51万子弹,绝对无法让盛军再支撑一天像9月17日那样的战斗。

作为平壤清军主力的盛军如此，其他各军情况应与其类似，那么就难怪叶志超和卫汝贵异口同声地说弹药不足了。由此也不难理解，为什么叶志超提出弃城逃跑时，在船桥里血战中身先士卒、表现尚佳的卫汝贵不发一言，因为他也觉得，自己的部队确实是撑不下去了。

三、清日两军的素质对比

相比清军，日军步兵在单兵弹药携带量上是比较"窘迫"的，每枪自带子弹 70 发，不到清军的一半。另外大队小行李为每枪储备了 30 发子弹，纵队储备了 100 发子弹，总计一人 200 发，比清军的 250 发也要少四分之一。此外，骑兵每枪弹药 30 发、工兵每枪弹药 30 发、辎重兵每枪弹药 15 发，比清军差得就更远了。[①]

不过日军炮弹则远比清军充足。野炮备弹为 142 发，山炮备弹为 144 发，再加上纵队携带的弹药，一门野炮弹药总数为 286 发、山炮为 288 发。[②]清军每门炮则只有 150 发左右。

那么，盛军消耗掉近百万发子弹和数千发炮弹取得了多大战果呢？平壤之战中，盛军的主战场是城南的船桥里，对手日军第九混成旅团死亡军官 6 人、士兵 124 人；负伤军官 17 人，士兵 273 人；共计损失 420 人，[③]每个伤亡人员头上可以摊到 1000 多发子弹，这还不算被炮弹杀伤的。而当时的战场上，日军的主要伤亡是在冲入清军堡垒内部后造成的，双方实际上是短兵相接，交战距离很近，这样的情况下，如此低的命中率凸显了清军的战斗素质的确不高。

而在日军记载中，虽然第九混成旅团的步兵在战斗中也打光了子弹，但是要考虑到该部和清军交战距离太近，很难补充弹药，消耗殆尽的主要是单兵携带的 70 发子弹而已。相比之下，日军就要比清军"节省"得多。

在火炮使用方面，两军差距就更加明显了。虽然日军炮弹比清军充足得多，但从不乱放，都是精确测量以后发射。反观清军则经常为了壮胆而随

---

① 《中国近代史资料丛刊续编·中日战争》(8)，中华书局 1994 年版，第428—429 页。

② 《中国近代史资料丛刊续编·中日战争》(8)，中华书局 1994 年版，第 429 页。

③ 《中国近代史资料丛刊续编·中日战争》(8)，中华书局 1994 年版，第573—575 页。

意挥霍本来就偏少的炮弹储备。日军记载中经常出现诸如"敌军(指清军)……大小炮声隆隆不断,但我军无一人负伤"、"敌弹常落到远离目标千米之外的后方"①之类的描写。

仅仅比较弹药消耗量还不足以说明两军素质的差距。但那已经不是从邱折可以看出的东西了,因此本文不再赘述,仅告读者,当清军"士卒各自慌乱"、"惟恐粮尽子绝,不能坚持固守"②之时,日军总指挥官、第五师团长野津道贯中将正咬牙切齿地对部下表示:"……在明日的战斗中,全军一齐进逼平壤城下,冒敌弹,攀胸墙,胜败在此一举……如若不幸失败,平壤城下乃我的坟墓。"③由此观之,即使清军未逃离平壤,以其素质、士气,战局又岂能扭转?

还有一点,盛军在作战中所消耗的弹药,全是光绪二十年六月十八日(1894 年 7 月 21 日)在天津新城装船,随部队一起运抵朝鲜的。④ 由此观之,大军在平壤驻扎一月有余,竟没有一粒子弹运到前线。兵法云:"军无粮草辄亡,军无辎重辄亡,军无委积则亡。"后勤补给工作如此糟糕,如何能够支撑起一场远离国境数千里的近代化战争? 而一支在异国他乡作战的军队,得不到有力的后勤保障,能打赢吗?

所以,平壤之战的失败是必然的,不是更换一个指挥官就能够扭转战局的。清政府的军事体系已经整个腐朽了,不论是军官的选拔、士兵的训练,还是后勤的组织、战术的指挥方面都远不如日本,必须要改革整个军事体系,而清政府如果不从结构上进行变革,这一点显然是无法做到的。也就是说,中国必须进行一次实质上的革命,才能避免战争的失败。

刘致,重庆市公安局渝中区分局民警

---

① 《中国近代史资料丛刊续编·中日战争》(8),中华书局 1994 年版,第 37 页。
② 《盛宣怀档案资料选辑》之三《甲午中日战争》下册,上海人民出版社 1982 年版,第459 页。
③ 《中国近代史资料丛刊续编·中日战争》(8),中华书局 1994 年版,第 58 页。
④ 《盛宣怀档案资料选辑》之三《甲午中日战争》下册,上海人民出版社 1982 年版,第458 页。

甲午战争中丁槐率贵州军援威始末

梁　继　鸿

　　19 世纪末，发生于中日两国之间的甲午战争，是影响近代中国历史发展走向之重要事件。经国内几代学术前辈多年来的研究，这段历史的主体脉络早已清晰成形。其中关于人物史事这一重要分支，从以往学术研究的主流上看，多着眼于少数几位叱咤风云的代表性人物。然而对于历史功绩不怎么突出、名声不那么响亮、却又在史籍中屡被提及的那些"小人物"，则往往鲜有着墨。如果一直无人关注，许多这类"小人物"之史事，很容易就会湮没于历史瀚海而不为人知。

　　早在 1894 年 8 月甲午战争爆发伊始，迫于日益严峻的战争形势，清政府曾下令从全国各地调兵北上，以图增强拱卫京畿的防务力量。在诸多"北上勤王"之师中，有一支来自贵州边远山区人数不多、却享有"黔中劲旅"口碑，名声在外、却又常常得不到朝廷足够重视，各界对其传闻和期望很多、却最终归于沉寂的军队——贵州古州镇总兵丁槐统带的驻防练军。这支军队原本计划调往天津，在漫长的北上旅程中几经周折，当日军登陆荣成进犯威海卫时，又被临时抽调作为援军，改道前往威海救急，可惜最终还是眼睁睁看着威海卫陷落而无所建树。

　　该事件虽然在历史主旋律中实属"沧海之一粟"，与当时诸多调兵援威案例相比较，事情发展的结果都相同——即威海卫最终还是被日军占领。然而事件本身却堪称典型，因为其具备有别于同类事件的独特之处：其一，这支贵州军是当时全国清军中，极少数几支曾与"外夷"军队有过实战经历的部队之一。其二，跟其他军队属于奉旨抽调或招募的被动性质不一样，这支贵州军是自己主动奏请出战的。仅凭同时具备这两大特征，不单是在甲午战争当中，就算是在清末历次涉外战争中，亦不多见。

甲午喧嚣　壮士请缨

——清廷调贵州兵北上的起因

　　1894 年 6 月朝鲜国内爆发东学教起义后，随着清政府和日本政府先后派兵入朝，战争阴影渐渐笼罩于中日两国之间，中国的农历甲午年注定会是喧嚣不宁的一年。自施行明治维新后，日本国势日盛，早有明眼人士指出日本必将成为中华肘腋之患。1894 年 7 月 25 日丰岛海战的炮火声，把清政府心存侥幸、希冀避免开战的美梦给彻底敲碎，8 月 1 日始，中日两国相互宣战，甲午战争正式展开。当时常以天朝上国自居的中国，面对日本这么一个"蕞尔小国"狂妄地上门挑战，着实举国上下深感诧异，人们在震惊之余，自然而然涌起一股激昂愤慨的反击情绪。在这种心态背景下，尤其是在对时局、国情不甚明了的清流官宦、军队中初级军官以及士子乡绅等各阶层中，对日主战的态度在当时是很有舆论基础的。

　　一边是日本人已呈咄咄逼人的进攻态势，战况日趋严峻和紧迫；另一边在中国的清廷中枢内部，"和"与"战"两种意见却一直纷争不断，君臣之间纠缠于战略层面上的口舌之争。以北洋大臣李鸿章为代表的洋务主办官员们，对国情和战场形势日趋严峻的现状有着较为清醒的认识和判断，故主张以争取和局为最佳结果；而以光绪皇帝和帝师翁同龢为代表的主战派，由于对国情实力不明和误判了形势，又或出于借机削弱洋务派实权的暗藏政治动机，在态度上反而表现得异常强硬，清流言官们纷纷力陈要与日本作战到底。正因为主战舆论一时占了上风，使得甲午战争开战之初，全国上下关于"剿倭"、"灭寇"的声势一度高涨。

　　但事实终胜于雄辩，由于清军在朝鲜战场上节节败退，无论是海上还是陆地，战场形势越来越向着不利于中国的方向发展，清廷中枢无论哪一派，均被迫面对这样的尴尬："倭若兼得威、旅，扼我门户，全据北洋海面，则京师坐困矣"！① 京畿重地的安全是重中之重，清廷中枢的反应与以往鸦片战争、中法战争时如出一辙，即将整个防务部署的重点放在了京、津方向，不断

---

① 《致天津刘钦差、李中堂》，《张之洞全集》（八），卷一百九十四（电牍二十五），河北人民出版社 1998 年版，第 6034 页。

地往山海关、天津周边地带增兵以巩固防御。而对辽东、山东这"两翼"方向则明显不够重视,最初甚至想仅依赖各省督抚控制的地方武装自行组织御守事宜。中枢大臣们均深悉朝廷这一贯的反应,因此在调兵议题上倒是形成了难得的共识,于是大臣们纷纷奏请皇帝先后数次颁旨,从全国各地抽调军队北上拱卫京师。这是自历次鸦片战争、镇压太平天国和捻军、中法战争等内忧外患之"兵事"停息以来,在经历一段相对和平宁静的岁月之后,清政府又一次在形势所迫下实施的重大举措。

奉旨北调的各路兵马来头均不简单。其中有徐州镇总兵陈凤楼统领的淮军精锐马队;有曾在中法战争中享誉广西边关的老将军冯子材统带之边防勇营;有江南镇江镇总兵李占椿所统带装备有新式洋枪快炮的步兵,诸此等等。可以毫不夸张地说,当时全国范围内可调用的"精兵悍将",清政府基本上都尽数征调北上了。

从清军的主体构成上看,满蒙八旗兵是满清皇族的嫡亲主力,作为驻防京师及各处重镇要地的禁卫军,一直都不轻易抽调。而地方绿营兵,经多年实战证明确实已不堪一战。因此自镇压太平天国开始,清廷实际所能依赖的作战军队,是由各地方督抚大员奉旨招募创建的乡勇团练军队——如曾国藩的湘军、李鸿章的淮军等。这些由督抚们直接控制的军队,在参考绿营建制基础上,结合实战要求改进了编制组成,同时配备洋枪洋炮等新式武备,并长期聘用洋人教习加以训练,逐渐形成清末时期表现非常活跃的军事力量。然而自历次鸦片战争以来,所有涉及与"外夷"军队较量的战争中,清军总体上都是胜少负多。这固然有军队武器装备水平低下等客观原因,但同时也无可否认,清军官兵的战术素养、精神面貌和思想层面,均普遍停留在相对落后和原始的状态。跟资本主义国家近代化的陆军相比,清军的综合战斗力存在有很明显的代差。

随着对日主战声势的喧嚣尘上,一时间各地督署间有关调兵的电文亦来往频繁,全国上下一片喊打声,可惜实际行动上却嫌"雷声大雨点小"。就在这个纷纷攘攘的时候,光绪二十年九月初九申刻,军机译署收到一份李鸿章转发来的电报,内容是转奏云贵总督王文韶、贵州巡抚崧蕃发来的联名举荐:"刻因倭氛日炽,途深愤激,黔古州镇丁槐、候补道张胜严同殷报效,拟带旧部数十员,请为代奏赴前敌听调……"放在当时的舆论状况下,这种敢于自请出战的精神实属难能可贵。对此颇为赏识的李鸿章,特意在电文中补充:"……查丁槐系岑前督①旧部,随剿越南,明白奋勇……黔滇道远,未便令募南勇,靡费需时。祈代奏请旨。鸿。"②先有地方督抚联名举荐,再有李中堂屡次上奏述说详情,足以引起总署重视。于是在光绪二十年九月三十日申刻,李鸿章接到贵州巡抚崧蕃来电称:"顷接总署勘电,中堂代奏已奉旨:着崧蕃即饬丁槐带亲兵一营,并准调旧部将弁,挑选劲卒二千,迅速北上。所需饷项,即将黔省筹备五万内提拨应用。钦此。"③

上述这支驻防在贵州古州镇的乡勇团练部队,由于地处贵州边远山区,长期"饷械无着",与备受朝廷重视的淮军、湘军相比,其规模和装备水平相差甚远。这支人数不多的队伍惟一受人瞩目之处,在于十年前他们曾由丁槐统率在越南跟法国军队打过仗,所部官兵从外战经历中锻炼出一份独特的自信心和胆气。尤为难得的是,当清廷批准丁槐率部北上的电旨到省时,奉旨从贵州省海防经费中提拨的五万两经费,暂时还不能尽数调拨到位,为使丁军能尽快得以启程北上,贵州巡抚崧蕃不辞辛劳亲自四处奔走,另筹集了乡绅捐赠的13000两充作路银。由于战况紧急,奉旨招募的2000兵员短时间内恐难以足数,为此李鸿章还特意支招示意崧蕃:"鄙意道远费坚,募勇断不可多,(崧帅)倘蒙谕允,宜令(丁槐)少募,余饷可资后来接济……"④于是丁槐即按照商定的方案,立刻率军开拔北上。放眼全国,有如这支贵州军般自请参战的积极主动表现,纵观19世纪末的清军战史,亦属"凤毛麟角"之案例。

远道行军　历尽曲折

——贵州军艰辛的北调历程

"事关镇道大员忠愤奋发",有贵州巡抚崧蕃等地方要员的举荐,又是在

①　指岑毓英(1829—1889),字彦卿,广西西林人。官至云贵总督,中法战争时云南边境战线的军事主帅,亲自指挥宣光战役获胜。生平事迹见《近代中国史料丛刊》第一辑《清代七百名人传(1—3)》,第1079—1086页。

②　《寄译署》,《李鸿章全集》,电稿三,上海人民出版社1987年版,第29—30页。

③　《黔抚来电》,见《近代中国史料丛刊》第一辑《清代七百名人传(1—3)》,第90页。

④　《复黔抚崧锡帅》,见《近代中国史料丛刊》第一辑《清代七百名人传(1—3)》,第74页。

李鸿章大力支持下,清廷最终下旨批准。1894年10月17日(光绪二十年十月初三日)李鸿章发电嘱咐崧蕃,"丁镇暂募带劲卒一千,克日启程北上。黔饷五万,除沿途须备接济若干外,其余汇至天津,晤时或就饷就近添募,再与商办……"①丁槐于1894年10月20日率部属从贵州省府城返回古州厅,带上原召集的亲兵营,以及从当地新募的500名黔省"劲卒",折合两个营共计约1000人,分成前营、后营两队分别开拔起行,开始登上漫长艰辛的北调征程。

此千人之众均为轻装上路,只携带必要行装以减少辎重、减轻行军负担。崧蕃电禀时称"……其应用精械,务请中堂拨给为要",可见枪械弹药等装备本就缺少,一开始即是打算"待抵津后再配齐"的。按照先前筹议,"(丁槐)先带已集两营,取道红江,水陆择便,星驰到津"。②也即是说,沿着横跨黔湘两省边界的水路(今黔东清江水域)北上,先赴湖南省黔阳、怀化一带,到达辰州府后沿沅江继续北上,即可水陆两便抵达洞庭湖边的常德府,之后再登船进入长江流域赶赴武昌,当可顺风顺水乘船驶往江苏省,届时再转走京杭大运河漕运航线,即可一路北上抵津。以当时的交通状况来看,此为最便捷之北上行军路线。

尽管出发前准备得还算充分,前期后勤粮饷亦已陆续到位,但毕竟贵州至天津绵延相隔有数千里之遥,沿途涉及贵州、湖南、湖北、江西、江苏、山东和直隶七省地界,中间至少要纵横跨越五个省区。按鸦片战争时期有史书记载的19拨清军调兵记录来推算,"隔一二省约50天,隔三个省约70天,隔四个省约90天以上",③由此可见清军跨省调动向来都是非常费劲耗时的。从1894年10月20日丁槐从贵州省城动身算起,队伍由黔转湘又辗转抵鄂,这一段共计跨越三个省区,相当于全程走了接近有一半,直到1895年元旦才抵达武昌府,前后推算耗时长达72天!此天数跟上述关于清军调兵速度推算结果很接近,因此亦佐证了所引用的推算方式和数据是合理可信的。

---

① 《复黔抚崧》,见《近代中国史料丛刊》第一辑《清代七百名人传(1—3)》,第91页。
② 《寄译署·黔抚崧东电》,见《近代中国史料丛刊》第一辑《清代七百名人传(1—3)》,第102页。
③ 茅海建:《天朝的崩溃——鸦片战争再研究》,三联书店2007年版,第58—59页。

虽然在 1894 年时国内已开设有轮船招商局,也装备了蒸汽动力轮船,具备有一定规模的近代化水上运输能力,但大多数水上运输活动还只是局限于水深江阔、支流水网密集的大江河、大湖泊水域,例如长江中下游流域、珠江三角洲流域或近海沿岸海域等。而清政府在道路、铁路运输等陆路交通建设方面,因种种原因其发展长期滞后,导致当时中国大部分省区的陆路交通条件,仍处于非常落后原始的水平。到甲午年间,中国内陆各省的官道路面上,主要运输方式仍然还是依赖人力和牲畜力运输为主,跟鸦片战争时期相比并无明显改善。特别是在如滇、黔、鄂等山区地形的省份,选择走陆路甚至不如走水路要来得便捷。

丁槐率贵州军北上的行程中,所途经好几个省的官道多为崎岖山路,道路狭窄而又曲折,再考虑到各地方衙门供给能力的有限,行军旅途上病疫、天气、突发险情等干扰因素的影响,其间跋山涉水之艰辛程度确实是难以估量的。故此对贵州军北上过程,李鸿章一直甚为关注和重视,曾在电文中对丁槐等人再三叮嘱,"黔滇道远……糜费需时"、"遇有电局,即随时电禀"、"远道行军,大非易事,丁镇当善体此意"。① 在耗时长达数月的北上行军全程中,贵州军究竟曾遇到过哪些艰险与困难,因缺乏类似行军笔录之类的第一手档案材料而无从知晓,如今只能从各督抚官员的通讯电文中,去搜寻相关的蛛丝马迹。

轮船招商局督办盛宣怀,于 1895 年 1 月 12 日接张之洞发来的电报:"古州丁槐奉旨北上,带勇二千,十六日(即 1 月 11 日)抵鄂,候轮载至清江北上。祈速电沈道迅派大轮两艘赴鄂,务须一次尽数装完为要。江裕现在镇江,加派一大轮同往亦可,务望迅速。"时值张之洞刚从湖广总督调署两江总督上任不久,长江中下游流域实际上均属于他的行政统辖范围,自然得靠他才能顺利调度船只转运兵员北上。盛宣怀当日先是回电称,"如派江裕顺便搭装,当再派一大轮迅速赴汉(即武昌府)",并解释因江裕轮签有商运合同不能久候拖延,"请电丁镇,候江裕一到,先装赴镇,勿候两船通行,但搁船

① 《复黔抚崧锡帅》,见《近代中国史料丛刊》第一辑《清代七百名人传(1—3)》,第 91 页。

期。且由镇渡清,民船亦非一日能办"。① 言外之意是建议先分批将贵州军运抵镇江府,以镇江作为中转休整的地点,再从镇江转搭乘漕运船队过渡至清江府。由于事关重大,盛宣怀不敢怠慢,两日后又再次电禀张之洞汇报落实情况:"沈道电已禀复,商派泰安,并先派镇之江裕赴鄂运镇卸载,然须候香帅电复,再电饬该两船遵照。即如江裕在镇,已空候三日云。乞速定期,径电沈道遵照。"②

然而令人意想不到的是,一向办事作风谨慎的盛宣怀,这次竟让张之洞蒙骗,被两江总督玩时间差小把戏给完全蒙在了鼓里。其实张之洞是故意拖延时日才通知盛宣怀调船运兵的,而且后来骗调来的江裕和泰安两船所运送的实际上也不是贵州军队。实际上,早在贵州军主力刚抵达湖北武昌府等候登船之际,丁槐本人就已搭乘前来接应他的祥云小火轮,披星戴月般先行赶往江苏省,于 1895 年元旦次日即已抵达江阴。会有如此出人意料的刻意安排,很显然是另藏原因的。原来,就在贵州军队分批运往镇江府,等候转乘运河漕船的这段盘桓中转的时间里,迫于两江总督大人对自己异常赏识的厚重情面,丁槐不得已悄悄抽身跑了一趟江阴,办了一件当时对张之洞而言是刻不容缓的差事。

之所以会发生这么一段小插曲,是因为张之洞当时正为部署江苏省江阴一带的防务大伤脑筋。自鸦片战争以来,江阴作为长江下游的军事重镇,曾历经多次对抗外夷入侵的战争,多年来虽营建有众多海防设施,但由于近十数年里无战事,原有防务设施均年久失修,早已不堪使用,急需修葺增补。值此甲午中日战争激战正酣、日军占领辽东半岛已取得战略主动的情势下,为防范冬季北洋冰冻期日军有可能挥师南犯,张之洞刚一到两江任上,就积极着手调整部署,向江阴各处要隘增兵,并督促恢复各处炮台军营设施。他深知历次鸦片战争时,因抵御外夷入侵不力而被清廷严厉治罪的高官中,有好几位都是在江浙沿海防务上栽的跟斗,前事不忘后事之师,因此对沿海防务丝毫不敢怠慢。而多年为官的经验证明,越是用人之际,往往最是良将难

---

① 《宁都署来电》、《宁都署去电》,《盛宣怀档案资料选辑》之三《甲午中日战争》上册,上海人民出版社 1980 年版,第 319 页。

② 《宁都署去电》,《盛宣怀档案资料选辑》之三《甲午中日战争》上册,上海人民出版社 1980 年版,第 319 页。

求。故张之洞早在即将调任新职前夕，就通过他的人脉关系网，开始四处觅召人才以资调用。当时其旧属远驻广州的王秉恩，在给老上司回电推荐人选时，曾提起过丁槐的名字，"粤将乏统帅材，如丁槐、刘鹤龄、蒋宗汉辈始足任此，且黔人耐寒苦，兼善劫营，如令选募数营来江，必可得力"，[①]虽然这事后来不了了之，但张之洞应是从那时起，就开始关注起实战经验丰富的丁槐——这位来自黔省的"统兵将才"。

丁槐奉调带兵北上，必然要途经江南，为江阴防务已费力劳神多时、正"求才若渴"的张之洞，对此消息一直高度关注。就在1895年元旦中午，张之洞给江阴各职守官员发了一份电报："贵州古州镇丁衡三总戎名槐奉调带营北上，过金陵，丁在越南曾与洋人作战，屡胜，熟悉地营开壕等事。鄙人与丁素来交好，江阴正在开壕，托其纡道至江阴一看，详告作法，令勇丁作一式样，我军可以酌量仿照，并委黄丞庭、金令桂芳、黄参将朝荣、千总黄福华伴往。乘祥云明日行，可善为照料接待。该镇等及各营官务须虚心受益，所言若当则从之，即或有不可行，听之可也。不可稍存成见，有意驳诘为要……"[②]张之洞的良苦用心跃然纸上——能遇上一位慕名已久、关键还是具有对外夷军队作战经验的统兵大将，正是他梦寐以求、急需寻觅的对口"专才"。恰逢此难得之机会，拉他往江阴走一趟，给宁都署帐下那些毫无外战经验的将领和官员当面传授机宜，能现学现用一点也好，总比临敌时"盲人摸象"般要强得多嘛。于是，在随后几天张之洞一边日理万机，一边念念不忘关注着贵州军动向，每逢给镇江府发电时，末了他总会补充追问一句"……丁镇到否"？由此足见他对此事的期盼之情甚是殷切。

然而贵州军毕竟是"奉调之军"，朝廷一直严令各地方"迅催前进，不得借词逗留"，因此张之洞不敢太造次，表面功夫仍需做足。因此当1月3日收到镇江吕知府来电"前奉有电谕，令丁镇营勇并扎镇江，刻将次到齐，是否

① 《致广州王守秉恩电》，《张之洞全集》（七），卷一百九十二（电牍二十二），河北人民出版社1998年版，第5850—5851页。
② 《致江阴张镇台、舒统领、沈守、江阴县刘令》，《张之洞全集》（八），卷一百九十四（电牍二十五），河北人民出版社1998年版，第5965页。

仍驻镇？请电示"的时候，①他一边电复饬令镇江府"须令迅速北上，不能留镇"，让不明就里的人觉得他正全力安排转运，一边却暗地里调船分批运送贵州军主队，以拖延时间。直到1月6日他收到江阴陈藩司回禀"丁镇地营法甚好，似应催令迅速北上，俾各营传习"后，②才再无托词让丁槐继续逗留。可是张之洞还不甘心，又在1月10日给正带兵前往清江浦途中的丁槐发去一封电报，竟以堂堂总督身份跟总兵衔的丁槐称兄道弟套近乎，用看似客气恳求的口吻，实是仗着官高势大硬是向丁槐伸手要人："贵部续到将弁中，有熟习地营作法者，望酌留一两员，令来江宁，当令其作一式样，与诸军看，以便仿照。不过耽搁四五日，事毕后弟当派轮送至清江，并饬清江局雇车送其北上，数日即赶上矣。请电知该员即来金陵，并示衔名。特奉恳，感祷。"③丁槐只好在北上途中回电，"遵即电致吕道，传谕后队记名总兵罗斗营、参将李福兴、副将衔参将赵伟速赴江宁叩谒，俟地营事竣，乞饬来营……"④在得到上述表态和保证之后，张之洞这才肯放手让丁槐携队继续北上。至于从招商局盛宣怀处骗调来的那两艘大轮船，他实际上另有安排，准备用来给江阴各处炮台、关防口岸运送军队和物资。丁槐本人1月2日在江阴仅逗留一天，给江苏将弁传授"地营开壕之法"之后，立即于次日清晨马不停蹄赶去镇江，汇合本部兵将，准备沿着京杭大运河继续兼程北上。贵州军主力1895年1月3日陆续抵达镇江，4日暂驻镇江对岸的扬州，直至1月11日才抵达江苏省北部的清江浦，在江苏省内水运交通发达的这一段路程，前后足足耽搁了8天时间。

清江浦简称清江，位于苏北淮安府西北面，是运河与黄河废河口水道交叉处的交通枢纽，为当年运河漕运线路上南北分界的重要口岸，从江南地区通过运河漕运北上的人员物资，都必须经此地转圜过渡。越过这个关口继

① 《镇江吕道来电》，《张之洞全集》(七)，卷一百九十二(电牍二十二)，河北人民出版社1998年版，第5970页。

② 《陈藩司来电》，《张之洞全集》(七)，卷一百九十二(电牍二十二)，河北人民出版社1998年版，第5976页。

③ 《致扬州、清江贵州丁镇台衡三》，《张之洞全集》(七)，卷一百九十二(电牍二十二)，河北人民出版社1998年版，第5987页。

④ 《丁镇来电》，《张之洞全集》(七)，卷一百九十二(电牍二十二)，河北人民出版社1998年版，第5987页。

续北上不远即是邱县,若进入山东省地界且再无其他牵绊的话,就能一路畅通无阻地赶赴天津了。然而天总有不测风云,1895 年 1 月 20 日至 25 日期间,日本陆军山东作战军总计"34600 人(含随军夫役)"在荣成湾登陆成功,并一举攻陷了守备羸弱的荣成县。之前一直把防御重点放在烟台、登州方向的中国军队,立时陷入顾此失彼的境地,"逐敌下海的时机已失,威海一带的中国军队忙于准备堵截日军北犯威海"。① 由于日军兵力远超过威海卫的守军,形势险恶程度不仅让远在天津的李鸿章焦心,也让正驻守在烟台的山东巡抚李秉衡坐立不安,他急忙电奏清廷批准截留那些原拟调往天津、此刻正途经山东的所谓"江南马步二十四营",转赴烟台和威海方向以充实防御力量。在 1 月 24 日张之洞给威海陆军统领戴宗骞回电时宣称,"……古州镇丁槐四营,共马步二十四营疾趋威海赴援……若能坚持半月,大队(援军)必到。李傅相、李中丞亦必力筹援助之策,并示知……"②正是听信于督抚要员们这类空头"承诺",戴宗骞在随后跟北洋水师提督丁汝昌讨论战守策略时,坚决不同意放弃个别"料难守御"的炮台设施,宁可分兵在周边外线阵地进行游击守御,也不肯收缩防线集中兵力据台死守。

当贵州军 1 月 13 日从清江启程北上,刚行抵近山东境内的运河段时,祸不单行又遇上了天气的干扰:由于受冬季寒流天气影响,于 1 月 24 日晚开始,运河北段发生河面大范围结冰的状况,所有运送人员物资的漕船均被冻阻无法迅速北上。在 24 日当天,山东巡抚李秉衡致电济南时称"顷接北洋电:昨奉电旨,调丁镇二千五百人速救援威海",③依此推断贵州军最早当于 1 月 23 日晚即接到电旨开始折援威海了。因事出紧急,李秉衡、张之洞均提出让贵州军就近改走陆路的主张,"该(贵州)军等现已陆续由清江进发,自浦至威千三四百里","由沂州折而东北行,取道莒州等处,直趋烟台、威海","兼程十数日可到",④并饬令周边地方官府筹备足够的长车和畜力

---

① 陈悦:《碧血千秋——北洋海军甲午战史》,吉林大学出版社 2008 年版,第 268 页。

② 《致威海戴统领》,《张之洞全集》(七),卷一百九十二(电牍二十二),河北人民出版社 1998 年版,第 6035—6036 页。

③ 《致济南汤藩台等电》,《李秉衡集》,齐鲁书社 1993 年版,第 658—659 页。

④ 《致威海戴统领》,《张之洞全集》(七),卷一百九十二(电牍二十二),河北人民出版社 1998 年版,第 6035—6036 页。

协助运送，于是贵州军过邳县进入山东境内后，开始转走陆路沿沂州、莒州和青州方向，一路疾行赶往潍县。为能尽快赶至前敌了解真实战况，丁槐一边让属下将领督促主力后队加快行军，一边自己率亲兵营于1月24日迅速先行赶到了济南府。李秉衡在25日给济南府发电称"昨奉电悉，丁军抵齐河者仅只一营，请查明后续四营现行抵何处"?① 所以直到威海卫外围防御战打响的时候，贵州军仅一个营的先头部队抵达济南，而后续主力还在后面正星夜兼程地赶路。至于其他几支奉调折援威海的北上援军，甚至还没能进入山东省地界。

从1895年1月24日开始，李秉衡派往荣成方向的孙万林部与日军前哨爆发遭遇战和追逐战，威海外围防御战打响了第一枪。在荣成刚站稳脚跟、后续部队已全部登陆完毕的日本军队，稍作休整后从25日起迅速展开一系列对威海南帮各炮台的总攻行动。在26日桥头集一带中国守军只稍做抵抗后便自行溃退弃守，山东省李秉衡控制的军队退缩至威海西面的宁海州外围，而威海卫派出的外线守军也退回到内线阵地，威海外围防御战很快即以日军获胜收场，"随着日军逐渐深入，威海卫已经无法指望外围防线的阻截，只有依靠自身的力量实施防卫了"。②

继1月30日威海南帮炮台群相继失陷后，之前本已兵力不足、后援不济的威海守军损失殆尽，到1月31日，无兵守御的北帮炮台群已形同虚设，北洋水师提督丁汝昌被迫下令炸毁炮台弃守，并派亲兵将受伤的陆军统领戴宗骞强押回刘公岛，不久威海陆路内线守御阵地全部被日军占领。从2月1日至4日期间，威海湾和刘公岛上历经多次惨烈的攻防战，北洋舰队几艘本已伤痕累累的残存主力军舰接连遇袭战损，而多名海陆军官也相继悲愤地引咎自尽，岛上噩耗不断，军民士气低落，众人只能眼巴巴等着外面的援军及时赶来搭救。

然而眼见威海卫陷落、海陆军民困守刘公岛的危急情况，之前已真切领教过日军作战实力的李秉衡，此时再不愿意派一兵一卒赴威海救援"徒耗兵

---

① 《致济南汤藩台等电》，《张之洞全集》(七)，卷一百九十二(电牍二十二)，河北人民出版社1998年版，第622页。

② 《丁镇来电》，《张之洞全集》(七)，卷一百九十二(电牍二十二)，河北人民出版社1998年版，第276页。

力",而是借口须防备日军继续进攻烟台,将手下"东省未练之十数营"全部收缩部署于宁海州、烟台一带驻防,以策自身的安全。在 2 月 5 日,李秉衡向总理衙门回禀前方战况时,曾提出一个看似思虑周全的援威"构想",声称现已撤至宁海州的孙万林等各部,他已饬令"赴救文登县,以保进兵之路";"威海绥巩溃军西来者,除收械资遣外,择其精壮尚可一战者编列队伍,计可成二三营,丁槐数日可到烟,先令交统带。俟将各营略为整顿,即图进攻……"①

其实早于 1 月 31 日下午,孙万林部等山东军队就从羊亭集西面的孙家滩阵地撤离,"根据李秉衡的指示,一直西撤到宁海州附近……孟良口一带",②而文登县所处地理位置远在羊亭集以南,距宁海州还有约 80 华里远的路程,两地之间甚至隔着一个汤泉镇和一座山势险峻的昆嵛山,所谓"赴救文登县"毫无半点可能,根本就是李秉衡在信口开河!

此外,在与总理衙门商议关于撤至莱阳一带设防的部署时,起初在电文中李秉衡还信誓旦旦称"应将战守事宜布置停妥,再行移扼莱州……"但实际上他本人因害怕烟台离战场太近不够安全,不久即于 2 月 7 日先一步撤离烟台,至 2 月 9 日已移驻到了黄县,不久又再转莱州。通过上述言行,李秉衡虚伪作态的面目由此可见一斑,明明山东各军士气低落一直在撤退,却在电文中谎称正在整顿兵马准备发动进攻。利用总理衙门的官员们对战场地理的懵懂无知,在电文中刻意描绘出他正积极筹划"图救刘公岛"的假象,将来即便兵败朝廷亦不会问他救援不力之罪了。

对于引颈而望的刘公岛受困军民来说,原本近在咫尺的"东省援军",事实上已经完全没法指望了,而之前许诺的南方各路援军成了他们仅存的一线生机,为了稳定军心,心力交瘁的丁汝昌跟辕门前绝望请愿的军民约定,若 2 月 11 日前援军未到,到时一定给他们一条生路。然而这些苦苦期盼的援军又在哪里?

当时贵州军的四个营主力部队,一路急行军自 2 月 5 日才赶抵潍县,同

① 《致总理衙门电》,《张之洞全集》(七),卷一百九十二(电牍二十二),河北人民出版社1998 年版,第 653—654 页。

② 《丁镇来电》,《张之洞全集》(七),卷一百九十二(电牍二十二),河北人民出版社 1998年版,第 303 页。

时丁槐本人则率亲兵营作为先头部队先行赶到了黄县,距威海卫仍有约400多华里远的路程,这些气喘吁吁轻装赶来的援军,此时仍是赤手空拳、缺衣少枪!直到随后的几天,李秉衡才将黄县转运局储藏的枪械配发给了丁槐的部队,他在2月9日给济南发电时称"……十三日(2月7日)由烟起程,今晨到黄县。晤丁镇军,商令暂住黄县。所收绥、巩散勇编成三营,归其统带,再添募共成二十营,顾黄以应登,即为沿海北路进攻威海之师……"①

从这一番天马行空般的描绘中,显而易见,李秉衡的心思依然不是要策划立即救援刘公岛,其真实目的仍是巩固他所守御的登州、烟台地区。然而更让人意想不到的是,在前敌消息未经证实的情况下,早于2月7日匆匆离开烟台前,李秉衡就给总理衙门发电称"闻刘公岛水师覆没,倭船已西驶。恐其西窜,遵旨移扼莱州,以待援兵,以顾全局……"②而正是这封电报让李鸿章和清廷中枢认定刘公岛已陷落、北洋海军亦不存在了,那么后续援军再赶去威海也变得没意义了。从2月9日开始,清廷即陆续把包括丁槐军在内的各路援威兵马,全部召集继续北上赴津,以应拱卫京畿之需。于是各路原本正急急赶赴威海的援军,已抵达威海附近的(丁槐军)停下暂驻休整,仍在半路的(陈凤楼等军)则奉旨折赴天津,刚开始南下支援东省的(章高元军)亦掉头返回原驻地。至此刘公岛上的军民已被朝廷彻底抛弃,最后的一线后援希望亦已经破灭殆尽。1895年2月12日凌晨,万念俱灰的丁汝昌在刘公岛服毒自尽。丁槐、陈凤楼等一干果勇敢战的军人们,空怀有一番报国热诚,历经磨难仍兼程赶赴威海救急,甚至丁槐携先头部队已非常接近前线了,结果却仍然只能眼睁睁让北洋海军全军覆没,最终无所作为。

戍边飞将　黔中劲旅

——浅析贵州军的官兵组成和编制特点

一支军队其作战风格,与其统带主官的个性和表现密切相关。古州镇总兵丁槐,字衡三,云(南)鹤(庆)镇人(1849—1936)。军人世家,生得"虎头

---

① 《致济南汤藩台等电》,《张之洞全集》(七),卷一百九十二(电牍二十二),河北人民出版社1998年版,第656页。

② 《致总理衙门电》,《张之洞全集》(七),卷一百九十二(电牍二十二),河北人民出版社1998年版,第656页。

· 604 ·

燕额,体质健壮",①其生父丁耀南、叔父丁奉章都曾在当地绿营军中任低级军官,均先后战死于镇压地方民众起义的战场上。丁槐在 1864 年 15 岁时,得清政府赐为云骑尉世职,开始走上从军生涯。不久在镇压回民起义军时立了军功,"得以副将衔补开化镇中营游击一职"。1869 年到 1876 年间,丁槐奔忙于云南各处边关要隘,多次参与镇压回民起义的战斗,不断取得军功,先后获晋升,授予"把总加五品衔、加游击衔赏戴花翎、开化镇中军游击、记名腾越镇总兵"等职。在 1882 年丁槐奉调随时任福建巡抚的岑毓英驻守台北府兴县,参与抗法保台作战。当中法两国在越南的利益冲突愈演愈烈之际,丁槐又奉调从云南边境开赴越南,在岑毓英指挥下,于 1884 年、1885 年分别与刘永福率领的黑旗军、冯子材率领的镇南关驻军配合作战,先后两次进兵围困被法军占据的越南山西省宣光城,并最终取得了胜利。丁槐作战时奋勇当先,睿智地采用穿插包围、暗夜袭扰、挖壕围困等灵活多变的战术,最终迫使宣光城内被困法军投降。经此役,丁槐一战成名,在军中传有"飞将军"之美誉。可见丁槐是个行伍出身,一路凭军功由底层武弁晋升到总兵的职业军人,长期征战生涯使他积累下丰富的统兵和作战经验,在当时清军直接带兵的军官阶层里,可以说是颇有名气的一员统兵大将。到 1894 年甲午战争爆发时,已满 45 周岁的丁槐正值盛年,因愤慨于日寇的嚣张气焰,他毅然游说贵州巡抚崧蕃帮他向清廷举荐请战。

毕竟自信是要有底气的,丁槐之所以有这种底气,不仅仅是靠征战多年积累起来的那份资历,还基于他手下有一批愿意鼎力相助的军官队伍——曾在越南战场上一起出生入死、同仇敌忾的同乡战友。贵州巡抚崧蕃在举荐丁槐时,就曾向李鸿章介绍了丁槐及其手下的情况:"兹据丁槐电禀:原请带亲兵一营,皆滇人,相随多年,练习有素,心性相孚,深资得力,必须带往,借资臂助……至调滇中旧部副参游将弁三十余员,均皆宣光战士,足御强敌……"②由此可见,丁槐召集起来的这个亲兵营,全都是云南籍官兵,是以十年前参加过宣光战役的 30 余名军官班底以及老兵作为骨干组成的。此外,丁槐还在驻地古州厅新招募筛选了约 500 名奋勇敢战之"黔省劲卒"。很显

---

① 《鹤庆县志》,云南人民出版社 1991 年版,第 765—767 页。

② 《寄译署》,《李鸿章全集》,电稿三,上海人民出版社 1987 年版,第 73 页。

然这是一支主将军官实战经验丰富,老兵配合娴熟默契,新兵勇悍又耐苦寒,足以堪称"强将精兵"的队伍。

那么是否可以假设,若这支勇敢奋发而且士气高昂的云贵苗兵,即便能及时赶赴增援威海,就能使北洋海军覆灭的命运得以改变?单凭区区4个营约2000余人规模的疲惫之师,面对达3万余之众且如狼似虎的日寇军队,丁槐及其统领的贵州军仅凭勇敢自信,是否就能战而胜之?显然这类讨论有纸上谈兵的嫌疑,但却可以给那些心存侥幸的幻想者敲一敲边鼓,促使其放弃那种认为换一批人,或武器装备就能将历史结果改写的荒谬观点,认清现实,看看另一种更符合实际的,或者说是更理性的见解。

浅析贵州军兵员组成之前,还须先简要了解一下19世纪末清军广泛沿用的编制形态及其基本特点。清政府所辖的军队,分八旗(满人)和绿营(汉人)两大系统,其中八旗军编制一贯变化不大,清军其实是以绿营军为主构成的。但自鸦片战争以来的历史实践证明:原绿营兵制下,"清军不是一支纯粹的国防军,而是同时兼有警察、内卫部队、国防军三种职能",[1]利于分散"治民"却不利于集中"御外",编制形态远落后于时代要求。到了镇压太平天国运动时期,由地方督抚奉旨创办的乡勇团练兵制开始盛行,但是其分级管理上,仍沿用"督、抚、提、镇、协、营"的原绿营旧制,只在军纪、粮饷待遇、武器装备和训练方式上作出有限改进。同时期的欧洲,各列强通过殖民战争逐渐改革发展起各自的近代化军队编制体系,与之相比较,清军的上述有限变化,更像是一种简单的"受激反应"——以适应实战需求为目的而被迫作出的局部改变,实质上并未触及到更深层的近代化军队编制改革。新编的乡勇团练军队,更像是旧式绿营军的升级强化版,武器装备虽然从"兵丁鸟枪"换成了新式洋枪洋炮,但无论是军官培养和选拔晋升机制,还是士兵招募形式、训练模式等方面,大多继续照搬旧制,相比鸦片战争时期,清军官兵的战术思想和素质,总体上并没有实现质的提升。

在19世纪末的中国,"一省驻军体制分提、镇、协、营四级,以营为基本

---

① 《寄译署·黔抚崧东电》,见《近代中国史料丛刊》第一辑《清代七百名人传(1—3)》,第49页。

单位"，①而古州镇即是贵州省内一个镇标级别的军事单位。根据甲午战时日本参谋本部编纂的《清国陆军纪要》记载，古州镇设有绿营兵 11 个营约 7000 余人、另有勇练军 1 营 1 哨共约 700 余人的编制。书中还列出清军各类部队的统计全表，其中"吉(古)州及近傍"驻有一营番号为"古州镇练军"的部队，统领官为"丁槐"，编制人数为"六八八"(即 688 人)。② 相比许多清廷高官们凭揣测和道听途说去判断敌情的迂腐，日本人在情报工作上细致详尽的程度，着实令我辈为之汗颜！古州镇的绿营兵为便于执行"治民"这一主要任务，一般是按营以下单位，或数十或百余人一哨，分散驻扎在地方上各要冲地带。由于长期缺乏联合训练、兵力又过于分散以及兵员编制长期缺额等因素影响，所以虽号称有 11 个营，事实上却很难集中在一起组成有效率的作战单位，反而更类似于维持治安、站岗放哨的武装警察部队。真正可以作为机动兵力能迅速调遣往前敌作战的军队，只有像"练军"——这种主要负责乡勇军事训练作为新兵培养基地的专职单位，才能够真正具有战备能力。

这支贵州省的"古州镇练军"，属于清朝乡勇团练军制中最基本的营级作战单位。它不具备八旗军满清嫡系那种政治地位，就算跟同属乡勇团练军队性质、但却财大气粗、后台强硬的湘、淮系军队比，其兵力规模、粮饷器械等方面均远远无法企及。这样一支驻扎在"边山穷"地带而且毫不起眼的乡勇练营，在清廷中枢官员们的眼里，亦不过是个人微言轻的"马前卒"而已。然而偏偏就是这样一个小角色，竟能大胆地毛遂自荐，声称要报效朝廷，北上抗击倭寇，这在当时的清军当中，实在是一种难得的、令人吃惊的自信表现。

疲惫之师　杯水车薪

——贵州军援威事件的影响及结果

官兵士气高昂，自信敢战，技艺精湛，配合娴熟，关键是具有和法国军队

① 《寄译署·黔抚崧东电》，见《近代中国史料丛刊》第一辑《清代七百名人传(1—3)》，第 53 页。

② [日]参谋本部编：《清国陆军纪要》，(东京)博闻社明治二十七年版，第 173 页。

作战的实战经验,这些就是贵州军被人寄予厚望的原因所在。但同时它也面临着种种难以克服的隐忧,是否仅仅靠着精神层面的积极因素就能赢得战争? 很显然,若想得到不偏颇的结论,还需要结合兵力规模、武备及后勤情况、训练状况、战术特长、情报支持和后勤保障等多方面的条件加以分析,才能廓清贵州军所面临的种种考验。而且通过探讨他们所面临的各种困难情况,对贵州军增援威海的行动效果也可以略作评估,并依此总结出一些历史经验和教训。

贵州军毕竟是在陈旧兵制基础上建立起来的,不可避免也会具有全体清军共有的弊端。清政府对待地方乡勇团练军队的态度是颇为复杂的,既要扶持和依赖,又要有所提防和限制。同样性质的军队,那些驻守在直隶周边地区的部队,例如李鸿章治下的淮军,因事关京畿安全清廷还是十分重视的,因此经费物资均得优先供应。而如贵州军这种戍边性质的地方部队,有时连供养军队的粮饷都不能按时调拨到位,更遑论清廷会主动投钱去增强其实力了。往往总是事到临头,需要调用这支军队上战场时,才开始考虑补充兵员数额以及落实军械粮饷等问题。正因深知其中的缘由,李鸿章在和崧蕃等督抚们筹划调兵事宜时,才会有"滇、黔精械素少,人多亦无用也"之说。① 于是在经费有限的前提下,丁槐仅招募够 1000 人,就立即开拔起程了,这么做的用意一是为节省时间和减轻远道运兵难度,二是可以省下经费,留待以后继续添募兵员时"可资接济"。于是圣旨中要求招募的"二千劲卒",各督抚电文中"丁镇带勇二千"或"调丁镇二千五百人"这些纸面上的数字,事实上在开拔时实际人数是大大缩水了的。相比之下,进攻威海那支日本的"山东作战军",则是在入侵辽东的日本陆军第二军两万余人基础上,专为入侵山东的任务而重新组建成的多兵种联合战役军团,兵力规模扩增至 3 万余人。贵州军即使加上后来在山东黄县接收的三四个营溃卒,最多时也只达到近 3000 人的规模,仅相当于敌人兵力的十分之一。如果不顾人数上的悬殊差距而盲目投入作战,贵州军无疑是以卵击石,单是兵员匮乏就会面临顾此失彼的窘境。要么就只能选择从武器装备、战术特长或以奇谋致

---

① 《复黔抚崧锡帅》,见《近代中国史料丛刊》第一辑《清代七百名人传(1—3)》,第 74 页。

胜等其他方向去寻求战胜的机会;又或者更现实一点,像历史记载中贵州军的真实表现一样,为稳妥起见采取就地驻防等待后续援军的策略。

值得注意的是,贵州军不仅人数少,而且还是一支缺衣少枪的"光身"部队。从贵州起程时为减轻辎重降低运兵压力,贵州军基本上算是一路轻装行军,丁槐和李鸿章最初就是作"抵津后配齐(军械)"的打算。这个决策在当时实在是无奈之举,甚至可以说是权衡现实条件下的最佳策略。惟考虑不周之处,在于对中途突然参战缺乏应急预案准备,一旦遇到突发战事,往往只能临时"就近取械"仓促应战,类似"疏漏"现象在清军战史中案例可谓比比皆是。从督抚官员往来电文中亦不难发现,当时各地清军武备型制并无统一标准,也没有制订任何有条理的装备计划,其根源就在于未能从全国层面上、从举国兵制上实现真正近代化意义的军队变革。虽偶有官员提起过"枪械不一"带来的弊端及见解,却怎奈经费欠缺等诸多因素掣肘,一切均流于空谈。加上国内军工生产能力所限,清军实际装备和储备的军械,不仅量少而且质劣。往往在现实当中,各地方督抚多选择在开战前,不计成本地贷款抢购洋枪洋炮,临紧急的时候,某些官员甚至疯狂到有枪就买的程度,于是国外军火商拿手中良莠不分的存货又得以狠狠敲诈一笔。由此带来的恶果就是,各地方库存储备之枪械弹药,其型号来源繁杂、质量参差不齐、性能良莠不分。如此混乱的状况不但给清军后勤补给制造了巨大难题,也使得各部队官兵的枪械训练成效难以得到保证。盛宣怀在1895年1月27日向李鸿章汇报山东情况:"……丁衡三已抵济南,兵尚在后。枪炮今日由清江装车赴济……"①从中亦可看出,由于运河冻阻和运力接济不上等原因,临急订购的"新到快枪"等军械,还远远落在主力队伍的后面,无奈下只能就近从山东省黄县转运局抽取军械以应急需。即使那批新购军械能如数配发到贵州军官兵手中,恐怕也会因时间仓促带来训练量不足、官兵对武器运用熟练度差等诸多问题,由此在战斗力上就必定会大打折扣。

那么从黄县临时获得的装备情况看,是否有什么优势能借以发挥呢?首先必须看到,在黄县载运局储备的军械里,基本是枪械为主的轻武器及弹

---

① 《烟台去电》,《盛宣怀档案资料选辑》之三《甲午中日战争》上册,上海人民出版社1980年版,第345页。

药,其型号混杂、新旧程度不一:有当时尚算先进的哈乞开斯、毛瑟步枪,可惜枪支数量和所配弹药很有限,而且还面临补给无着的难题。此外还有一批改进型抬枪,其性能与威力仅略胜于鸦片战争时期的"兵丁鸟枪",勉强算是欧洲燧发火枪时代后期的技术水平,是清军在镇压太平天国起义时大量应用的一种本土化"制式"枪械,库存数量稍多些,弹药相对充足,补给也容易解决。对于一向在军械装备上得不到朝廷"眷顾"的贵州军而言,能使用这些零杂的武器,可以满足一时急需,亦算是聊胜于无吧。然而贵州军装备方面有一处明显的短板,即缺乏火炮等远射压制火力,这点就非常令人担忧了。在济南府军装局或黄县转运局里,火炮等重武器和弹药本就属于非常稀缺的军械,连山东省本地军队都还不敷使用,其他外地调来的部队就更别指望了,想装备都没有足够的炮"可资调用"。实在临急,也就只能调用土制的抬炮(即大号抬枪)来充数了。反观当时日本近代化的陆军,却早已经实现制式化的、远近火力层次搭配的武器装备格局。而且日军非常注重远射火力的运用,注重运用步炮兵配合战术。在中日间的陆战案例中,日军最擅长的战术就是:先以重炮火力压制、步兵跟进突击或迂回。日军发现用这招对付清军非常见效,虽然如淮军等也装备有性能先进的火炮,但却是被分散配置而不是集中使用,因此清军那零星布置的远射火力点很容易会被压制。丁槐的贵州军属于习惯山地作战的轻装步兵,本来就不擅长使用,也不适合装备太重型的火炮武器。就算临时配备了火炮也恐怕难以"称手",因时间仓促缺乏足够训练,可想而知在步炮兵配合战术方面,更不必奢谈能有熟练的表现。由此种种分析可见,贵州军不但缺乏利于攻坚的远射火力,就连手头现有的装备也存在着威力有限、后勤供应不足等隐患,基本还处于抬枪与冷兵器混用的落后状况。跟已完成近代化的日本陆军相比,无论是武器火力搭配层次,还是军队编制指挥体系灵活性,又或官兵战术素养水平等方方面面来看,贵州军都没什么优势可言。古今都有不少人,无视时代因素和客观规律,把战争中人的精神因素作用无限拔高,他们忽略了这样的问题:当自身装备水平和对手差距过大时,仅凭士气高昂等良好精神状态,以及特定条件下的某些战术奇谋,是不足以扭转整个战场形势,促使局面往胜利方向发展的。

在战术特长以及战场指挥策略等人为精神因素占主导的层面,不妨再看贵州军是否真有机会出奇制胜？纵观贵州军以往战例，无非是借助天时、地利、人和等战场条件，以奇谋制敌，利用山峦起伏等特殊地理环境，灵活运用穿插、分割、包围等多变的战术，擅长的战术特点归结起来不外乎两个字——"扰"和"困"。然而威海的地形条件和越南、云贵等地大不相同，高峻山岭较少而低矮的丘陵平原较多，这种地形反而更适合日军火炮等远射火力的发挥。在 19 世纪末的陆地战场上，若要论快速穿插的机动能力，仍首推以骑兵为先，以步兵为主的云贵苗兵凭着耐力好，在士气高昂且利用暗夜或雨雾天气等特定条件下，靠士兵两条腿来实现机动，似乎也有发挥的余地。然而日军非常注重战场前沿侦察，常派骑兵部队游弋于战线四周，一旦贵州军暴露于敌优势远射火力覆盖范围，其灵活机动的特长就很容易被压制，袭扰战术上要求的出其不意效果就难以达成。因缺乏攻坚火力难以速战速决，或因过早暴露被敌军优势火力压制而未能实现作战意图的战例，在中法战争期间并不乏见。不应认为丁槐在宣光一役奏效的那套作战策略，在威海也一定能收到同样效果。一旦上述作战策略效果不佳或不适合使用，那贵州军就只剩下"土工作业"和"暗夜袭扰"这两招可以发挥了。可惜此类战术若要达成"困"敌的效果，就必须有较日军更压倒性优势的兵力规模，而且还要有高效的情报和后勤保障支持，偏偏遗憾的是在这些方面贵州军也不占优势：首先，兵力规模过小是一道先天不足的"坎"；其次，是无法指望自身难保的东省各军能做到积极配合作战；最后，贵州军是一支千里迢迢远道而来的客军，面对"各怀私念"心态下东省的各层官僚，想要建立可靠高效的后勤保障体系，恐怕是难上加难。这样一来，想用"扰"的策略必将受到很大限制，想用"困"的策略也显得有心无力，贵州军原有的战术特长和优点，在威海卫这个特定战场条件下，均难觅施展空间。

不可否认，贵州军是一支很有战术特点的军队，可一旦面临"以己之短、对敌之长"的不利境况时，难免因受到种种制约而影响其战斗力的发挥，严重时甚至会影响到全军士气和自信心。丁槐等贵州官兵满怀杀敌报国的热情赶到战场，面临的却是敌情不明、地形不熟、兵力不足、饷械不济、补给不及、后援不继、人心不齐这种极度混乱的场面：他们气喘吁吁却没赶上威海之战，可谓失了"天时"；他们在山东地界人生地不熟，又不明威海敌情部署，此乃丢了"地利"；他们发现东省官兵惊魂未定，朝廷又只顾稳固京畿，身边人心惶惶各顾自保,那等于是没了"人和"。面对此情此景,当时究竟贵州勇士们内心会有怎样的思想斗争?士气和决心会受到多大影响?如今我们已无从揣摩了,只知在史实中丁槐最终接受了山东巡抚的提议,暂时将部队驻留在黄县,休整溃兵并招募新勇,整合实力以等待后续援军的到来。这实在是当时最合理可行,同时也是迫不得已的一个明智选择。

张之洞曾在1895年1月2日给苏州奎抚台发了份电报,其中有一段对山东战场形势的描述:"关内外现有二百余营……此中岂无劲旅?如能选择鼓舞而用之,有精兵四五十营可以战矣。如二百余营皆无用,专待此冰雪奔驰、喘息不定之二十营,即能胜倭乎?且至速亦须正月半到防,亦缓不济急矣。"①结合史实再回头看这段直指要害的生动描述,正是对贵州军援威事件最终发展结果的最真实预言。

在这里形容贵州军为"疲惫之师",既指数千里行军带来的体力之疲,实亦有面对衰败局势、无奈心"疲"之意也。丁槐及其所率将士从贵州古州厅出发,一直到黄县,数千里行军历时百余日,可谓费尽周折。然最终空怀愤懑、壮志未酬,其结果尽管殊为无奈和可惜,但就事件所反映出来的历史教训,对后人仍具有着深刻的警示意义。

清政府在甲午战争中战败的原因很多,军事战略角度上看,清军防御部署的失衡,是其陆地战场上的直接败因,这从战前李鸿章给清廷中枢的一段奏议"惟有严防渤海以固京畿之藩篱,力保沈阳以顾东省之根本,然后厚集兵力,再图大举,以为规复朝鲜之地"②即可略见端倪,然其中牵涉复杂的各种历史教训,绝非归罪于个人失误就能全部涵盖的。关于清军落后军队编制的局限,茅海建先生的著作《天朝的崩溃——鸦片战争再研究》中已有非常精辟的解析。关于战前和战时的情报获取方面,日本人通过甲午战争,开始给中国人上了精彩纷呈而又深刻难忘的一课。关于中央和地方官僚间的明争暗斗、各地督抚各行其是的作风,这些行为对国家命运造成了哪些负面影响,以及这些现象背后更值得挖掘的种种是非因果,同样值得后人深思与

---

① 《致苏州奎抚台》,《张之洞全集》(七),卷一百九十二(电牍二十二),河北人民出版社1998年版,第5965页。

② 《直隶总督李鸿章奏军事紧急情形折》,《清光绪朝中日交涉史料》卷二十,第25—28页。

反省。诸如此类关于甲午战争中国战败原因的话题,由于并非本文主旨,在此不作细斟分析,故点到为止,将来有机会另文再叙。

余　　叙

当我们把视野置于整个清政府统治环境下观察时,贵州军北援威海的事件看起来不太起眼,不过是清政府腐朽体制酿造的又一出历史闹剧罢了,似乎小得不值一提。但是借撰写此文的机会,本人最初的创作思路却得以渐渐理清:希望在借鉴、吸收前辈们的研究经验和研究成果的基础上,挖掘出"大事件"中某些典型之"小事迹",以研究"小人物"所经历的史事作为切入角度,从细节着手,以小见大地拓展视野,再去审视这段近代史,同样可以发掘出以往很少被人关注到的史实情节,有助于更深入、准确地把握好这段历史。借助近年来的引入军事科学技术史研究思路的新方法,本人进一步整理了自己旧有的认识,希图可以纠正谬误并增长新知,通过与众多同好、师友们分析探讨和辩驳求证,既能进一步提高自身历史研读的技巧,同时也从中领会到诸多探索之奥妙与乐趣。鉴于本人水平学识所限,行文错漏之处难免,还望方家见谅和指正。

梁继鸿,广西南宁市老年人体育协会副秘书长

甲午战争前北洋海军的对日
交流与日本的对抗性竞争

〔日〕冯　青

前　　言

于近代史上,清朝创建、发展海军的过程与明治日本的抬头两者之间的关系甚为紧密。拥有中国近代海军代名词之称的北洋舰队即创建于 1874年日本侵台之后,而又被毁于甲午中日战争之中。①

清朝政府初以对抗西洋列强为主要目的,在 19 世纪 60 年代中叶创建了闽粤海军,而至 70 年代中叶以后,为了对付日本——来自东方海上的新威胁,则转而支持直隶总督李鸿章组建北洋海军。1884 年,福建海军在中法战争中溃败丧失了主力后,作为当时中国最强大的海军,北洋海军单独得以继续扩大、发展。自北洋海军创建约 20 年以来,取得了一系列的成果,诸如拥有多艘巨大的铁甲舰,编成实力位居亚洲第一的大舰队;通过实施远洋航海练习,来维护国家主权和显示国力;通过访问日本达到对日亲善、交流的目的;以及对内积极着手统一全国海军的尝试等。然而,却不意于甲午中日战争一役中惨遭失败,毁于日本海军手里。

---

① 有关中国近代海军之日文研究,[日]田中宏巳《清末海军的消长(一)、(二)、(三)》(《清末における海軍の消長(一)、(二)、(三)》),载于《防卫大学校纪要》(《防衛大学校紀要》)第 63、64、65 辑,1991 年 9 月、1992 年 3 月、9 月一文,为对甲午战争以前清朝的四支舰队,尤其是北洋舰队的创建过程作详细论述的惟一论著。

此外,[日]细见和弘《李鸿章与户部——以北洋舰队的建设过程为中心》(《李鴻章と户部——北洋艦隊の建設過程を中心に》),载于《东洋史研究》第 56 卷第 4 号,1998 年 3 月一文,以清朝中央政府与地方官僚在筹集海军建设费问题上所发生的种种关系为基轴,论述了19 世纪 80 年代中期以前北洋舰队建设的困难性。然而,以北洋舰队与日本之间的关系为课题的研究,至今为止在日本还未出现。即使在中国方面,研究者也多将焦点对准北洋舰队在甲午战争中如何败北、覆灭等问题上。

以往有关北洋海军的研究多集中于甲午战争的战史方面,并通常把败战之因归结于清朝专制统治的腐败,海军的整备、强化措施未能得以充分实施;战争爆发后作战方针消极、缺乏统一的指挥等。[①] 事实上,更为直接的原因,应是北洋海军建设过程中日久累积而成的反近代化的因素。这种潜藏于北洋舰队自身的因素往往被学者们所忽略,迄今为止的先行研究中,也不存在把清朝海军的兴亡与日本海军的发展相互联系起来论述的作品。

于此,本稿尝试以中日关系为视点,对近代中国最早建成的最规范的海军——北洋舰队的创设、发展与覆没等问题,作具体的分析与探讨。着重以北洋舰队三次访问日本与日本政府、海军的应对姿态等新史实为中心,阐明甲午战争爆发前中日两国在建设近代海军的过程中所产生的相互作用,与战争中导致两国海军胜败的原因等,以揭开近代中日关系史上鲜为人知的一幕。

一、北洋海军的创立

1. 北洋舰队的编成

在近代海军出现以前,从清朝的军事制度中可知八旗、绿营的水师承担着沿江沿海的防备任务。此种"水师"并非为一支独立的军队,它被置于各驻屯地的总督、巡抚的管辖之下,主要从事取缔偷税、漏税船只与海盗的活动等。1866 年 7 月,清朝为了对抗西方列强的入侵设置了福州船政局。之后,以该局制造的舰船以及从西洋购买的新式舰船为主,开始了创建近代福建、广东海军的历程。至 70 年代初,中国近代海军的嚆矢——闽粤海军得以成军,但观其所拥有的舰船状况,也只有小型木造军舰 10 余艘而已。当时的海防以防御自南方海上入侵而来的敌人为其主要目的,所以把建设海

---

① 日本方面的代表性研究有中塚明:《甲午战争的研究》(《日清戦争の研究》),(东京),青木书店 1968 年版;信夫清三郎著、藤村道生校订:《增补 甲午战争 政治外交上的观察》(《增補 日清戦争 その政治的外交的観察》),(东京)南窗社 1970 年版等。

中国方面主要有,戚其章:《北洋舰队》,山东人民出版社 1981 年版;戚其章:《晚清海军兴衰史》,人民出版社 1998 年版;《北洋海军研究》(第一辑、第二辑、第三辑),天津古籍出版社 1999 年、2001 年、2006 年版;王家俭:《李鸿章与北洋舰队》,(台北)编译馆 2000 年版等。日本外务省外交史料馆、保卫省保卫研究所图书馆等所保存的有关中国海军的档案资料,尚待挖掘与利用。

军的重心就置于南方,即出现了"重南轻北"的现象。

1874 年 5 月,日军突然侵犯台湾,清朝政府在支付了 50 万两赔偿金,并在琉球归属问题上屈从让步之后,才使日军撤兵。① 这个事件表明,一直被视为"三岛小国"的日本已开始在亚洲抬头,同时也给清朝政府带来极大的打击。当时围绕国防政策的制定问题,全国上下展开了激烈的论争。结果,于以往的西洋诸列强之中,中国又增添了新敌人——日本,这一事实得到了共识,日本也被列为中国海军的假想敌。这样,建设强有力的海军,以便在更为广泛的海域上对付以日本为主的海上之敌,便成为清政府的当务之急。在这种背景下,清政府遂决定构筑拥有北洋、南洋、闽粤三支海军的防卫体系,直隶总督李鸿章麾下的北洋海军的创建,也就这样得到了实现。

一封 1874 年 11 月的李鸿章奏疏,就集中反映出北洋海军创建之始清朝官僚们对局势的认识情况。其主要内容为,日本与闽、浙之间的距离甚近,必生后顾之忧,李鸿章同意军机大臣文祥之所见"目前惟防日本为尤急",于此之上又强调"泰西虽强,尚在七万里以外,日本则近在户闼伺我虚实,诚为中国永久大患"等。② 可以认为,此种日本是近邻又为永久之患的紧张感,正是日后建设北洋海军的推动力。③

唯恐日军乘中国的海防体制未完备之际而再度逞威,李鸿章意识到购置比日本更强有力的铁甲舰已是迫在眉睫的事了,④因此,他不断向朝廷上奏要求准予购舰。1875 年 5 月 30 日,清廷终于降旨"着派李鸿章督办北洋

---

① 1874 年 10 月 31 日,由于英国的居中调停,中日两国之间签订了《北京专条》(日文为《日清议定书》)。主要内容为:(一)清政府承认日本的出兵为保民义举;(二)清政府支付琉球遇害者抚恤金 10 万两,以及日军转让在当地所建之宿营、道路等赔偿费 40 万两。财团法人海军历史保存会:《日本海军史》第 1 卷,(东京)第一法规出版株式会社 1995 年版,第 221 页;《筹办夷务始末》(同治朝)卷 99(沈云龙主编:《近代中国史料丛刊》第六十二辑),(台北)文海出版社 1971 年版,第 32 页(总第 9153 页)。

② 《筹办夷务始末》(同治朝)卷 99(沈云龙主编:《近代中国史料丛刊》第六十二辑),(台北)文海出版社 1971 年版,第 32 页(总第 9153 页)。

③ 琉球置县后,李鸿章愈发强调扩建海军、严防东洋的重要性,表明:"今之所以谋创水师不遗余力者,大半为制驭日本起见。"参见《李鸿章议复梅启照条陈折》,1881 年 1 月 10 日,张侠等编:《清末海军史料》,海洋出版社 1982 年版,第 24 页。

④ 当时日本所拥有的铁甲舰为,"东"(1358 吨)与"龙骧"(2530 吨)2 艘,实际上两舰也只是船体的一部分包有铁甲的木制舰船而已。

海防事宜,派沈葆桢督办南洋海防事宜",前者管辖直隶、河北、山东省之海域,后者管辖江苏省以南之海域,因购买铁甲舰费用巨大,"着李鸿章、沈葆桢酌度情形,如实利于用,即先购一两只,再行续办"。① 与其同时,清朝规定海军建设费从政府的主要收入源——关税与厘金中支出。即取粤海(广州)、潮州(汕头)、闽海(福州)、浙海(宁波)、山海五关以及沪尾(淡水)、打狗(高雄)两港的 4 成关税和江海关(上海)4 成关税中的 2 成,以及江苏、浙江两省每年厘金各银 40 万两,江西、福建、湖北、广东各省每年厘金各银 30 万两等,交与李鸿章、沈葆桢作海军建设费。②

当时最先进的军舰——铁甲舰 1 艘价约 163 万两,如果照上述的指示,每年从关税中即可得到海军建设费 200 多万两,从厘金中也可得到海军建设费 200 万两,而实际上分配各省负担的经费,并非都能按时送到。面对有限的资金,李鸿章转向采取先购买比较廉价的小型舰船的方法。1875 年春,李鸿章向英国订购了龙骧、虎威、飞霆、策电等 4 艘小型炮舰,这些炮舰皆于 1879 年航行到华,被编入北洋海军。③ 其中炮舰龙骧之名即取自日本最初的铁甲舰龙骧,以示对抗。同年,因沈葆桢去世,全国海军之规划、扩建的全盘业务就落到了李鸿章的肩上。④ 李鸿章以马建忠等人为幕僚,在天津设置了水师营务处,此后于中国近代海军的发展过程中大显身手。

1880 年 7 月 11 日,清政府发布建造铁甲舰令。⑤ 此事即明示出清朝受

① 《着李鸿章沈葆桢分别督办南北洋海防谕》,1875 年 5 月 30 日,张侠等编:《清末海军史料》,海洋出版社 1982 年版,第 12 页。
② 《奕𫍯等奏请由洋税厘金项下拨南北洋海防经费折》,1875 年 7 月 12 日,张侠等编:《清末海军史料》,海洋出版社 1982 年版,第 616—617 页。
③ 参见前引田中宏巳《清末海军的消长(二)》一文。该论文打破中国学界认为北洋海军于 1888 年成军的说法,提出 1879 年自英国购入镇东、镇西、镇南、镇北等 4 艘炮舰后,北洋海军就编成了一支舰队,这一年应是其成军之年,之后则为北洋海军增强其实力的时期。至 1888 年,北洋海军停止扩建活动,实力达到最强盛。而如果兼顾到拥有人才的状况,即总查琅威理在职期间及其所发挥的作用等,1890 年则为其顶峰期。
④ 池仲祐:《海军大事记·附:甲申、甲午战事记》,见沈云龙主编:《近代中国史料丛刊续编》第十八辑,(台北)文海出版社 1975 年版,第 7 页。
⑤ 《铁甲筹款分别续造折》,1881 年 5 月 24 日,《李鸿章全集》(吴汝纶《李文忠公全集》及李国杰《合肥李氏三世遗集》之《文忠公遗集》的合订本,1905 年翻印版)第 3 册,奏稿(1880—1887 年),海南出版社 1999 年版,第 1252—1254 页。

到前一年日本完全吞并琉球（废止琉球藩，改设冲绳县）事件的刺激后，而走上积极扩建海军的道路。之后，围绕朝鲜问题中日关系日益紧张，在这种情势下，清朝遂迅速定购了大型铁甲舰。1880 年底，向德国伏尔铿公司订造了定远舰（7430 吨，1882 年下水），1881 年、1883 年又陆续向该公司订购了镇远（7430 吨，1883 年下水）、济远（3055 吨，1884 年下水）两舰，3 舰同时于 1885 年 10 月 12 日抵达大沽，被编入北洋海军。特别是定远、镇远两舰乃为当时最新式且东亚第一的巨舰，因之清朝海军从沿岸防御阶段，跨入了具备外洋作战能力的新阶段。

但是，中法战争后所呈现出的新的国防危机，绝不是单凭添置这两艘亚洲第一的巨舰就能得以缓解的。在该战中，由于福建海军的溃败，清政府全面整顿、重建海军的问题便被提上了日程。当时清朝当局深深认识到国内各支海军分别独立、互不协助，以及江南制造局、广东机器局、福州船政局等后勤机构缺乏统一的管理等，这些才是导致战败的主要原因。于是，清廷在 1885 年 6 月 2 日降旨，令李鸿章、左宗棠（督办福建军务）等诸官僚于中法和议后仍不可放松海防事务，急予切实应办，以图永久之计。①

接此令后，8 月 8 日，左宗棠向光绪帝、西太后上奏，提议于中央设置海防全政大臣或海部大臣，统一管理全国海军的行政工作，并赋予其训练将校、筹集资金、造船、制造武器之全权。②

就建立全国统一的海军管理机构一事，马建忠早在 1882 年致李鸿章书中，提出"筹办海军六条方案"等建议，其中就有设置"水师衙门"的一项。③

---

① 天津领事波多野承五郎发外务大臣井上馨电报，1885 年 10 月 6 日（同 20 日接收），机密信第 66 号，见《李鸿章入觐与扩大海军及设置台湾巡抚之件》（《李鸿章入觐並海軍拡張及台湾巡撫設置ノ件》），日本外务省外交史料馆收藏，5.1.1.9。

② 天津领事波多野承五郎发外务大臣井上馨电报，1885 年 9 月 27 日，机密信第 62 号，《李鸿章入觐与扩大海军及设置台湾巡抚之件》（《李鸿章入觐並海軍拡張及台湾巡撫設置ノ件》），日本外务省外交史料馆收藏，5.1.1.9。

③ 《上李伯相覆议何学士如璋奏设水师书》，1881 年冬，马建忠：《适可斋纪言纪行》（沈云龙主编：《近代中国史料丛刊》第十六辑），（台北）文海出版社 1968 年版，第 117 页；[日]坂野正高：《马建忠的海军论——以一八八二年的意见书为中心》（《馬建忠の海軍論——一八八二年の意見書を中心として》），载[日]川野重任：《亚洲的近代化》（《アジアの近代化》），（东京）东京大学出版会 1972 年一文，就该意见书作了详细的论述。

1883 年,清政府于总理衙门内设置了掌管南北洋海防事务的海防股,但海防股却不是独立的海军中央管理机构。上述 6 月 2 日的谕旨发布后,诸官僚的意见得到采纳,李鸿章被召入京,在前后一个多月里频繁地出入宫中。结果,1885 年 10 月 12 日,总理海军事务衙门(以下略称海军衙门)正式得以成立。海军衙门,即中国近代海军最初的中央管理机构,醇亲王奕譞任总理(相当于日本的海军卿),庆郡王奕劻、直隶总督李鸿章任会同办理(相当于日本的海军大辅),汉军都统善庆、兵部右侍郎曾纪泽任帮同办理(相当于日本的海军少辅)。为了对抗日本与保卫京畿,清廷又准李鸿章"统筹全局,拟请先从北洋精练水师一支,以为之倡,此外分年次第兴办等"。[①]

1885 年因朝鲜问题中日两国之间的对立关系日益加深。李鸿章又于这一年里向英国订购了致远、靖远(1886 年下水),向德国订购了经远、来远(1887 年下水)等 4 舰。4 舰竣工后同于 1887 年抵华,随即被编入北洋海军。到此,北洋海军发展成拥有 25 艘舰船、总排水量约 3.7 万吨的大舰队。[②]

北洋海军在拥有以上规模的实力后,下一步即迎来了整编近代化舰队的时期。1888 年 12 月,以英国海军规制为蓝本而制定的《北洋海军章程》得以公布。从该章程规定中可知,北洋舰队自提督以下设置了总兵、副将、参将、游击、都司、守备、千总、把总、经制外委等计 315 名的各级人员。[③] 但此时的北洋海军尚未导入近代的海军官阶制度。若以同时期日本海军官阶制度为参照物,大致情况即如下(参看表 1):

① 《抄录清历光绪十一年九月初六日京报》天津领事波多野承五郎发外务大臣井上馨电报,1885 年 10 月 23 日,机密信第 77 号,《李鸿章入觐与扩大海军及设置台湾巡抚之件》(《李鸿章入觐並海軍拡張及台湾巡撫設置ノ件》),日本外务省外交史料馆收藏,5.1.1.9。

② 1887 年,李鸿章麾下的北洋海军拥有铁甲舰镇远、定远;巡洋舰济远、致远、靖远、经远、来远、超勇以及扬威(共计 7 艘);炮舰镇中、镇边、镇东、镇西、镇南以及镇北(共计 6 艘);鱼雷艇 6 艘;练习船威远、康济、敏捷(共计 3 艘);运输舰利运等,总计 25 艘舰船。佚名辑:《北洋海军章程》(沈云龙主编:《近代中国史料丛刊》第二十四辑),(台北)文海出版社 1968 年版,第 3—4 页。

③ 佚名辑:《北洋海军章程》(沈云龙主编:《近代中国史料丛刊》第二十四辑),(台北)文海出版社 1968 年版,第 125—162 页。

表1　北洋海军组织结构表　　　　　　　　　　　　单位:人

海军官职名称	提督 1	总兵 2	副将 5	参将 4	游击 9	都司 27	守备 60	千总 65	把总 99	经制外委 43
相当官阶	海军大将	少将	大佐	中佐	少佐	大尉	中尉	少尉	曹长	军曹

注:日本海军的官阶名称自海军大将以下,少尉以上省略"海军"二字。清朝海军官职名称之下的人数为定额数。总兵2名被授予定远、镇远两舰舰长;副将5名被授予致远、济远、靖远、经远、来远等5舰舰长;此外,另置差缺46名(含书记、主计26名;医官20名)。

出处:参考《北洋海军章程》,第125—162页,与《大清北洋舰队的编制》(《清国北洋艦隊の職制》),[日]《东京朝日新闻》1891年7月5日;《中日两国武官官名的对照》(《日清两国武官の官名对照》),[日]《东京日日新闻》1891年7月16日;[日]《国民新闻》1891年7月3日等新闻记载,由笔者整理而成。

另外,清政府在威海卫设置了北洋海军提督衙署,把上述25艘舰船分成中军、左翼、右翼三队,直接归属海军提督的管辖。1888年,北洋海军于舰船、装备的强化以及制度、组织面的整备上都进展到相当的程度,成为全国甚至东亚实力第一的海军,迎来了其最鼎盛的时期。

2. 统一南北洋海军的尝试

1888年,对北洋海军来说无疑又为一个转折期。之后,北洋海军即从武装装备的扩大——量的积蓄阶段,转入磨练技术、增强战斗力——质的提高阶段。于此时期里,主要开展检阅舰队、全国海军共同操练等活动。鉴于当时清朝海军存在分省独立、缺乏统一性等弊病,《北洋海军章程》明确规定:"每年由北洋大臣阅操一次……每逾三年由总理海军事务衙门王大臣请旨特派大臣,举行军政一次,会同北洋大臣出海校阅。"[①]并规定每年春、夏、秋季北洋舰队与南洋舰队合操,沿北洋沿海巡航练习等为不可缺少的项目,巡航的海域为"奉天、直隶、山东、朝鲜各洋面",时因保护商民、练习技艺而游历"俄日各岛"等。[②]

1888年以后,遵照此规定,北洋海军与南洋海军定期实施了合操训练,

---

① 佚名辑:《北洋海军章程》(沈云龙主编:《近代中国史料丛刊》第二十四辑),(台北)文海出版社1968年版,第277—278页。

② 佚名辑:《北洋海军章程》(沈云龙主编:《近代中国史料丛刊》第二十四辑),(台北)文海出版社1968年版,第273—275页。

并由王大臣、北洋大臣等进行定期性的检阅。

1889 年 6 月,南洋海军提督吴安康率座舰寰泰等 6 艘军舰北上,加入北洋海军提督丁汝昌①的麾下,两舰队实施了最初的合操训练,还成功地完成了经元山(朝鲜东岸)至海参崴长达 5000 余里的远洋航海练习。南洋舰队的船员多由参加镇压太平军、捻军起义,并立下功劳的人所组成,整体上纪律涣散、训练不足。在北洋的教导下,仅仅接受 2 个多月的合操训练,人事即被整顿一新,上述的各种弊病也大为改善。就此间清朝海军的训练成效,日本方面通过细心的观察后,给予以下的评价:"眼下该国无论当权之大臣还是从事海军者,皆一心一意谋求进步、热心改良,以期他日雄视东亚,毫不遮蔽此事实。"②

虽然如此,事实上一年一度的合操训练结束之后,南洋舰队随即回到原来的吴淞口根据地,重归南洋大臣的管辖。这就与海军衙门设立当初的主旨——统辖全国海军,仍然相差甚远。李鸿章为了让南洋舰队能完全服从北洋大臣的指挥,就提拔了旧部下郭宝昌为南洋海军的统领(提督级指挥官)。郭宝昌当时为待命中的陆军总兵,对于海军乃为门外汉,只是与丁汝昌同为李鸿章的同乡而已。此种任命海军指挥官的方式,很明显即一种中国传统的以人缘关系来委任官吏的做法,但此时李鸿章为了促进南北洋舰队之间相互提携,统一置于其本人的指挥之下,则视之为最好的办法。1890年 1 月奕谟死去之后,李鸿章成为名副其实的清朝权臣,其威势亦达到了顶峰。郭宝昌就任南洋海军统领后,旋即按照北洋海军之规制对南洋海军的组织机构等施行了整顿。

1891 年,迎来了海军衙门大臣对全国海军施行第一次检阅的时期。在

---

① 丁汝昌(1836—1895),字禹廷,安徽省庐江县人。在镇压太平天国运动及捻军起义的过程中,丁汝昌身为一陆军将领立下了不少军功,而得到李鸿章的提拔。1879 年转入海军。1881 年 10 月,接收在英国定造的军舰超勇、扬威回国,升任北洋水师统领。1882 年 9 月任直隶天津镇总兵,1888 年晋升任北洋海军提督。甲午战争中,1895 年 2 月于威海卫拒绝对日投降,服鸦片自杀。参见《丁提督》,〔日〕《每日新闻》1891 年 7 月 9 日;《丁提督之事》(《丁提督の事》),〔日〕《每日新闻》7 月 10 日;以及蔡冠洛编《清代七百名人传》(沈云龙主编:《近代中国史料丛刊》第六十三辑),(台北)文海出版社 1971 年版,第 1242 页。

② 芝罘领事馆书记生能势辰五郎发青木周藏外务次官电报,机密第 43 号,1889 年 10月 25 日(11 月 6 日接收),《大清南北洋舰队的活动及北洋舰队访问本邦一件》(《清国南北洋舰队ノ运动及北洋舰队本邦へ来航一件》),日本外务省外交史料馆收藏,5.1.8.13。

北洋海军将领的指挥下,南洋、北洋两舰队实施了合操训练。先是,5月23日,李鸿章率水陆军人由大沽出港,24日在旅顺与山东巡抚张曜汇合。自25日起李鸿章依次视察、检查了陆上部队、大石船坞、炮台、弹药库、水雷鱼雷两学堂等。28日检阅了以大连湾为中心的南北洋舰队合操演习。6月1日行至威海卫,视察渤海湾两岸的地势、刘公岛炮台、水师学堂等,并检阅了各军舰的合操训练。最后于视察完胶州湾的地势后,同月7日由海路踏上了归京的路程。8日至烟台,检阅了陆上部队的训练,9日视察了京畿防卫要地的大沽炮台等。第一次检阅后,李鸿章对北洋海军的发展大感满足,言:"北洋兵舰合计二十余艘,海军一支规模略具,将领频年训练远涉重洋,并能衽席风涛熟精技艺,陆路各军勤劳工操历久不懈……"唯"目前限于饷力,未能扩充,但就渤海门户而论,已有深固不摇之势"。① 日本方面也派出外交、海军人员视察了此次大演习中于大连湾实施的实弹射击、水雷放射等海上攻守抗衡的模拟运动实况,对其评价道:"大清实施如斯海陆联合大演习,实无前例。"②

至1894年,又举行了第二次南北洋海军大检阅活动。5月7日,李鸿章自天津出发,于大沽口外洋面对由北洋舰队的定远、镇远、济远等10艘军舰,康济等3艘练习舰,镇中等2艘炮舰,以及南洋舰队的南琛、南瑞等6艘舰船,广东舰队的广甲等3艘军舰共同参加的大演习实施了检阅。最后经旅顺口、大连湾、威海卫,于同月25日回到大沽。③ 在这次大检阅中,由于广东舰队的首次参加,达到集中全国海军进行共同训练的目的,具有很大的意义。

从以上北洋海军的建设、整备过程来看,很明显李鸿章为了清除以往清朝海军中所存在的各种弊害,如各支海军分属各省督抚管辖,相互倾轧现象严重,以及为了建构具有统一作战能力的全国性海军等,付出了相当大的努力。李鸿章意识到要建设亚洲最强盛的海军,不仅要培养舰队的沿岸防卫

---

① 驻天津领事代理荒川巳次发榎本武扬外相电报,机密第11号,1891年7月3日(同17日接收),《大清南北洋舰队的活动及北洋舰队访问本邦一件》,以及《直隶总督李鸿章山东巡抚张曜会奏巡阅海军台坞已竣》,沈桐生辑:《光绪政要》(沈云龙主编:《近代中国史料丛刊》第三十五辑),(台北)文海出版社1969年版,第908—912页。

② 《大连湾的演习》(《大连湾の演习》),[日]《朝野新闻》,1891年7月7日。

③ 王炳耀辑:《甲午中日战辑》(沈云龙主编:《近代中国史料丛刊》第一辑),(台北)文海出版社1966年版,第27—32页。

能力,而且培养舰队于外洋作战、对敌人进攻的能力也是不可缺少的。为此,李鸿章便积极着手实施舰队的远洋航海训练计划。19 世纪 80 年代中叶以后,北自海参崴南抵新加坡的广阔的亚洲洋面上,清朝舰队向远洋航海训练进行了挑战,其中,特别值得一提的是三次访问日本的经历。

二、北洋舰队访日与日本的应对

1. 第一次访日(1886 年)与长崎事件

1886 年北洋舰队初次访问日本,即发生在中俄边界纷争频繁与朝鲜问题日渐复杂化的背景下。

19 世纪中叶以后,俄国在夺取大清的广大领土之后,"对于满洲方面俨然认之为侵略的势力范围。便是朝鲜,它也已认定是在远东发展的最良终点",①这就给清政府带来了很大的威胁。清政府派吴大澂为中俄国境交涉全权大臣进入满洲,欲达到巩固边防、加强宗主国地位与控制朝鲜等目的。然而,中日两国对朝鲜的干涉活动逐渐引起朝鲜君臣的不满,导致其转头秘密要求俄国的保护与援助。当清政府接到俄国舰船觊觎朝鲜永兴湾的紧急情报后,遂派遣舰队驶向朝鲜,以牵制俄国、威慑朝鲜。

1886 年 7 月,李鸿章命令北洋海军记名提督丁汝昌及总查琅威理(William M. Lang,英国人)快速出动舰队赴朝。遵从李鸿章的命令,北洋海军以旗舰定远为首,联合镇远、济远、威远、超勇、扬威 5 艘军舰,组成了一支大舰队,于 23 日到达朝鲜元山。按计划舰队先自元山出航,绕永兴湾巡航以极力炫耀北洋舰队的威力。接着,31 日航向海参崴,迎接完成中俄国界线的划定任务、从珲春抵达该地的吴大澂回国。之后,除超勇、扬威以外的 4 舰,因补充煤炭、修理舰船的需要而驶向了日本长崎。②

有关北洋舰队首次访日的意图,虽然已有种种的推测与说法,而事实上当时停泊长崎港,只是出于修理舰船、补给燃料等纯粹技术性的理由而已。例如定远、镇远两舰,于德国竣工后长途跋涉航行到中国,成为北洋海军的支

---

① 何汉文:《中俄外交史》,中华书局 1935 年版,第 141 页。

② 《直督李鸿章致总署报俄船窥伺永兴湾丁汝昌等已乘铁舰赴韩电》,6 月 30 日(7 月 1日之误),王彦威纂辑、王亮编:《清季外交史料》(三),(台北)文海出版社 1963 年影印本,第 73页。

柱,至同年 6 月已到了非检点、修理不可的状态。而"定远、镇远、济远吃水至二十尺十六尺,不但沽口不得入,即沪口、闽口皆不得入,中国无可修之坞,非借英之香港大石坞、日本之长崎大石坞不能修理"。① 于是,丁汝昌等人即与持有大型船坞的香港祥生船厂交涉,因巨舰的重量过重,祥生船厂的船坞底将承受不住,遂使"香港船坞不接纳定、镇二舰"。② 因此,北洋舰队在完成朝鲜沿岸的航海任务后,希望借机停靠长崎港进行舰船修理与补给燃料等。

就在停泊长崎港期间,北洋舰队水手与当地日本警察之间却出人意料地发生了大冲突事件(即长崎事件)。事件的影响甚至波及两国的邦交关系。③

事件的经过为如下。8 月 10 日,丁汝昌率定远等 4 艘军舰抵达长崎港。12 日,旗舰定远因船底等需要修缮而驶入三菱长崎造船所的立神船渠待修。当时,停泊于长崎港的还有俄国、意大利的军舰各 1 艘,并没有日本本国的军舰。13 日,北洋舰队中取得休假许可后登岸的水兵们,与长崎地方巡警之间发生纠纷,结果导致水兵、巡警各 1 名负伤。至 15 日,水兵与巡警之间再次发生冲突。中方出现了 50 名死伤者,内含海军军官 1 名、水兵7 名死亡。日方也出现了 31 名死伤者,内含警部(警官)、巡警各 1 名死亡。史称"长崎事件"(当时的日本文献记为"清国水兵暴行"事件)。

在解决事件的过程中,中日两国政府皆以本国的国威为重,双方互不退让,态度强硬。9 月 4 日,定远等舰回国后,双方之间的谈判又持续了半年之久,但毫无任何进展。其间,中日两国的代表与英、法律师等共同组成会办委员会,在长崎召开了审理会议。徐承祖公使与井上馨外相在东京也通过外交的方式进行了交涉,也仍然没有结果。最终,经德国驻日公使汉纳本(Von Helleben)、驻清英国公使华尔身(Sir John Walsham)等人从中斡旋,才使两国的代表达成了协议。1887 年 2 月 8 日,中日双方一致承认事件是

---

① 《覆陈海军规模筹办船坞》,1886 年 1 月 3 日,《李鸿章全集》第 5 册,海军函稿,第2841 页。

② 《致德璀林:香港船坞不接纳定镇二舰》,1886 年 7 月 9 日,谢忠岳编:《北洋海军资料汇编》,中华全国图书馆文献缩微复制中心,1994 年,第 113—114 页。

③ 有关长崎事件之先行研究有[日]安冈昭男《明治前期中日交涉史研究》(《明治前期日清交涉史研究》),(东京)岩南堂书店 1995 年版;王家俭:《中日长崎事件交涉》,《台湾师范大学历史学报》第 5 期,1977 年 4 月等。两者各自站在本国的立场上,对事件的经过与两国政府的应对状况作了详细的论述。

由于相互间语言不通，发生误解而造成的。并制定了以下的善后处置措施，即"确切审理本事件，惩罚处分俱由两国的司法机关依照本国的法律各自斟酌办理，互不干预"。同时，中日两全权大臣秘密交换了书函，规定中日两国各应支付对方抚恤金 1.55 万日圆与 5.25 万日圆。① 李鸿章认为，眼下于大清国力尚不足、海军军费也缺乏的情况下，尚无必要与日本决裂，此种"伤多恤重之议归结尚不失体"。②

就这样，长崎事件的善后问题得到了妥善处理。当时日本还未完全废除与各国之间所定下的不平等条约，于横滨、兵库、大阪、长崎、新潟、函馆、东京等地外国人仍然享有治外法权。鉴于此，日方害怕将来还会发生类似的问题，井上外相遂将刚拟定的有关今后中日两国军舰往来的管理规则，附录于长崎事件的协议书之后，提交给中方代表，并建议于该事件得到解决的同时施行之，随即获得中方的同意。此即《中日两国军舰管理规则》(《日清两国二於テ取極メタル軍艦取締規則》)，③其内容规定两国军舰停泊对方

---

① 清政府向日方支付 1.55 万日圆的抚恤金。其细目为：付与 1 名死亡警部的遗族 6000 日圆；1 名死亡巡警的遗族 4500 日圆；2 名负伤致残巡警 5000 日圆。日本向中方支付 5.25 万日圆抚恤金。其细目为：付与 1 名死亡军官的遗族 6000 日圆；7 名死亡水兵的遗族 3.15 万日圆；6 名负伤致残水兵 1.5 万日圆等。参见《报告长崎事件谈判结束之件》(《長崎事件二関スル談判ハ完結セル旨報知ノ件》)，井上外务大臣发送内务、司法等各大臣的报告书，1887 年 2 月 9 日，日本外务省编纂的《日本外交文书》第 20 卷(1963 年)，第 590—592 页；以及同书明治年间追补第 1 册(1963 年)，第 468 页等内容。

② 《直督李鸿章致总署徐承祖办结崎案似可准行电》，(1887 年 1 月 27 日)，《清季外交史料》(三)，(台北)文海出版社 1963 年影印本，第 129—130 页。

③ 详细内容为如下：第一条，此国军舰进入彼国港口之际，舰长应早日亲身拜访当地地方官，说明入港主旨，该地方官于接受拜访后最迟也应于次日为止至该舰致回礼。第二条，此国军舰进入彼国港口之际，舰长应向其本国公使或者领事以及当地方官咨询当地方的警察规则、卫生规则、检阅规则以及其他地方之重要惯例等，于未得到同意以前舰内船员不得上岸漫游等。第三条，此国军舰于彼国的港口停泊期间，其船员若需上岸，舰长不仅对水兵还应对船员全体垂训当地地方法律规则之大意，严令其不得违背。第四条，此国军舰停泊于彼国之港内时，登陆漫游之水兵一次不得超过二十名。若有一次十名以上上岸漫游之事，舰长宜先会见当地地方官协议良策，使多数水兵上岸也不致有出其不意之骚动事件发生。非得到当地地方官之承诺水兵不得上岸，且一定要对此水兵配置管制军官。总计一日之内不得有五十名以上水兵上岸漫游。第五条，此国水兵逗留于彼国各港之际，上岸漫游之时间仅限于自日出至日没之间，此外时间水兵若需上岸，舰长应对其配置管制军官，并预先将此趣旨通知当地地方官。见《就长崎大清水兵暴行事件与驻本邦大清公使之谈判笔记之件》(《長崎二於ル清国水兵暴行事件二関シ本邦駐剳清国公使トノ談判筆記送付ノ件》)，井上馨外相发内务、司法等各大臣，1887 年 1 月 13 日，[日]外务省编《日本外交文书》第 20 卷(1963 年)，第 543—545 页。

国家港口之际,需先访问当地地方官,遵守当地警察、卫生、检阅规则等,并限制登岸军官、水兵的人数以及滞留岸上的时间等。由长崎事件的教训应运而生的该规则,之后为避免两国海军之间发生不必要的纠纷,促使两国海军交流的圆滑进行起了保证作用。

以上可知,长崎事件本来只是一个各国都可能发生的偶然性事件。以修理舰船、补给燃料为目的停泊在长崎港的北洋舰队,其水兵与当地的官民之间最初因小小的龃龉而引起的冲突行为,却在短时间内发生激化,造成双方出现大量死伤者的惨重后果,进而又上升为两国之间的重大外交问题。为何会形成这种结局呢? 其实,北洋舰队停泊日本港口一事本身,就已经对日造成了一种威胁,而诱发其对北洋舰队的人员产生敌对情感。当时北洋舰队官兵与日本官民之间心理状态差异悬殊,相互之间不习惯,由之而造成种种误解等,这就是最根本的原因。

该事件从以下的角度来看,很明显也给中日两国之间的关系带来了很大的影响。

第一,给日本造成威胁,而产生对大清的恐惧感。

长崎事件发生后不久,8 月 20 日,李鸿章在与日本驻天津领事波多野承五郎的谈话中曾脱口而出:"今发动战争并非一难事,停泊于贵国之我军舰的船身枪炮皆坚,轻易地就能开战。"①在解决事件期间,当交涉的进展状况并不顺利时,李鸿章又放言:"今不击日本更待何时。"②像这样仅仅由一时的感情冲动而说出口的话,本也是情有可原的,但传到日本后竟给日本政府造成了很大的威胁。日方仔细分析了这些话,认为李鸿章"向日本炫耀像'定远'、'镇远'这种当时东亚稀有的得意战舰,就是为了达成慑服日本的目的"。③ 这样,北洋舰队驻泊于日本港口之事,就自然被视为李鸿章言论的论据、一种对日"慑服"行动,大清的威胁论也渐次在日本国内流传开来。8 月 20 日这一天,刚好北洋海军派出 4 艘军舰前往外国。当这一消息传到日本时,日方即表示"若贵国军舰新旧合计有八艘停泊(于我国),则人心必定

---

① [日]外务省编:《日本外交文书》明治年间追补(第 1 册,1963 年),第 453 页。
② [日]外务省编:《日本外交文书》明治年间追补(第 1 册,1963 年),第 464 页。
③ [日]外务省编:《日本外交文书》明治年间追补(第 1 册,1963 年),第 448、452、464 页。

更趋惊骇",甚至推测可能会爆发战争而惊恐不已。① 因之,对大清所持有的恐惧感又进一步加深了。其实,上述 4 艘军舰是奉其他任务被派往朝鲜的。

第二,激起日本国民对中国的敌忾心。

由日本国民从未见过的巨舰编成的大舰队——北洋舰队,它的访日本来已令众多的日本人惊愕不已,再加上停泊长崎港之后不久就发生了中日冲突事件,造成双方死伤惨重的不意结果,这就使上自日本政府下自一般的国民,对北洋海军产生反感和抗拒的心理,甚至激发其对大清的敌忾心。当时的报纸就如此的记载,即"有人云,以往也有大清军舰停泊过我港湾,但总计四艘同时来港的乃为初次,是否存有某些意图,若存有居心,此次暴行即为欲挑起战争而寻找的借口了"。② 日本舆论界就是以此种见解向国民宣传,北洋舰队的来航目的实际上是向日本进行示威、挑衅。当时,清朝海军的实力大大地凌驾于日本之上,日本民间深信"如果中日邦交破裂,清朝军舰将大举袭击长崎",③所以对北洋舰队的恐惧感也与日俱增。由于此种被误解的清朝海军的军事性威胁波及到日本国民之间,就促使他们"激发出强烈的敌忾心"。④

由此可见,当时横亘于中日两国国民之间的心理差距直接助长了长崎事件的扩大,也影响了事件的解决过程,还煽动起日本官民的对清恐惧感、敌对情绪。北洋海军的初次访日以及长崎事件的发生,成为日后推动日本政府扩大、增强其本国海军实力的一大原因。

2. 第二次访日(1891 年)

继第一次访问日本后,过了 5 年,北洋舰队接着又施行了第二次访问日本的航海练习活动。

如上文所述,1888 年以后,清政府每年都实施了南北洋海军的合操训练活动。远洋航海能力本为近代海军舰队所必备的条件之一,为了提高北洋海

① [日]《外务大臣书简》,井上外相寄清国驻日公使徐承祖书信,8 月 21 日,《秘书类纂10 兵政关系资料(长崎港清舰水兵喧斗事件)》,(东京)原书房 1970 年版,第 154 页。

② 《传闻纷纷》(《風説区々》),[日]《每日新闻》,1886 年 8 月 19 日。

③ [日]井上馨侯传记编纂会:《世外井上公传》第 3 卷,(东京)内外书籍株式会社 1934年版,第 722—723 页。

④ [日]吉野作造:《对支问题》,(东京)日本评论社 1930 年版,第 3 页。

军的远洋航海能力,日本沿海的巡航活动就被列入其课题之中。对于本次访日目的,日方作了如下的理解,即"原来(北洋舰队)访问我邦,是为了促使两国海军将士之间的交往更加密切,丁、吴两人也热切盼望着,曾数次向我海军司令官表示欲率舰访日",①同时也是"作为前几年日本军舰访问大清的回礼,促进两国亲善关系而计划的航行活动"。②丁汝昌对访问日本之事显得比较积极,早先就向李鸿章建议过,而李鸿章恐于前次访日之际所酿下的不幸后果,以及考虑到外洋巡航需要巨额的经费等,"谕丁汝昌,北洋海军乃为防御清国海岸,而不为向海外炫耀国威的,以之尽力制止日本巡航"一事。③

1890 年,日本海军大尉细谷资氏(1896 年任平远舰长,1903 年升少将)受命就任日本驻大清公使馆武官。细谷于前往北京赴任之前,亲自向海军大臣西乡从道(1843—1902,西乡隆盛之弟)建议,要招请清朝军舰访问日本,并为西乡所采纳。于是,细谷于赴任途中在天津求见李鸿章,细述了这件事。此时,李鸿章还是有恐于类似长崎事件等纠纷的重演,而细谷则"劝说其不必担忧",④李鸿章遂被说服。刚好同年李鸿章的养子李经方(1855—1934)就任驻日公使,中日两国的邦交关系也日趋密切。李鸿章终于允许丁汝昌第二次率舰队访问日本。

1891 年 6 月 27 日,李鸿章上奏朝廷,言:"日本屡请我兵船往巡修好,现派海军提督丁汝昌,统定远、镇远、致远、靖远、经远、来远铁快舰,于五月二十日(公历 6 月 26 日)赴日本之马关,由内海(濑户内海)至东京,晤李公使再商定巡阅沿境各口。"⑤朝廷回旨:"日本既有意修好,着严饬丁汝昌加

① 《报告南北洋水师访问本邦以及其他二件事》(《南北洋水師本邦へ航行外二件上申》),在芝罘领事馆书记生能势辰五郎发外务次官冈部长职电报,机密第 29 号,1890 年 11 月 17 日(同 12 月 5 日接收),见《大清南北洋舰队的活动及北洋舰队访问本邦一件》(《清国南北洋艦隊ノ運動及北洋艦隊本邦へ来航一件》),日本外务省外交史料馆收藏,5.1.8.13。

② 《丁提督》,[日]《每日新闻》,1891 年 7 月 9 日。

③ 《大清各水师大演习李鸿章南下检阅以及一部分北洋水师访问本邦之件》(《清国各水师大演习李鸿章南下检阅並二清国北洋水师ノ一部分本邦回航之件》),驻芝罘领事代理能势辰五郎发外务大臣青木周藏电报,机密第 8 号,1891 年 5 月 5 日,见《大清南北洋舰队的活动及北洋舰队访问本邦一件》,日本外务省外交史料馆收藏,5.1.8.13。

④ [日]外务省编:《日本外交文书》明治年间追补第 1 册,第 469 页。

⑤ 《北洋大臣来电》,1891 年 6 月 27 日电报档,《清光绪朝中日交涉史料》(上),(台北)文海出版社 1970 年影印版,第 234 页。

意约束将弁兵勇,不得登岸滋事。"①

　　同月,大连湾的南北洋舰队大演习结束后,清朝的海军分成三队,"一队由丁汝昌率领航向日本;一队由林泰曾率领经仁川、釜山、元山开往海参崴港;另一队随邓世昌绕直隶湾航行"。② 同月末,丁汝昌所指挥的一队,即北洋舰队主力"镇远"、"定远"、"经远"、"来远"、"致远"、"靖远"6艘军舰,含军官候补生在内总计1460名人员同赴日本。本次访日的日程表为如下(参看表2)。

表2　北洋舰队第二次访日日程表

期间		活动情况	两国的戒备状况
6月30日—7月4日	神户	访问神户理事府,参观摩耶号军舰,访问周布知事。	(中)不许水兵登岸,(日)兵库县警察部告诫相关各业主注意。
7月5日—18日	横滨	访问清国领事馆。接受海军省第一局长伊东、海军少将井上、海军少将常备舰队司令长官有地等人访问舰队。拜访神奈川县知事。	(日)神奈川县警察署设置水兵上岸的警戒线,(中)驻日理事府增加巡丁,11日允许水兵上岸。
	东京	逗留于大清公使馆。拜访各大臣,视察文部省、大学、集治监、监狱等,参观东京府厅,谒见天皇。参观横须贺军港、造船所、机关学校等。于定远舰设宴招待日本皇族、诸大臣、陆海军将校、贵众两院议员等百余人,并许之任意参观舰内各处。	
7月19日—24日	神户	装载煤炭,访问兵库县公署。	(中)不许水兵上岸。

---

① 《军机处电寄李鸿章谕旨》,1891年6月29日电寄档,《清光绪朝中日交涉史料》(上),第234页。
② 《大清各水师大演习李鸿章南下检阅以及一部分北洋水师访问本邦之件》,日本外务省外交史料馆收藏,5.1.8.13。

（续）

期间		活动情况	两国的戒备状况
7月25日— 28日	宫岛、 吴港	诸舰系泊宫岛海面,定远号驶入 吴港,参观镇守府内、海兵团、病院 等。	
7月29日— 8月5日	长崎	拜访长野知事,定远号访问佐世 保,拜访地方裁判所长、控诉院长等 人,于定远舰上招待知事家属、内外 缙绅,并许之参观舰内各处。	(中)31日,70名水兵 秘密上岸,受笞刑。 (日)戒备森严。

出处:参考[日]《每日新闻》,1891年7月3日至8月8日;[日]《东京朝日新闻》,
1891年7月1日至8月2日的新闻记载,由笔者整理而成。

从上表的访问日程来看,丁汝昌等北洋海军将校除了考察日本各军港、
镇守府、造船所等海军机构与参观军舰以外,还重视在日本皇族、政府官员
之间进行亲善活动,以及同各地长官、缙绅进行交流等。例如,7月14日,
在停泊横滨的旗舰定远上摆设豪华宴席,招待有栖川宫炽仁亲王(1835—
1895,陆军元老)为首的皇族、大臣、枢密顾问官、政府各部门次官、陆海军将
校、新闻记者以及驻日各国领事等100多名内外名士,并允许他们自由参观
舰内各处,包括任何角落。紧接着16日,又在同舰上宴请了100多名日本
贵族院、众议院的议员,由军官们充当导游,随意参观舰内各处。另一方面,
日本政府为预防类似长崎事件的冲突再次发生,也早早着手做好了事前预
防工作,在北洋舰队抵日之前的6月22日,"下令各港口地方官,毋必以接
待来客之礼妥当款待。……长崎市长告示市民,对待北洋舰队将士需郑重
其事"。①

与其相反,在日本国内也有人认为,阵容威严的北洋舰队列队遍访日
本的各主要港口,这种举动表面上是一种讴歌两国亲善的行为,实际上是
一种向日本示威的行动,而且这种看法相当普遍。除了长崎港以外,日本
其他各港的官民皆为初次将北洋舰队迎入当地,而且北洋舰队的这次
访日,其出动的舰船数量又比第一次访日时多,共计有6艘,这些巨舰

---

① 《申报》(上海书店1986年影印版),1891年7月5日。

排列成队,自然气势浩大,这就在无形中给日本国民带来了很大的刺激。当时的外务次长林董,于日后回忆道:"(明治)二十四年七月,看到丁汝昌所率的舰队驶入横滨港,吾国人就因其壮大的外观而感到极其恐惧。"①

同时期日本其他外交官对北洋舰队第二次访日的看法也比较类似,如"李鸿章向日本显示大清海军的实力,以之来慑服日本的设想似遂得实现"等。② 而当时的报纸也纷纷利用照片等,图文并茂地报道了北洋舰队的威容及其威胁性等,像"眺望清朝舰队,总计六舰舳舻停泊于横滨港之中心,亦足以壮清国之威"之类的描述,③更是频繁地见诸各报。由此可知,本次访问日本对日国内造成的威吓效果之大不言而喻。

纵观北洋舰队第二次访问日本的经过可知,丁汝昌于日本各港停泊之际,在军舰上大摆豪华宴席招待为数众多的日本高官、名士,并让其自由地参观舰内各处,以示自己的大度,而实际上却产生了相反的效果。不仅无形中过大地炫耀了北洋舰队的实力,也促使日方感到威胁,对大清产生恐惧感与不良的反感情绪等。

3. 第三次访日(1892 年)

北洋舰队第二次访问日本,整个过程中并没有遇到任何障碍。于中日关系上,在日本受到日方的热情欢迎,酝酿出两国亲善的气氛;于发展军事力量上,又取得顺利完成远洋航海训练的成果。在这种前提下,丁汝昌又策划于第二年再次实施远航日本的活动。

北洋舰队结束第二次访日活动后,于 1891 年 8 月 8 日,自日本直接回到威海卫基地。次日,丁汝昌立即给日本驻芝罘(烟台)代理领事能势辰五郎送去感谢函。至 9 月 6 日,又亲身前往拜访,深谢这次巡航在日本所受到的各种厚遇,并表示今后愿为中日两国的和睦竭尽微力。日本的外交档案中,也留下了丁汝昌当日的谈话记录,即今后"每年预定巡航本邦(指日本),也极其希望贵国舰队每岁来航大清……翌年的日本访问正等待李鸿章的答

---

① 《中国舰队之威势》(《支那艦隊の威光》),[日]林董:《林董回忆录》(《後は昔の記他林董回顧録》),(东京)平凡社 1970 年版,第 259 页。

② [日]外务省编:《日本外交文书》明治年间追补第 1 册,第 469—470 页。

③ 《大清军舰之联欢会》(《清国軍艦の懇親会》),[日]《朝野新闻》,1891 年 7 月 15 日。

复"等。①

1892 年,获得李鸿章的许可后,第三次巡航日本的计划便得以实施。能势辰五郎将北洋舰队这次访日的趣旨理解为:"(丁氏)感谢上年所受之款待,为了表达谢意与继续维持旧交,期于本年亲自率领各舰巡航神户、横滨各地。"②5 月,按照每年的惯例北洋舰队于本国沿海实施巡航练习。23 日,主力舰 6 艘(定远、来远、经远、致远、靖远、威远等)从福州港出发,经由厦门、香港、台湾各地的港口等,6 月中旬驶入上海港。之后在丁汝昌的率领下从该港出发,于同月 23 日抵达日本长崎港。本次访问的日程如表 3。

表 3 北洋舰队第三次访日日程表

日　期	活动情况
6 月 23 日	丁汝昌拜访长崎县知事,遍访控诉院、地方裁判所、长崎市役所等。
6 月 24 日	长崎县知事访问舰队,靖远、来远两舰长拜访该知事。
6 月 25 日	经远、致远、威远 3 舰长拜访长崎县知事。
6 月 27 日	靖远、来远开往海参崴,致远、威远拔锚航向横滨港。
7 月 1 日	致远、威远入横滨港,两舰长拜访县知事及海关总税务司,访问大清驻日理事府。
7 月 2 日	李经芳公使拜访丁汝昌。
7 月 3 日	丁汝昌往访大清驻日公使馆。
7 月 4 日	定远舰长往访大清驻日公使馆。
7 月 5 日	横滨知事于官邸招待丁提督、各舰长及张领事等人,水兵上岸。
7 月 7 日	致远、威远两舰长被招待参加日舰秋津洲的下水典礼。
7 月 8 日	致远、威远自横滨出港驶往长崎,与定远等会合。

---

① 《会晤北洋水师提督丁汝昌之件》(《北洋水师提督丁汝昌ニ面晤ノ件》),外务大臣榎本发海军大臣桦山资纪电报,送第 306 号,1891 年 9 月 25 日,《明治廿四年　公文备考　舰船部上》卷 4,[日]防卫省防卫研究所图书馆收藏(东京),⑩公文备考 M24－4,第 0662－0667 页;[日]外务省编:《日本外交文书》明治年间追补第 1 册,第 469—470 页。

② 《大清北洋水师访问航行到本邦之件》(《清国北洋水师本邦ノ回航ノ件》),驻芝罘领事代理能势辰五郎发外务大臣榎本武扬电报,机密第 4 号,1892 年 3 月 30 日(4 月 14 日接收),《大清南北洋舰队的活动及北洋舰队访问本邦一件》,日本外务省外交史料馆收藏,5.1.8.13。

（续）

日期	活动情况
7月12日	定远、致远、威远3舰拔锚开往釜山,经远返航回威海卫。

出处:参考《汇报北洋舰队来港中之概况》(《北洋艦隊来港中ノ概况上申》),长崎县知事中野健明发外务大臣榎本武扬电报,甲第18号,1892年7月18日,《大清南北洋舰队的活动及北洋舰队访问本邦一件》(《清国南北洋艦隊ノ運動及北洋艦隊本邦へ来航一件》),日本外务省外交史料馆收藏,5.1.8.13;[日]《每日新闻》,1892年7月2日—13日,[日]《东京朝日新闻》,1892年6月28日—7月13日的记载等,由笔者整理而成。

虽说组成本次访日舰队的舰船数量与前次同为6艘,但前次参加访日舰队的镇远由威远所代替,巨大的铁甲舰就减少了1艘。再加上在日本沿岸巡航的过程中,本次北洋舰队采取了分散行动的做法,这就使北洋舰队所持有的对日威慑力量明显减弱了几分。而且,较之前次,本次北洋舰队的活动范围也有明显的缩小。在大约3个星期的访问期间内,北洋舰队所停泊的港口仅限于长崎与横滨两港,丁汝昌除了对去年访日时所受到的款待进行回礼外,还致力于同各地的地方官员、海军人士进行友好交流等。

以横滨港为例,与前一年北洋舰队主力舰6艘一齐入港时的情形大为不同,本次因为只有致远(舰长邓世昌)和威远(舰长林颖启)2舰进港,港内的气氛相当平稳。当时日本的报纸作了如下报道:"'致远'号已于前一年停泊过横滨港,当时大清军舰入港时的气势,引起了国人很大的注意,并使国人滋生了警戒心,而本次并无任何外交问题,两舰到来之时也很平静地进入港内。"①

所以,于北洋舰队驻泊两港期间,中日两国之间并没有发生任何细小的摩擦事件。然而,这其实是与日方敷设了完备的警备体系分不开的。因为,在日本国民的头脑里仍然鲜明地保留着有关长崎事件,以及去年北洋舰队的巨舰来港时所带来的威胁感等记忆。日本政府当局不分昼夜地在长崎和横滨的陆上、水上大清水兵可能涉足的地方,都布下了森严的警戒阵势。

---

① 《中国舰队入港》(《支那艦隊の入港》),[日]《每日新闻》,1892年7月2日。

三、日本海军实力的增强与对日败战

1. 日本强化海军实力

以上所述北洋舰队的三次访日活动，除了在第一次中日双方发生冲突，造成长崎事件外，其他两次从表面上看都是在一种友好、和谐的气氛中进行的。而另一方面，巨舰列队而来的北洋舰队，其慑人的威容与事实上所持有的远洋航海能力，无形之间已对日本官民造成很大的威胁。其中受到直接打击的就是日本海军。但海军上校东乡平八郎于北洋舰队第一次访日时，就看穿北洋海军的弱点，断言其"并不可怕"。日本海军内部也出现了不少激进的现象，诸如"我海军内部少壮缺乏思虑之辈，闻此次变故（长崎事件），思量纵使于长崎也可开战"等。① 那么，北洋舰队访问日本，给日本海军带来怎样的影响，又使日本海军的建设方针发生怎样的变化呢？以下，就此问题试作分析、探讨。

1874 年日本入侵台湾后，清政府即以日本为假想敌开始构筑新的海军力量，日方也于 70 年代末起着手进行实际上的对清作战准备。1878 年，日本陆军参谋本部独立，这就是最早的对清作战的准备措置。而日本海军方面的行动则稍微晚于陆军。之后，围绕朝鲜问题中日两国之间的对立日益加深。在这种情形下，1882 年 11 月，日本海军卿（大臣）川村纯义提出第五次扩建海军方案。按照此方案，日本海军将购入巡洋舰浪速、高千穗、千代田等，同时计划以提高舰船航速的方式，来对抗北洋海军所持有的当时最先进的铁甲舰。②

1886 年，北洋舰队第一次访问日本后，于日本国内对抗大清舰队的威胁、扩张本国海军力量之意识日渐高涨起来，也促使日本海军开始视大清为假想敌，而加紧了整备、扩建海军的步伐。首先，从日本海军的建设经费来看，1886 年 6 月，日本海军公债证书条例得以公布，海军省继 1883 年以来 8 年间可以获得军舰制造费 2664 万日圆。另外，海军省又制定了大规模的扩

---

① 《勇气奋发》（《勇勃々》），[日]《每日新闻》，1886 年 8 月 19 日。
② [日]篠原宏：《海军创设史　英国军事顾问团的身影》（《海軍創設史　イギリス軍事顾问団の影》），（东京）リブロポート，1986 年版，第 325 页。

张计划(第一期军备扩张),决定于今后 3 年内发行 1700 万日圆海军公债,以之建造总排水量达 6.63 万吨的 54 艘舰艇。1887 年 3 月,明治天皇亲自从内帑中支出 30 万日圆作为海军建设的补助费,领头号召官民捐款支援海军的扩建计划。①

其次,从技术改良方面来看,1886 年就已开工建造的三景舰(松岛、严岛、桥立),于大清舰队来日后便开始调整舰上原来的武器装备。当时北洋舰队最大的军舰定远、镇远的航速为 14.5 节,装载的主炮口径为 30 寸。为了与之相对抗,三景舰在总排水量位于劣势的情况下,把航速提高到 16 节、装载的主炮口径增大到 32 寸。这样,就使航速与炮击能力凌驾于北洋舰队之上,从而构筑起 3∶2(松岛、严岛、桥立对镇远、定远)的对抗优势。

再次,日本海军省对提高海军作战能力一事也不放松。依照 1886 年 10 月 2 日公布的《海军检阅条例》,②除了使海军的定期检阅、特别检阅活动形成制度化以外,1890 年三四月间,还联合陆军在爱知县施行了陆海军大演习,共有 20 艘海军军舰、3 艘运输舰参加了这次大演习。③ 这些皆可看成是针对上述清朝海军的检阅、合操训练等活动而展开的一系列的对应措施。

1890 年 5 月,桦山资纪(1837—1922)就任海军大臣后,积极推行扩充海军力量的政策,日本海军的扩建活动进展得很快。桦山曾言:"特别是丁汝昌率领北洋海军全水师航行至我国,出示以之威吓吾人的态度,(才使其认识到)由于我国国防的不充实所产生的结果为如何寒心,此极其痛切地铭刻于有识者的脑里。"④北洋海军第二次访问日本是否有意向日本夸示自己的威力另当别论,事实上巨舰列队驻泊于日本各主要港口的事实,无疑使海军实力悬殊的日本全国上下对北洋舰队感到威胁、产生恐怖感,也促使日本海军展开了积极的对抗性军事扩张活动。

---

① [日]海军有终会:《近世帝国海军史要(增补)》〔《近世帝国海軍史要(增補)》〕,(东京)原书房 1974 年版,第 205—206 页。

② [日]《官报》第 980 号,1886 年 10 月 5 日,第 37—40 页。

③ [日]陆军省:《明治天皇御传记史料·明治军事史》(《明治天皇御伝記史料·明治軍事史》)(上),(东京)原书房 1966 年,第 807—813 页。

④ [日]安井沧溟:《陆海军人物史论》(《陸海軍人物史論》),(东京)博文馆 1916 年版,第 197 页。

第二次访日之际,停泊于横滨港之北洋舰队的实力状况,从下表就可以反映出来(参看表4)。

表4　第二次访日之北洋舰队的实力

性能 舰名	吨数 (吨)	马力 (匹)	炮数 (门)	航速 (节)	推动器	制造年 (年)	长度 (英尺)	宽度 (英尺)	乘船人 员(人)
镇远 定远	7430	6000	14	14	2层螺 旋桨	1882 1883	308.5	59	329
经远 来远	2900	5000	12	16	2层螺 旋桨	1887	270	40	202
致远 靖远	2300	5500	17	18	2层螺 旋桨	1886	250	38	202

出处:《新来的清朝舰队》(《新来の清朝艦隊》),〔日〕《东京朝日新闻》,1891年7月1日;《入港大清军舰的数量》(《清国軍艦入港の数》),〔日〕《毎日新聞》,1891年7月12日;以及佚名辑:《北洋海军章程》(沈云龙主编:《近代中国史料丛刊》第二十四辑),(台北)文海出版社1968年版,第7—51页。

上述6舰每两舰为同类型的姐妹舰,定远、镇远为船身厚达14吋的铁甲舰;经远、来远为巡洋铁甲舰;致远、靖远为巡洋舰,皆为大清军舰中战斗力最强的舰船。

与之相比较,日本常备舰队的6艘主力舰的实力状况如表5所示。

表5　日本主力舰的实力

性能 舰名	吨数	航速(节)	长度(英尺)	制造年
扶桑(铁甲)	3718	13	220	1878
高千穗	3650	18	300	1886
浪速	3650	18	300	1886
高雄	1760	15	230	1889
葛城	1476	13	206	1887
大和	1476	13	206	1887

出处:参考《入港大清军舰的数量》(《清国軍艦入港の数》),〔日〕《毎日新聞》,1891年7月12日;以及〔日〕海军大臣官房编:《海军军备沿革附录》(《海军军備沿革附録》),(东京)岩南堂1970年版,第11—13页等,由笔者整理而成。

依上述两表，又可将中日两国主力舰船的实力、性能作一比较，情况即如下(参照表6)。

表6　中日主力舰比较表

	北洋舰队6艘	日本舰6艘
总吨数(吨)	25260	15730
总计航速(节)	96	90
总长(英尺)	1657	1462
铁甲舰总数(艘)	4	1

注：根据上述表4、5制成。

于上表中，清朝主力舰在排水量、速度、长度、武器装备等方面皆超越了日本的事实，可一目了然。另外，将当时两国海军所持舰船的总吨数作一比较，也可知大清方面大约拥有9万吨，而日本只拥有5万吨左右，很明显日方呈劣势状态。从此种军事力量上的差距与当时大清帝国的形象来看，北洋舰队的多艘巨舰停泊于日本各港口一事，就很容易被对方视为一种对日示威、对日威吓的行动。随之而衍生出对大清的恐惧情绪，以及日本海军的对抗性扩建活动等，也是理所当然之事了。北洋舰队第二次访日期间，《每日新闻》的评论栏就有这样的记载："大清之六舰进入横滨港湾时，若判断吾辈所思日本海军扩张之说是否应该施行，就在此一举动也。"①可见，北洋舰队驻泊日本港口对其产生的刺激之大。

北洋舰队驶入横滨港后，1891年7月8日，海军大臣桦山资纪借机向内阁会议提出了扩建军舰的计划。其具体内容为，自明治二十五年度至三十三年度的9年内(1892—1900)，利用5855.2636万日圆的预算经费，新造4艘铁甲舰、6艘巡航舰、1艘通报舰等11艘军舰(总排水量为7.39万吨)，以及12艘航海水雷艇、48艘一等水雷艇等。②若按此计划，至1900年包含原有舰船在内，日本海军所拥有的军舰总排水量可达12万吨以上。事实

①　[日]《每日新闻》，1891年7月14日。

②　[日]海军大臣官房：《海军军备沿革》(《海軍軍備沿革》)，(东京)岩南堂书店1970年版，第43页。

上，此项计划只有一部分内容被通过。

扩建海军必须具备巨额的经费，为了从政府财政预算分配额中获得这部分资金，赢得国内社会的理解又为不可缺少的事。于是，作为日本海军又面临不得不努力向其国内社会宣传自身情况的局面。在此之前，日本海军往往被认为只是海军省的海军，是一种远离一般国民的军事力量。所以海军省决定开放军舰、造船所等让国民参观，"使人民得知增强海军为第一要务"。① 就在北洋舰队停泊横滨港期间，1891 年 7 月 14 日，日本海军第一号军舰扶桑号开始公开让人参观，首先招待了六七名新闻记者，之后又不断增加开放的次数，以提高日本社会对海军的关心度。另一方面，鉴于以往海军在救援海难、保护在外居留民方面，有出动缓慢之嫌，于是海军界公开向全民表示今后要改善这些问题，发挥海军的作用，以赢得国民的信赖。

此间，7 月 16 日，丁汝昌在定远舰上招待百余名日本两院议员，让其自由参观该舰一事，又使日方深切地感到中日双方军事力量的悬殊。日方也承认此次宴会在扩建海军问题上，"为我海军提供了几分方便"。②

之后，桦山的扩建军舰计划虽然于第二次、第三次议会（1891 年 11 月 21 日—12 月 25 日，1892 年 2 月 15 日—6 月 15 日）中重新被提出来，结果还是未能完全得到承认。

但是，日本海军军人为了对抗北洋海军的巨舰定远等，又瞄准了明治二十四年度（1891）政府的剩余费用 650 万日圆，主张"眼下只有把它用在最急需的制造军舰一事上，才最为得当"。此意见得到了新闻界广泛的报道。③ 结果，作为政府的临时支出费，海军取得了 180 万日圆的军舰制造费。④

北洋舰队结束第三次访日活动后，1893 年 2 月 10 日，明治天皇向臣下以及帝国议会的各议员降下诏书，主要内容为："至于国家军防之事，苟为一

---

① 《海军落胆》（《海軍落胆》），[日]《每日新闻》，1891 年 7 月 16 日。

② 《海军落胆》（《海軍落胆》），[日]《每日新闻》，1891 年 7 月 16 日。

③ 《肝付海军上校的军舰论》（《肝付海軍大佐の軍艦論》），[日]《东京朝日新闻》，1891 年 7 月 17 日。

④ 《二十五年度预算案》（《二十五年度予算案》），[日]《东京朝日新闻》，1891 年 9 月 17 日。

日延缓,或有遗百年之悔,朕兹省六年之内帑,每岁付予三十万圆。文武官僚除具特别情况者外,皆于同年每月交纳各自薪俸之十分之一,以充制舰补助费。"以此为契机,上述扩建军舰计划案经修改后于第四次议会(1892年11月25日—1893年3月1日)中被议决,自明治二十六年度起至三十二年度(1893—1899)为止,7年内海军可连续支出总计1808.2525558万日圆的军费。①

因之,至甲午战争前,日本海军就拥有了31艘军舰、24艘水雷艇,总排水量为61373吨的军事力量。

2. 北洋海军战败、覆灭

如上所述,自北洋舰队巡航日本后,日本海军便进入了积极扩建其海军力量的时期。而与此相反,北洋海军恰恰却于1888年左右便停止了扩充舰船、增强武器装备的活动。南洋海军于初次参加合操演习以来至1894年为止,其间也只新添了福州船政局制造的二三艘小型舰船而已。虽然《北洋海军章程》里,明确记载着北洋海军仍"未足云成军",待将来财政有所余再添"战舰十六艘、雷艇十二艘、守船六艘、练运船等船八艘,共大小四十二艘,以之防守辽渤救援他处,庶足以壮声威而资调遣"等。而现实中,当时清朝财政极端困难,再加上三海、颐和园工程的建设费与西太后60岁生辰、光绪帝大婚的费用等多项支出,海军费自然难以被确保下来。北洋海军也就失去了整备、扩建所必需的资金。②

但是,停止建造舰船或海军舰队发展停滞等事实,并不是判断一支海军优劣的主要因素。经过甲午一战两国海军就出现了明暗分明的结果,其根本原因仍需要展开深层的探讨。

以往的研究,往往将甲午战争中北洋海军全军覆灭的原因,归结于清朝专制统治的腐败、海军经费不足等一般体制上的弊端,以及在包含战前外交在内的指导方针、作战策略、战术、士气等方面,中日两国之间的差距等。例如,认为早在开战之前,日本政府就已经调用军事、政治等各方力量,做好了

① 〔日〕《海军军备沿革》,第48—49页;〔日〕《近世帝国海军史要(增补)》,第209—210页;〔日〕堤恭二:《帝国议会中的我海军》(《帝国議会に於ける我海軍》),(东京)原书房1984年版,第38—39页。

② 《北洋海军章程》,第4—5页。

全盘对中作战的准备,而清政府方面却将希望寄托于欧美诸国的对日干涉上,直到战争的最后阶段,始终采取的是消极避战的方针。[①] 此外还认为,黄海海战中采用"雁行阵"战术的失误;各舰航速的不一致使舰队在整体上行动能力下降;将兵的技术、训练上的劣势等,也是导致北洋舰队战败的主要原因。以上这些观点似乎已成定论。

而另一方面,花费将近 20 年的时间建设而成的北洋海军,虽然其舰船的大部分性能、总排水量等皆优越于日本,可还是在黄海海战、威海卫海战等战役中一败涂地。出现此种世界海军史上少有的现象,仅仅用上述的原因来解释的话,很明显是不够充分的。于此,本文通过探讨北洋海军的建设、发展过程,并联系其三次访问日本的经过、所产生的影响等,逐渐找出以下的新原因。

(1)北洋海军未形成一支真正的近代化海军。

于中国传统的军队中,将官虚报兵员人数或私吞部下薪饷等行为,乃为司空见惯的事。清政府在建设近代海军的过程中也未能铲除这种弊病。海军衙门创立之际,曾下令各地督抚以强壮的新兵取代老弱的旧兵,而当时的情况是"至今为止虚报养勇多数,实际上空置一部分虚数,军官以此薪饷差数肥私囊,监督官来验查之时东挪西凑,以应付一时之需……此次也难以摆脱旧态"。[②] 另外,在清朝的军制中,除了世袭制的八旗、绿营以外,并不存在征兵制度。海军士兵乃为随时从民间募集而来的非专业性人员,即使是新造的巨舰上的水兵也"多数为无赖之徒"。[③] 甚至补充兵员、训练士兵等必要的措施,也只在上层指挥官来视察的时候才做些表面性的敷衍等。1891 年,南北洋舰队联合施行大演习之际,山东巡抚张曜自济南前往芝罘,沿途检阅了各地海军陆战队的情况。当时日本的外交官就亲眼看到的事实,作了如下的评价,即"该国的演习往往如斯,于此期间内紧急补充营兵、研究兵器、训练士卒等,于检阅结束的第二日起,又即刻恢复到游惰缓慢、不

① [日]《甲午战争之研究》,第 244 页。
② 天津领事波多野承五郎发外务大臣井上馨电报,1885 年 10 月 20 日,机密信第 74 号,《李鸿章入觐与扩大海军及设置台湾巡抚之件》,日本外务省外交史料馆收藏,5.1.1.9。
③ [日]《每日新闻》,1886 年 8 月 20 日。

规则的旧状"。① 又如1894年5月,作为第二次全国各舰队联合大演习的一个环节,李鸿章开始检阅芝罘炮台、守备兵的状况。日本的外交官也观察到:当时"海防嵩民两营皆各自有定员,政府曾下付全额经费,而将领平素却不按定制养兵员,一味节减经费以之为自己的所得部分",②所以,单于检阅之时匆忙临时募兵,或者从他处借兵来敷衍一时。

可见,清朝海军士兵的人数难以得到确保,其训练也不够充分。而在将校群里,也难以排除没有接受过近代海军教育却充当了指挥官的人。这样,无论拥有如何强大、坚固的舰队,使用者的舰船勤务能力、实战能力低下,以及没有建立起近代海军的统一指挥系统等,都不能说明北洋海军是一支完全近代化的军队。

(2)以北洋海军来统一全国海军的计划,未能完全实现。

如前所述,李鸿章对南北洋海军呈分裂、各自独立的状态充满忧虑。1891年春,李鸿章着手改组南洋海军的组织,命旧部下郭宝昌担任该海军统领之职,实行南北洋舰队合操训练等,此即实现南北海军整合的初次尝试。

然而,郭宝昌与丁汝昌之间却未能很好地进行合作。于镇压太平天国运动之际,郭宝昌曾为统率两万士兵的将领,当时丁汝昌仅是一个小队之长,而现今却让郭服从于丁的指挥,郭则颇为不满。1891年南北洋海军举行第一次大演习时,郭宝昌率南洋舰队的6艘军舰北上,把舰队置于北洋海军将领的指挥之下。此次虽然实现了南北洋的合操训练,却只是停留于一时性的合作,南北洋舰队的指挥权其实并未被统一起来。至1892年2月,郭宝昌辞了南洋海军统领之职,回归故里,这就使南洋舰队陷入了无统帅的状态。

另一方面,李鸿章快速推动南北洋海军走向统一等一系列举动,很明显

---

① 《大清各水师大演习李鸿章南下检阅以及一部分北洋水师访问本邦之件》,日本外务省外交史料馆收藏,5.1.8.13。

② 《大清水师大演习及北洋大臣李鸿章等巡阅之件》(《清国水师大演习並二北洋大臣李鸿章等巡检ノ件》),机密第2号,驻芝罘二等领事伊集院彦吉发林董外务次官林董电报,1894年2月3日(同月17日接收),21日被转送海军大臣处,《大清南北洋舰队的活动及北洋舰队访问本邦一件》,日本外务省外交史料馆收藏,5.1.8.13。

使两江总督兼南洋大臣刘坤一的权限受到侵犯。因此,刘坤一从一开始就强烈抵制李鸿章的做法,强调"各洋水师本为应守其专属地域之封疆,并非恣意弃守其疆而赴他省者"。[①] 1891 年,山东巡抚张曜死后,刘坤一又得以身兼海军衙门帮办的职位。1892 年郭宝昌辞职后,南洋舰队的指挥权遂回到两江总督刘坤一的手里。南洋、北洋两舰队的合操演习也就从此中断了。

清末维持陆海军的军事力量,原本即依赖于地方的财政。驻屯各地的陆海军主要接受其地方官僚提供的经费才得以维持下去,但同时也受控于该地方官僚,南洋舰队也不例外。其他又如闽粤舰队与地方督抚的从属关系等,则更加紧密。可想而知,若要从各地方督抚的手中将海军指挥权收回到中央的海军衙门,这并非一件易事。而且,组成各舰队的将兵们也多由各地培养而成,地域性很强。横亘于其间的区域性,又使各舰队之间难以达成一种融洽、和睦的关系。清朝海军的中央集权化过程,即为北洋舰队合并、统一其他舰队的过程,这就造成北洋大臣李鸿章侵犯了其他地方督抚的权限。

清末中国存在着地方分权的统治体制——地方有权者之间保持权力均衡的体制,[②]于这种体制下要迅速实现各舰队的统一,无疑是不容易的。可见,南北洋海军的统一与清朝统治体制本身的问题密切相关,极为困难。

结果,于甲午战争前夕,日方成功地对全国海军作了总动员,而清政府除了北洋舰队以外,只动员起 3 艘广东海军的军舰协助参战,南洋舰队竟连 1 艘军舰也没派出过。

(3)北洋舰队向日方公开自身的军事资讯等。

北洋舰队在三次访日期间,于日本诸港修理舰船,并开放定远舰邀请日本各界人士参观等,即向日方暴露了军舰自身的性能、武器装备以及乘船将

---

① 《大清北洋水师的活动与南洋水师之件》(《清国北洋水师ノ運動並二南洋水师ノ件》),驻芝罘代理领事能势辰五郎发外务大臣榎本武扬电报,机密第 1 号,1892 年 2 月 17 日(3 月 4 日接收),《大清南北洋舰队的活动及北洋舰队访问本邦一件》,日本外务省外交史料馆收藏,5.1.8.13。

② [日]坂野正高:《近代中国政治外交史》(《近代中国政治外交》),(东京)东京大学出版会 1973 年版,第 17—18、31—32 页。

士的素质、纪律、生活状况等有关舰队的各方面情况。① 日方则把参观定远舰看成一个绝好的机会,倾注全力收集有关北洋舰队的各种情报。

比如,日方首先了调查了北洋舰队的船员构成与将士的素质水平等。了解到访日各舰的将校级军官的年龄比日本海军军官年轻、教育水准也较高。特别是舰长级军官林泰曾(镇远舰长)、刘步蟾(定远舰长)、叶祖珪(靖远舰长)、林永升(经远舰长)等人,皆毕业于国内的海军学堂,后又留学英国。而水兵多由 20 至 30 岁身强力壮的年轻人所组成。此外,舰队还聘请了十余名欧洲海军人士充当轮机员、炮术教官以及各种实用技术教官等。到 1890 年为止,该舰队曾由英海军上校琅威理担任监督、训练军纪的任务,由英海军少校路加训练水雷艇队,完全采用英国式的管理体制。②

同时,日方也看到北洋舰队在人事管理方面存在着许多弊端,士兵的日常生活中恶习也不少。多数舰长让自己的亲戚、朋友担任其舰的文案、支应委员官(会计)等职位,并培养了许多自己的私党。水兵们平时在操练活动中极不活跃,个个士气低下、纪律松散。在定远舰停泊于吴港之际,该镇守府参谋长东乡平八郎每天自高处细心观察该舰的各种情况。他就看到被该舰引以为豪的巨大的主炮上竟晒满了士兵们的洗涤物,而来往的军官们却熟视无睹,而且,水兵们仍未脱离吸食鸦片、赌博的恶习等。③ 当时水兵们所穿的制服仍为中国传统的服装。日方认为其长过指尖的袖管与肥大的半长靴极碍身体的活动,并不适合于战斗。穿着这种长靴的士兵们容易产生疲劳,陆战队的士兵"步行一里后,若与敌人遭遇,不用说战斗连逃跑也变得不可能,只好眼睁睁地充当敌人的俘虏了"。④

此外,北洋舰队于第二、第三次访日之际,在旗舰定远上数次大张宴席

---

① 马幼垣最早指出,北洋舰队停泊日本港口修理舰船而暴露了其军事机密,此实为一失策。见马幼垣:《中日甲午战争黄海海战新探一例——法人白劳易与日本海军三景舰的建造》,载《北洋海军研究》第二辑,天津古籍出版社 2001 年版。

② 《北洋舰队的状况》(《北洋艦隊の状况》),[日]《东京朝日新闻》,1891 年 7 月 3 日。有关北洋海军的训练与英国顾问的活动情况,详见下列专著:John L. Rawlinson, *China's Struggle for Naval Development*, *1839 - 1895*, Cambridge, Mass.; Harvard University Press, 1967, pp. 157-166.

③ 《清国水兵的情况》(《清国水兵の模様》),[日]《东京朝日新闻》,1891 年 7 月 8 日。

④ 《中日海军之比较》(《日本支那海军の比较》),[日]《每日新闻》,1891 年 7 月 16 日。

招待了众多的日本官民,让该舰的内部构造、船舱设计、武器装备等毫无保留地对日开放,日本的海军军人就利用此机会尽情观察了舰内的各种装置,连角落也不放过,把握到该舰战时指挥上的重要情报。其中就包含以下的情况,即德国伏尔铿公司制造的定远舰,其舰内诸机器也皆为德国制,船体分上下两层结构,下层置有煤炭库、机械仓、食料仓等;上层左右两舷设有军官室,中央置厨房等;船首设医务室,最上层望楼中置舰长室(两间)等。至于该舰指挥中枢的号令台,日方也于报纸上作了公开的报道,如"号令台(战时指挥官观战之处,四面八方装有窗户,通过窗户监视敌人的动静,内安装有电铃,以按电铃的方式向舰内各处发布号令)呈椭圆形,里面有横向房间两间、纵向房间五六间"等。① 由此可见,较之日方积极收集北洋舰队军官、水兵的情报等活动,第二次访日期间来自北洋舰队一方自发性的公开军情的行为则更为致命。

以上种种因素所导致的结果,即如下:甲午战争中,黄海海战一开始,北洋舰队旗舰定远的号令台便首当其冲遭到日舰的攻击,丁汝昌中炮负伤而使舰队失去统一的指挥。此后战争中经远、致远、来远、靖远、定远等舰相继丧失,镇远、济远、平远、广丙、镇东、镇西、镇南、镇北、镇中、镇边等 10 艘军舰(总计排水量 1 万 5 千余吨)为日本所掠走,北洋舰队全军覆灭。②

结　语

1884 年 7 月,中法战争马江之役中福建海军遭到重创后,清政府以北洋海军一支为中心锐意展开建设海军的活动。之后,迅速壮大起来的海军力量曾一时给日本造成很大的威胁,而 10 年后的甲午战争中北洋舰队战败,清朝海军再次遭到毁灭性的打击。中国近代海军之如此激烈的盛衰历史,于世界海军史上也无类似之例。

近代中国海军原本为南方领先发展起来的。1874 年日本侵入台湾使清政府受到极大的打击,因之自 70 年代中叶起,清朝海军建设的重点即由对抗西洋列强的侵略转移到了抑制日本势力的扩大上来。为此,清政府采

---

① 《定远舰的构造》(《定远舰の構造》),[日]《每日新闻》,1891 年 7 月 16 日。

② [日]《近世帝国海军史要(增补)》,第 606—607 页。

取了优先整备、建设北洋舰队的方针,购入巨大的铁甲舰镇远、定远等,使其舰船拥有量及主力舰的性能等皆凌驾于日本之上,1888年北洋舰队发展成亚洲实力第一的大舰队。

此间,围绕琉球归属问题、朝鲜利权问题等,中日之间的纠纷持续不断,两国的海军皆以对方为假想敌而致力于扩大各自的海军力量的活动。

自80年代下半期起,李鸿章不仅继续购买舰船、扩大北洋舰队的舰船拥有量,也开始重视全国舰队的合操训练,以提高本国海军的战斗能力以及将士的操船技术等。其中,作为远洋航海训练的一个环节,实施了三次访问日本的活动。然而,北洋舰队停泊日本诸港以及中日之间所发生的长崎事件等,使日方认为清朝舰队的来访是一种以巨舰的威容、实力向日本示威的行动,而对大清感到威胁,并激发其对大清的敌忾心,也促使日本海军展开了积极的对抗性军备扩张活动。另一方面,北洋舰队访问日本期间,不留余地地向日方公开舰队自身的各种资讯,包括长、短处等,这种自发性的公开军情的行为,恰恰得到日本海军的有效利用。

综上可知,以李鸿章为中心所实施的清末洋务政策——以保全王朝体制为前提,于局部实行近代化的政策,它的产物之一即代表近代中国海军的北洋舰队,自其创立、发展至覆灭的过程,实际上与日本之间的关系非常密切。

本章通过上述的考察,阐明了以下事实,即北洋舰队三次访问日本所引起的日方对抗性的海军扩张,以及北洋舰队泄露自身军情等行为,乃为直接促成甲午战争中中方战败的主要原因。

冯青,[日]明治大学讲师

从海军作战的阵法与战法解析黄海海战

许 华

在海军制胜的中日甲午战争中,战役规模的黄海大海战具有重要的战略意义。在对舰体具有毁灭性打击能力的大口径火炮方面占据优势的北洋海军,却未能在这场海战中击沉或击毁任何一艘日舰,铸成历史之大憾。因此,从海军作战的阵法与战法的角度,来解析这场世界海战史上首次蒸汽装甲舰队的大海战,对于认识这场海战的必然结局,确有必要。

一、海军作战的阵法体系

海军作战的阵法,就是海军舰队或舰艇编队在海战中的战斗队形。海战的阵法,不是由哪一位天才人物随意制定的,而是从海战的长期实践中逐渐形成的规律性成果。各种阵法的名称及基本要素,即形状、间距、队列线、队列角、看齐角、队列长度、队列宽度以及航速等,均受制于军舰技术战术性能和海上作战的实际需要,特别是要受制于舰船的推进动力方式。

海军的发展,从舰船推进动力方式上,先后经历了桨船时代、帆船时代和蒸汽舰时代等,其阵法也相应经历了从简单到复杂的一个发展过程。19世纪中叶之后,以蒸汽动力推进方式为标志的近代海军形成了一套比较完备的阵法体系。

中国清朝政府自19世纪60年代起开始学习西方,致大力于近代化的海军海防事业。随着从国外大量购进大批军舰,也学习引进了近代海军作战的阵法与战法等军事学术成果。1884年夏,天津水师学堂编译绘制出版了为"战阵所需"的《船阵图说》一书。该书分为上、下两册,依次详列有多达

118种阵法变换的"说"和"图",基本上汇集了近代海军作战训练的全部阵法。这部《船阵图说》不仅被充作当时海军学校的教科书,而且成为清末民初训练和作战中海军舰队或舰艇编队关于阵法的教范,相当于现在军队颁行的"教令"。

《船阵图说》初读起来,名称多种,变换浩繁,不易弄懂;但细究之后,亦可掌握要领。综观《船阵图说》,其全部阵法可概分为鱼贯阵、雁行阵和斜列阵三大类。用现代海军军语来讲就容易理解了——鱼贯阵就是纵队;雁行阵就是横队;斜列阵就是梯队(梯次队形)。

在具体考察各种阵法之前,首先需要明确一条:舰队或舰艇编队在多数情况下是划分为小队的。根据不同的任务需要,各小队可分别由2舰、3舰或4舰等编成。在少数情况下,也有不划分为小队的。凡是由小队编成的舰队或舰艇编队,其所取阵法为何种类,决定于小队取何种阵法,因为小队是基本的战斗行动单位。

(一)鱼贯阵——纵队

鱼贯阵,分为单行鱼贯阵(单纵队)、双行鱼贯阵(二路纵队)、三行鱼贯阵(三路纵队)、四行鱼贯阵(四路纵队)等。单行鱼贯阵就是各小队和全队按照首舰的航向和航速鱼贯跟进,各舰之间的直距均保持为400码,即约为2链。[①] 多行鱼贯阵就是各小队各自成单行鱼贯阵,全队以旗舰或基准舰所在的小队为基准齐头并列,以同一的航向和航速前进。例如以3舰编成小队,其各小队之间的横距保持为1200码,即约为6链(参见图一)。如果各小队之舰船不是依次并列,而是依次错落于相邻小队前后两舰的中间之一侧,则全队为夹缝鱼贯阵。例如以6舰划分为各由3舰编成的两个小队,列作夹缝鱼贯阵,其各小队之间的斜距均保持为400码,小队内各舰之间的直距均保持为533码,即约为2.6链(参见图二)。如果各小队取犄角阵法按序鱼贯跟进,则全队为犄角鱼贯阵。

(二)雁行阵——横队

雁行阵,分为一字雁行阵(一列横队)、双叠雁行阵(二列横队)、三叠雁

<hr>

① 码是英制长度计量单位,英文"Yard"的译名;链是国际通用的海上计量短距离的专用单位。1码=3英尺=0.9144米;1链=1/10海里=185.2米。

图一 六舰双行鱼贯阵

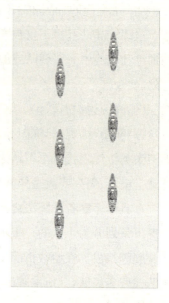

图二 六舰夹缝鱼贯阵

行阵（三列横队）、四叠雁行阵（四列横队）等。一字雁行阵就是各小队和全队成单横队一线展开，全队以基准舰或旗舰为准，以同一的航向和航速齐头并进，各舰之间的横距均保持为400码。多叠雁行阵就是各小队各自排成一字雁行阵，基准小队居前，其余各小队依次重叠列于其后，以同一的航向和航速前进。例如以3舰编成的小队，其各小队之间的直距均保持为1200码（参见图三）。如果各小队之各舰与前列小队之各舰不是依次重列，

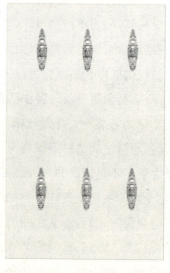

图三 六舰双叠雁行阵

而是依次错列于前列小队相邻两舰之中间的后方跟进，则全队为夹缝雁行阵。例如以6舰划分为各由3舰编成的两个小队，列作夹缝雁行阵，其小队之间的斜距保持为400码，小队内各舰之间的横距均保持为533码（参见图四）。如果各小队取犄角阵法并列前进，则全队为犄角雁行阵。

(三)斜列阵——梯队

斜列阵的情况比较复杂,它主要分为犄角阵、鹰扬左(右)翼阵、鹰扬双翼阵、燕剪阵、麇角阵、鼎足阵、四维阵等。下面就逐一简述。

(1)犄角阵。这是一种必须由3舰编成的小队才能采用的阵法。它的具体排列是:1号舰(基准舰)居前;2号舰列于1号舰右后成45度角,与1号舰之间的斜距保持为400码;3号舰列于1号舰左后成78度角(于2号舰左后45度角),与1号舰之间的斜距保持为700码,即约为3.5链,均以同一的航向和航速前进(参见图五)。由3舰编成小队的若干小队各自取犄角阵,又可分别列作全队的犄角鱼贯阵、犄角雁行阵、犄角鹰扬阵、犄角燕剪阵等,此时各犄角阵小队之间的直距、横距或斜距均保持为1200码,以同一的航向和航速前进。

(2)鹰扬左(右)翼阵。即左(右)翼梯队。它的具体排列是:1号舰(基准舰)居前;其余各舰依次列于1号舰左(右)后方成45度角,相邻两舰之间的斜距均保持为400码,以同一的航向和航速前进(参见图六)。

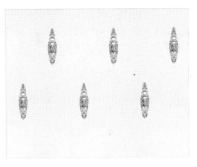

图四　六舰夹缝雁行阵

图五　犄角阵

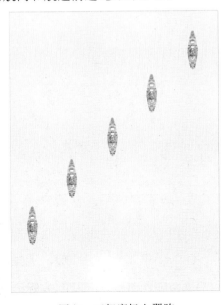

图六　五舰鹰扬左翼阵

（3）鹰扬双翼阵。即双梯队。它的排列与鹰扬左（右）翼阵相似，所不同的是它同时排出左、右双翼（参见图七）。

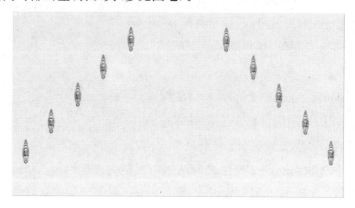

图七　十舰鹰扬双翼阵

（4）燕剪阵。即人字队形，实际上也是一种双梯队。它的具体排列是：1号舰（基准舰）居前，其余各舰分别依次列于 1 号舰的左后和右后，各成 45度角，相邻两舰之间的斜距均保持为 400 码，以同一的航向和航速前进（参见图八）。

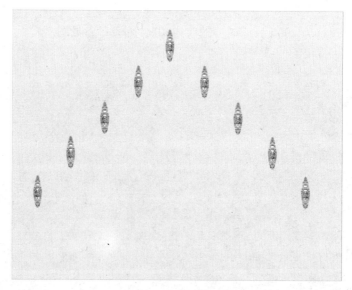

图八　九舰燕剪阵

（5）麋角阵。即反人字队形，实际上是前双梯队。它的具体排列与燕剪阵相似，所不同的是各舰之间相对位置的方向相反（参见图九）。

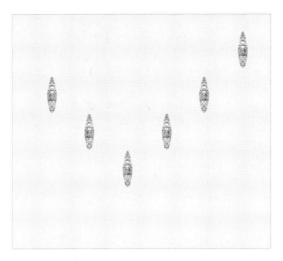

图九 六舰糜角阵

(6)鼎足阵。即前三角队形,由3舰编成的小队采用。它的具体排列是:
1号舰(基准舰)居前;其余2舰分别列于1号舰左后和右后,各成45度角,与
1号舰之间的斜距均保持为400码,以同一的航向和航速前进(参见图十)。

(7)四维阵。即棱形队形,由4舰编成的小队采用。它的具体排列是:1
号舰(基准舰)、2号舰和3号舰的位置关系与鼎足阵相同;4号舰列于2号
舰左后45度线与3号舰右后45度线的相交点,与2号舰、3号舰之间的斜
距均保持为400码,以同一的航向和航速前进(参见图十一)。

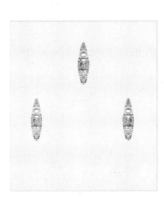

图十 鼎足阵

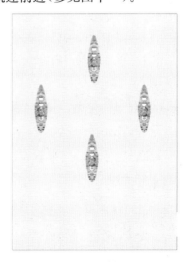

图十一 四维阵

《船阵图说》所载的上述阵法,其种类虽多且变换繁杂,但"大率以鱼贯、雁行二端为纲领,其余各阵变复,胥得而隶焉"。① 只要先断明小队的阵法,便不难由此进一步判明全队的阵法了。

二、海军作战的战法演变

海军作战的战法,就是海军舰队或舰艇编队在海战中的战术。它反映着海战的特点和规律,是海军军事学术的一个重要组成部分。与海军作战的阵法一样,海军作战的战法也是受制于军舰技术战术性能和海战实际需要等一系列因素。

海军战术是指导和进行海战的方法。在古代欧洲,"战术"一词来源于希腊语,意思就是"布阵的艺术"。在古代和近代的海军作战史上,舰队或舰艇编队在海战中采用的战法,与其所采用的阵法是密切相关的。从很大的意义上说,古代和近代海军作战的战法,也就是舰队或舰艇编队布阵和对阵的艺术。

(一)海军作战战法的简要发展过程

早在公元前 5 世纪前后,在中国和欧洲等处,就发生了最早的水(海)战。桨船时代的海军,在作战中使用的是装有船首冲角的木质桨船和各种冷兵器以及投掷器,通常都是先以战船列阵,用投掷器和弓弩等进行一定距离的对射,然后进行撞击战和接舷战。直到 17 世纪以前的风帆战船时代,即在军舰大量配备火炮之前,其战法并没有质的改变。在上述撞击战和接舷战的时代,海军作战所采用的阵法,基本上是单横队或多列横队(其两翼有时略突前)。

自 14 世纪中叶开始,滑膛炮逐渐配置于战船的两舷,其战法亦随之开始发生变化:即首先在一定距离(即有效射程)进行舷炮对射;如果不能解决战斗,再以撞击战或接舷战来进行决胜。到 17 世纪时,舷炮战战术成为海军作战的主要战法。

18 世纪以后,随着风帆战船操纵性能的改善、战船排水量的增大和大口径火炮在战船上的普遍配置,海军作战的舷炮战战术逐渐发展成为比较

---

① 《船阵图说·例言》。

稳定的战列线战术——在海战中,交战双方的舰队分别排列成单纵队,双方平行航行,用两舷的舷炮对射来决定胜负。这一战列线战术,还被英国皇家海军以法律的形式固定下来,在海战中凡有违背此项战术而擅自行动者,将被送交军事法庭惩治。在战列线的战术编队中出现的拥有 80 门以上火炮的大型军舰,则是后来著称于世的战列舰。这一舰种在海上作战中的重要地位一直持续到第二次世界大战,才被拥有空中攻击力的航空母舰所取代。

(二)19 世纪海军装备发展引发的战法演变

19 世纪的海军,开始逐渐进入蒸汽装甲舰时代。这一时代的军舰,在排水量、航速、操纵性能、攻击力和防护力以及续航力和作战半径等方面都较前有了质的飞跃,从而使得作为一个军种的近代海军,在战争中占据了极其重要的地位。

至 19 世纪中叶,就在中国清朝统治者对鸦片战争中英国远征军的风帆战船大为惊叹的时候,西方海军列强已在军舰动力蒸汽化领域取得了不小的进展,并在舰炮的改进方面有所成就。1853 至 1856 年的克里米亚战争,作为风帆舰队最后一次大规模决战,宣告了风帆战舰时代的终结,从而成为近代海军装备发展史上的第一块里程碑。这次战争,首次将蒸汽战舰和装甲浮动炮台投入了实战,正式确立了蒸汽动力舰在海军中的统治地位;由于爆破弹对木质战舰的毁灭性攻击,导致了军舰朝着装甲化方向发展。1862年美国南北战争中的切萨皮克湾海战,则首次将装甲舰投入海战,甚至出现了双方对舰攻击的炮弹都不能击穿对方军舰装甲的情况,从而推动了炮弹与装甲之间的"竞赛"。英国海军于 1860 年造出第一艘装甲舰,并迅速加以推广。1864 年 6 月 25 日的英国《陆海军报》披露,当时英国海军编入现役作战序列的军舰中,有半数军舰已经实现了装甲化。在 19 世纪 60 年代,西方海军强国竞相完成了帆力舰队向蒸汽动力舰队的发展过渡,并积极致力于舰炮攻击力和装甲防护力这对矛与盾的探索,使近代海军装备步入长足发展的新阶段。

到 19 世纪 70 年代,各海军强国的新式军舰已达到较高的水平。蒸汽不仅被用作舰艇的驱动力,还被用来操纵舵系统、锚泊系统、装填弹药、抽水及升降舰载小艇等。大型铁甲舰的排水量已达 8000 至 9000 吨,其推进功率也达到了 6000 至 8000 匹马力。舰炮也有了较大的改进,后装线膛炮取代了滑膛炮,射程远且命中精度高;装甲防护的旋转炮塔取代了舷装炮传统单一的统治地位,不仅使炮位得到良好的防护,而且用增大口径来加强火炮的威力,并使火炮形成了较宽的射击扇面,从而使舰炮的攻击力得到成倍的提升。

1886年意大利和奥地利之间的利萨海战,奥军打破战列线战术的常规,以三列楔形队迎战意军的单纵队,以灵活多变的机动战术大获全胜。这是铁甲舰队间的第一次大规模交战,由于新式铁甲舰队不仅在排水量、防护能力、航速和操纵性能等方面,都比风帆舰队有了质的提高,而且旋转炮塔为舰队提供了灵活的火炮攻击力,使其在实施对舰攻击时,不像风帆战船的舷炮战那样,受制于舰位及其在海战机动中造成的舰位变化,单舰的攻击力有了很大的提高,从而使作战舰艇编队完全整齐划一的行动变得不再那么重要。

与此同时,海军作战的传统战列线战术,又开始逐渐被新的机动战术所取代。到19世纪晚期,海军的机动战术趋于成熟和稳定。机动战术的基本内容是:以由一定数量的舰艇编成的战术群即战术编队,对敌方舰队或舰艇编队进行穿插分割,分而围歼之。不过,战列线战术所采用的单纵队队形,却依然是机动战术所采用的最常见和最为简便实用、有效的作战队形。

正是在这样的海军军备发展及阵战法演变的历史背景下,在东亚海域上演了蒸汽装甲舰队的大对决——甲午黄海大海战。

三、北洋海军黄海海战的阵法运用

1894年9月17日午后发生在黄海北部大鹿岛西南海域的黄海大海战,是世界海战史上规模最大的海战之一。中日海军参战的军舰各是12艘,大致是势均力敌的。经过约5小时的海上激战,北洋海军被击沉击毁军舰5艘、被击伤军舰4艘;日本联合舰队仅被击伤军舰5艘,未失一舰。此战以北洋海军的严重失利而告终。

北洋海军在黄海海战中的阵法即战斗队形,是一个存在较大争议的问题。据中外有关史料的记载以及对这些史料的考查,有据可征的史实是,北洋海军返航的队形是五叠雁行阵,即:先行的10艘军舰分为5个小队,每小队 2 舰,各成一字雁行阵;平远和广丙及 4 艘鱼雷艇,在右翼之后方跟进。全队在前进中,由于航速、风流等因素的影响,各小队的队列角和队列线①虽有可能不会保持得非常整齐划一,但各小队之两艘军舰是左右排列,这是不争的事实。

过去的史学著作,一般都把北洋海军的返航队形称做"双行鱼贯阵",这是一个似是而非的叫法。因为十舰双行鱼贯阵必须是由各自五舰的两个小队组成的,而北洋海军返航时并没有编成这样的两个五舰小队。所以尽管从排列上看,北洋海军返航时的队形的确也是与双行鱼贯阵雷同,但它却只能是"五叠雁行阵",这是由五个两舰小队的编成情况所决定的。

关于北洋海军迎战时的队形,中日双方都有资料载明,且日方资料中标绘有战斗经过图。② 当时的情况是,北洋海军列成单横阵即一字雁行阵,其序自右向左为:扬威、超勇、靖远(似应为经远)、来远、镇远、定远、经远(似应为靖远)、致远、广甲和济远。十分明显,北洋海军由鸭绿江口启航后的五叠雁行阵改列为一字雁行阵,其后四叠军舰必须分别向左右两翼实施机动占位,这就必定有一个相应的过程。在这个变阵的过程中,全队的队形在外观上就自然会形成类似燕剪阵(人字队形)或鹰扬双翼阵等变化中的过渡形状;最后,由于"超勇"、"扬威"和"济远"等速度较慢且又要占据两翼末端之军舰的自然落后,全队就形成了略呈弧形的一字雁行阵,此时,战斗已经打响。同上原因,又加上是战斗机动,各小队的队列角、队列线和航速不可能保持整齐划一,但各小队两艘军舰之间和各小队之间均是左右排列,这也是无法否认的事实。

过去有的论著,将北洋海军的返航队形称为"犄角鱼贯小队阵",将迎战队形称为"犄角雁行小队阵",显然欠妥。这是因为如前文所述,犄角阵必须由以 3 舰编成的小队才能采用。北洋海军在此是以舰型同一的 2 艘姊妹舰编为小队的,因此也就无法列成小队的犄角阵。既然没有小队的犄角阵,因此就绝不可能列成全队的"犄角鱼贯小队阵"和"犄角雁行小队

---

① 队列角,是基准舰首尾线与队列线之间的夹角。队列线,是由基准舰指挥台所在点起始的联结队列中各舰指挥台所在点的线。

② 详见日本海军有终会:《近世帝国海军史要》,1938 年版;[日]浅野正恭:《近世海战史》。均转自张侠等编:《清末海军史料》,海洋出版社 1982 年版。

阵"。

四、北洋海军黄海海战的战法评析

在中外关于黄海海战的一些史料中,记载了北洋海军提督丁汝昌在战斗打响前对全编队各舰下达的三条作战训令:"(一)舰型同一诸舰,须协同动作,互相援助;(二)始终以舰首向敌,借得保持其位置而为基本战术;(三)诸舰务于可能范围之内,随同旗舰运动之。"[①]丁汝昌的这三条战场指令,可以被视为北洋海军在黄海海战中采用的战法准则即战术原则,它对黄海海战的进程与结局产生了重要的影响。

我们不难清楚地看到,北洋海军是以"舰首向敌"的横队来实施黄海海战的。丁汝昌上述三条训令中的第一条是要求各小队保持战斗队形不散,以利战斗;第三条是要求各舰视旗舰定远之运动而运动;这两条虽然不够具体,但尚不失其可行性。关键是其第二条"始终以舰首向敌"再加上所排列的横队,实在是带有致命的错误。

"海上战斗与陆上战斗最显著的区别之一,是没有像陆地上那样复杂的地形条件可被利用来进行有效的防御作战和进攻作战。在海上战斗中,交战双方兵力兵器和兵力行动的隐蔽性都不如陆上作战,较难隐蔽己方的战斗企图。因此,交战的双方都必须通过兵力兵器的高度机动来夺取战场上的主动权"。[②] 而在以舰炮为主要武器的时代,海军舰队或舰艇编队(单舰亦同)在海战中的战术,就是正确地实施机动和适时地集中火力相结合,即是机动与火力的有机结合。只有这样,才能有效地保障己方始终处于有利态势并占据有利阵位,充分发挥己方全队的整体攻击力,从而克敌制胜,这是海战战术的规律。海战的实践表明,以舰炮为主要攻击武器的舰队或舰艇编队在实施攻击时,其最有效的阵法是鱼贯阵即纵队;最有效的战法是机动战术。这是由当时军舰的战术技术性能和海战的特点所决定的。

首先,纵队便于灵活实施海上机动。舰队或舰艇编队在海战中采用

---

① 《汉纳根给北洋大臣的报告》,《海事》第8卷第5期,第63页。
② 《海军战术学》,海潮出版社1995版,第44页。

纵队时,不论要转向或作别的机动,全队以旗舰或基准舰为准,依次鱼贯跟进,行动很方便,便于运用机动战术、保持战斗队形和采取协同动作。如果采用梯次队形,在作转向或作别的机动时,各舰就必须各自以相应的航速和转向速度作机动,这对于运用机动战术、保持战斗队形和采取协同动作,就不如纵队方便。如果采用横队,在作转向机动时,全队的队列线要以旗舰或基准舰为基点,在运动中完成横移的方向变换,从内沿舰到外沿舰,各舰必须依次采取不同的航速和相同的转向速度(即以不同的线速度和相同的角速度),从转向起始点到转向终了点,航驶各不相等的弧形距离。这对于运用机动战术、保持战斗队形和采取协同动作,比较其他队形就最不简便了。而且在战斗情况下,这种转向机动往往是难以达成的。

其次,纵队便于充分发扬舰炮火力。军舰装备的舰炮,分为舰首炮、舰尾炮和舷侧炮;其大口径主炮多数装在舰首,少数装在舰尾,其余是配置在舷侧的小口径副炮。通常情况下,舰首炮的射击舷角①左右各为 0 度至 135 度;舰尾炮的射击舷角左右各为 180 度至 45 度。显而易见,全舰主炮能同时发扬火力的射击舷角,左、右舷各为 45 度至 135 度。也就是说,最佳射击舷角的最大射击扇面,是以左、右舷正横中线为中心线的 90 度的扇形区域(参见图十二)。单就一舰而言,射击舷角凡小于 45 度或大于 135 度,就只能有一部分主炮可以发扬火力。舰队或舰艇编队在海战中采用纵队,以舰舷对向敌舰,在上述最佳射击扇面内就不会受到己方舰艇的屏蔽。若采用梯次队形,各舰火炮在时机时,都必须为己方的邻舰保留一定的安全界(通常为 20 度),这就使得最佳射击舷角缩小为 70 度。若采用横队,同样由于受到己方并列邻舰之屏蔽,其最佳射击舷角将更为缩小;而且,不论敌舰位于己方队列线的前方、后方或某一翼侧,均必造成己方一部分队员舰因被蔽于己方并列之邻舰,而几乎无法获得有效的射击舷角,全队的火力也必将大为减弱。

我们再来具体考察黄海海战的情况。北洋海军提督丁汝昌在临战时发

---

① 射击舷角,是舰艇首尾线与舰炮射击线之间的夹角。以舰首的方向为 0 度,舰尾的方向为 180 度,有左、右之分。

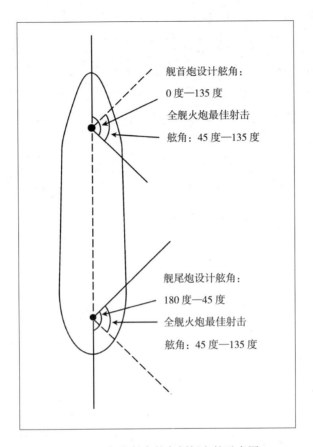

图十二　舰炮射击舷角剖析右舷示意图

出的各舰"始终以舰首向敌"的明确战术指令,势必招致下列不利之处:

1. 导致北洋海军不得不采取雁行阵或斜列阵的阵法,而在实战中,北洋海军采用的就是一字雁行阵(尽管它没能整齐划一)。

2. 导致北洋海军各舰火炮的射击舷角几乎都被迫限制在0度方向,只有舰首炮能发扬火力,全部的舰尾炮和大部分的舷炮不能射击,而且位于翼端的诸舰之舰首炮也很难射击。这样一来,全舰队在单位时间内所能发射的炮弹数,必然会大大减少,其攻击力自然就大大降低。

3. 战斗开始后,日方舰队越是接近北洋海军的队列线,北洋海军左翼各舰势必逐渐向右转向,右翼各舰势必逐渐向左转向;而且,越是外沿舰,其转向的幅度就越大。这样一来,北洋海军各舰的射击舷角就势必因受蔽于己方邻舰而更加缩小了,其攻击力自然更加减弱,以至当日方舰队抵近北洋海军的队列线时,处于队列线翼端之北洋海军各舰(即外沿舰)势必因受蔽于己方邻舰而根本无法射击,其整体攻击力势必降至最低程度;不幸的是,此时正是黄海海战的关键时刻。日本学者浅野正恭在其《近世海战史·日清海战史》一书中,对北洋海军在黄海海战的紧要关头所处的这种严重不利之情状,作了如下描述:"游击队(指日方先头小队——引者注)横过支那舰队(指北洋海军,下同——引者注)之前面,而攻其右翼,相距至一千七百码之近,遂猛攻'扬威'、'超勇'。少时,'超勇'火发,炎上不可遏,右舷倾斜;'扬威'亦有不能支持之状。而斯时之阵形,支那全队之半被蔽于己舰,而不能发炮。"①

4. 在日方舰队第一游击队两次向左后小旋回和其本队一次向右后大旋回的分割兜抄情况下,北洋海军被迫形成失去统一指挥、失去任何阵法的无组织团块(丁汝昌的第一条和第三条指令均亦荡然无存),只能各自为战,继而在日舰的攻击下被击破。

假如在准备迎战之际(10 时 30 分),北洋海军以单行鱼贯阵(单纵队)迎击;或在接战时(12 时 50 分),丁汝昌针对当时战场的敌我阵势,能果断地指挥舰队向右齐转(或是向左齐转),立即变换成单行鱼贯阵(起队列线为西北——东南),以舰队的一舷拦击日方舰队,争取对其实施"T"字战法的攻击行动,这样,日方的处置可能是:被迫处于完全不利态势下被攻击,或是被迫全队向左(或是向右)作大角度(大于 90 度)的鱼贯转向,以致同北洋海军形成同向异舷的舰炮对射战。如果是这样的话,黄海海战的过程和结局就可能大为改观了。

当然,造成北洋海军在黄海海战中严重失利的结局,还有另外一条重要的原因。在交战之初,定远舰发炮就震落了飞桥,提督丁汝昌被摔伤,由右翼总兵兼定远舰管带刘步蟾代理指挥。随后定远舰的信旗设施又被击毁,北洋海军全队的统一战场指挥随即中断。直到战斗基本结束时,才由靖远舰管带叶祖珪主动升旗代替指挥,收队撤出战斗。作为战场指挥官的丁汝昌,其无法推脱的责任,就在于他在海战前没有明令指定自己的代理人,特

---

① [日]浅野正恭:《近世海战史·日清海战史》,见张侠等编:《清末海军史料》,海洋出版社 1982 年版,第 874 页。

别是没有明令指定代理旗舰,在战斗中又没有或已来不及采取积极的补救措施,以致完全丧失了自己的指挥职能,造成了全舰队在海战中"群龙无首、各自为战"的严重后果。

反观黄海海战交战的敌方,编队航速居劣势的日本海军联合舰队,则非常明智地将全队的12艘军舰分编成了两个战术编队(即航速较高的第一游击队和航速较慢的本队);先是根据"T"字战法的原则将北洋海军置于其正横的最佳射击舷角之内;继而又采取灵活的机动战术对北洋海军僵硬的雁行阵编队实施分割兜抄,终于取得了有目共睹的战果。日本学者外山三郎在《日本海军史》一书中作了相应的总结:黄海海战"日军制胜的原因,在于采用了能自由机动的纵队队形,充分发挥了速射炮的威力。这表明日军的战术优于丁汝昌采取的、当时受到世界重视的、靠楔形队形实施冲击的战术。当然日本海军采用纵队队形并非经过理论研究所得出的结论,而是从技能的角度去判断,认为只有采取纵队队形日本海军才能充分进行机动战斗。这个战术是'知己'的选择"。①

结　束　语

综上所述,以舰炮为主要武器的舰队或舰艇编队在海战中采用便于实施机动的纵队阵法,将敌方舰船置于己方的最佳射击舷角及其扇面之内(最典型的就是对敌方实施攻击的"T"字战法),是获取海战胜利的重要条件之一。在海战过程中,舰队或舰艇编队(单舰亦同)总是要针对敌方的机动情况,不断地实施适时、正确的机动,使敌方舰船始终处于己方最佳射击舷角范围和有效射程之内,对敌方实施强有力的舰炮攻击,才有把握战胜敌人。

但是,在海战过程中,敌方舰船也总是要采取相应的反机动,力争使其处于上述那种有利的态势之中。因此,在很大的程度上,海战的过程,就是交战双方在最短时间内争夺各自最有利态势和阵位的对阵过程,也就是时间、机动、阵位和攻击力的竞赛过程。在交战双方实力相近的情况下,谁能在上述竞赛过程中高出一等,谁就能操胜券。反之,就会失败。

毫无疑问,中日海军的两支庞大蒸汽铁甲舰队在黄海海战中的对决过

---

① ［日］外山三郎:《日本海军史》,解放军出版社1988年版,第49页。

程,在很大意义上就是上述时间、机动、阵位和攻击力的竞赛过程。近代海军作战的阵法与战法的铁律,对这样的"竞赛"作出了无情的裁定:北洋海军在海战中采用了严重失当的阵法与战法,其严重失利的结局也就在劫难逃了。

许华,中国人民革命军事博物馆研究员

甲午黄海大东沟海战北洋海军阵型考

陈 悦

一、北洋海军所用接战阵型的考察

（一）中、日双方当事人有关北洋海军接战阵型的说明

所谓阵型，简而言之就是海军作战、航行时所采用的特定组合形式的战术队列，其中尤以接战阵型最为重要，即"舰艇战术编队或战术群内各舰按照战斗需要的关系位置展开后所形成的队形"。① 海军舰队作战中，将多艘舰船组合到一起，使用恰当的阵型队列，有助于发挥集群的力量，使得军舰的生存力、战斗力获得倍增效应。正因为具有这种效果，阵型自古以来就是海军界极为重视的基本战术，也是各场海战中，对胜负结果起重要影响的因素之一。

黄海大东沟海战中，北洋海军十艘主力舰的编组主要出现了两个阵型态势。其一是北洋海军主力在鸭绿江大东沟口外锚泊待机阶段，以及发现日舰踪迹后，起锚航行初期的阵型。另外一个，则是北洋海军主力军舰经过起锚航行阶段，逐渐从待机阵型展开而成的一个阵型，即对海战而言最为重要的接战阵型，本文即以后者为关注的中心。

关于黄海海战北洋海军究竟选择的是什么样的阵型，国内外学界论见颇多，几十年来，涌现出了不少各具特色的观点、设想、推理，使得这一课题呈现出热度很高的状况。然而这些讨论中，存在一种明显的缺陷，即遗忘了一点基本知识，就是解答北洋海军在黄海海战中选用阵型的问题，最有发言权的是参战当事人，参战当事人所作的报告、回忆也理应是研究这一课题最具价值的基础史料。以往的一些讨论中，对这类一手材料出现了令人不解

---

① 张序三主编：《海军大辞典》，上海辞书出版社 1993 年版，第 36—37 页。

的忽略,反而过多地采信二手甚至三手材料。实际上,北洋海军在海战中选择了何种阵型的问题,早在海战结束后不久,北洋大臣李鸿章转引的一份北洋海军提督丁汝昌的呈文中,就有十分简洁、明了的说明:"十八日午初,遥见西南有烟东来,知是倭船,即令十船起碇迎击。我军以夹缝雁行阵向前急驶,倭人以十二舰鱼贯猛扑。"①

看似纷繁复杂的阵型问题,其实最直接的答案在丁汝昌呈文中早已经明确指出,就是"夹缝雁行阵"。联系该呈文的上下文加以分析,丁汝昌所说的"夹缝雁行阵",就是指对海战进程具有重要影响的接战阵型。北洋海军提督丁汝昌是黄海海战中方舰队的最高军官,也是舰队战时进行阵型选择这类高度重要的军事行动的决策者,他对自己选取何种阵型所作的说明,显然具有最高的史料价值。

既然有本次海战中方最高战役指挥员自述的直接答案存在,那么对阵型研究的首要工作就不应当去搜罗并非一手史料的文章,以及与战事无关者的回忆资料,用这些材料进行闭门式推演,而是应当首先对丁汝昌所述的阵型予以高度重视,严谨分析。倘若经过仔细的分析,确实证明丁汝昌所述的"夹缝雁行阵"与黄海海战当时的实际情况存在偏差,那才能再重新考虑其他来源的材料。否则,绕过海战最高指挥者乃至阵型选择决策者的直接发言不管,而偏信一些史料价值贫弱的材料,去探讨求证根本没有可靠依据的阵型采择样式,就不是实事求是的研究作风了。

丁汝昌所说的"夹缝雁行阵"一词,最有可能就是北洋海军的一例专业阵型名词,在1884年天津水师学堂编译印行的《船阵图说》中即能够很容易地找到完全一致的名词,及对这一阵型的说明。《船阵图说》属于规范海军阵型编列的军队操典规章,"《船阵图说》自清末至民国初年,一直是我国海军舰队操演和战斗所取阵法的主要依据"。② 更为重要的是,就在甲午战争中,日军还曾缴获过该书,进一步证明了这套操典在当时北洋海军中确实实

---

① 《中国近代史资料丛刊·中日战争》(三),上海人民出版社1957年版,第134页。

② 《中华民国海军史料》,海洋出版社1986年版,第1160页。

际运用过。① 用《船阵图说》来解读"夹缝雁行阵",具备了其可操作性和权威性。

《船阵图说》共开列有 118 种阵型变化条文,与"夹缝雁行阵"直接相关的阵法演变,分别是"说第一百零三,六船双叠雁行阵变为夹缝雁行阵"、"说第一百零八,六船一字雁行阵右转变为夹缝雁行阵"和"说第一百零九,六船一字雁行阵左转变为夹缝雁行阵"。② 从中都可以直截了当地获得"夹缝雁行阵"的特征信息,所谓的"夹缝"指的是军舰阵位相互交错,后列的军舰排在前列军舰右后或左后方,二船之间呈现 45 度角的基本战术组合状态。"夹缝雁行阵",就是军舰横向展开,前后两排的各艘军舰,一一对应呈现错列"夹缝"态势的阵型。(参见:图一)

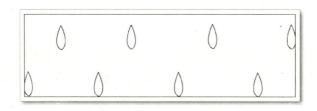

图一　笔者根据《船阵图说》绘制的夹缝雁行阵示意图

《船阵图说》中与"夹缝"这一战术组合相关的,还有"说第一百零二,六船双行鱼贯阵变为夹缝鱼贯阵"、"说第一百零四,六船单行鱼贯阵右转变为夹缝鱼贯阵"、"说第一百零五,六船单行鱼贯阵左转变为夹缝鱼贯阵"、"说第一百零六,六船单行鱼贯阵后军右转变为夹缝鱼贯阵"、"说第一百零七,六船单行鱼贯阵后军左转变为夹缝鱼贯阵"等阵法,③其中同样可以得出,"夹缝"指的是二艘军舰前后错列,后者在前者侧后 45 度角位置的形式。夹缝鱼贯阵与夹缝雁行阵的区别不过是,夹缝雁行是军舰横列,而夹缝鱼贯是

　　①　[日]《世界の舰船》杂志 1965 年 9 月刊,登载有一篇名为《日清战争黄海海战の今日の回顾》的文章,作者称"今笔者の手许に《船阵图说》と题する一册の书物がぁゐ。'天津水师学堂'すなわち天津海军学校という印が押してぁゐ。洋式でなく昔の中国风の体裁で汉文,图解入りの本でぁゐ。てれな一部分烧け焦げがぁつて,日清战争当时の战利品と推定さゎている"。[日]《世界の舰船》,1965 年 9 月刊,第 39 页。

　　②　[日]杨志本主编:《中华民国海军史料》,海洋出版社 1987 年版,第 1255、1259、1260 页。

　　③　[日]《中华民国海军史料》,海洋出版社 1987 年版,第 1255—1258 页。

军舰纵向展开,左右二列军舰一一对应呈现"夹缝"形式。

如果丁汝昌所说不错,北洋海军在黄海海战中摆出的接战阵型就是《船阵图说》所载的夹缝雁行阵的话,那么当天海战场上诸多中、日双方直接参战者的报告、回忆中,对北洋海军所列阵型的描述里,就应该能找到一些与《船阵图说》载明的夹缝雁行阵外在特征相符合或起码相似的记载。之所以选用海战当事人的报告、回忆来作印证比较,因为这些人均属身经战事者,所作报告的史料价值也最高。至于并未身经战事者的二手、三手资料,以及后世研究者的论说,史料价值显然弱于前者,在拥有一手资料的情况下,对这些资料当不予采用,以排除无谓的信息干扰。

1. 汉纳根报告

黄海海战中与提督丁汝昌同在定远舰督战的总查德国人汉纳根(Constantin von Hanneken),在战后呈给北洋大臣李鸿章的两份大东沟海战报告中,都提到了北洋海军所采阵型的问题。其第一份报告提到,北洋海军十艘主力军舰发现日本联合舰队后,排列的是"后翼单梯阵"。① 在其第二份报告中,有关阵型的信息更为丰富,称北洋海军十艘主力舰原本以双纵队形式排列前进,之后一度准备变阵为单纵队接敌,经总兵林泰曾建议,最终以后翼单梯阵作为接战阵型。② 汉纳根的两份海战报告,都指认北洋海军大东沟海战的接战阵型是一种名为"后翼单梯阵"的阵型。

由于今天所能看到的这两份汉纳根报告,都属于日本军方转译的版本,文中的名词术语大都译成了日本的对应名词。要了解日文译本中出现的"后翼单梯阵"这一名词究竟是怎样的阵型,是否和北洋海军《船阵图说》列出的夹缝雁行阵有关,就必须从日本海军的阵型术语中寻求解答。

和近代中国北洋海军一样,师从欧洲的日本海军,其早期的阵型规范等知识也都来自于西方。

1887 年日本海军大臣西乡从道在欧美访问时,经日本政府批准,高薪聘请英国海军上校 John Ingles 赴日,讲授有关海军阵型、战术的课程。深

---

① 《汉纳根给李鸿章的海战报告(其一)·1894 年 9 月 17 日的海上会战》,日本自卫队史料馆日文译本底稿影印件。

② 《汉纳根给李鸿章的海战报告(其二)·1894 年 9 月 17 日的海战》,日本自卫队史料馆日文译本底稿影印件。

感获益匪浅的日方,于事后将 John Ingles 讲授的内容汇纂成三卷本《海军战术讲义录》印行,John Ingles 的战术思想对近代日本海军阵型、战术的发展起到了极为重要的推动作用。① 在这套被日本海军奉为战术圭臬的《海军战术讲义录》中即能轻松地查到涉及"后翼单梯阵"的相关内容。

按照日本海军的阵型名词解释,"后翼单梯阵"实际包含两层具体的战术内容,即"后翼"和"梯阵"。所谓的梯阵,其基础要点是二艘军舰前后错列,后者在前者侧后 45 度角位置的基本战术组合,②与北洋海军的"夹缝"完全一样(参见图二)。根据战术单位组成方法的不同,梯阵可以演化出单梯阵、小队重梯阵、小队并梯阵、分队重梯阵、分队并梯阵等多种组合方式。③ "后翼单梯阵"是单梯阵的一种变形,指的是各自成 45 度角错列的军舰排成一排,总体上呈"人"字形的阵型。④ 考虑到北洋海军在组成作战阵型的过程中,出现了左右两翼的超勇、扬威,济远、广甲落后掉队,以致整个阵型呈现中央突出、两翼落后的"人"字情形,同样说的是采用"夹缝"作为基础战术组合的"后翼单梯阵",显然是对两翼落后、变形成了"人"字型的"夹缝雁行"阵的一种误读或是附会

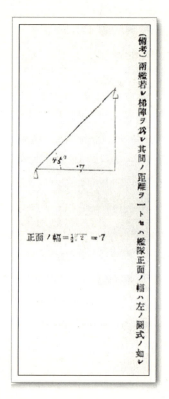

图二　《海军战术讲义》关于梯阵的解说。见该书上卷,第84页

---

① 日本聘请 John Ingles、《海军战术讲义录》成书及其影响等,参见[日]筱原宏:《日本海军お雇い外人》,中央公论社 1988 年版,第 193—199 页。

② [日]海军文库《海军战术讲义录》上卷,明治二十七年版,第 84 页。

③ [日]海军文库《海军战术讲义录》上卷,明治二十七年版,第 62 页。

④ [日]海军文库《海军战术讲义录》上卷,明治二十七年版,第 90—91 页。后翼单梯阵是指单梯阵呈现两翼向后展开的形态,即"人"字形。此外,还有两翼向前展开的"V"字形前翼单梯阵。

的翻译。

在没有见到汉纳根报告英文或德文原稿版的情况下，我们还无法了解到日方翻译的"后翼单梯阵"的原文究竟是什么，但是这一疑问可以通过北洋海军其他参战的几个西方人的回忆得到解释。

2. 戴乐尔回忆

同样跟随定远舰参加了海战的英籍洋员戴乐尔（William Ferdinand Tyler），在其回忆录中也有关于阵型的内容："The signal was for Line Abreast with leaders in the middle instead of Line Ahead of Sections，as had been decided by the Admiral in consultation with his captains."[①]粗译为："信号旗命令排列成并列横队，旗舰居中，而不是提督征询他的军官们之前决定的分段横队。"

所谓的并列横队，意指的就是二排军舰错列的阵型，与"夹缝雁行"阵的含义完全一样。

至于戴乐尔提到北洋海军在改作并列横队前排成的"分段横队"，则显然是说北洋海军的锚泊、出发阵型。"分段横队"与汉纳根提到的"并列纵队"相比，字面上看起来虽然一横一纵，完全不同，不过其大致意思却并不相背，实际是对阵型的组合单元认识不同而作的不同理解。并列纵队，意指两支纵队并列。分段横队，可以认为是五个由两艘军舰组成的横队逐次分段排列。从外在形态看，都能给人以两路纵队的感受。

3. 马吉芬回忆

镇远舰美籍洋员马吉芬（Philo N. McGiffin）1895年在 Century Magazine 发表的回忆文章中也提到了大东沟海战的阵型："In far less time than is taken to read these lines signal had been made from the *Ting Yuen* to 'weigh immediately'，and never were cables shortened in and anchors weighed more speedily. The old *Chao Yung* and *Yang Wei*，being always longer in weighing anchor，were left astern，and afterward，pushing on to gain station，probably gave to the fleet a seeming wedge‑shaped formation

---

① William Ferdinand Tyler：*pulling strings in china*，london constable&coltd 1929，P. 48.

for a short time, thereby giving rise to the report, widely circulated, that we used that formation in advancing to the attack. Our actual formation, which has justly been criticized, was an indented or zigzag lin, the two ironclads in the center, as shown in the diagram. "翻译为:"定远一挂出'立即起锚'的信号旗,所有军舰就立即卷索扬锚。老旧的超勇与扬威一向起锚费时,因此被落在队尾,但后来二舰加速就位,或许因为这个原因舰队一度形成了后来广为流传的报告中所提到的,类似楔形的阵型。我们就以此阵型投入战斗。我们实际希望采取的阵型受到了批评,如图所示,这是一种锯齿形或者说'Z'字形的队列,两艘铁甲舰位于队列的中心。"①

　　马吉芬的这段回忆,恰好是对汉纳根报告日文译本的有力补充和说明。

　　马吉芬称,舰队原计划是要排成一个类似锯齿状或者 Z 字形态的队形,锯齿状、'Z'字型,在当时的海军阵型中,与这两点特征对应的阵型,刚好就是军舰错落排列的"夹缝"形态。马吉芬附在 Century Magazine 上的海战图(参见图三),完全证明了此点,图上北洋海军列成的阵型就是典型的

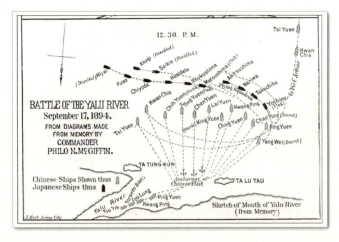

图三　马吉芬回忆文章中的配图,灰色锯齿状队列就是北洋舰队。与图一稍作对比就不难看到,这个队列是《船阵图说》所列的夹缝雁行阵。原图见 Century Magazine,50:4,August 1895,P.592

---

　　① Philo N. McGiffin: the Battle of the Yalu, Century Magazine, 50:4, August 1895, PP.593—594. 译文见 http://www.beiyang.org/wenku/mjf.htm.

夹缝雁行阵。马吉芬在之后的文章中透露,只是因为种种原因,舰队并没有能够完全排成上述的既定阵型,而走样变成了一个类似楔形的阵型,楔形阵则刚好与汉纳根报告日文译本中出现的"后翼单梯阵"对应。

4. 卢毓英回忆

北洋海军广甲舰次补管轮卢毓英回忆到,"时我军前后错落,阵列似单雁行,又似双雁行"。①

军舰前后错落,正是"夹缝"的特征。单雁行,意指一字横队,双雁行意指由前后两排军舰构成的阵列,阵型界乎单雁行与双雁行之间,刚好是生动反映了北洋海军以夹缝雁行接敌,军舰疾驶时,阵型处在动态运行中的情景。

5. 蔡廷干被俘后审讯供文

北洋海军福龙号鱼雷艇管带蔡廷干,在威海保卫战中被日军俘获,在日方所作讯问笔录中也有涉及大东沟海战阵型的内容。根据蔡廷干口述绘制出的2幅北洋海军阵型图,其一是锚泊阵型,表现的是双纵队。其二作战阵型,绘出的是一个单横队。由于福龙鱼雷艇并不是首发参加海战的舰艇,北洋舰队主力接敌时,福龙艇处于后方远处的大东沟内,单横阵可以认为是远距离上对北洋海军所采接敌阵型的一种大概印象。②

6. 日本参战军官报告

作为对中方当事人说法的对比、补充,海战的另一方,即参加这次海战的日本海军舰长,战后所作的报告中也有十分重要的信息。

黄海海战结束后不久,日本参战各舰相继都对海战经过作出了正式的战斗报告,关于北洋海军究竟排成了怎样的阵型,在很多高级军官的报告中都有所判断。联合舰队司令伊东祐亨说是"单横阵"或"后翼梯阵";③比睿舰长樱井规矩之左右称是"后翼梯阵",而且不断调整方位,对准日本舰队的侧翼;④扶桑舰长新井有贯称是"先锋梯阵"或"后翼梯阵";第一游击队司令

---

① 卢毓英:《卢氏杂记》,手稿影印本。

② 《明治二十八年二月二十一日清国俘虏"福龙"艇管带都司蔡廷干在广岛尾长村瑞泉寺的口述》,日文底稿影印件。

③ 联合舰队第十五回出征报告,《清国盛京省大孤山冲战况》,[日]《海洋岛海战报告书》卷一。

④ 1894年9月20日,比睿报告,《大孤山冲战斗报告》,[日]《海洋岛海战报告书》卷二。

坪井航三称是"凸梯阵";①吉野舰舰长河原要一在报告中称是"后翼梯阵";②秋津洲舰长上村彦之丞称是"不规则凸阵";③浪速舰长东乡平八郎认为是"后翼单横阵"。④

从这些文字描述可以看到,大部分日本参战高级军官,根据海战场上北洋舰队实际形成的人字形阵型外观,无一例外地把北洋海军的阵型判断为"后翼梯阵"或类似的阵型,这种观感与汉纳根报告日文译本的说法如出一辙。

此外,一些日方高级军官在报告中还附带了海战态势图,这些图里记录的北洋海军阵型,实际都酷似夹缝雁行阵(因日本参战各舰舰长报告中都附有航迹图,数量极多,难以一一罗列,仅举具有代表性的几例,参见图四、图五、图六)。

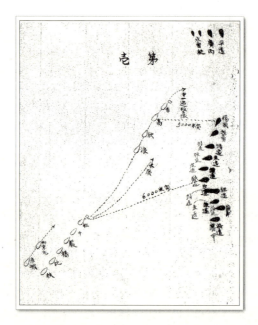

图四　1894 年 9 月 21 日《大孤山冲战况报告》
附图,[日]《海洋岛海战报告书》卷一

① 1894 年 10 月 11 日,《九月十七日第一游击队战斗》,[日]《海洋岛海战报告书》卷二。
② 1894 年 9 月 19 日吉野报告,《大孤山冲战斗详报》,[日]《海洋岛海战报告书》卷三。
③ 1894 年 9 月 28 日秋津洲报告,《战斗报告(黄海大孤山冲战斗)》,[日]《海洋岛海战报告书》卷三。
④ 1894 年 9 月 20 日浪速报告《报告》,[日]《海洋岛海战报告书》卷三。

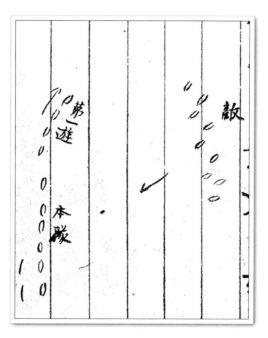

图五 1894 年 9 月 20 日军舰桥立报告《海洋岛战景报告》附图，[日]《海洋岛海战报告书》卷二。图中的"敌"舰群，就是北洋舰队

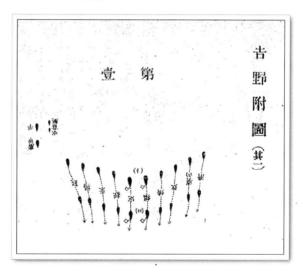

图六 1894 年 9 月 19 日《"吉野"舰长河原要一报告》附图。[日]《极秘·征清海战史》第十卷，第 711 页

通过比对中日双方海战参加者的回忆、报告，可以清晰地得出答案，丁汝昌在给李鸿章呈文中提出的夹缝雁行阵，正是《船阵图说》列明的该阵，也就是黄海大东沟海战中北洋海军选择的接战阵型。

（二）特殊材料《冤海述闻》中的阵型描述辨正

1. 题外话，说《冤海述闻》的作者是何广成是否可信

中日双方参加海战的直接当事者回忆、叙述之外，还有一份性质极为特殊的材料。1895年无名氏编撰的《冤海述闻》，[①]由于一些研究者推认其不具真名的作者是北洋海军济远舰上之人，且亲身经历了海战，使得这份材料在关于北洋海军阵型的讨论中屡被采择，[②]有必要对其稍加辨析。

实际上，将《冤海述闻》的作者认定为济远舰军官，乃至进一步认定为济远舰军官何广成的推论尽管流传很广泛，然而却充满着疑点。虽然对这一推论的质疑与本文关系不大，但仍需略加陈述。

（1）推论者根据《冤海述闻》中有关甲午丰岛海战、黄海海战济远舰上活动的细节内容较多，认为作者必定是亲历其事者，进而锁定到济远舰上，而且是济远舰的军官集体中人。

实则早在1895年《冤海述闻》刊行面世前，与书中所述的丰岛海战、黄海海战等内容类似的信息，在《申报》、《字林西报》等报纸上就已经可以非常容易地得到，即使是局外人也不难根据这些新闻报道汇纂成类似的文章。推论《冤海述闻》作者是济远舰军官的逻辑，从一开始就出现了错误。

丰岛海战之后不久，1894年8月1日《申报》上就出现了与济远舰《管驾日志》所载海战内容相近的文章《华船得胜记》。1894年10月6日，《字林西报》上登出一篇名为《中国舰队访问者和舰队外籍洋员来信》的综合性文章，其中出现了与《济远航海日志》所述丰岛海战细节几乎完全一致的内

---

① 《冤海述闻》刊载于《普天忠愤集》时，作者被列为无名氏。见《普天忠愤集》影印本，（台北）文海出版社有限公司1975年版。《冤海述闻》的方伯谦后裔藏抄本上，同样没有列作者名，仅在文中有一处自称冤海述闻客。

② 关于《冤海述闻》作者的推论见孙克复：《甲午战争史杂考（一）——〈冤海述闻·大东沟战事纪实〉考略》，《甲午战争史学术讨论会论文》，辽宁大学历史系1984年编印；戚其章：《走近甲午》，天津古籍出版社2006年版，第271—275页。

容。① 如果按照推论者的逻辑，这些报纸的读者无疑也都存在是《冤海述闻》作者的可能性。要对如此庞大的人群加以辨别考证，无异于走进了一条没有尽头的死胡同。

（2）锁定作者是济远军官后，根据一份丰岛海战当天的《济远航海日志》，结合《冤海述闻》里的很多内容与《济远航海日志》相似，认定作者是丰岛海战发生时济远舰的值更军官。

推论者所指的不注出处的《济远航海日志》，实际出自日本国内在甲午战争期间大量印行的战时大众读物《日清战争实记》。所谓的航海日志刊载在《日清战争实记》第25编，第81—82页上，刊物上本名是《济远号の航泊日志》，文前交代来源是从北洋舰队覆灭后松岛舰舰员获得的《北洋海军"济远"舰管驾日记》6月本中节选。

认定《冤海述闻》的作者是济远舰值更军官的理由，重要的一条是"除了《济远航海日志》的记事者外，是没有别人能够这样具体地写出像《冤海述闻》这样的书来的。可见，要想确知'冤海述闻客'其人，就必须从'济远'舰的值更人员当中去查找"。② 借此认为在丰岛海战发生时间内的值更军官成为《冤海述闻》作者的可能性最大。

然而推论者其实犯了一个大错误，因为北洋海军各舰的《管驾日志》，虽然列明了每天各时间段的值更军官姓名，但并不表示各时段的内容，就是分别由各该时段的值更官记录、撰写的。北洋海军的基本制度法——《北洋海军章程》中有明文规定，"海军各船大副、二副等，应逐日轮派一人，将天气、风色、水势及行泊时刻、操演次数，凡有关操防巨细事务，概行登记日册"，③即规定每天的管驾日志，由大副、二副中的某一名军官独立完成。既然这样，值更官名单就没有任何意义，因为并没有理由将日志记录者的范围局限在这个时段的值更军官中，济远舰上的大副、二副中的任何一名军官，乃至舰长以及任何一名被舰长授权者，都有可能是日志的记录者。

即使将来真的找出了日志的记录者，那也依然无法证明此人就是《冤海

---

① 《字林西报》，1894年10月6日版。内有丰岛海战济远发炮打飞日本提督和官员等内容。

② 戚其章：《走近甲午》，天津古籍出版社2006年版，第273页。

③ 《北洋海军章程》第十二款《简阅》，影印本。

述闻》的作者。北洋海军规定，军舰的航海日志必须每月造册呈送北洋大臣与海军衙门，①从丰岛海战发生的 7 月，到《冤海述闻》成书面世，在此期间海军衙门、直隶总督衙门、北洋海防营务处甚至北洋海军内部的人士，都有能够见到日志内容的可能性。见到这一内容的人，还有机会转述给更多的局外人。如此，推论者要论证其说的话，所要甄别的人员名单就大而无边了。

(3)根据官职资历，推定作者是何广成。在认定《冤海述闻》的作者是济远舰的值更军官后，推论者采用排除法，最后选定济远舰的驾驶二副何广成为《冤海述闻》的作者。理由是，在值更军官中，何广成的资历深，"而且此事还密切关系到其本人的名誉、前途等切身利害问题"。②

可是事实并非如推论者描述的那样，《冤海述闻》面世前，"对'济远'在黄海海战中临阵脱逃也是难辞其咎的"何广成，③已经离开了济远舰，受提拔进入北洋海军提督督标，上升成了司令部军官。④ 这一情况，显然是推论者没有预料到的。

连带而及的还有一个重要问题，即推论者认为丰岛海战后，何广成接替战死的沈寿昌，担任济远帮带大副一职，但却没有给出任何史源出处，令人生疑。威海卫保卫战失败后，日方获得的北洋海军军官名单上，济远帮带大副一职实际担任者是都司张浩，何广成已经以守备职名列督标中军，遗留的驾驶二副一职担任者是守备谭学衡。倘若真的如推论者所说，何广成丰岛海战后就出任济远帮带大副，那么为什么直到威海保卫战结束，官阶仍是守

---

① 详见王记华：《北洋海军航海日志考》，载《中国甲午战争博物馆馆刊》2006 年第 4 期。

② 戚其章：《走近甲午》，天津古籍出版社 2006 年版，第 275 页。戚其章先生最早在《历史研究》1981 年第 6 期上认为陈天德是《冤海述闻》作者，理由是"当天曾值两次更，与此事关系最大"，而后来被他指认为是《冤海述闻》作者的何广成（当时戚文错写为何于成），当时则被排除可能性，理由是"至于大管轮守备何于[广]成，只是在海战打响前值更一个多小时，随后即进入舱内工作，与海战没有直接关系，对此事比较超脱，也不可能来写《冤海述闻》"。见戚其章：《方伯谦被杀是一桩冤案吗？》，《历史研究》1981 年第 6 期，第 102 页。但是在新著《走近甲午》中，戚其章先生又推论，"杨[陈]天德年轻资浅，仅充船械三副，似不大可能出面撰文为方伯谦鸣冤"。"《冤海述闻》的作者除何广成外，别无他人"。

③ 戚其章：《走近甲午》，天津古籍出版社 2006 年版，第 201 页。

④ ［日］《宣誓放还在刘公岛清国海陆军职员表》影印件。

备呢？①

在没有掌握足够证据的情况下，贸然认定《冤海述闻》的作者，非但不能起到任何积极的作用，恐怕将来还会引起诸如何广成后裔站出来鸣冤，称自己祖先根本没有写《冤海述闻》之类让人啼笑皆非的事情。

2.《冤海述闻》所列的究竟是何种阵型

经上节分析，《冤海述闻》其实是一份目前还无法认定其作者究竟是谁的资料，因此史料价值本来就打折扣，无法与一手史料相提并论。不过既然有研究者坚持以这份材料为阵型研究的依据，那暂且就其所述的北洋海军黄海海战阵型情况也作一分析。

《冤海述闻》中提及黄海海战北洋海军阵型的内容，主要分布在正文和书后附带的海战态势图两处。正文中提到，"十一点，遥见南来黑烟一丛，知是日船，丁提督船升旗，令全军起锚备战，复令相距四百码，成犄角队阵"，"我军阵势初本犄角鱼贯，至列队时复令作犄角雁行"。② 推论者即依据此，结合二手史料——姚锡光《东方兵事纪略》加以分析，从而认定"两相引证，可知北洋舰队生火起碇后先是排成犄角鱼贯阵"，接战阵型是"犄角雁行阵"。③

按照《船阵图说》刊载，犄角鱼贯和犄角雁行两种阵法的最基础战术组合是犄角阵，属于一种三舰战术单位，具体为三艘军舰错落分布，第一舰在前方，第二舰在第一舰右后 45 度角位置，第三舰在第二舰左后 45 度角位置。犄角鱼贯则是成这种三舰组合的多个军舰小队，整体纵向排布的阵型，犄角雁行阵则是三舰小队整体横向分布的阵型。④

这种三舰战术组合属于近代海军中常见的基础战术单位，日本《海军战术讲义录》中同样也刊列了这一战术组合，称为群队阵型，并且用极大的篇幅，对这种群队阵型的组成、优点、与其他各种阵型作战时的注意要点等，作了详细讲解。⑤

---

① ［日］《宣誓放还在刘公岛清国海陆军职员表》影印件。

② 《冤海述闻》，方氏后裔藏抄本。

③ 戚其章：《走近甲午》，天津古籍出版社 2006 年版，第 273 页。

④ 杨志本主编：《中华民国海军史料》，海洋出版社 1987 年版，第 1237—1250 页。

⑤ ［日］海军文库：《海军战术讲义录》上卷，明治二十七年版，第 5—16 页。

曾参与北洋海军接收致远等外购军舰回国活动的外交官余思诒,在其日记中曾摘录了一些英国海军的战术典范,其中也提到了三舰战术组合,"将战之时,分三船为一队,数队为一军,最为合宜"。①

　　丁汝昌所述的夹缝雁行阵,基础战术单位是二舰前后错列组合成的夹缝;可《冤海述闻》所说的犄角阵的基础单位却是三舰组合的犄角,显然不属于一类阵型。不过《冤海述闻》书后所附的海战态势图中,却出现了很奇怪的事情。

　　第一图、第二图中,注解文字都称北洋海军列的是犄角鱼贯阵,但图上画的却分明是二舰一组,且军舰舰位前后错落的夹缝阵。第四图出现的接战阵型,注解文字是犄角雁行阵,图上画的却是典型的夹缝雁行阵(参见图七、图八)。

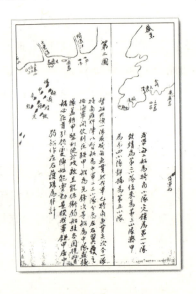

图七　《冤海述闻》第二图　　　　　图八　《冤海述闻》第四图

　　针对已经有人提出的"事实上,犄角阵是,而且必须是由三舰编成的小队才能采用的阵法,二舰编成的小队则根本不能列成犄角阵"的质疑,②推论者根据《船阵图说》"说第五·八船单行鱼贯阵右转变为四叠雁行小队阵"

　　① 《瀛环志略·航海琐记》,中华全国图书馆缩微文献中心,2000年,第347页。
　　② 杨志本、许华:《近代海军作战的阵法与战法论述》,《历史档案》1988年第2期。

后补注的一句话"凡两船为一队,谓之小队",①称"'三舰编成的小队'概念,实际上是一个虚假的概念,在当时的海军阵法中是并不存在的","根据当时海军阵法的规定,小队只能由两舰组成,用'三舰编成小队'是绝对不行的"。②

需要注意的是,《船阵图说》提到的"凡两船为一队,谓之小队"的说法中,"小队"属于一个特定名词,特指图说中的二舰战术组合。而许华等提出的"犄角阵是,而且必须是由三舰编成的小队才能采用的阵法"里,"小队"一词显然是泛指军舰的战术组合单位。推论者用《船阵图说》中对特定名词的诠释,来否定许华等用泛称名词提出的犄角阵组合概念,显然是不适当的。今天更换成更严谨的用词,说三艘军舰以一定阵位构成的战术组合才能叫作犄角阵,显然与《船阵图说》中所传达的犄角阵信息完全一致。我们不可以用搅乱泛指名词和特定名词而造成的文意混淆,来否认世界海军战术史上存在三舰战术组合单位这一既有事实。

推论者认为二舰战术组合编成的军舰也叫作犄角阵,理由还是来自《船阵图说》。在该书例言中有一句话,"凡一阵之中,船数、队数之多寡,皆可以意减增,原非一成而不变之局,神而明之,存乎其人",③据此认为组成犄角组合的三艘军舰,也是可以"以意减增"的。然而,仔细研读这句话就会发现这样的理解存在问题。例言所说,是一个阵型之中,组成的军舰数量,或者是组成的军舰组合的数量即队数,是可以随意增减的,并不是说军舰基础战术组合之内的军舰数量是可以随意增减的。倘若那样,二舰的夹缝队是否可以变为三舰呢?三舰的犄角队又是否可以减少到只用一艘军舰呢?答案当然是否定的。

1886 年,日本参谋本部海军部鉴于海军缺乏战略战术研究,决定搜罗西方各国的此类优秀书籍加以编译,提高日本海军的战略战术水平。时任参谋本部海军部第一课课员的岛村速雄,选取当时西方国家海军战术的经

---

① 杨志本主编:《中华民国海军史料》,海洋出版社 1987 年版,第 1171 页。

② 戚其章:《走近甲午》,天津古籍出版社 2006 年版,第 197 页。

③ 杨志本主编:《中华民国海军史料》,海洋出版社 1987 年版,第 1161 页。笔者在《碧血千秋——北洋海军甲午战史》,吉林大学出版社 2008 年版中,对该条文字也存在误读,错误地将北洋海军黄海海战接战阵型理解为犄角雁行阵。这一错误,有待在修订本中加以更正。

典书籍,尤以美国海军少校 Bainbridge Hoff 的著作《Examples' Conclusions and Maxims of Modern Naval Tactics》,以及英国海军中校 Gerard H. U. Noel 的著作《The Gun、Ram and Torpedo,Maneuvres and Tactics of a Naval Battle in the Present Day》为主,编译成日本海军的重要战术教参《海军战术一斑》。①

依据近代海军战术经典《Examples' Conclusions and Maxims of Modern Naval Tactics》,《海军战术一斑》中将阵型中舰只的基础战术组合,归纳为三类,分别是单舰组合、二舰组合的分队阵型,三舰或四舰组合的群队阵型。② 同样脱胎自西方海军战术经典的《船阵图说》,与《海军战术一斑》存在诸多相似之处,例如日本军语词汇分队、群队,实际就是对应《船阵图说》的小队、队,分队阵型和群队阵型实际就是夹缝与犄角。这种最基本的战术组合,属于高度精练的军舰编组,各有其特殊寓意,内中的军舰构成数量、阵位摆布,都绝非是可以"以意增减"的。换成日本的军语,所谓二舰可以组成犄角阵就成了二舰可以组成三舰群队,其滑稽程度可见。

作为对自己二舰可以组成三舰群队判断的依据,推论者援引英国中国舰队司令斐理曼特尔(Edmund Robert Fremantle)的话为证,"这样的阵法可不可以叫犄角阵呢?且看英国远东舰队司令斐理曼特尔的评述:'当华舰抛锚于大鹿岛东南之顷,瞭见日舰船烟,丁军门即照泰西兵法,悬旗传令各舰起锚备战;复令两舰为一队,一舰为首先行,另一舰作犄角势以随之……'可见,中外海军人士都肯定北洋舰队是由小队编成的犄角鱼贯阵的"。③

但是这段斐理曼特尔的话语,实际是《中国近代史资料丛刊·中日战争》节选自《中东战纪本末》的清代林乐知译本。海外著名海军史专家马幼垣先生对《中东战纪本末》译本的质量曾有评论:"(斐理曼特尔的档案)这些都已公开多年,早已随人参阅之物(不断全球遍访资料是研究者的责任,任何砌词说用不到都是站不住脚的),怎会以用《中东战纪本末》那类零碎的,

---

① 岛村速雄编译《海军战术一斑》的情况,见[日]筱原宏:《日本海军お雇い外人》,中央公论社 1988 年版,第 206—210 页。

② [日]岛村速雄:《海军战术一斑》第二篇,第 5 页。

③ 戚其章:《走近甲午》,天津古籍出版社 2006 年版,第 199 页。

间接的,无从判断其准确程度的所谓资料为满足?"①

林乐知翻译的这段斐理曼特尔话语,在日本海军军令部编纂的军史《明治二十七八年海战史》中也有相同内容的日文译本,且看日文本:"当时碇泊セツ清国舰队ハ敌舰队ノ来进スルヲ见ルャ。直ニ拔锚ノ上ヲソダ大佐ノ遗法ト称セツ战斗阵型ヲ作レリ。即チ各舰一对宛ト成ツ。之ヲ'クォ│タ│、ヲィン'ニ排列ツ。以テ一种ノ锯齿形横阵ヲ作レリ。兵术上之ヲ'クォ│タ│、ヲィン'ノ横阵小分队(二舰宛)ト称スル方适当ニッテ。各小分队ノ首舰间ノ距离ハ二链ニ过キス。而ッテ各姊妹舰ハ两ケ并进ツ。同一ノ步调ヲ采リ。"②《中国近代史资料丛刊续编·中日战争》,曾对该文作过翻译,对应译文为"当时停泊的清国舰队一见敌舰队来袭,当即启锚摆成被称为琅威理大佐传授的战斗阵型,即将各舰编组成对,雁行排列,排成一种锯齿形横阵,相当于战术上称之为'雁行式阵型'的横阵小分队(各二舰)。各小分队的长舰之间距离不超过二链,而且各姊妹舰双双并进,采取同一步调。"③

对比《中东战纪本末》可以发现,林乐知翻译时略去了原文中很多难译的词句,甚至连琅威理的名字都没翻译得出来,同时林乐知又增加了很多无谓的描述性语言。所谓犄角,原文中根本没有这样的名词,其实不过是对二艘军舰编组成对这一态势进行翻译时使用的形容词,并不是指《船阵图说》中那样的专用名词。斐理曼特尔此文非但不能支持所谓二舰也可以组成犄角阵的说法,反而通过"各舰编组成对,雁行排列,排成一种锯齿形横阵"等内容,清晰地反映出他所认为北洋海军排列的,也是夹缝雁行阵。作为更直接的说明,斐理曼特尔该文的文后实际还有附图(《中东战纪本末》译本把这个附图也删减没了),图中北洋海军预定排列的作战阵型,完全就是夹缝雁行阵(参见图九)。

---

① 马幼垣:《读中国近代海军史札记六题·五、英国驻远东舰队总司令观战黄海证谬》,载于《九州学林》六卷二期,香港城市大学中国文化中心、复旦大学出版社 2008 年版。该文揭示了流传广泛的一则错误传闻,即所谓斐理曼特尔或英国海军在黄海海战现场观战一事,根本是子虚乌有的讹传。

② 〔日〕海军军令部编:《明治二十七八年海战史》别卷,第 31—32 页。

③ 《中国近代史资料丛刊续编·中日战争》(7),中华书局 1996 年版,第 300 页。

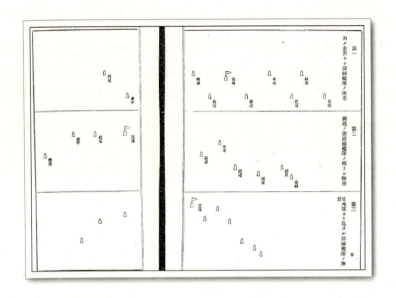

图九　斐理曼特尔评论附图,《明治二十七八年海战史》别卷,第42—
　　　43页。图中从上至下的三组阵型分别是:北洋海军计划排列
　　　成的阵型;北洋海军实际航行中变形了的阵型;日方对北洋海
　　　军阵型的观感判断

　　通过对《中东战纪本末》译文的分析,可以大致感觉到《冤海述闻》为什
么出现图画夹缝阵,而注解犄角阵的情况。其原因就在于,《冤海述闻》提到
的犄角阵,很可能根本就不是《船阵图说》上的专用军语,而是中国语文中的
一种习惯描述手法,根据汉语词义,将二艘军舰错列的夹缝形态,形容成为
犄角。类似的例子不难找到,诸如:"宫谓吕布:'曹操远来,势不能久。将军
可以步骑出屯于外,宫将余众闭守于内;曹操若攻将军,宫自引兵击其后背;
若来攻城,将军为救于后;不过旬日,操军食尽,可一鼓而破:此犄角之势
也。'"①"再令水军头领李俊,二张,三阮,二童,统领水军船只,泊聚卫河,与
城内相为犄角。"②这些犄角的意思,与夹缝雁行阵中实际形成的二舰错列
的态势,可谓相似。

　　与"小队"和"小队"语意各有不同一样,此"犄角"也非彼"犄角"。既然

---

① 罗贯中:《三国演义》,人民文学出版社1973年版,第170页。
② 《水浒传》第九十一回,转见《辞海》,上海辞书出版社1979年版,第1449页,"犄角"条
目。

明明知道黄海海战排成的阵型就是夹缝雁行阵,那就不应为了坚持称《冤海述闻》具有史料价值,而把泛泛的犄角解释成《船阵图说》上的军语,说出"夹缝雁行阵与犄角雁行阵,二者实际上指的是同种阵型"这样奇怪的话语,[①]反而视战役指挥者丁汝昌说的夹缝雁行阵于不顾。

《冤海述闻》自己证明,书中的"犄角鱼贯"、"犄角雁行",都不是专业的北洋海军阵型术语。它所说的北洋海军的接战阵型,实际就是《船阵图说》中的夹缝雁行阵。

(三)小结

中日双方参战当事人的报告、回忆,共同印证黄海海战时北洋海军的起锚初始阵型是一种双纵队,而选取的接战阵型则是夹缝雁行阵,只不过因为航行途中两翼军舰或因老旧,或迁延不前,而造成了阵型外在呈现一种"人"字队的情况。夹缝阵所出现的二艘军舰错列的形态,在很多中国著述中,又被形容为犄角态势,但不可以根据这种"犄角"描述,来推翻丁汝昌说的夹缝雁行阵。

明晰了北洋海军选择的是何种阵型后,还有一点非常重要之处需要引起注意。按照《船阵图说》刊载,书中的夹缝雁行阵实际是由"前队"、"后队"两队军舰组成的。但是从北洋海军的实战情况看,北洋海军大东沟海战时排列的夹缝雁行阵并不是以前队、后队作为基础战术单位,实际整个阵型是由定远、镇远;致远、经远;靖远、来远;济远、广甲;超勇、扬威五个二舰夹缝战术组合构成。[②] 确定了这一编组方法后,也可以得知,北洋海军最初锚泊、准备状态的双纵队队形,实际是由五个略呈横向编组的军舰组合,依次叠加的阵型,即戴乐尔所说的"分段横队"。[③]

---

① 戚其章:《走近甲午》,天津古籍出版社 2006 年版,第 201 页。

② 黄海大东沟海战中,北洋海军各舰呈现出了一种两两编组的态势,无论是日军目击,还是丁汝昌的海战报告,均留下这种深刻印象。1894 年 9 月 22 日,在由李鸿章转呈的海战报告中,丁汝昌没有按照时间顺序叙述海战,而是非常特别地以军舰组合为单位进行报告。这份报告里就出现了超勇、扬威;定远、镇远;经远、致远;济远、广甲;来远、靖远的组合方法。见《李鸿章全集》,电稿二,上海人民出版社 1986 年版,第 1022 页。

③ 锚泊、起始状态的阵型对海战所起影响因素较小,也非本文探讨的主要话题,因而论说从略。对这种阵型的判断,与本文持相近意见的还有姜鸣《龙旗飘扬的舰队》,三联书店 2002 年版,第 367 页。该书认为起始队形是以二舰组合为单位的五叠横队,笔者认为同样也具有以二舰为单位的夹缝鱼贯阵的可能。

论者或谓,《船阵图说》中刊载的夹缝雁行阵,说的是由二队军舰构成的阵型,而黄海海战时北洋海军的夹缝雁行,怎么会是由五队(泛指,不是《船阵图说》中的专用名词"队")军舰构成,那就需要重新看"凡一阵之中,船数、队数之多寡,皆可以意减增,原非一成而不变之局,神而明之,存乎其人"了。

二、夹缝雁行阵的真义

(一)机动战术(乱战战术)

确定了接战阵型究竟是什么,只是完成了讨论北洋海军大东沟海战阵型的一项基础性工作。因为阵型本身,只是军舰排列组合的一种外在形态,再优秀的阵型,如果布置完成后就静止不动,或者发挥不当,也并不会在战斗中起到什么积极的效果。由此,要深入考察阵型,除了掌握第一步的布阵形态外,还需要详细了解这种阵型在实战中应该怎样才能发挥其效用,即了解阵型的真义,这样才能更好地理解北洋海军在实战中的阵型运用情况。

世界海军的阵型发展,战法选择,与海上兵器的发展水平有着十分密切的关系。19世纪前的风帆时代,火炮主要配备在军舰两舷,军舰自身依靠风帆航行,战时机动能力有限,在这样的情况下,广受欧洲海军采纳使用的阵型战法,是以纵队为基础的战列线战法(line of battle)。这种阵型、战法,其基本模式是,敌我双方都将军舰编组为一个纵队,敌我两个纵队采用并列方式,或同向而行,或对向而行,或干脆锚泊不动,利用舷侧火炮进行互相射击,以决胜负。[①] "其要点是:舰队编成单纵队,先抢占上风位置,再接敌至舰炮射程以内,采取与敌方航向平行运动,各舰对指定的敌舰实施炮击,直至决出胜负或一方撤退为止"。[②] 虽然在诸如1666年英国—荷兰四日海战等战役中,也曾出现了一些新的战术设计,1781年4月17日英法西印度群岛海战中,英国舰队还曾一度排列为酷似夹缝雁行阵的阵型进攻法军的纵

---

① Robert Gardiner、Brian Lavery: *The Line of Battle*, Conway Maritime Press, 1992, PP. 181−183.

② 张序三主编:《海军大辞典》,上海辞书出版社1993年版,第35页,"战列线战术"条。

队,但总体上战法仍较为简单、呆板。适应这种作战样式,当时的海战中,舰队均以司令官旗舰的命令马首是瞻,各舰也都缺乏自由发挥的能动性。①

直到 1794 年 6 月 1 日,68 岁的英国海军战术专家豪勋爵(Howe)指挥的英国舰队与海军上将维拉雷·德儒瓦尔(Villaret Joyeuse)指挥的法国舰队,在大西洋阿申特岛附近进行了"光荣的六月一日"海战(the Battle of the Glorious First of June),近代海军阵型战法的走向终于出现了重大变化。

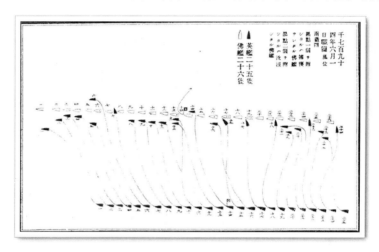

图十 "光荣的六月一日"海战形势,图中黑色标识的是英国舰队,可以清楚看到其从纵队变阵,以及试图冲击敌阵的过程。[日]海军文库《海军战术讲义录》中卷,明治二十七年版,第 54 页

这场海战之初,拥有 25 艘风帆战舰的英国舰队和拥有 26 艘风帆战舰的法国舰队,都排列成纵队阵型,双方舰队呈同向平行姿态。然而豪勋爵下达了令法国舰队,乃至英国的很多舰长都始料未及的命令,纵队态势的 25 艘英国军舰突然间全部阵前转向,整体变成军舰舰首指向法国军舰舷侧的漫长横队,计划从 25 个点上全面切入法军的纵队阵型,多点突破,冲乱法国舰队,进行近距离混战。虽然受限于风帆时代军舰的机动能力,以及部分军官对命令的理解不够,英国舰队实际并没有能够全部实现战术目标,仅有几艘军舰成功突破法军纵队,但是这场海战的结局是法军旗舰被

---

① [日]海军文库《海军战术讲义录》下卷,《第一 帆走船战斗例及结论》,明治二十七年版,第 1—5 页、16—20 页。

击沉,六艘军舰被俘,损失 3000 余人,英国舰队获得了重大胜利(参见图十)。①

由 1794 年"光荣的六月一日"成型出名的这一作战样式,被后世命名为机动战术、混战战术等,清末许景澄编著的《外国师船图表》中将其称为乱战。这种战术的最大特点就是打破了单调的纵队作战形式,大胆采用横向编队,突击敌方,"数群攻敌,或一群分应,求乱敌阵"。② 现代人民海军组织编写的 1993 年版《海军大辞典》中也有关于这一战术的词条:"舰艇机动战术。亦称'打破敌方战线'的战术。19 世纪,帆船舰队时期的主要海战战法。要点是,在海战中,舰队编成数个可独立行动的战术群,以纵列战斗队形穿插分割敌方舰队的战斗队形,钳制其一部,包围其另一部,集中火力打击被包围和孤立的敌舰,并倾全力攻击敌方指挥舰,使敌方舰队指挥瘫痪,再将其各个歼灭。这种战术在 18 世纪末期已出现。"③总体叙述非常精当,惟一的一点用词不严谨是"以纵列战斗队形穿插分割敌方舰队的战斗队形"一句,改为以纵向的战斗队形穿插分割敌方舰队更为妥当。而正是因为这一点用词不严谨,使得某些海军技术史知识基础薄弱的研究者对机动战术的真正含义产生理解混乱,甚至在对黄海大东沟海战进行解读时,凭着自我混乱的理解,作出言之凿凿的离题分析。④

1805 年 10 月 21 日,特拉法尔加(Trafalgar)海战爆发,英国海军上将纳尔逊(Horatio Nelson)指挥舰队在该战中再度采用乱战。31 艘英国军舰

---

① "光荣的六月一日"海战,是海战史上的经典战例,西方几乎各种涉及海战史的书籍都会提及此战。如 Robert Gardiner、Brian Lavery:*The Line of Battle*,Conway Maritime Press,1992,PP. 184 — 185. Richard Humble:*Naval Wareare*,Time Warner Books,2002,PP. 104—106.[美]托马斯·本菲尔德·哈博特:《简明世界战史词典》,解放军出版社 1988 年版,第 29 页,"阿申特岛海战"条;[英]安德鲁·兰伯特:《风帆时代的海上战争》,上海人民出版社 2005 年版,第 153—155 页。但是国内编著的《世界海战大全》(赵振愚主编,海潮出版社 1995 年版)一书中,却遗漏了该战。

② 许景澄:《外国师船图表》卷十,光绪十二年柏林使署石印本,第 14 页。

③ 张序三主编:《海军大辞典》,上海辞书出版社 1993 年版,第 36 页,"舰艇机动战术"条。

④ 其显著例子见苏小东:《甲午中日海战》,天津古籍出版社 2004 年版。书中根据《海军大辞典》"机动战术"条中出现的"以纵列战斗队形穿插分割敌方舰队的战斗队形"一句,想当然地认为只有纵队阵型才能使用机动战术。见该书第 99 页,称舷炮战术、战列线战术和机动战术"上述三种海军战术均采用纵队队形作战"。

被大致分为 2 路纵队,横向从侧翼切入突破排成纵队阵型的法国、西班牙联合舰队。与纳尔逊各指挥一路纵队的英国海军上将科林伍德(Collingwood)对乱战作了进一步的发挥,下令自己率领的那路纵队完全变阵为一字横队,以增加对法、西舰队的突破点。最终,整个战局如英国人所愿,进入了乱战局面,法、西联合舰队的纵队在英军的突击下彻底崩溃,英国获得了海战的全面胜利。[①] 由此战的影响,机动战术更加受到各国海军的注目(参见图十一)。

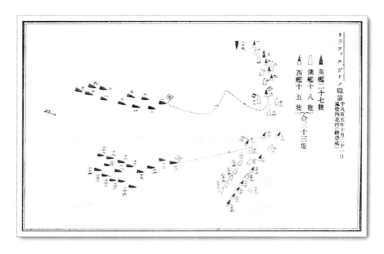

图十一　特拉法尔加海战形势图,图中黑色标识的是英国舰队。
　　　　[日]海军文库《海军战术讲义录》中卷,明治二十七年版,
　　　　第 71 页

19 世纪,世界海军开始逐步进入蒸汽化时代,很长时间都没有一次真正的大规模海战来检验海军的兵器装备和战术。直到 1866 年 7 月 20 日,奥地利舰队与意大利舰队在地中海利萨岛附近爆发了著名的利萨(Lissa)海战。此战,奥地利舰队司令海军上将冯·特格特霍夫(Wilhelm von Tegetthoff)将属下舰只编成了三个前后排列的"人"字阵型,以此进攻海军上将佩尔萨诺(Count Carlo di Persano)指挥的编成纵队的意大利舰队。战斗中,特格特霍夫的旗舰列在第一个"人"字阵型居中突出的位置,带领舰队成

　　① Gregory Fremont－Barnes:*Trafalgar* 1805－*Nelson's Crowning Victory*,Osprey Publishing Ltd,2005.

功突破了纵队阵型，进入乱战，采用近距离射击以及撞角等战法，彻底击败了意大利舰队（参见图十二）。这次难得的蒸汽时代海战，犹如一盏引航灯，对19世纪中后期海军兵器、战术的发展产生了重要的引导指向作用。[1]"利萨战役是在铁甲舰时代开端以及以对马海战为标志的时代结束这段时间中发生的涉及面最广的舰队决战，其中每个人，从舰队司令到水手、司炉，他们面临的拿不定主意的情况非常普遍。是使用火炮还是使用撞角；是采用传统线性阵列还是先发制人把战斗引入混战……所有这些对那些打算研究和利用这些机遇的人的启发都是显而易见的……特格特霍夫是榜样，他简单而且直接的指挥方法和技巧获得了丰厚的回报"。[2]"这场战役后，让战术家们苦苦

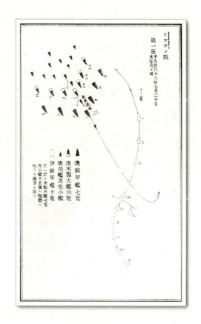

图十二　利萨海战形势图，图中黑色标识的是奥地利舰队。［日］海军文库《海军战术讲义录》中卷，明治二十七年版，第77页

思考的什么才是最良进攻阵型的问题有了答案，奥地利舰队以总体呈现为横队的后翼梯阵作为攻击阵型，成功击败了纵队阵型，由此多数海军将校认为这一战标志着横队阵型的胜利"。[3]

　　诞生于风帆时代末期的机动战术，被证明在军舰机动力倍增的蒸汽时代，运用起来更为自如。早期蒸汽军舰上仍然布置在军舰两舷的火炮逐渐被取消或减少，改为在舰首方向布置大口径火炮，以此适应船头对敌的突击机动战术的需要。同时，利萨海战中发挥了重要作用的撞角战术也得到重视，各国大小军舰上纷纷将撞角作为必备武器，甚至还出现了以撞击为专门

---

　　[1]　Richard Humble: *Naval Wareare*, Time Warner Books, 2002, PP. 166—167.

　　[2]　［英］安德鲁·兰伯特:《风帆时代的海上战争》，上海人民出版社2005年版，第176页。

　　[3]　译自［日］海军文库《海军战术讲义录》中卷，明治二十七年版，第80页。

使命的舰种——撞击巡洋舰（即黄海海战中参战的北洋海军军舰超勇、扬威）。① 随后，新出现的海上近战利器——鱼雷被认为是进行乱战的绝佳武器，也开始广泛装备上军舰。海军硬件发展，出现了向机动战术倾斜、让路的势头。"大口径火炮和撞角战术盛行后，海战攻击法也发生了转变，其主要原因是随着军舰上出现火炮口径增大、数量减少现象而产生的必然结果。火炮口径增大后，出现了只装备几门大口径舰炮的军舰，舷侧炮被取消或减少，因此海军界海战战术思想为之改变，纵队阵型被各国海军界排斥，转而热衷于研究横阵、梯阵、群队阵、方阵、鳞次阵"。②

在海军战术领域，有关机动战术的战法也得到了丰富和完善。可以满足机动战术作战需要的以单舰、二舰或三舰为基础战术组合的阵型排列，开始受到重视。无论是采用雁行横阵，或者是鱼贯纵队，阵型的根本目的都在于，以接战阵型接近敌方阵型，而后即可以犄角、夹缝等形式的军舰基础战术组合作为战斗单位，与敌实施全面乱战。其中横向排列组合的阵型，因为有利萨海战胜利的先例，是其中最受推崇的优异阵型，"此阵型为兵家所称颂，曰今后战斗必以冲击为第一主义"。③ 在横队基础上发展而来的梯阵，即北洋海军《船阵图说》所称的夹缝雁行阵，被认为修正了横队的诸多不足。"其优点如下，一、炮火线全部开通；二、利于军舰相互支援；三、利于快速组成，适合于近距离发现敌舰队时"。④ 这种阵型在实战中的发挥方法，是以多个整体上排列为横队的二舰夹缝战术组合，以雁行阵的整体阵型态势冲向敌舰队，而后以二舰为单位各自冲乱敌阵，与敌舰进行近距离的炮击、撞角、鱼雷等乱战交战，以使战局进入混战状态，乱中取胜。

采用乱战战术，就是夹缝雁行阵的真义。

（二）北洋海军实施乱战的迹象

黄海大东沟海战中，排列成夹缝雁行阵对敌作战的北洋海军，几乎从阵型转变一开始，就流露出极为鲜明的迹象，能够让人感觉到其准备采取机动/乱战战术。

---

① 《"超勇"级撞击巡洋舰》，见陈悦：《北洋海军舰船志》，山东画报出版社 2009 年版。
② 译自［日］海军文库《海军战术讲义录》中卷，明治二十七年版，第 72—73 页。
③ ［日］岛村速雄：《海军战术一斑》第二篇，第 9 页。
④ ［日］岛村速雄：《海军战术一斑》第二篇，第 11 页。

1. 北洋海军提督丁汝昌训令

根据北洋海军总查汉纳根的报告,提督丁汝昌在下令从双纵队阵型变为夹缝雁行接战阵型的同时,还补充了三条至关重要的命令,分别是:

1. In action, sister ships, or sub-divisions of pairs of ships, shall as far as possible remain together, and support one another in attack and defence.

2. A ruling principle should be to keep bows on to the enemy.

3. All ships must, as a general rule, follow the motions of the Admiral. ①

粗译为:

1. 姊妹舰或者同小队舰,应尽可能协同,互相配合进行作战。

2. 基本战术法则是舰首保持朝向敌方。

3. 所有军舰必须尽可能跟随旗舰运动。

这三条命令,如果每条单独拿出来分析,都并看不出多少特殊的意义,但是将三条组合到了一起,就恰恰与乱战战术的要求完全对应。

其中第一条,是宣布二舰战术单位的基础要领,表明北洋海军采用的夹缝雁行阵是以二舰组合为基础单位的。由二艘军舰组成的夹缝战术组合,相比单舰单位战斗力和生存力更强,相比三舰犄角战术组合则更为简便,编组要求和阵位保持的难度都小。日本海军翻译的战术经典《海军战术一斑》对这种组合作过简明的叙述,粗译为:"二舰组合的分队战术,需要注意选入的二艘军舰在航速、机动能力等方面必须接近,其中一艘作为队长舰领导运动,二舰必须本着一心同体、力量集合的原则。虽然这种战术组合通常以二舰一前一后左右错列,队长舰在前,僚舰在侧后的方式排列,但是在一些提倡战斗主义,冲锋至上的主张中,也有认为将其改良成二舰直接横向排列进行冲锋是最上策的意见。"②丁汝昌的第一条命令,主要强调二艘军舰必须互相配合作战,而没有说及夹缝形态的组合,从后来战场实际情况看,北洋

---

① Thomas Allnutt Brassey: *The Naval Annual* 1895, P. 110. 日文译本见:《汉纳根给李鸿章的海战报告(其二),1894 年 9 月 17 日的海战》,日文译本底稿影印件。

② [日]岛村速雄:《海军战术一斑》第二篇,第 5 页。

舰队诸舰也没有出现刻意保持夹缝形态的教条举动,这恰好与"提倡战斗主义、冲锋至上"的战术改良意见类似。

丁汝昌训令的第二条更是至为重要,规定该战北洋海军各舰的基本战术法则是将舰首朝向敌舰,即以舰首对敌作战,而这刚好是乱战战术的一大特点。无论在特拉法尔加海战,还是利萨海战中,都能找到这种经典的场面,舰首对敌的态势利于发起撞角近战,是旨在突破冲乱敌方阵型的乱战战术的有机组成部分。John Ingles 的《海军战术讲义录》中,述及舰队战术、舰队运动时,对总体上呈现出横阵态势的各种阵型进行推演讲解时,无一例外都是将舰首对敌作战作为基础战术法则,而且相关的多舰基本战术编组的样式也都以能够迅速调整阵位,保持舰首对敌作为重要要求。① 此外,岛村速雄编译的《海军战术一斑》中,也不乏类似内容,舰首对敌战法,也被当作是以冲锋至上的乱战战术的最佳实施手段。

训令的第三条是对舰队战时指挥方法的补充规范。众所周知,在无线电发明和投入使用之前,海战中的主要指挥手段无外乎旗语、光电信号、声响信号等,其中能够在白天使用,且能传达较为复杂的命令条文的,则只有旗语信号。但是在海战中,军舰的信号索具是最易被攻击损毁的设备,而且列成横队时,处于横队正中央的旗舰升起的旗语号令,往往因为舰影阻隔,或者距离过远,不容易被两翼的舰只看清。即使没有出现上述这些不利因素,过于复杂的旗语,在战时紧急状态下能否被所有军舰很好理解也是个极大的问题,大东沟海战实战中日本联合舰队出现的因对旗语理解错误而导致编队混乱,就是典型的负面例子。北洋海军的旗语体系共由 28 种方形旗和 16 种三角旗构成,各种关于舰队运动的旗语,都是由 5 种方形旗和 3 种三角旗组合而成,相对较为复杂。② 而采用丁汝昌训令第三条的规定,即作战中直接以旗舰的运动作为指挥信息,则是非常务实的做法,尤其适用于敌我进行近距离混战的乱战战术。在乱战战术的几大经典战例中也都能看到,均存在这种以旗舰或标兵舰的运动直接作为行动指引的现象。

---

① [日]海军文库《海军战术讲义录》上卷,明治二十七年版,第4—26页。类似道理在 John Ingles 的著作中还有很多,不一一枚举。

② [日]《清国北洋海军实况一斑》,日本海军参谋部明治二十三年版,第52页。

由三条战法指导性训令可以清晰地看出,各条均与乱战战术的要点相符,可见北洋海军选择夹缝雁行阵,所预备进行的下一步战斗发挥,就是乱战战术。即五个二舰夹缝组合,以总体上的横阵态势接近敌阵后,在五个位置同时出击,突破敌方漫长的纵队,而后反复冲进杀出,以舰首对敌作为基础作战模式,彻底搅乱敌方阵型。当敌方阵型大乱时,己方则可以利用二舰组合这一机动灵活的编组各自为战,或单队行动,或多队协同,互相配合,寻机攻击落单或处于劣势的敌舰,之中夹杂以鱼雷、撞角等近战兵器的运用。对此,北洋海军总查汉纳根也有非常清楚的阐述:"我认为,以十二艘军舰组织的我舰队,不能看作是一支舰队,而应该把它看作各个独立的战舰。这个理由的根据是,平时(舰队)是在提督一人命令的统辖之下,而战时则会变为冒着危险各自为战。"①

2. 大东沟海战实战中北洋海军试图发起乱战的迹象

1894 年 9 月 17 日,北洋舰队发现联合舰队之后,很快从双列纵队的待机阵型变阵为夹缝鱼贯阵,以五个大体横向排列的二舰战术组合向日本联合舰队接近。中午 12 时 50 分,在 6000 米距离上,因为与敌相距尚远,短时间内无法发起乱战,而敌方的第一游击队正以高速向己方右翼运动,很快就要脱离发起乱战的最佳目标区,北洋海军旗舰定远被迫首发主炮,远距离攻击正在驶离目标区的日本第一游击队,揭开了大东沟海战的序幕。② 远距离射击开始后,北洋舰队以正在从自己阵前通过的日本联合舰队本队作为主要目标,舰首指向日本本队,不断接近,针对日本本队也意图绕向北洋舰队右翼的举动,应时地进行了几次航向调整,努力保持舰首对敌,以占领发起多点冲击的最佳阵位。

海战打响约 20 分钟后,北洋舰队终于与日本联合舰队的部分军舰接近到了足以发起乱战战术的距离。下午 1 时 14 分,从联合舰队本队中央的位

---

① 原文见《汉纳根给李鸿章的海战报告(其二),1894 年 9 月 17 日的海战》,日文译本底稿影印件。

② 关于大东沟海战开始的时间以及定远射击时的距离,很多资料的记载存在差别。日方资料大致认为定远开炮时间是中午 12 时 50 分,但对射击距离的指认有 5000 米、6000 米等多种说法。而北洋海军总查汉纳根给李鸿章的报告中显示,定远开火的时间是在中午 12 时 30 分,敌我距离 5200 米。本处暂用传统说法。

置,北洋舰队成功突击,扰乱了敌方阵型,导致自比睿之后的数艘日本军舰被从本队中分割出,进而出现了比睿、扶桑、赤城三舰先后遭到北洋舰队军舰攻击,日本联合舰队指挥一度陷入混乱的情况。① 黄海海战战场上出现的这一幕,造成了日本联合舰队运动的混乱,虽然因为种种原因(详见下文)北洋海军未能获得大的战果,没有能够进入全面的乱战,但已经足够清晰地表现了其意图实施乱战的强烈愿望。

对北洋海军想要进行近距离乱战的意图,作为敌手一方的日本联合舰队司令伊东祐亨也有非常清楚的判断,其在战后的报告中称,"敌以各舰首指向我本队的态势,试图向我发起冲击,并不断开炮"。②

黄海大东沟海战下午 1 时 14 分之后发生的局部冲击,是整场海战中北洋海军难得的一次发起乱战攻击的实践。在此后的海战中,北洋舰队陷入日军的腹背合围中,乱战战术无从发起,仅有的另一次努力尝试则是下午 3 时过后,致远、经远小队单独发起的冲击。这些战场活动,都充分显示了北洋海军夹缝雁行阵的真实作战意图。

(三)小结和相关余论

分析了乱战/机动战术的由来、主要的外在表现形式,对比北洋海军在海战中的训令,以及战场实际迹象,可以看到北洋海军在黄海大东沟海战中排列的夹缝雁行阵,其延伸的作战意图就是发起乱战,与这种战术历史上的几个经典范例都存在相似之处。本着这一理解,很多以往黄海海战史研究中难以廓清的问题,都能迎刃而解。同时,明白了北洋舰队接战阵型的延伸意图,更有助于积极、建设性地分析海战中北洋舰队失利的原因。

由于对北洋海军接战阵型的真实意图缺乏理解,过往的研究中一些针对北洋海军阵型所提出的品评,实际都存在或多或少的盲目性,以下仅试举二则流传广泛,影响较大的意见进行分析。

---

① 详见 1894 年 9 月 19 日赤城代理舰长海军大尉佐佐木广胜《明治廿七年九月十七日盛京省大孤山泊地南方战斗记事》,[日]《海洋岛海战报告书》卷一,1894 年 9 月 20 日,比睿报告,《大孤山冲战斗报告》;廿七年九月廿二日,军舰扶桑报告,《九月十七日大洋河口大鹿岛冲战斗报告》;[日]《海洋岛海战报告书》卷二。

② 译自《联合舰队第十五回出征报告中的清国盛京省大孤山之战》,《大海报第九号》,[日]《海洋岛海战报告书》卷一。

1. 阵型正面宽度过大,布阵散漫,中央的铁甲舰无法支援两翼的军舰

现代研究中,这种意见的代表性观点为"……其二,是编队的跨度过大,致使定远、镇远舰首的重炮无法有效地保护右翼诸舰"。①

这一说法的最关键错误在于不知道北洋舰队究竟采用的是何种作战战术。按照乱战战术的要求,无论是类似北洋海军采用的夹缝雁行阵,还是其他组合形式的横队,其实都并不是战斗中将始终保持的阵型。采用这样的编组,只是为了己方各军舰战斗组合尽可能在同时间或短时间内先后接近敌阵型,同时间或短时间接连实现对敌舰队的突破,如此多点切断、扰乱敌阵型,可以获得全面使敌陷入混乱的理想战境。否则,一旦己方多个军舰战斗组合接敌时间参差过久,往往会陷入被敌各个击破的窘境,即使有部分战斗组合实现了成功突破,也容易出现敌方阵型断而不散,散而不乱,甚至敌方主动顺势演化为几组战斗组合,与我纠缠的不利局面。

由此可以明了,北洋海军采用的夹缝雁行横队,只是一种为了实现阵内各个二舰战术组合能够多点同时或者接连突破敌阵型的接战阵型,一旦接敌后,整体的横队就不复存在,其理想的最终演变形式是分散成各个二舰单位各自为战的混战局面。采用这样的战术,中央的二舰组合与两翼的二舰组合实际处于同一地位,都会进入与敌舰队犬牙交错的混战,以我方有组织的二舰组合,攻击敌方落单混乱的单舰,在这种状态下,就不存在中央军舰用炮火支援两翼军舰的设计了。

具体到黄海大东沟海战中,之所以出现北洋海军很长一个时段是以横队在与日本联合舰队作战的情况,其根本原因在于北洋海军各舰在最佳时段没有能够贴近日本舰队,散开二舰战斗单位发起乱战,从而陷入被迫以横队接敌阵型转入防守的劣势。以这种战前根本无法预知的战场形势中,位于右翼的北洋海军二舰组合遭到日本联合舰队优势兵力聚攻,而处于横队中央的定远、镇远无法以船体中部的主炮实施火力支援为由,就认为这是北洋海军夹缝雁行阵的缺陷,显然是一种外行的,而且类似事后诸葛亮式的问责。以实现乱战战术为第一要务的横队阵型,充满了积极进攻的特征,设计时根本不会去考虑用这种阵型与敌纠缠,甚至用这种阵型防御敌方进攻,利

---

① 戚其章:《走近甲午》,天津古籍出版社 2006 年版,第 208 页。

萨海战中特格特霍夫指挥舰队冲向意大利舰队时，又何曾要去想以处于阵型中央的主力舰炮火支援两翼弱舰呢？

此外，关于北洋海军的夹缝雁行阵跨度过大，布阵散漫的批评，也是局外之谈。

采用横阵接战阵型，接近敌舰队时多点突破后，己方军舰冲入敌阵型展开乱战，实施的是一种反复冲进杀出的战法。即冲过敌阵后，再转向再次冲过敌阵，来回冲击，不断扩大战果。这种战法要求己方每个基础战术组合内的组成军舰，必须尽可能在转向半径（军舰长度）、航速等方面接近，以便协同动作。同时，另一项重要的要求就是，布阵时各基础战术组合间的横向间距必须要大，"如群船平列，应有宽地，相距太近则虑自触"，"如两军对近，或撞敌船，或避敌撞，进退之间即不能仍合行列，如我之船群不及敌船之多，乱战时亦无所虑，盖我船少则布阵疏，敌船多则布阵密，疏则任行而能整，密则迁次而即紊"。[1]

横队各二舰组合间的相距设定得比较疏松，正是为了冲过敌阵转向旋回时避免自相误伤的预防措施，完全符合乱战战术要义。

2. 战场指挥僵硬，不懂得设立代理旗舰

这派代表性的意见认为丁汝昌的三条训令过于简单僵化，而且因为不懂得战前设立代理旗舰，导致北洋舰队战时随着旗舰的信号索具损坏，而陷入混乱。"由于丁汝昌事先没有指定自己的代理人和代理旗舰，北洋舰队失去了统一指挥，从而陷入各自为战的混乱状态。出现如此严重的后果，固然说明丁汝昌确实不懂海战指挥，但也说明各舰管带的军事素质同样存在缺陷"。[2]

事实上，考虑到乱战战术发起时战场将会进入彻底的混乱状态，旗语信号的观察难度变大，可靠性降低；而且在这种各自为战的状态，统一的指挥调度意义已经不大，因而从这种战术诞生开始，就要求海战中的命令发布尽量简明扼要。

---

① 许景澄：《外国师船图表》卷十，光绪十二年柏林使署石印本，第13、14页。

② 苏小东：《甲午中日海战》，天津古籍出版社2004年版，第102页。类似的指责实际首见于许华、杨志本：《论丁汝昌海上战役指挥失误问题》，《近代史研究》1988年第1期，第44页，苏小东的观点与此雷同。

1805 年英法特拉法尔加海战开始前,英国舰队司令纳尔逊给舰队下达的命令就非常之简单,仅仅是一句"Engage the enemy more closely"(尽量靠近敌舰作战)而已。[①] 作为这条简单命令的补充,纳尔逊另外向各舰舰长下达了"万一看不到或看不懂信号时,尽管把战舰靠近敌人,这样做的舰长是不会打错的"的指示。[②] 此后,在这场闻名海军史的大海战中,英国舰队旗舰再没有发布过一条命令,只是通过旗舰以身作则式的带头作战,指导着舰队走向胜利。

同样,1866 年爆发的意奥利萨海战中,奥地利舰队司令特格特霍夫下达的命令也极为简单。因为当时奥地利军舰的涂色是黑色,意大利军舰涂成灰色,海战开始前特格特霍夫给舰队的命令为:"Close with the enemy and ram everything grey!"(靠近敌人,撞那些灰色的家伙!)[③]此后的整场海战中,奥地利舰队也再没有得到任何一条命令,就是凭着这样口号式的命令,加上旗舰的带头冲锋,奥地利舰队在混战中击溃了意大利舰队。

丁汝昌的三条训令,与特拉法尔加和利萨海战中的著名口令相比,其实具有异曲同工的效果。放诸乱战战术的标准来看,这三条训令足以指挥舰队遂行乱战。

关于代理旗舰的指责,论者称战前指挥官预设代理指挥者和代理旗舰是"基本常识",但实际这种说法并没有任何依据。仍然选 19 世纪著名的特拉法尔加和利萨海战为例,特拉法尔加海战中,法国、西班牙联合舰队旗舰布桑托尔(Bucentaure)在英国军舰猛攻下投降,之后法西舰队并没有任何一艘军舰主动站出来重挑大局。利萨海战中,意大利舰队旗舰意大利国王号(Re d'Italia)被奥地利舰队旗舰斐迪南德·马克思(Erzherzog Ferdinand Maximilian)撞沉,此后意大利舰队也并没有任何一艘军舰代理指挥。

---

① [英]安德鲁·兰伯特:《风帆时代的海上战争》,上海人民出版社 2005 年版,第 180 页。

② [英]安德鲁·兰伯特:《风帆时代的海上战争》,上海人民出版社 2005 年版,第 177 页。

③ Richard Humble, *Naval Wareare*, Time Warner Books, 2002, P. 167. http://www.biographybase.com/biography/Garibaldi_Giuseppi.html 2009。

19世纪及之前,因为海上通讯手段过于间接、复杂,舰队司令官很难在战火中直接与每一艘军舰建立单独有效的联络,特别是传达过于复杂的命令,海战进行中临时指令代理旗舰或者指令不在本舰的军官担任代理指挥官基本不存在可行性。至于战前预设代理人和代理旗舰的做法,在那个时代也鲜有例子,因为指挥者无法预知他所选中的代理人和代理旗舰是否会再出事,也无法预知预设的代理人和代理旗舰是否会先于自己遭遇不幸,如果再为代理人和代理旗舰继续选择替补,再为这些替补再选择替补,这种烦琐无聊的活动将没有尽头。海军通常的方法远远比上述纸上谈兵的"妙计"要更可行,是直接以舰队内或一艘军舰上军官官衔的高低作为天然替补阶次,而不会专门再行重申,只要舰队内或一艘军舰上最高阶的军官失去指挥能力,或是他所乘坐的军舰失去指挥能力,那么舰队内或一艘军舰上官阶次于他的军官就应接替指挥,舰队内官阶次于司令官的军官所指挥的军舰就应成为新的旗舰。就是这样更可行的默认接替办法,实际在实战中也很难找到很多例子,一旦旗舰损失,往往战局天平就出现严重倾斜,正因为此,这个时代的海战里,都以敌方的旗舰作为首要攻击目标,以此来摧毁敌方的士气和指挥,赢得海战的胜利。

具体到黄海大东沟海战中,尽管北洋海军旗舰定远开战未久,前桅上部桁索即遭到破坏,但并不能以此认为北洋海军失去了全面的指挥。按照丁汝昌训令的第三条,即"All ships must, as a general rule, follow the motions of the Admiral",只要旗舰还能自由运动,就不能说北洋海军没有了整体指挥。事实上,就在定远信号索具遭到一定程度破坏后,北洋海军几个二舰战术组合,仍然以旗舰为标杆,进行了针对日本本队比睿、赤城等后续军舰的乱战尝试。

这场海战里,如果非要找没有指定代理人和代理旗舰的例子,日本联合舰队难逃其列。海战进行到下午3时30分,日本联合舰队旗舰松岛的火炮甲板被击中,堆积在火炮甲板上的炮弹和装药引爆,发生剧烈爆炸。因人员、设备损失惨重,联合舰队司令伊东祐亨在下午4时7分下令挂出不管旗,宣布放弃指挥。在这种失去统一指挥的情况下,日本联合舰队也并没有出现任何一艘军舰来代理旗舰。直到晚上7时15分,海战结束很长时间后,因松岛需要紧急返回本土吴港修理,才改定桥立为旗舰。① 按照某些现代论者的逻辑,是否可以认为"由于伊东祐亨事先没有指定自己的代理人和代理旗舰,日本联合舰队失去了统一指挥,从而陷入各自为战的混乱状态。出现如此严重的后果,固然说明伊东祐亨确实不懂海战指挥,但也说明各舰管带的军事素质同样存在缺陷"呢? 依照这一逻辑推演下去,论者由代理旗舰进而转移到丁汝昌出身问题的问责,是否也可以用到伊东祐亨的早年藩士出身上呢,是否也能说"毫无疑问,联合舰队在海战中出现指挥中断,责任主要在伊东祐亨。伊东祐亨本不是海军统帅的合适人选。他以陆军转而统帅海军,没有也不可能精通海军业务"呢?

所谓代理人和代理旗舰的问题,其本质实际是某些现代论者提出的一则伪问题。和很多针对北洋海军黄海海战战术的品评一样,这些论者在无法使用当时的军事技术知识来分析海战胜负原因的情况下,仅仅因为这场海战中北洋海军是败者,于是认定败者所做的任何事情都必然是错误的。而日本联合舰队因为获得了胜利,于是它们所作的任何行为都是正确的。本着这种原则,在根本没有可信史料依据的情况下,拣寻一鳞半爪的现代海军知识来解析近代的海战,提出一些似是而非的观点,把战争失败原因简单化,这种脸谱式的粗浅解读只会为本就纷繁复杂的黄海海战史实考证,凭空增加无谓的干扰。

三、横阵优劣谈

(一)现代国内外学者对北洋海军阵型的代表性意见

黄海大东沟海战,最后以北洋舰队损失四艘舰船的失利局面告终。有关这场海战胜负因素的讨论,是甲午战争史和近代海军史研究的热点话题之一,除去后勤供应、人员素养等诸多讨论题目外,阵型被认为是对这场海战胜负影响较大的问题,而备受关注。但是在对北洋海军所采阵型的评价上,国内外学者总体上却出现一种极不寻常的截然不同现象。

1. 国外学者对北洋海军所采阵型的代表性评价

---

① 廿七年九月廿五日,军舰松岛报告,《明治廿七年九月十七日大羊河冲战斗报告》,[日]《海洋岛海战报告书》卷一。

英国海军史学者 Richard Hill 在其著作中谈及黄海大东沟海战,称"他(丁汝昌)选择了楔形阵列,这让人想起利萨海战的特格特霍夫,而且战斗中丁汝昌采用了和特格特霍夫相同的撞角战术。但是,他面对的是一支组织良好,队形紧凑的舰队,在接敌机动的过程中中国战舰已经伤痕累累,其中几艘已经起火。而且,当双方的距离进一步缩短后,中国舰队进入了日本舰队占绝对优势的武器——速射炮的射程……日本舰队共装备 66 门速射炮,而中国战舰上仅有 2 门。这确实能像这种武器支持者所说的那样产生'弹雨'的效果,这对剩下还有战斗力的中国战舰而言是毁灭性的"。①

熟谙近代海军技术史的研究者,清楚地判断北洋海军采用的是类似利萨海战中奥地利舰队使用的阵型,以及类似的乱战战法。之所以遭受损失,是因为遇到了一支远比利萨海战时的意大利舰队强大的舰队。而且认为北洋海军超勇、扬威等弱舰中弹起火,是发生在接敌机动的过程中,更说明了其对乱战战术的理解。最后认为日军在炮火方面的绝对优势,是北洋舰队实施乱战战术的巨大阻碍。

日本海军史学者外山三郎在其所著的《日本海军史》中,尽管涉及甲午海战战场的部分篇幅极有限,但仍然表达了其对北洋海军所采阵型的认识:"日军致胜的原因,在于采用了能自由机动的纵队队形,充分发挥了速射炮的威力。这表明日军的战术优于丁汝昌采取的、当时受到世界重视的、靠楔形队形实施冲击的战术。当然日本海军采用纵队队形并非经过理论研究所得出的结论,而是从技能的角度去判断,认为只有采取纵队队形日本海军才能充分进行战斗机动。这个战术是'知己'的选择。"②

同样,外山三郎非常明白北洋海军所采的意图使用乱战冲击战术的横队,是当时世界流行,受海军界推崇的阵型。而日本海军所采的纵队,是根据己方军舰的特点和日本海军的编队能力,同时从能够发挥速射炮的威力出发,选择的一种简单阵型。在战斗发生前,并无法预料和北洋舰队的阵型相比,哪种更为优秀。

---

① [英]理查德·希尔:《铁甲舰时代的海上战争》,上海人民出版社 2005 年版,第 191 页。

② [日]外山三郎:《日本海军史》,解放军出版社 1988 年版,第 49—50 页。

2. 国内学者对北洋海军所采阵型的代表性评价

国内学者对北洋海军所采阵型的评价,明显分为两种类型。戚其章先生的结论为:"总之,北洋舰队在黄海与日本联合舰队交火之前,先布为犄角鱼贯小队阵航进,及发现敌舰的企图后,立即改布犄角雁行小队阵相应,并终以燕剪阵(人字阵)冲向敌阵。其布阵是基本正确的,但也存在着严重不足和错误:(一)未能始终保持攻势;(二)编队跨度过大,中央之铁甲舰无法保护右翼弱舰;(三)阵中的小队排列有不当之处;(四)强调全军合队而未能在战斗中适时分队击敌。所以,完全肯定或否定北洋舰队的布置都是不恰当的。"①

以苏小东先生为代表的评价为:"日本舰队在黄海海战中采用的就是典型的机动战术……相比之下,北洋舰队由于占有一定数量优势的大口径重炮均为前主炮,而舷侧大炮和速射炮较少,所以选择了以横阵迎击日本舰队的纵队。但仔细研究就会发现,北洋舰队采用横队意在所谓充分发挥火力,完全是一个似是而非的想法……北洋舰队为了并不存在的火力优势而以横队迎敌,竟付出了丧失自由机动的沉重代价。横队不仅保持队形难,做整体的转向更难,远不如纵队机动灵活。"②

3. 评价异同的原因

比较国内外一些现代研究者对黄海海战北洋海军所采阵型的评价,很容易发现存在一个突出的现象。即国外研究者的评论,都是将北洋海军所采的阵型放诸世界近代海军技术史的大视角下进行衡量,很清晰地指出其所采阵型的真意是为了实施类似利萨海战、当时还属于世界海军战术主流的乱战战法。之所以这一战术未能再出现利萨海战那般的辉煌,在于北洋舰队遭遇了完全不同的敌手,日本舰队无论在火力还是机动力方面都更优异,导致北洋舰队的乱战战术未能得到发挥。

而国内一些研究者的评论,明显属于根据黄海大东沟海战的胜负结局,从中刻意努力扒理失败原因的做法。论者对北洋海军所采的阵型所具的时

---

① 戚其章:《走近甲午》,天津古籍出版社 2006 年版,第 210 页。

② 苏小东:《甲午海战史》,天津古籍出版社 2005 年版,第 99—100 页。相同的意见还有许华、杨志本:《论丁汝昌海上战役指挥失误问题》,《近代史研究》1988 年第 1 期。

代背景含混处理，根本不谈及这种阵型在当时世界海军技术中的地位、意义，和其实施的具体方法，也根本不知道机动/乱战战术，或者是对机动战术产生了错误理解。只是因为北洋海军失败了，所以认定这种阵型具有不足和错误，但其所列出的错误的原因，放诸19世纪乱战战术，和黄海大东沟实际的双方力量对比中进行研讨，实际大都无法称之为阵型本身的错误（详见下节）。

造成中外评论的质量出现如此悬殊情况的原因，无外乎是清末之后，因为长时期的社会动荡，中国海军学术和历史研究并没有获得一贯的继承发展。到了现代，对于19世纪的海军学术，更是缺乏了解，由此导致对一些原本按照近代海军知识很容易理解的事物产生理解偏差。

（二）北洋海军选择横阵的时代和兵器技术背景
——对国内北洋海军阵型评价的再评价之一

清末北洋海军创生于19世纪80年代后，这一时期在世界海军学术领域，恰好是乱战战术大行其道的时代。利萨海战的经典范例仍在持续地影响着世界海军，北洋海军延请的英籍总查琅威理（William M Lang），即把横队，尤其是夹缝雁行阵，这种在利萨海战的经验基础上总结出的优秀攻击阵型，作为北洋海军训练的重点，定为作战时应采用的惟一优良阵型。[①]直到黄海海战爆发前，采用这种被普遍认为是最利于进攻的阵型，仅从海军战术史角度看，并没有任何不妥。至于脱离时代，以黄海海战的胜负结果，甚至以1905年日俄对马海战的战术，来批评北洋海军在黄海海战的战术，无异于关公战秦琼般滑稽。[②]

除去战术思想的时代背景外，每一种海战阵型也都有其依存的兵器技术时代背景，脱离这个而去大谈阵型的优劣、意义，显然也是不合适的。国内学者杨志本认为北洋海军在黄海海战中排列成横阵，火炮射界受影响，不

---

① 日本大本营战时情报：《清国舰队阵型》，采自1894年10月11日西文报刊。
② 以1905年日俄对马海战的经验来批评1894年北洋海军黄海海战阵型的论点，见杨志本：《论丁汝昌海上战役指挥失误问题》，《中国近代军事史论文集》，军事科学出版社1987年版。内称如果丁汝昌采用类似对马海战中日本舰队的"T"字战法，"黄海海战的过程和结局就可能大为改观了"。

利于发扬火力,应该也采用纵队,和日本联合舰队实施战列线炮战。① 戚其章先生对此予以反驳,认为北洋海军采用横阵,"在海战中能够左右开弓,发挥了舰首重炮的最大威力"。② 苏小东先生又提出不同看法,"北洋舰队采用横队意在所谓充分发挥火力,完全是一个似是而非的想法"。③ 实则这三种流传甚广的观点,都存在错误,尽管互相间是一种渐次的辩论关系,但是放到近代海军兵器技术视角下看,简直犹如隔空打拳。

1. 横阵不利于发扬火力?

该说的详细观点是,"军舰装备的舰炮,分为舰首炮,舰尾炮和副炮。舰首炮的射击舷角左右各为 0 度—135 度;舰尾炮的射击舷角左右各为 45 度—180 度(两者均为其最大值)。因而,全舰所有主炮、副炮能同时发扬火力的射击舷角,即全舰火炮最佳的射击舷角为左右 45 度—135 度(在此射击舷角内,舰首重炮火力是可以得到充分发扬的),也就是说,全舰最佳射击舷角的最大射击扇面,是以左、右舷正横中线为中心的 90 度(该中线为其分角线)之扇形区域。凡小于 45 度或大于 135 度的射击舷角,军舰就只能有一部分主炮可以射击,这无疑是不利于充分发扬全舰火力的"。由此认为,"就火力而言,横队是最不利于充分发扬火力的。例如,各舰对于位于己方队列线前方的敌舰,其最佳射击舷角的扇面就只有 25 度,这是因为左、右舷方向均需为邻舰留出 20 度的安全界……"④

令人奇怪的是,在这样一篇关于黄海大东沟海战北洋海军阵型的讨论中,论者通篇堆砌莫名其妙的数字和术语,而竟根本没有涉及北洋海军参战军舰的实际情况。用虚无缥缈的"军舰"的炮火射界,来证明北洋海军选择横队是错误的,应当选择纵队,让人有不知所云之感。以北洋海军的弱舰超勇、扬威为例,其舰首、舰尾主炮的射击舷角实际只有 70 度而已,而舰首方

① 杨志本:《论丁汝昌海上战役指挥失误问题》,《中国近代军事史论文集》,军事科学出版社 1987 年版。

② 戚其章:《论北洋海军战役指挥问题》,《近代史研究》1989 年第 3 期,第 54 页。

③ 苏小东:《甲午海战史》,天津古籍出版社 2005 年版,第 99—100 页。

④ 杨志本:《论丁汝昌海上战役指挥失误问题》,《中国近代军事史论文集》,军事科学出版社 1987 年版。

向的射界明明是 44 度，①装甲巡洋舰经远、来远则根本没有尾炮，铁甲舰定远、镇远的主炮更是根本不在军舰首尾。在连北洋海军各舰各自火力配置都没有搞清的情况下，凭什么来大谈舷角、射界？犹如解一道数学题，在连题目都还没看懂的情况下，就胡乱套用一个莫名其妙的公式，这样的做法怎能得到正确答案。要想通过射界角度来分析北洋舰队以何种形式发扬火力为最优，就应当搞清所有参战的北洋海军军舰每门火炮（退而求其次也应该是 100 毫米口径以上的火炮）的安装位置、性能诸元、炮门大小、射界角度，在这些数据都不掌握的情况下，就贸然作题，只能是无谓的空谈。

2. 舰首方向射击舷角大，就证明军舰利于发挥火力优势？

作为反驳，戚其章先生首先对上述观点提出异议，其详细观点为，"北洋舰队的最佳射击舷角不可能只有 25 度。以'定远'、'镇远'二舰为例，舰首重炮为并排配置的双炮，而且是四门大炮二二排列，则各侧炮火的最佳射击舷角，应是以舰首尾线与左、右舷正横线成直角的分角线为中线的 90 度，再去掉为邻舰所留之 20 度安全界，尚有 70 度。因为北洋舰队'始终以舰首向敌'，左、右两侧合并计之，其有效的最佳射击舷角则为 140 度。正由于北洋舰队主炮最佳射击舷角的最大打击扇面为 140 度的扇形区域，故在海战中能够左右开弓，发挥了舰首重炮的最大威力"。②

该论陷入了和第一种论调相同的奇怪逻辑，希望从计算火炮的射界角度上，来反驳前者。

火炮的射界，是指一门火炮水平方向能够旋转射击的角度有多大，即能够瞄准多大范围内的目标。大型火炮和现代机枪不一样，不能进行大范围的密集扫射，射界再大，其实也说明不了能够很好地发扬火力。在射击指挥仪尚未出现的 19 世纪中后期，单纯看火炮的射界面积并没有任何意义，真正起作用的是看能否在单位面积内投入更多的火炮。举例而言，1 门射界180 度的火炮，与 10 门密集布置射界只有 20 度甚至更小的同口径同型号火炮对抗，前者的火力肯定不能压倒后者。不考虑军舰上火炮的具体配备

①　Richard N J Wright：*the Chinese Steam Navy 1862－1945*，Chatham Publishing London 2000，P. 49.

②　戚其章：《论北洋海军战役指挥问题》，《近代史研究》1989 年第 3 期，第 54 页。

情况,只是费力地去计算火炮射界,对火力发扬效果根本产生不了任何说明作用。

3. 北洋舰队舰首方向没有火力优势?

作为对戚其章先生异议的再质疑,苏小东先生认为"北洋海军采用横队意在所谓充分发挥火力,完全是一个似是而非的想法。其实道理很简单,北洋舰队最初参战的 10 艘军舰共有 120—305 毫米口径炮 42 门,其中 23 门前主炮(包括首炮)和 7 门后主炮(包括尾炮)不论是单炮还是双联装炮,均可作左右旋转('定远'、'镇远'两舰各有两座双联装前主炮,可分别向左右旋转射击)。采取横队以舰首对敌,全部 23 门前主炮均可射击,其中 305 毫米炮 8 门、250 毫米炮 2 门、210 毫米炮 10 门、150 毫米炮 3 门;若取纵队以舷侧对敌,则有大部分前主炮(包括首炮)、一侧舷炮、全部后主炮(包括尾炮)共 32 门可以齐射,其中 305 毫米炮 4 门、250 毫米炮 4 门、210 毫米炮 12 门、150 毫米炮 10 门、120 毫米炮 2 门。两相比较,横队可以发挥的火力较纵队虽多出 4 门 305 毫米炮,但少了 2 门 250 毫米炮、2 门 210 毫米炮、7 门 150 毫米炮和 2 门 120 毫米炮,孰优孰劣已不言自明。然而北洋舰队为了并不存在的火力优势而以横队迎敌,竟付出了丧失自由机动的沉重代价"。[①]

虽然明白火炮数量才是那个时代衡量火力强弱的标准,但因为对近代军舰技术的陌生,上述火炮数量统计实际也存在很大的错误。

其中最明显的错误源自 150 毫米口径火炮的统计,苏小东计算参战的北洋海军军舰舰首对敌时,只有 3 门 150 毫米炮可用,而舷侧对敌时却有多达 10 门可用。其计算舰首方向的 150 毫米火炮时,显然只计算了直接的舰首炮。

事实上,北洋舰队各舰采用舰首对敌态势时,所能获得的 150 毫米火炮远非只有舰首炮那么简单。北洋舰队参战的致远、经远级,以及广甲号军舰上都有一项特殊的设计,即耳台。所谓耳台,是指在军舰船舷突出船体之外的平台,用来安装舷炮,这种设计可以大大增加舷炮的射界,"二台突出舷

① 苏小东:《甲午海战史》,天津古籍出版社 2005 年版。

外,呈半月形,使台位宽展,其式创于法人,今译称曰耳台"(参见图十三)。①
正因为有这项设计,北洋海军上述各舰安装在左右舷侧耳台内的150毫米
舷炮,在舰首对敌状态时都是可以转向舰首方向射击的。由此,舰首对敌
时,舰首方向可以获得的150毫米火炮还应算入左右二舷耳台上的舷炮,共
计150毫米火炮多达12门之多,超过舷侧对敌时的数量。② 连带舰首对敌
时可以多获得的4门305毫米火炮的火力优势,"孰优孰劣已不言自明"。

来远

靖远

广甲

图十三 北洋海军来远、靖远、广甲舰照片中的耳台局部,可以十分直接地看
到,安装在耳台内的舷炮,炮口都是可以转向舰首方向的

① 许景澄:《外国师船图表》卷一,光绪十二年柏林使署石印本,第14页。
② 北洋海军参战各舰的火炮数量参见陈悦:《北洋海军舰船志》,山东画报出版社2009
年增订版,附表《北洋海军主要舰艇性能参数一览表》。

4. 从近代兵器知识看夹缝雁行阵对火力的发挥

上述三例代表性的评论，无论是对横阵持否定态度，还是对横阵持有保留的肯定态度，实际讨论中都犯了一个前提性的错误。

这些论者对北洋舰队火力发扬的评判，始终还是建立在北洋舰队采用整体的横队作战这一认识基础上的。实际放至乱战战术的视角下，大致呈横队姿态的夹缝雁行阵根本就不是最终作战阵型，不能以北洋舰队实战中未能发扬乱战，被迫以夹缝雁行阵进入防御作战，就认为北洋舰队一开始就计划以整体的横队作战。进而根据北洋海军被迫以作为主动冲击阵型的横阵用来实施被动防御中暴露出的问题，指责为是这种阵型本身的缺陷问题，更是有失公允的。要客观讨论一个阵型的优劣，应当从这种阵型的真正内涵入手，具体到夹缝雁行阵，要探讨以这种阵型作战时各军舰的火力发扬程度好坏，就当从乱战角度进行考量，即以每个二舰战术组合冲入敌阵后形成的敌我态势，来衡量军舰的火力能否得到较好发挥。

以乱战战术的意图，夹缝雁行阵中的各基础战术编组军舰，以大致的横队队形迅速接近敌舰队，从多点切入敌舰队阵型，与其产生近距离混战。在处于敌我交错的混战态势时，几乎每艘乱战战术编组的军舰，全舰的所有武器都能得到发挥。例如冲入敌阵时，二艘夹缝编组的军舰，即能以舰首方向火力攻击敌舰，当从敌阵中穿越时，还能以两舷火力攻击敌舰（二艘军舰一前一后的错列夹缝组合，主要考虑的就是冲过敌阵时，己方军舰同时使用两舷炮火不会造成误伤。倘若不以夹缝组合出现，而是二艘军舰并列冲入敌阵，在反复冲进杀出的过程中，仍然有两舷炮火接连得到发挥的机会），其中还夹杂有使用鱼雷、撞角的机会。这样的火力发扬程度，显然不是纵队阵型所能比拟的。

不知道机动灵活的乱战战术，而把夹缝雁行阵看成是一个僵死的横队，无疑是对这种阵型最大的误解。

(三)北洋海军乱战战术未能有效发挥的原因
——对国内北洋海军阵型评价的再评价之二

既然乱战战术是一项克制纵队队形的优良战术，那为什么北洋海军在大东沟海战中还会失利呢？其根层的原因就在于，北洋海军未能发起全面的乱战。戚其章先生提出的，"未能在战斗中适时分队击敌"，正是其失败原因的要害关键。

但是戚其章先生对此问题的阐述比较模糊:"每种阵型本身,也都包含着合与分两种因素。可化合为分,也可变分为合。在布阵时,只有将合与分的关系处理恰当,才能真正做到'种种变化,神妙不穷'。"认为是丁汝昌的训令机械地把舰队固定成了一个整体。① 实则,这又是对乱战战术不了解的体现。同时戚其章先生只是把北洋海军未能分队击敌作为一条不甚重要的失败原因,作为"此外"附列在"未能始终保持攻势"、"编队跨度过大,致使'定远'、'镇远'舰首的重炮无法有效地保护右翼诸舰"、"阵型内的小队排列有不当之处"三条他所认为的重要原因之后。

丁汝昌训令的真实含义、编队跨度过大的问题,上文已作分析,不再赘述。而"未能始终保持攻势"其实是北洋海军遭遇逆境,转入防御的一种被迫的结果,不能本末倒置,将结果当作原因。至于阵型内的小队排列不当,主要观点是认为北洋海军不应将主力铁甲舰布置在阵型中央,而应该排列在阵型两翼。但这一说法,仍是建立在不懂乱战战术,而将北洋海军的夹缝雁行阵视作固定不变的作战阵型的错误理解上。倘若真要采取这种事后诸葛亮的策略,那么日舰以纵队直插北洋舰队中央弱舰,将北洋海军的横队拦腰砍断,又不知北洋海军会进入怎样的困境。

真正导致北洋海军此战战术失利的重大原因,不是这些似是而非的事后分析,而是因为北洋海军未能发起夹缝雁行阵的真意,即乱战。没有能够像这种战术历史上的几次成功战例那样,在第一时间与敌方进入乱战。其具体体现就是,在日本联合舰队以纵队队形通过北洋海军阵前时,北洋海军没有能够以多个战术组合的方式,快速接近日本舰队,并突破其阵型,使之陷入混乱。导致出现这一情况的原因,实际非常简单,就是航速、机动能力。

1. 北洋海军的航速问题

乱战战术要能得到有效发挥,其首要条件是当敌方纵队出现在我方编队正前方时,我方要以异常的高速迅速冲入敌阵,以防错过最佳出击位置,陷入被动。然而根据汉纳根事后给李鸿章的报告称,北洋海军展开成夹缝

---

① 戚其章:《走近甲午》,天津古籍出版社 2006 年版,第 210 页。

雁行阵时,航速仅保持在 7 节。① 而参战的日本松岛舰舰长尾本知道在海战报告中称,北洋海军的编队航速约为 10 节。②

1894 年 9 月 17 日中午 12 时 50 分时,日本联合舰队参战军舰已全部出现在北洋海军阵前,此时双方相距约 6000 米,北洋海军以 7 节(每小时 13000 米左右)的航速要想切入联合舰队,需要花费近半个小时之久(如按日方所推认的 10 节计算,则需要 20 分钟左右)。定远舰之所以在如此距离上发炮开战,其意图可能是已经注意到日本第一游击队正在高速运动向己方右翼(当时日本第一游击队编队航速已经从 8 节提升至 14 节③),而己方根本不可能在短短时间内接近日舰发起乱战,只能以远距离火炮攻击先声夺人,以图在日本舰队运动到右翼之前,尽可能对其造成损伤。因而定远等舰的首要攻击对象,选择的正是排在日本联合舰队最前端的吉野等军舰。然而 5 分钟后,日本联合舰队第一游击队就已经开始向北洋海军右翼的弱舰超勇、扬威开火,此后,北洋海军虽然曾一度局部冲乱了日本联合舰队本队的队形,但实施乱战战术的最佳阵位和时机错失,被迫陷入了被动防御状态,再也未能进行分队出击的乱战战术。在己方根本不占优势的中、近距离炮战中,被火炮数量、射速、弹药效能远胜于自己的日本联合舰队占了上风。④

由此可以看到,北洋海军之所以未能成功实施乱战战术,最关键的一点原因来自航速问题,过于缓慢的航速使得北洋海军根本不具备远距离上快速接近敌方的可能,这也就犯了乱战战术的大忌。为什么选用 7 节如此之低的航速,并不是北洋海军人为的疏忽,而与北洋海军参战军舰的动力设备状况有极大的关系,属于一种不得已而为之的情况。

(1)锅炉

北洋海军首发参战的 10 艘军舰中,舰龄最大的是 1881 年的超勇、扬

---

① 《汉纳根给李鸿章的海战报告(其一),1894 年 9 月 17 日的海上会战》,日文译本底稿影印件。

② 廿七年九月廿五日,军舰松岛报告,《明治廿七年九月十七日大羊[洋]河冲战斗报告》,[日]《海洋岛海战报告书》卷一。

③ 1894 年 9 月 19 日吉野报告,"大孤山冲战斗详报",[日]《海洋岛海战报告书》卷三。

④ 黄海海战日本联合舰队采用苦味酸炮弹的情况,参见陈悦:《碧血千秋——北洋海军甲午战史》,吉林大学出版社 2008 年版,第 104—106 页。

威,已服役近 13 年之久,舰龄最新的军舰广甲也是 1887 年的产物,服役也有近 7 年时间。从目前掌握的史料看,北洋水师/北洋海军时代,主力军舰的航行活动十分频繁,以超勇、扬威为例,粗浅罗列一下这 2 艘军舰从服役至甲午战前的远程航行,就能看到一斑。

1881 年,从英国航向中国。

1882 年,从威海前往朝鲜。

1883 年,从大沽开往上海。

1884 年,从威海前往上海。从上海返回旅顺。从旅顺前往朝鲜。

1885 年,赴朝鲜。

1886 年,赴朝鲜釜山、元山;俄国海参崴。

1887 年,赴厦门。

1888 年,赴朝鲜。

1889 年,赴朝鲜。赴香港。

1890 年,赴朝鲜。[①]

而这些还仅仅是一些比较远程的活动,还不包括日常在渤海一带频繁的航行、游弋以及会操训练。

舰船长时间高强度的使用,必然会产生其动力系统老化,能力降低的情况。具体到 19 世纪中后期,就是军舰的锅炉、蒸汽机系统会出现老化。北洋海军各艘军舰使用的锅炉普遍是火管(Firetube boiler)和水管锅炉(Watertube boiler),所谓火管锅炉,指的是煤在锅炉炉膛内燃烧后产生的烟气传入密布锅炉内的一根根火管,由此事先加热火管外的水,使之变为高压蒸汽的锅炉。水管锅炉则与火管正好相反,水在管内,烟气在管外加热管内的水。这两类锅炉使用日久,火管、水管内都会结垢,而且还会发生渗漏现象,影响火管的导热效果,最后就将影响锅炉的输出蒸汽压力,进而就影响到蒸汽机的输出功率和军舰航速。因而新造时即使测试航速很高的军舰,如果长时间不作锅炉更新,航速也会衰减得非常严重。不仅是老旧的超勇、扬威存在这种问题,几乎所有的参战北洋海军舰只,都被这样的问题所困扰,1893 年北洋海军舰只在大连湾打靶时,作为舰队骨干力量的穹甲巡洋舰靖

---

① 详见姜鸣:《中国近代海军史事编年》,海军军事学术研究所 1991 年版。

远也暴露出类似问题："又'靖远'此行在湾打靶，锅炉汽管本皆旧朽，经此震动，多有渗漏。"①

锅炉内空间狭小，很难容许进行彻底的清扫维护，惟一有效的办法就是更换锅炉。北洋海军战前曾多次提出更换锅炉的计划，但最终未能实施。②

民国三年(1914)，海军部曾有一份涉及更换锅炉、水管的呈文，从其中的描述可见锅炉老旧对舰艇航行能力的影响。其称当时海军的一些军舰，"按各国军舰配设此项锅炉，其水管例供五六年之用，逾此时期即失航海能力。查四'江'、六'楚'及四'湖'等十四舰艇均于前清光绪三十一二年间造成，约届八年，其水管已逾例用之期。内有数舰目下不能远行，只可缓进，职是之故。又'建安'、'建威'两舰下水已达十年，其水管虽于数年前均已配换，而该舰原设锅炉四座，每舰仅换两座，其未换之锅炉各两座亦已不堪使用。又，'飞鹰'已换之锅炉四座，亦已渐形损伤……各舰已难全力行驶……复经数月巡防，不免渗漏愈甚，若不及今急筹购配，延时愈多，航海之力愈减，倘一旦十数舰艇尽失航行能力，则修费不免更大"。③ 这份呈文中提到的舰只，无论是舰龄之老旧，还是平时远航使用的强度，都不如北洋海军，却已经到了这样的境地，由此可以想见 1894 年北洋海军参战舰只的动力状况会是什么样子。

动力系统的严重老化，致使舰只航速下降，在讲究编队航行的阵型中，编队航速能达到多少，取决于编队内航速最慢的一艘军舰，一旦有一艘军舰拖后腿，整个编队的航速就无法提升，更不用说几乎每艘军舰都存在动力问题了。

(2)燃煤

蒸汽时代影响军舰航速的另外一项重要的原因是燃煤，优质的燃煤能够燃烧得更为充分，热效能更高，使锅炉内的水汽化效果更好，也影响着锅

<hr>

① 《致龚鲁卿》，戚俊杰、王记华编校：《丁汝昌集》，山东大学出版社 1997 年版，第 183 页。

② 1893 年 9 月 19 日丁汝昌在与天津机器局的通信中，提到曾要求"三舰四快船请造备换锅炉"，但天津机器局"议拟宽展年限"。见《复李勉林》，戚俊杰、王记华编校：《丁汝昌集》，山东大学出版社 1997 年版，第 182 页。

③ 《海军部请购配舰艇锅炉水管呈文》，杨志本主编：《中华民国海军史料》，海洋出版社 1987 年版，第 198—199 页。

炉的蒸汽输出效能。但是锅炉老旧的北洋海军,在燃煤方面也遇到了重大问题。

北洋海军的燃煤照例由开平矿务局供应,开平机械开采煤矿后,产煤也分为上、中、下三种,上等优质煤"烟少火白,为他国所罕有",[①]主要出产自开平煤矿的第五层开采工作面,又称五槽煤,向来是供应北洋海军的军用煤,"五槽煤质甚佳,现在天津东西两机器局、兵商各火轮船概行烧用,既不拥滞,又不缺销"。[②]

然而自 1893 年醇亲王府家奴出身的张翼接管开平煤矿后,情况发生了巨变。1894 年 7 月 30 日,即丰岛海战爆发后未久,战局紧迫时,很少与煤矿交涉质量问题的丁汝昌突然致信开平煤矿总办张翼,表示极度的不满。原因是开平煤矿运来的燃煤"煤屑散碎,烟重灰多,难壮汽力,兼碍锅炉。虽在常时,以供兵轮且不堪用,况行军备战之时乎"? 丁汝昌愤怒地质问:"系台从未招呼,抑经管人专留此种塞责海军乎? 包煤专备行军之需,若尽罗劣充数,实难为恃,关系之重,岂复堪思!"表示"自此续运,再为散碎,一面仍遣运回,一面电请相帅核办。幸勿怪言之不先也"。[③]

从信中的描述看,运给北洋海军的燃煤应当属于"渣滓甚大,局船两项概不买用……贬价招徕,尚无买主",开平煤矿积存很多的八槽劣质煤。[④]

可是,丁汝昌的质问并未得到什么积极的回应,先是张翼提议海军如果需要块煤的话,可以自己在威海从运到的碎煤里拣选,[⑤]而一直到 1894 年 9 月 12 日,即北洋海军从威海出发前往旅顺,以为执行大东沟护航任务预作准备的当天,[⑥]在丁汝昌致张翼的信中,仍能看到燃煤问题根本没有解决:

① 《益闻录》,光绪八年四月初四日,《中国近代工业史资料》第一辑下册,科学出版社1957 年版,第 654 页。

② 《申报》,光绪十年六月二十九日,《中国近代工业史资料》第一辑下册,科学出版社1957 年版,第 655 页。

③ 《致张燕谋》,戚俊杰、王记华编校:《丁汝昌集》,山东大学出版社 1997 年版,第 211页。

④ 《申报》,光绪十年六月二十九日,《中国近代工业史资料》第一辑下册,科学出版社,1957 年版,第 655 页。

⑤ 《复张燕谋》,戚俊杰、王记华编校:《丁汝昌集》,山东大学出版社 1997 年版,第 214 页。

⑥ 汉纳根报告称,北洋海军接到大东沟护航的命令后,于 9 月 12 日从威海出发。《汉纳根给李鸿章的海战报告(其一),1894 年 9 月 17 日的海上会战》,日文译本底稿影印件。

"迄来续运之煤仍多散碎,实非真正五槽……俟后若仍依旧塞责,定以原船装回,次始得分明,届时幸勿责置交谊于不问也。"①

使用这样的煤,即使是全新的锅炉,也难输出最大功率,更不用说北洋海军参战军舰那些接近报废的锅炉了。而且这种劣质碎煤,会进一步折损锅炉的寿命。

极为讽刺的是,就在张翼出任开平煤矿总办后,煤矿外销业务出现了增长势头,1893年"是年分付股息10.5%",②供给清政府官方使用的燃煤,在开平煤矿出产煤中的比重则出现下跌,1893年为37.25%,甲午战争爆发的1894年却下降至36.97%。同时当年为慈禧太后万寿盛典报效,"负责矿务局的四位道台上奏,以董事会和股东名义'报销'银三万两。朝廷和李中堂都褒奖他们'忠义可嘉'"。③

参战军舰舰龄老旧,锅炉接近报废,又用着劣质煤的北洋舰队,能够实现7节的编队航速已然是奇迹。但这种奇迹在血火搏杀的黄海大东沟海战中实在是太慢了,从战斗发起的那一刻开始,已经注定了北洋舰队的乱战战术根本不可能得到发挥。这也就是北洋海军采用夹缝雁行阵失利的根层原因所在。

2. 日本舰队的机动力

除去北洋海军自身的航速原因外,日本联合舰队部分军舰机动力过强,更是为北洋海军乱战战术实施的可能性蒙上一层阴影。

日本联合舰队参加黄海海战的军舰共计12艘,除代用巡洋舰西京丸和炮舰赤城排列在非战斗序列外,其余10艘军舰分为本队和第一游击队两个前后相接的纵队。

构成第一游击队的4艘巡洋舰中,吉野、秋津洲2舰分别是1893、1894年造成的崭新军舰,设计航速分别达到22.5节和19节,浪速、高千穗则是

① 《致张燕谋》,戚俊杰、王记华编校:《丁汝昌集》,山东大学出版社1997年版,第216—217页。

② 《直隶开平煤矿年表》,《中国近代工业史资料》第一辑下册,科学出版社1957年版,第668页。

③ 《捷报》,1894年4月6日,《中国近代工业史资料》第一辑下册,科学出版社1957年版,第662页。

1886 年建成的老舰,设计航速是 18 节。根据日方档案,浪速于战前 1894 年 6 月 14 日采用自然通风,测得最大航速为 16.3 节,高千穗于战前 1892 年 7 月自然通风状态下,测得最大航速为 15.5 节,较新造时的设计航速已有衰减。吉野于战前 1893 年 7 月 24 日公试时测得最大航速 23.03 节,超出设计航速。秋津洲于战前 1894 年 6 月 17 日自然通风状态下,测得最大航速 16.7 节。① 以编队中航速最慢的军舰为标准,第一游击队的最大编队航速可以达到 15.5 节,大东沟海战实战中,为了尽可能快地运动到北洋舰队右翼,避免遭到北洋舰队的乱战冲撞,日本第一游击队就跑出了接近编队极限航速的 14 节高航速。② 这种航速,是北洋舰队完全望尘莫及的。

构成日本本队的 6 艘军舰情况较为复杂,旗舰松岛和同型舰严岛是 1891 年在法国建成的新舰,设计航速 16 节,同型的另外一艘军舰桥立则是 1894 年当年问世的崭新产品。巡洋舰千代田也是 1890 年建成的新舰,设计航速 19 节。本队剩余的 2 艘扶桑和比睿则是老旧军舰,都是 1878 年的老舰,设计航速也都是 13 节。在黄海大东沟海战前的测试中,松岛、严岛、桥立 3 舰因为动力系统从设计时就存在缺陷,实际航速衰减非常严重,分别只有 10.25、11.64、11.05 节。日本购自英国的千代田舰也是同样问题,军舰上安装的竟然是鱼雷艇使用的汽车式锅炉,航速衰减得很严重,1894 年 1 月测试只跑出了 11.5 节的最高航速。除了 4 艘因为设计问题造成航速滞后的新军舰外,2 艘老军舰和北洋海军的老舰一样,也存在无法回避的航速衰减,1894 年 7 月 31 日老军舰扶桑测得最高航速为 10.05 节,比睿在 6 月 27 日测得最高航速为 10.42 节。③ 计算到编队航速时,日本联合舰队本队编队的最高航速只有 10.05 节,与北洋海军的编队航速实际相差不大。

正因为本队编队航速缓慢,双方接近阶段,日本联合舰队整体的编队航

---

① [日]海军军令部战史编纂委员会:《日清战役舰艇机关大要》,第八章,《从军舰船艇机关表》。

② 1894 年 9 月 19 日吉野报告,《大孤山冲战斗详报》,[日]《海洋岛海战报告书》卷三。

③ [日]海军军令部战史编纂委员会:《日清战役舰艇机关大要》,第八章,《从军舰船艇机关表》。松岛、严岛、桥立的动力设计缺陷见马幼垣:《中日甲午战争黄海海战新探一例——法人白劳易与日本海军三景舰的建造》,《清华学报》(新竹)新二十四卷第三期。千代田的动力设计缺陷见欧阳欣:《奇特的英法混血儿——日本海军“千代田”号小型装甲巡洋舰》,《现代舰船》2007 年 5 月 B 刊。

速只有 8 节。第一游击队提速到 14 节编队航速后,便与本队之间形成了一个较大的空隙。日本联合舰队本队为了保持与北洋舰队的距离,下令编队航速提高至 10 节极限航速,向左侧方向机动,结果扶桑、比睿 2 舰未能加速到 10 节,落后于本队前 4 艘军舰,遭到北洋海军冲击。

由此可见,在敌我双方航速相近的情况下,北洋海军的乱战战术还是有成功实施的可能的。但是日本联合舰队中的快速军舰,尤其是分出了第一游击队,利用其几乎是北洋海军编队航速一倍的高航速,始终保持与北洋海军的距离,避免近距离接战,将战斗形态锁定在其占有完全优势的中距离交火上。

利用这种机动力上的差距,日本联合舰队构筑起了一道北洋海军难以逾越的技术鸿沟。在技术对抗特征鲜明的近代化海战中,这种技术上的巨大差距,即使有再高的士气、训练素质、指挥能力,也都无法将其抵消的。

(四)小结

由本节分析可以得知,从阵型战术角度看,黄海大东沟海战中,北洋海军的夹缝雁行阵之所以失利,在于其根本未能发挥这种阵型的本意,即乱战战术。而乱战战术没有能够发起的根层原因,是中日两国军舰航速方面存在的巨大差距,使北洋海军根本没有可能在最佳的乱战发起时段和阵位,接近日本联合舰队。从而航速缓慢的北洋舰队,陷入被航速快捷的日本联合舰队绕攻的境地。

但是北洋海军在大东沟海战中,采用夹缝雁行阵结果失败的情况,并不能用来作为这种阵型优劣的评判依据。因为任何一种阵型都不是放诸四海皆准的,都有其实施的条件和基础,脱离自身赖以建立的条件和基础,再优秀的阵型也不会得到其设计的效果。北洋海军在黄海大东沟海战中的遭遇,正是这一道理的例证。海战中,由于不具备乱战战术发动的条件,夹缝雁行阵非但没有得到发起乱战的机会,反而坠入了最为忌讳的劣势局面。"单梯阵中凸梯阵(后翼单梯阵)是常见的追击阵型,必须以其凸出的角点为基准,保持对向敌舰的态势,以防两翼弱点被敌攻击。但,由此要求我舰队机动力极强,是为该阵型最不容易实施的地方"。①

---

① [日]岛村速雄:《海军战术一斑》第二篇,第 10 页。

犹如围棋中的开局布阵一样,海军战术中的各种阵型都是相生相克的,很难断言谁是谁非。每种阵型的设计,都以尽量取胜为最终目的,但是具体运用时,能否实现设计初衷,还受很多其他因素的左右。不考虑这些阵型背后的因素,不去了解海军阵型、战术的真意,而一味地根据海战实战中的胜负结果,批驳战败者的阵型,夸扬战胜者的阵型,说北洋海军不应该采用横队,应该采用纵队,属于典型的谬误。试想,倘若北洋海军真的以一些研究者所支出的招数,排列成纵队作战,这个编队航速缓慢的纵队,一旦被日本联合舰队纵队穿插分割包围,又会落得怎样的结果?

因而讨论大东沟海战北洋海军的阵型问题时,并不能简单地说某种阵型存在致命的错误,或者说是选错了阵型。探讨北洋海军所选阵型的真意是什么,以及这种阵型为什么在大东沟海战中没有能够得到很好的发挥,没有再现利萨海战时的情景,才是大东沟海战阵型战术研究中真正值得关注的问题。

四、结论及深思

1894 年 9 月 17 日黄海大东沟海战中,面对成纵队而来的日本联合舰队,北洋海军选取了夹缝雁行阵,意图以当时世界海军界普遍推崇的主流战术——乱战战术,多点突破日本舰队,将战局引入对己方有利的近距离混战。然而,受己方舰只舰龄老,航速慢的制约,北洋海军未能在最佳的阵位和时段贴近日本联合舰队,日本联合舰队则发挥航速高、机动力突出的优势,始终保持与北洋海军的间距,避免进入乱战,拖着北洋海军进行有利于日本舰队的中距离火炮对射。最终,北洋海军陷入欲攻不得,欲守而所采又不是守势阵型,火力密度也弱于日军的境地,在海战中战败。

对北洋海军在大东沟海战中阵型问题的探讨,以往一些学者由于不了解那个时代世界海军技术、战术发展的整体背景,并没有能够很好地理解北洋海军阵型的组成意义,没能很好地把握住战场中一些至关重要的局部信息。而只是将一些枝节的,对阵型本身意义不大的细节,放大为这场海战北洋海军阵型战术失利的原因,在以这一观点为基础的海战解析中,对大东沟海战产生了很多误读。

重新审视大东沟海战北洋海军所采的阵型,以及由此延伸出的胜负话题后,会发现一个更值得今人关注的问题,即中日两国近代海军的战术教育和研究。

中国于二次鸦片战争结束后,围绕国防自强的命题,开始着手学习西方,建设近代化海军。期间在海军人才育成方面,先后开办有福建船政学堂、天津水师学堂、江南水师学堂、刘公岛水师学堂等,造就了近代早期的一大批海军人才。不过,在这一成就背后,鲜为人注意的是,无论是上述国内海军学校,还是派学生出洋留学,都仅仅局限在以能学会舰船驾驶和武备操作本身为最高目的,缺乏舰队指挥人才、战术参谋人才培育的考虑。以阵型为主要表现形式的编队教育、阵型教育,只是停留在照本宣科式的学习层面,根本没有上升到研究、开拓性的程度。

学堂之外的近代化海军内部,也没有证据证明存在研究、开拓型的海军阵型、战术训练,甚至舰队的适战编组训练都很薄弱。早在 1874 年 7 月 26 日,为筹备台湾海防,钦差大臣沈葆桢就看出福建船政水师军舰缺乏编组训练,仅仅停留在各自为政的程度,于是与海关洽商,借调海关军舰凌风,帮助训练船政水师的"合操阵式"。① 1884 年,中法马江之战后,应清政府要求北洋水师派出超勇、扬威南下时,也因各舰管带军官"皆由学堂出身,嗣又出洋学习,熟谙泰西兵船规法,操练颇为整齐,第阅历战事尚少,未可以当一面",而派德国军官式百龄(Sibelin)统领前往。②

中法战争结束后,1885 年英国海军军官琅威理再度应聘为北洋海军总查,主要负责北洋海军的业务训练,对北洋海军的阵型编组教育影响极大。③ 然而琅威理来华前,在英国海军中只是一名低阶军官,借着驾驶中国订购的蚊子船交货而被李鸿章等赏识,才在英国海军中渐有声名。作为一名低阶军官,甚至都没有当过铁甲舰舰长经历的琅威理,来华之前其对近代海军阵型战术的研究功底如何,是否掌握舰队指挥的知识,让人起疑。从其来华后的活动看,其主要工作实际是按照英国海军的教规照本宣科,帮助整肃、建立北洋海军的纪律秩序,以及按照英国海军的阵型条例进行教授。琅

---

① 沈葆桢:《续行兴造轮船片》,《船政奏议汇编》卷十。
② 《派船援闽拟用洋将折》,《李文忠公全集》卷 51,奏稿。
③ [日]《清国北洋海军实况一斑》,日本海军参谋部明治二十三年版,第 42 页。

威理自己本身并不是战术专家,甚至来华前都没有指挥过高级军舰的经历,更不用说指挥一支舰队,他所能教给北洋海军的,仅局限于他自己所获得的知识,而他所获的知识又局限于那个时代英国海军普遍盛行,引为主流的知识,到了甲午战争后,琅威理向清政府献重建海军之策时,也根本没有涉及加强战术教育、研究和实践的内容。也正是在这种情况下,才出现了琅威理在北洋海军中,只是一味按照既有的操典强化训练各种阵型演化,尤其强调练习夹缝雁行阵,并将其定为北洋海军接敌时的不二法则。而北洋海军的战术规章《船阵图说》,也属于十分僵硬教条的规范,只是简单罗列各种阵型的变化方法,"是书凡列阵法,均属分图",①而对其运用、延伸变化,则很少提及。

与中国相比,日本建设近代化海军过程中对战术研究特别重视的情况非常引人注意。日本明治初年,定下向英国学习、建设近代化海军的目标后,以顾问团的形式,大量聘请英国海军人员赴日辅导,初期也是以炮术、轮机、船艺等急迫的现实技术人才为主。②

1876年,日本聘请的英国海军中校 L. P. Willan 在进行炮术教习的同时,其有关海军战术的著作被日本海军翻译为《舰队运动指引》、《海军兵法要略》、《舰内兵员部署法》,奠定了日本海军战术的理论基础。③

1887年,日本海军驾驶、武器、轮机等基础业务教育已经成熟后,出人意料地聘请了英国海军战术专家 John Ingles 赴日,专门教授海军战术。考虑到琅威理只是照搬英国海军的教程进行讲授的职业军官,而 John Ingles 则属于创造海军战术教程的专家,就这一点而言,实际上可以认为日本聘请了琅威理的"老师"。

John Ingles 赴日时,正值海军技术领域"新学派"出现的时代,针对过去强调船头大炮,忽视舷侧火炮的思潮,"新学派"在造舰领域主要体现为舷侧炮的回归,重新重视军舰的舷侧火力。John Ingles 的战术理论,恰恰就是建立在这种变化基础上的,在其教授的内容中,十分"叛逆"地对主流的乱

① 杨志本主编:《中华民国海军史料》,海洋出版社 1987 年版,第 1161 页。
② [日]筱原宏:《日本海军お雇い外人》,(东京)中央公论社 1988 年版,第 166—167 页。
③ [日]筱原宏:《日本海军お雇い外人》,(东京)中央公论社 1988 年版,第 200—201 页。

战战术提出了挑战,认为在乱战战术思潮下被忽视的纵队阵型有其独特的价值,"单纵阵是对敌阵实施贯穿攻击的最简单阵型",主张重新重视古老的纵队阵型。并用大量篇幅,就纵队如何破解乱战战术,进行反复推演讲解,其中一些推演阵型,几乎就是黄海大东沟海战的预演(参见附图十四)。①相比起琅威理只求舰队能够做好阵型变化的照搬操典式的教学,John Ingles更注重启发式教学,不断枚举各种经典战例,讲解各种阵型间的对抗、推演,并把最新的战术思潮灌注给了日本海军。

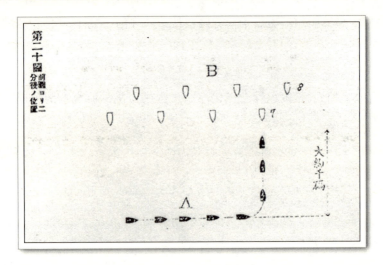

图十四　John Ingles 讲授的以纵队破解夹缝雁行阵的一则范例。[日]海军文库《海军战术讲义录》下卷,明治二十七年版,第97页

在 John Ingles 教学的同时,日本参谋本部海军部第一局课员岛村速雄中尉翻译了当时世界最著名的两部海军战术经典。以翻译海军战术经典获得的知识为基础,岛村速雄迅速成长为日本海军自己的战术专家,并提出了自我的一套战术理论。其尤其强调战术实践演练的重要性,在其推动下,日本海军于 1887 年成立了"战斗方法取调委员会",调用海军的舰只,进行各种具有战术验证性的演习。② 黄海大东沟海战前,任常备舰队参谋的岛村速雄根据日本海军的装备特点,和舰员训练程度不高的实际情况,提出了深

---

① 　[日]海军文库《海军战术讲义录》下卷,明治二十七年版,第 86—100 页。
② 　[日]筱原宏:《日本海军ぉ雇い外人》,(东京)中央公论社 1988 年版,第 206—207 页。

受 John Ingles 影响的战术策略，即无论何时都应采用编队简单的纵队阵型的主张，基于纵队阵型的战术成为日本联合舰队在甲午战争中的战术灵魂。

对比中日两国近代海军在战术领域的作为，高下立判。北洋海军采用的以讲求舰首方向火力的军舰为装备基础，代表着 19 世纪中期以后世界海军战术主流的乱战战术，固然在那个时代是克制以相近装备为基础的纵队阵型的优良战术，但在世界海军"新学派"风潮的影响下，日本联合舰队采用的以讲求舷侧方向火力军舰为装备基础，代表着 19 世纪后期世界最新海军技术、战术发展方向的纵队战术，更是试图克制以往乱战战术的新招。从这一意义来说，黄海大东沟海战就是一次世界海军战术换代的检验。对乱战战术已经遭到新理论挑战，海战爆发前，日本海军已经有所预知，而北洋海军对此显得懵懂无知，或即使有知，但受限于适应乱战战术的舰船装备，根本没有更改的可能，这种教训是值得后人为之深思的。

陈悦，"北洋水师"网站站长

大东沟海战航迹考

张　黎　源

前　言

1894 年 9 月 17 日中国北洋舰队与日本联合舰队在黄海北部大东沟海域进行的海战是甲午战争中双方海上力量的决定性会战，也是战争的转折点。关于这场海战历来不乏大量的记载与论述，而这些记载与论述除去极少量的实况照片以外又大致可分为两类：文字上的描述以及图形上的描述——即航迹图。目前可查的比较重要的航迹图资料主要有以下几种：

1.《日本联合舰队司令长官海军中将伊东祐亨报告》附本队战斗航迹图。[1]

2.《常备舰队司令官海军少将坪井航三报告》附第一游击队航迹图。[2]

3.《黄海海战两国舰队队形图》(日清海战黄海役附图第七号)。[3]

4. 日清海战黄海役附图第八号。[4]

5. 联合舰队各舰战斗报告所附航迹图(桥立附图、扶桑附图、吉野附图、高千穗附图)。[5]

6.《冤海述闻》所附航迹图[6]。

除却这些图纸，还有许多论著也在文字论述的同时附加了航迹图，大多

---

① ［日］海军军令部编：《明治二十七八年海战史》，第 232 页—233 页。
② ［日］海军军令部编：《明治二十七八年海战史》，第 240—241 页。
③ ［日］海军军令部编：《日清海战史黄海役附图》，第 20—25 页。
④ ［日］海军军令部编：《日清海战史黄海役附图》，第 26—31 页。
⑤ ［日］《征清海战史》卷十，《黄海海战》，第 863—867、692、711—712、717 页。
⑥ 《冤海述闻》，手稿影印本。

是作者综合以前各种图纸并结合了自己对战斗情况的推测绘制而成,由于参考意义不大,这里不多赘述。

综观以上这些航迹图,都不约而同地存在一个弊端,即只有定性分析而无定量分析,比如将某些战术动作画得很详细、生动,而在提到双方的相对距离、相对位置等因素时就草草带过,通常不作量化的描绘。在大东沟海战之后的一些海战,尤其是在 1904 年—1905 年日俄海战以后,由于有了较为翔实的资料记录和较为精确的分析,海战的航迹图逐渐能够做到拥有航线、转向点、时间点、相对位置、距离等诸多要素的程度,而大东沟海战由于过程复杂、记录缺乏而且比较混乱,后世研究者又通常缺乏对既有资料的定量分析整理,因此根本无法达到这样的深度,令人遗憾。

这样,通过对现有资料的再整理、再分析,弥补大东沟海战原有航迹图的不足,并重新根据各种资料绘制一套新的航迹图就显得尤为必要,这一工作对廓清大东沟海战原貌,分析双方胜负原因都是大有裨益的。

笔者推导航迹图的基本方法,是从文字记载的史料中寻找关于时间点、转向点、相对位置、距离、航向、航速等基本要素的描述,辅以原有的各种航迹图,进行定量的完善和扩充。然而需要特别说明的是,由于以上要素的文字记录非常不完整,因此在很多情况下笔者需要根据其他间接文字描述进行合理的推测。由于以上原因,本航迹图只能视为接近海战原貌的推演,而不可视为海战历史过程的再现。毋庸讳言,在大部分历史记录能够与本航迹图较好符合的同时,也有不少历史记录未能与之符合。而且完全存在这样的可能,即在发现更多的史料以后会证明本图还存在着各种各样的问题。所以,笔者的初衷也只是帮助大家对大东沟海战的过程有一个更整体、更理性的梳理,并希望以此航迹图作为引玉之砖,激发读者对探索大东沟海战过程的兴趣。

本文旨在解释和探讨本次航迹推演的过程,然而在航迹的推演中通常需要反复比对、调整,事实上远较文字描述复杂。因此,本文的描述只是笔者推演航迹的逻辑过程,并不能做到面面俱到。

本文的讨论范围为 1894 年 9 月 17 日大东沟海战双方接近、交战并撤离的情况,此过程前后的双方航行情况不在此列。

文中附图未注明出处者,均由顾伟欣先生绘制。

1 双方接近阶段(1894 年 9 月 17 日 06:30—12:50)

1.1 日本联合舰队的航迹(1894 年 9 月 17 日 06:30—12:00)

日本联合舰队军舰 12 艘编成第一游击队、本队与非战队列,于 1894 年 9 月 16 日下午 5 时由小乳蓬角锚地出发,开始搜索北洋舰队与运兵船队的航程,傍晚 7 时舰队指向海洋岛方向航行。[①] 海洋岛位于北纬 39 度 4 分、东经 123 度 10 分的黄海北部海域。[②] 9 月 17 日早晨 6 时 30 分,联合舰队抵达海洋岛西侧,[③]派赤城号炮艇入登豪港检查[④]。登豪港现名海洋岛湾,位于海洋岛的西侧。[⑤] 赤城号在对港口进行检查后发现并无中国海陆军在岛上驻扎,因此联合舰队驶过海洋岛,向下一处巡逻目标驶去。这时本队编为三舰群阵,开始战斗操练,海军军令部长桦山资纪的座舰,代用巡洋舰西京丸与炮艇赤城位于本队右舷。[⑥]

关于联合舰队的下一处航行目的地,在联合舰队司令长官伊东祐亨战后呈交的报告中说:"舰队到达海洋岛海上停泊地,侦察港内无异常情况,遂向大孤山海面大鹿岛停泊地前进。"[⑦]第一游击队司令官坪井航三报告中也说:"06—07 时之间,从海洋岛右侧驶过,向大孤山镇海面巡航。"[⑧]松岛舰战斗报告中则说:"早晨到达海洋岛,命令'赤城'对岛内进行侦察,未发现敌人,遂继续北上驶往大洋河口。"[⑨]也就是说,这里有大孤山、大洋河、大鹿岛几种说法,查这三者距离实际相去不远,基本属于同一个地理范围之内,因此确定联合

[①] [日]海军军令部编:《明治二十七八年海战史》,第 162—163 页。

[②] 《鸭绿江口至海洋岛航海图》,中国人民解放军海军司令部航海保证部 2001 年版。

[③] 《伊东祐亨海战报告》,《中国近代史资料丛刊续编·中日战争》(7),中华书局 1996 年版,第 222 页;《坪井航三海战报告》·《中国近代史资料丛刊续编·中日战争》(7),中华书局 1996 年版,第 235 页;[日]海军军令部编:《明治二十七八年海战史》,第 163 页。

[④] [日]海军军令部编:《明治二十七八年海战史》,第 163 页。

[⑤] 《鸭绿江口至海洋岛海图》,中国人民解放军海军司令部航海保证部 2001 年版。

[⑥] [日]海军军令部编:《明治二十七八年海战史》,第 163 页。

[⑦] 《伊东祐亨海战报告》,《中国近代史资料丛刊续编·中日战争》(7),中华书局 1996 年版,第 222 页。

[⑧] 《坪井航三海战报告》,《中国近代史资料丛刊续编·中日战争》(7),中华书局 1996 年版,第 235 页。

[⑨] 《"松岛"战斗报告》,《中国近代史资料丛刊续编·中日战争》(7),中华书局 1996 年版,第 239 页。

舰队下一个目标点大致在北纬 39 度 45 分、东经 123 度 40 分的位置上。①

据松岛舰的记载,10 时 10 分,该舰发现大鹿岛位于东北方向 27 海里处,②以大鹿岛为圆心作弧线,该弧与海洋岛—大洋河口连线的交点即为松岛舰此时的位置(见图一)。10 时 23 分,位于联合舰队队列先导的吉野舰发现东北偏东方向有一缕煤烟,③查此时,联合舰队若按照海洋岛—大洋河口连线航行,那么东北偏东方向应处于联合舰队的右舷前方,也就是说,北洋舰队这时应该停泊于大洋河口以东方向。而中方的一些海战著述也指认北洋舰队主力停泊地距离大东沟 10 余海里处,④地点应当在大洋河口东面(关于北洋舰队碇泊场位置的考证,详见 1.3 节)。

由于煤烟不久即消失,日本舰队并未即刻判断为北洋舰队,因此推测联合舰队并未因此改变航向,而只是加强了对该方向的观察警戒。终于,在其后的半个小时里,相继在该方向上发现多缕煤烟。⑤ 11 时 20 分,第一游击队用大幅信号旗向本队发出远距离信号"在东方发现三艘以上的敌舰队",⑥也就是说在这个时间点上,联合舰队才正式确认了对方的身份即是

---

① 《鸭绿江口至海洋岛航海图》,中国人民解放军海军司令部航海保证部 2001 年版。

② 《"松岛"战斗报告》,《中国近代史资料丛刊续编·中日战争》(7),中华书局 1996 年版,第 239 页。《"松岛"舰之勇战》,《中国近代史资料丛刊续编·中日战争》(8),中华书局 1994 年版,第 75 页。

③ 关于第一游击队发现第一缕煤烟的时间,《坪井航三报告》记载为 10:20,《明治二十七八年海战史》中记载则为 10:23,二者有少许出入,本文从后者。《坪井航三海战报告》,《中国近代史资料丛刊续编·中日战争》(7),中华书局 1996 年版,第 235 页;[日]海军军令部编:《明治二十七八年海战史》,第 163 页。

④ 关于北洋舰队停泊地点之记载,有不同说法,丁汝昌上奏的海战报告中认为是 12 海里,而《中东战纪本末》中则记为 10—16 海里。《直隶总督李鸿章奏请优恤大东沟海军阵亡各员折》,《中国近代史资料丛刊·中日战争》(三),上海人民出版社、上海书店出版社 2000 年版,第 134 页;《中东战纪本末》,《中国近代史资料丛刊·中日战争》(一),上海人民出版社、上海书店出版社 2000 年版,第 166 页。

⑤ 《坪井航三报告》,《中国近代史资料丛刊续编·中日战争》(7),中华书局 1996 年版,第 235 页。

⑥ 关于第一游击队发出信号的时间,伊东祐亨海战报告中的说法为 11:30,而《坪井航三海战报告》及松岛、西京丸等舰的海战报告中则为 11:20,估计是挂出旗号与解读远距离信号的时间差异,文中暂从后者。[日]海军军令部编:《明治二十七八年海战史》,第 164 页;《伊东祐亨海战报告》,《中国近代史资料丛刊续编·中日战争》(7),中华书局 1996 年版,第 222 页;《西京丸海战报告》,《中国近代史资料丛刊续编·中日战争》(7),中华书局 1996 年版,第 260 页;《"松岛"舰之勇战》,《中国近代史资料丛刊续编·中日战争》(8),中华书局 1994 年版,第 74 页。

北洋舰队。

由于日军先前正在海洋岛—大洋河口航线航行,而在确认了北洋舰队停泊地点之后,就应当及时转向朝敌方的位置靠拢。遗憾的是,就笔者目前所掌握的史料,并未发现有日军转向时间的记载,因此只能够以现有史料为基础进行推理。11 时 30 分接到第一游击队的旗号后,本队立即由战斗操练中的三舰群阵转为单纵队,①笔者估计,这次阵型的变换很有可能也同时伴随着航路的偏转。这一猜测可以在图上假设为 A 点,由 A 点向北洋舰队所在的大致位置引线,记作航路 a(见图一)。

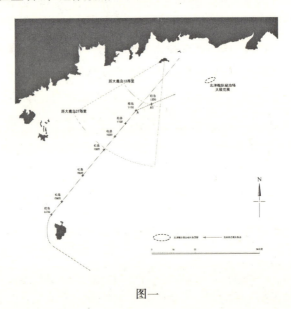

图一

12 时,松岛舰测定大鹿岛位于东北偏北方 12 海里处,②以大鹿岛为圆心作弧线,该弧与假定航路 a 的交点即为松岛舰 12 时时的假定位置,记作A1(见图一)。

按本队当时的 8 节航速,对应 11 时 30 分与 12 时的 30 分钟间隔,所得距离基本与 A、A1 间航线长度吻合,因此,联合舰队在 11 时 30 分转向的假

---

① 《松岛战斗报告》,《中国近代史资料丛刊续编·中日战争》(7),中华书局 1996 年版,第 248 页。

② 《松岛战斗报告》,《中国近代史资料丛刊续编·中日战争》(7),中华书局 1996 年版,第 248 页。

设是成立的。

1.2　日本联合舰队与北洋舰队互相接近的航迹(12:00—12:50)

1.2.1　北洋舰队起航时间的确定

以往关于黄海海战的论述,就北洋舰队发现日舰煤烟,而后起锚迎敌的时间点有多种说法。《冤海述闻》中说:

> 十一点钟,遥见南来黑烟一丛,知是倭船。①

而汉纳根海战报告中的表述则为:

> 午前十时,南方天际发现一抹汽烟。十时三十分发现八只舰影,正午时分,已经能辨认出十二艘军舰。②

也就是说,根据汉纳根的记录,北洋舰队最早是于 10 时发现了日本舰队的煤烟,到 10 时 30 分,已经基本确认了来者即日本联合舰队。

但查证北洋舰队方面另外两份重要的一手记录,对此事则有着完全不同的表述:

马吉芬《the Battle of the Yalu》记载:

> 当"镇远"舰上午的操练结束后,伙夫正在准备午餐,这时桅盘中的瞭望员发现了敌舰的煤烟。其他几艘军舰也几乎同时发现,还没等旗舰发出任何指令,"召集全体军官"与"准备战斗"的嘹亮号声就响彻了整个舰队……"定远"一挂出"立即起锚"的信号旗,所有军舰就立即卷索扬锚。③

戴乐尔的记载则是:

> 钟已八敲,船役已鸣号召午餐……俄而一将校冲入,曰:"先生,日舰已出现。"船中将士,咸登甲板上,观望地平线上如柱之薄烟。提督、总兵及汉纳根皆聚飞桥上,予奔赴焉,共商量尚有若干预备之时间。午餐之号复鸣,众人复注入甲板下。旗尉则忙于指挥信旗,而烟囱则始喷

---

① 《冤海述闻》,《中国近代史资料丛刊·中日战争》(六),上海人民出版社、上海书店出版社 2000 年版,第 87 页。

② 《李鸿章转呈汉纳根海战报告》,转见[日]海军军令部编:《明治二十七八年海战史》,第 168 页。

③ [美]马吉芬著,张黎源译:《鸭绿江外的海战》,北洋水师网站(http://www.beiyang.org/wenku/mjf.htm)。

出唐山煤之浓烟。

　　予草草果餐。继之为一极忙碌之时间——于是炮弹库、子弹等，一切均就绪，仅待一巡览尔。在此半小时内，予未遑顾及他事；至是予乃加入飞桥上之会集。时锚已起，船应机声而搏跃，旗帜飘舞，黑烟蜿蜒……①

　　马吉芬与戴乐尔这两位洋员的记录不约而同地指证了一个事实，即北洋舰队是在午饭时间正式发现了日本联合舰队的踪迹，而戴乐尔的记录则更指出午饭时间是在船钟"八敲"之后，查船钟敲击 8 声应为正午 12 时，也就是说，根据这两份记录，北洋舰队正式确认发现日本舰队的时间不会早于 12 时。

　　显然，这与汉纳根的海战报告是有矛盾的，笔者对此也很难给出一个比较令人信服的解释。但倘若我们抛开北洋舰队发现日舰时间的考虑，而单单研究直接关系到航迹考证的起锚时间，那么即使是在汉纳根的海战报告中也指证了北洋舰队是在正午发现了 12 艘日本军舰之后才起锚应敌的，②在这一点上，三位洋员的记录一致。

　　马吉芬与戴乐尔都说到，北洋舰队在正午正式确认发现联合舰队后，经过了一段时间的准备方才起航迎敌。而这个时间段究竟有多长则从未见于史载，但考虑到北洋舰队起航的紧迫性，还要为之后的变阵预留时间，因此估计该时间段不会很长。而且，北洋舰队在碇泊期间炉火一直没有熄灭，③且"十八日辰刻，汝昌促卸兵，并令全军备午刻起，将归旅顺"，④也就是说北洋舰队在当天上午就已经做好了回航准备，因此扬锚起航的速度应该是比较快的。陈悦所著《黄海鏖兵》中认为，北洋舰队在经历了 10 分钟的准备

　　① 《李鸿章转呈汉纳根海战报告》，转见[日]海军军令部编：《明治二十七八年海战史》，第 168 页。

　　② 《李鸿章转呈汉纳根海战报告》，转见[日]海军军令部编：《明治二十七八年海战史》，第 168 页。

　　③ 《中东战纪本末》，《中国近代史资料丛刊·中日战争》(一)，上海人民出版社、上海书店出版社 2000 年版，第 166 页。

　　④ 姚锡光：《东方兵事记略》，《中国近代史资料丛刊·中日战争》(一)，上海人民出版社、上海书店出版社 2000 年版，第 66 页。

后,大致在 12 时 10 分左右起航迎敌,①笔者也基本赞同此观点。

1.2.2　双方舰队相互接近航迹的考证(12:00—12:50)

北洋舰队起锚之时,联合舰队已经发现北洋舰队,并已转舵向北洋舰队所在方向迎来(参见 1.1 节),并指向北洋舰队的中坚位置。② 而北洋舰队起锚之后,必然将向联合舰队方向迎驶而去,因此这一阶段的航迹,基本上就是双方舰队在同一条直线上接近的过程(见图二)。

接下来就需要讨论双方舰队在此阶段的航速,以确定此阶段双方舰队能够航行的距离。在坪井航三的海战报告中提到:"当时(午饭以后,11 时 30 分左右)第一游击队是以一半航速,即六海里行驶,这是为了缩短和本队稍稍拉远了的距离……此时(12 时 18 分),第一游击队和本队已达到适当的距离,因此遂改为原来速度,即八海里。十二时三十分,遵照本队旗舰命令,变航速为十海里。"③《明治二十七八年海战史》中也说:"本隊ニ向テハ同三十分'速力十海里。'"粗译为:"同时三十分(12 时 30 分)向本队发出'速度十海里'的命令。"④从以上资料可以判断,在 12 时 18 分以前,本队航速为 8 节,第一游击队航速为 6 节;12 时 18 分至 12 时 30 分,本队及第一游击队航速均为 8 节;12 时 30 分以后,本队及第一游击队航速增为 10 节。

北洋舰队方面,由于启动不久,而且需要进行变阵,因此一开始的航速仅为 5 节(注意这里仅指定远、镇远小队航速,而后续舰艇需要以更高的航速至两翼就位)⑤,而后,当日舰逐渐逼近后,北洋舰队编队航速提高到 8节,⑥并以此航速接敌。

---

①　陈悦:《黄海鏖兵》,《现代舰船》2006 年 4B 刊,总第 262 期,第 53 页。

②　《坪井航三海战报告》,《中国近代史资料丛刊续编·中日战争》(7),中华书局 1996年版,第 235 页。

③　《坪井航三海战报告》,《中国近代史资料丛刊续编·中日战争》(7),中华书局 1996年版,第 235 页。

④　[日]海军军令部编:《明治二十七八年海战史》,第 164 页。

⑤　《李鸿章转呈汉纳根海战报告》,转见[日]海军军令部编:《明治二十七八年海战史》,第 168 页。

⑥　佚名:《冤海述闻》,《中国近代史资料丛刊·中日战争》(六),上海人民出版社、上海书店出版社 2000 年版,第 87 页。戚其章《甲午战争史》中认为,《冤海述闻》中提到的"口迷"为 mile的音译,解释为英里,与译作"海里"的 seamile 不同(戚其章《甲午战争史》,上海人民出版社 2005年版,第 124 页)。但很难想象一名海军军人在度量距离时不用海里而用英里做单位,而且即使在英文海军著作中,seamile 亦常简写为 mile,故笔者认为这里的"口迷"解释为海里较为恰当。

当两支舰队沿同一直线相互接近到一定距离以后，日本联合舰队为了实施其侧舷炮击的战术而开始转向。早在之前的 12 时 18 分，第一游击队就接到了本队"截击敌军右翼！"的旗令，①故而向左转舵，而第一游击队的这次转向动作，并非是直接向北洋右翼开去，而是先向左划出了一个近似直角的航迹，②向西北偏北方向开去，而后再向右回转，指向北洋舰队的右翼。

该转向点位置的确定可以以时任高千穗舰尉官小笠原长生的海战记录为参考，文中说："敌我相距大约一万米，我游击队航线成直角突然左转，以斜线从敌前通过，直向敌军右翼突进。"③《近世帝国海军史要》中"日清战役"章节则记载"敌我距离约一万二千米时，第一游击队稍向左转向，欲先击败敌的右翼"。④ 从以上资料可以看出，第一游击队左转时距离北洋舰队大约 12000 米。

随后，本队也在大致相同的位置点上转向。⑤

第一游击队左转后，在 12 时 45 分将航速提高到战斗航速 14 节，⑥而本队则仍以 10 节航速行驶。

12 时 50 分，第一游击队与北洋舰队定远、镇远小队相距约 6000 米⑦，定远舰开始向第一游击队的先导舰吉野射击，大东沟海战打响，关于双方第

---

① 《坪井航三海战报告》，《中国近代史资料丛刊续编·中日战争》(7)，中华书局 1996 年版，第 235 页。

② 《高千穗舰某尉官亲笔记述的黄海海战实况》，《中国近代史资料丛刊续编·中日战争》(7)，中华书局 1996 年版，第 252 页。

③ 《高千穗舰某尉官亲笔记述的黄海海战实况》，《中国近代史资料丛刊续编·中日战争》(7)，中华书局 1996 年版，第 252 页。长期以来，学术界对这位"高千穗某尉官"的身份一直没有弄清，根据最新发现的史料来看，此人就是发表有多篇日清战争亲历报告的小笠原长生子爵，时任高千穗舰分队长。

④ 《近世帝国海军史要》，转见张侠等编：《清末海军史料》，海洋出版社 1982 年版，第 859 页。

⑤ 《近世帝国海军史要》，转见张侠等编：《清末海军史料》，海洋出版社 1982 年版，第 859 页。

⑥ 浅野正恭：《近世海战史》，转见张侠等编：《清末海军史料》，海洋出版社 1982 年版，第 873 页。

⑦ 12 时 50 分日本舰队与北洋舰队的距离有不同说法，日方的资料一般认为是 6000 米左右，而中方参战人员马吉芬的记录则为 5300 米，这里从前者。《坪井航三海战报告》，《中国近代史资料丛刊续编·中日战争》(7)，中华书局 1996 年版，第 235 页；《本队战斗航迹图》，[日]海军军令部编：《明治二十七八年海战史》，第 164 页；[美]马吉芬著，张黎源译：《鸭绿江外的海战》，北洋水师网站(http://www.beiyang.org/wenku/mjf.htm)。

一轮射击的情况将在第二节中详细讨论。

1.3 北洋舰队碇泊场位置的确定

关于北洋舰队的碇泊场位置，有以下几种记载：

丁汝昌十三日巳刻电文：

> 十五日赴大连湾，候护铭军运船齐行。兵船大队停大鹿岛、大东沟居中处，备抵外窥，分饬炮船雷艇随入驻护兵船。①

丁汝昌海战报告：

> ……即派"镇中"、"镇南"两船、鱼雷四艇护送入口，"平远"、"广丙"两船在口外下碇，"定远"、"镇远"、"致远"、"靖远"、"经远"、"来远"、"济远"、"广甲"、"超勇"、"扬威"十船距口外十二海里下碇。②

汉纳根海战报告：

> 丁汝昌先分派炮艇二只及鱼雷艇二只进入沟内侦察，而后运输船进入沟内，命令军队迅速登陆，"平远"、"广丙"两只在沟外担任警护，舰队在距离十海里外的水深处投锚。③

《中东战纪本末》中记述：

> 五运船鼓轮直入，浅水兵舰及水雷船四号与之偕，余舰小驻于离江十里或十六海里之海面，炉中之煤未熄也。④

而塔不留·雷阿德·库劳斯所著《日清海战》则记述得更加确切：

> 军舰"平远"、"广丙"和鱼雷艇"福龙"等，一起投锚于大孤山港。其余诸舰则停泊于南方十海里，即北纬三十九度六十三分、东经一百二十四度九分，水深四十五米的地点。⑤

查《日清海战》的记述，看似极尽详细，实则错误百出，且不论北纬39度

---

① 《前敌紧要军情各电清单》，《中国近代史资料丛刊·中日战争》(三)，上海人民出版社、上海书店出版社2000年版，第104页。

② 《直隶总督李鸿章奏请优恤大东沟海军阵亡各员折》，《中国近代史资料丛刊·中日战争》(三)，上海人民出版社、上海书店出版社2000年版，第134页。

③ 《李鸿章转呈汉纳根海战报告》，转见[日]海军军令部编：《明治二十七八年海战史》，第167—168页。

④ 《中东战纪本末》，《中国近代史资料丛刊·中日战争》(一)，上海人民出版社、上海书店出版社2000年版，第166页。

⑤ [英]塔不留·雷阿德·库劳斯：《日清海战》，《中国近代史资料丛刊续编·中日战争》(7)，中华书局1996年版，第350页。

"63分"的常识性错误,就说水深 45 米的记载,对照海图考察,距离大东沟口 10 海里处水深均不超过 10 米,哪里会出现 45 米的深海!即使说百年来鸭绿江口泥沙淤积,海床抬高,也不至于有这样夸张的差距。因此,《日清海战》的可靠性值得怀疑。

以上这几份史料,都说碇泊场距离大东沟 10 余海里,其中汉纳根与丁汝昌的海战报告均为中方海战主官的官方报告,尤其显得重要。然则二人的说法并非十分一致,笔者判断可能是由于汉纳根所说的"10 海里"仅是一个粗略的描述,而丁汝昌所言 12 海里才更精确。

而《中东战纪本末》则给出了一个完全不同的答案:北洋舰队主力在口外 10—16 海里处碇泊。查北洋舰队当时的碇泊队形应当是双纵阵,即犄角鱼贯阵,这种队形实际是由几叠双舰小队组成的纵队,每小队僚舰位于长舰右舷后方 45 度位置上,与长舰距离 400 码,两小队之间间隔 1200 码。[①] 这样的一个碇泊队形,首尾绵延近 5000 码(2 海里余),《中东战纪本末》中的记述"10 海里到 16 海里"虽稍显夸张,而丁汝昌所说"12 海里"似乎也不确切。因此,可以综合以上史料,并结合上文中对双方互相接近航迹的分析,反推北洋舰队的碇泊场位置。

首先,丁汝昌提到碇泊场位置在"大鹿岛、大东沟居中处",[②]按照常理判断也不难发现,北洋舰队由旅顺口出发护航至大东沟,碇泊场位置应该就在这条航线上,即大东沟西南方,这样一方面是由于碇泊比较便利,另一方面也能起到扼守沟口、阻挡敌舰来路的作用,因此,不妨以大东沟为圆心,丁汝昌记载中的 12 海里距离为半径,向大东沟西南方向作弧线,北洋舰队碇泊场的位置很有可能就在这条弧线附近(见图二)。

12 时 50 分,北洋舰队与联合舰队相距 6000 米,而联合舰队转向时与北洋舰队相距 12000 米。由于联合舰队的航迹已经基本确定(见 1.2.2 节),北洋舰队的航速也已知,那么,即可用上述 2 个距离来标定同一时间点上北洋舰队的相对位置,而后反推碇泊场位置,并与上文中所绘弧线上的点

①　见陈悦:《黄海鏖兵》(二)附图,《现代舰船》2006 年 4B 刊,总第 262 期,第 53 页。
②　《前敌紧要军情各电清单》,《中国近代史资料丛刊·中日战争》(三),上海人民出版社、上海书店出版社 2000 年版,第 104 页。

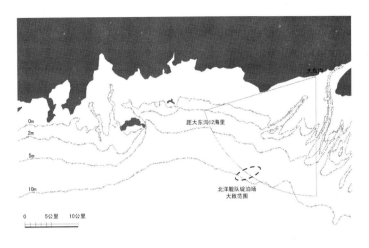

图二

反复比对,所得坐标就相对较为精确了。推导出的结果显示,碇泊场位置可能较 12 海里稍远,约在 13—14 海里。

1.4　小结

综上所述,对双方互相接近阶段航迹的考证,主要基于以下几个要素:

1. 联合舰队的航线及转向点。

2. 北洋舰队的碇泊场位置及起航时间。

3. 双方航速。

4. 松岛舰战斗报告中对大鹿岛位置的记录。

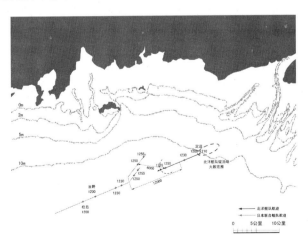

图三

2 双方第一轮对射阶段(12:50—13:10)

2.1 北洋舰队与日本联合舰队 12:50 接战时阵型考证

2.1.1 北洋舰队 12:50 的开战阵型

关于北洋舰队 12 时 50 分的开战阵型,已经有过大量论述,并以纪荣松《甲午海战清舰接仗阵形析探》①与陈悦《黄海鏖兵》(二)、(三)②中的分析最为详细透彻,在此不多赘述。总的来讲,由于北洋舰队起航较为仓促,因此在由双列纵队变换为横队的过程未能完成时即投入战斗,形成了一个类似楔形的队型。尤其是在左右两翼,超勇、扬威小队由于起锚费时、锅炉老化而未能就位,而济远舰也由于某种原因遥遥在后。③ 北洋舰队业已就位的 3 个小队应当呈比较标准的犄角雁行阵,彼此间距 1200 码,北洋舰队队型总长度约 5000 米。

2.1.2 日本联合舰队 12:50 的开战阵型

联合舰队的作战队型为单纵队已毋庸置疑,但在 12 时 50 分开战时,第一游击队与本队的距离、位置关系,非战斗队列与本队的距离,两支分队内部各舰的距离均值得考证。而这些情况又恰恰是以往史料疏于记述的。

好在我们不仅有文字资料,还有实况照片可以参考。约在 12 时 55 分左右,位于西京丸舰上的日本随军摄影师小川一真连续拍摄下了 2 张海战实况照片,④这些珍贵的战场写真对于分析双方开战时的情况是大有帮助的。

如图四及图五,可以辨别照片上的日本军舰依次为吉野、高千穗、秋津洲、浪速、松岛、千代田、严岛、桥立等,而在日本军舰的间隔中还能够看见数条煤烟,即是由北洋舰队所发出。

---

① 纪荣松:《甲午海战清舰接仗阵形析探》,《北洋海军研究》第三辑,天津古籍出版社 2006 年版。

② 陈悦:《黄海鏖兵》(二)、(三),《现代舰船》2006 年 4B、5B 刊,总第 262、264 期。

③ 〔美〕马吉芬著,张黎源译:《鸭绿江外的海战》,北洋水师网站(http://www.beiyang.org/wenku/mjf.htm)。

④ 〔日〕《日清战争写真图》,(东京)博文堂明治二十八年(1895)版。

图四

图五

现在我们的任务就是根据照片确定以下数据：

1. 小川一真所在的西京丸舰与本队的距离与相对位置。

2. 第一游击队及本队各舰间的大致距离。

众所周知,照相机的成像原理是将实际景物的光影通过透镜映射到感光底片上,其遵循基本的透视原理,那么,可以作以下分析(见图六):

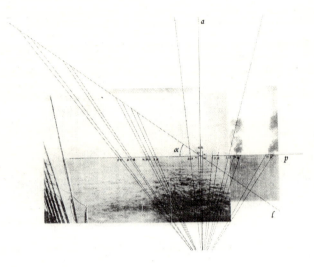

图六

由于海战基本是平面战斗,因此笔者的图上作业都在假设的水平面上进行。西京丸舰上摄影师小川所在点为 A 点,其相机的指向直线即为照片的中线,记作射线 α;与直线 α 垂直的直线则是照片成像的平面(直线 α 即是该平面的法线),该平面在水平面上的投影线记做直线 p,在照片上反映的 p 线就是联合舰队所在的那条海平面线;而联合舰队的实际队列与成像平面是呈一定的夹角的,将联合舰队的实际队列直线记作直线 l,l 与 p 的夹角记作 α 角。

首先,我们应求得 α 角的角度,海军中常用的求此角度的方法是分别观察测量对方舰艇桅杆视高与水线视长,然后再与已有的舰船识别手册对照,通过三角函数的运算求得,笔者这里也采用了相同的方法。以松岛舰为例,照片中水线到桅盘(由于照片上桅顶过于模糊不清,因此笔者这里选择了测量桅盘)高度测得 $l_1 = 6.59$,水线长测得 $l_2 = 21.70$,而实际数据松岛水线距桅盘高 $L_1 \approx 23$ 米,水线总长度 $L_2 = 89.9$ 米。根据 $\cos\alpha = (l_2/L_2) * (L_1/l_1)$,求得 α 角度。以此类推,依次求得联合舰队各舰 α 角后求平均值,即为较精确的 α 角度,笔者求得的数据约为 35 度。

α 角度确定后,通过 p 线上军舰所处的各点向拍摄点 A 引直线,这些直线与直线 l 相交点就是联合舰队各舰在海战中所处的实际位置。如通过松岛舰的舰首 M_1 点向 A 点引的直线与 l 的交点为 M_1',通过松岛舰尾 M_2 点向 A 引的直线与 l 的交点为 M₂'，线段 M₁'M₂' 即为求得的松岛舰的位置和长度。同理，得到其他军舰的长度，再将这些长度与军舰的实际长度比对，反复调整 A 点的位置，直到各舰的求得长度与它们实际长度的比例相吻合为止(凑巧的是，三景舰、浪速、秋津洲、千代田等舰的实际长度都相差不大，图上作业时只要将这些军舰的求得长度也大致调整到一样就可以了)。这时标定的 A 点位置就是西京丸舰的所在位置，这时得到的平面图也就是联合舰队在 12 时 55 分时的阵位图，接下来只要通过计算图上军舰长度与实际军舰长度的比值来确定图纸的比例就可以了。最后我们可以根据此比例来求得西京丸舰与本队的相隔距离与第一游击队、本队各舰的大致间隔。笔者求得的数据是：

西京丸舰大致位于千代田舰平行位置稍后，与本队间隔距离在 3000 米左右；本队各舰间隔约在 300—500 码，第一游击队各舰间隔较大，约在 400 码到 2000 码不等。

2.2 北洋舰队与联合舰队的对射(12:50—13:10)

12 时 50 分，北洋舰队旗舰定远舰在 6000 码距离上以右舷露炮台向日本第一游击队的领队舰吉野开火，拉开了中日大东沟海战的序幕。①

有关中日双方第一轮炮击的记录是比较丰富的。日本海军炮术权威，曾历任秋津洲和利根舰长的黛治夫在其所著《海军炮术史话》中给出了较为详细的表格和示意图，如下：

表一②

队名	射击舰	射线	目标	射击开始		最近距离	
				时刻	距离	时刻	距离
第一游击队	吉野	a	扬威	12:55	3000m	13:05	1600m
		b	超勇	12:55	3000m	13:05	1600m
		c	经远	12:58			
	高千穗	d	定远右翼		4500m		
		e					

① 定远舰以右舷炮塔发出第一炮的记载，见［美］马吉芬著，张黎源译：《鸭绿江外的海战》，北洋水师网站(http://www.beiyang.org/wenku/mjf.htm)。

② ［日］黛治夫：《海军炮术史谈》，(东京)原书房昭和四十七年版，第 103 页。

队名	射击舰	射线	目标	射击开始		最近距离	
				时刻	距离	时刻	距离
第一游击队	秋津洲	f g h h′	定远 镇远 右翼 右翼		4000m 4000m	13：05 13：15	2000m 1800m 以下
	浪速	i j k l	来远 致远 扬威 超勇	12：58		13：08 后	2500m
本队	松岛	m n	定远 镇远	12：52 12：58	3500m 3500m		
	千代田	o p	定远 定远	13：00 5000m	13：05	1700m	
	严岛	q r s	定远 右翼 定远 镇远	12：55	5000m		1800m
	桥立	t u	定远 来远	12：58 12：58	3000m 3000m		
	比睿	v w	来远 左翼	13：08	4000m	13：10	2500m
	扶桑	x y	定远 镇远 定远	13：03	3000m	13：20	700m

请特别注意，黛治夫所绘的北洋阵型将经远和来远颠倒。

由于航迹推演中需要时间点与距离均确定的射击线路，二者缺一不可，因此从上表中筛选得以下可用数据：

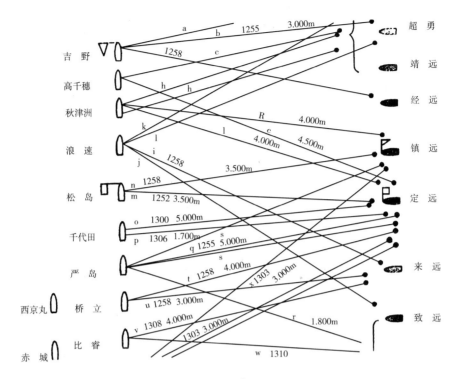

图七①

表二

射击舰	射击时刻	射击距离	目标
吉野	12:55 13:05	3000m 1600m	超勇 扬威 超勇 扬威
秋津洲	13:05 13:15	2000m 1800m 以下	右翼 右翼
浪速	13:08 后	2500m	超勇
松岛	12:52 12:58	3500m 3500m	定远 镇远
千代田	13:00 13:06	5000m 1700m	定远 定远
严岛	12:55	5000m	定远

———————————

① ［日］黛治夫:《海军炮术史谈》,(东京)原书房昭和四十七年版,第103页。

射击舰	射击时刻	射击距离	目标
桥立	12:58 12:58	3000m 3000m	定远 来远
比睿	13:08 13:10	4000m 2500m	来远 左翼
扶桑	13:03 13:20	3000m 700m	定远 定远

　　根据第一节得出的中日双方互相接近的航迹，可以大致绘出这一阶段开始时双方军舰的航行线路。在 12 时 50 分至 13 时 10 分的时间段中，联合舰队的航向是驶过北洋舰队阵列后向右侧回转，①而北洋舰队则根据其"乱战"的战术部署随旗舰定远舰而动，逐渐向右侧转向约四个方向点。②然后，可以根据以上得出的航迹草图结合炮术记录来修正航迹图，使之更加精确。

　　结果发现，日军大部分的炮术记录都能够较好地与笔者推测的航迹图符合，但也不乏例外者：

　　1. 松岛 12:53 在 3500 米上射向定远。

　　2. 千代田 13:00 在 5000 米上射向定远。

　　3. 桥立 12:58 在 3000 米上射向定远和来远。

　　4. 比睿 13:08 在 4000 米上射向来远。

　　由于海战中实时记述难以做到完全准确，加之后世引述时也常常会发生错误，因此炮术数据存在误差是难免的。错误最可能发生在两处，即时间的记录和距离的记录上，对炮击目标记错的可能性较小。

　　将其余记载基本准确的炮术数据结合到航迹图中，可得下图：

---

　　① 《坪井航三海战报告》，《中国近代史资料丛刊续编·中日战争》(7)，中华书局 1996 年版，第 236 页。

　　② 《泰莱甲午中日海战见闻记》，《中国近代史资料丛刊·中日战争》(六)，上海人民出版社、上海书店出版社 2000 年版，第 46 页。有关北洋舰队实行"乱战"战术的具体论述，参见陈悦：《黄海鏖兵》(三)，《现代舰船》2006 年 5B 刊，总第 264 期，第 47—49 页。

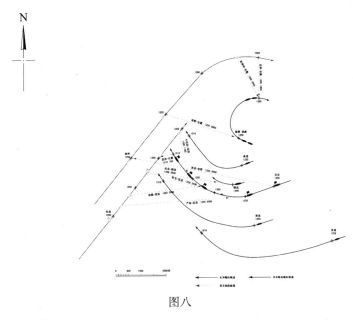

图八

2.3　小结

总的来说,这一阶段双方航迹简单,史料丰富,航迹推演较为容易,准确性也相对较高。

这一阶段中,北洋舰队一边转向一边炮击,努力接近联合舰队并采取"乱战"战术。而第一游击队横过北洋舰队阵列前方后开始向右转舵,对北洋右翼的超勇、扬威实施炮击。本队尚未驶过北洋舰队前方而尾队已经被北洋舰队的定远、致远、来远小队切断,比睿、扶桑等舰被迫与北洋舰队的主力贴近缠斗。

3　第二阶段的战斗(13:10—14:40)

3.1　定远、镇远与联合舰队的机动方向(13:10—14:20)

3.1.1　联合舰队的航迹(13:10—14:20)

本队(已不包含比睿舰,下同)在通过北洋舰队阵列后有可能作出了一个向左齐转的动作。笔者并未查到有关此举的任何文字记载,但从本队与第一游击队海战报告所附的航迹图中均能看出端倪,①此举应该是为了稍

---

①　[日]海军军令部编:《明治二十七八年海战史》,第232—233、240—241页。

许拉开与北洋舰队过于靠近的距离,以免再与之发生近战,导致队列的混乱。但要作出齐转这样的队列动作,旗舰若不统一指挥是无法完成的,不知为何,在日本方面所有的海战文献中均无法找到松岛舰有发出任何旗令的记载,因此笔者判断这一齐转有可能是本队各舰艇出于避害心理不约而同作出的自发行为,只是表面上看上去整齐划一罢了。在比睿舰冲入北洋舰队阵列后(对比睿舰航迹的考证详见 3.2.1 节),本队的殿舰扶桑为避免与北洋舰队冲撞而向左急转,而后加速向右旋回赶上本队的先头军舰。① 在整体距离与北洋舰队稍稍拉远后,本队追随第一游击队的航迹,向右回转,继续给业已遭到重创的北洋右翼施加打击。② 向右回转同时还有一个用意,即尽量拉开与北洋舰队的距离,停止炮击,进行休整,等待形成有利的阵位再次切入。③ 大约 13 时 27 分左右,西京丸舰上的随军摄影师小川一真摄下了一张题为《敌舰超勇号沉没》的实况照片(如图九,超勇号的真正沉没时间在 14:30 左右,但此时西京丸确已不在照片中所显示的位置了,所以笔者判断这张照片实则不可能是超勇沉没的情景。另外,笔者注意到西京丸舰的海战记录上有"一时二十七分见敌舰一艘沉没"的语句,④故判断西京丸误将"超勇"沉没时间认作 13 时 27 分,那么小川一真拍摄照片的时间也大致应在此时),⑤从照片上看,西京丸舰此时的位置仍在千代田与严岛中间位置的左侧,只是与本队的距离似乎有所接近。而且从照片上看,此时本队的阵形还是保持得相当好的。

13 时 20 分,第一游击队猛然向左划过 16 个方向点的航迹,掉头行进。在坪井航三日后的海战报告中,是这样描述这次回转的:

 ……接着,第一游击队想要再向右方回转,但这样一来,便和本队

---

① 《"扶桑"舰之勇战》,《中国近代史资料丛刊续编·中日战争》(8),中华书局 1994 年版,第 78 页。

② 《伊东祐亨海战报告》,《中国近代史资料丛刊续编·中日战争》(7),中华书局 1996 年版,第 223 页。

③ 《伊东祐亨关于黄海海战的演说》,《中国近代史资料丛刊续编·中日战争》(7),中华书局 1996 年版,第 229 页。

④ 《"西京丸"战斗报告》,《中国近代史资料丛刊续编·中日战争》(7),中华书局 1996 年版,第 260 页。

⑤ 〔日〕《日清战争写真图》,(东京)博文堂明治二十八年(1895)版。

图九

殿后舰的炮火相对，因此首先发出"速度十二海里"的信号，为了暂时等待和本队形成一条直线，等待殿后舰的到来，不得不和敌舰拉开距离。因此，一时二十分断然向左方回转十六度，从本队外侧通过，向左方大回转十六度，是为了让已经驶至此处的西京丸原地通过。①

以上这段话或许是由于翻译的缘故，比较费解，笔者结合当时的海战形势，推测坪井的意思应该是这样的：

第一游击队在驶过北洋舰队的右翼后，想继续向右回转，包抄北洋舰队的背后，但这时比睿、赤城等殿后舰艇正好在与北洋舰队混战，第一游击队为了防止误伤己舰而减慢航速为 12 节，等待本队跟进并等待殿后舰脱出包围。然而这个时候西京丸已经从第一游击队后方开了过来(可以想象西京丸此时航速至少为 12 节，已经达到了其极限航速)，第一游击队为了让军令部长的座舰原地通过遂冒着搅乱队形的危险，作出了一个惊人的回转动作。此举可能包含了一些援救殿后舰艇的意思，但显然是有碍队形齐整的，而且在伊东长官的眼中，或许还很有一些"下克上"的感觉。于是，第一游击队迅速被召回，13 时 30 分，第一游击队接到松岛挂出的"第一游击队返航"旗

① 《坪井航三海战报告》，《中国近代史资料丛刊续编·中日战争》(7)，中华书局 1996 年版，第 237 页。

令,再次向左回航 16 个方向点,在本队外侧与本队并列行驶。①

然而伊东祐亨在甲午战争结束后,在保勋会上的演讲中,却将这一举动描述成一次彻底的信号联系失误,这里录下备考:

> ……接着,对方便一直向我本队前进,我方打算尽量拉开距离,让第一游击队绕到敌人背后,然后尽量逼近,和本队一起形成夹击,一举解决战斗。但由于信号联系搞错,第一游击队绕到相反方向,不得已本队只好转向这边。②

反正无论如何,这一再次回转都造成了极其严重的恶果,因为这使第一游击队与本队阵位重叠,第一游击队完全受蔽于本队而无法开炮(当时距离也过远),伊东祐亨"一举解决战斗"的想法是完全落空了。于是,第一游击队为了摆脱这种糟糕的阵位而在回转的同时加速至 15 节,希望再次开到本队的前面,③但本队这时又很不知趣地持续向右转舵,④这样一来,第一游击队就仿佛处在了跑道的外圈,无论用多大的速度也无法赶超到本队的前面。于是坪井航三只得下令降低航速为 10 海里,向本队的殿后舰靠拢。⑤

吉野舰目睹着本队的军舰一艘艘从自己身边超越驶过,渐渐靠近本队的殿后舰"扶桑",时间约在 13 时 55 分。⑥ 到这个时候,由于联合舰队一直在向右舷转向,已经逐渐开到了战场的南方。并在继续向右侧回转,向西面开去(对这个时段联合舰队航行方向的考证要结合比睿、赤城等舰的航向综合研究,详见 3.2 节与 3.3 节)。大约在 14 时 15 分,当伊东祐亨认为与北

---

① [日]海军军令部编:《明治二十七八年海战史》,第 189 页。

② 《伊东祐亨关于黄海海战的演说》,《中国近代史资料丛刊续编·中日战争》(7),中华书局 1996 年版,第 229 页。

③ 《坪井航三海战报告》,《中国近代史资料丛刊续编·中日战争》(7),中华书局 1996 年版,第 237 页。

④ 在坪井航三的报告中这样说道:"……但由于本队向右方变更方向四度左右,因此无论用多大速度,为了达到这一点,必得浪费时间。"《坪井航三海战报告》,《中国近代史资料丛刊续编·中日战争》(7),中华书局 1996 年版,第 237 页。然而如果本队仅一次转舵 4 点,第一游击队还是有可能赶超到本队前面的,因此笔者估计本队这时在持续向右转舵,使坪井航三失去了赶超本队的耐心。

⑤ 《坪井航三海战报告》,《中国近代史资料丛刊续编·中日战争》(7),中华书局 1996 年版,第 237 页。

⑥ 《坪井航三海战报告》,《中国近代史资料丛刊续编·中日战争》(7),中华书局 1996 年版,第 237 页。

洋舰队的距离已经拉得够远时,他下令加大角度右转,重新投入近距离战斗。而第一游击队在 14 时 20 分看见了军令部长座舰西京丸打出的旗号:"比睿、赤城危险",遂断然下定决心与本队脱离,再次向左侧转过 16 个方向点,加速至全速(这里第一游击队并未给出航速数据,但由于其在 14 时 54 分减速为 14 节,①故这时航速应该达到了 16 节左右,也就是说,第一游击队这个时候不折不扣地采用了极限航速),向赤城与北洋舰队的追击舰艇中间驶去。② 但这次回转显然没有如之前两次般一气呵成,由于西京丸这时突如其来的舵机故障,猛然闯进了第一游击队的队列中,从秋津洲与浪速舰当中切入,浪速舰不得不紧急停航,让军令部长的座舰从前方安全驶过。而第一游击队的先导军舰在加速到最大航速后根本没有顾及浪速停航这一情况,从而导致了浪速舰的大大掉队。③

3.1.2 北洋舰队以定远、镇远为首的本队航迹考证(13:10—14:20)

北洋舰队方面,由于中方史料记载极其匮乏,且已有的史料也大都语焉不详,彼此矛盾,因此,笔者只有求助于日方的史料记载,期望从中梳理出一个北洋舰队航行的大概路径。

13 时 10 分,在北洋舰队主力突破本队尾队后,继续向前方的非战队列穿插,并持续转舵尾随本队。小笠原长生回忆说:"……敌军发觉后,好似挂起信号旗,各舰一齐掉转舰首,将横阵变为纵队,有如潮水向我中军袭来。"④坪井航三海战报告中也说道:"在战场上敌舰队的运动,并非仅以凸形梯阵前进,而是一再变换指针和方向,努力想要专以舰首大炮对我。但当其追赶和猛击我军而通过我本队时,已经没有固定的阵形,像不规则的单纵

---

① 第一游击队在 14 时 54 分后的航速记录有不同记载,《坪井航三海战报告》中说减速为 16 节,见《坪井航三海战报告》,《中国近代史资料丛刊续编·中日战争》(7),中华书局 1996 年版,第 238 页。而《明治二十七八年海战史》中则说是减为 14 节,见〔日〕海军军令部编:《明治二十七八年海战史》,第 202 页。笔者考虑到第一游击队要整体达到 18 节左右的航速是有困难的,故暂从后者。

② 《坪井航三海战报告》,《中国近代史资料丛刊续编·中日战争》(7),中华书局 1996 年版,第 237 页。

③ 《坪井航三海战报告》,《中国近代史资料丛刊续编·中日战争》(7),中华书局 1996 年版,第 237 页。〔日〕海军军令部编:《明治二十七八年海战史》,第 195 页。

④ 《高千穗舰某尉官亲笔记述的黄海海战实况》,《中国近代史资料丛刊续编·中日战争》(7),中华书局 1996 年版,第 254 页。

阵,又像梯阵。"①在第一游击队航迹图中,也将这一阶段北洋舰队的阵型描绘得类似单纵阵。

应该说,这种阵型的产生是丁汝昌三条战前训令"战斗中姊妹舰或其小分队必须进退一致,攻守互助"、"舰首必须始终指向敌舰应战"和"各舰必须跟随提督行动"所导致的结果。② 这个时候,联合舰队又已经驶过北洋舰队右翼,根据"舰首必须始终指向敌舰应战"的训令,旗舰定远必然也回转向右;而根据"各舰必须跟随提督行动"的训令,其他军舰也必然仿效旗舰动作,一齐右转,于是,一支横队在进行了大约90度的齐转后,必会形成一个类似纵队的队形,而这并不是出自丁汝昌的战前预想,更不是出自定远的旗令。北洋舰队就这样完成了阵型的重组,以一种貌似齐整,实则混乱无序的姿态投入了第二阶段的战斗。

13时25分,北洋舰队主力通过赤城舰尾后,仍掉头向赤城追击。③ 但赤城逐渐向东逃远,北洋主力为了紧追本队和第一游击队遂将追击赤城和比睿的任务交给了来远等舰(来远等舰追击比睿、赤城的情况详见3.2节),而自己则继续尾随联合舰队主力航行。

由于北洋舰队主力再次逼近,本队重新开始炮击,13时47分,千代田测准3500米开始射击,距离一度拉大到4300米。④ 稍后的14时,当第一游击队已经接近尾随本队的状态时,也开始在2000—3000米距离上向从右后方逼近的北洋舰队主力展开第二轮射击。⑤ 14时15分,桥立舰开始射击。⑥ 通过以上几组数据我们可以基本标定当时北洋舰队主力的位置。

14时22分,西京丸舰受到北洋舰队的猛烈炮击。值得一提的是,原本许多著作中都将此事误写为北洋舰队在200米距离上攻击西京丸,但核实

① 《坪井航三海战报告》,《中国近代史资料丛刊续编·中日战争》(7),中华书局1996年版,第237页。

② [英]塔不留·雷阿德·库劳斯:《日清海战》,《中国近代史资料丛刊续编·中日战争》(7),中华书局1996年版,第359页。

③ 《"赤城"战斗报告》,《中国近代史资料丛刊续编·中日战争》(7),中华书局1996年版,第239页。

④ [日]海军军令部编:《明治二十七八年海战史》,第199页。

⑤ [日]海军军令部编:《明治二十七八年海战史》,第190页。

⑥ [日]海军军令部编:《明治二十七八年海战史》,第199页。

原文后发现并非如此,实际上当时西京丸距离北洋舰队主力约在 2000 米以上(因为后来西京丸大费周章从第一游击队队列中穿出后与北洋舰队距离为 2000 米,①这一时段内双方的距离肯定接近了),10 余枚炮弹在 200 米内外跳射而来,西京丸被打坏多处,舵机失效。② 西京丸当时正在联合舰队的末尾航行(西京丸的航迹详见 3.4 节),借此可以断定北洋舰队主力当时仍在紧紧尾随联合舰队,并可以标定其当时的位置。

3.2 来远等追击舰艇与比睿、赤城的行进方向(13:10—14:20)

3.2.1 比睿的航行方向(13:10—14:20)

10 时 14 分,当比睿舰已经距离先导舰桥立 1300 米,为防止被北洋舰艇正面冲撞,比睿以右满舵从定远、经远(日本原始记录中为来远,但考虑到北洋舰队的当时阵型,应为经远之误)当中驶入,这时定远舰在其左舷 1000 米处通过,经远舰则在其右舷正横方向 400 米处迫近,向其发射 2 枚鱼雷,均未能命中。既而,比睿舰又被北洋后续舰艇再次包围,扬威在其右舷 400 米处,广甲在其右舷 1000 米处逼近,超勇则在其左舷 500 米处炮击通过。③

比睿舰突破北洋阵列后,试图向本队靠拢,然而此时北洋舰队并未放弃对其追击,定远、镇远、来远等舰先后向其追击而来。经远还一度试图向比睿发动跳帮攻击,可惜由于比睿的机关炮压制而功亏一篑。④

比睿在逐渐接近本队殿舰扶桑后,再次发生火灾。13 时 55 分,比睿打出"本艦火災ノ為〆列外ニ出ッ"的信号,离开本队的航线向西南偏南方向驶去。⑤

3.2.2 赤城的航行方向(1310—1420)

当北洋舰队突破本队以后,处于本队外侧的赤城舰就暴露在了北洋舰队的兵锋之下。13 时 25 分,定远舰驶过赤城后方,命中赤城并击毙其舰长阪元八郎太,同时该舰因蒸汽管损坏而无法向前炮位输送炮弹,而若要利用

---

① [日]海军军令部编:《明治二十七八年海战史》,第 192 页。
② 《"西京丸"战斗报告》,《中国近代史资料丛刊续编·中日战争》(7),中华书局 1996 年版,第 260 页;[日]海军军令部编:《明治二十七八年海战史》,第 191—192 页。
③ [日]海军军令部编:《明治二十七八年海战史》,第 179—180 页。
④ 《"比睿"舰之勇战》,《中国近代史资料丛刊续编·中日战争》(8),中华书局 1994 年版,第 80 页。
⑤ [日]海军军令部编:《明治二十七八年海战史》,第 190 页。

通风管煤渣吊车输送则必须停止向锅炉舱送风,航速必将大受影响。而且此时赤城向左偏航,几乎横在北洋舰队的航道上,"陷于进退维谷的境地",幸好应急修理成功,才掉转舰首,加速向南行驶。①

14时15分,来远等追击舰艇已经到达赤城后方300米处,再次展开激战。14时20分,赤城发射尾炮命中来远后甲板引发火灾,迫使来远等舰停止追击,②14时30分,赤城与来远等舰的距离已经拉大到3000米以上。③这时第一游击队也赶到救援,赤城遂脱离危险。

这里需要着重说明的是,这次笔者推演航迹的一个重点就是重新查考第一游击队与本队的行动方向,而对赤城和比睿航路的记载在很大程度上可以作为笔者推演的关键佐证。长久以来,各种航迹图均将第一游击队在13:10—14:20的行动画成在战场的北面绕了1个或2个圈,而要知道,第一游击队在这1个多小时里可以航行16海里以上!绝非是"2次兜圈"所能概括的。因为赤城与比睿均明确记载向南方驶逃,所以这个时候第一游击队也必然已经位于战场的南方,才可能在回转16个方向点后切入赤城与北洋追击舰艇之间。可以说,赤城的战斗航迹是打开联合舰队航迹之谜的一把钥匙,对于理清第二阶段的海战乃至海战全局都是极其重要的。

3.2.3 来远等追击舰艇的行动方向考证(13:10—14:20)

目前可以肯定的是,有一支分队与北洋主队分离,独自承担了追击比睿、赤城的任务,但这支小队究竟由哪几艘军舰组成,中方的史料中根本无从查证,而日方史料记载也是众说纷纭。

赤城舰战斗报告中说:"'来远'、'致远'以及'广甲'虽已通过我舰舰尾,但仍想向我追击。"④

小笠原长生记录道:"……于是游击队四舰遂向左转,以致远、靖远、济

---

① 《"赤城"战斗报告》,《中国近代史资料丛刊续编·中日战争》(7),中华书局1996年版,第258页;《"赤城"舰与阪元少佐》,《中国近代史资料丛刊续编·中日战争》(8),中华书局1994年版,第81—82页。

② 《"赤城"战斗报告》,《中国近代史资料丛刊续编·中日战争》(7),中华书局1996年版,第259页。

③ [日]海军军令部编:《明治二十七八年海战史》,第196页。

④ 《"赤城"战斗报告》,《中国近代史资料丛刊续编·中日战争》(7),中华书局1996年版,第258页。

远三舰为目标，逐渐接近左舷附近。"①

而第一游击队的航迹图上，则只画有来远、广甲与一艘鱼雷艇。②

中方参战人员马吉芬的回忆似乎对此提到了只言片语，他说：

> "平远"与"广丙"现在已加入战斗，威胁着"赤城"与"西京丸"。"松岛"号挂出信号，于是第一游击队向处于危险状况下的 2 艘军舰运动以掩护之。大约就在这个时候，"致远"号英勇地，甚至可以说是有点卤莽地向第一游击队的阵列冲去，大约是想攻击上述的 2 艘军舰。③

也就是说，根据马吉芬的回忆，致远在来远受伤之后仍然想对比睿与赤城继续追击，然而却遭到第一游击队的攻击，被迫返航。这样一来，我们基本能够肯定，追击比睿与赤城的应该是来远、致远、广甲 3 艘军舰。

来远等舰脱离主队的时间大约是北洋舰队转向，结成类似纵队之时，其在北洋舰队主力的左舷前进，先向比睿舰追击，13 时 55 分比睿向南行驶后，便稍稍变换方向，向位于比睿右舷的赤城逼近，④至 14 时 20 分放弃追击。前后历时 30 分钟左右。⑤

3.3　联合舰队回转后的战斗航迹（14：20—14：40）

3.3.1　本队与北洋舰队主力及平远小队的战斗（14：20—14：40）

据日方记载，联合舰队本队与第一游击队分别回转后，间距约为 6000 米。⑥

本队在大约 14 时 15 分大角度回转后，再次与北洋舰队展开炮击。14 时 26 分，松岛记录一发 320 炮弹命中镇远舰前部（事实上并未击中）。⑦ 14

---

① 《高千穗舰某尉官亲笔记述的黄海海战实况》，《中国近代史资料丛刊续编·中日战争》（7），中华书局 1996 年版，第 254 页。

② ［日］海军军令部编：《明治二十七八年海战史》，第 240—241 页。

③ ［美］马吉芬著，张黎源译：《鸭绿江外的海战》，北洋水师网站（http：//www. beiyang. org/wenku/mjf. htm）。

④ 《"西京丸"战斗报告》，《中国近代史资料丛刊续编·中日战争》（7），中华书局 1996 年版，第 260 页。

⑤ 《"西京丸"战斗报告》，《中国近代史资料丛刊续编·中日战争》（7），中华书局 1996 年版，第 260 页。

⑥ 《近世帝国海军史要》，转见张侠等编：《清末海军史料》，海洋出版社 1982 年版，第 860 页。

⑦ ［日］海军军令部编：《明治二十七八年海战史》，第 197 页。

时 31 分,扶桑开始炮击。①

而在本队以右舷炮猛击北洋舰队主力的同时,北洋舰队后援的平远、广丙 2 舰却横过其前方,从左舷对其发动了攻击。《明治二十七八年海战史》中是这样描述平远小队进入战场的情况的:

> 此際新二敵軍二加ハリタル平遠ハ一旦右方ヨリ我前面ヲ通過シ。更二左方ヨリ我艦隊二向航進シ來レリ。②

木村浩吉著《黄海海战“松岛”舰的战况》则说:

> 14 点 30 分“平远”和僚舰试图在本队之前横截,而后急转方向突击“松岛”。③

也就是说,从松岛舰的观察来看,平远是从右前方横过其舰首,然后从左方发动攻击的。

就木村浩吉的记录来看,首先向松岛发起进攻的是广丙,他说:

> 有艘舰将鱼雷管对准“松岛”舷侧,准备射击,在“松岛”的猛烈炮火下,被迫改变方向转进击本队,而后以直角方向逃走。④

14 时 30 分,平远与松岛接近至 2800 米时开始猛烈炮击;14 时 34 分平远 260 炮弹命中松岛;14 时 35 分千代田在 2500 到 2200 米距离上对平远炮击。平远与松岛的距离一度接近到 1200 米。⑤

在激战中,平远舰的 260 主炮损坏,无法开炮,被迫撤退。广丙也随平远撤退。⑥ 但在 14 时 40 分,二舰又与西京丸遭遇,并展开对射,详细情况见 3.3.3 节。

3.3.2 第一游击队与北洋舰队主力及来远等追击舰艇的战斗(14:

---

① 〔日〕海军军令部编:《明治二十七八年海战史》,第 199 页。

② 〔日〕海军军令部编:《明治二十七八年海战史》,第 197 页。

③ 〔日〕木村浩吉:《黄海海战“松岛”舰的战况》,内田芳兵卫发行,明治二十九年版,第 15 页。

④ 〔日〕木村浩吉:《黄海海战“松岛”舰的战况》,内田芳兵卫发行,明治二十九年版,第 17 页。

⑤ 《“松岛”战斗报告》,《中国近代史资料丛刊续编·中日战争》(7),中华书局,1996 年版,第 248 页。千代田射击的记载见〔日〕海军军令部编:《明治二十七八年海战史》,第 199 页。

⑥ 《“松岛”战斗报告》,《中国近代史资料丛刊续编·中日战争》(7),中华书局 1996 年版,第 248 页。

20—14:40)

如 3.1.1 节所述,第一游击队在 14 时 20 分回转时发生了混乱,在先头军舰全速航行的同时,浪速舰却大大掉队。

浪速舰掉队后,定远、镇远、靖远等舰逼近至其 2000 米处,据浪速舰的目击,甚至有一艘鱼雷艇都在向它逼近,试图对其展开鱼雷攻击,但被浪速以机关炮击退。同时浪速舰全速追赶第一游击队先头军舰。①

第一游击队先头军舰此时也在以全速开进,14 时 35 分,吉野接近到 3000 米距离开始向来远等追击比睿、赤城的舰艇炮击;14 时 36 分,秋津洲也在 4500 米距离上开炮;高千穗则在 2800 米距离上开炮。第一游击队第三轮炮击开始,这也是第一游击队第一次以左舷炮射击。② 在第一游击队的猛烈炮击下,来远等舰被迫撤退,致远在进行了一次不成功的冲锋后,也在被大口径炮弹击穿水线部分的情况下撤退。③

3.3.3 扬威舰与西京丸舰行动方向的考证(14:20—14:40)

扬威舰在被第一游击队猛烈打击,并一度向比睿舰进行逼攻后(详见 2.2 节与 3.2.1 节),此后的航迹在很长时间内不见于记载。但北洋舰队的战后记录很多都指证了一点,即扬威舰曾与济远舰相撞,④但却未对撞击的具体时间有过任何描述。但笔者判断,该事件很可能就发生在 14 时 10 分左右,即扬威舰向大鹿岛撤退之前,理由如下:

1. 该时间济远与扬威航线交叉的可能性最大。我们已知济远原先处于舰队左翼,而扬威处于右翼,二者相去甚远。而北洋舰队阵型混乱后,济远舰满海跑(北洋海军水手陈学海语⑤),极力躲避联合舰队的攻击,很有可能在"狼奔豕突"中撞上扬威。

---

① [日]海军军令部编:《明治二十七八年海战史》,第 195 页。
② [日]海军军令部编:《明治二十七八年海战史》,第 194—195 页。高千穗的射击距离见《高千穗舰某尉官亲笔记述的黄海海战实况》,《中国近代史资料丛刊续编·中日战争》(7),中华书局 1996 年版,第 254 页。
③ [美]马吉芬著,张黎源译:《鸭绿江外的海战》,北洋水师网站(http://www.beiyang.org/wenku/mjf.htm)。
④ 关于济远撞上扬威一事的考证,详见孙建军:《"济远"撞坏"扬威"考正》,《中国甲午战争博物馆馆刊》2007 年第 2 期,第 21—26 页。
⑤ 戚海莹:《甲午战争在威海》,戚俊杰、刘玉明主编"勿忘甲午"丛书,天津古籍出版社 2004 年版,第 205 页。

2. 该时间战场上能见度最差。在海战刚一开始或扬威已经驶向大鹿岛边搁浅时,由于战场上并未密布硝烟,能见度是比较好的,因此济远几乎不可能因看不清前方的航路而与扬威相撞。

3. 在该时间两舰相撞最符合事件的逻辑。扬威一被撞便因为进水而不得不向大鹿岛边抢滩,而济远舰也在不久后因惊惧羞惭而逃离战场,于情于理都是说得通的。

扬威舰此后冒险从本队前方驶过,向西北方向的大鹿岛驶去(从这点也可以间接佐证大东沟海战的主战场确实在大鹿岛的东南方向),①并在大鹿岛边抢滩搁浅。

而西京丸舰在挂出"我舵故障アリ"的信号后,闯入第一游击队的航迹,从浪速舰前方通过,在更换预备舵索后从第一游击队左后方驶出。此时,西京丸发现了正向大鹿岛方向撤退的扬威,便努力向其追击,但被北洋舰队识破其意图,在 1000—2000 米距离上被命中多弹。②

14 时 40 分,刚与松岛为首的本队激战过的平远与广丙以及 1 艘鱼雷艇逼近了西京丸,西京丸首先将鱼雷艇击退,此时平远等二舰已经在西京丸右舷 500 米左右炮击通过,与西京丸进行了一番不长时间的炮战后便向北洋主队方向驶去。③ 但根据丁汝昌的战后报告中称"平远、广丙及福龙雷艇尾追装兵倭船,为敌所断,未及归队"判断,平远、广丙应当没有与定远等会合。④

脱离了与平远、广丙的近距离战斗后,西京丸注意到有一艘鱼雷艇正在随自己前进,这正是北洋舰队的福龙号鱼雷艇,她正在伺机对西京丸发动鱼雷攻击。⑤

---

① 《伊东祐亨海战报告》,《中国近代史资料丛刊续编·中日战争》(7),中华书局 1996 年版,第 223 页。大鹿岛在西北方向的记录,见《高千穗舰某尉官亲笔记述的黄海海战实况》,《中国近代史资料丛刊续编·中日战争》(7),中华书局 1996 年版,第 255 页。

② [日]海军军令部编:《明治二十七八年海战史》,第 192 页;《"西京丸"战斗报告》,《中国近代史资料丛刊续编·中日战争》(7),中华书局 1996 年版,第 260—261 页。

③ 《"西京丸"战斗报告》,《中国近代史资料丛刊续编·中日战争》(7),中华书局 1996 年版,第 261 页。

④ 《直隶总督李鸿章奏请优恤大东沟海军阵亡各员折》,《中国近代史资料丛刊·中日战争》(三),上海人民出版社、上海书店出版社 2000 年版,第 135 页。

⑤ 《"西京丸"战斗报告》,《中国近代史资料丛刊续编·中日战争》(7),中华书局 1996 年版,第 261 页。

3.3.4　北洋舰队此阶段队形的推测(14∶20—14∶40)

根据日方史料综合判断,北洋舰队主力这一时段中应该专注于对西京丸与浪速等舰的攻击。也就是说,当本队与第一游击队分别转向后,北洋舰队可能并未紧紧跟随,而是继续开进,向西京丸猛攻,距离一度拉近到1000米。但显然,随着西京丸继续向西北方向行驶,北洋舰队主力并未对其穷追不舍,因为这样一来其与来远等舰的距离又将拉大,而且将会导致没有舰艇来牵制本队与第一游击队的行动。

另外值得一提的是,北洋舰队的超勇舰在这一时段沉没了。① 其位置根据日本方面两份一手航迹图的记录应当还在主战场上,它可能在本队转向后还承受了相当的炮击。

济远舰则应当依旧游离于大队之外,其在撞伤扬威舰不久后即乘机逃遁。

3.4　小结

第二阶段的战斗是大东沟海战承前启后的时期,在对双方接近阶段和第一轮对射阶段有了一个相对较为准确的推演后,将这一阶段航迹条理化、量化就显得尤为重要;换句话说,如果不将此阶段航迹推演到尽量符合历史真实,那么之后的航迹推演就根本无从做起。但相较于海战前两个阶段,这一阶段的航迹显得非常混乱,以往航迹图对此阶段的记载也最为语焉不详。笔者认为,原先航迹图的通病和症结的关键就是第一游击队与本队的航迹描绘过于简单,而事实上,通过史料分析,这一阶段中此二者的航迹又恰恰是最复杂、精彩的,因此,笔者将复原这一时期本队与第一游击队的航迹作为第二阶段航迹推演甚至整场海战航迹推演的重中之重。

---

① 关于超勇舰的沉没时间,历来说法不同。《明治二十七八年海战史》说超勇于13时05分发生火灾,至13时30分沉没,见[日]海军军令部编:《明治二十七八年海战史》,第188页。西京丸的战斗报告中也说超勇的沉没时间是13时27分,见《西京丸"战斗报告》,《中国近代史资料丛刊续编·中日战争》(7),中华书局1996年版,第260页。而《日清战争实记·"松岛"舰之勇战》篇中则记载沉没时间是在14时33分以后,《"松岛"舰之勇战》,《中国近代史资料丛刊续编·中日战争》(8),中华书局1994年版,第76页。而且本队与第一游击队的航迹图中也都在14时20分的转向后仍然画上了超勇舰,[日]海军军令部编:《明治二十七八年海战史》,第232—233页,第三图—第五图;第240—241页,第五图—第八图。因此本文认为超勇舰沉没时间在14时30分以后。

对此阶段航迹的分析乃基于以下几个要素：

1. 本队与第一游击队的航速。

2. 第一游击队的转向点。

3. 第一游击队与本队的相对位置记录。

4. 比睿与赤城的撤逃方向记录。

5. 联合舰队与北洋舰队的相对位置。

有了第 1、2、3 点的记录，我们可以基本确定联合舰队在这一阶段中航行的直线距离；但是在以往的航迹图和文字描述上，我们只知道这一阶段本队与第一游击队在持续向右回转，却并未详述转舵角度多少，何时到达什么位置，指向什么方向。要解开这个问题的谜底，就需要借助对赤城与比睿航迹的分析。笔者由此将联合舰队的航迹确定为从北方经东方兜到南方的一个大圆弧（即已基本环绕战场一周）。

以赤城的航迹为钥匙，本队与第一游击队的航迹为突破口，联合舰队的航迹已经为第二阶段的海战构建了一副骨架，而北洋舰队的航迹只要依据第 5 点的记录在此骨架上添上血肉即可。

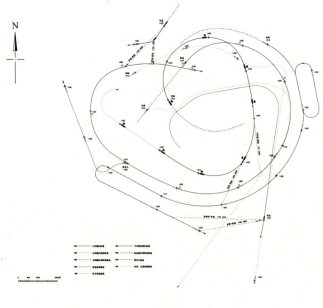

图十

4 第三阶段的战斗(14:40—15:30)

4.1 联合舰队的航迹(14:40—15:30)

4.1.1 本队的航迹(14:40—15:30)

本队在结束了与平远舰的短暂交火后,继续向东方开进,然后转向,继续与北洋舰队主力战斗。[①] 这次转向时间并没有明确的记载。但笔者综合本队后来的航迹、北洋舰队的位置以及第一游击队的航行情况综合判断,这一回转很可能出现在14时55分左右,与第一游击队回转的时间大致相同。

本队回转以后,大约在15时10分重新开始炮击。15时10分,一发炮弹命中定远舰前部,引发火灾,[②]15时15分,严岛在4500米距离上开始炮击;同一时间,桥立开始炮击;15时20分,千代田在3200米距离上开始炮击;15时28分,千代田在2800米距离上中弹;15时24分,位于本队末尾的扶桑舰开始炮击;[③]15时26分,松岛舰以主炮向北洋舰队射击。[④]

15时30分,镇远舰命中松岛舰左舷第四号炮位,引发的大爆炸令松岛舰顿时丧失战斗力。[⑤] 关于这次射击距离的记录,中日双方各有不同。当时在镇远舰上指挥作战的洋员马吉芬记录说:"大约3:00时'松岛'号接近'镇远'约1700米,我们以1门12.2英寸主炮向其开火,射出一枚约装有90磅黑火药的5倍径(5×12.2英寸)钢制爆破弹。"而本队的海战航迹图上则将此距离画为2100米。[⑥] 总之这次射击距离当在2000米左右

---

① 〔日〕海军军令部编:《明治二十七八年海战史》,第232—233页,第五图—第六图,第240—241页,第九图。

② 《坪井航三海战报告》,《中国近代史资料丛刊续编·中日战争》(7),中华书局1996年版,第238页。有学者根据扶桑舰的海战记录认为此炮为扶桑所发,并综合上述两份资料判断命中定远,引发火灾的是扶桑舰。陈悦:《黄海鏖兵》(七),《现代舰船》2006年9B刊,总第272期。扶桑中定远,引发大火的记录见"扶桑"舰之勇战",《中国近代史资料丛刊续编·中日战争》(8),中华书局1994年版,第78页。但根据《明治二十七八年海战史》的记载,扶桑舰直到15时24分才开始射击,在15时10分时,其应该处于离定远非常遥远的位置上,要在这样的距离上发炮命中定远舰,可能性微乎其微。故笔者对命中定远的军舰未加定论。

③ 〔日〕海军军令部编:《明治二十七八年海战史》,第214—215页。

④ 〔日〕海军军令部编:《明治二十七八年海战史》,第206页。

⑤ 《"松岛"战斗报告》,《中国近代史资料丛刊续编·中日战争》(7),中华书局,1996年版第239页。

⑥ 〔日〕海军军令部编:《明治二十七八年海战史》,第232—233页,第六图。

无疑。

4.1.2　第一游击队的航迹(14:40—15:30)

第一游击队在 14 时 35 分与北洋舰队的追击舰艇展开第三轮炮击时，距离在 3000 米以上。双方炮战距离一度拉近到 1500 米。①

14 时 54 分，第一游击队再次向左方回转 16 个方向点，减速为 14 节，一边整顿第一游击队，一边追击敌舰。② 由于第一游击队在先前采用了 16 节左右的高航速，不仅使浪速舰大大掉队，连其余 3 舰的队形都无法保持齐整了。因此，第一游击队这时需要暂时减速，调整队列间各舰的间距。

笔者注意到，从 14 时 35 分第一游击队在 3000 米左右与来远等舰开始交火，到 14 时 40 分双方距离拉到最近。而第一游击队却直到 14 时 54 分，即约 15 分钟才掉头重新追击北洋舰艇，在这 15 分钟内，按第一游击队当时的航速(16 节)，足以将自己与北洋舰艇的距离拉到 7000 米以上！那么为何第一游击队不直接在近距离上就掉头追击北洋舰艇，而要将双方的距离进一步无意义地拉大呢(而且还是在队形不甚齐整的状态下)？最大的可能应该是，这时双方有可能发生了一些未见史载的战斗。而笔者注意到，在马吉芬的《the battle of the Yalu》中，有这样一段记载：

> 大约就在这个时候，"致远"号英勇地，甚至可以说是有点卤莽地向第一游击队的阵列冲去，大约是想攻击上述的 2 艘军舰("比睿"和"赤城"，笔者注)。当时到底发生了什么已经无人能确知，但显然它被 1 枚重炮弹——大约 10 英寸或 13 英寸命中了水线。总之不管怎样，它开始严重倾斜，显然是受到了重创。③

我们在 3.2.3 节中已借此确定了致远舰应当是参与追击赤城小队中的一员。而按照马吉芬的意思，就在第一游击队回航救援比睿、赤城之时，致远舰因仍不愿放弃对赤城的攻击而向第一游击队挺进，并在激战后遭到重创。那么第一游击队当时是不是因为致远的无畏突击而延迟了转向追击北洋舰队的时间呢？由于没有更多史料的佐证，加之马吉芬的记载也语焉不

---

① ［日］海军军令部编：《明治二十七八年海战史》，第 195 页。
② ［日］海军军令部编：《明治二十七八年海战史》，第 202 页。
③ ［美］马吉芬著，张黎源译：《鸭绿江外的海战》，北洋水师网站（http://www.beiyang.org/wenku/mjf.htm）。

详,笔者也无法对此下结论。

第一游击队转向后,以 14 节的航速追击北洋舰队来远等舰。在与北洋舰队相距 3700 米时,向右变换方向 8 度,减速为 12 海里,与本队成直角前进,准备与本队组成交叉火力攻击北洋舰队的右翼(因为北洋舰队这时正齐转面向本队方向,因此这时的北洋右翼即靠近第一游击队的一侧),但本队已经驶过北洋舰队前方,故预想未能达成。①

由于第一游击队的海战报告未给出这次右转 8 点的具体时间,因此笔者只能靠本队与北洋舰队的相对位置来判断,得出时间大约在 15 时 20 分至 15 时 30 分之间。

4.1.3　西京丸舰、比睿舰与赤城舰的航迹概述(14:40 以后)

西京丸舰与平远、广丙发生炮战后,于 14 时 55 分发现北洋舰队的福龙号鱼雷艇一直随之前进,并向其舰首方向开来。15 时 5 分,福龙艇在 400 米距离上发动二次鱼雷攻击,均未奏效;15 时 6 分,再次在约 40 米处右转,发射艇尾鱼雷,从西京丸舰底穿过。15 时 30 分,西京丸转向南方,这时还发现有 3 艘鱼雷艇尾随自己半个小时。②

然而,如果在 15 时 30 分以前西京丸是一直在向西北方的扬威逼近,那么它的航迹早已与大鹿岛相撞了,显然是不可能的。坪井航三海战报告中也说,后来发现西京丸已经位于东方。③ 因此,笔者估计可能在被福龙攻击之后,西京丸不得不作出了规避,并放弃了对扬威的追击,但在未找到更多资料的情况下尚不能对西京丸从 14 时 40 分到 15 时 30 分的航迹作出准确判断。

比睿舰的航迹在逃离战场以后记载也很不确切。笔者所能查证的仅为西京丸在 16 时 20 分遇见比睿,其火灾已扑灭,正在向战场方向行驶,西京

---

① 《坪井航三海战报告》,《中国近代史资料丛刊续编·中日战争》(7),中华书局 1996 年版,第 238 页。

② 《"西京丸"战斗报告》,《中国近代史资料丛刊续编·中日战争》(7),中华书局 1996 年版,第 261 页。

③ 《坪井航三海战报告》,《中国近代史资料丛刊续编·中日战争》(7),中华书局 1996 年版,第 238 页。

丸遂召之一同返回小乳罆角锚地。①

赤城舰在 14 时 40 分后记录如下：敌舰远去后赤城为与大队会合遂转舵向北，15 时 50 分遇见西京丸，②16 时 55 分蒸汽管修理完毕，以全速航行，17 时 55 分与本队会合。③ 赤城从转舵向北到最终与本队会合足足花了 3 个小时的时间，不难发现该舰其实是一直逡巡于战场外，直到战况平息以后才与本队会合的。

4.2 北洋舰队的航迹概述(14：40—15：30)

史料中对北洋舰队这一阶段的航迹描述极少，而且大多模糊不清，甚至相互矛盾。其原因主要是北洋舰队这时队形已经混乱。比如伊东祐亨的战报中所说：

> 此时，本队已通过敌阵，逐渐转向敌军右方，逼向敌军背后。而这时敌舰已乱，不复存在阵形。④

又如马吉芬《the battle of the Yalu》中所说：

> 从这个时候(围攻比睿时)开始，我不得不遗憾地说，中国舰队的队列已经变成不规则的一团。⑤

查遍史料，只有第一游击队的战报中模糊地记述了北洋舰队的当时阵形，报告中说：

> 敌之前半队以右先锋梯阵的阵形向我逼近，后半队则和追击"赤城"、"比睿"又后返航的舰只会合，以单纵阵向我炮击通过。同时发现在敌之后半队中还有一只鱼雷艇，面向我方行驶，但未能靠近。

---

① 《"西京丸"战斗报告》，《中国近代史资料丛刊续编·中日战争》(7)，中华书局 1996 年版，第 261 页。

② 《"西京丸"战斗报告》，《中国近代史资料丛刊续编·中日战争》(7)，中华书局 1996 年版，第 261 页。

③ 《"赤城"战斗报告》，《中国近代史资料丛刊续编·中日战争》(7)，中华书局 1996 年版，第 259 页。

④ 《伊东祐亨海战报告》，《中国近代史资料丛刊续编·中日战争》(7)，中华书局 1996 年版，第 223 页。

⑤ [美]马吉芬著，张黎源译：《鸭绿江外的海战》，北洋水师网站（http://www.beiyang.org/wenku/mjf.htm）。

这时(14 时 54 分),观察敌军方向正指向我本队。①

小笠原长生的记述也佐证道:

……不久,敌军鼓起最后勇气,向我军本队左翼冲来,我本队避开,向右方迂回。②

根据以上记录可以作如下推测:

北洋舰队主力在 15 时 30 分以前与返航的来远等舰会合。此后最后一次试图重组队列,向本队冲去,但未能奏效。

这里还有几个事件颇值得一提:其一,北洋舰队的致远舰在 15 时 30 分左右沉没了。③ 其二,联合舰队普遍观察到北洋舰队大队中有一艘鱼雷艇。笔者将在以下两个小节中对这两个事件进行重点辨析。

4.2.1 致远冲击吉野事件辨析

致远冲击吉野一事在中国国内可谓家喻户晓,俨然已成无须推敲的信史。然而,通过史料的比较不难发现,其实此事还存在着相当大的疑点。关于致远沉没的记述中日双方的详细程度与措辞可谓天渊之别。中方往往将此事描写成英雄式的孤胆冲锋而后功亏一篑的过程,比如下列几例:

丁汝昌海战报告:

敌忽以鱼雷快船直攻定远,尚未驶到,致远开足机轮驶出定远之前,即将来船攻沉,倭船以鱼雷轰击致远,旋亦沉没。④

马吉芬《the battle of the Yalu》:

该舰(致远)的管带是最为英勇甚至有时有些顽固的邓世昌,他下定决心与敌人同归于尽,于是向一艘敌人最大的军舰冲锋,准备实行撞击。一阵重炮和机关炮弹的弹幕扫过他的军舰,倾斜更加严重了,就在即将撞上敌舰之际,他的船倾覆了,军舰从舰首开始下沉,舰体随着沉

---

① 《坪井航三海战报告》,《中国近代史资料丛刊续编·中日战争》(7),中华书局 1996 年版,第 238 页。

② 《高千穗舰某尉官亲笔记述的黄海海战实况》,《中国近代史资料丛刊续编·中日战争》(7),中华书局 1996 年版,第 255 页。

③ 《坪井航三海战报告》,《中国近代史资料丛刊续编·中日战争》(7),中华书局 1996 年版,第 238 页。

④ 《直隶总督李鸿章奏请优恤大东沟海军阵亡各员折》,《中国近代史资料丛刊·中日战争》(三),上海人民出版社、上海书店出版社 2000 年版,第 134 页。

没逐渐扶正,而它的螺旋桨还在空中转动。①

戴乐尔《甲午中日海战见闻记》:

……其中有一为忠勇之邓君所统之致远舰,彼欲撞吉野、浪速,与同尽,而不克;可怜普菲士亦与之同沉。②

卢毓英《卢氏甲午前后杂记》:

酣战之顷,忽有倭舰名"吉野"者横冲我军而入,自南而北。"致远"力前追击之,不能中其要害,反为其鱼雷所中,船忽敧侧,不一分钟已底儿朝天,全军覆没。久之,犹见其两轮旋转不已。"致远"管带邓世昌以袖蒙面,蹈海殉难。"广甲"适在"致远"之后,故窥见犹了了也。③

《冤海述闻》航迹图附图注:

致远中炮,船小侧,因一倭船伤停轮,故冲入敌队击之,为敌鱼雷所中,旋即入队,约五分钟沉。④

就中方的史料来看,有戴乐尔、卢毓英两份一手记录佐证了致远冲击吉野一事,尤其是卢毓英的回忆,因为他说到"'广甲'适在'致远'之后",看得非常真切。还有马吉芬的回忆也提到致远向日军队列冲锋之事。而战后编撰的种种史料就更不在话下。如此看来,在有多位海战亲历者同时证实一个事件的情况下,此事件除非是以讹传讹,否则应当是毫无疑问的。

然而,作为另一方当事人,联合舰队尤其是第一游击队却对此绝口不提,仿佛致远冲击吉野一事根本没有发生过一样。基本的语调都是某舰在某某时观察到致远沉没,简简单单,如是而已。比如以下几例:

千代田海战报告:

同(15点)三十二分,二樯、一烟筒敌舰(估计为"致远")沉没。⑤

桥立海战报告:

---

① [美]马吉芬著,张黎源译:《鸭绿江外的海战》,北洋水师网站(http://www.beiyang.org/wenku/mjf.htm)。

② 《泰莱甲午中日战争见闻记》,《中国近代史资料丛刊·中日战争》(六),上海人民出版社、上海书店出版社2000年版,第48页。

③ 卢毓英:《卢氏甲午前后杂记》,影印版。

④ 《冤海述闻》,手稿影印本。

⑤ [日]《征清海战史》卷十,《黄海海战》,第677页。

此时(15时15分)二本樯、一本烟筒的敌舰一只沉没。①

扶桑海战报告：

同(15点)28分,敌舰("靖远"型)后部渐渐下沉,遂完全沉没。②

常备舰队司令官坪井航三海战报告：

同(15点)三十分,"致远"右舷倾覆沉没。③

吉野海战报告：

同(15点)三十分,"致远"右舷倾覆沉没,看见其推进器还在水面上旋转。④

高千穗海战报告：

同三点二十五分,二本樯、一本烟筒之敌舰("致远"、"靖远"之一)右舷严重倾斜,却仍然继续航进。到同三十三分遂完全沉没。⑤

浪速海战报告：

同(15点)三十一分,"致远"的后部严重倾斜,同三十五分遂沉没。⑥

如果致远有冲击第一游击队的行为,或者被吉野和第一游击队所击沉,日军一手的海战报告不可能对此事不加任何记录。在双方对同一个事件记载如此不一致的情况下,可能性无非两点:中方夸大了事实或日方隐瞒了战况。

就常理来说,中方的历史记录远没有日方严谨,但日军在大东沟海战的战报中隐约其词的事情也不是没有。而且,在中方人员如此众口一词地指证一个极为重要的事件的情况下,我们决不能因为中方史料记载的一贯混乱就说是中方夸大了事实。致远沉没这一极为重要的历史事件必须重加严谨的考证。

首先,有部分中方史料提出致远在沉没前曾出队攻击过一艘日本军舰,

① [日]《征清海战史》卷十,《黄海海战》,第685页。
② [日]《征清海战史》卷十,《黄海海战》,第691页。
③ [日]《征清海战史》卷十,《黄海海战》,第707页。
④ [日]《征清海战史》卷十,《黄海海战》,第710页。
⑤ [日]《征清海战史》卷十,《黄海海战》,第716页。
⑥ [日]《征清海战史》卷十,《黄海海战》,第722页。

如马吉芬与《冤海述闻》的记载,这与日方记录中的致远参加对赤城的攻击是相符的,这说明中方在对致远沉没一事的记录上至少没有信口开河。再者,观察最为清楚、最具有发言权的卢毓英还指出:"忽有倭舰名'吉野'者横冲我军而入,自南而北。"笔者注意到,在致远沉没的 15 时 30 分之际,第一游击队刚好右转了 8 点,自南向北行驶,准备与本队形成对北洋舰队的交叉火力,这与卢氏的回忆是非常符合的。也就是说,如果卢毓英对致远沉没的观察正确,那么很可能就是在第一游击队右转 8 点后,致远舰向吉野发动了冲击,但最终在第一游击队的猛烈炮火轰击之下功亏一篑。虽然以上假设比较符合当时的战场情况,但由于缺乏更多的直接证据,故还只能停留在假设的层面上。

在本文即将成文之时,笔者又找到两条与致远沉没一事相关的日军方面记录,出自《日清海战史·黄海役》的附表,该表属于日本海军军令部根据一手海战记录编纂而成的官方海战战史附录:

一条乃出自《黄海临战亡失清国军舰表》,该表记录了北洋海军沉没 5 舰的沉没位置、沉没处水深、沉没时间以及沉没原因摘要。其中关于致远的一条是这样描述的:

舰名:"致远";状况:沉没;位置及方向:海洋岛之东北约三十海里;水深:十五寻;经纬度:东经 123°40′,北纬 39°28′;沉没时刻:九月十七日午后三时三十分;摘要:苦于大火灾后主要被本队所击沉。①

此表明确指出击沉致远的主力为本队而非第一游击队!虽然还不清楚此表的编纂主要依照哪些史料,但却更为致远沉没一事笼上了一层神秘色彩。

另一条出自《黄海海战时刻表》:

三点十分:此时抵抗本队的中国军舰仅有"定远"、"镇远"、"致远"及一艘鱼雷艇而已。②

按照这条描述,在 15 时 10 分左右,北洋海军的队列已经发生了溃散,而与定远、镇远比肩而战的巡洋舰仅有致远一艘而已。这条记载不由得使

① ［日］海军军令部:《日清海战史黄海役附表》,第 58 页。
② ［日］海军军令部:《日清海战史黄海役附表》,第 57 页。

我们联想到丁汝昌的海战报告,他所说的致远为保护定远英勇战沉的场面与这条记载是多么类似!根据以上两条记载,我们是否可以拼图出这样的画面——15时10分以后,北洋海军的队形渐渐发生了溃散,而伴随着定远、镇远坚守在主战场上的仅有致远一艘而已,在日本本队的猛烈火力打击下,本已燃起致命火灾的致远舰不堪摧残,英勇战沉……可是,以上两份史料仍然不属于一手海战记录,而且在一些关键性的环节上依然语焉不详。要揭开致远最后阶段战斗的真相,恐怕还需要更多的史料作证才行。

4.2.2 北洋舰队大队中的鱼雷艇身份考证

中日双方史料记载中的另一大出入是关于中方的鱼雷艇的记述,在日方眼里,中国鱼雷艇似乎无处不在,除了攻击西京丸的福龙,还有一艘最常见于记载的恐怕就是定远、镇远旁边的那艘了。至少有以下几段日方记述明确提到了它的存在:

（吉野）時(1435)二敵ノ一水雷艇ヲ左舷艦首二千八百米突二認メ。之二備フル所アリシモ。終二左舷約千五百米突ノ處ヲ通過シ去レリ。高千穂ハ同三十分三千米突ノ距離二於テ敵艦二向テ猛撃ヲ加ヘ。次テ水雷艇一隻ヲ認メ。機炮ヲ發シ之ヲ撃退。[1]

敵艦定遠、鎮遠、靖遠漸漸接近シ來リ。其ノ距離二千米突二迫レリ。此際敵ノ水雷艇突進シ來ルヲ認メ。直二機炮ヲ發シテ之ヲ撃退セリ。[2]

另外,在本队与第一游击队呈交的航迹图上,也都画有一艘鱼雷艇,傍于来远或定远旁。[3]

但是在国内长期以来对大东沟海战的研究中,这艘出现在北洋舰队中的鱼雷艇由于无法确定其身份一直处在被忽略的状态。笔者为此查证了多种中方史料,发现只有《东方兵事纪略》中提到了一小段话:

---

[1] ［日]海军军令部编:《明治二十七八年海战史》,第194—195页。
[2] ［日]海军军令部编:《明治二十七八年海战史》,第195页。
[3] ［日]海军军令部编:《明治二十七八年海战史》,第232—233页,第六图—第七图,第240—241页,第六图—第八图。

我福龙左一雷艇由大东沟驶至,左一傍定远右侧以自卫,亦不得力。①

而在英国远东舰队司令斐利曼特尔的评论中,对于左一的航迹描写就更加深入:

中国实有四雷艇,督船既见敌舰,悬旗令出大东沟,仅左一雷艇迟至,致沉甲遁之顷,越平丙中南而入阵,追随于定、镇间,尚属庸中佼佼,然亦未展所长。余三艇直俟见靖远收队旗始敢出海。且左一雷艇曾遵令往救扬威将士,余并无所事事。②

而细看丁汝昌海战报告,其实也提到了左一鱼雷艇的情况:

我军整队迎敌,左一雷艇亦到,各船循环攻击,坚忍相持。至未正二刻(14时30分,笔者注),平远、广丙二船,福龙雷艇续至。③

综合中日双方的史料基本可以确定,来到主战场上加入大队的中国鱼雷艇就是左一,而且可以看出,左一到达战场的时间实际比平远等舰要早。此后,左一傍于铁甲舰之侧,伺机向日舰发起攻击,但未能奏效,据马吉芬所说,"'左一'艇也同样尝试使用鱼雷,但鱼雷从管中漏出,因此敌舰得以从容规避"。④ 但这仅是孤证,还很难确定其真实性。

还有的中方史料讲到左一后来参与了对扬威舰的营救行动。⑤ 斐利曼特而文中也讲到左一在接到命令后对扬威舰实施了救助。《东方兵事纪略》中说左一救起了扬威官兵 65 人,⑥倘若如此,狭小的左一甲板上一定是拥挤不堪,这可能也是左一未直接返回基地而是回到大东沟口中的原因之一。

---

① 姚锡光:《东方兵事纪略》,《中国近代史资料丛刊·中日战争》(一),上海人民出版社、上海书店出版社 2000 年版,第 67 页。

② 《英斐利曼特而水师提督语录并序》,《中东战纪本末》,外人评论。转见《中国近代史资料丛刊·中日战争》(七),上海人民出版社、上海书店出版社 2000 年版,第 548 页。

③ 《直隶总督李鸿章奏请优恤大东沟海军阵亡各员折》,《中国近代史资料丛刊·中日战争》(三),上海人民出版社、上海书店出版社 2000 年版,第 134 页。

④ [美]马吉芬著,张黎源译:《鸭绿江外的海战》,北洋水师网站(http://www.beiyang.org/wenku/mjf.htm)。

⑤ 《冤海述闻》,《中国近代史资料丛刊·中日战争》(六),上海人民出版社、上海书店出版社 2000 年版,第 89 页。

⑥ 姚锡光:《东方兵事纪略》,《中国近代史资料丛刊·中日战争》(一),上海人民出版社、上海书店出版社 2000 年版,第 67 页。

4.3 小结

第三阶段的战斗是大东沟海战的转折点,这一阶段联合舰队航迹比较简单,但记载并不很详细,因此还是有一定的推演难度的,最终的推演结果在航行方向、相对位置等方面也很可能存在误差。而北洋舰队方面,由于阵型已经混乱,记载又非常少,所以很难推演出北洋舰队这一阶段的航迹,只能确定其航行的大致范围。

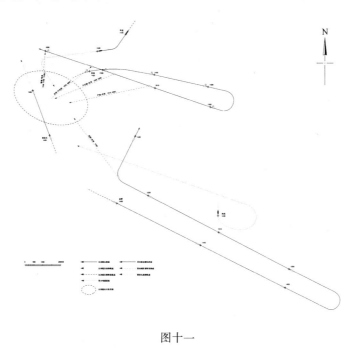

图十一

5. 第四阶段的战斗

5.1 北洋舰队各舰撤逃方向考证(15∶30 后)

在致远沉没以后,"各船观望星散",①以济远为首,广甲、经远、靖远、来远纷纷向西驶避。对此,坪井航三海战报告是这样记述的:

> ……最后敌阵终于全面溃散,各自逃遁。其中有济远、广甲、来远、经远、靖远、广丙。济远则先于他舰逃跑,广甲、来远、经远、靖远继之,

---

① 《寄译署》,戚俊杰、王记华编校:《丁汝昌集》,山东大学出版社 1997 年版,第 279 页。

皆以大连湾为目标。广甲以下四舰,想要经过沿岸浅海逃走,平远、广丙则逃向北方。

途中四时十六分从靖远发出什么信号,经远(注意此时第一游击队已经将来远与经远搞错)遂掉转航向驶往大小鹿岛,接着靖远也驶向该岛。①

小笠原长生的记录则说:

致远(当为靖远之误,笔者注)、来远遂右转向大鹿岛逃跑。广甲则向布加岛北方海峡溜走。②

由此可以看出,除济远先行逃遁外,广甲、经远、靖远、来远4舰则是想通过西北方向的浅水区躲避,平远和广丙小队则是开向北面的浅滩。广甲而后掉转方向,向西南方向的"布加岛北方海峡"逃走,查现在地图上并无布加岛这一概念,笔者考察了当时日军绘制的地图,发现"布加岛"即为石城列岛,③此处水深较浅,航行风险极大,广甲选择这条撤逃道路,不能不令人感到十分惊讶。

16时16分,靖远、来远开向大鹿岛后,暴露在第一游击队炮口下的就只有广甲与经远了,对此,卢毓英详细描述道:

方"广甲"之逃也,有敌舰三艘尾其后,追之甚力,相离仅六七千码。"广甲"惧,急傍山边而逃。时"经远"正傍山边而行,恐水浅船搁,急转开山边,适出广甲之后,挡住敌船,竟为敌炮所中,卒然而沉。④

这与日方的记录也是比较吻合的。因为坪井航三说道:

……广甲因向海岸方面开去已看不见。基于这种形势,第一游击队遂决定应该首先击毁铁甲舰来远(经远)。⑤

---

① 《坪井航三海战报告》,《中国近代史资料丛刊续编·中日战争》(7),中华书局1996年版,第238—239页。

② 《高千穗舰某尉官亲笔记述的黄海海战实况》,《中国近代史资料丛刊续编·中日战争》(7),中华书局1996年版,第255页。

③ 如《第一游击队战斗航迹图解》,见[日]日清战史编纂委员会纂:《日清海战史·黄海役附图》,第五号。

④ 卢毓英:《卢氏甲午前后杂记》,影印版。

⑤ 《坪井航三海战报告》,《中国近代史资料丛刊续编·中日战争》(7),中华书局1996年版,第239页。

此后,第一游击队便确定对经远展开攻击,具体过程参见 5.3 节的描述。

5.2　定远、镇远与本队的战斗(15:30—17:45)

北洋舰队阵列溃散后,只有定远、镇远仍留在主战场上与联合舰队本队搏斗。

从本队战后呈交的航迹图上来看,在松岛被重创后,本队曾作出了一个向左方回转 16 点的动作,①但笔者并未找到相关的文字记述。

笔者能够查证的关于这一阶段定远小队与本队航迹的文字描述大概有以下几种:

马吉芬《the battle of the Yalu》:

> 不久之后本队撤向东南方向,似乎已无斗志。我军两艘铁甲舰尾随追击,当本队开出大约 2 到 3 海里后返回,并重新包围了我们,并向我们倾泻大约是当天我们遇到的最密集的弹雨。②

坪井航三海战报告:

> 在此情况下,剩下的镇远几乎像停止不动一样,以最慢速度向西南方向航行,和正在跟大火搏斗的定远一起孤悬海上,好似等待让驶往该地的我本队歼灭一样。③

《明治二十七八年海战史》,千代田战状:

> 旗艦ヨリ各艦進擊セヨトノ信號アリタルヲ以テ。乃チ定遠、鎮遠ヲ攻擊セント欲シ。艦首ヲ右舷ニ向ケ。本隊ノ艦列ヲ出テシカ。④

粗译为:"在旗舰发出'各舰进击'信号以后,(千代田)便向'定远'、'镇远'攻击,舰首指向其右舷,驶出本队队列。"

结合本队与第一游击队的航迹图,以及《冤海述闻》所附航迹图,基本可

---

① ［日］海军军令部编:《明治二十七八年海战史》,(东京)水交社藏版,第 240—241 页,第六图—第七图。

② ［美］马吉芬著,张黎源译:《鸭绿江外的海战》,北洋水师网站(http://www. beiyang. org/wenku/mjf. htm)。

③ 《坪井航三海战报告》,《中国近代史资料丛刊续编·中日战争》(7),中华书局 1996年版,第 238 页。

④ ［日］海军军令部编:《明治二十七八年海战史》,(东京)水交社藏版,第 214 页。

以作以下推演：本队 15 时 30 分以后先向左转向 16 点，而后变换航路向东南方向，定远、镇远亦向同方向追击。大约 16 时 10 分后，松岛挂出"各舰进击"信号，本队重新投入战斗，①并围绕定远、镇远顺时针转向，双方以右舷火炮射击。16 时 45 分，松岛挂出"本隊ニ歸レ"信号，炮战结束。②

值得注意的是，在 16 时 10 分松岛命令"各舰进击"之后，本队实际脱离了单纵队的形式，而且也没有结成三舰群阵或其他阵型，而是完全由各舰自主攻击，场面一度非常混乱。千代田、严岛、桥立等舰纷纷脱离本队，向定远、镇远冲去，甚至遮挡了己方军舰的射击线路。③ 这也反映出日本各舰长对伊东祐亨较为保守的战术的不满，以及希望击沉定远、镇远的急不可耐的心态。

16 时 45 分后的本队航迹不见于日方记载，只有《明治二十七八年海战史》转述的《汉纳根海战报告》中对此有描述：

四時四十五分日本艦隊ハ射擊ヲ止メ。四十五度ノ方向ヲ變シ。西方ニ進路ヲ取リ羊島及海洋島ニ向ヘリ。我艦隊之ヲ追フコト一時間ニシテ。日本艦隊ハ更ニ進路テ變シテ南方ニ向ヘリ。是時日本艦隊ノ第二艦隊ヲ編成シタルニ三艦ハ。第一群隊ノ艦隊ニ合シ。戰場ヲ後ニシテ走リタルハ明白ノ事實ナリ。④

粗译为："16 时 45 分，日本舰队停止射击，变换方向 45 度，向西面的羊岛及海洋岛航进，我舰队追击日本舰队，1 个小时后，日本舰队又改变航线向南。此时，编成日本舰队第二舰群的二三艘军舰，会合第一舰群的舰队，向战场后方航行已是明显的事实。"

查汉纳根所说的羊岛，并无此地名。但综合他的描述与当时的战场情况，可以判断出本队在 16 时 45 分后确实应当向西行驶了一段时间，直到 17 时 40 分用灯光与火箭向第一游击队发出"本隊ニ複歸セヨ"的远距离信

---

① ［日］海军军令部编：《明治二十七八年海战史》，第 213 页；《"松岛"战斗报告》，《中国近代史资料丛刊续编·中日战争》(7)，中华书局 1996 年版，第 248 页。

② ［日］海军军令部编：《明治二十七八年海战史》，第 213 页；《"松岛"战斗报告》，《中国近代史资料丛刊续编·中日战争》(7)，中华书局 1996 年版，第 248 页。

③ ［日］海军军令部编：《明治二十七八年海战史》，第 214 页。

④ ［日］海军军令部编：《明治二十七八年海战史》，第 222 页。

号后,才调转方向向南行驶。①

5.3 经远与第一游击队的战斗(16:30—17:45)

当济远、广甲远逃,靖远、来远于 16 时 6 分转向大鹿岛后,暴露在第一游击队炮口下的就只有经远舰了。16 时 30 分,第一游击队加速至 14 节,追击经远。②

16 时 48 分,吉野首先追及经远,在距离 3300 米到 2500 米距离上开始试射,在接近到 1800 米以内后开始猛烈射击。这时日军观察到经远舰的操舵装置似乎损坏,于 17 时 5 分开始回转向东,吉野也左转 16 点,减速为 10 海里继续射击。这时高千穗、秋津洲、浪速也赶上炮击。17 时 25 分,经远已经严重左倾,螺旋桨露出水面;17 时 29 分,经远终于翻覆。③

吉野舰上的日本随军记者拍下了一张经远沉没前的遗影(见图十二),图中可以看见经远的左侧有海岸山脉。④ 由于当时经远北面为海岸,因此摄影师所处位置必然在经远舰的东方,而只有当经远舰转向朝东后才有可能与吉野出现这种相互位置关系。故笔者判断此照片拍摄时间当在 17 时 5 分稍后。

第一游击队击沉经远后,立即向靖远、来远停泊的大鹿岛方向航行。但在途中的 17 时 45 分接到本队发来的召回信号,遂转向南方,与本队会合。⑤

5.4 日军的撤退与北洋舰队的追击综述(17:45 以后)

本队退却并召回第一游击队后,北洋舰队定远、镇远与靖远、来远等舰会合。关于这一阶段的情况,《明治二十七八年海战史》转述的汉纳根报告是这样说的:

> 我艦隊ハ日本艦隊ノ退卻ヲ確知セントシテ。尚ホ少時間之ヲ觀察シ。僅ニ煙ヲ見ルニ至リ。速力ヲ緩フシテ再ヒ溯リ北方ニ向ヒ。

---

① [日]海军军令部编:《明治二十七八年海战史》,第 216 页。

② [日]海军军令部编:《明治二十七八年海战史》,第 216—217 页。

③ [日]海军军令部编:《明治二十七八年海战史》,第 217 页。

④ [日]《日清战争写真图》,(东京)博文堂明治二十八年(1895)版。

⑤ 《坪井航三海战报告》,《中国近代史资料丛刊续编·中日战争》(7),中华书局 1996 年版,第 238 页;[日]海军军令部编:《明治二十七八年海战史》,第 219 页。

图十二

我艦ヲ收集ス。時二尚ホ火災二罹レル來遠卜靖遠ノ二艦八我艦二合シ。廣丙、平遠ノ二炮艦卜江口ヲ防禦シタル水雷艇二隻モ亦次テ來會セリ云云。

粗译为："我舰队不能确知日本舰队是否退却，仍然观察了一段时间，直到仅见日舰煤烟，我方才减缓速力，重新掉头向北收集我舰。还有遭受火灾的'来远'和'靖远'两舰与我舰会合，'广丙'、'平远'两艘炮舰与防卫江口的两艘水雷艇也陆续赶来会合。"①

也就是说，在日舰退走后，定远小队并没有立即加以追击，而是转向北面，与其他军舰会合。马吉芬的记录也佐证了这一情况。②

《卢氏甲午前后杂记》则说道：

五下半钟，"靖远"代督船升旗收队，"镇"、"定"、"靖"、"来"、"平"五舰列成雁行也，且战且退，敌犹追随不舍。将至大东沟，见"广丙"率四蚊船及雷艇前来接应，时正昏暮，一望烽烟冲天，敌始惊逃。于是各军

---

① ［日］海军军令部编：《明治二十七八年海战史》，第222页。

② ［美］马吉芬著，张黎源译：《鸭绿江外的海战》，北洋水师网站（http://www.beiyang.org/wenku/mjf.htm）。

合成一队，退归旅顺口。①

《冤海述闻》航迹图附图注中说：

> 靖远升旗带队，向督船来，倭船即转舵南驶。至此，倭船旋东去，我军亦东驶，远望倭船动静……及天昏黑始转西行。②

英国远东舰队司令斐利曼特而的记录也说：

> 阅战图，罢战之倾，靖远权升收队旗，来远随之，平远、广丙亦趋赴之，于是定、镇、靖、来、平、丙六舰相距各八九口迷，鱼贯东行，日舰亦惟有鱼贯东去，不敢再逼。③

综合上述三份史料看来，定远在与靖远等会合后，继续转向东面大东沟方向，与广丙等会合，并监视日军动向。

关于这一阶段的日军航行方向，笔者所掌握的日方史料提及较少，而只有伊东祐亨的战后演讲中有模糊的提及：

> 其间接近日暮，敌舰队一直开向朝鲜方向，日本舰队则开向中国沿岸。④

在中方史料中，除上述的几份讲到日军向东方航行外，还有丁汝昌的海战报告中对此也有一段描述：

> 倭船多受重伤，复见诸船并集，当即向西南一带飞驶遁去。我军尾追数里，敌船行驶极速，瞬息已远；然后收队，驶回旅顺。⑤

对此笔者推测可能是日军在向东行驶后，发现北洋舰队再次会合，方向西南方向航行。北洋舰队在尾追一段时间后，也向旅顺口回航。

19 时 15 分，伊东祐亨率领幕僚将旗舰移至桥立，并命令松岛回航吴港，进行修理。⑥ 19 时 50 分，联合舰队向东南方向航行，但之后又转向威海

---

① 卢毓英：《卢氏甲午前后杂记》，影印版。

② 《冤海述闻》，手稿影印件。

③ 《英斐利曼特而水师提督语录并序》，《中东战纪本末》，外人评论。转见《中国近代史资料丛刊·中日战争》(七)，上海人民出版社、上海书店出版社 2000 年版，第 550 页。

④ 《伊东祐亨中将关于黄海海战的演说》，《中国近代史资料丛刊续编·中日战争》(7)，中华书局 1996 年版，第 230 页。

⑤ 《直隶总督李鸿章奏请优恤大东沟海军阵亡各员折》，《中国近代史资料丛刊·中日战争》(三)，上海人民出版社、上海书店出版社 2000 年版，第 135 页。

⑥ 《"松岛"战斗报告》，《中国近代史资料丛刊续编·中日战争》(7)，中华书局 1996 年版，第 248 页。

卫方向。据伊东祐亨说是为了"采取想象和敌军平行的航路航行",以便"翌日天明于威海卫断其逃路"。① 但且不说北洋舰队的航路"即使是在天黑之前就可以看出是朝着旅顺口",②而且日军事实上也根本没有作一直驶到威海卫的尝试,在海面上兜了个大圈就返航大东沟海面了。所谓"十八日天明至庙岛"完全是无稽之谈。③

5.5 小结

这一阶段的海战一度分成了两个战场,本队继续与定远、镇远缠斗,而第一游击队则前出追击经远等舰。第一游击队方面,由于是一场比较单纯的追击战,航迹比较容易理清,但在追击方向和经远舰沉没位置上还存在一些疑点。而本队方面则一度采取了自由攻击的战术,使得航迹比较混乱,只能做到大概的考证。而当17时45分本队召回第一游击队后,由于记载比较少,也难以做到准确。

张黎源,现就读于英国建筑联盟学院

---

① 《伊东祐亨海战报告》,《中国近代史资料丛刊续编·中日战争》(7),中华书局1996年版,第224页。

② [美]马吉芬著,张黎源译:《鸭绿江外的海战》,北洋水师网站(http://www.beiyang.org/wenku/mjf.htm)。

③ [日]《日清战争实记·黄海海战详况》,转见《中国近代史资料丛刊续编·中日战争》(8),中华书局1994年版,第74页。